Ihr kostenloses Schwerpunkte-ebook exklusiv unter https://os.bookwire.de/voucher/welcome

Mit dem Kauf dieses Buches erwerben Sie gleichzeitig ohne weiteres Entgelt das integrierte ebook. Es besteht aus:

- dem vollständigen Lehrbuchtext verlinkt mit
- höchstrichterlichen Entscheidungen im Volltext

Dieses ebook ist für Sie persönlich lizenziert. Es ist nur für den eigenen Gebrauch bestimmt und darf nicht weitergegeben werden. Daher ist es mit einem individuellen Wasserzeichen versehen, welches bei unrechtmäßiger Weitergabe Rückschlüsse auf die Herkunft des ebooks erlaubt.

So erhalten Sie Ihr ebook:

Unter **https://os.bookwire.de/voucher/welcome** geben Sie im ersten Schritt den unten stehenden 10-stelligen Code ein und bestätigen diesen, im zweiten Schritt geben Sie Ihre E-Mail-Adresse an. Sie erhalten einen Download-Link und können das ebook nach dem Herunterladen auf Ihrem Endgerät (Tablet, Laptop/PC, Smartphone) nutzen. Die Frist zum Download dieses ebooks läuft am **30.06.2028** ab. Danach verliert der u.g. Code seine Gültigkeit und wird vom Verlag nicht ersetzt.

Code: **4FEMLURVKZ**

Für PC oder Notebook benötigen Sie einen Reader (z.B. Calibre, Adobe Digital Editions). Sofern auf Ihrem Smartphone/Tablet PC noch keine App vorinstalliert sein sollte (Apple Books, Bluefire Reader), suchen Sie bitte den App Store auf, in dem Sie zahlreiche EPUB Reader zum Download finden. Bei Fragen informieren Sie sich bitte unter **www.bookwire.de/faq-download-codes/**. Sollten Sie bei Ihrem ebook-Download auf Probleme stoßen, wenden Sie sich bitte an download@bookwire.de.

Schwerpunkte Pflichtfach Wessels/Hillenkamp/Schuhr · Strafrecht Besonderer Teil 2

Schwerpunkte

Eine systematische Darstellung der wichtigsten Rechtsgebiete anhand von Fällen
Begründet von Professor Dr. Harry Westermann †

Strafrecht Besonderer Teil 2

Vermögensdelikte

Mit ebook: Lehrbuch & Entscheidungen

begründet von
Prof. Dr. Johannes Wessels †
(1.–20. Auflage)

fortgeführt von
Dr. Dr. h.c. Thomas Hillenkamp
o. Professor em. an der Universität Heidelberg
(21.–44. Auflage)

und
Dr. Jan C. Schuhr
o. Professor an der Universität Heidelberg
(ab der 41. Auflage)

47., neu bearbeitete Auflage

Bibliografische Information der Deutschen Nationalbibliothek
Die Deutsche Nationalbibliothek verzeichnet diese Publikation in der Deutschen Nationalbibliografie; detaillierte bibliografische Daten sind im Internet über <https://portal.dnb.de> abrufbar.

Print: ISBN 978-3-8114-6201-4
ePub: ISBN 978-3-8114-8972-1

E-Mail: kundenservice@cfmueller.de
Telefon: +49 6221 1859 599
Telefax: +49 6221 1859 598

www.cfmueller.de

© 2025 C.F. Müller GmbH, Waldhofer Straße 100, 69123 Heidelberg

Dieses Werk, einschließlich aller seiner Teile, ist urheberrechtlich geschützt. Jede Verwertung außerhalb der engen Grenzen des Urheberrechtsgesetzes ist ohne Zustimmung des Verlages unzulässig und strafbar. Dies gilt insbesondere für Vervielfältigungen, Übersetzungen, Mikroverfilmungen und die Einspeicherung und Verarbeitung in elektronischen Systemen.

Satz: preXtension, Grafrath
Druck: Westermann Druck, Zwickau

Vorwort

In der vorliegenden Auflage wurde die **Einleitung** grundlegend überarbeitet und vor allem um Erläuterungen zu normentheoretischen Hintergründen erweitert. Auch das Kapitel zum **Diebstahl** wurde neu geordnet. Die weiteren, alle Kapitel betreffenden Überarbeitungen ändern die Struktur der Darstellung nicht. Die größeren Änderungen im vorderen Teil des Buchs haben eine Neuzählung der Randnummern erforderlich gemacht.

Die Neuauflage berücksichtigt Literatur und Rechtsprechung bis Mitte Dezember 2024. Bei der Aktualisierung von Literatur und Rechtsprechung ist die **Dokumentation aller ausbildungsrelevanten Entscheidungen** angestrebt. Weiterführende Beiträge in Fest- und Fachzeitschriften sind wie neuere Monografien nachgewiesen. Die besonders hervorgehobene **Rubrik „Die aktuelle Entscheidung"** zeigt ausgewählte **Rechtsprechungsentwicklungen** aus jüngerer Zeit. In späteren Auflagen werden solche Darstellungen, wenn sie weiterhin als besonders lehrreich erscheinen, in leicht veränderter Form als **Rechtsprechungsbeispiele** gekennzeichnet.

Die **elektronische Fassung als ebook** enthält den Lehrbuchtext und die **zitierten Entscheidungen**. Dies erlaubt den Leserinnen und Lesern, aufgrund der Verlinkungen bei der Lektüre mit einem Mausklick unmittelbar zu den im Lehrbuchtext enthaltenen Urteilen zu gelangen. Die Entscheidungen sind mit freundlicher Genehmigung der *juris GmbH* veröffentlicht. Die **Hinweise** auf der ersten Seite des Buchs erläutern Download und Nutzung des kostenlosen ebooks auf PC, Tablet oder Smartphone.

Übersichten zu den wichtigsten Tatbeständen stehen am Ende der Behandlung des jeweiligen Delikts. Sie geben dem Leser Orientierung über die gesetzlichen Merkmale (gekennzeichnet mit einem •), Hinweise zu deren dogmatischen Bestandteilen (→) sowie zu zentralen Problemstellungen (Ⓟ). Einerseits eignen sie sich als **Aufbauvorschlag für Falllösungen**, andererseits als Kontrolle des eigenen Wissens und Verständnisses. Wer mit einem Merkmal, Bestandteil oder Problem nichts (mehr) anzufangen weiß, sollte zurückblättern und die entsprechende Lektüre wiederholen.

Frau *Alexandra Burrer* vom C.F. Müller Verlag und ihrem Team danke ich ganz herzlich für die weiterhin höchst kompetente, freundliche und geduldige Begleitung des Werks und seines Autors. Nicht minder herzlicher Dank gilt meinen Mitarbeitern in Heidelberg, namentlich *Philipp Weng*, der mich bei der Überarbeitung besonders unterstützt hat, sowie *Michelle Arndt, Gloria Boachie, Dr. Penelope Jacobus, Sarah-Kristin Lebherz* und *Ben Schmidt*.

Heidelberg, im Februar 2025 *Jan Schuhr*

Aus dem Vorwort der 45. Auflage

Mit der vorliegenden 45. Auflage des Lehrbuchs zu den Straftaten gegen Vermögenswerte übernehme ich eines der schon seit Jahrzehnten bekanntesten Werke der deutschen Strafrechtsliteratur. *Johannes Wessels* ist es gelungen, in insgesamt drei Bänden einen **fundierten Überblick über das deutsche Strafrecht** zu geben. Sie wenden sich an Studierende und Referendare, denen es um eine Darstellung der wesentlichen Inhalte und Zusammenhänge, aber auch eine Vertiefung von Schwerpunkten geht, die für das Verständnis der Zusammenhänge und der Rechtsentwicklung bedeutsam sind. Weil die Schwerpunkte mit Blick auf die bisherige und künftig zu erwartende Aufmerksamkeit in der Rechtsprechung, Gesetzgebung und Prüfungspraxis gesetzt wurden, erfreut sich das Werk zudem steter Aufmerksamkeit in der Rechtspraxis und Wissenschaft. Dass der Band zu den Straftaten gegen Vermögenswerte seine Stellung in den letzten Jahrzehnten so hervorragend behaupten und ausbauen konnte, ist *Thomas Hillenkamp* zu verdanken, der ihn mit der 21. Auflage 1999 übernommen und bis zur 44. Auflage 2021 weitergeführt hat. Er hat eine besondere Gabe, die Veränderungen der Gesetzeslage, des wissenschaftlichen Diskussionsstands und der Rechtsprechung gemeinsam verständlich aufzuzeigen und dabei eigene Argumente und überzeugende Lösungsvorschläge für verbleibende Probleme zu entwickeln. Deshalb lernt man von ihm und seinem Werk nicht nur, wie „das Strafrecht ist", sondern vor allem auch, **wie man selbst „Strafrecht denkt"**. Mit großer Dankbarkeit übernehme ich die Fortführung, die ich in den letzten vier Auflagen bereits mit *Thomas Hillenkamp* gemeinsam gestalten durfte, nunmehr allein.

Heidelberg, im August 2022 *Jan Schuhr*

Aus dem Vorwort der 21. Auflage

Johannes Wessels hat die Neubearbeitung seines Werkes abgegeben, nicht aber sein Werk: Es bleibt, es gilt es zu bewahren. Didaktisches Geschick, die Achtung der Meinung anderer in souveräner Darstellung und Kritik, die abgewogene Begründung oft richtungweisender Standpunkte, das alles hat dem Werk eine Leserschar versammelt, die es zu erhalten gilt. Mehr als Bemühen kann ich – mit der Nachfolge in diesem Band betraut und geehrt – nicht versprechen.

Die Auflage ist umfangreicher geworden. Das liegt nicht ausschließlich an textlicher Anreicherung. Eine übersichtlichere äußere Gestaltung – vom Verlag für alle drei Bände angeregt – hat Raum beansprucht. Dazu trat freilich die Notwendigkeit, die durch das 6. Strafrechtsreformgesetz vom 26.01.1998 (BGBl I, S. 164) eingetretenen Änderungen aufzunehmen. Sie ließen sich oft nicht vermitteln, ohne die Wiedergabe vormaliger Streitstände beizubehalten. Neben dem 6. Strafrechtsreformgesetz sind die Änderungen berücksichtigt, die durch das Gesetz zur Bekämpfung der Korruption vom 13.08.1997 (BGBl I, S. 2038), durch das Gesetz zur Verbesserung der Bekämpfung der Organisierten Kriminalität vom 04.05.1998 (BGBl I, S. 845) und durch die am 01.01.1999 in Kraft getretene Insolvenzordnung vom 05.10.1994 (BGBl I, S. 2866, 2911, 2941) eingetreten sind. Auch habe ich manches angefügt und nachgetragen, wo ich der Meinung war, es könnte dem Leser nutzen. Rechtsprechung und Literatur sind bis einschließlich Dezember 1998 berücksichtigt.

Heidelberg, im Februar 1999 *Thomas Hillenkamp*

Aus dem Vorwort der 1. Auflage

Dieses Buch enthält die *Straftaten gegen Vermögenswerte*. Es ergänzt den bereits vorliegenden Band 8 der Titelreihe, in welchem die *Straftaten gegen Persönlichkeits- und Gemeinschaftswerte* behandelt sind. Die Darstellung beschränkt sich auch hier auf solche Schwerpunkte, die das Bild der Strafrechtspraxis bestimmen und die erfahrungsgemäß für den akademischen Unterricht wie für die Anforderungen im Examen von Bedeutung sind. Die Wuchertatbestände (§ 302a), die bislang über ein Schattendasein nicht hinausgekommen sind, wurden daher ausgeklammert; zu ihrer Neufassung durch das 1. WiKG vom 29.7.1976 wird auf die Abhandlung von *Sturm* verwiesen (JZ 77, 84). Die Rechtsprechung zu den einzelnen Vermögensdelikten ist umfassend eingearbeitet. Bei den Literaturangaben musste aus Raumgründen auf Vollständigkeit verzichtet werden; sie sind so ausgewählt, dass dem Lernenden möglichst über Einzelschriften und neuere Abhandlungen das reichhaltige Quellenmaterial erschlossen wird.

Meinen Beitrag innerhalb der *Schwerpunkte*-Reihe widme ich dem Andenken meiner Eltern, deren Geburtstag sich in Kürze zum einhundertsten Male jährt. In ihrem arbeitsreichen Leben, das von unermüdlicher Pflichterfüllung geprägt war, galt ihr ganzes Streben dem Wohl ihrer sechs Kinder. Ihr Vorbild hat mir die Kraft gegeben, dieses Werk neben meiner starken dienstlichen Beanspruchung zu vollenden.

Münster, im März 1977 *Johannes Wessels*

Inhaltsverzeichnis

	Rn	Seite
Vorwort		V
Aus dem Vorwort der 45. Auflage		VII
Aus dem Vorwort der 21. Auflage		VII
Aus dem Vorwort der 1. Auflage		VIII
Abkürzungsverzeichnis		XXI
Literaturverzeichnis		XXVI
Fest- und Gedächtnisschriftenverzeichnis		XXX

Einleitung
Vermögensdelikte

	Rn	Seite
I. Gegenstand des Vermögensstrafrechts	1	1
1. Schutz formeller Vermögenspositionen	3	2
2. Schutz des Vermögens als Ganzes	4	3
II. Normentheoretische Zusammenhänge	5	4
1. Überblick	5	4
2. Charakteristische Aspekte der Vermögensdelikte	9	6
3. Vertiefende Betrachtung	12	7
4. Gruppen von Verhaltensregeln und Sanktionsnormen im Vermögensstrafrecht	37	15
III. Wirtschaftsstrafrecht	40	16
IV. Letzte große Reform	42	17

Teil I
Eigentumsdelikte

1. Kapitel
Sachbeschädigungs- und verwandte Computerdelikte

	Rn	Seite
§ 1 Sachbeschädigungsdelikte	43	18
I. Einfache Sachbeschädigung	44	18
1. Rechtsnatur und Reform	44	18
2. Geschütztes Rechtsgut	46	19
3. Tatobjekt	47	19
4. Tathandlungen	52	21
a) Beschädigen	53	21
b) Zerstören	65	25
c) Verändern des Erscheinungsbildes	66	26
5. Subjektiver Tatbestand	74	29
6. Prüfungsaufbau: Sachbeschädigung, § 303	76	30
II. Zerstörung von Bauwerken und von wichtigen Arbeitsmitteln	77	31
1. Zerstörung von Bauwerken	77	31
2. Zerstörung wichtiger Arbeitsmittel	80	32

	III.	Gemeinschädliche Sachbeschädigung	81	32
		1. Schutzgut und Schutzzweck	82	32
		2. Tatobjekte	83	33
		3. Tathandlungen	89	34

§ 2 Datenveränderung und Computersabotage ... 91 ... 35

    I. Datenveränderung ... 93 ... 36

    II. Prüfungsaufbau: Datenveränderung, § 303a ... 96 ... 40

    III. Computersabotage ... 97 ... 40

    IV. Prüfungsaufbau: Computersabotage, § 303b ... 103 ... 43

2. Kapitel
Diebstahl und Unterschlagung

§ 3 Der Grundtatbestand des Diebstahls ... 104 ... 43

    I. Systematischer Überblick ... 105 ... 44
        1. Gegenüberstellung von Diebstahl und Unterschlagung ... 105 ... 44
        2. Qualifizierte und privilegierte Diebstahlsfälle ... 108 ... 45

    II. Tatobjekt ... 109 ... 46
        1. Begriff der Sache ... 110 ... 46
        2. Beweglichkeit ... 114 ... 47
        3. Fremdheit ... 116 ... 48
        4. Weitere Grenzen des sachlichen Anwendungsbereichs ... 119 ... 50

    III. Wegnahme ... 121 ... 51
        1. Gewahrsam ... 122 ... 51
            a) Verkehrsauffassung und Sachherrschaft ... 122 ... 51
            b) Gewahrsamswille ... 126 ... 55
            c) Gewahrsamssphären und -enklaven ... 129 ... 56
            d) Gewahrsamslockerung ... 131 ... 57
            e) Gewahrsamsverlust ... 132 ... 57
        2. Sonderformen des Gewahrsams ... 135 ... 58
            a) Mitgewahrsam ... 135 ... 58
            b) Gewahrsam bei verschlossenen Behältnissen ... 144 ... 63
        3. Vollendung der Wegnahme ... 148 ... 64
            a) Bruch fremden Gewahrsams ... 154 ... 65
            b) Begründung neuen Gewahrsams ... 165 ... 69

    IV. Subjektiver Tatbestand ... 175 ... 74
        1. Vorsatz ... 178 ... 75
        2. Absicht der rechtswidrigen Zueignung (Überblick) ... 183 ... 76
        3. Begriff und Gegenstand der Zueignung ... 190 ... 79
            a) Grundsätze ... 190 ... 79
            b) Entwendung von Legitimationspapieren ... 197 ... 81
            c) Entwendung von Ausweispapieren ... 201 ... 82
            d) Entwendung von Geldautomatenkarten ... 202 ... 83
            e) Weitere Einzelfälle ... 205 ... 84
        4. Aneignungsabsicht ... 206 ... 84
        5. Enteignungsvorsatz ... 222 ... 88
        6. Rechtswidrigkeit der erstrebten Zueignung ... 233 ... 92
        7. Maßgeblicher Zeitpunkt ... 238 ... 95

    V. Prüfungsaufbau: Diebstahl, § 242 ... 239 ... 95

§ 4 Besonders schwere Fälle des Diebstahls 240 96
I. § 243 und die Bedeutung der Regelbeispielmethode 242 97
  1. Kein Qualifikationstatbestand 242 97
  2. Strafzumessungsregel 246 99
  3. Problematik des Versuchs 250 102
     a) Versuch als besonders schwerer Fall 251 102
     b) Versuchsbeginn 258 105
  4. Vorsatzerfordernis und Teilnahme 259 106
II. Die einzelnen Regelbeispiele des § 243 I 260 106
  1. Einbruchs-, Einsteige-, Nachschlüssel- und Verweildiebstahl (Nr 1) 262 106
     a) Geschützte Räumlichkeiten 263 107
     b) Handlungsmodalitäten 265 108
     c) Zeitpunkt des Diebstahlsvorsatzes 272 110
  2. Überwindung besonderer Schutzvorrichtungen (Nr 2) 273 111
  3. Gewerbsmäßiger Diebstahl (Nr 3) 279 113
  4. Kirchendiebstahl (Nr 4) 280 113
  5. Gemeinschädlicher Diebstahl (Nr 5) 281 114
  6. Ausnutzung fremder Notlagen (Nr 6) 282 114
  7. Waffen- und Sprengstoffentwendung (Nr 7) 283 115
  8. Konkurrenzen 284 115
III. Die Ausschlussklausel des § 243 II 288 119
  1. Voraussetzungen des Geringwertigkeitsbezugs 289 119
  2. Geringwertigkeitsbegriff 292 120
  3. Problematik des Vorsatzwechsels 295 122
IV. Prüfungsaufbau: Besonders schwerer Fall des Diebstahls, § 243 .... 302 125

§ 5 Diebstahlsqualifikationen (Diebstahl mit Waffen, Wohnungseinbruchs- und Bandendiebstahl) 303 126
I. Diebstahl mit Waffen (§ 244 I Nr 1) 304 127
  1. Beisichführen von Waffen oder anderen gefährlichen Werkzeugen 305 127
     a) Beisichführen von Waffen 306 127
     b) Beisichführen eines anderen gefährlichen Werkzeugs .. 313 131
  2. Diebstahl mit sonstigen Werkzeugen und Mitteln 325 137
II. Bandendiebstahl (§ 244 I Nr 2) 328 140
  1. Bandenbegriff 330 140
     a) Mindestpersonenanzahl 331 141
     b) Bandenabrede 333 142
     c) Zweck 334 142
  2. Bandenmäßige Begehung 336 144
  3. Schwerer Bandendiebstahl (§ 244a) 339 146
III. Wohnungseinbruchsdiebstahl (§ 244 I Nr 3) 341 147
  1. Wohnung 343 148
  2. Dauerhaft genutzte Privatwohnung (§ 244 IV) 344 149
  3. Zur Ausführung der Tat 345 150
IV. Minder schwere Fälle 346 151
V. Prüfungsaufbau: Diebstahlsqualifikationen, § 244 .... 348 151

§ 6	**Unterschlagung und Veruntreuung**	349	153
	I. Einfache Unterschlagung	350	153
	1. Struktur und Rechtsgut	350	153
	2. Objektiver Tatbestand	352	154
	a) Tatobjekt	352	154
	b) Manifestation der Zueignung	353	154
	c) Beispiele	357	156
	d) Rechtswidrigkeit der Zueignung	361	159
	3. Subjektiver Tatbestand	362	159
	II. Veruntreuende Unterschlagung	365	160
	III. Mehrfache Zueignung und Subsidiaritätsklausel	369	161
	1. „Gleichzeitige" Zueignung	370	162
	2. „Wiederholte" Zueignung	372	163
	IV. Prüfungsaufbau: Unterschlagung, § 246	377	166
§ 7	**Privilegierte Fälle des Diebstahls und der Unterschlagung**	378	167
	I. Haus- und Familiendiebstahl	379	167
	1. Privilegierungsgrund und Anwendungsbereich	379	167
	2. Beziehung zwischen Täter und Verletztem	381	168
	II. Diebstahl und Unterschlagung geringwertiger Sachen	383	169
	III. Irrtumsfragen	385	170

3. Kapitel
Raub

§ 8	**Der Grundtatbestand des Raubes**	387	171
	I. Die Unrechtsmerkmale des Raubes	388	172
	1. Grundstruktur und Schutzgüter des Raubes	389	172
	2. Qualifizierte Nötigungsmittel	391	173
	a) Gewalt gegen eine Person	392	173
	b) Drohung mit gegenwärtiger Gefahr für Leib oder Leben	397	175
	3. Zusammenhang von Raubmittel und Wegnahme	398	176
	a) Finalzusammenhang	398	176
	b) Örtlich-zeitlicher Zusammenhang	399	177
	c) Kausalzusammenhang	400	178
	4. Vorsatz und Zueignungsabsicht	401	178
	5. Beteiligung und Versuch	402	179
	a) Beteiligung	402	179
	b) Versuch	405	181
	II. Sachentwendung bei fortwirkenden, nicht zu Raubzwecken geschaffenen Zwangslagen	407	182
	1. Fortdauer der Gewaltanwendung	408	183
	2. Ausnutzung der Gewaltwirkung	409	183
	III. Prüfungsaufbau: Raub, § 249	412	185

§ 9 **Raubqualifikationen**	413	186
I. Schwerer Raub	414	186
1. Überblick über die Neufassung des § 250	414	186
2. Einfache Raubqualifikationen	416	187
a) Beisichführen von Waffen oder anderen gefährlichen Werkzeugen	416	187
b) Raub mit sonstigen Werkzeugen oder Mitteln	419	188
c) Gesundheitsgefährdender Raub	423	190
d) Bandenraub	425	191
3. Schwere Raubqualifikationen	426	192
a) Verwendung von Waffen oder gefährlichen Werkzeugen	427	192
b) Bewaffneter Bandenraub	431	195
c) Schwere körperliche Misshandlung und Lebensgefährdung	432	196
4. Prüfungsaufbau: Schwerer Raub, § 250	434	197
II. Raub mit Todesfolge	435	198
1. Folge und raubspezifische Gefahr	435	198
2. Leichtfertigkeit	437	200
3. Versuch und Rücktritt	439	202
4. Prüfungsaufbau: Raub mit Todesfolge, § 251	441	203

4. Kapitel
Raubähnliche Sonderdelikte

§ 10 **Räuberischer Diebstahl**	442	204
I. Rechtsnatur	443	204
II. Objektiver Tatbestand	445	205
1. Vortat und Anwendungsbereich	446	205
2. Betreffen und Nötigungsmittel	451	208
III. Subjektiver Tatbestand	453	209
IV. Beteiligungsfälle	456	211
V. Erschwerungsgründe und Abgrenzungsfragen	459	212
VI. Prüfungsaufbau: Räuberischer Diebstahl, § 252	464	215
§ 11 **Räuberischer Angriff auf Kraftfahrer**	465	216
I. Struktur des Delikts	467	216
II. Tatbestand	469	218
1. Verübung eines Angriffs	469	218
2. Besondere Verhältnisse des Straßenverkehrs	472	221
3. Ausnutzen	475	222
4. Subjektive Merkmale	476	223
III. Vollendung, Versuch und Rücktritt	477	224
IV. Prüfungsaufbau: Räuberischer Angriff auf Kraftfahrer, § 316a	481	226

Teil II
Sonstige Straftaten gegen das Vermögen in besonderer Hinsicht

5. Kapitel
Gebrauchs- und Verbrauchsanmaßung

§ 12 Unbefugter Gebrauch von Fahrzeugen und Pfandsachen sowie Entziehung elektrischer Energie	483	228
I. Unbefugter Gebrauch eines Fahrzeugs	485	229
1. Schutzzweck, Schutzobjekt und Berechtigter	485	229
2. Ingebrauchnehmen des Fahrzeugs	488	230
3. Verhältnis zu den Zueignungsdelikten	493	232
4. Prüfungsaufbau: Unbefugter Gebrauch eines Fahrzeugs, § 248b	497	234
II. Unbefugter Gebrauch von Pfandsachen	498	235
III. Entziehung elektrischer Energie	499	235

6. Kapitel
Verletzung von Aneignungsrechten

§ 13 Jagd- und Fischwilderei	502	237
I. Jagdwilderei	503	237
1. Rechtsgut und Schutzfunktion	503	237
2. Objektiver Tatbestand	505	238
a) Tatobjekte und Tathandlungen	505	238
b) Verletzung fremden Jagd- oder Jagdausübungsrechts	507	239
3. Zueignung gefangenen oder erlegten Wildes durch Dritte	510	241
4. Vorsatz und Irrtumsfälle	512	241
5. Strafantragserfordernis	516	242
6. Besonders schwere Fälle der Wilderei	517	242
II. Fischwilderei	521	244
III. Prüfungsaufbau: Jagdwilderei, § 292	522	244

7. Kapitel
Vereiteln und Gefährden von Gläubigerrechten

§ 14 Pfandkehr und Vollstreckungsvereitelung	523	245
I. Pfandkehr	523	245
1. Schutzfunktion, Täterkreis und Tathandlung	524	245
2. Subjektiver Tatbestand	528	247
II. Vereiteln der Zwangsvollstreckung	530	248
1. Schutzgut und Gläubigerbegriff	531	248
2. Objektiver Tatbestand	532	249
a) Drohen der Zwangsvollstreckung und Tathandlung	533	249
b) Täterschaft und Teilnahme	536	250
3. Subjektiver Tatbestand und Antragserfordernis	537	251
4. Prüfungsaufbau: Vereiteln der Zwangsvollstreckung, § 288	541	252

Teil III
Straftaten gegen das Vermögen als Ganzes

8. Kapitel
Betrug und betrugsverwandte Tatbestände

§ 15	**Betrug**		542	253
	I. Schutzgut und Tatbestandsaufbau des Betrugs		542	253
		1. Tatbestandsstruktur und Rechtsgut	542	253
		2. Systematische Stellung im Verhältnis zum Diebstahl	546	254
	II. Täuschende Erklärung über Tatsachen		551	256
		1. Behauptung des Bestehens oder Nichtbestehens von Tatsachen	554	257
		2. Tatsachenbegriff	557	259
		3. Wahrheitswidrigkeit der Tatsachenbehauptung	560	261
		4. Einzelfragen	563	262
		5. Täuschung durch Unterlassen	570	270
	III. Erregung oder Unterhaltung eines Irrtums		577	274
		1. Irrtum	578	274
		2. Zurechenbare Verursachung des Irrtums	582	278
		3. Wissensdiskrepanzen und Wissenszurechnung	587	280
	IV. Vermögensverfügung		589	281
		1. Vermögensbezug und Vermögensbegriff	590	282
		a) Vermögensposition	590	282
		b) Vermögensbegriff	591	282
		c) Unerlaubte Vermögenspositionen	598	286
		d) Einsatz von Vermögenswerten zu missbilligten Zwecken	602	288
		2. Vermögensminderndes Verhalten	607	290
		a) Irrtum als Grund der Verfügung	608	291
		b) Verfügungsbewusstsein	612	292
		c) „Freiwilligkeit"	618	295
		3. Qualifikation der handelnden Person und Dreiecksbetrug	626	298
		a) Zweipersonenverhältnis und Dreipersonenverhältnis	626	298
		b) Zurechnungsvoraussetzungen	627	298
		c) Folgerungen	633	300
		4. Unmittelbarkeitszusammenhang	640	302
	V. Vermögensschaden		649	304
		1. Vermögensminderung und ihre Kompensation	649	304
		2. Wertbestimmung von Vermögensbestandteilen	652	306
		3. Berücksichtigung individueller Verhältnisse	657	310
		a) Individueller Schadenseinschlag	661	310
		b) Soziale Zweckverfehlung	664	313
		4. Einzelfragen	678	316
		a) Eingehungs- und Erfüllungsbetrug	679	316
		b) Abrechnungsbetrug	683	320
		c) Anstellungsbetrug	684	321
		d) Submissionsbetrug	686	322
		e) Kredit- und Kontoeröffnungsbetrug	687	323
		f) Wettbetrug	690	325
		g) Leasingbetrug	691	326

	h) Gutglaubenserwerb	692	327
	i) Preisgabe einer Geheimzahl	696	328
VI. Subjektiver Tatbestand		697	328
	1. Vorsatz	697	328
	2. Absicht rechtswidriger Bereicherung	699	330
	a) Bereicherungsabsicht	699	330
	b) Rechtswidrigkeit des erstrebten Vorteils	701	331
	c) Unmittelbarkeitsbeziehung (sog. „Stoffgleichheit")	705	332
VII. Täterschaft, Teilnahme und Versuch		707	334
VIII. Regelbeispiele und Qualifikation		708	335
	1. Regelbeispiele	708	335
	a) Gewerbsmäßiges Handeln oder bandenmäßige Begehung (Nr 1)	710	335
	b) Vermögensverlust großen Ausmaßes oder Verlustgefahr (Nr 2)	711	336
	c) Wirtschaftliche Not (Nr 3)	712	337
	d) Missbrauch der Befugnisse oder Stellung als Amtsträger oder Europäischer Amtsträger (Nr 4)	713	337
	e) Versicherungsbetrug (Nr 5)	714	338
	2. Qualifikation	718	339
IX. Sicherungsbetrug und Verfolgbarkeit		719	339
	1. Sicherungsbetrug	719	339
	2. Verfolgbarkeit	720	340
X. Prüfungsaufbau: Betrug, § 263		721	340

§ 16 Computerbetrug

§ 16 Computerbetrug	722	341
I. Zweck, Rechtsgut und Einordnung der Vorschrift	722	341
II. Tatbestand	728	343
1. Zwischenfolge, Erfolg und Bereicherungsabsicht	728	343
2. Tathandlungen	732	346
III. Prüfungsaufbau: Computerbetrug, § 263a	747	357

§ 17 Erschleichen von Leistungen

§ 17 Erschleichen von Leistungen	748	358
I. Tatbestandsüberblick	749	358
II. Erschleichen als Ausführungshandlung	752	359
III. Leistungs- und Warenautomaten sowie Einrichtungen	757	362
IV. Vorsatz, Versuch und Verfolgbarkeit	759	364
V. Prüfungsaufbau: Erschleichen von Leistungen, § 265a	762	365

§ 18 Subventionsbetrug, Kapitalanlagebetrug, Kreditbetrug, Wettbewerbsbeschränkende Absprachen bei Ausschreibungen, Versicherungsmissbrauch

§ 18 Subventionsbetrug, Kapitalanlagebetrug, Kreditbetrug, Wettbewerbsbeschränkende Absprachen bei Ausschreibungen, Versicherungsmissbrauch	763	365
I. Subventionsbetrug	764	366
1. Schutzzweck und Deliktsnatur	765	366
2. Subventionsbegriff	769	367
3. Tathandlungen und Strafbarkeit	773	368
II. Kapitalanlagebetrug	777	370
III. Kreditbetrug	779	371
IV. Wettbewerbsbeschränkende Absprachen bei Ausschreibungen	782	372

V. Versicherungsmissbrauch		790	375
1. Struktur und Schutzgut		792	375
2. Tatobjekt und Tathandlungen		793	376
3. Subjektiver Tatbestand		795	377
4. Vollendung und Versuch		796	378
5. Vortäuschen eines Versicherungsfalls und Verhältnis zu § 263 I, II, III 2 Nr 5		799	379
6. Prüfungsaufbau: Versicherungsmissbrauch, § 265		802	380

9. Kapitel
Erpressung, räuberische Erpressung und erpresserischer Menschenraub

§ 19 Erpressung und räuberische Erpressung		803	381
I. Erpressung		803	381
1. Deliktsstruktur und Schutzgüter		804	381
2. Objektiver Tatbestand		805	382
a) Nötigungsmittel		806	382
b) Vermögensverfügung		807	383
c) Vermögensnachteil		814	387
3. Subjektiver Tatbestand		816	389
4. Rechtswidrigkeit und Vollendung		819	392
5. Konkurrenzen		822	393
6. Prüfungsaufbau: Erpressung, § 253		824	394
II. Räuberische Erpressung		825	394
1. Tatbestandsstruktur und Nötigungsmittel		826	395
2. Abgrenzung zum Raub		828	396
3. Rechtsprechungsbeispiele		834	398
4. Prüfungsaufbau: Räuberische Erpressung, § 255		838	400
§ 20 Erpresserischer Menschenraub		839	401
I. Tatbestandsstruktur und Schutzgut		840	401
II. Tatbestand		842	402
III. Prüfungsaufbau: Erpresserischer Menschenraub, § 239a		847	406

10. Kapitel
Untreue und untreueähnliche Delikte

§ 21 Untreue		848	407
I. Übersicht zu § 266		849	407
1. Schutzgut und Deliktscharakter		849	407
2. Tatbestandliche Ausgestaltung		851	410
II. Missbrauchstatbestand		853	411
1. Verfügungs- und Verpflichtungsbefugnis		853	411
2. Vermögensbetreuungspflicht		854	412
3. Missbrauchshandlung		855	412
4. Nachteilszufügung		869	422
III. Treubruchstatbestand		870	422
1. Treueverhältnis, Vermögensbetreuungspflicht und Pflichtverletzung		871	422

	2.	Nachteilszufügung	878	428
	3.	Vorsatz	884	433
	4.	Fragen des Allgemeinen Teils und Regelbeispiele	889	436
IV.		Prüfungsaufbau: Untreue, § 266	890	437

§ 22 Untreueähnliche Delikte ... 891 438

    I. Vorenthalten und Veruntreuen von Arbeitsentgelt ... 891 438
        1. Vorenthalten von Sozialversicherungsbeiträgen ... 891 438
        2. Heimliches Nichtabführen einbehaltenen Arbeitsentgelts an Dritte ... 894 442
    II. Missbrauch von Scheck- und Kreditkarten ... 895 442
        1. Zweck der Vorschrift ... 897 442
        2. Tatbestand ... 899 443
        3. Prüfungsaufbau: Missbrauch von Scheck- und Kreditkarten, § 266b ... 907 447

11. Kapitel
Korruptionsdelikte (im privaten Sektor)

§ 23 Bestechung und Bestechlichkeit im privaten Sektor ... 908 447

    I. Korruption im privaten Sektor ... 908 447
        1. Überblick über die Korruptionsdelikte ... 908 447
        2. Struktur der Korruptionsdelikte ... 911 449
        3. Wettbewerb als strafrechtliches Schutzgut ... 916 450
    II. Bestechlichkeit und Bestechung im geschäftlichen Verkehr ... 922 452
        1. Grundgedanken und Grundstruktur des § 299 ... 922 452
        2. Empfängerqualifikation ... 925 453
        3. Vorteil ... 928 454
        4. Tathandlungen ... 930 455
        5. Unrechtsvereinbarung ... 932 456
            a) Referenzverhalten ... 932 456
            b) Gegenseitigkeitsverhältnis (Begriff der Unrechtsvereinbarung) ... 936 457
            c) Handeln im geschäftlichen Verkehr ... 940 458
            d) Unlauterkeit bzw. Sozialadäquanz ... 941 458
        6. Weitere Deliktsmerkmale ... 946 460
        7. Prüfungsaufbau: Bestechung und Bestechlichkeit im geschäftlichen Verkehr, § 299 ... 949 460
    III. Bestechung und Bestechlichkeit im Gesundheitswesen ... 950 461
    IV. Sportwettbetrug und Manipulation von berufssportlichen Wettbewerben ... 963 464
        1. Sportwettbetrug ... 964 464
        2. Manipulation von berufssportlichen Wettbewerben ... 970 466
        3. Strafzumessungsregel und Konkurrenzen ... 973 467

12. Kapitel
Anschlussdelikte mit Vermögensbezug

§ 24 Begünstigung	974	467
I. Schutzgut und Deliktseinordnung	975	468
II. Tatbestand	977	468
1. Merkmale der Vortat	977	468
2. Tathandlung	980	470
3. Vorsatz und Begünstigungsabsicht	984	472
a) Vorsatz	984	472
b) Begünstigungsabsicht	985	472
4. Tatvollendung	989	474
III. Selbstbegünstigung und Begünstigung durch Vortatbeteiligte	990	474
1. Selbstbegünstigung	990	474
2. Auswirkungen der Vortatbeteiligung	991	474
IV. Verfolgbarkeit	992	475
V. Prüfungsaufbau: Begünstigung, § 257	995	476
§ 25 Hehlerei	996	477
I. Schutzgut und Wesen der Hehlerei	996	477
II. Gegenstand und Vortat der Hehlerei	998	478
1. Tatobjekt	999	478
2. Zusammenhang zwischen Vortat und Hehlerei	1001	479
3. Fortbestehen der rechtswidrigen Vermögenslage	1008	481
III. Hehlereihandlungen	1016	483
1. Sich oder einem Dritten verschaffen	1018	484
a) Einvernehmliche Erlangung der Verfügungsgewalt	1019	484
b) Problemfälle	1024	485
2. Absetzen und Absetzenhelfen	1030	487
a) Begriffliche Abgrenzung	1032	488
b) Vollendung und Absatzerfolg	1035	489
c) Bedeutung im Einzelnen	1038	491
IV. Subjektiver Tatbestand	1044	493
1. Vorsatz	1044	493
2. Bereicherungsabsicht	1046	494
V. Vollendung und Versuch	1048	495
VI. Vortatbeteiligung und Hehlerei	1052	496
1. Vortäterschaft und Hehlerei	1053	496
2. Vortatteilnahme und Hehlerei	1054	497
3. Rückerwerb der Beute durch den Vortäter	1055	497
VII. Verfolgbarkeit und Strafschärfung	1058	498
1. Verweisung auf §§ 247, 248a	1058	498
2. Qualifikationen	1059	498
VIII. Prüfungsaufbau: Hehlerei, § 259	1062	499

§ 26 Geldwäsche 1063 500
    I. Entstehung, Zweck und Rechtsgut 1064 500
    II. Tatbestand 1075 504
        1. Tatobjekt, Vortat und Täter 1075 504
            a) Gegenstand 1075 504
            b) Herrühren 1079 505
            c) Vortat 1082 507
        2. Tathandlungen 1086 508
        3. Tatbestandseinschränkungen 1098 511
        4. Subjektiver Tatbestand, Leichtfertigkeit und weitere
           Bestimmungen 1103 514
        5. Qualifikation, Regelbeispiele und Strafbefreiung 1106 515
    III. Prüfungsaufbau: Geldwäsche, § 261 .... 1109 516

Sachverzeichnis 519

Abkürzungsverzeichnis

aA	anderer Ansicht
AG	AG
aaO	am angegebenen Ort
ABl.	EU Amtsblatt der Europäischen Union
abl.	ablehnend
Abs.	Absatz
abw.	abweichend
AE	Alternativ-Entwurf eines Strafgesetzbuches
aF	alte Fassung
AG	Amtsgericht
AktG	Aktiengesetz
Alt.	Alternative
Anm.	Anmerkung
AO	Abgabenordnung
ArbG	Arbeitsgericht
Art.	Artikel
ArztR	Arztrecht
AT	Allgemeiner Teil (Strafrecht)
Aufl.	Auflage
BayObLG	Bayerisches Oberstes Landesgericht
BayObLGSt	Entscheidungen des Bayerischen Obersten Landesgerichts in Strafsachen
BB	Betriebsberater
BBG	Bundesbeamtengesetz
Bd.	Band
BeckRS	Beck-Rechtsprechung
Begr.	Begründung
Bespr.	Besprechung
BeurkG	Beurkundungsgesetz
BGB	Bürgerliches Gesetzbuch
BGBl	Bundesgesetzblatt (Teil,Seite)
BGH	Bundesgerichtshof
BGHSt	Entscheidungen des Bundesgerichtshofes in Strafsachen
BGHZ	Entscheidungen des Bundesgerichtshofes in Zivilsachen
BJagdG	Bundesjagdgesetz
BKR	Zeitschrift für Bank- und Kapitalmarktrecht
BND	Bundesnachrichtendienst
BNotO	Bundesnotarordnung
BR-Ds	Bundesrats-Drucksache
BT	Besonderer Teil (Strafrecht)
BT-Ds	Bundestags-Drucksache
BtMG	Betäubungsmittelgesetz
BT-Prot.	Bundestags-Protokolle
BVerfG	Bundesverfassungsgericht
BVerfGE	Entscheidungen des Bundesverfassungsgerichts
BVerwG	Bundesverwaltungsgericht
BVerwGE	Entscheidungen des Bundesverwaltungsgerichts

CB	Compliance Berater
CCZ	Corporate Compliance Zeitschrift
CR	Computer und Recht
D	Dallinger
DAR	Deutsches Autorecht
ders.	derselbe
diff.	differenzierend
Diss.	Dissertation
DJT	Deutscher Juristentag
DJZ	Deutsche Juristenzeitung
DR	Deutsches Recht
DRiZ	Deutsche Richterzeitung
DStR	Deutsches Steuerrecht
DZWIR	Deutsche Zeitschrift für Wirtschafts- und Insolvenzrecht
E 1962	Entwurf eines Strafgesetzbuches 1962
EG	Einführungsgesetz
EGStGB	Einführungsgesetz zum Strafgesetzbuch
EGV	Vertrag zur Gründung der Europäischen Gemeinschaft
Einl.	Einleitung
einschr.	einschränkend
Erg.	Ergebnis
EU	Europäische Union
EuGRZ	Europäische Grundrechte, Zeitschrift
EUV	Vertrag über die Europäische Union
EWiR	Entscheidungen zum Wirtschaftsrecht
EzSt	Entscheidungen zum Straf- und Ordnungswidrigkeitenrecht
FamRZ	Zeitschrift für das gesamte Familienrecht
FD-StrafR	Fachdienst Strafrecht
Fn	Fußnote
FS	Festschrift
GA	Goltdammer's Archiv für Strafrecht
GewO	Gewerbeordnung
GG	Grundgesetz für die Bundesrepublik Deutschland
GmbH	Gesellschaft mit beschränkter Haftung
GmbHG	Gesetz betreffend die Gesellschaften mit beschränkter Haftung
GmbHR	GmbH-Rundschau
GrS	Großer Senat für Strafsachen
GRUR-RR	Gewerblicher Rechtsschutz und Urheberrecht Rechtsprechungs-Report
GS	Gedächtnisschrift
GVG	Gerichtsverfassungsgesetz
GWB	Gesetz gegen Wettbewerbsbeschränkungen
GWG	Geldwäschegesetz
GWR	Gesellschafts- und Wirtschaftsrecht
H	Holtz
HESt	Höchstrichterliche Entscheidungen in Strafsachen
HGB	Handelsgesetzbuch
hL	herrschende Lehre
hM	herrschende Meinung

HRR	Höchstrichterliche Rechtsprechung (zitiert nach Jahr und Nummer)
HRRS	Onlinezeitschrift für Höchstrichterliche Rechtsprechung zum Strafrecht
Hrsg.	Herausgeber
idF	in der Fassung
idR	in der Regel
iE	im Ergebnis
ieS	im engeren Sinn
InsO	Insolvenzordnung
iR	im Rahmen
iSd	im Sinne des/der
iVm	in Verbindung mit
iwS	im weiteren Sinn
JA	Juristische Arbeitsblätter
JA-R	JA-Rechtsprechung
JGG	Jugendgerichtsgesetz
JK	Jura-Kartei
JMBl NW	Justizministerialblatt für das Land Nordrhein-Westfalen
JR	Juristische Rundschau
Jura	Juristische Ausbildung
juris PR-ITR	juris Praxisreport IT-Recht
juris PR-StrR	juris Praxisreport Strafrecht
JuS	Juristische Schulung
JW	Juristische Wochenschrift
JZ	Juristenzeitung
KG	Kammergericht
KriPoZ	Kriminalpolitische Zeitschrift
krit.	kritisch
KTS	Konkurs-, Treuhand- und Schiedsgerichtswesen
L	Lernbogen
LAG	Landesarbeitsgericht
Lb	Lehrbuch (Strafrecht)
LG	Landgericht
LJagdG NW	Landesjagdgesetz Nordrhein-Westfalen
LM	Entscheidungen des Bundesgerichtshofes im Nachschlagewerk von Lindenmaier, Möhring ua
LPartG	Lebenspartnerschaftsgesetz
LZ	Leipziger Zeitschrift
MDR	Monatsschrift für Deutsches Recht
MedR	Medizinrecht
medstra	Zeitschrift für Medizinstrafrecht
MMR	MultiMedia und Recht
MRK	Konvention zum Schutze der Menschenrechte und Grundfreiheiten
mwN	mit weiteren Nachweisen
NdsRpfl	Niedersächsische Rechtspflege
nF	neue Fassung
NJ	Neue Justiz
NJOZ	Neue Juristische Online Zeitschrift

NJW	Neue Juristische Wochenschrift
NK	Neue Kriminalpolitik
NStE	Neue Entscheidungssammlung für Strafrecht
NStZ	Neue Zeitschrift für Strafrecht
NStZ-RR	NStZ-Rechtsprechungs-Report
NZG	Neue Zeitschrift für Gesellschaftsrecht
NZI	Neue Zeitschrift für das Recht der Insolvenz und Sanierung
NZV	Neue Zeitschrift für Verkehr
NZWehrR	Neue Zeitschrift für Wehrrecht
NZWiSt	Neue Zeitschrift für Wirtschafts-, Steuer- und Unternehmensstrafrecht
OGHSt	Entscheidungen des Obersten Gerichtshofes für die Britische Zone in Strafsachen
OHG	Offene Handelsgesellschaft
ÖJZ	Österreichische Juristenzeitung
OLG	Oberlandesgericht
OLGSt	Entscheidungen der Oberlandesgerichte zum Straf- und Strafverfahrensrecht
OrgKG	Gesetz zur Bekämpfung des illegalen Rauschgifthandels und anderer Erscheinungsformen der Organisierten Kriminalität vom 15.7.1992
öStGB	österreichisches Strafgesetzbuch
OWiG	Gesetz über Ordnungswidrigkeiten
ProstG	Prostitutionsgesetz
Prot.	Protokoll
RefE	Referentenentwurf
RegE	Regierungsentwurf
RG	Reichsgericht
RGBl	Reichsgesetzblatt (Teil, Seite)
RGSt	Entscheidungen des Reichsgerichts in Strafsachen
RGZ	Entscheidungen des Reichsgerichts in Zivilsachen
Rn	Randnummer
RPflG	Rechtspflegergesetz
Rs.	Rechtssache(n)
S	Satz
S.	Seite
s.	siehe
ScheckG	Scheckgesetz
SchlHA	Schleswig-Holsteinische Anzeigen
SchlHOLG	Schleswig-Holsteinisches Oberlandesgericht
SchwZStr	Schweizerische Zeitschrift für Strafrecht
SJZ	Süddeutsche Juristenzeitung
SpuRt	Zeitschrift für Sport und Recht
StGB	Strafgesetzbuch
StPO	Strafprozessordnung
StraFo	Strafverteidigerforum
StrÄndG	Gesetz zur Änderung des Strafrechts
StrRG	Gesetz zur Reform des Strafrechts
StV	Strafverteidiger
SubvG	Gesetz gegen missbräuchliche Inanspruchnahme von Subventionen (Subventionsgesetz)

TierSchG	Tierschutzgesetz
uU	unter Umständen
UWG	Gesetz gegen den unlauteren Wettbewerb
VersR	Versicherungsrecht
VG	Verwaltungsgericht
Vorbem.	Vorbemerkung
VRS	Verkehrsrechts-Sammlung
VUR	Verbraucher und Recht
VVG	Gesetz über den Versicherungsvertrag
WaffG	Waffengesetz
WEG	Wohnungseigentumsgesetz
WiKG	Gesetz zur Bekämpfung der Wirtschaftskriminalität
wistra	Zeitschrift für Wirtschafts- und Steuerstrafrecht
WuB	Entscheidungsanmerkungen zum Wirtschafts- und Bankrecht
WuW	Wirtschaft und Wettbewerb
ZfBR	Zeitschrift für deutsches und internationales Bau- und Vergaberecht
ZfWb	Zeitschrift für Wett- und Glücksspielrecht
ZInsO	Zeitschrift für das gesamte Insolvenz- und Sanierungsrecht
ZiP	Zeitschrift für Wirtschaftsrecht
ZIS	Zeitschrift für Internationale Strafrechtsdogmatik
ZJS	Zeitschrift für das Juristische Studium
ZMR	Zeitschrift für Miet- und Raumrecht
ZPO	Zivilprozessordnung
ZRP	Zeitschrift für Rechtspolitik
ZStW	Zeitschrift für die gesamte Strafrechtswissenschaft
zT	zum Teil
ZUM	Zeitschrift für Urheber- und Medienrecht
zusf.	zusammenfassend
zust.	zustimmend
zutr.	zutreffend
ZVersWiss	Zeitschrift für die gesamte Versicherungswissenschaft
ZVG	Gesetz über die Zwangsversteigerung und Zwangsverwaltung
ZWH	Zeitschrift für Wirtschaftsstrafrecht und Haftung im Unternehmen

Literaturverzeichnis

Achenbach/Ransiek/ Rönnau	Handbuch Wirtschaftsstrafrecht, 6. Auflage 2023. Zitiert: A/R/R-*Bearbeiter*
AnK-StGB	Anwaltkommentar StGB Strafgesetzbuch, 3. Auflage 2020. Zitiert: AnK-*Bearbeiter*
Arzt/Weber/Heinrich/ Hilgendorf	Strafrecht, Besonderer Teil, 4. Auflage 2021. Zitiert: A/W-*Bearbeiter*, BT
BE	Bochumer Erläuterungen zum 6. Strafrechtsreformgesetz, 1998 (Hrsg. E. *Schlüchter*). Zitiert: BE-*Bearbeiter*
Beulke/Zimmermann	Klausurenkurs im Strafrecht II, 4. Auflage 2019. Zitiert: *Beulke/Zimmermann*, II
Beulke/Zimmermann	Klausurenkurs im Strafrecht III, 6. Auflage 2023. Zitiert: *Beulke/Zimmermann*, III
Binding	Lehrbuch des gemeinen deutschen Strafrechts, Besonderer Teil I, 2. Auflage 1902. Zitiert: *Binding*, BT I
Blei	Strafrecht II, Besonderer Teil, 12. Auflage 1983. Zitiert: *Blei*, BT
Bock	Strafrecht Besonderer Teil 2, Vermögensdelikte, 1. Auflage 2018. Zitiert: *Bock*, BT II
Bock	Wiederholungs- und Vertiefungskurs Strafrecht Besonderer Teil – Vermögensdelikte, 3. Auflage 2024. Zitiert: *Bock*, WV-BT2
Bockelmann	Strafrecht, Besonderer Teil/1, Vermögensdelikte, 2. Auflage 1982. Zitiert: *Bockelmann*, BT I
Darleder/Knops/ Bamberger	Deutsches und europäisches Bank- und Kapitalmarktrecht, Band 2, 3. Auflage 2017. Zitiert: Darleder/Knops/Bamberger, *Bearbeiter*
Eisele	Strafrecht – Besonderer Teil II, Eigentumsdelikte und Vermögensdelikte, 6. Auflage 2021. Zitiert: *Eisele*, BT II
Eser	Strafrecht IV, Vermögensdelikte, 4. Auflage 1983. Zitiert: *Eser*, Strafrecht IV
Esser/Rübenstahl/ Saliger/Tsambikakis	Kommentar zum Wirtschaftsstrafrecht, 2017. Zitiert: E/R/S/T-*Bearbeiter*
Fischer	Strafgesetzbuch, 72. Auflage 2025. Zitiert: Fischer-*Bearbeiter*
Fischer u. a.	Dogmatik und Praxis des strafrechtlichen Vermögensschadens, Baden-Badener Strafrechtsgespräche Bd. 1, 2015. Zitiert: Fischer-*Autor*, Strafrechtsgespräche
Gössel	Strafrecht, Besonderer Teil, Band 2, Straftaten gegen materielle Rechtsgüter des Individuums, 1996. Zitiert: *Gössel*, BT II
Graf/Jäger/Wittig	Wirtschafts- und Steuerstrafrecht, 3. Auflage 2024. Zitiert: G/J/W-*Bearbeiter*
Haft/Hilgendorf	Strafrecht, Besonderer Teil I, 9. Auflage 2009. Zitiert: *Haft/Hilgendorf*, BT

Hauf	Strafrecht, Besonderer Teil 1, Vermögensdelikte, 2. Auflage 2002. Zitiert: *Hauf*, BT I
Heghmanns	Strafrecht für alle Semester, Besonderer Teil, 2. Auflage 2021. Zitiert: *Heghmanns*
Heintschel-Heinegg	Strafgesetzbuch, Kommentar, 4. Auflage 2021. Zitiert: BK-*Bearbeiter*
Hellmann	Wirtschaftsstrafrecht, 6. Auflage 2023. Zitiert: *Hellmann*
Hilgendorf/Kudlich/ Valerius	Handbuch des Strafrechts, Band V, 2020. Zitiert: HdS-*Bearbeiter* V
Hilgendorf/Kudlich/ Valerius	Handbuch des Strafrechts, Band VI, 2022. Zitiert: HdS-*Bearbeiter* VI
Hilgendorf/Valerius	Strafrecht, Besonderer Teil II, Vermögensdelikte, 3. Auflage 2024. Zitiert: *Hilgendorf/Valerius*
Hillenkamp/Cornelius	Examenswichtige Klausurprobleme, Strafrecht Allgemeiner Teil, 16. Auflage 2023. Zitiert: *Hillenkamp/Cornelius*, AT
Hillenkamp/Cornelius	Examenswichtige Klausurprobleme, Strafrecht Besonderer Teil, 13. Auflage 2020. Zitiert: *Hillenkamp/Cornelius*, BT
HK-GS	Gesamtes Strafrecht, Handkommentar, 5. Auflage 2022. Zitiert: HK-GS-*Bearbeiter*
Hoffmann-Holland	Strafrecht, Besonderer Teil, 3. Auflage 2015. Zitiert: H-H-*Bearbeiter*
Hohmann/Sander	Strafrecht Besonderer Teil. Die prüfungsrelevanten Probleme des gesamten Besonderen Teils, 4. Auflage 2021 Zitiert: *Hohmann/Sander*, BT I
Hoven/Kubiciel	Korruption im Sport, Schriftenreihe zum deutschen, europäischen und internationalen Wirtschaftsstrafrecht, Bd. 35, 2018. Zitiert: *Hoven/Kubiciel*-Autor
Jäger	Examens-Repetitorium Strafrecht Besonderer Teil, 10. Auflage 2024. Zitiert: *Jäger*, BT
Joecks/Jäger	Strafgesetzbuch, Studienkommentar, 13. Auflage 2021. Zitiert: *Joecks/Jäger*
Kindhäuser/Böse	Strafrecht, Besonderer Teil II, Straftaten gegen Vermögensrechte, 13. Auflage 2024. Zitiert: *Kindhäuser/Böse*, BT II
Kindhäuser/Hilgendorf	Strafgesetzbuch, Lehr- und Praxiskommentar, 10. Auflage 2024. Zitiert: *Kindhäuser/Hilgendorf*
Klesczewski	Strafrecht, Besonderer Teil, 2016. Zitiert: *Klesczewski*, BT
Kohlrausch/Lange	Strafgesetzbuch, 43. Auflage 1961. Zitiert: *Kohlrausch/Lange*
Krey/Hellmann/Heinrich	Strafrecht, Besonderer Teil/2, Vermögensdelikte, 19. Auflage 2024 Zitiert: *Krey/Hellmann/Heinrich*, BT II
Kudlich	Prüfe dein Wissen: Strafrecht, Besonderer Teil 1 – Vermögensdelikte, 5. Auflage 2021. Zitiert: *Kudlich*, PdW BT I
Kudlich/Oğlakcıoğlu	Wirtschaftsstrafrecht, 4. Auflage 2025. Zitiert: *Kudlich/Oğlakcıoğlu*
Küper/Zopfs	Strafrecht, Besonderer Teil, Definitionen mit Erläuterungen, 11. Auflage 2022. Zitiert: *Küper/Zopfs*, BT

Lackner/Kühl/Heger	Strafgesetzbuch, 30. Auflage 2023. Zitiert: *Lackner/Kühl/Heger*
LK-StGB	Leipziger Kommentar zum Strafgesetzbuch, 10. Auflage 1978–89; 11. Auflage 1992 ff; 12. Auflage 2006 ff; 13. Auflage 2019 ff. Zitiert: LK-*Bearbeiter*
Leipziger Praxiskommentar	Praxiskommentar Untreue – § 266 StGB, 2017. Zitiert: LPK-*Bearbeiter*
Matt/Renzikowski	Kommentar zum Strafgesetzbuch, 2. Auflage 2020. Zitiert: M/R-*Bearbeiter*
Maurach/Schroeder/Maiwald/Hoyer/Momsen	Strafrecht, Besonderer Teil, Teilb. 1, Straftaten gegen Persönlichkeits- und Vermögenswerte, 11. Auflage 2019. Zitiert: M/S/M-*Bearbeiter*, BT I
Maurach/Schroeder/Maiwald	Strafrecht, Besonderer Teil, Teilb. 2, Straftaten gegen Gemeinschaftswerte, 10. Auflage 2012. Zitiert: *Maurach/Schroeder/Maiwald*, BT II
Mitsch	Strafrecht, Besonderer Teil 2, Vermögensdelikte, 3. Auflage 2015. Zitiert: *Mitsch*, BT II
MK-StGB	Münchner Kommentar zum Strafgesetzbuch, Band 4 (§§ 185–262), 4. Auflage 2021; Band 5 (§§ 263–358), 4. Auflage 2022. Zitiert: MK-*Bearbeiter*
Müller-Gugenberger	Wirtschaftsstrafrecht, 8. Auflage 2024. Zitiert: M-G-*Bearbeiter*
NK-StGB	Nomos-Kommentar zum Strafgesetzbuch, 6. Auflage 2023. Zitiert: NK-*Bearbeiter*
NK-WSS	Leitner/Rosenau, Wirtschafts- und Steuerstrafrecht, 2. Aufl. 2022. Zitiert: NK-WSS-*Bearbeiter*
Otto	Grundkurs Strafrecht, Die einzelnen Delikte, 7. Auflage 2005. Zitiert: *Otto*, BT
Rengier	Strafrecht, Besonderer Teil I, Vermögensdelikte, 26. Auflage 2024. Zitiert: *Rengier*, BT I
Rengier	Strafrecht, Besonderer Teil II, Delikte gegen die Person und die Allgemeinheit, 25. Auflage 2024. Zitiert: *Rengier*, BT II
Roxin/Greco	Strafrecht, Allgemeiner Teil, Band 1, 5. Auflage 2020. Zitiert: *Roxin/Greco*, AT I
Roxin	Strafrecht, Allgemeiner Teil, Band 2, 2003. Zitiert: *Roxin*, AT II
Satzger/Schluckebier/Widmaier	Strafgesetzbuch, Kommentar, 5. Auflage 2020. Zitiert: S/S/W-*Bearbeiter*
Schmidhäuser	Strafrecht, Besonderer Teil, 2. Auflage 1983. Zitiert: *Schmidhäuser*, BT
Schmidt	Strafrecht, Besonderer Teil II (Vermögensdelikte), 23. Auflage 2023. Zitiert: *Schmidt*, BT II
Schramm	Strafrecht, Besonderer Teil II – Eigentums- und Vermögensdelikte, 3. Auflage 2023. Zitiert: *Schramm*, BT II
Schönke/Schröder	Strafgesetzbuch, 30. Auflage 2019, bearbeitet von *Eser, Perron, Sternberg-Lieben, Eisele, Hecker, Kinzig, Bosch, Schuster, Weißer* und *Schittenhelm*. Zitiert: S/S-*Bearbeiter*
Schroth	Strafrecht, Besonderer Teil, 5. Auflage 2010. Zitiert: *Schroth*, BT
Seelmann	Grundfälle zu den Eigentums- und Vermögensdelikten, 1988. Zitiert: *Seelmann*

SK-StGB	Systematischer Kommentar zum Strafgesetzbuch, Loseblatt, Band 2, Besonderer Teil, 1995 ff, von *Rudolphi, Horn*, mitbegründet von *Samson* und *Schreiber*, fortgeführt von *Deiters, Greco, Hoyer, Jäger, Noltenius, Rogall, Schall, Sinn, Stein, Wolter, Wolters* und *Zöller*. Gebunden Band V, 9. Auflage 2019, Band VI, 10. Auflage 2023. Zitiert: SK-*Bearbeiter*
Spickhoff	Medizinrecht Kurz-Kommentar, 4. Auflage 2022. Zitiert: Spickhoff-*Bearbeiter*
Tiedemann	Wirtschaftsstrafrecht, 5. Auflage 2017. Zitiert: *Tiedemann*, WirtschaftsstrafR
Taeger/Pohle	Computerrechts-Handbuch, Stand April 2024. Zitiert: T/P-*Bearbeiter*
Wabnitz/Janovsky/ Schmitt	Handbuch des Wirtschafts- und Steuerstrafrechts, 5. Auflage 2020. Zitiert: W/J/S-*Bearbeiter*
Wegner/Zech/Krüger/ Wenglarczyk	Studienbuch Strafrecht Besonderer Teil II, 2024. Zitiert: W/Z/K/W-*Autor*, BT II
Welzel	Das deutsche Strafrecht, 11. Auflage 1969. Zitiert: *Welzel*
Wessels	Strafrecht, Besonderer Teil/2, Straftaten gegen Vermögenswerte, 20. Auflage 1997. Zitiert: *Wessels*, BT II
Wessels/Beulke/Satzger	Strafrecht, Allgemeiner Teil, 54. Auflage 2024. Zitiert: *Wessels/Beulke/Satzger*, AT
Wessels/Hettinger/ Engländer	Strafrecht, Besonderer Teil 1, Delikte gegen die Person und die Allgemeinheit, 48. Auflage 2025. Zitiert: *Wessels/Hettinger/Engländer*, BT I
Wittig	Wirtschaftsstrafrecht, 6. Auflage 2023. Zitiert: *Wittig*
Zöller	Strafrecht, Besonderer Teil I, Vermögensdelikte, 2. Auflage 2015. Zitiert: *Zöller*, BT

Fest- und Gedächtnisschriftenverzeichnis

Im Text zitiert sind Beiträge aus den Fest- (zitiert: Name-FS) und Gedächtnisschriften (zitiert: Name-GS) für

Hans Achenbach	Heidelberg 2011
Robert Alexy	Tübingen 2017
Knut Amelung	Grundlagen des Straf- und Strafverfahrensrechts, Berlin 2009
Günther Bemmann	Baden-Baden 1997
Werner Beulke	Ein menschenwürdiges Strafrecht als Lebensaufgabe, Heidelberg 2015
Hans Erich Brandner	Köln 1996
Hans-J. Bruns	Köln, Berlin, Bonn, München 1978
Rudolf Bruns	Gedächtnisschrift, München 1980
Bundesgerichtshof	50 Jahre Bundesgerichtshof Band IV, München 2000
Hans Dahs	Köln 2005
Gerhard Dannecker	München 2023
Friedrich Dencker	Tübingen 2012
Eduard Dreher	Berlin, New York 1977
Ulrich Eisenberg I	München 2009
Ulrich Eisenberg II	Für die Sache, Berlin 2019
Albin Eser	Menschengerechtes Strafrecht, München 2005
Thomas Fischer	München 2018
Wolfgang Frisch	Grundlagen und Dogmatik des gesamten Strafrechtssystems, Berlin 2013
Wilhelm Gallas	Berlin, New York 1973
Friedrich Geerds	Kriminalistik und Strafrecht, Lübeck 1995
Gerd Geilen	Bochumer Beiträge zu aktuellen Strafrechtsthemen, Köln, Berlin, Bonn, München 2003
Klaus Geppert	Berlin 2011
Karl Heinz Gössel	Heidelberg 2002
Gerald Grünwald	Baden-Baden 1999
Rainer Hamm	Berlin 2008
Ernst-Walter Hanack	Berlin, New York 1999
Winfried Hassemer	Heidelberg 2010
Günter Heine	Strafrecht als ultima ratio, Tübingen 2016
Bernd v. Heintschel-Heinegg	München 2015
Hans Joachim Hirsch	Berlin, New York 1999
Heidelberg	Festschrift der Juristischen Fakultät Heidelberg zur 600 Jahr-Feier der Ruprecht-Karls Universität Heidelberg, Heidelberg 1986
Ernst Heinitz	Berlin 1972
Wolfgang Heinz	Baden-Baden 2012
Rolf Dietrich Herzberg	Strafrecht zwischen System und Telos, Tübingen 2008
Richard M. Honig	Göttingen 1970
Günther Jakobs	Köln, Berlin, München 2007
Wolfgang Joecks	Gedächtnisschrift – Strafrecht, Wirtschaftsstrafrecht, Steuerrecht, München 2018
Heike Jung	Baden-Baden 2007
Walter Kargl	Berlin 2015
Rolf Keller	Gedächtnisschrift, Tübingen 2003
Urs Kindhäuser	Baden-Baden 2019

Günter Kohlmann	Köln 2003
Volker Krey	Stuttgart 2010
Ulrich Klug	Köln 1983
Kristian Kühl	München 2014
Hans-Heiner Kühne	Heidelberg 2013
Wilfried Küper	Heidelberg 2007
Karl Lackner	Berlin, New York 1987
Ernst-Joachim Lampe	Jus humanum, Berlin 2003
Theodor Lenckner	München 1998
Otfried Lieberknecht	München 1997
Klaus Lüderssen	Baden-Baden 2002
Manfred Maiwald	Fragmentarisches Strafrecht, Frankfurt a.M., Berlin 2003
Manfred Maiwald	Gerechte Strafe und legitimes Strafrecht, Berlin 2010
Reinhart Maurach	Karlsruhe 1972
Hartmut Maurer	Staat, Kirche, Verwaltung, München 2001
Hellmuth Mayer	Beiträge zur gesamten Strafrechtswissenschaft, Berlin 1966
Volkmar Mehle	Baden-Baden 2009
Dieter Meurer	Gedächtnisschrift, Berlin 2002
Koichi Miyazawa	Baden-Baden 1995
Egon Müller	Baden-Baden 2008
Peter-Christian Müller-Graff	Privatrecht, Wirtschaftsrecht, Verfassungsrecht, Baden-Baden 2015
Ulfrid Neumann	Rechtsstaatliches Strafrecht, Heidelberg 2017
Harro Otto	Köln, Berlin, Bonn, München 2007
Hans-Ullrich Paeffgen	Strafe und Prozess im freiheitlichen Rechtsstaat, Berlin 2015
Rainer Paulus	Würzburg 2009
Karl Peters	Einheit und Vielfalt des Strafrechts, Tübingen 1974
Ingeborg Puppe	Strafrechtswissenschaft als Analyse und Konstrukt, Berlin 2011
Rudolf Rengier	München 2018
Ruth Rissing-van Saan	Berlin 2011
Dieter Rössner	Über allem: Menschlichkeit, Baden-Baden 2015
Klaus Rogall	Systematik in Strafrechtswissenschaft und Gesetzgebung, Berlin 2018
Claus Roxin I	Berlin, New York 2001
Claus Roxin II	Strafrecht als Scientia Universalis, Bd. 1 und 2, Berlin, New York 2011
Imme Roxin	Heidelberg 2012
Hans-Joachim Rudolphi	Neuwied 2004
Erich Samson	Recht – Wirtschaft – Strafe, Heidelberg 2010
Wolf Schiller	Baden-Baden 2014
Reinhold Schlothauer	München 2018
Ellen Schlüchter	Freiheit und Verantwortung in schwieriger Zeit, Baden-Baden 1998
Ellen Schlüchter	Gedächtnisschrift, Köln, Berlin, Bonn, München 2002
Heinz Schöch	Verbrechen – Strafe – Resozialisierung, Berlin 2010
Hans-Ludwig Schreiber	Strafrecht, Biorecht, Rechtsphilosophie, Heidelberg 2003
Friedrich-Christian Schroeder	Heidelberg 2006
Bernd Schünemann	Streitbare Strafrechtswissenschaft, Berlin/Boston 2014
Hans-Dieter Schwind	Kriminalpolitik und ihre wissenschaftlichen Grundlagen, Heidelberg 2006
Manfred Seebode	Berlin 2008
Jürgen Sonnenschein	Gedächtnisschrift, Berlin 2003
Günter Spendel	Berlin, New York 1992
Gernot Steinhilper	Kriminologie und Medizinrecht, Heidelberg 2013

Heinz Stöckel	Strafrechtspraxis und Reform, Berlin 2010
W. Stree/J. Wessels	Beiträge zur Rechtswissenschaft, Heidelberg 1993
Franz Streng	Heidelberg 2017
Andrzej J. Szwarc	Vergleichende Strafrechtswissenschaft, Berlin 2009
Klaus Tiedemann	Strafrecht und Wirtschaftsstrafrecht, Köln, München 2008
Otto Triffterer	Wien 1996
Herbert Tröndle I	Berlin, New York 1989
Herbert Tröndle II	Gedächtnisschrift, Berlin 2019
Klaus Volk	In dubio pro libertate, München 2009
Rudolf Wassermann	Neuwied, Darmstadt 1985
Ulrich Weber	Bielefeld 2004
Jürgen Wessing	Unternehmensstrafrecht, München 2015
Jürgen Weitzel	Recht im Wandel – Wandel des Rechts, Köln, Weimar, Wien 2014
Hans Welzel	Berlin, New York 1974
Gunter Widmaier	Strafverteidigung, Revision und die gesamten Strafrechtswissenschaften, Köln 2008
Jürgen Wolter	Gesamte Strafrechtswissenschaft in internationaler Dimension, Berlin 2013
Keiichi Yamanaka	Rechtsstaatliches Strafen, Berlin 2017
Heinz Zipf	Gedächtnisschrift, Heidelberg 1999
ZIS	10 Jahre Zeitschrift für Internationale Strafrechtsdogmatik, Baden-Baden 2018

Einleitung
Vermögensdelikte

I. Gegenstand des Vermögensstrafrechts

Vermögensdelikte (im weiteren Sinne) beruhen auf diversen Verboten von Verhalten, das jeweils **einzelne Vermögensbestandteile** oder das **Vermögen als Ganzes** beeinträchtigt oder gefährdet. Entsprechend beziehen sich einige, wie der Diebstahl und die Sachbeschädigung, auf die Beeinträchtigung bestimmter (formeller) **Vermögenspositionen** wie Eigentum an einem Gegenstand (typischerweise unabhängig vom wirtschaftlichen Wert), andere, wie der Betrug und die Erpressung, auf die Beeinträchtigung des **Vermögens** einer Person in seinem **wirtschaftlichen Gesamtwert**.   1

Vermögen wird **nicht um seiner selbst willen** geschützt (weder einzelne Positionen noch die Gesamtheit). Vielmehr wird eine Freiheit geschützt, nämlich die Handlungsfreiheit. Zu ihrer Entfaltung bedarf es regelmäßig äußerer Gegenstände bzw. monetärer Mittel. Indem die Verfügbarkeit dieser Mittel für die berechtigte Person geschützt wird, werden die tatsächlichen Voraussetzungen der Ausübung ihrer Handlungsfreiheit geschützt. Etymologisch spricht viel für die Annahme, dass der englische Ausdruck *may* (i.S.v. können) und der deutsche Ausdruck *Vermögen* sowie *Macht* dieselbe Wurzel haben.[1] Dieser Zusammenhang lebt auch innerhalb der deutschen Sprache fort: Der Ausdruck *Vermögen* bezeichnet in bestimmten Kontexten die Möglichkeit, etwas zu tun. Beim verbalen Ausdruck (jemand *vermag* etwas) ist diese Bedeutung sogar dominant. Zumindest früher wurde er aber auch (*was* jemand *vermag*) mit Bezug auf die dieser Person zuzurechnenden Güter verwendet.[2] Dass dieser (tatsächliche und sprachliche) Zusammenhang zwischen dem strafrechtlichen Vermögensschutz und der Gewährleistung der allgemeinen Handlungsfreiheit besteht, bedeutet aber nicht, dass die Vermögensdelikte auch unmittelbar die Handlungs- bzw. Gestaltungsfreiheit oder ihre erfolgreiche Ausübung schützen würden. Ihr strafrechtlicher Schutz bezieht sich unmittelbar nur auf das Vermögen im jeweiligen (speziellen formellen oder allgemeinen wirtschaftlich-materiellen) Sinne. Die **Handlungsfreiheit** wird nur indirekt (im Sinne eines **Schutzreflexes**) geschützt; gleichwohl geht es bei den Vermögensdelikten gerade um diesen Effekt. Dieser Gedanke schlägt sich teilweise in der Diskussion um den Vermögensbegriff nieder (s. Rn 591 ff).

Einen *lückenlosen* Eigentums- und Vermögensschutz kennt das Gesetz nicht. Die bloße Besitzentziehung ist zB gar nicht, die Gebrauchsanmaßung nur teilweise mit Strafe bedroht (s. dazu Rn 64 und 485 ff). Reine Vertragsverletzungen werden auch bei Schädigung des Vertragspartners nicht bestraft. Die Rechtsgüter werden nur in bestimmten Angriffsrichtungen geschützt (zum normentheoretischen Zusammenhang vgl. Rn 9 ff, 35 f). Das ist grundsätzlich durchaus richtig so, denn für den Gesetzgeber ist das Strafrecht als Mittel des Rechtsgüterschutzes nur *subsidiär* und als *ultima ratio* (und damit fragmenta-   2

---
[1] Eintrag „mögen, möglich, Möglichkeit, vermögen, Vermögen, vermöge", in: *Pfeifer* ua, Etymologisches Wörterbuch des Deutschen 1993, abrufbar unter https://www.dwds.de/wb/verm%C3%B6gen.
[2] Vgl. etwa *German Schleifheim von Sulsfort* [Hans Jakob Christoffel von Grimmelshausen]: Der Abentheurliche Simplicissimus Teutsch, Monpelgart [Nürnberg], 1669, S. 544 (Buch 5, Kap. 11): „… ich dancke meinem Gott/daß er mir nicht mehr überflüßig Geld beſchert hat/als ich vermag/dann hätte mein Doctor noch mehr hinder mir gewuſt …" (https://www.deutschestextarchiv.de/grimmelshausen_simplicissimus_1669/550).

risch) einzusetzen. Das Schließen einer „Strafbarkeitslücke" ist durchaus nicht immer ein rechtlicher Gewinn.[3] Dies wird gerade in der europäischen Kriminalpolitik[4] bisweilen zu wenig beachtet.

1. Schutz formeller Vermögenspositionen

3 Ein Teil der Vermögensdelikte (im weiteren Sinne) schützt das Eigentum sowie weitere formelle Vermögenspositionen.

Streng genommen schützen die **Eigentumsdelikte** nicht das Eigentum als solches. So wird durch die Wegnahme oder Beschädigung einer Sache die formale Stellung des Eigentümers nicht beeinträchtigt (vgl. auch § 935 BGB). Durch die Eigentumsdelikte wird der Eigentümer vielmehr vor Verhaltensweisen geschützt, die die **Befugnisse des Eigentümers** aus **§ 903 BGB** (zur Nutzung, zum Ausschluss Dritter, zur Verfügung über die Sache) beeinträchtigen.[5] Rechtstechnisch knüpfen die Eigentumsdelikte hierzu an die (bürgerlich-rechtlichen) Pflichten an, die für andere gegenüber dem Eigentümer aufgrund von dessen Eigentümerbefugnissen bestehen. Dabei nimmt das Strafrecht nicht vollständig auf das gegenüber dem Eigentümer bestehende Pflichtenprogramm Bezug, sondern stellt nur ausgewählte Pflichtverletzungen (näher Rn 6 ff, 12 f, 29 ff). unter Strafe (z.B. nicht die fahrlässige Sachbeschädigung, nicht jede Wegnahme und nur ausgewählte Arten der Gebrauchsanmaßung). In einigen Delikten wird der Schutz vor Eigentumsverletzungen auch mit anderen Rechtsgütern und Schutzzielen kombiniert, so dient der Raubtatbestand auch dem Schutz der persönlichen Freiheit vor Nötigungen (s. Rn 390), und seine Qualifikationstatbestände schützen ua die körperliche Unversehrtheit.

Über das Eigentum hinaus schützt das Strafrecht **weitere formelle Vermögenspositionen** vor – wiederum ausgewählten – Einwirkungen, die die Befugnisse des Inhabers beeinträchtigen. Die Formen der sanktionierten Einwirkungen auf die Vermögenspositionen sind recht unterschiedlich und können nicht einheitlich beschrieben werden. Die nähere Betrachtung gehört zur Darstellung des jeweiligen Delikts.

Eigentumsdelikte		Sonstige Straftaten gegen das Vermögen in besonderer Hinsicht		
Zueignungsdelikte Diebstahl (§§ 242 ff), Unterschlagung (§ 246), Raub und räuberischer Diebstahl (§§ 249-252)	Sachbeschädigung (§§ 303 ff)	Entziehung elektr. Energie (§ 248c) und Gebrauchsanmaßung (§§ 248b, 290)	Straftaten gegen Aneignungsrechte (§§ 292 ff)	Insolvenzdelikte (§§ 283 ff) und Straftaten gegen Gläubiger-, Nutzungs-, Gebrauchs- und Sicherungsrechte (§§ 288, 289)

---

3   S. dazu *Hillenkamp*, in: Kube ua, Leitgedanken des Rechts, 2013, S. 1356 ff; *Kühl*, Tiedemann-FS S. 31, 36 ff; ferner *Hefendehl*, JA 11, 401; *Maiwald*, Maurach-FS S. 9; teils krit. *Kindhäuser/Böse*, BT II § 1 Rn 8; zsf. *Roxin/Greco*, AT § 2 Rn 38 ff.
4   Zur gegenläufigen Tendenz in EU-Vorgaben s. *Duttge*, Weber-FS S. 309; *Vogel*, GA 02, 527.
5   S. auch W/Z/K/W-*Wegner*, BT II § 1 Rn 11.

2. Schutz des Vermögens als Ganzes

Der andere Teil der Vermögensdelikte schützt das **Vermögen in seiner Gesamtheit** als *Inbegriff aller wirtschaftlichen Güter* eines Rechtssubjekts, sodass im Regelfall (insbesondere bei der Erpressung und beim Betrug) beliebige Vermögensbestandteile den Gegenstand der Tat bilden können, wie zB Sachen, Forderungen, Rechte, Anwartschaften und andere Positionen wirtschaftlicher Art (bzw. in einem weiteren Sinne sogar der wirtschaftliche Gesamtwert). Bei diesen Vermögensdelikten (im engeren Sinne) geht es nicht um die Integrität einzelner Vermögensgegenstände, auch nicht um die Verletzung einzelner Rechte, sondern um die Erhaltung des wirtschaftlichen Gesamtwerts des Vermögens. Vermögensinhaber werden wiederum nur vor bestimmten, **besonders umschriebenen Verhaltensweisen** geschützt, die zu **wirtschaftlichen Nachteilen** führen. Insbesondere die Verfügungsfreiheit als solche erfährt durch die Vermögensdelikte keinen unmittelbaren Schutz (vgl. zum Vermögensschaden beim Betrug Rn 649 ff).[6] Für sie bleibt es bei § 240, der die Freiheit der Willensbetätigung gegen Gewalt und Drohungen abschirmt.

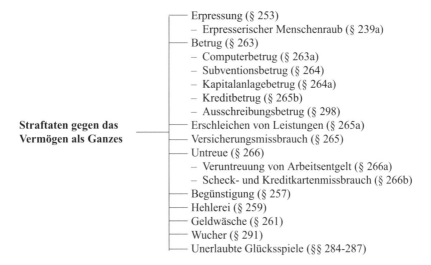

Straftaten gegen das Vermögen als Ganzes
- Erpressung (§ 253)
  - Erpresserischer Menschenraub (§ 239a)
- Betrug (§ 263)
  - Computerbetrug (§ 263a)
  - Subventionsbetrug (§ 264)
  - Kapitalanlagebetrug (§ 264a)
  - Kreditbetrug (§ 265b)
  - Ausschreibungsbetrug (§ 298)
- Erschleichen von Leistungen (§ 265a)
- Versicherungsmissbrauch (§ 265)
- Untreue (§ 266)
  - Veruntreuung von Arbeitsentgelt (§ 266a)
  - Scheck- und Kreditkartenmissbrauch (§ 266b)
- Begünstigung (§ 257)
- Hehlerei (§ 259)
- Geldwäsche (§ 261)
- Wucher (§ 291)
- Unerlaubte Glücksspiele (§§ 284-287)

Nicht bei allen Delikten ist eindeutig, **ob** sie den **Vermögensdelikten zuzuordnen** sind. Das gilt etwa für die Begünstigung, weil die ihr zugrunde liegende Vortat sich nicht unbedingt gegen fremdes Vermögen gerichtet haben muss und als Begünstigungsobjekte nicht nur Vermögensvorteile in Betracht kommen, auch wenn dies zumeist der Fall ist – *ein* Grund, sie hier mitzubehandeln. Ähnliches gilt für den Tatbestand der Geldwäsche (§ 261). Subventions-, Kapitalanlage- und Kreditbetrug schützen dagegen *neben* dem Vermögen gleichrangig **Interessen der Allgemeinheit**. Diese sind aber mit dem Vermögensschutz so verzahnt, dass sie die Einordnung als Vermögensdelikte nicht hindern. Die wirtschaftlichen Korruptionsdelikte sind eigentlich gar keine Vermögensdelikte, sondern **Wettbewerbsdelikte** (die §§ 299, 299a und 299b sind im StGB auch so eingeordnet), bei denen es zunächst um Interessen der Allgemeinheit geht, doch auch sie schützen Individualinteressen und haben so engen Vermögensbezug, dass der Gesetzgeber sie zum Teil sogar als Formen des Betrugs bezeichnet (§§ 265c, 265d).

---

6 BGHSt 16, 321, 325; BGH BeckRS 16, 16028. Nach BGH NStZ 18, 107 ist auch durch § 266 „die allgemeine Dispositionsfreiheit" nicht geschützt, s. dazu Rn 849.

II. Normentheoretische Zusammenhänge

1. Überblick

5 Erklärt wurde der Gegenstand des Vermögensstrafrechts gerade (Rn 1 ff) über dessen Arten von Rechtsgütern und die zu ihrem Schutz bestehenden strafbewehrten Pflichten. Vergegenwärtigt man sich, dass in allgemeinen Darstellungen zum Strafrecht meist besonderes Augenmerk auf Schuld, Unrecht und tatbestandsmäßigen Erfolgen liegt, fällt auf, dass diese in der Darstellung keine unmittelbare Rolle gespielt haben. Die Gegenstandsbereiche des Strafrechts unterscheiden sich nicht über besondere Aspekte der Schuld. Auch wenn man akzeptiert, dass Deliktstatbestände Unrecht vertypen, wäre es doch reichlich unklar, wie man einen Gegenstandsbereich des Strafrechts von dem in seinen Delikten vertypten Unrecht her beschreiben sollte. Und ein Fokus auf Erfolge wäre mit der Gefahr verbunden, zu sehr auf rechtlich missbilligte Zustände und die Lage nach der Tat zu achten, statt darauf, worum es im **Tatstrafrecht** im Kern immer zu gehen hat: das **Verhalten** von Personen und dessen **Beurteilung** anhand von **Normen**. Deshalb blickt die Darstellung in Rn 1 ff auf Pflichten, den Schutz von Rechtsgütern mittels Pflichten, die Verletzung von Pflichten und die Bewehrung von Pflichten mit Strafe. Diese Begriffe und Zusammenhänge erfahren in allgemeinen Darstellungen zum Strafrecht meist keine besondere Aufmerksamkeit. Deshalb werden im Folgenden die betreffenden **normentheoretischen Grundlagen skizziert**. Dies geschieht zunächst mit Blick auf ihre Bedeutung für die Vermögensdelikte. Daran schließen sich Anmerkungen zum besseren Verständnis ihrer Grundbegriffe und ihrer Beziehung zu anderen fundamentalen Konzepten des Strafrechts an.

6 Die strafrechtliche Beurteilung von Verhalten hat nach dem **Gesetzlichkeitsprinzip** (Art. 103 Abs. 2 GG, Art. 49 Abs. 1 und 2 GRCh, Art. 7 EMRK) so zu erfolgen, dass *ex post* (nach der Tat) nur der Maßstab angelegt wird, der *ex ante* (vor der Tat) schon für den Täter als über seine Strafbarkeit bestimmender Maßstab deutlich war. Der Täter muss sein Verhalten also bei der Tat **an demselben Maßstab ausrichten** können, an dem dieses später gemessen wird. Das Gesetzlichkeitsprinzip dient dem Schutz des Beschuldigten, seiner Grundrechte und der Vermeidung eines „chilling effects" in Bezug auf die Allgemeine Handlungsfreiheit und weitere Grundrechtspositionen aller Bürger, der sich aus der Sorge vor ungewissen Strafbarkeitsrisiken ergäbe. Die Bedeutung des Gesetzlichkeitsprinzips ergibt sich allerdings nicht nur aus dieser subjektiv-rechtlichen Begründung, sondern auch aus der **Funktion des Strafrechts**:[7] Das Strafrecht soll nämlich vor bestimmten, im Verhalten von Menschen liegenden Gefahren für Rechtsgüter **schützen**. Wann immer eine Straftat begangen wird, hat das Strafrecht diese zentrale Funktion nicht erfüllt. Wenn dann ein Strafverfahren geführt, jemand verurteilt und bestraft wird, geschieht das zu dem Zweck und in der Hoffnung, dass der strafrechtliche Schutz in Zukunft erfolgreicher ist, aber es ist nicht das, worum es im Strafrecht primär geht. (Schon deshalb ist es reichlich schief, strafrechtliche Überlegungen bei Strafzwecken zu beginnen, denn die Strafe selbst hat nur eine sekundäre Funktion, und neben der Strafe sind insbesondere auch bereits die im Erlass von Verhaltensregeln und Strafdrohungen liegenden Grundrechtseingriffe rechtfertigungsbedürftig.) Seinen primären Zweck kann das Strafrecht nur mittels **Verhaltensregeln, die von ihren Adressaten unbedingt selbst einzuhalten** sind, erreichen. Dazu müssen sie von diesen wirklich **zielge-**

---

[7] Vgl. dazu auch *Rostalski*, Der Tatbegriff im Strafrecht, 2019, S. 16 f.

richtet eingehalten werden können. Nur wenn die Regeln mit Blick auf dieses Ziel konstruiert werden, hat das Strafrecht Aussicht auf Erfolg.

Dazu ist es nützlich, unterschiedliche Typen von Normen (hier synonym verwendet zu „Regeln") zu unterscheiden: Verhaltensregeln, Zurechnungsregeln und Sanktionsnormen.[8] **Verhaltensregeln** enthalten Gebote und Verbote in Form von allgemeinen Sollens-Sätzen (wie: „Du sollst nicht stehlen!"). Wenn ihre Voraussetzungen in einer konkreten Situation für einen konkreten Adressaten vorliegen und er ihre Anforderungen in dieser Situation tatsächlich zielgerichtet erfüllen kann, indem er sein Verhalten an dieser Regel ausrichtet, besteht für ihn eine dieser Verhaltensregel korrespondierende **Pflicht**.[9] Sind diese Voraussetzungen nicht erfüllt, kann aus der Verhaltensregel für diesen Adressaten in dieser Situation keine Pflicht entstehen, denn eine Pflicht kann nicht auf etwas Unmögliches gerichtet sein. Rechtlich wird das in dem Satz *„nemo obligatur ultra posse"* und seinen zahlreichen Varianten ausgedrückt.[10] **Zurechnungsregeln** gestatten oder untersagen es denjenigen, die einen Fall beurteilen, einer Person etwas rechtlich zuzuschreiben, namentlich Handlungen, Erfolge des Verhaltens, Schuld, Vermögen und jedenfalls bei juristischen Personen auch Wissen (Bsp.: „Wenn eine Person die relevanten Umstände ihrer Bewegungen nicht kannte, können ihr diese nicht als strafrechtlich relevantes Verhalten zugerechnet werden." „Wenn ein Ereignis auch ohne das Verhalten des Täters nicht entfallen wäre, für diesen also alternativlos war, kann es ihm nicht als Erfolg seines Verhaltens zugerechnet werden."). **Sanktionsnormen** drohen für den Fall einer Pflichtverletzung – unter bestimmten weiteren Bedingungen – eine Sanktion an (Bsp.: „Wer stiehlt wird, wenn er dabei schuldhaft handelt, mit … bestraft."). Sie sind der für das Strafrecht charakteristische Typ von Normen, haben aber nur unterstützende Funktion und dienen nicht unmittelbar seinem primären Zweck.

Die mit Blick auf die Funktion des Strafrechts primären Fragen bestehen darin, auf welche Pflichtverletzungen die jeweilige Sanktionsnorm sich bezieht, was genau die betreffende Pflicht gebietet, unter genau welchen Bedingungen in einer bestimmten Situation für eine bestimmte Person eine entsprechende Pflicht besteht und ggf. ob sie verletzt wurde. Die Pflicht kann das Vermeiden oder Herbeiführen bestimmter **Erfolge** gebieten bzw. verbieten. Der Erfolgsbezug ist ein Mittel, Handlungen nach ihrer Ausrichtung oder erkennbaren Gefährlichkeit zu beschreiben. Das muss so geschehen, dass die Adressaten ihre Handlungsentscheidungen danach ausrichten können, darf also nur auf bei der Handlung verfügbare Informationen abstellen; ob die Handlung wirklich zum Erfolg führen wird, ist in diesem Moment nie sicher. **Verletzt** wird die Pflicht stets nur durch Verhalten, niemals durch den Eintritt eines Erfolgs oder sonstigen Zustands.[11] Schuld ist neben der Pflichtverletzung immer eine weitere, von der Sanktionsnorm vorauszusetzende Bedingung, setzt aber auch selbst stets eine Pflichtverletzung voraus. **Schuld, Erfolgsbezug und Unrecht** haben im Strafrecht jeweils wesentliche Bedeutung, aber nur als **abgeleitete**, auf die

---

8 Zu diesen Konzepten (mit Varianten in der Bezeichnung) z.B. *Binding*, Handbuch des Strafrechts, 1885 (Nachdruck 1991), §§ 30-47; *Jakobs*, Studien zum fahrlässigen Erfolgsdelikt 1972, S. 9 ff; *Hruschka*, Rechtstheorie 22 (1991), 449 ff; *Lagodny*, Strafrecht vor den Schranken der Grundrechte, 1996, S. 77 ff; *Röhl/Röhl*, Allgemeine Rechtslehre, 3. Aufl. 2008, § 26; *Schneider*, Die Verhaltensnorm im Internationalen Strafrecht, 2011, S. 35 ff m.N.
9 Vgl. *Kindhäuser*, GA 22, 570 f, 573 f; *Ast*, in: Aichele/Renzikowski/Rostalski (Hrsg.), Normentheorie, 2022, S. 57.
10 Klassisch in den Digesten 50, 17, 185 (*Celsus libro octavo digestorum*): „*Inpossibilium* [sic] *nulla obligatio est.*" Zur Rolle im Strafrecht auch *Pawlik*, Das Unrecht des Bürgers, 2012, S. 259 ff, 311 ff.
11 Vgl. *Renzikowski*, Alexy-FS S. 642; *Rönnau*, JuS 09, 209, 210.

Pflichtverletzung bezogene **Konzepte**. Nur so tragen sie zur Funktion des Tatstrafrechts konstruktiv bei und gewinnen zugleich an inhaltlicher Klarheit.

2. Charakteristische Aspekte der Vermögensdelikte

9 Im Kontext der Vermögensdelikte ist es besonders wichtig, sich diese Zusammenhänge zu vergegenwärtigen. Die Rechtsgüter der Vermögensdelikte darf man sich meist nicht gegenständlich als physische Integrität eines Objekts, die zu schützen wäre, vorstellen. Bei ihnen geht es oft nicht einmal um einen Zustand, der rechtlich missbilligt ist. Dass eine Person eine Sache nach dem Delikt in ihrem Gewahrsam hat, ist zB beim Diebstahl nicht das Missbilligte, und beim Betrug nicht der Wertverlust des Vermögens als solcher. Die Verhaltensregeln der Vermögensdelikte verbieten nicht generell die Einwirkung auf bestimmte Rechtsgüter, sondern sie schützen jeweils vor **spezifischen Angriffen**. Verboten sind jeweils bestimmte Verhaltensweisen.

10 Gerade im Vermögensstrafrecht, aber keineswegs nur dort, **entstammen** die maßgeblichen **Verhaltensregeln meist anderen Rechtsgebieten** (vgl. Rn 2). Es wäre widersinnig, wenn neben zivilrechtliche oder öffentlich-rechtliche Pflichten noch strafrechtliche treten würden. Das könnte nämlich zu widersprüchlichen und damit unerfüllbaren Verhaltensanforderungen führen (dazu Rn 6), denn die Adressaten könnten im Falle von inhaltlichen Unterschieden gar nicht zugleich zivilrechtlich korrekt so und strafrechtlich korrekt anders handeln. Deshalb müssen Verhaltensregeln über die Rechtsgebiete hinweg stets konsistent sein. Zusammen mit der Geltung von Rechtfertigungsgründen über die Grenzen der einzelnen Rechtsgebiete hinaus bildet diese Forderung den Grundsatz der **Einheit der Rechtsordnung**. Jedes Rechtsgebiet kann eigene Verhaltensregeln aufstellen oder aus anderen Rechtsgebieten stammende Verhaltensregeln erweitern, aber stets nur so, dass sich keine widersprüchlichen (unerfüllbaren) Anforderungen ergeben.

11 Im Bereich der Vermögensdelikte stellt man sich die Zusammenhänge der Normen am besten so vor, dass es vom Strafrecht unabhängige Verhaltensregeln gibt, die oft aus dem Zivilrecht, bisweilen auch aus dem Öffentlichen Recht stammen. Diese werden **von den strafrechtlichen Sanktionsnormen in Bezug** genommen und mit Sanktionsdrohungen für den Fall entsprechender Pflichtverletzungen versehen. Die Bezugnahme geschieht aber in keiner Weise umfassend, sondern jeweils nur für **ausgewählte Teile** der Verhaltensregeln. Auch wenn die Verhaltensregel als solche nicht aus dem Strafrecht stammt, ist es eine genuin strafrechtliche Frage, worin genau die strafbewehrte Verhaltensregel besteht. Tritt das Strafrecht mit seinen Sanktionsnormen zu unabhängig vom Strafrecht bestehenden Verhaltensregeln hinzu – auch wenn es dabei innerhalb dieser Verhaltensregeln selektiert und d.h. priorisiert –, spricht man von **akzessorischem** Strafrecht.[12] Dabei kann explizit auf Regelungen anderer Rechtsgebiete verwiesen werden,[13] die Bezugnahme kann aber auch implizit erfolgen.[14] Im Kernstrafrecht ist Letzteres der Regelfall, und man muss sich die Akzessorietät gezielt bewusst machen, um sicherzustellen, dass bei der Klärung des Inhalts der strafbewehrten Verhaltensregeln keine Widersprüche zu den Vorgaben der Ausgangsrechtsgebiete dieser Verhaltensregeln entstehen.

---

12 Näher *Renzikowski*, in: Aichele/Renzikowski/Rostalski (Hrsg.), Normentheorie, 2022, S. 9 (14).
13 Eingehend dazu *Cornelius,* Verweisungsbedingte Akzessorietät bei Straftatbeständen, 2016. Speziell zu unionsrechtlich geprägten Verhaltensregeln *Wörner* in: Schneider/Wagner (Hrsg.), Normentheorie und Strafrecht, 2018, S. 283 ff.
14 Näher auch mit einer Behandlung von Fragen des Vorsatzes *Kuhli* in: Schneider/Wagner (Hrsg.), Normentheorie und Strafrecht, 2018, S. 121 ff.

3. Vertiefende Betrachtung

Exkurs zur Normentheorie: „Normentheorie" ist ein Sammelbegriff für im Einzelnen recht unterschiedliche Herangehensweisen,[15] die damit zu tun haben, rechtliche Regelungen zu **analysieren**, ihre Bestandteile **nach Typen zu ordnen** und diese Typen auf ihre **Funktion und Besonderheiten** hin zu untersuchen.[16] Es gibt keineswegs nur eine einzige, eindeutig richtige Art, Regelungen zu gliedern und zu typisieren. Die Normentheorie ist vielmehr ein Mittel der Betrachtung und Darstellung von rechtlichen Regelungen, und je nach Erkenntnisinteresse lässt sich variieren, was in den Blick genommen wird. Oft wird man die eben angegebene gedankliche Reihenfolge umkehren und von bestimmten rechtlichen Funktionen, für die man sich interessiert, ausgehen und die Analyse der Regelungen und Typisierung ihrer Bestandteile von vornherein auf diese Funktionen hin ausrichten.

Das bedeutet nicht, dass man mit normentheoretischen Betrachtungen willkürlich beliebige Ergebnisse produzieren würde. Im Gegenteil ist das Vorgehen gerade darauf gerichtet, die Regelungen so zu betrachten, dass man (neben etlichem anderen) **logische Strukturen und Abhängigkeiten** erkennen kann. Das fördert gesicherte, eindeutige Erkenntnisse, aber es bedeutet nie, dass dieselben Regelungen nicht auch andere Strukturen und logische Abhängigkeiten haben können (nur eben keine widersprechenden).

Es gibt bislang keine einheitliche normentheoretische **Begrifflichkeit**. Hier werden die Ausdrücke in folgender Weise gebraucht:[17]

Rechtsanwendung setzt **rechtliche Regelungen** voraus, und die haben praktisch immer einen gewissen Komplexitätsgrad. *Vorschriften* sind Passagen des Gesetzestextes – so formuliert, wie sie im Gesetz stehen. Die Vorschriften bilden einige Aspekte rechtlicher Regelungen ab, aber zu letzteren gehören stets noch etliche weitere dogmatische Aspekte, die nicht im Gesetz stehen – sonst wären Bücher wie das vorliegende und überhaupt das Jurastudium überflüssig, und es würde ausreichen, das Gesetz zu lesen und anzuwenden. Rechtliche Regelungen kann man (oft in unterschiedlicher Weise) in einzelne Bestandteile analysieren. Sie alle werden hier *Normen* genannt (also nicht nur Verhaltensnormen). *Regel* wird hier synonym mit Norm verwendet. Der Ausdruck „Norm" betont die Maßstabsfunktion für Bewertungen, der Ausdruck „Regel" betont einerseits die Funktion als Vorgabe für ein Vorgehen (die Verhaltensregel als Vorgabe für den Adressaten, die Zurechnungsregel als Vorgabe für die urteilende Person) und andererseits den Grad an Allgemeinheit (der Verhaltensregel im Gegensatz zur Pflicht), aber das hebt nur unterschiedliche Aspekte derselben normativen Aussage hervor.

Diese Normen enthalten eine **normative Aussage**. So enthalten Verhaltensregeln eine an Bürger gerichtete Aussage darüber, wie sie sich unter bestimmten Umständen bzw. im Hinblick auf bestimmte Gefahren verhalten sollen. Zurechnungsregeln enthalten an Personen, die das Verhalten von Menschen beurteilen (u.U. auch eigenes Verhalten), gerichtete Aussagen darüber, unter welchen Voraussetzungen der Person was (als Handlung, Schuld etc) zuzuschreiben ist (zugerechnet werden soll). Sanktionsnormen sagen, für welche Pflichtverletzungen unter welchen weiteren (materiellrechtlichen) Voraussetzungen welche Sanktionen von den zuständigen Institutionen verhängt werden sollen. Damit verleihen sie den so in Bezug genommenen Verhaltensregeln zugleich besonderen Nachdruck. (§ 212 StGB meint ja nicht etwa: „Bringe ruhig jemanden um, kalkuliere aber ein, dass Du dann so und so bestraft werden könntest.", sondern stellt das von vernünftigen Menschen ohnehin akzeptierte Tötungsverbot nachdrücklich als – von gleich zu behandelnden Fragen

---

15 Zu wichtigen Strömungen s. *Grosse-Wilde* in: Schneider/Wagner (Hrsg.), Normentheorie und Strafrecht, 2018, S. 215 ff.
16 Zur fundamentalen Unterscheidung zwischen Verhaltens- und Sanktionsnormen, ihren Anfängen bei *Bentham* und *Binding* sowie Kritik an dieser Unterscheidung s. *Renzikowski* in: Aichele/Renzikowski/Rostalski (Hrsg.), Normentheorie, 2022, S. 9 ff.
17 Vgl. dazu auch den Überblick bei *Schuhr* in: Dannecker/Meyer (Hrsg.), Unternehmenssanktionen in der Europäischen Union, 2023, S. 52 ff.

der Rechtfertigung abgesehen – unbedingt einzuhalten dar.) All diese Normen lassen sich also so auffassen, dass sie **Sollens-Sätze** enthalten und folglich **Verhalten** regeln. Aber nur an dem Verhalten, um das es in den Verhaltensregeln geht, besteht ein **originäres rechtliches Interesse** – nur um ihretwillen gibt es die anderen Normen überhaupt. In diesem Sinne sind die Verhaltensregeln primär und alle anderen Normtypen sekundär. Von solchen **sekundären Normtypen** lassen sich etliche weitere vorstellen, etwa Normsetzungsregeln zur Bestimmung, wie Verhaltensregeln wirksam aufgestellt werden können, Kompetenzregeln zur Bestimmung, wer welche Verhaltensregeln aufstellen darf, Delegationsregeln zur Übertragung von Pflichten auf andere; und solche können durchaus auch für das Strafrecht relevant sein, denn wenn dieses wirklich **Autonomie** schützen soll, kann keineswegs nur der Gesetzgeber solche Kompetenzen haben, sondern müssen gerade auch Bürger in bestimmten Zusammenhängen maßgebliche Verhaltensregeln aufstellen (und damit die Wirkungen gesetzlicher Sanktionsnormen auslösen) können. Im vorliegenden Zusammenhang genügt aber eine Skizze der ersten drei Normtypen.

16 Anders als Vorschriften stehen Normen nicht einfach im Gesetz.[18] Sie sind auch nicht unbedingt einem üblichen Prüfungsschritt (wie der Deliktstatbestandsmäßigkeit) zuzuordnen. Darin liegt keine Kritik des üblichen Prüfungsablaufs. Es geht vielmehr darum, eine komplexere Regelung in ihren Einzelheiten und deren Zusammenhängen zu erfassen. Dazu genügt es **nicht, nur zu beschreiben**, was im Gesetz steht und wie üblicherweise geprüft wird, denn bloße Beschreibungen erfassen die **normativen Gehalte** nicht. Vor allem dort, wo Regelungen in Konflikt mit anderen Regelungen stehen oder wesentliche Sonderfälle vom Normgeber nicht berücksichtigt wurden, sind die normativen Gehalte der Regelung auch gar nicht unmittelbar erkennbar. Mit Mitteln der **Normentheorie** lässt sich die **Darstellung von Regelungen** auf einem etwas anderen Weg angehen: Man fragt sich, was eigentlich zu regeln ist und welche Arten von Einzelregelungen dazu nötig sind. Man verlässt dabei zunächst die Perspektive des Rechtsanwenders und versetzt sich in die Situation eines idealen Normgebers. Das macht es oft leichter, den Zweck der Regelungen zu verstehen (dient also der **teleologischen Auslegung**), nichts Wesentliches zu übersehen, Abhängigkeiten zu erkennen und Widersprüche zu vermeiden (was der **systematischen Auslegung** dient). Man erfasst die untersuchte Gesamtregelung dabei oft in **Kategorien, die von den bisher üblichen abweichen**. Gerade das kann dazu beitragen, Probleme zu lösen, die die bisherige Betrachtung nicht befriedigend gelöst hat. Es kann auch Gründe aufzeigen, die für das bisherige Vorgehen sprechen, in der bisher üblichen Betrachtung aber gar nicht klar wurden. Freilich kann es auch Defizite der bestehenden Rechtslage oder des üblichen Vorgehens zeigen, aber das ist nicht das eigentliche Ziel.

17 *Verhaltensregeln* (synonym: Verhaltensnormen) enthalten allgemeine Sollens-Sätze, die sich auf Verhalten beziehen, an dem ein originäres rechtliches Interesse besteht. Wenn man versucht, sie auszuformulieren, macht man das sinnvollerweise mit zunächst zu weit, **zu generell gefassten Regeln**, zu denen man dann **Erlaubnissätze** als Ausnahmen formuliert. Oft formuliert man sogar nur die generellen Regeln, setzt die Ausnahmen aber stillschweigend voraus und muss sie stets mitdenken. Erst beide zusammen bilden die eigentlichen Verhaltensregeln ab. Dem korrespondieren bei der Prüfung der Straftat zunächst die Behandlung der (Delikts-)Tatbestandsmäßigkeit, dann die Erörterung von Rechtfertigungsgründen. Erst beide zusammen liefern das erste relevante (Teil-)Urteil über die Tat, nämlich das Urteil über die Rechtswidrigkeit des Verhaltens. (Die Deliktstatbestandsmäßigkeit besagt für sich genommen nur, dass es eine passende Sanktionsnorm gibt, wenn das Verhalten sich als pflichtwidrig erweist. Und sie enthält einen ersten Teil der Prüfung der Pflichtwidrigkeit. Der liefert allein aber noch gar keinen Aufschluss über die Pflichtwidrigkeit, denn man kann – namentlich in einer Garantenstellung – sogar dazu verpflichtet sein, einen Deliktstatbestand zu verwirklichen.) Diese logische Struktur bildet die Theorie der negativen Tatbestandsmerkmale zutreffend ab, der unübersichtlichen Bildung von Gesamtunrechtstatbeständen bedarf es dazu freilich nicht.

---

18 Sie sind theoretische Konstrukte, vgl. auch *Schuhr*, in: Dannecker/Meyer (Hrsg.), Unternehmenssanktionen in der Europäischen Union, 2023, S. 55.

Die *Adressaten* der Verhaltensregeln sind die Personen, die ihr Verhalten nach ihnen ausrichten sollen,[19] nicht diejenigen, die dieses Verhalten im Nachhinein (*ex post*) beurteilen. Für eine richtige strafrechtliche Beurteilung von Verhalten ist es wichtig, Verhaltensregeln stets nur so zugrunde zu legen, wie sie auch schon ihren Adressaten im Moment der Tat (*ex ante*) zur Beurteilung ihres eigenen Verhaltens (genauer: zur Prüfung ihres Tatentschlusses) zur Verfügung gestanden haben (*Gesetzlichkeitsprinzip*, vgl. Rn 4). Deshalb ist es zB richtig, wenn der BGH in Abkehr von früherer Rechtsprechung die Erklärung beim Abrechnungsbetrug nach dem Empfängerhorizont zur Tatzeit auslegt und nicht erst im Urteil die der Abrechnung zugrundeliegenden Vorschriften interpretiert, daraus die Bedeutung der Erklärung bestimmt und so zu einer Pflichtwidrigkeit kommt, die zur Tatzeit wegen herrschender anderer Auffassung oder unklarer Rechtslage gar nicht zu erkennen war (vgl. Rn 566).

18

Verhaltensregeln können sich in den **Phasen** des Geschehensablaufs wandeln. So gehört etwa zum Betrugsverbot zunächst das Verbot, zum Betrug unmittelbar anzusetzen, dann das Gebot, einen unbeendeten Betrugsversuch aufzugeben, dann das Gebot, die aus einem beendeten Betrugsversuch resultierenden Schadensrisiken zu beseitigen. Schon vor dem unmittelbaren Ansetzen gehört dazu das Verbot, einen Betrug zu verabreden etc, dieses ist allerdings nur unter den weiteren Voraussetzungen des § 263 V mit Strafe bewehrt (dh nur diese Vorschrift liefert eine passende Sanktionsnorm). Auch wenn **mehrere Personen** involviert sind, nehmen Verhaltensregeln besondere Formen an.[20] Sie können dann auch weitere Zeitpunkte betreffen, zB als Verbot, bei einer anderen Person den Tatentschluss zu einem Betrug hervorzurufen, oder als Verbot, eine Person aus einer Einwirkung in der Annahme zu entlassen, dass sie in einem Defektzustand jemand anderen als den Einwirkenden betrügen wird und zwar in einer Weise, die der Einwirkende vermittelt über die Einwirkung steuert. Dass diese Formulierungen jeweils die **Anforderungen an einen Versuch** paraphrasieren und der tatsächliche Eintritt des Erfolgs, die Verletzung eines Rechtsguts oder die Zurechnung fremden Verhaltens darin nicht vorkommen, ist kein Zufall.[21] Gesagt wird nämlich **jeweils auf den Handelnden bezogen**, wie dieser sich verhalten soll bzw. nicht verhalten darf.[22] Die Pflichtverletzung liegt stets im Versuch der Tat – selbst dann, wenn dieser gar nicht strafbar ist, sondern die Sanktionsnorm erst dann anwendbar wird, wenn es auch noch zur Vollendung der Tat kommt.

19

Zurechnungsregeln sagen, unter welchen Voraussetzungen einer Person (einem Rechtssubjekt) etwas zuzuschreiben ist bzw. nicht zugeschrieben werden darf.[23] Sie betreffen zunächst das **Verhalten**, auf das sich die Verhaltensregeln beziehen,[24] also positives Tun und Unterlassen. Beides wird hier als *Handlung* bezeichnet.

20

Handlungen sind in gewissem Sinne frei, aber Freiheit ist nicht einfach real in der Welt, sondern wir **schreiben Freiheit zu** (zB immer dann, wenn wir uns fragen „Was soll ich tun?" oder sagen „Du sollst … tun!", denn beides setzt die Annahme voraus, dass man selbst bzw. der andere das eigene Verhalten zielgerichtet steuern kann). Entsprechend sind auch Handlungen nicht einfach real. Vielmehr werden Vorgänge der Außenwelt (eigene körperliche Bewegungen bzw. das Ausbleiben bestimmter Bewegungen) einer Person als ihr Handeln zugeschrieben. Ebenso wie sich Freiheit nicht aus äußeren Umständen beweisen lässt, gibt es für diese Zuschreibung keine positiven Vo-

21

---

19 Vert. *Kindhäuser* in: Aichele/Renzikowski/Rostalski (Hrsg.), Normentheorie, 2022, S. 50 ff.
20 Vgl. etwa zur Anstiftung und einem Vorschlag für die Rose-Rosahl-Konstellation *Marinitsch* in: Schneider/Wagner (Hrsg.), Normentheorie und Strafrecht, 2018, S. 164 f.
21 Vgl. dazu *Renzikowski*, Alexy-FS S. 642.
22 Zu einem Vergleich dieser Konzeption mit einem Gegenentwurf, der die Normverletzung nur *ex post* behandelt und die *ex ante*-Perspektive bloß als Zurechnungsfrage begreift, *Greco* in: Aichele/Renzikowski/Rostalski (Hrsg.), Normentheorie, 2022, S. 195 ff.
23 Zur Unterscheidung von Verhaltensregeln und Zurechnungsregeln s. *Hruschka*, Rechtstheorie 22 (1991), 449 ff; zur Notwendigkeit, aber auch zu Missbrauchsgefahren von Zurechnungsregeln s. *Schuhr* in: Aichele/Renzikowski/Rostalski (Hrsg.), Normentheorie, 2022, S. 110 ff.
24 Diese Form der Zurechnung lässt sich auch noch weiter ausdifferenzieren, dazu *Schuhr* in: Aichele/Renzikowski/Rostalski (Hrsg.), Normentheorie, 2022, S. 111.

Einleitung

raussetzungen, die immer erfüllt sein müssten. Aber die Zuschreibung darf nicht erfolgen, wenn davon auszugehen ist, dass die Person die betreffenden **Vorgänge nicht steuern konnte**.

22 Es gibt etliche, im Detail auch inhaltlich unterschiedliche Arten, dieses negative Kriterium zu explizieren. Eine gute Skizze liefert das gleich folgende **Zurechnungsmodell** (Rn 23 bis 26).[25] Relevant ist im Kontext der Vermögensdelikte, dass den Anforderungen eine sehr allgemeine Struktur zugrunde liegt. Sie betrifft nicht nur den Täter und nicht einmal nur Fragen des Strafrechts. Es geht vielmehr um die **Struktur der Zurechnung von Handlungen im Allgemeinen**. Bei den Vermögensdelikten geht es nämlich an mehreren Stellen darum, dass eine berechtigte bzw. geschädigte Person über Vermögen verfügt und so selbst einen Schaden herbeiführt, dabei aber wegen des Verhaltens des Täters in ihrer Fähigkeit, selbstbestimmt zu handeln, eingeschränkt war. Das Zurechnungsmodell zeigt, worin das Zurechnungsdefizit besteht, und die strafbewehrte Verhaltensregel verbietet es, ein solches Zurechnungsdefizit herbeizuführen.[26] Vor allem aber dient das Zurechnungsmodell der Zurechnung an den Täter.

23 Grundsätzlich werden jeder Person **eigene Körperbewegungen** als Handlung zugerechnet. Es bestehen aber folgende **Ausschlussgründe**: Erstens hat eine Zurechnung zu unterbleiben, wenn die Person keine relevanten Handlungsalternativen hat (**„vis absoluta"**, unwiderstehlicher Zwang). Zweitens ist die Zurechnung ausgeschlossen, wenn die Person in der Situation relevante Umstände nicht kannte (**„ignorantia facti"**, Unkenntnis der Tatsachen). Auch dann kann sie ihr Verhalten nämlich nicht zielgerichtet steuern. Soweit es um die *Zurechnung von Verhalten für die Anwendung einer Verhaltensregel* geht, bestimmt die Verhaltensregel, was **relevant** ist: Es muss mindestens eine Handlungsmöglichkeit bestehen, mit der die Verhaltensregel erfüllt wird, und der Adressat muss die Umstände kennen, aus denen sich ergibt, dass die Verhaltensregel einschlägig ist und wie sie zu erfüllen ist. Letzteres bildet sich im Prüfungsaufbau der Straftat im Vorsatzerfordernis ab. Die relevante Handlungsmöglichkeit wird zweiteilig geprüft. Erstens muss das Tatverhalten Handlungsqualität besitzen in dem Sinne, dass es überhaupt steuerbar war (kein Reflex o.Ä.), und bei Unterlassungsdelikten ist das Bestehen einer einschlägigen Handlungsmöglichkeit positiv festzustellen. Zweitens wird bei Erfolgsdelikten geprüft, ob die Handlung **conditio sine qua non** des Erfolgs war, also ob der Täter die Möglichkeit gehabt hätte, durch anderes Verhalten den Erfolg nicht herbeizuführen (bzw. bei Unterlassungsdelikten abzuwenden). Ob „Kausalität" dafür eine treffende Bezeichnung ist, mag hier dahinstehen; jedenfalls wird geprüft, ob für den Täter zur Tatzeit eine Handlungsalternative bestand, mit der er die Verhaltensregel befolgt hätte, und das ist *ex post* die wesentliche Frage (*ex ante* entsprechend, ob eine Handlungsalternative besteht, die das Ausbleiben des Erfolgs erwarten lässt). Im **allgemeineren**, nicht auf Verhaltensregeln beschränkten **Fall**, muss man ebenfalls bestimmen, im Hinblick worauf die Handlungszurechnung interessiert, denn unbeschränkte Alternativen und absolute Kenntnis bestehen nie. Nach diesem Erkenntnisinteresse richtet sich dann die **Relevanz** der Alternativen bzw. Kenntnisse. Bei den selbstschädigenden Vermögensdelikten kommt es typischerweise darauf an, dass die Fähigkeiten des Verfügenden, in der Situation wirtschaftlich-rational zu handeln, vom Täter nicht reduziert wurden.

24 Wenn keines der Ausschlusskriterien erfüllt ist, kann ordentlich zugerechnet werden. Sonst ist aber zu prüfen, ob die Person das Vorliegen des Ausschlussgrunds selbst verschuldet hat. Ist das der Fall, wird von einer **außerordentlichen Zurechnung** gesprochen und das Verhalten als *actio libera in sua causa* (in ihrem Grunde freie Handlung)[27] bezeichnet. Auch das geltende Recht kennt ent-

---

25 Es folgt dem von *Hruschka* auf der Basis von *Pufendorf* und *Daries* entwickelten Modell, vgl. *Hruschka* in: Schröder (Hrsg.), Entwicklung der Methodenlehre in Rechtswissenschaft und Philosophie vom 16. bis zum 18. Jahrhundert, 1998, S. 165 ff, zusammenfassend *Hruschka*, JRE 2 (1994), 177 ff und *Hruschka*, Strafrecht nach logisch-analytischer Methode, 2. Aufl. 1988, S. 313 f, 337 ff, 341 ff. Zu einem Überblick über Varianten der Zurechnung von Vorgängen als Handlung siehe *Koriath*, Grundlagen strafrechtlicher Zurechnung, 1994, S. 330 ff.
26 *Hruschka*, JRE 2 (1994), 177 ff.
27 Zu dieser Begrifflichkeit *Hruschka*, ZStW 96 (1984), 666 ff, 683 f, 690 ff; *Hruschka*, Strafrecht nach logisch-analytischer Methode, 2. Aufl. 1988, S. 381 ff. Siehe auch NK-*Schild/Zabel*, § 20 Rn 104, 110 ff. m.w.N.

sprechende Gegenausnahmen, namentlich die fahrlässige Tat bei fehlendem Vorsatz (ob dafür eine Strafdrohung besteht, ist erst eine die Sanktionsnorm betreffende Frage). Hat der Täter eines Unterlassungsdelikts das Fehlen der Möglichkeit, die Verhaltensregel (ggf. aus einer Garantenstellung) zu erfüllen, selbst vorwerfbar herbeigeführt, formuliert das Gesetz keine Ausnahme, aber wir nehmen sie an und verwenden den traditionellen Ausdruck *omissio libera in causa*.

Für die **Schuld** gibt es ein paralleles Zurechnungsmodell mit den Ausschlussgründen *vis compulsiva* (nötigender Zwang im weiten Sinne einschließlich Notsituationen und defizitärer Steuerungsfähigkeit) und *ignorantia iuris* (Unkenntnis der maßgeblichen Rechtsregeln). Ihm lassen sich die heutigen Schuldausschluss- und Entschuldigungsgründe zuordnen. Wiederum sieht das Gesetz typischerweise auch Gegenausnahmen vor (namentlich § 35 Abs. 1 S. 2). Bei § 20 ist das nicht so, und dort sprechen wir weiterhin von einer *actio libera in causa*. Gute Gründe sprächen dafür, die „*ignorantia iuris*" nicht erst bei der Zurechnung zur Schuld, sondern sogar bereits bei der Zurechnung von Verhalten für die Anwendung einer Verhaltensregel zu berücksichtigen, denn auch wer die Verhaltensnorm nicht kennt, ist nicht imstande, sie zielgerichtet zu befolgen.[28] Dieser Aspekt zeigt sich immer wieder in Diskussionen darüber, ob ein eine Verhaltensregel in Bezug nehmendes Tatbestandsmerkmal – wie die Verletzung der Vermögensbetreuungspflicht bei der Untreue oder die Pflichtwidrigkeit und steuerrechtliche Erheblichkeit bei der Steuerhinterziehung – als normatives Tatbestandsmerkmal einzuordnen ist (so dass auch das Bestehen und den Inhalt der Verhaltensregel betreffende Irrtümer den Vorsatz ausschließen können) oder als Blankettmerkmal bzw. gesamttatbewertend.

Die Figur der **außerordentlichen Zurechnung** ist durchaus **problematisch**, denn auch wenn eine Person das Fehlen von relevanten Alternativen oder relevanten Kenntnissen selbst verschuldet hat, ändert das nichts daran, dass sie in dieser Situation **nicht die Möglichkeit** hatte, die relevante Handlung zielgerichtet vorzunehmen.[29] Richtigerweise ist deshalb nicht außerordentlich zuzurechnen, sondern zu prüfen, ob zu einem früheren Zeitpunkt eine andere Verhaltensregel, die das Herbeiführen des Defizits verboten bzw. seine Vermeidung geboten hat, verletzt wurde, und zwar durch ein ordentlich zurechenbares Verhalten.[30] So ist beim Vorenthalten von Arbeitsentgelt (§ 266a I) richtigerweise nicht auf Verhalten bei **Zahlungsunfähigkeit** und nicht pauschal auf das Verschulden derselben abzustellen, sondern auf vorheriges, die Zahlungen pflichtwidrig nicht gewährleistendes Verhalten (Rn 893). Auch dass heute bei der **Fahrlässigkeit** eine Sorgfaltspflichtverletzung[31] geprüft wird, ist ein wesentlicher Schritt in diese Richtung. Die Vorstellung, dass Vorsatz und Fahrlässigkeit sich ausschließen würden, und die Sprechweise von der Vorhersehbarkeit und Vermeidbarkeit bzw. von „erkennen können" und „erkennen müssen" stammt noch aus der Vorstellungswelt der außerordentlichen Zurechnung. Immerhin aber prüfen wir dabei heute das tatsächliche Bestehen einer den Sorgfaltsanforderungen entsprechenden Verhaltensalternative und das Vorliegen der Kenntnisse, die nötig sind, um die Einschlägigkeit der Sorgfaltspflicht zu erkennen und ihr gemäß zu handeln, also die Voraussetzungen einer ordentlichen Zurechnung einschließlich des (nur nicht so genannten) Vorsatzes bzgl. der nach der Sorgfaltspflicht relevanten Umstände.

Regeln für die **Zurechnung eines Erfolgs** als Erfolg der Handlung behandeln wir heute unter der Bezeichnung *objektive Zurechnung*. Die Zurechnung **von Vermögen** folgt den Regeln anderer Rechtsgebiete (i.d.R. zivilrechtlichen). Die Zurechnung **von Wissen** an natürliche Personen wird

---

28 *Schuhr*, ZStW 131 (2019), 1002.
29 Entsprechend konstatiert *Kindhäuser* in: Aichele/Renzikowski/Rostalski (Hrsg.), Normentheorie, 2022, S. 45, das Strafrecht mache „zum Zweck der Garantie von Normgeltung Ausnahmen" vom Grundsatz *impossibilium nulla est obligatio*.
30 Dazu *Schuhr*, ZStW 131 (2019), 1002 ff.
31 Zur Gegenüberstellung von Sorgfaltspflicht und bloßer Obliegenheit siehe *Hruschka*, Strafrecht nach logisch-analytischer Methode, 2. Aufl. 1988, S. 331 f, 415 ff; *Neumann*, Zurechnung und „Vorverschulden", 1985, S. 260 ff; *Kindhäuser*, Gefährdung als Straftat, 1989, S. 65; *Pawlik*, Das Unrecht des Bürgers, 2012, S. 302 ff, 334; *Montiel*, ZStW 129 (2014), 608 ff.

jedenfalls im Strafrecht auf die eigenen Vorstellungen dieser Menschen beschränkt. Selbst § 166 BGB formuliert trotz der Überschrift „Wissenszurechnung" keine eigentliche Zurechnung, sondern einen Austausch der Person, auf deren Wissen abzustellen ist. Ganz ähnlich (und auch für ganz andere Aspekte als Wissen) funktioniert die gesetzliche Analogieanordnung des § 14 StGB. **Juristischen Personen** hingegen ist Wissen zuzurechnen, und die Regeln dafür gehören ebenso wie diejenigen der Zurechnung ihres Verhaltens zu dem Rechtsgebiet, das die jeweilige Rechtsform verfasst.

28 Eine wesentliche Funktion der Zurechnungsregeln für Verhalten im Sinne einer Verhaltensregel liegt darin, sicherzustellen, dass vom Adressaten **nichts Unmögliches** verlangt wird. Gerade so sind sie konstruiert und liegen auch der verallgemeinerten Form zugrunde. Das hat nicht nur rechtliche Gründe. Der Grundsatz *„nemo obligatur ultra posse"* ist nämlich kein Rechtssatz, der von einem Gesetzgeber auch eingeschränkt oder aufgehoben werden könnte. Wer ein Sollen behauptet, behauptet unausweichlich zugleich ein Können – das sagt der Satz „Sollen impliziert Können". Ein Sollen zu behaupten, aber zugleich Zweifel am Können des Adressaten zu akzeptieren, ist selbstwidersprüchlich und entzieht der Äußerung ihre Bedeutung.[32] Dass nichts Unmögliches verlangt werden kann, bildet eine **sprachliche (semantische) Grenze des Rechts**. Wer gegen sie verstößt, redet Unsinn. Das betrifft auch nicht nur (wie traditionell gedacht) die äußere objektive Unmöglichkeit, sondern alle Umstände, die es dem Adressaten unmöglich machen, eine an ihn gerichtete Anforderung zu erfüllen. Die allgemein gehaltenen Verhaltensregeln können nicht zwischen solchen Situationen unterscheiden, in denen ihre Anforderungen erfüllbar sind, und anderen. Um trotzdem allgemein gelten zu können, müssen sie unter dem Vorbehalt der Erfüllbarkeit stehen. Genau das wird sichergestellt, indem sie sich auf die Regeln über die Zurechnung von Verhalten beziehen und nur mit Bezug auf (ordentlich) zurechenbares Verhalten zu einer **Pflicht** in der konkreten Situation erstarken.[33]

29 In der **Pflichtverletzung** liegt die strafrechtlich relevante Rechtswidrigkeit des Verhaltens, das **Unrecht der Tat**. Die rechtliche Missbilligung eines als Folge des Verhaltens zu erwartenden Zustands, eine drohende Rechtsgutsverletzung bzw. ein zu befürchtendes „Erfolgsunrecht" sind der Grund und die Voraussetzung dafür, dass eine auf seine Vermeidung gerichtete Verhaltensregel überhaupt legitimerweise aufgestellt werden darf (und verfassungsrechtlich wirklich zu rechtfertigen ist). Weil die Sanktionsdrohung den in der Verhaltensregel liegenden Eingriff (mindestens in die Allgemeine Handlungsfreiheit) vertieft, gilt das für sie in noch gesteigertem Maße. Deshalb liegt es durchaus nahe, die Sanktionsnorm unter eine entsprechende weitere Bedingung (**Erfolgsbedingung**) zu stellen. Über den Bezug der Pflicht zu den durch sie abzuwendenden Risiken und deren Bewertung lässt sich das Unrecht auch graduieren,[34] während die Verletzung der Pflicht als solche nur bejaht oder verneint werden kann.

30 Dass die **Pflichtverletzung das Zentrum** der hier dargestellten strafrechtlichen Strukturen bildet, liegt daran, dass sich in ihr die Funktion des Strafrechts, **Rechtsgüter wirklich zu schützen** (Rn 5), die notwendige Beschränkung auf **erfüllbare Sollens-Sätze** (Rn 7 und 28) und die notwendige **Einheit der Rechtsordnung** (Rn 10) abbilden. Die hier verwendete normentheoretische Typisierung ist so gewählt, dass sie die Zusammenhänge, in denen diese Aspekte stehen, deutlich macht. Nicht alles, was man dabei erkennt, ist angenehm. So wurde zB zu Recht darauf hingewiesen, dass Strafrecht inhaltlich beliebig wird, wenn Sanktionsnormen auf beliebige Pflichten bezo-

---

32 Vgl. dazu *Aichele*, in: Aichele/Renzikowski/Rostalski (Hrsg.), Normentheorie, 2022, S. 21 ff (Ziff. 3 ff).
33 Mit Bezug auf juristische Personen und digitale „autonome Agenten" ändert sich an diesem Grundsatz zwar nichts, zeigt sich aber, dass die Frage der Zurechnung noch weitere Probleme aufwirft, die u.U. noch andere Zurechnungsregeln verlangen, und dass Verhaltensregeln auch bei einer Zurechnung in einem weiteren Sinne die Beurteilungsfunktion und selbst ohne Zurechnung eine Orientierungsfunktion (zB für die richtige Programmierung) haben können; dazu *Schuhr* in: Hilgendorf (Hrsg.), Robotik im Kontext von Recht und Moral, 2014, S. 13 ff; *Hirsch* in: Schneider/Wagner (Hrsg.), Normentheorie und Strafrecht, 2018, S. 151 ff.
34 Vgl. *Kindhäuser* in: Aichele/Renzikowski/Rostalski (Hrsg.), Normentheorie, 2022, S. 29 f.

gen werden, und dass es keine einfachen Kriterien dafür gibt, die akzessorischen Bezüge auf andere Rechtsgebiete jeweils geeignet zu beschränken.[35] Das ändert aber nichts an der hier dargestellten Stellung der Pflichtverletzung, sondern zeigt nur die Notwendigkeit, sich mit der **Rechtfertigung aller entstehenden Grundrechtseingriffe**[36] zu befassen (namentlich denen durch Verhaltensregeln, durch Strafdrohungen, aber in anderen Zusammenhängen zB auch denen durch die Inkulpation, durch die Erduldung eines Prozesses als Beschuldigter, durch prozessuale Eingriffe, tatsächliche Feststellungen, den Schuldspruch, Rechtsfolgenausspruch, Beginn der Vollstreckung und Fortdauer der Vollstreckung). Ein Fokus auf Rechtsgüter oder Straftheorien *statt* Pflichtverletzungen wäre keine Lösung. Hergebrachte Straftheorien behandeln die rechtfertigungsbedürftigen Eingriffe oft zu ausschnitthaft,[37] und die Rechtsgutstheorie liefert selbst bislang keine besonders klaren Kriterien für adäquate strafrechtliche Normen. Mit solchen Kriterien wäre die „richtige" Beschränkung der akzessorischen Bezüge auf außerstrafrechtliche Pflichten ja auch vorzunehmen. Es ist alles andere als zielführend, wenn Vertreter eines „Pflichtverletzungsdenkens" und der „Rechtsgutstheorie" hier gegeneinander arbeiten, denn sie hängen voneinander ab:[38] Nur über Pflichten lassen sich Rechtsgüter mit Mitteln des Strafrechts schützen, und das Rechtsgutskonzept ist der beste bislang bekannte Ansatz, das Problem des richtigen Maßes zwischen Freiheitseinschränkung und Schutz durch Strafrecht anzugehen, löst es bislang aber noch nicht.

Bei Erfolgsdelikten wird einerseits in der Verhaltensregel das verbotene (ggf. auch das gebotene) Verhalten über seinen zu erwartenden Erfolg beschrieben (dies ist auch bei konkreten Gefährdungsdelikten so), andererseits steht die Sanktionsnorm für vollendete Erfolgsdelikte unter einer **Erfolgsbedingung**. Sie setzt insbesondere den **tatsächlichen Eintritt** eines tatbestandsmäßigen Erfolgs voraus, bei genauerer Betrachtung – wie sich gleich zeigen wird – aber noch mehr.

Die **Pflichtverletzung** – im Folgenden bezogen auf ein Verbot und Begehungsdelikt – setzt (wie die Strafbarkeit wegen eines Versuchs der Tat) keinen Erfolgseintritt voraus, sondern nur eine Handlung in der **Vorstellung**, dass (1) der **Erfolg als Folge der eigenen Handlung eintreten werde** und (2) **bei anderem möglichen Verhalten nicht eintreten würde**. So verbietet bspw. die Verhaltensregel des Betrugs, eine rechtswidrige Bereicherung anzustreben, indem man über Tatsachen täuscht, wenn man als dessen ohne die Täuschung nicht eintretende Folge einen Irrtum, eine Verfügung und einen Schaden (als unmittelbare Kehrseite der Bereicherung) mit durchgehender Kausalkette erwartet. Ob es tatsächlich zu Irrtum, Verfügung und Schaden kommt, betrifft die Verhaltensregel und die Verletzung der Pflicht nicht. (Der Eintritt der Bereicherung betrifft nach § 263 nicht einmal die Vollendung und Sanktionsnorm.) Der Aspekt (1) ist für den Handelnden nötig, um zu erkennen, dass die Verhaltensregel sein Verhalten grundsätzlich verbietet.[39] Wer nicht erkennt, dass die eigene Behauptung zu einem Irrtum etc führen wird, hat aus § 263 keinen Anlass, sie nicht auszusprechen. Aspekt (2) ist nötig, damit der Handelnde erkennt, wie er sich der Verhaltensregel gemäß verhalten kann. Kann er weder durch Schweigen noch durch eine geeignete Mitteilung von Tatsachen einen erwarteten Irrtum des Verfügenden (mit allen weiteren Konsequenzen) vermeiden, sind diese weiteren Ereignisse für ihn alternativlos. Ohne beiderlei Vorstellungen kann der Adressat die Verhaltensregel in der betreffenden Situation nicht zielgerichtet erfüllen. Dann besteht für ihn keine entsprechende Pflicht (denn ihm wäre sein Vorgehen bzgl. dieser Verhaltensregel mangels Kenntnis wesentlicher Umstände nicht als Handlung zurechenbar).

Zum ersten Aspekt gehört ein **Kausalitätskonzept** mit Ursache-Wirkungsbeziehungen und Kausalkette, wobei die Tathandlung die auslösende Bedingung (*conditio per quam*, hinreichende Bedingung für den Erfolg) ist. Zum zweiten Aspekt gehört eine Auffassung von Kausalität als *condi-*

---

35 So nachdrücklich *Greco,* GA 19, 695 ff.
36 Dazu auch *Renzikowski* in: Aichele/Renzikowski/Rostalski (Hrsg.), Normentheorie, 2022, S. 15 f; *Hörnle,* Straftheorien, 2011, S. 11 ff; *Burghardt* in: Schneider/Wagner (Hrsg.), Normentheorie und Strafrecht, 2018, S. 61 ff.
37 Zur Warnung vor solchen Fehlern auch *Hörnle*, Straftheorien, 2011, S. 3 ff.
38 Beispielhaft für die ganz richtige Kombination beider Ansätze *Frisch,* GA 17, 364.
39 Vgl. dazu *Kindhäuser* in: Aichele/Renzikowski/Rostalski (Hrsg.), Normentheorie, 2022, S. 39 f.

tio sine qua non (dh der Tathandlung als notwendiger Bedingung für den Erfolg). Im objektiven Deliktstatbestand prüfen wir nur Letzteres, also die objektive Entsprechung des zweiten Aspekts (weil über die *conditio sine qua non* geprüft wird, ob der Täter eine Alternative zur Verursachung des Erfolgs hatte, vgl. Rn 23). Im subjektiven Tatbestand prüfen wir (je nach Fall evtl. nur summarisch formuliert) für beide Aspekte das Vorliegen der nötigen Vorstellungen. Für den zweiten Aspekt, der dem objektiven Tatbestand korrespondiert, ergibt sich das Erfordernis schon aus § 16 I 1. Obwohl der erste Aspekt im objektiven Tatbestand nicht geprüft wird, behandeln wir ihn im subjektiven Tatbestand sehr wohl, nämlich in den Figuren der wesentlichen Abweichung des tatsächlichen vom vorgestellten Kausalverlauf sowie der Konkretisierung des Tatentschlusses auf ein anvisiertes Objekt bzw. eine anvisierte Person. Beim Betrug mit seiner mehrstufigen Kausalkette nimmt dieses Erfordernis die spezielle Form der **Irrtums- und Verfügungsrelevanz** an (s. Rn 697). Zu diesen Figuren gehört zunächst die *Vorstellung* von Wirkungen der Handlung und eines in Raum und Zeit bestimmten Erfolgs. Diese Vorstellungen müssen nicht konkret und eindeutig sein; es genügt die vage Vorstellung, irgendeinen dem Tatbestand entsprechenden Erfolg herbeizuführen. Mehr ist auch für die Pflichtverletzung nicht erforderlich. Sind diese Vorstellungen jedoch konkreter, ist auch dies für die Pflichtverletzung insoweit relevant, wie die weiteren Details zur Steuerung des Verhaltens am Maßstab der Verhaltensregel wesentlich sind. (Man verletzt die Pflicht nicht im Hinblick auf eine nicht erkannte Gefahr des eigenen Verhaltens, durchaus aber im Hinblick auf nur unwesentlich abweichende Risiken.)

34 Die **Sanktionsnorm des vollendeten Delikts** verlangt als **Erfolgsbedingung**, dass **ein tatbestandsmäßiger Erfolg als Erfolg der Pflichtverletzung** in deren Folge tatsächlich eingetreten ist. Dazu gehören zunächst die stets im objektiven Deliktstatbestand geprüften Merkmale des tatsächlichen Erfolgseintritts und der Kausalität i.S. einer *conditio sine qua non*. Beim Betrug gehören dazu nicht nur der Schaden, sondern auch der Irrtum und die Verfügung als notwendige Zwischenerfolge sowie der sie alle verbindende Kausalzusammenhang. Darüber hinaus sind für die eben genannten Figuren aber weitere objektive Umstände von Bedeutung, nämlich die Lokalisierung des Erfolgs in Raum und Zeit sowie die zu ihm führende Kausalkette. Diese müssen den Vorstellungen des Täters entsprechen, soweit sie für die Pflichtverletzung wesentlich waren. Das wird mittels der Figuren der wesentlichen Abweichung des tatsächlichen vom vorgestellten Kausalverlauf sowie der Konkretisierung des Tatentschlusses auf ein Angriffsziel geprüft. Auch beim Betrug ist das so: Täuscht ein Kunde den Kassierer im Supermarkt über seine natürliche Haarfarbe in der Erwartung, dass dieser ihm deshalb wegen einer entsprechenden laufenden Werbeaktion einen Artikel ohne Berechnung überlässt, geschieht dies auch, aber die Werbeaktion ist schon abgelaufen, und der Kassierer handelt aus Begeisterung über die vermeintlich natürliche Farbe eigenmächtig, so weicht die Vorstellung des Kunden von der Verfügungsrelevanz der täuschungsgegenständlichen Tatsache in erheblicher Weise ab, und der Betrug ist nicht vollendet.

35 **Sanktionsnormen** drohen für den Fall einer Pflichtverletzung eine Sanktion an, die auch noch unter weiteren Bedingungen steht. Ein Beispiel für eine mögliche weitere Bedingung ist die eben behandelte Erfolgsbedingung.[40] Es gibt eine Bedingung, die neben der Pflichtverletzung von jeder Sanktionsnorm vorausgesetzt werden muss, nämlich die der Schuldhaftigkeit des Verhaltens. Diese setzt ihrerseits auch die Pflichtverletzung voraus. Deshalb mag es auf den ersten Blick so scheinen, als ließen sich Sanktionsnormen ebenso zutreffend ohne direkten Bezug auf die Pflichtverletzung nur über ein Schulderfordernis bestimmen. Dem ist aber nicht so. Die Sanktionsnorm muss nämlich bestimmen, auf **welche Verhaltensregel bzw. auf welchen Teil der Verhaltensregel** sie sich bezieht. Nur so ergibt sich eine **strafbewehrte Verhaltensregel**, und gerade um die geht es im Strafrecht.

---

40 Zu einem anderen Beispiel, das die Begrenzung der Wahlfeststellung betrifft, *Schuhr*, NStZ 14, 438 ff; skeptischer zur Rolle der Normentheorie bei dieser Frage *Lichtenthäler* in: Schneider/Wagner (Hrsg.), Normentheorie und Strafrecht, 2018, S. 177 ff.

Beschränkt die Sanktionsnorm die Sanktionsdrohung auf einen Teil einer Verhaltensregel, wird das auch als **„Normspaltung"** bezeichnet.[41] Das kann leicht missverstanden werden, denn an der Norm ändert sich nichts; die Verhaltensregel bleibt unverändert. Lediglich die Sanktionsdrohung ist eingeschränkt, und das ist wegen des fragmentarischen Charakters des Strafrechts etwas ganz Normales. Zudem können zwei selbstständige Verhaltensregeln immer durch eine Und-Verknüpfung **zu einer Verhaltensregel kombiniert** werden (die dann eben zwei Teile hat), und umgekehrt lassen sich zwei trennbare Teile einer Verhaltensregel auch als **zwei gleichzeitig geltende Verhaltensregeln** auffassen. Das ist wie bei den Befugnissen des Eigentümers aus § 903 BGB (vgl. Rn 2), die man sich ebensogut als nebeneinander bestehende Befugnisse wie als eine Eigentumsbefugnis mit mehreren Teilen vorstellen kann. Es liegt also gar nicht in den Normen selbst – weder in den Verhaltensregeln noch in den Sanktionsnormen –, ob man von einer teilweisen Strafbewehrung einer umfassenderen Verhaltensregel (also einer „Normspaltung") oder von einer vollständigen Strafbewehrung einer entsprechend engeren Verhaltensregel (also keiner „Normspaltung") ausgeht. Schon deshalb sind Bedenken gegen eine Normspaltung[42] unbegründet.

36

4. Gruppen von Verhaltensregeln und Sanktionsnormen im Vermögensstrafrecht

Die Vermögensdelikte stammen aus unterschiedlichen Epochen, und ihnen liegt **kein einheitliches Regelungskonzept** zugrunde. Folgende grobe Einteilung der Verhaltensregeln ist aber wiederkehrend nützlich:

37

Zum einen kann nach der verbotenen **Form der Einwirkung** auf das Vermögen bzw. den Vermögensgegenstand unterschieden werden. Manche Delikte betreffen **direkte Einwirkungen durch den Täter**, andere – die sog. **Selbstschädigungsdelikte** – setzen voraus, dass der Täter **den Vermögensinhaber selbst** (oder einen in seinem Lager stehenden Dritten) zu der Einwirkung veranlasst. Letztere enthalten also eine Art selbstständig **vertypte mittelbare Täterschaft**, die Ersteren schließen eine mittelbare Täterschaft allerdings nicht grundsätzlich aus. Bei den direkten Einwirkungen lässt sich weiter danach unterscheiden, ob der Täter in einem besonderen Verhältnis zum Vermögen stehen muss (zB setzt die Untreue eine Vermögensbetreuungspflicht voraus).

38

Zum anderen kann nach **zeitlichen Verhältnissen** eingeteilt werden. Verschiedene Vermögensdelikte knüpfen an Verhaltensweisen in unterschiedlichen zeitlichen Stadien im Vorfeld der eigentlichen Verletzungshandlung an.

39

Auch die Sanktionsnormen lassen sich nach zeitlichen Verhältnissen gruppieren. Manche setzen die Verletzung des Rechtsguts (den Eintritt eines Vermögensschadens) voraus, andere drohen die Strafe davon unabhängig an (hierzu im Kontext der Betrugsdelikte Rn 763). Selbst Delikte, die einen Erfolgseintritt voraussetzen, sind zum Teil „erfolgskupiert", dh ihre Vollendung gegenüber dem vom Täter deliktstypisch angestrebten Erfolg zum Eintritt eines Zwischenerfolgs vorverlagert (Rn 104, 545).

---

41 Grundlegend dazu *Tiedemann*, Tatbestandsfunktionen im Nebenstrafrecht, 1969, S. 187. Aus der Rspr. vgl. EuGH vom 13.11.1990, Fedesa u.a., Slg. 1990, I-4023, Rn 42 ff, BVerfGE 48, 48, 60 f., juris-Rn 41, BGHSt 24, 54, 61 f.
42 Wie in BGHSt 55, 288 (Rn 51).

III. Wirtschaftsstrafrecht

40 Inwieweit bei den Vermögensdelikten von **Wirtschaftsstraftaten** – der Begriff findet sich in § 30 IV Nr 5b AO – und damit von **Wirtschaftskriminalität** zu sprechen ist, lässt sich nicht eindeutig beantworten. Die Zuordnung von Deliktstypen zu diesem Bereich hängt nämlich entscheidend davon ab, ob man sie aus rechtspolitischer, kriminalistischer, kriminologischer oder straf- bzw. strafprozessrechtlicher Sicht vornimmt.[43] Selbst bei einer Verengung auf einen der Blickwinkel bleiben die Grenzen oft fließend.[44] Von der Zuordnung hängt freilich für die hier im Vordergrund stehende Auslegung der einzelnen Tatbestände wenig ab. Für deren Anwendung in der Praxis ist es allerdings nicht selten so, dass „zur Beurteilung des Falles besondere Kenntnisse des Wirtschaftslebens erforderlich sind", und unter dieser Voraussetzung fallen nach § 74c I Nr 6 lit. a GVG auch Straftaten „der Geldwäsche, des Betruges, des Computerbetruges, der Untreue, des Vorenthaltens und Veruntreuens von Arbeitsentgelt, des Wuchers, der Vorteilsannahme, der Bestechlichkeit, der Vorteilsgewährung und der Bestechung" in die **Zuständigkeit der Wirtschaftsstrafkammer**. Man kann solche Fallgestaltungen und Delikte daher mit guten Gründen zu den Wirtschaftsstraftaten zählen, muss andere, die wirtschaftliche Ordnung oder das Vertrauen der Allgemeinheit auf die Redlichkeit des geschäftlichen Verkehrs (§ 30 IV Nr 5b AO) bisweilen ebenfalls erheblich gefährdende, in § 74c GVG indes ungenannte Deliktsarten (wie zB bestimmte Fallgestaltungen des Bandendiebstahls oder der Bandenhehlerei) aber nicht ausklammern. Wie die Aufzählung zeigt, finden sich unter den Wirtschaftsdelikten Straftaten, die sich gegen die Wirtschaft richten, aber auch solche, die den Einzelnen vor Beeinträchtigungen *durch* Wirtschaftssubjekte schützen.[45] Einen in seiner Bedeutung vielfach unterschätzten[46] Bereich der Wirtschaftskriminalität eröffnen die zahlreichen einschlägigen Tatbestände des Nebenstrafrechts,[47] die hier ausgeklammert bleiben müssen.

41 Ebenfalls dem Wirtschaftsstrafrecht zuzuordnen sind die Bereiche, in denen die **Europäische Union** seit einiger Zeit bemüht ist, gegen ihre finanziellen Interessen gerichtete Verhaltensweisen – insbesondere den (Subventions-)Betrug und die Geldwäsche – unter Strafe zu stellen. Dazu ist hervorzuheben, dass es bislang kein „echtes" (also supranationales) europäisches Strafrecht gibt. Mit dem Inkrafttreten des Vertrags von Lissabon wurde allerdings der EU die Tür zu einer Kompetenz geöffnet, zumindest punktuell supranationales Kriminalstrafrecht zu setzen. Insbesondere zum Zweck der Bekämpfung von Betrügereien gegen die finanziellen Interessen der EU besteht die Möglichkeit, auf der Grundlage des Art. 325 IV AEUV unmittelbar anwendbare, originär europäische Strafvorschriften zu erlassen.[48] Parallel zu legislativen Aktivitäten auf europäischer und nationaler Ebene fehlt es nicht an Vorarbeiten für ein künftiges supranationales europäisches Strafrecht.

---

[43] S. dazu *Kudlich/Oğlakcıoğlu*, Rn 1 ff; *Schramm*, BT II § 1 Rn 21 ff; *Tiedemann*, WirtschaftsstrafR Rn 72 ff; *Wittig*, § 2 Rn 1 ff.
[44] S. dazu nur A/W-*Heinrich*, § 19 Rn 1-21 einerseits; *Otto*, BT § 60 Rn 3 f andererseits; ferner *Achenbach*, Schwind-FS S. 177 ff; G/J/W-*Wittig*, Einf. Rn 2 ff; *Hefendehl*, ZStW 119 (2007), 816, 818; *Rönnau*, ZStW 119 (2007), 887, 894 ff; W/J/S-*Dannecker/Bülte*, 1/5 ff.
[45] S. zusf. *Heinz* in: Gropp, Wirtschaftskriminalität und Wirtschaftsstrafrecht, 1998, S. 14 ff; zum Strafrecht als Mittel der Wirtschaftslenkung s. *Achenbach*, ZStW 119 (2007), 789 ff.
[46] S. M-G/B-*Müller-Gugenberger*, § 1 Rn 11.
[47] Vgl dazu die Auflistung in § 74c I Nrn 1-4 GVG; ferner die Rechtsprechungsübersichten von *Achenbach*, NStZ 97, 536; 98, 560; 99, 549; 00, 524; 01, 525; 02, 523; 03, 520; 04, 549; 05, 621; 06, 614; 07, 566; 08, 503; 09, 621; 10, 621; 11, 615; 12, 682; 13, 697; 14, 695; 15, 629; 16, 715; 17, 689; 18, 698; 19, 711; 20, 720; *Achenbach*, BGH-FS S. 593; zum Ordnungswidrigkeitenrecht *Achenbach*, GA 04, 569; G/J/W-*Wittig*, Einf. Rn 6.
[48] *Satzger*, Internationales und Europäisches Strafrecht, 10. Aufl. 2022, § 8 Rn 18 ff; s. zur Europäisierung und Internationalisierung des Wirtschaftsstrafrechts auch G/J/W-*Wittig*, Einf. Rn 12 ff.

So hat eine 1995 ins Leben gerufene Arbeitsgruppe im Auftrag des Europäischen Parlaments das so genannte *„Corpus Juris der strafrechtlichen Regelungen zum Schutz der finanziellen Interessen der Europäischen Gemeinschaft"* entworfen.[49] Dessen materiellrechtlicher Teil enthält acht Straftatbestände für einen wirksamen Schutz des Gemeinschaftshaushalts (Betrug, Ausschreibungsbetrug, Bestechlichkeit und Bestechung, Missbrauch von Amtsbefugnissen, Amtspflichtverletzung, Verletzung des Dienstgeheimnisses, Geldwäsche und Hehlerei sowie Bildung krimineller Vereinigungen). Daneben finden sich dort Regelungen eines Allgemeinen Teils, die diese Bereiche betreffen. Zwar ist das Corpus Juris bislang nicht geltendes Recht. Die bisherigen Harmonierungsbemühungen umreißen jedoch bereits diejenigen Straftatbestände, die den Nukleus eines künftigen Wirtschaftsstrafrechts auf europäischer Ebene bilden könnten.

IV. Letzte große Reform

Durch das **6. StrRG** vom 26.1.1998 (BGBl I 164) hat der Gesetzgeber den Besonderen Teil des StGB in einer Weise umgestaltet, die auch heute noch an manchen Stellen einen Blick auf alte Regelungen und deren Änderung (zum 1.4.1998) lohnt. Zielsetzung des Gesetzgebers war es, Strafrahmen zu harmonisieren und Strafvorschriften so zu ändern, dass der Strafschutz verbessert und die Rechtsanwendung erleichtert wird.[50] *Rspr.* und *Literatur zum zuvor geltenden Recht* behalten zwar vielfach Bedeutung, sind aber nur noch mit Vorsicht verwertbar. Auf andere Neuerungen wird im Text selbstverständlich auch hingewiesen, soweit sie für das Studium bzw. Verständnis noch relevant sind.

42

---

[49] S. *Delmas-Marty*, Corpus Juris der strafrechtlichen Regelungen zum Schutz der finanziellen Interessen der Europäischen Union, 1998; zur überarbeiteten Fassung 2000 s. die Nachw. bei *Satzger*, Die Europäisierung des Strafrechts 2001, S. 8; *Satzger*, Internationales und Europäisches Strafrecht, 9. Aufl. 2020, § 8 Rn 30 ff; zur Fortschreibung des Schutzes s. auch *Grünewald*, JR 15, 245.

[50] Wichtige Auslegungshilfen zum seither geltenden Recht bieten die *Gesetzesmaterialien*, die im Entwurf der Bundesregierung nebst Begründung, der Stellungnahme des Bundesrates und der Gegenäußerung der Bundesregierung (BT-Ds 13/8587, S. 1-54; 55-77; 78-90), dem Bericht des Rechtsausschusses (BT-Ds 13/9064) und dem Protokoll über die Öffentliche Anhörung des Rechtsausschusses in seiner Sitzung vom 4. Juni 1997 (BT-Prot. 13/88) enthalten sind. Daneben hat der Gesetzgeber häufig auf den E 1962 zurückgegriffen.

Teil I
Eigentumsdelikte

1. Kapitel
Sachbeschädigungs- und verwandte Computerdelikte

§ 1 Sachbeschädigungsdelikte

43 **Fall 1:** Der Anlieger A ärgert sich seit Langem über mehrere Bewohner eines Studentenwohnheims, die ihre Kraftwagen dicht gedrängt auf dem Bürgersteig vor seinem Haus zu parken pflegen und dadurch den Zugang behindern. Eines Nachts rächt er sich in der Weise, dass er bei allen auf dem Bürgersteig abgestellten Wagen die Luft aus den Reifen lässt, sie mittels Sprühdosen mit „tags" versieht und durch „Car-Walking" gegen das Falschparken protestiert. Dabei entsteht an einem Fahrzeug eine Delle im Dach.
Hat A sich strafbar gemacht? **Rn 75**

I. Einfache Sachbeschädigung

1. Rechtsnatur und Reform

44 § 303 enthält den Tatbestand der einfachen **Sachbeschädigung**. Absatz 1 verbietet die Beschädigung oder Zerstörung einer fremden Sache und enthält damit eine der ganz klassischen, zentralen Normen, die auf die Unterscheidung von Mein und Dein Bezug nehmen. Absatz 2 verbietet die unbefugte Veränderung des Erscheinungsbildes einer fremden Sache, sofern diese nicht unerheblich ist und nicht nur vorübergehend geschieht.

45 Die Sachbeschädigung ist ein **Erfolgsdelikt**. Die Versuchsstrafbarkeit ist in Absatz 3 angeordnet. § 303 stellt nur die vorsätzliche Sachbeschädigung unter Strafe; ein korrespondierendes Fahrlässigkeitsdelikt enthält das StGB nicht. Das Gleiche gilt außerhalb des 27. Abschnitts im StGB für die in §§ 133, 274 I Nr 1 genannten Beschädigungshandlungen.[1] Lediglich für die einen speziellen Fall der Sachbeschädigung betreffende (einfache) Brandstiftung (§ 306 I) lässt das Gesetz im Rahmen des § 306d auch fahrlässiges Handeln genügen.[2]

---

1 Vgl *Wessels/Hettinger/Engländer*, BT I Rn 659 ff und 875 ff.
2 Näher *Wessels/Hettinger/Engländer*, BT I Rn 979.

2. Geschütztes Rechtsgut

Geschützt wird durch § 303 das **Rechtsgut Eigentum**[3] vor bestimmten Arten von Angriffen. Während die Vorschriften der §§ 242 ff dem Schutz der tatsächlichen Sachherrschaft des Eigentümers über die Sache dienen, schützt § **303 I** sein Interesse an der **Unversehrtheit** und **Brauchbarkeit** der Sache (zur Diskussion um einen weiteren Schutz Rn 57 f).[4] Die Sache selbst ist im Allgemeinen nur Rechtsobjekt und hat grundsätzlich keine in § 303 geschützten Interessen (mit gewissen Ausnahmen für Tiere, die dann aber besondere Tatbestände betreffen). Es geht daher nicht um den Bestand der Sache als Selbstzweck, sondern um die Freiheit des Eigentümers, die ihm gehörenden Sachen verwenden und so seinen Handlungsspielraum ausnutzen bzw. erweitern zu können. Im Vordergrund steht daher die **Funktion** der Sache, erst in zweiter Linie geht es um ihre **Integrität**. In § **303 II** steht nun „ebenso" ein Schutz vor einer dem Gestaltungswillen des Eigentümers widersprechenden äußeren **Zustandsveränderung**.[5] Damit wird der Eigentümer zusätzlich vor Veränderungen geschützt, die keine Auswirkungen auf die Funktion der Sache im Sinne ihrer Brauchbarkeit haben.[6] In einem weiteren Sinne betrifft freilich auch das ihre Funktion, nämlich ihre Wahrnehmbarkeit und insbesondere ästhetische Wirkung. Der Gefahr einer hierdurch drohenden Verwässerung des Rechtsguts lässt sich dadurch begegnen, dass man den besagten Gestaltungswillen nicht in der ganzen Weite des durch die Verfassung gewährleisteten allgemeinen Selbstbestimmungsrechts schützt, sondern den Tatbestand auf die aus dem Eigentum selbst fließende und seinen Beschränkungen unterworfene Gestaltungsmacht des Eigentümers bezüglich des äußeren Zustands der Sache versteht.[7]

46

3. Tatobjekt

Gegenstand der Sachbeschädigung sind **Sachen**. § 303 erfasst als Täter nur Personen, für die die jeweilige Sache **fremd** ist.

47

Sachen (s. dazu auch Rn 110 ff) sind alle **körperlichen Gegenstände**. Beweglichkeit der Sache verlangt § 303 nicht; es geht im Tatbestand um den Erhalt, nicht den Ort der Sache oder künftige Herrschaft über sie. Beispiele für eine Sachbeschädigung an **Immobilien** sind das (einem Menschen zurechenbare) Abfressen, Zertreten oder Verkoten einer (räumlich abgegrenzten) Wiese durch eine Schafherde und die Beschädigung von Gen-Weizenpflanzen auf einem Versuchsfeld (die zunächst gemeinsam eine unbewegliche Sache bilden).[8] Zur Körperlichkeit gehört, dass der **Gegenstand eine Begrenzung** aufweist, ein selbstständiges, individuelles Dasein führt und so aus seiner Umwelt her-

48

---

3 Ebenso *Dölling*, Küper-FS S. 26 f; *Krüger*, NJ 06, 248; *Lackner/Kühl/Heger*, § 303 Rn 1; NK-*Kargl*, § 303 Rn 4; *Satzger*, Jura 06, 429; SK-*Hoyer*, § 303 Rn 4; S/S-*Hecker*, § 303 Rn 1; S/S/W-*Saliger*, § 303 Rn 1.
4 BGHSt 29, 129, 132; 44, 34, 38.
5 *Satzger*, Jura 06, 429 und SK-*Hoyer*, § 303 Rn 4 sprechen zutreffend von einer neuen „Schutzrichtung"; s. auch BK-*Weidemann*, § 303 Rn 3. Durch das „Beschädigen" miterfasst sah diese Fälle schon zuvor die „Zustandsveränderungstheorie", vgl *Gössel*, JR 80, 184; *Krey/Hellmann/Heinrich*, BT II Rn 387, 393f; *Otto*, BT § 47 Rn 9; *F.C. Schroeder*, JR 87, 359; JZ 78, 72; S/S-*Stree*, 27. Aufl., § 303 Rn 8c mwN.
6 SK-*Hoyer*, § 303 Rn 4.
7 In diesem Sinne auch *Ingelfinger*, Graffiti und Sachbeschädigung, 2003, S. 29 f; *Kühl*, Weber-FS S. 421 f.
8 Vgl. LG Karlsruhe NStZ 93, 543; OLG Naumburg BeckRS 13, 08144; LG Neubrandenburg BeckRS 12, 17238 mit Anm. *Jahn*, JuS 12, 1140; s. auch *Fahl*, JuS 05, 809; S/S/W-*Saliger*, § 303 Rn 2; M/R-*Altenhain*, § 303 Rn 2; zu einem Behindertenparkplatz als Tatobjekt s. *Mitsch*, NZV 02, 155; zum Begriff „Sache" s. auch *Küper/Zopfs*, BT Rn 431.

vortritt. Daran fehlt es bei der freien atmosphärischen Luft, dem Meerwasser, frei umherliegendem Schnee, nicht aber bei einer auf ihm gezogenen Skilanglaufspur.[9]

49 Der strafrechtliche Eigentumsschutz aus § 303 erfasst auch **Tiere**. Die 1990 erlassene Begriffsbestimmung des § 90a S. 1 BGB („Tiere sind keine Sachen") sollte den Schutz der Tiere in keiner Weise schmälern. Eine Änderung der zuvor stets unstrittigen Anwendbarkeit von § 303 bezweckte der Gesetzgeber nicht. Man kann die Vorschrift deshalb als auf das Zivilrecht beschränkt verstehen und von einem eigenständigen Sachbegriff des Strafrechts ausgehen.[10] Gemeint war der Akt des Gesetzgebers allerdings weder auf ein Rechtsgebiet beschränkt noch als konkrete Regelung, sondern symbolisch. § 90a BGB ordnet in S. 2 und 3 selbst an, dass S. 1 ohne rechtlichen Effekt bleiben soll. Das lässt sich ebenfalls erreichen, indem man für § 303 den § 90a S. 3 BGB als gesetzliche Anordnung einer analogen Anwendung auf Tiere versteht. Weil beide Überlegungen zu identischen Rechtsfolgen führen, liegt in der Auswahl unter ihnen keine Rechtsfrage; es ist keine Entscheidung zwischen ihnen veranlasst, und es gibt in der Begründung von Urteilen und Gutachten insoweit nichts zu diskutieren. Genutzt werden solche Scheindiskussionen oft als Bekenntnis gegen Symbolgesetzgebung oder für Tierschutz. Dazwischen sollte man sich gar nicht entscheiden. Zudem sind Subsumtion und methodische Rechtsanwendung für Bekenntnisse ein unpassender Ort.

50 Auf den **Geldwert** des Gegenstands kommt es nicht an. Der Schutz von Eigentum umfasst – anders als der des (wirtschaftlichen) Vermögens – auch wirtschaftlich wertlose Sachen.[11] Ein altes, vergilbtes Familienfoto kann daher ebenso Tatobjekt sein wie ein fabrikneuer Kraftwagen. Wenn überhaupt kein oder **kein „vernünftiges" Erhaltungsinteresse** besteht, ändert das – entgegen der wohl hM – nichts an der Sachqualität und Tatbestandsmäßigkeit.[12] Die Schutzwürdigkeit bestimmt richtigerweise der Eigentümer. Systematisch gehört dieser Aspekt daher auf die Ebene der Rechtfertigung, namentlich als Einwilligung, mutmaßliche Einwilligung (in der Variante des mangelnden Interesses) oder – zB bei der Tötung eines tollwütigen Hundes – nach § 17 Nr 1 TierSchG.[13] Auch eine **schon beschädigte Sache** kann Objekt einer Sachbeschädigung sein.[14]

51 **Fremd** ist eine Sache für den Täter, wenn sie im (*Allein-, Mit-* oder *Gesamthands-*) **Eigentum eines anderen** steht. Das Merkmal regelt nicht, welche Tatobjekte erfasst werden, sondern den persönlichen Anwendungsbereich der Norm. Fremdheit ist eine **Relation zwischen Täter und Sache**. Entsprechend kann sie nur in ausdrücklicher Beziehung auf beide erörtert werden (die Sache muss nicht „fremd", sondern „für den Täter fremd" sein.) Die Eigentümerstellung bestimmt sich nach den Vorschriften des bürgerlichen Rechts (vgl §§ 873, 929 ff, 1370, 1922 BGB). Nicht fremd sind *herrenlose* Sachen, die niemandem gehören (vgl §§ 959 ff BGB), sowie Sachen, die *ausschließlich im Eigentum*

---

9 *Rengier*, BT I § 24 Rn 5; vgl. auch W/Z/K/W-*Streuer*, BT II § 18 Rn 12; krit. S/S-*Bosch*, § 242 Rn 9; aA AnK-*Popp*, § 303 Rn 3; *Heghmanns*, Rn 961 f; *Schramm*, BT II § 6 Rn 13; *Wessels*, BT II Rn 15 und BayObLG JR 80, 429 mit abl. Anm. *Schmid*; s. auch H-H-*Voigt*, BT Rn 1232; *Hilgendorf/Valerius*, BT II § 23 Rn 7 (Schneemann).
10 S. dazu §§ 324a I Nr 1, 325 IV Nr 1 und grundlegend RGSt 32, 165, 179; zu § 90a BGB s. *Fahl*, Jura 05, 274; *Graul*, JuS 00, 215; *Kretschmer*, JA 15, 105; *Küper*, JZ 93, 435; LK-*Goeckenjan*, § 303 Rn 13; *Mitsch*, Jura 17, 1394; MK-*Wieck-Noodt*, § 303 Rn 9; *Wessels/Beulke/Satzger*, AT Rn 88; zum spezielleren Schutz durch § 17 TierSchG s. HK-GS/*Weiler*, § 303 Rn 11 ff. Ebenso *Hillenkamp* hier bis zur 42. Aufl.
11 OLG Köln NJW 88, 1102; OLG Zweibrücken NStZ 23, 293; ebenso HdS-*Höffler* V, § 38 Rn 41.
12 AA RGSt 10, 120, 122; BK-*Weidemann*, § 303 Rn 5; *Rengier*, BT I § 24 Rn 1; *Waszcynski*, JA 15, 261; *Wessels*, BT II Rn 16; vgl. auch im Kontext der Eigentumsdelikte *Zimmermann*, JZ 21, 186.
13 S. BayObLG NJW 93, 2760; *Mitsch*, BT II S. 209 f; *Schmidt*, BT II Rn 883; S/S-*Hecker*, § 303 Rn 6.
14 Auch iR des § 303 II: s. OLG Hamm BeckRS 11, 09907.

des „Täters" selbst stehen. Folglich kann der Alleineigentümer in keiner Variante Täter sein. Das gilt für § 303 II auch dann, wenn er sein Recht, den Zustand der Sache zu bestimmen, durch Gesetz oder Vertrag an einen Dritten verloren hat.[15] Sobald Mit- oder Gesamthandseigentum besteht, kann hingegen jeder Eigentümer eine strafbare Sachbeschädigung begehen. *Drogen* sind eigentums- und verkehrsfähig. Sie gelten daher als taugliche Tatobjekte.[16]

Liefert ein Unternehmer einem Verbraucher eine unbestellte Sache, steht der Eigentumsübergang unter dem Vorbehalt der Annahme des Kaufangebots und der Zahlung des Kaufpreises. Beschädigt oder zerstört der annahme- und zahlungsunwillige Verbraucher die Sache, begeht er tatbestandlich eine Sachbeschädigung. Da § 241a BGB diese zwar nicht „billigt", wohl aber für den Verbraucher folgenlos zulässt, wird man hieraus auch für das Strafrecht gegenüber diesem Eingriff eine rechtliche Duldungspflicht des Unternehmers ableiten müssen, die die Rechtswidrigkeit beseitigt.[17] Das gilt auch für einen eine Zueignung iS des § 246 darstellenden Verbrauch (vgl. insoweit aber zunächst Rn 65), für eine Unterschlagung durch Weiterveräußerung aber nur, wenn § 241a BGB auch diese gestattet.[18]

4. Tathandlungen

Tathandlung in § 303 I ist das **Beschädigen** oder **Zerstören**, wobei Letzteres nur eine 52 gesteigerte Form des Ersteren ist. § 303 II fügt als weitere Begehungsvariante das **Verändern** des **Erscheinungsbildes** der Sache hinzu. Unter den Voraussetzungen des § 13 I kann der Tatbestand auch durch das **Unterlassen** unter Verletzung einer Garantenpflicht erfüllt werden.

a) Beschädigen

Eine Sache wird **beschädigt**, wenn ihre **Substanz verletzt** oder ihre **bestimmungsgemä-** 53 **ße Brauchbarkeit beeinträchtigt** wird. Die Veränderung muss durch **Einwirkung** auf die betroffene Sache verursacht worden und darf **nicht nur unerheblich** sein.[19] Darüber hinaus muss die Veränderung der Sache **nachteilig** sein.

---

15 Fischer-*Fischer/Lutz*, § 303 Rn 4; S/S-*Hecker*, § 303 Rn 6; anderes gilt für § 248b, der vom „Berechtigten" spricht.
16 S. BGH NJW 06, 72; *Oğlakcıoğlu*, ZJS 10, 344 iVm Fn 40; das gilt auch dann, wenn man ihren Besitz mit §§ 242, 249 (s. Rn 109) oder §§ 253, 263 (Rn 598) nicht schützt, s. *Hillenkamp*, Achenbach-FS S. 189, 196; *Mitsch*, BT II S. 210; M/R-*Altenhain*, § 303 Rn 4; diff. *Ziemann/Ziethen*, JR 11, 66. Besteht ein Vernichtungsgebot (§ 16 BtMG) oder befinden sie sich in strafbarem Besitz, kommt es aber in Betracht, sie vom Schutz des § 303 auszunehmen, s. *Ladiges*, JuS 18, 657.
17 Für § 241a BGB als Rechtfertigungsgrund Fischer-*Fischer/Lutz*, § 303 Rn 16a; *Haft/Eisele*, Meurer-GS S. 245, 254 ff; *Lackner/Kühl/Heger*, § 303 Rn 9; *Matzky*, NStZ 02, 458; S/S-*Hecker*, § 303 Rn 22; *Wessels/Beulke/Satzger*, AT Rn 423; HdS-*Höffler* V, § 38 Rn 266; krit. dazu *Otto*, Jura 04, 389; für einen Tatbestandsausschlussgrund LK-*Goeckenjan*, § 303 Rn 21; für Strafbarkeit *Schwarz*, NJW 01, 1453; Falllösung bei *Fahl*, JA 12, 911.
18 Abl. *Haft/Eisele*, Meurer-GS S. 259; für *Otto*, Jura 04, 389 – erläuternd dazu *Otto*, Beulke-FS S. 508 ff, 512 ff – ist die Sache für den Verbraucher mit der Folge seiner Straflosigkeit schon nicht „fremd"; ähnlich *Kohlheim*, Ein neuer wirtschaftlicher Fremdheitsbegriff im Strafrecht, 2007, S. 90 ff (s. zu diesem von der hL abweichenden Begriffsverständnis Rn 117); zum Ganzen s. auch *Dornheim*, Sanktionen und ihre Rechtsfolgen im BGB unter besonderer Berücksichtigung des § 241a BGB 2003, S. 220 ff, der § 241a BGB als Rechtfertigungsgrund sieht, sowie *Tachau*, Ist das Strafrecht strenger als das Zivilrecht?, 2005, S. 140 ff; 220 ff, der Zueignungsdelikte mangels Enteignungsmöglichkeit schon tatbestandlich verneint und § 303 durch Einwilligung (nicht durch § 241a BGB) als gerechtfertigt ansieht; ebenso *Reichling*, JuS 09, 113.
19 BGHSt 13, 207, 208; 29, 129, 132; BGH NJW 80, 601; OLG Celle NJW 88, 1101; OLG Hamburg NJW 82, 395; *Schuhr*, JA 09, 170; LK-*Goeckenjan*, § 303 Rn 23; HdS-*Höffler* V, § 38 Rn 50.

54 Eine **Substanzverletzung** liegt im Entfernen eines Teils der die Sache bildenden Materie (zB durch Abschneiden), im Verändern ihrer Zusammensetzung (zB durch Verunreinigen einer Flüssigkeit oder eines Gases) oder in einer ihre stoffliche Unversehrtheit beeinträchtigenden Verschiebung ihrer Materie (zB durch Zerkratzen oder Zerbrechen). Sie muss für die Sache bedeutsam sein, aber keinen großen Teil von ihr betreffen. Unter den Begriff fallen zB das Abweidenlassen eines Grundstücks[20] und das Zerkratzen des Lacks eines Pkw[21].

55 Eine Beschädigung liegt auch in der Beeinträchtigung der bestimmungsgemäßen Brauchbarkeit einer Sache (**Funktionsbeeinträchtigung**), wenn diese Folge einer Einwirkung auf die Sache selbst (Rn 58) ist. Eine eng verstandene *Substanz*theorie zu § 303[22] ist abzulehnen, da sich ein wesentlicher Teil des Eigentumsschutzes gerade auf die Brauchbarkeit bezieht (zur Parallele beim Diebstahl s. Rn 193). Die **bestimmungsgemäße Brauchbarkeit** ist am Maßstab der nach außen (auch für den Täter) sichtbar gewordenen Intentionen des Eigentümers zu bestimmen, wobei die Anschauung des täglichen Lebens zu berücksichtigen ist.[23] Die Annahme, sie sei vor dem Hintergrund des § 903 BGB rein subjektiv nach dem Willen des Eigentümers zu bestimmen,[24] ist abzulehnen. Sonst wäre in der Tatsituation nicht zu erkennen, welches Verhalten nach § 303 verboten ist; das aber verlangt das Gesetzlichkeitsprinzip.

56 Die Brauchbarkeit einer zusammengesetzten Sache ist vor diesem Hintergrund selbst dann aufgehoben oder gemindert, wenn ihre Einzelteile zwar unversehrt bleiben, ein Wiederzusammensetzen bzw. Beseitigen der Störung aber nur mit gewissem Aufwand möglich ist.[25] **Beispiele** sind das Zerlegen einer Uhr, Abmontieren der Vorderräder eines PKW[26] und das Blockieren einer Maschine durch Einlegen eines (nicht unmittelbar zu entfernenden) Holzkeils[27].

57 Auch das Verunstalten oder Verunreinigen fremder Sachen verwirklicht, wie der BGH zutreffend in seiner zum wilden Plakatieren getroffenen Grundsatzentscheidung BGHSt 29, 129 angenommen hat, den Tatbestand des § 303 I nur dann, wenn dies zu einer **Substanzverletzung** oder **Brauchbarkeitsminderung** führt.[28] Anders als in § 1004 BGB bezieht sich der Schutz des Eigentums in § 303 I allein auf das Interesse des Eigentümers an der **körperlichen Unversehrtheit** seiner Sache. Ob das Tatobjekt nach ästhetischen Gesichtspunkten gestaltet und nach seiner Zweckbestimmung über eine eigene Ansehnlichkeit verfügt, ist insoweit bei *Gebrauchsgegenständen* und *technischen Anlagen* ohne Bedeutung.[29] Nur dann, wenn die Gebrauchsbestimmung des Gegenstands, wie etwa einer Statue, eines Gemäldes oder eines Baudenkmals, *offensichtlich* mit seinem ästhetischen Zweck zusammenhängt, ist bei einer „belangreiche[n] Veränderung der äußeren Erscheinung und Form" von einer Beeinträchtigung der bestimmungsgemäßen Brauchbarkeit auszugehen.[30]

---

20 LG Karlsruhe NStZ 93, 543.
21 MK-*Wieck-Noodt*, § 303 Rn 19; S/S-*Hecker*, § 303 Rn 9.
22 *Kargl*, JZ 97, 289.
23 S/S/W-*Saliger*, § 303 Rn 9; NK-*Kargl*, § 303 Rn 25; ähnlich auch *Ladiges*, JuS 18, 659.
24 So SK-*Hoyer*, § 303 Rn 11; hiergegen *Ladiges*, JuS 18, 658.
25 BGHSt 13, 207, 208 f; 29, 129, 132 f; S/S/W-*Saliger*, § 303 Rn 10.
26 BGH BeckRS 16, 19423 mit Anm. *Bosch*, Jura (JK) 17, 360.
27 Lehrreich dazu RGSt 20, 182, 183 f.
28 Grundlegend dazu BGHSt 29, 129, 132; ebenso BGH NJW 80, 601; zust. Fischer-*Fischer/Lutz*, § 303 Rn 8 f; krit. zum engen Verständnis des BGH, teilweise allein auf eine dem Willen des Eigentümers zuwiderlaufende Zustandsveränderung abstellend, *Dölling*, NJW 81, 207; *Maiwald*, JZ 80, 256; dem BGH zust. *Behm*, JR 88, 360; *Katzer*, NJW 81, 2036; *Seelmann*, JuS 85, 199.
29 BGHSt 29, 129, 132.
30 Entspr. BGHSt 29, 129, 134 für den in RGSt 43, 204, 205 f erwähnten Fall.

Nach Auffassung der Rspr genügt es, wenn eine Substanzverletzung oder Brauchbarkeitsminderung erst die **zwangsläufige Folge einer** durch den Eingriff veranlassten **Reinigungsmaßnahme** ist,[31] denn dann müsse die Substanz der Sache schon **im Zeitpunkt der Verunstaltung** von dieser betroffen gewesen sein (so auch die zur alten Rechtslage hier vertretene Auffassung, 27. Aufl. Rn 28).[32] **Beispiele** dafür bilden das Beschmieren von Wänden, Mauern oder Litfaßsäulen mit Teer oder durch Aufrufe und Parolen, die mit Ölfarbe angebracht bzw. aufgesprüht werden.[33] Dieses Vorgehen muss nicht als problematische Analogie („beschädigungsgleicher" Zustand oder antizipierte mittelbare Täterschaft mit dem Reinigenden als Tatmittler[34]) angesehen, sondern kann gut als Beweisregel verstanden werden: Kann eine Veränderung nicht ohne Substanzverletzung rückgängig gemacht werden, bedeutet dies, dass sie bereits im gegenwärtigen Zustand nicht nur äußerlich ist, sondern die Substanz angegriffen hat.[35] Gleichwohl sprechen gute Gründe **gegen dieses weite Verständnis** von Abs. 1 (s. **Rn 68**). Das Bekleben von Häusern, Mauern, Schalt- und Verteilerkästen usw auch mit *fest haftenden Plakaten* erfüllt § 303 I jedenfalls i.d.R. nicht, ebenso wenig *leicht entfernbare Schmierereien*. Das Überkleben von **Wahlplakaten** mit anderen Plakaten führt dagegen bei fester Verbindung regelmäßig zu einer Sachbeschädigung der älteren Plakate.

58

Darüber hinaus verlangt der **Beschädigungsbegriff** in § 303 I ein Verhalten, mit dem auf die betroffene Sache so **eingewirkt und** diese **verändert** wird, dass **unmittelbar dadurch** eine **Beeinträchtigung** ihrer **körperlichen Unversehrtheit** oder ihrer **bestimmungsgemäßen Brauchbarkeit (Funktion)** entsteht. Bloßes Verstecken genügt zB nicht.[36] *Unmittelbar* muss nur der *Erfolg* der Einwirkung eintreten. Die Einwirkung selbst hingegen kann durchaus indirekt erfolgen – § 303 ist kein eigenhändiges Delikt; mittelbare Täterschaft ist möglich.

59

Folglich verdient auch die im Schrifttum vereinzelt vertretene **Funktions*vereitelungs*theorie** keine Zustimmung. Sie hält eine Einwirkung auf die Sache selbst für entbehrlich. Letztlich genügt ihr über eine Funktionsbeeinträchtigung hinaus schon ein Vereiteln der Verwendung der Sache oder des Erfolgs ihres Einsatzes. *Beschädigung* wäre danach zB schon die bloße Unterbrechung der Stromzufuhr für eine elektrische Maschine (ohne Folgeschaden an dieser) und sogar eine *schlichte Sachentziehung*.[37] Diese Auffassung fasst den Schutzzweck des § 303 zu weit und missachtet die durch das Gesetzlichkeitsprinzip bedingte Akzessorietät des strafrechtlichen Eigentumsschutzes gegenüber dem Zivilrecht (s. Rn 10 f).[38] Den gleichen Fehler machen Gerichte, wenn sie das Verhindern einer Aufnahme des Fahrers durch die Kamera einer **Verkehrsüberwachungsanlage** mit Hilfe von im Fahrzeug eingebauten **Reflektoren** nicht anders als das **Beschmieren** der Kamera mit Senf als Sachbeschädigung ausgeben. Während der Täter mit dem Beschmieren auf die Sache selbst einwirkt, wird mit den Reflektoren und mit einer „Gegenblitzanlage" nicht auf die Kamera eingewirkt und nicht einmal ihre Funktion beeinträchtigt, sondern nur die aufgenommene Wirklichkeit verändert und so der angestrebte Zweck des Einsatzes der Kamera vereitelt. Das reicht für

60

---

31 So weiterhin BGH NStZ 14, 415, 416.
32 S. dazu *Ingelfinger*, Graffiti und Sachbeschädigung, 2003, S. 21 ff; *Wilhelm*, JuS 96, 425; Bedenken dagegen bei *Maiwald*, JZ 80, 259; *Momsen*, JR 00, 172; *Seelmann*, JuS 85, 200.
33 RG HRR 1933, 350; OLG Celle StV 81, 129; OLG Düsseldorf NJW 82, 1167; OLG Oldenburg JR 84, 35 mit Anm. *Dölling*; LG Bremen NJW 83, 56; zum sog. „Adbusting" *Lampe/Uphues*, NJW 21, 731.
34 S. dazu OLG Düsseldorf NJW 93, 869; KG NJW 99, 1200, OLG Dresden NJW 04, 2843; wie hier *Hohmann/Sander*, BT § 43 Rn 10 f; *Klesczewski*, BT § 8 Rn 11; *Kreß/Baenisch*, JA 06, 710; *Küper/Zopfs*, BT Rn 438, 440; SK-*Hoyer*, § 303 Rn 15 f; S/S-*Stree*, 27. Aufl., § 303 Rn 9a.
35 *Schuhr*, JA 09, 170.
36 W/Z/K/W-*Streuer*, BT II § 18 Rn 26.
37 So *Kohlrausch/Lange*, § 303 Anm. III; *Maurach*, BT 5. Aufl. S. 191 für das Fliegenlassen eines Vogels; s. dazu § 251 E 1962 mit Begr. S. 421 f.
38 Näher RGSt 20, 182, 185; A/W-*Heinrich*, § 12 Rn 24 ff, 27 f; SK-*Hoyer*, § 303 Rn 7, 8; S/S/W-*Saliger*, § 303 Rn 5.

eine Sachbeschädigung nicht aus.[39] Die Art der Einwirkung ist dagegen gleichgültig, sie kann ungewöhnlich und indirekt erfolgen (**Beispiele:** Bösartigmachen von Tieren durch nachhaltige Beeinflussung ihres Nervensystems[40], Anbringen eines Hindernisses auf Bahngleisen[41]).

61 Die Brauchbarkeit bzw. Beschaffenheit muss **nachteilig** verändert werden, was auch bei Verstärkung eines schon vorhandenen Mangels der Fall sein kann.[42] Wer dagegen eine schadhafte Sache ordnungsgemäß repariert und so ihren Zustand verbessert, *beschädigt* sie nicht. Das gilt selbst dort, wo der Eigentümer (etwa zu Beweiszwecken) ein Interesse am Fortbestand des mangelhaften Zustandes hat, denn ein solches Interesse wird vom Schutzzweck des § 303 I nicht mehr gedeckt.[43] In solchen Fällen kann allerdings nun § 303 II erfüllt sein (s. Rn 66).

62 Der Erfolg der Sachbeschädigung darf **nicht nur unerheblich** sein. Als tatbestandsmäßiger Erfolg ausgeschlossen werden damit Folgen, die mit einem nur geringfügigen Aufwand an Zeit, Mühe oder Kosten zu beseitigen sind.[44] Dabei ist der Wiederherstellungsaufwand nur ein Indiz für die Erheblichkeit und ändert nichts daran, dass die Beeinträchtigung der Substanz oder Funktion der Sache zunächst unabhängig davon festgestellt werden muss.[45] In § 303 II wird das Merkmal „nicht nur unerheblich" explizit gefordert. Daraus ist aber *nicht* der *Umkehrschluss* zu ziehen, für § 303 I bestehe diese Voraussetzung nicht. Bagatellunrecht ist schon aus Bestimmtheitsgründen aus § 303 insgesamt auszuschließen. In Absatz 2 wird nur betont, dass für die neuere Begehungsvariante nichts anderes gelten soll.

63 Beim Überkleben eines Verkehrsschildes mit einem anderen Zeichen ergibt sich die Beschädigung aus der nachhaltigen Beeinträchtigung der bestimmungsgemäßen Wahrnehmbarkeit. Hier kommt es nicht darauf an, ob sich die aufgebrachte Folie leicht entfernen lässt, denn der Adressat soll regelmäßig gar nicht mit dem Schild interagieren, sondern es nur ansehen. Die Dauer der Beeinträchtigung ist aber bedeutsam.[46] Wird das Diensthemd eines Polizeibeamten mit Bier durchtränkt,[47] ist die **Unerheblichkeit** der Brauchbarkeitsminderung zu erwägen. IdR wird es darum (Ausschluss von **Bagatellen**)[48] auch beim **Ablassen von Luft** aus den Reifen eines Kraftfahrzeuges oder eines Fahrrades gehen. Zu verneinen ist eine Sachbeschädigung hier nicht schon deshalb, weil der einzelne Reifen durch diese Einwirkung nicht stofflich verändert oder gebrauchsunfähig, sondern nur vorübergehend in seiner Gebrauchsbereitschaft beeinträchtigt wird.[49] Ausschlaggebend ist vielmehr, ob das Kraftfahrzeug oder Fahrrad als zusammengesetzte Sache nach einem solchen Eingriff noch

---

39 Anders OLG München NZV 06, 435 mit abl. Bespr. von *Gaede*, JR 08, 97; *Kudlich*, JA 07, 72 und *Mann*, NStZ 07, 271; wie hier *Eisele*, BT II Rn 460; *Lackner/Kühl/Heger*, § 303 Rn 4; M/R-*Altenhain*, § 303 Rn 5; *Rengier*, BT I § 24 Rn 22; *Schmidt*, BT II § 891; *Schramm*, BT II § 6 Rn 21; S/S/W-*Saliger*, § 303 Rn 9; zur – zu verneinenden – Sachbeschädigung des **Kennzeichens** nach §§ 303, 304 durch **Überkleben** mit reflektierender Folie s. *Walter/Uhl*, JA 09, 34.
40 RGSt 37, 411, 412.
41 BGHSt 44, 34, 38.
42 Vgl OLG Celle StV 81, 129.
43 Vgl BGHSt 29, 129, 132; *Hohmann/Sander*, BT § 43 Rn 9; *Krey/Hellmann/Heinrich*, BT II Rn 387; NK-*Kargl*, § 303 Rn 26; S/S-*Hecker*, § 303 Rn 13; *Gerhold*, StV 20, 214, der diesen Gedanken für das Übersprühen verbotener Kennzeichen fruchtbar machen möchte; anders RGSt 33, 177, 180; A/W-*Heinrich*, BT § 12 Rn 22; BK-*Weidemann*, § 303 Rn 15; *Eisele*, BT II Rn 459; *Rengier*, BT I § 24 Rn 14; HdS-*Höffler* V, § 38 Rn 50; diff. S/S/W-*Saliger*, § 303 Rn 12.
44 BGHSt 13, 207, 208; BGH NStZ 82, 508; OLG Düsseldorf NJW 93, 869; OLG Düsseldorf NJW 99, 1199; LK-*Goeckenjan*, § 303 Rn 32; SSW-*Saliger*, § 303 Rn 6 sowie hier Rn 63.
45 BayObLG StV 97, 80; HansOLG Hamburg StV 99, 544; *Behm*, NStZ 99, 511.
46 S. OLG Köln NJW 99, 1042; *Baier*, JuS 04, 59.
47 OLG Frankfurt NJW 87, 389; H-H-*Voigt*, BT Rn 1239; *Stree*, JuS 88, 187.
48 S. dazu *Behm*, StV 99, 570.
49 So aber OLG Düsseldorf NJW 57, 1246 Nr 20.

bestimmungsgemäß als Fortbewegungsmittel verwendet werden kann. Diese Funktionsfähigkeit wird schon dann aufgehoben oder beeinträchtigt, wenn auch nur ein einzelner Reifen die Luft verliert. Ist das Wiederauffüllen der Luft an Ort und Stelle ohne ins Gewicht fallenden Aufwand an Zeit und Mühe möglich, ist eine Sachbeschädigung mangels **Erheblichkeit** zu verneinen.[50]

An einer Beschädigung fehlt es im Falle der schlichten **Sach- oder Besitzentziehung**, die im geltenden Recht nicht mit Strafe bedroht ist.[51] So enthält die Entziehungshandlung keine nachteilig verändernde Einwirkung auf die Sache als solche, sondern betrifft allein das *Herrschaftsverhältnis* des Eigentümers zur Sache.

64

Wer etwa einheimische Singvögel aus dem Käfig des Züchters entweichen lässt, den goldenen Trauring der jungvermählten Konkurrentin in einen Fluss wirft oder dem erfolgreichen Briefmarkensammler ein seltenes Einzelstück in der Weise entzieht, dass er es in dessen Privatbibliothek für ihn unauffindbar mitsamt der schützenden Klarsichtfolie zwischen die Seiten eines Buches steckt, setzt sich zwar uU einem Schadensersatzanspruch nach § 823 BGB aus, macht sich aber nicht nach § 303 strafbar.[52]

Für § 303 soll in solchen Fällen Raum bleiben, in denen die ihrem Eigentümer entzogene Sache **weiteren Einwirkungen ausgesetzt** wird, die zwangsläufig zu ihrer Beschädigung oder Vernichtung führen, so etwa, wenn ein fremdes Fahrrad ins Wasser geworfen wird, wo es mit der Zeit verrostet und verkommt.[53] In der Allgemeinheit der genannten Formulierung unterläuft diese Ansicht aber den Grundsatz, dass die bloße Sachentziehung nicht strafbar ist, und verwischt die Grenze zwischen Versuch und Vollendung. Erst über einen gewissen Zeitraum oder unter Dritteinwirkung zu erwartende Folgeschäden fallen richtigerweise nicht sofort in den Anwendungsbereich *der Norm*.[54]

b) Zerstören

Zerstört ist eine Sache, wenn sie auf Grund der erfolgten Einwirkung in ihrer Substanz vernichtet (**Beispiele:** Tötung eines Tieres, Verbrennen eines Buches) oder so wesentlich beschädigt ist, dass sie ihre bestimmungsgemäße Brauchbarkeit völlig verloren hat.[55] Gegenüber der Beschädigung besteht also keine Alternativität, sondern nur besondere Intensität. Bei Verbrauchsgegenständen liegt ein Zerstören nur im *zweckwidrigen* Aufbrauchen. Der **bestimmungsgemäße Verbrauch** hingegen ist *Nutzung* der Sache und erfüllt nicht den Tatbestand der Sachbeschädigung.[56] (Die durch ordnungsgemäße Nutzung bewirkte *Abnutzung* eines Nicht-Verbrauchsgegenstandes ist auch keine Beschädigung.)

65

---

50 BayObL JR 88, 217; abl. hierzu *Kargl*, JZ 97, 290; näher dazu BGHSt 13, 207; *Behm*, Anm. NStZ 88, 275; *Geerds*, Anm. JR 88, 218; HK-GS/*Weiler*, § 303 Rn 5 (Tatfrage); *Rengier*, BT I § 24 Rn 12 f. Anders als BGH BeckRS 16, 19423 mit Anm. *Bosch*, Jura (JK) 17, 360 bedarf es hierzu einer Beurteilung nach den konkreten Umständen des jeweiligen Falls.
51 Anders E 1962 § 251; krit. *Joecks/Jäger*, § 303 Rn 11 ff; s. zur Abgrenzung von Entziehung und Beschädigung BGHSt 44, 34, 38 f; *Krüßmann*, JA 98, 627.
52 So die **hM**: Fischer-*Fischer/Lutz*, § 303 Rn 12; LK-*Goeckenjan*, § 303 Rn 35; S/S-*Hecker*, § 303 Rn 12; S/S/W-*Saliger*, § 303 Rn 5.
53 Vgl RGSt 64, 250 f; RG GA Bd. 51, 182, 183; *Kindhäuser/Hilgendorf*, § 303 Rn 24; S/S-*Hecker*, § 303 Rn 12; *Schramm*, BT II § 6 Rn 27.
54 Zu Recht krit. daher A/W-*Heinrich*, BT § 12 Rn 28; *R. Schmitt*, Stree/Wessels-FS S. 505; ist der Tod eines Tieres *unmittelbare* Folge seines Aussetzens (zB auf befahrener Straße oder bei 40° minus), liegt § 303 natürlich vor; daher überzeugt das als Gegenbeispiel nicht, so aber *Satzger*, Jura 06, 431; wie hier S/S/W-*Saliger*, § 303 Rn 5; vermittelnd *Ladiges*, JuS 18, 659.
55 Vgl RGSt 55, 169, 170; BGH NJW 19, 90, 92 f; AG Solingen BeckRS 12, 13233 (Zerstechen von Autoreifen).
56 *Blei*, JA 73, 811; LK-*Goeckenjan*, § 303 Rn 36; S/S-*Hecker*, § 303 Rn 10; *Seier*, JuS 97 L 62; aA *Heghmanns*, Rn 982; *Kindhäuser/Hilgendorf*, § 303 Rn 27; *Ladiges*, JuS 18, 660.

Auch hier ist auf die erkennbar nach außen getretene Zweckbestimmung des Eigentümers abzustellen.

Handelt der Täter in Zueignungsabsicht, wird – wie beim Verzehr fremder Nahrungsmittel – das Unrecht ausschließlich durch die Zueignungsdelikte erfasst;[57] handelt er mit Gebrauchsabsicht, wird die mit der Tat notwendig einhergehende Sachabnutzung von § 248b abgegolten bzw. straffrei, soweit der *furtum usus* straffrei bleibt. Verheizt der Täter Kaminholz im Kamin des Eigentümers oder belästigt er ihn mit unerbetener Telefaxwerbung, enthält allein der Verbrauch von Holz bzw. Papier kein Unrecht einer Sachbeschädigung. Die von BGH NJW 96, 660 für die Wettbewerbswidrigkeit aufgedrängter Telefax-Werbung gegebene Begründung ist auf die Sachbeschädigung nicht übertragbar.[58]

c) Verändern des Erscheinungsbildes

66 Die Tatvariante des **Veränderns** des **Erscheinungsbildes** (§ 303 II) schützt den Eigentümer vor Eingriffen, die den äußeren Zustand der Sache gegen oder – was ausreicht – ohne den Willen des Eigentümers oder eines ihn in der Ausübung des Gestaltungswillens vertretenden Berechtigten abändern.

67 Mit § 303 II – eingefügt durch das 39. StrÄndG vom 1.9.2005[59] – soll das unbefugte Auftragen von **Graffiti** auf fremde Hauswände, öffentliche Bauten, usw als Sachbeschädigung erfasst werden. Eine Beschädigung (Abs. 1; Rn 58) kann oft höchstens nach Einholung teurer Gutachten zum Entfernungs- und Reinigungsaufwand angenommen werden.[60] Bereits im E 1962 (§ 249) wurde vorgeschlagen, den Tatbestand der Sachbeschädigung um die Begehungsformen des **Unbrauchbarmachens** und des **Verunstaltens** (vgl §§ 133 I, 134) zu erweitern. Dem war auch das 6. StrRG (Rn 42) aus guten Gründen nicht gefolgt. Funktionsbeeinträchtigungen wurden und werden von § 303 I ohnehin erfasst (s. Rn 46, 53 ff). Mit § 303 II wurde nun sogar eine noch weitere Fassung als die des Verunstaltens Gesetz. Mit dieser Erweiterung des Tatbestands hat sich die kriminalpolitisch umstrittene Position[61] durchgesetzt, die eine *strafrechtliche* „Bekämpfung" des „Graffiti-Unwesens" forderte. Alternativ hätte es durchaus lohnend sein können, sich mit den Gründen und (auch künstlerischen) Zusammenhängen von Graffiti näher zu befassen und nicht primär strafrechtlich darauf zu reagieren.

68 Systematisch sehen Rspr und große Teile der Lehre in § 303 II lediglich einen **subsidiären Auffangtatbestand**.[62] Hiernach ist stets zunächst zu klären, ob ein Fall des § 303 I

---

57 S/S/W-*Saliger*, § 303 Rn 4; vgl. auch NK-*Kargl*, § 303 Rn 52.
58 Für Strafbarkeit aber *Eisele*, BT II Rn 476; *Schmidt*, BT II Rn 901c; *Schmittmann*, MMR 02, 263; *Stöber*, NStZ 03, 515; wie hier OLG Frankfurt NStZ 04, 687; *Klesczewski*, BT § 8 Rn 9; zum „Verbrauch" eines Filmes in einem stationären „Blitzer" s. *Walter/Uhl*, JA 09, 35.
59 BGBl I 2674; die Änderung geht auf den am 17.6.2005 vom Deutschen Bundestag unverändert angenommenen Entwurf eines 39. Strafrechtsänderungsgesetzes zu §§ 303, 304 StGB der Fraktionen SPD und BÜNDNIS 90/DIE GRÜNEN (BT-Ds 15/5313) zurück. Anlass einer ersten Initiative des Landes Berlin (BR-Ds 805/98) war das Urteil KG NJW 99, 1200; s. zur Entstehungsgeschichte und zur kriminalpolitischen Bewertung *Hillenkamp*, Schwind-FS S. 927 ff; LK-*Wolff*, 12. Aufl., § 303 Entstehungsgeschichte; der Vorhalt nicht hinreichender Bestimmtheit (so *Wüstenhagen/Pfab*, StraFo 06, 190, 194) ist überzogen.
60 S. zu den nach Auffassung des Gesetzgebers zu schließenden Strafbarkeitslücken BT-Ds 15/5313, S. 1, 3.
61 S. dazu die Nachw. bei *Ingelfinger*, Graffiti und Sachbeschädigung, 2003, S. 11 ff, 35 ff; *Schnurr*, Graffiti als Sachbeschädigung, 2006, S. 112 ff, 221 ff; *I. Wolf*, Graffiti als kriminologisches und strafrechtsdogmatisches Problem, 2004, S. 183 ff; ferner *Hefendehl*, NJ 02, 459; *Kühl*, Weber-FS S. 413; *Weber*, Meurer-GS S. 283; eine iE positive Bewertung der Reform findet sich bei *Dölling*, Küper-FS S. 21 ff; *Hillenkamp*, Schwind-FS S. 939 ff; krit. *Neubacher*, ZStW 118 (2006), 873; zu erheblichem Leerlauf wegen Beweisschwierigkeiten s. *Schnurr*, StraFo 07, 318.
62 So KG NStZ 07, 223, 224; *Beulke/Zimmermann*, III Rn 187 f; *Eisele*, BT II Rn 463 ff; *Hilgendorf/Valerius*, BT II § 23 Rn 2; *Rengier*, BT I § 24 Rn 25 f; wohl auch *Schmidt*, BT II Rn 894; *Zöller*, BT Rn 576 (Auffangtatbestand).

vorliegt (s. Rn 57). Bei der Gesetzesänderung verfolgte der Gesetzgeber allerdings unmissverständlich die Absicht, die „Fälle der Substanzverletzung und der Beeinträchtigung der technischen Brauchbarkeit" mit den Tathandlungen des § 303 I zu erfassen und „den darüber hinausgehenden Schutz des äußeren Erscheinungsbildes" in einem neuen Absatz 2 zu gewährleisten. Bei Absatz 2 war in erster Linie an dauerhafte Graffiti gedacht, und das unabhängig von späteren Reinigungsschäden.[63] Hiernach drängt es sich auf, die Veränderung des Erscheinungsbildes – entgegen der Rspr und hM – insgesamt in den Absatz 2 zu verweisen. Man sollte die **Beschädigungsalternative** auch um die Fälle **entlasten**, in denen erst bei einer Wiederherstellung des Ausgangszustands Substanzschäden zu erwarten sind. Obwohl § 303 I im Grundsatz nicht geändert werden sollte,[64] ging der Gesetzgeber **keineswegs** von einer **Subsidiarität** des Absatz 2 aus.[65] Vielmehr wollte er gerade die Notwendigkeit oft „kostenträchtiger Gutachten" vermeiden.[66] Das kann aber nur mit der hier vertretenen Zuordnung erreicht werden. Damit bildet Absatz 2 für die Veränderung des Erscheinungsbildes *lex specialis* zu Absatz 1. Hier wie auch sonst sollte man durch Rechtsänderung entbehrlich gewordene Streitigkeiten Rechtsgeschichte werden lassen, statt die Rechtsanwendung unnötig zu verkomplizieren.

Eine **Veränderung des Erscheinungsbildes** liegt vor, wenn ein von dem vor der Einwirkung bestehenden Zustand abweichendes Erscheinungsbild hervorgerufen wird.[67] Ob die Veränderung das äußere Erscheinungsbild verschlechtert oder verbessert, ist gleichgültig – meist wäre das Geschmacksfrage und ließe sich ohnehin nicht objektivieren. Es kommt auch nicht darauf an, dass der Sache vom Eigentümer eine bestimmte ästhetische Wirkung zugedacht ist. Insoweit ist der Begriff der Veränderung neutral.[68]

69

Um strafwürdiges und dem Unrechtsgehalt des § 303 I entsprechendes Verhalten zu kennzeichnen, muss auch die Veränderung des Erscheinungsbildes unmittelbarer Effekt einer **Einwirkung auf die Sache** selbst sein. Daher reichen ein bloßes Verstellen, Verhängen oder die Projektion von Licht auf eine Wandfläche nicht aus.[69] Da auch dem Gesetzgeber bewusst war, dass nicht jede Veränderung des Erscheinungsbildes eine hinreichende Unrechtsqualität besitzt, hat er den Tatbestand durch **drei** die Veränderung kennzeichnende **Merkmale** beschränkt:

70

---

63 S. BT-Ds 15/5313, S. 3; der Hinweis auf Befugnisnormen, die in den seltensten Fällen (s. Rn 73) Graffiti rechtfertigen können, zeigt, dass auch alle anderen Veränderungen gemeint sind.
64 So *Jäger*, BT Rn 800; *Krey/Hellmann/Heinrich*, BT II Rn 385, 394; *Rengier*, BT I § 24 Rn 20 f, 25 f; *Schuhr*, JA 09, 171 f.
65 So aber KG NStZ 07, 223, 224, vgl. Rn 68.
66 BT-Ds 15/5313, S. 1; iE wie hier AnK-*Popp*, § 303 Rn 17; zögernd S/S/W-*Saliger*, § 303 Rn 13; für „erwägenswert" wird die hier vertretene Ansicht von S/S-*Hecker*, § 303 Rn 10 gehalten.
67 So auch MK-*Wieck-Noodt*, § 303 Rn 55; *Satzger*, Jura 06, 434; OLG Jena NJW 08, 776; ein Rückgriff auf das „Verändern" iSd § 303a empfiehlt sich angesichts dessen inhaltlichen Bezugs nicht, vgl hierzu *Krüger*, NJ 06, 248; *Thoss*, StV 06, 160; eine „unmittelbare Nutzungsbeeinträchtigung" ist entgegen *M. Heinrich*, Otto-FS S. 583 ebenso wenig wie eine Verunstaltung zu verlangen.
68 AnK-*Popp*, § 303 Rn 19; *Mitsch*, BT II S. 214; M/R-*Altenhain*, § 303 Rn 14; S/S-*Hecker*, § 303 Rn 16; aA *M. Heinrich*, Otto-FS S. 593; vgl zu den unterschiedlichen Bedeutungen des Begriffs in verschiedenen Gesetzeszusammenhängen *I. Wolf*, Graffiti als kriminologisches und strafrechtsdogmatisches Problem, 2004, S. 217 ff; zur Kritik an dem zu Recht nicht gewählten Begriff des Verunstaltens s. *Ingelfinger*, Graffiti und Sachbeschädigung, 2003, S. 36 ff, der selbst den Begriff des „Beeinträchtigens" vorzieht; ihm folgend *I. Wolf*, aaO S. 230 ff.
69 *I. Wolf*, Graffiti als kriminologisches und strafrechtsdogmatisches Problem, 2004, S. 219; s. auch AnK-*Popp*, § 303 Rn 19; *Hillenkamp*, Schwind-FS, S. 938; *Lackner/Kühl/Heger*, § 303 Rn 7b; *Moos*, JR 01, 94; M/R-*Altenhain*, § 303 Rn 13; a.A. NK-*Kargl*, § 303 Rn 36; *Satzger*, Jura 06, 431, 435; *Weber*, Meurer-GS S. 290; krit. zu einem weiteren Verständnis auch Fischer-*Fischer/Lutz*, § 303 Rn 18a; aA LK-*Goeckenjan*, § 303 Rn 44; weiter auch *Rengier*, BT I § 24 Rn 29; S/S/W-*Saliger*, § 303 Rn 14.

71 *Erstens* darf die Veränderung **nicht nur unerheblich** sein. Da die Erheblichkeit (s. Rn 62 f) seit je ungeschriebene Voraussetzung einer tatbestandlichen Sachbeschädigung ist, hätte der Gesetzgeber auf ihre Normierung (nur in § 303 II) besser verzichtet.[70] Die Erheblichkeit muss sich in § 303 II auf das Erscheinungsbild beziehen. Ein winziges „tag" an einer schwer einsehbaren oder ohnehin schon mit Graffiti übersäten Stelle einer Hauswand ist unerheblich, vor dem Balkon aufgehängte bunte Laken oder Spruchbänder sind dagegen erheblich (stellen aber mangels Einwirkung auf die Sachsubstanz schon keine tatbestandliche Veränderung dar).[71] Zu weit geht die These, mit einem Einwirken auf die Substanz verstehe sich die Erheblichkeit von selbst.[72]

Rechtsprechungsbeispiele: Im Fall des **AG Tiergarten NJW 13, 801** brachte der Angekl. auf der Außenwand einer Bauruine mit Farbspraydosen den Schriftzug „ESW" an. Eine Substanzverletzung, die das AG erwägt, wird verneint. Richtigerweise (Rn 68) war die Sachbeschädigung hier allerdings allein nach § 303 II zu beurteilen. Auch diese Variante wird aber zu Recht verneint, weil „das Aufbringen des Schriftzuges ESW ... auf die bereits vorhandene großflächige Bemalung", die über den Schriftzug hinausging, „im Vergleich zum sonstigen Erscheinungsbild des Gebäudes unauffällig" blieb. Das soll nach **KG BeckRS 13, 4002** selbst bei „einem ca. zwei mal zwei Meter großen Graffiti" möglich sein. Ein Urteil müsse deshalb „Feststellungen zur Größe und Gestalt der mutmaßlichen Farbauftragungen – nicht nur zu deren äußeren Ausmaßen, sondern auch zu der für die rechtliche Bewertung ggf bedeutsamen Ausgestaltung in der Fläche – als auch zu der dadurch bewirkten optischen Veränderung der betroffenen Fläche und deren Dauerhaftigkeit enthalten".

72 *Zweitens* darf die Veränderung **nicht nur vorübergehend** sein. Veränderungen, „die ohne Aufwand binnen kurzer Zeit von selbst wieder vergehen oder entfernt werden können, wie Verhüllungen, Plakatierung mittels ablösbarer Klebestreifen sowie Kreide- und Wasserfarbenauftrag", fallen hiernach – schon der Entwurfsbegründung[73] entsprechend – als tatbestandliche Veränderung aus. Die Voraussetzung setzt sich, wie die Beispiele zeigen, aus einem auf die Dauer und einem auf die Intensität des Substanzeingriffs bezogenen Moment zusammen. An beiden Momenten kann es alternativ fehlen.[74]

73 *Drittens* muss die Veränderung **unbefugt** vorgenommen werden. Es handelt sich hierbei um eine Tatbestandsvoraussetzung, denn sie ist konstitutiv für das Unrecht und entsprechend auch in Gegenüberstellung zu dem in Absatz 1 enthaltenen bloß allgemeinen Hinweis auf die Prüfungsstufe der Rechtswidrigkeit formuliert.[75] Geschieht die Veränderung mit dem **Einverständnis des Eigentümers oder** des ihm gegenüber in der Ausübung des Gestaltungswillens **Berechtigten**, entfällt schon der Tatbestand, da keine Verletzung des in § 303 II geschützten Gestaltungswillens (s. Rn 46) vorliegt.[76] Das ist zB der Fall, wenn

---

[70] S. zur Kritik *Ingelfinger*, Graffiti und Sachbeschädigung, 2003 S. 40 f; *Kühl*, Weber-FS S. 425; *Thoss*, StV 06, 161; *I. Wolf*, Graffiti als kriminologisches und strafrechtsdogmatisches Problem, 2004, S. 227.
[71] Anders BT-Ds 15/5313, S. 3, wo die Erheblichkeit verneint wird.
[72] So aber OLG Jena NJW 08, 776.
[73] BT-Ds 15/5313, S. 3; s. dazu auch schon BGHSt 29, 129, 132: „leicht abwaschbare Beschmutzungen"; alles, was „ohne nennenswerten Aufwand an Mühe, Zeit oder Kosten" behebbar ist; Gegenbeispiel bei OLG Jena NJW 08, 776.
[74] Für eine Aufteilung der Intensität auf die Unerheblichkeit und die (zeitliche) Extensität auf das „Nur-vorübergehend" SK-*Hoyer*, § 303 Rn 20; ihm zust. NK-*Kargl*, § 303 Rn 38; *Satzger*, Jura 06, 435; S/S/W-*Saliger*, § 303 Rn 16. Eine leicht entfernbare Veränderung ist aber unabhängig von ihrem Belassen nur vorübergehend = nicht physikalisch dauerhaft; wie hier *Eisenschmid*, NJW 05, 3035; Fischer-*Fischer/Lutz*, § 303 Rn 19; *Krüger*, NJ 06, 250.
[75] BT-DS 15/5313, S. 3.
[76] Ebenso die Entwurfsbegründung BT-Ds 15/5313, S. 3. Im Rahmen des Abs. 1 stellt eine Einwilligung jedoch weiterhin einen Rechtfertigungsgrund dar, so auch *Satzger*, Jura 06, 433; S/S-*Hecker*, § 303 Rn 22; aA *Hillenkamp*, hier bis zur 33. Aufl. (Rn 13b); zur Erörterung des *rechtfertigenden Notstands* im Falle der Zerstörung von Gen-Weizenpflanzen s. OLG Naumburg BeckRS 13, 08144.

der KfZ-Lehrling die von einem Hagelunwetter auf dem Dach des Autos der Eltern verursachten Beulen mit deren Einwilligung entfernt. Bereitet er ihnen dagegen eine Überraschung, hat er § 303 II verwirklicht, wenn sie den Zustand bis zur Abwicklung des Versicherungsfalls noch erhalten wollten.[77] Erwächst das Recht zur Veränderung des Zustandes dagegen einem Dritten gegenüber dem Eigentümer (oder sonst Berechtigten) aus **Notrechten** oder **öffentlich-rechtlichen Befugnissen**, kann nicht anders als bei einer Beschädigung oder Zerstörung der Sache „nur" **Rechtfertigung** eintreten.[78]

Wer auf eine Haustür die Warnung vor einer hinter ihr lauernden Explosionsgefahr sprüht, verletzt mit dieser Veränderung des Erscheinungsbildes der Tür regelmäßig den Gestaltungswillen des Eigentümers, ist aber ebenso regelmäßig nach § 904 BGB gerechtfertigt. Beseitigt eine Gemeinde im Wege der Ersatzvornahme die durch eine unzulässige, vom Eigentümer aber gewünschte Farbgebung eingetretene Verunstaltung einer baulichen Anlage, verändert sie das Erscheinungsbild gegen seinen Willen. Die Befugnis hierzu kann folglich den tatbestandsmäßigen Eingriff nur rechtfertigen.[79] Folge der tatbestandlichen Rolle des Merkmals „unbefugt" ist, dass dieselbe Erklärung bzgl Absatz 1 eine rechtfertigende Einwilligung und bzgl Absatz 2 Ausdruck eines tatbestandsausschließenden Einverständnisses sein kann.[80]

5. Subjektiver Tatbestand

Für den **subjektiven Tatbestand** genügt Eventualvorsatz. Auf die in § 303 I erwähnte *Rechtswidrigkeit* der Tat braucht der Vorsatz sich nicht zu beziehen, da es sich insoweit nicht um einen Tatumstand iS des § 16 I, sondern lediglich um einen überflüssigen Hinweis auf das allgemeine Deliktsmerkmal der Rechtswidrigkeit handelt.[81] Wer über die Rechtswidrigkeit irrt, ist nach den dafür geltenden Regeln zu beurteilen. Geht der Täter irrtümlich davon aus, der Eigentümer – oder im Rahmen des § 303 II der Berechtigte – sei „einverstanden", ist als Vorfrage zu klären, ob die Einwilligung bei der Sachbeschädigung bereits den Tatbestand oder nur die Rechtswidrigkeit entfallen lässt. Auch wenn nach der Neufassung der Vorschrift ein auf Grund einer Einwilligung des Eigentümers befugtes Verändern des Erscheinungsbildes schon den Tatbestand des § 303 II ausschließt, liegt es näher, iR des § 303 I bei der Einwilligung als Rechtfertigungsgrund zu bleiben (s. Rn 73).

74

---

77 Dieser Fall war nach § 303 aF umstritten; gegen Beschädigung zB *Krey/Hellmann*, BT II, 15. Aufl. 2008, Rn 240; S/S-*Stree*, 27. Aufl., § 303 Rn 9 f sowie hier 27. Aufl. Rn 27; anders dagegen A/W-*Heinrich*, § 12 Rn 22; *Rengier*, BT I § 24 Rn 14.
78 Anders die Gesetzesbegründung, nach der auch die Berufung auf eine „Befugnisnorm" den Tatbestand ausschließen soll, BT-Ds 15/5313, S. 3; dem zust. *Eisenschmid*, NJW 05, 3035; HK-GS/*Weiler*, § 303 Rn 6; *Kindhäuser/Hilgendorf*, § 303 Rn 18.
79 *SK-Hoyer*, § 303 Rn 25 folgt dem bei Rechtfertigung nach §§ 228, 904 BGB, will aber bei Amtsbefugnissen den Tatbestand ausschließen; ähnlich NK-*Kargl*, § 303 Rn 39; wie hier dagegen *Eisele*, BT II Rn 473; *Krey/Hellmann/Heinrich*, BT II Rn 403; *Krüger*, NJ 06, 251; *Küper/Zopfs*, BT Rn 441; M/R-*Altenhain*, § 303 Rn 17; *Satzger*, Jura 06, 435; S/S-*Hecker*, § 303 Rn 17; für allgemeines Rechtswidrigkeitsmerkmal *Heghmanns*, Rn 991.
80 Vgl. *Satzger*, Jura 06, 433; S/S-*Hecker*, § 303 Rn 22; anders hier noch die 33. Aufl. (Rn 13b); zur Erörterung des *rechtfertigenden Notstands* im Falle der Zerstörung von Gen-Weizenpflanzen s. OLG Naumburg BeckRS 13, 08144 und im Falle des Übersprühens verbotener Kennzeichen *Gerhold*, StV 20, 215 f und *Böse/Tomiak*, ZIS 21, 128 ff.
81 Vgl *Wessels/Beulke/Satzger*, AT Rn 200; aA *Gropengießer*, JuS 97, 1013; *Gropengießer*, JR 98, 93: Tatbestandsmerkmal mit der Bedeutung „unter Verstoß gegen die materielle Eigentumsordnung".

75 Im **Fall 1** erfüllt das Ablassen der Luft aus *allen* Reifen den Tatbestand der Sachbeschädigung (Rn 63 mit BGHSt 13, 207, 208). Bei den „tags"[82] steht zwar einer Bestrafung weder die Meinungs- noch die Kunstfreiheit entgegen,[83] wohl aber nach der früheren Rechtslage und weiter verbreiteten Ansicht, dass sich die Schriftzüge von einer metallischen Oberfläche idR rückstandslos und ohne Beschädigung des Lacks beseitigen lassen.[84] Nunmehr ist das Aufsprühen der „tags" als Veränderung des Erscheinungsbildes von § 303 II erfasst. Sind sie durch Größe und Sichtbarkeit erheblich, dürfte sich A strafbar gemacht haben, da sich die „tags" auch nicht ohne Weiteres beseitigen lassen. Die Veränderung ist daher nicht nur vorübergehend. Auf eine Beeinträchtigung der Substanz durch die Reinigung kommt es nach § 303 II nicht mehr an. Die Delle im Dach ist zwar eine idR *erhebliche* Beschädigung (und eine dahinter zurücktretende Veränderung des Erscheinungsbildes, s. Rn 66) des Autos, bei einem geübten Car-Walker aber möglicherweise nicht vom Vorsatz umfasst.[85] Auf Rechtfertigung kann sich A trotz verkehrswidrigen und ihn behindernden Verhaltens der Autobesitzer nicht berufen.[86] A hat sich daher nach § 303 strafbar gemacht. Verneint die Strafverfolgungsbehörde ein besonderes öffentliches Interesse, wird die Sachbeschädigung nur auf **Antrag** verfolgt, § 303c. *Antragsberechtigt* ist nur der Sacheigentümer. Die Erweiterung dieser Befugnis auf Nutzungsberechtigte wie Pächter, Entleiher oder Mieter ist (auch in Fällen des § 303 II) sachwidrig, da sich ihre aus dem Eigentum abgeleiteten Rechte nicht als gegenüber diesem verselbstständigte Schutzgüter des § 303 erweisen.[87]

6. Prüfungsaufbau: Sachbeschädigung, § 303

76 **Sachbeschädigung, § 303**

  I. Tatbestand
    1. Objektiver Tatbestand
      a) Tatobjekt:
        - *Sache (vgl. § 90 BGB)*
          → auch unbewegliche
          → auch Tiere
        - *fremd*
      b) Tathandlung:
        - *Beschädigen*
          → Substanzverletzung oder
          → Brauchbarkeitsminderung
          → Erheblichkeit der Beschädigung
        - *Zerstören*
          → Existenz- oder Brauchbarkeitsverlust
          Ⓟ bestimmungsgemäßer Verbrauch
          Ⓟ (Erfolgseintritt durch) Sachentziehung
        - *Verändern des Erscheinungsbildes*
          • unbefugt
          • nicht nur unerheblich

---

82 Ein „tag" ist ein Signaturkürzel des Sprayers, das auf seine individuelle Urheberschaft hinweist; s. zum Begriff, dem Unterschied zum „Crew-Kürzel" und ihrer Eignung zum Beweis im Strafverfahren LG Potsdam BeckRS 15, 1402; LG Offenburg BeckRS 02, 16890.
83 S. BVerfG NJW 84, 1293; EKMR NJW 84, 2753: Sprayer von Zürich; s. dazu *Eisele*, BT II Rn 480; *Kingreen/Poscher*, Grundrechte Staatsrecht II, 40. Aufl. 2024, Rn 830, 861.
84 OLG Köln StV 95, 592; BayObLG StV 97, 80 mit zust. Bespr. von *Löhnig*, JA 98, 184; LG Itzehoe NJW 98, 468; HansOLG Hamburg StV 99, 544.
85 LG Berlin NStZ-RR 97, 362.
86 S/S-*Perron/Eisele*, § 32 Rn 9; *Dölling*, JR 94, 113.
87 Wie hier Fischer-*Fischer/Lutz*, § 303c Rn 3; S/S-*Hecker*, § 303c Rn 2; aA OLG Frankfurt NJW 87, 389; *Lackner/Kühl/Heger*, § 303c Rn 2.

- nicht nur vorübergehend
- ***zu allen drei Tathandlungen:***
  - Ⓟ Einwilligung als Tatbestandsausschließungs- oder Rechtfertigungsgrund

2. **Subjektiver Tatbestand**
   Vorsatz:
   - *jede Vorsatzart*

II. **Rechtswidrigkeit**

III. **Schuld**

IV. **Strafantrag, § 303c**
   - Ⓟ Antragsberechtigter: neben Sacheigentümer auch Nutzungsberechtigter

→ **Qualifikationen, §§ 305, 305a**

II. Zerstörung von Bauwerken und von wichtigen Arbeitsmitteln

1. Zerstörung von Bauwerken

Die **Zerstörung von Bauwerken** (§ 305) ist ein qualifizierter Fall der Sachbeschädigung und wie diese ein echtes Eigentumsdelikt, das als Objekt der Tat eine *fremde* Sache voraussetzt. Die Strafverfolgung tritt hier jedoch ohne Strafantrag ein. 77

Das **Bauwerk** bildet den Ober- und Auffangbegriff der in § 305 I abschließend aufgezählten Tatobjekte. Im Hinblick auf die tatbestandliche Umschreibung und den erhöhten Strafrahmen sind als Bauwerke nur baulichen Anlagen anzusehen, die eine gewisse **Größe** und **Bedeutung** besitzen.[88] Sie müssen auf dem Grund und Boden ruhen und auf eine gewisse **Dauer** errichtet sein; einer dauerhaften Verbindung bedarf es – wie beim Zirkuszelt – jedoch nicht. Wie die Einbeziehung der Schiffe in den Kreis der geschützten Objekte zeigt,[89] ist die Festigkeit der Verbindung mit dem Grund und Boden nicht erforderlich. 78

Bauwerke sind zB auch Rohbauten, eine Hütte, eine Gartenmauer, ein künstlicher Fischteich sowie ein auf dem Boden errichteter Tankbehälter mit einem Fassungsvermögen von mehreren Tonnen.[90] Tretboote oder Fußgängerstege genügen hingegen nicht.

Als **Tathandlung** kommt hier nur ein gänzliches oder teilweises **Zerstören** der fremden Sache in Betracht. Auch Letzteres ist mehr als Beschädigen oder Zerstören eines beliebigen Teilelements. Es liegt zB im Unbrauchbarmachen eines selbstständigen, für das Ganze aber wichtigen Teils. So ist das Abmontieren eines Brückengeländers oder das Auseinanderbiegen bzw. die Demontage von Eisenbahnschienen eine teilweise Zerstörung der Brücke bzw. Eisenbahn,[91] nicht aber das Einwerfen einer Fensterscheibe die teilweise Zerstörung eines Bauwerks. 79

---

88 BGHSt 41, 219, 221; *Eisele*, BT II Rn 492; MK-*Wieck-Noodt*, § 305 Rn 5; BK-*Weidemann*, § 305 Rn 3.
89 MK-*Wieck-Noodt*, § 305 Rn 6; gegen diesen Schluss RGSt 15, 263, 264; Fischer-*Fischer/Lutz*, § 305 Rn 2; BK-*Weidemann*, § 305 Rn 3.1; s. auch LK-*Goeckenjan*, § 305 Rn 4.
90 S. zu weiteren Beispielen *Kindhäuser/Hilgendorf*, § 305 Rn 2; S/S/W-*Saliger*, § 305 Rn 2 f; RG HRR 30, 462; RGSt 15, 263.
91 Näher dazu RGSt 55, 169, 170; LG Dortmund NStZ-RR 98, 139, 140; OGHSt 1, 53; 2, 209.

2. Zerstörung wichtiger Arbeitsmittel

80 Nach § 305a I macht sich der **Zerstörung wichtiger Arbeitsmittel** schuldig, wer ein *fremdes* technisches Arbeitsmittel von bedeutendem Wert ganz oder teilweise zerstört, das für die *Errichtung* einer Anlage oder eines Unternehmens iS des § 316b I Nr 1, 2 oder der sonst in § 305a I Nr 1 genannten Anlagen von wesentlicher Bedeutung ist. Dient das Arbeitsmittel dem *Betrieb*, fällt seine Beeinträchtigung unter § 316b. Als weitere Tatobjekte nennt § 305a I Nr 2 die für den Einsatz wesentlichen technischen Arbeitsmittel der Polizei, der Bundeswehr, der Feuerwehr, des Katastrophenschutzes oder eines Rettungsdienstes, die von bedeutendem Wert sind, und § 305a I Nr 3 **Kraftfahrzeuge** all dieser Institutionen; darunter fallen auch Luft- und Wasserfahrzeuge, wie etwa Hubschrauber und Motorboote[92]. Auch hier reicht wie zu § 305 als Tathandlung ein bloßes „Beschädigen" nicht aus; deshalb fällt das Eintreten lediglich der beiden hinteren Seitenscheiben eines Polizeiwagens nur unter § 303.[93] Die 2011 in ihren Schutzobjekten erweiterte[94] Vorschrift bildet einen Qualifikationstatbestand zu § 303[95] und dehnt den Strafschutz in das Vorfeld des § 316b aus.

III. Gemeinschädliche Sachbeschädigung

81 **Fall 2:** Der Student S zählt zu den Benutzern einer Universitätsbibliothek. In zwei wertvollen wissenschaftlichen Werken entdeckt er mehrere alte Kupferstiche, die er herausschneidet und mitnimmt. Beim Verlassen der Bibliothek wird er von zwei Polizeibeamten in Empfang genommen, die das aufmerksame Bibliothekspersonal benachrichtigt hatte. Aus Zorn über seine Entdeckung tritt S so gegen den Streifenwagen, dass eine tiefe Einbeulung zurückbleibt.
Wie ist das Verhalten des S strafrechtlich zu beurteilen? **Rn 90**

1. Schutzgut und Schutzzweck

82 Bei der **gemeinschädlichen Sachbeschädigung** (§ 304) handelt es sich nicht um einen qualifizierten Fall des § 303, sondern um ein *eigenständiges Delikt*, das sich gegen die *Interessen der Allgemeinheit* richtet und dessen Ahndung nicht von einem Strafantrag abhängt.[96] Die **Eigentumsverhältnisse** spielen hier keine Rolle.[97] Der **Tatbestand** umfasst die vorsätzliche **Beschädigung**, **Zerstörung** (Abs. 1) und die nicht unerhebliche und nicht nur vorübergehende **Veränderung** des **Erscheinungsbildes** (Abs. 2) von in § 304 I abschließend aufgeführten kulturellen oder gemeinnützigen **Gegenständen**.

Der erhöhte Strafrechtsschutz der in § 304 genannten Tatobjekte erklärt sich daraus, dass an den genannten Gegenständen ein öffentliches Nutzungs- und Erhaltungsinteresse besteht. Sie haben einen besonderen kulturellen Wert, sind nur schwer ersetzbar und regelmäßig aufgrund allgemeiner Zugänglichkeit einer besonderen Gefahr mutwilliger Beschädigung oder Zerstörung ausgesetzt.[98]

---

92 Zutr. S/S-*Hecker*, § 305a Rn 10.
93 OLG Oldenburg NStZ-RR 11, 328; Fischer-*Fischer/Lutz*, § 305a Rn 10.
94 44. StrÄndG v. 5.11.2011 (BGBl I 2130); s. dazu *Singelnstein/Puschke*, NJW 11, 3475.
95 In Abs. 1 Nrn 2 und 3 fehlt allerdings das Merkmal „fremd"; **aA** daher NK-*Kargl*, § 305a Rn 1.
96 *Schuhr*, JA 2009, 169, 172; NK-*Kargl*, § 304 Rn 2.
97 Vgl dazu RGSt 43, 240, 242; *Eisele*, BT II Rn 485; S/S-*Hecker*, § 304 Rn 1.
98 BGHSt 10, 285, 286; *Schuhr*, JA 09, 173.

2. Tatobjekte

Die **Gegenstände** müssen – unabhängig von der Eigentumslage (Rn 82) – ausdrücklich oder konkludent zu der im Tatbestand genannten Nutzung **gewidmet** worden sein.[99] Darüber hinaus muss die Möglichkeit zur tatsächlichen widmungsgemäßen Nutzung bestehen.[100]

83

Von praktischer Bedeutung sind insbesondere **Gegenstände der Kunst, Wissenschaft oder des Gewerbes**, die in öffentlichen Sammlungen aufbewahrt werden oder öffentlich ausgestellt sind. **Öffentliche Sammlungen** befinden sich in Museen und Bibliotheken. Sie sind nicht schon deshalb eine öffentliche Sammlung, weil sie im Eigentum der öffentlichen Hand stehen. **Öffentlich** iS des § 304 ist eine Sammlung vielmehr nur, wenn sie **allgemein zugänglich** ist. Daran fehlt es, wenn sie lediglich einem begrenzten Kreis von Benutzern offen steht, wie etwa den Angehörigen einer Behörde oder einer sonst durch gemeinsame Merkmale verbundenen engeren Personengruppe.

84

Letzteres trifft zB für Gerichtsbüchereien zu, die allein für die im Justizdienst tätigen Personen und die zur Rechtspflege zählenden Berufsgruppen (= Rechtsanwälte, Notare, Rechtsbeistände, Gerichtsvollzieher usw) eingerichtet werden. *Staats- und Universitätsbibliotheken* beherbergen dagegen *öffentliche Sammlungen* iS des § 304. Dass ihre Benutzung von einer Erlaubnis und der Einhaltung bestimmter Vorschriften der Anstaltsordnung abhängig ist, steht dem nicht entgegen. Maßgebend ist vielmehr, dass der Zutritt zu ihnen bei Erfüllung der Zulassungsvoraussetzungen grundsätzlich jedermann, also nicht nur Behörden- und Universitätsangehörigen, gewährt wird.[101]

85

Umfasst sind ebenso Gegenstände, die zum **öffentlichen Nutzen** dienen. Das sind solche, die im Rahmen ihrer Zweckbestimmung der Allgemeinheit *unmittelbar* zugute kommen, sei es in Form des Gebrauchs oder in anderer Weise.[102] Da dem öffentlichen Nutzen unzählige Dinge dienen, die keine den übrigen Schutzobjekten vergleichbare Bedeutung haben, dient die *Unmittelbarkeit* der Gemeinwohlfunktion dazu, diese Vergleichbarkeit herzustellen. Sie wird bei einer von einem Träger hoheitlicher Gewalt dem öffentlichen Nutzen gewidmeten Sache naheliegen, ist hiervon aber nicht abhängig.[103]

86

Unmittelbarkeit in diesem Sinne *liegt vor*, wenn jedermann aus dem Publikum, sei es auch erst nach Erfüllung bestimmter allgemeiner Bedingungen, aus dem Gegenstand selbst oder aus dessen Erzeugnissen oder aus den bestimmungsgemäß von ihm ausgehenden Wirkungen Nutzen ziehen kann.[104] **Beispiele:** Verkehrszeichen[105], Gitter am Fenster eines Justizvollzugskrankenhauses[106], Wegweiser, Feuermelder, Feuerlöscher in öffentlichen Verkehrseinrichtungen, Notrufeinrichtungen, Telefonzellen, Postbriefkästen, öffentliche Verkehrsmittel, Ruhebänke in öffentlichen Anlagen und Skilanglaufloipen[107]. Am unmittelbaren Nutzen für die Allgemeinheit *fehlt es* dagegen zB bei Wahlplakaten[108] sowie bei Einrichtungs- und Gebrauchsgegenständen von Behörden, die (wie zB Schreibtische, Aktenschränke usw) bloß innerdienstlichen Zwecken dienen. Das gleiche gilt für Sachen, deren bestimmungsgemäße Verwendung dem Bürger nur in der Weise *mittelbar* zugute kommt, dass sie Amtsträgern die Erledigung öffentlicher Aufgaben ermöglicht oder erleichtert. In-

87

---

[99] S/S/W-*Saliger*, § 304 Rn 2.
[100] Fischer-*Fischer/Lutz*, § 304 Rn 3; NK-*Kargl*, § 304 Rn 4.
[101] BGHSt 10, 285, 286.
[102] RGSt 58, 346, 347 f; BGH NStZ 90, 540.
[103] *Stree*, JuS 83, 838; enger *Loos*, JuS 79, 700; krit. dazu NK-*Kargl*, § 304 Rn 12.
[104] BGHSt 31, 185, 186; SK-*Hoyer*, § 304 Rn 11; S/S-*Hecker*, § 304 Rn 8 f; S/S/W-*Saliger*, § 304 Rn 7 f.
[105] BGH VRS 19, 130; OLG Köln NJW 99, 1042; *Jahn*, JA 99, 98.
[106] BGH NStZ 06, 345.
[107] Zur Loipe aA *Lackner/Kühl/Heger*, § 304 Rn 3; zu den Beispielen s. RGSt 65, 133, 134 f; BGH MDR/D 52, 532; BayObLG NJW 88, 837.
[108] LG Wiesbaden NJW 78, 2107; *Loos*, JuS 79, 699; *Wilhelm*, JuS 96, 427.

folgedessen fällt die Beschädigung eines **Polizeistreifenwagens** nicht unter § 304, weil er nur Hilfsmittel für den polizeilichen Einsatz ist; unmittelbaren Nutzen zieht der Bürger hier allein aus dem polizeilichen Einsatz als solchem, nicht aber aus der bestimmungsgemäßen Verwendung des Fahrzeugs als Transport- und Fortbewegungsmittel.[109]

88 Geschützt sind auch Gegenstände, die der **Verschönerung öffentlicher Wege, Plätze** und **Anlagen** dienen.[110] Wiederum ist auf die Zweckbestimmung abzustellen. **Beispiele** sind vor allem Blumen, Ziersträucher und Bäume. Das Abreißen *einzelner* Blumen oder Zweige fällt zumeist nur unter § 303; gegen § 304 aber verstoßen die Zierwirkung insgesamt beeinträchtigende Veränderungen, dh ggf auch bereits wer eine kostbare Pflanze, die schon für sich allein wesentlich zur Verschönerung der Anlage beiträgt, ihres Blütenschmucks beraubt.[111]

3. Tathandlungen

89 Die Tathandlung besteht – wie in § 303 – im **Beschädigen** oder **Zerstören** (Abs. 1) oder im erheblichen und nicht nur vorübergehenden Verändern des **Erscheinungsbildes** (Abs. 2). Die Ausführungen zu § 303 gelten grds. entsprechend. Zu berücksichtigen ist aber, dass auch der Alleineigentümer Täter sein kann, und dass es bzgl Einwilligung und Unbefugtheit (Abs. 2) auf die Kompetenz ankommt, die Widmung der Sache aufzuheben,[112] so dass dann bereits kein taugliches Tatobjekt mehr vorliegt. Wegen des Schutzzwecks des § 304 verlangen die Tathandlungen stets auch, dass der **besondere Zweck** beeinträchtigt wird, kraft dessen der Gegenstand zu den durch § 304 geschützten Objekten gehört.[113] Geschmälert werden muss also der spezifische öffentliche Nutzen der Sache. Das muss auch für § 304 II gelten.[114] Damit verbleibt für diese Vorschrift nur ein schmaler Anwendungsbereich. Das Besprühen von Brückenteilen oder Eisenbahnwagen reicht selbst dann nicht aus, wenn eine einfache Sachbeschädigung vorliegt,[115] wohl aber zB das vollständige Besprühen einer Parkbank oder der Sitzflächen einer öffentlichen Toilettenanlage,[116] wenn das Ergebnis von der Nutzung abschreckt.

Rechtsprechungsbeispiel: Das **OLG Jena NJW 08, 776** hatte einen Fall zu beurteilen, in dem der Angeklagte mit blauer Farbe „tags" auf **Starkstromkästen** des Nahverkehrs aufgesprüht hatte. Das OLG übergeht die Frage, ob bei einer späteren Beseitigung der „tags", die sich „durch Wegwischen nicht mehr entfernen" ließen, eine Substanzverletzung eingetreten wäre. Im Rahmen der Prüfung des § 303 II wird die zweifelsfreie Veränderung des optischen Erscheinungsbildes des Kas-

---

[109] BGHSt 31, 185 mit Anm. *Loos*, JR 84, 169; *Stree*, JuS 83, 836; s. auch *Rengier*, BT I § 25 Rn 5. Beachte aber bei (teilweiser) Zerstörung § 305a I Nr 3.
[110] S. hierzu BGHSt 22, 209, 212.
[111] RGSt 9, 219, 221.
[112] Fischer-*Fischer/Lutz*, § 304 Rn 15; S/S/W-*Saliger*, § 304 Rn 14.
[113] AnK-*Popp*, § 304 Rn 14; *Eisele*, BT II Rn 487; *Hohmann/Sander*, BT § 43 Rn 30; *Küper/Zopfs*, BT Rn 442; MK-*Wieck-Noodt*, § 304 Rn 23; NK-*Kargl*, § 304 Rn 16; *Schuhr*, JA 09, 173; S/S/W-*Saliger*, § 304 Rn 11; OLG Köln BeckRS 17, 133971; abw. *Ladiges*, JuS 18, 756; Falllösung (Entfernen eines Gullydeckels) bei *Herold*, JA 13, 345.
[114] Wie hier KG StV 09, 649, OLG Jena NJW 08, 776 und OLG Köln StraFo 18, 83 mit Bespr. *Jahn*, JuS 18, 395; BK-*Weidemann*, § 304 Rn 10; *Bock*, BT II S. 231 f; Fischer-*Fischer/Lutz*, § 304 Rn 13a; H-H-*Voigt*, BT Rn 1253; *Jäger*, BT Rn 803; *Joecks/Jäger*, § 304 Rn 5; *Lackner/Kühl/Heger*, § 304 Rn 4; M/R-*Altenhain*, § 304 Rn 17; *Rengier*, BT I § 25 Rn 7. In der Annahme einer solchen Beeinträchtigung zu eng *Kudlich*, GA 06, 40, zu weit SK-*Hoyer*, § 304 Rn 14.
[115] So schon vor der Reform BayObLG StV 99, 543; ebenso für das bloße Besprühen von Starkstromkästen OLG Jena NJW 08, 776 auf dem Boden der Neufassung; s. dazu *Eidam*, JA 10, 601, 602 f. Zur *Überdehnung* der öffentlichen Funktion bzw. des öffentlichen Nutzens, deren Beeinträchtigung der Tatbestand voraussetzt, s. die krit. Bespr. der Entscheidung des OLG Hamburg NStZ 15, 37, 40 von *Jäger*, JA 14, 549; *Satzger*, JK 11/14, StGB § 304/1.
[116] Zweifel bei *Rengier*, BT I § 25 Rn 8; S/S/W-*Saliger*, § 304 Rn 12.

tens vom Gericht als „nicht nur vorübergehend" angesehen, weil die „tags" nicht mehr ohne Aufwand entfernt werden konnten und auch als „nicht nur unerheblich", weil sie auf die (Oberflächen-)Substanz selbst einwirkten, sich also fest mit der Sache verbunden hatten. Damit ist allerdings nur die nötige Sacheinwirkung (s. Rn 70), nicht die Erheblichkeit belegt. **§ 304 II** wird verneint. Zwar dienten – was zweifelhaft erscheint (s. dazu hier Rn 86 f) – die Kästen dem „öffentlichen Nutzen", es fehle aber an der auch für § 304 II zu verlangenden Beeinträchtigung gerade der „öffentlichen Funktion" dieser Kästen (s. dazu hier Rn 89). Gleiches gilt für das Besprühen von **U-Bahn-Waggons**.[117]

Im **Fall 2** gehörten die von S beschädigten Bücher zu einer *öffentlichen Sammlung* (Rn 84 f), in der sie als Gegenstände der Kunst und der Wissenschaft aufbewahrt wurden. Durch das Herausreißen von Blättern wurde ihre Tauglichkeit auch gerade für den *besonderen Zweck*, dem sie zu dienen bestimmt waren, beeinträchtigt.[118] Infolgedessen hat S sich nach § 304 strafbar gemacht. § 303, dessen Voraussetzungen hier ebenfalls erfüllt sind, wird durch § 304 als dessen *regelmäßige Begleittat* konsumiert.[119] Nach anderer Ansicht soll zwischen § 304 und § 303 Tateinheit möglich sein.[120] Letzteres gilt auch im Verhältnis zum bei Zueignungsabsicht gegebenen Diebstahl.[121] Die Beschädigung des Streifenwagens erfüllt dagegen den Tatbestand nicht. Der Streifenwagen dient nicht *unmittelbar* öffentlichem Nutzen (Rn 87). Auch beeinträchtigt die Delle nicht maßgeblich den öffentlichen Zweck (Rn 89). Sie stört auch nicht nachhaltig den Betrieb der der öffentlichen Ordnung und Sicherheit dienenden Einrichtung Polizei, sodass auch § 316b I Nr 3 nicht gegeben ist.[122] Da das Fahrzeug nicht wenigstens teilweise zerstört ist, kommt – statt § 305a I Nr 2 – nur § 303 wirklich in Betracht, der hier auch nicht an der Erheblichkeitsschwelle scheitert. 90

§ 2 Datenveränderung und Computersabotage

Die **Datenveränderung** (§ 303a) und die **Computersabotage** (§ 303b) weisen in den Tathandlungen Ähnlichkeiten mit der Sachbeschädigung auf, stehen mit ihr aber nur in loser Verbindung. Das gilt namentlich deshalb, weil Daten als solche weder Sachen noch eigentumsfähig und daher von § 303 nicht erfasst sind.[1] §§ 303a und 303b sind 2007[2] europäischen Vorgaben[3] angepasst worden. § 303b I ist deutlich ausgedehnt (dabei aber auf erhebliche Störungen beschränkt) worden; die Tatobjekte des § 303b I a.F. begründen nun eine Qualifikation (Abs. 2). Ebenfalls eingefügt wurde die Strafzumessungsregel mit Regelbeispielen (Abs. 4). In § 303a III und § 303b V wurden die **Vorbereitung** einer Datenveränderung bzw. einer Computersabotage unter Strafe gestellt. Da die Taten nach § 303a I und § 303b I und II als Versuch strafbar sind (§§ 303a II, 303b III), begegnet 91

---

117 KG StV 09, 649; s. dazu *Bock*, BT II S. 231; *Eidam*, JA 10, 601, 602 f; OLG Köln StraFo 18, 83 mit Bespr. *Jahn*, JuS 18, 395.
118 S. dazu RGSt 43, 31, 32; 65, 133, 134 f.
119 *Schuhr*, JA 09, 173; Fischer-*Fischer/Lutz*, § 304 Rn 17.
120 LK-*Goeckenjan*, § 304 Rn 27; S/S-*Hecker*, § 304 Rn 17.
121 BGHSt 20, 286; nach OLG Hamm MDR 53, 568 wird § 304 von §§ 242, 243 I 2 Nr 5 konsumiert.
122 BGHSt 31, 185, 188.

1 OLG Dresden NJW-RR 13, 28; *Heymann*, CR 16, 650; § 303a schließt diese Lücke, s. *Schramm*, BT II, § 6 Rn 49; M/R-*Altenhain*, § 303a Rn 2.
2 41. StrÄndG vom 7.8.2007 (BGBl I 1786); krit. Bespr. finden sich bei *Ernst*, NJW 07, 2661; *Gröseling/Höfinger*, MMR 07, 626; *Schumann*, NStZ 07, 675; *Vassilaki*, CR 08, 131.
3 S. BT-Ds 16/3656, S. 1; krit hierzu *Heghmanns*, Szwarc-FS S. 319 ff.

hier die durch den Rückverweis auf § 202c bewerkstelligte Ausdehnung weniger Bedenken als zu §§ 202a, b selbst, da deren Versuch straflos ist.[4] Befremdlich ist allerdings, dass §§ 303a I und II, 303b I bis III als relative Antragsdelikte ausgestaltet sind (§§ 303c), der über §§ 303a III, 303b V anzuwendende § 202c dagegen ein Offizialdelikt ist.

92 Der Tatbestand des § 303a ist zu unbestimmt und verstößt daher gegen Art. 103 II GG und Art. 7 I EMRK.[5] Der Gesetzgeber bezweckte mit § 303a, eine gesetzliche Analogie zu § 303 zu schaffen (sog. *„virtuelle Sachbeschädigung"*[6]).[7] Obgleich diese Gesetzestechnik Vorteile bietet und mit dem Gesetzlichkeitsprinzip im Einklang steht,[8] ist diese Analogie in vielerlei Hinsicht missglückt. Der Normunterworfene kann der Norm nicht entnehmen, was er tun darf – weder enthält die Vorschrift eine Verhaltensregel, noch ergibt sich ein Anhaltspunkt für eine Kompetenzverteilung zur Setzung der Verhaltensregel.[9] Jeder Umgang mit Computern ist eine Veränderung von Daten, sodass § 303a jedes ubiquitäre computerbezogene Verhalten unter Strafe stellt, egal ob das Verhalten erwünscht ist.[10] Die Lösung über ein Einverständnismodell hilft nur scheinbar weiter, da ein dem Eigentum analoges Institut der Dateninhaberschaft bislang nicht klar besteht (dazu s. Rn 95). Sobald mehrere Personen berechtigte Interessen an Daten haben, gerät dieses Modell an seine Grenzen. Auch das Abstellen auf den formalen Skripturakt (s. Rn 95) vermag nicht völlig zu überzeugen, da dies die Berechtigung oftmals nicht hinreichend erfasst. Es ist nicht ersichtlich, warum die Bewirkung der Speicherung per se besonders geschützt werden soll, denn eine Speicherung kann auch unter Verletzung fremder Rechte erfolgen.[11] Und selbst wenn ein Datenberechtigter eindeutig ermittelt werden kann, ist nicht gesagt, dass zB einem Computerlaien die Entscheidungsmöglichkeiten bekannt und für ihn nicht gleichgültig sind.[12] In Wahrheit erfolgen Billigkeitsentscheidungen, indem der Rechtsanwender statt einer Verhaltenspflicht seine Wertungen für eine Bestimmung des Unrechts heranzieht (*crimen extraordinarium*).[13]

I. Datenveränderung

93 Nach § 303a macht sich der **Datenveränderung** schuldig, wer **Daten** iS des § 202a II löscht, unterdrückt, unbrauchbar macht oder verändert. Der Datenbegriff des § 202a II ist insofern eng, als er nur solche Informationen umfasst, die elektronisch, magnetisch oder sonst **nicht unmittelbar wahrnehmbar** gespeichert sind oder übermittelt werden. Es

---

4 Es bleiben allerdings die Bedenken gegen jede Vorfeldkriminalisierung, s. dazu LK-*Murmann*, vor § 22 Rn 6; NK-*Kargl*, § 303a Rn 18.
5 Zur Verfassungswidrigkeit der Norm s. AnK-*Popp*, § 303a Rn 3; LK-*Tolksdorf*, 11. Aufl., § 303a Rn 7; NK-*Kargl*, § 303a Rn 5; *Schuhr*, ZIS 12, 441, 454 f; *Welp*, IuR 1988, 439.
6 S. *Ernst*, NJW 07, 2661, 2664; *Schramm*, BT II, § 6 Rn 48.
7 S. BT-Ds 10/5058, S. 34.
8 Zum Gesetzlichkeitsprinzip und der Gesetzestechnik der Analogie *Schuhr*, ZIS 12, 441, 443; LK-*Dannecker/Schuhr*, § 1 Rn 254.
9 *Schuhr*, ZIS 12, 441, 448.
10 *Schlüchter*, Zweites Gesetz zur Bekämpfung der Wirtschaftskriminalität, 1987, S. 74; *Schuhr*, ZIS 12, 441, 447 f; LK-*Tolksdorf*, 11. Aufl., § 303a Rn 5; *Gerhards*, Computerkriminalität und Sachbeschädigung, 1996, S. 35 f.
11 So auch zutr. *Welp*, IuR 1988, 448; M/R-*Altenhain*, § 303a Rn 5; anders die hM *Kindhäuser/Böse*, BT II § 24 Rn 10; *Lackner/Kühl/Heger*, § 303a Rn 4; *Rengier*, BT I § 26 Rn 8; W/J-*Bär*, Kap. XII Rn 68.
12 Ausf. zu den Problemen des Einverständnismodells *Schuhr*, ZIS 12, 441, 451 ff.
13 Vgl. AnK-*Popp*, § 303a Rn 3; LK-*Tolksdorf*, 11. Aufl., § 303a Rn 7; *Schuhr*, ZIS 12, 441, 454. Gute Beispiele hierfür sind die Entscheidungen über die Entfernung von SIM-Locks an eigenen Mobiltelefonen, AG Nürtingen MMR 11, 121 und AG Göttingen MMR 11, 626 (s. Rn 95).

muss sich nicht um einen computer-typischen Binärcode handeln.[14] Dieser Datenbegriff umfasst aber nur Information in spezieller Darstellung, nämlich codiert und in einem Datenträger oder Übertragungsmedium, sodass die Bedeutung für einen Menschen nur mit Hilfsmitteln zu erfassen ist.[15] Für Menschen unmittelbar wahrnehmbare Daten sind qua Information auch keine körperlichen Gegenstände, also keine Sachen (§ 90 BGB) und fallen daher weder unter § 303 noch unter § 202a II. Soweit solche Daten in einem Datenträger verkörpert sind (zB als Tafelinschrift), ist der Datenträger eine Sache, und wenn an solchen Daten Tathandlungen des § 303a vorgenommen werden, wird das bzgl des Datenträgers regelmäßig § 303 I oder zumindest II erfüllen. Werden die Daten hingegen nur übertragen (zB als hörbare Sprache), wird entsprechendes Verhalten (zB Unterdrückung durch störenden Krach) von keinem der beiden Tatbestände erfasst.

Sinn und Zweck des Gesetzes ist es, das **Interesse** an der *unversehrten Verwendbarkeit* von als **Daten gespeicherten Informationen** zu **schützen**.[16] *Träger* dieses Interesses und daher Verletzter ist, wer die *Berechtigung* hat, über die Daten zu *verfügen*. Dieses Interesse wird oft wirtschaftlicher Natur sein. Zwingend ist dies aber nicht,[17] aber in Anbetracht des Interesses des Verfügungsberechtigten an der unversehrten Verwendbarkeit der Daten, welches Parallelen zur Eigentumsposition aufweist, kann von einem *Vermögensdelikt im engeren Sinne* (vgl. zur Abgrenzung die Einleitung Rn 1) gesprochen werden.[18] Bei *beweiserheblichen* Daten wird § 303a durch § 274 I Nr 2 ergänzt.[19]

Mit der Aufnahme mehrerer, sich teilweise überschneidender **Tathandlungen** in das Gesetz soll sichergestellt werden, dass alle denkbaren Formen einer Beeinträchtigung der Verwendbarkeit von Daten iS des § 202a II erfasst werden.[20] Das **Löschen** entspricht dem Begriff des Zerstörens in § 303. Es bedeutet das vollständige und keine Wiederherstellung zulassende Unkenntlichmachen der *konkreten* Speicherung.[21] Die Existenz von Sicherungskopien schließt das nicht aus.[22] Ein **Unterdrücken** von Daten liegt vor, wenn diese dem Zugriff des Berechtigten entzogen werden, sodass sie dauernd oder jedenfalls eine nicht ganz unerhebliche Zeit[23] nicht verwendet werden können.[24] Bewirkt eine

94

---

14 S. MK-*Graf*, § 202a Rn 12; teilweise wird zur Begrenzung des Datenbegriffs gefordert, dass die Daten Informationen enthalten müssen, an denen der Datenbesitzer ein legitimes Interesse hat, s. A/R/R-*Heghmanns/Wegner*, 8. Rn 88.
15 Vgl. T/P-*Cornelius*, Kap. 102 Rn 14 ff; NK-*Kargl*, § 202a Rn 12. Krit. zur Einschränkung des Datenbegriffs *Mitsch*, BT II S. 436; *Welp*, IuR 1988, 446;
16 Fischer-*Fischer/Lutz*, § 303a Rn 2; NK-*Kargl*, § 303a Rn 8.
17 T/P-*Cornelius*, Kap. 102 Rn 179; *Lackner/Kühl/Heger*, § 303a Rn 1; MK-*Wieck-Noodt*, § 303a Rn 4, 8.
18 S. LK-*Tolksdorf*, 11. Aufl., § 303a Rn 2; S/S/W-*Hilgendorf*, § 303a Rn 3; *Kindhäuser/Böse*, BT II, § 24 Rn 1; *Welp*, IuR 1988, 443, 448 f; nach aA handelt es sich um kein Vermögensdelikt: Fischer-*Fischer/Lutz*, § 303a Rn 2; *Lackner/Kühl/Heger*, § 303a Rn 1; MK-*Wieck-Noodt*, § 303a Rn 4. In der Sache besteht zwischen beiden Ansichten jedoch kein Unterschied, so zu Recht NK-*Kargl*, § 303a Rn 3; *Kindhäuser/Böse*, BT II, § 24 Rn 1 Fn 3; anders aber MK-*Wieck-Noodt*, § 303a Rn 4.
19 OLG München CR 13, 212; ferner *Brand*, NStZ 13, 9.
20 S. BT-Ds 10/5058, S. 34.
21 Fischer-*Fischer/Lutz*, § 303a Rn 9; G/J/W-*Bär*, § 303a Rn 16; T/P-*Cornelius*, Kap. 102 Rn 182; *Malek/Popp*, Strafsachen im Internet, 2. Aufl. 2015, Rn 187; S/S-*Hecker*, § 303a Rn 5.
22 S/S-*Hecker*, § 303a Rn 5; NK-*Kargl*, § 303a Rn 9; *Popp*, JuS 11, 385, 388; anders für die Vernichtung einer Kopie bei Fortbestehen des Originals OLG Nürnberg CR 13, 214 mit insoweit krit. Anm. *Popp*, jurisPR-ITR 7/2013 Anm. 3.
23 Nach OLG Frankfurt/M MMR 06, 547, 551 soll eine vorübergehende (zweistündige) Entziehung der Gebrauchsmöglichkeit einer Webseite durch eine Online-Demonstration nicht ausreichen; anders zu Recht NK-*Kargl*, § 303a Rn 10; *Bock*, BT II, S. 238; *Ladiges*, JuS 18, 757; *Rengier*, BT I § 26 Rn 5; S/S/W-*Hilgendorf*, § 303a Rn 9; diff. Anm. *Gercke*, MMR 06, 552; zur Zweifelhaftigkeit einer (Haupt-)Tat aus beteiligungsrechtlicher Sicht s. *Kelker*, GA 09, 86.
24 BayOLG NJW 24, 3669, 3671; *Hilgendorf/Kusche/Valerius*, Computer- und Internetstrafrecht, 3. Aufl. 2023, § 3 Rn 413.

Online-Demonstration (s. auch den vergleichbaren Fall der *Sitzblockaden*[25]) nur, dass eine Website für Dritte nicht mehr erreichbar ist, der Verfügungsberechtigte aber auf die Daten zugreifen kann, ist hiernach ein Unterdrücken nicht gegeben.[26] Eine Strafbarkeit nach § 303b I Nr 2 scheidet angesichts der Bedeutung von Art. 5 GG in diesem Kontext aus (s. Rn 101). Geschieht das Unterdrücken, wie bei der Beauftragung eines E-Mail-Dienstleisters mit der Herausfilterung unerwünschter und störender E-Mails (Spam), mit Einwilligung des Berechtigten, ist bereits der Tatbestand ausgeschlossen (Rn 95).[27] **Unbrauchbar gemacht** sind Daten, wenn sie durch zusätzliche Einfügungen oder andere Manipulationen so in ihrer Verwendungsfähigkeit beeinträchtigt sind, dass sie den mit ihnen verbundenen Zweck nicht mehr ordnungsgemäß erfüllen können.[28] Die Tathandlung entspricht dem Beschädigen iS des § 303 I.[29] Das Merkmal des **Veränderns** erfasst sonstige Funktionsbeeinträchtigungen, wie zB die Veränderung des Informationsgehaltes oder Aussagewertes durch inhaltliches Umgestalten.[30] Solange beim sog. **Phishing** (s. auch Rn 743) keine Schadsoftware eingesetzt und die Aufforderung nur auf regulärem Wege zugeleitet wird, wird der Tatbestand des § 303a regelmäßig nicht verwirklicht,[31] denn nur im Nachrichtenabruf liegt dann eine Veränderung von Daten, diese ist aber dem Benutzer selbst zuzurechnen (und insoweit auch noch irrtumsfrei). Ob der Eingriff sich auf bereits gespeicherte Daten bezieht oder schon während der Übermittlungsphase erfolgt, ist belanglos. Geht die Tat mit einer Beschädigung des Datenträgers einher, ist Tateinheit mit § 303 möglich. Erschöpft sie sich in der Beeinträchtigung der Daten, tritt § 303 zurück, soweit Sachbeschädigung hier überhaupt – wie beim Löschen eines Tonbandes[32] – in Betracht kommt.[33]

95   Da bei jeder Bedienung eines Computers Daten verändert werden, ist der Tatbestand ersichtlich *zu weit*. Diesem Mangel der Tatbestandsfassung wird versucht (s. aber Rn 92) dadurch abzuhelfen, dass den Tatbestand nur erfüllt, wer das (eigentümerähnliche) Verfügungsrecht eines anderen, der ein unmittelbares Interesse an der Unversehrtheit der Daten besitzt,[34] gegen dessen Willen verletzt. Ob man dieses Ergebnis dadurch erreicht, dass man nur in diesem Sinne „fremde" Daten als Schutzobjekt anerkennt, das Wort

---

25 *Wessels/Hettinger/Engländer*, BT I Rn 360.
26 *Hilgendorf/Kusche/Valerius*, Computer- und Internetstrafrecht, 3. Aufl. 2023, Rn 414; *Kraft/Meister*, MMR 03, 366, 372; OLG Frankfurt/M MMR 06, 547, 551; dazu s. auch *Wengenroth*, Strafbarkeit von virtuellen Sit-Ins, 2014.
27 *Kitz*, CR 05, 450 f, 453 f; zum – wohl fehlenden – Unterdrücken durch Ablehnung der Annahme und Rücksendung s. *Heydrich*, CR 09, 169 f.
28 Vgl dazu *Malek/Popp*, Strafsachen im Internet, 2. Aufl. 2015, Rn 189; S/S/W-*Hilgendorf*, § 303a Rn 10; *Wuermeling*, CR 94, 585, 592; zu beiden Tathandlungen durch das sog. **Spamming** s. *Frank*, CR 04, 125.
29 Fischer-*Fischer/Lutz*, § 303a Rn 11; G/J/W-*Bär*, § 303a Rn 19.
30 Hieran fehlt es beim sog. **Skimming**, s. *Bachmann/Goeck*, JR 11, 426 (Fn 24); *Seidl/Fuchs*, HRRS 11, 268; *Seidl*, ZIS 12, 417; zur Veränderung von Packstationsdaten s. *Brand*, NStZ 13, 9; zum Einsatz einer ec-Karte zur kontaktlosen Bezahlung OLG Hamm NStZ 20, 673. Zu einem Fall des § 303a in **virtuellen Welten** s. *Heghmanns/Kusnik*, CR 11, 248, 249; zur Kriminalität in virtuellen Welten vgl auch *Cornelius/Hermann*, Virtual Worlds and Criminality, 2011. Zum Einsatz von **Botprogrammen und Bitcoin-Mining** s. BGH NStZ 18, 401, 403 f. mit Anm. *Safferling*; *Heine*, NStZ 16, 442; *Stam*, ZIS 17, 547, 550 ff. Zum **Verhältnis Verändern/Löschen** s. *Schuhr*, ZIS 12, 446.
31 *Goeckenjan*, wistra 09, 47, 51, 53. Zur unberechtigten Zugangsverschaffung s. *Krutisch*, Strafbarkeit des unberechtigten Zugangs zu Computerdaten und -systemen, 2004, S. 150 ff.
32 S. dazu A/W-*Heinrich*, BT § 12 Rn 52; *Krey/Hellmann/Heinrich*, BT II Rn 409.
33 S. *Eiding*, Strafrechtlicher Schutz elektronischer Datenbanken 1997, S. 87 f; *Jäger*, BT Rn 806; S/S/W-*Hilgendorf*, § 303a Rn 15. *Krey/Hellmann/Heinrich*, BT II Rn 415 nehmen dagegen Idealkonkurrenz an.
34 ZB der Nutzer eines für ihn angelegten e-mail-Accounts auch nach Kündigung des zugrunde liegenden Vertrags, OLG Dresden NJW-RR 13, 27.

„fremd" dem Tatbestand also hinzufügt,[35] oder dadurch, dass man das Wort **„rechtswidrig"** als einschränkendes Tatbestandsmerkmal auffasst[36] und es nur bei einer Verletzung „fremder" Daten (ohne Einverständnis) bejaht,[37] ist ohne größere Bedeutung.[38]

Problematisch ist indes, was der Anknüpfungspunkt für die Tatbestandseinschränkung ist. Während § 303 insoweit durch das Merkmal „fremd" auf die zivilrechtliche Eigentumsordnung verweist, gibt es ein ähnlich klares „Datenzuweisungsrecht" nicht, sodass es an der Möglichkeit einer dazu akzessorischen Bestimmung der Verfügungsbefugnis über Daten fehlt.[39] Wenig einleuchtend ist es, sie an die sachenrechtliche Zuordnung des Datenträgers (ggf unter Einbeziehung der Wertungen des § 950 BGB) zu knüpfen[40] und für den Fall, dass das Eigentum am Datenträger und das Nutzungsrecht auseinanderfallen, die Verfügungsbefugnis nach dem Vertragsverhältnis der Beteiligten zu bestimmen.[41] Oft ist es plausibel, als maßgebliches Zuordnungskriterium die Urheberschaft an den Daten (und von ihr ausgehend ggf Rechtsübertragungen) anzusehen, so dass in erster Linie derjenige, der die Speicherung der Daten (den **„Skripturakt"**) unmittelbar selbst bewirkt hat, als der (ursprünglich) Berechtigte in Betracht kommt.[42] Dabei kann man den Grundgedanken der Geistigkeitstheorie aus dem Bereich der Urkundendelikte heranziehen und *den* Auftraggeber als (ggf Mit-)Berechtigten bezeichnen, nach dessen Ideen, Vorgaben und Weisungen das Datenwerk entsteht.[43] In diesem Zusammenhang sind auch die Wertungen des Urheberrechtsgesetzes von Bedeutung.[44] Vor allem aber wird man dem Datenschutzrecht und dem allgemeinen Persönlichkeitsrecht eine Grenzziehung zu entnehmen haben; soweit die Rechtsordnung den Fortbestand der Daten an ihrem Ort grundsätzlich missbilligt (dh sie zu löschen wären), hat das Strafrecht die „Inhaberschaft" nicht zu schützen. Konsequenz des Ausgehens vom Urheber ist es, dass als Täter auch der Systembetreiber oder der in Betracht kommt, der die Daten erstmalig abgespeichert hat,[45] sofern er in Dritten zustehende Besitz- oder Nutzungsrechte *unbefugt* eingreift, weil ihm die Daten nicht allein „gehören". In Zeiten des Cloud-Computings ist es auch dringend erforderlich, den strafrechtlichen Schutz weder vom Eigentum an den Datenträgern noch von mit Marktmacht vorgegebenen Vertragsbedingungen abhängig zu machen.

---

35 Fischer-*Fischer/Lutz*, § 303a Rn 4a; *Heghmanns*, Rn 1023; LK-*Tolksdorf*, 11. Aufl., § 303a Rn 5; M/R-*Altenhain*, § 303a Rn 4; diff. S/S-*Hecker*, § 303a Rn 3.
36 *Bock*, BT II, S. 240; *Eisele*, BT II Rn 504; *Eisele*, Jura 12, 931; *Hilgendorf*, JuS 1996, 892; *Kindhäuser/Hilgendorf*, § 303a Rn 9; *Lackner/Kühl/Heger*, § 303a Rn 4; LK-*Goeckenjan*, § 303a Rn 10; *Otto*, BT § 47 Rn 30; S/S/W-*Hilgendorf*, § 303a Rn 5, 12.
37 MK-*Wieck-Noodt*, § 303a Rn 9, 17; *Popp*, JuS 11, 388; *Rengier*, BT I § 26 Rn 7; SK-*Hoyer*, § 303a Rn 2, 12.
38 So zu Recht G/J/W-*Bär,* § 303a Rn 11; LK-*Tolksdorf*, 11. Aufl., § 303a Rn 5; OLG Nürnberg CR 13, 213.
39 Vgl *Schuhr*, ZIS 12, 450.
40 Dazu *Kindhäuser/Hilgendorf*, § 303a Rn 10; M/R-*Altenhain*, § 303a Rn 4; *Popp*, JuS 11, 388; SK-*Hoyer*, § 303a Rn 6. Stattdessen wird teilweise auf eine Ähnlichkeit zum **Besitz** abgestellt, s. *Hoeren*, MMR 19, 5, 7 f.
41 Fischer-*Fischer/Lutz*, § 303a Rn 6; MK-*Wieck-Noodt*, § 303a Rn 10; S/S-*Hecker*, § 303a Rn 3; zur Verfügungsbefugnis über dienstliche Daten auf dem privaten Endgerät eines Arbeitnehmers siehe *Arning/Moos/Becker*, CR 12, 595.
42 BayObLGSt 1993, 86, 89 = CR 93, 779; OLG Nürnberg CR 13, 213; OLG Naumburg BeckRS 14, 19058 (Herstellerin einer Geschwindigkeitsmessanlage nicht zugleich Datenberechtigte); *Hilgendorf*, JuS 1996, 892; *Hoeren*, MMR 13, 486; *Kindhäuser/Hilgendorf*, § 303a Rn 10; *Rengier*, BT I § 26 Rn 7; S/S/W-*Hilgendorf*, § 303a Rn 6.
43 LK-*Tolksdorf*, 11. Aufl., § 303a Rn 17; OLG Nürnberg CR 13, 213.
44 LK-*Goeckenjan*, § 303a Rn 3.
45 AA *Hilgendorf*, JuS 96, 893.

Rechtsprechungsbeispiele: AG Nürtingen MMR 11, 121 u. A. Göttingen MMR 11, 626: Das Entfernen eines SIM-Locks beim Mobiltelefon unterfällt – nach höchst fragwürdiger Ansicht der Gerichte – § 303a I, da die Verfügungsbefugnis aufgrund des *Skripturakts* beim Provider liege und verbleibe. Übersehen wurde jedoch, dass es gerade darauf ankommt, dass der Berechtigte die in den Daten abgespeicherten *Informationen ungehindert nutzen* kann. Die in einer SIM-Lock-Sperre enthaltenen Informationen sind für den *Mobilfunk-Provider* indes als solche ohne Relevanz – es geht ihm lediglich um eine Nutzungsbeschränkung. Daher ist auch die Fälschung beweiserheblicher Daten nach §§ 269, 270 mehr als fraglich.

OLG München NStZ 06, 576 (Anm *Kudlich*, JA 2007, 72; *Mann*, NStZ 07, 271): Das Abblenden einer Blitzanlage durch im Auto angebrachte Reflektoren verändert keine bestehenden Daten, sondern verhindert lediglich die Aufzeichnung.

II. Prüfungsaufbau: Datenveränderung, § 303a

96

Datenveränderung, § 303a

  I. Tatbestand
   1. Objektiver Tatbestand
      a) Tatobjekt: Daten
      b) Tathandlung: Einwirkung auf die Daten
        - *Löschen*
        - *Unterdrücken*
        - *Unbrauchbarmachen*
        - *Verändern*
        - ⓟ rechtswidrig = gegen den Willen des Verfügungsberechtigten/Beeinträchtigung „fremder" Daten bzw. einer „fremden" Verfügungsberechtigung
   2. Subjektiver Tatbestand: jede Vorsatzart
  II. Rechtswidrigkeit
  III. Schuld
  IV. Strafantrag, § 303c

III. Computersabotage

97 Den **Grundtatbestand** der **Computersabotage** erfüllt, wer eine Datenverarbeitung, die für einen anderen von **wesentlicher** Bedeutung ist, dadurch **erheblich** stört, dass er eine Tat nach § 303a I begeht (§ 303b I Nr 1), Daten iS des § 202a II in der Absicht, einem anderen Nachteil zuzufügen, eingibt oder übermittelt (§ 303b I Nr 2) oder eine Datenverarbeitungsanlage oder einen Datenträger zerstört, unbrauchbar macht, beseitigt oder verändert (§ 303b I Nr 3). Geschützt wird das Interesse der Betreiber und Nutzer von Datenverarbeitungen an deren ordnungsgemäßer Funktionsweise.[46] Der Qualifikationstatbestand in § 303b II bezieht sich auf Datenverarbeitungsanlagen, die für einen fremden Betrieb, ein fremdes Unternehmen oder eine Behörde von wesentlicher Bedeutung sind.

---

46 BT-Ds 16/3656, S. 13; BGH JZ 21, 1065 mit Anm. *Eisele*; Bespr. *Heghmanns*, ZJS 21, 824 und *Erdogan*, ZWH 22, 13; M/R-*Altenhain*, § 303b Rn 1; S/S-*Hecker*, § 303b Rn 1; S/S/W-*Hilgendorf*, § 303b Rn 3; krit. hierzu *Schumann*, NStZ 07, 679; zum **internationalen** Hintergrund s. LK-*Goeckenjan*, § 303a Rn 50 f.

Der Begriff der **Datenverarbeitung** umfasst nicht nur den einzelnen Datenverarbei- 98
tungsvorgang, sondern auch den weiteren Umgang mit Daten und deren Verwertung,[47]
bspw. deren Speicherung oder Verwertung, sofern eine nicht unerhebliche Beeinträchtigung des reibungslosen Ablaufs erfolgt. Nach dem BGH ist es ohne Bedeutung, ob sich die jeweiligen Sabotagehandlungen auf Datenverarbeitungsvorgänge zu rechtmäßigen oder aber rechtswidrigen Zwecken beziehen. Das ist deshalb zweifelhaft, weil an der ungestörten Vornahme jedenfalls strafbarer Datenverarbeitung *kein schützenswertes* Interesse besteht.[48]

Eingeschränkt wird der Tatbestand durch die wenig genaue[49] Bedingung, dass die Datenverarbei- 99
tung für den jeweils Betroffenen von „**wesentlicher**" Bedeutung sein muss. Diese Voraussetzung ist für § 303b II beispielsweise dann erfüllt, wenn die Datenträger und Anlagen zentrale Informationen enthalten, von denen die Funktionsfähigkeit eines Unternehmens oder einer Behörde abhängt. Für Privatpersonen sollen eine Datenverarbeitung iR einer schriftstellerischen, wissenschaftlichen, künstlerischen oder einer dem Erwerb dienenden Tätigkeit, nicht aber „jeglicher Kommunikationsvorgang im privaten Bereich oder etwa Computerspiele" als wesentlich einzustufen sein.[50] Hier wird man einen objektiv-individuellen Maßstab entwickeln müssen, der suchtbedingte Abhängigkeiten ausschließt, auch wenn die Datenverarbeitungsanlage deshalb „für die Lebensgestaltung der Privatperson eine zentrale Funktion einnimmt"[51]. Wird die Nutzung eines Computers insgesamt verhindert, zB mittels Ransomware, wird das Merkmal wegen der heutigen Relevanz der Geräte für die soziale und gesellschaftliche Teilhabe regelmäßig erfüllt sein.[52] Fehlen soll die Wesentlichkeit nach der Vorstellung des Gesetzgebers bei Sabotageakten von ganz untergeordneter Bedeutung, wie etwa bei Eingriffen in die Funktionsfähigkeit von elektronischen Schreibmaschinen oder von Taschenrechnern.[53]

§ 303b I Nr 1 nennt als **Sabotagehandlung** eine rechtswidrige Datenveränderung iS des 100
§ 303a I. Für Datenverarbeitungsanlagen und Datenträger knüpft § 303b I Nr 3 an die in § 303 und in sonstigen Sabotagedelikten (§§ 87 II Nr 2, 109e I, 316b, 317) vorgesehenen Tathandlungen an. Als Beispiel ist das Einbringen von Sabotagesoftware („Viren", „Trojanische Pferde" u.Ä.) zu nennen, das uU beide Varianten erfüllen kann.[54]

Die neu (s. Rn 91) eingefügte Nr 2 des § 303b I stellt darüber hinaus auch das Eingeben 101
oder Übermitteln von Daten in Nachteilszufügungsabsicht unter Strafe,[55] wobei die si-

---

47 BT-Ds 10/5058, S. 35; T/P-*Cornelius*, Kap. 102 Rn 195; LK-*Goeckenjan*, § 303b Rn 6; krit. dazu Fischer-*Fischer/Lutz*, § 303b Rn 4; G/J/W-*Bär*, § 303b Rn 7.
48 Anders aber die hM BGH NJW 17, 838 (**Kinox.to**-Entscheidung) mit insoweit zust. Anm. *Ernst*; *Kudlich*, JA 17, 310; BK-*Weidemann*, § 303b Rn 4; S/S-*Hecker*, § 303b Rn 1; S/S/W-*Hilgendorf*, § 303b Rn 5; *Bock*, BT II, S. 243; *Rengier*, BT I, § 26 Rn 12.
49 *Achenbach*, NJW 86, 1838; NK-*Kargl*, § 303b Rn 3 (der die Norm – auch deshalb – für verfassungswidrig hält); S/S-*Hecker*, § 303b Rn 4; Konkretisierungen bei *Haß*, in: Lehmann, Rechtsschutz und Verwertung von Computerprogrammen, 2. Aufl. 1993, S. 499 f; M/R-*Altenhain*, § 303b Rn 3; *Schulze-Heiming*, Der strafrechtliche Schutz der Computerdaten 1995, S. 206 ff; S/S/W-*Hilgendorf*, § 303b Rn 5; W/J-*Bär* 12/72.
50 BT-Ds 16/3656, S. 13.
51 So die Formulierung in BT-Ds 16/3656, S. 13; offen für Letzteres *Ernst*, NJW 07, 2665; für die Einbeziehung „subjektiver Bewertungen" auch Fischer-*Fischer/Lutz*, § 303b Rn 6; G/J/W-*Bär*, § 303b Rn 10; s. auch LK-*Goeckenjan*, § 303b Rn 13; M/R-*Altenhain*, § 303b Rn 3; *Rengier*, BT I, § 26 Rn 13; *Schumann*, NStZ 07, 679; SK-*Hoyer*, § 303b Rn 8; *Vassiliki*, CR 08, 133 f.
52 Vgl. BGH JZ 21, 1065 mit Anm. *Eisele;* Bespr. *Heghmanns*, ZJS 21, 824 und *Dittrich/Erdogan*, ZWH 22, 13.
53 Krit. dazu BK-*Weidemann*, § 303b Rn 7.
54 S. *Hilgendorf*, JuS 96, 1082; *Schulze-Heiming*, Der strafrechtliche Schutz von Computerdaten 1995, S. 185 ff; *Hilgendorf/Frank/Valerius*, Computer- und Internetstrafrecht 2005, Rn 211; weitere Beispiele bei *Eiding*, Strafrechtlicher Schutz elektronischer Datenbanken 1997, S. 112 ff; zu virtuellen Welten *Heghmanns/Kusnik*, CR 11, 248, 250.
55 Auch das verlangen die internationalrechtlichen Vorgaben, s. BT-Ds 16/3656, S. 8, 13; *Popp*, MR-Int 07, 84, 85. Zum Einsatz von **Social Bots** s. *Libertus*, ZUM 18, 23.

chere Erwartung eines Nachteils genügt.⁵⁶ Hierdurch sollen insbesondere (**Distributed**) **Denial-of-Service-Attacken** erfasst werden,⁵⁷ wenn sie in der verlangten, § 274 nachgebildeten und deshalb nicht ausschließlich das Vermögen betreffenden, Nachteilszufügungsabsicht vorgenommen werden. Bei unter Art. 5 GG fallenden Massen-E-Mail-Protesten kann Letzteres ausgeschlossen sein.⁵⁸ Durch den problematischen Verweis auf den Datenbegriff des § 202a II ist fraglich, ob auch der manuelle Input von Daten unter die „Eingabe" nach Nr 2 fällt.⁵⁹ Der Datenbegriff des § 202a ist gegenüber dem der „Computerdaten" aus den europäischen Vorgaben durch das Merkmal des „Speicherns" enger. Allerdings werden bei DoS-Angriffen regelmäßig Daten übermittelt, die auch bei manueller Eingabe zumindest im Arbeitsspeicher eines Systems abgelegt werden und damit unter den Datenbegriff des § 202a II fallen dürften. Dann sind über das Internet durchgeführte DoS-Attacken jedenfalls durch die Übermittlungsalternative erfasst.⁶⁰

102 **Erfolg** der Tathandlung muss eine erhebliche Störung der Datenverarbeitung sein.⁶¹ Mit dem Merkmal der **Erheblichkeit** soll klargestellt werden, dass nur unerhebliche Beeinträchtigungen des reibungslosen Funktionierens einer Datenverarbeitung keine den Tatbestand erfüllende Störung bedeuten.⁶² Erst recht kann eine bloße Gefährdung nicht genügen.

§ 303b I Nr 1 ist als Eingriff in die Software eine Qualifikation zu § 303a. § 303b I Nr 3 ist dagegen als Beeinträchtigung der Hardware idR eine qualifizierte Sachbeschädigung, greift aber auch dann ein, wenn die Sabotagehandlung zwar an eigenen Sachen des Täters vorgenommen wird, jedoch bewirkt, dass dadurch die Datenverarbeitung eines fremden Unternehmens oder einer Behörde gestört wird.⁶³ Bezüglich der in der Qualifikation des **§ 303b II** verwendeten Begriffe *Betrieb* und *Unternehmen* gilt § 14. *Fremd* sind diese, wenn der Täter nicht selbst Inhaber oder vertretungsberechtigter Repräsentant des Inhabers ist.⁶⁴ Die **Regelbeispiele** des § 303b IV enthalten Strafzumessungsregeln nur für den Qualifikationstatbestand des § 303b II. Sie lehnen sich in Nrn 1 und 2 inhaltlich an § 263 III 2 Nrn 1 und 2 (s. dazu Rn 708 ff) und in Nr 3 an § 316b III 2 und § 92 III Nr 2 an.⁶⁵ Für die **Vorbereitung** (s. Rn 91) einer Computersabotage gilt nach § 303b V der § 202c entsprechend.⁶⁶

---

56 Fischer-*Fischer/Lutz*, § 303b Rn 12a; T/P-*Cornelius*, Kap. 102 Rn 201; NK-*Kargl*, § 303b Rn 10; S/S/W-*Hilgendorf*, § 303b Rn 11; aA M/R-*Altenhain*, § 303b Rn 8; SK-*Hoyer*, § 303b Rn 18.
57 BT-Ds 16/3656, S. 13; G/J/W-*Bär*, § 303b Rn 13; die Strafbarkeit einer **DDoS-Attacke** (= Blockieren einer Internetseite durch das Überlasten eines Webservers zB infolge massenhaft durch Aufrufe zu einer Online-Demonstration eingehender Anfragen) nach §§ 303a, 303b aF verneint OLG Frankfurt/M MMR 06, 547 mit Anm. *Gercke* 553; *Schumann*, NStZ 06, 675, 679; s. dazu auch *Jäger*, BT Rn 807, 810; zur Drohung mit einer DDoS-Attacke iR einer Erpressung s. LG Düsseldorf MMR 11, 624 mit Anm. *Bär*; zu Botnetzen s. *Roos/Schumacher*, MMR 14, 380; zur Abwehr von DDoS/DRDos-Angriffen durch „*Honeypots*" s. *Vogelsang/Möllers/Potel*, MMR 17, 291.
58 BT-Ds 16/5449, S. 5; diff. *Hoffmanns*, ZJS 12, 413; LK-*Goeckenjan*, § 303b Rn 31.
59 S. die Zweifel bei AnK-*Popp*, § 303b Rn 7; *Eisele*, Jura 12, 933; *Gröseling/Höfinger*, MMR 07, 627; *Vassiliki*, CR 08, 134; dort auch zu der im Text folgenden Aussage.
60 T/P-*Cornelius*, Kap. 102 Rn 198; iE ebenso *Popp*, JuS 11, 385, 389.
61 S. dazu LK-*Goeckenjan*, § 303b Rn 28; nach § 303b aF *Kraft/Meister*, MMR 03, 366, 372; zum *Sasser*-Fall *Eichelberger*, MMR 04, 596; vgl auch *Krutisch*, Strafbarkeit des unberechtigten Zugangs zu Computerdaten und -systemen 2004, S. 154, 162 ff; *Lenckner/Winkelbauer*, CR 86, 830.
62 BT-Ds 16/3656, S. 13; s. dazu Fischer-*Fischer/Lutz*, § 303b Rn 10; *Popp*, JuS 11, 385, 389; *Schuhr*, JA 15, 189. Zu Kausalitätsfragen bei DoS-Angriffen s. NK-*Kargl*, § 303b Rn 14.
63 Vgl BT-Ds 10/5058, S. 36; *Hilgendorf*, JuS 96, 1083.
64 *Eisele*, BT II Rn 516; Fischer-*Fischer/Lutz*, § 303b Rn 15.
65 S. BT-Ds 16/3656, S. 13 f; s. dazu *Ernst*, NJW 07, 2665.
66 S. BT-Ds 16/3656, S. 8, 14. Da die Qualifikation des § 303b II den Grundtatbestand des § 303b I enthält, ist trotz der Beschränkung auf die Vorbereitung einer „Straftat nach Absatz 1" auch die Vorbereitung der Qualifikation erfasst. Zur Strafbarkeitsausdehnung s. krit. *Gröseling/Höfinger*, MMR 07, 628; *Schumann*, NStZ 07, 678; *Vassiliki*, CR 08, 135; zum Inhalt vgl *Rengier*, BT II § 31 Rn 37 ff.

IV. Prüfungsaufbau: Computersabotage, § 303b

> **Computersabotage, § 303b** 103
> I. Tatbestand
>   1. Objektiver Tatbestand (§ 303b I)
>   a) Tathandlung: Einwirkung auf eine Datenverarbeitung
>   - *Datenveränderung iS des § 303a*
>   - *Dateneingabe oder -übermittlung oder*
>   - *Zerstörung etc der Hardware*
>   b) Handlungsobjekt
>   und Taterfolg: Qualifizierte Störung einer Datenverarbeitung
>   - *Datenverarbeitung (vgl § 46 Nr 2 BDSG)*
>   - *Wesentliche Bedeutung der Datenverarbeitung*
>   Ⓟ auch solche mit rechtswidrigem Zweck?
>   - *Erhebliche Störung*
>   2. Subjektiver Tatbestand
>   Vorsatz:
>   - *jede Vorsatzart bei Nrn 1, 3*
>   - *und Nachteilszufügungsabsicht bei Nr 2*
>   3. Qualifikation (§ 303b II)
>   Tatobjekt:
>   - *Datenverarbeitung eines fremden Betriebs, eines fremden Unternehmens, einer Behörde*
> II. Rechtswidrigkeit
> III. Schuld
> IV. Regelbeispiele zur Qualifikation (§ 303b IV)
> V. Strafantrag § 303c
> VI. Strafbarkeit für Vorbereitungshandlungen (§ 303b V)

2. Kapitel

Diebstahl und Unterschlagung

§ 3   Der Grundtatbestand des Diebstahls

> **Fall 3:** Nach dem Besuch einer Theatervorstellung erleidet die in Düsseldorf wohnende Witwe W beim Betreten ihrer Wohnung einen tödlichen Herzinfarkt. Ihre Schwester S, die im Nachbarhaus wohnt und sich in ihrer Begleitung befindet, nimmt die Perlenkette vom Hals der Toten und legt sie zu ihren Schmucksachen, um sie zu behalten. Alleinige Erbin der W kraft gesetzlicher Erbfolge ist deren Tochter T, die mit ihrem Ehemann in München lebt.
>
> Hat S einen Diebstahl begangen? Ändert sich die strafrechtliche Beurteilung, wenn T die Erbschaft ausschlägt und an ihrer Stelle S die alleinige Erbin der W wird? **Rn 120, 134**

104

I. Systematischer Überblick

1. Gegenüberstellung von Diebstahl und Unterschlagung

105 Innerhalb der **Zueignungsdelikte** unterscheidet das StGB im 19. Abschnitt zwischen **Diebstahl** (§§ 242 ff) und **Unterschlagung** (§ 246). Beide Straftatbestände setzen als Tatobjekt eine fremde bewegliche Sache voraus, und beide Delikte sind auf eine Zueignung dieser Sache gerichtet. Damit ist keine (sachen-)rechtlich wirksame Eigentumserlangung gemeint – diese schließen BGB und StGB unmittelbar aus (u.a. kein Erwerbsgrund, ferner § 134 BGB). In den Delikten geht es vielmehr um ein Verhalten, das darauf gerichtet ist, die Sache oder den in ihr verkörperten Sachwert unter Verdrängung des Eigentümers und Anmaßung einer eigentümerähnlichen (tatsächlichen) Verfügungsgewalt dem Vermögen des Täters oder eines Dritten einzuverleiben (Rn 183 ff). Es geht also um die Entziehung einer Sache, weshalb beide Delikte sich als „Sachentziehungsdelikte" bezeichnen lassen. Da aber bei weitem nicht jede Sachentziehung erfasst werden soll, beugt die Bezeichnung als „Zueignungsdelikte" Missverständnissen vor. Anders als sonst üblich, lässt sich hier kein klassischer Erfolg durch rein objektive Merkmale angeben, sondern es wird eine Ausführungshandlung unter Bezugnahme auf Intentionen bestimmt. Die Unterschlagung verlangt in ihrem objektiven Tatbestand als Zueignung, dass sich ein Zueignungswille im gerade angegebenen Sinne äußerlich eindeutig manifestiert (Rn 353 ff). Beim **Diebstahl** muss es hingegen nicht zur Zueignung kommen – weder zu einer solchen Ausführungshandlung noch zu einem Zueignungserfolg. Man bezeichnet ihn daher auch als „**erfolgskupiertes Delikt**"[1] (kupieren = stutzen, durch Abschneiden kürzen), das seinen „eigentlichen Erfolg", auf den der Täter abzielt, im objektiven Tatbestand und damit für die Vollendung nicht voraussetzt. Verlangt wird im objektiven Tatbestand des Diebstahls nur ein Teil bzw. Vorverhalten der Zueignung, nämlich eine *Wegnahme* der Sache (Rn 121 ff), und die muss nur zu einem Zwischenerfolg, nämlich einem Gewahrsamswechsel, führen. Der Diebstahl ist daher auch ein **Gewahrsamsdelikt**. In seinem subjektiven Tatbestand verlangt er einen vollen (nicht kupierten) Bezug zur Zueignung (überschießende Innentendenz): Der Täter muss in der *Absicht* handeln, die Sache *sich oder einem Dritten rechtswidrig zuzueignen*.

106 **Geschütztes Rechtsgut** beider Delikte ist *allein* das **Eigentum**. Dass § 242 in der Angriffsform der Wegnahme *auch* den *Gewahrsam* schützt, erhebt diesen nicht zu einem gegenüber § 246 selbstständigen Rechtsgut. Die Wegnahme ist nur eine, in § 242 freilich notwendig vorausgesetzte Art der Eigentumsverletzung, bestimmt also die Schutzrichtung des Delikts. Deshalb ist auch dort, wo Eigentümer und Gewahrsamsinhaber auseinanderfallen, nur der Eigentümer iS der §§ 247, 248a *verletzt*.[2]

107 Die alte Formel, Diebstahl sei „Zueignung durch Wegnahme", Unterschlagung hingegen „Zueignung ohne Wegnahme", gibt zwar eine Skizze typischer Fälle, ist aber reichlich

---

1 Fischer-*Fischer*, § 242 Rn 2; **aA** *Kindhäuser/Böse*, BT II § 2 Rn 77 ff; *Kindhäuser*, Gössel-FS S. 451: Zueignung wird mit Wegnahme vollzogen; dagegen *Witzigmann*, JA 09, 489; relativierend zur Drittzueignung *Kindhäuser/Hilgendorf*, § 242 Rn 76 f.
2 BK-*Wittig*, § 242 Rn 2; *Eisele*, BT II Rn 8; Fischer-*Fischer*, § 242 Rn 2; H-H-*Kretschmer*, Rn 769; MK-*Schmitz*, § 242 Rn 9; M/R-*Schmidt*, § 242 Rn 1; NK-*Kindhäuser*, vor § 242 Rn 3 f; iE ebenso S/S-*Eser/Bosch*, § 242 Rn 1/2. Für Schutz von **Eigentum und Gewahrsam** dagegen BGHSt 10, 400; 29, 319, 323; BGH NJW 01, 1508; *Heghmanns*, Rn 1118 f; HK-GS/*Duttge*, § 242 Rn 3; *Jäger*, BT Rn 272; *Lackner/Kühl/Heger*, § 242 Rn 1; *Rengier*, BT I § 2 Rn 1; *Schmidt*, BT II Rn 2; *Schramm*, BT II § 2 Rn 6; *Schramm*, JuS 08, 678; S/S/W-*Kudlich*, § 242 Rn 3; *Zöller*, BT Rn 3; zw. *Hilgendorf/Valerius*, BT II § 2 Rn 1; s. dazu auch hier Rn 380.

unpräzise.³ Anders als in seiner Fassung vor dem 6. StrRG (Rn 42) stellt der Unterschlagungstatbestand heute nicht mehr auf Besitz oder Gewahrsam des Täters ab. Für das **Verhältnis** der Unterschlagung zum Diebstahl (und zu anderen Eigentums- und Vermögensdelikten) ist maßgeblich, dass nunmehr *jede* rechtswidrige Sachzueignung – also auch eine solche durch Diebstahl, Raub, Betrug usw – unter § 246 I fällt. Die Strafbarkeit wegen Unterschlagung tritt gemäß der gesetzlichen Subsidiaritätsklausel indes nur ein, „wenn die Tat nicht in anderen Vorschriften mit schwererer Strafe bedroht ist" (Rn 369 ff). Während eine Wegnahme als Zueignung genügen kann, sind auch Fälle vorstellbar, in denen eine vorhandene Zueignungsabsicht durch die Wegnahme noch nicht für eine Vollendung von § 246 I hinreichend manifestiert wird, sondern Vorverhalten bleibt, weshalb § 242 I gegenüber § 246 I nicht speziell ist.⁴ Die Unterschlagung ist daher *nicht* der *Grundtatbestand* aller Zueignungsdelikte,⁵ sondern in Übereinstimmung mit der gesetzgeberischen Begründung (BT-Ds 13/8587, S. 43 f) als *Auffangtatbestand* zu verstehen (Rn 351), „der alle Formen rechtswidriger Zueignung fremder beweglicher Sachen umfasst"⁶ (zu den Konsequenzen s. Rn 351 f). Eine solche Sichtweise wahrt auch die geschichtliche Eigenständigkeit der Tatbestände und passt zu der weiten, auch §§ 263, 253, 266, 259 etc betreffenden Subsidiaritätsklausel. Im Übrigen werden auch sonst nur Auffang-, nicht aber Grundtatbestände mit Subsidiaritätsklauseln versehen.

2. Qualifizierte und privilegierte Diebstahlsfälle

§ 242 normiert den **Grundtatbestand** des Diebstahls. §§ 244, 244a sind **Qualifikationstatbestände** für besonders gefährliche Formen des Diebstahls. § 243 I enthält eine **Strafzumessungsvorschrift**⁷ mit Regelbeispielen für *besonders schwere Fälle*. Die §§ 247, 248a enthalten ein **Strafantragserfordernis**. Sie haben keine eigenständige (Delikts-)-Tatbestandsqualität und auf den Strafrahmen keinen Einfluss, sondern allein für die **Zulässigkeit der Strafverfolgung** Bedeutung. Während § 248a bei geringwertigen Tatobjekten nur dann gilt, wenn die Bestrafung des Täters aus § 242 bzw. aus § 246 erfolgt, erfasst § 247 auch die in §§ 243, 244, 244a geregelten Diebstahlsfälle.⁸ Im engen tatbestandlichen Sinne enthält § 243 keine Qualifikation und §§ 247, 248a keine Privilegierungen.⁹ Freilich qualifiziert § 243 den Strafrahmen und damit die ihm unterfallenden Fälle. Die §§ 247, 248a privilegieren die ihnen unterfallenden Fälle durch das Antragserfordernis. In einem weiteren Sinne lassen sich daher auch diese Vorschriften als Qualifikation bzw. Privilegierung bezeichnen. Keine Qualifikation des § 242 im engeren Sinne ist der räuberische Diebstahl (§ 252), der nach hM ein *raubähnliches Sonderdelikt* eigenständigen Charakters bildet.¹⁰ Daher ist dort für §§ 247, 248a kein Raum.

108

---

3   Zu Bedenken schon nach altem Recht *Wessels*, BT II Rn 58.
4   So aber *Kindhäuser/Böse*, BT II § 2, Rn 77; M/S/M-*Momsen*, BT I § 34 Rn 5; ebenso *Börner*, Die Zueignungsdogmatik der §§ 242, 246 StGB, 2004, S. 179 ff; *Börner*, Jura 05, 393.
5   Für Grundtatbestand dagegen *Kindhäuser*, Gössel-FS S. 451; *Lesch*, JA 98, 477; NK-*Kindhäuser*, vor § 242 Rn 5; *Otto*, BT § 39 Rn 8; *Otto*, Jura 98, 551.
6   Ebenso Fischer-*Fischer*, § 246 Rn 2; *Hörnle*, Jura 98, 171; *Hohmann/Sander*, NStZ 98, 276; *Jäger*, BT Rn 275; *Kreß*, NJW 98, 640; *Kudlich*, JuS 98, 473; *Lackner/Kühl/Heger*, § 246 Rn 1; LK-*Vogel/Brodowski*, vor §§ 242 ff Rn 68 ff; *Rengier*, BT I § 5 Rn 3; *Wagner*, Grünwald-FS, S. 799; *Wolters*, JZ 98, 399; unentschieden S/S-*Bosch*, § 246 Rn 1.
7   BGHSt 23, 254, 256 f; 26, 104, 105.
8   Näher zur Systematik *Wessels/Beulke/Satzger*, AT Rn 175.
9   Vgl. dazu *Mitsch*, BT II S. 4: „Strafantragsfälle".
10 Vgl BGHSt 3, 76, 77; *Eisele*, BT II Rn 397.

II. Tatobjekt

109 Der objektive Tatbestand des § 242 wird durch die Wegnahme einer fremden beweglichen Sache verwirklicht. Sie ist der Gegenstand, auf den sich die Tathandlung beziehen muss.

1. Begriff der Sache

110 **Sachen** (s. hierzu und zu Tieren als Sache schon Rn 49) im strafrechtlichen Sinn sind alle **körperlichen Gegenstände** ohne Rücksicht auf ihren wirtschaftlichen Wert (vgl dazu Rn 50). Diebstahl ist kein Bereicherungsdelikt.[11] Geistiges Eigentum, Forderungen und Rechte sind nicht diebstahlsfähig. Taugliche Objekte iS des § 242 sind aber Urkunden, die Ansprüche oder sonstige Rechte verkörpern (wie zB Sparbücher, Wechsel, Schecks, Aktien, Fahrkarten, Garderobenmarken und dergleichen) wie auch die Träger von Daten, die selbst keine Sachen sind.[12]

111 In welchem Aggregatzustand sich die Sache befindet, ist gleichgültig. Unter den Sachbegriff fallen auch Flüssigkeiten, Gase und Dämpfe, soweit sie ein gesondertes, abgrenzbares Dasein aufweisen und damit eigentumsfähig sind.[13] *Elektrische Energie* ist nach hM keine Sache, ihre Subsumtion hierunter daher verbotene Analogie.[14] Der Gesetzgeber hat diese Lücke geschlossen: die Entziehung unterliegt der besonderen Strafdrohung des § 248c (s. Rn 499 f).

112 Der *Körper des lebenden Menschen* besitzt (auch schon vor der Geburt[15]) keine Sachqualität. Dasselbe gilt für seine organischen und für seine fest eingefügten künstlichen Teile, solange sie mit ihm verbunden sind.[16] An abgetrennten Körperteilen ist dagegen Sachherrschaft möglich. Mit ihrer Abtrennung werden sie zu selbstständigen Sachen, die ohne besonderen Aneignungsakt unmittelbar in das Eigentum derjenigen Person fallen, zu deren Körper sie bisher gehörten.[17] Praktisch bedeutsam wird das beim Entfernen überkronter Zähne, beim Abschneiden von Zöpfen sowie bei der Entnahme von Blut, Hautpartien oder Organen für medizinische Zwecke. Zivilrechtlich bleibt es allerdings bei einem die Sachqualität ausschließenden Persönlichkeitsrecht, wenn die entnommenen Körperbestandteile dem Ausgangskörper oder – wie bei einer Spermaspende – zur Erfüllung einer körpertypischen Funktion einem spenderfremden Körper (wieder-)eingefügt werden sollen.[18] Das dient insbesondere dazu, eine Übertragbarkeit der Rechtsposition und einen Konflikt zwischen Person und Eigentum zu verhindern. Strafrechtlich geht es aber nicht

---

11 BGH NStZ 14, 516; BayObLG BeckRS 19, 24051 (mit Bespr. *Bode*, NStZ-RR 20, 105; *Dießner*, StV 20, 256; *Jäger*, JA 20, 393; *Jahn*, JuS 20, 85; *Nestler*, Jura (JK) 20, 298; *Rennicke*, ZIS 20, 343) bejahen den Eigentumsschutz von der **Entsorgung** überantworteten **Lebensmitteln**; s. dazu auch BVerfG NJW 20, 2953 mit Anm. *Hoven*; *Böse*, ZJS 21, 224; *Lenk*, JR 21, 180; *Ogorek*, JZ 20, 909 sowie krit. *Schiemann*, KriPoZ 19, 231, 232 mwN. Zum **Containern** s. hier Rn 117.
12 Fischer-*Fischer*, § 242 Rn 3; *Heghmanns/Kusnik*, CR 11, 248, 249. **Daten** sind deshalb kein Diebstahls- (s. dazu *Sonn*, Strafbarkeit des privaten Entwendens und staatlichen Ankaufs inkriminierender Kundendaten 2014, S. 30 f) und auch kein Hehlereiobjekt, s. dazu in den Liechtensteiner und verwandten Kontendaten-Fällen hier Rn 999.
13 RGSt 44, 335; *Lackner/Kühl/Heger*, § 242 Rn 2.
14 RGSt 29, 111, 116; 32, 165, 185 f; *Schramm*, JuS 08, 679; s. dazu auch *Heger*, ZIS 11, 402, 404.
15 Zum Embryo s. LK-*Vogel/Brodowski*, § 242 Rn 11; M/R-*Schmidt*, § 242 Rn 4.
16 Diff. *Gropp*, JR 85, 181; S/S-*Eser/Bosch*, § 242 Rn 10; s. auch *Kretschmer*, JA 15, 106 ff.
17 Fischer-*Fischer*, § 242 Rn 8; *Rengier*, BT I § 2 Rn 18; S/S-*Bosch*, § 242 Rn 20; ausgekämmte Haare, abgeschnittene Fingernagelteile uÄ, die zu einem heimlichen Vaterschaftstest „entwendet" werden, sind – werden sie nicht wirksam derelinquiert – folglich taugliche Diebstahlsobjekte, s. *Glaser/Dahlmanns*, JR 07, 318; verneint man Gewahrsam, bleibt § 246; allerdings ist die Zueignung(-sabsicht) zweifelhaft.
18 So in BGHZ 124, 52.

um Übertragbarkeit und daraus folgende Probleme, sondern um Schutzgegenstände und Angriffsrichtungen; die Grenzziehung erfolgt entsprechend anders: Nicht das Bestehen eines Persönlichkeitsrechts ist für den Anwendungsbereich der §§ 212, 223, 240 im Gegensatz zu §§ 242, 246, 303 entscheidend, sondern die Zuordnung zum Körper des Menschen. Ein trotz Trennung vom Körper bestehendes Persönlichkeitsrecht hindert strafrechtlich die Sacheigenschaft nicht, und die Inhaberschaft des Persönlichkeitsrechts ist für solche strafrechtlichen Sachen iSv §§ 242, 246, 303 eine Eigentümerstellung.[19]

Ob **menschliche Leichen** als „Rückstand der Persönlichkeit" oder als Sachen anzusehen sind, bei denen es in der Regel nur an der Eigentumsfähigkeit fehlt, ist umstritten.[20] Einigkeit besteht jedoch darüber, dass Leichen dann zu den eigentumsfähigen Sachen zählen, wenn sie nicht zur Bestattung bestimmt sind (wie Mumien, Moor-, Anatomie- oder plastinierte Leichen).[21] Hier können im Einzelfall die Voraussetzungen der §§ 242 ff, 303 gegeben sein. Das gilt auch für implantierte therapeutische Hilfsmittel wie einen Herzschrittmacher, der nach seiner Entnahme wieder zur Disposition des Eigentümers steht.[22] Wo dagegen die Eigentumsfähigkeit zu verneinen ist, greift nur die dem Schutz des Pietätsgefühls dienende Vorschrift des § 168 ein.[23] So liegt es auch bei „kremiertem" **Zahngold**, das mit der Asche der Urne überantwortet werden soll und bezüglich dessen die Erben folglich auf ihr Aneignungsrecht verzichten. Es ist als Teil der den Leichnam vertretenden Asche *herrenlos* und deshalb durch § 242 nicht geschützt. Geht der Täter irrig davon aus, das Zahngold stehe in einem solchen Fall im Eigentum des Betreibers des Krematoriums, liegt kein untauglicher Versuch, sondern ein Wahndelikt vor.[24]

113

2. Beweglichkeit

Beweglich iS der §§ 242 ff sind alle Sachen, die fortbewegt (dh von ihrem bisherigen Ort fortgeschafft) werden können.[25]

114

Ausgangspunkt der Begründung muss auch hier die **allgemein-juristische**, zivilrechtlich eingeführte **Begrifflichkeit** sein.[26] „Bewegliche Sache" bzw „Mobilie" ist der Gegenbegriff zu „Immobilie" und umfasst alle Sachen außer Grundstücken und deren Bestandteilen. Für §§ 242 ff ergibt sich aus dem Merkmal zunächst etwas darüber, wie der Begriff der „Wegnahme" zu verstehen ist, nämlich nicht *weit* in dem Sinne, dass auch Grundstücke durch manipulierte Verfügungen weggenommen werden könnten, sondern *eng* in dem Sinne, dass eine durch *Ortswechsel* bewirkte Änderung der Sachherrschaft vorausgesetzt wird. Daraus ergibt sich zunächst die Frage, ob auch Sachen erfasst werden, die zu schwer etc sind, um sie wegzunehmen. Ob man diese Frage bejaht oder verneint, ist unerheblich, denn jedenfalls ist in solchen Fällen die Wegnahme ausgeschlossen.

Relevant ist hingegen die weitere Frage, wie mit **wesentlichen Bestandteilen** und **Zubehör** eines Grundstücks (§§ 93 ff BGB) umzugehen ist. Genau genommen geht es dabei gar nicht nur um die

115

---

19 Entspr. *Eisele*, BT II Rn 18; **aA** *Zöller*, BT Rn 8.
20 Für Ersteres M/S/M-*Schroeder*, BT I § 32 Rn 19; für Letzteres die hM: *Kretschmer*, JA 15, 108; *Otto*, BT § 40 Rn 5; S/S-*Bosch*, § 242 Rn 10, 21; vgl auch AG Rosenheim NStZ 03, 318.
21 S. *Tag*, MedR 98, 387; ebenso *Eisele*, BT II Rn 20.
22 S. hierzu *Gropp*, JR 85, 181; S/S-*Eser/Bosch*, § 242 Rn 21; SK-*Hoyer*, § 242 Rn 16.
23 s. dazu OLG Bamberg NJW 08, 1543; OLG Nürnberg NJW 10, 2071; *Kudlich*, PdW BT I S. 7; *Kudlich*, JA 08, 391; *Kudlich*, JA 10, 226; *Jäger*, BT Rn 280 ff; *Jahn/Ebner*, JuS 08, 1086; *Rudolph*, JA 11, 346; *Safferling/Menz*, Jura 08, 383.
24 S. zur Begründung LK-*Murmann*, § 22 Rn 301; für untauglichen Versuch dagegen OLG Hamburg NJW 12, 1601, 1604 mit Anm. *Stoffers* und *Satzger*, JK 2/13, StGB § 242/26 (s. auch Rn 178); zum Zahngold als Bestandteil der Asche s. BGHSt 60, 302 mit Anm. *Bosch*, Jura 15, 1393 (§ 168); *Kudlich*, JA 15, 872; s. auch *Becker/Martenson*, JZ 16, 779. Zum Streitstand s. *Stübinger*, ZIS 16, 373.
25 Ebenso BK-*Wittig*, § 242 Rn 5; HK-GS/*Duttge*, § 242 Rn 9; MK-*Schmitz*, § 242 Rn 45; NK-*Kindhäuser*, § 242 Rn 14; *Rengier*, BT I § 2 Rn 8; S/S/W-*Kudlich*, § 242 Rn 10; *Zopfs*, ZJS 09, 506.
26 Sogar für Zivilrechtsakzessorietät SK-*Hoyer*, § 242 Rn 9 f; dazu krit. MK-*Schmitz*, § 242 Rn 46.

Frage der Beweglichkeit, sondern auch schon um die Frage, was selbst als Sache (und nicht nur als Teil einer anderen Sache) anzusehen ist. Hier ist wieder funktional zu analysieren (vgl schon Rn 112). Im Zivilrecht geht es um den Erhalt der Einheit der Sache bzw der wirtschaftlichen Einheit, und dazu trägt es bei, die rechtlichen Möglichkeiten zur Begründung separater Rechte einzuschränken. Für dasselbe Ziel (die Einheit zu wahren) wäre es aber kontraproduktiv, auch im Strafrecht alles, was zur Immobilie gehört, aus dem Anwendungsbereich der §§ 242 ff auszunehmen. Im Gegenteil muss es gerade nur darauf ankommen, ob das Objekt physisch beweglich ist. **Bewegliche Sachen** sind demnach auch Grundstückserzeugnisse und Bestandteile von Gebäuden, die zwecks Wegnahme erst losgelöst, abgetrennt oder anderweitig **beweglich gemacht werden**,[27] wie zB Torf, Heizkörper, Waschbecken, an Brücken angeschlossene **„Liebesschlösser"**[28] und dergleichen. Deshalb liegt im unbefugten Abgrasen einer Wiese durch eine Schafherde neben § 303 (Rn 47) auf das Gras bezogen auch ein Diebstahl vor.[29] Maßgeblich ist also der Zeitpunkt der Wegnahme.

3. Fremdheit

116 **Fremd** ist eine Sache für den Täter, wenn sie im **Eigentum eines anderen steht**. Auch eine dem Täter selbst gehörende Sachen kann also – bei Mit- oder Gesamthandseigentum – für ihn fremd sein. Eine Sache ist für den Täter genau dann fremd, wenn sie weder *herrenlos* iS der §§ 958 ff BGB ist noch *ausschließlich* ihm selbst gehört (vgl Rn 51). Die Fremdheit ist keine Eigenschaft der Sache, sondern eine Relation zwischen der Sache und jedem einzelnen Täter. Falllösungen sollten entsprechend formuliert werden („für ... fremd"). Maßgebend für die **Beurteilung der Eigentumsverhältnisse** sind grundsätzlich die zivilrechtlichen Vorschriften über den Erwerb und Verlust des Eigentums (vgl aber Rn 112).[30] Zunächst kommt es auf den Zeitpunkt des Versuchsbeginns an.[31] Sollte die Fremdheit (oder eine andere notwendige Eigenschaft) allerdings vor Eintritt der Vollendung entfallen, wird die Tat mangels tauglichen Objekts nicht vollendet; sieht der Täter das voraus, fehlt es schon am Tatentschluss.

117 **Herrenlose** Sachen sind keine Diebstahlsobjekte. Eine Dereliktion nach § 959 BGB erfordert einen erkennbar betätigten **Verzichtswillen**. Daran fehlt es bei *Sammelgut*, das zu Gunsten wohltätiger Organisationen auf dem Bürgersteig zum Abholen bereitgelegt wird – das Gut soll dem Betreiber der Sammlung übereignet werden.[32] Entsprechend ist bei Abfällen und insbesondere dem sog. **„Containern"** noch genießbarer Lebensmittel aus Müllcontainern von Supermärkten zu unterscheiden: Sollen die Abfälle übereignet werden, bleibt es beim Eigentum – zunächst dem bisherigen, ab Übereignung dem des Entsorgungsunternehmens. Daran ändert sich auch nichts, wenn sachfremde Interessen verfolgt werden, etwa Haftungsrisiken oder umsatzmindernder „Gratis-Erwerb" vermieden werden soll. Man kann darin mit der Rspr. sogar ein Indiz für ein Übereignungsangebot sehen. Doch wenn der bisherige Eigentümer sich der Abfälle auch dann entledigen will, wenn das Entsorgungsunternehmen gar kein Interesse an der Eigentumsbegründung hat, stehen solche sachfremden Interessen der Eigentumsaufgabe nicht entgegen.[33] Die Verwahrung auf einem abgesperrten Firmengelände oder das Verschließen des Containers mit einem Schloss können dafür sprechen, dass die Eigentumsaufgabe nicht vor der Abholung durch das Entsorgungsunternehmen

---

27 S. zum maßgeblichen Zeitpunkt – wann muss es sich um eine fremde, eine bewegliche Sache handeln? – LK-*Vogel/Brodowski*, § 242 Rn 46.
28 S. dazu AG Köln BeckRS 12, 20013 mit Bespr. *Jahn*, JuS 13, 271.
29 LG Karlsruhe NStZ 93, 543; Falllösung bei *Jänicke*, Jura 14, 446.
30 BGHSt 6, 377, 378; erläuternd dazu LK-*Vogel/Brodowski*, § 242 Rn 21.
31 LK-*Vogel/Brodowski*, § 242 Rn 46; abw. *Timmermann*, Diebstahl und Betrug im Selbstbedienungsladen, 2014, S. 57 f: noch im Zeitpunkt der Vollendung muss die Sache fremd sein.
32 BayObLG JZ 86, 967.
33 S. dazu *Vergho*, StraFo 13, 15; *Schramm*, BT II § 2 Rn 18; *Kindhäuser/Böse*, BT II § 2 Rn 18; Falllösung bei *Esser/Scharnberg*, JuS 12, 809.

erfolgt.³⁴ *De lege ferenda* gäbe es gute Gründe, das „Containern" ganz aus den Eigentumsdelikten auszunehmen.

Das Strafrecht behandelt auch die besonderen Erscheinungsformen des **Vorbehalts- und Sicherungseigentums** als volles Eigentum.³⁵ Fragen des **Eigentumsübergangs** stellen sich zB in Fällen des Tankens ohne Bezahlen. Zur Entnahme von Benzin an **Tankstellen mit Selbstbedienung** ist umstritten und noch nicht abschließend geklärt, ob die Übereignung des Benzins nach § 929 BGB – ist ein Eigentumsvorbehalt bis zur Zahlung nicht erklärt – schon beim **Einfüllen des Kraftstoffs**³⁶ oder erst bei **Zahlung des Kaufpreises** an der Kasse erfolgt.³⁷ Für die letztgenannte Auffassung spricht neben der Interessenlage die Vergleichbarkeit dieser Fälle mit dem Eigentumserwerb an Waren im Selbstbedienungsladen. Dann entsteht durch *Vermischung* mit dem Restinhalt des Tanks in aller Regel Miteigentum (§§ 948, 947 BGB), und das Benzin im Tank wird für den Tankenden insgesamt fremd.³⁸ Ist ein Kausalgeschäft **sittenwidrig**, folgt daraus nicht notwendig die Unwirksamkeit des Erfüllungsgeschäfts.³⁹ Daher ist das Wiederansichbringen des Kaufgeldes für Betäubungsmittel unmittelbar nach seiner Hingabe *nur dann* kein Diebstahl, *wenn* aus dem Verbot des unerlaubten Handeltreibens mit Betäubungsmitteln die **Nichtigkeit der Übereignung** des als Kaufpreis gezahlten Geldes folgt.⁴⁰ Ein hiervon abweichender *wirtschaftlicher Eigentumsbegriff*, der die *Fremdheit* von der umfassenderen Vermögensposition abhängig machen will,⁴¹ wäre auf Grund seiner Unbestimmtheit für das Strafrecht kein Gewinn.⁴²

118

Rechtsprechungsbeispiel: In einem Fall des **AG Köln BeckRS 12, 20013** trennten A und C mehrere Streben eines Gitterzaunes auf, der auf der Hohenzollernbrücke in Köln zwischen dem Gehweg und den Bahngleisen verläuft. Dadurch setzten sie 53 sog. Liebesschlösser frei, die Liebespaare unter Tolerierung des Brückeneigentümers dort zum Zeichen unauflösbarer Liebe angeschlossen hatten. A und C beabsichtigten, die Schlösser an einen Schrotthändler zu verkaufen. – Ob neben der Sachbeschädigung am Zaun ein Diebstahl zu bejahen ist, hängt von der Beantwortung von drei Dingen ab. Zum Ersten reicht es aus, dass das Tatobjekt zum Zweck der Wegnahme erst *beweglich*

---

34 BayObLG BeckRS 19, 24051 (mit krit. Bespr. *Bode*, NStZ-RR 20, 105; *Dießner*, StV 20, 256; *Jäger*, JA 20, 393; *Jahn*, JuS 20, 85; *Nestler*, Jura (JK) 20, 298; zum Zivilrecht s. auch *Hellermann/Birkholz*, JA 20, 303); AG Fürstenfeldbruck BeckRS 19, 27360; instruktiv dazu *Schiemann*, KriPoZ 19, 231; zur Würdigung der kriminalpolitischen Diskussion s. dort S. 235 ff und die Vorstöße der Fraktionen Die Linke (BT-Ds 19/9345; BT-Ds 20/4421) und Bündnis 90/Die Grünen (BT-Ds 19/14358). BVerfG NJW 20, 2953 mit Anm. *Hoven*; *Böse*, ZJS 21, 224; *Lenk*, JR 21, 180; *Ogorek*, JZ 20, 909; *Rennicke*, NStZ 21, 485 sieht in der Strafbarkeit keinen Verfassungsverstoß.
35 Vgl RGSt 61, 65.
36 So OLG Düsseldorf JR 82, 343; *Herzberg*, NJW 84, 896; *Herzberg*, NStZ 83, 251 und JA 80, 385; *Seier*, JA 82, 518; ob dann keine fremde Sache vorliegt, hängt vom hierfür maßgeblichen Zeitpunkt ab, s. *Heintschel-Heinegg*, JA 09, 903; *Küper/Zopfs*, BT Rn 446 mwN.
37 So OLG Hamm NStZ 83, 266; OLG Koblenz NStZ-RR 98, 364 mit Bespr. *Baier*, JA 99, 364; *Borchert/Hellmann*, NJW 83, 2799; *Charalambakis*, MDR 85, 975; NK-*Kindhäuser*, § 242 Rn 17, 45 ff; *Ranft*, JA 84, 1, 4; S/S-*Bosch*, § 246 Rn 7; offen gelassen in BGH NJW 83, 2827; zur Frage der Vermischung (§§ 948, 947 BGB) s. *Lange/Trost*, JuS 03, 964; Falllösung bei *Beulke/Zimmermann*, II Rn 131 ff.
38 Wird das Benzin mit dem Einfüllen übereignet, soll keine fremde Sache (mehr) vorliegen, s. *Mitsch*, BT II S. 9; dagegen *Küper/Zopfs*, BT Rn 446 (Präzedenzprinzip; bei Übereignung scheitert erst die Absicht rechtswidriger Zueignung); zum Meinungsstand s. *Jäger*, BT Rn 291 ff; NK-*Kindhäuser*, § 242 Rn 17; ferner *Lange/Trost*, JuS 03, 964 sowie hier Rn 196 ff; s. zum Verhältnis denkbarer Eigentumsdelikte zum in solchem Fall möglicherweise vorliegenden Betrug BGH NJW 12, 1092.
39 s. dazu bei Vorauszahlung des „Dirnenlohns" BGH NStZ 15, 700; *Brand/Burkhart*, JuS 19, 139.
40 So BGH NStZ-RR 00, 234; s. dazu *Eisele*, BT II Rn 24; *Rengier*, BT I § 2 Rn 13 f.
41 *Otto*, BT § 40 Rn 10 f; *Otto*, Jura 96, 220; erläuternd dazu *Otto*, Beulke-FS S. 511 ff; zur Bedeutung dieses Begriffsverständnisses für Fälle des § 241a BGB s. *Otto*, Jura 04, 389 und Beulke-FS, S. 512 ff; auf *Ottos* Ansatz aufbauend Kohlheim, Ein neuer wirtschaftlicher Fremdheitsbegriff im Strafrecht 2007, S. 97 ff, der für den Verbraucher die Fremdheit der unbestellt zugesandten Ware verneint (S. 98).
42 S. auch *Küper/Zopfs*, BT Rn 446; *Matzky*, NStZ 02, 460; abl. auch *Börner*, Die Zueignungsdogmatik der §§ 242, 246 StGB 2004, S. 34 f, *Krey/Hellmann/Heinrich*, BT II Rn 6 und *Tachau*, Ist das Strafrecht strenger als das Zivilrecht? 2005, S. 163 ff, der selbst in Fällen des § 241a BGB die Möglichkeit einer Enteignung verneint, S. 173 ff, 220 f; ausf. auch LK-*Vogel/Brodowski*, vor §§ 242 ff Rn 56 – 58.

gemacht wird (Rn 114). Zum Zweiten verneint das AG zu Recht eine *Eigentumsaufgabe* durch *Dereliktion*, weil das rechtliche Schicksal des Schlosses dem jeweiligen Liebespaar nicht gleichgültig und eine Zueignung durch Dritte dem symbolisch gesetzten Zeichen abträglich ist.[43] Ob sie Eigentümer bleiben oder ihr Schloss an den Eigentümer der Brücke übereignen, ist strafrechtlich unerheblich. Die Schlösser bleiben für beide Täter fremd. Zum Dritten sind sie auch nicht *gewahrsamslos*. Da die Schlüssel ins Wasser geworfen werden, geben die Paare ihren Gewahrsam zwar auf. Die Schlösser werden damit aber in den generellen Gewahrsam des Brückeneigners überführt, dessen Tolerierung einen hinreichenden *Gewahrsamswillen* dokumentiert (Rn 128). Schließlich hat, wer die Sache verkaufen will, die Absicht, sie *sich* zuzueignen (Rn 218). Ein Diebstahl liegt folglich vor, das Regelbeispiel des § 243 I 2 Nr 2 dagegen nicht.[44]

4. Weitere Grenzen des sachlichen Anwendungsbereichs

119 Auf die „Legalität" des Besitz*erwerbs* kommt es bei der Frage des tauglichen Tatobjekts nicht an. Daher kann auch **Diebesgut** gestohlen werden.[45] Ist dagegen – wie etwa bei **Drogen**, **Falschgeld** oder verbotswidrig besessenen **(Kriegs-)Waffen** – der *Besitz selbst* strafrechtlich *verboten*, liegt es näher, den strafrechtlichen Schutz durch § 242 (wie durch § 263) zu versagen. Das gilt für § 242, weil neben ein stark „geschwächtes" Eigentumsrecht auch ein Besitzschutzdefizit tritt, das zugleich die Schutzkraft des Gewahrsams mindert. Den deliktisch um ihren *strafbaren* Besitz gebrachten „Opfern" ist der Anspruch auf Wiedereinräumung dieses Besitzes über Naturalrestitution als rechtsmissbräuchlich versagt.[46] Im Falle verbotener Eigenmacht dürfen sie auch weder dem frisch betroffenen „Dieb" die Sache mit Gewalt wieder abnehmen (§ 859 II BGB), noch nach § 861 BGB die Wiedereinräumung des Besitzes verlangen. Da *rechtlich eindeutig missbilligter Besitz* auch durch § 263 nicht geschützt ist (s. Rn 598), stellt nur die Versagung des Schutzes auch durch § 242 ein rechtlich stimmiges Ergebnis her.[47] Das sah zwischenzeitlich auch der 2. Strafsenat des BGH in einem – mittlerweile aber nicht weiterverfolgten[48] – Anfragebeschluss so.[49] Die Tatsache, dass der Täter einen fälligen und einredefreien An-

---

43 Zust. *Rengier*, BT I § 2 Rn 11; *Schramm*, BT I (2017) § 2 Rn 28.
44 S. dazu und zum Fall *Jahn*, JuS 13, 271; Falllösung bei *Reinhardt*, JA 16, 189.
45 *Hillenkamp*, Achenbach-FS S. 189, 193 f, 199 f; *Mitsch*, BT II S. 11; S/S-*Bosch*, § 242 Rn 1/2; dass auch der Dieb gegenüber Dritten Besitzschutz genießt, betont BGH NStZ 09, 37 mit Anm. *Dehne-Niemann*; iE ebenso *Otto*, Beulke-FS S. 508 ff, 514 f; **aA** *Puppe*, Fischer-FS S. 463, 468.
46 So für Drogen BGHSt 48, 322, 326 f.
47 *Hillenkamp*, Achenbach-FS S. 189, 205; s. auch *Kudlich*, PdW BT I S. 10; *Puppe*, Fischer-FS S. 463, 468; *Wolters*, Samson-FS S. 495, 505, 507; *Bechtel*, wistra 24, 407 f; mit anfechtbarer Begründung auch *Hoyer*, Fischer-FS S. 361 ff. Der BGH (NJW 06, 72 mit zust. Anm. *Hauck*, ZIS 06, 37; *Kudlich/Noltensmeier*, JA 07, 865; BGH BeckRS 11, 19727) bejaht § 242 für **Drogen** (zw. dazu Fischer-*Fischer*, § 242 Rn 5, 5a; s. auch *Mitsch*, BT II S. 11), setzt sich aber nur mit dem Vorbehalt der „Verkehrsunfähigkeit" – s. dazu *Engel*, NStZ 91, 520; MK-*Schmitz*, § 242 Rn 16 ff; *Wolters*, Samson-FS S. 495 ff und *Hillenkamp*, Achenbach-FS S. 189, 190, 196 – auseinander, den er zurückweist; ohne Problematisierung ebenso BGH NStZ-RR 2009, 22; BGH BeckRS 15, 06119 mit Anm. *Bosch*, Jura 15, 881 (§ 250 II Nr 1); s. dazu hier das **Rechtsprechungsbeispiel** in Rn 323; BGH NStZ 15, 572 mit Anm. *Oğlakcıoğlu*; *Jäger*, JA 15, 874; *Kudlich*, NJW 15, 2901; **aA** bei *Eisele*, BT II Rn 24; BK-*Wittig*, § 242 Rn 6, 9.1; HK-GS-*Duttge*, § 242 Rn 17; H-H-*Kretschmer*, Rn 774; *Krey/Hellmann/Heinrich*, BT II Rn 5; M/R-*Schmidt*, § 242 Rn 4; *Rengier*, BT I § 2 Rn 14; S/S-*Bosch*, § 242 Rn 19 und BGH BeckRS 17, 115037; diff. *Otto*, Beulke-FS S. 519 f.
48 BGH NStZ-RR 18, 15.
49 BGH NStZ 16, 596 mit krit. Anm. *Krell* (s. dazu hier das **Rechtsprechungsbeispiel** in Rn 598); *Bosch*, Jura (JK) 16, 1338; *Jäger*, JA 16, 790; *Jahn*, JuS 16, 848; zust. *Bechtel*, JR 17, 197; *Bechtel*, wistra 18, 158; *Ladiges*, wistra 16, 479; MK-*Schmitz*, § 242 Rn 18. Abl. zum Anfragebeschluss der 3. Senat (BGH NStZ-RR 17, 244), der 4. Senat (BGH NStZ-RR 17, 44), der 5. Senat (BGH NStZ-RR 17, 110); ebenso der 1. Senat (BGH NStZ-RR 17, 112), der durch Entscheidungen des 2. Senats in einer anderen Sitzgruppe, die an der herkömmlichen Rspr. festhalten (BGH NStZ-RR 17, 111; BGH JR 17, 82), den Anfragebeschluss zudem für obsolet hält. Abschließend BGH wistra 18, 41; dezidiert zu §§ 242, 249 auch BGH BeckRS 17, 115037.

spruch auf Erwerb des Eigentums an der Sache hat, schließt dagegen nicht deren Tauglichkeit als Objekt des Diebstahls,[50] sondern erst die Rechtswidrigkeit der angestrebten Zueignung aus (s. Rn 233). Wie bei der Sachbeschädigung (s. Rn 50) kommt es auch hier auf den Geldwert des Gegenstandes nicht an.

Im **Fall 3** gehörte die Perlenkette ursprünglich der Witwe W. Mit deren Tod ging das Eigentum daran kraft Gesetzes auf die Tochter T als Gesamtrechtsnachfolgerin über (§§ 1922 I, 1924 I, 1942 I BGB). Demnach war die Perlenkette im Augenblick der Tathandlung für S eine *fremde* bewegliche Sache iS des § 242. An dieser Feststellung ändert sich für die strafrechtliche Beurteilung des Falls auch dann nichts, wenn T die ihr zunächst angefallene Erbschaft form- und fristgerecht ausgeschlagen hat (§§ 1942 ff BGB), sodass S an ihrer Stelle den gesamten Nachlass der W als deren alleinige gesetzliche Erbin erworben hat (§§ 1953 I, 1922 I, 1925 I, III BGB). Zwar *gilt* der Anfall der Erbschaft an die Tochter T bei dieser Sachlage gemäß § 1953 I BGB als *nicht erfolgt*, und kraft dieser *Rückwirkungsfiktion* wird es für den Bereich des Zivilrechts so angesehen, als sei die S (und zwar nur sie) schon unmittelbar im Zeitpunkt des Todes der W deren alleinige Erbin und damit auch Eigentümerin der Perlenkette geworden. Eine derartige Zurückbeziehung unter Eliminierung der bereits eingetretenen Rechtsfolgen (hier: des Anfalls der Erbschaft an T) widerspricht den Zielsetzungen des Zivilrechts nicht; dem Strafrecht ist sie jedoch absolut wesensfremd. Die bürgerlich-rechtlichen **Rückwirkungsfiktionen** (§§ 142 I, 1953 I BGB) gelten daher nach einhelliger Auffassung **für das Strafrecht nicht**, weil es bei der Entscheidung über die Tatbestandsmäßigkeit eines bestimmten Verhaltens nur auf die Sach- und Rechtslage ankommen kann, wie sie **im Augenblick des Handelns wirklich bestanden** hat, der Handelnde sie also seinen Entscheidungen tatsächlich zugrunde legen konnte. Andernfalls könnte nämlich, insbesondere über §§ 119, 123, 142 I, II BGB, eine Handlung nachträglich strafbar werden, die bei ihrer Vornahme mangels Tatbestandsmäßigkeit straflos war.[51] Im **Fall 3** bleibt somit zu prüfen, ob S die (fremde) Perlenkette durch *Wegnahme* erlangt hat (**Rn 134**).

120

III. Wegnahme

Wegnahme als **Tathandlung** bedeutet im Rahmen des § 242 den **Bruch fremden** und die **Begründung neuen Gewahrsams**.[52] Ob fremder Allein- oder Mitgewahrsam gebrochen wird, ist unerheblich. Meist begründet der Täter zumindest zunächst *eigenen* Gewahrsam, aber es genügt ebenso, wenn er unmittelbar neuen Fremdgewahrsam begründet.

121

1. Gewahrsam

a) Verkehrsauffassung und Sachherrschaft

Unter **Gewahrsam** versteht die **hL** die **tatsächliche Sachherrschaft** eines Menschen über eine Sache, die von einem natürlichen Herrschaftswillen getragen und deren Reichweite von der Verkehrsauffassung bestimmt wird.[53] Tatsächliche Sachherrschaft wird

122

---

50 AA LK-*Vogel/Brodowski*, § 242 Rn 37 ff.
51 Vgl KG JW 30, 943 Nr 5; HK-GS/*Duttge*, § 242 Rn 14; *Kudlich/Roy*, JA 01, 772; LK-*Ruß*, 11. Aufl., § 246 Rn 4; M/R-*Schmidt*, § 242 Rn 8; S/S-*Eser/Bosch*, § 246 Rn 4a; S/S/W-*Kudlich*, § 242 Rn 12; *Zopfs*, ZJS 09, 507.
52 Vgl RGSt 48, 58, 59 f; *Küper/Zopfs*, BT Rn 769; zum nachf. aufgeführten Streit um den Gewahrsamsbegriff s. dort Rn 751, 755.
53 *Eisele*, BT II Rn 26 ff; Fischer-*Fischer*, § 242 Rn 11; *Hilgendorf/Valerius*, BT II § 2 Rn 22; *Hohmann/ Sander*, BT I § 1 Rn 17; *Krey/Hellmann/Heinrich*, BT II Rn 15; *Lackner/Kühl/Heger*, § 242 Rn 8 ff; *Mitsch*, BT II S. 12 f; M/R-*Schmidt*, § 242 Rn 13; *Otto*, BT § 40 Rn 15; *Rengier*, BT I § 2 Rn 23, 27; W/Z/K/W-*Wegner*, BT II § 1 Rn 34; S/S/W-*Kudlich*, § 242 Rn 18 f; *Wessels*, BT II Rn 71.

schon dann bejaht, wenn der Verwirklichung des Willens zur physisch-realen Einwirkung auf die Sache unter normalen Umständen keine wesentlichen Hindernisse entgegenstehen.[54] Gewahrsam wird als primär **faktischer** Begriff aufgefasst. Maßgebend für die **Beurteilung der Gewahrsamsverhältnisse** sind nach hL die konkreten Umstände des Einzelfalls und die Anschauungen des täglichen Lebens.[55] Da eine Sache nicht selten vielfältigen, sich oftmals überschneidenden und in ihrer Stärke wechselnden Zugriffsmöglichkeiten mehrerer Personen ausgesetzt ist, ist die Gewahrsamsfrage allein danach oft nicht eindeutig und auch nicht überzeugend zu beantworten. Der Bauer soll den Gewahrsam an einem auf dem Feld zurückgelassenen Pflug behalten, und ebenso der verreiste Wohnungsinhaber seinen Gewahrsam am Wohnungsinventar. Diese Schwäche des Fokus auf die tatsächliche Sachherrschaft sucht die hL durch den Rückgriff auf die Verkehrsauffassung zu beheben. Durch sie wird der Gewahrsamsbegriff nach Auffassung der hL aber nicht konstituiert. Vielmehr werden die Ergebnisse an ihr nur gemessen und ggf korrigiert.[56]

Die hL überspielt dabei, dass die von ihr verlangte *tatsächliche* **Sachherrschaft**, nämlich schon eine Zugriffsmöglichkeit, in Wahrheit oftmals fehlt. Sie bedient sich dazu einer aus der Verkehrsauffassung, dh einer Anschauung des täglichen Lebens, hergeleiteten **Fiktion**.[57] Die Bezugnahme auf diese Anschauung ist nicht zu kritisieren, sondern ganz richtig. Das Vorgehen zeigt aber, dass die physische Beziehung gar nicht entscheidend ist, sondern die **sozial-normative Anschauung immer den Ausschlag** gibt. Diesen Kerngehalt des Gewahrsams degradiert die hL zum bloßen Korrektiv. Erstens sagt sie so nicht, was sie wirklich tut. Zweitens führt die Haltung, eine Definition zu geben, die man gar nicht ernst meint, und gleich ein Korrektiv zur Herbeiführung anderer Ergebnisse vorzusehen, zu unnötiger begrifflicher Unsicherheit, denn auch das Korrektiv wird von der hL nicht als echtes Kriterium verstanden. Tatsächlich erklärt die Rechtsprechung den von allen zufälligen „Umständen des Einzelfalls" abhängigen Begriff „im Wesentlichen (zur) Tatfrage"[58]. So erfüllt der Begriff seine Funktion, zu einem hinreichend bestimmten Tatbestand (Art. 103 II GG) beizutragen und schon *zur Tatzeit* anzugeben, worauf der Vorsatz des Täters sich zu beziehen hat, nur ungenügend.[59]

123 **Vorzugswürdig** ist vor diesem Hintergrund ein **sozial-normativer** Gewahrsamsbegriff, der auf die sozial-normative Zuordnung der Sache zur Herrschaftssphäre einer Person abstellt. Einer tatsächlich bestehenden Herrschaftsmacht kommt dabei eine erhebliche Indizwirkung zu – nicht weil das zusätzlich zu fordern oder gar als Korrektiv einzuführen wäre, sondern weil das der Verkehrsauffassung entspricht.[60] Gewahrsam einer Person

---

54 RGSt 60, 271; BGHSt 23, 254, 255; BGH NStZ 08, 624, 625; BGH NJW 21, 1545 mit Anm. *Lenk*; S/S-*Bosch*, § 242 Rn 25.
55 BGHSt 16, 271, 273; 41, 198, 205; BGH NStZ 08, 624, 625.
56 S/S-*Bosch*, § 242 Rn 24; AnK-*Kretschmer*, § 242 Rn 21: faktisch-normativer Gewahrsamsbegriff.
57 So zB auch, wenn ein Verletzter nicht mehr fähig ist, etwas zum Schutz seiner neben ihm liegenden Sachen zu unternehmen, s. BGH HRRS 20, Nr 1209 mit Anm. *Hoven*, NStZ 21, 228.
58 BGHSt 41, 198, 205; beispielhaft BGHSt 23, 254, 255; BGH NStZ 08, 624, 625 mit Anm. *Bachmann*, NStZ 09, 267; BGH NStZ 11, 158, 159 f; BGH NStZ 14, 40 f; s. auch *Jäger*, BT Rn 319; krit. *Hillenkamp*, JuS 97, 222.
59 Die gegenteilige Wertung findet sich bei A/W-*Heinrich*, § 13 Rn 40; *Heghmanns*, Rn 1127 mit Sympathie für den hier vertretenen Standpunkt in Rn 1130.
60 SK-*Samson*, 4. Aufl., § 242 Rn 20 ff; grundlegend dazu schon BGHSt 16, 271, 273 im Anschluss an *Welzel*, GA 60, 257; NJW 61, 328; s. auch *Bittner*, Der Gewahrsamsbegriff, 2. Aufl. 2008, S. 95 ff, 182 f; *Geilen*, JR 63, 446; *Gössel*, ZStW 85 (1973), 591, 617; *Heinsch*, Der Gewahrsamsbegriff beim Diebstahl, 2012; teilweise auch HK-GS/*Duttge*, § 242 Rn 19; das *tatsächliche* Herrschaftsverhältnis ist danach – entgegen *Bosch*, Jura 14, 1237 – gerade *nicht* der übereinstimmende Ausgangspunkt.

über eine Sache ist dann zu bejahen, wenn eine **sozial gesicherte Übereinkunft** (Verkehrsauffassung) besteht, die Sache der Herrschaftssphäre dieser Person **zuzuordnen**.[61] Nur bei diesem Begriffsverständnis lässt sich der Gewahrsam des Bauern am zurückgelassenen Pflug auf dem Felde oder des verreisten Wohnungsinhabers am Wohnungsinventar herleiten, statt sie korrigierend zu postulieren; die Verkehrsauffassung begreift Acker und Wohnung als Gewahrsamssphären ihrer Eigner und sieht einen Zugriff Dritter auf die dort befindlichen Sachen als rechtfertigungsbedürftige Störung dieser Zuordnung an.[62] Der hier favorisierte Gewahrsamsbegriff bedeutet keine Abweichung von Ergebnissen der Rechtsanwendung, die sich aus dem Begriff der hL ergeben.[63] Er ist aber ehrlicher und vor allem bietet er einen Gewinn an Bestimmtheit, indem er das wirklich zu verwendende Kriterium angibt. Ihm entgegenzuhalten, dass weiterhin Unsicherheiten bleiben, wo wirklich eine *gesicherte* Übereinkunft besteht und welchen Inhalt sie hat, verfängt nicht. Tatsachenfeststellungen können immer problematisch sein. Die hL, die im Korrektiv ja dasselbe Konzept verwendet, hat dort dieselbe Schwierigkeit. Sie kaschiert es nur, indem sie zunächst eine äußere Tatsache (Sachherrschaft) und eine innere Tatsache (Herrschaftswillen) nennt, die vermeintlich eindeutiger festzustellen sind. Selbst wenn so mehr Bestimmtheit entstünde (was nicht zutrifft, aber hier nicht zu diskutieren ist), ginge sie durch das Korrektiv verloren, und durch die Unsicherheit, wann korrigiert wird, ist der Begriff der hL letztlich noch weniger bestimmt.[64]

Gewahrsam und **Eigentum** sind strikt zu unterscheiden. Sowohl das Eigentum als auch den Gewahrsam einer anderen Person pflegt man als „fremd" zu bezeichnen, doch mit „Fremdheit" hat nur das Erstere zu tun: Das fremde Eigentum macht die Sache für den Täter (unabhängig von seinem Eigentum) fremd (Rn 116); die Gewahrsamsverhältnisse sind dabei irrelevant. Der **Gewahrsamsbegriff** gehört in § 242 zur Wegnahmehandlung. Mit ihm wird angegeben, was für eine (Vollendung der) Wegnahme genau zu tun ist (Rn 148 ff). *Fremdheit* bezeichnet hingegen einen rechtlichen Status des Täters gegenüber dem Tatobjekt, der unmittelbar mit der *Eigentumslage* zusammenhängt. Sowohl Eigentum als auch Gewahrsam pflegt man als „*Herrschaftsverhältnisse*" zu bezeichnen, aber sie unterscheiden sich und können auseinanderfallen (wie bei der Miete, Leihe oder Verwahrung). Das **Eigentum** als dingliches Recht begründet eine Sachherrschaftsbezie-

124

---

61 Ähnlich OLG Zweibrücken NStZ 95, 449; *Bittner*, Der Gewahrsamsbegriff, 2. Aufl. 2008, S. 95 ff, 182 f; *Brocker*, JuS 94, 923; *Kindhäuser/Hilgendorf*, § 242 Rn 23; MK-*Schmitz*, § 242 Rn 65; *Schmidt*, BT II Rn 31; *Schmitz*, JA 93, 350; Anklänge auch bei *Eisele*, BT II Rn 27; dass es sich **nur** um eine **terminologische Differenz** handelt (so BK-*Wittig*, § 242 Rn 11.1; *Bosch*, Jura 14, 1238; *Brüning*, ZJS 15, 311; *Hecker*, JuS 15, 277; LK-*Vogel/Brodowski*, § 242 Rn 55; *Schramm*, BT II § 2 Rn 21 f; S/S-*Bosch*, § 242 Rn 24; *Zöller*, BT Rn 14), ist zu **bestreiten**; für eine Verknüpfung beider Ansätze *Joecks/Jäger*, § 242 Rn 20; *J. Kretschmer*, Jura 10, 469; krit. zu beiden Ansätzen *Timmermann*, Diebstahl und Betrug im Selbstbedienungsladen 2014, S. 39 ff, die darauf abstellt, wer bestimmt, wo sich die Sache befindet, S. 50 ff.

62 S. dazu SK-*Samson*, 4. Aufl., § 240 Rn 20; s. auch *Kargl*, JuS 96, 971, 974; *Martin*, JuS 98, 893; MK-*Schmitz*, § 242 Rn 55, 65 ff; NK-*Kindhäuser*, § 242 Rn 28; *Scheffler*, Anm. JR 96, 342; *Schmidt*, BT II Rn 30 ff; unentschieden OLG Karlsruhe NStZ-RR 05, 140; in einem Fallösung angesprochen ist der Rspr. und zahlreichen Vertretern des faktischen Gewahrsamsbegriffs vielfach unterschlagene (s. zB *Bohnert*, ZStW 127 (2015), 99; *Klesczewski*, BT § 8 Rn 51 ff; *Kudlich*, JA 17, 428) Streit zB bei *Kinzig/Linke*, JuS 12, 230, *Kudlich*, PdW BT I S. 13 f, *Sebastian*, Jura 15, 993 und *Müller/Schmoll*, JA 13, 757; andeutung bei *Waßmer/Sommer*, JA 20, 912 ff; gegen eine „Überbewertung" des Streits *Hecker*, JuS 20, 1084.

63 *Joecks/Jäger*, § 242 Rn 14 ff; S/S-*Bosch*, § 242 Rn 24; SK-*Samson*, 4. Aufl., § 242 Rn 23; als Beispiel s. OLG Karlsruhe NStZ-RR 05, 140; LG Zwickau NJW 06, 166; *Kinzig/Linke*, JuS 12, 230; die synonyme Verwendbarkeit der Begriffe „sozial-normative" Zuordnung und Zuordnung nach der Verkehrsanschauung darf nicht zur Einebnung der **grundsätzlich unterschiedlichen Ausgangspunkte** führen; anders offenbar *Zopfs*, ZJS 09, 508.

64 SK-*Hoyer*, § 242 Rn 32 ff vermeidet mit seinem Gegenvorschlag selbst Unsicherheiten nicht; zu Recht krit. dazu MK-*Schmitz*, § 242 Rn 63 f. Gleiches gilt auch für *Ceffinato*, Jura 19, 1234 ff.

hung *rechtlicher* Art, die dem Eigentümer ein Höchstmaß an Befugnissen gewährt (zur Einwirkung und Abwehr, vgl §§ 903, 985, 1004 BGB). Ihr Bestand ist von jeder tatsächlich vorhandenen Einwirkungsmöglichkeit unabhängig. Beim **Gewahrsam** handelt es sich dagegen um ein tatsächliches Herrschaftsverhältnis. Die hL suggeriert, es ginge um die tatsächliche Einwirkungsmöglichkeit, um die es auch ihr aber letztlich nicht geht (Rn 122 f). Auch die Anerkennung der Zugehörigkeit der Sache zur Herrschaftssphäre einer Person nach sozial gesicherter Übereinkunft ist aber eine (gesellschaftliche) Tatsache. Die Menschen des betreffenden Verkehrskreises sähen den Zugriff eines Dritten als vom Üblichen abweichend (sozial auffällig) und rechtfertigungsbedürftig an, und zwar jeweils auf Basis der von ihnen aktuell tatsächlich erkannten Umstände.[65] Der erfolgreiche Dieb erlangt nicht das Eigentum, aber den Gewahrsam an seiner Beute. Wer ihm die Beute wegnimmt, um sie sich widerrechtlich zuzueignen, bricht daher dessen Gewahrsam und erfüllt seinerseits den Tatbestand des § 242.[66]

125 Auch **Gewahrsam** und **Besitz** iS der §§ 854 ff BGB decken sich nicht. Das Zivilrecht hat aus seiner eigenen Zwecksetzung Regeln der Bestimmung des Besitzes, die für den Gewahrsam nicht passen. Wer einem anderen zB bewegliche Gegenstände (= ein Auto, ein Fahrrad usw) oder leerstehende Räume zur Benutzung überlässt, behält als Verleiher oder Vermieter den **mittelbaren Besitz** (§ 868 BGB). Entsprechendes gilt für Verwahrungsverhältnisse.[67] Auch für den Erbenbesitz (§ 857 BGB) bestehen Sonderregeln. Hier wird der Besitz jeweils begrifflich erweitert, um bestimmte Vorschriften zur Anwendung zu bringen. Umgekehrt wird der **Besitzdiener** (§ 855 BGB) vom Besitz ausgeschlossen. Diese Konstruktionen sind rein rechtlich und begrifflich-abstrakt. Einen entsprechend konstruierten Gewahrsam gibt es nicht.[68] Normativ ist er nur in dem Sinne, dass es um eine Zuschreibung der Sache zu einer Person mit Folgen für die Erwartung an andere Personen geht. Er wird aber nie durch eine rechtliche Vorschrift begründet oder ausgeschlossen, sondern stets über Tatsachen der Verkehrsauffassung bzw. Sachherrschaft (Rn 124). Auch beim Gewahrsam kommen aber Abstufungen in Betracht und mittelbarer Besitz schließt Mitgewahrsam nicht aus (dazu Rn 135 f).

Zur Vermeidung von Verwechslungen ist zu beachten, dass der *Gewahrsamsbegriff* in § 168 I anders, und zwar im Sinne eines tatsächlichen *Obhutsverhältnisses* über den Leichnam und die ihm gleichstehenden Schutzobjekte, ausgelegt wird.[69] Zur Wegnahme genügt dort der Bruch dieses Obhutsverhältnisses.[70] Auch bei § 289 deutet die hM den *Wegnahmebegriff* entsprechend dem Schutzzweck der Norm in einem umfassenderen Sinn, indem sie auf das Erfordernis eines Gewahrsamsbruchs verzichtet und jedes Entziehen der Sache aus dem Machtbereich des Pfandgläubigers oder des sonst Berechtigten genügen lässt (näher dazu Rn 527).[71]

---

65 NK-*Kindhäuser*, § 242 Rn 28, 32.
66 BGH NJW 53, 1358 Nr 25; RGSt 60, 273, 278; 70, 7, 9; s. auch BGH NStZ 09, 37 mit Anm. *Dehne-Niemann*; *Mitsch*, BT II S. 15; krit. *Wolters*, Samson-FS S. 495, 510 f; eine genauere Begründung des „Diebstahls gegenüber dem Dieb" (**richtiger: eines zweiten gegenüber dem Eigentümer**) findet sich bei *Hillenkamp*, Achenbach-FS S. 184, 193 f, 199 ff; mit diff. Begründung iE nicht anders *Otto*, Beulke-FS S. 508 ff, 514 f.
67 RG HRR 39, 1281.
68 BGH GA 62, 78; RGSt 37, 198, 199 ff; 56, 115, 116 f; s. zu Besitz und Gewahrsam auch *Jüchser*, ZJS 12, 195.
69 Vgl OLG München NJW 76, 1805; KG NJW 90, 782; OLG Zweibrücken JR 92, 212 mit Anm. *Laubenthal*; OLG Bamberg NJW 08, 1543 mit Bespr. *Kudlich*, JA 08, 391; *Lackner/Kühl/Heger*, § 168 Rn 3; *Roxin*, JuS 76, 505.
70 S/S-*Lenckner/Bosch*, § 168 Rn 4.
71 Wichtig beim *besitzlosen* Vermieterpfandrecht, vgl BayObLG JZ 81, 451; LK-*Schünemann*, § 289 Rn 14 ff; **aA** M/S/M-*Schroeder*, BT I § 37 Rn 16; S/S-*Heine/Hecker*, § 289 Rn 8.

b) Gewahrsamswille

Die Sachherrschaft, auf die die hL ihren Gewahrsamsbegriff stützt, ist eine **objektiv-subjektive** Sinneinheit. Zur objektiven Zugriffsmöglichkeit muss ein auf Herrschaft gerichteter Wille hinzutreten.[72] Dieser **Sachherrschaftswille** als *subjektiv-voluntatives* Gewahrsamselement ist von der Geschäftsfähigkeit unabhängig. Er besteht in einem *natürlichen* Beherrschungswillen, wie ihn auch Kinder und Geisteskranke haben können.[73] Hohe Anforderungen werden an ihn nicht gestellt. So muss er nicht jede einzelne Sache innerhalb des maßgeblichen Herrschaftsbereichs umfassen. Auch ein **genereller Gewahrsamswille** reicht aus.[74] Er setzt kein spezialisiertes Wissen und kein ständig aktualisiertes Sachherrschaftsbewusstsein voraus. **Schlaf**, **Bewusstlosigkeit** oder **Wehrlosigkeit** heben ihn nicht auf.[75] Wer in einem solchen Zustand vor Wiedererlangung des Bewusstseins stirbt, behält den Gewahrsam bis zum Todeseintritt.[76] Einer ausdrücklichen Bekundung bedarf der Sachherrschaftswille nicht; es reicht aus, dass er sich aus den Umständen ergibt. Das Korrektiv der Verkehrsanschauung hilft also nach hL auch beim Gewahrsamswillen über Defizite hinweg, und umgekehrt genügt ebenso wie bei der Zugriffsmöglichkeit nur ein von der Verkehrsanschauung anerkannter Gewahrsamswille.

126

Demgemäß **erlangt** man Gewahrsam an Postsendungen schon mit dem Einwurf in den eigenen Hausbriefkasten, auch wenn man abwesend ist und vom Zugang nichts weiß und folglich keinen konkretisierten Herrschaftswillen hat. Dies gilt ebenfalls für Warenpakete, die morgens vor Geschäftsbeginn für den Ladeninhaber vor die verschlossene Ladentür gestellt zu werden pflegen.[77] Andererseits erwirbt ein Grundstückseigentümer nicht ohne Weiteres dadurch Gewahrsam, dass irgendwelche Gegenstände mutwillig auf sein Grundstück geworfen werden.[78] Ebenso hat er keinen Gewahrsam an Waffen, Sprengkörpern oder Einbruchswerkzeugen, die ein anderer **ohne sein Wissen** und ohne sein Einverständnis auf dem Grundstück versteckt.

127

Nur **natürliche Personen** können **Gewahrsamsinhaber** sein.[79] Juristische Personen und Behörden können als solche weder Sachherrschaft ausüben noch einen Willen bilden. Beides wird ihnen rechtlich erst mittelbar durch erweiternde Begriffsbildungen bzw. besondere Zurechnungsregeln ermöglicht. Gewahrsam wird aber nicht so konstruiert (Rn 125). Statt juristischer Personen, Personengemeinschaften und Behörden hat den Gewahrsam jeweils das zuständige Organ, der Behördenleiter, oder eine mit der Ausübung der Sachherrschaft betraute Person. Oft ist diese Stellung mit einer Abteilungsleitung, Filialleitung, Sachgebietszuständigkeit etc verbunden. In der juristischen Umgangssprache wird das nicht immer beachtet. Der Einfachheit halber ist hier bisweilen vom Gewahrsam „der Post", „der Eisenbahnverwaltung", „des Supermarkts" usw die Rede.[80]

---

72 Fischer-*Fischer*, § 242 Rn 13; *Lackner/Kühl/Heger*, § 242 Rn 10; *Mitsch*, BT II S. 18 f; KG GA 1979, 427, 428; **aA** *Bittner*, JuS 74, 156, 159; MK-*Schmitz*, § 242 Rn 71.
73 RGSt 2, 332; OLG Hamburg MDR 47, 35; HdS-*Kudlich* V, § 29 Rn 33.
74 BGH GA 1962, 77, 78; BGH NJW 87, 2812; BGH NJW 21, 1545 mit Anm. *Lenk*; *Eisele*, BT II Rn 29 f; LK-*Vogel/Brodowski*, § 242 Rn 68; *Rengier*, BT I § 2 Rn 29.
75 Vgl BGHSt 4, 210; 211; BGH JR 22, 32 mit Anm. *Kaspar*; *Fahl*, Jura 98, 458; *Rengier*, BT I § 2 Rn 42; W/Z/K/W-*Wegner*, BT II § 1 Rn 36.
76 BGH NJW 85, 1911; *Herzberg*, JuS 76, 40, 42; *Krey/Hellmann/Heinrich*, BT II Rn 19; LK-*Vogel/Brodowski*, § 242 Rn 70; *Vogler/Kadel*, JuS 76, 245; **anders** BayObLG JR 61, 188 mit abl. Anm. *Schröder*; *Seelmann/Pfohl*, JuS 87, 199; *Klesczewski*, BT § 8 Rn 53 (für Sterbende).
77 BGH JZ 68, 307 mit zust. Anm. *R. Schmitt*; § 246 tritt zurück.
78 Wer das Anbringen von **„Liebesschlössern"** auf seiner Brücke toleriert, hat hinreichenden Gewahrsamswillen, s. AG Köln BeckRS 12, 20013 mit Bespr. *Jahn*, JuS 13, 271 und hier Rn 117.
79 RGSt 60, 271; S/S-*Eser/Bosch*, § 242 Rn 29; **aA** SK-*Hoyer*, § 242 Rn 39.
80 Vgl RGSt 54, 231; 60, 271; BGH wistra 89, 18, 19.

128 Wiederum bildet der **sozial-normative Gewahrsamsbegriff** (Rn 123) die Verhältnisse besser ab. Es kommt nicht darauf an, ob im Moment der Wegnahme wirklich der andere einen Sachherrschaftswillen gebildet hat. Nach der Verkehrsauffassung wird die Sache aber **nur dann** der Herrschaftssphäre einer Person **zugeschrieben**, wenn sie davon ausgeht, dass diese Person zumindest einen generellen Sachherrschaftswillen hat, dem die Sache unterfällt. Genau das ist letztlich auch nach hL entscheidend. Wegen der enthaltenen Generalisierung und Maßgeblichkeit der Verkehrsauffassung spricht man statt von „Sachherrschaftswille" besser von **„Gewahrsamswille"**.

c) Gewahrsamssphären und -enklaven

129 Die **Beurteilung der Gewahrsamsverhältnisse** hängt nicht entscheidend von der körperlichen Nähe zur Sache, der Intensität des Beherrschungswillens und der physischen Kraft ab, mit der die Beziehung zur Sache durchgesetzt oder aufrechterhalten werden kann. Maßgebend ist vielmehr die **Übereinkunft** über die **Zuordnung** gemäß den **Anschauungen des täglichen Lebens**.[81] Die Gesamtheit der einer Person so zugeordneten Sachen kann man als „*ihre Gewahrsamssphäre*" bezeichnen. Die Zuordnung erfolgt typischerweise räumlich in der Weise, dass alle Sachen eines räumlichen Bereichs (zB ein Koffer und sein gesamter Inhalt) einer Person zugeordnet werden. Auch diese einzelnen Bereiche nennt man **„Gewahrsamssphären"**, und das ist der eigentliche Begriff davon. Der über solche Sphären zugeordnete Gewahrsam wird auch „Sphärengewahrsam" genannt. Je nach Typ des Bereichs erfolgt die Zuordnung jeweils gleich, dh es haben sich im täglichen Leben *typische Gewahrsamssphären* herausgebildet. Beispiele sind das Haus, die Wohnung, der Fabrikbetrieb, das Geschäftslokal und das befriedete Besitztum. Ganz zutreffend spricht der BGH einem Ladenbesitzer den Gewahrsam an den in seinem Ladengeschäft befindlichen Waren selbst dann zu, wenn er keinerlei Kontrollen des Warenbestands vornimmt und nicht weiß, welche und wie viele zum Verkauf angebotene Gegenstände sich im Laden befinden.[82]

130 Besonders ausgeprägt ist das Sachherrschaftsverhältnis (die soziale Zuordnung) regelmäßig bei Gegenständen, die jemand in seiner Kleidung, in der Hand oder sonst am Körper trägt.[83] Eine solche Zuordnung setzt sich auch innerhalb einer von einer anderen Person beherrschten Sphäre durch. So hat die Filialleiterin Sphärengewahrsam an den Sachen in der von ihr geleiteten Supermarktfiliale, aber die Kunden in der Filiale haben gleichwohl Gewahrsam an ihrer Kleidung, an in ihren Taschen befindlichen Geldbeuteln etc. Auch der Bankräuber begründet Gewahrsam an in die Hosentaschen gestopftem Geld, selbst wenn er sich in einem bereits von Polizei umstellten Bankraum befindet. Ein Zugriff der Filialleiterin, des Personals oder der Polizei auf die Taschen etc der Kunden bzw. des Räubers wäre nämlich trotz des auf die umgebende Sphäre bezogenen Gewahrsams *sozial auffällig* und *rechtfertigungsbedürftig*.[84] Dass die Rechtfertigung uU leicht gelingt, steht nicht entgegen. Gewahrsamssphären können also kleinere Gewahrsamssphären enthalten, und deren Zuordnung geht derjenigen der größeren vor. Solche kleineren Gewahrsamssphären, die die in ihnen enthaltenen Gegenstände aus der größeren ausnehmen, nennt man kurz **„Gewahrsamsenklaven"**.

---

[81] BGHSt 16, 271, 273.
[82] BGH BeckRS 15, 05557.
[83] Lehrreich *Welzel*, GA 60, 257; BGHSt 16, 271, 273 und als Gegenstück dazu BGH GA 66, 244.
[84] SK-*Samson*, 4. Aufl., § 242 Rn 24; **aA** S/S-*Bosch*, § 242 Rn 39, 40; LG Köln StV 97, 27.

d) Gewahrsamslockerung

Zu den Anschauungen des täglichen Lebens gehört auch der Grundsatz, dass der einmal begründete Gewahrsam durch eine **bloße Lockerung** der Herrschaftsbeziehung nicht beeinträchtigt wird. Gemeint ist damit eine ihrer Natur nach nur vorübergehende Verhinderung der Ausübung der tatsächlichen Gewalt. Dieser Anschauung entspricht im Zivilrecht § 856 II BGB für den *unmittelbaren Besitz*.

131

Trotz räumlicher Trennung behält man daher den Gewahrsam am geparkten Fahrzeug, am defekt zurückgelassenen Unfallwagen, an einem auf dem Feld stehenden Pflug, an frei herumlaufenden Haustieren, sowie während der Urlaubsreise oder eines Krankenhausaufenthaltes an den in der Wohnung befindlichen Sachen, selbst wenn deren Bewachung einem Hausangestellten oder einem Nachbarn übertragen wird.[85] In all diesen Fällen tritt zwar eine **Gewahrsamslockerung**, aber kein Gewahrsamsverlust ein. Auch ein vorübergehender Verlust der Zugriffsmöglichkeit bewirkt keinen Gewahrsamsverlust. So behält der sog. Bodypacker, der Drogenbehälter verschluckt, an diesen Gewahrsam.[86]

Diese von der hL anerkannten bzw. sogar entwickelten Grundsätze zur Gewahrsamslockerung und den Gewahrsamssphären sind mit ihrem Gewahrsamsbegriff schwer zu vereinbaren. Hier zeigt sich deutlich, dass der Gewahrsam ein *im Sozialleben begründetes Zuordnungsverhältnis* ist, bei dem es auf die *tatsächliche* Sachherrschaft nicht entscheidend ankommt (Rn 122 f).[87]

e) Gewahrsamsverlust

Bestehender Gewahrsam **endet**, wenn der Gewahrsamsinhaber die Sachherrschaft aufgibt oder verliert. Ein Fall eines solchen Gewahrsamsverlusts ist der zur Wegnahme gehörende Gewahrsamsbruch (Rn 154). Für die Verwirklichung einer Wegnahme ist erforderlich, dass **bis zum Gewahrsamsbruch** noch fremder Gewahrsam besteht. Eine **kranke** oder im Sterben liegende Person hat nach der Verkehrsauffassung selbst dann noch Gewahrsam, wenn sie die Fähigkeit verloren hat, irgendetwas zum Schutz ihrer Habe zu tun.[88] Mit dem **Tod** aber endet der Gewahrsam der Verstorbenen.[89] Solange Erben oder andere Personen den Gewahrsam an den Nachlasssachen nicht tatsächlich aufgenommen haben, wäre ein Erbengewahrsam nach Art des Erbenbesitzes (§ 857 BGB) bloße Fiktion und dem Gewahrsamsbegriff fremd (Rn 125). Hier ist genau auf die zeitlichen Zusammenhänge zu achten: Tritt der Tod ein, bevor der Täter den Gewahrsam beendet, und wird nicht zuvor neuer Gewahrsam begründet, scheidet ein Gewahrsamsbruch, und damit eine Wegnahme und folglich ein Diebstahl, aus; eine Unterschlagung kommt aber in Betracht.[90] Fallen der Gewahrsamsbruch und der Todeseintritt zusammen (zB weil zur Wegnahme getötet wird) oder liegt der Todeseintritt später, hindert das den Diebstahl auch dann nicht, wenn die Wegnahmehandlung neuen Gewahrsam erst später begründet, die Tat also erst später vollendet wird, denn dazu bedarf es des bisherigen Gewahrsams nicht. Dann kommt ggf auch ein Raub mit Todesfolge in Betracht (vgl Rn 436). Sachen, die außerhalb eines räumlich umgrenzten Herrschaftsbereichs **verloren gehen** (zB im Wald, am Strand, auf der Straße usw), werden nicht *herren-* (§ 959 BGB), aber *gewahr-*

132

---

85 Vgl in der Reihenfolge der Beispiele BGH GA 62, 78; OLG Köln VRS 14, 299; RGSt 50, 183, 184 f; BGH MDR/D 54, 398; BGHSt 16, 271, 273.
86 S. dazu Oğlakcıoğlu u. a., NStZ 11, 73, 75.
87 *Samson*, JA 80, 285, 287; *Schmidhäuser*, BT 8/19; ähnlich *Lampe*, Anm. JR 86, 294; *Zopfs*, ZJS 09, 509.
88 Auf dem Boden des faktischen Gewahrsamsbegriffs folgerichtig anders BayObLG JR 61, 188; inkonsequent dagegen BGHSt 4, 210, 211; BGH NJW 85, 1911; wie hier HK-GS/*Duttge*, § 242 Rn 21; *Krey/Hellmann/Heinrich*, BT II Rn 19; s. auch Rn 126.
89 BGH NStZ 10, 33; krit. *Glandien*, JR 19, 60.
90 BGH BeckRS 12, 20059; s. auch BGH BeckRS 19, 18187.

samslos. An ihnen ist nur Unterschlagung möglich.[91] Tritt der Verlust des Gewahrsams **innerhalb einer fremden Gewahrsamssphäre** ein, wie zB im Krankenzimmer eines Krankenhauses, in Dienstgebäuden von Behörden oder Banken, auf Bahnsteigen, in Kaufhäusern und dergleichen, so endet zwar der bisherige Gewahrsam des Verlierers. Zumeist entsteht hier jedoch sofort neuer Gewahrsam für den Inhaber dieses Herrschaftsbereichs, soweit sein genereller Beherrschungswille reicht und sich feststellen lässt, *wem die Herrschaft über die Sache nun von der Verkehrsauffassung zugeschrieben wird.*[92]

133 An Sachen, die man lediglich **vergessen** hat, von denen man (im Gegensatz zu den *verlorenen* Sachen[93]) aber **weiß, wo sie sich befinden**, besteht der bisherige Gewahrsam zunächst fort, wie etwa am Schirm, den man auf einer Parkbank hat liegen lassen. Dabei ist nur für eine rein äußerliche Betrachtung entscheidend, ob man die Sache ohne wesentliche Hindernisse zurückerlangen kann. An der sozial-normativen Zuordnung müssen solche Hindernisse nichts ändern. Sind die vergessenen Sachen in einem fremden Gewahrsamsbereich zurückgeblieben (zB im Hörsaal, in einer Gastwirtschaft oder im Zugabteil), so entsteht an ihnen regelmäßig Mitgewahrsam dessen, der dort kraft seines generellen Gewahrsamswillens die Sachherrschaft innehat.[94]

Ein Dritter, der sich *vergessene* Sachen zueignet, bricht also regelmäßig fremden Gewahrsam und verwirklicht so den objektiven Tatbestand des § 242. Bei *verlorenen* Sachen gilt das dagegen nur, sofern an ihnen neuer Gewahrsam entstanden ist.

134 Im **Fall 3** (Rn 104) war die Sachherrschaft der Witwe W mit ihrem Tod erloschen; ein toter Mensch hat keinen Gewahrsam mehr.[95] Da § 857 BGB für den Gewahrsam nicht gilt und W ihre Düsseldorfer Wohnung allein bewohnte, wurden ihre Sachen zunächst **gewahrsamslos**, bis jemand zB durch ein Verbringen in die eigene Gewahrsamssphäre **neuen Gewahrsam** daran begründete (gleichgültig, ob für sich oder zu Gunsten der Erben, ob zu Recht oder zu Unrecht). Infolgedessen hat S die Perlenkette der toten W nicht im Wege des *Gewahrsamsbruchs* erlangt. Mangels „*Wegnahme*" hat sie keinen Diebstahl (§ 242) begangen, sich aber durch „Leichenfledderei" der Unterschlagung (§ 246) schuldig gemacht (s. Rn 362).

2. Sonderformen des Gewahrsams

a) Mitgewahrsam

135 Dieselbe Sache kann unter der Herrschaft mehrerer Personen stehen, und die Verkehrsauffassung kann sie mehreren Personen zuordnen. Ist das der Fall, haben sie **Mitgewahrsam**.[96] Zur Wegnahme iS des § 242 genügt der **Bruch fremden Mitgewahrsams**,[97] und zwar **auch seitens eines Mitgewahrsamsinhabers** selbst.[98] Wer das Tatobjekt selbst in

---

91 BGH HRRS 20, Nr 1209 mit Anm. *Hoven*, NStZ 21, 228; nach BGH HRRS 20, Nr 595 soll das auch dann gelten, wenn der Geschädigte weiß, wo er die Sache verloren hat; zu Recht abl. *Hecker*, JuS 20, 1083; s. auch *Kudlich*, JA 20, 865; *Rennicke*, ZJS 20, 499.
92 Vgl RGSt 54, 231; BGH NJW 87, 2812; Letzteres ist bei einem Verlust im Treppenhaus eines Hochhauses oder eines von mehreren Firmen benutzten Bürogebäudes nicht ohne Weiteres der Fall, vgl BGH GA 69, 25; *Krey/Hellmann/Heinrich*, BT II Rn 24 ff; krit. zur Rspr. LK-*Ruß*, 11. Aufl., § 242 Rn 20.
93 S. aber BGH HRRS 20, Nr 595.
94 Vgl RGSt 38, 444, 445; OLG Hamm NJW 69, 620; *Kindhäuser/Böse*, BT II, § 2 Rn 39 ff; LK-*Vogel/Brodowski*, § 242 Rn 66; abw. MK-*Schmitz*, § 242 Rn 76.
95 RGSt 56, 23, 24.
96 Vgl BGH NStZ 83, 455; MDR 54, 118; BGHSt 10, 400; 18, 221, 222 f; zust. *Heghmanns*, Rn 1137 f.
97 BGHSt 8, 273, 276; BGH VRS 50, 175; BGH BeckRS 15, 05557.
98 BGHSt 1, 253, 256; anders *Haffke*, GA 72, 225 sowie *Charalambakis*, Der Unterschlagungstatbestand de lege lata und de lege ferenda, 1985, S. 146, 150.

Alleingewahrsam hat oder mit dem Einverständnis seiner Mitgewahrsamsinhaber handelt, kann hingegen keinen fremden Gewahrsam brechen und folglich keinen Diebstahl vollenden; dann bleibt nur für eine Unterschlagung (§ 246) Raum (und bei einem entsprechenden Irrtum für einen versuchten Diebstahl).[99] Personen, die die Sachherrschaft nur für eine andere Person ausüben und deren Weisungen zu befolgen haben, sind lediglich **Gewahrsamsgehilfen** (bzw. Gewahrsamsdiener) oder **Gewahrsamshüter**; sie haben selbst keinen Gewahrsam.[100]

Die eben dargestellten Zusammenhänge ergeben sich unmittelbar und zwingend aus dem Gewahrsamsbegriff (dem der hL und dem hier vertretenen mit nur im Detail unterschiedlicher Begründung). Die Rechtsprechung und Teile der Lehre gehen darüber hinaus davon aus, dass Mitgewahrsam **abgestuft** sein kann. Letztlich geht es dabei um die Frage, **ob** wirklich immer das **Einverständnis aller Mitgewahrsamsinhaber erforderlich** ist,[101] damit sich eine Beendigung ihres Gewahrsams nicht als Bruch dieses Gewahrsams (Rn 154) darstellt. Es gibt grundsätzlich drei Möglichkeiten, diese Frage zu beantworten. Erstens kann man sie schlicht verneinen und das Bestehen einer Binnenstruktur wie Stufenverhältnisse generell bestreiten. Das liegt nicht ganz fern, denn der Gewahrsam soll gerade ein einfaches, tatsachenbasiertes Konzept sein. Er soll aber auch abbilden, wie die Zuordnung von Herrschaftssphären tatsächlich erfolgt, und dazu darf er die komplexen Verhältnisse der Welt **nicht stärker vereinfachen als die Verkehrsanschauung** das selbst macht. Zweitens kann man mit Rspr und Teilen der Lehre **mehrstufigen Mitgewahrsam** anerkennen.[102] **Gleichstufiger** Mitgewahrsam kommt zB beim Mitgewahrsam von Ehegatten am Hausrat sowie unter Gesellschaftern, bzgl der Möbel bei Vermietung eines möblierten Zimmers[103] und bei kurzzeitiger Überlassung eines Gartenhäuschens als Gefälligkeit in Betracht. **Übergeordneter** Mitgewahrsam läge zB für Arbeitgeber, Abteilungsleiter, Geschäftsführer etc, **untergeordneter** Mitgewahrsam zB für ihre Mitarbeiter nahe, soweit diese eigenverantwortlich mit der Sache umgehen und nicht nur Weisungen umsetzen. Es kann mehr als zwei Hierarchiestufen geben. In diesem Modell kommt es auf das Einverständnis dem Täter nachgeordneter Mitgewahrsamsinhaber nicht an; ein Gewahrsamsbruch durch einen Mitgewahrsamsinhaber setzt nur ein Handeln **gegen** den Willen der **gleich- oder höherrangigen Mitgewahrsamsinhaber** voraus.[104] Die meisten Fälle lassen sich so gut abbilden. Doch auch dieses Modell hat Schwächen. Es geht von Hierarchiestufen aus, die die Verkehrsauffassung selbst so nicht reflektiert, und bildet die Verkehrsauffassung doch nicht vollständig ab. Wenn es zB einen obersten Mitgewahrsamsinhaber gibt, dem alle anderen nachgeordnet sind, muss dessen Einverständnis genügen, um einen Gewahrsamsbruch auszuschließen. Vorzugswürdig ist daher ein drittes Modell, das einfach mit der ohnehin maßgeblichen **sozialnormativen Übereinkunft** auskommt: Die Kernfrage, die nach der Verkehrsauffassung

136

---

99 Vgl BGHSt 2, 317; 8, 273, 276; BGH NStZ-RR 01, 268; Fallbeispiel bei *Waßmer/Sommer*, JA 20, 910; dazu, ob eine *Erpressung* gegenüber dem untergeordneten Gewahrsamsinhaber in Betracht kommt, s. das **Rechtsprechungsbeispiel** OLG Celle BeckRS 11, 23746 zu Rn 143.
100 Näher BGHSt 8, 273, 275; *Eisele*, BT II Rn 38 ff; Fischer-*Fischer*, § 242 Rn 14; *Rengier*, BT I § 2 Rn 35 ff; S/S-*Bosch*, § 242 Rn 33. Krit. zum Begriff des Gewahrsamsgehilfen LK-*Ruß*, 11. Aufl., § 242 Rn 25, der darin eine „unberechtigte Übernahme des § 855 BGB" erblickt und für die Bejahung von Mitgewahrsam plädiert, was jedoch am Ergebnis (= Anwendbarkeit des § 242 an Stelle des § 246) nichts ändern würde.
101 So HdS-*Kudlich* V, § 29 Rn 40.
102 Vgl BGH NStZ 83, 455; MDR 54, 118; BGHSt 10, 400; 18, 221, 222 f; zust. *Heghmanns*, Rn 1137 f.
103 BGH NJW 60, 1357 Nr 17; RG GA Bd. 68, 276, 277.
104 OLG Hamm JMBl NW 65, 10; OLG Braunschweig StraFo 16, 167; BGH NStZ-RR 96, 131.

zu beantworten ist, ist beim Gewahrsam stets, ob ein Zugriff auf die Sache, insbesondere ihre Entziehung, *sozial auffällig* und *rechtfertigungsbedürftig* wäre. Richtigerweise kann der Gewahrsam eines Mitgewahrsamsinhabers vom Täter nur dann gebrochen werden, wenn die Beendigung dieses Mitgewahrsams nach der Verkehrsauffassung *sozial auffällig* und – über alle vorhandenen Einverständnisse anderer Mitgewahrsamsinhaber hinaus – *rechtfertigungsbedürftig* ist. So wird die Problematik ohne begriffliches Stufenmodell innerhalb der ohnehin bestehenden Anforderungen gelöst; sie bilden nämlich auch hierarchische Beziehungen bereits ab.[105] Darin zeigt sich, dass Gewahrsam bei genauerer Betrachtung nicht nur eine Beziehung zwischen einer Person und einer Sache, sondern auch eine Relation zwischen verschiedenen Personen ist.

137 **Fall 4:** Die in der Drogerie des D in Lüneburg beschäftigte Verkäuferin V hat sich mehrfach kosmetische Artikel aus den Ladenvorräten und kleinere Geldbeträge aus der Kasse zugeeignet, zu der sie ebenso wie D Zugang hat. Eines Tages übergibt D dem Lehrling L 2 000 € mit dem Auftrag, das Geld zur nahe gelegenen Bank zu bringen. L geht jedoch zum Bahnhof, fährt nach Hamburg und verjubelt das Geld auf der Reeperbahn. **Rn 141**

138 **Fall 5:** Zu den Angestellten eines Heidelberger Transportunternehmens gehören der Kraftfahrer F und sein Beifahrer B. Während einer Fernfahrt in den norddeutschen Raum eignet B sich im Einvernehmen mit F Teile des Transportgutes zu, die er bei Verwandten in Osnabrück ablädt.

Wie sind die Gewahrsamsverhältnisse in diesen beiden Fällen im Hinblick auf die Frage zu beurteilen, ob V, L und B *fremden Gewahrsam* gebrochen haben oder ob es jeweils an einer „Wegnahme" iS des § 242 fehlt? **Rn 143**

139 Innerhalb von **Dienst-, Auftrags-** und **Arbeitsverhältnissen** gibt es zwar keine einheitliche Antwort auf die Frage, wann und in welcher Hinsicht Allein- oder Mitgewahrsam besteht. Die Beurteilung hängt aber auch hier nicht von allen mehr oder weniger zufälligen Umständen des Einzelfalls ab. Vielmehr richtet sie sich nach Konventionen zur Sachherrschaft, die auch in solchen Verhältnissen vorfindbar sind. So ist bei Verkäufern, Angestellten und Lehrlingen in einem **Ladengeschäft** kleineren oder mittleren Zuschnitts, dessen Führung sich unter der persönlichen Mitwirkung des Geschäftsinhabers zu vollziehen pflegt, nach der Verkehrsauffassung nicht Mitgewahrsam, sondern **Alleingewahrsam des Geschäftsherrn** an den Waren wie am Geld in der Kasse anzunehmen. Auf Grund seiner bestimmenden Einflussnahme erscheint er allein als **Inhaber der Sachherrschaft**, während die Beziehung seines Personals zu den Betriebsmitteln sich (ähnlich wie bei Hausangestellten) auf eine rein unterstützende und dienende Funktion beschränkt, sodass diese nur Gewahrsamsgehilfen sind.[106]

140 Dies bei Verkäufern und Angestellten in **Kauf-** und **Warenhäusern** anders zu sehen, besteht kaum hinreichender Anlass. Denn selbst dort, wo sie zB eine Fachabteilung zu betreuen haben und mit einem gewissen Maß an Eigenverantwortlichkeit für ein bestimm-

---

105 Ähnlich *Eisele*, BT II Rn 33; H-H-*Kretschmer*, Rn 779; *Lackner/Kühl/Heger*, § 242 Rn 13; *Samson*, JA 80, 285, 288; *Schmidt*, BT II Rn 46; *Schünemann*, GA 1969, 46, 52; SK-*Hoyer*, § 242 Rn 45; *Zopfs*, ZJS 09, 509; unentschieden LK-*Vogel/Brodowski*, § 242 Rn 76, wie die Rspr. *Hilgendorf/Valerius*, BT II § 2 Rn 33; HK-GS/*Duttge*, § 242 Rn 23; *Kindhäuser/Böse*, BT II § 2 Rn 58 f; M/R-*Schmidt*, § 242 Rn 15.

106 Näher BGHSt 8, 273, 275; *Eisele*, BT II Rn 38 ff; Fischer-*Fischer*, § 242 Rn 14; *Rengier*, BT I § 2 Rn 35 ff; S/S-*Bosch*, § 242 Rn 33. Krit. zum Begriff des Gewahrsamsgehilfen LK-*Ruß*, 11. Aufl., § 242 Rn 25, der darin eine „unberechtigte Übernahme des § 855 BGB" erblickt und für die Bejahung von Mitgewahrsam plädiert, was jedoch am Ergebnis (= Anwendbarkeit des § 242 an Stelle des § 246) nichts ändern würde.

tes Sortiment innerhalb eines räumlich begrenzten Verkaufsstandes zuständig sind, ist ein solcher Kompetenzzuwachs nach der Verkehrsauffassung meist nicht mit Sachherrschaft verbunden. Diese wird typischerweise der Filialleitung zugeordnet, aber auch ihren Vertretern. **Kassierer** und **Kassenverwalter** haben dagegen nach allgemeiner Auffassung bis zur Abrechnung und Ablieferung **Alleingewahrsam** am Kasseninhalt, wenn sie die *alleinige Verantwortung für die Kasse* tragen und Geldbeträge (ungeachtet einer jederzeit zulässigen Kassenrevision) nicht ohne ihre Mitwirkung der Kasse entnommen werden dürfen, wie dies in Warenhäusern, Verbrauchermärkten, Banken, Sparkassen oder an den Fahrkartenschaltern der Bahn regelmäßig der Fall ist und worauf oft der alleinige Besitz der Kassenschlüssel hinweist.[107] Auch wer eine **Außenfiliale** selbstständig leitet, hat im Verhältnis zum Geschäftsherrn durchweg **Alleingewahrsam**.[108] Davon ist nach sozialnormativer Sicht auch bei Bekleidungsstücken (einschließlich Stiefeln) auszugehen, die **Soldaten der Bundeswehr** überlassen und von ihnen am Körper getragen oder in einem verschlossenen Spind aufbewahrt werden.[109]

Hiernach hat V im **Fall 4** den Alleingewahrsam des D gebrochen und neuen Gewahrsam an den entwendeten Gegenständen begründet, sich also des Diebstahls schuldig gemacht. Bei L ist zweifelhaft, ob er bezüglich der ihm übergebenen 2000 EUR nur *Gewahrsamsgehilfe* des D und deshalb ohne eigenen Gewahrsam oder ob ihm nach der Rechtsprechung und der insoweit folgenden Lehre[110] *untergeordneter Mitgewahrsam* eingeräumt war. Für Letzteres könnte sprechen, dass L als **Bote** außerhalb des unmittelbaren Einflussbereichs seines Arbeitgebers in einer *faktisch* engeren Beziehung zu dem ihm anvertrauten Geld stand als vergleichsweise zu den Warenvorräten im Laden. Zur Klärung der Frage, ob sein Verhalten unter § 242 oder § 246 fällt, genügt hiernach jedoch die in der Rechtsprechung gebräuchliche Feststellung, dass er *allenfalls* Mitgewahrsam hatte, deshalb *zumindest* den (übergeordneten) Mitgewahrsam des D gebrochen und infolgedessen einen Diebstahl begangen hat.[111] Nach dem hier zugrunde gelegten Gewahrsamsbegriff ist L bloßer Gewahrsamsgehilfe. Seine körperliche Gewahrsamssphäre wird durch die Weisungsabhängigkeit überlagert, die den Zugriff des Lehrherrn sozial unauffällig und nicht rechtfertigungsbedürftig macht.[112] Infolgedessen hat L auch hiernach den (Allein-)Gewahrsam des D gebrochen.

141

Zwischen **LKW-Fahrer** und **Geschäftsherrn** kann gleichrangiger Mitgewahrsam, aber auch Alleingewahrsam des einen oder des anderen bestehen.[113] Hat der Firmenchef oder Auftraggeber während der Fahrt eine hinreichende Kontroll-, Direktions- und Einwirkungsmöglichkeit und trägt der Fahrer infolgedessen für das Transportgut keine eigene Verantwortung, bleibt es in der Herrschaft des Prinzipals. Das mag bei Transporten innerhalb des engeren Ortsbereichs in der Regel und innerhalb von Großstädten jedenfalls bei Einhaltung eines festen Zeitplans und einer festgelegten Fahrtroute so sein.[114] Wo diese Voraussetzungen erfüllt sind, ist Alleingewahrsam des Geschäftsherrn anzuneh-

142

---

107 Vgl BGHSt 8, 273, 275; BGH wistra 89, 60; BGHSt 40, 8, 23; BGH NStZ-RR 96, 131; 01, 268; 18, 108 mit Anm. *Bosch*, Jura (JK) 18, 636; *Jäger*, JA 18, 390; OLG Hamm NJW 73, 1809, 1811; *Fischer-Fischer*, § 242 Rn 14.
108 Vgl RGSt 60, 271, 272; *Eisele*, BT II Rn 38.
109 Offen gelassen in BayOLG BeckRS 20, 37990 mit abw. Einordnung bei *Hecker*, JuS 21, 561: Alleingewahrsam des Kompaniechefs; zum Fall s. hier Rn 229 ff.
110 S. S/S-*Bosch*, § 242 Rn 32.
111 Vgl BGHSt 16, 271, 274.
112 S. SK-*Samson*, 4. Aufl., § 242 Rn 26.
113 LK-*Vogel/Brodowski*, § 242 Rn 80; S/S-*Eser/Bosch*, § 242 Rn 33; OLG Köln VRS 107 (04), 366, 368.
114 Vgl RGSt 52, 143, 144 f; 54, 32, 33 f; s. dazu auch *Hohmann/Sander*, BT I § 1 Rn 34 (Sprechfunkverbindung).

men. Ist der Fahrer für das Frachtgut in ähnlicher Weise allein verantwortlich, wie es Kassierer und Kassenverwalter für ihre Kasse sind (Rn 140), steht das Frachtgut im Alleingewahrsam des den Transport durchführenden Kraftfahrers. Das ist namentlich bei *Fernfahrten* denkbar, bei denen das Gut unter der alleinigen Obhut des Fahrers steht.[115]

143 Im **Fall 5** scheidet ein Gewahrsamsbruch gegenüber dem Inhaber des Heidelberger Transportunternehmens aus, weil sich das Transportgut während der Fernfahrt in den norddeutschen Raum mangels jeder Aufsicht des Geschäftsherrn **im alleinigen Gewahrsam von F und B** befand,[116] die *beide* an der Ausübung der Sachherrschaft beteiligt waren und in *ihrem Verhältnis zueinander* **gleichrangigen Mitgewahrsam**[117] hatten. Eine „Wegnahme" iS des § 242 wäre hier nur dann zu bejahen, wenn B den Mitgewahrsam des F gebrochen hätte. Daran fehlt es jedoch, da F mit dem Verhalten des B *einverstanden* war, sodass sein Mitgewahrsam durch dessen Zueignungshandlung nicht verletzt wurde. Zum Begriff der **Wegnahme** gehört stets, dass die Sache dem Gewahrsam bzw dem Mitgewahrsam eines anderen **ohne** dessen **Einverständnis entzogen** wird (s. Rn 154). Vollzieht sich die widerrechtliche Zueignung der fremden Sache im Einvernehmen mit allen Gewahrsamsinhabern, ist nur Raum für § 246 und ggf für § 266. In Bezug auf § 242 wirkt das **Einverständnis** des betroffenen Gewahrsamsinhabers **tatbestandsausschließend**, weil es das Merkmal der „Wegnahme" entfallen lässt.[118] B hat somit keinen Diebstahl begangen, sich aber – mithilfe des F – der *veruntreuenden* Unterschlagung schuldig gemacht (§ 246 II).

Rechtsprechungsbeispiel mit Ausblick auf weitere Delikte: Dem **OLG Celle BeckRS 11, 23746** lag ein Sachverhalt zur Entscheidung vor, aufgrund dessen die große Jugendkammer des LG Hannover, bei der Anklage erhoben war, das Verfahren vor dem Jugendschöffengericht eröffnet hatte, weil es den angeklagten besonders schweren Raub (s. hier Rn 426) verneinte und nur den Verdacht einer Unterschlagung in Tateinheit mit Nötigung als gegeben ansah. Laut Anklage hatte die M, die als Mitarbeiterin einer Pizzeria allein die Kasse verwaltete, gegen 23:25 Uhr entgegen der Anweisung des Geschäftsführers die Zugangstür nicht abgeschlossen und so K und A – wie zuvor verabredet – ermöglicht, das Lokal maskiert zu dem Zeitpunkt zu betreten, in dem M die Tageseinnahmen in Höhe von 2 035 € zählte. Sie tat das zusammen mit dem Mitarbeiter G, der der M, die gerade telefonierte, durch das Einsortieren des Münzgeldes in den Zählkasten half, damit es schneller ging. G wusste, dass M gegenüber dem Geschäftsführer allein für die Kasse verantwortlich war. A forderte G auf, sich auf den Boden zu legen, fixierte dessen Hände auf dem Rücken und hielt ihm ein Messer an den Hals, während K die Tageseinnahmen an sich nahm. M hielt sich zu dieser Zeit telefonierend in der Küche auf. Der später eintreffenden Polizei gegenüber gab sie sich als Opfer aus. – Das OLG Celle bestätigt zunächst die rechtliche Auffassung des LG, dass kein Raub vorliegt, weil M als *Gewahrsamsinhaberin* gegenüber A und K ihr *Einverständnis* (s. Rn 154 ff) erklärt hatte. Als allein verantwortliche Kassenverwalterin sei sie auch *Alleingewahrsamsinhaberin* (s. Rn 140). Nur auf ihr Einverständnis komme es also an. Dass G nicht einverstanden war, ändere am fehlenden Gewahrsamsbruch nichts, weil er lediglich Träger eines *untergeordneten*, auf die Münzen bezogenen Teilmitgewahrsams gewesen sei. Das ist auch nach dem sozial-normativen Gewahrsamsbegriff iE richtig (Rn 135 f). Dem naheliegenden Schluss des LG, dass deshalb nur Unterschlagung und Nötigung in Betracht komme, tritt dann das OLG aber entge-

---

115 S. BGHSt 2, 317, 318; BGH GA 79, 390, 391; BGH StV 01, 13; OLG Köln VRS 107 (04), 366, 368; S/S/W-*Kudlich*, § 242 Rn 24.
116 Vgl BGHSt 2, 317, 318.
117 S. SK-*Samson*, 4. Aufl., § 242 Rn 39; vgl auch OLG Köln VRS 107 (04), 366, 368; hier wurde der trotz kurzzeitigen Verlassens des Fahrzeugs weiterbestehende (übergeordnete) Mitgewahrsam des Transportleiters gebrochen.
118 Näher BGHSt 8, 273, 276; BayObLG NJW 79, 729; OLG Celle JR 87, 253; OLG Celle BeckRS 11, 23746; *Wessels/Beulke/Satzger*, AT Rn 555; in OLG Köln VRS 07 (04), 366, 368 f fehlte es an einem solchen Einverständnis.

gen. Es sieht in der dem G abgenötigten Duldung der Ansichnahme des Geldes eine nach § 250 II Nr 1 qualifizierte räuberische Erpressung (§ 255), für die die große Jugendkammer zuständig sei. Stellt man auf G ab, kann man zwar mit dem OLG, weil er „auf der Seite des Vermögensinhabers" steht und für diesen schutzbereit ist, das bei einer *Dreieckserpressung* nötige (bei bloßer *Duldung* allerdings nicht einhellig geforderte) *Näheverhältnis* (s. Rn 813) bejahen. Verlangt man aber richtigerweise dazu eine Vermögensverfügung, ist sie bei der gegebenen vis absoluta ausgeschlossen (s. Rn 806 ff). Stellte man dagegen auf die allein „zuständige" M ab, bei der das Näheverhältnis noch unproblematischer ist, könnte man in ihrem Einverständnis und dem entsprechenden Verhalten zwar eine Verfügung erblicken. Allerdings müsste man dann wohl auf die „Unmittelbarkeit" der Schadensherbeiführung durch diese Verfügung (s. dazu Rn 812) verzichten. Im Übrigen scheitert dieser Weg in die Erpressung daran, dass es an einer Nötigung gegenüber M fehlt. Durch ihre Mitwirkung hat sie wohl eine *Untreue* begangen.

b) Gewahrsam bei verschlossenen Behältnissen

144 Umstritten ist, ob der Gewahrsam, den ein Verwahrer oder Rauminhaber an einem **verschlossenen Behältnis** ausübt, zugleich den Gewahrsam an dessen **Inhalt** begründet, wenn der Schlüssel zum Behältnis sich in der Hand eines anderen befindet, dem der Verschluss eine Sicherung gegen Fremdeinwirkungen bieten soll. Die Annahme, dass stets der *Schlüsselinhaber* den Gewahrsam oder Mitgewahrsam am Inhalt des Behältnisses habe, ist hier nach den Vertretern eines *faktischen* Gewahrsamsbegriffs ebenso verfehlt wie die gegenteilige Ansicht, dass der *Gewahrsam am Behältnis* in jedem Falle den Gewahrsam am Inhalt in sich schließe.[119] Die hM will daher wie folgt differenzieren:

145 Ist das Behältnis *fest mit einem Gebäude verbunden* oder nach *Gewicht und Größe* nur schwer zu bewegen (wie Bank- und Gepäckschließfächer, Panzerschränke, Musikboxen, Spiel- und Warenautomaten), so soll allein der **Schlüsselinhaber** den Gewahrsam am Inhalt haben, auch wenn das Behältnis sich in einem fremden Herrschaftsbereich oder in nicht frei zugänglichen Räumen befindet.[120] Mitgewahrsam mehrerer Schlüsselinhaber ist dabei denkbar.[121]

146 Ist das Behältnis dagegen *selbstständig und frei beweglich*, sodass sein Verwahrer gleichzeitig mit ihm über den Inhalt durch Wegschaffen oder Veräußern verfügen *kann* (**Beispiele:** Kassette, Koffer, Aktentasche, Sammelbüchse), so soll die Verkehrsauffassung dem **Behältnisverwahrer** in der Regel mit der tatsächlichen Gewalt über die Sachgesamtheit auch den **Alleingewahrsam am Inhalt** zuweisen.[122] Das soll vor allem dann gelten, wenn der Schlüsselinhaber gar nicht weiß, wo das Behältnis sich jeweils befindet, wie etwa bei Koffern und Kisten, die der Bahn, der Post oder einem Spediteur zur Beförderung übergeben worden sind.[123] Dass der Verwahrer zur Verfügung über den Inhalt des Behältnisses nicht *befugt* ist, stehe seiner *tatsächlichen* Sachherrschaft ebenso wenig entgegen wie der Umstand, dass eine Beseitigung des Verschlusses nur auf widerrechtliche Weise möglich ist.

147 Solche Differenzierungen, zu denen der Gewahrsamsbegriff der hL nötigt, kann man „ebenso wohl einleuchtend wie auch nicht einleuchtend finden"[124]. Eine sichere Leitlinie

---
119 BGHSt 22, 180, 182.
120 BGHSt 22, 180, 183; RGSt 45, 249, 252.
121 Insb. bei Bankschließfächern: RG JW 37, 3302 Nr 8; BGH BeckRS 19, 2165 (Filialleiter und sein Stellvertreter).
122 BGHSt 22, 180, 183; LK-*Ruß*, 11. Aufl., § 242 Rn 31; S/S-*Bosch*, § 242 Rn 34.
123 BGH GA 56, 318; RGSt 35, 115, 116; *Eisele*, BT II Rn 35.
124 *Bockelmann*, BT I, S. 14.

bieten sie nicht. Auch hier ist die **sozial-normative** Sicht vorzuziehen. Die Verkehrsauffassung ordnet den Inhalt des verschlossenen Behältnisses dem am Inhalt Berechtigten allein zu, wenn er an den Inhalt mit seinem Schlüssel jederzeit ungehindert gelangen kann.[125] Dies ist beispielsweise bei einer Altenpflegerin der Fall, die während einer Nachtschicht mittels des einzig vorhandenen Tresorschlüssels allein über Zugang zu dem Medikamententresor verfügt.[126] Ist der Zugang dagegen von der Zustimmung oder Mitwirkung des Verwahrers abhängig, begründen diese Schranken (gleichrangigen) Mitgewahrsam.[127] Auf Beweglichkeit, Gewicht oder Größe des Behältnisses kommt es richtigerweise nicht an.

3. Vollendung der Wegnahme

148 Die **Wegnahme** ist **vollendet**, wenn der Täter fremden Allein- oder Mitgewahrsam gebrochen und neuen Gewahrsam an der Sache begründet hat. Beides kann in *einem* Akt des Tatgeschehens zusammenfallen, sich aber auch in zeitlich getrennten Phasen vollziehen, wie etwa beim späteren Abtransport der in Säcken verpackten und zunächst im bisherigen Gewahrsamsbereich versteckten Diebesbeute.[128]

149 Von der Vollendung ist die **Beendigung** zu unterscheiden.[129] Sie folgt der Vollendung nach. Nach hL ist dazu nötig, dass der im Zuge der Tat neu begründete Gewahrsam eine gewisse **Festigung und Sicherung** erreicht hat.[130] Jedenfalls der Vollzug der Zueignung, also zB der Verzehr gestohlener Lebensmittel, genügt. Die Vollendung verlangt all das noch nicht (s. Rn 165). Genau genommen gibt es nicht „die eine" Beendigung, sondern je nach Zusammenhang (Beginn der Verjährung, Ende der Notwehrfähigkeit etc) mehr oder minder unterschiedliche Kriterien und entsprechend **verschiedene Zeitpunkte**. Wichtig ist die Unterscheidung zwischen Vollendung und Beendigung vor allem für § 252 und dessen Abgrenzung gegenüber § 249 oder § 240 (s. dazu Rn 448). *Dort* wird die Beendigung von der Rechtsprechung zu Recht als eine *faktische* Frage behandelt,[131] denn es geht um das unmittelbare Nachgeschehen der Vollendung. Soweit hingegen die zeitlichen Grenzen für *Teilnahme* oder *qualifizierende* Folgen abgesteckt werden sollen, geht es um die Ausdehnung des Delikts selbst, und die muss *normativ* bestimmt werden. Insoweit ist darauf abzustellen, dass sich die Beendigungsphase sprachlich und sachlich noch als eine fortgesetzte Verwirklichung der Tat verstehen lässt, was bei einem Diebstahl nur bei iterativer Begehung (und bei einer Unterschlagung eher nicht) denkbar ist.[132]

150 Gefestigt und **gesichert ist der neue Gewahrsam** beispielsweise, wenn der Dieb die entwendete Sache in seine Wohnung, zu Bekannten oder in ein Versteck außerhalb seiner Wohnung geschafft hat.[133] Bei kleineren Gegenständen (wie etwa Geld, Schmuck oder Goldmünzen), die der Täter in seine Kleidung oder in eine Aktentasche gesteckt hat, kann uU zur Beendigung des Diebstahls

---

125 So iE auch RGSt 2, 64, 65; BGHSt 22, 180, 183.
126 OLG Zweibrücken NStZ-RR 18, 249.
127 AA SK-*Samson*, 4. Aufl., § 242 Rn 40; wie hier *Zopfs*, ZJS 09, 510.
128 Vgl RGSt 12, 353, 355 ff; BGH NJW 55, 71 Nr 14; LG Potsdam NStZ 07, 336.
129 Manchmal vermengt das sogar die Rspr, so etwa OLG Zweibrücken NStZ 95, 449; OLG Düsseldorf NJW 86, 2266: Verlassen des geschlossenen Kaufhausbereichs als *Vollendungs*voraussetzung; krit. *Otto*, Jura 97, 466.
130 BGHSt 8, 390, 391; 20, 194, 196; BGH VRS 60, 294; NJW 87, 2687; NStZ 08, 152; BGH HRRS 24, Nr 1063; BGH NStZ 24, 359 mit Anm. *Hecker*, JuS 24, 795; LK-*Vogel/Brodowski*, § 242 Rn 200. Zum Raub s. BGH NStZ 13, 463, 464.
131 LK-*Murmann*, vor § 22 Rn 38.
132 *Küper*, JZ 1981, 251; LK-*Murmann*, vor § 22 Rn 24, 36 ff; s. dazu auch *Kühl*, Roxin-FS S. 665; *Kühl*, JuS 02, 732; für eine Erstreckbarkeit der Beendigungsphase des Diebstahls auf die Unterschlagung plädieren *Lotz/Reschke*, JR 13, 59; hiergegen W/Z/K/W-*Rhein*, BT II § 4 Rn 11 ff
133 BGH NStZ 11, 637, 638.

schon das Verlassen des fremden Herrschaftsbereichs genügen.[134] Solange sich der Täter im räumlichen Herrschaftsbereich des Bestohlenen befindet, ist der Diebstahl in der Regel noch nicht beendet.[135]

Fall 6: Frau F nimmt in einem Selbstbedienungsladen eine Dose Hummer aus dem Regal, legt sie jedoch nicht in den Warenkorb, sondern verbirgt sie in Zueignungsabsicht in ihrer Manteltasche. An der Kasse wird sie von dem Hausdetektiv gestellt, der sie beobachtet und nicht mehr aus dem Auge gelassen hat. 151

Fall 7: A ist zur Nachtzeit in eine Gaststätte eingestiegen, um die Spielautomaten zu plündern. Als die von Nachbarn alarmierte Polizei ihn im Schankraum stellt, hat er einen Teil des erbeuteten Münzgeldes bereits in seine Jackentaschen gesteckt. Der Rest befindet sich in einem Beutel, der neben A auf dem Boden liegt. 152

Fall 8: B hat zu seinem Geburtstag Gäste in sein Haus eingeladen. Im Laufe des Abends bemerkt der Gast G auf einer Ablage in der Diele einen wertvollen Ring, den er in Zueignungsabsicht an sich nimmt und in seiner Hosentasche verschwinden lässt. Die Hausgehilfin H hat den Vorgang von einem Nebenraum aus beobachtet. Als der von ihr verständigte B den G zur Rede stellt, hat dieser den Ring schon wieder an den erwähnten Platz zurückgelegt, weil er plötzlich Scham empfunden hatte. 153

Haben F, A und G einen *vollendeten* Diebstahl begangen oder hat ihre Wegnahmehandlung das Stadium des *Versuchs* nicht überschritten?

Rn 170 f

a) Bruch fremden Gewahrsams

Im Rahmen der Tathandlung ist zunächst nach dem Vorliegen eines **Gewahrsamsbruchs** zu fragen. Fremder Gewahrsam wird dadurch gebrochen, dass die Sachherrschaft des bisherigen Gewahrsamsinhabers **ohne sein Einverständnis** aufgehoben wird.[136] Dazu, was das in den Fällen des Mitgewahrsams genau bedeutet, s. bereits Rn 135 f. Ein tatbestandsausschließendes Einverständnis ist zB bei einer Zustimmung zur Mitnahme und bei freiwilliger Weggabe gegeben, die in dem **Bewusstsein** und mit dem **Willen** erfolgt, den bisherigen **Gewahrsam an der Sache zu verlieren**.[137] Daran fehlt es in Fällen des sog. *Trickdiebstahls*, bei dem der Täter sich durch Täuschung des Gewahrsamsinhabers erst die Möglichkeit oder eine bessere Gelegenheit zur Wegnahme verschafft.[138] Von einer *willentlichen* Übertragung des Gewahrsams ist dabei nämlich nicht zu sprechen (näher zu den im Einzelnen streitigen Fragen Rn 640 ff). 154

§ 242 liegt das generelle Verbot, eine Sache (mit Zueignungsabsicht) aus fremdem Gewahrsam zu nehmen, zugrunde. Es liegt aber nicht in der Kompetenz des Gesetzgebers, für alle Fälle zu entscheiden, ob ein solches Vorgehen verboten ist. In jedem Einzelfall steht das nämlich zur autonomen Entscheidung des Rechtsgutsinhabers. Deshalb wird auf Ebene der **Verhaltensnormen** hier 155

---

134 BGH VRS 60, 294, 296.
135 BGH NJW 87, 2687; anders bei Eintritt des Todes des Bestohlenen BGH BeckRS 16, 116326 (s. dazu das **Rechtsprechungsbeispiel** in Rn 382).
136 BGH NJW 52, 782 Nr 8; BayObLG NJW 79, 729; OLG Celle JR 87, 253; OLG Braunschweig StraFo 16, 167; LK-*Vogel/Brodowski*, § 242 Rn 107.
137 Vgl BGH NJW 83, 2827; BGH NJW 12, 1092 f zur einvernehmlich erfolgenden Entnahme von Benzin an Selbstbedienungstankstellen (s. dazu Rn 118 mwN).
138 S. MK-*Schmitz*, § 242 Rn 94; für *Jäger*, Rengier-FS S. 227 ff gilt das in allen Fällen einer vorgetäuschten **Rückgabebereitschaft**.

§ 3 *Der Grundtatbestand des Diebstahls*

die Regelungstechnik verwendet, ein **generelles Verbot** aufzustellen, von dem der Rechtsgutsinhaber in jedem Einzelfall **Ausnahmen** machen kann. Das geschieht durch ein **Einverständnis** und gilt immer nur für die konkrete Situation. Diese Regelungstechnik wird im „Bruch" des Gewahrsams auf einen Begriff gebracht. Die **hM** geht dabei davon aus, dass das Einverständnis nur als **innere Tatsache** in Form eines **tatsächlichen Willens** oder gar nur in Form eines **nicht entgegenstehenden Willens** vorliegen muss.[139] Das passt aber weder dazu, dass zur Tatzeit eindeutig und erkennbar sein muss, ob das Verbot für den Täter gilt, noch dazu, dass es einen Willen im eigentlichen Wortsinn gar nicht ohne korrespondierende Handlung gibt. Es liegt dann nur ein Wunsch vor, der noch gar nicht zu einer echten Entscheidung gereift ist. Vorzugswürdig ist daher ein etwas engeres Verständnis des Einverständnisses, das eine **Manifestation der Willensbildung** im Verhalten des Einverstandenen verlangt. Sie kann, muss aber nicht in einer Erklärung liegen. Dieses Begriffsverständnis wird auch dem prozessualen Bedürfnis nach Nachweisbarkeit viel besser gerecht.

156 In Fällen der sog. **Diebesfalle** legt jemand, meist nachdem es zuvor am gleichen Ort schon zu mehreren Diebstählen kam, gleichartige Beute aus. So soll der bislang unbekannte Täter zu einer weiteren Tat provoziert, erkannt und überführt werden, zB durch Beobachtung oder durch besondere Spuren, für die die Beute zuvor präpariert wurde. Kommt es hier beim Zugriff auf die fremde Sache zu einer Gewahrsamsverschiebung, was Tatfrage ist,[140] **entfällt** das Merkmal der **Wegnahme** nach hM, weil der Berechtigte nach Lage der Dinge mit dem Übergang des Gewahrsams auf den Täter einverstanden ist. Er möchte ihn, um die Überführung zu ermöglichen. Für einen *vollendeten* Diebstahl ist dann kein Raum. Wenn der Täter die Falle nicht durchschaut, handelt er aber mit einem Tatentschluss ohne Vorstellung der Umstände dieses Einverständnisses. Er begeht daher einen **Diebstahlsversuch** und ggf weitere Delikte.[141] Dass der Diebstahlsversuch aus Rechtsgründen untauglich ist, ändert an seiner Strafbarkeit nichts. Auch wenn der Fallensteller sogar mit der **Zueignung** einverstanden war, bleibt es für den Diebstahl beim selben Ergebnis. Dann aber scheidet mangels *vollendeter* rechtswidriger Zueignung auch eine vollendete **Unterschlagung** aus.[142] Wer zur Unterschlagung anders entscheidet,[143] kann den Fallensteller nur mit Mühe als straflosen *agent provocateur* behandeln.[144] Wer für ein Einverständnis eine Erklärung verlangt, muss den Fall insgesamt anders lösen, nämlich Gewahrsamsbruch und Zueignung bejahen, und typischerweise dann auch eine Anstiftung. Wenn man – wie hier – nur eine Manifestation des Einverstandenseins fordert, bleibt es aber bei der Lösung der hM, denn die Manifestation liegt im gezielten Aufbau der Falle.

157 Unterschiede ergeben sich dann in dem Fall, dass der Gewahrsamsinhaber keine Falle stellt, aber den Täter **zufällig beobachtet** und dabei hofft, dass er das Geld nehmen wird, ohne dass diese Hoffnung sich äußerlich manifestiert. Schon der Verzicht auf Eingreifen oder Herbeiholen von Hil-

---

139 Vgl. *Roxin/Greco* AT I § 13 Rn 2 ff (insb. Rn 5) mN; zu den Problemen *ebd.* Rn 71 ff (insb. Rn 76).
140 Vgl BGHSt 4, 199, 200.
141 Näher BayObLG NJW 79, 729; OLG Celle JR 87, 253; OLG Düsseldorf NJW 88, 83; BGH HRRS 20, Nr 1367; zur Kombination mit einer Sachbeschädigung (s. Rn 73) s. BGHSt 61, 285 mit Anm. *Bachmann*, JR 17, 445; *Bosch*, Jura (JK) 17, 604; *Mitsch*, NJW 17, 1188; zu einer Variante s. *Zopfs*, ZJS 09, 513.
142 Fischer-*Fischer,* § 242 Rn 23; *Hillenkamp*, Anm. JR 87, 254; *Krey/Hellmann/Heinrich*, BT II Rn 46; *Kudlich*, PdW BT I S. 18; *Mitsch*, BT II S. 27 f; *Rengier*, BT I § 2 Rn 68; *Schmidt*, BT II Rn 56; *Zöller*, BT Rn 21; iE so auch *Duttge/Fahnenschmidt*, Jura 97, 287, die freilich auch eine versuchte Unterschlagung verneinen; für Subsidiarität einer ggf vollendeten Unterschlagung *Eisele*, BT II Rn 53; offen LK-*Vogel/Brodowski*, § 242 Rn 127.
143 OLG Celle JR 87, 253; *Geppert*, JK 92, § 242/15; *Kindhäuser/Hilgendorf*, § 242 Rn 46; *Paeffgen*, Anm. JR 79, 297.
144 *Hillenkamp*, Anm. JR 87, 256.

fe trotz Möglichkeit dazu, wäre eine Manifestation. Wenn solche Möglichkeiten aber gar nicht bestehen, muss die hM ebenfalls Vollendung ablehnen, während sie nach hier vertretener Auffassung zu bejahen ist.

Zur *Beachtlichkeit* des Einverständnisses genügt der **natürliche Wille** des Gewahrsamsinhabers. Auf seine Geschäftsfähigkeit kommt es bei der Gewahrsamsaufgabe insofern ebenso wenig an wie bei der Gewahrsamserlangung (vgl Rn 126). Das Einverständnis muss ebenfalls **freiwillig** gegeben werden. Daran fehlt es zB, wenn eine falsche Kriminalbeamtin eine *Beschlagnahme* des Zugriffsobjekts *vortäuscht*.[145] Der Geschädigte geht dann von hoheitlichem Zwang aus und erkennt die eigenen Einflussmöglichkeiten gar nicht, sondern beugt sich mit seinem Verhalten lediglich dem vermeintlich Unabwendbaren.

158

Wird jemand durch Herbeiführung eines irrtumsbedingten, aber innerlich freien Willensentschlusses zur Gewahrsamsübertragung oder zur Vornahme einer vermögensschädigenden Verfügung sonstiger Art veranlasst, liegt nicht Diebstahl, sondern Betrug vor. Wer beispielsweise von dem Wächter einer **Sammelgarage**, der zu jedem der dort abgestellten Fahrzeuge den zweiten Zündschlüssel verwahrt, dessen Herausgabe und die Gewährung des Zugangs zu einem Kraftwagen erschleicht, indem er ihm eine entsprechende Erlaubnis des Kraftfahrzeughalters vorspiegelt, macht sich des Betrugs und nicht des Diebstahls schuldig[146] (näher Rn 626 ff, 636). Das gilt auch für den, der den Abwurf von Hilfsgütern durch die Täuschung erreicht, er gehöre zu den mit der Hilfsaktion unterstützten Bedürftigen.[147]

159

Das Einverständnis kann auf bestimmte Gegenstände, Zugriffsweisen oder sonst inhaltlich **beschränkt** sein und an **nach außen zum Tatzeitpunkt erkennbare Bedingungen** geknüpft werden.[148] Würde man innere Vorbehalte des Gewahrsamsinhabers genügen lassen, stünde dies der Erkennbarkeit der Verhaltenspflichten für den Täter entgegen. Das Merkmal der Wegnahme entfällt dann nur, sofern oder soweit die entsprechenden Bedingungen erfüllt sind.

160

So ist zB der Aufsteller eines **Warenautomaten** mit der Entnahme von Waren ausschließlich für *den* Fall einverstanden, dass der Mechanismus ordnungsgemäß, dh durch Einwurf einer echten Münze im angegebenen Nennbetrag, ausgelöst wird. Die durch den Einwurf von Falschgeld ermöglichte Warenentnahme verwirklicht daher nach hM den Tatbestand des Diebstahls, sodass insoweit für die *subsidiäre* Vorschrift des § 265a kein Raum ist.[149] Ebenso liegt es bei der Entnahme von Münzgeld aus einem Geldwechselautomaten, wenn der einzuwechselnde Geldschein nach Auslösung des Wechselvorgangs wieder zurückgezogen wird.[150] Nichts anderes gilt nach diesen Grundsätzen auch dann, wenn mit dem Falschgeld zugleich ein im Automaten befindlicher elektronischer Münzprüfer „überlistet" wird. Bejaht man allerdings in einem solchen Fall,[151] wie etwa

161

---

145 BGHZ 5, 365; BGH NJW 52, 782 Nr 8, 796 Nr 26; BGH NJW 11, 1979; OLG Hamburg HESt 2, 19; BK-*Wittig*, § 242 Rn 23; Fischer-*Fischer*, § 242 Rn 27; *Joecks/Jäger*, § 242 Rn 56 f; *Krey/Hellmann/Heinrich*, BT II Rn 48, 638 ff; S/S-*Bosch*, § 242 Rn 35; s. hier Rn 623 ff.
146 BGHSt 18, 221, 224.
147 Für Diebstahl *Rotsch*, GA 08, 72.
148 BGH VRS 48, 175; krit. hierzu *Rönnau*, Roxin-FS II S. 487 ff; zur Beschränkung auf Fälle tatsächlich bestehender Rückgabebereitschaft s. *Jäger*, Rengier-FS S. 227 ff.
149 BGH MDR 52, 563; OLG Düsseldorf NStZ 99, 248; *Heghmanns*, Rn 1149 ff; *Krey/Hellmann/Heinrich*, BT II Rn 36 f; LK-*Vogel/Brodowski*, § 242 Rn 115; HdS-*Kudlich* V, § 29 Rn 42; *Ranft*, JA 84, 1, 6; S/S-*Bosch*, § 242 Rn 36; *Schulz*, NJW 81, 1351; aA *Dreher*, Anm. MDR 52, 563; AG Lichtenfels NJW 80, 2206 mit Anm. *Seier*, JA 80, 681.
150 OLG Düsseldorf JR 00, 212 mit abl. Anm. *Otto*, der hier § 263a annehmen will; dagegen *Kudlich*, JuS 01, 21, der dann aber Diebstahl am Geldschein statt am Wechselgeld bejaht; wie hier *Geppert*, JK 00, StGB § 242/20; zur Manipulation von Geldautomation durch „Jackpotting" und „Backboxing" vgl HdS-*Eisele* VI, § 63 Rn 132 ff.
151 Mit unterschiedlichen Begründungen abl. OLG Celle JR 97, 345; *Hilgendorf*, Anm. JR 97, 349 f; *Mitsch*, JuS 98, 313; s. dazu Rn 746.

beim „Leerspielen" von Glücksspielautomaten unter Ausnutzung unbefugt erlangter Kenntnisse des Computerprogramms, Diebstahl *neben* § 263a,[152] tritt § 242 zurück (Rn 744). Wer unter das **Lesegerät einer Selbstbedienungskasse** statt des Strichcodes der entnommenen Ware (zB eines Fotomagazins) den mitgeführten Strichcode einer preisgünstigeren Ware (zB einer Tageszeitung) hält, nur den geringeren Preis entrichtet und sich dann mit der teureren Ware entfernt, nimmt diese weg, weil es am korrekten Einscannen und Bezahlen der entnommenen Ware und damit an einer Bedingung für das Einverständnis in den Gewahrsamswechsel fehlt.[153]

162 Das **Abheben von Bargeld** an einem Geldautomaten durch eine **nichtberechtigte Person** wirft einige Fragen auf, die gerade das Einverständnis betreffen: Hinsichtlich der **Fremdheit** der Sache liegt eine Übereignung der betroffenen Geldscheine nach § 929 S. 1 BGB an den Täter nicht vor. Die Willenserklärung der Bank stellt ein auslegungsfähiges Rechtsgeschäft dar. In Übereinstimmung mit dem zivilrechtlichen Schrifttum fehlt es hier an einem erkennbaren Interesse der Bank, das Eigentum an einen Unberechtigten zu übertragen.[154] Dies wird dadurch gestützt, dass in diesen Fällen ein Aufwendungsersatzanspruch der Bank nach § 675u BGB ausgeschlossen ist und ein Schadensersatzanspruch der Bank nur unter besonderen Bedingungen besteht.[155]

163 Gleichwohl ist eine **Wegnahme** in Übereinstimmung mit dem BGH aufgrund des Einverständnisses der Bank in den Gewahrsamsübergang zu verneinen.[156] So wird die Übertragung des Gewahrsams durch den Automatenbetreiber nur unter die Bedingung gestellt, dass eine gültige Karte eingeführt und die zutreffende Geheimzahl eingegeben wird. Etwaige weitere Bedingungen sind nicht nach außen erkennbar und stellen damit keine Bedingungen eines Einverständnisses dar. Ein Bankangestellter als Beobachter des Vorgangs hätte die fehlende Kontoberechtigung des Abhebenden gerade nicht erkennen können.

164 Die vorstehenden Überlegungen betreffen den Fall, dass ein Nichtberechtigter Karte, PIN und Auszahlungsbetrag in den Automaten eigibt und das Geld selbst entnimmt. Geschehen erst und nur die beiden letzten Schritte durch den Täter, nachdem der berechtigte Karteninhaber Karte und PIN ordnungsgemäß eingegeben hat, sind die die Lösungen tragenden Überlegungen zwar nicht ohne Belang, die Lösungen selbst aber nicht unbesehen übertragbar.

> **Die aktuelle Entscheidung:** In einer Entscheidung des 2. Strafsenats (**BGH NJW 18, 245** mit Anm. *Brand*; *Eisele*, JuS 18, 300; *Jäger*, JA 18, 309) ging es darum, dass der Kontoinhaber B am Bankomaten seine Bankkarte und Geheimnummer bereits eingegeben hatte, als A ihn zur Seite stieß. A gab den Auszahlungsbetrag 500 € ein, entnahm den ausgegebenen Betrag und bedeutete B, der die Herausgabe des Geldes forderte, „er solle sich ruhig verhalten und keinen Ärger machen." Er könne „ihn aber auch boxen." Später entfernte er sich mit dem Geld. – Dass das Eigentum am Geld, wie der BGH annimmt, nicht auf A übergegangen ist, ist richtig, weil sich das Übereignungsangebot „erkennbar (immer) nur an den Kontoinhaber" richtet. Auch hat A frem-

---

152 Zum Streit s. S/S-*Bosch*, § 242 Rn 36a.
153 Auch bleibt die mitgenommene Ware fremd, s. OLG Hamm wistra 14, 36 f mit Bespr. *Fahl*, NStZ 14, 244; *Jäger*, JA 14, 155; *Jahn*, JuS 14, 179 und LG Kaiserslautern BeckRS 21, 24059.
154 So Staudinger-*Heinze*, BGB, 2020, § 929 Rn 94a.
155 AA *Hillenkamp*, hier bis zur 44. Aufl.; *Huff*, Anm. NJW 88, 981; *Schmitt/Ehrlicher*, Anm. JZ 88, 364; *Spahn*, Jura 89, 513; ebenso *Beulke/Zimmermann*, III Rn 513, 517; *Löhnig*, JR 99, 364; *Thaeter*, wistra 88, 339 und JA 88, 547; für die frühere Unterschlagungslösung BGHSt 35, 152, 161; OLG Stuttgart NJW 87, 666; *Lackner/Kühl/Heger*, § 242 Rn 23; *Ranft*, Anm. JR 89, 165 und wistra 87, 79; *Schulz/Tscherwinka*, JA 91, 119.
156 S. BGHSt 35, 152, 161; BGH NJW 18, 245 unter Verweis auf zivilrechtliches Schriftum; ebenso BGH NStZ 19, 726.

den Gewahrsam gebrochen. Denn das Einverständnis in die Aufhebung des im Ausgabefach nach sozial-normativer, der Verkehrsauffassung entsprechender Sicht noch bestehenden Gewahrsams der Bank gilt dem den Vorgang durch Karten- und PIN-Eingabe Auslösenden, und nicht einem dann in den Vorgang unberechtigt eingreifenden Dritten. Statt einer vom Senat angenommenen Unterschlagung (die hinter einer bejahten räuberischen Erpressung zurücktreten soll)[157] ist deshalb Diebstahl (bzw. Raub bei Annahme einer Drohung gegen den zum Gewahrsamsschutz bereiten Dritten B, s. dazu Rn 397, 400) gegeben. – Das ist in einem vergleichbaren Fall auch die Auffassung des 3. Strafsenats (**BGH NStZ 2019, 726** mit krit. Anm. *Krell* und Bespr. von *Brand*, ZWH 20, 125; *Jäger*, JA 20, 66; *Piazzena*, ZJS 20, 281; *Waßmer*, HRRS 20, 25). Hier kamen die Täter an das Geld, indem sie die legitimen Karteninhaber nach Eingabe von Karte und PIN teils abzulenken, teils zur Seite zu drängen suchten, um den dann eigenmächtig eingegebenen und ausgereichten Betrag an sich nehmen zu können. Da nach Auffassung des Senats die Karteninhaber schon an der Annahme des an sie gerichteten Übereignungsangebots (und – wie zu ergänzen ist – an der Besitzbegründung) gehindert waren, verblieb, was zutrifft, das Eigentum am Geld bei der Bank, war also deshalb für die Täter fremd. In Abweichung von der Entscheidung des 2. Senats ist für den 3. Senat zudem auch eine Wegnahme geschehen, weil der (gelockerte) Gewahrsam der Bank an den Scheinen im Ausgabefach ohne ein an die Täter gerichtetes Einverständnis von diesen aufgehoben und also gebrochen worden sei. Das gelte deshalb, weil das Einverständnis nur für Personen gelte, die den Abhebevorgang durch Karten- und PIN-Eingabe „initiieren" und damit die eigentlich legitimierenden Schritte vollziehen. Das entspricht der hier für den vorangegangenen Fall vertretenen Linie. Ob zugleich, wie das LG angenommen hatte, ein (Mit)Gewahrsam der Karteninhaber gebrochen worden sei, lässt der Senat offen, bezweifelt aber jedenfalls für die Fälle, in denen die Karteninhaber weggedrängt oder -gezerrt wurden, dass es zu einer solchen Gewahrsamsbegründung gekommen sein könnte. – Die durch die Diskrepanz der beiden Entscheidungen unaufgelöste Unsicherheit, was denn nun für den BGH gilt, hat auch eine einen wiederum in seiner Struktur identischen Sachverhalt betreffende Entscheidung des 4. Strafsenats (BGH NJW 21, 1545 mit Anm. *Lenk*; *Kudlich*, JA 21, 519; *Bechtel*, JR 22, 39; *El-Ghazi*, NStZ 21, 427; *Ruppert*, StV 22, 17 und Bespr. *Brand*, ZWH 22, 46 und *Zivanic*, NZWiSt 22, 7) nicht beseitigt. Nach einer lapidaren Feststellung der Fremdheit des Geldes glaubt der Senat, die Frage, ob das Geldinstitut am Geld im Ausgabefach noch Gewahrsam habe, offen lassen zu können, weil mit dem Erscheinen des Geldes im Fach der den Vorgang Initiierende (jedenfalls Mit-)Gewahrsam erlange, der sich zumindest beim berechtigten Karteninhaber auf jede (also auch auf eine von ihm nicht eingegebene) Summe erstrecke, die im Ausgabefach erscheine. Sie ordne „der Verkehr" bereits ab Eingabe der PIN dem Eingebenden zu. Eine solche Verkehrsauffassung ist aber eine wirklichkeitsfremde Fiktion. Nach lebensnaher sozial-normativer Übereinkunft bietet das Geldinstitut dem den Vorgang ordnungsmäßig Initiierenden an, sich mit dem Einverständnis des Instituts Besitz und Gewahrsam am Geld durch die Herausnahme aus dem Fach zu verschaffen, die er bis zu diesem Akt gerade noch nicht innehat. Dritte, wie hier die Täter, brechen daher keinen Gewahrsam des Initiierenden, sondern allein den der Bank. Da die Täter auch hier in einem Fall die Karteninhaberin wegschubsten, durfte sich der 4. Senat zur Vermeidung von Anfrage und Vorlage nicht darauf berufen, die Geschädigten seien hier – anders als in den Fällen der beiden anderen Senate – nicht „durch Gewalt oder Androhung von Gewalt von der Ausübung des Gewahrsams ausgeschlossen" gewesen. Der Fall gab daher Anlass, ein Verfahren nach § 132 GVG einzuleiten.

b) Begründung neuen Gewahrsams

Neuer Gewahrsam ist nach dem *faktischen* Gewahrsamsbegriff begründet, wenn der Täter (oder ein Dritter) die *tatsächliche* Herrschaft über die Sache derart erlangt hat, dass ih-

165

---

157 S. zur Annahme einer Erpressung zu Recht (Rn 807 ff, 830) krit. *Brand*, NJW 18, 246; *Rengier,* BT I § 2 Rn 73d.

rer Ausübung keine *wesentlichen* Hindernisse entgegenstehen.[158] Dass der bisherige Gewahrsamsinhaber auf die Sache nicht mehr einwirken kann, ohne zuvor die Verfügungsgewalt des Täters (oder des Dritten) zu beseitigen,[159] ist dagegen eine Formulierung, die auch dem *sozial-normativen* Begriff entspricht.

Denn wenn die Wiederherstellung des Gewahrsams des Bestohlenen einen rechtfertigungsbedürftigen Zugriff auf die Herrschaftssphäre des Täters voraussetzt, ist *dessen* Gewahrsam betroffen. Ein **Fortschaffen** der Sache aus dem fremden Herrschaftsbereich ist nach beiden Auffassungen nicht zwingend erforderlich, denn der Wegnahmebegriff setzt nicht voraus, dass der Täter *endgültigen* und *gesicherten* Gewahrsam erlangt.[160] Deshalb kommt es auch nicht darauf an, in welchem Maße die Herrschaftsbeziehung des Täters zu seiner Beute noch gefährdet ist. Entscheidend ist vielmehr, dass sein Sachherrschaftsverhältnis die freie Verfügbarkeit der Sache für den bisherigen Gewahrsamsinhaber nach der Verkehrsauffassung ausschließt[161] und ihre Wiedererlangung zu sozial auffälligem Vorgehen zwingt.

166 Der Streit darüber, ob zur Wegnahme ein bloßes Berühren der fremden Sache genügt (so die *Kontrektationstheorie*), ob stattdessen auf das Ergreifen abzustellen ist (so die *Apprehensionstheorie*) oder ob es darüber hinaus des Fortschaffens (so die *Ablationstheorie*) bzw. des Bergens der Beute bedarf (so die *Illationstheorie*), ist heute weithin gegenstandslos. Die hM folgt zwar vordergründig der **Apprehensionstheorie**,[162] verlangt dabei aber ein **zum Gewahrsamswechsel führendes** Ergreifen der Sache,[163] für dessen Bestimmung die vier Umschreibungen nur wenig aussagekräftig sind.[164] Das gilt zB für das „Ergreifen" als vermeintlich maßgeblichem Kriterium dann, wenn man den mit ihm verbundenen „Formalismus" durch von der Verkehrsanschauung nahegelegte Wertungen überspielt[165] und damit in der Sache die Apprehensionstheorie durch den sozial-normativen Gewahrsamsbegriff ersetzt.

167 Für die Gewahrsamsbegründung sind nach dem *faktischen* Gewahrsamsbegriff wiederum *alle* (zufälligen) *Umstände des Einzelfalls* von Bedeutung. So soll bei Gegenständen, die wegen ihrer Beschaffenheit oder wegen ihres Gewichts nur **schwer zu transportieren** sind, das bloße Ergreifen oder Verstecken *innerhalb* des fremden Herrschaftsbereichs zur Herbeiführung des Gewahrsamswechsels nicht genügen. Vielmehr bedürfe es hier zur Vollendung der Wegnahme zusätzlicher Maßnahmen, wie etwa des Fortfahrens mit dem zu entwendenden Kraftwagen, des Hinüberhebens schwerer Werkzeugteile, Teppichrollen usw über die Mauer des Lagerplatzes, des Fortschaffens eines aus seiner Verankerung gelösten, mehrere Zentner schweren Panzerschrankes oder des zwar an Kopf und Beinen ergriffenen, sich aber heftig zur Wehr setzenden Hammels.[166]

---

158 BGH GA 66, 78; KG JR 66, 308; BGH NStZ 88, 271; BGH BeckRS 16, 118753; zusf. OLG Dresden NStZ-RR 15, 212; LK-*Vogel/Brodowski*, § 242 Rn 93.
159 *Küper/Zopfs*, BT Rn 769; S/S-*Eser/Bosch*, § 242 Rn 38; „faktischer" formuliert in BGH NStZ 11, 36, 37; OLG Hamm BeckRS 13, 08953; OLG Hamm NStZ-RR 14, 209 mit Bespr. *Brüning*, ZJS 15, 310; *Hecker*, JuS 15, 276; *Jäger*, JA 15, 390.
160 BGHSt 16, 271, 272 ff; 23, 254, 255; BGH NStZ 08, 624, 625; OLG Karlsruhe NStZ-RR 05, 140, 141.
161 BGHSt 26, 24, 26; BGH NStZ 82, 420; BayObLG NJW 95, 3000.
162 Auch *Ergreifungstheorie* genannt; für ihre Wiederbelebung *Ling*, ZStW 110 (1998), 919; aufgegriffen auch von OLG Karlsruhe NStZ-RR 05, 140, 141 und HK-GS/*Duttge*, § 242 Rn 27.
163 Vgl BGHSt 16, 271, 272 f; 23, 254, 255; 26, 24, 25; OLG Köln NJW 84, 810; *Gössel*, ZStW 85 (1973), 591 mwN.
164 S/S-*Bosch*, § 242 Rn 37 f.
165 So M/S/M-*Hoyer*, BT I § 33 Rn 25, 26 mit Rn 13; ähnlich für die Ablationstheorie LG Zwickau NJW 06, 166.
166 So in der Reihenfolge der Beispiele BGHSt 18, 66, 69; BGH NJW 55, 71 Nr 14; BGH NStZ 81, 435; OLG Bamberg HESt 2, 18; s. auch BGH HRRS 14, Nr 1017; LG Potsdam NStZ 07, 336 mit krit. Anm. *Walter*, NStZ 08, 156.

Rechtsprechungsbeispiel: Im Fall **BGH NStZ 81, 435** hatten drei Mittäter bei einem nächtlichen Einbruch schon einige Textil- und Tabakwaren aus einem Laden auf die Straße geschafft, ehe sie damit begannen, einen großen, 300 kg schweren Tresor nach draußen zu transportieren und etwa 5 Meter vor der Ladentür auf einen Palettenwagen zu heben, der zum Transport von Waren innerhalb des Ladengeschäfts diente. In diesem Augenblick wurden sie von der Polizei festgenommen. Im Gegensatz zur Vorinstanz hat der BGH das Vorliegen einer *vollendeten* Wegnahme verneint und dazu ausgeführt, im Hinblick auf die Nachtzeit, die Art des Gegenstandes und die Schwierigkeit des Transports würde jeder Beobachter sofort erkannt haben, dass hier Diebesgut wegbefördert werden sollte. Gewicht, Größe und Unhandlichkeit der Beute hätten deren rasches Verbergen (zumindest für eine bestimmte Wegstrecke) unmöglich gemacht. Zwar setze die Vollendung der Wegnahme keinen *endgültig* begründeten und *gesicherten* Gewahrsam voraus. Unter den gegebenen Umständen hätten die Täter aber nicht einmal die volle Sachherrschaft erlangt, die zum Gelingen der Wegnahme gehöre. Damit sei die Tat insgesamt im Versuch stecken geblieben. Dies gelte auch für die Textil- und Tabakwaren, die als Teil der Gesamtbeute erst zusammen mit dem Tresor abtransportiert werden sollten. Solange die Täter in unmittelbarer Nähe des Tatorts mit dem Aufladen des Tresors beschäftigt gewesen seien, hätten sie an allen Gegenständen, die ohne Weiteres als Diebesgut erkennbar und auch noch nicht in Jacken- oder Hosentaschen verbracht gewesen seien, noch keinen neuen Gewahrsam begründet.

Bei unauffälligen, **leicht fortzuschaffenden Gegenständen** wie Geldscheinen, Münzen, Schmuckstücken, abgepackten Lebens- oder Genussmitteln usw lässt die Rechtsprechung für den Gewahrsamswechsel und die **Vollendung der Wegnahme** dagegen schon das **Ergreifen und Festhalten** sowie das **Einstecken** in die eigene Kleidung, eine Hand- oder Aktentasche, einen Beutel oder ein sonstiges, leicht zu transportierendes Behältnis genügen.[167] Neuen Gewahrsam kann hiernach der Täter beispielsweise auch dadurch begründen, dass er in einem Kaufhaus bei regem Publikumsverkehr größere Bekleidungsstücke wie ein Jackett oder einen Mantel über seinen Arm legt oder in einer Kabine anzieht, sich damit auf den Weg zum Ausgang begibt und die genannten Gegenstände wie eigene Sachen davonträgt.[168] Hat der Täter in dieser Weise den umschlossenen Herrschaftsbereich des Gewahrsamsinhabers verlassen, soll es an der Gewahrsamsbegründung nichts ändern, wenn der Gewahrsamsinhaber dem beobachteten Täter folgt und ihm „wenige Schritte vor dem Ladenlokal" die Sache wieder abnimmt.[169] Im Einzelfall soll all das aber stets eine von den näheren Umständen abhängige Tatfrage mit der Folge sein, dass bei einem einheitlichen Geschehen in die Hosentasche gestecktes Geld einen vollendeten, gleichzeitig in Plastiktüten verstaute Zigarettenstangen je nachdem, „wie schwer und groß diese ... befüllten Behältnisse waren", aber nur einen versuchten Diebstahl begründen sollen.[170] Nur versuchten Diebstahl nimmt der BGH auch an, wenn 6 Flaschen Whiskey in einem Supermarkt in eine mitgeführte Tragetasche verbracht werden.[171]

168

---

167 BGHSt 16, 271, 274; 23, 254, 255; 26, 24, 25; BGH VRS 60, 294; BGH NStZ 14, 40 f; BGH NStZ 15, 276 mit Bespr. *Jahn*, JuS 15, 78; *Satzger*, Jura 15, 768 (§§ 242, 252); BGH StV 20, 233 mit Anm. *Buchholz*, StV 20, 669; zusf. BGH BeckRS 19, 3712 mit Bespr. *Hecker*, JuS 19, 723; *Kudlich*, JA 19, 470; HK-GS/*Duttge*, § 242 Rn 28; LK-*Vogel/Brodowski*, § 242 Rn 96; *Zöller*, BT Rn 24; anders *Ling*, ZStW 110 (1998), 940.
168 RGSt 52, 75; OLG Hamm MDR 69, 862; OLG Köln MDR 71, 595.
169 BGH NStZ 08, 624, 625; auf dem Boden eines faktischen Gewahrsamsbegriffs (s. *Hohmann/Sander*, BT I § 1 Rn 54) ist das schwerlich begründbar. Fügt man an, dass der vormalige Gewahrsamsinhaber „über die Sache nicht mehr verfügen kann, ohne seinerseits die Verfügungsgewalt des Täters zu brechen" (625), nähert man sich einem sozial-normativen Gewahrsamsbegriff an.
170 BGH NStZ 88, 270; BGHSt 41, 198, 205; BGH NStZ 11, 158, 160 mit Bespr. *Hecker*, JuS 11, 665; *Zopfs*, ZJS 09, 511.
171 BGH NStZ-RR 13, 276; anders für vier Flaschen Jägermeister und zwei Flaschen Baccardi BGH BeckRS 19, 3712 mit Bespr. *Hecker*, JuS 19, 723; *Kudlich*, JA 19, 476.

Rechtsprechungsbeispiel: In **BGH NStZ 11, 36** veranlasste A den S, ihm sein Mobiltelefon zu zeigen. Er nahm es ihm sodann aus der Hand und verlangte für die Rückgabe 20 €. S lehnte die Zahlung ab. Hierauf fasste A den Entschluss, das Handy zu behalten, steckte es in die Tasche und entfernte sich. S folgte ihm und forderte das Telefon zurück. Um sich den Besitz am Handy zu erhalten, schlug A dem S mit der flachen Hand ins Gesicht und drohte mit weiteren Schlägen für den Fall, dass S ihn weiter verfolgt. Dem fügte sich S. – Der räuberische Diebstahl (§ 252), der hier in Betracht kommt, setzt voraus, dass Gewalt und Drohung erst nach *Vollendung eines Diebstahls* eingesetzt worden sind (s. Rn 444). Der BGH hat hier mit dem Aus-der-Hand-Nehmen des Handys eine vollendete Wegnahme bejaht, weil „bei handlichen und leicht zu bewegenden Gegenständen … ein bloßes Ergreifen und Festhalten jedenfalls dann" genüge, „wenn der Berechtigte seine ungehinderte Verfügungsgewalt nur noch gegen den Willen des Täters und unter Anwendung von körperlicher Gewalt wiederherstellen könnte". Da allerdings A im Zeitpunkt der Wegnahme keine Zueignungsabsicht hatte, weil er das Handy nur als Erpressungsmittel einsetzen wollte (s. Rn 232), lag trotz Wegnahme kein Diebstahl vor. Erst mit dem Einstecken des Handys in die Tasche, um es zu behalten, manifestierte sich der (erst jetzt gefasste) Zueignungswille. Die darin liegende Unterschlagung (s. Rn 355) ist aber keine geeignete Vortat des räuberischen Diebstahls. Zu der versuchten Erpressung tritt also nur eine Unterschlagung, Nötigung und Körperverletzung hinzu. Raub ist ausgeschlossen, weil die eingesetzten Raubmittel nicht mehr der (bereits vollendeten) Wegnahme, sondern nur der Besitzerhaltung dienten.[172]

169 Diese wenig befriedigende Kasuistik führt auch hier nur der **sozial-normative Gewahrsamsbegriff** einer sicheren Beurteilung zu. Danach fehlt es an einer Gewahrsamsbegründung am Tresor (Rn 167), weil er „noch nicht aus dem engsten Bereich des Geschäfts" und damit aus der *generellen Gewahrsamssphäre* des Ladeninhabers fortgeschafft und auch nicht – wie zB in die Kleidung gesteckte Genussmittel – in eine im Sozialleben anerkannte *Gewahrsamsenklave* verbracht worden ist. Nicht Größe, Sperrigkeit oder Gewicht sind maßgeblich, sondern ob das Zurückschieben des Tresors oder der Griff in die Kleidung durch den Ladeninhaber sozial auffällig und rechtfertigungsbedürftig sind. Auf dieser Grundlage ist eine zufällige oder planmäßige **Beobachtung** des Geschehens durch den Bestohlenen oder seine Angestellten ohne Einfluss auf die Vollendung der Wegnahme.[173] Das gilt, weil Diebstahl keine *heimliche* Tat ist,[174] vor allem aber, weil ein Gewahrsamswechsel von einer Beobachtung nach der Verkehrsauffassung *unabhängig* ist. Die Entdeckung der Tat und die etwaige Bereitschaft des Täters zum Ablassen von der Beute geben dem Bestohlenen – wie zB im Fall der Entwendung von mit einem **elektromagnetischen Sicherungsetikett** versehenen Waren bei Auslösung des Alarms[175] – die Möglichkeit, die noch nicht abgeschlossene Gewahrsamsbegründung zu verhindern oder den schon erfolgten Gewahrsamswechsel rückgängig zu machen und den ihm entzogenen Gewahrsam wiederzuerlangen.[176] Sie sagen über die Zuordnung der Sache aber nichts aus.[177]

---

172 S. zur Entscheidung *Bosch*, Jura (JK), 14, 1237; *Hecker*, JuS 11, 374; *Kudlich*, JA 11, 153; zu Variationen der **Handy-Fälle** s. *Jäger*, Rengier-FS S. 227 ff und hier Rn 214.
173 Zum Streitstand s. *Hillenkamp/Cornelius*, BT 21. Problem; AG Lübeck BeckRS 12, 21362; auf der Grundlage des faktischen Gewahrsamsbegriffs anders *Bosch*, Jura 14, 1240 f; *Eisele*, BT II Rn 43; *Klesczewski*, BT § 8 Rn 94; LK-*Vogel/Brodowski*, § 242 Rn 99, 104 und OLG Hamm NStZ-RR 14, 209 f, für das die Antwort „von den Einzelheiten" abhängt; s. dazu die Bespr. von *Brüning*, ZJS 15, 310; *Hecker*, JuS 15, 276; *Jäger*, JA 15, 390; wie hier H-H-*Kretschmer*, Rn 777 und iE *Krey/Hellmann/Heinrich*, BT II Rn 56.
174 BGH NStZ 87, 71; OLG Düsseldorf NJW 90, 1492; BayObLG NJW 97, 3326; OLG Hamm wistra 14, 36; *Hilgendorf/Valerius*, BT II § 2 Rn 50; HK-GS/*Duttge*, § 242 Rn 27; *Rengier*, BT I § 2 Rn 49.
175 S. BayObLG NJW 95, 3000.
176 So zutr. BGHSt 16, 271, 274; OLG Zweibrücken NStZ 95, 448.
177 AA *Ling*, ZStW 110 (1998), 942, der eine „Sachbeziehung mit Zukunft" verlangt.

Im **Fall 6** hat Frau F sich somit des *vollendeten* Diebstahls schuldig gemacht, als sie die Dose in ihre „Tabusphäre" verbrachte.[178] Dass sie infolge der Beobachtung keine Chance hatte, ungehindert durch die Sperre des Selbstbedienungsladens nach draußen zu gelangen, ist nur nach *faktischer*, nicht aber nach *sozial-normativer* Sicht von Bedeutung.[179] Eine beobachtete Entwendung im Selbstbedienungsladen ist weder mit dem Stellen einer *Diebesfalle* (s. dazu Rn 156) noch damit zu vergleichen, dass ein Arbeiter in seiner Tasche Werkzeuge des Arbeitgebers mit sich führt.[180] Wenn die Verkehrsanschauung dem Dieb, in der Regel aber nicht dem Arbeiter eigenen Gewahrsam an den fremden Gegenständen in seiner Tasche zubilligt, so beruht das darauf, dass der Dieb den Bestohlenen gerade von der Sachherrschaft ausschließt und ausschließen will, während der Arbeitnehmer die Verfügungsgewalt über die Werkzeuge *für* seinen Arbeitgeber ausübt und insoweit als dessen *Gehilfe* tätig werden will. Ein derart gewichtiger Unterschied kann nach der Anschauung des täglichen Lebens für die Frage des Gewahrsams *kraft sozialer Zuordnung* nicht unberücksichtigt bleiben.[181]

170

Ein *vollendeter* Diebstahl ist auch in den **Fällen 7 und 8** anzunehmen. Die verspätete Reue des Gastes G führt mangels einer Versuchslage nicht etwa zu einem strafbefreienden Rücktritt iS der §§ 22, 24, sondern zur bloßen Wiedergutmachung des Schadens, die allerdings strafmildernd ins Gewicht fällt, sofern es zur Bestrafung des G kommt (vgl § 46 II am Ende). Dass A im **Fall 7** widerrechtlich in die Gastwirtschaft eingedrungen ist, während G das Haus des B als *eingeladener Gast* betreten hat, berührt die Frage des **Gewahrsamswechsels** durch **Einstecken der Diebesbeute in die eigene Kleidung** (bzw. in mitgeführte Behältnisse) nicht.[182] Die gegenteilige Ansicht, wonach die Wegnahme bei einem nächtlichen Einbruchsdiebstahl erst mit dem Verlassen des Gebäudes vollendet sein soll,[183] überzeugt nicht. Sie läuft auf eine Wiederbelebung der *Ablationstheorie* hinaus.[184]

171

Wer in einem **Selbstbedienungsladen** Waren, die er entwenden und sich ohne Bezahlung rechtswidrig zueignen will, nicht in seine Kleidung oder ein ihm gehörendes Behältnis steckt, sondern in den **Einkaufswagen** legt, vor dem Gang zur Kasse jedoch (etwa mit dem eigenen Parka oder Werbeprospekten) überdeckt, um sie vor dem Kassenpersonal zu verbergen, erlangt eigenen Gewahrsam durch Wegnahme (zur Abgrenzung zum Betrug s. Rn 612) erst zu dem Zeitpunkt, in welchem das Kassenpersonal seine Abfertigung abgeschlossen hat.

172

Rechtsprechungsbeispiel: Das **OLG Köln NJW 84, 810**[185] hat für dieses Ergebnis auf dem Boden des *faktischen* Gewahrsamsbegriffs zur Voraussetzung gemacht, dass der Wegschaffung der Beute kein *tatsächliches* Hindernis mehr entgegenstehen und der Täter sich deshalb nicht mehr im kontrollierenden Blickfeld des Kassenpersonals befinden dürfe. Abzuheben ist stattdessen auch hier auf die „soziale Konvention".[186] Sie besteht darin, dass in den Gewahrsam des Kunden fällt, was er in seiner Kleidung oder Tasche verbirgt und dass in der Gewahrsamssphäre des Ladeninhabers bleibt, was der Kunde – offen oder verborgen – vor der Kasse[187] im Einkaufswagen oder -korb

---

178 Vgl BGHSt 16, 271; *Gössel*, BT II § 7 Rn 52; *Welzel*, GA 60, 257; aA *H. Mayer*, JZ 62, 617; S/S-*Eser/Bosch*, § 242 Rn 40.
179 AA NK-*Kindhäuser*, § 242 Rn 61; LG Köln StV 97, 27; krit. *Otto*, Jura 97, 466.
180 S. *Joecks/Jäger*, § 242 Rn 63a; anders S/S-*Bosch*, § 242 Rn 40.
181 *Krey/Hellmann/Heinrich*, BT II Rn 56.
182 Vgl BGHSt 23, 254, 255.
183 S/S-*Bosch*, § 242 Rn 39; ähnlich *Kahlo* in: Institut für Kriminalwissenschaften Frankfurt a. M. (Hrsg.), Vom unmöglichen Zustand des Strafrechts, 1995, S. 123 ff.
184 Zutr. dagegen BGHSt 26, 24, 25 f und *Geilen*, JR 63, 446.
185 Zur Behandlung der Ladendiebstahlsfälle s. auch *Timmermann*, Diebstahl und Betrug im Selbstbedienungsladen, 2014, S. 16 ff, 90 ff; *Oğlakcıoğlu*, JA 12, 902 ff, 107 ff (ohne Berücksichtigung der Kontroverse um den Gewahrsamsbegriff).
186 Vgl. OLG Düsseldorf NJW 88, 923; NStZ 93, 286; OLG Zweibrücken NStZ 95, 449.
187 S. dazu BayObLG NJW 97, 3326 mit zust. Bespr. *Martin*, JuS 98, 890.

belässt. Was der beobachtende Detektiv aus der Tasche des Kunden zieht, *nimmt* er diesem *weg*, was der Ladeninhaber vor der Kasse aus dem Einkaufswagen zurücklegt, *behält* er nur *ein*. Das eine ist rechtfertigungsbedürftig, das andere nicht.[188] **Vollendet** ist hiernach der Diebstahl nach abgeschlossener Abfertigung an der Kasse. Nach ihr *ordnet* die Verkehrsauffassung die Ware dem Kunden *zu*.[189] Auf die Entfernung von der Kasse, fortdauernde Beobachtung, Kräfteverhältnisse und Schnelligkeit der Beteiligten kommt es ebenso wenig an, wie auf Größe, Gewicht oder Sperrigkeit der Beute oder darauf, wie gut sie verborgen oder ob sie rechtswidrig in die Gewahrsamssphäre gelangt ist (Rn 165 ff).[190] Ob das zum Einkaufswagen bzw. -korb Gesagte auch für eine im Geschäft erwerbbare Einkaufstasche oder -tüte gilt, ist jedenfalls dann zweifelhaft, wenn offene Einkaufskörbe zur Verfügung stehen und das Verbringen von Ware in eine zuvor vor der Kasse entnommene Tüte unüblich ist.[191]

173 Dass man voreilige, an Äußerlichkeiten haftende Verallgemeinerungen vermeiden muss, zeigt eine denkbare Abwandlung zu dem vom OLG Köln aaO entschiedenen Fall: Wenn ein Kunde in einem Selbstbedienungsladen aus einer Leergutkiste sog. **Pfandflaschen** entwendet und sie in den Einkaufswagen legt, um sie an der Kasse in Zahlung zu geben, führt er einen vollständigen Gewahrsamswechsel schon durch das Einlegen in den Einkaufswagen herbei, weil dies bei dem unbefangenen Betrachter den Eindruck hervorrufen muss, dass es sich *um ihm gehörende* und von ihm in den Laden mitgebrachte Pfandflaschen handelt.[192] Sie ordnet die Verkehrsauffassung nicht anders als eine im Einkaufswagen abgelegte Tasche der Herrschaftssphäre des Kunden zu.

174 Zur Abgrenzung zwischen § 242 und § 263 bei solchen und ähnlichen Manipulationen innerhalb von Selbstbedienungsläden besteht auf dem vorstehend geschilderten Hintergrund Unsicherheit (s. Rn 612).[193]

IV. Subjektiver Tatbestand

175 **Fall 9:** A verbringt seine Winterferien auf dem Landgut seines geizigen Onkels G. Als dieser für zwei Tage verreist, entwendet A einige auf dem Hof zum Verkauf liegende Fichtenbretter und verbirgt sie unter Strohballen in der Scheune. Er will damit eine Wildfütterungsanlage im Revier des Onkels ausbessern, die dieser bewusst hat verkommen lassen. Außerdem bringt A den von G nicht ausreichend gefütterten und daher stark abgemagerten Jagdhund in ein nahe gelegenes Tierheim des Tierschutzvereins. Bei dieser Gelegenheit hebt er vom Sparbuch des G,

---

188 *Hillenkamp*, JuS 97, 220; *Scheffler*, JR 96, 342; **aA** *Kargl*, JuS 96, 975, der aber die soziale Auffälligkeit überdehnt: das wortlose Herausnehmen der Ware aus dem Korb des Kunden ist nicht – worauf es allein ankommt – als Herausnehmen, sondern nur wegen der „Wortlosigkeit" auffällig.
189 OLG Zweibrücken NStZ 95, 449; *Brocker*, JuS 94, 922.
190 Anders auf dem Boden des faktischen Gewahrsamsbegriffs LK-*Vogel/Brodowski*, § 242 Rn 100 ff; s. auch HK-GS/*Duttge*, § 242 Rn 28.
191 AG Lübeck BeckRS 12, 21362 bejaht vollendeten Diebstahl mit dem – beobachteten – Verbringen in die Tüte, *Laue* widerspricht dem auf der Basis des vorzugswürdigen sozial-normativen Gewahrsamsbegriffs (jurisPR-StrafR 20/2012 Anm. 4).
192 Anders *Eisele*, BT II Rn 45; zu den Eigentumsverhältnissen an solchen Flaschen s. BayObLGSt 1960, 187; AG Flensburg NStZ 06, 101; OLG Hamm NStZ 08, 154; Erman-*Schmidt*, BGB, 15. Aufl. 2017, § 1204 Rn 6; *Hellmann*, JuS 01, 353 f; *Kipp/Kummer*, Jura 08, 793 f; *Kudlich*, JA 06, 571; *Schmitz/Goeckenjahn/Ischebeck*, Jura 06, 821; zur Rückveräußerung entwendeter Sachen an deren Eigentümer vgl Rn 227.
193 S. BGHSt 41, 198; OLG Zweibrücken NStZ 95, 448; *Hillenkamp*, JuS 97, 217; *Scheffler*, Anm. JR 96, 342; *Stoffers*, Anm. JR 94, 205; *Vitt*, Anm. NStZ 94, 133; *Zopfs*, Anm. NStZ 96, 190.

das er in dessen unverschlossenem Schreibtisch entdeckt hatte, bei der örtlichen Sparkasse 200 € aus Enttäuschung darüber ab, dass G nichts zur Verbesserung der Ferienkasse beigetragen hatte.
Hat sich A strafbar gemacht? **Rn 182, 199, 211**

Fall 10: Der Briefmarkensammler S hat auf einer Auktion eine seltene Sondermarke erworben. Seinem Bekannten B gelingt es, dieses wertvolle Stück heimlich an sich zu bringen.

Wie ist der **Fall 10** strafrechtlich zu beurteilen, wenn B in der Absicht gehandelt hat, die entwendete Marke

a) sofort nach der Tat zu zerreißen, weil er sie dem S missgönnt? **Rn 208**

b) zu behalten, um sich selbst an ihrem Besitz zu erfreuen? **Rn 188**

c) an einen Dritten zu veräußern, um den Erlös für sich zu verwenden? **Rn 219**

d) seinem Freund F zum Dienstjubiläum zu schenken? **Rn 219**

e) einem Briefmarkenmuseum als anonyme Spende zukommen zu lassen? **Rn 219**

f) nach geraumer Zeit als angeblich eigene dem S zum Kauf anzubieten, um so einen möglichst hohen Erlös zu erzielen? **Rn 228**

176

Zum **subjektiven Tatbestand** des § 242 gehört, dass der Täter *vorsätzlich* und in der *Absicht* gehandelt hat, die fremde Sache *sich* oder einem *Dritten* rechtswidrig *zuzueignen*.

177

1. Vorsatz

Der **Vorsatz** besteht in der Kenntnis der Umstände der Tat, wegen derer der objektive Tatbestand des § 242 verwirklicht ist. Der Dieb muss insbesondere wissen, dass die Sache im Eigentum und im Gewahrsam eines anderen steht. Die Einzeltatsachen, aus denen das fremde Eigentum folgt, braucht er nicht zu kennen, auch nicht den Rechtsbegriff oder Vorschriften des BGB. Es genügt, dass er den rechtlich-sozialen Bedeutungsgehalt der Fremdheit der Sache nach Laienart richtig erfasst hat.[194] Nimmt der Täter irrig an, es handle sich um eine fremde Sache, kann ein sog. Vorfeldirrtum vorliegen, der je nach Zustandekommen in einen untauglichen Versuch oder ein Wahndelikt führt.[195]

178

Die Fremdheit ist ein sog. normatives Tatbestandsmerkmal. Die entscheidende Frage nach der Eigentumslage ist juristisch eine Rechtsfrage, denn sie wird nicht als Tatsache festgestellt, sondern nach rechtlichen Vorschriften beurteilt. Nur sog. schlichte Tatsachen sind im juristisch-prozessualen Sinne Tatsachen, nämlich keine Werturteile. Im Alltag aber werden Sätze wie „Das ist meine Tasche!" wie eine Tatsachenbehauptung verwendet und typischerweise nicht juristisch hinterfragt. Man kann hier von einer „sozialen" oder „institutionellen Tatsache" sprechen.[196] Um die Erfassung der Situation im Sinne solcher Tatsachen im weiteren Sinne geht es, und in dieser Betrachtungsweise passt auch § 16 I 1.

179

Ob der Vorsatz des Täters sich von vornherein auf ein **bestimmtes Tatobjekt** richtet oder ganz allgemein dahin geht, alles Stehlenswerte mitzunehmen, ist belanglos. Der Diebstahlsvorsatz bleibt derselbe, auch wenn er sich im Rahmen einer einheitlichen Tat

180

---

[194] Vgl *Wessels/Beulke/Satzger*, AT Rn 362; krit. zur „Parallelwertung in der Laiensphäre" *Papathanassiou*, Irrtum über normative Tatbestandsmerkmale 2014, S. 201 ff und *Schuhr*, ZStW (2020), 994.

[195] S. zur umstrittenen Behandlung dieses Irrtums LK-*Murmann*, § 22 Rn 266 ff, 296 ff; ferner *Burkhardt*, GA 13, 346 ff; OLG Stuttgart NJW 62, 65 (zu § 246); im Zahngold-Fall (s. Rn 113) geht das OLG Hamburg NJW 12, 1601 unzutr. von einem untauglichen Versuch aus.

[196] S. hierzu *Schuhr*, ZStW (2020), 992 ff.

verengt, erweitert oder sonstwie ändert.[197] Deshalb bleibt es nach der Rechtsprechung des BGH bei **einem** Diebstahl nicht nur dann, wenn der Täter von vornherein mehrere Gegenstände stehlen will, sondern auch dann, wenn er erst während der Tatausführung seinen Tatplan erweitert.[198] Anders verhält es sich, wenn bei einem Diebstahlsversuch der ursprüngliche Tatentschluss endgültig aufgegeben und ein ganz **neuer Diebstahlsvorsatz** gefasst wird.[199] Praktisch bedeutsam wird dies im Falle des Vorsatzwechsels innerhalb der §§ 242, 243 (näher Rn 295 ff; s. auch Rn 238).

181 Beim Diebstahl von **Behältnissen** ist zu unterscheiden. Will der Täter sich des Behältnisses alsbald entledigen, nachdem er ihm den allein begehrten Inhalt entnommen hat, liegt bezüglich des Behältnisses zwar eine vorsätzliche Wegnahme, aber keine Zueignungsabsicht vor. Ist das Behältnis wider Erwarten leer, ist hinsichtlich des vorgestellten Inhalts Versuch gegeben. Befindet sich in dem Behältnis nicht die gewollte, sondern eine ganz andere für den Täter wertlose Sache, deren er sich nach Erkennen dieser Sachlage gleichfalls entledigt, so ist sein im Zeitpunkt der Wegnahme gegebener Irrtum bezüglich der Tathandlung ein unbeachtlicher error in obiecto. Es fehlt aber die auf die weggenommene Sache bezogene Zueignungsabsicht. Ist sie auf einen bestimmten Gegenstand konkretisiert, bewirkt der Fehlgriff einen Fehlschlag. Folglich liegt dann nur ein versuchter Diebstahl an der eigentlich begehrten Sache vor.[200] Ist die aufgefundene Sache für den Täter von Interesse und behält er sie, ist § 246 gegeben.[201]

182 Im **Fall 9** hat A den objektiven Tatbestand des § 242 *vorsätzlich* verwirklicht. Er wusste, dass die Bretter, der Hund (zu Tieren als Sache s. Rn 48) und das Sparbuch (zum Geld s. Rn 200) dem G gehörten und trotz seiner vorübergehenden Abwesenheit (Rn 131) in dessen Gewahrsam standen. Den die Wegnahme vollendenden Gewahrsamswechsel hat er willentlich und in Kenntnis des Umstandes vollzogen, dass G mit seinem Vorgehen nicht einverstanden war. Ob allerdings auch bezüglich der Bretter der Gewahrsamswechsel schon eingetreten und die Wegnahme vollendet ist, ist zweifelhaft. Da sich die Bretter noch in der von G generell beherrschten Gewahrsamssphäre der Hofgebäude befanden, dürfte die Verkehrsanschauung sie trotz der erschwerten Zugriffsmöglichkeit noch seiner Herrschaftssphäre zuordnen, in der das *Versteck* keine *anerkannte* Gewahrsamsenklave des A bildet.[202] Anhänger des faktischen Gewahrsamsbegriffs entscheiden dagegen anders, wenn (nur) der Täter ungehinderten Zugang zum Versteck hat.[203] Auch im **Fall 10** hat B die Briefmarke *vorsätzlich* weggenommen. In beiden Fällen ist aber die *Zueignungsabsicht* problematisch.

2. Absicht der rechtswidrigen Zueignung (Überblick)

183 Durch die Absicht, die Sache **sich** oder einem **Dritten rechtswidrig zuzueignen**, unterscheidet sich der Diebstahl von den teils strafbaren, teils straflosen Fällen der *Gebrauchsanmaßung* (= strafbar nur unter den Voraussetzungen der §§ 248b, 290), von der schlichten *Sachentziehung* (vgl Rn 64) und von der *Sachbeschädigung* (§ 303). Dieses subjekti-

---

197 BGHSt 22, 350, 351; BGH NStZ 82, 380; BGH BeckRS 18, 38781; BK-*Wittig*, § 242 Rn 29; *Eisele*, BT II Rn 60; *Rengier*, BT I § 2 Rn 84.
198 BGH NStZ-RR 09, 278, 279.
199 BGH MDR/D 69, 722.
200 S. hierzu BGH NStZ 96, 599; BGH NStZ 04, 333; BGH NStZ 06, 686 mit zust. Bespr. *Streng*, JuS 07, 422; für Vollendung dagegen LG Düsseldorf NStZ 08, 155, 156; A/W-*Heinrich*, § 13 Rn 131; *Böse*, GA 10, 249; *Kudlich/Oğlakcıoğlu*, JA 12, 324. S. hierzu auch Rn 238 und zum parallelen Problem beim Raub s. Rn 405; s. zum Streit auch LK-*Vogel/Brodowski*, § 242 Rn 162.
201 BGH StV 13, 440.
202 M/S/M-*Hoyer*, BT I § 33 Rn 26 mit Rn 22; SK-*Samson*, 4. Aufl., § 242 Rn 25.
203 S/S-*Bosch*, § 242 Rn 39, der – Rn 24 – zu Unrecht Unterschiede im Ergebnis beider Gewahrsamsbegriffe bestreitet; s. auch RGSt 12, 353, 355 ff.

ve Merkmal verlangt das Delikt zusätzlich zum Vorsatz; es handelt sich also um eine **überschießende Innentendenz** (näher, insb. auch zu ihrem objektiven Teil, Rn 118).

Eine Zueignung liegt vor, wenn der Täter „die Sachsubstanz oder den in ihr verkörperten Sachwert mit *Ausschlusswirkung gegen den Eigentümer* dem eigenen Vermögen oder dem Vermögen eines Dritten einverleibt" (sog. Vereinigungsformel; näher Rn 190 ff[204]). Der Täter muss sich **eigentümerähnliche Verfügungsgewalt** über die Sache anmaßen **(se ut dominum gerere)**. Mit seinem auf Zueignung gerichteten Verhalten erstrebt er eine äußere Position, die in *rein tatsächlicher* Beziehung der in § 903 BGB umschriebenen Eigentümerstellung gleicht und die es ihm ermöglicht, die fremde Sache den *eigenen Zwecken dienstbar zu machen* und über sie oder den in ihr verkörperten Sachwert unter Ausschluss des Berechtigten *für eigene Rechnung* zu verfügen.[205]

184

Jede **Zueignung** hat eine positive und eine negative Seite, die man im Anschluss an *Binding*[206] als *Aneignung* und *Enteignung* zu bezeichnen pflegt. Eine **Aneignung** setzt voraus, dass sich der Täter zumindest vorübergehend eine eigentümerähnliche Verfügungsgewalt zu eigenen Zwecken anmaßt (dazu Rn 206 ff). Eine **Enteignung** liegt vor, wenn hierzu der Eigentümer faktisch aus seiner bisherigen Position verdrängt wird (dazu Rn 222 ff).

185

§ 242 setzt (ebenso wie § 249) keine vollendete Zueignung, sondern nur die **Absicht** voraus, die weggenommene Sache sich oder einem Dritten rechtswidrig zuzueignen. Unter **Absicht** ist der **auf Zueignung** gerichtete **Wille** zu verstehen. Der Zueignungsbegriff (Rn 190 ff) ist daher bei §§ 242, 249 ins Subjektive zu übertragen.[207] Mit der in §§ 253, 259, 263 enthaltenen Bereicherungsabsicht darf die Zueignungsabsicht nicht verwechselt werden. Innerhalb der in Aussicht genommenen Zueignungshandlung ist bei deren Auswirkungen wie folgt zu differenzieren: Die **Aneignung** der Sache oder des in ihr verkörperten Sachwerts muss das **Ziel des Handelns** sein, also mit unbedingtem Willen erstrebt werden. Dass sie vom Täter nur als mögliche Folge seines Verhaltens in Kauf genommen wird, reicht nicht aus.[208] Auf die **Enteignung** des Berechtigten und die damit verbundene endgültige Ausschlusswirkung zulasten des Eigentümers braucht es dem Täter dagegen nicht anzukommen. In dieser Hinsicht lässt die hM einfachen Vorsatz unter Einschluss des *dolus eventualis* genügen.[209]

186

Die aktuelle Entscheidung: Die aus der Haft entlassene A kam in dem **BGH NStZ-RR 19, 248** zugrunde liegenden Fall mit dem Leben in Freiheit nicht zurecht. Sie beschloss deshalb, einen Raub zu begehen, um wieder „in das geregelte Leben der JVA und zu ihrer dort nach wie vor inhaftierten Ehefrau" zurückzukehren. Am Bahnhof sprühte sie daher der F, die ein Mobiltelefon

---

204 RGSt 61, 228, 233; ebenso RGSt 64, 414, 415; 67, 334, 335.
205 Näher *Wessels*, NJW 65, 1153; an § 903 BGB anknüpfend auch *Ambos*, GA 07, 129; NK-*Kindhäuser*, § 242 Rn 70; *Schmitz*, Otto-FS S. 764 ff; SK-*Hoyer*, § 242 Rn 81; s. auch *Gropp*, Maiwald-FS S. 265 ff, der das „se ut dominum gerere" wie hier nicht als Spielen einer Rolle („als" Eigentümer), sondern als faktisches Wahrnehmen der in der Sache steckenden Funktionen („wie" ein Eigentümer) versteht.
206 BT I S. 264 ff; krit. hierzu und zum Folgenden *Dencker*, Rudolphi-FS S. 425, 430 ff.
207 Abw. *Kindhäuser/Böse*, BT II § 2 Rn 77 ff: Zueignung wird durch Wegnahme vollzogen; ebenso *Böse*, GA 10, 253; dagegen wie hier A/W-*Heinrich*, § 13 Rn 69 ff; *Mitsch*, BT II S. 41 f.
208 Vgl BGH NStZ 24, 544 mit Anm. *Hahn*; BGH VRS 22, 206; BGH NStZ-RR 12, 239; RGSt 49, 140, 142 f.
209 *Eisele*, BT II Rn 64 f; Fischer-*Fischer*, § 242 Rn 41; H-H-*Kretschmer*, Rn 791; HK-GS/*Duttge*, § 242 Rn 43, 45; *Lackner/Kühl/Heger*, § 242 Rn 25; M/R-*Schmidt*, § 242 Rn 28, 32; *Rengier*, BT I § 2 Rn 89; S/S/W-*Kudlich*, § 242 Rn 48; *Tenckhoff*, JuS 80, 723, 726; *Witzigmann*, JA 09, 492; trotz **aA** im Ergebnis ähnlich *Maiwald*, Der Zueignungsbegriff im System der Eigentumsdelikte, 1970, S. 174 ff; *Schmitz*, Otto-FS S. 773 ff; anders A/W-*Heinrich*, § 13 Rn 87; zusf. BGH HRRS 18, Nr 577.

in der Hand hielt, Pfefferspray ins Gesicht und nahm der dadurch verängstigten F das Handy ab. Nach wenigen Schritten wurde A von Zeugen angehalten. Die benachrichtigte Polizei stellte das Handy sicher. – A hat F mit Gewalt (s. Rn 392 ff) und unter Einsatz einer Waffe oder eines gefährlichen Werkzeugs (für Pfefferspray wird beides vertreten, s. Rn 306 und Fischer-*Fischer*, § 244 Rn 4 mwN) das Handy weggenommen, §§ 249, 250 II Nr 1. Es fehlt aber an der auch für den Raub (in ihm ist der Diebstahl vollständig enthalten, s. Rn 388) vorausgesetzten Zueignungsabsicht. Das gilt für die Enteignungskomponente, wenn A davon ausgig, das Handy werde nach der von ihr gewollten Festnahme alsbald an die F zurückgelangen (s. Rn 222). Es fehlt aber auch an der Aneignungskomponente, wenn es A nur darum ging, durch die strafbare Inbesitznahme des Handys wieder ins Gefängnis zu kommen (s. Rn 207). Der BGH verneint zu Recht die Aneignungs*absicht* aber auch für den Fall, dass A „lediglich erwogen" haben sollte, „das Mobiltelefon für sich zu behalten oder zu verwerten", falls sie am Tatort nicht festgenommen wird. Dass die Aneignung vom Täter nur als *mögliche Folge* seines Verhaltens *in Kauf genommen* werde, reiche nämlich nicht aus. Vielmehr müsse er „sie für sich oder einen Dritten mit *unbedingtem Willen erstreben*." (Zum strafvollzugsrechtlichen Hintergrund s. *Bode*, StV 20, 504; Fälle mit ähnlicher Motivation finden sich in BGH NStZ-RR 12, 207 und BGH BeckRS 20, 13167).

187 Für diese Unterscheidung zwischen Aneignungsabsicht und Enteignungsvorsatz spricht, dass § 242 sonst keine praktische Bedeutung hätte und seinen Schutzzweck verfehlen würde, weil **Diebstähle** durchweg aus **Gründen des Eigennutzes** und nicht etwa zwecks Schädigung des Opfers begangen werden. Auf die Enteignung als solche kommt es dem Dieb in aller Regel nicht an; insbesondere bei der Entwendung von Kraftfahrzeugen, die nach dem unbefugten Gebrauch irgendwo abgestellt und wahllos preisgegeben werden, pflegt der Täter (sofern ihm dieser Umstand nicht völlig gleichgültig ist) es nur in Kauf zu nehmen, dass es zu einem dauernden Verlust des Fahrzeugs für dessen Eigentümer kommt.

Ob die erstrebte Zueignung das *Motiv* zur Tat bildet oder den vom Täter verfolgten Endzweck darstellt, ist **unerheblich**.[210]

188 Am Vorliegen dieser Absicht ist nicht zu zweifeln, wenn der Täter – wie B im **Fall 10b** – die fremde Sache **für sich haben** und behalten will, also mit Selbstzueignungsabsicht (*animus rem sibi habendi*) das Ziel verfolgt, sich wirtschaftlich voll und ganz an die Stelle des Eigentümers zu setzen und die Sache dadurch *seinem* Vermögen einzuverleiben.

189 Rechtsprechung und hM machen die Bejahung des **Zueignungswillens** nicht davon abhängig, dass die *Enteignung* das getreue Spiegelbild der *Aneignung* bildet, also gerade durch den Gebrauch als solchen bewirkt werden soll.[211] Das verdient Zustimmung: **Zueignung** ist **Aneignung** plus **Enteignung** und nicht unbedingt „Enteignung *durch* Aneignung". Die Gegenmeinung[212] reduziert den Eigentumsschutz, der in § 242 ohnehin auf bestimmte Angriffsrichtungen beschränkt ist, ohne hinreichenden Grund in Wortlaut, Systematik, Zweck oder Genese der Vorschrift. Bei Gegenständen, die nicht unter §§ 248b, 290 fallen, führt das zu Strafbarkeitslücken (= uU Straflosigkeit für die Gebrauchsanmaßung wie für die Sachentziehung).

---

210 RGSt 49, 140, 142; *Lackner/Kühl/Heger*, § 242 Rn 25.
211 Vgl LK-*Ruß*, 11. Aufl., § 242 Rn 51; *Schaffstein*, GA 64, 97; *Tenckhoff*, JuS 80, 723, 724.
212 *Androulakis*, JuS 68, 409, 413; *Joecks/Jäger*, Vor § 242 Rn 54 f; *Kindhäuser*, Geerds-FS S. 655, 660; MK-*Schmitz*, § 242 Rn 159 f; *Rudolphi*, GA 65, 33, 50; SK-*Samson*, 4. Aufl., § 242 Rn 78; gegen sie wie hier *Zopfs*, ZJS 09, 652.

3. Begriff und Gegenstand der Zueignung

a) Grundsätze

Fall 11: In einer Tageszeitung der Kleinstadt S ist folgende Anzeige erschienen: *Afghanischer Windhund entlaufen. Finderlohn 100 €. Edelmann, Bahnhofstraße 11.* Der Fliesenleger F, der die Zeitung gelesen hat, findet auf dem Weg zur Arbeitsstelle das Tier. Kurz entschlossen bringt er es zu sich nach Hause und sperrt den Hund dort im Hühnerstall ein, um ihn dem E am Abend zurückzubringen. Der im Nachbarhaus wohnende Rentner R hat den Vorgang beobachtet. Da er es auch auf die Belohnung abgesehen hat, bricht er die Tür zum Hühnerstall auf, holt den Hund heraus und bringt ihn zu E, wo er sich als Finder ausgibt und den Finderlohn kassiert.
Hat R einen Diebstahl begangen? **Rn 194 f**

190

Die Zueignung muss sich auf die **Sachsubstanz** oder den in ihr verkörperten **Sachwert** der weggenommenen Sache beziehen. **Sachsubstanz** und **Sachwert** sind nach der **Vereinigungsformel** (Rn 184) **Teilaspekte der Sachqualität**, die das Zueignungsobjekt nur aus verschiedenen Blickwinkeln bezeichnen.[213] Dabei muss durch eine **restriktive** Handhabung des **Sachwertaspekts** der Gefahr[214] begegnet werden, dass die Grenzen zwischen Zueignungs- und Bereicherungsdelikten verwischen.[215] So darf der Begriff des „Sachwerts" nicht den Geldwert miteinschließen, der bei einer Veräußerung der Sache zu erzielen ist (= *Veräußerungswert*), sondern ist auf den „spezifischen Wert" zu beschränken, der sich (als *lucrum ex re* im Gegensatz zum *lucrum ex negotio cum re*) in der Weise aus der Sache ziehen lässt, dass man ihn **von ihr trennen** und behalten kann, während man die Sachsubstanz wie eine „Hülse ohne Kern" an den Eigentümer zurückgibt.[216]

191

Eine zunehmend vertretene Ansicht nimmt dagegen an, dass man auf Sachwertgesichtspunkte ganz verzichten und mit einer mehr oder weniger **modifizierten Substanztheorie** auskommen könne,[217] wenn man die Inanspruchnahme der der Sache objektiv innewohnenden Verwendungs- und Funktionsmöglichkeiten als Substanzzueignung begreife.

192

Die **Rechtsprechung** folgte ursprünglich der Substanztheorie und sah das Wesen der Zueignung in der Anmaßung einer eigentümerähnlichen Machtstellung durch die Betätigung des Willens, die fremde Sache *selbst ihrer Substanz* nach zu gewinnen und sie unter Ausschluss des Berechtigten den eigenen Zwecken des Täters wie ein Eigentümer dienstbar zu machen (= *se ut dominum gerere*[218]). Von dieser Grundlage aus bejahte sie das Vorliegen eines Diebstahls zwar auch dann noch in den *„Sparbuchfällen"*, wenn das Verhalten des Täters dort von dem Willen geleitet war, „die unveränderte Substanz des Sparkassenbuches"[219] nach Abhebung eines Teilbetrags dem Eigentümer wieder zuzuführen. Sie verwies aber schon hier auf die *vermögensrechtliche* Substanz und den *wirtschaftlichen Wert*[220] des Sparbuchs als Gegenstand der Zueignung. Im zweiten *„Biermarken-*

193

---

213 Vgl *Bockelmann*, ZStW 65 (1953), 569, 575.
214 Zu dieser s. *Otto*, BT § 40 Rn 49; *Wolfslast*, Anm. NStZ 94, 542.
215 Vgl *Jäger*, BT Rn 327 ff; *Lackner/Kühl/Heger*, § 242 Rn 22 f; *Rengier*, BT I § 2 Rn 110; S/S-*Bosch*, § 242 Rn 49; *Tenckhoff*, JuS 80, 723, 725; *Wessels*, JZ 65, 631.
216 *Bockelmann*, BT I S. 19; S/S-*Bosch*, § 242 Rn 49; *Stoffers*, Jura 95, 113, 117.
217 So ua *Ambos*, GA 07, 132; A/W-*Heinrich*, § 13 Rn 99 ff; *Gössel*, BT II § 6 Rn 47; *Kindhäuser/Hilgendorf*, § 242 Rn 78 f, 89; *Klesczewski*, BT § 8 Rn 59; M/S/M-*Hoyer*, BT I § 33 Rn 44 ff; MK-*Schmitz*, § 242 Rn 135 ff, 153 ff; NK-*Kindhäuser*, § 242 Rn 75 ff; *Otto*, BT § 40 Rn 54; *Rudolphi*, GA 1965, 33; *Seelmann*, JuS 85, 288; *Welzel*, S. 342; nahest. *Ensenbach*, ZStW 124 (2012), 370; enger und formal auf die Zueignung der **Sache selbst** abstellend dagegen *Böse*, Kindhäuser-FS S. 645 ff.
218 Zu Herkunft und Verständnis dieser Formel s. *Gropp*, Maiwald-FS S. 265 ff; vgl auch LK-*Vogel/Brodowski*, § 242 Rn 145 f; M/S/M-*Hoyer*, BT I § 33 Rn 38 und hier Rn 184; krit. hierzu W/Z/K/W-*Wegner/Fischer*, BT II, § 1 Rn 77.
219 RGSt 10, 369, 371.
220 RGSt 22, 2, 3; 39, 239, 243.

*fall"*²²¹ näherte das Reichsgericht sich der Sachwerttheorie, die die Gewinnung der Sache *ihrem wirtschaftlichen Wert* nach in den Vordergrund stellt, dann noch deutlicher mit dem Hinweis an, Kennzeichen des Eigentumsrechts sei die Zugehörigkeit der ihm unterliegenden Sachen *zum Vermögen* des Eigentümers; demnach sei ihre Zueignung darauf gerichtet, sie wirtschaftlich in *ihrem* über den Stoffwert hinausgehenden und als solchen ausnutzbaren *Sachsubstanzwert* dem eigenen Vermögen einzuverleiben. Das geschehe, wenn ein Kellner dem Gastwirt zur Abrechnung (statt Bargeld) Biermarken abliefere, die er normalerweise zuvor zu bezahlen, hier aber dem Wirt entwendet hatte. Mittlerweile hat der BGH die Begriffsbestimmung der Vereinigungslehre unverändert übernommen.²²² Die Rechtsprechung folgt ihr auch sonst.²²³ Auch die hM in der Rechtslehre stimmt im Wesentlichen der Vereinigungstheorie zu.²²⁴

194 In **Fall 11** stand der Hund im Eigentum des E, war für R also eine fremde bewegliche Sache. Durch das Entlaufen war er zwar gewahrsamlos, nicht aber *herrenlos* geworden. **Haustiere** sind **zahme** Tiere, an denen das Eigentum nur durch **Dereliktion** aufgegeben werden kann (§§ 959, 90a S 1, 3 BGB). § 960 BGB betrifft lediglich *wilde* und *gezähmte* (= von Natur aus wilde) Tiere. F hatte den Hund gefunden und in seinen Gewahrsam genommen. Diesen Gewahrsam hat R gebrochen; mit der Begründung neuen – hier eigenen – Gewahrsams durch ihn war die Wegnahme vollendet. Dass R den objektiven Tatbestand des § 242 *vorsätzlich* verwirklicht hat, darf man unbedenklich annehmen. An der **Zueignungsabsicht** fehlt es hingegen aus folgenden Gründen: R hat sich zu keinem Zeitpunkt eine Eigentümerstellung angemaßt. Er wollte sich – wie geschehen – nur **als Finder** ausgeben und den Hund seinem wirklichen Eigentümer zuführen, und zwar *als dem E gehörend* (= in Anerkennung des fremden Eigentums).²²⁵ Zivilrechtlich betrachtet hat R den Hund nicht in Eigenbesitz (§ 872 BGB) genommen, vielmehr – wenngleich auf widerrechtliche Weise (§ 858 BGB) – **Fremdbesitz** zu Gunsten des Eigentümers E begründet und bis zur Ablieferung des Hundes ausgeübt. Wille und Verhalten des R waren ausschließlich auf die Erlangung des öffentlich ausgelobten **Finderlohns** (§§ 657, 971 BGB), nicht aber auf eine *Aneignung* des Hundes und eine *Enteignung* des E gerichtet. § 242 scheidet demnach in subjektiver Hinsicht aus. Auch mit **Sachwerterwägungen** lässt sich eine Zueignungsabsicht des R nicht begründen: Der **Finderlohn**, auf den R es abgesehen hatte, war zwar an den **Besitz des Hundes** geknüpft, jedoch kein im Hund selbst verkörperter Sachwert. Selbst wenn man insoweit von einem *Fundwert* sprechen will, handelt es sich dabei (anders als bei dem *Veräußerungswert* einer geldwerten Sache) nicht um einen mit der Sache nach ihrer **Art** und **Funktion** unmittelbar verbundenen „*spezifischen*" Wert, der Gegenstand eines Zueignungsdelikts sein könnte.²²⁶

195 R hat daher keinen Diebstahl begangen. § 289 entfällt ebenfalls, weil R nur seinen eigenen Vorteil, nicht den des E im Auge hatte (vgl Rn 528). In Betracht kommt aber ein **Betrug** zum Nachteil des F, dessen Finderlohnanspruch nicht schon mit der Wegnahme des Hundes, sondern erst

---
221 RGSt 40, 10.
222 BGHSt 16, 190, 192; 24, 115, 119; 35, 152, 157; BGH NJW 85, 812.
223 BayObLG NJW 92, 1777, 1778; OLG Köln NJW 97, 2611; s. zur Gesamtentwicklung auch *Küper/Zopfs*, BT Rn 828 ff.
224 *Beulke/Zimmermann*, II Rn 140 f; BK-*Wittig*, § 242 Rn 31; *Bloy*, JA 87, 189; *Eisele*, BT II Rn 65; Fischer-*Fischer*, § 242 Rn 35; *Haft/Hilgendorf*, BT S. 12; *Heghmanns*, Rn 1162; H-H-*Kretschmer*, Rn 35; HK-GS/*Duttge*, § 242 Rn 41; *Joecks/Jäger*, vor § 242 Rn 36; *Krey/Hellmann/Heinrich*, BT II Rn 69; *Kudlich/Oğlakcıoğlu*, JA 12, 323 ff; *Lackner/Kühl/Heger*, § 242 Rn 21 ff; LK-*Vogel/Brodowski*, § 242 Rn 140; M/R-*Schmidt*, § 242 Rn 30; *Rengier*, BT I § 2 Rn 92, 103 ff, 137, 145; *Schmidt*, BT II Rn 92 f; *Schramm*, BT II § 2 Rn 47 ff; S/S/W-*Kudlich*, § 242 Rn 43; *Wessels*, NJW 65, 1153 und JZ 65, 631; *Zöller*, BT Rn 802; abl. *Miehe*, Heidelberg-FS S. 495; krit. *Kindhäuser/Hilgendorf*, § 242 Rn 88 f; *Kindhäuser/Böse*, BT II § 2 Rn 85; *Maiwald*, Der Zueignungsbegriff 1970, S. 79; SK-*Hoyer*, § 242 Rn 80.
225 S. hierzu auch *Graul*, JuS 99, 563.
226 Vgl RGSt 55, 59, 60; A/W-*Heinrich*, § 13 Rn 106; *Eser*, Strafrecht IV S. 32; *Krey/Hellmann/Heinrich*, BT II Rn 85 f; *Kudlich/Oğlakcıoğlu*, JA 12, 325; *Radtke/Meyer*, Jura 07, 714; *Rengier*, BT I § 2 Rn 118 f; mit anderer Begründung auch *Kindhäuser/Böse*, BT II § 2 Rn 89; zur Parallele bei Leergut s. AG Flensburg NStZ 06, 101; BGH NJW 18, 3598 und hier Rn 228.

dadurch erloschen ist, dass der gutgläubige E den R für den Finder gehalten und die 100 € an ihn gezahlt hat. Damit ist E auch dem wirklichen Finder F gegenüber **frei** geworden (= § 851 BGB analog).[227] E selbst hat keinen Schaden erlitten, denn die Hingabe der 100 € wird durch das Freiwerden von seiner Verbindlichkeit dem F gegenüber ausgeglichen (= Problem der „Schadenskompensation"). Da der Getäuschte nicht zugleich der Geschädigte sein muss (bei § 263 müssen nur der *Getäuschte* und der *Verfügende* personengleich sein), spielt es keine Rolle, wen R für den Benachteiligten gehalten hat (= den E oder den F). Für seinen Betrugsvorsatz genügt die Vorstellung, dass ein anderer unmittelbar durch die Verfügung des E geschädigt wurde, auf dessen Kosten ihm die erstrebte Bereicherung in Gestalt der 100 € zufloss. Soweit es um das Betreten des Hühnerstalls geht, dessen Tür R aufgebrochen hat, sind die Voraussetzungen der §§ 123, 303 erfüllt.

196 Ob ein tauglicher Gegenstand der Zueignung vorliegt, bedarf in folgenden Fällen (Rn 197 ff) der näheren Erörterung. Dabei wird sich zeigen, dass die **einzelnen Kriterien des Zueignungsbegriffs** je nach den Besonderheiten der unterschiedlichen Fallgruppen mehr oder weniger stark in den Vordergrund treten. Abgrenzungsschwierigkeiten sind unvermeidlich. Bei ihrer Lösung sollte man sich von der Vorstellung freimachen, dass das Bekenntnis zur (erweiterten) Substanztheorie oder zu einer der Vereinigungslehren jeweils nur *eine* verlässliche Antwort zulassen würde;[228] die Grenzfälle sind oft auch unter den Vertretern ein- und derselben Grundposition umstritten. Leitlinie sollte sein, die *notwendige* Ergänzung der Substanz- durch die Sachwertzueignung durch einen restriktiven Sachwertbegriff so eng zu halten, dass der Sachwert nicht mit jedem beliebigen Vorteil gleichgesetzt, sondern auf das *lucrum ex re* beschränkt wird. Nur so erhält er hinreichend scharfe Konturen, um als Grenzstein zwischen Zueignungs- und Bereicherungsdelikten zu dienen.

b) Entwendung von Legitimationspapieren

197 Die Wegnahme eines fremden **Sparbuchs** mit dem Ziel, es nach Abhebung eines Teilbetrags an den Eigentümer (= als ihm gehörend, aber teilentwertet) zurückzugeben, verwirklicht nach hM[229] alle Voraussetzungen des § 242. Sparbücher sind *qualifizierte* Legitimationspapiere iS des § 808 BGB, in denen der Gläubiger *namentlich benannt* ist und die mit der Bestimmung ausgegeben werden, dass der Schuldner nur gegen Aushändigung der Urkunde zu leisten braucht und die darin versprochene Leistung mit befreiender Wirkung an den Inhaber erbringen darf, ohne dass dieser berechtigt ist, die Leistung auf Grund der bloßen Innehabung der Urkunde **zu verlangen**.[230] Das Eigentum am Sparbuch folgt gemäß § 952 BGB dem „Recht aus dem Papier", steht also immer demjenigen zu, der *Gläubiger* der Darlehensforderung ist. **Objekt** des Diebstahls bei Entwendungen dieser Art ist das *Sparbuch* als fremde bewegliche Sache. Maßgebend für die Bejahung der *Zueignungsabsicht* ist, dass der Täter (bzw. in der zweiten Alternative der Dritte) sich unter Anmaßung der Rechte des Eigentümers den im Sparbuch verkörperten Sachwert verschaffen und den Berechtigten davon auf Dauer ausschließen will.[231]

---

227 Vgl *Erman-Ebbing*, BGB, 15. Aufl. 2017, § 971 Rn 1.
228 S. dazu *Hillenkamp/Cornelius*, BT 22. Problem (Ausgangspunkt); *Rönnau*, JuS 07, 807.
229 *Eisele*, BT II Rn 66; LK-*Vogel/Brodowski*, § 242 Rn 163; *Jäger*, BT Rn 330 f; *Rengier*, BT I § 2 Rn 105 f; **aA** *Böse* Kindhäuser-FS S. 645, 655 f; *Gössel*, BT II § 6 Rn 19, 49; *Miehe*, Heidelberg-FS S. 497 f; MK-*Schmitz*, § 242 Rn 145.
230 Näher BGHZ 28, 368, 370; 42, 302, 305; 64, 278, 282.
231 Näher RGSt 26, 151, 152 ff; 39, 239, 242 ff; *Eisele*, BT II Rn 66; *Heghmanns*, Rn 1171; *Krey/Hellmann/Heinrich*, BT II Rn 64 ff; *Rengier*, BT I § 2 Rn 105 f; ist das Sparbuch entgegen der Annahme des Täters leer, liegt ein untauglicher Versuch vor, s. M/S/M-*Schroeder*, BT I, 10. Aufl. 2009, § 33 II Rn 57; *Schnabel*, NStZ 05, 18, 21; krit. zu dieser Argumentation *Ensenbach*, ZStW 124 (2012), 353.

198 Für die Annahme einer *Gebrauchsanmaßung* bleibt hier kein Raum, weil der Täter sich durch Abhebung des Teilbetrags außer Stande setzt, das Sparbuch **ohne Wertminderung** an den Berechtigten zurückzugeben (vgl Rn 193, 198), durch die im Extremfall nur die „papierne, absolut wertlose Substanz" zurückkehrt.[232] Vertreter einer **erweiterten Substanztheorie** sehen in dem teilweisen Funktionsverlust eine *Substanz*einbuße,[233] die zwar zu keinem anderen Ergebnis führt, sich aber in Wahrheit nur mit einer Anleihe bei der Sachwerttheorie behaupten lässt.[234]

199 Im **Fall 9** ist A demnach des Sparbuchdiebstahls schuldig. Da er zur Zeit der Tat mit G in *häuslicher Gemeinschaft* lebte, bedarf es zur Strafverfolgung aber eines Strafantrags des G (§ 247).

200 Das einem Sparbuchdiebstahl nachfolgende *Abheben* des *Geldes*, an welchem der Täter durch Einigung und Übergabe gemäß § 929 S. 1 BGB *Eigentum* erlangt, hat mit der Vollendung des vorausgegangenen Diebstahls nichts mehr zu tun. Ob es die Merkmale des Betrugs (zum Nachteil des Darlehensgläubigers durch Vorspiegeln der Verfügungsberechtigung gegenüber den Angestellten des Geldinstituts) erfüllt, ist umstritten.[235] Vielfach wird angenommen, dass der die Auszahlung verfügende Bank- oder Sparkassenangestellte sich wegen der **Legitimationswirkung** iSd § 808 I 1 BGB *gar keine Gedanken* über die sachliche Berechtigung des Sparbuchinhabers mache, insoweit also **keinem Irrtum** erliege (krit. dazu Rn 579). Bejaht man Diebstahl, hat diese Streitfrage für den Dieb keine praktische Bedeutung, weil er beim Abheben des Geldes nur die Vorteile ausnutzt und verwertet, die ihm die Vortat verschafft hat, sodass ein etwaiger Betrug zum Nachteil des bestohlenen Sparbucheigentümers im Verhältnis zum Diebstahl eine *mitbestrafte Nachtat* wäre.[236]

c) Entwendung von Ausweispapieren

201 Die Entwendung von **Personalausweisen** und anderen Papieren ist nicht in jedem Fall mit einer Sparbuchentwendung zu vergleichen: Zwar ist nach § 242 zu bestrafen, wer einen fremden Ausweis mit dem Willen wegnimmt, ihn dem Inhaber auf Dauer zu entziehen, um im Geschäftsverkehr unter dessen Namen auftreten zu können und sich dabei zur Legitimation des Ausweises zu bedienen.[237] An der Zueignungsabsicht **fehlt** es aber, wenn jemand seinem Arbeitskollegen einen **Zechenausweis** fortnimmt und ihn umgehend an den früheren Platz zurücklegt, nachdem er ihn dazu benutzt hat, unter dem Namen des Berechtigten eine Lohnvorauszahlung in Empfang zu nehmen.[238] Hier liegt in der missbräuchlichen Verwendung des Ausweises nur eine *Gebrauchsanmaßung* zur Begehung eines **Betrugs** durch Irreführung der Lohnzahlungsstelle. Für § 242 ist dagegen kein Raum, da der Berechtigte – wie vorgesehen – den Ausweis *ohne Wertminderung* als *ihm gehörend* zurückerhalten hat und ihm weder die Sachsubstanz noch ein im Ausweis selbst verkörperter Wert entzogen worden ist. Die Sachwerttheorie darf nicht so weit ausgedehnt werden, dass sie *jeden beliebigen* Vermögensvorteil erfasst, den der Gebrauch

---

232 RGSt 26, 151, 154.
233 A/W-*Heinrich*, § 13 Rn 99; *Rudolphi*, GA 65, 54; *Seelmann*, JuS 85, 289; dieser Lehre nahestehend *Ensenbach*, ZStW 124 (2012), 370.
234 *Krey/Hellmann/Heinrich*, BT II Rn 68; dagegen *Kindhäuser/Hilgendorf*, § 242 Rn 88.
235 Zweifelnd RGSt 39, 239, 242; abl. *Gössel*, BT II § 6 Rn 49; *Miehe*, Heidelberg-FS S. 498 f, die damit insgesamt zur *Straflosigkeit* kommen; zum Ganzen informativ *Brand*, JR 11, 96.
236 Vgl RGSt 39, 239, 243; BGH StV 92, 272; BGH NStZ 08, 396; Fischer-*Fischer*, § 242 Rn 37, 59; *Wessels/Beulke/Satzger*, AT Rn 1278.
237 BGH GA 69, 306; OLG Stuttgart NStZ 11, 44; einschr. *Kindhäuser/Hilgendorf*, § 242 Rn 97.
238 OLG Hamm JMBl NW 53, 153.

einer fremden Sache vermittelt. Anderenfalls verfälscht man den Diebstahl in ein Bereicherungsdelikt.²³⁹

d) Entwendung von Geldautomatenkarten

Den Sparbuchfällen vergleichbar ist die zeitweilige Nutzung einer Sparcard oder von Telefon- oder Geldkarten, auf denen Guthaben gespeichert sind, die der Täter in Anspruch nimmt.²⁴⁰ Wesentliche Unterschiede gegenüber den Sparbuchfällen weist dagegen die Entwendung einer **Geldautomatenkarte** (auch *Codekarte* genannt) zum vorübergehenden Gebrauch in der Absicht auf, sich durch ihre missbräuchliche Verwendung zulasten eines fremden Girokontos **Bargeld** aus dem dafür vorgesehenen Automaten einer Bank oder Sparkasse zu verschaffen.

202

Nach den gebräuchlichen **Ausgabebedingungen** verbleibt die Codekarte im **Eigentum des Geldinstituts**. Dem Kunden wird eine nur ihm bekannte Geheimzahl zugeteilt, die er Dritten nicht mitteilen darf. Der Kontoinhaber weiß und muss gegen sich gelten lassen, dass jeder, der im Besitz seiner Codekarte ist und die Geheimzahl kennt, über das Girokonto verfügen kann. Zwar ist bei einer nicht autorisierten Zahlung ein Aufwendungsersatzanspruch der Bank nach § 675u BGB ausgeschlossen. Die Bank hat aber bei einer grob fahrlässigen Verletzung der Sorgfaltspflichten durch den Karteninhaber einen Schadensersatzanspruch gegen diesen nach § 675v III BGB (s. Rn 730).

203

Ein Diebstahl der Codekarte ist zweifelsfrei gegeben, wenn diese mit dem Willen weggenommen wird, sie nicht wieder an den Berechtigten zurückzugeben, sondern sie nach erfolgtem Gebrauch zu behalten oder zu vernichten. Aneignungsabsicht und Enteignungsvorsatz sind dann unschwer zu begründen. § 248a findet keine Anwendung (Rn 384, 293).²⁴¹ Ein solcher Diebstahl tritt auch nicht als mitbestrafte Vortat hinter einem durch Geldabhebung begangenen Computerbetrug zurück.²⁴²

204

Anders liegt es, wenn die Codekarte nach ihrer missbräuchlichen Verwendung durch Geldabhebung alsbald wieder **ohne Wertminderung und ohne Eigentumsleugnung** an den Berechtigten zurückgelangen soll, sodass es an einem auf die Sachsubstanz bezogenen Enteignungswillen fehlt. Auch eine Entziehung des Sachwerts durch die beabsichtigte Abhebung des Bargeldes liegt nicht vor. Die Codekarte ist keine moderne Form des Sparbuchs, sondern ein Automatenschlüssel, der (zusammen mit der persönlichen Geheimzahl) die rein tatsächliche Möglichkeit eröffnet, über ein bestimmtes Girokonto zu verfügen. Sie verkörpert anders als das Sparbuch das auf dem Konto befindliche Guthaben nicht und erleidet durch eine missbräuchliche Verwendung auch keinerlei bleibende Einbuße. In der bloßen Wegnahme und unbefugten Verwendung einer Codekarte (mit dem Willen zur alsbaldigen Rückgabe der Karte) liegt nur eine an sich straflose Gebrauchsanmaßung.²⁴³ In Betracht kommt aber eine Strafbarkeit wegen Computerbetrugs gem. § 263a aufgrund einer unbefugten Verwendung der Codekarte (s. dazu näher Rn 737 ff), und auch ein Diebstahl am abgehobenen Bargeld ist zu behandeln (dazu bereits Rn 162 ff).

---

239 *Rengier*, BT I § 2 Rn 110 ff; lehrreich dazu auch BayObLG NJW 92, 1777.
240 *Kindhäuser/Hilgendorf*, § 242 Rn 95; *Schnabel*, NStZ 05, 18; zur unterschiedlichen Behandlung von Sparcard und ec-card s. *Schramm*, JuS 08, 774; s. auch *Fest/Simon*, JuS 09, 799.
241 *Huff*, NStZ 85, 439; **aA** S/S-*Bosch*, § 248a Rn 7.
242 BGH NJW 01, 1508 mit zust. Anm. *Wohlers*, NStZ 01, 539; umgekehrt ist auch der Computerbetrug nicht mitbestrafte Nachtat zu § 242, BGH NStZ 08, 396.
243 Zutr. insoweit BGHSt 35, 152, 156 f; anders, aber nicht überzeugend *Seelmann*, S. 18; krit. zur Begründung der Differenzierung zwischen Sparbuch und ec-Karte *Ensenbach*, ZStW 124 (2012), 351, der aber iE nicht anders entscheidet, s. S. 357 ff, 361 f.

e) Weitere Einzelfälle

205 Im Fall des Entwendens eines **Taschenbuch-Kriminalromans** aus dem Verkaufsstand eines Warenhauses in der (unwiderlegten) Absicht, das Buch nach dem Lesen ohne Gebrauchsspuren dort wieder einzustellen, hat das OLG Celle JZ 67, 503[244] einen Diebstahl bejaht. Dabei wird aber das Abschneiden von naheliegenden Schutzbehauptungen durch eine Überdehnung des Sachwertbegriffs und der Aneignungsabsicht erreicht. Auch zur Ansicht überlassene Bücher werden weiterhin als neu verkauft. Lesen entzieht dem Buch keine wesentliche Funktion, der Täter will sich auch keine Differenz zum Neuwert zueignen, und dieser ist nicht in der Sache verkörpert, sondern schlicht der Wert der Sache selbst.[245]

Bei der Wegnahme eines **Verwarnungszettels** von der Windschutzscheibe eines anderen Autos, um ihn zwecks Täuschung der Ordnungshüter an dem in der Parkverbotszone abgestellten eigenen Kraftwagen anzubringen und später den vorherigen Zustand wieder herzustellen, hat das OLG Hamburg NJW 64, 736 zu Recht einen Diebstahl verneint. Es ging dem Täter nur um den Täuschungs-, nicht aber den Sachwert.[246]

Zu Betrug und Diebstahl an **Selbstbedienungstankstellen** vgl. Rn 565.

4. Aneigungsabsicht

206 **Aneignung** setzt die Anmaßung einer eigentümerähnlichen Verfügungsgewalt zu eigenen Zwecken voraus. Dies muss durch Betätigung des Willens geschehen, die fremde Sache oder den in ihr verkörperten Sachwert – wenn auch nur vorübergehend[247] – dem eigenen Vermögen (**Selbstzueignung**, genauer: Selbstaneignung) oder dem Vermögen eines Dritten (**Drittzueignung**, genauer: Drittaneignung) einzuverleiben. Dabei ist insbesondere von Bedeutung, ob der Täter wirtschaftlich von dem Gebrauch profitieren und aus der Nutzung mittelbar oder unmittelbar einen materiellen Vorteil ziehen will.[248] Typischer Fall ist, dass er für eigene Rechnung darüber verfügen will.

207 Eine Aneignung liegt auch vor, wenn die fremde Sache **erst nach erfolgter Verwendung für Zwecke des Täters** ihrem Schicksal überlassen wird[249] oder wenn die Sachvernichtung im **eigennützigen Verbrauch der Sache** durch den Täter besteht, wie zB im Verzehr fremder Speisen oder Getränke, im Verbrennen fremder Bretter zum Heizen der eigenen Wohnung usw.[250] Der bestimmungsgemäße Verbrauch erfüllt hier also – anders als bei der Sachbeschädigung (Rn 61) – den Tatbestand. Wer fremde Sachen hingegen wegnimmt, um sie **ohne vorherigen Eigenge- oder -verbrauch**[251] sogleich zu **zerstören** oder **wegzuwerfen**, verfährt zwar mit der Sache, wie es nur der Eigentümer darf, eignet sie sich aber nicht an[252] und begeht daher keinen Diebstahl, sondern (je nach den Um-

---

244 = NJW 67, 1921 mit abl. Anm. *Deubner*; = JR 67, 389 mit abl. Anm. *Schröder*.
245 Vgl dazu auch *Androulakis*, JuS 68, 409; AnK-*Kretschmer*, § 242 Rn 52; *Britz/Jung*, JuS 00, 1194; *Eisele*, BT II Rn 72; *Fahl*, JA 02, 649; *Hohn*, JuS 04, 982; *Kindhäuser/Hilgendorf*, § 242 Rn 108; *Mitsch*, BT II S. 5 f; *Rotsch*, Jura 04, 777, 779; *Widmann*, MDR 69, 529; *Zopfs*, ZJS 09, 650; zu notwendigen Differenzierungen s. *Rengier*, BT I § 2 Rn 126 ff.
246 S. dazu *Baumann*, NJW 64, 705; *Jäger*, BT Rn 323 f; *Ilse Schünemann*, JA 74, 37; zum Betrug in solchen Fällen s. Rn 597.
247 BGH JR 99, 336 mit Anm. *Graul*.
248 BGH NStZ 24, 543 mit Anm. *Hahn*.
249 BGH MDR 60, 689; OLG Celle JR 64, 266; LG Düsseldorf NStZ 08, 155.
250 BGH BeckRS 15, 06119; RGSt 44, 335, 336 f; OLG Köln NJW 86, 392; NK-*Kindhäuser*, § 242 Rn 87.
251 Wer entwendete Kohle verheizt, eine gestohlene Milchschnitte verzehrt oder weggenommene Drogen konsumiert – s. BGH BeckRS 15, 06119 (Rn 323 **Rechtsprechungsbeispiel**) – hat Zueignungsabsicht.
252 RGSt 61, 228, 232 f; BGH HRRS 18, Nr 517; BGH NStZ 24, 543 mit Anm. *Hahn*; *Gropp*, Maiwald-FS S. 266; NK-*Kindhäuser*, § 242 Rn 88 f (mit Nachw. zu den „Behältnisfällen", s. hier Rn 180).

ständen) eine Sachbeschädigung (§ 303), einen Verwahrungsbruch (§ 133) oder eine Urkundenunterdrückung (§ 274 I Nr 1).

208 Hiernach scheidet im **Fall 10a** eine Bestrafung des B wegen Diebstahls aus.[253]

209 Für die reine **Sachentziehung**, die keine Zueignung begründet, ist kennzeichnend, dass die betroffene Sache ihrem Eigentümer *ohne Einverleibung in das Vermögen des Täters* zeitweilig oder dauernd entzogen wird. Wer beispielsweise einem Festredner das Manuskript seines Vortrags unmittelbar vor dem Beginn der Veranstaltung entzieht, um es ihm unversehrt auf dem Postweg wieder zuzuleiten, handelt zwar widerrechtlich (§§ 858, 823 I BGB), hat aber keinen *Aneignungswillen* und begeht keinen Diebstahl.[254] Dafür reicht auch nicht aus, dass der Täter durch den Entzug in irgendeiner Form auf den Eigentümer oder einen Dritten einwirken, ihn zB zum Tausch gegen die eigentlich begehrte Sache bewegen will.[255] Andererseits ist es für eine der Aneignung genügende, auch nur vorübergehende Verwendung zwar ein **Indiz**, wenn der Täter aus ihr einen „irgendwie gearteten wirtschaftlichen Wert oder (…) materiellen Vorteil" zieht.[256] Da § 242 aber kein Bereicherungsdelikt ist, reicht auch eine sachtypische Nutzung ohne einen solchen Effekt, wie zB das bloße Telefonieren mit einem Handy, für eine Aneignung aus.

210 Bei **eigenmächtigen Verfügungen sonstiger Art** kommt es darauf an, ob der Täter **eigennützig**, insbesondere **für eigene Rechnung**, oder aber *zu Gunsten des Eigentümers* gehandelt hat. Die Anmaßung der Verfügungsgewalt *als solche* ist für sich allein noch kein Aneignungsakt.[257] An einer Einverleibung in das eigene Vermögen und einem darauf gerichteten Aneignungswillen **fehlt es** beispielsweise, wenn der Täter sich nur über den entgegenstehenden Willen des Eigentümers hinwegsetzt, die Sache jedoch *zu Gunsten* bzw. *für Rechnung ihres Eigentümers* verwendet.[258]

211 Soweit A im **Fall 9** die Bretter zu dem Zweck entwendet hat, mit ihnen die Wildfütterungsanlage des G auszubessern, scheidet eine Bestrafung wegen Diebstahls demnach aus.[259] Auch reicht bezüglich des Hundes nicht aus, dass sich A „wie ein Eigentümer aufgeführt hat", wenn die Abgabe des Hundes an das Tierheim nur dem Erhalt des Tieres zu Gunsten des Eigentümers, nicht aber eigenen wirtschaftlichen Zwecken des A oder des Tierheims dienen soll.[260] Unter dieser Voraussetzung scheidet auch eine Drittzueignung aus. Soll der Hund nach der Vorstellung des A nicht zu G zurückkehren, begründet dieses Enteignungsmoment nur straflose Sachentziehung.

212 **Rechtsprechungsbeispiele:** In **BGH NStZ 11, 699** nahmen zwei Mitglieder der „Hells Angels" dem O, einem Vollmitglied der gegnerischen „Outlaws", zunächst ein **Messer**, das sie sogleich wegwarfen, und dann – nachdem einer von ihnen dem O mehrere, letztlich tödliche Stiche versetzt hatte – auch dessen „**Kutte**, also die mit Aufnähern versehene Lederjacke" ab. – Der BGH bestätigt zunächst die Annahme des Schwurgerichts, dass ein *Raub mit Todesfolge* nicht vorliege. Während das Messer nur weggenommen (und weggeworfen) worden sei, um O zu entwaffnen, nicht aber, um es selbst zu gebrauchen (= fehlende Aneignungsabsicht), sei es bei der Abnahme der Kutte le-

---

253 Näher BGH NJW 77, 1460; NJW 85, 812; BayObLG NJW 92, 2040; OLG Düsseldorf JR 87, 520 mit Anm. *Keller*; S/S-*Bosch*, § 242 Rn 55.
254 Vgl BGH GA 1953, 83, 84; BGH MDR/H 82, 810.
255 BGH NStZ-RR 07, 15; BayObLG NJW 92, 2041; OLG Köln NJW 97, 2611.
256 So BGH HRRS 20, Nr 230 unter Berufung auf MK-*Schmitz* (3. Aufl.), § 242 Rn 152,155; eine Bespr. der Entscheidung findet sich bei *Bosch*, Jura (JK) 20, 530; *Jahn*, JuS 20, 467.
257 Vgl BGHSt 4, 236, 239; BGH NJW 70, 1753 mit Anm. *Schröder*.
258 BGH MDR/D 58, 139; RGSt 52, 320; 61, 228, 232.
259 BGH MDR/D 58, 139.
260 BGH wistra 88, 186.

diglich darum gegangen, „ein Zeichen gegen die Outlaws zu setzen" und „Präsenz zu zeigen" sowie den Outlaws deutlich zu machen, dass deren Gebietsanspruch nicht akzeptiert werde. Hierzu sagt der BGH zutreffend: „An der Voraussetzung, dass der Wille des Täters auf eine Änderung des Bestandes seines Vermögens oder das des Dritten gerichtet sein muss, fehlt es in Fällen, in denen er die fremde Sache nur wegnimmt, um sie zu zerstören, zu vernichten, preiszugeben, wegzuwerfen, beiseite zu schaffen oder zu beschädigen ...; der etwa auf Hass- und Rachegefühlen beruhende Schädigungswille ist zur Begründung der Zueignungsabsicht ebenso wenig geeignet wie der Wille, den Eigentümer durch bloßen Sachentzug zu ärgern ... In solchen Fällen genügt es auch nicht, dass der Täter – was grundsätzlich ausreichen könnte – für eine kurze Zeit den Besitz an der Sache erlangt". Danach *fehlte* es auch bezüglich der Kutte an der nötigen *Aneignungsabsicht*.

213 Anders soll es nach **OLG Nürnberg NStZ-RR 13, 78** allerdings liegen, wenn eine **Fanjacke** erbeutet wird, „um später frei darüber entscheiden zu können, in welcher Form mit" ihr „weiter verfahren werden" soll. Dann fehlt richtigerweise noch die nötige Entschlossenheit zur Aneignung. Dass sie als nur mögliche Folge des Verhaltens in Kauf genommen wird, reicht für eine beabsichtigte Aneignung nicht aus.[261]

214 In gleicher Weise entscheidet **BGH StraFo 12, 155**, wenn Raub und räuberische Erpressung verneint werden, weil der Täter, der dem Opfer das **Mobiltelefon** abgenommen hatte, dies nur tat, um im Speicher des Geräts nach „Beweisen für die Art der Beziehung zwischen dem Geschädigten und der Schwester des Mitangeklagten zu suchen". Dass die Durchsuchung des Speichers und das Kopieren der dabei aufgefundenen Bilddateien iR des bestimmungsgemäßen Gebrauchs lagen, soll daran nichts ändern, „denn dies führte nicht zu deren Verbrauch" und – so kann man hinzufügen – weder zu einer Substanz-, noch zu einer Sachwertaneignung des Mobiltelefons.[262]

215 Folgerichtig verneinen **BGH NStZ-RR 15, 371**, **BGH NStZ-RR 18, 282**, **BGH StV 19, 388**, **BGH StV 19, 389** und **BGH HRRS 20, Nr 230** Raub und räuberische Erpressung, wenn die Wegnahme des Handys nur dazu dienen soll, kompromittierende Fotos zu löschen oder Gespräche unmöglich zu machen.[263]

216 Neben der Absicht des Täters, die Sache in das eigene Vermögen zu überführen, genügt auch dessen Absicht, *die Sache in ein Drittvermögen zu überführen*, sei es dadurch, dass der Täter die Sache dem Dritten selbst *verschaffen*, sei es dadurch, dass er dem Dritten die Aneignung *ermöglichen* will,[264] die in der 1. Alternative der Täter für sich anstreben muss. Dabei wird für die bloße Ermöglichung der **Drittzueignung (Drittaneignung)** zu Recht die Beabsichtigung eines die Sachherrschaft täterschaftlich verändernden Verhaltens zu Gunsten des Dritten verlangt,[265] das aber anders als beim Verschaffen nicht in einem Übergabeakt bestehen muss.[266] Drittzueignungsabsicht hat daher der, der Geld stiehlt, um es auf das Konto eines Dritten zu leiten oder dessen Schulden zu begleichen

---

261 BGH NStZ-RR 12, 239; s. dazu auch hier Rn 401.
262 Dieser Entscheidung auch zust. *Hecker*, JuS 13, 468; abl. *Jäger*, JA 12, 709; *Putzke*, ZJS 13, 311; W/Z/K/W-*Wegner/Fischer*, BT II, § 1 Rn 162.
263 S. dazu *Eisele*, JuS 19, 402; *Jahn*, JuS 20, 467; *Kudlich*, NStZ 19, 345; *Nestler*, Jura (JK) 19, 682; *Satzger*, Jura (JK) 16, 828.
264 *Küper/Zopfs*, BT Rn 838 ff; de lege lata gegen die Alternative bloßer Ermöglichung *Rönnau*, GA 00, 423; enger auch *Klesczewski*, BT § 8 Rn 71 ff; HK-GS/*Duttge*, § 242 Rn 48; LK-*Vogel/Brodowski*, § 242 Rn 190; MK-*Schmitz*, § 242 Rn 161 ff; *Schmitz*, Otto-FS S. 770 ff.
265 Fischer-*Fischer*, § 242 Rn 48; *Otto*, Jura 98, 551; *Rengier*, BT I § 2 Rn 148 f; S/S-*Bosch*, § 242 Rn 58; S/S/W-*Kudlich*, § 242 Rn 52; *Zopfs*, ZJS 09, 657; zu eng *Kindhäuser/Böse*, BT II § 2 Rn 110, die eine dem Täter zurechenbare Eigenbesitz*begründung* durch den Dritten voraussetzen; ähnlich MK-*Schmitz*, § 242 Rn 162 f; dagegen bei § 242 *Kauffmann*, Zur Identität des strafrechtlichen Zueignungsbegriffs 2005, S. 209 f; vgl auch BGH wistra 07, 18, 20 zu § 246; zur Sachherrschaft als Abgrenzungskriterium s. auch *Hauck*, Drittzueignung und Beteiligung, 2007, S. 210 ff.
266 So aber wohl *Rengier*, BT I § 2 Rn 149; S/S-*Bosch*, § 242 Rn 58; wie hier *Dencker*, Rudolphi-FS S. 425, 435; *Eisele*, BT II Rn 80.

wie der, der gestohlenes Holz vor der Haustür des verarmten Nachbarn abzuladen gedenkt, um diesem das Beheizen seines Ofens zu ermöglichen. Nicht hingegen ist es ausreichend, dass der Täter dem Dritten nur ermöglichen will, die Sache zu zerstören, dem Eigentümer zu entziehen oder mit ihr zu Gunsten des Eigentümers zu verfahren (Rn 206 ff).[267] Einen wie auch immer gearteten *Vorteil* muss der Täter für sich dagegen bei der Drittzueignung nicht (mehr) anstreben.

Freilich setzt Drittzueignungs*absicht* voraus, dass es dem Täter auf die Dritt*aneignung ankommt*. Findet er sich mit der Aneignung durch eine andere Person als unerwünschte oder auch erwünschte Nebenfolge[268] nur ab, ist er mangels Drittaneignungsabsicht nicht Täter, sondern richtigerweise nur Gehilfe einer Unterschlagung.[269] Erkennt man das absichtslos-dolose Werkzeug an, kommt für den Hintermann auch Diebstahl in **mittelbarer Täterschaft** in Betracht.[270] Hier lebt der alte Streit also fort.[271] *Trotz* Drittzueignungsabsicht entfällt andererseits Täterschaft auch dann, wenn der Beteiligte dem Dritten bei dessen Wegnahme nur hilft, indem er zB beim Einbruch Schmiere steht oder dem Dritten den Zugriff auf die Sache nur erleichtern, ihm sie aber nicht selbst verschaffen oder ihre Aneignung nicht durch eigene Einwirkung auf die Sache ermöglichen will. Die Drittzueignungsabsicht ist folglich notwendige, aber nicht hinreichende Bedingung für Täterschaft; auch für Teilnahme bleibt trotz ihres Vorliegens Raum.[272] Das ist auch vor der Annahme einer bei bloßer Drittzueignungsabsicht jetzt möglichen **Mittäterschaft** zu beachten.[273] Nur so lässt sich der Vorwurf entkräften, der Gesetzgeber habe mit der Aufnahme der Drittzueignungsabsicht die Maßstäbe der Abgrenzung zwischen Täterschaft und Teilnahme im Sinne einer Erweiterung der Täterschaft vergröbert[274] und den Bereich der Mittäterschaft in nicht absehbarem Umfang erweitert.[275]

Schwierigkeiten treten bei der Abgrenzung von Selbstzueignung und Drittzueignung auf. Eine Selbstzueignung liegt nicht, wie von der Rspr. teilweise angenommen, bereits dann vor, wenn der Täter, sei es auch mittelbar, einen irgendwie messbaren Vorteil erstrebt.[276] Selbstzueignung – und keine Drittzueignung – ist vielmehr nur bei demjenigen anzunehmen, der von vornherein entschlossen ist, die weggenommene Sache **für eigene Rechnung zu veräußern** oder an einen Dritten zu **verschenken**.[277] Entscheidend ist hier allein, dass die entgeltliche Veräußerung oder unentgeltliche Zuwendung an den Dritten die **Anmaßung der eigentümerähnlichen Verfügungsgewalt** durch den Täter zum Ausdruck bringt (= *se ut dominum gerere*) und **in enger Beziehung zu seinem Vermö-**

---

267 *Krey/Hellmann/Heinrich*, BT II Rn 115; *Zöller*, BT Rn 36.
268 S. dazu *Krey/Hellmann/Heinrich*, BT II Rn 116 f, 120.
269 BK-*Wittig*, § 242 Rn 48; *Krey*, BT II, 11. Aufl. 1997, Rn 83, 89 mwN; *Krey/Hellmann/Heinrich*, BT II Rn 120.
270 *Lackner/Kühl/Heger*, § 242 Rn 26a; *Wessels/Beulke/Satzger*, AT Rn 848 ff; einschr. *Witzigmann*, Das „absichtslos-dolose" Werkzeug" 2009, S. 250 ff, 254 f; zur Falllösung S. 288 ff.
271 *Dencker*, in: Dencker ua, Einführung in das 6. StrRG, 1998, S. 18.
272 S. *Maiwald*, Der Zueignungsbegriff im System der Eigentumsdelikte, 1970, S. 245; *Rengier*, BT I § 2 Rn 165, 200 f.
273 *Ingelfinger*, JuS 98, 534; *Jäger*, JuS 00, 653; *Krey/Hellmann/Heinrich*, BT II Rn 111, 113; *Noak*, Drittzueignung und 6. StrRG, 1999, S. 38 f.
274 So BE-*Noak*, S. 68; *Noak*, Drittzueignung und 6. StrRG, 1999, S. 79 ff; *Schmid-Hopmeier*, Das Problem der Drittzueignung, 1999, S. 210.
275 *Lackner/Kühl/Heger*, § 242 Rn 26a; *Schroth*, BT, 3. Aufl. 2000, S. 120 (s. jetzt – 5. Aufl. – S. 176).
276 BGHSt 4, 236, 238; 17, 87, 92 f; 40, 8, 18; BGH NJW 70, 1753; 85, 812; 94, 1228, 1230; Anklänge noch bei HK-GS/*Duttge*, § 242 Rn 48.
277 Vgl H-H-*Kretschmer*, Rn 808; *Jäger*, BT Rn 355 f; *Jäger*, JuS 00, 651; LK-*Vogel/Brodowski*, § 242 Rn 191; *Mitsch*, BT II S. 58 f; NK-*Kindhäuser*, § 242 Rn 48; OLG Düsseldorf JZ 86, 203. Für das Vorliegen beider Absichten *Hohmann/Sander*, BT I § 1 Rn 113; *Krey/Hellmann/Heinrich*, BT II Rn 102; *Rengier*, BT I § 2 Rn 155; für Subsidiarität der Drittzueignung *Eisele*, BT II Rn 79; *Rengier*, BT I § 13 Rn 181; diff. *Gropp*, JuS 99, 1045; gegen Überschneidungen dagegen auch A/W-*Heinrich*, § 13 Rn 117; *Jäger*, BT Rn 355 f; *Kindhäuser/Hilgendorf*, § 242 Rn 110, 112; iE auch *Maiwald*, Schreiber-FS S. 319 f.

gen steht. Diese Voraussetzungen sind nicht nur gegeben, wenn der Betreffende die Sache gegen Entgelt veräußert, sondern auch, wenn er über die Sache als Schenker oder Spender verfügt; denn wer sich auf Kosten des Bestohlenen freigebig zeigt, erspart dadurch Aufwendungen aus dem eigenen Vermögen[278] und nutzt die Sache nicht anders als bei der Veräußerung für sich. Die **Rspr.**, die in solchen Fällen zumeist nicht von Substanz-, wohl aber von Sachwertzueignung spricht, kommt zum gleichen Ergebnis, soweit sie verlangt, dass der Täter im eigenen Namen verfügt.[279]

219 Im **Fall 10c** ist B daher wie auch im **Fall 10d** wegen Diebstahls zu bestrafen. Dabei kommt es im **Fall 10d** nicht darauf an, ob B aus Anlass des Jubiläums zu einer Zuwendung an F *verpflichtet* war, denn das ändert an der realen Ersparung eigener Aufwendungen für das tatsächlich Geleistete nichts.[280] Im **Fall 10e** liegt kein Verschenken oder Spenden vor, mit dem sich B *erkennbar* an die Stelle des Berechtigten setzt und aus *seinem* Vermögen freigebig erweist. Daher ist in Fällen einer anonymen Spende ein Sich-Zueignen zu verneinen.[281] Es liegt aber die Absicht vor, dem Museum als Drittem die Briefmarke rechtswidrig zwecks Aneignung zu verschaffen und sie dadurch dem Eigentümer auf Dauer zu entziehen.

220 Anders als bei der Rückveräußerung an den Bestohlenen selbst (vgl Rn 227 f) ist es bei einer Veräußerung oder Zuwendung der Sache **an Dritte** belanglos, ob der Täter sich als Eigentümer bezeichnet oder sonst[282] den Eindruck erweckt, dass ihm die Sache gehöre.

221 Wer beispielsweise die Beute an einen eingeweihten Hehler veräußert, pflegt nicht zu behaupten, Eigentümer im juristischen Sinne zu sein. Der Anwendbarkeit des § 242 steht das aber nicht entgegen, da es genügt, dass der Täter sich *wirtschaftlich* an die Stelle des Berechtigten setzen und **für eigene Rechnung gleich einem Eigentümer über die Sache verfügen** will. Weder muss der Täter „als" Eigentümer auftreten, noch der Dritte gutgläubig sein.[283]

5. Enteignungsvorsatz

222 Um den Zueignungsbegriff zu erfüllen, muss die Aneignung mit einer **Enteignung** verbunden sein. Hierzu muss der Sacheigentümer im rein tatsächlichen Sinne aus seiner bisherigen Position verdrängt werden und dessen Eigentumsrecht damit illusorisch sein (faktische Enteignung).[284] Die Enteignung muss – anders als die Aneignung[285] – **auf Dauer angelegt**[286] sein. Das Enteignungselement spielt als Abgrenzungskriterium zwischen Zueignung und Gebrauchsanmaßung (= *furtum usus*) eine wichtige Rolle.

223 Bei der **Gebrauchsanmaßung** wird nur eine vorübergehende Nutzung der fremden Sache erstrebt, ohne ihren Eigentümer dauerhaft aus seiner Position zu verdrängen.[287] Um

---

278 SK-*Samson*, 4. Aufl., § 242 Rn 77.
279 BGHSt 4, 236, 238; Substanzzueignung bejahen A/W-*Heinrich*, § 13 Rn 75, 113; diff. *Krey/Hellmann/ Heinrich*, BT II Rn 102.
280 Enger SK-*Samson*, 4. Aufl., § 242 Rn 77.
281 *Schröder*, Anm. NJW 70, 1754; aA A/W-*Heinrich*, BT § 13 Rn 118; *Rengier*, BT I § 2 Rn 153.
282 Wie zB im Gänsebuchtfall RGSt 48, 58.
283 Näher *Bloy*, JA 87, 187; *Gropp*, Maiwald-FS S. 264, 273 f; s. dazu auch *Kindhäuser/Böse*, BT II § 2 Rn 91 f; *Wolfslast*, Anm. NStZ 94, 542; enger S/S-*Eser/Bosch*, § 242 Rn 47.
284 *Binding*, BT I S. 264 ff; *Wessels*, NJW 65, 1153, 1155.
285 BGH JR 99, 336.
286 *Eisele*, BT II Rn 65; *Rengier*, BT I § 2 Rn 89 f; *Zopfs*, ZJS 09, 650; krit. *Otto*, BT § 40 Rn 57 ff; *Otto*, Jura 97, 468; wie hier LK-*Vogel/Brodowski*, § 242 Rn 143.
287 Vgl *Eisele*, BT II Rn 70; S/S-*Bosch*, § 242 Rn 51 ff; RGSt 64, 259; BGHSt 22, 45, 46; BGH GA 60, 82; BayObLG JR 93, 253 mit Anm. *Julius*.

eine bloße Gebrauchsanmaßung statt um eine Zueignung handelt es sich, wenn die unbefugte Benutzung der fremden Sache schon im Zeitpunkt der Wegnahme bzw. der Ingebrauchnahme (vgl §§ 248b, 290) mit dem Willen erfolgt, den rechtmäßigen Zustand im Sinne der früheren Lage *unter Wahrung der Eigentumsordnung* alsbald wieder herzustellen (Rückführungswille). Notwendig dazu ist die Bereitschaft, die zeitweilig gebrauchte Sache ohne Identitätswechsel, ohne wesentliche Wertminderung und ohne Eigentumsleugnung so an den Berechtigten zurückgelangen zu lassen, dass dieser die ursprüngliche Verfügungsgewalt ohne besonderen Aufwand und nicht lediglich als Folge des reinen Zufalls wieder ausüben kann.[288]

Bei der Frage, ob ein solcher **Rückführungswille** vorhanden war und ob der Täter mit der Rückerlangung der Verfügungsgewalt durch den Berechtigten sicher rechnen durfte, können alle Umstände des Einzelfalls berücksichtigt werden, die Rückschlüsse in dieser Hinsicht gestatten. Wo es um die Ingebrauchnahme fremder **Kraftfahrzeuge** ging, hat die Rechtsprechung als Beweisanzeichen[289] dafür ua den Umstand verwertet, an welchem Ort der Täter das Fahrzeug nach Gebrauch abgestellt hatte (etwa vor der Polizeiwache, auf einem Parkplatz oder in der Nebenstraße einer Groß-, Mittel- oder Kleinstadt, außerhalb der bewohnten Ortslage usw), ob das Fahrzeug nach Wagentyp und Aussehen leicht oder nur sehr schwer auffindbar war und ob der Täter es ggf durch Verschließen der Wagentür gegen den unbefugten Zugriff Dritter gesichert hatte.[290] Diebstahl statt Gebrauchsanmaßung iSd § 248b ist auch angenommen worden, wenn die Wegnahme erwiesenermaßen von dem Willen getragen war, das Fahrzeug nach dem Gebrauch wahllos preiszugeben und es dem Zufall zu überlassen, ob, wann und in welchem Zustand der Eigentümer es zurückbekommen würde.[291]

224

Hat der Täter den Willen zur Preisgabe des Fahrzeugs erst **während des noch andauernden Gebrauchs** gefasst, so schließt das zwar die Anwendbarkeit des § 242, nicht aber eine Bestrafung wegen **Unterschlagung** (§ 246) aus. Dagegen ist nur für § 248b Raum, wenn der zunächst vorhandene Rückführungswille **erst nach dem Ende des unbefugten Gebrauchs** aufgegeben und durch den Entschluss zur Preisgabe des Fahrzeugs ersetzt wird, etwa deshalb, weil der Motor plötzlich streikt oder der Benzinvorrat verbraucht ist.[292]

225

Fraglich ist, ob eine auf Dauer angelegte, endgültig wirkende Enteignung an Stelle einer bloßen Gebrauchsanmaßung auch dann anzunehmen ist, wenn die Rückgabe der Sache an den Berechtigten erst nach einem **unangemessen langen Gebrauch** erfolgen soll. Da das Gesetz (§§ 248b, 290) der straflosen Gebrauchsanmaßung keine zeitliche Grenze setzt, muss man diese mit dem Begriff der Enteignung ziehen. Von ihr ist zu reden, wenn mit dem Gebrauch eine so wesentliche Wertminderung der Sache verbunden ist, dass sie ihren Gebrauchs- oder Verkehrswert für den Eigentümer weitgehend verloren hat.[293] Davon kann sicher bei vollständigem oder teilweisem Funktionsverlust, uU aber auch schon bei einer empfindlichen Werteinbuße die Rede sein.[294] Wo es an einer erheblichen Wertminderung fehlt (Beispiel: Wegnahme eines Campingzeltes im Mai mit dem Wil-

226

---

288 BGH NStZ 96, 38; Fischer-*Fischer*, § 242 Rn 38; H-H-*Kretschmer*, Rn 800; *Kindhäuser/Hilgendorf*, § 242 Rn 105 ff; M/R-*Schmidt*, § 242 Rn 31; *Schaffstein*, GA 64, 97; *Schmidt*, BT II Rn 86 ff.
289 BGH NStZ 96, 38; Fischer-*Fischer*, § 242 Rn 39 f.
290 Näher BGH VRS 51, 210; BGHSt 22, 45, 46 f mwN; BGH NStZ 15, 397; *Kudlich*, JA 15, 33.
291 RGSt 64, 259, 260; BGHSt 22, 45; BGH NStZ 82, 420; *Rengier*, BT I § 2 Rn 125.
292 Vgl BGH GA 60, 182; BayObLG NJW 61, 280.
293 Vgl BGHSt 34, 309, 312; OLG Hamm JMBl NW 60, 230; OLG Köln JMBl NW 62, 175; M/R-*Schmidt*, § 242 Rn 31.
294 *Kargl*, ZStW 103 (1991), 136, 184; *Rudolphi*, GA 65, 33, 46; nach *Fricke*, MDR 88, 538: mehr als 50%; zur Funktion des Sachwertbegriffs in diesen Fällen s. *Küper/Zopfs*, BT Rn 835; abl. *Böse*, Kindhäuser-FS S. 645 ff.

len, es im Oktober nach dem Ende der schönen Jahreszeit in gepflegtem Zustand zurückzugeben), wird man den „Enteignungscharakter" der Tat bejahen dürfen, wenn ein objektiver Betrachter den Verlust der Sache nach den Anschauungen des täglichen Lebens als endgültig ansehen und eine Ersatzbeschaffung durch den Betroffenen für unumgänglich halten würde.[295]

227 Umstritten ist, ob derjenige mit Enteignungsvorsatz handelt, der eine fremde Sache in der Absicht wegnimmt, sie als *angeblich eigene* dem betroffenen Eigentümer zum Kauf, zum Tausch oder – insbesondere bei Geld – zur Erfüllung einer Verbindlichkeit anzubieten. Rechtsprechung und hM bejahen dies auch bei einer ins Auge gefassten **Rückveräußerung an den Sacheigentümer**. Dabei erfüllt die erste Alternative, wer die Rückveräußerung selbst, die zweite, wer sie einem Dritten durch Verschaffen der Sache ermöglichen will.[296]

228 Die Mindermeinung hält dem entgegen, bei Rückerlangung der Sache durch den Eigentümer werde diesem weder die Nutzung der Substanz noch der Sachwert entzogen; in der Wegnahme liege daher nur eine – als Gebrauchsanmaßung – straflose Vorbereitungshandlung zum **Betrug** gegenüber dem Eigentümer.[297]

Diese Gegenansicht führt, was man hinnehmen kann,[298] zu beträchtlichen Strafbarkeitslücken und liefert dem Dieb, der die Beute noch besitzt, eine vortreffliche Schutzbehauptung. Sie ist aber auch sachlich unzutreffend, da es unter den genannten Umständen an allen Wesensmerkmalen einer *Gebrauchsanmaßung* fehlt und dem Eigentümer jedenfalls der in **der Sache verkörperte wirtschaftliche Wert**[299] **endgültig entzogen** wird: Um eine bloße *Gebrauchsanmaßung* kann es sich nicht handeln, weil die entwendete Sache dem Eigentümer **nicht** als *ihm gehörend* zurückgegeben, sondern als angeblich *dem Täter gehörend* nur zum Neuerwerb angeboten wird.[300] Darin liegt nicht eine Wiederherstellung der *bisherigen* Eigentümerposition, sondern gerade eine **Leugnung** der Rechte des Eigentümers, dem lediglich die Chance eingeräumt wird, sich eine *neue* Sachherrschaftsbeziehung zu erkaufen. Das Angebot, ihm die Sache gegen Entgelt zu „übereignen", setzt notwendigerweise deren vorherige Zueignung durch den Täter voraus. Von dem ihm zustehenden, in der Sache verkörperten Wert (= *Veräußerungswert*) wird der Eigentümer insoweit ausgeschlossen, als dieser in das Vermögen des Täters fließt; selbst wenn der Eigentümer nunmehr die „zurückerworbene" Sache für sich verwertet, kann er damit nur das „Loch des entgeltlichen Rückerwerbs" stopfen.[301] Die Abgrenzung zwischen Diebstahl und Gebrauchsanmaßung muss sich *hier* nach dem Vorliegen oder Fehlen einer **Eigentumsleugnung** richten.[302] Im Fall **10 f** hat B daher ebenfalls einen Diebstahl begangen, hinter den der spätere Betrug, wenn man einen Schaden bejaht, als sog. Sicherungsbetrug zurücktritt.[303] Gleiches gilt bei der Entwendung von **standardisier-**

---

295 Ebenso *Blei*, BT § 52 II 2a; *Eisele*, BT II Rn 72; M/S/M-*Hoyer*, BT I § 33 Rn 40; MK-*Schmitz*, § 242 Rn 150; *Welzel*, S. 342; **aA** *Rudolphi*, GA 65, 33, 47.
296 So RGSt 57, 199 im „*Getreidefall*" und RGSt 40, 10 im „*Biermarkenfall*", bestätigt in BGHSt 24, 115, 119 für den ähnlichen Fall des *Ausgleichs von Kassenfehlbeständen* mit Geldern des Berechtigten; ebenso *Eisele*, BT II Rn 74; H-H-*Kretschmer*, Rn 807; *Krey/Hellmann/Heinrich*, BT II, Rn 89; *Lackner/Kühl/Heger*, § 242 Rn 26; *Ranft*, JA 84, 277, 282; *Rengier*, BT I § 2 Rn 132; *Rudolphi*, GA 65, 33, 43; S/S/W-*Kudlich*, § 242 Rn 46; S/S-*Bosch*, § 242 Rn 50; *Wessels*, NJW 65, 1153, 1156; *Zöller*, BT Rn 33.
297 Vgl dazu *Bockelmann*, BT I S. 20; *Böse*, Kindhäuser-FS S. 645, 654 f; *Disselkamp*, ZJS 19, 156; *Grunewald*, GA 05, 520, 524 ff, 531 ff; HK-GS/*Duttge*, § 242 Rn 42; *Kindhäuser/Böse*, § 242 Rn 89; *Klesczewski*, BT § 8 Rn 61; LK-*Vogel/Brodowski*, § 242 Rn 168; *Maiwald*, JA 71, 579, 581; *Mitsch*, BT II S. 52 f; *Seelmann*, JuS 85, 290; SK-*Hoyer*, § 242 Rn 95; W/Z/K/W-*Wegner/Fischer*, BT II § 1 Rn 140.
298 S. Rn 12 und *Seelmann*, JuS 85, 290.
299 **AA** *Stoffers*, Jura 95, 117.
300 S. hierzu AnK-*Kretschmer*, § 242 Rn 57, 60; *Graul*, JuS 99, 563; *Hellmann*, JuS 01, 354.
301 *Eser*, Strafrecht IV S. 32; ebenso BGH JZ 80, 648 zur Frage der Schadenszufügung und eines etwaigen Schadensausgleichs in zivilrechtlicher Hinsicht.
302 So auch BGHSt 24, 115, 119; *Jäger*, BT Rn 340.
303 *Eisele*, BT II Rn 74; *Rengier*, BT I § 2 Rn 132; vom Boden der *erweiterten* Substanztheorie aus iE übereinstimmend A/W-*Heinrich*, § 13 Rn 116; *Kindhäuser/Hilgendorf*, § 242 Rn 93; *Rudolphi*, GA 65, 43.

tem **Leergut** (sog **Einheitsflaschen**, wie zB Eurobierflaschen) aus dem Leergutbestand eines Getränkemarkts in der Absicht, es diesem, der durch die Ablieferung bei ihm (wieder) Eigentümer der Flaschen geworden ist, gegen das Pfandgeld zurückzugeben. Das kann nur gelingen, wenn der Täter das Eigentum des Getränkemarkts leugnet und sich selbst als Eigentümer geriert. Geht es hierbei dagegen um im Eigentum des Herstellers verbliebenes **individualisiertes** Pfandleergut (sog. **Individualflaschen**), will der Entwender, da er das Eigentum des Herstellers nicht leugnen kann, nur den Täuschungswert nutzen. Diebstahl liegt dann folglich nicht vor.[304] Nach einer diese Differenzierung zustimmend aufnehmenden Entscheidung des BGH[305] bleibt es bei den hier aufgeführten Ergebnissen, wenn der Täter den objektiv gegebenen Charakter des Leerguts richtig erfasst hat. Er soll aber auch dann eines Diebstahls schuldig sein, wenn es sich um Individualflaschen handelt und der Täter nur irrig auch bei ihnen von der für Einheitsflaschen geltenden Rechtslage ausgeht. Das ist deshalb anfechtbar, weil die rechtsirrige, sich im zivilrechtlichen Vorfeld bildende „Vorstellung", einen Diebstahl begehen zu können, ein daraus resultierendes Wahndelikt nicht deshalb in ein taugliches vollendetes Delikt umwandeln kann, weil sich der Irrtum innerhalb eines subjektiven Tatbestandsmerkmals bildet. Nimmt der Täter dagegen an, Einheitsflaschen statt Individualflaschen vor sich zu haben, führt dieser Irrtum im Tatsächlichen in den untauglichen Versuch.[306] – An einer Zueignungsabsicht fehlt es dagegen wiederum auch dort, wo der „Dieb" schon bei der Wegnahme der Sache **beabsichtigt**, sie dem Eigentümer als die ihm „**gestohlene**" und also „**eigene**" Sache gegen ein Lösegeld **zurückzugeben**. Hier **fehlt** es am Willen dauerhafter **Enteignung**, aber auch an **Aneignungsabsicht**, weil der Täter nur den „Erpressungswert" des Besitzes der Sache nutzen will. In solchen Fällen liegt daher – droht der Täter später mit dem endgültigen Verlust bei ausbleibendem Lösegeld – Erpressung vor (s. Rn 803, 815).[307]

Am Enteignungswillen und an der Zueignungsabsicht würde es auch fehlen, wenn jemand einem Hehler Hehlgut wegnimmt, um es an den bestohlenen Eigentümer *als diesem gehörend* zurückzugeben.[308]

Fall 12: S ist Soldat der Bundeswehr. Eines Tages ist ihm auf ungeklärte Weise die Dienstmütze abhanden gekommen. Um sich die lästige Verlustmeldung zu ersparen und einer etwaigen Ersatzpflicht zu entgehen, entwendet er die Dienstmütze seines Kameraden K aus dessen verschlossenem Spind. Entsprechend seinem Tatplan benutzt S diese Mütze, bis er sie am Ende des Wehrdienstes mit den sonstigen Ausrüstungsgegenständen auf der Bekleidungskammer abgibt. Strafbarkeit nach § 242? **Rn 230 f**

229

Im „Dienstmützenfall" ist der objektive Tatbestand des § 242 erfüllt. Militärische Ausrüstungsgegenstände sind für den Soldaten *fremde* Sachen, da sie ihm nicht zu Eigentum, sondern nur zum dienstlichen Gebrauch überlassen werden. Auch wenn Soldaten angesichts des den militärischen Dienstbetrieb kennzeichnenden Prinzips von Befehl und Gehorsam bezüglich solcher

230

---

304 Nach OLG Hamm NStZ 08, 154, 155 kommt dann § 289 in Betracht; wie hier AG Tiergarten BeckRS 13, 09282 mit Bespr. *Jahn*, JuS 13, 753; LG Saarbrücken NStZ-RR 19, 45; *Eisele*, BT II Rn 75 f; *Rengier*, BT I § 2 Rn 134; S/S/W-*Kudlich*, § 242 Rn 46; zur Entwendung von Leergut vgl ferner AnK-*Kretschmer*, § 242 Rn 54; *Hilgendorf/Valerius*, BT II § 2 Rn 86; AG Flensburg NStZ 06, 101 mit Bespr. *Kudlich*, JA 06, 571; *Otto*, Beulke-FS S. 515 ff; *Schmitz/Goeckenjahn/Ischebeck*, Jura 06, 821; *Hellmann*, JuS 01, 355; *Rönnau/Golombek*, JuS 07, 349; **Fallbeispiel** bei *Bieber/Semmelmayer*, JA 20, 138, 143 f.
305 BGH NJW 18, 3598 mit Anm. *Hoven*; zust. auch *Bosch*, Jura (JK) 19,435; *Eisele*, JuS 19, 178; *Kudlich*, JA 19, 152; krit. *Disselkamp*, ZJS 19, 156.
306 S. zu der dem Fehlschluss des BGH zugrundeliegenden Fehlinterpretation des Begriffs „Vorstellung" beim Versuch LK-*Hillenkamp*, 12. Aufl., § 22 Rn 33 f; zur Abgrenzung von Wahndelikt und untauglichem Versuch namentlich bei sog. Vorfeldirrtümern a.a.O. Rn 210 ff. Der objektive Ausgangspunkt des OLG Hamm NStZ 08, 154 ist daher entgegen der Rüge des BGH richtig.
307 S. dazu – auch Erpressung verneinend – *Dehne-Niemann*, ZStW 123 (2011), 485, 497 ff in Auseinandersetzung mit *Mitsch*, JA 97, 388 ff.
308 BGH JZ 85, 198 mit zust. Anm. *Rudolphi*, JR 85, 252.

Gegenstände als Besitzdiener iS des § 855 BGB angesehen werden,³⁰⁹ ist ihnen in *sozial-normativer* Sicht (Rn 121) Alleingewahrsam an im verschlossenen Spind aufbewahrten Bekleidungsstücken zuzusprechen, den S im **Fall 12** durch die Entwendung der Mütze gebrochen hat. Am Ergebnis der Wegnahme ändert sich freilich nichts, wenn man auch bezüglich der Dienstbekleidung Mitgewahrsam von Soldat und Kompaniechef annimmt.³¹⁰

231 Innerhalb des subjektiven Tatbestandes erscheint wiederum die Frage der **Zueignungsabsicht** problematisch. In mehreren gerichtlichen Entscheidungen ist sie unter Zuhilfenahme der Sachwerttheorie mit dem Hinweis darauf bejaht worden, dass S die dem K entwendete Dienstmütze zur *Tilgung einer eigenen Verbindlichkeit* (= Pflicht zur Rückgabe der ihm bei Dienstantritt ausgehändigten Bekleidungsstücke) und zur *Abwehr eines Schadensersatzanspruchs* benutzt habe.³¹¹ Dem kann jedoch nicht zugestimmt werden: An der Zueignungsabsicht fehlt es schon deshalb, weil S sich keinerlei Eigentümerrechte angemaßt, die Mütze nie als ihm selbst, sondern stets *als dem Bund gehörend* besessen und zu keinem Zeitpunkt auch nur den Eindruck einer Eigentumsleugnung erweckt hat. Im Übrigen gilt zu den Sachwertgesichtspunkten das oben im **Fall 11** Gesagte entsprechend.³¹² Auch hier kommt allenfalls eine Bestrafung wegen Betrugs in Betracht, wobei vor allem die subjektiven Voraussetzungen des § 263 kritisch zu prüfen sind.

232 Bei einer eigenmächtigen **In-Pfand-Nahme** von Sachen zwecks Durchsetzung einer Forderung wird Diebstahl zu Recht verneint, weil die Zueignungsabsicht ausgeschlossen ist, „wenn der Täter mit der Wegnahme der Sache diese nur als Mittel zur Erpressung des Tatopfers nutzen will, das fortbestehende Eigentum ... mithin anerkennt".³¹³

6. Rechtswidrigkeit der erstrebten Zueignung

233 Die erstrebte **Zueignung** muss objektiv **rechtswidrig** sein. Daran fehlt es, wenn dem Täter ein gesetzliches Aneignungsrecht (zB nach § 910 BGB, §§ 954 ff BGB) zusteht,³¹⁴ nach zutreffender Ansicht aber auch dann, wenn ihr ein *fälliger* und *einredefreier* **Anspruch auf Übereignung** der weggenommenen Sache zugrunde liegt. Zwar kann der Täter den ihm geschuldeten Zustand im letzteren Fall rechtlich nicht herstellen,³¹⁵ das von ihm verfolgte **Ziel** widerspricht dann im Endergebnis aber nicht der Rechtsordnung, mag der zur Realisierung beschrittene Weg und der Einsatz **unerlaubter Mittel** auch zu missbilligen, ggf sogar als Nötigung (§ 240) strafbar sein.³¹⁶ Steht der Anspruch dem Täter

---

309 OLG München NJW 87, 1830.
310 S. *Wessels*, JZ 65, 631, 633 Fn 14; offengelassen in BayOLG BeckRS 20, 37990 mit Anm. *Hecker*, JuS 21, 561; s. dazu hier Rn 140.
311 OLG Frankfurt NJW 62, 1879; OLG Hamm NJW 64, 1427.
312 Näher BGHSt 19, 387, 388; OLG Celle NdsRpfl 64, 230; OLG Stuttgart NJW 79, 277; *Eser*, JuS 64, 477; *Wessels*, JZ 65, 631; vgl ferner *Ambos/Rackow*, JuS 08, 811; *Gropp*, Maiwald-FS S. 271 ff; *Bloy*, JA 87, 187; *Rudolphi*, Anm. JR 85, 252; *Schmidt*, BT II Rn 99; Übersicht bei *Hillenkamp/Cornelius*, BT 22. Problem, zur parallelen Problematik innerhalb der § 246 s. BayOLG BeckRS 20, 37990 mit Anm. *Hecker*, JuS 21, 561.
313 S. BGH NStZ-RR 09, 51; BGH NJW 82, 2265; BGH NStZ-RR 98, 235; BGH NStZ 11, 36, 37; BGH NStZ-RR 12, 239; BGH HRRS 18, Nr 577. Ferner OLG Köln StV 90, 266: uU auch keine Nötigung; *Bernsmann*, NJW 82, 2214; *Gropp*, Anm. JR 85, 518 f; NK-*Kindhäuser*, § 242 Rn 82; **aA** M/R-*Schmidt*, § 242 Rn 31.
314 *Fischer-Fischer*, § 242 Rn 50; HK-GS/*Duttge*, § 242 Rn 49.
315 Klärend *Küper*, Gössel-FS S. 429, 441 ff.
316 Vgl BGHSt 17, 87, 89; BGH GA 66, 211, 212; OLG Schleswig StV 86, 64; *Samson*, JA 80, 285, 292; S/S-*Bosch*, § 242 Rn 59; anders *Bockelmann*, BT I S. 23; *Hirsch*, JZ 63, 149, wonach zusätzlich die Voraussetzungen *erlaubter Selbsthilfe* – nach *Berster*, ZStW 128 (2016), 800 die des Notstands – notwendig sein sollen, dagegen zu Recht *Küper*, Gössel-FS S. 429, 439 f; s. zum Streitstand *Hillenkamp*, 40 Probleme BT, 12. Aufl. 2013, 22. Problem; ferner *Beulke/Zimmermann*, III Rn 214.

zu, ist es gleichgültig, ob er in Selbst- oder Drittzueignungsabsicht handelt, da er zur Übertragung des Eigentums nach dessen Erwerb berechtigt und daher auch gleich zur Weiterleitung materiell „befugt" ist. Steht der Anspruch dem Dritten zu, will der Täter im Drittzueignungsfall dem Dritten nur verschaffen, was diesem „zukommt". Auch dann mangelt es folglich an der materiellen Eigentumsverletzung.[317]

Hiernach ist die Rechtswidrigkeit der beabsichtigten **Zueignung** (= *normatives* Tatbestandsmerkmal) von der Rechtswidrigkeit der **Wegnahme** (= allgemeines Verbrechensmerkmal) sorgfältig zu unterscheiden. Verbotene Eigenmacht (§ 858 BGB) macht zwar die Wegnahme, nicht aber ohne Weiteres auch die erstrebte Zueignung rechtswidrig.[318] Ist die Zueignung von einem Notrecht (zB durch § 904 BGB) gedeckt, entfällt die Rechtswidrigkeit der Zueignung, da das Notrecht ein Recht auf Aneignung gewährt.[319] **234**

Bei **Gattungsschulden** ist zu beachten, dass der Anspruch des Gläubigers sich vor erfolgter Konkretisierung (§ 243 II BGB) nicht auf *bestimmte* Sachen, sondern nur auf die Leistung von Sachen **mittlerer Art und Güte** richtet (§ 243 I BGB) und dass dem ein auch wirtschaftlich bedeutsames Auswahlrecht des Schuldners entspricht. Verletzt der Gläubiger dieses Auswahlrecht, indem er sich eigenmächtig aus der Gattung befriedigt, so ist außer der Wegnahme auch die angestrebte Zueignung objektiv rechtswidrig.[320] Ob **Geldschulden** als *Wertsummenverbindlichkeit* eine Sonderstellung einnehmen oder wie Gattungsschulden zu behandeln sind, falls es nicht ausnahmsweise um die Lieferung einer bestimmten Geldsorte oder um individualisierte Münzen und Geldscheine geht, ist umstritten. Während die Rechtsprechung vom Charakter der Geldschuld als Gattungsschuld ausgeht, aber im Irrtumsbereich Besonderheiten zu Gunsten des zur Eigenmacht greifenden Täters gelten lässt,[321] gewinnt in der Rechtslehre die **Wertsummentheorie** an Boden, wonach schon die *objektive Rechtswidrigkeit* der Zueignung entfallen soll, wenn der Täter einen fälligen **Anspruch auf die Wertsumme** der weggenommenen Münzen oder Geldscheine hat.[322] Für diese Auffassung spricht, dass es unter den genannten Voraussetzungen in aller Regel an einer *materiellen Interessenverletzung* fehlt, weil das in § 243 I BGB dem Schuldner vorbehaltene Auswahlrecht bei Geldschulden praktisch bedeutungslos ist.[323] Auf **vertretbare Sachen** schlechthin trifft das in dieser Allgemeinheit jedoch nicht zu, wie der Unmut eines Markthändlers über den aus einem Spargelangebot eigenmächtig auswählenden Kunden zeigt. Es ginge auch zu weit, alle Fälle des *eigenmächtigen Geldwechselns* pauschal aus dem „Schutzbereich der Norm" des § 242 herauszunehmen, da einem solchen Verhalten berechtigte Interessen des Geldeigentümers oder des Kassenverwalters entgegenstehen können,[324] und ein Rück- **235**

---

317 Vgl *Dencker*, in: Dencker ua, Einführung in das 6. StrRG 1998, S. 20 f; Fischer-*Fischer*, § 242 Rn 50; *Krey/Hellmann/Heinrich*, BT II Rn 127 f; *Küper/Zopfs*, BT Rn 869; LK-*Vogel/Brodowski*, § 242 Rn 192; *Mitsch*, ZStW 111 (1999), 69 f; *Rengier*, BT I § 2 Rn 187; *Schmidt*, BT II Rn 115; **aA** MK-*Schmitz*, § 242 Rn 174.
318 BGH GA 1968, 121.
319 *Mitsch*, BT II S. 67 f; SK-*Hoyer*, § 242 Rn 98; nach *Krey/Hellmann/Heinrich*, BT II Rn 123; *Küper/Zopfs*, BT Rn 870 f nur das allgemeine Verbrechensmerkmal Rechtswidrigkeit *und* die Rechtswidrigkeit der Wegnahme.
320 HK-GS/*Duttge*, § 242 Rn 49; S/S/*Bosch*, § 242 Rn 59; **aA** LK-*Vogel/Brodowski*, § 242 Rn 42; NK-*Kindhäuser*, § 242 Rn 117 f; *Otto*, Jura 97, 496 f; diff. *Mitsch*, BT II S. 72 f.
321 BGHSt 17, 87, 88 ff; BGH GA 62, 144; BGH StV 94, 128; 00, 78; 78, 79.
322 Näher *Roxin*, H. Mayer-FS S. 467; s. auch *Ebel*, JZ 83, 175; *Eisele*, BT II Rn 90; SK-*Hoyer*, § 242 Rn 105; S/S/W-*Kudlich*, § 242 Rn 51.
323 AnK-*Kretschmer*, § 242 Rn 68; *Kindhäuser/Böse*, BT II § 2 Rn 75; *Rengier*, BT I § 2 Rn 193; anders *Zöller*, BT Rn 38.
324 *Krey/Hellmann/Heinrich*, BT II Rn 62; s auch *Joecks/Jäger*, vor § 242 Rn 61 f; *Schramm*, BT II § 2 Rn 69.

griff auf den Rechtfertigungsgrund der **mutmaßlichen Einwilligung** insoweit zu sachgerechteren Lösungen führt.

236 Die Rechtswidrigkeit der Zueignung hat eine besondere tatbestandliche Stellung. Obwohl sie in der Formulierung der überschießenden Innentendenz steht, ist sie ein Merkmal des objektiven Deliktstatbestands. Dazu muss man sich in Erinnerung rufen, dass der Diebstahl ein erfolgskupiertes Delikt ist (Rn 105). Sein eigentlicher, aber aus dem objektiven Deliktstatbestand herausgeschnittener Erfolg ist die Zueignung. Diese muss rechtswidrig sein. Das Merkmal schränkt den Anwendungsbereich der Vorschrift auf solche Zueignungsgegenstände ein, zu denen der Täter in der Beziehung steht, keinen Anspruch auf sie zu haben. Dass auf den Eintritt des Zueignungserfolges verzichtet wird, ändert nichts daran, dass diese Beziehung wirklich bestehen muss. Deshalb gehört es weiterhin zum objektiven Tatbestand des Delikts. Folglich muss auch der Vorsatz sich auf die betreffenden Umstände beziehen (nach Laienart). Beides ist zu prüfen und wird üblicherweise gemeinsam innerhalb des subjektiven Tatbestands angesprochen, denn im objektiven Tatbestand spricht man ja gar nicht von der Zueignung, und dann wäre ihre Rechtswidrigkeit umständlich darzustellen. In Bezug auf die **Rechtswidrigkeit der Zueignung** genügt einfacher Vorsatz unter Einschluss des *dolus eventualis*.[325] Die Beurteilung eines Irrtums richtet sich nach den allgemeinen Regeln. Die Absicht *rechtswidriger* Zueignung ist nach § 16 I 1 zu verneinen, wenn der Täter **irrtümlich glaubt**, einen fälligen und einredefreien Anspruch gerade auf die weggenommene Sache zu haben.[326] Dem steht bei der Drittzueignung die Vorstellung gleich, der Dritte habe diesen Anspruch. Im Zusammenhang mit Drogengeschäften ist dazu die neuere Rspr. zu § 249 (s. Rn 401), zu § 263 (s. Rn 598) und zur Erpressung (s. Rn 816) zu beachten.[327] Im umgekehrten Fall, dass die Zueignung objektiv nicht rechtswidrig ist, der Täter aber **nicht weiß**, dass ihm ein fälliger und einredefreier **Anspruch** auf Übereignung der weggenommenen Sache (zB auf Grund eines Vermächtnisses gemäß § 2174 BGB) zusteht, ist der Diebstahl nicht vollendet, aber es kommt ein **Versuch** des § 242 (am rechtlich *untauglichen* Objekt) in Betracht.[328] In genau dieser Fallkonstellation kommt es auf die richtige Einordnung des Merkmals an.

237 Die **irrige Annahme**, dass ein Anspruch auch bei der **nicht konkretisierten Gattungsschuld** bestehe, ist **Verbotsirrtum**. Bei **Geldschulden** baut die Rechtsprechung dem Täter jedoch insofern *goldene Brücken*, als sie seine Fehlvorstellung in großzügiger Weise dem Tatbestandsirrtum gleichzustellen pflegt.[329] Dieses zutreffende Ergebnis lässt sich nur auf dem Boden der Wertsummentheorie ohne Widerspruch erzielen.[330]

---

325 RGSt 49, 140, 142 f. IE nicht anders *Streng*, Heintschel-Heinegg-FS S. 428.
326 Krit. zu dieser Begründung *Gössel*, Zipf-GS S. 228; für analoge Anwendung des § 16 *Roxin/Greco*, AT I § 12 Rn 140 ff; wie hier Fischer-*Fischer*, § 242 Rn 49; denkbares Fallbeispiel in BGH NStZ 15, 699 (vorausgezahlter „Dirnenlohn").
327 Ebenso LK-*Vogel/Brodowski*, § 242 Rn 131.
328 *Kösch*, Der Status des Merkmals „rechtswidrig" 1999, S. 55, 221; aA *Gössel*, Zipf-GS S. 228: vollendeter Diebstahl; dagegen zu Recht *Küper*, Gössel-FS S. 429, 446 ff. Ein solcher ist gegeben, wenn auf der Grundlage der Vorstellung des Täters die erstrebte Zueignung rechtswidrig wäre; zur Abgrenzung des untauglichen Versuchs vom Wahndelikt bei sog. „Vorfeldirrtümern" s. LK-*Murmann*, § 22 Rn 266 ff.
329 Vgl BGHSt 17, 87, 90 f; BGH GA 62, 144; 68, 121; BGH StV 88, 526, 529; 90, 407, 546; 91, 515; BGH NStZ 94, 128; OLG Schleswig StV 86, 64.
330 S. zu den Irrtumskonstellationen *Hillenkamp/Cornelius*, BT 22. Problem; vgl auch *Kudlich*, JuS 03, 243; *Küper*, JZ 13, 453; für Tatbestandsirrtum auch *Beulke/Zimmermann*, III Rn 216; *Gropp*, Weber-FS S. 127, 138 f, 141 f.

7. Maßgeblicher Zeitpunkt

Vorsatz und die *Absicht* rechtswidriger Zueignung müssen schon **bei der Wegnahme** vorhanden sein; werden sie erst später gefasst, kommt nur Unterschlagung in Betracht.[331] Wer einen Mantel in der Meinung an sich genommen hat, es sei sein eigener, und ihn nach Erkennen des Irrtums behält, ist nicht nach § 242, wohl aber nach § 246 zu bestrafen. Wegnahmevorsatz und Zueignungsabsicht beurteilen sich nach den Vorstellungen, die der Täter bei Vornahme der tatbestandlichen Handlung hat. Sie müssen nach den Grundsätzen zur Tatentschlossenheit beim Versuch bereits *endgültig* gefasst sein.[332]

Wenn sich im Verlauf der Tatbegehung Änderungen in Bezug auf das Tatobjekt oder die Vorstellung des Täters von diesem ergeben, ist für die Beurteilung der Kongruenz von objektivem und subjektivem Tatbestand der Zeitpunkt der letzten Ausführungshandlung entscheidend.[333] Dass sich entgegen der ursprünglichen Annahme der weggenommene Gegenstand für die von den Tätern verfolgten Zwecke nicht eignet, entlastet die Täter infolge dessen nicht.[334] Hiervon zu unterscheiden ist allerdings der Fall, in dem sich der Zueignungswille auf in einem weggenommenen Behältnis vermutete Wertgegenstände (zB Geld im Tresor einer Apotheke) richtet, sich in dem Behältnis aber – wie sich später herausstellt – nur für die Täter wertlose (im Beispiel Medikamente) oder auch gar keine Sachen befinden. Erstreckte sich die Zueignungsabsicht nicht zugleich auf das Behältnis, liegt dann nur noch versuchter Diebstahl bezüglich der vermuteten Gegenstände vor.[335]

V. Prüfungsaufbau: Diebstahl, § 242

Diebstahl, § 242

I. Tatbestand
  1. Objektiver Tatbestand
   a) Tatobjekt:
   - *Sache*
   - *beweglich*
   - *fremd*

   b) Tathandlung:
   - *Wegnahme*
   - → *Bruch fremden Gewahrsams*
   Gewahrsam
   - ⓟ faktischer oder sozial-normativer Begriff
   fremd
   - ⓟ Mitgewahrsam
   Bruch
   - ⓟ Einverständnis (Diebstahl ↔ Betrug)
   - ⓟ durch Dritte (mittelbare Täterschaft ↔ Dreiecksbetrug)
   - → *Begründung neuen Gewahrsams*

---

331 BGHSt 16, 190, 192 f; BGH GA 60, 82; 62, 78; BGH JR 99, 336, 338; BGH NStZ 11, 36, 37; BGH BeckRS 16, 118753; S/S-*Bosch*, § 242 Rn 66.
332 S. dazu *Rengier*, BT I § 2 Rn 179 ff; zur Abgrenzung zwischen bloßer Tatgeneigtheit und Tatentschluss auf bewusst unsicherer Tatsachengrundlage s. LK-*Murmann*, § 22 Rn 53 ff.
333 BGH NStZ 14, 516.
334 BGH NStZ 04, 386, 387.
335 So BGH BeckRS 17, 110830 (Apothekentresor); BGH BeckRS 17, 126969 (Schmuckkoffer); BGH HRRS 18, Nr 104 (Handtresor); BGH HRRS 18, Nr 521; BGH NJW 19, 2868 (wertloser Modeschmuck); BGH NStZ-RR 21, 212 (leerer Stoffbeutel); s. auch BGH NStZ 00, 531; 04, 333; 06, 686; BGH BeckRS 18, 21441 (leerer Tresor) jeweils zum identischen Problem beim Raub; abw. LG Düsseldorf NStZ 08, 155, 156; s. dazu auch *Kudlich/Oğlakcıoğlu*, JA 12, 324 und Rn 180, 405 f.

>   Gewahrsam
>   Ⓟ Gewahrsamsenklave
>   Begründung
>   Ⓟ Vollendung
> 2. **Subjektiver Tatbestand**
>   a) **Vorsatz:**   • *jede Vorsatzart*
>   → Bedeutungskenntnis bzgl Fremdheit
>   b) **Zueignungsabsicht:** • *Absicht rechtswidriger Zueignung*
>   *Aneignung*
>   → bzgl (zeitweiser) Anmaßung d. Eigentümerstellung
>   Ⓟ Zueignungsgegenstand
>   → dolus directus 1. Grades (Absicht)
>   *Enteignung*
>   → bzgl endgültiger Verdrängung d. Eigentümers
>   Ⓟ Rückführungswille
>   Ⓟ Zueignungsgegenstand
>   → zumindest dolus eventualis
>   *zu eigenen Gunsten/zu Gunsten eines Dritten*
>   *Rechtswidrigkeit der (beabsichtigten) Zueignung*
>   → fälliger, einredefreier Anspruch
>   Ⓟ Gattungs-, Spezies-, Geldschuld
>   *Vorsatz bzgl Rechtswidrigkeit*
>   → Parallelwertung in der Laiensphäre
>   Ⓟ Irrtum bzgl Anspruch/Konkretisierungsbefugnis
> II. **Rechtswidrigkeit**
> III. **Schuld**
> IV. **Besonders schwerer Fall, § 243**
> → **Qualifikationen, §§ 244, 244a**
> → **Privilegierungen (Strafantrag, §§ 247, 248a)**

§ 4 Besonders schwere Fälle des Diebstahls

240 **Fall 13:** Drei Beamten der Deutschen Bundesbank, die innerhalb der Hauptkasse in verschiedenen Funktionen mit der Aussonderung und Vernichtung von nicht mehr umlauffähigen (beschmutzten oder beschädigten) Banknoten befasst waren, gelang es in den Jahren 1974 und 1975 in arbeitsteiligem Zusammenwirken, durch den Umtausch schon gelochter und zur Verbrennung bestimmter gegen noch ungelochte Banknoten Scheine im Wert von 2 200 000 DM aus dem Bereich der Bundesbank zu entwenden, die sie unter sich aufteilten.
Liegt ein besonders schwerer Fall des Diebstahls vor? **Rn 249**

241 **Fall 14:** T betrat kurz nach Kassenschluss einen Supermarkt. Er beabsichtigte, in einem unbeobachteten Moment eine Kasse aufzubrechen und den Kasseninhalt an sich zu nehmen, erkannte aber auf Grund der im hinteren Teil des Marktes noch brennenden Leuchtröhren, dass die Kassenschubladen bereits geöffnet und entleert waren.
Ist T eines versuchten Diebstahls in einem besonders schweren Fall schuldig? **Rn 257**

I. § 243 und die Bedeutung der Regelbeispielmethode

1. Kein Qualifikationstatbestand

§ 243 sieht für bestimmte Fälle des Diebstahls einen **erhöhten Strafrahmen** vor. Insofern kann er – in einem weiten Sinne – als Qualifikation bezeichnet werden. Ein **Qualifikations*tatbestand*** aber ist er gerade **nicht**.

242

Als Qualifikationstatbestand müsste er Deliktstatbestandscharakter haben. Es müsste sich aus bzw. mit ihm eine **vollständige Sanktionsnorm** ergeben, die sich eindeutig auf eine hinreichend **bestimmte Verhaltensregel** (aus der sich für den Einzelfall die verletzte Pflicht ergibt) bezieht und die ggf **weitere Voraussetzungen**, unter denen die Strafdrohung für die Pflichtverletzung steht, angibt. Qualifikationstatbestände (und ebenso Privilegierungstatbestände) leisten dies nicht allein, sondern sind zusammen mit ihrem Grundtatbestand zu lesen. Der Grundtatbestand hat die genannten Voraussetzungen selbst unmittelbar zu erfüllen. Ein Qualifikationstatbestand verschärft die Rechtsfolgen der Sanktionsnorm unter bestimmten Bedingungen, die die Voraussetzungen der Sanktionsnorm des Grunddelikts einengen. Möglich sind als derartige verschärfte Bedingungen die Verletzung einer speziellen Form der Verhaltensregel des Grunddelikts (zB das Verbot des Stehlens unter Einbruch in eine Wohnung, § 244 I Nr 3 Var. 1), der Verstoß gegen zusätzliche Verhaltensregeln (zB das Verbot, sich an einer Diebesbande zu beteiligen, § 244 I Nr 2), das Bestehen besonderer Umstände der Tat (zB dass es sich bei einer betroffenen Wohnung um eine Privatwohnung handelt, § 244 IV) und der Eintritt weiterer Ereignisse (zB Tod des Geschädigten in besonderem Zusammenhang zur Tathandlung, § 251). Diese Möglichkeiten sind kumulierbar; einer trennscharfen Abgrenzung bedarf es nicht.

Auf den ersten Blick scheinen die in den Nummern von § 243 I 2 aufgeführten Beispiele (*Erschwernisgründe*) solche Bedingungen zu sein. Aber ihre Beziehung zur Rechtsfolge (der Sanktion) ist anders. Eine Sanktionsnorm droht eine Sanktion (bzw. Sanktionen innerhalb eines von ihr gesetzten Rahmens) genau für den Fall an, dass die Voraussetzungen erfüllt sind (dh die aus der Verhaltensregel in der Tatsituation folgende Pflicht verletzt wurde und die weiteren Voraussetzungen erfüllt sind). Ihre Voraussetzungen bilden also gemeinsam eine **notwendige und zugleich hinreichende Bedingung** für ihre Anwendung.[1] Das ist bei den in § 243 I gegebenen Beispielen ganz anders. Die notwendige und zugleich hinreichende Bedingung für die Rechtsfolge von § 243 I ist das Vorliegen eines *besonders schweren Falls*. Das aber ist nichts anderes als ein Fall, in dem diese Schärfung der Tat und Schuld angemessen ist. Wann das so ist, sagt diese Bedingung nicht und erfüllt damit in keiner Weise die Bestimmtheitsvoraussetzungen, die Art. 103 II GG an Deliktstatbestände stellt. Mit den Beispielen werden Hinweise darauf gegeben, wann die Bedingung erfüllt ist. Gesagt wird dabei aber nur, dass in solchen Fällen, wie die Beispiele sie angeben, „in der Regel" ein besonders schwerer Fall vorliegt. Damit sind zwei wesentliche Einschränkungen gemeint: Erstens kann ein Fall unter die Beispiele fallen und dennoch kein besonders schwerer Fall sein, wenn zugleich mildernde Umstände vorliegen (und das, obwohl die Vorschrift von solchen gar nicht spricht). Die Beispiele liefern also **keine hinreichende Bedingung** für die verschärfte Sanktionsdrohung. Zweitens kann ein Fall unter keines der Beispiele fallen und dennoch ein besonders schwerer Fall sein, wenn die Schuld des Täters derjenigen, die für die Beispielsfälle

243

---

[1] Vgl dazu BGHSt 29, 359, 368; *Wessels/Beulke/Satzger*, AT Rn 169.

typisch ist, entspricht. Die Beispiele liefern also **auch keine notwendige Bedingung** für die verschärfte Sanktionsdrohung.[2]

244 § 243 I bezieht sich also, wie Qualifikationstatbestände, auf eine andere Vorschrift und bedarf dieser Vorschrift zur Vollständigkeit, seine logische Struktur ist aber anders als die eines Tatbestands. Während ein Tatbestand seine Rechtsfolge für genau den Fall anordnet, dass seine Merkmale erfüllt sind, ist § 243 nicht so gemeint. Die Verwirklichung von Erschwernisgründen aus § 243 I 2 hat lediglich **indizielle Bedeutung**. Von den Anwendern der Norm wird für sie zwar zunächst eine klassische Subsumtion verlangt, aus dem Subsumtionsergebnis soll aber nicht unmittelbar auf die Rechtsfolge geschlossen werden. Über sie ist vielmehr gesondert nach Art eines (engen) *Analogieschlusses* zu entscheiden: Die Rechtsanwender müssen beurteilen, ob der ihnen vorliegende Fall bzgl der Schuld des Täters den typischen Beispielsfällen hinreichend ähnlich und nicht in wesentlichen Aspekten ungleich weniger gravierend ist. Nur dann liegt ein *besonders schwerer Fall* des Diebstahls vor. Das ist bei Verwirklichung eines oder mehrerer der in § 243 I 2 aufgezählten Erschwernisgründe **nicht immer**, aber auch **nicht nur dann** anzunehmen. Im Strafrecht dürfen Rechtsanwender keine die Strafbarkeit begründende oder verschärfende Analogie zu Deliktstatbeständen oder Tatbestandsmerkmalen ziehen, und der Gesetzgeber darf das auch nicht von ihnen verlangen (Art. 103 II GG, § 1). Solche Analogien darf der Gesetzgeber im Strafrecht nur selbst ziehen (so zB durch § 263a zu § 263). Aus diesen Gründen – der logischen Struktur seiner Regelungsweise wegen – kann § 243 I nicht als Qualifikationstatbestand und überhaupt nicht als Tatbestand auf Ebene der Deliktstatbestände aufgefasst werden.

Mit **Beispielen und Ähnlichkeiten** können **auch Deliktstatbestände**, also auch Qualifikationstatbestände arbeiten. So zählt zB § 211 II Gruppe 1 zunächst einige niedrige Beweggründe beispielhaft auf (Mordlust, Handeln zur Befriedigung des Geschlechtstriebs, Habgier) und schließt die Aufzählung mit *„sonst aus niedrigen Beweggründen"*. Dass ein solches Merkmal für sich genommen wesentlich bestimmter wäre als Regelbeispiele, wird man kaum behaupten können. Aber die logische Struktur solcher Vorschriften ist eine andere: Ein inhaltliches Merkmal (im Bsp: niedrige Beweggründe) wird über Beispiele konkretisiert, letztlich aber nur das Vorliegen dieses Merkmals verlangt. Wenn es erfüllt ist, ergibt sich daraus die Rechtsfolge. Alle Probleme sind hier ganz klassisch solche der Definition und Subsumtion. Kleiner macht das die Probleme freilich nicht.

245 Dieser ungewöhnliche logische Status der in § 243 I 2 aufgezählten Erschwernisgründe wird durch die Bezeichnung **„Regelbeispiel"** ausgedrückt. Der Ausdruck kommt nicht daher, dass sie Teil einer echten Regel (wie einer Verhaltensregel) wären. Er bezieht sich vielmehr auf den die **Regelhaftigkeit abschwächenden Ausdruck** „[liegt] in der Regel [vor]". Die Beispiele haben in diesem Sinne *„nur Regelwirkung"*. Der Einsatz dieser Regelungstechnik im StGB ist noch vergleichsweise neu, ein Phänomen der zweiten Hälfte des letzten Jahrhunderts.[3]

§ 243 war früher (bis zum 1.4.1970) in der Form eines **Qualifikationstatbestands** gefasst. Seine Kasuistik führte zB zu dem merkwürdigen Ergebnis, dass qualifiziert zu bestrafen war, wer ein Auto aufbrach und *daraus* einen Regenschirm entwendete, aber nur wegen einfachen Diebstahls, wer das Auto mitsamt Regenschirm wegnahm.[4] Die Regelbeispielmethode vermeidet solche Widersin-

---

2 Zur Handhabung von § 243 allgemein MK-*Schmitz*, § 243 Rn 6 f.
3 S. dazu *Gössel*, Hirsch-FS S. 186; *Wessels*, Maurach-FS S. 295. Der Übergang wurde durch das 1. StRG vom 25.6.1969 vollzogen.
4 S. dazu *Hillenkamp*, Die Bedeutung von Vorsatzkonkretisierungen, 1971, S. 18 sowie *Maurachs* besorgten Brief an einen Verbrecher in JZ 62, 380.

nigkeiten **um den Preis eines Verlusts an Rechtssicherheit**,[5] denn sie ersetzt Kriterien, die grundsätzlich *ex ante* (zur Tatzeit) beurteilt werden können, durch Wertungen *ex post* (bei der Aburteilung). An echten Qualifikationskriterien festzuhalten, kostet indes bisweilen auch einen hohen **Preis**, nämlich **an Verhältnismäßigkeit bzw. Schuldangemessenheit der Strafe**. Der eben angeführte Mordtatbestand und die beständige Debatte um einschränkende Auslegungen, Typenkorrekturen etc sind dazu ein gutes Beispiel.

Die Frage, **ob** ein Verhalten **bei Strafe verboten** ist oder nicht, muss unbedingt **zur Tatzeit beantwortet** sein (Art. 103 II GG). Mit der Regelbeispielmethode wäre das nicht zu leisten. Die Frage nach **Strafrahmen und Strafzumessung** ist hingegen erst **bei der Aburteilung** entscheidend. Der Täter soll zur Tatzeit nicht sein Interesse an der Tat gegen das Risiko einer Bestrafung abwägen, sondern die strafbewehrten Gebote und Verbote einhalten! Die Strafrahmen vorher festzulegen, hat eine Rechtsstaatlichkeit und Gleichbehandlung sichernde Funktion, die aber in einem Abwägungsverhältnis zu anderen Aspekten der Rechtsstaatlichkeit und des Schuldprinzips steht. Wo es nur um das Maß das Sanktionierung geht, hat die Regelbeispielmethode daher durchaus ihre **Berechtigung im Kanon der Gesetzgebungstechniken** und bewirkt dabei deutlich mehr Rechtssicherheit als *unbenannte* Strafänderungsgründe (wie § 212 II). Ob sie oder ein echter Qualifikationstatbestand vorzugswürdig ist, hängt ab vom jeweiligen Regelungsgegenstand, bisheriger Praxis und sprachlichen Möglichkeiten, eine allgemeine, trennscharfe Regel konzise zu fassen.

2. Strafzumessungsregel

§ 243 ist wegen der Verwendung der Regelbeispielmethode nur eine **Strafzumessungsregel**. Ihre Bedeutung beschränkt sich auf die Auswahl des **Strafrahmens** und auf das **Strafmaß**.[6] Das hat zunächst die Konsequenz, dass seine Anwendung mehr verlangt als bloße Subsumtion unter die Regelbeispiele, nämlich noch **zwei Kontrollüberlegungen**: (1) die Prüfung einer Ausnahme trotz Regelwirkung (Rn 247) und (2) die Prüfung eines unbenannten besonders schweren Falls (näher Rn 248). Die Prüfung von § 243 hat also eine **dreiteilige Struktur**. Auch wenn in Arbeiten während der Ausbildung zunächst keine Strafzumessung verlangt wird, wird doch erwartet, dass § 243 geprüft und entschieden wird, ob ein besonders schwerer Fall vorliegt, der Strafrahmen also zu verschieben ist. Dabei ist insbesondere die dreiteilige Struktur der Prüfung zu zeigen.

246

Darüber hinaus muss eine **Strafe für einen Diebstahl** (§ 242) **zuzumessen** sein. Die Rechtsfolge von § 243 bezieht sich auf den Strafrahmen des § 242; dieser wird verschoben. Das setzt voraus, dass ein Schuldspruch nach § 242 erfolgt und aus ihm die Strafe zuzumessen ist. Wenn der Diebstahl auf Grund **von Konkurrenzen verdrängt** wird, zB weil auch ein Qualifikationstatbestand erfüllt ist, stellt sich keine Frage der Strafzumessung nach § 242 und § 243 ist nicht anwendbar. In einem **Urteil** ist der Schuldspruch

---

5 Näher *Arzt*, JuS 72, 385; *Blei*, Heinitz-FS S. 419; *Maiwald*, NStZ 84, 433; *Montenbruck*, NStZ 87, 311; R. *Schmitt*, Tröndle-FS S. 313; *Wessels*, Maurach-FS S. 295 ff; abl. *Calliess*, JZ 75, 112 ff; *Freund*, ZStW 109 (1997), 471; *Hettinger*, Entwicklungen im Straf- und Strafverfahrensrecht der Gegenwart 1997, S. 35. Dafür, ganz zu Qualifikationstatbeständen statt Regelbeispielen zurückzukehren, *Hirsch*, Gössel-FS S. 287; *Zieschang*, Jura 99, 567; wie hier hingegen eingehend *Eisele*, Die Regelbeispielsmethode im Strafrecht 2004, S. 416, 446.

6 BGHSt 23, 254, 256; 26, 104, 105; 33, 370, 373; A/W *Heinrich*, § 14 Rn 16; BK-*Wittig*, § 243 Rn 1; Fischer-*Fischer*, § 243 Rn 2; *Gössel*, Hirsch-FS S. 196 f; LK-*Vogel/Brodowski*, § 243 Rn 3 ff; MK-*Schmitz*, § 243 Rn 2, 4; M/R-*Schmidt*, § 243 Rn 1; *Rengier*, BT I § 3 Rn 1; *Schramm*, BT II § 2 Rn 79; SK-*Hoyer*, § 243 Rn 1; S/S-*Kinzig*, für §§ 38 ff Rn 47; S/S/W-*Kudlich*, § 243 Rn 1; *Zöller*, BT II Rn 40; *Calliess*, JZ 75, 112; *Calliess*, NJW 98, 929; *Eisele*, Die Regelbeispielsmethode im Strafrecht 2004, S. 181, 189; *Eisele*, JA 06, 311 f; *Jakobs*, AT 6/99; *Kindhäuser*, Trifftrer-FS S. 123; *Kindhäuser/Böse*, BT II § 3 Rn 4; s. zum Streit auch *Eisele*, BT II Rn 96–99.

(inkl. Konkurrenzen) vor dem Rechtsfolgenausspruch zu begründen; dort bildet sich die Abhängigkeit meist von selbst ab.[7] Im **Gutachten** ist hier zu zeigen, dass man verstanden hat, was Strafzumessung bedeutet. Obwohl es in Falllösungen nicht unüblich ist, § 243 unmittelbar nach bzw. bei § 242 zu behandeln, und danach Diebstahlsqualifikationen zu erörtern, ist es widersinnig, wenn das ohne Erläuterung geschieht. Entweder prüft man § 243 nach der Feststellung, dass kein Qualifikationstatbestand des Diebstahls und kein anderes, § 242 verdrängendes Delikt erfüllt ist (und behandelt, wenn der Diebstahl doch verdrängt wird, § 243 in einem Hilfsgutachten). Oder man beginnt die Behandlung von § 243 bei § 242 **nach der Schuld und nach Strafausschlussgründen** mit einem knappen Satz des Inhalts, dass des sachlichen Zusammenhangs wegen § 243 an dieser Stelle geprüft wird, seine Anwendung aber unter dem Vorbehalt steht, dass § 242 nicht von anderen Tatbeständen verdrängt wird, weil sonst gar keine Strafe danach zuzumessen wäre (s. auch Rn 285).

Schließlich ergeben sich Auswirkungen auf die Anwendbarkeit von Vorschriften des Allgemeinen Teils. So spielt die **Vorstellung des Täters** bei der Prüfung der Regelbeispiele eine ganz **wesentliche Rolle**, denn es geht ja um seine Schuld und nicht einfach um äußere Tatsachen. § 16 I bezieht sich aber auf Deliktstatbestände und ist daher bei § 243 I nicht unmittelbar, sondern *entsprechend* anzuwenden.[8]

247 Die **Regelbeispielmethode** fußt auf dem Grundsatz der **Gesamtwürdigung** von **Tat und Täter**.[9] Sind die Merkmale eines Regelbeispiels erfüllt, tritt die sog. **Regelwirkung** ein. Die ihr entsprechende Annahme eines *besonders schweren Falls* bedarf keiner weiteren positiven Begründung, dh es müssen nicht noch zusätzliche, gegen den Täter sprechende Aspekte angeführt werden; die Beurteilung deckt sich so bereits mit der generellen gesetzlichen Bewertung. Man hat allerdings zu **prüfen**, ob nicht besondere Umstände innerhalb des Tatgeschehens oder in der Person des Täters vorliegen, die den Unrechts- oder den Schuldgehalt der Rechtsverletzung so sehr mindern, dass die indizielle Wirkung des Regelbeispiels nicht eintritt. Wo das zutrifft, ist die Abweichung von der Regel zulässig und stets näher zu **begründen**.[10] Dabei ist entscheidend, ob die Tat in den für die *Strafzumessung relevanten Gesichtspunkten* (§ 46 II) nennenswert weniger gravierend ist als die typischen Fälle der Regelbeispiele.[11] In schriftlichen Prüfungen geht es dabei meist um Aspekte des Handlungsunwerts („Maß der Pflichtwidrigkeit") und des Erfolgsunwerts („die verschuldeten Auswirkungen") der Tat. Wenn es Anhaltspunkte für das Vorliegen zugunsten des Täters sprechender Aspekte gibt, müssen dazu in der Begründung Ausführungen erfolgen, die erkennen lassen, dass sowohl die Möglichkeit einer Abweichung zugunsten des Täters erkannt, als auch die betreffenden Aspekte berücksichtigt wurden. Für die Bejahung oder Verneinung des Deliktstatbestands oder an anderer Stelle der Strafzumessung (namentlich §§ 13 II, 23 II, 28 I) bereits verwertete Gesichtspunkte, können nicht erneut ausschlaggebend sein (**Doppelverwertungsverbot**, insb. § 46 III).

---

[7] Hierzu *Schäfer/Sander/Gemmeren*, Praxis der Strafzumessung, 6. Aufl. 2017, Rn 1563.
[8] *Roxin/Greco*, AT I § 12 Rn 143; *Zopfs*, Jura 07, 421; HdS-*Kudlich* V, § 29 Rn 94; für direkte Anwendung *Eisele*, Die Regelbeispielsmethode im Strafrecht 2004, S. 284.
[9] Vgl BGHSt 28, 318, 319; 29, 319, 322.
[10] § 267 III 3 StPO; s. zur Prüfungspflicht BGH HRRS 16, Nr 762; zur Begründungspflicht BGH JZ 87, 366.
[11] BGH StV 89, 432; BGH NStZ-RR 03, 297; OLG Frankfurt a.M. NStZ-RR 17, 12 (vertypte Strafmilderungsgründe); enger MK-*Schmitz*, § 243 Rn 6; ausf. *Eisele*, Die Regelbeispielsmethode im Strafrecht 2004, S. 267 ff.

Fehlt es an den Voraussetzungen eines Regelbeispiels, scheidet die Bejahung eines *besonders schweren Falls* in der Regel aus, ohne dass dies zusätzlich negativ, dh unter Angabe weiterer für den Täter sprechender Aspekte, begründet werden müsste. Das Gericht ist aber **nicht gehindert**, das Vorliegen eines *besonders schweren Falls* anzunehmen, wenn **sonstige** – im Gesetz nicht erfasste – Erschwerungsgründe hinzukommen, die dem Leitbild der Regelbeispiele qualitativ voll entsprechen und den Unrechts- **und** Schuldgehalt der Tat so sehr steigern, dass die Anwendung des normalen Strafrahmens unangemessen wäre.[12] Man spricht dann von einem **unbenannten** oder atypischen **besonders schweren Fall**. Ebenso, wie mehrere Regelbeispiele erfüllt sein können, kann ein unbenannter besonders schwerer Fall auch zu verwirklichten Regelbeispielen hinzutreten, wenn der Fall entsprechende zusätzliche Aspekte aufweist. Zur Annahme eines unbenannten besonders schweren Falls genügt nicht bloße Merkmalsähnlichkeit.[13] Die Rechtsanwender sind zur engen Anlehnung an das geregelte Leitbild verpflichtet. Wer hier von einem „Erfindungsrecht" spricht und die verfassungsrechtliche Zulässigkeit bestreitet,[14] übersieht einerseits die vorhandenen Bindungen und erstreckt andererseits das Bestimmtheitsgebot übertrieben scharf auf Strafzumessungsregeln. Es geht hier auch nicht um eine unselbstständige qualifizierende Unrechtsvertypung,[15] sondern um Tatschuld und Strafzumessung am Maßstab der Kriterien des § 46 II. Würde man von den Regelbeispielen nur negative Abweichung zulassen (Rn 247), verlöre die Regelbeispielstechnik ihren Vorteil, Einzelfallgerechtigkeit gleichgewichtig verbürgen zu können.

248

Im BGHSt 29, 319 nachgebildeten **Fall 13** waren die drei Beamten in der ersten Instanz nur wegen *einfachen* Diebstahls verurteilt worden. Der BGH beanstandete die Nichtanwendung des § 243 I mit folgenden Hinweisen: Auch bei Fehlen eines Regelbeispiels könne ein *besonders schwerer Fall* des Diebstahls gegeben sein. Maßgebend dafür sei, ob das **gesamte Tatbild** einschließlich aller subjektiven Momente und der **Täterpersönlichkeit** vom Durchschnitt der gewöhnlich vorkommenden Fälle so sehr abweiche, dass die Anwendung des strengeren Ausnahmestrafrahmens geboten sei. Die Annahme eines solchen Falls könne unter den hier gegebenen Umständen deshalb nahe liegen, weil die Täter als **Amtsträger** Sachen von **besonders hohem Wert** gestohlen hätten, die ihnen in ihrer Eigenschaft als Amtsträger zugänglich und anvertraut gewesen seien. Neben der Frage, in welchem Maße das Opfer durch den Diebstahl getroffen werde, falle hier ins Gewicht, dass das Vertrauen der Allgemeinheit in die Integrität der Deutschen Bundesbank als Hüterin der Währung durch eine derartige „Selbstbedienung" ihrer Beamten nachhaltig beeinträchtigt werde. Danach ist hier ein atypischer besonders schwerer Fall zu bejahen, der sich an dem durch § 243 gewährleisteten Schutz vor mit hoher krimineller Energie begangenen Diebstählen und an gesicherten belastenden Strafzumessungstatsachen wie dem Missbrauch einer Vertrauensstellung als Amtsträger (vgl § 263 III 2 Nr 4) orientiert.

249

---

12 Vgl BGHSt 29, 319, 322; BGHSt 61, 166, 173; OLG Düsseldorf JR 00, 212; OLG Dresden NStZ-RR 15, 212; *Hilgendorf/Valerius*, BT II § 3 Rn 5 f; HK-GS/*Duttge*, § 243 Rn 1; *Lackner/Kühl/Heger*, § 46 Rn 14; *Wessels*, Maurach-FS S. 295, 302 und Lackner-FS S. 423; ausf. *Eisele*, Die Regelbeispielsmethode im Strafrecht 2004, S. 225 ff; *Mitsch*, BT II S. 82 f; enger MK-*Schmitz*, § 243 Rn 7; SK-*Hoyer*, § 243 Rn 9 ff.
13 S. zum Analogieverbot A/W-*Heinrich*, § 14 Rn 19; zur Zulässigkeit engerer wie weiterer Analogie s. *Eisele*, BT II Rn 104–106
14 *Calliess*, NJW 98, 935; *Heghmanns*, Rn 1207; s. auch *Zieschang*, Jura 99, 563.
15 So aber *Kindhäuser/Hilgendorf*, § 243 Rn 1, 5 mit der Folgerung, dass zB § 16 direkt anwendbar sei; ebenso *Eisele*, Die Regelbeispielsmethode im Strafrecht 2004, S. 181, 189, 284; das **BVerfG** (E 45, 363, 372 f; NJW 08, 3627 f) erklärt das **Gesetzlichkeitsprinzip** auf die Strafzumessungsregel des besonders schweren Falls zwar für anwendbar, den Bestimmtheitsgrundsatz aber für nicht verletzt; s. zu Bedenken HK-GS/*Duttge*, § 243 Rn 2; *Kindhäuser/Hilgendorf*, § 243 Rn 2; *Klesczewski*, BT § 8 Rn 112.

3. Problematik des Versuchs

250 Verwendet der Gesetzgeber die Regelbeispielstechnik, sind im Bereich des Versuchs zwei Fragen auseinanderzuhalten. Erstens ist zu klären, wann der erhöhte Strafrahmen auf einen Versuch anwendbar ist, zweitens, wann durch den Beginn der Regelbeispielsverwirklichung zur Erfüllung des Tatbestandes unmittelbar angesetzt wird.

a) Versuch als besonders schwerer Fall

251 Einen *Versuch* des § 243 *als solchen* gibt es nicht, da diese Vorschrift als Strafzumessungsregel keinen Tatbestand bildet.[16] Der **Versuch eines Diebstahls** (§§ 242 II, 22) kann unter den Voraussetzungen des § 243 I aber durchaus einen *besonders schweren Fall* darstellen;[17] denn auch wenn § 243 I 1 von einem „Diebstahl" und § 243 I 2 Nrn 2–7 davon sprechen, dass der Täter die Sache „stiehlt", so ist das nur die übliche, auf die gesetzliche Grundform des Delikts bezogene Formulierung, die Sonderformen nicht ausschließt. Sähe man es anders, wäre die von § 23 II eröffnete Möglichkeit, auch beim Versuch den Strafrahmen der vollendeten Tat auszuschöpfen, ausgerechnet für den Fall abgeschnitten, in dem schon beim Versuch ein Regelbeispiel vollständig erfüllt worden ist. Das leuchtet nicht ein.[18] Im Übrigen ist das Ausbleiben der Vollendung keineswegs ein Indiz für geringere Schuld. Für die Schuld haben die Motivlage, die Vorstellungen des Täters und die Ausführungsweise besondere Bedeutung. Das spricht grundsätzlich dafür, sogar bzgl der Regelbeispiele selbst ein unmittelbares Ansetzen im Willen, ihre Voraussetzungen zu verwirklichen, genügen zu lassen. Doch so einfach ist es nicht. Einige Regelbeispiele knüpfen gerade an Erfolgsunrecht an; bei ihnen das unmittelbare Ansetzen genügen zu lassen, unterliefe die gesetzliche Wertung. Bei anderen ist die Vollendung für das Maß der Schuld zwar weniger wichtig, doch es macht oft einen großen Unterschied, wie weit die Tat tatsächlich vorangetrieben wurde, so dass frühestens ein Stadium, das einem beendeten Versuch entspricht, der Vollendung im Maß der Schuld gleichstehen kann. Letztlich gibt es zwei Möglichkeiten, die nötigen Differenzierungen zu erreichen. Entweder nimmt man die Regelwirkung bei Regelbeispielen, die nicht ihrer Natur nach eine Vollendung verlangen, „großzügig" schon auf Basis der Vorstellung des Täters an, schöpft aber die Milderungsmöglichkeit des § 23 II entsprechend großzügig aus. Dazu tendieren die Rspr. und erhebliche Teile der Lehre.[19] Oder man verlangt für den Eintritt der **Regelwirkung** die *vollständige* Verwirklichung des Regelbeispiels, nimmt ggf aber einen unbenannten besonders schweren Fall an.[20] Letzteres ist vorzugswürdig, denn es

---

16 Missverständlich BayObLG NStZ 97, 442; zutr. BGH NStZ-RR 97, 293 zu § 176 III aF; Fischer-*Fischer*, § 46 Rn 97; *Hohmann/Sander*, BT I § 1 Rn 164.
17 Vgl OLG Köln MDR 73, 779; ebenso A/W-*Heinrich*, § 14 Rn 36; **aA** *Arzt*, JuS 72, 517; *Calliess*, JZ 75, 118; *Degener*, Stree/Wessels-FS S. 305, 326 ff.
18 S. *Küper*, JZ 86, 520; LK-*Hillenkamp*, 12. Aufl., vor § 22 Rn 143 f; iE ebenso *Eisele*, Die Regelbeispielsmethode im Strafrecht 2004, S. 302 f; *Sternberg-Lieben*, Jura 86, 185; *Zipf*, JR 81, 121.
19 Vgl. BGHSt 33, 370, 376 f (s. zu dieser Entscheidung *Eckstein*, JA 01, 548); *Eisele*, BT II Rn 151; *Fabry*, NJW 86, 15; *Jäger*, BT Rn 379; *Kindhäuser/Böse*, BT II § 3 Rn 55 ff; *Kindhäuser*, Trifferer-FS S. 123; M/S/M-*Hoyer*, BT I § 33 Rn 110; *Zipf*, Anm. JR 81, 119.
20 Ebenso die früher hM; vgl BayObLG JR 81, 118; OLG Düsseldorf NJW 83, 2712; OLG Stuttgart NStZ 81, 222; *Blei*, BT § 54 III; *Wessels*, Maurach-FS S. 295, 306. So oder ähnlich weiterhin erhebliche Teile der Lehre in **krit. bzw. abl. Auseinandersetzung mit BGHSt 33, 370:** *Arzt*, Anm. StV 85, 104; *Graul*, JuS 99, 852; H-H-*Kretschmer*, Rn 835; *Hohmann/Sander*, BT I § 1 Rn 178; *Krey/Hellmann/Heinrich*, BT II Rn 162 f; *Küper*, JZ 86, 518; *Lackner/Kühl/Heger*, § 46 Rn 15; MK-*Schmitz*, § 243 Rn 87 ff; *Maurach/Gössel*, AT § 40 Rn 120 ff; *Otto*, Jura 89, 200; *Rengier*, BT I § 3 Rn 52 f; *Schmidt*, BT II Rn 161; *Wessels*, Lackner-FS S. 423; *Zöller*, BT Rn 58; *Zopfs*, GA 95, 320.

vermeidet eine komplexe Kasuistik zu den Voraussetzungen einzelner Regelbeispiele bei fehlender Vollendung und ermöglicht ein besseres Eingehen auf die Tatschuld.

Im Einzelnen sind hier *drei* Fallgestaltungen zu unterscheiden:

(1) Bei einem **Diebstahlsversuch** sind die Merkmale eines Regelbeispiels bereits voll verwirklicht worden. **Beispiel:** A ist zum Zweck des Diebstahls mithilfe eines Dietrichs in das Geschäft des B eingedrungen, wird aber gestört und ergreift die Flucht, bevor er etwas hat wegnehmen können. 252

Gegen den Eintritt der Regelwirkung bestehen hier keine Bedenken,[21] sodass A wegen versuchten Diebstahls in einem *besonders schweren Fall* bestraft werden kann (§§ 242, 22 in Verbindung mit § 243 I 2 Nr 1).[22]

(2) Bei einem zur Vollendung gelangten Diebstahl ist die **beabsichtigte** Verwirklichung eines **Regelbeispiels** im „Versuchsstadium" stecken geblieben. **Beispiel:** Bei dem Versuch, die Eingangstür am Geschäft des B mit einem Dietrich zu öffnen, stellt A zu seiner Überraschung fest, dass die Tür gar nicht abgeschlossen ist. So kommt er mühelos in das Gebäude hinein, aus dessen Räumen er Bargeld und Schmuck entwendet. 253

Hier stellt sich die Frage, ob bei einem vollendeten Grunddelikt die Indizwirkung von Regelbeispielen auch dann durchgreift, wenn diese zwar nicht vollständig erfüllt sind, der Wille zu ihrer Realisierung aber bestand und in der Form des „Ansetzens" betätigt worden ist. BGHSt 33, 370, 375 hat sich einer Stellungnahme hierzu enthalten;[23] mit der hM[24] ist der Eintritt der Regelwirkung hier jedoch zu *verneinen*. Für den Unrechtsgehalt der Tat ist es nämlich keineswegs belanglos, ob der Täter ein erfolgsbezogenes Regelbeispiel vollständig verwirklicht oder dazu bloß „angesetzt" hat. Das zeigt ein Vergleich mit dem oben erörterten **Beispiel (1)**: Dort hat der Täter die Schutzvorkehrungen, die der Bestohlene zur Sicherung seines Gewahrsams getroffen hatte, erfolgreich überwunden, das darin enthaltene Unrecht also verwirklicht. Im **Beispiel (2)** brauchte A dagegen keine hinderliche Barriere zu überwinden. Er mag den Plan gehabt haben, aber wirklich umgesetzt hat er ihn nicht, denn der Geschädigte setzte ihm das Hemmnis nicht entgegen.[25] Dieser Unterschied im Unwertgehalt der Tat ist für § 243 I 2 Nr 1 bedeutsam. Er spricht dafür, im letztgenannten Fall bei der Verurteilung wegen **vollendeten Diebstahls** lediglich den **Strafrahmen des § 242** anzuwenden, der weit genug ist, um auch dem Umstand gerecht werden zu können, dass A zur Verwendung eines Dietrichs entschlossen war und dazu bereits „angesetzt" hatte.[26] Will man den Strafrahmen des § 243 eröffnen, muss man die Voraussetzungen eines atypischen schweren Falls (s. Rn 248) bejahen.[27]

---

21 Vgl BGH NStZ 85, 217; A/W-*Heinrich*, § 14 Rn 37 f; *Rengier*, BT I § 3 Rn 51; HdS-*Kudlich* V, § 29 Rn 97; aA aber *Arzt*, Anm. StV 85, 104 und JuS 72, 385, 517.
22 Zur Möglichkeit der Strafmilderung gemäß §§ 23 II, 49 I s. OLG Köln MDR 73, 779; Fischer-*Fischer*, § 46 Rn 104.
23 S. dazu *Rengier*, BT I § 3 Rn 56; *Zopfs*, GA 95, 324.
24 S. *Beulke/Zimmermann*, III Rn 143; *Joecks/Jäger*, § 243 Rn 50; MK-*Schmitz*, § 243 Rn 89; *Schmidt*, BT II Rn 161; S/S-*Bosch*, § 243 Rn 44; S/S/W-*Kudlich*, § 243 Rn 40; *Zopfs*, Jura 07, 423; s. auch BGH NStZ-RR 97, 293 mit zust. Bespr. *Graul*, JuS 99, 852, 856; **aA** *Eisele*, BT II Rn 153; *Kindhäuser/Hilgendorf*, § 243 Rn 49.
25 S. *Hillenkamp*, Vorsatztat und Opferverhalten 1981, S. 297 ff, 306; *Hillenkamp*, ZStW 129 (2017), 596, 622 ff.
26 S. dazu ua BayObLG JR 81, 118; *Küper*, JZ 86, 518, 525; *Otto*, BT § 41 Rn 36; *Sternberg-Lieben*, Jura 86, 183 mwN.
27 So SK-*Hoyer*, § 243 Rn 54; S/S-*Bosch*, § 243 Rn 44; HdS-*Kudlich* V, § 29 Rn 98.

254 (3) Weder der geplante Diebstahl noch das in Aussicht genommene Regelbeispiel sind über das **Versuchsstadium** hinausgelangt. **Beispiel:** Bei dem Versuch, die Eingangstür zum Geschäft des B mit einem Dietrich zu öffnen, ist der zum Stehlen entschlossene A überrascht und festgenommen worden.

Vom Standpunkt der früher hM[28] aus wäre A hier nur nach §§ 242 II, 22 zu bestrafen, während die Gegenansicht über die Regelwirkung des § 243 I 2 Nr 1 das Vorliegen eines versuchten Diebstahls in einem *besonders schweren Fall* bejaht.[29] Zu der letztgenannten Auffassung hat sich auch BGHSt 33, 370 bekannt.

Diese Entscheidung spricht sich dafür aus, Regelbeispiele weitgehend wie Tatbestandsmerkmale zu behandeln, da sie *tatbestandsähnlich* seien.[30] Andererseits ermögliche es diese Rechtsauffassung, § 243 in Fällen des *versuchten* Diebstahls einfach und einheitlich anzuwenden, sodass es bei der Bestrafung nicht darauf ankomme, ob der Erschwerungsgrund an eine Handlung des Täters (§ 243 I 2 Nrn 1 und 6) oder an eine Eigenschaft des Diebstahlsobjekts gebunden sei (§ 243 I 2 Nrn 2, 5 und 7).

255 Dieser Hinweis des BGH hat aus Sicht der Strafrechtspraxis sicher Gewicht. Der Vorteil wiegt indessen die Bedenken nicht auf. Im Endeffekt läuft die Entscheidung auf eine Erweiterung der gesetzlichen Regelwirkungen hinaus. Dafür fehlt es aber an einer tragfähigen Begründung und Kompetenz. Im Bereich der **Strafzumessung** kommt es auf die **Tatbestandsnähe** der Regelbeispiele nicht an; sie hat nur für die Frage Bedeutung, ob der Versuch des einschlägigen **Grunddelikts** schon mit dem „Ansetzen" zur Verwirklichung eines Regelbeispiels beginnt.[31]

256 Prüft man die Konsequenzen, zu denen die Rechtsauffassung des BGH führt, stößt man auf weitere Bedenken. Stellt man nämlich im Bereich des § 243 beim Eintritt der Regelwirkung entscheidend auf den Entschluss und das Vorstellungsbild des Täters ab, so erstreckt sich der strengere Strafrahmen auch auf Irrtumsfälle, dh auf die nur vermeintliche Erfüllung eines Regelbeispiels. Vollständige, versuchte und vermeintliche Erfüllung eines Regelbeispiels stünden danach vollkommen gleich. Trotz der ganz unterschiedlichen Sachlage käme es letzten Endes nur noch auf den Willen des Täters und dessen Betätigung an.

257 In **Fall 14** ist es, anders als in BGHSt 33, 370, noch nicht einmal zur *Teilverwirklichung* des hier einschlägigen Regelbeispiels des Stehlens einer durch ein verschlossenes Behältnis gesicherten Sache (§ 243 I 2 Nr 2) gekommen. Damit liegt, entgegen dem BayObLG,[32] eine Regelbeispielsverwirklichung allein durch Ansetzen nicht vor. Bei Zugrundelegung der hier vertretenen Meinung kann man zum gleichen Ergebnis nur gelangen, wenn hinreichende Anhaltspunkte für einen atypischen besonders schweren Fall vorliegen.[33] Das war in beiden zitierten Entscheidungen aber nicht der Fall.

---

28 S/S-*Eser/Bosch*, 29. Aufl., § 243 Rn 44; der Sache nach liegt sie, allerdings mit deliktsspezifischer Begründung, auch BGH StV 07, 132 und BGH NStZ-RR 09, 206 (zu § 263) zugrunde, s. dazu *Eisele*, BT II Rn 151; *Rengier*, BT I § 3 Rn 53 und hier Rn 659; auch heute erfährt BGHSt 33, 370 überwiegend Widerspruch, s. AnK-*Kretschmer*, § 243 Rn 28; *Zopfs*, Jura 07, 423 mwN.
29 *Eisele*, Die Regelbeispielsmethode im Strafrecht 2004, S. 331 ff; *Fabry*, NJW 86, 15; *Kindhäuser/Hilgendorf*, § 243 Rn 51; LK-*Vogel/Brodowski*, § 243 Rn 73; M/S/M-*Hoyer*, BT I § 33 Rn 110; SK-*Hoyer*, § 243 Rn 54; zweifelnd S/S/W-*Kudlich*, § 243 Rn 41; abl. Hohmann/Sander, BT I § 1 Rn 177 f; *Mitsch*, BT II S. 89.
30 Eine Aussage, die sich bei Regelbeispielen bei anderen Delikten nicht findet, s. *Zöller*, BT Rn 57 mit Verweis auf BGH NStZ-RR 97, 293; BGH NStZ 03, 602; BGH StV 07, 132.
31 Vgl *Wessels/Beulke/Satzger*, AT Rn 961 f.
32 NStZ 97, 442 mit Anm. *Sander/Malkowski*, NStZ 99, 36 und Bespr. *Graul*, JuS 99, 852.
33 Vgl dazu BGHSt 29, 319, 322; *Lackner/Kühl/Heger*, § 46 Rn 14.

b) Versuchsbeginn

Auf einer anderen Ebene liegt die im Zusammenhang mit **Fall 14** schon angedeutete Frage, **wann** der **Versuch beginnt**. Hier ist zu klären, ob das Versuchsstadium bereits dann erreicht ist, wenn der Täter noch nicht mit der eigentlichen Wegnahme begonnen, sondern erst zur Verwirklichung eines Regelbeispiels „angesetzt" hat. Akut wird das zB dort, wo der Täter während des Einbrechens oder Einsteigens überrascht und von der Tatvollendung abgehalten wird und sich die Frage stellt, ob im Beginn des Einbrechens oder Einsteigens ein **unmittelbares Ansetzen zur Verwirklichung des Diebstahlstatbestandes** liegt.

258

Keinen Beifall verdient die Annahme, das strafbare Versuchsstadium sei stets erreicht, sobald der Täter mit der Verwirklichung des Erschwerungsgrundes (s. Rn 242–246) beginne.[34] Da § 22 allerdings auch Ausführungshandlungen erfasst, die noch nicht selbst „tatbestandsmäßig" sind, aber im *unmittelbaren Vorfeld* der Tatbestandsverwirklichung liegen, *kann* die Grenze zwischen Vorbereitung und Versuch naturgemäß auch schon mit dem Beginn des Einbrechens, Einsteigens usw überschritten sein, sofern dieses Ansetzen zur Tat nach dem Gesamtplan des Täters bei ungestörtem Verlauf *unmittelbar anschließend* zur „Wegnahme" iS des § 242 führen sollte.[35] Zwingend ist das aber nicht.

In einigen **neueren Entscheidungen** hat der BGH ausgesprochen: Über den Versuchsbeginn ist stets **tatbestandsbezogen** zu entscheiden; der den Diebstahl im Vollendungsstadium umfassende Raub sowie tateinheitlich mitverwirklichte Delikte können zu unterschiedlichen Zeitpunkten beginnen.[36] Ob mit dem bislang Geschehenen schon zur Verwirklichung des Tatbestands unmittelbar angesetzt worden ist, hängt maßgeblich von der **Vorstellung** des Täters vom schrittweisen Ablauf der Tat ab.[37] Dabei muss sich der Täter „das unmittelbare Einmünden (der) Handlungen in die Erfolgsverwirklichung" in unmittelbarer räumlicher und zeitlicher Nähe vorstellen.[38] Mit dem Ansetzen zu oder Verwirklichen von Qualifikationsmerkmalen oder Regelbeispielen beginnt der Versuch nicht „automatisch", sondern nur dann, wenn sich der Täter danach „ohne (weitere) tatbestandsferne Zwischenschritte, zeitliche Zäsur oder weitere eigenständige Willensbildung einen ungehinderten Zugriff auf die erwartete Beute vorstellt"[39]. Etwas verwässert werden diese richtigen Aussagen durch die zu weit gehende Annahme, dass dem Ansetzen zu oder der Verwirklichung von erschwerenden oder qualifizierenden Merkmalen eine „Regelwirkung" in Bezug auf den Versuchsbeginn zukomme.[40]

---

34 So aber OLG Hamm MDR 76, 155 mit abl. Anm. *Hillenkamp*, MDR 77, 242; der Rspr. zuneigend LK-*Vogel*, 12. Aufl., § 243 Rn 74; zu Recht stellt BGH HRRS 14, Nr 1106 daher auch bei §§ 244, 244a auf das unmittelbare Ansetzen zur Wegnahmehandlung ab, an der es zur Verwirklichung eines (sonstigen) Tatbestandsmerkmals noch fehlen kann; ebenso BGH BeckRS 16, 20061 mit Anm. *Eisele*, JuS 17, 175; *Engländer*, NStZ 17, 87; *Kudlich*, JA 17, 152; *Satzger*, Jura (JK) 17, 1238; OLG Hamburg NStZ 17, 584, 585; nur mit Vorbehalt so auch BGH HRRS 20, Nr 538 mit krit. Anm. *Eisele*, JuS 20, 796; *Kudlich*, NStZ 20, 353; klärend jetzt aber BGH HRRS 20, Nr 597.
35 Vgl LK-*Murmann*, § 22 Rn 157, 163; ferner *Beulke/Zimmermann*, III Rn 141; BK-*Wittig*, § 243 Rn 31; HK-GS/*Duttge*, § 243 Rn 63; *Mitsch*, BT II S. 90 f; MK-*Schmitz*, § 243 Rn 91; *Rengier*, BT I § 3 Rn 57; SK-*Hoyer*, § 243 Rn 55; S/S-*Bosch*, § 243 Rn 45; S/S/W-*Kudlich*, § 243 Rn 37; *Wessels/Beulke/Satzger*, AT Rn 948 f; iE ähnlich *Lackner/Kühl/Heger*, § 46 Rn 15; trotz anderen Ausgangspunkts iE übereinstimmend *Eisele*, Die Regelbeispielsmethode im Strafrecht 2004, S. 297 ff; *Eisele*, BT II Rn 144 f.
36 BGH NJW 20, 2570 mit Bespr. *Eisele*, JuS 20, 798; *Fahl*, JR 20, 420; *Fahl*, JR 21, 75; *Heintschel-Heinegg*, JA 20, 550; *Piazena*, HRRS 20, 346; *Rotsch*, ZJS, 20, 481. Zur hier hervorgehobenen Tatbestandsbezogenheit s. LK-*Murmann*, § 22 Rn 114.
37 BGH NStZ 20, 353 mit Anm. *Eisele*, JuS 20,796 (zum dort synonym verwendeten Begriff „Tatplan" s. LK-*Hillenkamp*, 12. Aufl., § 22 Rn 2); BGH NStZ 20, 598 mit Anm. *Kudlich*; BGH HRRS 20, Nr 882.
38 BGH NStZ 20, 353; 598; 729; BGH NJW 20, 2570; BGH NStZ 21, 537; BGH HRRS 24, Nr 306.
39 BGH NStZ 20, 514; vgl auch BGH StV 21, 481; BGH NJW 20, 2570; die Berufung auf OLG Hamm MDR 76, 155 (mit abl. Anm. *Hillenkamp* MDR 77, 242) ist verfehlt, da dort vom Gegenteil ausgegangen wird.
40 So aber BGH NJW 20, 2570; dagegen LK-*Murmann*, § 22 Rn 156.

4. Vorsatzerfordernis und Teilnahme

259 Die den Täter belastende Zurechnung der Verwirklichung eines Regelbeispiels oder eines atypischen besonders schweren Falls setzt auf der subjektiven Seite **Vorsatz** voraus. Das folgt angesichts der sachlichen Nähe der Regelbeispiele zu den Qualifikationsmerkmalen aus einer *entsprechenden* Anwendung der §§ 15, 16.[41] Für den Teilnehmer kann insoweit nichts anderes gelten. Ob **Anstiftung** oder **Beihilfe** zum Diebstahl unter den Voraussetzungen des § 243 I einen *besonders schweren Fall* darstellen, ist für jeden Beteiligten nach dem Gewicht seines Tatbeitrags selbstständig zu ermitteln.[42] Dabei sind die allgemeinen Akzessorietätsregeln und die dem § 28 II zugrunde liegenden Wertungen *sinngemäß* zu berücksichtigen.[43] Entsprechend § 28 II ist deshalb zB die Gewerbsmäßigkeit, bei der die erhöhte Strafdrohung spezialpräventiv begründet ist, nur *dem* Teilnehmer anzulasten, der sie in eigener Person erfüllt.[44]

II. Die einzelnen Regelbeispiele des § 243 I

260 **Fall 15:** A, Filialleiter einer Teppichhandlung, hatte aus einer Registrierkasse, zu der nur der Kassierer und der Firmenchef F Zugang hatten, 5 000 € entwendet. Es war ihm gelungen, die Kasse durch das Drücken eines von 30 verschiedenfarbigen Bedienknöpfen zu öffnen. Diese Öffnungsmöglichkeit hatte er zufällig wahrgenommen, als F den Knopf bediente. Als A als Täter entdeckt wurde, drängte F ihn, das Arbeitsverhältnis aufzulösen. A erbat sich Bedenkzeit. In dieser Zeit überließ er seinem Bekannten B die Schlüssel zur Filiale und forderte ihn aus Ärger über das Drängen des F auf, aus deren „Schatzkammer" Seidenteppiche zu entwenden. Das tat B. Bevor er mit den Schlüsseln in das Firmengebäude und die „Schatzkammer" gelangte, musste er die niedrige Umzäunung eines vor dem Filialgebäude liegenden Hofes übersteigen, da die Schlüssel zu dessen bereits verschlossenem Eingangstor nicht passten. Wie haben sich A und B strafbar gemacht? **Rn 286**

261 **Fall 16:** T entfernte in einem Kaufhaus mit Gewalt das Sicherungsetikett aus einem Jackett und zerbrach es. Dies geschah in der Absicht, das Jackett zu stehlen. Er zog es unter seinem Parka an und wollte so das Kaufhaus verlassen. Die elektromagnetische Alarmanlage hätte auf das Sicherungsetikett am Kundenausgang des Kaufhauses reagiert. T wurde nach Verlassen der Herrenabteilung von einem Verkäufer, der ihn beobachtet hatte, gestellt. Ist T eines Diebstahls in einem besonders schweren Fall schuldig? **Rn 287**

1. Einbruchs-, Einsteige-, Nachschlüssel- und Verweildiebstahl (Nr 1)

262 § 243 I 2 Nr 1 fasst eine Gruppe von besonderen Erscheinungsformen des Diebstahls mit gewissen Gemeinsamkeiten zusammen, bei denen der Täter zur Ausführung der Tat in ein Gebäude, einen Dienst- oder Geschäftsraum oder in einen anderen umschlossenen Raum einbricht, einsteigt, mit einem falschen Schlüssel oder einem anderen nicht zur ordnungsmäßigen Öffnung bestimmten Werkzeug eindringt oder sich in dem Raum ver-

---

[41] BGHSt 26, 244, 246 mit Verweis auf § 62 E 1962, Begr. S. 185; *Roxin/Greco*, AT I § 12 Rn 143 f; für direkte Anwendung (auch des § 28) *Eisele*, Die Regelbeispielsmethode im Strafrecht 2004, S. 284; *Eisele*, JA 06, 312.
[42] Vgl BGH NStZ 83, 217; Fischer-*Fischer*, § 46 Rn 105.
[43] S/S-*Bosch*, § 243 Rn 47; *Wessels*, Maurach-FS S. 295, 307; krit. dazu *Bruns*, GA 88, 339.
[44] BGH StV 96, 87; SK-*Hoyer*, § 243 Rn 57; zur anders gelagerten Frage der Behandlung der Zueignungsabsicht nach § 28 s. *Hoyer*, GA 12, 123, 128 f.

borgen hält. Vorausgesetzt wird jeweils dreierlei: Die Verletzung eines bestimmten **räumlichen Schutzbereichs**, eine bestimmte **Form des Eindringens** unter Einbeziehung des **Sich-Verborgenhaltens** sowie die Vornahme der einschlägigen Handlung **zur Ausführung des Diebstahls**.

a) Geschützte Räumlichkeiten

Den Oberbegriff des geschützten Bereichs bildet der *umschlossene Raum*.[45] Als **umschlossener Raum** iS des § 243 I 2 Nr 1 ist jedes Raumgebilde anzusehen, das (zumindest auch) zum **Betreten durch Menschen** (nicht zwingend auch zum Aufenthalt)[46] bestimmt und mit Vorrichtungen versehen ist, die das Eindringen von Unbefugten abwehren sollen und tatsächlich ein Hindernis bilden, das ein solches Eindringen nicht unerheblich erschwert.[47] Erforderlich ist für sein **Umschlossensein** nur, dass nicht jedermann frei und ungehindert Zutritt hat und dass es nicht offensichtlich an einem Ausschlusswillen des Berechtigten fehlt, wie etwa bei Telefonzellen[48] oder öffentlichen Bedürfnisanstalten. Wer den umschlossenen Raum durch eine vorhandene Lücke betritt, ohne dabei Schwierigkeiten überwinden zu müssen, also zB durch einen schadhaften Zaun auf einen Lagerplatz gelangt, ohne die Umfriedung zu übersteigen, unter ihr durchzukriechen oder sie mit Kraftanstrengung beiseite zu drücken, verwirklicht das Regelbeispiel des § 243 I 2 Nr 1 nicht.[49]

263

Zu den **umschlossenen Räumen** gehören beispielsweise eingezäunte oder mit Mauern umgebene Höfe, Gärten und Lagerplätze,[50] auch Friedhöfe zur Nachtzeit.[51] Viehweiden sollen nicht darunter fallen, wenn die Umzäunung nur dem Zweck dient, das Vieh am Fortlaufen zu hindern.[52] Mit ihr wird aber regelmäßig der (beabsichtigte) Schutz auch vor Diebstahl einhergehen. Da es entgegen der reichsgerichtlichen Rspr. nach heute einhelliger Auffassung auf die Frage der Beweglichkeit oder Bodenverbundenheit nicht ankommt,[53] sind *umschlossene Räume* auch Schiffe, Eisenbahnwagen, Wohnwagen, Lastkraftwagen,[54] der Insassenraum von Personenkraftwagen[55] sowie Teile im Innern eines Gebäudes. **Dienst-** oder **Geschäftsräume**[56] und **Gebäude** sind dem Begriff des *umschlossenen Raumes* in § 243 I 2 Nr 1 lediglich als illustrierende Beispiele vorangestellt (zum Einbruch in sog. Mischgebäude, die neben Wohnungen auch Geschäfts-, Dienst- oder Gaststättenräume umfassen, s. Rn 343).

264

Gebäude ist ein durch Wände und Dach begrenztes, mit dem **Erdboden fest** (wenn auch allein durch die eigene Schwere) **verbundenes Bauwerk**, das den Eintritt von Menschen gestattet und Unbefugte fernhalten soll.[57] Darunter kann auch ein unbewohntes, zum Abbruch vorgesehenes Gebäude fallen, weil es hier um den durch das Bauwerk gewährleisteten **Schutz von Sachen** und nicht wie bei Gebäuden iS der §§ 306, 306a um den Schutz menschlicher Wohnstätten geht.[58]

---

45 *Küper/Zopfs*, BT Rn 424 ff; nach OLG Frankfurt/M. NJW 06, 1746, 1748 soll er – was zweifelhaft ist – dem Merkmal des „abgeschlossenen Raumes" iSd § 123 entsprechen.
46 BGH NStZ 15, 397 zum Frachtcontainer.
47 BGHSt 1, 158, 164; BGH StV 83, 149.
48 OLG Hamburg NJW 62, 1453.
49 BGH StV 84, 204.
50 RGSt 39, 104, 105; 54, 20.
51 BGH NJW 54, 1897.
52 OLG Bremen JR 51, 88.
53 BGHSt 1, 158, 163.
54 BGHSt 4, 16 f.
55 BGHSt 2, 214, 215; nicht aber der *Kofferraum*, der nur *Behältnis* ist: BGHSt 13, 81, 82.
56 Vgl dazu *Wessels/Hettinger/Engländer*, BT I Rn 557 ff.
57 BGHSt 1, 158, 163.
58 Vgl dazu BGHSt 6, 107 f; *Wessels/Hettinger/Engländer*, BT I Rn 958 f.

b) Handlungsmodalitäten

265 **Einbrechen** ist das gewaltsame, nicht notwendig substanzverletzende[59] Öffnen einer dem Zutritt entgegenstehenden Umschließung.

Vorausgesetzt wird eine **Kraftentfaltung** nicht ganz unerheblicher Art. Daran fehlt es beim bloßen Hochheben eines beweglichen Zaunes[60] wie beim Entriegeln eines offen stehenden Kippfensters, während das mit einer gewissen Anstrengung verbundene Auseinanderbiegen der beiden Flügel eines Scheunentors „bis zur Bildung einer klaffenden Spalte" den Begriff des *Einbrechens* erfüllt.[61]

Verwirklicht ist der erschwerende Umstand des Einbrechens mit der gewaltsamen Beseitigung des den *Zutritt* verwehrenden Hindernisses. Ein *Betreten* des umschlossenen Raumes durch den Täter ist nicht erforderlich; es reicht aus, dass er die entwendete Sache mit der Hand oder mithilfe eines Geräts herausholt.[62] Es kommt auch nicht (mehr) darauf an, ob „aus" dem umschlossenen Raum gestohlen oder ob dieser (wie etwa ein Kraftwagen) mittels der in § 243 I 2 Nr 1 genannten Modalitäten selbst entwendet wird (s. Rn 242).

266 **Einsteigen** ist jedes Hineingelangen in das Gebäude oder den umschlossenen Raum durch eine zum **ordnungsgemäßen Eintritt nicht bestimmte Öffnung** unter Überwindung von Hindernissen und Schwierigkeiten, die sich aus der Eigenart des Gebäudes oder der Umfriedung des umschlossenen Raumes ergeben und die das Hineingelangen nicht unerheblich erschweren.[63]

Das Benutzen eines für den Täter verbotenen, aber offenen oder wegen der Kippstellung eines Flügels einer Terrassentür zu öffnenden Eingangs genügt – weil und wenn es um eine zum ordnungsgemäßen Eintritt bestimmte Öffnung geht – selbst dann nicht, wenn eine mechanische Manipulation am Kippfenster erforderlich ist, die auf ein „geflissentliches und hartnäckiges Vorgehen des Täters weist"[64], ebenso nicht das einfache Überschreiten einer niedrigen Garteneinfassung, wohl aber das Überklettern einer Mauer oder eines Zaunes[65] sowie das Einsteigen durch ein Fenster. Nach einhelliger Ansicht umfasst der Begriff des Einsteigens auch das Hinab- oder Hineinkriechen und jedes sonstige Hindurchzwängen durch eine schmale Öffnung.[66] Alle genannten Vorgänge können sich auch innerhalb eines Gebäudes abspielen, wobei es gleichgültig ist, ob es sich bei dem Täter um einen „Hausfremden" oder einen Hausbewohner handelt.[67]

Das bloße Hineingreifen und Herausholen von Sachen durch eine Öffnung genügt hier anders als bei einem durch Einbrechen eröffneten Zugang ebenso wenig wie ein schlichtes Hineinbeugen mit dem Oberkörper.[68] Mit Letzterem sind der Wortsinn des Begriffs „Einsteigen" und ein dem „Einbrechen" gleichwertiges Unrecht noch nicht erfüllt[69]. Andererseits braucht der Täter nicht mit dem ganzen Körper eingedrungen zu sein.[70] Erfor-

---

59 Fischer-*Fischer*, § 243 Rn 5.
60 BGH NStZ 00, 143, 144 f, OLG Karlsruhe NStZ-RR 05, 140, 142.
61 Vgl RGSt 44, 74.
62 BGH NStZ 85, 217; BGH StraFo 14, 215; OLG Düsseldorf MDR 84, 961.
63 BGHSt 10, 132, 133; BGH NStZ 00, 143, 144; BGH StV 11, 17, 18.
64 So BGHSt 61, 166 (mit Anm. *Heinrich*, JR 17, 170; *Theile*, ZJS 16, 667) gegen den § 244 I Nr 3 bejahen wollenden Vorlagebeschluss des OLG Oldenburg NStZ 16, 98. Der BGH weist aber auf die Möglichkeit der Annahme eines atypischen besonders schweren Falls des Diebstahls nach § 243 I (s. dazu hier Rn 248) hin.
65 BGH StV 11, 17, 18; BGH NJW 93, 2252.
66 BGH MDR/D 54, 16; RGSt 55, 144.
67 Vgl BGHSt 22, 127 f mit abl. Anm. *Säcker*, NJW 68, 2116.
68 BGHSt 10, 132, 133; BGH NJW 68, 1887.
69 Dazu BGHSt 10, 132, 133; BGH StraFo 14, 215; **aA** *Küper/Zopfs*, BT Rn 207a; **wie hier** HK-GS/*Duttge*, § 243 Rn 18; MK-*Schmitz*, § 243 Rn 24.
70 So aber *Gössel*, BT II § 8 Rn 15.

derlich ist nur, dass er **innerhalb des Raumes einen Stützpunkt gewonnen** hat, der ihm die Wegnahme ermöglicht.[71]

Erschwerend wirkt ferner das **Eindringen** mit einem **falschen Schlüssel** oder einem anderen **nicht zur ordnungsmäßigen Öffnung bestimmten Werkzeug**. Falsch ist jeder Schlüssel, der zur Tatzeit vom Berechtigten nicht oder nicht mehr zum Öffnen des betreffenden Verschlusses bestimmt ist.[72] Maßgebend ist also der Wille dessen, dem die Verfügungsgewalt über den Raum zusteht. Vom *Gebrauch falscher Schlüssel* ist der nicht erfasste *Missbrauch* eines *richtigen* Schlüssels (zB unter Missachtung von Absprachen im Innenverhältnis oder nach unbefugter Überlassung) zu unterscheiden.[73]

267

Falsch ist nicht nur der **nachgemachte Schlüssel**, sondern auch derjenige, dem der Berechtigte die frühere Bestimmung zur ordnungsmäßigen Öffnung wieder **entzogen** hat (Entwidmung). Bisweilen ist die erwähnte Bestimmung von vornherein **befristet**; sie endet dann mit Fristablauf. Letzteres ist bei einem Schlüssel, den der bisherige Wohnungsmieter nach Beendigung des Vertragsverhältnisses ohne Wissen des Vermieters behalten hat, vom Augenblick des Auszuges an der Fall – umgekehrt auch bei einem Schlüssel, den der Vermieter nach Übergabe der Wohnung an den Mieter ohne dessen Wissen behalten hat.[74] Gleiches gilt für einen Schlüssel, den ein Arbeitgeber seinem Arbeitnehmer (zB einer Haushaltshilfe) nur für die Dauer des Arbeitsverhältnisses ausgehändigt hat.[75] Überlassen Schwiegereltern ihrer Schwiegertochter einen Schlüssel zu ihrem Haus und fordern ihn nach Auflösung der Ehe von ihr nur deshalb nicht zurück, weil sie ihn vergessen haben, soll es dagegen nach dem BGH mangels jeder Willensbildung an einer Entwidmung fehlen.[76] Das ist zweifelhaft, weil die Annahme eines diesen Fall antizipierenden konkludenten Entwidmungswillens nicht anders als in Miet- oder Arbeitsverhältnissen nahe liegt. Ein *richtiger* Schlüssel wird durch **Diebstahl** oder **Verlust** nicht ohne Weiteres falsch; er wird es erst dadurch, dass der Berechtigte ihm die Bestimmung zur ordnungsmäßigen Öffnung entzieht. Das setzt die **Entdeckung des Verlustes** durch den Berechtigten voraus. Sie rechtfertigt zumeist den Schluss auf eine solche „Entwidmung".[77]

268

Unter **Schlüssel** sind auch mechanische oder elektronische Kunststoffkartenschlüssel zu verstehen, wie sie etwa im Hotelgewerbe üblich sind.[78] Die dem falschen Schlüssel gleichgestellten **anderen Werkzeuge** können von beliebiger Art sein (= Dietriche, Haken usw), müssen vom Täter aber in der Weise angewandt werden, dass der **Mechanismus des Verschlusses ordnungswidrig in Bewegung gesetzt** wird.[79]

269

Daran fehlt es, wenn mit ihnen der Verschluss aufgebrochen wird; ein derartiges gewaltsames Öffnen verwirklicht lediglich das Merkmal des „Einbrechens"[80].

Rechtsprechungsbeispiel: In **BGH NStZ 18, 212** (mit Anm. *Hoven; Kudlich,* JA 18, 229) entwendete A Gegenstände aus Fahrzeugen, nachdem er in Parkhäusern abgewartet hatte, bis die Geschädigten ihr Fahrzeug abgestellt und nach dem Aussteigen eine Funkfernbedienung betätigt hatten, um es zu verriegeln. A gelang es mit einem Störsender, den Schließvorgang so zu manipulie-

---

71 OLG Hamm NJW 60, 1359; Fischer-*Fischer*, § 243 Rn 6; LK-*Vogel/Brodowski*, § 243 Rn 23.
72 BGHSt 13, 15, 16; 14, 291, 292; 21, 189.
73 BGH StV 98, 204; OLG Hamm NStZ-RR 01, 300, 301.
74 BGH NStZ 22, 408.
75 BGHSt 13, 15, 16; 20, 235.
76 BGH NJW 21, 1107 mit Bespr. *Hecker*, JuS 21, 370; *Kudlich*, JA 21, 255; *Kulhanek*, NStZ 21, 169.
77 BGHSt 21, 189, 190; BGH StV 93, 422; *Eisele*, BT II Rn 116; Fischer-*Fischer*, § 243 Rn 8a; *Küper/Zopfs*, BT Rn 456; W/Z/K/W-*Wegner*, BT II § 2 Rn 19; strenger RGSt 52, 84; zur Notwendigkeit des Bemerkens des Verlustes s. KG StV 04, 544.
78 *Küper/Zopfs*, BT Rn 457; S/S-*Bosch*, § 243 Rn 14.
79 BGH MDR 52, 563; RGSt 52, 321, 322.
80 BGH NJW 56, 271; zB mit einem Brecheisen, s. dazu *Koch/Dorn*, JA 12, 676.

ren, dass das Fahrzeug entweder nicht verschlossen oder von den Geschädigten unbemerkt wieder geöffnet wurde. Der BGH beanstandet hier die Bejahung des Regelbeispiels des § 243 I 2 Nr 1. Zwar komme ein Eindringen mit einem *nicht zur ordnungsgemäßen Öffnung bestimmten Werkzeug* durch die Betätigung des Störsenders in Betracht, wenn mit seiner Hilfe das bereits (wenn auch nur unmittelbar zuvor) verschlossene Auto wieder geöffnet werde, nicht aber, wenn der Störsender „die Verriegelung des Fahrzeugs verhindert" habe. Bei dieser die Wortlautgrenze im Strafrecht zu Recht (auch bei Regelbeispielen) als unüberschreitbar ansehenden Auslegung muss – in dubio pro reo – von der 2. Variante ausgegangen und das Regelbeispiel der Nr 1 verneint werden. Es lässt sich jedoch ein „unbenannter besonders schwerer Fall" des Diebstahls bejahen (s. BGH aaO und hier Rn 242, 248). Zutreffend hat der **BGH StV 22, 441** indes ein nicht zur ordnungsgemäßen Öffnung bestimmtes Werkzeug angenommen, wo bei einem sog. Keyless-go-System der Schließmechanismus durch die Verstärkung des Funksignals des Fahrzeugschlüssels ordnungswidrig zur Öffnung ausgelöst wurde (mit Bewegung der Schließmechanik).

270 **Eindringen** setzt wie beim Hausfriedensbruch ein *Betreten* des geschützten Bereiches voraus, wobei auch hier, wie beim Einsteigen, der Täter nicht mit dem ganzen Körper hineingelangt sein, aber doch bildlich gesprochen den Fuß in der Tür und damit einen *Stützpunkt* im befriedeten Raum haben muss. Das notwendige Handeln *gegen* den Willen des Berechtigten folgt aus dem Gebrauch eines *falschen* Schlüssels bzw. eines nicht zur *ordnungsmäßigen* Öffnung bestimmten Werkzeugs idR von selbst.

271 Den vorgenannten Formen des Eindringens in den räumlichen Schutzbereich stellt das Gesetz den Fall des **Sich-Verborgenhaltens** gleich. Bei dieser Alternative kommt es nicht darauf an, wie der Täter in den Raum gelangt ist, ob er ihn legal oder illegal betreten hat und um welche Tageszeit es sich handelt. Wohl aber ist Voraussetzung, dass er seine nicht (mehr) berechtigte Anwesenheit verbirgt.[81]

Beispiel: Ein Angestellter lässt sich nach Geschäftsschluss im Kaufhaus einschließen, um dort ungestört stehlen zu können. Bleibt er einfach auf seinem Platz und wird nur übersehen, reicht das nicht aus. Vielmehr muss er sich etwa in einer Umkleidekabine verbergen.[82]

Allen Begehungsformen des § 243 I 2 Nr 1 ist gemeinsam, dass sie zumeist von solchen Tätern verwirklicht werden, die nicht (mehr) berechtigt sind, sich in dem betreffenden Gebäude oder umschlossenen Raum aufzuhalten. In *jedem* Fall notwendig ist dies aber nicht.[83]

c) Zeitpunkt des Diebstahlsvorsatzes

272 Die in § 243 I 2 Nr 1 erwähnten Handlungen müssen **zur Ausführung der Tat**, dh zur Begehung eines **Diebstahls,** vorgenommen werden. Daraus folgt, dass die Handlungen aus Sicht des Täters der Diebstahls*vollendung* dienen müssen.[84] Insofern muss der Diebstahlsvorsatz schon im Zeitpunkt des Einbrechens, Einsteigens usw vorgelegen haben.

Ein Regelbeispiel nach § 243 I 2 Nr 1 erfüllt daher nicht, wer in das Gebäude einbricht, um darin zu übernachten oder einsteigt, um eine Brandstiftung zu begehen, sich dann aber umentschließt und stiehlt. Das nachträgliche Erliegen einer zu anderen Zwecken herbeigeführten Versuchungssituation ist kein erschwerender Umstand. *Deshalb* verdient auch die vom Wortlaut noch gedeckte Aus-

---

81 *Küper/Zopfs,* BT Rn 473 f; *Otto,* BT § 41 Rn 13.
82 RGSt 32, 310.
83 RGSt 39, 104; BGHSt 22, 127, 128; *Kindhäuser/Hilgendorf,* § 243 Rn 18; *Lackner/Kühl/Heger,* § 243 Rn 14.
84 Fischer-*Fischer,* § 243 Rn 11; *Rengier,* BT I § 3 Rn 19 f.

nahme keinen Beifall, nach der es beim *Verweildiebstahl* genügen soll, dass der Täter den Stehlvorsatz erst *nach* Beginn des Sich-Verbergens fasst.[85]

2. Überwindung besonderer Schutzvorrichtungen (Nr 2)

§ 243 I 2 Nr 2 betrifft den Diebstahl von Sachen, die durch ein **verschlossenes Behältnis** oder eine **andere Schutzvorrichtung** gegen Wegnahme **besonders gesichert** sind.

273

Den **Grund** der Strafschärfung bilden hier die größere deliktische Energie, das aus der Schutzvorrichtung ersichtliche Behaltensinteresse des Eigentümers und die Rücksichtslosigkeit, mit der der Täter sich darüber hinwegsetzt.[86] Wo und wie die Überwindung dieser Gewahrsamssicherung erfolgt, ist gleichgültig.[87] Die Voraussetzungen des Regelbeispiels sind selbst dann erfüllt, wenn der Täter das verschlossene Behältnis als Ganzes entwendet, aber nicht geöffnet hat, weil er schon vorher entdeckt worden ist oder weil er es ungeöffnet veräußert hat.[88]

Behältnis ist ein zur Aufnahme von Sachen dienendes und sie umschließendes Raumgebilde, das im Gegensatz zum umschlossenen Raum **nicht** dazu bestimmt ist, von Menschen betreten zu werden,[89] wie etwa eine Truhe, Kassette oder Kiste, ein Schrank, Koffer, Warenautomat oder der Kofferraum eines Fahrzeugs.[90] **Verschlossen** ist das Behältnis, wenn sein Inhalt durch ein Schloss, eine sonstige technische Schließvorrichtung oder auf andere Weise (zB durch festes Verschnüren) **gegen einen ordnungswidrigen Zugriff von außen besonders gesichert** ist. Daran fehlt es, wenn eine Registrierkasse sich durch einfaches Drehen einer Kurbel[91] oder durch eine nur unauffällig angebrachte Öffnungsvorrichtung leicht öffnen lässt.[92] Entscheidend ist, ob die besondere Sicherung üblicherweise *gegenüber dem Täter* besteht. Dies wird insbesondere beim Öffnen eines verschlossenen, aber an dem bisherigen Ort verbleibenden Behältnis mit einem *richtigen* Schlüssel relevant. Ist der Täter *befugtermaßen* im Besitz des Schlüssels, ist der erhöhte Schutz, den der Verschluss gegen eine Wegnahme der im Behältnis befindlichen Sachen bewirken soll, *ihm gegenüber* aufgehoben.[93] Handelt der Täter *unbefugt*, ist § 243 I 2 Nr 2 nur dann ausgeschlossen, wenn er den Schlüssel im Schloss steckend oder neben diesem aufgehängt vorfindet, da es dann an der *besonderen* Sicherung durch den *Verschluss* fehlt.[94] Hat der Täter dagegen den vom Berechtigten verwahrten Schlüssel entwendet, ist § 243 I 2 Nr 2 gegeben.[95]

274

Andere Schutzvorrichtungen sind alle sonstigen Vorkehrungen und technischen Mittel, die dazu bestimmt und geeignet sind, Sachen gegen Entwendung zu schützen, den unge-

275

---

85 So aber M/S/M-*Hoyer*, BT I § 33 Rn 87; **wie hier** *Eisele*, BT II Rn 119; HK-GS/*Duttge*, § 243 Rn 24; MK-*Schmitz*, § 243 Rn 11.
86 OLG Karlsruhe NStZ-RR 10, 48.
87 BGHSt 24, 248; aA S/S-*Bosch*, § 243 Rn 25; *Schröder*, NJW 72, 778.
88 *Eisele*, BT II Rn 128; Fischer-*Fischer*, § 243 Rn 17; *Rengier*, BT I § 3 Rn 29; **enger** BayObLG NJW 87, 663, 664 f; *Küper*, JZ 86, 523; SK-*Hoyer*, § 243 Rn 31; S/S-*Bosch*, § 243 Rn 25; **diff**. MK-*Schmitz*, § 243 Rn 37; *Zopfs*, Jura 07, 425 f; s. auch LK-*Vogel/Brodowski*, § 243 Rn 33; *Schmidt*, BT II Rn 145.
89 BGHSt 1, 158, 163; *Küper/Zopfs*, BT Rn 99 f.
90 Vgl BGHSt 13, 81, 82.
91 Vgl BGH NJW 74, 567.
92 *Otto*, Jura 97, 471; **aA** OLG Frankfurt NJW 88, 3028; AG Freiburg NJW 94, 400.
93 OLG Hamm NJW 82, 777; der bloße Missbrauch löst § 243 I 2 Nr 2 nicht aus, s. OLG Zweibrücken NStZ-RR 18, 249; s. dazu auch *Murmann*, NJW 95, 935.
94 *Bosch*, JA 09, 905; S/S-*Bosch*, § 243 Rn 22.
95 So **KG NJW 12, 1093, 1094** (mit Bespr. *Jahn*, JuS 12, 468) unter Berufung auf BGH NJW 10, 3175 f = StV 11, 18 mit zust. Anm. *Bachmann/Goeck* und *Kudlich*, JA 11, 153; ebenso schon OLG Karlsruhe NStZ-RR 10, 48.

hinderten Zugriff auf sie auszuschließen und ihre **Wegnahme wenigstens zu erschweren**. Der Schutz, den sie bieten, braucht nicht vollkommen zu sein.

Beispiele: Alarmanlagen, Fahrrad- und Lenkradschlösser, Wegfahrsperren, ferner Ketten, Drahtseile oder Stricke als Mittel zur Verhinderung von Diebstählen; desgleichen *mittelbare* Schutzvorrichtungen, wie etwa ein verschlossenes Behältnis als Aufbewahrungsort für einen Schlüssel zu einem Raum iS der Nr 1.[96]

276 **Zweck** der Vorrichtung muss zumindest auch die **Sicherung** von Sachen **gegen Wegnahme** sein.[97] Bei **verschlossenen Behältnissen** ist diese Voraussetzung in der Regel gegeben. Das gilt insbesondere für verschlossene Geld- und Schmuckkassetten, Tresore, abgeschlossene Reisekoffer, zugenagelte Kisten, mit Plomben versehene Säcke und fest verschnürte Pakete, die der Bahn oder Post zur Beförderung übergeben worden sind.[98] In den letztgenannten Fällen dient das Behältnis nämlich nicht ausschließlich dem Transport, sondern auch dem Zweck, die darin befindlichen Sachen gegen Diebstahl zu schützen und dem Zugriff auf sie ein Hindernis in den Weg zu legen. Maßgebend sind aber die jeweiligen Umstände des Einzelfalls, die mit dem **Grundgedanken** des § 243 I 2 Nr 2 in Einklang stehen müssen. Bloße *Verpackungen, Umschläge* oder *Umhüllungen*, die nur dem Transport und Schutz vor Beschädigungen dienen, genügen nicht.[99] Auf einen *versiegelten* Briefumschlag aber ist § 243 I 2 Nr 2 anwendbar.

277 Pelzmäntel und andere Bekleidungsstücke in Kaufhäusern sind nicht im Sinne des § 243 I 2 Nr 2 **gegen Wegnahme** besonders gesichert, wenn das an ihnen befestigte elektromagnetische **Sicherungsetikett** auf Grund seiner Konstruktion erst nach der Gewahrsamserlangung durch den Dieb (hier: beim Verlassen des Kaufhauses an dessen Publikumsausgang) durch optische und akustische Signale Alarm auslöst. Hier wird dem Bestohlenen nur die **Wiedererlangung** des bereits eingebüßten Gewahrsams durch rasches Eingreifen seines Personals erleichtert, nicht jedoch der Gewahrsamsbruch verhindert.[100] Ob bei einer solchen Sachlage ein *besonders schwerer Fall* außerhalb der Regelbeispiele des § 243 I 2 angenommen werden kann, hängt von den sonst noch gegebenen Umständen des jeweiligen Einzelfalls ab.

278 Zur Anwendbarkeit des § 243 I 2 Nr 2 bei Manipulationen an **Geldspielautomaten**, deren Gehäuse ein verschlossenes Behältnis iS dieser Vorschrift darstellt, ist Folgendes zu beachten:

Wer den Spielablauf, das Spielwerk und die für einen Gewinn erforderliche Stellung der Walzen regelwidrig *von außen* wie etwa in der Weise beeinflusst, dass er durch ein (von ihm hergestelltes oder vorgefundenes) Bohrloch ein Drahtstück in den Automaten einführt und das Spielwerk so zum Auswerfen von Geld veranlasst, begeht einen Diebstahl (näher dazu Rn 757) und verwirklicht zugleich das Regelbeispiel des § 243 I 2 Nr 2.[101] Wer dagegen lediglich den Antriebsmechanismus überlistet und das Spielwerk ordnungswidrig (zB durch den Einwurf von Falschgeld oder von ausländischen Münzen) in Gang setzt, ohne außerdem den Spielablauf als solchen durch weitere, zusätzliche Einwirkungen von außen zu manipulieren, macht sich zwar – soweit nicht § 263a vorliegt

---

96 Vgl S/S-*Bosch*, § 243 Rn 23.
97 Näher OLG Stuttgart NStZ 85, 76; OLG Zweibrücken NStZ 86, 411.
98 Näher OLG Hamm NJW 78, 769; Fischer-*Fischer*, § 243 Rn 16.
99 Vgl OLG Stuttgart NJW 64, 738; OLG Köln NJW 56, 1932; **aA** RGSt 54, 295.
100 OLG Stuttgart NStZ 85, 76; OLG Frankfurt MDR 93, 671; OLG Düsseldorf StV 98, 204; OLG Dresden NStZ-RR 15, 212 mit Bespr. *Hecker*, JuS 15, 847; BK-*Wittig*, § 243 Rn 18.2; *Dölling*, JuS 86, 688; *Eisele*, BT II Rn 103; H-H-*Kretschmer*, Rn 824; HK-GS/*Duttge*, § 243 Rn 29; *Kindhäuser/Böse*, BT II § 3 Rn 21; *Mitsch*, BT II S. 98 f; MK-*Schmitz*, § 243 Rn 34; M/R-*Schmidt*, § 243 Rn 12; *Schmidt*, BT II Rn 147; **krit.** *Seier*, JA 85, 387; vgl dazu auch BayObLG NJW 95, 3000; **diff.** *Rengier*, BT I § 3 Rn 30 f.
101 BayObLG NJW 81, 2826 mit lehrreicher Anm. *Meurer*, JR 82, 292.

und § 242 verdrängt¹⁰² – des Diebstahls schuldig, verwirklicht aber zumeist nicht das Regelbeispiel des § 243 I 2 Nr 2, weil er keine Handlungen vornimmt, die gerade den Sicherungsmechanismus des Spielautomaten überwinden oder in seiner Funktion beeinträchtigen sollen.¹⁰³ Werden in solchen Fällen allerdings falsche Münzen so präpariert, dass sie einen zusätzlich als Schutz vor Wegnahme eingebauten elektronischen Münzprüfer „überlisten", wird der Sicherungsmechanismus *dieser* Schutzvorrichtung überwunden. Dann bestehen gegen die Annahme des Regelbeispiels keine Bedenken.¹⁰⁴

3. Gewerbsmäßiger Diebstahl (Nr 3)

Gewerbsmäßig handelt, wer sich aus der wiederholten Tatbegehung eine fortlaufende Einnahmequelle von einigem Umfang und einer gewissen Dauer verschaffen will.¹⁰⁵ Das nicht eigennützige Handeln allein für Dritte genügt folglich ebensowenig wie die mehrfache Begehung einschlägiger Taten ohne die bezeichnete Absicht.¹⁰⁶ Eine Weiterveräußerung ist bei einmaliger Tat nicht ausreichend,¹⁰⁷ bei wiederholter Begehung aber auch nicht unbedingt erforderlich; es genügt, dass der Täter die unrechtmäßig erlangten Sachen für sich verwenden will.¹⁰⁸

279

Gewerbsmäßigkeit in diesem Sinne kann schon bei der ersten Tat gegeben sein, wenn sie von der entsprechenden Absicht begleitet ist.¹⁰⁹ Die Wiederholungsabsicht muss sich auf das Delikt beziehen, das durch die Gewerbsmäßigkeit qualifiziert oder als besonders schwerer Fall einzustufen ist.¹¹⁰ **Gewohnheitsmäßiges** Stehlen fällt nicht unter § 243 I 2 Nr 3, bildet aber uU einen **sonstigen** (= unbenannten) *besonders schweren Fall* des Diebstahls. Bei Teilnahme gilt § 28 II entsprechend (Rn 259).¹¹¹

4. Kirchendiebstahl (Nr 4)

Bei Diebstählen aus **Kirchen** oder anderen der Religionsausübung dienenden Gebäuden oder Räumen (einschließlich der Sakristei)¹¹² werden von § 243 I 2 Nr 4 nur diejenigen Gegenstände erfasst, die dem **Gottesdienst gewidmet** sind oder der **religiösen Vereh-**

280

---

102 OLG Celle NJW 97, 1518; s. dazu Rn 741.
103 Vgl OLG Düsseldorf NStZ 99, 248; JR 00, 212 und OLG Stuttgart NJW 82, 1659, das die Grenzen freilich zu eng zieht, wenn es unter allen Umständen Eingriffe von außen „in das Behältnis" verlangt und andere Manipulationen, wie etwa das wiederholte Herausziehen des Anschlusskabels oder heftige Schläge mit der Faust gegen den Automaten während des laufenden Spiels für § 243 I 2 Nr 2 als nicht ausreichend bezeichnet; s. dazu auch *Albrecht*, JuS 83, 101.
104 *Hilgendorf*, JR 97, 348; *Mitsch*, JuS 98, 311; s. auch *Biletzki*, JA 97, 750; *Eisele*, BT II Rn 127; *Rengier*, BT I § 3 Rn 33.
105 BGHSt 1, 383; BGH NStZ 96, 285; BGH NJW 98, 2914; BGH wistra 03, 460, 461; BGH NStZ-RR 17, 341; s. auch Rn 710; zur Verbreitung des Begriffs im StGB und im Nebenstrafrecht s. *L. Schulz*, Hassemer-FS S. 899 ff; *Brodowski*, wistra 18, 97.
106 BGH StraFo 14, 215; BGH BeckRS 16, 18889.
107 OLG Köln NStZ 91, 585; OLG Hamm NStZ-RR 04, 335.
108 BGH MDR/H 76, 633; einschr. BGH NStZ 15, 397.
109 BGH NStZ 95, 85; BGHSt 49, 177, 181; **aA** NK-*Kindhäuser*, § 243 Rn 26; wie hier S/S-*Bosch*, § 243 Rn 31.
110 BGH BeckRS 17, 107300.
111 BGH StV 96, 87; OLG Bamberg wistra 16, 244; *Schmidt*, BT II Rn 154. Zur Wahlfeststellung zwischen gewerbsmäßigem Diebstahl und gewerbsmäßiger Hehlerei s. BGH HRRS 14, Nr 1065; *Bauer*, wistra 14, 475; zum Anfragebeschluss s. *Stuckenberg*, ZIS 14, 461; *Wagner*, ZJS 14, 436; zur weiteren Entwicklung s. *Linder*, ZIS 17, 311 ff mwN zur Rücknahme und zum erneuten Anfragebeschluss sowie BGHSt 62, 72 (dazu Rn 1061).
112 RGSt 45, 243, 244 ff.

rung dienen. Zur ersten Gruppe zählen ua der Altar, die Altarkerzen,[113] Kelche, Monstranzen, Messbücher und liturgische Gewänder. Der religiösen Verehrung dienen zB Kruzifixe, Christus- und Heiligenbilder, Votivtafeln in Wallfahrtskirchen usw.[114]

Sonstige Sachen, die zum Inventar gehören (= Bänke, Stühle oder Opferstöcke)[115] oder die nur *mittelbar* der Religionsausübung dienen, wie etwa Gebet- und Gesangbücher, scheiden aus. Das Gleiche gilt für die zur Kirchenausstattung gehörenden Kunstwerke als solche, die aber uU den Schutz des § 243 I 2 Nr 5 genießen. Gegebenenfalls ist hier auch (wie vor allem bei Kultgegenständen von in § 166 einbezogenen Weltanschauungsvereinigungen),[116] das Vorliegen eines **sonstigen** *besonders schweren Falls* zu prüfen.

5. Gemeinschädlicher Diebstahl (Nr 5)

281 § 243 I Nr 5 betrifft den **Diebstahl öffentlicher Sachen**, die für Wissenschaft, Kunst oder Geschichte oder für die technische Entwicklung von Bedeutung sind und sich in einer **allgemein zugänglichen Sammlung** befinden oder **öffentlich ausgestellt** sind. Sachen dieser Art sind der Gefahr des Diebstahls besonders ausgesetzt. Auch bringt die Tat die Allgemeinheit um uU unersetzliche Werte. Die dadurch erhöhte Strafwürdigkeit besteht allerdings nur bei Sachen *von Bedeutung*. Nicht jeder Stein in einer Mineraliensammlung ist geschützt (E 1962, Begr. S. 404).

Dieses Regelbeispiel bildet eine gewisse Parallele zu § 304 (vgl dazu Rn 81 ff), weicht davon aber teilweise ab. So fallen unter § 304 auch tätereigene Sachen,[117] unter § 243 I 2 Nr 5 trotz des Schutzreflexes für die Allgemeinheit aber nicht. Wer die eigene Leihgabe an eine öffentliche Ausstellung zurückholt, *stiehlt* schon nicht.

6. Ausnutzung fremder Notlagen (Nr 6)

282 Kennzeichnend für die in § 243 I 2 Nr 6 umschriebene Regelbeispielsgruppe ist deren *verwerfliche Begehungsweise*, die sich darin zeigt, dass der Täter die **Hilflosigkeit** eines anderen (zB eines Schwerkranken, Gelähmten oder Blinden),[118] einen **Unglücksfall** oder eine **gemeine Gefahr** und damit Situationen, in denen der Selbstschutz beeinträchtigt und deshalb ein *erhöhtes Schutzbedürfnis* gegeben ist, zum Stehlen **ausnutzt**. In den beiden letztgenannten Fällen braucht der Bestohlene nicht zu den Opfern des Unglücksfalls oder zum Kreis der Gefährdeten zu gehören, denn das Bestehlen eines Retters oder Hilfswilligen ist unter solchen Umständen nicht minder verwerflich.[119] Hat das Tatopfer die Hilflosigkeit zB durch einen Suizidversuch oder einen Rausch selbst herbeigeführt, den Unglücksfall verschuldet oder die gemeine Gefahr ausgelöst, hindert das die Anwendung des § 243 I 2 Nr 6 nicht.[120] Eine Verwirkung des Strafrechtsschutzes durch missbilligenswertes Opferverhalten kennt das Strafrecht nicht.[121] Auch schließt die Freiverantwort-

---

113 RGSt 53, 144.
114 Näher BGHSt 21, 64.
115 BGH NJW 55, 1119 Nr 21.
116 S. *Lackner/Kühl/Heger*, § 243 Rn 19.
117 *Lackner/Kühl/Heger*, § 304 Rn 1; S/S-*Hecker*, § 304 Rn 1.
118 Vgl BayObLG NJW 73, 1808.
119 OLG Hamm NStZ 08, 218; LK-*Vogel/Brodowski*, § 243 Rn 48; S/S/W-*Kudlich*, § 243 Rn 31.
120 Bedenken bei M/S/M-*Schroeder*, BT I, 10. Aufl. 2009, § 33 Rn 99; **wie hier** BK-*Wittig*, § 243 Rn 23.1; Fischer-*Fischer*, § 243 Rn 21; HK-GS/*Duttge*, § 243 Rn 48; *Küper/Zopfs*, BT Rn 353; *Lackner/Kühl/Heger*, § 243 Rn 21; LK-*Vogel/Brodowski*, § 243 Rn 47 f; *Mitsch*, BT II S. 101; MK-*Schmitz*, § 243 Rn 51.
121 *Hillenkamp*, Vorsatztat und Opferverhalten 1981, S. 184 ff.

lichkeit einer Selbsttötung die in ihrer Folge eintretende Hilflosigkeit und die Verwerflichkeit ihrer Ausnutzung nicht aus.[122]

Hohes Alter begründet für sich genommen noch keine Hilflosigkeit.[123] Auch ein **Schlafender** ist nicht ohne Weiteres hilflos iS des § 243 I 2 Nr 6; er kann es aber sein, wenn der Schlaf mit einer krankhaften Störung zusammenhängt,[124] die die Schutzmöglichkeiten gegen einen Diebstahl mindert. Davon muss der Täter dann freilich auch *Kenntnis* haben, da er nur dann die durch die Hilflosigkeit bedingte Gewahrsamsgefährdung **ausnutzt**. Für ein solches Ausnutzen reicht es andererseits nicht, dass der Täter nur die unfallbedingte Abwesenheit eines Wohnungsinhabers nutzt, um aus der ordnungsgemäß verschlossenen Wohnung zu stehlen.[125] In einem solchen Fall liegt keine gegenüber der normalen Abwesenheit gesteigerte Beeinträchtigung der Schutzmöglichkeiten vor. Der sog. **Beischlafdiebstahl** ist nicht notwendig ein schwerer Fall.[126]

7. Waffen- und Sprengstoffentwendung (Nr 7)

Nach § 243 I 2 Nr 7 wirkt der Diebstahl bestimmter Waffen und die Entwendung von Sprengstoff erschwerend. § 243 II gilt hierfür nach seinem insofern eindeutigen Wortlaut nicht.[127] Das ist kaum plausibel, wenn mit dieser im Bereich der *Eigentumsdelikte wenig systemgerechten* Vorschrift ein „typisches Phänomen im Vor- und Umfeld der Begehung politisch motivierter Gewalttaten"[128] bekämpft werden soll. Zudem ist ein Diebstahl solcher Objekte ohne Verwirklichung eines Regelbeispiels nach Nr 1 oder 2 kaum denkbar. Sind die Waffen einsatzbereit, führt der Diebstahl schließlich nach der (allerdings zweifelhaften)[129] Rspr. (Rn 308) ohnehin in die § 243 verdrängende Qualifikation des § 244 I Nr 1a. Die Regelung gehört deshalb in den Kreis eher überflüssiger „Sicherheitsgesetze".[130]

283

Als gefährliche Schusswaffen, deren Entwendung vorgebeugt werden soll, nennt das Gesetz Handfeuerwaffen, zu deren Erwerb nach dem Waffengesetz eine Erlaubnis nötig ist, ferner Maschinengewehre, Maschinenpistolen, voll- oder halbautomatische Gewehre sowie Sprengstoff enthaltende Kriegswaffen iS des Kriegswaffenkontrollgesetzes.

8. Konkurrenzen

§ 243 steht nicht in einem Konkurrenzverhältnis **zu § 242**, sondern betrifft eine andere Phase der Urteilsfindung.[131] § 242 ist Grundlage des Schuldspruchs. § 243 findet erst danach beim Rechtsfolgenausspruch Anwendung. Dort verdrängt er den Strafrahmen des § 242.[132] Die Strafbarkeit wegen Diebstahls in einem besonders schweren Fall ist durch die **Zitierung beider Vorschriften** auszudrücken, denn beide finden Anwendung. Insoweit besteht kein Unterschied zu Qualifikationen. Anders als eine Strafzumessungsregel verdrängt eine Qualifikation zwar das Grunddelikt (und nicht nur seinen Strafrahmen), doch der Qualifikationstatbestand ist nur zusammen mit dem Grundtatbestand ein voll-

284

---

122 **AA** MK-*Schmitz*, § 243 Rn 52.
123 BGH NStZ 01, 532, 533.
124 Vgl BGH NStZ 90, 388.
125 BGH NStZ 85, 215.
126 LK-*Vogel/Brodowski*, § 243 Rn 47.
127 Zum gleichwohl bestehenden Streit darum s. MK-*Schmitz*, § 243 Rn 65 f; *Satzger*, Jura 12, 792 mwN.
128 BT-Ds 11/2834, S. 7.
129 S. *Kindhäuser/Wallau*, StV 01, 354.
130 Zu Recht krit. *Kunert*, NStZ 89, 451; M/S/M-*Hoyer*, BT I § 33 Rn 101.
131 *Mitsch*, BT II S. 80; NK-*Kindhäuser*, § 243 Rn 61.
132 So BGH NJW 75, 1286; BGH NJW 81, 589; Fischer-*Fischer*, § 243 Rn 30; *Mitsch*, BT II S. 81.

ständiger Deliktstatbestand. Ob der besonders schwere Fall **im Schuldspruch** bei der Bezeichnung des Delikts **ausgesprochen** wird, ist regional unterschiedlich.[133] Darin deuten sich schon die gleich zu behandelnden Fragen an.

Treffen bei einem Diebstahl innerhalb ein und derselben Tat **mehrere Erschwerungsgründe** iS des § 243 I zusammen, so liegt nur „ein" Diebstahl in einem *besonders schweren Fall* vor. Das kann im Gutachten in einem knappen Satz bemerkt werden, ist aber eigentlich gar keine Konkurrenzfrage. Um das zu sehen, muss man die Vorschriften und Prüfungsabfolge vom Urteil her betrachten, denn dafür sind Strafzumessungsregeln gedacht. Zunächst ist der Schuldspruch zu begründen. Dabei werden die einschlägigen Delikte und ihre Konkurrenzen behandelt. Der Schuldspruch umfasst die um die unechten Konkurrenzen bereinigten Delikte einschließlich ihrer echten Konkurrenzverhältnisse. Er bildet die Grundlage der Strafzumessung. An dieser Stelle – vor Anwendung von § 243 – steht bereits fest, ob und in wie vielen Fällen § 242 verwirklicht wurde. Daran ändert die spätere Anwendung von § 243 nichts mehr. Eine mehrfache Verschiebung des Strafrahmens kommt ebenfalls nicht in Betracht, denn § 243 kennt nur einen Strafrahmen. Wenn mehrere Erschwernisgründe vorliegen, ist das lediglich im Rahmen der Strafzumessung aus dem Strafrahmen des § 243 zu berücksichtigen.

§ 243 hat als bloße **Strafzumessungsregel** aus denselben Gründen kein Konkurrenzverhältnis zu Deliktstatbeständen. Er konkurriert nur mit anderen Regeln der Strafzumessung, und zwar über das Doppelverwertungsverbot (insb. § 46 III).

285 Eine andere Frage ist, wie ein **Diebstahl**, bei dem ein Erschwernisgrund vorliegt, **mit anderen Delikten konkurriert**:

Im Verhältnis von §§ 242, 243 I 2 Nr 1 zu § 244 I Nr 3 wird bisweilen Subsidiarität oder Spezialität[134] angenommen. Das überzeugt nicht. Vielmehr wird das Grunddelikt (§ 242) von der **Qualifikation** (§ 244 I Nr 3) im Wege der Spezialität verdrängt. Weil deshalb aus § 242 keine Strafe zuzumessen ist, ist schon der Anwendungsbereich von § 243 nicht eröffnet. Die drei genannten Ansichten unterscheiden sich hier nicht im Ergebnis, aber in der Begründung. Die hier vertretene Auffassung führt auch in allen anderen Fällen, in denen der **Diebstahl wegen Spezialität oder Subsidiarität zurücktritt**, auf gleichem systematischem Begründungsweg zum selben Ergebnis. Andere Ansichten müssen sich dazu jeweils der Konsumtion bedienen, und die Begründungen werden problematischer.

Für den umgekehrten Fall, dass zu klären ist, ob der Diebstahl in einem besonders schweren Fall ein **anderes Delikt verdrängt**, neigt der BGH in letzter Zeit zu einer entsprechenden Sichtweise.[135] Blickt man nur auf den Umgang mit Tatbeständen und die Prüfungsreihenfolge, liegt es in der Tat nahe, davon auszugehen, dass die Konkurrenz des Diebstahls rein auf § 242 bezogen zu behandeln wäre. Konsumiert würden dann nur solche „Tatbestandsverwirklichungen", die mit Taten nach § 242 allgemein typischerweise verbunden sind; und das sind regelmäßig nur solche, die sich zur gleichen Zeit gegen denselben Geschädigten richten. Bei dieser Betrachtungsweise liegt es auch nahe, im Schuldspruch gar nicht von einem besonders schweren Fall zu sprechen, sondern nur vom Diebstahl, denn § 243 ist dann dort noch gar nicht relevant. Diese Haltung verkennt

---

[133] Eine entsprechende Pflicht hierzu besteht nicht, vgl BGH NJW 77, 1830.
[134] Für Subsidiarität *Mitsch*, ZStW 111 (1999), 72; SK-*Hoyer*, § 243 Rn 15; für Spezialität *Fahl*, NJW 01, 1699 mit Nachw. zum Streitstand; s. auch *Beulke/Zimmermann*, III Rn 591; zu Irrtumsfällen *Zopfs*, Jura 07, 423 f.
[135] BGH NStZ 01, 642.

aber die **Funktion von Konkurrenzregeln**. Bei der Konsumtion, der Idealkonkurrenz und der Realkonkurrenz konkurrieren nicht einfach Tatbestände, sondern Delikte. Delikte bilden Straftaten typisiert ab und ordnen ihnen Strafrahmen zu. Reale Straftaten sind komplexer als die Deliktstypen. Sie verwirklichen mehrere Delikte, sind aber doch nicht die Summe aller Einzeldelikte. Deshalb muss schon der Schuldspruch so gebildet werden, dass er einen Strafrahmen eröffnet, innerhalb dessen eine Strafe ohne Verstoß gegen das Doppelverwertungsverbot bestimmt werden kann. Die Summe der Einzeldelikte für den Schuldspruch so zu reduzieren, ist die Aufgabe der Konkurrenzen. Dazu muss jedoch schon bei der Behandlung der Konkurrenzen der eröffnete Strafrahmen in den Blick genommen werden, also auch die Verwirklichung eines besonders schweren Falls. Der **Diebstahl in einem besonders schweren Fall konsumiert** daher richtigerweise auch solche Delikte, die mit den jeweils verwirklichten Erschwernisgründen typischerweise einhergehen. Entsprechend muss berücksichtigt werden, wenn ein minder schwerer Fall vorliegt. **Für die Konkurrenzen** kann **§ 243** daher **schon vor der Strafzumessung beim Schuldspruch** eine Rolle spielen. Deshalb ist es durchaus sinnvoll, das Delikt auch im Schuldspruch als „Diebstahl in einem besonders schweren Fall" zu bezeichnen.

Bei Spezialität und Subsidiarität handelt es sich um Konkurrenzverhältnisse von Tatbeständen. Für sie spielt § 243 keine Rolle. Deshalb ist es wirklich falsch, § 243 zu prüfen, wenn eine Qualifikation des Diebstahls vorliegt. Gleichwohl wird das in Gutachten in der Ausbildung oft erwartet. Daher ist klausurtaktisch ein Hilfsgutachten dazu anzuraten (s. auch Rn 246).

Regelmäßige Begleittat zu §§ 242, 243 I 2 Nr 1 ist die Begehung eines **Hausfriedensbruchs** (§ 123). Da dieser Umstand in die **Gesamtwürdigung der Tat** und ihre Bewertung als *besonders schwerer Fall* des Diebstahls eingeht, wird der Verstoß gegen § 123 nach hM[136] durch die Bestrafung gemäß §§ 242, 243 I 2 Nr 1 **mit abgegolten** (= *Konsumtion*). Das gleiche gilt bei einem *Einbruchsdiebstahl* und einem das *Regelbeispiel* des § 243 I 2 Nr 2 erfüllenden Diebstahl für die damit regelmäßig einhergehende **Sachbeschädigung** (§ 303). Das hat der BGH allerdings 2001 in Frage gestellt,[137] weil Regelbeispiele ihrer Natur nach keinen Tatbestand verdrängen, § 242 und § 303 verschiedene Rechtsgutsträger betreffen und Einbrüche ebenso wie die Überwindung von Sicherungssystemen heute häufiger durch „intelligentes Vorgehen" als durch Sachgewalt ausgeführt werden könnten. Da die beiden ersten Gründe auch auf das Verhältnis zu § 123 zutreffen, hätte die Übernahme dieses bisherigen obiter dictums in die Rechtspraxis eine erhebliche Strafverschärfung zur Folge.[138] Dazu besteht aus den eben ausgeführten Gründen kein Anlass. Dass die durch die Delikte Verletzten unterschiedliche Personen sein können, ist richtig, schließt aber Konsumtion nicht aus, wenn es um typische Begleitdelikte des dominanten Delikts geht.[139] Von Idealkonkurrenz ist daher nur in den seltenen **Ausnahmefällen** auszugehen, in denen die Sachbeschädigung *im konkreten Fall* – zB weil der durch sie angerichtete Schaden den durch den Diebstahl bewirkten bei weitem übertrifft[140] – aus dem regelmäßigen Verlauf eines Diebstahls im besonders schweren Fall so herausfällt, dass von einem eigenständigen, nicht aufgezehrten Unrechtsgehalt und deshalb nicht

---

136 AnK-*Kretschmer*, § 243 Rn 34; Fischer-*Fischer*, § 243 Rn 30; *Kindhäuser/Hilgendorf*, § 243 Rn 58; *Lackner/Kühl/Heger*, § 243 Rn 24.
137 BGH NStZ 01, 642; iE zust. *Kargl/Rüdiger*, NStZ 02, 202; *Krey/Hellmann/Heinrich*, BT II Rn 140; M/R-*Schmidt*, § 243 Rn 23; *Rengier*, BT I § 3 Rn 61, 64; *Rengier*, JuS 02, 850; *Sternberg-Lieben*, JZ 02, 514; für Idealkonkurrenz schon zuvor M/S/M-*Schroeder*, BT I, 10. Aufl. 2009, § 33 Rn 109; *Zieschang*, Jura 99, 566 f; wie hier A/W-*Heinrich*, § 14 Rn 52; S/S/W-*Kudlich*, § 243 Rn 51.
138 S. dazu BGH NStZ 18, 708, eine Entscheidung, mit der der 2. Senat künftig zwischen § 244 I Nrn 2, 3 und § 303 stets Idealkonkurrenz annehmen will; s. zu diesem Anfragebeschluss *Fahl*, JR 19, 114 ff.
139 *Fahl*, JA 02, 543; *Grosse-Wiede*, HRRS 19, 160, 161; *Mitsch*, BT II S. 92; wie der BGH *Beulke/Zimmermann*, III Rn 256 f; *Joecks/Jäger*, § 243 Rn 61.
140 So in BGH NStZ 14, 40 mit Bespr. *Hecker*, JuS 14, 181; *Zöller*, ZJS 14, 214; zust. *Schramm*, BT II § 2 Rn 114.

mehr von einer typischen Begleittat zu sprechen ist.[141] Der **BGH** hat in einer jüngst ergangenen, ein Anfrageverfahren abschließenden Entscheidung[142] erklärt, dass zwischen einem (vollendeten) schweren Bandendiebstahl (§§ 244a I, 244 I Nr 3, 243 I 2 Nr 1 Var. 1) oder (vollendeten) Wohnungseinbruchsdiebstahl (§ 244 I Nr 3 Var. 1) und einer zugleich verwirklichten Sachbeschädigung **stets** Idealkonkurrenz (§ 72) und nicht Konsumtion anzunehmen sei. Da er sich zur Begründung maßgeblich auf die Gründe der für dieses Ergebnis auch zu §§ 242, 243 I 2 Nrn 1, 2 eintretenden Ansicht stützt, steht im Raum, dass er auch hierfür die Konsumtionslösung aufgeben wird. Zur Entscheidung stand diese Konstellation aber nicht.[143]

286 In **Fall 15** hat A, der trotz seiner Stellung als Filialleiter nach der Kassenzugangsregelung keinen Mitgewahrsam am Kasseninhalt hatte (s. Rn 140), einen Diebstahl an den 5 000 € begangen. Ein besonders schwerer Fall nach § 243 I 2 Nr 2 liegt aber nicht vor. Zwar ist die Registrierkasse grundsätzlich ein verschlossenes Behältnis. Sie verliert diese Eigenschaft aber dem gegenüber, der die unauffällige Schnellöffnungstaste kennt und von dieser – wenn auch vom Gewahrsamsinhaber ungewollt erlangten – Kenntnis Gebrauch macht. Diese Fallgestaltung entspricht dem § 243 I 2 Nr 2 ebenfalls nicht unterfallenden bloßen Benutzen eines versehentlich stecken gebliebenen Kassenschlüssels.[144] B hat keinen Nachschlüsseldiebstahl nach § 243 I 2 Nr 1 begangen. Die Schlüssel waren von F zum Öffnen und Schließen der Schlösser bestimmt. Diese Widmung ist ihnen während der Bedenkzeit des A auch nicht konkludent entzogen (Rn 267 f). Dass F nicht wollte, dass die Schlüssel einem Unbefugten zur Begehung eines Diebstahls überlassen werden, ändert an der Widmung ebenso wenig wie die unbefugte Benutzung selbst.[145] Auch ein Einsteigediebstahl scheidet aus. Zwar reicht das Einsteigen in einen umschlossenen Raum, auch wenn nur aus einem angrenzenden Gebäude gestohlen werden soll. Die Umschließung muss aber ein tatsächliches Hindernis bilden, das dem Unbefugten den Zutritt *nicht unerheblich* erschwert. Das ist bei einer niedrigen Umzäunung nicht gegeben.[146] B hat infolgedessen nur einen einfachen Diebstahl begangen. Das in der Aufforderung des A liegende Einverständnis mit der Wegnahme schließt diese nicht aus, wenn man Gewahrsam des F bejaht. Auch Hausfriedensbruch entfällt auf Grund der rechtsmissbräuchlichen und daher den Mithausrechtsinhaber F unzumutbar belastenden Ausübung des Erlaubnisrechts nicht.[147] A lässt sich als Anstifter, angesichts der von ihm beherrschten und beabsichtigten Ermöglichung der Drittzueignung (Rn 216 f) aber auch als Mittäter des Diebstahls ansehen. Sieht man neben der Schadenshöhe namentlich im Missbrauch der Vertrauensstellung Umstände, die einen unbenannten besonders schweren Fall begründen, belastet dieser Missbrauch entsprechend § 28 II nur A (Rn 259).

287 Als T im **Fall 16** vom Verkäufer gestellt wird, ist die Wegnahme des Jacketts und damit der Diebstahl trotz der Beobachtung durch V bereits vollendet (Rn 169). Daran würde sich auch dann nichts ändern, wenn T das Jackett *mitsamt Sicherungsetikett* in seiner *körperlichen Tabu-*

---

141 BGH NStZ 01, 642, 644 f; BGH NStZ-RR 17, 340; zust. *Eisele*, Die Regelbeispielsmethode im Strafrecht 2004, S. 356; LK-*Vogel/Brodowski*, § 243 Rn 81; S/S-*Bosch*, § 243 Rn 59; auf dem Boden der hier abgelehnten (Rn 245 f) „Tatbestandslösung" bleibt es im Ganzen bei der hier für richtig gehaltenen Konkurrenzentscheidung, s. *Eisele*, JA 06, 316; BGH NStZ 14, 40 beschränkt die Aussage nicht auf Ausnahmefälle. Der 2. Senat will die hier dargestellte Ausnahme – begründet in BGH NStZ-RR 17, 340 – aufgeben und in allen Fällen Tateinheit (§ 52 I) annehmen. Für *Wessels/Beulke/Satzger*, AT Rn 1271, die der hier vertretenen Linie folgen, gilt die Ausnahme (Tateinheit) auch für Fälle mehrerer Rechtsgutsträger.
142 BGH NJW 19, 1086 (= BGHSt 63, 253) mit krit. Anm. *Mitsch; Jäger*, JA 19, 386; zust. *Grosse-Wilde*, HRRS 19, 160; dem folgend BGH HRRS 22 Nr 985.
143 Sie wird freilich in die Begründung miteinbezogen und deshalb zB von *Rengier*, BT I § 3 Rn 64 als bereits mitentschieden ausgegeben.
144 So *Lackner/Kühl/Heger*, § 243 Rn 15; *Murmann*, NJW 95, 935; *Otto*, Jura 97, 471; **aA** AG Freiburg NJW 94, 400.
145 BGH StV 98, 204.
146 BGH NJW 93, 2252.
147 S. *Wessels/Hettinger/Engländer*, BT I Rn 572 f.

sphäre verborgen hätte. Da das Sicherungssystem folglich erst greift, *nachdem* Gewahrsam erlangt ist, sichert es nicht gegen Wegnahme. Vielmehr dient es nur der Aufdeckung der Tat und der Wiedererlangung der Sache. Infolgedessen handelt es sich um keine Schutzvorrichtung im Sinne des § 243 I 2 Nr 2.[148] Allerdings liegt es nahe, in solchen Sachverhaltsgestaltungen einen atypischen besonders schweren Fall anzunehmen (Rn 248). Dass es Konstellationen geben kann, in denen bei Auslösung des Alarms auf Grund des Sicherungsetiketts der Diebstahl noch nicht vollendet und dann der Alarm doch ein faktisches Hindernis *gegen* Wegnahme ist, ist gleichwohl denkbar. Auf Grund solcher Ausnahmesituationen erlangt das Sicherungsetikett aber nicht die notwendige *generelle* Eigenschaft, eine Schutzvorrichtung *gegen Wegnahme* zu sein.[149]

III. Die Ausschlussklausel des § 243 II

Fall 17: T begeht gelegentlich Diebstähle aus Pkws. Als er eines Tages auf dem Vordersitz eines Autos in einer geöffneten wertvollen Lederhandtasche den Personalausweis und die Kreditkarte der Fahrzeughalterin entdeckt, schlägt er die Scheibe ein, ergreift die Handtasche und entfernt sich schnell. Die Handtasche wirft er, wie von vornherein geplant, wenig später in ein Gebüsch, nachdem er ihr die zuvor entdeckten Gegenstände entnommen hat, die er für Einkäufe nutzen will. An einem anderen Tag entwendet T zwei Pralinenschachteln im Wert von je 15 € aus einem zu diesem Zweck aufgebrochenen Kofferraum, nachdem er beobachtet hatte, wie die Fahrzeughalterin diese dort ablegte.

Strafbarkeit nach §§ 242, 243? **Rn 294**

288

1. Voraussetzungen des Geringwertigkeitsbezugs

§ 243 II enthält eine **zwingende Ausschlussklausel** mit einer unwiderleglichen, die Indizwirkung der Regelbeispiele des § 243 I 2 Nrn 1–6 entkräftenden **Gegenschlusswirkung**, wenn die Tat sich in *objektiver* wie in *subjektiver* Hinsicht „**auf eine geringwertige Sache bezieht**". Die Klausel nimmt aus zweifelhaften Gründen, die den Tatobjekten der Nr 7 die ihnen zugeschriebene *Gefahr* im Vor- und Umfeld politisch motivierter Gewalttaten auch bei Geringwertigkeit unterstellen,[150] *nur* den Bereich dieser Ziffer aus. Sie *verbietet* daher entgegen ihrem verunglückten Wortlaut bei Geringwertigkeit auch die Annahme eines *atypischen* schweren Falls.[151] Soweit die Sperrwirkung der Klausel hiernach reicht, stellt sie die *Weiche* zum einfachen Diebstahl[152] und macht dann die Erörterung der näheren Voraussetzungen des besonders schweren Falls entbehrlich.

289

Der Gesetzgeber hat in § 243 II einen einzelnen Umstand, mit dem zwar bisweilen, aber nicht immer eine **Minderung des Unrechts- und Schuldgehalts** der Tat verbunden ist, in der Weise verabsolutiert,[153] dass der betreffende Diebstahl trotz der erschwerenden Begleitumstände mit dem Eti-

---

148 OLG Stuttgart NStZ 85, 76 mit zust. Bespr. von *Dölling*, JuS 86, 688; OLG Düsseldorf StV 98, 204.
149 *Dölling*, JuS 86, 692 f; **aA** *Rengier*, BT I § 3 Rn 31.
150 BT-Ds 11/2834, S. 10.
151 *Eisele*, BT II Rn 156; *Lackner/Kühl/Heger*, § 243 Rn 4; LK-*Vogel/Brodowski*, § 243 Rn 56; *Krey/Hellmann/Heinrich*, BT II Rn 178; *Kudlich/Noltensmeier/Schuhr*, JA 10, 343; *Küper*, NJW 94, 351; **aA** HK-GS/*Duttge*, § 243 Rn 54; *Mitsch*, BT II S. 104; *Mitsch*, ZStW 111 (1999), 73; *Zöller*, BT Rn 60; **zweifelnd** Fischer-*Fischer*, § 243 Rn 24; MK-*Schmitz*, § 243 Rn 65; **aA** offenbar BGH NStZ-RR 14, 141; zum Streit s. *Jesse*, JuS 11, 313.
152 *Zipf*, Dreher-FS S. 391.
153 Mit Recht krit. hierzu *Zipf*, Dreher-FS S. 399 ff; s. auch die Begründung zur Aufhebung des § 244a IV durch das 6. StrRG, BT-Ds 13/8587, S. 63.

kett eines **Bagatelldelikts** versehen und dann sogar in den Anwendungsbereich der § 248a StGB, §§ 153, 153a StPO einbezogen wird.

290 Nach § 243 II ist die Annahme eines *besonders schweren Falls* kraft Gesetzes ausgeschlossen, wenn die gestohlene Sache **objektiv geringwertig** und außerdem der **Vorsatz** des Täters auf die Wegnahme einer geringwertigen Sache gerichtet war.[154] Der Grund für diese strengen, von den üblichen Vorsatz- und Irrtumsregeln abweichenden Anforderungen liegt darin, dass sich die Zweifel an der Berechtigung des zwingenden Ausschlusses jedes besonders schweren Falls bei Geringwertigkeit nur mit einer Auslegung vermindern lassen, die den mit dem geringen Sachwert unterstellten Bagatellcharakter der Tat wenigstens *insoweit* für das *Erfolgs-* und das *Handlungs*unrecht verbürgt.[155] Dass hier zudem gerade die **subjektive Komponente** von Bedeutung ist, zeigen auch die Fälle des **Versuchs**, bei denen allein der Tatentschluss und die Vorsatzrichtung darüber Aufschluss geben können, ob die Voraussetzungen des § 243 II erfüllt sind oder nicht. Anders als § 243 II setzt § 248a lediglich objektiv Geringwertigkeit voraus, denn die Vorschrift betrifft nicht die Tatschuld, sondern nur die *Zulässigkeit der Strafverfolgung*.

291 Für die Lösung der (umstrittenen) **Irrtumsprobleme** in Bezug auf § 243 II ergeben sich daraus die folgenden, von einer die Geringwertigkeit als „negative Unrechtsvoraussetzung" sehenden Meinung[156] nicht durchgehend mitgetragenen[157] Konsequenzen:

(1) Ist die gestohlene Sache, wie etwa eine echte Perlenkette, **objektiv wertvoll**, so fehlt es wegen des nichtbagatellarischen Erfolgsunwerts selbst dann an den Voraussetzungen des § 243 II, wenn der Täter sie irrig als geringwertig angesehen (das kostbare Stück zB für eine billige Imitation gehalten) hat. **Handlungsunwert** und **Schuldgehalt** können hier aber so sehr gemindert sein, dass die *indizielle* Wirkung des einschlägigen Regelbeispiels versagt und der Richter innerhalb der **Gesamtwürdigung von Tat und Täter** zur Verneinung eines *besonders schweren Falls* gelangt. Für die Gegenmeinung folgt dieses Ergebnis dagegen *zwingend* aus der direkten oder entsprechenden Anwendung von § 16 I oder II.[158]

(2) Hält der Täter umgekehrt eine **objektiv geringwertige** Sache auf Grund falscher Vorstellungen für höherwertig, scheitert die Anwendbarkeit des § 243 II am fehlenden **subjektiven Bezug**, dh daran, dass der **Vorsatz** des Täters nicht auf die Entwendung einer geringwertigen Sache gerichtet war. In solchen Fällen mangelt es damit am von § 243 II vorausgesetzten verminderten Handlungsunrecht. Auch hier ist es wiederum eine Frage der **Gesamtwürdigung von Tat und Täter**, ob es geboten erscheint, das Vorliegen eines *besonders schweren Falls* entgegen der Regelwirkung wegen des **erheblich geminderten Erfolgsunwertes** zu verneinen. Die Gegenmeinung neigt hier teilweise dazu, eine mildere Bewertung über Versuchsregeln zu erreichen.[159]

2. Geringwertigkeitsbegriff

292 Maßgebend für den Begriff der **Geringwertigkeit** in § 243 II ist grundsätzlich der **objektiv** zu beurteilende **Verkehrswert** der Sache zur Zeit der Tat.[160] Bei zum Verkauf angebotenen Sachen ist das der konkrete Verkaufspreis einschließlich der ausgewiesenen

---

154 Vgl BGHSt 26, 104, 105; BGH NStZ 87, 71; BGH NStZ 12, 571; BK-*Wittig*, § 243 Rn 29; Fischer-*Fischer*, § 243 Rn 26; *Rengier*, BT I § 3 Rn 42; *Zöller*, BT Rn 59; diff. *Zipf*, Dreher-FS S. 389, 397.
155 *Küper/Zopfs*, BT Rn 270 f; *Küper*, NJW 94, 351; *Lackner/Kühl/Heger*, § 243 Rn 4; LK-*Vogel/Brodowski*, § 243 Rn 62.
156 *Kindhäuser/Böse*, BT II § 3 Rn 48.
157 S. dazu im Einzelnen *Küper/Zopfs*, BT Rn 271, 274; SK-*Hoyer*, § 243 Rn 48 f; S/S-*Bosch*, § 243 Rn 53.
158 S. dazu *Küper/Zopfs*, BT Rn 271, 274 mwN; ferner A/W-*Heinrich*, § 14 Rn 31; *Eisele*, BT II Rn 161.
159 S. dazu *Küper/Zopfs*, BT Rn 274 mwN.
160 BGH NStZ 81, 62; *Küper/Zopfs*, BT Rn 275.

Umsatzsteuer. Nicht abzustellen ist auf Wiederbeschaffungs- oder Herstellerkosten.[161] Bei Gegenständen, mit denen der Handel verboten ist, kommt es – soweit man sie für taugliche Objekte des Diebstahls hält[162] – auf ihren Schwarzmarktwert an.[163]

Ob daneben auch die persönlichen und wirtschaftlichen Verhältnisse der Beteiligten berücksichtigt werden dürfen, ist umstritten.[164] Für die bejahende Auffassung spricht, dass es Fälle gibt, in denen der Verletzte auch durch den Verlust einer objektiv geringwertigen Sache zB aus Gründen der Armut oder eines schützenswerten Affektionsinteresses **fühlbar geschädigt** werden kann. Weiß der Täter hiervon, ist Bagatellunrecht ausgeschlossen. Die Gegenauffassung kann mit der Annahme eines unbenannten schweren Falls nicht helfen, weil die Ausschlussklausel auch für diesen gilt (Rn 289).

Gering ist der Wert einer Sache, wenn er nach der allgemeinen Verkehrsauffassung für den Gewinn wie für den Verlust als unerheblich anzusehen ist.

Die Rspr. lehnt es mit Recht ab, dafür starre Regeln aufzustellen, wie etwa die Heranziehung der wöchentlichen Arbeitslosenunterstützung als Maßstab.[165] Die obere Grenze des **geringen Wertes** wurde seit langen Jahren bei etwa 50 DM gezogen.[166] Da nach nicht unberechtigter Einschätzung der Bevölkerung der Wert eines Euros dem einer DM heute weitgehend entspricht, dürfte die Grenze jetzt bei 50 € liegen.[167]

Bei **mehreren Tatbeteiligten** sowie im Rahmen einer natürlichen Handlungseinheit kommt es auf die **Gesamtmenge** und den **Gesamtwert** der Diebesbeute an.[168]

Wie den vorstehend erörterten Voraussetzungen zu entnehmen ist, hängt die Anwendbarkeit des § 243 II prinzipiell davon ab, dass das Diebstahlsobjekt einen **in Geld messbaren Verkehrswert** hat. Fehlt es daran, wie etwa bei der Entwendung von Strafakten oder von anderen Gegenständen ohne objektiv messbaren Substanzwert,[169] so folgt daraus nicht, dass die betreffende Sache *geringwertig* oder gar *wertlos* ist. In dem für sie einschlägigen Funktionsbereich kann ihr (allein in Betracht kommender) *funktioneller* Wert vielmehr von größter Bedeutung, ja unersetzlich sein. Die Ausschlussklausel in § 243 II, deren Formulierung die Schwere des Falls nach rein **wirtschaftlichen Kriterien** beurteilt, passt für die letztgenannten Tatobjekte nicht.[170]

293

Anders verhält es sich bei einem **Firmenstempel** und **Briefbögen** mit Firmenkopf. Sie sind bei entsprechender Bestellung im freien Handel zu erwerben und haben somit einen in Geld messbaren

---

161 BGH wistra 17, 437.
162 So zB für Drogen BGH NJW 06, 72; s. dazu hier Rn 119 und abl. *Hillenkamp*, Achenbach-FS S. 189, 196 f, 204 f; *Wolters*, Samson-FS S. 495, 500 ff.
163 *Kudlich/Noltensmeier/Schuhr*, JA 10, 343; LK-*Vogel/Brodowski*, § 243 Rn 58; MK-*Schmitz*, § 243 Rn 69; zum Ausschluss von § 243 I 2 Nr 7 aus § 243 II s. hier Rn 283.
164 Verneinend S/S-*Bosch*, § 248a Rn 7; bejahend Fischer-*Fischer*, § 248a Rn 3; BGH GA 57, 17, 18; 19; OLG Hamm NJW 71, 1954.
165 BGHSt 6, 41, 45; KG StV 16, 652, 654 ff (Geringwertigkeit bejaht bei 31,95 €).
166 Vgl OLG Schleswig StV 92, 380; OLG Düsseldorf NJW 87, 1958; *Henseler*, StV 07, 323, 325; Fischer-*Fischer*, § 248a Rn 3a; BGH BeckRS 04, 07428 folgert daraus eine 25-Euro-Grenze.
167 OLG Zweibrücken NStZ 00, 536; OLG Hamm NJW 03, 3145; OLG Frankfurt a.M. NStZ-RR 08, 311 mit Bespr. *Jahn*, JuS 08, 1024; OLG Frankfurt a.M. NStZ-RR 17, 12; *Lackner/Kühl/Heger*, § 248a Rn 3; nach OLG Oldenburg NStZ-RR 05, 111; Fischer-*Fischer*, § 248a Rn 3a hält das für „zu hoch"; zur (hier nur nominalen) Anhebung der Wertgrenze bei einer grundlegenden Veränderung der wirtschaftlichen Verhältnisse s. BGH NStZ 11, 215, 216 mit Bespr. *Jahn*, JuS 11, 660.
168 BGH NJW 64, 117; 69, 2210; HK-GS/*Duttge*, § 243 Rn 55; *Kindhäuser/Böse*, BT II § 3 Rn 44.
169 Lehrreich dazu BGH NJW 77, 1460; BayObLG JR 80, 299 zählt dazu ua Personalausweise, Scheckkarten und Scheckformulare in der bis 31.12.2001 (s. dazu *Baier*, ZRP 01, 454) gültigen Funktion.
170 BGH NJW 77, 1460; BGH NStZ 12, 571; *Satzger*, Jura 12, 792; zum Nutzwert eines gestohlenen Personalausweises s. OLG Stuttgart NStZ 11, 44.

Verkehrswert. Da es bei § 243 II auf die Wertverhältnisse im Zeitpunkt der Wegnahmehandlung ankommt, ist ihr Verkehrswert auch dann als gering zu veranschlagen, wenn die Entwendung in der Absicht erfolgt ist, die Firmenbögen in missbräuchlicher Weise auszufüllen und mit ihrer Hilfe durch Kreditbetrug gegenüber einer Bank einen hohen Gewinn zu erzielen.[171]

294 Im **Fall 17** *bezieht* sich die *erste Tat* nicht auf die wertvolle Handtasche, wenn man in ihrer nur kurzfristigen Mitnahme keine eigennützige Verwendung als Transportmittel, sondern lediglich Zeitersparnis am Tatort sieht. Dann liegt insoweit nur Sachentziehungswille und keine Aneignungsabsicht vor (Rn 206).[172] Der Personalausweis und die Kreditkarte, die sich C zueignen will, haben zwar nur einen geringen Material- und *keinen Verkehrswert*, besitzen aber zusammen einen beträchtlichen und ihnen (im Gegensatz zum leeren Briefbogen und Firmenstempel, Rn 293) selbst schon eigenen *funktionellen Wert*, der die Anwendung der Ausschlussklausel verbietet.[173] Da T durch das Einschlagen des Fensters und das Hineinlangen in das Wageninnere zur Ausführung der Tat in einen umschlossenen, zum Betreten von Menschen bestimmten Raum eingebrochen ist, hat er sich insoweit eines Diebstahls in einem besonders schweren Fall nach §§ 242, 243 I 2 Nr 1 schuldig gemacht. Bei der *zweiten Tat* liegt aufgrund der Ausschlussklausel lediglich ein einfacher Diebstahl vor, da die zwei Pralinenschachteln, auf die sich T's Diebstahlsvorsatz hier ausschließlich bezog, auch *zusammen*[174] nur einen geringen (Rn 292) Wert haben. T hat sich demnach nur eines einfachen Diebstahls schuldig gemacht. Eines Strafantrags der F gemäß § 248a bedarf es trotz der Geringwertigkeit der Beute nicht, weil die Strafverfolgungsbehörde bei Diebstählen aus Pkws im Straßenverkehr namentlich unter Verwirklichung der Tatmodalitäten des § 243 (hier: I 2 Nr 2) das **besondere öffentliche Interesse an der Strafverfolgung** bejahen wird.[175]

3. Problematik des Vorsatzwechsels

295 Schwierigkeiten ergeben sich bei der Frage der Anwendbarkeit des § 243 II in den Fällen eines **Objekts-** und **Vorsatzwechsels** zwischen *Versuch* und *Vollendung* der Tat.[176] Dabei sind *zwei Fallgestaltungen* zu unterscheiden. In der einen weicht das *nach* Verwirklichung des Regelbeispiels weggenommene Objekt in seinem Wert von der Vorstellung des Täters ab, die er sich beim Einbrechen, Einsteigen usw gemacht hat (s. dazu **Fall 18a** und **b, Rn 296 f**). In der anderen *gibt* der Täter seinen auf eine nicht geringwertige Sache gerichteten Tatentschluss nach Verwirklichung des Regelbeispiels endgültig *auf*, fasst dann aber den neuen Entschluss, eine geringwertige Sache wegzunehmen (s. dazu **Fall 19, Rn 300**). Beide Konstellationen sind unterschiedlich zu beurteilen.

296 **Fall 18a:** T ist in das Bootshaus eines Segelklubs eingebrochen, um Geld und sonstige Wertsachen zu stehlen, entschließt sich dann aber, stattdessen nur einen Bootshaken im Wert von 8 € mitzunehmen.

---

171 BGH NStZ 81, 62.
172 BGH StV 00, 670; BGH StV 10, 22 mit Anm. *Jahn*, JuS 10, 362.
173 S. BayObLG JR 80, 299 mit zust. Anm. *Paeffgen* zu bis zum 31.12.2001 gültigen Scheckformularen nebst dazugehöriger Scheckkarte.
174 OLG Düsseldorf NJW 87, 1958.
175 Entsprechend der weichenstellenden Funktion der Geringwertigkeitsklausel ist hier § 243 II jeweils zunächst erörtert; zust. *Zopfs*, Jura 07, 422. Die umgekehrte **Prüfungsreihenfolge** – erst Regelbeispiel, dann Ausschlussklausel – empfehlen *Eisele*, BT II Rn 157; *Joecks/Jäger*, § 243 Rn 9; *Rengier*, BT I § 3 Rn 39 und *Schmidt*, BT II Rn 172.
176 S. zum Streitstand nach früherem Recht *Hillenkamp*, Die Bedeutung von Vorsatzkonkretisierungen 1971, S. 5 ff; zum gegenwärtigen Stand s. *Küper/Zopfs*, BT Rn 272 f.

Fall 18b: T ist in das Bootshaus eines Segelklubs eingebrochen, um einen Bootshaken im Wert von 8 € zu stehlen. Als er Geld und Wertsachen entdeckt, nimmt er diese an sich und verlässt mit ihnen das Haus.
Strafbarkeit nach §§ 242, 243? **Rn 299**

(1) In der *ersten* der beiden in Rn 295 genannten Fallgestaltungen begeht der Täter jeweils einen vollendeten Diebstahl (§ 242) am letztlich weggenommenen Objekt. Die Entwendung des geringwertigen (**Fall 18a**) bzw. des nicht geringwertigen Objekts (**Fall 18b**) entspricht allerdings nicht seinem ursprünglichen Tatentschluss, der im Augenblick der Regelbeispielsverwirklichung auf Gegenstände von höherem bzw. geringem Wert gerichtet war. Hier ist fraglich, welche Bedeutung der **Objekts-** und **Vorsatzwechsel** innerhalb des Versuchsstadiums für die rechtliche Bewertung des Tatgeschehens und die Anwendbarkeit des § 243 I, II hat.

Nach der Rspr. ist es für die Gesamtbeurteilung einer **einheitlichen Tat** unwesentlich, ob der Diebstahlsvorsatz zunächst auf *bestimmte* Objekte beschränkt war oder dahin ging, *alles Stehlenswerte* mitzunehmen. Sein Fortbestand wird nicht dadurch berührt, dass er sich während der Tatausführung verengt, erweitert oder sonst ändert.[177] Wer also zur Begehung eines Diebstahls in ein Gebäude einbricht, verwirklicht die Merkmale der §§ 242, 243 I 2 Nr 1 auch dann mit einem *durchgehenden* Diebstahlsvorsatz, wenn er das Gesuchte nicht vorfindet und stattdessen etwas anderes entwendet. Die zur Vollendung gelangte Tat kann bei dieser Sachlage richtigerweise **nur einheitlich**, dh im *Ganzen* entweder als **vollendeter Diebstahl** in einem **besonders schweren Fall** oder als **einfacher Diebstahl** angesehen werden.[178] Die besseren Gründe sprechen für Ersteres.

Als T im **Fall 18a** zur Verwirklichung des § 242 ansetzte und *zur Ausführung der Tat* in das Bootshaus einbrach (§ 243 I 2 Nr 1), war sein **Vorsatz** auf die Wegnahme von **Geld und Wertsachen** gerichtet. Infolgedessen „bezog" sein Tatentschluss sich im Versuchsstadium nicht auf die Entwendung geringwertiger Sachen, sodass § 243 II schon aus diesem Grunde entfällt. Im Augenblick des **Objekts- und Vorsatzwechsels** lag bereits ein **versuchter Diebstahl** in einem *besonders schweren Fall* vor, der nur deshalb nicht zum zunächst gewollten Erfolg führte, weil A sich eines anderen besann. Der während der Tatausführung gefasste Entschluss, sich mit dem Bootshaken zu begnügen, berührte hier weder den Fortbestand des Diebstahlsvorsatzes *als solchen* noch die Einheitlichkeit und sachliche Zusammengehörigkeit des Geschehens, sodass die Tat insgesamt ohne Rücksicht auf den geringen Wert der letztlich erzielten Beute gemäß §§ 242, 243 I 2 Nr 1 als **vollendeter Diebstahl** in einem **besonders schweren Fall** zu beurteilen ist.[179] Für die Anwendbarkeit des § 243 I 2 Nr 1 auf die Tat im Ganzen spricht hier auch der Umstand, dass der Erschwerungsgrund des Einbrechens im **Fall 18a** selbst dann durchgreifen würde, wenn T *gar nichts* mitgenommen und das Bootshaus ohne jede Beute verlassen hätte.[180] Andererseits widerspräche die von der Gegenansicht[181] befürwortete Aufspaltung des Vorgangs in einen erschwerten Fall des Diebstahlsversuchs (= bezüglich der nicht mitgenommenen Wertsachen) und in einen vollendeten einfachen Diebstahl (= bezüglich des Bootshakens) dem **ein-**

---

177 BGHSt 22, 350, 351; BGH MDR/D 53, 272; der Verurteilung des M nach §§ 242, 243 I 2 Nr 1 (vollendet) in BGH NStZ-RR 20, 246 liegt diese Auffassung unausgesprochen zugrunde. Den Mittäter T soll der Vorsatzwechsel bei M auf ein nicht eingeplantes (geringwertiges) Tatobjekt dagegen iS einer bloßen Versuchsstrafbarkeit entlasten.
178 Vgl BGHSt 26, 104, 105; Blei, JA 75, 591, 661; *Eisele*, Die Regelbeispielsmethode im Strafrecht 2004, S. 339; *Zipf*, Dreher-FS S. 389, 394.
179 BGHSt 26, 104, 105; BGH NStZ 87, 71; S/S-*Bosch*, § 243 Rn 55.
180 *Fahl*, JuS 01, 48; Fischer-*Fischer*, § 243 Rn 26a; *Krey/Hellmann/Heinrich*, BT II Rn 149.
181 *Kindhäuser/Böse*, BT II § 3 Rn 50; SK-*Hoyer*, § 243 Rn 53.

heitlichen Charakter des Geschehensablaufs. Aus Letzterem folgt, dass auch im umgekehrten **Fall 18b** nicht anders zu entscheiden und ein **vollendeter Diebstahl in einem besonders schweren Fall** anzunehmen ist. Die Gegenansicht, die hier nur einen einfachen Diebstahl bejahen will,[182] vernachlässigt, dass es an dem für § 243 II vorausgesetzten bagatellarischen Erfolgsunwert ganz und auch an einem den Kernfällen des § 243 II vollständig entsprechenden geringen Handlungsunwert fehlt.

300 (2) Anders liegt es dagegen, wo der Täter nicht nur von dem mit der Verwirklichung des Regelbeispiels begangenen Versuch, Sachen von *nicht geringem* Wert zu stehlen, wegen Fehlschlags oder Rücktritts, sondern vom Stehlvorsatz insgesamt endgültig Abstand nimmt, bevor er auf den Gedanken kommt, Geringwertiges wegzunehmen.

Fall 19: T bricht nachts in das Bootshaus eines Segelklubs ein, um Geld und sonstige Wertsachen zu stehlen. Da er beides nicht vorfindet, legt er sich enttäuscht zum Schlafen nieder. Als er am nächsten Morgen aufwacht, entwendet er zum Frühstück zwei Flaschen Bier und eine Mettwurst im Gesamtwert von 10 €.
Ist T eines Diebstahls in einem schweren Fall schuldig?

Seinen ursprünglichen Entschluss, Geld und Wertsachen zu stehlen, hatte T bereits **endgültig aufgeben** müssen, ehe er noch am Tatort (= im Innern des Gebäudes) den **neuen Vorsatz** fasste, seinen Frühstückshunger mithilfe von Bier und Wurst zu stillen. Hier handelt es sich im Bereich des Verwirklichungswillens um eine echte **Zäsur**, die dazu führt, dass der zweite Abschnitt des Geschehens *selbstständig* zu würdigen und als **neue Tat anzusehen** ist, deren Strafbarkeit sich allein nach §§ 242, 248a richtet. Der vorhergehende Erschwerungsgrund des *Einbrechens* ergreift diesen nachfolgenden Diebstahl nicht, weil T nicht „zur Ausführung dieser Tat" eingebrochen ist. Auch hat er sich nicht in dieser Absicht im Bootshaus verborgen gehalten (Rn 272). Demnach kommt es insoweit auf § 243 II nicht mehr an (offen gelassen in BGHSt 26, 104, 105 f). Ob es für das vorangegangene Geschehen bei der Strafbarkeit wegen eines versuchten Diebstahls in einem besonders schweren Fall (s. Rn 252) verbleibt oder nicht, hängt davon ab, ob es sich wie im hier erörterten Fall um einen nicht rücktrittsfähigen Fehlschlag oder ob es sich um einen freiwilligen Rücktritt vom Versuch handelt.[183]

301 Maßgebend für die **Abgrenzung** bei Fallgestaltungen dieser Art ist somit, ob der **Wille zum Stehlen** trotz des Objekts- und Vorsatzwechsels (wie im **Fall 18a** und **b**) während des Gesamtgeschehens **fortbestanden** oder ob es sich (wie im **Fall 19**) um eine **endgültige Aufgabe** des Diebstahlsvorsatzes als Ganzem infolge Fehlschlags oder Rücktritts gehandelt hat, dem ein neuer **Diebstahlsentschluss** hinsichtlich eines anderen Gegenstandes gefolgt ist.[184]

Rechtsprechungsbeispiel: Wie wichtig eine sorgfältig und vollständig ermittelte Tatsachengrundlage für die Zuordnung eines Diebstahlsfalls zu § 243 I oder II nach den hier unter Rn 288 ff dargelegten Maßstäben ist, zeigt die Entscheidung **OLG Hamm BeckRS 16, 05563** mit Bespr. *Eisele*, JuS 16, 564. Hier war der Angekl. A in fünf in Tatmehrheit (§ 53) stehenden Fällen unter Verwirklichung von Regelbeispielen des § 243 I 2 Nr 1 in verschiedene Räumlichkeiten gelangt, um dort zu stehlen. Bei einem Einbruch in eine Physiotherapiepraxis entwendete er lediglich ein Porzellanei im Wert von 10 €, in einem weiteren Fall nur 10 € nebst Geldbörse. In zwei weiteren

---
182 *Kindhäuser/Böse*, BT II § 3 Rn 51; SK-*Hoyer*, § 243 Rn 53.
183 S. hierzu *Krey/Hellmann/Heinrich*, BT II Rn 153; SK-*Hoyer*, § 243 Rn 53.
184 Ebenso *Küper/Zopfs*, Rn 272 f; *Rengier*, BT I § 3 Rn 43 ff; *Schmidt*, BT II Rn 173 ff; s. auch *Jäger*, BT Rn 382 ff.

nahm A Bargeld bzw. eine Handtasche mit. In allen Fällen ist das LG von einem besonders schweren Fall des Diebstahls nach § 243 I 2 Nr 1 – dass A auch gewerbsmäßig (§ 243 I 2 Nr 3) gehandelt hat, wurde übersehen – ausgegangen. Das OLG sieht sich zu Recht außerstande, die Richtigkeit des (stillschweigenden) Ausschlusses des § 243 II zu bestätigen, da es dafür an den notwendigen Feststellungen fehlt. So ist im zweiten Fall der Wert der Geldbörse, im dritten Fall der Betrag des Bargelds und im vierten der Wert der Handtasche im Urteil nicht angegeben worden. Es kann folglich nicht ausgeschlossen werden, dass es sich jeweils nur um Sachen von geringem Wert gehandelt hat. Eine Addition aller Werte – auch sie setzt die Feststellung der Einzelwerte voraus – kommt bei Tatmehrheit zudem nicht in Betracht (Rn 292). Im Porzellaneifall zeigt sich darüber hinaus deutlich, dass nicht nur zum objektiven Wert der Diebstahlsobjekte, sondern auch zum diesbezüglichen Vorsatz genauere Feststellungen zu treffen sind. Denn hierzu führt das OLG zutreffend aus, dass die vom LG bejahte Anwendung des § 243 I zwar auch bei einem unter dem vom LG angenommenen Grenzwert von 25 € liegenden Gegenstand nicht ausgeschlossen sei. Es hebt aber ebenso zutreffend hervor, dass das nur zutrifft, „wenn sich der Vorsatz des Täters auf wertvollere Sachen bezog." Das entspricht der auch hier (Rn 290, 295 ff) vertretenen hM. Dass ein Täter, der in eine Physiotherapiepraxis einbricht, „wegen des dort zu erwartenden Bargelds, Computern mit Zubehör etc." einen solchen Vorsatz hat, liege „zwar äußerst nahe," müsse aber festgestellt werden. Das trifft zu. Dass das LG im ersten Fall nur einen *Versuch* im besonders schweren Fall angenommen hat, weil A bei einem weiteren Einbruch am selben Tag das Ei „in den Räumlichkeiten des Sanitätshauses (wieder) abgelegt" hatte, wird vom OLG mit Recht als unzutreffend bezeichnet. Zwar ist richtig, dass der Strafrahmen des § 243 auch bei einem unter den erschwerenden Umständen des § 243 I 2 Nr 1 nur verwirklichten Versuch anwendbar sein kann (s. Rn 251 f). Da sich A aber nach der ersten Tat aus den Praxisräumen bereits entfernt hatte, war der Diebstahl des Eies bereits vor der Wiederablegung bei der zweiten Tat vollendet. Eine tätige Reue kennt das Gesetz bei Diebstahl nicht. Wenn man fälschlicherweise von bloßem Versuch ausgeht, hätte es allerdings – was das OLG, das die Annahme bloßen Versuchs bestehen lässt, weil sie den A nicht beschwere, übergeht – einer Erörterung des § 24 bedurft, der nicht zwingend daran scheitert, dass das Ei offenbar nur im selben Gebäude, nicht aber in den Herkunftsräumen wieder abgelegt wurde.

IV. Prüfungsaufbau: Besonders schwerer Fall des Diebstahls, § 243

Besonders schwerer Fall des Diebstahls, § 243 302
  I. Rechtswidrige und schuldhafte Erfüllung des Diebstahlstatbestands, § 242
    ⓟ nur versuchter Diebstahl
  II. Verwirklichung des Regelbeispiels
    ⓟ nur „versuchtes" Regelbeispiel
    1. Objektive Merkmale des Regelbeispiels
      Nr 1: *(1) Bezugsobjekt:*
        • *Gebäude*
        • *Dienst- oder Geschäftsraum*
        • *umschlossener Raum*
      (2) Handlung:
        • *Einbrechen*
        • *Einsteigen*
        • *Eindringen*
          – *mittels falschen Schlüssels*
          – *mittels anderen Werkzeugs*
        • *Sich-Verborgenhalten*
      Nr 2: *(1) Schutzvorrichtung:*
        • *verschlossenes Behältnis*
        • *andere Schutzvorrichtung*
      (2) gegen Wegnahme:
        • *besondere Sicherung gegen Wegnahme*
        ⓟ Sicherungszweck

Nr 3:	*Gewerbsmäßigkeit:*	• *gewerbsmäßiges Stehlen*
Nr 4:	*(1) Räumlichkeit:*	• *Kirche*
		• *Religionsausübung dienendes Gebäude*
	(2) Objekt:	• *Gottesdienst gewidmete Sache*
		• *religiöser Verehrung dienende Sache*
Nr 5:	*(1) Objekt:*	• *Sache von bestimmter Bedeutung*
	(2) Aufbewahrungsort:	• *allgemein zugängliche Sammlung*
		• *öffentliche Ausstellung*
Nr 6:	*(1) Gefahrenlage:*	• *Hilflosigkeit*
		• *Unglücksfall*
		Ⓟ Gefahr für Sachen
		Ⓟ selbstverschuldet
		• *gemeine Gefahr*
	(2) Ausnutzung:	• *Stehlen durch Ausnutzen der Situation*
Nr 7:	*Objekt:*	• *Handfeuerwaffe, Maschinengewehr etc*

2. **Subjektive Merkmale des Regelbeispiels**
   (1) „Vorsatz":   • *Quasivorsatz (§ 16 analog)*
   (2) Besonderheiten: **Nr 1:** • *zur Ausführung der Tat*
                                           → Diebstahlsvorsatz bei Vornahme der Handlung
                                      Nr 6: • *Ausnutzungsbewusstsein*

III. Gesamtwürdigung der Tatumstände
   → Indizwirkung
   → atypischer Fall

IV. Ausschluss, § 243 II
   → Bezug auf geringwertige Sache
   Ⓟ Vorsatzwechsel

§ 5 Diebstahlsqualifikationen (Diebstahl mit Waffen, Wohnungseinbruchs- und Bandendiebstahl)

303 Während § 243 nur Regelbeispiele für *besonders schwere Fälle* des Diebstahls aufzählt, bildet **§ 244** einen **qualifizierten Tatbestand**, der auf dem **Grundtatbestand** des § 242 aufbaut und zu ihm in einem sog. **Stufenverhältnis** steht.[1] Die vier Erschwerungsgründe des § 244 I enthalten mithin eine *zwingende* und *abschließende* Regelung. Diese greift stets, aber auch nur dann ein, wenn die dort genannten Voraussetzungen erfüllt sind. Das Gleiche gilt für den Verbrechenstatbestand des § 244a. Sie bilden die **Diebstahlsqualifikationen ieS**. In einem weiteren (nur auf die Spezialität abstellenden) Sinne können auch der räuberische Diebstahl (dazu **Rn 443**) und der Raub als Qualifikationen des Diebstahls angesehen werden.

---

[1] Vgl *Wessels/Beulke/Satzger*, AT Rn 171, 175 f.

I. Diebstahl mit Waffen (§ 244 I Nr 1)

Fall 20: Der im Wohnungseinbruchsdezernat eingesetzte Polizeibeamte P nutzte seinen Einsatz an den Tatorten wiederholte Male dazu, wertvolle kleinere Gegenstände, die sich leicht verbergen ließen, zu entwenden. Dabei trug er in der Regel seine geladene und schussbereite Dienstwaffe bei sich. In einem Fall hatte er sie allerdings im 150 m vom Einbruchsort entfernt abgestellten Streifenwagen gelassen. In einem anderen Fall bemerkte er während des Diebstahls, dass er die morgendliche Munitionsausgabe versäumt und deshalb nur eine ungeladene Waffe bei sich hatte, beruhigte sich aber mit dem Gedanken, sie notfalls als Drohmittel oder auch als Schlaginstrument gegen den Kopf von Personen einzusetzen, die sich ihm in den Weg stellen könnten. Ist P nach § 244 zu bestrafen? **Rn 347**

304

1. Beisichführen von Waffen oder anderen gefährlichen Werkzeugen

In der ersten Tatbestandsvariante (§ 244 I Nr 1a) begeht einen Diebstahl mit Waffen, wer eine *Waffe* oder ein *anderes gefährliches Werkzeug* bei sich führt.

305

a) Beisichführen von Waffen

Unter einer **Waffe** im Sinne des § 244 I Nr 1a ist (wie in §§ 250 I Nr 1a, II Nr 2; 177 III Nr 1) nur eine (einsatzbereite, s. Rn 312) Waffe im *technischen Sinn*[2] zu verstehen. Eine Waffe ist jeder Gegenstand, der nach der Art seiner Anfertigung geeignet und schon hiernach oder nach allgemeiner Verkehrsauffassung dazu bestimmt ist, durch seinen üblichen Gebrauch Menschen durch seine mechanische oder chemische Wirkung körperlich zu verletzen.[3] Zu diesen „geborenen" oder nach allgemeiner Verkehrsauffassung „gekorenen" Waffen gehören Gegenstände *nicht*, die nur im Einzelfall als Angriffs- oder Verteidigungsmittel *zweckentfremdet* und nur durch die *Willkür* des Täters zur „Waffe" gemacht werden (= gewillkürte Waffen).[4] Zur Bestimmung des strafrechtlichen Waffenbegriffs greift die Rspr. auf die Grundvorstellungen des Waffengesetzes (auch zB für **Messer**)[5] und den allgemeinen Sprachgebrauch zurück.

306

Erfasst werden zunächst alle **Schusswaffen** und die in § 243 I 2 Nr 7 aufgeführten Waffen. Neben diesen erfüllen die Voraussetzungen aber auch alle Hieb-, Schlag-, Stoß- und Stichwaffen, die wie Gummi- und Schlagstöcke, Schlagringe oder Kampfmesser (wie zB Spring-, Fall- und Butterflymesser)[6] generell geeignet und bestimmt sind, als Waffe eingesetzt zu werden,[7] sowie Handgranaten und Molotow-Cocktails.[8] Pfefferspray wird vom BGH nicht als Waffe, sondern als gefährliches Werkzeug eingeordnet.[9]

307

Schusswaffen sind Gegenstände, die zum Angriff oder zur Verteidigung, aber auch zB zur Jagd, zum Sport oder Spiel bestimmt sind und bei denen **Geschosse** durch einen **Lauf** mit Bewegungs-

---

2 *Dencker*, in: Dencker ua, Einführung in das 6. StrRG 1998, S. 13; *Küper/Zopfs*, BT Rn 758, 763; *Küper*, Hanack-FS S. 571 f; *Lackner/Kühl/Heger*, § 244 Rn 3c; *Rengier*, BT I § 4 Rn 8, 16; SK-*Sinn*, § 250 Rn 8.
3 RGSt 74, 281, 282; BGHSt 4, 125, 127; BGH NJW 65, 2115; ähnlich S/S-*Bosch*, § 244 Rn 3.
4 RGSt 74, 281, 282.
5 BGH BeckRS 15, 09422.
6 S. Anlage 1, Unterabschnitt 2 zum WaffG; zu weit BayObLG StV 99, 383: auch einfache Messer; dagegen RGSt 66, 191; 68, 238, 239; für ein „Schweizer Offiziersmesser" zu Recht abl. OLG Köln NStZ 12, 327.
7 RGSt 74, 281, 282; BGHSt 4, 125, 127; 43, 266, 269 unter Berufung auf § 1 VII WaffG aF.
8 Fischer-*Fischer*, § 244 Rn 4.
9 BGH NStZ-RR 07, 375 unter Verweis auf BGH NStZ-RR 03, 105; offengelassen (anderenfalls gefährliches Werkzeug) in BGH BeckRS 17, 130131; für eine Einordnung als Waffe dagegen Fischer-*Fischer*, § 244 Rn 4; diff. *Jesse*, NStZ 09, 364, 366 ff.

richtung nach vorn getrieben werden. Dazu gehören ua Karabiner, Jagdgewehre, Pistolen und Luftgewehre,[10] nach umstrittener Auffassung aber auch **Gaspistolen**, sofern sie so konstruiert sind, dass aus ihnen *Gaspatronen* verschossen werden und das durch Zündung freigesetzte Gas nicht lediglich seitwärts ausströmt,[11] sondern den Lauf **in Richtung nach vorn** verlässt.[12] Ist die Gaspistole nur mit **Platzpatronen** geladen, verliert sie ihre für den strafrechtlichen Waffenbegriff vorausgesetzte abstrakte Gefährlichkeit[13] und ist nicht mehr in ihrer Eigenschaft als technische Waffe einsatzbereit.[14] Sie kann aber wie jede **Schreckschusspistole** zu einem gefährlichen Werkzeug[15] werden, wenn der Täter dem Opfer bei einer Schussdistanz von wenigen Zentimetern (relativer Nahschuss) oder bei einem Schuss mit auf die Körperoberfläche aufgesetzter Laufmündung (absoluter Nahschuss) durch die austretenden Explosionsgase und Munitionspartikel gegebenenfalls erhebliche Verletzungen beibringen oder mit einer solchen Vorgehensweise drohen will.[16] Die in solchen Fällen auch der Schreckschusspistole zukommende erhebliche Verletzungseignung und ihr häufiger praktischer Gebrauch in dieser Weise hat den **GrS des BGH**[17] zwar bewogen, Schreckschusspistolen ganz allgemein mit Gaspistolen gleichzusetzen und sie folglich als Waffen im technischen Sinne zu behandeln.[18] Das sollte man aber nicht tun. Denn die hierfür maßgeblich ins Feld geführte und auch den Gesetzgeber in der seit dem 1.4.2003 gültigen Neufassung des WaffG zu dieser Gleichsetzung motivierende Gefährlichkeit in solchen Fällen kann nicht darüber hinwegtäuschen, dass zur Bewirkung der dann heraufbeschworenen Verletzungsgefahren die Schreckschusspistole nicht deren Hersteller, sondern erst die (vorbehaltene) *bestimmungswidrige Verwendung* und also der Täter bestimmt. Gerade das aber ist ein Kennzeichen nicht der Waffe, sondern des gefährlichen Werkzeugs.

308 § 244 I Nr 1a setzt nicht voraus, dass die *Waffe* bei Begehung des Diebstahls eingesetzt wird (dann liegt regelmäßig Raub vor) oder dass die Bereitschaft besteht, im Bedarfsfall von ihr Gebrauch zu machen. Es genügt, dass der Täter oder ein anderer Beteiligter sie im **Bewusstsein ihrer Einsatzfähigkeit** und jederzeitigen Verwendungsmöglichkeit **bei sich führt**.[19] An einem solchen Bewusstsein, an das der BGH[20] eher strenge Anforderungen stellt, kann es bei berufsmäßigen Waffenträgern (s. Rn 310 f) fehlen.[21] Belanglos ist, ob der Täter die Schusswaffe schon zum Tatort mitnimmt oder sie erst dort[22] – und sei es

---

10 BGH MDR/D 74, 547.
11 BGH NStZ 99, 135.
12 BGHSt 24, 136, 139; 45, 92, 93 f; BGH NStZ 89, 476; BGH StV 96, 315; BGH NStZ 02, 31, 33; BGH NJW 11, 1979, 1980; LK-*Vogel/Brodowski*, § 244 Rn 26; weiter *Küper/Zopfs*, BT Rn 764.
13 AA BGH JR 99, 33 mit abl. Anm. *Dencker*; s. dazu *Geppert*, Jura 99, 601.
14 BT-Ds 13/8587, S. 44.
15 Nach BGH NStZ-RR 02, 9 zur Waffe; ebenso *Beulke/Zimmermann*, III Rn 251.
16 BGH NStZ 02, 31, 33.
17 BGHSt 48, 197; dem BGH **zust.** *Eisele*, BT II Rn 179; *Geppert*, JK 10/03, StGB § 250 II Nr1/4; H-H-*Kretschmer*, Rn 843; HK-GS/*Duttge*, § 244 Rn 4; *Kindhäuser/Hilgendorf*, § 244 Rn 4; *Kleszczewski*, BT § 8 Rn 138; *Krey/Hellmann/Heinrich*, BT II Rn 184; *Lanzrath/Fieberg*, Jura 09, 348; *Schmidt*, BT II Rn 193; S/S-*Bosch*, § 244 Rn 3a; mit Vorbehalt A/W-*Heinrich*, § 14 Rn 55; *Rengier*, BT I § 4 Rn 18; zu Recht **krit.** dagegen *Baier*, JA 04, 15 f; *Beulke/Zimmermann*, III Rn 252; BK-*Wittig*, § 244 Rn 5.3; *Erb*, JuS 04, 653, 654 f; Fischer-*Fischer*, § 250 Rn 5a-5d; *Fischer*, NStZ 2003, 571; *Lackner/Kühl/Heger*, § 244 Rn 3c; LK-*Vogel/Brodowski*, § 244 Rn 24; MK-*Schmitz*, § 244 Rn 8; NK-*Kindhäuser*, § 244 Rn 7; *Ransiek*, JA 18, 668; SK-*Sinn*, § 250 Rn 10; S/S/W-*Kudlich*, § 244 Rn 8; wie hier Fischer-*Fischer*, § 244 Rn 7 f; *Küper/Zopfs*, BT Rn 765; *Mitsch*, BT II S. 115; *Zopfs*, Jura 07, 516.
18 **Vorausgesetzt**, der „Explosionsdruck" **tritt nach vorne durch den Lauf aus**, s. BGH NStZ 10, 390; 11, 702; BGH NStZ-RR 12, 201; BGH NStZ 12, 445; BGH NStZ-RR 15, 111; BGH BeckRS 17, 108312.
19 BGHSt 3, 229, 232; BGH NStZ-RR 14, 110; OLG Braunschweig StV 22, 29; OLG Zweibrücken, NStZ 24, 237; *Hillenkamp*, JuS 90, 456; *Hillenkamp*, JuS 03, 159.
20 BGH StV 02, 120, 122 bei einer Waffe; s. hierzu bei gefährlichen Werkzeugen BGH StV 02, 191; 03, 26, 27; 05, 606; s. auch OLG Schleswig NStZ 04, 212, 214; OLG Celle StV 05, 336; KG StV 08, 361; 473, 474 und Rn 314 f.
21 BayObLG StV 99, 383; OLG Hamm NStZ 07, 473, 474; s. aber auch hier Rn 310 f; OLG Naumburg BeckRS 11, 21702.
22 S. BGH NStZ 01, 88, 89; BGH BeckRS 13, 08221.

als Beute[23] – an sich bringt.[24] Es wird auch nicht verlangt, dass er sie während der Tat in der Hand hält oder wenigstens am Körper trägt. Sie muss ihm nur in eigener Sachherrschaft[25] **zur Verfügung stehen**, dh in gebrauchsbereitem Zustand räumlich so von ihm in seine Nähe gebracht worden sein, dass er sich ihrer ohne besondere Schwierigkeiten und ohne nennenswerten Zeitaufwand bedienen kann.[26] Hiervon ist bei einem Mitführen in einem Rucksack noch zu sprechen, auch wenn der Täter den Rucksack erst noch öffnen müsste, um an die Waffe zu gelangen.[27] Auch steht der erforderlichen „Griffnähe" nicht zwingend entgegen, dass der Täter die mitgeführte Waffe in einem von mehreren Räumen der Wohnung griffbereit ablegt, während er in den anderen Räumen nach Beute sucht.[28] Ist die Waffe in einem Raum fest installiert, in dem der Diebstahl geschieht, fehlt es dagegen am Beisichführen selbst dann, wenn der Täter die Waffe jederzeit auslösen könnte. Zwar begründet auch ein solcher Zustand die dieser Tatbestandsvariante immanente Gefahr. Von einem Beisichführen lässt sich aber nach dem allgemeinen Sprachgebrauch nur bei *beweglichen* Gegenständen sprechen.[29] Das Beisichführen muss nur von **einem** der am *Tatort* anwesenden **Beteiligten**[30] erfüllt werden, und ist den übrigen freilich nur zurechenbar, sofern sich ihr Vorsatz hierauf erstreckt.

309 Es genügt, wenn der Täter oder ein anderer Beteiligter die Waffe zu irgendeinem **Zeitpunkt** zwischen **Versuchsbeginn** und **Vollendung** beisichführt. Nicht ausreichend ist ein Beisichführen im bloßen Vorbereitungsstadium. Rspr. und Teile der Lehre[31] lassen darüber hinaus auch ein Beisichführen in der Phase zwischen Vollendung und **Beendigung** ausreichen. Das überzeugt nicht, denn weder macht es den Einsatz des Nötigungsmittels zur Wegnahme gefährlicher, noch ist diese Zeitspanne hinreichend bestimmt.[32] Qualifiziert werden soll die Tat, nicht das Verhalten nach schon begangener Tat. Für die Phase zwischen Vollendung und Beendigung gilt nach dem Gesetz § 252 mit weiteren engeren Voraussetzungen.[33] Lediglich in seltenen Fällen iterativer Begehung liegt diese Phase zugleich auch vor weiterer Vollendung.[34]

---

23 BGH BeckRS 13, 20189 mit Bespr. *Kudlich*, JA 14, 228; *Satzger*, JK 9/14, StGB § 250 I Nr 1a/15; *Rengier*, BT I § 4 Rn 51; S/S/W-*Kudlich*, § 244 Rn 19; **aA** H-H-*Kretschmer*, Rn 857; *Kindhäuser/Hilgendorf*, § 244 Rn 17; *Kindhäuser/Wallau*, StV 01, 354; *Lanzrath/Fieberg*, Jura 09, 352; M/S/M-*Hoyer*, § 33 Rn 124. Falllösung dazu bei *Werkmeister*, JA 13, 906.
24 BGHSt 13, 259, 260; BGH NStZ 85, 547.
25 BGH StV 02, 120, 121 f, *Küper/Zopfs*, BT Rn 118; *Rengier*, BT I § 4 Rn 43.
26 Zusf. BGH BeckRS 17, 130131; BGH NStZ 23, 733 mit Anm. *Seel*; Bespr. *Kudlich*, JA 23, 781; BGH HRRS 24, Nr 1076; näher *Geppert*, Jura 92, 496.
27 Enger BayObLG StV 99, 383.
28 Zu § 30a II Nr 2 BtMG schließt BGH JR 18, 472, 476 die nötige „Griffnähe/Griffweite" nicht zwingend aus, wenn der Täter die Schusswaffe oder den Gegenstand unverschlossen in einem anderen Raum der Wohnung aufbewahrt als das Betäubungsmittel. Zur Parallelisierung des Bei-Sich- bzw. Mit-Sich-Führens in beiden Gesetzen s. *Magnus*, JR 18, 437, 445 ff.
29 So zum gleichbedeutenden „Mitsichführen" in § 30a II Nr 2 BtMG zu Recht BGHSt 52, 89 mit insoweit zust. Bespr. von *Magnus*, JR 08, 410; zu § 250 II Nr 1 ebenso BGH BeckRS 13, 00525 (Industriemüll-Häcksler) mit Bespr. *Hecker*, JuS 13, 948; s. auch Fischer-*Fischer*, § 244 Rn 27a; krit. *Vogel*, JA 18, 748.
30 Wozu auch ein Gehilfe zählen kann, s. *Hillenkamp*, JuS 03, 159.
31 BGHSt 20, 194, 197; BGH NStZ 85, 547; BGH NStZ 07, 332, 334 mit insoweit abl. Bespr. von *Kudlich*, JR 07, 381; OLG Hamburg NStZ 17, 584; *Krey/Hellmann/Heinrich*, BT II Rn 197; M/R-*Schmidt*, § 244 Rn 7; S/S-*Bosch*, § 244 Rn 7; *Wessels*, BT II Rn 255.
32 *Kindhäuser/Böse*, BT II § 4 Rn 20; *Lackner/Kühl/Heger*, § 244 Rn 2; LK-*Vogel/Brodowski*, § 244 Rn 35; *Mitsch*, BT II S. 120; *Mitsch*, JA 17, 412; NK-*Kindhäuser*, § 244 Rn 21; *Schmidt*, BT II Rn 210; SK-*Sinn*, § 250 Rn 21; *Zaczyk*, Anm. JR 98, 257.
33 *Eisele*, BT II Rn 184; HK-GS/*Duttge*, § 244 Rn 18; H-H-*Kretschmer*, Rn 855; *Klesczewski*, BT § 8 Rn 140; *Kudlich*, NStZ 17, 639; *Lanzrath/Fieberg*, Jura 09, 351; *Rengier*, BT I § 4 Rn 49; *Zöller*, BT Rn 79; zum Streit s. auch *Küper/Zopfs*, BT Rn 119; zu identischen Fragen bei §§ 249, 266 wie hier *Bachmann/Goeck*, Jura 12, 133; *Küpper/Grabow*, Achenbach-FS S. 265 ff.
34 S. dazu LK-*Murmann*, vor § 22 Rn 36 ff.

Insofern fehlt es auch an den Voraussetzungen des § 244 I Nr 1, wenn der Täter eine geladene Schusswaffe in seinem Kraftwagen zurücklässt, den er 200 Meter vom vorgesehenen Tatort entfernt abstellt und mit dem er ohne Beute die Flucht ergreift, nachdem sein Einbruchsversuch (durch Auslösen der Alarmanlage oder aus anderen Gründen) misslungen ist. Zum **„Tathergang"** im oben erwähnten Sinn gehört hier weder die Fahrt zum Tatort noch die spätere Flucht. Erstere fällt in das bloße **Vorbereitungsstadium** (liegt also vor Versuchsbeginn), während der gescheiterte Einbruchsversuch bereits **beendet** ist, ehe die Flucht mit dem Kraftwagen und der darin befindlichen Schusswaffe beginnt.[35]

310 **Grund** der **Strafschärfung** in § 244 I Nr 1a 1. Alt. ist die von einer gebrauchsbereiten Waffe ausgehende *abstrakte* Gefährlichkeit von Täter und Tat. Das Bewusstsein, über ein derart wirkungsvolles, leicht handhabbares und oft auf Distanz einsetzbares Angriffsmittel zu verfügen, kann leicht dazu führen, es im Bedarfsfall einzusetzen und zur Einschüchterung des Bestohlenen oder eines Tatentdeckers zu verwenden. Da das Gesetz aus wohlerwogenen Gründen keinerlei Ausnahmen vorsieht und (abweichend von § 243 II) keine Geringwertigkeitsklausel enthält, ist § 244 I Nr 1a auch auf **Polizeibeamte** und Bundeswehrsoldaten anwendbar, die während ihres Streifendienstes oder Wachganges Sachen von geringem Wert entwenden und dabei die zu ihrer Ausrüstung gehörende Waffe tragen.[36]

311 Die Gegenansicht, die insbesondere für **berufsmäßige Waffenträger** eine *teleologische Reduktion* des § 244 I Nr 1a unter dem Blickwinkel der „inneren Beziehung zwischen Bewaffnung und Tat" oder der „widerlegbaren Gefährlichkeitsvermutung" befürwortet,[37] ist mit dem Gesetzeszweck nicht vereinbar. Sie greift zu Unterscheidungskriterien, die sich der Beweisbarkeit entziehen oder den Unterschied zwischen § 244 I Nr 1a und Nr 1b einebnen. Auch das Führen der Waffe in Erfüllung einer Dienstpflicht kann hieran nichts ändern.[38] Davon, dass ein berufsmäßiger Waffenträger bei der Begehung von Diebstählen weniger gefährlich sei als ein ohne amtliche Eigenschaft handelnder (vorsorglich oder zufällig bewaffneter) Dieb, kann man nicht ausgehen. Im Gegenteil spricht manches dafür, dass zB ein bei einem Diebstahl überraschter Polizeibeamter von der Waffe eher Gebrauch machen wird als ein anderer Täter, weil „für ihn bei Entdeckung in der Regel die weitere Berufslaufbahn auf dem Spiele steht"[39].

312 Aus dem *Grund der Strafschärfung* (Rn 310) ergibt sich, dass die Waffe **gebrauchs-** und **einsatzbereit** sein muss. Das ist eine Waffe dann, wenn sie **funktionsfähig** ist und jederzeit funktionsgerecht eingesetzt werden kann. Dazu muss die *Schuss*waffe nicht unbedingt geladen oder durchgeladen sein. Es reicht aus, dass die erforderliche Munition griffbereit mitgeführt wird.[40] Eine **defekte** Schusswaffe ist wie ein zerbrochener Schlagring nicht gebrauchsbereit iS des § 244 I Nr 1a; das gleiche gilt für eine ohne Munition mitgeführte Schusswaffe oder ein Springmesser, dessen Feder defekt ist.[41] Dass sie mög-

---

35 Lehrreich dazu BGHSt 31, 105, 106 f; *Kühl*, Anm. JR 83, 425; nach BGH NStZ 18, 148 mit Anm. *Kudlich* reicht zu Recht ein Verwenden im **Vorbereitungsstadium** nicht, zu Unrecht aber bis zur Beendigung aus.
36 BGHSt 30, 44, 45 f; OLG Köln NJW 78, 652; OLG Hamm NStZ 07, 473, 474; BK-*Wittig*, § 244 Rn 10.1; *Eisele*, BT II Rn 190; *Hettinger*, GA 1982, 525; *Katzer*, NStZ 82, 236; *Kindhäuser/Böse*, BT II § 4 Rn 19; *Klesczewski*, BT § 8 Rn 139; *Krey/Hellmann/Heinrich*, BT II Rn 218; *Lackner/Kühl/Heger*, § 244 Rn 3c; LK-*Vogel/Brodowski*, § 244 Rn 30; *Mitsch*, BT II S. 123 f; MK-*Sander*, § 250 Rn 37; *Rengier*, BT I § 4 Rn 57; *Schmidt*, BT II Rn 216; SK-*Sinn*, § 250 Rn 24; *Sonnen*, JA 78, 468; *Zöller*, BT Rn 82; *Zopfs*, Jura 07, 517; s. dazu auch BVerfG NStZ 95, 76; *Küper/Zopfs*, BT Rn 766 ff; zwischen Waffe und gefährlichem Werkzeug diff. S/S/W-*Kudlich*, § 244 Rn 9, 17.
37 *Hruschka*, Anm. NJW 78, 1338; H-H-*Kretschmer*, Rn 858; *Lenckner*, Anm. JR 82, 424; *Schroth*, NJW 98, 2865; *Schünemann*, JA 80, 349, 355; S/S-*Eser*,27. Aufl., § 244 Rn 6; *Seier*, JA 99, 672.
38 So OLG Naumburg BeckRS 11, 21702.
39 BGHSt 30, 44, 45 f.
40 Vgl BGH NStZ 81, 301; 85, 547; *Hilgendorf/Valerius*, BT II § 4 Rn 11.
41 BGH StV 98, 487; BGH NJW 98, 3131 mit Bespr. *Baier*, JA 99, 9; BGH NStZ 98, 567 und BGH NStZ-RR 04, 169 zu § 250 II Nr 1; zum Springmesser s. BGH NStZ 18, 290.

licherweise als Schlag- oder Drohinstrument benutzt werden kann, reicht insoweit nicht aus, kann aber § 244 I Nr 1a 2. Alt. oder Nr 1b begründen.[42]

b) Beisichführen eines anderen gefährlichen Werkzeugs

Dem Beisichführen einer Waffe ist, strukturgleich wie in § 250 I Nr 1a, in § 244 I Nr 1a das Beisichführen eines anderen (beweglichen)[43] **gefährlichen Werkzeugs** gleichgestellt. Während sich die Gefährlichkeit einer Waffe aus ihrer Bauart und Bestimmung von selbst ergibt, lässt sich einem (beliebigen) Werkzeug seine „Gefährlichkeit" nicht ohne Weiteres ansehen. Der Gesetzgeber hielt diese Unsicherheit für behebbar, weil für die Bestimmung des Begriffs des *gefährlichen Werkzeugs* ein Rückgriff auf die zu § 224 I Nr 2 entwickelten Grundsätze möglich sei. Hier aber irrte der Gesetzgeber. Da als gefährliches *Werkzeug im Sinne des § 224 I Nr 2* jeder Gegenstand gilt, der nach seiner objektiven Beschaffenheit *und* der Art seiner *Verwendung* im konkreten Fall geeignet erscheint, erhebliche Verletzungen herbeizuführen,[44] **§ 244 I Nr 1a** (anders als § 250 II Nr 1) nach seinem Wortlaut aber eine *Verwendung* oder auch nur einen inneren *Verwendungsvorbehalt* nicht verlangt, ist der Rückbezug auf diese Definition nicht ohne Weiteres möglich.[45] Was an ihre Stelle treten soll, ist lebhaft **umstritten**.[46] Objektivierende und subjektivierende Auffassungen stehen sich hierbei gegenüber. **313**

Vertreter eines **objektivierenden Ansatzes** versuchen, die Gefährlichkeit des Werkzeugs für § 244 I Nr 1a (ebenso wie für § 250 I Nr 1a) **objektiv** und **abstrakt** zu bestimmen. Überwiegend wird auf „typischerweise und/oder erfahrungsgemäß bestehende Verletzungsgefahren beim Umgang mit solchen Gegenständen" oder auf „deren ohne weiteres ersichtliche Eignung zur Zufügung erheblicher Verletzungen"[47] abgestellt. Die Gefährlichkeit wird bei Gegenständen bejaht, von denen eine abstrakte Gefahr ausgeht, die derjenigen einer Waffe im technischen Sinn nahekommt, sodass allein deshalb ein Mitführen dieses Gegenstands bei der Tat als gefährlich anzusehen ist.[48] Besonders harte, spitze oder scharfe Gegenstände sowie gefährliche Säuren kämen dann in Betracht,[49] vor deren Benutzung generell gewarnt oder in deren Zusammenhang üblicherweise auf Vorsicht im Umgang hingewirkt wird.[50] Auch wird verlangt, dass die Art des Werkzeugs einen bestimmten gefährlichen Einsatz nahe lege,[51] eine Waffenersatzfunktion habe[52] oder sogar **314**

---

42 BGHSt 44, 103, 105.
43 BGHSt 52, 89 (s. Rn 308 mit Fn 28); krit. *Vogel*, JA 18, 744.
44 *Wessels/Hettinger/Engländer*, BT I Rn 229 ff.
45 *Hörnle*, Jura 98, 171 f; *Erb*, JuS 04, 653, 656; *Küper/Zopfs*, BT Rn 791; BE-*Noak*, S. 71; S/S/W-*Kudlich*, § 244 Rn 11; BGH NJW 02, 2889, 2890; BGHSt 52, 257, 262 f.
46 S. *Hillenkamp/Cornelius*, BT 26. Problem; Fischer-*Fischer*, § 244 Rn 14 ff; *Hohmann/Sander*, BT I § 6 Rn 4 ff; *Kindhäuser/Hilgendorf*, § 244 Rn 6 ff; *Küper*, JZ 99, 192; *Küper*, Schlüchter-GS S. 331, 335 ff; *Lackner/Kühl/Heger*, § 244 Rn 3ff; LK-*Vogel/Brodowski*, § 244 Rn 13 ff; MK-*Schmitz*, § 244 Rn 12 ff; S/S-*Bosch*, § 244 Rn 5–5b; W/Z/K/W-*Wegner*, BT II § 3 Rn 13 ff; zfs. *Bleicher*, Waffen, gefährliche Werkzeuge usw. 2014, S. 65 ff, 122 ff mit eigenem restriktiven Vorschlag S. 145 f.
47 *Dencker*, aaO S. 12; Fischer-*Fischer*, § 244 Rn 22; HK-GS/*Duttge*, § 244 Rn 12; *Kargl*, StV-Forum 00, 10; SK-*Günther*, § 250 Rn 11; s. auch *J. Schmid*, Das gefährliche Werkzeug, 2003, S. 194.
48 BGHSt 52, 257, 269; BGH NStZ 12, 570; BGH NStZ-RR 21, 107; BGH HRRS 23, Nr 983; BGH HRRS 24 Nr 1182 mit Anm. *Kudlich*, JA 24, 961.
49 S. SK-*Horn/Wolters*, § 224 Rn 14.
50 *Hohmann/Sander*, BT I § 2 Rn 4; MK-*Sander*, § 250 Rn 29.
51 *Kindhäuser/Böse*, BT II § 4 Rn 5 ff; *Lanzrath/Fieberg*, Jura 09, 351; M/S/M-*Hoyer*, BT I § 33 Rn 119; *Otto*, BT § 41 Rn 53; *Seier*, JA 99, 669.
52 *Streng*, GA 01, 365; als wichtiges Kriterium benannt auch von BK-*Wittig*, § 244 Rn 8.1 f; *Eisele*, BT II Rn 198; *Mitsch*, BT II S. 118; Fischer-*Fischer*, § 244 Rn 23; S/S/W-*Kudlich*, § 244 Rn 13; HdS-*Kudlich* V, § 29 Rn 124; krit. dazu *Erb*, Fischer-FS S. 303 ff.

eine andere als Leibes- oder Lebensgefahr begründende Verwendung ausschließe.[53] Trotz einer so begründeten Tauglichkeit als „Waffensurrogat" soll es an der nötigen, durch den situativen Kontext gestützten **Missbrauchsvermutung**[54] bei der Mitnahme von Gegenständen des täglichen Gebrauchs (Pkw, Bekleidungsstücke wie Gürtel etc) und bei typischem Diebeswerkzeug allerdings *generell*[55] oder jedenfalls doch dort fehlen, wo die waffengleiche Verwendung eine offensichtliche Zweckentfremdung des Werkzeugs bedeuten würde.[56] Werde freilich typischerweise in einer Bedrängnissituation der mitgeführte Gegenstand in solcher Weise zweckentfremdet, soll er wiederum doch gefährlich sein.[57] Gegenstände, die hiernach „abstrakt" ungefährlich sind, können nur bei entsprechender Verwendungsabsicht von §§ 244 I Nr 1b, 250 I Nr 1b erfasst werden.[58]

315 **Rechtsprechungsbeispiel:** Für die Entwicklung der **Rspr.** wesentliche Weichen wurden in folgendem Fall gestellt: Der Täter eines Ladendiebstahls führte ein **zusammenklappbares Taschenmesser** mit einer „relativ langen Klinge"[59] bei sich. Das wollte er keinesfalls gegen Menschen einsetzen, sondern lediglich zum Abschneiden der Sicherungsetiketten zu stehlender Whiskeyflaschen benutzen (und benutzte es auch nur so). Das OLG Celle beabsichtigte, ein solches „konstruktionsbedingt nur der Bearbeitung von Gegenständen" dienendes und nicht zur Verletzung von Personen bestimmtes Werkzeug *nicht* als „gefährlich" einzustufen, wenn es – wie hier – am subjektiven Element einer vom Täter vorgenommenen generellen, vom konkreten Lebenssachverhalt losgelösten Bestimmung des Werkzeugs zur Verwendung gegen Menschen fehlt.[60] Es sah sich daran aber durch entgegenstehende Entscheidungen anderer OLGe gehindert, die eine (rein) objektive Bestimmung des gefährlichen Werkzeugs verlangen.[61] Der 3. Strafsenat des BGH ist ihrer Auffassung – und damit zugleich der bereits früher vom 2. Strafsenat im Rahmen eines Vorlagebeschlusses an den Großen Senat für Strafsachen bekundeten Auffassung[62] – beigetreten. Er will die Eigenschaft des Taschenmessers als gefährliches Werkzeug auf dem Boden einer vorgeblich allein möglichen **objektiven Bestimmung** im konkreten Fall bejahen, weil Messer mit längerer stehender Klinge nach ständiger Rechtsprechung schon bisher als gefährlich eingestuft worden seien und die Notwendigkeit, das Messer auszuklappen, an der latenten objektiven Gefährlichkeit solcher Messer nichts ändere.[63] Sie seien „zum Schneiden und Stechen bestimmt und nach ihrer Beschaffenheit hierzu geeignet". Auch könnte ein solches Messer „wie jedes andere jederzeit gegen Personen ge-

---

53 *Joecks/Jäger*, § 244 Rn 19; *Jooß*, Jura 08, 779; LK-*Vogel/Brodowski*, § 244 Rn 18; *Schlothauer/Sättele*, StV 98, 508; zust. *Bussmann*, StV 99, 621; MK-*Schmitz*, § 244 Rn 17; S/S-*Bosch*, § 244 Rn 5a; krit. dazu *Braum*, in: Institut für Kriminalwissenschaft und Rechtsphilosophie Frankfurt a.M. (Hrsg.), Irrwege der Strafgesetzgebung, 1999, S. 32; SK-*Hoyer*, § 244 Rn 12; OLG Braunschweig NJW 02, 1736.
54 *Arzt*, BGH-FS IV S. 770 ff; *Kindhäuser/Wallau*, StV 01, 19, 354.
55 *Kindhäuser/Böse*, BT II § 4 Rn 10; ähnlich *Jäger*, JuS 00, 654; *Krüger*, Jura 02, 770; SK-*Sinn*, § 250 Rn 17 (s. aber auch Rn 50).
56 *Hörnle*, Jura 98, 172; *Krey/Hellmann/Heinrich*, BT II Rn 191.
57 *Schroth*, NJW 98, 2864; SK-*Hoyer*, § 244 Rn 11; nach *Lackner/Kühl/Heger*, § 244 Rn 3b sind objektive und täterbezogene Indikatoren für die Wahrscheinlichkeit eines Einsatzes als gefährliches Werkzeug zu entwickeln.
58 *Küper*, JZ 99, 193.
59 BGHSt 52, 257, 260; auf S. 258 spricht der BGH von einer „längeren Klinge"; Genaueres erfährt man über die Länge nicht.
60 S. die vom OLG Celle formulierte Vorlegungsfrage in BGHSt 52, 257, 259; wie das OLG Celle *Kasiske*, HRRS 08, 378, 381 f; s. auch *Foth*, NStZ 09, 93.
61 BayObLG NStZ-RR 01, 202; SchlHOLG NStZ 04, 212; OLG München NStZ-RR 06, 342.
62 BGH NJW 02, 2889; krit. zu dieser Entscheidung auch *Rengier*, Schöch-FS S. 563 ff. Die vom 2. Senat beabsichtigte Klärung blieb aus, weil die im zugrunde liegenden Sachverhalt gebrauchte Schreckschusspistole vom Großen Senat nicht als gefährliches Werkzeug, sondern – unzutreffend (s. Rn 307) – als Waffe angesehen wurde, BGHSt 48, 197.
63 BGHSt 52, 257, 269; der Entscheidung darin zust. *Deiters*, ZJS 08, 424, 426; *Jooß*, Jura 08, 777, 779; *Lanzrath/Fieberg*, Jura 09, 348, 350 f; *Mitsch*, NJW 08, 2865; *Peglau*, JR 09, 162; s. auch Fischer-*Fischer*, § 244 Rn 20; *Krüger*, JA 09, 190, 194 f sieht die Möglichkeit einer subjektiven Deutung nur der Tathandlung des „Beisichführens".

braucht werden und im Falle seines Einsatzes dem Opfer erhebliche, unter Umständen sogar tödliche Verletzungen zufügen"[64]. Für den 2. Senat kann hiernach sogar bei einem „Schlüssel ... von einer objektiven Ungefährlichkeit ... nicht die Rede sein"[65].

Für diese Auffassung spricht ihr Bemühen um Wortlauttreue, indem sie versucht, das gefährliche Werkzeug generell Waffen gleichzustellen, und auf eine Verwendungsabsicht verzichtet. Gleichwohl ist diesen Vorschlägen die Gefolgschaft zu versagen. Das Beisichführen *allgemein verletzungsgeeigneter Gegenstände* wie Steine, Brecheisen, Tapetenmesser oder Schraubendreher erreicht den durch das Beisichführen von Waffen begründeten Gefahrengrad nur dann, wenn diese Gegenstände *gegen das Tatopfer eingesetzt*, dagegen nicht, wenn mit dem Stein oder dem Brecheisen nur Fenster eingeschlagen,[66] mit dem Schraubendreher nur ein Fenster aufgehebelt[67] oder die Gegenstände gar nicht benutzt werden sollen. Einen Maßstab dafür, welche dieser Gegenstände typischerweise in „Bedrängnissituationen" zweckentfremdet werden, welche nicht, wird man zudem nicht finden. Festlegungen lassen sich ersichtlich nicht objektiv, sondern nur bei Kenntnis der Zweckbestimmung treffen; das zeigt sich nicht zuletzt darin, dass die Beispiele des mitgeführten Hundes, Hammers, Brecheisens, Baseballschlägers[68] oder mitgeführter Salzsäure unter diesen Meinungen häufig gegensätzlich beurteilt werden. Da im Übrigen namentlich Einbruchsdiebstähle kaum einmal ohne verletzungsgeeignete Werkzeuge begangen werden, würde nahezu jeder Diebstahl dieser verbreiteten Begehungsart zum Diebstahl mit Waffen.[69] 316

Die *Taschenmesser-Entscheidung* (Rn 315) bestätigt die **Unmöglichkeit, unter alltäglichen Gebrauchsgegenständen nach rein objektiven Kriterien** gefährliche von ungefährlichen **abzugrenzen**. Mit der gegebenen Begründung lassen sich nämlich – offenbar entgegen der Intention des Senats – unschwer nicht nur Messer mit einer „relativ langen", sondern auch Messer mit einer kürzeren oder „relativ kurzen Klinge" – stellt man sich ihren Einsatz gegen Menschen vor – als gefährliche Werkzeuge bezeichnen. Die Ununterscheidbarkeit liegt daran, dass der Senat selbst bewusst davon absieht, das in Frage stehende „Tatbestandsmerkmal ... allgemeingültig zu formulieren" oder doch wenigstens unter den im objektiven Lager versammelten Kriterien die für ihn maßgeblichen festzulegen. Damit vollzieht er selbst den ersten Schritt in eine „schwer kalkulierbare Einzelfallkasuistik (...), bei der (...) die Gefahr von widersprüchlichen Entscheidungen offenkundig ist"[70]. 317

Die sachgerechte Beschränkung ist nur über ein **subjektivierendes Verständnis** zu erreichen. Der Gesetzgeber wollte den Begriff aus *§ 224 I Nr 2* übernehmen. Dieser knüpft an die Verwendungsweise an. In § 244 I Nr 1a kann dabei nicht auf eine tatsächliche, 318

---

64 BGHSt 52, 257, 270; dieser Entscheidung für ein zum Öffnen der Warenverpackung gebrauchten „Schweizer Offiziersmessers" folgend OLG Köln NStZ 12, 327 mit Anm. *Kraatz* und *Satzger*, JK 12/12, StGB § 244/7.
65 BGH NStZ 17, 581 mit Anm. *Kudlich; Jahn*, JuS 17, 85. Die Verurteilung nach § 250 I Nr 1b hätte folglich nach § 250 I Nr 1a (bzw. § 250 II Nr 1) erfolgen müssen; OLG Nürnberg StV 20, 250 verneint dagegen die Gefährlichkeit eines *Seitenschneiders*.
66 Auch nach Fischer-*Fischer*, § 244 Rn 24 sollen ein zum Tannenbaumdiebstahl verwendetes Beil oder ein zum Einbrechen benutztes Stemmeisen, sie sich nach den Umständen (nur) der Vollendung der Wegnahme selbst dienen, ausscheiden; ebenso MK-*Schmitz*, § 244 Rn 19. Mit einem objektiven Ansatz ist das schwerlich vereinbar.
67 S. dazu die Ratlosigkeit in BGH NStZ 12, 571 mit Anm. *Kudlich*, JA 12, 792.
68 S. dazu *Schlothauer/Sättele*, StV 98, 508 einerseits, *Krey/Hellmann/Heinrich*, BT II Rn 191 andererseits; zum Baseballschläger bejahend BGH StV 08, 470; ferner *Gleß*, Jura 03, 499 und Fischer-*Fischer*, § 244 Rn 24 ff: nur „gefährliche" Hunde.
69 S. dazu *Schlothauer/Sättele*, StV 98, 506.
70 BGHSt 52, 257, 266, 269.

wohl aber auf die als möglich vorgestellte Verwendung abgestellt werden, dh darauf, ob und wie der Täter sich eine Verwendung des Gegenstandes vorbehält. Es sind ausschließlich Gegenstände in den Kreis der gefährlichen Werkzeuge einzubeziehen, deren Verwendung entsprechend einem **inneren Verwendungsvorbehalt** die verlangte Gefährlichkeit begründen würde.

319 **Gefährlich** sind mitgeführte Gegenstände iSd § 244 I Nr 1a demnach dann, wenn zu ihrer *allgemeinen Eignung*, erhebliche Körperverletzungen zu bewirken, hinzutritt, dass der Täter sich eine Verwendung vorbehält, bei deren *Umsetzung* die Gefahr des Eintritts solcher Folgen bestünde. Daneben sind Werkzeuge gefährlich, denen die *generelle* Verletzungseignung zwar *fehlt*, die aber – wie die berühmte Hutfeder zum Stoß ins Auge – in einer konkret besonders verletzungsgeeigneten Weise verwendet werden sollen. Zudem ist zu bedenken, dass beim Diebstahl (und beim Raub) die Beschränkung der Gefährlichkeit auf Verletzungen am menschlichen Körper, wie *§§ 223, 224* sie voraussetzt, nicht veranlasst ist. Auch wenn der *innere Vorbehalt* sich auf einen Einsatz als *Drohmittel* bezieht und die Umsetzung der Drohung oder die vom Bedrohten zu erwartende Reaktion für ihn mit erheblicher Verletzungs*gefahr* verbunden ist, reicht das für Gefährlichkeit aus.[71]

320 Die **hier vorgeschlagene Lösung** mag zwar angesichts des Wortlauts von § 244 I Nrn 1a und 1b auf den ersten Blick überraschen.[72] Sie widerspricht aber nicht der Gesetzessystematik,[73] harmonisiert den Begriff des gefährlichen Werkzeugs für die Vorschriften der §§ 244 I Nr 1a, 250 I Nr 1a und § 250 II Nr 1[74] und ist **in der Sache zwingend**, weil es anders als bei der Waffe eine *rein* objektive Bestimmung der Gefährlichkeit eines beliebigen Werkzeugs nicht gibt.[75] Sie lässt sich nur aus dem Einsatzwillen erschließen. Der Vorschlag steht auch mit der Alltagssprache im Einklang: Bei der Bezeichnung eines Gegenstands als Werkzeug wird dieser regelmäßig als Mittel in Bezug auf einen Zweck betrachtet, den der Verwender verfolgt (Werkzeug als Mittel, um … zu erreichen). Dabei bildet der hier gebrauchte Begriff des **Verwendungsvorbehalts** keinen grundsätzlichen Gegensatz zur Verwendungs- oder Gebrauchs*absicht*.[76] Er soll nur die *unbestrittene*[77] Tatsache deutlicher machen, dass der Wille, vom Werkzeug im Verletzungs- oder Drohungssinne nur „notfalls" Gebrauch zu machen, ausreicht. Das kann helfen, den Vorbehalt von der inhaltlich engeren, auf die Verhinderung oder Überwindung von Widerstand festgelegten Absicht der Nr 2 besser zu unterscheiden. Dass sich ein solcher innerer Verwendungsvorbehalt nur selten erweisen lasse, ist angesichts der häufigen Offenkundigkeit eines Missbrauchswillens zu bezweifeln und auch deshalb kein durchgreifender Einwand, weil das Gesetz in § 244 I Nr 1b selbst von der Erweislichkeit eines vergleichbaren

---

71 *Küper/Zopfs*, BT Rn 793; s. auch BGH StV 98, 487; 01, 274, 275 zu § 250 II Nr 1. Einschränkend *Rengier*, BT I § 4 Rn 40.
72 Auch deshalb abl. AnK-*Kretschmer*, § 244 Rn 13; *Hettinger*, Paulus-FS S. 73, 75; *Hohmann/Sander*, BT § 2 Rn 6; *Kindhäuser/Böse*, BT II § 4 Rn 12; *Krey/Hellmann/Heinrich*, BT II Rn 189; *Mitsch*, BT II S. 117; SK-*Hoyer*, § 244 Rn 10; *Zöller*, BT Rn 74; Bedenken bei *Lackner/Kühl/Heger*, § 244 Rn 3b.
73 Überzeugend *Küper*, JZ 99, 193; *Küper*, Schlüchter-GS S. 341 ff.
74 Abw. Bestimmung bei *Otto*, BT § 46 Rn 33; *Schlothauer/Sättele*, StV 98, 508.
75 S. *Küper*, Hanack-FS S. 586 ff; im Ansatz folgen deshalb – für den Fall eines als Einbruchswerkzeug mitgeführten 20 cm langen Schraubendrehers – auch das OLG Stuttgart JR 10, 169 mit Bespr. v. *Heintschel-Heinegg*, JA 09, 654 und *Kraatz*, JR 10, 142 der subjektivierenden Lehre.
76 *Küper/Zopfs*, BT Rn 793; *Weißer*, JuS 05, 621; iS geringerer Anforderungen dagegen *Hilgendorf*, ZStW 112 (2000), 832; dazu krit. Fischer-*Fischer*, § 244 Rn 19, 22.
77 BGH StV 96, 315.

Vorbehalts ausgeht. Auf diesem Weg ist ein Rückgriff auf die zu § 224 entwickelten Aussagen möglich.[78]

Die **Rspr.** hat bisher zu keiner überzeugenden und keiner einheitlichen Linie gefunden.[79] Vor seiner Entscheidung im *Taschenmesser-Fall* (Rn 315) erwog der 3. Strafsenat des BGH, einen **Mittelweg** einzuschlagen. Dieser sollte darin bestehen, „für § 250 I Nr 1a nF … neben der objektiven Beschaffenheit des Gegenstandes eine generelle, von der konkreten Tat losgelöste[80] Bestimmung des Gegenstandes zur gefährlichen Verwendung seitens des Täters" zu verlangen, die noch „nicht die konkrete Verwendungsabsicht nach § 250 I Nr 1b StGB nF erreicht hat"[81]. Diese „*Widmungstheorie*"[82] kommt der hier vertretenen Auffassung nahe. Sie verwirft zum einen „eine *objektive* Auslegung der Zweckbestimmung", weil sonst etwa Baseballschläger, große Küchenmesser oder Starkstromkabelabschnitte und damit besonders gefährliche Täter, die sich hiermit regelmäßig bewaffnen, nicht erfasst wären, was dem gesetzgeberischen Anliegen widerspricht.[83] Sie schließt zudem eine Anwendung auch der §§ 244 I Nr 1a, 250 I Nr 1a bei schon konkret vorliegendem Verwendungsvorbehalt nicht zwingend aus. Sie lässt es aber – so mit dem Simultanitätsprinzip kaum zu vereinbaren – ausreichen, wenn der Täter „die Bestimmung zu irgendeinem Zeitpunkt vor der Tatbegehung getroffen hat"[84].

321

Auch im *Taschenmesser-Fall* (Rn 315) wäre es nach der hier vertretenen Auffassung vorzugswürdig gewesen, sich der Bedeutung des Begriffs „gefährliches Werkzeug" in einem **Normkontext** gewahr zu werden, in dem sich die Gefährlichkeit **wie bei der Vorbereitung oder (möglicherweise) dem Versuch** des § 224 I Nr 2 oder des § 250 II Nr 1 noch nicht in einer konkreten Verwendung erweist. Sie ist vielmehr nach der gemäß dem Tatentschluss *geplanten* Verwendung **subjektiv** zu bestimmen. Eine solche Auslegung stützt sich methodisch auf eine „herkömmliche Auslegungstechnik", nämlich die Vergleichbarkeit mit einer systematisch verwandten Sachlage. Nur sie führt zu einer sachgerechten und vorausbestimmbaren Lösung aller „denkbaren Einzelfälle"[85] und vermag die Einstufung „an sich harmloser", „gefahrneutraler" und „sozialüblich" mitgeführter Gegenstände als gefährliche über ein „subjektives Gefährlichkeitskriterium" zu leisten.[86]

322

Die innerhalb des objektiven Lagers erwogene Einschränkung, „sozialtypisch" mitgeführte Gegenstände auszuscheiden, kann man im Fall des BGH nicht gut mit der Erwägung ablehnen, der Einsatz „zur Entfernung der Sicherungsetiketten und damit zur Verwirklichung des Diebstahls" zeige, dass der Täter das Messer hier gerade nicht in „sozialadäquater" Form bei sich getragen habe.[87]

323

---

78 *Küper/Zopfs*, BT Rn 793 ff; *Küper*, JZ 99, 192; *Rengier*, BT I § 4 Rn 31 ff, 38 ff; zust. *Beulke/Zimmermann*, III Rn 148 f; *Bachmann/Goeck*, Jura 10, 925; *Erb*, JR 01, 207; *Erb*, Fischer-FS S. 301 ff; *Geppert*, Jura 99, 602; *Geppert*, JK 5/03 StGB § 244 I Nr 1a/2; *Graul*, Jura 00, 206; *Hilgendorf*, ZStW 112 (2000), 832; *Klesczewski*, BT § 8 Rn 146; *Morgenstern*, Jura 11, 148; *Rönnau*, JuS 12, 119; *Schmidt*, BT II Rn 201 ff; *Schramm*, BT II § 2 Rn 127; *Weißer*, JuS 05, 621; *Zopfs*, Jura 07, 519; nahest. *M/R-Schmidt*, § 244 Rn 6; in einer Falllösung zust. *P.-A. Hirsch/M. Dölling*, JuS 19, 997.
79 Zu einer ausführlichen Darstellung s. *Hillenkamp*, hier bis zur 44. Aufl.
80 Vgl hierzu BGHSt 43, 266, 269 f.
81 BGH NStZ 99, 301, 302; zust. OLG Frankfurt/M StV 02, 145; OLG Braunschweig NJW 02, 1735 mit Bespr. *Müller*, JA 02, 928; *Maatsch*, GA 01, 82; s. auch *A/W-Heinrich*, § 14 Rn 57; *Heghmanns*, Rn 1112; *Kasiske*, HRRS 08, 378, 382; *Zieschang*, JuS 99, 52; zum alten Recht *Scholderer*, StV 88, 432; krit. *Streng*, GA 01, 367.
82 S. *Hillenkamp/Cornelius*, BT 26. Problem unter III.
83 S. zum Hintergrund dieser Auslegung auch KG StV 08, 473, 474.
84 S. auch KG StV 08, 473, 474; abl. insoweit OLG Braunschweig NJW 02, 1735.
85 Ähnlich *Kasiske*, HRRS 08, 378, 381 (teleologische Auslegung); *Rengier*, BT I § 4 Rn 41; krit. zur vom BGH hinterlassenen Unsicherheit auch *Jahn*, JuS 08, 835.
86 S. OLG Stuttgart JR 10, 169, das zusätzlich verlangt, dass der so als „gefährlich" bestimmte „Einsatz gegen das Tatopfer droht"; krit. Bespr. bei *Kraatz*, JR 10, 142; *Sättele*, NJW 09, 2758.
87 So aber BGHSt 52, 257, 261.

Denn wenn bei „sozialtypisch" mitgeführten Gegenständen „die Gefährlichkeitsvermutung widerlegt erscheint"[88], kann sich die Sozialadäquanz nur nach dem „üblichen" Gebrauch, und nicht im Hinblick auf einen möglichen Einsatz bei einem Diebstahl bemessen.[89] Im Übrigen werden mit der benannten Einschränkung im gleichen Atemzuge nicht nur sozial-, sondern auch deliktstypisch mitgeführte Gegenstände ausgeschlossen, wovon hier immerhin auch die Rede sein könnte.[90]

Rechtsprechungsbeispiel: Der Vorzug der hier entwickelten Lösung, der in der einheitlichen Verwendung des Begriffs des gefährlichen Werkzeugs in §§ 244 I Nr 1a, 250 I Nr 1a und 250 II Nr 1 liegt, zeigt sich mittelbar in einem von **BGH BeckRS 15, 06119** mit Anm. *Bosch*, Jura 15, 881 (§ 250 II Nr 1) entschiedenen Fall. Hier drangen die Angeklagten P und M in die Wohnung von K ein, in der sich auch S befand. Sie wollten Drogen und Geld entwenden. Verabredungsgemäß traktierten sie sogleich, um jeden Widerstand auszuschließen, K und S mit ihren Fäusten. M versetzte zudem dem S mit einer zu diesem Zweck mitgeführten 60 cm langen eckigen Holzlatte, wie sie beim Transport von Küchenschränken verwendet wird, dem S einen Schlag gegen das Bein, sodass dieser eine Platzwunde erlitt. Geld fanden die Angeklagten nicht. Sie nahmen aber 6 g Marihuana mit, um es – was dann auch geschah – später zu konsumieren. – Da es hier zum Einsatz von Gewalt gekommen ist, liegt ein Raub vor. Der BGH bejaht zu Recht § 250 II Nr 1, weil die konkrete, bestimmungswidrige Art der Verwendung der Holzlatte geeignet war, erhebliche Verletzungen bei S hervorzurufen (s. Rn 427 ff). Dabei bedient er sich ausdrücklich des Verfahrens, mit dem die Gefährlichkeit des Werkzeugs nach § 224 I Nr 2 festgestellt wird. Hätten die Täter auf den zuvor beabsichtigten Einsatz der Latte verzichtet, hätte sich die Frage gestellt, ob dann wenigstens § 250 I Nr 1a erfüllt ist. Hätten sie auch auf den Einsatz der Fäuste verzichtet und nur den Überrumpelungseffekt ausgenutzt, wäre zu fragen, ob ein Diebstahl nach § 244 I Nr 1a vorliegt. In diesen beiden Fällen kann die Gefährlichkeit der dann nur mitgeführten Latte nicht aus ihrer ja nicht eingetretenen Verwendung, wohl aber nach der hier vertretenen Ansicht aus dem entsprechenden Verwendungsvorbehalt und damit für alle drei Vorschriften einheitlich abgeleitet werden. Der BGH müsste demgegenüber die Gefährlichkeit der Latte in diesen beiden Varianten rein objektiv bestimmen, ein die Einheitlichkeit ein und desselben Begriffs auflösendes und zudem aussichtsloses Unterfangen (s. *Kudlich*, JA 15, 471).

324 Für das **Beisichführen** gilt im Grundsatz nichts anderes als zur Waffe (s. dazu Rn 308). Nach der (aufgegebenen) Ansicht des 3. Senats musste es freilich von dem Bewusstsein einer vormaligen Widmung begleitet sein. Andere Senate betonen beim gefährlichen Werkzeug, dass der Täter es „bewusst gebrauchsbereit" bei sich führen muss, was namentlich bei Taschenmessern in Zweifel gezogen wird.[91] Verlangt man, wie es hier geschieht, einen sich auf eine gefährliche Einsatzart beziehenden Verwendungsvorbehalt, liegt das einzig verlässliche Indiz für das § 244 I Nr 1a (wie § 250 I Nr 1a) zugrunde liegende prognostische Urteil einer „Verwendungsgefährlichkeit" vor, das allein es zulässt, schon das Beisichführen des Gegenstandes als potenziell ebenso gefährlich wie das einer Waffe zu bewerten.[92] Kaum weniger verlangt das OLG Schleswig, wenn es zwar die Vo-

---

88 So *Jäger*, JuS 00, 651, 656; s. zur Einschränkung durch Sozialadäquanz auch KG StV 08, 473.
89 Ebenso *Kasiske*, HRRS 08, 328; *Rengier*, BT I § 4 Rn 41 f.
90 *Jäger* JuS 00, 651, 656; s. auch Fischer-*Fischer*, § 244 Rn 24, der verwendungsneutrale Gegenstände beim Diebstahl ausscheiden will, die – wie das Beil beim Tannenbaum-, der Bolzenschneider beim Fahrraddiebstahl oder das Stemmeisen beim Einbruch – der Vollendung der Wegnahme dienen.
91 S. zB BGH StV 02, 191; 03, 26, 27; KG StraFo 16, 123; wenn in BGH StV 05, 606 (mit Bespr. *Kudlich*, JA 06, 249) das nötige Bewusstsein infrage gestellt wird, weil das Messer zuvor „nur zum Öffnen von Bierflaschen" benutzt wurde, liegt die Vermutung nahe, das Bewusstsein müsse sich auf einen womöglich gefährlichen Gebrauch beziehen; so KG StV 08, 473, 474, das ein solches Bewusstsein bei einem Täter unterstellt, der das in ein Schweizer Offiziersmesser integrierte Taschenmesser kurz zuvor zum Obstschneiden verwendet hat; zum Taschenmesser als gefährliches Werkzeug s. *Rengier*, Schöch-FS S. 549 ff.
92 S. dazu *Küper*, Schlüchter-GS S. 331, 345 f; auch *Hardtung*, StV 04, 399 will Gebrauchsabsicht oder -widmung als „starke Indizien" für das von ihm für ein „gefährliches Beisichführen" vorausgesetzte Drohen eines gefährlichen Gebrauchs gelten lassen, macht sie allerdings anders als hier nicht zur Voraussetzung (403); vgl auch *Jesse*, NStZ 09, 364, 370; *Kraatz*, JR 10, 147; *Kraatz*, NStZ 12, 329.

raussetzung eines Verwendungsvorbehalts oder einer vorherigen Widmung verwirft, dann aber für das Bewusstsein, ein gefährliches Werkzeug gebrauchsbereit bei sich zu haben, die Vorstellung fordert, dass das Werkzeug „im Falle eines wenn auch nicht von vornherein für möglich gehaltenen oder sogar höchst unerwünschten Einsatzes gegen Menschen erhebliche Verletzungen verursachen kann"[93]. Weder für das Beisichführen einer Waffe noch für das eines gefährlichen Werkzeugs kommt es darauf an, ob der Täter im konkreten Tatablauf einen Anlass oder eine Gelegenheit zum Einsatz von Waffe oder Werkzeug hatte oder sich das zumindest vorstellte.[94]

Rechtsprechungsbeispiel: In einer Entscheidung des **OLG Frankfurt StV 11, 624** (= BeckRS 11, 23372) hatte bei einem Diebeszug durch einen Baumarkt einer der Angeklagten – was die anderen wussten – ein Teppichmesser in seiner Hosentasche. Er war gerade von seiner Arbeit (offenbar als Teppichverleger) gekommen. Seiner Einlassung, er habe an das Messer gar nicht mehr gedacht (träfe sie zu, würde es schon am Vorsatz fehlen)[95], war das AG nicht gefolgt und hatte infolgedessen nach § 244 I Nr 1a 2. Alt. verurteilt. – Nach der hier (Rn 306 f) vertretenen Ansicht fehlt es an dem notwendigen Verwendungsvorbehalt (der in **BGH StV 12, 153** offenbar auch in Bezug auf die mit dem Messer nicht unmittelbar bedrohte Frau vorlag). Das OLG sieht im Teppichmesser ohne Weiteres ein gefährliches Werkzeug, obwohl sich das angesichts seiner idR kurzen Klinge und der Tatsache, dass es ein sozialtypisch mitgeführtes Arbeitsgerät ist, auch bei der offenbar zugrunde gelegten objektiven Betrachtung nicht von selbst versteht. In Anlehnung an OLG Schleswig NStZ 04, 212 sollen sich solche Zweifel aber nicht auf die Tatbestandsqualität des Tatmittels, sondern nur auf das *Bewusstsein des Beisichführens* auswirken. Dass dem Täter nämlich bewusst sei, ein verfügbares gefährliches Werkzeug bei sich zu führen, liege fern, „wenn es um einen bei der Arbeit benötigten Gegenstand" gehe, „dessen Beisichführen sozialadäquat zu bewerten wäre, wenn der Täter nicht gerade eine Straftat beginge". Sollte das AG in erneuter Beweisaufnahme das geforderte Bewusstsein doch feststellen, entschiede es in Einklang mit dem kritikwürdigen[96] gesetzgeberischen Willen, wenn es einen minder schweren Fall (Rn 346) bejahte.

2. Diebstahl mit sonstigen Werkzeugen und Mitteln

§ 244 I Nr 1b enthält eine der zuvor beschriebenen gleichgestellte Qualifikation. Sie erfüllt, wer *sonst* ein **Werkzeug** oder **Mittel** bei sich führt, *um* den Widerstand einer anderen Person durch Gewalt oder Drohung mit Gewalt zu *verhindern* oder zu *überwinden*. Nr 1b unterscheidet sich von Nr 1a demnach durch die *Art* des *mitgeführten Tatmittels* und durch den in Nr 1b schon vom *Wortlaut* her für *alle* Mittel geforderten *spezifischen Verwendungsvorbehalt*.

325

Werkzeug oder **Mittel** im Sinne des § 244 I Nr 1b sind demnach alle Gegenstände, die sich zwar zur Anwendung von Gewalt oder zur Drohung mit Gewalt eignen, die aber schon nach ihrer objektiven Beschaffenheit oder nach der Art ihrer geplanten Verwendung **keine erheblichen** Körperverletzungen hervorrufen und *in diesem Sinne* als **ungefährlich** bezeichnet werden können.[97] Hierzu zählen „ein Kabelstück oder ein Tuch"[98], sofern sie – wie in BGH NJW 89, 2549 – nur zur Fesselung und *nicht gesundheitsbedroh-*

326

---

93 OLG Schleswig NStZ 04, 212, 214 mit zust. Anm. *Geppert*, JK 9/04, StGB § 244 I Nr 1a/3; ebenso KG StV 15, 122; *Otto*, BT § 41 Rn 53; krit. *Hardtung*, StV 04, 399; s. auch OLG Celle StV 05, 336.
94 BGH HRRS 19, Nr 1090.
95 S. OLG Naumburg StV 16, 652.
96 S. Fischer-*Fischer*, § 244 Rn 61.
97 Fischer-*Fischer*, § 244 Rn 25; *Küper/Zopfs*, BT Rn 801, 808; *Lackner/Kühl/Heger*, § 244 Rn 4; MK-*Schmitz*, § 244 Rn 33; **aA** *Kindhäuser*, § 244 Rn 26; *Lesch*, GA 99, 375; offen LK-*Vogel/Brodowski*, § 244 Rn 43.
98 BT-Ds 13/9064, S. 18.

*lichen*⁹⁹ Knebelung benutzt werden sollen. Führen die Tatbeteiligten Klebeband¹⁰⁰ mit oder sind sie mit Springerstiefeln „bewaffnet", begründet mangels hinreichender Gefährlichkeit die in Aussicht genommene Drohung, dem Opfer bei Widerstand den Mund zu verkleben oder ihm einen Tritt ins Hinterteil zu versetzen, lediglich die Qualifikation des § 244 I Nr 1b. Für Werkzeuge und Mittel ist der hier freilich mit einem speziellen Inhalt versehene¹⁰¹ **Verwendungsvorbehalt** schon vom *Gesetz* her zwingend. Er scheitert auch hier nicht daran, dass der Beteiligte den Gegenstand nur im Bedarfs- oder Notfall oder nur „unter Umständen" einsetzen will; stets genügt auch ein **Eventualvorbehalt** der Verwendung gegen Personen.¹⁰² Führt der Täter oder ein anderer Beteiligter ein verletzungsgeeignetes Brecheisen hingegen nur mit, um „gegebenenfalls" *Türen* aufzuhebeln und schließt zugleich eine Verwendung gegen Menschen aus, ist dagegen weder Nr 1a (s. Rn 318 f) noch Nr 1b gegeben. Anders als in § 250 II Nr 1 muss es zum Einsatz des mitgeführten Gegenstandes nicht kommen. Geschieht das doch, liegt zumeist Raub, Raubversuch oder räuberischer Diebstahl vor, die § 244 verdrängen.

Da ein **Verwendungsvorbehalt** nach der hier vertretenen Auffassung auch für das *gefährliche* Werkzeug (§ 244 I Nr 1a 2. Alt.) zu verlangen ist, *kompensiert*¹⁰³ der für Nr 1b gesetzlich vorgesehene Verwendungsvorbehalt *insoweit* nicht mehr den geringeren Gefährlichkeits- und Unrechtsgehalt, der im Beisichführen eines *ungefährlichen* Gegenstandes liegt. Das ist angesichts des gleichen Strafrahmens nicht hinzunehmen. Es empfiehlt sich daher, in Bezug auf Nr 1b von der vorbehaltenen Gewalt zu verlangen, dass sie zu einer **erheblichen** Beeinträchtigung **mitbetroffener** Rechtsgüter wie namentlich der *Freiheit* führen würde. Das ist etwa bei einem geplanten Verschnüren des Betroffenen zu einem Paket,¹⁰⁴ nicht aber schon bei der Drohung der Fall, Hilferufe durch kurzfristiges Verkleben des Mundes zu unterdrücken. Diese Einschränkung muss für den gesamten Verwendungsvorbehalt bei Nr 1b, also Anwendungs- wie Bedrohungsfall, gelten.

327 Ausreichend sind auch **ungefährliche** Werkzeuge oder Mittel: In der *Drohungsalternative* genügt deshalb die Bedrohung mit einer ungefährlichen sog. **Scheinwaffe**.¹⁰⁵ Aus der Gegenüberstellung von „gefährliches Werkzeug" und „sonst ein Werkzeug oder Mittel" ergibt sich sogar, dass *nur* für Leib oder Leben ungefährliche Gegenstände sowie Scheinwaffen Werkzeuge und Mittel im Sinne des § 244 I Nr 1b sind. Gegenstände, die bei Anwendung oder Ausführung der Übelsankündigung gefährlich werden, unterfallen § 244 I Nr 1b dagegen nicht; sie sind § 244 I Nr 1a vorbehalten.

---

99 **AA** insoweit offenbar SK-*Sinn*, § 250 Rn 26 (insb.); S/S-*Bosch*, § 244 Rn 13, die damit Überschneidungen mit Nr 1a in Kauf nehmen; s. auch *Eisele*, BT II Rn 206; **wie hier** MK-*Schmitz*, § 244 Rn 31.
100 BGH NStZ 93, 79; BGH NStZ 07, 332, 334; beim Verkleben des Mundes eines 9-jährigen Kindes sieht BGH HRRS 18, Nr 871 im verwendeten **Klebeband** allerdings ein gefährliches Werkzeug (iR des § 177); s. dazu *Tomiak/Franzke*, HRRS 19, 337, 339 f.
101 S. dazu *Küper*, Schlüchter-GS S. 343 f.
102 BGH StV 96, 315.
103 S. hierzu zur alten Rechtslage S/S-*Eser*, 25. Aufl., § 244 Rn 16.
104 BGH NStZ 93, 79; s. auch BGH NStZ 07, 332, 334: Fesselung an Armen und Beinen (dort allerdings erst nach Vollendung, s. dazu Rn 296).
105 **Ebenso** BK-*Wittig*, § 244 Rn 12.2; *Dencker*, JR 99, 33; *Eisele*, BT II Rn 207; Fischer-*Fischer*, § 244 Rn 26; HK-GS/*Duttge*, § 244 Rn 14; *Heghmanns*, Rn 1242; H-H-*Kretschmer*, Rn 853; *Hilgendorf/Valerius*, BT II § 4 Rn 33; *Jäger*, BT Rn 391; *Joecks/Jäger*, § 244 Rn 28; *Klesczewski*, BT § 8 Rn 154; *Krey/Hellmann/Heinrich*, BT II Rn 193; *Küper/Zopfs*, BT R 809; *Küper*, Hanack-FS S. 584; *Kudlich*, JR 98, 358; *Lackner/Kühl/Heger*, § 244 Rn 4; LK-*Vogel/Brodowski*, § 244 Rn 45; M/S/M-*Hoyer*, BT I § 33 Rn 121; *Mitsch*, BT II S. 126; MK-*Schmitz*, § 244 Rn 32; M/R-*Schmidt*, § 244 Rn 8; *Schmidt*, ZStW 111 (1999), 80; *Rengier*, BT I § 4 Rn 67; *Schmidt*, BT II Rn 219; *Schramm*, BT II § 2 Rn 130; *Schroth*, NJW 98, 2865; S/S-*Bosch*, § 244 Rn 15; *Seier*, JA 99, 670; *Zöller*, BT Rn 83; zweifelnd *Hörnle*, Jura 98, 174; **aA** *Kindhäuser/Böse*, BT II § 4 Rn 25; § 14 Rn 2; *Kindhäuser/Hilgendorf*, § 244 Rn 25 f; § 250 Rn 9 f.

In der objektiven Ungefährlichkeit liegt eine **Unrechtsminderung** gegenüber dem gefährlichen Werkzeug nach Nr 1a. Dies muss hier insbesondere bei Scheinwaffen (so wie auch bei § 250 I Nr 1b, s. Rn 420) ausgeglichen werden. Maßgeblich muss auch hier die Beeinträchtigung namentlich des mitbetroffenen Rechtsguts der Willensentschließungs- und -betätigungsfreiheit bei einer gedachten Verwirklichung des Verwendungsvorbehaltes durch Drohung sein. Sie muss den **Grad der Unerheblichkeit übersteigen**.

Dabei ist zu verlangen, dass dies die **Wirkung** der mitgeführten **Scheinwaffe** und nicht listiger Erklärungen wäre, da das Gesetz das Beisichführen eines zur Drohung mit Gewalt *geeigneten Gegenstandes* und nicht das schauspielerische Vermögen, einen solchen vorzutäuschen, unter Strafe stellt. Auf dieser Grundlage gewinnt die *einschränkende*, nach dem Willen des Gesetzgebers (BT-Ds 13/9064, S. 18) auch zur Neufassung gültige *Rechtsprechung* Sinn, nach der die objektive Erscheinung des Gegenstandes nicht bedeutungslos und Täuschung allein nicht ausreichend ist.[106] Dabei soll es nach dem BGH allein auf die Sicht eines objektiven Beobachters und nicht darauf ankommen, ob das Tatopfer die Beobachtung machen konnte oder der Täter dies durch sein täuschendes Vorgehen gerade vereitelt.[107] Danach sind nicht einsatz- oder funktionsbereite Schusswaffen[108] sowie täuschend echt aussehende Waffenattrappen für Nr 1b ausreichende Scheinwaffen, **nicht** aber ein in das Genick gesetzter metallischer Gegenstand, der sich wie der Lauf einer Pistole anfühlen soll,[109] ein in den Rücken gedrückter Labello-Lippenpflegestift oder ein in der Hand gehaltenes Holzstück,[110] bei denen lediglich täuschende Erklärungen wie „bin bewaffnet" die gewollte Wirkung auslösen können. Will der Täter etwa im Falle des Fehlschlages der Täuschung den mitgeführten Gegenstand (zB das Holzstück) allerdings notfalls als Schlagwerkzeug einsetzen, beurteilt sich die Tauglichkeit des Gegenstandes für Nr 1a und b nicht anders als sonst.

Rechtsprechungsbeispiel: Stellt der Täter eine verschlossene Sporttasche auf die Verkaufstheke einer Tankstelle und hält sein Handy in der Hand, um für den Fall, dass ihm ein Griff in die Kasse nicht gelingt, den Verkäufer mit der Drohung einzuschüchtern, er werde über das Handy eine in der Tasche befindliche Bombe auslösen, soll nach **BGH NStZ 11, 278** die Ausnahme nicht gegeben sein. Hier liege nämlich „die objektive Ungefährlichkeit eines vorgeblich gefährlichen Gegenstandes" nicht auf der Hand. Vielmehr sei „für einen objektiven Beobachter ... die Gefährlichkeit ... überhaupt nicht einzuschätzen" (ebenso beim Hinweis, im mitgeführten Rollkoffer befinde sich eine „Kofferbombe", **BGH NStZ 16, 215**)[111]. Dann liege § 250 I Nr 1b (und in der hier gebildeten Variante § 244 I Nr 1b) vor. Das ist zweifelhaft, weil hier das schauspielerische Talent im Vordergrund steht.[112] Die Entscheidung ist angesichts der Besonderheit, dass auch ein besonnener Beobachter die Gefährlichkeit nicht verlässlich einschätzen kann, sicher nicht unvertretbar. Sie bleibt aber ein Zweifelsfall, solange nicht widerspruchsfrei geklärt ist, auf wessen Urteil – des Täters, des Opfers, eines besonnenen Dritten (mit welchem Kenntnisstand?) – es ankommen soll.[113] Die Auf-

---

106 Ebenso A/W-*Heinrich*, § 14 Rn 58; *Eisele*, BT II Rn 208 f; *Kudlich*, JR 98, 359; MK-*Schmitz*, § 244 Rn 34; *Otto*, BT § 41 Rn 59; *Rengier*, BT I § 4 Rn 68 ff; *Schramm*, BT II § 2 Rn 132; S/S-*Bosch*, § 244 Rn 15; S/S/W-*Kudlich*, § 244 Rn 27; **zweifelnd** *Dencker*, in: Dencker ua, Einführung in das 6. StrRG 1998, S. 11; *Hohmann*, NStZ 97, 185; *Kindhäuser/Hilgendorf*, § 244 Rn 25 f; *Klesczewski*, GA 00, 259; LK-*Vogel/Brodowski*, § 244 Rn 46; *Nestler*, Jura 23, 1139; abl. *Küper/Zopfs*, BT Rn 812.
107 BGH StV 11, 676, 677.
108 BGH StV 98, 486; 487.
109 BGH NStZ 07, 332, 333 f mit Bespr. *Bosch*, JA 07, 468; *Jahn*, JuS 07, 583; *Kudlich*, JR 07, 381; **aA** beiläufig noch BGHSt 38, 116, 118 mit Anm. *Graul*, JR 92, 297; *Kelker*, NStZ 92, 297; *Mitsch*, NStZ 92, 434; Gleiches muss für einen an die Hüfte des Opfers gepressten Schraubenzieher gelten, so BGH JR 05, 159; **aA** *Schlothauer*, StV 04, 655.
110 BGHSt 38, 116, 118; BGH NJW 96, 2663; BGH NStZ 97, 184 mit Anm. *Hohmann*; OLG Köln StV 10, 636 (dickerer Ast).
111 S. dazu *Jäger*, JA 16, 71; *Preuß*, HRRS 16, 466; *Satzger*, Jura 16, 573.
112 Abl. deshalb *Hecker*, JuS 11, 757, 759 und *Pfuhl*, ZJS 11, 415, 417 f; zw. *Jahn*, JK 12/11, StGB § 250 I Nr 1b/14.
113 Fischer-*Fischer*, § 250 Rn 11d.

nahme der Milderungsmöglichkeit in einem minder schweren Fall (s. Rn 346) birgt auch hier die Gefahr, einen zu weiten „opferfreundlichen" Maßstab anzulegen.

II. Bandendiebstahl (§ 244 I Nr 2)

328 **Fall 21:** V betrieb einen Viehhandel mit angeschlossenem Schlachtbetrieb. Zur Aufbesserung des Einkommens vereinbarte er mit seinen ebenfalls unter Geldmangel leidenden Angestellten A und B, dass diese auf von ihnen durchgeführten Fernfahrten Rinder von Weiden stehlen und sie bei V nach vorheriger Benachrichtigung im Schutze der Nacht abliefern sollten. Verarbeitung und Weiterveräußerung sollte V übernehmen, der Erlös geteilt werden. Das Ganze wurde für unbestimmte, jedenfalls längere Zeit ins Auge gefasst. Bis zur Entdeckung der Taten gelangten auf diese Weise 45 Rinder in den Schlachtbetrieb des A.
Strafbarkeit der Beteiligten nach § 242 ff? **Rn 340**

329 Der Bandendiebstahl ist in § 244 I Nr 2 geregelt. Seine Strafschärfung gilt für jeden, der als **Mitglied einer Bande**, die sich zur fortgesetzten Begehung von Raub oder Diebstahl verbunden hat, **unter Mitwirkung eines anderen Bandenmitglieds** stiehlt. Die erhöhte Strafwürdigkeit des Bandendiebstahls beruht einerseits auf seiner besonderen Gefährlichkeit für die Allgemeinheit, die sich aus der Gefahr einer Spezialisierung (zB auf Trickdiebstähle, Wohnungseinbrüche, Tresorknacken usw),[114] vor allem aber aus der engen Bindung untereinander ergibt, die einen ständigen Anreiz zur Fortsetzung des kriminellen Wirkens bildet (= Organisationsgefahr).[115] Andererseits sieht sich das Opfer in „geteilter Abwehrkraft"[116] gefährlicher Übermacht schon dann gegenüber, wenn man die Mitwirkung mindestens zweier Bandenmitglieder am Ort des Geschehens verlangt (= Aktionsgefahr).[117] Diese Gründe sind nicht *rein* tatbezogen.[118] Sie kennzeichnen vielmehr die individuelle Bereitschaft, sich zu einer gefährlichen Verbindung zusammenzuschließen und sich im gemeinsamen Bandeninteresse gegenseitig zu verpflichten. Diese innere Bindung prägt (auch) die Tat. Die **Bandenmitgliedschaft** ist folglich ein *besonderes persönliches Merkmal* iS des § 28 II, das jeder Beteiligte selbst aufweisen muss. Außenstehende sind daher nur nach §§ 242, 243 iVm §§ 25 II, 26, 27 zu bestrafen.[119]

1. Bandenbegriff

330 **Bande** (s. hierzu auch Rn 710) ist die auf einer ausdrücklichen oder stillschweigenden Vereinbarung beruhende Verbindung einer **Mehrzahl von Personen**, die sich zur **fortgesetzten Begehung** mehrerer selbstständiger, im Einzelnen noch ungewisser Taten bestimmter Art – hier solche der §§ 242, 249 – zusammengeschlossen haben.[120]

---

114 BGHSt 23, 239, 240.
115 BGH NStZ 07, 33, 34.
116 *Zopfs*, GA 95, 327; *Flemming*, Die bandenmäßige Begehung 2014, S. 135 ff spricht von „Verbindungsaufrechterhaltungs-" und „Mitwirkungsgefahr".
117 Gegen die Lehre von der erhöhten Aktions- oder Ausführungsgefahr *Altenhain*, ZStW 113 (2001), 128.
118 So aber *Kindhäuser/Hilgendorf*, § 244 Rn 37; *Otto*, BT § 41 Rn 65; S/S-*Bosch*, § 244 Rn 28/29; *Toepel*, ZStW 115 (2003), 83; iE ebenso LK-*Roxin*, 11. Aufl., § 28 Rn 45.
119 So auch BGH NStZ 96, 128; BGH NStZ-RR 07, 112; BGH NStZ 07, 526; BGH BeckRS 12, 10714; BGH BeckRS 13, 07322; BGH StraFo 14, 471 mit Anm. *Satzger*, Jura 15, 424 (§ 244a StGB); BK-*Wittig*, § 244 Rn 20; Fischer-*Fischer*, § 244 Rn 44; *Joecks/Jäger*, § 244 Rn 48; *Krey/Hellmann/Heinrich*, BT II Rn 201; *Lackner/Kühl/Heger*, § 244 Rn 7; LK-*Schünemann/Greco*, § 28 Rn 72; *Schild*, GA 82, 83; SK-*Sinn*, § 250 Rn 50.
120 *Küper/Zopfs*, BT Rn 75; BGH wistra 10, 347; zusf. BGH NStZ-RR 13, 209; BGH NStZ 15, 647.

a) Mindestpersonenanzahl

Nach früherer Rechtsprechung sollten bereits zwei Personen zur Bildung einer Bande genügen.[121] In der Kriminologie[122] und im strafrechtlichen Schrifttum[123] wird von einer Bande hingegen schon länger überwiegend erst bei **drei Mitgliedern** und mehr gesprochen. Dem folgt seit einiger Zeit nach einer Entscheidung des Großen Senats in Strafsachen[124] auch die Rechtsprechung.[125]

331

Die Alltagssprache gibt in dieser Frage keine eindeutige Entscheidung vor. Auch Zweierbanden widersprechen dem allgemeinen Wortgebrauch nicht, weisen spezifisch gruppendynamische Gefahren auf und wurden vom Gesetzgeber akzeptiert.[126] In der Tat denkt man bei Banden aber typischerweise an mehr als zwei Personen. Systematisch wird für eine Mindestanzahl von drei Personen die Abgrenzung der Bande zur Mittäterschaft ins Feld geführt. Diese Abgrenzung bedarf neben der bloßen Personenzahl indes weiterer inhaltlicher Kriterien (Rn 335),[127] so dass mit der geänderten Rechtsprechung nicht allzu viel gewonnen ist. Die in der Entscheidung des GrS vorgebrachten Bedenken gegen Zweierbanden wären meist erst mit einer deutlich höheren Mindestpersonenzahl (fünf Personen oder mehr) auszuräumen gewesen, die aber mit Blick auf die Regelungsintention zu Recht nicht verlangt wird.[128]

Da nicht alle Bandendelikte an die Mitwirkung eines anderen Bandesmitglieds anknüpfen, kann es beim Bandenbegriff als solchem nicht primär um eine erhöhte Ausführungsgefahr durch Bandenmitglieder am Tatort gehen. Vielmehr muss die **Gefährlichkeit der Organisation** im Vordergrund stehen. Die Gefahr besteht in der im Vergleich zur Mittäterschaft *längerfristigen Bindung* der Bandenmitglieder und dem „Anreiz zur Fortsetzung" aufgrund bandeninterner *Gruppendynamiken*.[129] Auch eine arbeitsteilige Rollenverteilung, aufgrund derer das einzelne *Bandenmitglied typischerweise austauschbar* wird, führt zu einer erhöhten Gefahr und Effizienz der wiederkehrenden Tatbegehung durch die Bande. Diese Überlegungen liefern zwar keineswegs zwingende, aber doch **plausible Gründe für** die heute hM.[130]

Nach dem BGH soll es ausreichen, dass der dritten, die Bande erst konstituierenden Person nur die Tätigkeiten eines **Gehilfen** zugedacht sind.[131] Damit wird die Forderung nach

332

---

121 BGHSt 23, 239; 38, 26, 27; 42, 255; BGH NStZ 98, 255 mit Anm. *Körner*; BGH NJW 98, 2913; 00, 2034; 2907.
122 S. *Dessecker*, NStZ 09, 184; *Schöch*, NStZ 96, 166 mwN.
123 A/W-*Heinrich*, § 14 Rn 60; BK-*Wittig*, § 244 Rn 15; *Eisele*, BT II Rn 214; Fischer-*Fischer*, § 244 Rn 34; H-H-*Kretschmer*, Rn 863; *Hilgendorf/Valerius*, BT II § 4 Rn 44; *Joecks/Jäger*, § 244 Rn 32; *Kindhäuser/Hilgendorf*, § 244 Rn 30; *Kleszczewski*, BT § 8 Rn 159; *Krey/Hellmann/Heinrich*, BT II Rn 199; *Mitsch*, BT II S. 129 f; MK-*Schmitz*, § 244 Rn 43; *Otto*, JZ 93, 569, 566; *Rengier*, BT I § 4 Rn 89, 91; *Schramm*, BT II § 2 Rn 137; SK-*Hoyer*, § 244 Rn 32.
124 BGHSt 46, 321, 325 ff; s. dazu *Rissing-van Saan*, Geilen-FS S. 131; BGH HRRS 14, Nr 735. Vorangegangen war ein Vorlagebeschluss des 4. Strafsenats, BGH JR 01, 73 mit insoweit zust. Anm. *Engländer*; s. auch *Schmitz*, NStZ 00, 477; zur Argumentation s. *Kudlich/Christensen*, JuS 02, 144.
125 Zust. AnK-*Kretschmer*, § 244 Rn 29; *Ellbogen*, wistra 02, 10; *Erb*, NStZ 01, 561; HK-GS/*Duttge*, § 244 Rn 20; *Hohmann/Sander*, BT I § 2 Rn 19; *Joerden*, JuS 02, 329; *Schmidt*, BT II Rn 228, 233; *Toepel*, ZStW 115 (2003), 72; trotz Zustimmung krit. S/S/W-*Kudlich*, § 244 Rn 31 f; einschränkend LK-*Vogel/Brodowski*, § 244 Rn 59 f.
126 In § 397 II Nr 1 RAO, § 373 II Nr 3 AO 1977, s. dazu BGHSt 38, 26, 28 und Volk, Anm. JR 79, 427; s. auch *Rissing-van Saan*, Geilen-FS S. 133 ff; *Sya*, NJW 01, 344. *Küper/Zopfs*, BT Rn 76 verweisen zudem auf § 224 I Nr 4 und § 231 I.
127 S. dazu LK-*Vogel/Brodowski*, § 244 Rn 59; *Sowada*, Schlüchter-GS S. 383, 390 ff; S/S-*Bosch*, § 244 Rn 24; zu Recht für Beibehaltung *Lackner/Kühl/Heger*, § 244 Rn 6; s. auch SK-*Sinn*, § 250 Rn 45.
128 *Kosmalla*, Die Bandenmäßigkeit im Strafrecht 2005, S. 129 („fünf oder mehr") bildet hierzu eine Ausnahme, fordert aber de lege ferenda eine Abschaffung der Bandentatbestände (S. 204).
129 BGHSt 23, 239.
130 Noch kritischer *Hillenkamp*, hier bis zur 44. Aufl; *Krings*, Die strafrechtlichen Bandennormen 2000, S. 156; *Küper/Zopfs*, BT Rn 76 f; S/S-*Bosch*, § 244 Rn 24; diese zuvor auch von SK-*Günther*, § 250 Rn 37 geteilte Auffassung ist aufgegeben in SK-*Sinn*, § 250 Rn 45.
131 BGHSt 47, 214; ebenso BGH NStZ 07, 33, 34; BGH HRRS 24, Nr 1076; abl. MK-*Schmitz*, § 244 Rn 45.

drei Personen zu einem halben Schritt wieder zurückgenommen. Auch trägt es zu der vom GrS ins Feld geführten Rechtsklarheit nicht bei, wenn einerseits die schwächste Form der Teilnahme genügen soll, andererseits für die in Aussicht genommenen Tatbeiträge verlangt wird, dass sie *nicht gänzlich untergeordneter Natur* und von einem *organisatorisch* eingebundenen Gehilfen zu erbringen sind,[132] zugleich aber auf einen gefestigten Bandenwillen und übergeordnetes Bandeninteresse verzichtet wird (Rn 335).

Führen zwei Mitglieder der Bande den Diebstahl aus, soll es sich auch dann um einen Bandendiebstahl handeln, wenn das die Bande führende und für sie konstitutive dritte Mitglied der Bande hiervon nichts weiß.[133] **Bandenmitgliedschaft, Bandenabrede** und **Beteiligung an einer Bandentat** sind **unabhängig** voneinander zu beurteilen.[134] Ebenso wie nicht jeder Beteiligte schon deshalb Bandenmitglied ist, weil die Tat von einer Bande ausgeführt wird, ist umgekehrt nicht jedes Bandenmitglied als Beteiligter an einer Bandentat schon aufgrund der Mitgliedschaft auch Mittäter. Zur **Abgrenzung** von Mittäterschaft und Beteiligung gelten vielmehr die **allgemeinen** Grundsätze.[135]

b) Bandenabrede

333 Die Bildung einer Bande verlangt eine ausdrücklich oder stillschweigend getroffene Vereinbarung, die auf die Begehung einer noch ungenauen Vielzahl von Taten gerichtet ist (**Bandenabrede**).[136] Diese kann zB auf der Basis einer schon bestehenden Mittäterschaft auch erst anlässlich des Anschlusses eines Dritten getroffen werden.[137]

Eine *feste Organisation* in Annäherung an begriffliche Merkmale der kriminellen Vereinigung (§ 129) verlangt die Rechtsprechung nicht.[138] Auch wertet sie „mafiaähnliche Strukturen" und sonstige Kriterien organisierter Kriminalität zu Recht lediglich als *Indizien*[139] und schließt deshalb (Jugend-)Banden, die in einem örtlich nur begrenzten Bereich tätig oder auf bestimmte Objekte spezialisiert sind und die keinen Bezug zur organisierten Kriminalität haben, nicht aus.[140] Die Vereinbarung gleichberechtigten oder mittäterschaftlichen Zusammenwirkens soll nicht Bedingung sein.[141]

c) Zweck

334 Die bandenmäßige Verbindung muss auf die fortgesetzte Begehung von Raub oder Diebstahl gerichtet sein. Die Verbindung muss insofern über die Planung einer konkreten Einzeltat,[142] die Ausnutzung einer bestimmten Gelegenheit und über ein kurzfristiges Zu-

---

132 BGHSt 47, 214, 217, 219 mit krit. Anm. *Erb*, JR 02, 338; *Gaede*, StV 03, 78; *Rath*, GA 03, 823; *Toepel*, StV 02, 540; BGH wistra 04, 105, 108; die Abgrenzungsschwierigkeiten verdeutlichend *Zopfs*, Jura 07, 513; wie hier krit. *Lackner/Kühl/Heger*, § 244 Rn 6.
133 BGH NStZ 06, 342; BGH NStZ 24, 738; zur nicht verlangten Kenntnis der Bandenmitglieder untereinander s. BGHSt 50, 160, 164 ff.
134 BGH NStZ-RR 13, 209; BGH HRRS 15, Nr 1165.
135 BGH NStZ 11, 637; BGH BeckRS 12, 10714; BGH wistra 13, 97; BGH HRRS 16, Nr 487; BGH HRRS 18, Nr 521; BGH HRRS 20, Nr 24; Fischer-*Fischer*, § 244 Rn 39.
136 Umfassende Beschreibung ihrer Voraussetzungen und der für bzw gegen sie sprechenden Indizien in BGH StV 13, 509 f; knapper BGH BeckRS 19, 19904; s. dazu auch *Flemming*, Die bandenmäßige Begehung 2014, S. 74 ff, 102 ff.
137 Zur **stillschweigenden/konkludenten** oder erst nachträglich entstehenden Bandenabrede s. BGH NStZ-RR 13, 209; zur konkludenten Abrede s. auch BGH BeckRS 12, 18738 mit Anm. *Bosch*, JK 1/13, StGB § 244a/2; *Hecker*, JuS 13, 177; BGH BeckRS 16, 18886.
138 BGHSt 42, 255, 258; BGH BeckRS 19, 19904; anders *Altenhain*, ZStW 113 (2001), 140, der Bande und kriminelle Vereinigung gleichsetzt; ihm zust. *Klesczewski*, BT § 8 Rn 161.
139 S. dazu *Dessecker*, NStZ 09, 184; *Schöch*, NStZ 96, 169; BGH NJW 96, 2316; BGH NStZ 96, 443; BGH NStZ 06, 574; krit. *Glandien*, Anm. NStZ 98, 197.
140 BGH NStZ 08, 625 f.
141 BGHSt 46, 321, 338; enger BGH NJW 00, 2034, 2035.
142 BGH NStZ 96, 443.

sammenwirken hinausgehen und ganz allgemein **auf die künftige, noch unbestimmte Begehung** von Raub oder Diebstahl **abzielen**. Dazu gehört, dass sie nicht nur auf kurze Zeit, sondern für eine gewisse Dauer aufrechterhalten werden soll.[143] Diese Voraussetzungen erfüllen angesichts des dazu verlangten Gesamtvorsatzes in der Regel auch heute Taten nicht, die vormals nach den Maßstäben des Fortsetzungszusammenhangs *einen fortgesetzten* Diebstahl oder Raub ergeben und deshalb nach überkommener Rspr. für § 244 nicht ausgereicht hätten.[144]

Die für eine Bande hinreichende Zahl an Mitgliedern muss sich **zur Begehung bestimmter Delikte** zusammengeschlossen haben, und das müssen hier **Raub** und/oder **Diebstahl** sein.[145] Eine „gemischte" Bande aus Dieben und Hehlern erfüllt § 244 I Nr 2 im Gegensatz zu § 260 I Nr 2 nicht.[146]

Die neuere Rspr.[147] verlangt keinen **gefestigten Bandenwillen** mehr, und auch kein **übergeordnetes Bandeninteresse**. In der Tat dürfen diese Voraussetzungen nicht überspannt werden. Doch ganz ohne sie lässt sich die Bande schwerlich von einer nur wiederholten Mittäterschaft abheben und die deutlich höhere Strafdrohung nicht rechtfertigen. Ohne diese Voraussetzungen ist zudem ein für eine absehbare Zukunft „am selben Strang"-Ziehen nicht wirklich vorstellbar und schon gar nicht nachzuweisen. Dies gilt erst recht für ein gemeinsames Abzielen auf eine künftige, wiederkehrende, noch unbestimmte Begehung von Taten, die ihrem Deliktstyp nach aber bereits bestimmt sind. Es wäre daher ehrlicher, diese Voraussetzungen auch als solche zu benennen.

335

Dass es an einem übergeordneten Interesse bei einer Diebesbande schon deshalb *immer* fehle, weil „deren Mitglieder vorrangig (!) ihre eigenen Interessen an einer risikolosen und effektiven Tatausführung sowie der Beute- und Gewinnerzielung" verfolgten,[148] geht an der Lebenswirklichkeit vorbei, in der sich die einzelnen Mitglieder einem durch Spezialisierung, Arbeitsteilung und Mitwirkungsverpflichtung geprägten Zusammenhalt unterwerfen, der die „Erwerbsquelle" für sie vorteilhaft erschließt. Eine Lebensgemeinschaft ist hingegen durch eine andere gemeinsame Interessenlage geprägt und begründet kein Bandeninteresse.[149]

Die aktuelle Entscheidung: Im **BGH BeckRS 19, 18187** zugrundeliegenden Fall verabredeten R und Z, in der Villa der 95-jährigen O, die zur Zeit der Tat im Krankenhaus lag, im Verlauf mehrerer „Hausbesuche" die dort vorhandenen Antiquitäten im Wert von rund 530 000 € fachgerecht zu verpacken und nach und nach aus der Villa zu schaffen, um sie anschließend zu verwerten. P, ein Antiquitätenhändler, hatte zugesagt, ihnen beim Verkauf gegen Beteiligung an den Wertsachen zu helfen. In sechs einzelnen Taten transportierten R und Z die Antiquitäten ab. Den Zugang zum Haus hatten sie sich mit dem Hausschlüssel verschafft. Diesen hatte sich die mit O bekannte R unter einem Vorwand von der die O betreuenden Krankenschwester K aushändigen lassen. Zur Zeit der ersten drei Taten lebte O noch. Für die vierte Tat konnte das nicht mehr sicher festgestellt werden. Zur Zeit der letzten beiden Taten war O dagegen bereits verstorben. Die von O als Erbin eingesetzte Stiftung hatte das Erbe aber noch nicht in Besitz genommen. – R und Z haben in den ersten drei Fällen, wenn man mit dem Ausgangsgericht drei selbstständige Taten

---

143 BGH NStZ 06, 574; zutr. Schon OLG Hamm NJW 81, 2207 mit zust. Anm. *Tenckhoff*, JR 82, 208; *Schild*, GA 82, 55, 81.
144 BGHSt 40, 138, 148 f; s. zu einem Fall des § 261 IV 2 insoweit zutr. *Krack*, JR 06, 436.
145 **§§ 252, 255, 316a** erfüllen diese Voraussetzung nicht, s. *Ladiges*, NStZ 16, 446 im Anschluss an LK-*Vogel/Brodowski*, § 244 Rn 62.
146 BGH NStZ 07, 33, 34.
147 BGHSt 46, 321, 325 ff; BGH NStZ 06, 574; BGH NJW 13, 884, 887; *Zöller*, BT Rn 84.
148 So LG Köln NStZ-RR 21, 74 unter Berufung auf BGHSt 54, 216.
149 BGH NStZ 98, 256; BGH NJW 00, 2034, 2035.

annimmt, jeweils einen vollendeten Diebstahl begangen. P hat sie dabei durch seine Zusage psychisch unterstützt. Das LG hat in Anlehnung an § 263 III 2 Nr 2 wegen der Höhe des Wertes des Diebesguts und an § 243 I 2 Nr 1 – der Schlüssel war nicht „falsch" (s. Rn 267), aber erschlichen und unbefugt benutzt – einen atypischen Fall des besonders schweren Diebstahls (s. Rn 248) angenommen. Der BGH hat die dafür nötige „Gesamtabwägung" der erschwerenden Umstände vermisst. Auch die wahlweise Verurteilung wegen Diebstahls oder Unterschlagung im vierten Fall – die Antiquitäten waren gewahrsamslos, falls O bereits tot war – beanstandet der BGH. Da der Diebstahl nach der Neufassung des § 246 in diesem milder bewerteten Auffangtatbestand enthalten ist (s. dazu Rn 351), gehe der Zweifelssatz vor. Es sei also, wenn nicht mehr aufklärbar ist, ob Gewahrsam der O oder bloßer Erbenbesitz bestand (s. Rn 125, 132), in dubio pro reo auf § 246 zu erkennen. Dem ist zuzustimmen. Einen **Bandendiebstahl** hat das LG verneint, weil nicht feststellbar gewesen sei, ob der für die Bande notwendige Dritte, der auch ein Gehilfe sein kann (Rn 332), hier P, die dafür nötige Kenntnis der unbestimmten Vielzahl von Taten gehabt habe (s. Rn 334). Darauf geht der BGH nicht ein. Auch er verneint aber das Vorliegen einer Bande mit der Begründung, dass sich die „Abrede (…) nicht auf die Begehung einer unbestimmten Vielzahl im Einzelnen noch ungewisser Diebestaten" gerichtet habe, sondern von Beginn an auf eine „feststehende Menge an Wertgegenständen in Gestalt des gesamten werthaltigen Inventars" der Villa. Die Angeklagten hätten zwar selbstständige Diebstahlstaten begangen, diese seien aber vorab bestimmt und „im Einzelnen in den wesentlichen Grundzügen ihrer Gestaltung" festgelegt gewesen. Deshalb habe es sich nicht um eine für die Bande erforderliche „**offene**, sondern um eine **geschlossene Abrede**" gehandelt. Bei ihr **fehle** es an der „**spezifischen Gefährlichkeit**, immer wieder neue Taten zu generieren" und damit an der für die Strafschärfung in erster Linie maßgeblichen „**Organisationsgefahr**".

2. Bandenmäßige Begehung

336 Nach dem Wortlaut von § 244 I Nr 2 muss der Diebstahl als Bandenmitglied unter Mitwirkung eines anderen Bandenmitglieds geschehen. An der Begehung des Diebstahls müssen daher **mindestens zwei Bandenmitglieder** tatsächlich mitwirken. Danach reicht es nicht, wenn ein Bandenmitglied bei einem Diebstahl nur von einem *Nicht*mitglied unterstützt wird.[150]

337 Das Zusammenwirken **muss nicht mittäterschaftlich** erfolgen. Richtigerweise muss aber in einer § 224 I Nr 2 entsprechenden Weise die unmittelbare Beteiligung mindestens **zweier Mitglieder** der Bande deren Gefahrenpotenzial **vor Ort** wahrnehmbar repräsentieren.[151] Der **BGH**[152] stellt diese Anforderung seit der Entscheidung des Großen Senats in Strafsachen **nicht** mehr[153] und begründet das damit, dass manche Bandendelikte auf die Mitwirkungsklausel verzichten und es deshalb für *alle* Bandendelikte nur auf die Organisationsgefährlichkeit als Straferhöhungsgrund ankomme.[154] Doch dass andere Tatbe-

---

150 BGH StV 93, 132.
151 *Küper/Zopfs*, BT Rn 80 ff; *Zopfs*, GA 95, 327; **zust.** BK-*Wittig*, § 244 Rn 19; LK-*Vogel/Brodowski*, § 244 Rn 71.
152 BGHSt 46, 321, 332 ff; BGH JR 01, 73, 75 mit insoweit abl. Anm. *Engländer*; BGHSt-GS-46, 321, 332 ff; ebenso *Altenhain*, ZStW 113 (2001), 143 f.
153 Anders noch BGHSt 46, 120, 127 ff; dagegen A/W-*Heinrich*, § 14 Rn 62; *Hohmann*, NStZ 00, 259; *Müller*, GA 02, 318; *Schramm*, BT II § 2 Rn 145.
154 **Zust.** *Beulke/Zimmermann*, III Rn 611; *Eisele*, BT II Rn 228; *Ellbogen*, wistra 02, 11 f; H-H-*Kretschmer*, Rn 865; *Kindhäuser/Hilgendorf*, § 244 Rn 33; *Krey/Hellmann/Heinrich*, BT II Rn 200; *Rengier*, BT I § 4 Rn 98 f; *Rissing-van Saan*, Geilen-FS S. 140 ff; S/S-*Bosch*, § 244 Rn 26; *Zöller*, BT Rn 85; **abl.** MK-*Schmitz*, § 244 Rn 53 f; *Sowada*, Schlüchter-GS S. 383, 395 ff.

stände ein Merkmal nicht aufweisen, ist kein Grund, es auch dort nicht zu beachten, wo es verlangt wird.

Nach der Rspr. reicht es sogar aus, wenn die **Wegnahme** nur von einem **Nichtmitglied** für die Bande ausgeführt wird, wenn nur im Übrigen zwei Mitglieder mitwirken und wenigstens einem von ihnen die unmittelbare Ausführung des Nichtmitglieds als Täter zurechenbar ist.[155]

Nach der früheren Rspr.[156] konnte nur ein Bandenmitglied selbst Täter eines Bandendiebstahls sein, das **am Tatort** (wenn auch nicht unbedingt körperlich) **selbst mitwirkt** hat. Gestützt wurde diese Auffassung auf eine vermeintliche „tatbestandliche Besonderheit"[157] des § 244 I Nr 2: Die vom Gesetz verlangte örtliche und zeitliche „Mitwirkung eines anderen Bandenmitgliedes" *beziehe sich* in dem Sinne auf den *Täter*,[158] dass nur die unmittelbare Teilhabe an der vor Ort begründeten „Aktionsgefahr" *täterschaftliches* Unrecht begründe.[159] Richtigerweise ist aber folgende Unterscheidung zu machen: Die *Mitgliedschaft in der Bande* ist ein *Tätermerkmal*, und zwar ein besonderes persönliches Merkmal iSv § 28 II. Die *Mitwirkung eines anderen Bandenmitglieds* ist hingegen eine die Gefährlichkeit der Tat zwischen Versuch und Vollendung[160] charakterisierende *Tatbestandsvoraussetzung*. Sie ist nicht persönlicher Natur, nicht für die verschiedenen Beteiligten separat zu beurteilen, sondern entweder erfüllt oder nicht, und das gilt nach allgemeinen Regeln ohne Änderung für nicht anwesende Bandenmitglieder.[161] Diesem Ergebnis stimmt die neuere Rspr. zu.[162] Dabei verzichtet der GrS auf die in BGHSt 46, 120, 129 f ausgesprochene und weiterhin überzeugende (Rn 337) Forderung, dass mindestens zwei andere Bandenmitglieder vor Ort tatsächlich mitwirken.

338

Zu erinnern ist, dass ein Bandenmitglied, das keinen eigenen für das Gelingen der Bandentat wesentlichen oder wenigstens förderlichen Beitrag leistet, nicht **schon deshalb Täter oder Teilnehmer** wird, weil es durch die Bandenabrede mit den Tatausführenden verbunden ist. Vielmehr muss für eine Beteiligung beides zusammenkommen.[163] **Verzichtet** man mit dem BGH auf ein **mittäterschaftliches Zusammenwirken**, kann, wenn wirklich keine Mittäterschaft vorliegt, auch die als Zurechnungsgrundlage ausfallende Norm des § 25 II nicht durch die bloße Bandenmitgliedschaft ersetzt werden.[164] Ein Bandenmitglied, das nach der Bandenabrede an der Planung und Ausführung der Diebstahlstaten nicht beteiligt ist, sondern erst nach Tatbeendigung bei der Aufbereitung des Diebesguts für den Absatz tätig wird, ist nicht Täter des Bandendiebstahls, sondern nach §§ 257, 259, 261 zu bewerten. Hat es die Mitwirkung bei der Beuteverwertung zugesagt, kommt daneben eine Beihilfe zum Bandendiebstahl in Betracht.[165] Zu beachten ist schließlich, dass **kein** Bandendiebstahl vorliegt, wenn zwei Bandenmitglieder Delikte **außerhalb der eigentlichen Bandenabrede** mit ganz anderem Tatmuster oder ausschließlich eigennützigem Motiv begehen.[166]

---

155 BGHSt 46, 321, 328; Fischer-*Fischer*, § 244 Rn 41 ff; *Heghmanns*, Rn 1248 f.; s. dazu auch *Küper/Zopfs*, BT Rn 84.
156 BGHSt 8, 205, 206; 25, 18; 33, 50, 52; BGH StV 97, 247.
157 BGHSt 8, 205, 209.
158 So *Miehe*, Anm. StV 97, 248; *Otto*, JZ 93, 566; *Wessels*, BT II Rn 264.
159 BGHSt 38, 26, 29 im Anschluss an *Volk*, Anm. JR 79, 428; ebenso SK-*Hoyer*, § 244 Rn 36.
160 Insoweit weiter BGH StV 99, 151: Beendigung.
161 A/W-*Heinrich*, § 14 Rn 62; Fischer-*Fischer*, § 244 Rn 43; *Kindhäuser/Hilgendorf*, § 244 Rn 33 f; *Küper*, GA 97, 333 f; *Rengier*, BT I § 4 Rn 96; SK-*Sinn*, § 250 Rn 49; *Sowada*, Schlüchter-GS S. 383, 394 f.
162 BGHSt 46, 120, 127 ff mit zust. Anm. *Hohmann*, NStZ 00, 255; BGHSt 46, 138; 321, 333, 338.
163 BGH wistra 13, 307 f.
164 BGH wistra 07, 100, 101; BGH BeckRS 13, 06991; BGH HRRS 16, Nr 487 (s. dazu auch hier Rn 710).
165 BGH NStZ 03, 32, 33 f; 07, 33.
166 BGH HRRS 16, Nr 291, BGH HRRS 20, Nr 1381; BGH NJW 23, 307 mit zust. Bespr. *Hecker*, JuS 23, 371.

3. Schwerer Bandendiebstahl (§ 244a)

339 Der **schwere Bandendiebstahl** (§ 244a I)[167] bedeutet gegenüber § 244 I eine weitere Qualifizierung, die aus einer Kombination der bandenmäßigen Begehung mit einem der Erschwerungsgründe besteht, deren Voraussetzungen in § 243 I 2 Nrn 1–7 oder in den Nrn 1 oder 3 des § 244 I umschriben sind. Die Tat ist **Verbrechen**.[168] In *minder schweren Fällen* (Rn 346) kann die Strafe nach Abs 2 gemindert werden. Dies ist insbesondere bei der Tatbegehung durch Jugendbanden anzunehmen,[169] die nach umstrittener Rspr. § 244a ebenfalls erfüllen können.[170]

Innerhalb des § 244a I haben die dort in Bezug genommenen Regelbeispiele des § 243 I 2 nicht lediglich exemplifizierende Bedeutung. Sie sind hier vielmehr echte Tatbestandsmerkmale des schweren Bandendiebstahls, sodass bei ihnen für Vorsatz und Irrtum sowie die Konkurrenz die allgemeinen Regeln gelten.[171] Auch zu § 244a setzte der BGH für **Täterschaft** zu Unrecht (Rn 338) voraus, dass der Beteiligte zB den Einbruch im örtlichen und zeitlichen Zusammenwirken mit einem anderen Bandenmitglied verübt.[172] Zwischen einem schweren Bandendiebstahl nach § 244a I iVm § 243 I 2 Nr 3 und einer gewerbsmäßigen Bandenhehlerei gemäß § 260a I ist eine Wahlfeststellung möglich.[173] Zwischen einem schweren Bandendiebstahl und einer zugleich begangenen Sachbeschädigung besteht nach dem BGH stets Idealkonkurrenz (§ 52).[174] Auch wird ein schwerer Bandendiebstahl nicht durch einen zugleich begangenen Wohnungseinbruchsdiebstahl nach § 244 IV verdrängt.[175]

340 Im **Fall 21** haben A und B zunächst Diebstähle an den 45 Rindern (zu Tieren als Sachen s. Rn 49) begangen. Das Stehlen geschah gewerbsmäßig (§ 243 I 2 Nr 3) und bei lebensnaher Betrachtung auch durch ein in § 243 I 2 Nr 1 beschriebenes Eindringen in die Weiden als umschlossenen Raum.[176] Ob A und B einen nach § 244 I Nr 1a oder auch b qualifizierten Diebstahl begangen haben, ist nach dem in BGHSt 33, 50 mitgeteilten Sachverhalt nicht zu entscheiden. Jedenfalls haben sich A, B und V aber zur fortgesetzten Begehung von im Einzelnen noch nicht feststehenden Diebstählen für unbestimmte Zeit zu einer **Bande** zusammengeschlossen.[177] A und B – beide Bandenmitglieder, da sie in die Organisation der Bande eingebunden sind und die dort geltenden Regeln akzeptieren[178] – haben in örtlichem und zeitlichem Zusammenwirken die Diebstähle mittäterschaftlich ausgeführt und deshalb §§ 244 I Nr 2, 25 II erfüllt. Da die Diebstähle auch unter Verwirklichung von Regelbeispielen nach § 243 I 2 Nrn 1 und 3 begangen wurden, sind A und B nach § 244a zu bestrafen (§§ 243 I 2 Nrn 1 und 3, 244 I Nr 2 treten dahin-

---

167 S. zur Gesetzesgeschichte *Zopfs*, GA 95, 320.
168 S. dazu Fischer-*Fischer*, § 244a Rn 2; krit. Zur Anwendbarkeit des § 30 *Flemming/Reinbacher*, NStZ 13, 136.
169 S. LK-*Vogel/Brodowski*, § 244a Rn 2, 11; *Möller*, StraFo 09, 92.
170 BGH StV 00, 670; BGH NStZ 06, 574; BGH NStZ 08, 625; zur Problematik der Beteiligung von Jugendlichen und Kindern s. *Flemming*, Die bandenmäßige Beteiligung 2014, S. 160 ff.
171 §§ 15, 16 I; *Lackner/Kühl/Heger*, § 244a Rn 2f; zur Konkurrenz von § 244a I iVm § 243 I 2 Nr 1 und 2 zu § 303 deshalb erst recht nicht überzeugend BGH NStZ 14, 40 mit zust. Bespr. *Hecker*, JuS 14, 181; *Zöller*, ZJS 14, 214; zw. *Satzger*, JK 3/14, § 52 StGB/16; s. dazu schon hier Rn 285.
172 BGH NStZ 96, 493; s. zu weiteren Anwendungsfragen *Zopfs*, GA 95, 322.
173 BGH NStZ 00, 473; BGH NJW 17, 2842 (= BGHSt 62, 72) mit Bespr. *Kudlich*, JA 17, 870; *Stuckenberg*, StV 17, 815; s. zur Abgrenzung zur Postpendenz BGH NStZ-RR 18, 47 und 49 mit Anm. *Bosch*, Jura (JK) 18, 424; zu einer Bande aus Dieben und Hehlern s. BGH StV 15, 118.
174 BGH NJW 19, 1086 mit krit. Bespr. *Jäger*, JA 19, 386; *Mitsch*, NJW 19, 1091. S. dazu auch hier Rn 285 und *Grosse-Wilde*, HRRS 19, 160.
175 BGH HRRS 20, Nr 125.
176 S. OLG Köln MDR 69, 237; BGH NStZ 83, 168.
177 Zur klausurmäßigen Bearbeitung von „Bandenfällen" s. *Oğlakcıoğlu*, Jura 12, 770 ff.
178 BGH wistra 10, 347.

ter zurück). Auch V ist Mitglied der Bande, hat aber an den Diebstählen am Tatort nicht mitgewirkt. Ob er Mittäter oder nur Teilnehmer ist, bemisst sich nach den auch sonst gültigen Abgrenzungskriterien (Rn 338). Nach der subjektiven Teilnahmelehre sprechen für Mittäterschaft das Interesse am Taterfolg wie der Wille, die Gesamttat entscheidend mitzugestalten. Aber auch nach der Tatherrschaftslehre ist V jedenfalls dann als Mittäter nach § 244a anzusehen, wenn man dem Drahtzieher und Bandenchef die Täterqualität auch dann nicht abspricht, wenn er an der Tatbestandsverwirklichung selbst nicht unmittelbar teilnimmt.[179] Auch nach der Entscheidung des GrS[180] ist, da drei Personen sich zusammengeschlossen haben, von einem Bandendiebstahl auszugehen, der V nach § 25 II selbst dann zugerechnet würde, wenn A oder B jeweils allein die Diebstähle ausgeführt hätten (ein Fall, in dem es nach der hier – Rn 338 – vertretenen Auffassung am Tatbestand des § 244 I Nr 2 fehlt). Nach BGHSt 33, 50, 52 konnte V mangels der von der Rechtsprechung damals noch vorausgesetzten Mitwirkung vor Ort dagegen nur wegen *Anstiftung zu § 244a* – die Bandenmitgliedschaft belastet auch ihn, § 28 II –, daneben freilich nach allgemeinen Grundsätzen als Mittäter zu §§ 242, 243 I 2 Nrn 1 und 3, 28 II, 25 II bestraft werden. Letzteres schloss schon nach BGHSt 33, 50, 52 die nach der hier vertretenen Lösung ohnehin unzulässige Annahme einer Hehlerei durch Entgegennahme der Rinder aus. (Schwerer) Bandendiebstahl ist eine Qualifikation und betrifft daher den Schuldspruch. Deshalb kann die Frage, ob eine Bande oder eine bandenmäßige Begehung vorliegt, im Strafverfahren nicht Gegenstand einer Verständigung sein (s. § 257c II 3 StPO).[181]

III. Wohnungseinbruchsdiebstahl (§ 244 I Nr 3)

Die Qualifikation des **Wohnungseinbruchsdiebstahls** in § 244 I Nr 3 beruht auf der gesetzgeberischen Erwägung, dass der Wohnungseinbruch einerseits tief in die Intimsphäre des Opfers eindringt und hierdurch zu ernsten psychischen Störungen wie langwierigen Angstzuständen führen kann, und dass er andererseits nicht selten mit Gewalttätigkeiten gegen Menschen und Verwüstungen der Einrichtungsgegenstände verbunden ist.[182] Zum durch den Grundtatbestand gewährleisteten Schutz des Eigentums treten in § 244 I Nr 3 als **geschützte Rechtsgüter** hiernach die häusliche Privatsphäre und die körperliche wie seelische Unversehrtheit hinzu. Dasselbe gilt für den 2017 mit § 244 IV hinzugefügten Verbrechenstatbestand.[183] Dass der Wohnungseinbruchsdiebstahl in einem in der Wohnung dann begangenen Raub aufgehen soll, leuchtet bei dieser Rechtsgutsbestimmung nicht unmittelbar ein.[184] Ebenso wenig überzeugt die vom BGH unlängst aufgestellte Behauptung, der besondere Schutzzweck der Norm erstrecke sich auf das „Eigentum an höchstpersönlichen Gegenständen" des Wohnungsinhabers und solcher „Personen …, die einen Bezug zu den Räumlichkeiten aufweisen – etwa, weil sie sich häufig in ihnen aufhalten, weil es sich um ihr Elternhaus handelt oder weil sie in dem Haus private Ge-

341

---

179 So zB MK-*Schmitz*, § 244 Rn 58 f; s. zum Streitstand LK-*Schünemann/Greco*, § 25 Rn 203 ff; *Wessels/Beulke/Satzger*, AT Rn 820 ff.
180 BGHSt 46, 321.
181 BGH wistra 11, 235 mit Bespr. *Kudlich*, JA 11, 632.
182 BT-Ds 13/8587, S. 43.
183 S. BT-Ds 18/12359, S. 1, 7.
184 So aber BGH NStZ-RR 05, 202, 203; BGH StV 01, 624 spricht anders als der Gesetzgeber nicht von **Intim-**, sondern von **„Privatsphäre"**; s. dazu, dass dieser Begriff das Gemeinte besser kennzeichnet, *Krumme*, Die Wohnung im Recht 2004, S. 291 f, der § 244 I Nr 3 bezogen auf die im Text genannten beiden Rechtsgüter zu Recht als *abstraktes Gefährdungsdelikt* bezeichnet (aaO S. 301 ff, 308 f). Daraus folgt, dass das **tatsächliche Eintreten** einer psychischen Beeinträchtigung **strafschärfend** berücksichtigt werden darf, s. BGH HRRS 19, Nr 1067; zum Rechtsgut des § 244 IV s. BGH HRRS 19, Nr 560.

genstände lagern".[185] Diese Schutzerweiterung ist durch die Gesetzesmaterialien nicht gedeckt. Sie dehnt die Vorschrift in einer Weise aus, die die Ratio der Strafschärfung verfehlt und die Systematik des Schutzes besonders gesicherten Gewahrsams auflöst.

342 Zu den **Tatmodalitäten** des Einbruchs-,[186] Einsteige-,[187] Nachschlüssel- und Verweildiebstahls gilt das zu § 243 I 2 Nr 1 Ausgeführte (Rn 262 ff) entsprechend. Da es sich bezüglich der Privatsphäre und der Unversehrtheit um ein abstraktes Gefährdungsdelikt handelt, kommt es auf ein konkretes Zusammentreffen von Täter und Opfer nicht an.[188] Der **Versuch** ist strafbar (§ 244 II).[189]

1. Wohnung

343 Im Vergleich zu § 123 I ist, wie *Hillenkamp* es in der 21. Aufl. zuerst entwickelt hat, der Wohnungsbegriff iS des § 244 I Nr 3 aufgrund des hohen, Geldstrafe ausschließenden Strafrahmens und der ausnahmslosen Erfassung des Versuchs[190] enger zu fassen[191] und auf seinen **inneren Kern** zurückzuführen. „Wohnung" meint hier die *Räumlichkeiten*, die (dauerhaft oder doch wenigstens für längere Zeit) als *Mittelpunkt des privaten Lebens* Selbstentfaltung, -entlastung und vertrauliche Kommunikation[192] gewährleisten. Nicht dazuzurechnen sind etwa Außenflure, Keller- und Bodenräume in größeren Mietshäusern[193], freistehende Garagen, Schuppen[194], leerstehende Wohnungen und Gartenlauben[195] und auch vorübergehend genutzte Hotelzimmer[196] ebenso wie nur für Urlaubsreisen in Anspruch genommene Wohnmobile und Wohnwagen (auch für die Zeit ihres Ge-

---

185 So BGH NJW 20, 1750 in Abweichung von BGH NStZ 08, 514 und BGH NJW 17, 1186; zu Recht krit. hierzu *Bock/Manheim*, HRRS 20, 341, *Epik*, NStZ 20, 484, *Jäger*, JA 20, 630 und *Krack*, JR 21, 38; MK-*Schmitz*, § 244 Rn 66.
186 Auch beim Wohnungseinbruch soll eine mitverwirklichte **Sachbeschädigung** keine typische Begleittat sein, s. dazu Rn 285.
187 BGH StV 11, 17, 18: kein Einsteigen beim Betreten durch eine zuvor angekippte Terrassentür, die der Täter durch Hereinlangen öffnet; dagegen OLG Oldenburg NStZ 16, 98 (Vorlagebeschluss); BGH StraFo 14, 339: Einsteigen nur bei unter Schwierigkeiten möglichem Eindringen; BGH StV 15, 113.
188 OLG Hamburg NStZ 17, 584.
189 Zum Versuchsbeginn beim Wohnungseinbruchdiebstahl zuletzt BGH NStZ 21, 537 und Anm. *Fahl*, NStZ-RR 21, 341; ausführlich hierzu *Hoven/Hahn*, NStZ 21, 588; hiergegen *Murmann*, NStZ 22, 201 und *Mitsch*, JA 23, 21 f.
190 Krit. gegenüber der Aufwertung daher *Wolters*, JZ 98, 399.
191 **Zust.** AnK-*Kretschmer*, § 244 Rn 44; BK-*Wittig*, § 244 Rn 22; *Eisele*, BT II Rn 235; Fischer-*Fischer*, § 244 Rn 47; *Hellmich*, NStZ 01, 511; *Hilgendorf/Valerius*, BT II § 4 Rn 62; *Jäger*, BT Rn 401; *Jäger*, JuS 00, 657; *Joecks/Jäger*, § 244 Rn 41 f; *Klesczewski*, BT § 8 Rn 169; *Koranyi*, JA 14, 245; *Krey/Hellmann/Heinrich*, BT II Rn 203; *Lackner/Kühl/Heger*, § 244 Rn 11; LK-*Vogel/Brodowski*, § 244 Rn 76; MK-*Schmitz*, § 244 Rn 61; M/R-*Schmidt*, § 244 Rn 14; *Rengier*, BT I § 4 Rn 83; *Schmidt*, BT II Rn 246; S/S-*Bosch*, § 244 Rn 30; S/S/W-*Kudlich*, § 244 Rn 40; *Trüg*, JA 02, 193; *Zöller*, BT Rn 86; *Zopfs*, Jura 07, 520; **unentschlossen** *Seier*, Kohlmann-FS S. 304; **offen** gelassen in BGH NStZ 05, 631; in den – allerdings eher nicht tragenden – Gründen zust. BGH JR 08, 514 mit Bespr. *Heintschel-Heinegg*, JA 08, 742; *Ladiges*, JR 08, 493; trotz restriktiven Ausgangspunkts **weiter** A/W-*Heinrich*, § 14 Rn 64; HK-GS/*Duttge*, § 244 Rn 28 f; eher **enger**, in den Beispielen aber nicht konsequent *Hohmann/Sander*, BT I § 2 Rn 26; s. auch *Krumme*, Die Wohnung im Recht 2004, S. 281 f, 284 ff, 291, 314 ff, 324; Überblick bei *Küper/Zopfs*, BT Rn 822.
192 S. *Schall*, Die Schutzfunktionen der Strafbestimmung gegen den Hausfriedensbruch 1974, S. 90 ff; *Leibholz/Rinck/Burghart*, GG 2009, Art. 13 Rn 13.
193 BGH StV 16, 639 mit Anm. *Jäger*, JA 16, 872; BGH BeckRS 21, 6275.
194 BGH StV 15, 113.
195 AG Saalfeld StV 04, 384; 05, 613; BGH NJW 20, 1750 will eine nach dem Tod des einzigen Bewohners leerstehende Wohnung in § 244 I Nr 3 einbeziehen (s. dazu oben im Text).
196 **AA** BGH StV 01, 624; AnK-*Kretschmer*, § 244 Rn 46; **wie hier** *Krumme*, Die Wohnung im Recht 2004, S. 317 ff und trotz weiteren Wohnungsbegriffs jetzt M/S/M-*Hoyer*, § 33 Rn 127.

brauchs).[197] Für sie bietet § 243 I 2 Nr 1 (Gebäude, umschlossener Raum) den nach wie vor ausreichenden und flexibleren Schutz.[198]

Noch weitgehend ungeklärt ist die Beurteilung der zahlreichen Variationen, die sich bei einem Einbruch in ein **gemischt genutztes Gebäude** ergeben, unter dessen Dach sich zu Wohnzwecken, aber auch zu gewerblichen oder freiberuflichen Zwecken dienende Räume vereinen.[199] Auch hier sollten die schon für einen engen Wohnungsbegriff streitenden Gründe Anlass zu einer verfassungsrechtlich gebotenen[200] restriktiven Auslegung sein. Schon der Wortlaut verbietet es, von einem Einbruch *in* eine Wohnung zu sprechen, wenn der Täter das Fenster einer Toilette einschlägt, das zu einem im Erdgeschoss liegenden Café gehört, um von dort aus über eine Treppe in die im ersten Geschoss gelegene Wohnung des Betreiberehepaares zu gelangen. Das gilt auch dann, wenn die Wohnung nicht mehr eigens gesichert ist.[201] Gleichfalls bricht nach dem vorzugswürdigen engeren Wohnungsbegriff nicht *in* eine Wohnung ein, wer in separate Kellerräume[202] oder eine Flurtoilette gewaltsam eindringt und von dort aus ohne neuerliche Verwirklichung einer der Tathandlungen[203] in die Wohnung gelangt.[204]

Steht die Wohnung seit dem **Tod** des **einzigen Bewohners** leer und wählt der Täter gerade solche Wohnungen für seine Einbrüche aus, sollte man nicht nur § 244 IV[205], sondern mangels Gefährdung der Privatsphäre auch § 244 I Nr 3 verneinen und es beim Schutz durch §§ 242, 243 I 2 Nr 1 belassen.[206] Das gilt, weil es einerseits bei abstrakten Gefährdungsdelikten geboten erscheint, im Wege einer teleologischen Reduktion Fälle vom Tatbestand auszunehmen, in denen eine Verwirklichung der abstrakten Gefahren objektiv ausgeschlossen und sich der Täter dessen subjektiv sicher ist.[207] Andererseits ist die Wohnungseigenschaft durch den Tod des einzigen Bewohners und die damit einhergehende faktische Entwidmung so ausgedünnt, dass der Strafrahmen zum verwirklichten Unrecht außer Verhältnis gerät.[208]

2. Dauerhaft genutzte Privatwohnung (§ 244 IV)

Als Qualifikation zu § 244 I Nr 3 erhebt § 244 IV den Wohnungseinbruchsdiebstahl im Falle des Einbruchs in eine dauerhaft genutzte Privatwohnung zu einem Verbrechen.

344

Dauerhaft genutzte Privatwohnungen sind nach der Begründung des Gesetzesentwurfs „private Wohnungen oder Einfamilienhäuser" sowie „Zweitwohnungen von Berufspend-

---

197 AA BGHSt 61, 285 mwN zum diesbezüglichen Streitstand; **zust.** Anm. *Bachmann*, JR 17, 445; *Bosch*, Jura (JK) 17, 604; *Hecker*, JuS 17, 470; **krit.** *Mitsch*, NJW 17, 1188.
198 **Ebenso** OLG Schleswig NStZ 00, 479; LK-*Laufhütte/Kuschel*, Nachtrag zur 11. Aufl., § 244 Rn 11; krit. A/W-*Heinrich*, § 14 Rn 64.
199 Die bisherige Rechtspr. zusf. BGH NStZ 13, 120 mit Anm. *Bosch*, JK 9/12, StGB § 244 I Nr 3/3; BGH BeckRS 21, 6275; s. auch *Küper/Zopfs*, BT Rn 824.
200 S. dazu *Schall*, Schreiber-FS S. 426, 428 ff; eher weiter Fischer-*Fischer*, § 244 Rn 48 f.
201 BGH JR 08, 514, 515; BGH HRRS 21, Nr 407; *Krack*, Rengier-FS S. 249, 252; *Seier*, Kohlmann-FS S. 295, 304.
202 BGH BeckRS 18, 14109; zu Recht anders für den Keller eines Einfamilienhauses BGH NStZ 13, 120.
203 Anders also beim anschließenden Aufbrechen der Eingangstür einer im 1. OG gelegenen Wohnung, s. BGH BeckRS 18, 14109.
204 Offen gelassen in BGH JR 08, 514, 515; verneinend BGH StraFo 14, 339; § 244 I Nr 3 bejahend Fischer-*Fischer*, § 244 Rn 48; *Küper/Zopfs*, BT Rn 824; *Ladiges*, JR 08, 493, 494 f.
205 So zu Recht BGH NJW 20, 2816; BGH StV 23, 534; zust. *Rengier*, BT I § 4 Rn 84 und hier Rn 332.
206 § 244 I Nr 3 bejaht dagegen – gestützt auf eine sachwidrige Überdehnung des Schutzzwecks (s. Rn 330 mit Fn 148) – BGH NJW 20, 1750; dem zust. BGH NJW 20, 2816 mit insoweit abl. Anm. *Bosch*, Jura (JK) 20, 1391 und BGH HRRS 23 Nr 317 mit Anm. *Kudlich/Göken*, NStZ 23, 292.
207 S. dazu *Hillenkamp/Cornelius*, BT 16. Problem unter II. mwN.
208 S. dazu die entsprechenden Aussagen zu § 306a und die Wertung des § 326 VI. Vgl. ferner die in die gleiche Richtung zielenden Überlegungen von *Bock/Manheim*, HRRS 20, 341, *Epik*, NStZ 20, 484, *Jäger*, JA 20, 630 und *Krack*, JR 21, 38. Dem BGH auch zu § 244 I Nr 3 zust. dagegen *Rengier*, BT I, § 4 Rn 83b-d.

lern", unter die auch hier nur die unmittelbar mit ihnen verbundenen „weiteren Wohnbereiche wie Nebenräume, Keller, Treppen, Wasch- und Trockenräume" gezählt werden können. Ein solcher unmittelbar räumlicher Bezug wird idR nur bei Einfamilienhäusern gegeben sein. Schon vom Wortlaut her ist hier die Subsumtion einer Wohnung nach dem Tod oder dem Auszug ihres einzigen Bewohners nicht mehr gedeckt.[209] Insofern ist das Gebot restriktiver Auslegung auch auf den **neuen Tatbestand des § 244 IV** zu erstrecken.[210] Das gilt nicht nur, weil für diesen Ausschnitt des Wohnungseinbruchsdiebstahls die Möglichkeit der Annahme eines minder schweren Falls ausscheidet (Rn 346),[211] sondern vor allem, weil diese Tatvariante zum **Verbrechen** hochgestuft worden ist, das nach dem BGH in der Urteilsformel als „schwerer Wohnungseinbruchsdiebstahl" ausgewiesen werden soll.[212]

3. Zur Ausführung der Tat

345 Verallgemeinernd sollte man die Wendung, dass „zur Ausführung der Tat" in die Wohnung eingebrochen (usw) wird, so verstehen, dass (**auch**) die Wegnahme **aus** der Wohnung erfolgen muss.[213] Nur das beschränkt die Qualifikation auf ihre ratio. So steigt zwar derjenige *in* eine Wohnung ein, der sich in sie durch ein zu ihr gehörendes Badezimmerfenster begibt. Tut er dies aber nur, um über den angrenzenden Flur in einen Geschäftsraum zu gelangen, aus dem er das dort nach seiner zutreffenden Kenntnis aufbewahrte Bargeld entwendet, ist ein Wohnungseinbruchsdiebstahl zu verneinen.[214] In diesem Fall ist das Unrecht der Tat besser durch § 243 I 2 Nr 1 als durch § 244 I Nr 3 erfasst, weil zwar zur Ausführung des Diebstahls in einer § 243 I 2 Nr 1 wohl noch genügenden Weise eingestiegen wird, aber nur die für einen Hausfriedensbruch, nicht dagegen die für einen Diebstahl aus einer Wohnung typischen und vom Gesetzgeber als Motiv der Qualifikation benannten Gefahren für den Wohnungsinhaber ausgelöst werden.

Eine *Ausnahme* wird man für den Fall zulassen müssen, in dem in den Diebstahl ein in die Wohnung integrierter Geschäftsraum (zB das Büro eines Anwalts oder Pfarrers) einbezogen ist, sei es, dass der Täter über ihn in die Wohnung gelangt, aus der er stiehlt, sei es, dass er über die Wohnung in ihn gelangt und aus ihm stiehlt oder sei es sogar, dass er nur in ihn einsteigt und aus ihm stiehlt. Da solche Räume selbst dann, wenn sie zu Bürozeiten von Drittpersonen aufgesucht werden, von der durch die Wohnung geschützten Privatsphäre durch ihre Integration in die Wohnung nicht deutlich abgegrenzt sind, wird man sie dem Schutzbereich des § 244 I Nr 3 zuschlagen müssen.[215] Si-

---

209 BGH NJW 20, 2816; MK-*Schmitz*, § 244 Rn 66; *Rengier*, BT I § 4 Rn 84.
210 In der Tendenz ähnlich *Rengier*, BT I § 4 Rn 84 („Wohneinheit"); für „Deckungsgleichheit" S/S-*Bosch*, § 244 Rn 32; S/S/W-*Kudlich*, § 244 Rn 46; zum Gleichklang s. – „Dienst(-zweit)wohnungen betreffend – *P.-A. Hirsch/M. Dölling*, JuS 19, 999; eher weiter Fischer-*Fischer*, § 244 Rn 52 ff, 58; *Schmidt*, BT II Rn 247; zu prozessualen Folgen s. *Joecks/Jäger*, § 244 Rn 44.
211 BGH BeckRS 19, 7346; nach dieser Entscheidung soll auch ein nur versuchter Diebstahl nach § 244 IV nicht hinter einem vollendeten nach § 244 I Nr 3 zurücktreten.
212 BGH BeckRS 20, 2840.
213 Abl. *Küper/Zopfs*, BT Rn 824; LK-*Vogel/Brodowski*, § 244 Rn 78; wie hier *Krack*, Rengier-FS S. 249, 253 ff; s. auch *Eisele*, BT II Rn 237; M/S/M-*Hoyer*, § 33 Rn 127.
214 AA BGH NStZ 01, 533 mit zust. Anm. *Geppert*, JK 02, StGB § 244 I Nr 3/1; *Koranyi*, JA 14, 246; *Krumme*, Die Wohnung im Recht 2004, S. 323; *Lackner/Kühl/Heger*, § 244 Rn 11; *Schall*, Schreiber-FS S. 435; *Trüg*, JA 02, 191; *Zopfs*, Jura 07, 521; NK-*Kindhäuser*, § 244 Rn 52 und mit ausf. Begründung *Krack*, Rengier-FS S. 249, 253 ff.
215 Offen gelassen in BGH JR 08, 514, 515; wie hier jetzt BGH NStZ 13, 120 (Pfarrhaus) mit Anm. *Bosch*, JK 9/12, StGB § 244 I Nr 3/3 und – auf dem Boden eines „formalen Wohnungsbegriffs" – *Bachmann*, NStZ 09, 667, 668; diff. Fischer-*Fischer*, § 244 Rn 49; *Krumme*, Die Wohnung im Recht, 2004, S. 326; anders *Ladiges*, JR 08, 493, 495.

cher kein Fall des § 244 I Nr 3 liegt dagegen vor, wenn der Wohnbereich von den Geschäftsräumen deutlich getrennt und der Dieb lediglich in den Geschäftsbereich eingedrungen ist, aus dem er dann auch stiehlt.[216]

IV. Minder schwere Fälle

In § 244 III wird der Strafrahmen des § 244 I für minder schwere Fälle dieser Vorschrift abgesenkt. Auch § 244a II enthält eine solche Regelung für minder schwere Fälle des § 244a I (s. auch Rn 339). Keine entsprechende Regelung ist hingegen für Fälle des § 244 IV vorgesehen. Zu beurteilen ist das Vorliegen eines minder schweren Falls nach den allgemeinen Grundsätzen der Strafzumessung.   346

Im **Fall 20** hat P in den Fällen, in denen er seine geladene und schussbereite Dienstwaffe bei sich führte, nach umstrittener, aber zutreffender Ansicht einen Diebstahl mit einer Waffe iS des § 244 I Nr 1a begangen. Dass er als Polizeibeamter berufsmäßiger Waffenträger ist, hindert diese Annahme ebenso wenig, wie ein uU fehlender Vorbehalt, die Waffe einzusetzen. Es reicht aus, dass ihm das Beisichführen wenigstens mitbewusst war, was namentlich dann genauer zu erforschen ist, wenn die Umstände nahelegen, dass dem Täter im Augenblick der Tatbegehung das aktuelle Bewusstsein der Bewaffnung fehlt. Allerdings muss die Waffe bei der Tatausführung griffbereit sein. Das war sie nicht, als P sie im abgestellten Streifenwagen zurückgelassen hatte. Da beim Verlassen des Streifenwagens noch kein Diebstahlsversuch und bei der Rückkehr bereits Vollendung vorlag, führte hier P in der entscheidenden Phase des Tathergangs keine Waffe bei sich (Rn 308). Das Mitführen der ungeladenen und daher nicht funktionsfähigen Dienstwaffe in einem weiteren Fall erfüllt – da P notfalls ihn behindernde Personen mit ihr bedrohen wollte – als Beisichführen einer sog. Scheinwaffe § 244 I Nr 1b (Rn 327). Da P auch an den Einsatz der Waffe als Schlaginstrument gegen den Kopf der Personen dachte, ist insoweit auch das Beisichführen eines gefährlichen Werkzeugs nach § 244 I Nr 1a zu bejahen, der wegen des alternativen Verwendungsvorbehalts Nr 1b nicht verdrängt. Da P in die jeweiligen Wohnungen trotz seines Diebstahlsvorsatzes weder in der dort beschriebenen Weise gelangt ist, noch sich dort verborgen hat, ist § 244 I Nr 3 nicht erfüllt.   347

V. Prüfungsaufbau: Diebstahlqualifikationen, § 244

Diebstahlsqualifikationen, § 244	348

I. Tatbestand, § 244 I
  1. Objektiver Tatbestand
     a) Tatobjekt: • *fremde bewegliche Sache*
     b) Tathandlung: • *Wegnahme*
     c) Qualifikation: objektive Merkmale der Qualifikationstatbestände
        Nr 1a: *(1) Tatmittel:*   • **Waffe**
                                      Ⓟ Gas-/Schreckschusspistole
                                    • **gefährliches Werkzeug**
                                      Ⓟ objektive Waffengleichheit oder
                                         Verwendungsvorbehalt
                 (2) Handlung: • **Beisichführen**
                                      Ⓟ Zeitspanne
                                      Ⓟ berufsmäßige Waffenträger

---

216 BGH NStZ 05, 631.

Nr 1b:	*(1) Tatmittel:*	• **sonstiges Werkzeug oder Mittel** → Eignung zur Gewalt/Drohung Ⓟ Scheinwaffen Ⓟ Einschränkung bei evidenter Ungefährlichkeit
	(2) Handlung:	• **Beisichführen** Ⓟ Zeitspanne
Nr 2:	*(1) Tätereigenschaft:*	• **Mitglied einer Bande** Ⓟ Bande Ⓟ Extraneus, § 28 II
	(2) Begehungsweise:	• **unter Mitwirkung eines anderen Bandenmitglieds** Ⓟ persönliche Mitwirkung am Tatort Ⓟ Zahl der Mitglieder am Tatort
Nr 3:	*(1) Handlung:*	• **Einbrechen** • **Einsteigen** • **Eindringen** – mittels falschen Schlüssels – mittels anderen Werkzeugs • **Sich-Verborgenhalten**
	(2) Bezugsobjekt:	• **Wohnung** Ⓟ Wohnungsbegriff des § 123

2. **Subjektiver Tatbestand**
   a) **Vorsatz:** • ***jede Vorsatzart***
   → bzgl Grundtatbestand
   → bzgl qualifizierender Umstände

   b) **Zueignungsabsicht:** • ***Absicht rechtswidriger Zueignung bzgl Tatobjekt***

   c) **Besondere subj. Merkmale:**
   Nr 1a: Ⓟ Verwendungsvorbehalt
   Nr 1b: • ***spezielle Verwendungsabsicht***
   Nr 2: Ⓟ Handeln im Bandeninteresse
   Nr 3: • ***zur Ausführung der Tat***
   → Diebstahlsvorsatz bei Vornahme der Handlung

II. **Tatbestand, § 244 II**
   1. **Bezugsobjekt: dauerhaft genutzte Privatwohnung**
   2. **Verbrechen**

III. **Rechtswidrigkeit**

IV. **Schuld**

V. **Minder schwerer Fall**

→ **Qualifikation, § 244a**

→ **Privilegierung (Strafantrag, § 247)**

§ 6 Unterschlagung und Veruntreuung

Fall 22: A war als Angestelltem der Firma X gestattet worden, Disketten der Firma mit nach Hause zu nehmen, um dort mit ihnen zu arbeiten. Auf einer der Disketten befanden sich die Angebotslisten der Firma X. Unter Verwendung dieser Diskette druckte A die Angebotslisten aus und versandte sie an Kunden der Firma X. Dabei gab er die Angebotslisten als Konkurrenzangebote einer Firma Y aus, die er mit zwei Mitgesellschaftern gegründet hatte. Als der Geschäftsführer der Firma X hiervon Kenntnis erhielt, kündigte er A fristlos und forderte ihn auf, die Disketten bis zum Ende des Monats zurückzubringen. Diesen Termin ließ A verstreichen, weil er die Disketten behalten wollte. Sie wurden daraufhin wenige Tage später bei einer polizeilichen Durchsuchung sichergestellt.

Ist A bezüglich der Diskette mit den Angebotslisten einer Unterschlagung schuldig? **Rn 368**

349

I. Einfache Unterschlagung

1. Struktur und Rechtsgut

Nach § 246 I wird wegen Unterschlagung bestraft, wer eine fremde bewegliche Sache sich oder einem Dritten rechtswidrig zueignet. § 246 I ist nicht Grundtatbestand aller Zueignungsdelikte.[1] Vielmehr ist er, wie sich aus dem Gesetzeswortlaut ergibt, als **Auffangtatbestand** zu verstehen.[2] Er soll alle Formen rechtswidriger Zueignung fremder Sachen umfassen, für sie aber nur eine selbstständige Strafbarkeit begründen, soweit sie nicht in anderen Vorschriften mit schwererer Strafe bedroht sind (Rn 107).[3] Vom Diebstahl unterscheidet sich die Unterschlagung (s. dazu schon Rn 105) dadurch, dass sie als **Tathandlung** eine **Zueignung** verlangt, während der Diebstahl die auf Zueignung gerichtete Absicht genügen lässt. Auch Unterschlagung kann daher durch Wegnahme begangen werden, sofern hierin – was nicht zwingend ist[4] – eine Zueignung liegt.[5] In solchen Fällen tritt § 246 hinter § 242 zurück. Bleibt unaufklärbar, ob die Verletzte zum Tatzeitpunkt schon verstorben und die Sache deshalb gewahrsamslos war (s. Rn 125, 132), ist nach dem Zweifelssatz § 246 anzuwenden.[6] In aller Regel wird eine Sache aber ohne Gewahrsamsbruch unterschlagen. Noch deutlicher als beim Diebstahl ist daher geschütztes Rechtsgut allein das **Eigentum** (Rn 106).

350

Nach § 246 aF musste sich die Tat auf eine Sache beziehen, die der Täter „in Besitz oder Gewahrsam" hat. Diese Voraussetzung bereitete idR keine Probleme, weil sie den ohnehin typischen Alltagsfall der Unterschlagung beschrieb. In ihm erliegt der Täter der Versuchung,[7] den durch den Ge-

351

---

[1] AA *Kindhäuser*, Gössel-FS S. 451; *Lesch*, JA 98, 477; *Otto*, BT § 39 Rn 8.
[2] BGH NJW 18, 1557; A/W-*Heinrich*, § 15 Rn 1; BK-*Wittig*, § 246 Rn 1; Fischer-*Fischer*, § 246 Rn 2; HK-GS/*Duttge*, § 246 Rn 1; *Lackner/Kühl/Heger*, § 246 Rn 1; LK-*Vogel/Brodowski*, § 246 Rn 4; S/S/W-*Kudlich*, § 246 Rn 3; iE zust. *Fahl*, Jura 14, 387; Überblick über § 246 bei *Kudlich/Koch*, JA 17, 184; ein Beispiel – § 246 bei unaufklärbarem Tatvorgang (§ 242 oder § 255) – findet sich in BGH NJW 18, 1557 mit Bespr. *Kudlich*, JA 18, 549.
[3] E 1962, Begr. S. 409; BT-Ds 13/8587, S. 43 f; *Küper/Zopfs*, BT Rn 856.
[4] AA M/S/M-*Momsen*, BT I § 34 Rn 4 f; diff. *Kindhäuser/Hilgendorf*, § 242 Rn 76; s. dazu Rn 90.
[5] *Küper/Zopfs*, BT Rn 856; *Mitsch*, BT II S. 178; **aA** S/S-*Bosch*, § 246 Rn 1: Unterschlagung als Eigentumsverletzung ohne Gewahrsamsbruch; ebenso *Hecker*, JuS 10, 741.
[6] BGH BeckRS 19, 18187 (s. Rn 339 **Die aktuelle Entscheidung**); aufgrund des Stufenverhältnisses, in dem der Auffangtatbestand des § 246 zu § 242 jetzt steht, kommt eine **Wahlfeststellung** nicht mehr in Betracht.
[7] Ein Grund milderer Bestrafung gegenüber dem Diebstahl, s. *Hillenkamp*, Vorsatztat und Opferverhalten, 1981, S. 56.

wahrsam geschaffenen Schein nach außen auszunutzen oder den Fremd- in Eigenbesitz zu verwandeln: er verkauft das geliehene Buch oder gibt das geliehene Auto als gestohlen aus, um es fortan als „eigenes" zu gebrauchen. Die Gewahrsamsklausel führte beim Wort genommen aber auch zu Strafbarkeitslücken, deren Umfang und Bedeutung umstritten waren. Sie wurden durch die im Rahmen des 6. StrRG (Rn 42) geänderte Fassung behoben.

2. Objektiver Tatbestand

a) Tatobjekt

352 **Objekt** der Tat ist eine **fremde bewegliche Sache**. Der Inhalt dieser Merkmale unterscheidet sich nicht von denen des § 242 (s. Rn 109 ff).[8]

Zu beachten ist allerdings, dass Gegenstand der Unterschlagung nur Sachen sein können, die ihrer **Individualität nach bestimmt** sind.[9] Wer einem anderen unter den Voraussetzungen des § 246 *unausgesonderte* Teile einer Sachgesamtheit zum Erwerb anbietet, die lediglich der Menge nach bestimmt sind (zB 20 Zentner Kartoffeln aus einem größeren Lagerbestand), begeht durch den bloßen Abschluss des Kaufvertrages noch keine *vollendete* Unterschlagung; dazu bedarf es vielmehr der **Aussonderung** des Zueignungsobjekts.[10] Zu bedenken ist ferner, dass im Augenblick der Zueignung die Sache noch **fremd** sein muss. Geht der Zueignung eine Übereignung voraus oder mit ihr eine solche einher, kommt § 246 nicht in Betracht. Daher kann die Entgegennahme von Geld an Geldautomaten (Rn 204) oder das Davonfahren mit nicht bezahltem Benzin (Rn 118)[11] nur dann Unterschlagung sein, wenn Geld oder Benzin zivilrechtlich noch im Dritteigentum stehen. Schließlich muss die Sache spätestens mit der Zueignung *beweglich* (gemacht) werden.[12]

b) Manifestation der Zueignung

353 Die **Tathandlung** besteht darin, dass der Täter die fremde bewegliche Sache **sich oder einem Dritten rechtswidrig zueignet**. Im Gegensatz zum Diebstahl, bei dem ein Handeln in der Absicht rechtswidriger Zueignung genügt, bedarf es bei der Unterschlagung demnach einer äußerlich in Erscheinung tretenden **Zueignungshandlung**.

354 In **objektiver Hinsicht** ist eine Zueignungshandlung nach der Rspr.[13] und überwiegenden Lehre[14] anzunehmen, wenn der Täter eine Handlung vornimmt, die sich aus Sicht eines Dritten als Anmaßung einer eigentümerähnlichen Stellung darstellt (**Manifestation der Zueignung**).[15] Für den objektiven, mit der Sachlage vertrauten Beobachter muss sich die Anmaßung als ähnlich verlässlich und unzweideutig darstellen, wie sie in dem dem

---

8   Zu Unrecht für eine „Reduktion des Strafrechts" in Fällen des Eigentumsvorbehalts aus Gründen vermeintlichen Opfermitverschuldens A/W-*Heinrich*, § 15 Rn 5 f; dagegen *Hillenkamp*, Vorsatztat und Opferverhalten, 1981, S. 48 ff, 142, 172 ff.
9   OLG Düsseldorf StV 92, 432.
10 Zutr. RG JW 34, 614; S/S-*Bosch*, § 246 Rn 4; *Tenckhoff*, JuS 84, 775; anders RGSt 73, 253.
11 *Krey/Hellmann/Heinrich*, BT II Rn 232 ff, s. dazu auch *Beulke/Zimmermann*, II Rn 131 ff; *Küper/Zopfs*, BT Rn 446; OLG Braunschweig JR 08, 435 mit Anm. *Niehaus/Augustin*; zum betrügerischen Tanken s. BGH NJW 12, 1092 mit Bespr. *v. Heintschel-Heinegg*, JA 12, 305.
12 *Mitsch*, ZStW 111 (1999), 91.
13 OLG Düsseldorf NStZ 92, 298; BayObLG NJW 92, 1777; BayObLG wistra 94, 322; BayOLG BeckRS 20, 37990 mit Anm. *Hecker*, JuS 21, 561.
14 AnK-*Kretschmer*, § 246 Rn 7; *Beulke/Zimmermann*, III Rn 224 f; BK-*Wittig*, § 246 Rn 4; *Eisele*, BT II Rn 253 ff; *Joecks/Jäger*, § 246 Rn 18, 25; *Küper*, Jura 96, 206 f; *Lackner/Kühl/Heger*, § 246 Rn 4; M/R-*Schmidt*, § 246 Rn 5; *Rengier*, BT I § 5 Rn 23; *Schmidt*, BT II Rn 274 ff; *Schramm*, BT II § 3 Rn 15, 21; S/S-*Bosch*, § 246 Rn 11; *Zöller*, BT Rn 95; unklar A/W-*Heinrich*, § 15 Rn 29 ff.
15 So aber BGHSt 14, 38, 41; 24, 115, 119; OLG Düsseldorf StV 85, 330; krit. dazu *Degener*, JZ 01, 390; wie hier *Hilgendorf/Valerius*, BT II § 5 Rn 9.

StGB vorangegangenen preußischen StGB von 1851 in den dort beschriebenen Handlungen enthalten ist.[16] Auf dieser Grundlage setzt **Selbstzueignung** im Sinne des § 246 voraus, dass sich der Täter die Sache selbst oder den in ihr verkörperten Wert zumindest vorübergehend aneignet. **Drittzueignung** setzt voraus, dass der Täter die Sache in das Vermögen des Dritten überführt[17] oder einem Dritten deren Aneignung in täterschaftsbegründender Weise ermöglicht. Das geschieht idR dadurch, dass der Täter Eigen- oder Drittbesitz oder -gewahrsam begründet.[18] Hierunter fallen das Veräußern, Verpfänden, Verbrauchen, Beiseiteschaffen und Ableugnen des Gewahrsams. Bloße „Berühmung" oder „Willenskundgabe" reichen wie „Beweisanzeichen" hingegen nicht aus.[19]

Insofern fehlt es an einer Unterschlagung, wenn ein in Köln lebender Täter seiner Freundin fernmündlich „die ganze Welt" *(Binding)* zu Füßen legt oder ein in Berlin verloren gegangenes Fahrrad eines Dritten telefonisch seinem Freund in München schenkt.[20] Das ist nur Kundgabe und Berühmung, nicht aber Fremdeigentum schon verletzende Willensbetätigung. Zu ihr wird in solchen Fällen in der Regel erst die Herstellung eines Herrschaftsverhältnisses des Sich-Zueignenden oder die mit Drittzueignungsabsicht erfolgende Verbringung der Sache in die Herrschaftssphäre des Dritten und die damit einhergehende Verschlechterung oder Aufhebung der Herrschaftsbeziehung des Berechtigten führen.[21] Ersteres geschieht bereits, wenn ein Landstreicher einen von einem Fuhrwerk verlorenen Haufen Holz anzündet, um sich an ihm zu erwärmen.[22] Dann liegt neben Sachbeschädigung auch vollendete Unterschlagung vor.

Gehört die fremde Sache **bereits zur Herrschaftssphäre des Unterschlagenden**, weil er sie geliehen, gemietet oder in Verwahrung genommen hat, bedarf es für die Zueignung einer Betätigung des auf sie gerichteten Willens, die den Fremdbesitz unzweideutig in Eigenbesitz verwandelt oder einem Dritten die Aneignungsmöglichkeit verschafft. Soll schon in der Herrschaftsbegründung eine Zueignung liegen, muss sie sich ebenso unzweideutig als Manifestation einer gewollten Eigentumsverletzung erweisen. Eben das tut das bloße Aufnehmen der gefundenen Sache auch trotz Zueignungswillens nicht.[23]

355

An Versuchen, die Zueignungshandlung in dieser Weise nicht nur als äußere Manifestation eines inneren Zueignungswillens, sondern als eine **inhaltliche Verwirklichung der Zueignungselemente** zu umschreiben, fehlt es nicht.

356

Dabei wird teils gefordert, es müsse sich jedenfalls die *Aneignung* schon objektiv vollzogen haben.[24] Teils wird dagegen das Gewicht auf die *Enteignung* gelegt: Zueignung setzt danach voraus, dass der Sachverlust (höchstwahrscheinlich) eintreten wird. Diesen „Gefahrerfolg" müsse der Täter

---

16 S. dazu *Küper*, ZStW 106 (1994), 371; *Küper/Zopfs*, BT Rn 845; krit. *Maiwald*, Schreiber-FS S. 323 ff.
17 BGH wistra 07, 18, 20; weiteres Beispiel bei *Fahl*, JuS 98, 24.
18 Als zwingende Voraussetzung der Zueignung sehen das zB LK-*Laufhütte/Kuschel*, Nachtrag zur 11. Aufl., § 246 Rn 4 und *Rengier*, Lenckner-FS S. 811 an; s. auch *Ambos*, GA 07, 141 ff; S/S/W-*Kudlich*, § 246 Rn 19; *Bosch*, Jura 22, 924 f; dagegen *Duttge/Sotelsek*, Jura 02, 529.
19 *Tenckhoff*, JuS 80, 726; die in diese Richtung weisenden Bedenken *Heghmanns*, Rn 1284 sind deshalb unberechtigt.
20 So aber *Sander/Hohmann*, NStZ 98, 276; ähnlich *Duttge/Fahnschmidt*, ZStW 110 (1998), 909; wie hier *Rengier*, BT I § 5 Rn 30 ff.
21 S. BGH wistra 07, 18, 20; vgl zu diesen Fallkonstellationen nach *altem* Recht *Maiwald*, Der Zueignungsbegriff im System der Eigentumsdelikte 1970, S. 193, 211; *Otto*, Die Struktur des strafrechtlichen Vermögensschutzes 1970, S. 257; nach *neuem* Recht *Joecks/Jäger*, § 246 Rn 20 ff; *Mitsch*, BT II S. 166 f; *Rengier*, Lenckner-FS S. 809 ff; *Sinn*, NStZ 02, 67.
22 AA *Maiwald*, Der Zueignungsbegriff im System der Eigentumsdelikte 1970, S. 211; *Rengier*, Lenckner-FS S. 811.
23 *Maiwald*, Der Zueignungsbegriff im System der Eigentumsdelikte 1970, S. 107 ff.
24 SK-*Samson*, 4. Aufl., § 246 Rn 40 ff; zust. *Krey/Hellmann/Heinrich*, BT II Rn 243; *Noak*, Drittzueignung und 6. StrRG 1999, S. 132; *Rönnau*, GA 00, 424.

bereits herbeigeführt haben.[25] Verkaufsangebote oder schuldrechtliche Kaufverträge über eine Sache reichen hiernach nicht aus. Vielmehr ist der dingliche Vollzug abzuwarten. Noch enger wird vereinzelt auch der Eintritt des Enteignungserfolges verlangt[26] oder Zueignung auf Verbrauch, Entwertung und Veräußerung beschränkt.[27] In Übereinstimmung hiermit hat zuletzt auch der 6. Strafsenat eine Zueignung – insbesondere mit Verweis auf die Gesetzgebungsgeschichte sowie eine einheitliche Auslegung mit § 242 – unter der Voraussetzung angenommen, dass sich der Täter die Sache oder den in ihr verkörperten wirtschaftlichen Wert wenigstens vorübergehend in sein Vermögen einverleibt und den Eigentümer auf Dauer von der Nutzung ausschließt.[28] Diese Ansichten[29], die idR die Vollendung der Unterschlagung hinausschieben und deshalb auch für die *Anschlusstat der Hehlerei* von Bedeutung sind (s. Rn 1005 ff), haben für sich, dass sie das inhaltliche Zueignungsunrecht in der Handlung verdeutlichen, den Charakter des § 246 als Erfolgsdelikt hervorheben und dem Versuch einen deutlichen Raum zuweisen.[30] Sie haben sich aber zu Recht nicht durchgesetzt. Denn während die zuletzt genannte Auffassung den Anwendungsbereich der Unterschlagung unsachgerecht verkürzt, vermögen die beiden anderen das Abstellen auf nur eines zweier gleichgewichtiger Momente nicht zu erklären. Zueignung besteht in Aneignung *und* Enteignung. Zudem kann eine Sache schon unterschlagen sein, wo ihre Nutzung im Eigeninteresse (Aneignung) und erst recht, wo es am endgültigen Sachverlust (Enteignung) tatsächlich noch fehlt. Schließlich müsste bei der **Drittzueignung** stets das zueignende Verhalten des Dritten abgewartet werden. Auf dessen Tätigwerden kommt es aber für die Vollendung der Unterschlagung nicht an (s. Rn 357).

c) Beispiele

357 **Typische Zueignungsakte** iS eines **Sich-Zueignens** sind beispielsweise der Verbrauch, die Verarbeitung (§ 950 BGB), die Veräußerung und der Verkauf fremder Sachen unter Anmaßung der Eigentümerrechte. Typische **Drittzueignungen** liegen im Verschaffen des Besitzes[31] oder der vom Täter beherrschten Eröffnung einer Zugriffsmöglichkeit, die dem Dritten die Aneignung erlaubt.[32] Dazu gehört zB das Einzahlen fremder Gelder auf das Konto des Dritten. Für Drittzueignung ist nicht erforderlich, dass der Dritte den Aneignungsakt (gut- oder bösgläubig) vollzieht oder dass er mit der Zueignung einverstanden ist.[33] Wer fremdes Holz, auf das er Zugriff hat, dem verarmten Nachbarn vor die

---

25 *Maiwald*, Der Zueignungsbegriff im System der Eigentumsdelikte 1970, S. 191 ff; M/S/M-*Momsen*, BT I § 34 Rn 27 mit Varianten; zust. *Degener*, JZ 01, 398; *Dencker*, in: Dencker ua, Einführung in das 6. StrRG 1998, S. 23 ff; *Gropp*, JuS 99, 1045; HK-GS/*Duttge*, § 246 Rn 14; MK-*Hohmann*, § 246 Rn 36, 39; *Duttge/Sotelsek*, Jura 02, 530; beide Ansätze verbindend *Ambos*, GA 07, 141 ff; *Basak*, in: Institut für Kriminalwissenschaft und Rechtsphilosophie Frankfurt a.M. (Hrsg.), Irrwege der Strafgesetzgebung 1999, S. 188 ff; *Basak*, GA 03, 120; *Heghmanns*, Rn 1285; *Mitsch*, BT II S. 168 ff; *L. Schulz*, Lampe-FS S. 664.
26 *Hohmann/Sander*, BT I § 3 Rn 13; *Kauffmann*, Zur Identität des strafrechtlichen Zueignungsbegriffs 2005, S. 155 ff; LK-*Vogel/Brodowski*, § 246 Rn 28, 32, 34; *Mikolajczyk*, Der Zueignungsbegriff des Unterschlagungstatbestandes 2005, S. 54 ff; *Mylonopoulus*, Roxin-FS S. 917, 920; SK-*Hoyer*, § 246 Rn 20.
27 *Kargl*, ZStW 103 (1991), 181.
28 BGH NJW 24, 1050 mit Anm. *Hahn*, NStZ 24, 289; Anm. *Jäger*, JA 24, 515; Anm. *Jahn*, JuS 24, 568; hiergegen BGH HRRS 24, Nr 699.
29 S. zum Streitstand *Hillenkamp/Cornelius*, BT 24. Problem mwN; *Otto*, Jura 96, 383; s. auch *Börner*, Die Zueignungsdogmatik der §§ 242, 246 StGB 2004, S. 141 ff, 167 ff, 179 ff.
30 S. zu diesen Vorzügen *Maiwald*, Schreiber-FS S. 321 ff.
31 *Gehrmann*, Systematik und Grenzen der Zueignungsdelikte 2002, S. 94; *Kudlich*, JuS 01, 771.
32 Ebenso *Eisele*, BT II Rn 259 f; *Rengier*, BT I Rn 41; **enger** HK-GS/*Duttge*, § 246 Rn 16; *Klesczewski*, BT § 8 Rn 73; MK-*Hohmann*, § 246 Rn 45, 47 mit MK-*Schmitz*, § 242 Rn 161 f; *Rönnau*, GA 00, 416 f, 423; *Schmitz*, Otto-FS S. 770 ff: Herbeiführung des der Aneignung immanenten Nutzens beim Dritten; noch enger LK-*Vogel/Brodowski*, § 246 Rn 47: Herbeiführung des Aneignungserfolgs beim Dritten.
33 So aber *Bussmann*, StV 99, 616; *Kauffmann*, Zur Identität des strafrechtlichen Zueignungsbegriffs, 2005, S. 208 f; wohl auch *Schmidt*, BT II Rn 280; *Mitsch*, ZStW 111 (1999), 86; diff. *Kindhäuser*, Gössel-FS S. 465; LK-*Vogel/Brodowski*, § 246 Rn 48; wie hier HK-GS/*Duttge*, § 246 Rn 16; *Krey/Hellmann/Heinrich*, BT II Rn 259; *Küper/Zopfs*, BT Rn 854; *Rengier*, BT I § 5 Rn 45; *Schenkewitz*, NStZ 03, 18; *Schroth*, BT S 190 f; krit. zum Streit *Hauck*, Drittzueignung und Beteiligung 2007, S. 63 ff.

Haustür legt, um ihm das Beheizen des Ofens zu ermöglichen, hat die Unterschlagung genauso vollendet wie der, der vom kranken Nachbarn unbemerkt dessen Ofen mit dem Holz beheizt. Auf Mitwirkung oder Einverständnis des Dritten kommt es für die Strafbarkeit des Unterschlagenden nicht an.[34] Auch ist für eine Drittzueignung hier wie beim Diebstahl (Rn 216) nicht zu verlangen, dass der Täter durch die Tat einen wirtschaftlichen Vorteil „im weitesten Sinne" erlangt.[35] Der Gesetzgeber hat der egoistischen die altruistisch motivierte Zueignung durch die Neufassung bewusst als gleichwertig gegenübergestellt (zur notwendigen „Sachbeziehung" s. Rn 354). Deshalb sinkt der dem Dritten dessen egoistische Tat nur ermöglichende Täter auch nicht notwendig zum bloßen **Gehilfen** herab.[36] Er muss auch eine von dem Dritten vollzogene Aneignung nicht täterschaftlich beherrschen.[37] Für eine Beihilfe bleibt folglich nur Raum, wo der Zugriff des Dritten auf die Sache nur erleichtert, also zB durch Beseitigung von Hindernissen oder die Einräumung bloßen Fremdbesitzes[38] unterstützt werden soll (s. schon Rn 217).

Nach der die Grenzen der engeren Manifestationslehre nicht stets beachtenden Praxis soll schon das *Angebot* oder der *Auftrag* zum Verkauf einer Sache genügen.[39] Ob in der **Vermischung** fremder Gelder oder vertretbarer Sachen mit eigenen eine Zueignung liegt, hängt nach ihr von den jeweiligen Umständen ab. Da hier regelmäßig Miteigentum entsteht (§§ 948, 947 BGB), soll es darauf ankommen, ob der Vermischende das Miteigentum des Betroffenen respektieren oder den Gesamtbestand für eigene Zwecke verwenden will.[40] Die mehrfache **Sicherungsübereignung** derselben Sache an verschiedene Gläubiger (§§ 929, 930 BGB) kann Betrug oder Unterschlagung sein. Die Voraussetzungen des § 246 sind nach der Rspr. dann zu bejahen, wenn der Täter die erneute Übereignung für rechtswirksam hält oder sonst die Eigentümerrechte des ersten Sicherungsnehmers zu vereiteln sucht.[41] Bei der Unterschlagung des Sicherungsguts zum eigenen Vorteil muss der Sicherungsgeber das Gut in einer Art und Weise weiternutzen, die zum Ausdruck bringt, dass der Täter das Sicherungseigentum nicht mehr achtet, sondern den bisherigen Fremdbesitz in Eigenbesitz umwandeln will.[42] Die eigenmächtige **Verpfändung** fremder Sachen (§§ 1204 ff BGB) kann ohne Rücksicht auf ihre Wirksamkeit[43] bloße Gebrauchsanmaßung oder Zueignung sein. Letzteres ist der Fall, wenn die Wiedereinlösung des Pfandes auf Grund der Vermögensverhältnisse des Täters nicht mit Sicherheit sofort erfolgen kann, sobald der Eigentümer die verpfändete Sache benötigt.[44] Entsprechendes gilt bei der **Pfändung** von Sachen, die dem Schuldner nicht gehören (§§ 808, 814 ff ZPO). Wer deren Versteigerung und Verwertung zwecks Verringerung seiner Schulden dadurch ermöglicht, dass er die erforderliche Mitteilung der Pfändung an den Sacheigentümer *pflichtwidrig* unterlässt, eignet sie sich ihrem wirtschaftlichen Wert nach zu.[45] In der **Nicht-**

358

---

34 *Duttge/Sotelsek*, Jura 02, 532; *Eisele*, BT II Rn 260; S/S-*Bosch*, § 246 Rn 26; **aA** M/S/M-*Momsen*, BT I § 34 Rn 34.
35 So aber *Duttge/Fahnenschmidt*, ZStW 110 (1998), 918; *Duttge/Sotelsek*, Jura 02, 531.
36 Nahe gelegt von M/S/M-*Momsen*, BT I § 34 Rn 34; s. auch *Rönnau*, GA 00, 423.
37 So aber *Schenkewitz*, NStZ 02, 19; s. auch *Rengier*, BT I § 5 Rn 46; ausreichend ist ein Verhalten, in dem sich der Wille objektiviert, die jeweilige Sache auf Grund eigener Verfügungsmacht dem begünstigten Dritten zuzuwenden, *Küper/Zopfs*, BT Rn 854 f, 859; zum Einfluss des Herrschaftskriteriums auf diese Fragen s. *Hauck*, Drittzueignung und Beteiligung, 2007, S. 210 ff.
38 So im Fall BGH wistra 07, 18, 20, in dem ein Sicherungsgeber nur den von ihm eingenommenen Fremdbesitz weitergibt; hat er dabei die Vorstellung, der Dritte werde möglicherweise den Fremd- in Eigenbesitz umwandeln und will er das unterstützen, liegt Beihilfe vor, wenn es zu der Umwandlung kommt; s. dazu auch *Kudlich*, JuS 01, 771; *Schenkewitz*, NStZ 03, 20.
39 Vgl BGHSt 14, 38, 41; RGSt 58, 230.
40 Vgl RGSt 71, 95, 96; OLG Düsseldorf NJW 92, 60.
41 BGHSt 1, 262, 263; BGH GA 1965, 207; BGH MDR/D 67, 173; LG Lübeck wistra 13, 207.
42 BGH wistra 07, 18, 20 mit Bespr. *Hauck*, wistra 08, 241 („Blockade der Verwertungsfunktion", 245).
43 RG JW 24, 1435.
44 BGH JR 22, 602 mit Anm. *Bode*; BGHSt 12, 299, 302; RGSt 66, 155, 156 f.
45 Vgl OLG Oldenburg NJW 52, 1267; OLG Schleswig SchlHA 53, 216; Fischer-*Fischer*, § 246 Rn 7; **aA** *Ranft*, JA 84, 287.

anzeige eines Fundes und in der **Nichtrückgabe einer entliehenen Sache** oder von **Unterlagen** liegt richtigerweise noch keine *eindeutig* erkennbare Zueignungshandlung, da beides auf bloßer Nachlässigkeit[46] oder auf anderen Gründen[47] beruhen kann.

359 Das **Ableugnen des Besitzes** gegenüber dem Berechtigten, ein sonstiges Verheimlichen der Sache oder deren Inanspruchnahme als *angeblich eigene* enthält dagegen regelmäßig eine Betätigung des Zueignungswillens.[48] Wer den Entschluss, sich eines unter Eigentumsvorbehalt überlassenen oder nur zum vorübergehenden Gebrauch entwendeten Fahrzeugs durch dessen **Preisgabe** zu entledigen, erst fasst und verwirklicht, nachdem dieses seine Verwendungsfähigkeit für ihn eingebüßt hat, begeht mangels *Aneignung* keine Unterschlagung.[49] Auch stellt die vorsätzliche Zerstörung einer fremden Sache, die der Täter in seinem Gewahrsam hat, für sich allein *mangels Aneignung* keine Unterschlagung, sondern nur eine Sachbeschädigung iS des § 303 dar.[50] Wird eine **Inkassotätigkeit** *auftragsgemäß* erledigt, so liegt in der Annahme des Geldes mit dem Willen, es nicht abzuliefern und zu behalten, noch keine Unterschlagung. Etwas anderes gilt jedoch, wenn schon bei diesem Vorgang die vorgeschriebenen oder vereinbarten Kontrollmaßnahmen (zB Eintragung in die Inkassoliste, Erteilung einer fortlaufend nummerierten Quittung) nicht eingehalten oder sonstige Manipulationen vorgenommen werden, die eine Betätigung des Zueignungswillens enthalten.[51] Ohne genauere Klärung dessen, was beabsichtigt war, hält es der BGH dagegen nicht für möglich, eine täterschaftlich begangene Unterschlagung des Fahrers eines Lkw schon darin zu sehen, dass er die von ihm beförderten Waren an einem anderen Ort als an der ihm aufgetragenen Adresse ablädt.[52] Ob in der **Verschleierung von Kassenfehlbeständen** mit Fremdgeldern eine Zueignung liegt, hängt von der Sachverhaltsgestaltung im Einzelnen ab.[53]

360 In der Entnahme von Geld oder Wertsachen aus westdeutschen Brief- und Paketsendungen durch Funktionäre der **früheren DDR** zu dem alleinigen Zweck der **Abführung an die Staatskasse** liegt richtigerweise kein „**Sich**-Zueignen" iS des § 246.[54] Die gegenteilige Auffassung[55], die sich entweder darauf beruft, dass jede eigenmächtige Verfügung zu Gunsten eines Dritten ein Sich-Zueignen voraussetze oder darauf, dass auch ein entfernter Nutzen oder Vorteil für Zueignung ausreiche *und* für die Bediensteten anzunehmen sei, legt in beiden Varianten einen jedenfalls nach der Neufassung des § 246 durch das 6. StrRG nicht mehr haltbaren Aneignungsbegriff zugrunde (s. Rn 218).[56] Der Gesetzgeber hat vornehmlich diesen Fall zum Anlass genommen, den Tatbestand um die **Drittzueignung** zu erweitern (BT-Ds 13/8587, S. 43). Eine solche liegt hier vor. Sie konnte freilich in den zurückliegenden DDR-Fällen nicht mehr zur Verurteilung führen (Art. 315 EGStGB, § 2). Der Gefahr, dass hierdurch auch Beihilfeunrecht unterschiedslos zur Täterschaft aufgewertet wird,[57] ist durch die Anwendung der für die Abgrenzung von Täterschaft und Teilnahme geltenden

---

46 Vgl BGHSt 34, 309, 312; BayObLG NJW 92, 1777; OLG Düsseldorf StV 90, 164; OLG Hamm wistra 99, 112 mit Bespr. *Fahl*, JA 99, 539.
47 BGH StV 07, 241: Durchsetzung eigener Ansprüche; OLG Hamburg StV 01, 577: Suche nach einem anderen Vertragspartner; BGH wistra 10, 483: Verärgerung; BGH StV 13, 632; OLG Hamm NStZ-RR 15, 214: Weitergebrauch; BGH BeckRS 18, 39510: Verwendung als Pfand.
48 RGSt 72, 380, 382; BGH wistra 06, 227, 228; BayObLG JR 55, 271; LG Potsdam NStZ-RR 08, 143; anders uU bei reinen *Schutzbehauptungen* gegenüber der Polizei innerhalb eines Ermittlungsverfahrens: OLG Hamm JR 52, 204.
49 BGH NJW 70, 1753; BayObLG NJW 61, 280 Nr 25.
50 OLG Düsseldorf JR 87, 520 mit Anm. *Keller*.
51 Vgl BGH NJW 53, 1924; BayObLG NJW 99, 1648.
52 BGH wistra 08, 466.
53 S. BGHSt 9, 348 und die ausführliche Lösung eines dieser Entscheidung nachgebildeten Falls in der 33. Aufl., Rn 283 ff; s. auch *Krey/Hellmann/Heinrich*, BT II Rn 270 ff.
54 BGHSt GrS 41, 187, 195.
55 BGH JR 95, 120 sowie ua *Otto*, Anm. JZ 96, 582; *Schroeder*, JR 95, 95; *Wolfslast*, Anm. NStZ 94, 542 mwN.
56 AA *Duttge/Fahnenschmidt*, ZStW 110 (1998), 918; MK-*Schmitz*, § 242 Rn 163 verneint auch eine Drittzueignung.
57 S. *Duttge/Fahnenschmidt*, ZStW 110 (1998), 914.

Regeln hinreichend zu begegnen (s. zur parallelen Problematik bei Drittzueignungs- und Drittbereicherungsabsicht Rn 216; 655).

d) Rechtswidrigkeit der Zueignung

Die **Rechtswidrigkeit** der **Zueignung** kennzeichnet die Verletzung der materiellen Eigentumsordnung durch die Zueignungshandlung. Wie beim Diebstahl ist die Rechtswidrigkeit insoweit ein normatives Tatbestandsmerkmal. Dazu gelten die Ausführungen zum Diebstahl entsprechend (Rn 233 ff). Ist der Eigentümer mit der Zueignung einverstanden, kommt eine (vollendete) Unterschlagung nicht in Betracht. Das ist bei der Veräußerung eines iR einer Händlereinkaufsfinanzierung zur Sicherheit übereigneten Sache, die der Sicherungsgeber im ordnungsgemäßen Geschäftsbetrieb im eigenen Namen veräußern darf, ebenso wie bei der Diebesfalle zu beachten.[58] Eignet sich ein Verbraucher eine von einem Unternehmen unbestellt gelieferte Sache zu, ohne das Kaufangebot annehmen und den Kaufpreis zahlen zu wollen, ist die begangene Unterschlagung möglicherweise durch § 241a BGB gerechtfertigt.[59]

361

3. Subjektiver Tatbestand

Die Zueignung ist eine **objektiv-subjektive Sinneinheit**. Sie ist ohne Ermittlung dessen, was der Täter mit seiner Handlung **will**, nicht bestimmbar. Danach kann ohne **zeitgleichen** Zueignungswillen eine Handlung auch nicht Zueignung sein.

362

Ungeklärt ist, ob der Zueignungswille mit der Zueignungs*absicht* übereinstimmt,[60] oder ob jede Vorsatzform genügt.[61] Der Zueignungsbegriff selbst gibt hierfür kaum etwas her. Da § 246 im Gegensatz zu § 242 eine Absicht nicht verlangt – der Text lautet nicht: ... sich oder einem Dritten absichtlich rechtswidrig zueignet – wird man sie auch nicht fordern können. Auch inhaltlich ist das begründbar; denn während beim Diebstahl erst die Zueignungsabsicht den Tatbestand als Eigentumsdelikt prägt, geschieht das bei der Unterschlagung schon durch die Zueignungshandlung. Für ihre Kennzeichnung als Eigentumsverletzung reicht dann aber jede Vorsatzform aus.

363

Folglich handelt es sich auch dann nicht um bloße Sachentziehung, sondern um Unterschlagung, wenn der Entleiher eines wertvollen Bildbandes diesen endgültig in seinen Bücherbestand einreiht, weil ihm die Rückgabe nach lange überzogener Leihzeit unangenehm ist und ihn dabei der Gedanke begleitet, er werde sicherlich gelegentlich in dem Buch wieder blättern, es ihm auf den Erhalt dieser Möglichkeit aber nicht ankommt.

Darüber hinaus bedarf es des **Vorsatzes** des Täters, der sich auch auf die Rechtswidrigkeit der Zueignung erstrecken muss. Der Irrtum hierüber ist wie beim Diebstahl zu behandeln.[62] Dolus eventualis reicht aus. Das gilt auch für den Zueignungswillen.

364

---

58 BGH NStZ 05, 566, 567; Gleiches gilt für den Vorbehaltskäufer, OLG Düsseldorf, NJW 84, 810, 811; zur Diebesfalle s. *Hillenkamp*, Anm. JR 87, 254; **aA** OLG Celle JR 87, 253; s. Rn 145.
59 S. HK-GS/*Duttge*, § 246 Rn 6; *Matzky*, NStZ 02, 462; NK-*Kindhäuser*, § 246 Rn 26; S/S/W-*Kudlich*, § 246 Rn 8; s. dazu auch *Otto*, Beulke-FS S. 512 ff und hier Rn 51.
60 So zB *Dencker*, in: Dencker ua, Einführung in das 6. StrRG 1998, S. 19; *Dencker*, Rudolphi-FS S. 425, 441 f; *Kindhäuser/Hilgendorf*, § 246 Rn 8; *Klesczewski*, BT § 8 Rn 77; *Küper/Zopfs*, BT Rn 846, 854; *Schroth*, BT S. 190.
61 *Ambos*, GA 07, 143; *Eisele*, BT II Rn 270; Fischer-*Fischer*, § 246 Rn 20; H-H-*Kretschmer*, Rn 883; *Lackner/Kühl/Heger*, § 246 Rn 9; MK-*Hohmann*, § 246 Rn 36, 51; M/R-*Schmidt*, § 246 Rn 9; LK-*Vogel/Brodowski*, § 246 Rn 54; *Rengier*, BT I § 5 Rn 18; *Schmidt*, BT II Rn 273; SK-*Hoyer*, § 246 Rn 38; *Tenckhoff*, JuS 84, 781.
62 OLG Hamm NJW 69, 619; s. Rn 236.

II. Veruntreuende Unterschlagung

365 Die Zueignung **anvertrauter Sachen** ist als *veruntreuende* Unterschlagung nach § 246 II **(Qualifikation)**[63] mit höherer Strafe bedroht. **Anvertraut** sind nach hM solche Sachen, die der Täter vom Eigentümer oder von einem Dritten mit der Verpflichtung erlangt hat, sie zu einem bestimmten Zweck zu verwenden, aufzubewahren oder auch nur zurückzugeben.[64] Auch wenn Besitz oder Gewahrsam für eine Unterschlagung nach § 246 I nicht mehr gesetzlich verlangt werden, setzt eine Veruntreuung hiernach die Verfügungsgewalt im Sinne von (mittelbarem) Besitz oder Gewahrsam voraus.[65] Auf diese Umstände muss sich der Tätervorsatz erstrecken.

Anvertraut sind danach zB gemietete, geliehene, durch einen Leasingvertrag überlassene[66], in Verwahrung gegebene, zur Erledigung eines Auftrags übernommene und unter Eigentumsvorbehalt gelieferte Sachen bis zur vollständigen Bezahlung des Kaufpreises.

366 Anvertraut ist eine Sache nach zutreffender Ansicht auch dann, wenn das in Betracht kommende Rechtsgeschäft *sittenwidrig* oder aus anderen Gründen *unwirksam* ist.[67] Es verdient vor allem keinen Beifall, die erhöhte Strafdrohung gegenüber einem Zugriff dessen zurückzunehmen, der sich die Verfügungsgewalt unter von der Rechtsordnung missbilligten Umständen hat einräumen lassen. Eine Verwirkung des Schutzes oder Gutes durch missbilligtes Opferverhalten ist dem Strafrecht fremd, ein die Schädigungsfreiheit erweiternder Rückzug des Strafrechts in solchen Fällen ohne erkennbaren Sinn.[68] Vorausgesetzt wird insoweit allerdings zu Recht, dass die Überlassung der Sache durch einen vom Eigentümer unterschiedenen Dritten an den Täter den Eigentümerinteressen nicht zuwiderläuft.[69] Eine gestohlene Sache, die der Dieb dem Hehler zur Verwahrung übergibt, ist nicht iS des § 246 anvertraut. Das folgt daraus, dass in der Verletzung der Vertrauensbeziehung zwischen Dieb und Hehler nicht zugleich ein für die Veruntreuung notwendiger wenigstens mittelbarer Verstoß gegenüber dem Eigentümerinteresse zu sehen ist. Anders liegt es dagegen, wenn der Dieb die Sache einem Mittelsmann *zwecks Rückgabe an den Bestohlenen* aushändigt.

Aus dem Veruntreuungstatbestand scheiden damit im Wesentlichen nur die Fälle *einseitiger* Begründung der Verfügungsgewalt über die Sache aus, wie sie durch Fund, Naturereignis[70] oder etwa beim Zulaufen eines Hundes geschehen kann. Das führt, da an das Anvertrauen deutlich geringere Anforderungen als an ein Treueverhältnis im Sinne des § 266 gestellt werden, angesichts des der Untreue entsprechenden Strafrahmens zu einer nicht unbedenklichen Weite dieser Qualifikation.[71]

367 Das **Anvertrautsein** bildet einen *besonderen persönlichen Umstand* iS des § 28 II.[72] Teilnehmer, die außerhalb dieser besonderen Vertrauensbeziehung stehen, werden daher nur aus dem Grundtatbestand (§ 246 I) bestraft.

---

63 BGH wistra 18, 51.
64 BGHSt 9, 90, 91; 16, 280, 282; anders SK-*Hoyer*, § 246 Rn 44: nur bei Überlassung ohne Nutzungsbefugnis; s. krit. dazu Fischer-*Fischer*, § 246 Rn 16.
65 A/W-*Heinrich*, § 15 Rn 35; *Hohmann/Sander*, BT I § 3 Rn 28; *Küper/Zopfs*, BT Rn 44; *Lackner/Kühl/Heger*, § 246 Rn 13; MK-*Hohmann*, § 246 Rn 55; S/S-*Bosch*, § 246 Rn 29; **aA** *Mitsch*, ZStW 111 (1999), 94.
66 BGH wistra 09, 236, 237.
67 BGH NJW 54, 889; OLG Braunschweig NJW 50, 656; *Eisele*, BT II Rn 273; LK-*Vogel/Brodowski*, § 246 Rn 64; **aA** NK-*Kindhäuser*, § 246 Rn 41; S/S-*Bosch*, § 246 Rn 30; SK-*Hoyer*, § 246 Rn 45.
68 S. *Hillenkamp*, Vorsatztat und Opferverhalten, 1981, S. 184 ff, 204 ff.
69 RGSt 40, 222; BK-*Wittig*, § 246 Rn 11.1; Fischer-*Fischer*, § 246 Rn 17; *Rengier*, BT I § 5 Rn 62; *Küper/Zopfs*, BT Rn 46.
70 RGSt 4, 386, 388.
71 **AA** offenbar BGHSt 9, 90, 92.
72 Vgl BGH StV 95, 84; Fischer-*Fischer*, § 246 Rn 19; HK-GS/*Duttge*, § 246 Rn 19; S/S-*Eser/Bosch*, § 246 Rn 29; S/S/W-*Kudlich*, § 246 Rn 28; *Wessels/Beulke/Satzger*, AT Rn 876.

Im **Fall 22** kommt – da dem A die Diskette von der Eigentümerin mit der Verpflichtung überlassen worden ist, sie nur zu bestimmten Zwecken zu gebrauchen – eine *veruntreuende* Unterschlagung (§ 246 II) in Betracht. Voraussetzung dafür ist, dass der *Grundtatbestand* (§ 246 I) erfüllt ist. Die im Eigentum der Firma X stehende Diskette hat sich – legt man die Auffassung des BayObLG[73] zugrunde – A nicht dadurch zugeeignet, dass er sie trotz Aufforderung **nicht zurückgegeben** hat. In Übereinstimmung mit der ständigen Rspr. der Revisionsgerichte[74] wird das auf dem Boden einer engen Manifestationslehre zu Recht damit begründet, dass das bloße Unterlassen der geschuldeten Rückgabe einer fremden Sache nicht den *sicheren* Schluss darauf zulasse, dass der Unterlassende den Gegenstand seinem Vermögen einverleiben will, weil es ebenso gut auf einer das fremde Eigentum nicht in Frage stellenden Nachlässigkeit oder auf einem bloßen Zurückbehaltungsinteresse beruhen kann. Es fehlt folglich an einer **unzweideutigen** Manifestation des bei A vorhandenen Zueignungswillens (der in der dem Fall zugrunde liegenden Entscheidung ebenfalls unsicher war). Zum selben Ergebnis würde zwar auch die Überlegung führen, eine Zueignung sei durch *Unterlassen* überhaupt nicht[75] oder nur dem Garanten[76], der A nicht ist, möglich. Dem ist aber die Begründung der Rspr. vorzuziehen, da in „beredtem Schweigen" oder der Nichtbefolgung einer Rückgabepflicht *im Einzelfall* sehr wohl auch **ohne Garantenstellung** eine zureichende *Betätigung* des Zueignungs*willens* liegen kann.[77] Eine Garantenstellung ist nur dort erforderlich, wo der Täter die Zueignung durch Dritte nicht hindert, nicht aber, wo er die Sache behält. Dass auch in der **Verwendung** der Diskette zur Herstellung der Angebotslisten keine Zueignung liegt, ist vom BayObLG[78] ebenfalls zutreffend entschieden. Die Begründung ist freilich missverständlich. Denn dass in der Verwendung der Diskette weder eine An- noch eine Enteignung liegt, spricht nur für diejenigen gegen eine zureichende Zueignungshandlung, die in ihr den *inhaltlichen* (Teil-)Vollzug der Zueignungsmomente verlangen. An einer eindeutigen Betätigung fehlt es dagegen hier nicht. Woran es in Wahrheit mangelt, ist der Zueignungswille. Zwar wollte A die Diskette wie ein Eigentümer nutzen, sie aber weder in ihrer Substanz noch in einer ihr wesentlichen Funktion der Eigentümerin auf Dauer vorenthalten. Vielmehr sollte – so A's Vorstellung im Zeitpunkt des Gebrauchs – die Diskette ohne Wert- oder Funktionsverlust der Firma X wieder zukommen. Dann aber fehlt der **Enteignungs**vorsatz.[79]

368

III. Mehrfache Zueignung und Subsidiaritätsklausel

Fall 23: T hatte als Beamter des Ordnungsamtes der Stadt X die Aufgabe, in Lebensmittelgeschäften Proben zu entnehmen und sie dem staatlichen Untersuchungsamt zuzuleiten. Ergaben sich Beanstandungen, musste er das den Kaufleuten mitteilen und ihnen eine Zahlkarte mit der Aufforderung aushändigen, die entstandenen Kosten dem Untersuchungsamt zu erstatten. Obwohl T nicht dazu befugt war, zog er das Geld stattdessen mehrfach selbst ein und verbrauchte es anschließend für sich.

369

Strafbarkeit des T? **Rn 376**

---

73 JR 93, 253 mit zust. Anm. *Julius*; vgl auch *Cramer*, CR 97, 693, 696.
74 OLG Koblenz StV 84, 287; OLG Hamm wistra 99, 112; OLG Hamburg StV 01, 577; OLG Brandenburg NStZ 10, 220; RGSt 4, 404, 405; BGHSt 34, 309, 312; BGH wistra 10, 483; s. zu letzterem Fall *Hillenkamp/Cornelius*, BT 24. Problem mit Falllösung.
75 SK-*Rudolphi*, 2. Aufl., § 13 Rn 11 mwN.
76 *Maiwald*, Der Zueignungsbegriff im System der Eigentumsdelikte, 1970, S. 201 f; M/S/M-*Momsen*, BT I § 34 Rn 31 f; *Lagodny*, Jura 92, 665.
77 S. *Otto*, JK 92, StGB § 246/7.
78 Zust. S/S-*Bosch*, § 246 Rn 11.
79 Zutr. *Julius*, Anm. JR 93, 256.

1. „Gleichzeitige" Zueignung

370 Der Gesetzgeber hat mit dem 6. StrRG (Rn 42) § 246 zum Auffangtatbestand gemacht, „der alle Formen rechtswidriger Zueignung fremder beweglicher Sachen umfasst" (Rn 107), zur Bestrafung aber nur führt, „wenn die Tat nicht in anderen Vorschriften mit schwererer Strafe bedroht ist" (= **Subsidiaritätsklausel**). Mit dieser gesetzgeberischen Entscheidung ist eine zum alten Recht verbreitete Auffassung unvereinbar, die aus der Zusammenschau aller mit einer Zueignung verbundenen Delikte hergeleitet hat, es könne nicht der Sinn des Unterschlagungstatbestands sein, in all diesen Fällen zusätzlich angewendet zu werden *und* daraus folgerte, die Unterschlagung liege schon tatbestandlich bei **gleichzeitiger** Zueignung durch Diebstahl, Betrug, Untreue usw nicht vor.[80] Mit dieser Auffassung liefe die Subsidiaritätsklausel in ihrem eigentlichen Anwendungsbereich leer.[81] Sie gilt nach richtiger, weil vom Wortlaut (… in den Fällen des Abs. 1 …) und vom Auffangcharakter der Gesamtvorschrift getragener, Ansicht **auch** für die **veruntreuende Unterschlagung**.[82]

Ist also Zueignung durch Diebstahl[83] oder Betrug gegeben, tritt die zugleich verwirklichte Unterschlagung im Konkurrenzwege zurück.[84] Dabei ist darauf zu achten, dass das gleichzeitig begangene Delikt mit schwererer Strafe bedroht ist. Hieran fehlt es zB bei einer Untreue gegenüber § 246 II. In einem solchen Fall tritt die veruntreuende Unterschlagung nur im Falle der Gesetzeskonkurrenz zurück,[85] es sei denn, es handelt sich um eine Untreue in einem besonders schweren Fall (§§ 266 I, II, 263 III). Dann gilt die Subsidiaritätsklausel.[86]

371 Hinsichtlich ihrer **Reichweite** ist die **Subsidiaritätsklausel** so zu verstehen, dass das vorgehende Delikt das Zueignungsunrecht *ausdrücken* muss. Wer eine Strafvereitelung begeht, indem er das bei ihm untergestellte Unfallfahrzeug eines Unfallflüchtigen kurz vor der drohenden Entdeckung einem Dritten zueignet (auf Drittaneignungsabsicht kommt es bei § 246 nicht an, Rn 363), ist zwar wegen dieser Tat mit bis zu fünf Jahren Freiheitsstrafe bedroht (§ 258 I), kann aber gleichwohl wegen Unterschlagung bestraft werden. Anderenfalls bliebe die Eigentumsverletzung ungesühnt.[87] Der **BGH** sieht sich an dieser Auslegung für § 246[88] durch die Wortlautschranke zu Unrecht gehindert. Der gesetzgeberische Wille (BT-Ds 13/8587 S. 43 f), der auch vom BGH erkannt wird, § 246 als *Auffangtatbestand aller Delikte im Zueignungsbereich* zu konzipieren, kommt in Text und Stel-

---

80 So BGHSt 14, 38, 46 f; *Krey/Hellmann/Heinrich*, BT II Rn 262.
81 *Küper/Zopfs*, BT Rn 861; zust. *Cantzler/Zauner*, Jura 03, 487; *Graul*, JuS 99, 567; *Lackner/Kühl/Heger*, § 246 Rn 7; LK-*Vogel/Brodowski*, § 246 Rn 71 f; *Noak*, Drittzueignung und 6. StrRG, 1999, S. 97, 112; *Murmann*, NStZ 99, 16.
82 BGH NJW 12, 3046 mit zust. Anm. *Hohmann*, NStZ 13, 161; Fischer-*Fischer*, § 246 Rn 23; *Lackner/ Kühl/Heger*, § 246 Rn 14; *Rengier*, BT I § 5 Rn 64; **aA** *Heghmanns*, ZJS 13, 125.
83 S. dazu BGH BeckRS 15, 12151 für den Fall einer tateinheitlich mit einem Diebstahl an einer anderen Sache begangenen Unterschlagung.
84 *Mitsch*, BT II S. 178; nach wie vor für die Tatbestandslösung dagegen *Kretschmer*, JuS 13, 27; *Krey/Hellmann/Heinrich*, BT II Rn 263.
85 S. BayOLG NJW 22, 3522 mit Anm. *Brand*; *Lackner/Kühl/Heger*, § 266 Rn 23.
86 BGH NJW 12, 3046 für den Fall *gewerbsmäßiger* Begehung; krit. Dazu *Bosch*, JK 2/13, § 246/15.
87 Anders die Deutung der Subsidiaritätsklausel in § 125 durch BGH JZ 98, 470 mit abl. Anm. *Rudolphi*; wie hier A/W-*Heinrich*, § 15 Rn 42; BK-*Wittig*, § 246 Rn 16; *Cantzler*, JA 01, 571 f; *Cantzler/Zauner*, Jura 03, 483; *Eisele*, BT II Rn 276; Fischer-*Fischer*, § 246 Rn 23a; HK-GS/*Duttge*, § 246 Rn 23; *Kindhäuser/ Hilgendorf*, § 246 Rn 42; *Küper/Zopfs*, BT Rn 863; LK-*Laufhütte/Kuschel*, Nachtrag zur 11. Aufl., § 246 Rn 9; LK-*Vogel/Brodowski*, § 246 Rn 75; M/S/M-*Momsen*, BT I § 34 Rn 42; *Mikolajczyk*, Der Zueignungsbegriff des Unterschlagungstatbestandes, 2005, S. 128 ff; *Mitsch*, BT II S. 193; *Otto*, Jura 98, 551; *Rengier*, BT I § 5 Rn 66 f; S/S-*Bosch*, § 246 Rn 32; *Schmidt*, BT II Rn 295; *Schramm*, BT II § 3 Rn 40; SK-*Hoyer*, § 246 Rn 46.
88 BGHSt 47, 243 mit zust. Anm. *Otto*, NStZ 03, 87 und abl. Anm. *Duttge/Sotelsek*, NJW 02, 3756; *Geppert*, JK 10/02 StGB § 246/13; *Hoyer*, JR 02, 517; *Küpper*, JZ 02, 1115; BGH NJW 12, 3046 mit insoweit zust. Anm. *Heghmanns*, ZJS 13, 134 (der die Lösung allerdings „sinnwidrig" findet) und *Hohmann*, NStZ 13, 161.

lung der Vorschrift im Gesetz hinlänglich zum Ausdruck. Dass eine Unterschlagung hinter einem Totschlag zurücktreten soll, ist zudem ein in der Sache nicht begründbares Ergebnis[89] und wird auch durch den Begriff der „Tat" nicht nahegelegt. Vielmehr macht dieser Begriff zur Bedingung, dass das Unrecht dieser Tat in den anderen Vorschriften zum Ausdruck kommt (s. Rn 494).[90] Bei Zweifeln über das vorrangige Delikt ist auf die Unterschlagung als Auffangtatbestand zurückzugreifen. Bleibt etwa unaufklärbar, ob sich der Zueignungsakt auf eine verlorene (dann § 246, Rn 148) oder eine nur vergessene (dann § 242, Rn 149) Sache bezog, ist nicht wahlfeststellend, sondern eindeutig aus § 246 zu bestrafen.[91]

Rechtsprechungsbeispiel: Aufschlussreich zum Verständnis der Subsidiaritätsklausel in der Rspr. ist **BGH NJW 12, 3046**. Hier gelang es der Angekl. A unter Manipulation von Kassenbelegen und Fälschung von Postquittungen für angebliche Portokosten im Tatzeitraum von Mitte 2004 bis Ende 2007, aus der von ihr alleine verwalteten Handkasse des Unternehmens, bei dem sie angestellt war, durch 130 Handlungen 288 330,63 € für eigene Zwecke zu entnehmen. – Das LG hat das in der BGH-Entscheidung nicht näher mitgeteilte Geschehen als eine gewerbsmäßig begangene Untreue (§§ 266 I, II, 263 III 2 Nr 1) und eine veruntreuende Unterschlagung (§ 246 I, II) angesehen. Erstere setzt die für den Treubruchstatbestand unstreitig zu verlangende Vermögensbetreuungspflicht (s. dazu Rn 871 ff, 874) und Gewerbsmäßigkeit als Begründung eines besonders schweren Falls (s. Rn 710), Letztere die Qualifikation des Anvertrautseins (s. Rn 365 f) voraus.[92] Diese Annahmen werden vom BGH nicht beanstandet, wohl aber die Auffassung des LG, es liege *Tateinheit* (§ 52) vor. Da es für die Frage, ob eine schwerere Strafdrohung iS der Subsidiaritätsklausel des § 246 I gegeben ist, auf den im Einzelfall anwendbaren Strafrahmen *einschließlich* eines Sonderstrafrahmens für besonders schwere Fälle ankomme, folge hier aus dem nach § 266 II anwendbaren Regelbeispiel des § 263 III 2 Nr 1 aus dessen höherem Strafrahmen, dass § 246 zurücktrete. Zuvor betont der BGH, dass – worauf es hier freilich nicht ankommt – die Subsidiarität des § 246 gegenüber *allen*, also nicht nur den vergleichbares Unrecht ausdrückenden, Delikten mit höherem Strafrahmen gelte *und* begründet, warum nach seinem Verständnis die in § 246 I enthaltene Subsidiaritätsklausel auch auf die erst in § 246 II geregelte veruntreuende Unterschlagung anzuwenden sei.[93]

2. „Wiederholte" Zueignung

Von der Problematik „gleichzeitiger" Zueignung ist die einer „wiederholten" oder nochmaligen Zueignung zu unterscheiden. Sie stellt sich unter dem Blickwinkel der Unterschlagung namentlich dann, wenn der Täter eine „Zueignungshandlung" iS des § 246 vornimmt, nachdem er sich die Sache **zuvor** bereits durch ein (schwereres) strafbares Eigentums- oder Vermögensdelikt zugeeignet hat. Hier stehen sich eine Lösung auf **Tatbestandsebene**, eine Lösung über die **Konkurrenzebene** und eine Lösung über die **Subsidiaritätsklausel** gegenüber.

372

Obwohl es nahe liegt, die Fallgestaltung der wiederholten Zueignung nicht anders als die „gleichzeitige" Zueignung zu behandeln,[94] ist eine Lösung über die **Subsidiaritätsklau-**

---

89 **So aber** BGH BeckRS 17, 123467 und BGH BeckRS 22, 28810; s. dazu auch Rn 494, 749; ebenso wenig nachvollziehbar: hinter geheimdienstlicher Agententätigkeit, § 99 nach BGH StraFo 14, 434; dem BGH gleichwohl auch für § 246 **zust.** AnK-*Kretschmer*, § 246 Rn 17; *Heghmanns*, Rn 1299 f; *Heghmanns*, JuS 03, 956; *Hohmann/Sander*, BT I § 3 Rn 34; *Joecks/Jäger*, § 246 Rn 38; *Lackner/Kühl/Heger*, § 246 Rn 14; MK-*Hohmann*, § 246 Rn 66; *Noak*, Drittzueignung und 6. StrRG, 1999, S. 110; *Sander/Hohmann*, NStZ 98, 276; S/S/W-*Kudlich*, § 246 Rn 31; *Wagner*, Grünwald-FS S. 797; *Zöller*, BT Rn 88; liegt Tatmehrheit vor, ist nach BGH NStZ-RR 06, 202 neben § 211 auch § 246 anzuwenden.
90 Zust. *Freund/Putz*, NStZ 03, 242, 246 und *Bosch*, Jura 23, 926 ff.
91 *Küper/Zopfs*, BT Rn 862; BGH BeckRS 19, 18187.
92 S. zur Subsumtion unter beide Tatbestände *Bosch*, JK 2/13, § 246/15.
93 S. die teils krit. Bespr. Von *Heghmanns*, ZJS 13, 134, *Hohmann*, NStZ 12, 161 und *Bosch*, JK 2/13, § 246/15.
94 So auch *Eckstein*, JA 01, 31; *Murmann*, NStZ 99, 17.

sel abzulehnen. Zwar wollte möglicherweise schon der E 1962, auf dessen Vorbild sich das 6. StrRG beruft (BT-Ds 13/8587, S. 43 f), mit seiner Subsidiaritätsklausel auch die „wiederholte" Zueignung entscheiden.[95] Allerdings spricht der Wortlaut entscheidend hiergegen, nach dem sich die Subsidiaritätsklausel lediglich auf das Verhältnis der Tat zu den mit dieser Tat *zugleich* verwirklichten Delikten bezieht und daher das Verhältnis zu nachfolgenden „Zueignungen" unberührt lässt.[96]

373 Seit BGHSt 14, 38, 43 f hat die **Rspr.** den Standpunkt eingenommen, nicht jede weitere Betätigung des Herrschaftswillens durch den Dieb, Betrüger oder Erpresser bilde einen neuen Zueignungsakt (**Tatbestandslösung**). Schon dem Wortsinn nach sei Zueignung die **Herstellung** der eigentümerähnlichen Herrschaft über die Sache bzw. die erstmalige **Verfügung** über sie, nicht aber die bloße Ausnutzung dieser Herrschaftsstellung.[97] Unterschlagung iS des § 246 setze schon **tatbestandlich** voraus, dass sich der Täter die fremde Sache nicht bereits mit Zueignungswillen durch eine strafbare Handlung wie Diebstahl, Raub, Erpressung oder Betrug verschafft habe. Wer dem Dieb ohne Bereicherungsabsicht beim Absatz der Beute helfe, dürfe nicht wegen Beihilfe zur Unterschlagung, sondern nur wegen Begünstigung (§ 257) bestraft werden.[98] Der Konkurrenzlösung wird zudem vorgehalten, dass mit jeder erneuten Zueignungshandlung die Verjährungsfrist nach ihr von neuem begänne.[99]

374 In der **Lehre** ist die neuere Rspr., die selbst nicht ohne Korrekturen auskommt,[100] aber **zu Recht auf Kritik gestoßen**.[101] Es kann zunächst nicht bestritten werden, dass die *Aneignung* fremder Sachen ebenso wiederholbar ist wie ihre Enteignung.[102] So ist die Annahme einer Unterschlagung unumgänglich, wenn jemand eine *verlorene* Sache, die er für *derelinquiert* gehalten und in Eigenbesitz genommen hat, schleunigst veräußert, nachdem er seinen Irrtum erkannt hat. Das gleiche gilt für den Täter, der im Zustand der Nüchternheit die Zueignung einer Sache wiederholt, die er als *Volltrunkener* (§ 323a) gestohlen hat.[103] Der Versuch, auch auf dem Boden der Tatbestandslösung in solchen Fällen Unterschlagung zu bejahen, weil die Erstzueignung *nicht* oder jedenfalls *nicht als Zueignung* **strafbar** sei,[104] gibt in Wahrheit die Ausgangsthese auf. Das liegt nicht anders, wenn man in Fällen der Herstellung oder Vertiefung des Enteignungseffekts durch die Zweithandlung Zweitzueignung bejaht.[105] In beiden Gestaltungen räumt man die Wiederholbarkeit der Zueignung ein und macht damit sichtbar, dass das fortbestehende Eigentum des Betroffe-

---

95 S. *Maiwald*, Der Zueignungsbegriff im System der Eigentumsdelikte, 1970, S. 224.
96 *Dittrich/Pintaske*, ZJS 11, 162; *Klesczewski*, BT § 8 Rn 75; *Kretschmer*, JuS 13, 24 f; *Krey/Hellmann/Heinrich*, BT II Rn 246; *Küper/Zopfs*, BT Rn 860; LK-*Vogel/Brodowski*, § 246 Rn 51 f; *Rengier*, BT I § 5 Rn 65; *Schramm*, BT II § 3 Rn 40; s. auch *Mitsch*, BT II S. 193, der aber selbst die Konkurrenzlösung vertritt, S. 178 ff.
97 S. zuletzt BGH NStZ 22, 611 mit Bespr. *Eisele*, JuS 22, 551 sowie BGH NStZ 23, 612.
98 BGH NStZ-RR 96, 131; zust. *Lackner/Kühl/Heger*, § 246 Rn 7; LK-*Vogel/Brodowski*, § 246 Rn 51; M/S/M-*Momsen*, BT I § 34 Rn 22; MK-*Hohmann*, § 246 Rn 43; *Schmidt*, BT II Rn 289; diff. *Otto*, BT § 42 Rn 23 f.
99 BGHSt 14, 38, 46; *Kindhäuser/Hilgendorf*, § 246 Rn 39; S/S/W-*Kudlich*, § 246 Rn 20.
100 BGHSt 16, 280, 281; BGH NJW 61, 1171.
101 Vgl ua A/W-*Heinrich*, § 15 Rn 44 ff; *Baumann*, NJW 61, 1141; *Eisele*, BT II Rn 264 ff; HK-GS/*Duttge*, § 246 Rn 15; S/S-*Bosch*, § 246 Rn 19; *Tenckhoff*, JuS 84, 775, 778; *Zöller*, BT Rn 101; *Bosch*, Jura 23, 926.
102 Vgl BGHSt 13, 43, 44 zur Zueignung gestohlener oder unterschlagener Sachen durch Dritte.
103 BGH MDR/D 71, 546; *Hillenkamp/Cornelius*, BT 25. Problem, Beispiel 2; *Weber*, JZ 76, 102.
104 OLG Celle MDR 63, 156; *Maiwald*, Der Zueignungsbegriff im System der Eigentumsdelikte, 1970, S. 267 f; *Schünemann*, JuS 68, 118.
105 SK-*Samson*, 4. Aufl., § 246 Rn 52; s. auch *Ranft*, JuS 93, 859; iE ebenso SK-*Hoyer*, § 246 Rn 30.

nen auch nach dem Entzug der Sache schutzwürdig bleibt.[106] Die von der Gegenmeinung bei Unbeweisbarkeit der Erstzueignung und in Fällen der Beteiligung an der vermeintlich tatbestandslosen Verwertungstat in Kauf genommenen Strafbarkeitslücken sind zudem zwar für sich genommen kein Argument (Rn 12), bleiben hier aber ohne begründbaren Sinn. Das gilt auch dort, wo die Bestrafung der Erstzueignung daran scheitert, dass der bei der Tat zu Tode gekommene Verletzte den nach § 247 für die Ersttat notwendigen Strafantrag nicht mehr stellen kann (s. dazu das **Rechtsprechungsbeispiel** in Rn 382).[107]

Daher ist auch bei „wiederholter" Zueignung der **Konkurrenzlösung** zu folgen, denn die Zueignung begründet gerade keinen neuen rechtlichen Status. Deshalb ist auch der Umstand, dass so jede weitere Tat wieder eine neue Verjährungsfrist in Lauf setzt, kein Einwand – es wird ja immer wieder eine den Status des Rechtsinhabers verletzende Tat begangen. Die einem Erwerbsdelikt nachfolgenden **Verwertungshandlungen** können also nach § 246 tatbestandsmäßig sein, das den Sacheigentümer neuerlich verletzende Delikt tritt aber auf der **Konkurrenzebene** unter dem Gesichtspunkt der *mitbestraften Nachtat* hinter dem erstgenannten Delikt zurück.[108]

375

Das gilt auch für eine einer Selbstzueignung **nachfolgende Drittzueignung**.[109] Verlangt man auch für die Drittzueignung eine Aneignung durch den *Täter*,[110] ist der Streitstand (Rn 372 ff) übertragbar. Stellt man richtigerweise darauf ab, dass bei der Drittzueignung nur dem Dritten die Aneignung ermöglicht werden muss (s. Rn 354, 357), ergibt sich für einige Vertreter der Tatbestandslösung[111] wie für Anhänger der Konkurrenzlösung[112] das Problem der wiederholten Zueignung mit der Begründung nicht, dass Selbst- und Drittzueignung etwas Verschiedenes und daher hintereinander ohne Weiteres begehbar seien. Da die Drittzueignung das vorangegangene Unrecht vertiefe, soll sie selbstständig nach § 246 strafbar sein.[113] Andere[114] sehen in der Drittzueignung nach Selbstzueignung lediglich den Vortäter nicht belastendes Hehlereiunrecht[115] und wollen daher § 246 im Wege der teleologischen Reduktion um diese Drittzueignungskonstellation im Sinne der Tatbestandslösung verkürzen. Da sich eine Drittzueignung nach einer Selbstzueignung aber weder begrifflich leugnen noch aus dem Begriffskern teleologisch herausnehmen lässt, ist auch hier der **Konkurrenzlösung** der Vorzug zu geben.[116] Richtigerweise tritt dann auch die Drittzueignung zurück, da sie angesichts des Verzichts auf jeden Nutzen für den Täter deutlich weniger personales Unrecht bedeutet, als die egoistische Selbstzueignung durch Verschenken oder Verkaufen.

Im **Fall 23** hat T die Kaufleute durch konkludente Vorspiegelung einer Einziehungsvollmacht getäuscht und sie geschädigt, da durch die Zahlung an ihn keine Schuldbefreiung eingetreten ist. Er hat daher einen Betrug begangen. Gleichzeitig liegt in der Vortäuschung der Vollmacht und in der den Betrug vollendenden Entgegennahme des Geldes eine *unzweideutige* Manifestation des Zueignungswillens, für deren Begründung man nicht auf eine auch mehrdeutiges Handeln

376

---

106 *Mitsch*, JuS 98, 312; s. auch *Duttge/Sotelsek*, Jura 02, 533.
107 So in BGH BeckRS 16, 116326, eine Entscheidung, die den nachträglichen Verbrauch der Diebesbeute für tatbestandslos erklärt.
108 So auch die ältere Rspr. BGHSt 3, 370, 372; 6, 314, 316; 8, 254, 260; BGH GA 55, 271, 272.
109 S. dazu *Hillenkamp/Cornelius*, BT 25. Problem, Beispiel 4.
110 So zB *Rönnau*, GA 00, 424.
111 ZB *Schmidt*, BT II Rn 291.
112 ZB *Mitsch*, ZStW 111 (1999), 92.
113 So *Schmidt*, BT II Rn 291.
114 *Hohmann/Sander*, BT I Rn 25; *Murmann*, NStZ 99, 15.
115 S. dazu *Cantzler/Zauner*, Jura 03, 487 f; *Eckstein*, JA 01, 30.
116 Ebenso *Eisele*, BT II Rn 267; für die Tatbestandslösung auch insoweit *Rengier*, BT I § 5 Rn 56 f; HK-GS/*Duttge*, § 246 Rn 17 mwN; ebenso *Kretschmer*, JuS 13, 25, in dessen Beispiel (verschenken) allerdings richtigerweise eine Selbstzueignung vorliegt (s. hier Rn 218).

einbeziehende Erweiterung der Manifestationslehre zurückgreifen muss.[117] Der Einwand gegen die damit *zugleich* gegebene Unterschlagung, sie setze Gewahrsam *vor* Zueignung voraus, hat sich durch den Verzicht auf die Gewahrsamsklausel erledigt. Auch der Annahme, eine zeitgleich mit anderen Zueignungsdelikten begangene Unterschlagung ergebe keinen Sinn, steht der in der Subsidiaritätsklausel zum Ausdruck gekommene gesetzgeberische Wille entgegen. Die Unterschlagung tritt freilich gegenüber § 263 zurück. Im Verbrauch des Geldes liegt nach der zutreffenden **Konkurrenzlösung** eine weitere Unterschlagung. Sie tritt – wenn man sie nicht schon von der Subsidiaritätsklausel mit erfasst sieht – aus allgemeinen Konkurrenzüberlegungen als *mitbestrafte Nachtat* hinter den Betrug zurück. Anders als bei der die Unterschlagung verneinenden Tatbestandslösung kann so aber die Förderung dieser Haupttat als Teilnahme bestraft werden. Auf Grundlage der Tatbestandslösung kämen dafür nur Delikte nach §§ 257, 259 in Betracht. Auch lässt sich nur mit der Konkurrenzlösung selbstständiges Unterschlagungsunrecht ausdrücken, wenn mit dem Betrug das Vermögen der Kaufleute und mit der Unterschlagung schon Eigentum der Gemeinde verletzt worden sein sollte.[118]

IV. Prüfungsaufbau: Unterschlagung, § 246

377 Unterschlagung, § 246

I. Tatbestand
  1. Objektiver Tatbestand
    a) Tatobjekt:
      • *Sache iS des § 90 BGB*
        → nur individuell bestimmte Sache
        → auch Tiere
      • *beweglich*
      • *fremd*
    b) Tathandlung: rechtswidrige Zueignung
      • *Zueignungswille*
        Ⓟ Zueignungsabsicht
      • *Zueignungshandlung*
        Ⓟ nur (eindeutige) Manifestation des Zueignungswillens oder
        → Aneignung
        → Enteignung
      • *Selbst- oder Drittzueignung*
        Ⓟ Funktion von Besitz und Gewahrsam
        Ⓟ gleichzeitige/wiederholte Zueignung
        → An- und Enteignung
      • *Rechtswidrigkeit der Zueignung*
        → Widerspruch zur Eigentumsordnung
        Ⓟ fälliger, einredefreier Anspruch bei Gattungs-, Spezies-, Geldschuld
  2. Subjektiver Tatbestand
    Vorsatz:
      • *jede Vorsatzart*
        Ⓟ Irrtum bzgl der Rechtswidrigkeit der Zueignung

II. Rechtswidrigkeit
III. Schuld

---

117 So aber BGHSt 14, 38, 41.
118 Auch dann anders BGHSt 14, 38, 44 f; s. zu weiteren Argumenten *Hillenkamp/Cornelius*, BT 25. Problem.

> → Qualifikation: Veruntreuende Unterschlagung, § 246 II
>   Vertrauensstellung: • *Sache anvertraut*
>   Ⓟ Anvertrautheit bei unwirksamem Rechtsgeschäft
> → Privilegierung (Strafantrag, §§ 247, 248a)
> IV. Subsidiarität, § 246 I
>   → Subsidiarität gegenüber mit schwererer Strafe bedrohter Tat
>   Ⓟ Reichweite der Subsidiaritätsklausel
>   Ⓟ gleichzeitige/wiederholte Zueignung

§ 7 Privilegierte Fälle des Diebstahls und der Unterschlagung

Fall 24: Der Heiratsschwindler H hatte sich mit der Kellnerin K „verlobt" und war auf sein Drängen bei ihr eingezogen. Dabei ging es ihm allein darum, sich an den nachts von K mit nach Hause gebrachten Trinkgeldern und an ihren in der Wohnung aufbewahrten Ersparnissen zu vergreifen, was auch wiederholte Male geschah. Als K die Diebstähle bemerkte, löste sie die „Verlobung" auf und bat H auszuziehen. Von einer Anzeige sah sie allerdings ab, weil es ihr unangenehm war, auf einen Heiratsschwindler hereingefallen zu sein, und auch, weil sie selbst zuvor aus einer verschlossenen Kassette des H, in der dieser seine persönliche Habe verwahrte, eine ihm von einer früheren Freundin geschenkte Krawattennadel im Einkaufswert von 150 EUR entwendet und auf dem Flohmarkt verkauft hatte.
Sind die Taten von H und K ohne Antrag verfolgbar? **Rn 386**

378

I. Haus- und Familiendiebstahl

1. Privilegierungsgrund und Anwendungsbereich

Nach § 247 werden Diebstahl und Unterschlagung in all ihren Erscheinungsformen unter Einschluss der §§ 243–244a und des § 246 II **nur auf Antrag** verfolgt, wenn durch die Tat ein *Angehöriger*, der *Vormund* oder der *Betreuer* verletzt ist oder wenn der Täter zur Zeit der Tat mit dem Verletzten *in häuslicher Gemeinschaft* lebt. Das Antragserfordernis beruht hier nicht auf geringerem Unrecht oder geminderter Schuld, da die Tat wegen des mit ihr verbundenen Vertrauensbruchs sogar besonders schwer wiegen kann. Zweck des Gesetzes ist es vielmehr, den familiären oder den inneren häuslichen Frieden vor zusätzlichen Störungen durch eine unerwünschte Strafverfolgung zu schützen und den Mitgliedern des betroffenen Näheverhältnisses die Möglichkeit offen zu halten, die Angelegenheit unter sich zu bereinigen.[1]

379

Antragsberechtigt ist der Verletzte (§ 77 I). Bei einer Unterschlagung ist das der Sacheigentümer. Das gilt auch für den Diebstahl (Rn 106). Die Rechtsprechung hält beim Diebstahl daneben auch den Gewahrsamsinhaber für geschützt.[2] Sind dies verschiedene Personen, müssen danach beide in dem vorausgesetzten Verhältnis zum Täter stehen; ein

380

---
[1] BGHSt 29, 54, 56; SK-*Hoyer*, § 247 Rn 1 f; für Abschaffung der Vorschrift, weil nicht mehr zeitgemäß, LK-*Vogel/Brodowski*, § 247 Rn 1.
[2] BGHSt 10, 400, 401; 29, 319, 323; ebenso HK-GS/*Duttge*, § 247 Rn 5; *Lackner/Kühl/Heger*, § 247 Rn 2; *Wessels*, BT II Rn 302; **aA** hier Rn 70; NK-*Kindhäuser/Hoven*, § 247 Rn 11; S/S-*Bosch*, § 247 Rn 10, 11.

bloß *untergeordneter* Mitgewahrsam und eine Gewahrsamsbeziehung dessen, dem keinerlei Besitzrecht zusteht, sollen außer Betracht bleiben.[3]

§ 247 gilt nicht für Raub und räuberischen Diebstahl (§§ 249–252), wohl aber – neben § 248a – bei den Tatbeständen der Entziehung elektrischer Energie (§ 248c III), der Hehlerei (§ 259 II), des Betrugs (§ 263 IV), des Computerbetrugs (§ 263a II), der Leistungserschleichung (§ 265a III) und der Untreue (§ 266 II). Beim Missbrauch von Scheck- und Kreditkarten gilt § 247 dagegen nicht (§ 266b II). Erklärbar ist das trotz des gegenüber §§ 263, 266 geringeren Strafrahmens allenfalls damit, dass mit § 266b nicht nur das individuelle Vermögen, sondern auch der unbare Zahlungsverkehr geschützt sein soll (s. Rn 899).

2. Beziehung zwischen Täter und Verletztem

381 Privilegiert ist die Tat, wenn die verletzte Person **Angehöriger** (§ 11 I Nr 1), **Vormund** (§§ 1773 ff BGB) oder **Betreuer** (§§ 1896 ff BGB) ist oder der Täter mit dem Verletzten in **häuslicher Gemeinschaft** lebt. Zu den Angehörigen gehört nach § 11 I Nr 1a auch der Lebenspartner im Sinne des § 1 LPartG. Sind mehrere beteiligt, gilt das Antragserfordernis nur für den, bei dem die Beziehung vorliegt.[4]

382 Unter einer **häuslichen Gemeinschaft** iS des § 247 ist vor allem der gemeinsam geführte Haushalt von Familienmitgliedern, aber auch jede sonstige **freigewählte** Wohn- und Lebensgemeinschaft zu verstehen, die auf eine gewisse Dauer angelegt und ernstlich von dem Willen getragen ist, die aus der persönlichen Bindung folgenden Verpflichtungen zu übernehmen.[5]

Eine Gemeinschaft dieser Art besteht zB innerhalb eines Klosters, eines Internats oder einer studentischen Wohngemeinschaft, zumeist auch unter Bewohnern eines Altersheims. An einem *freien* Zusammenschluss fehlt es dagegen bei Patienten in einem Krankenhaus, Soldaten in einer Kaserne[6] den in einem Heim für Asylbewerber, einem Flüchtlingslager oder einer Strafanstalt Untergebrachten.

BGHSt 29, 54 verneint das Vorhandensein eines *ernstlichen* Bindungswillens (und damit die Notwendigkeit des Strafantrags) bei demjenigen, der das Zusammenleben von vornherein nur dazu ausnutzen will, *strafbare Handlungen* gegenüber Mitgliedern der Gemeinschaft zu begehen. Auf das nur äußere Zusammenleben komme es hier ebensowenig *allein* an, wie auf die zivilrechtliche Beurteilung eines *Verlöbnisses*, zu dem einem der Beteiligten der ernsthafte Wille fehlt.[7]

Wo eine häusliche Gemeinschaft iS des § 247 bestand, fällt mit deren *Auflösung* das Antragserfordernis nicht weg.[8] Das gilt auch für die übrigen Beziehungen.

Rechtsprechungsbeispiel: Wie Fragen des Diebstahls und der Unterschlagung in § 247 hineinwirken können, zeigt **BGH BeckRS 16, 116326**. Hier hatten A und ihr Bekannter B beschlossen, dass B in das Haus der M, der Mutter des von A geschiedenen E, einbrechen sollte, um dort Bargeld und Wertgegenstände zu stehlen. Bei der Ausführung der gemeinschaftlich geplanten Tat traf B auf M, die das Haus allein bewohnte, nachdem er das Diebesgut bereits an sich genommen hatte. B erwürgte M, stellte ihren Tod fest und verließ das Haus mit der Beute, die A und B gemeinsam verbrauch-

---

3 BGHSt 10, 400, 401 ff; s. zur Auswirkung des Streits um das Rechtsgut des § 242 auf das Antragserfordernis *Jäger*, BT Rn 272.
4 Fischer-*Fischer*, § 247 Rn 5; *Lackner/Kühl/Heger*, § 247 Rn 3.
5 BGHSt 29, 54, 57; OLG Hamm wistra 03, 356: ein stationärer Krankenhausaufenthalt hebt die Gemeinschaft nicht auf.
6 Anders unter Berufung auf § 12 SoldatenG für freiwillig in Kasernen lebende Soldaten (vgl § 18 SoldatenG) *Kinzig*, Rengier-FS S. 237, 241 f; s. auch schon *Seelmann*, JuS 85, 699, 703.
7 Krit. LK-*Vogel/Brodowski*, § 247 Rn 10.
8 OLG Celle JR 86, 385 mit zust. Anm. *Stree*; OLG Hamm NJW 86, 734; zB auch nicht nach dem Tod des Lebenspartners, s. OLG Hamm wistra 03, 356.

ten. Den von B verübten Mord bewertete das LG als einen der A nicht zurechenbaren Mittäterexzess. A verurteilte es daher nur wegen eines mittäterschaftlich begangenen Wohnungseinbruchsdiebstahls nach § 244 I Nr 3 zu einer Freiheitsstrafe von 2 Jahren und 6 Monaten. Auf ihre Revision hob der BGH die Verurteilung auf und stellte das Verfahren gegen A ein, weil es „an der Verfahrensvoraussetzung eines wirksamen Strafantrags" fehlte. – Richtig ist zunächst gesehen, dass M als durch den Diebstahl „Verletzte" eine Angehörige der A nach § 11 I Nr 1a war, da die beiden Frauen „in gerader Linie verschwägert" gewesen sind (§ 1590 I BGB). Dass die die Schwägerschaft begründende Ehe von A und E zur Zeit der Tat nicht mehr bestand, ändert am Fortbestand der Schwägerschaft nichts (§ 1590 II BGB) und lässt auch das Antragserfordernis unberührt (§ 11 I Nr 1a a.E.). Richtig ist auch gesehen, dass § 247 – anders als § 248a (Rn 383) – nicht nur für den Grundtatbestand des § 242, sondern auch für alle Fälle der §§ 243, 244, 244a gilt (Rn 379). Die nach den Sachverhaltsangaben nicht ganz fernliegenden §§ 249, 252 sind vom LG offenbar – wahrscheinlich, weil es beim Mord nicht mehr um Besitzerlangung bzw. -verteidigung ging – ausgeschlossen worden. Auch sie wären allerdings der A vermutlich ebenso wie der Mord als Exzess des B nicht zurechenbar gewesen und schieden deshalb so oder so als auch ohne Antrag verfolgbare Delikte aus. Auch eine bei besonderem öffentlichen Interesse ohne Antrag verfolgbare Sachbeschädigung (§ 303c) ist nicht angesprochen. Es bedurfte daher in der Tat für die Verfolgung der Tat der A eines wirksamen Strafantrags des/der hierzu Berechtigten. Das ist/sind nach dem Tod des/der durch die Tat Verletzten (hier der M) dessen/deren Kinder nach § 77 II nur dort, wo der Übergang des Antragsrechts auf sie beim Tod des/der Verletzten gesetzlich ausdrücklich angeordnet ist. Anderenfalls erlischt das Antragsrecht mit der Folge, dass die Tat unverfolgbar bleibt. Da § 247 anders als zB § 194 I 5 oder § 230 I 2 eine solche Anordnung nicht enthält, konnte im vorliegenden Fall der von den beiden Kindern der M „form- und fristgerecht" gestellte Strafantrag das Prozesshindernis eines fehlenden Antrags nicht beseitigen. Anders läge es nur, wenn die beiden Kinder der M als ihre denkbaren Erben (ob sie es waren, müsste dann festgestellt werden) selbst „Verletzte" wären. Das wird vom BGH erwogen, aber verneint. Zwar wären die Kinder als Erben nicht Gewahrsamsinhaber (s. Rn 132) bezüglich des Diebesguts, wohl aber seine Eigentümer geworden und durch einen Diebstahl (s. Rn 106) oder eine Unterschlagung (s. Rn 351) an ihm verletzt. Der BGH folgert aber aus den tatsächlichen Gegebenheiten – M lebte allein in ihrem Haus, B hatte das Diebesgut schon an sich genommen und eine Verhinderung des Abtransports durch M offenbar nicht zu befürchten – zunächst, dass der Diebstahl bereits bei der Begegnung mit M und ihrer Tötung beendet (s. zur Beendigung Rn 149) und deshalb ausschließlich gegen M gerichtet gewesen sei. Es komme daher auch nicht darauf an, ob eine Verletzung erst im Stadium zwischen Vollendung und Beendigung der Tat überhaupt geeignet sei, das Antragsrecht zu begründen. Dem wird man noch zustimmen können. Fallentscheidend ist dann aber die Frage, ob auch eine von A und B mittäterschaftlich begangene Unterschlagung durch den erst nach dem Erbanfall geschehenen Verbrauch des Diebesguts ausscheidet. Das wird vom BGH mit der hier abgelehnten Tatbestandslehre (s. Rn 374) bejaht. Eine Unterschlagung soll entfallen, weil eine nochmalige Zueignung einer bereits (hier durch Diebstahl) zugeeigneten Sache ohne vorherige Aufgabe der „Scheineigentümerposition" entgegen der (hier vertretenen) Konkurrenzlehre nicht möglich sei. Daran ändere sich auch nichts, wenn „die erste strafbare Zueignungshandlung – wie hier – nicht verfolgt werden" könne. Die damit aufgezeigte weitere (s. Rn 374) Strafbarkeitslücke, die (nur) die Tatbestandslehre reißt, führt hier nicht nur zu dem unbefriedigenden Ergebnis, dass die zweifelsfreie Mittäterin eines Einbruchsdiebstahls und nach vorzugswürdiger Lehre auch einer Unterschlagung straflos bleibt, sondern dass sie auch die Verfahrenskosten nicht zu tragen und möglicherweise einen Anspruch auf Entschädigung für die ihr gegenüber vorgenommenen Strafverfolgungsmaßnahmen hat (s. dazu Rn 48 f der Entscheidung und *Jahn*, JuS 17, 472).

II. Diebstahl und Unterschlagung geringwertiger Sachen

Werden *geringwertige Sachen* gestohlen oder unterschlagen, ist für die Verfolgung der Tat – wie in den Fällen des § 247 – ein **Strafantrag** (§ 158 II StPO) des Verletzten erforderlich. Das gilt hier freilich nur dann, wenn die Strafverfolgungsbehörde ein Einschrei-

383

ten nicht wegen des besonderen öffentlichen Interesses von Amts wegen für geboten hält.[9] Anders als § 247 bezieht § 248a sich beim *Diebstahl* nur auf § 242, sodass diejenigen Diebstahlsfälle ausscheiden, die unter §§ 244, 244a fallen[10] oder bei denen das Vorliegen eines *besonders schweren Falls* zu bejahen, die Strafe also nach § 243 zu bestimmen ist.[11] Das kann trotz Geringwertigkeit der Beute zB in Fällen des § 243 I 2 Nr 7 (§ 243 II) oder auch dann so sein, wenn sich der Diebstahlsvorsatz auf alles Mitmenswerte bezieht, nach Verwirklichung des Regelbeispiels aber nur geringwertige Dinge vorgefunden werden (s. dazu auch Rn 295 ff).[12] Bei der Unterschlagung erfasst § 248a dagegen wie § 247 auch den *Veruntreuungstatbestand* des § 246 II.

§ 248a soll in Verbindung mit §§ 153 I, 153a StPO im Wege der sog. *prozessualen Lösung* die Behandlung der **Bagatellkriminalität** befriedigender regeln als zuvor.[13] Auf ihn wird in §§ 248c III, 263 II, 263a II, 265a III, 266 II und § 266b II verwiesen.

384 Zum Begriff der **Geringwertigkeit** gelten die zu § 243 II gemachten Ausführungen (Rn 292 ff) entsprechend. Entscheidend ist der objektive **Verkehrswert** der Sache zur Zeit der Tat.[14] Die Verhältnisse der Beteiligten werden zwar in der Regel, müssen aber nicht unter allen Umständen außer Betracht bleiben.[15]

Der obere Grenzwert dürfte mittlerweile auch hier höher als bei den bis zur Währungsumstellung angenommenen 50 DM, nämlich bei 50 € liegen (Rn 292).[16]

Das Kriterium des **geringen Wertes** in § 248a ist rein wirtschaftlich zu verstehen. Bei der Entwendung oder Unterschlagung von Sachen, die keinen in Geld messbaren **Verkehrswert** haben, ist für § 248a kein Raum.[17]

III. Irrtumsfragen

385 Ein Irrtum über die in §§ 247, 248a umschriebenen Antragsvoraussetzungen ist bedeutungslos, da er allein die **Verfolgbarkeit**, dh die *verfahrensrechtliche* Seite der Tat betrifft. In dieser Hinsicht kommt es nur auf die tatsächlichen Gegebenheiten, nicht auf die Vorstellung des Täters an (Rn 290).[18]

---

9   Das kann konkludent durch Anklageerhebung zum Ausdruck kommen, s. dazu und zu Einschränkungen insoweit BGH StraFo 15, 127 und Brandenburg. OLG StraFo 15, 127.
10 OLG Köln NJW 78, 652.
11 AA SK-*Hoyer*, § 248a Rn 6; wie hier *Eisele*, BT II Rn 297; Fischer-*Fischer*, § 248a Rn 2; *Lackner/Kühl/Heger*, § 248a Rn 4.
12 BGHSt 26, 104, 105.
13 Näher dazu BVerfGE 50, 205; *Dreher*, Welzel-FS S. 917; *Krümpelmann*, Die Bagatelldelikte, 1966; *Vogler*, ZStW 90 (1978), 132, 151; s. auch *Reichert*, ZRP 97, 492 mit dem Vorschlag, den Diebstahl geringwertiger Sachen zum Privatklagedelikt zu machen.
14 BGH NStZ 81, 62; BGH wistra 17, 437; ausschließlich hierauf abstellend HK-GS/*Duttge*, § 248a Rn 3.
15 BGHSt 6, 41, 43 (zu § 264a aF); *Lackner/Kühl/Heger*, § 248a Rn 5.
16 OLG Zweibrücken NStZ 00, 536; OLG Hamm NJW 03, 3145; OLG Frankfurt a.M. NStZ-RR 08, 311 mit Bespr. *Jahn*, JuS 08, 1024; *Satzger*, Jura 12, 794; für eine Obergrenze von 30 EUR dagegen OLG Oldenburg NStZ-RR 05, 111; gegen eine starre Obergrenze KG StV 16, 652, 654 ff. Vgl hierzu genauer *Henseler*, StV 07, 323.
17 Vgl Rn 293 sowie BGH NJW 77, 1460 zur Entwendung von Strafakten; BayObLG JR 80, 299 in Bezug auf Personalausweise, Scheckkarten und Scheckformulare; krit. Dazu *Jungwirth*, NJW 84, 954.
18 BGHSt 18, 123, 125 f; Fischer-*Fischer*, § 248a Rn 6; *Kindhäuser/Hilgendorf*, § 248a Rn 5; LK-*Vogel/Brodowski*, § 248a Rn 9; *Rengier*, BT I § 6 Rn 4; S/S-*Bosch*, § 247 Rn 13; § 248a Rn 16; *Wessels/Beulke/Satzger*, AT Rn 794 f.

Im **Fall 24** entfällt das Antragserfordernis nach § 247 für die **Diebstähle des H** zwar nicht deshalb, weil die „Verlobung" und die „häusliche Gemeinschaft" aufgelöst worden sind. Insoweit kommt es auf das Bestehen der jeweiligen Beziehung zur Zeit der Tat an. Da aber die Verlobung aufseiten des H nicht ernst gemeint und die häusliche Gemeinschaft von ihm allein zur Erleichterung der Straftaten eingegangen worden war, sind beide Merkmale auch zur Tatzeit nicht erfüllt.[19] Eines Strafantrags der K bedarf es deshalb nur, falls es sich bei den entwendeten Beträgen jeweils um kleinere Summen gehandelt haben sollte (§ 248a). Entbehrlich ist der Strafantrag freilich auch dann, wenn entweder der Gesamtwert des tatsächlich Erlangten deutlich über 50 € hinausgeht *und* Handlungseinheit[20] oder Fortsetzungszusammenhang[21] zwischen den Diebstählen anzunehmen ist oder die Staatsanwaltschaft bei einem relativen Antragsdelikt wie § 248a das öffentliche Interesse bejaht.[22] Auch der **Diebstahl der K** unterfällt § 247 nicht. Zwar ist für § 247 unschädlich, dass es sich um einen Diebstahl in einem schweren Fall nach §§ 242, 243 I 2 Nr 2 handelt. Auch hier scheitert die Privilegierung aber daran, dass weder Verlobung noch häusliche Gemeinschaft vorliegen. Dass K subjektiv von beidem ausgeht, hilft ihr nicht, da die Privilegierung auf kriminalpolitischen Zweckmäßigkeitserwägungen und nicht auf schuldmindernden Umständen beruht.[23] Da es sich nicht um eine geringwertige Sache handelt, kommt § 248a nicht in Betracht. Sollte sich auf dem Flohmarkt herausgestellt haben, dass die Nadel nur noch einen Verkehrswert von unter 50 € hatte, würde § 248a daran scheitern, dass K das beim Diebstahl nicht wusste und daher § 243 I 2 Nr 2 erfüllte (Rn 291).[24]

386

3. Kapitel
Raub

§ 8 Der Grundtatbestand des Raubes

Fall 25: F schlendert durch eine Grünanlage und lässt ihre Handtasche an einem Finger der linken Hand lose hin- und herpendeln, als von hinten der Radfahrer R naht, der es auf das Geld der F abgesehen hat. Mit schnellem Griff erfasst er die Handtasche, die er wenige Meter weiter zu Boden fallen lässt, nachdem er ihr die Geldbörse mit etwa 20 € Inhalt entnommen hat.

a) Strafbarkeit des R? **Rn 406**

b) Ändert sich die Beurteilung, wenn F die Absicht des R im letzten Moment erkannt hat und die Handtasche mit beiden Händen am Trageriemen fest umklammert, R sein Ziel jedoch gleichwohl erreicht, weil er die Tasche mit solcher Wucht an sich reißt, dass der Trageriemen sich löst und in den Händen der F zurückbleibt? **Rn 406**

387

---

19 BGH JZ 89, 256; BGHSt 29, 54.
20 *Lackner/Kühl/Heger*, § 248a Rn 3.
21 S/S-*Bosch*, § 248a Rn 11–14; s. dazu aber BGHSt 40, 138.
22 S. dazu HK-GS/*Duttge*, § 248a Rn 11; *Kindhäuser/Hilgendorf*, § 248a Rn 6.
23 S. zur parallelen Irrtumsproblematik bei Strafausschließungsgründen *Hillenkamp/Cornelius*, AT 11. Problem.
24 Abw. *Fahl*, JuS 01, 49.

I. Die Unrechtsmerkmale des Raubes

388 Im Grundtatbestand des Raubes (§ 249) sind alle objektiven und subjektiven Merkmale des **Diebstahls** (§ 242) enthalten. Insoweit wird auf die früheren Ausführungen verwiesen, die zum Tatobjekt und dessen Eigenschaften (= fremde, bewegliche Sache, s. Rn 110 ff), der Tathandlung (= Wegnahme; s. dazu Rn 121 ff und auch Rn 694 ff), zum Vorsatz und zur Zueignungsabsicht (s. Rn 178 ff, 183 ff) ohne Einschränkung verwertbar sind. Wie der Diebstahl ist auch der Raub kein Schädigungsdelikt. Auf einen Vermögensschaden kommt es folglich nicht an.[1] Nimmt zB der Täter einem Rauschgifthändler unter Drohung mit gegenwärtiger Lebensgefahr Drogen weg, stellt sich die – richtigerweise zu verneinende (Rn 119) – Frage nach der Tauglichkeit des Tatobjekts. Nimmt er ihm nach Auslieferung der Ware das als Kaufpreis gezahlte Geld mit Gewalt wieder ab, fehlt es mangels Fremdheit der Sache am Raub, wenn aus dem Verbot des Handeltreibens (§ 29 I Nr 1 BtMG) die Nichtigkeit der Übereignung des Kaufpreises folgt.[2] Zur im Raub gleichfalls enthaltenen **Nötigung** sind namentlich die Grundaussagen zu Gewalt und Drohung gültig,[3] erfahren aber durch die in § 249 enthaltenen Zusätze Modifikationen. Die folgende Darstellung beschränkt sich auf die *Besonderheiten*, die den Raub im Vergleich zum Diebstahl und zur Nötigung auszeichnen.

1. Grundstruktur und Schutzgüter des Raubes

389 Der **Tatbestand des Raubes** verbindet die Merkmale des Diebstahls mit einer qualifizierten Nötigung (= Gewalt gegen eine Person oder Drohung mit gegenwärtiger Gefahr für Leib oder Leben) zu einem *zweiaktigen* Delikt **eigenständiger Art**, auf das die §§ 247, 248a nicht anwendbar sind.[4] Der Räuber nötigt sein Opfer, die Wegnahme zu dulden. Gewalt oder Drohung werden von ihm als Mittel zu dem Zweck eingesetzt, die Wegnahme zu ermöglichen und Widerstand dagegen zu verhindern oder zu überwinden. Raub ist somit die Wegnahme fremder beweglicher Sachen *zwecks* Zueignung (= Sachangriff) *mittels* der in § 249 umschriebenen Nötigungshandlung (= Personenangriff). Nötigungsakt und nachfolgende Wegnahme bedürfen der finalen Verknüpfung (s. Rn 398). Daran fehlt es, wenn die Nötigung erst der Beutesicherung dient. Dann kann räuberischer Diebstahl (§ 252) vorliegen.[5]

390 § 249 geht den §§ 240, 242 ff als *lex specialis* vor.[6] **Geschützte Rechtsgüter** sind Eigentum und persönliche Freiheit.[7] Gewahrsam ist hier wie in § 242 (Rn 106) nicht selbstständig geschützt. Den Schwerpunkt bildet der Eigentumsschutz;[8] **Raub** ist ein **Eigentumsdelikt**. Die im selben Abschnitt des StGB geregelte **räuberische Erpressung** (§ 255) ist dagegen ein **Vermögensdelikt** (näher Rn 804 ff).

---

1 BGH HRRS 18, Nr 495.
2 S. zur ersten Fallgestaltung BGH NJW 06, 72, zur zweiten BGH NStZ-RR 00, 234.
3 S. *Wessels/Hettinger/Engländer*, BT I Rn 357 ff, 367 ff.
4 BGHSt 20, 235, 237 f; BGH NStZ-RR 98, 103.
5 BGH NStZ-RR 01, 41; M/S/M-*Hoyer*, BT I § 35 Rn 3.
6 BGHSt 20, 235, 237 f; zu § 244 I Nr 3 und IV (s. Rn 303) besteht allerdings Idealkonkurrenz, s. S/S-*Bosch*, § 249 Rn 13.
7 Krit. dazu LK-*Vogel/Burchard*, vor §§ 249 ff Rn 50.
8 Für *Gleichrangigkeit* SK-*Sinn*, § 249 Rn 2.

2. Qualifizierte Nötigungsmittel

Raubmittel sind – enger als bei der Nötigung – entweder **Gewalt gegen eine Person** oder **Drohungen mit gegenwärtiger Gefahr für Leib oder Leben**. 391

a) Gewalt gegen eine Person

Gewalt gegen eine Person ist **körperlich wirkender Zwang** durch eine unmittelbare oder mittelbare[9] Einwirkung auf einen anderen. Diese muss nach der Vorstellung des Täters dazu bestimmt und geeignet sein, einen tatsächlich geleisteten oder erwarteten Widerstand zu überwinden oder unmöglich zu machen.[10] **Erscheinungsformen** der Gewalt sind *vis absoluta* (= willensgesteuertes Handeln ausschließende Gewalt) und *vis compulsiva* (= willensbeugende Gewalt);[11] beide kommen als Raubmittel in Betracht. Gewaltanwendung iS des § 249 kann auch die *Tötung des Opfers* zum Zwecke der Wegnahme sein (so beim Raubmord).[12] 392

Ob die Gewalt sich **gegen** den *Eigentümer*, den *Gewahrsamsinhaber* oder gegen eine *andere zum Schutz des Gewahrsams bereite Person* richtet, wie etwa gegen einen Begleiter des zu Beraubenden oder gegen den in einem Warenlager tätigen Nachtwächter, ist gleichgültig.[13]

Die Anwendung von Gewalt erfordert nicht unbedingt einen besonderen *Kraftaufwand* des Täters.[14] Die Rückkehr von BVerfGE 92, 1, 17 (auch) zu diesem Erfordernis beschreibt zwar einen Kern des Gewaltbegriffs, bedeutet aber beim Wort genommen einen Rückschritt zu einer zu Recht aufgegebenen Rspr.[15] und wird auch vom BVerfG[16] selbst nicht beachtet. Maßgebend ist nicht die vom Täter entwickelte körperliche *Kraftentfaltung*, sondern die **beim Opfer erzielte Zwangswirkung**, dh die Ausschaltung oder Überwindung beliebigen Widerstands durch körperlich wirkenden Zwang. 393

Die Einwirkung muss **unmittelbar oder mittelbar gegen den Körper** einer Person **gerichtet** sein. Hierbei geht es einerseits um die stärkere Betonung der Richtung der Gewalt, andererseits mit Blick auf die qualifizierte Drohung um einen intensiven, die Entscheidungsfreiheit der Person belastenderen Eingriff.[17] Es bedarf dabei nicht, wie häufig anzutreffen, einer „unmittelbaren Einwirkung auf den Körper" des Opfers,[18] sei es durch dessen Berührung oder eine andere die Sinne beeinflussende Tätigkeit. Ausreichend ist vielmehr, dass sich die Gewaltanwendung iS des § 249 mittelbar gegen eine Person richtet, wie dies beim Verschließen einer Tür zum Zwecke des Einsperrens der Fall ist.[19] 394

---

9 Fischer-*Fischer*, § 249 Rn 4a; BGH NStZ 19, 523 mit Anm. *Kassebaum*; BGH HRRS 19, Nr 1209 mit Anm. *El-Ghazi*, NStZ 20, 220; *Kudlich*, JA 20, 150.
10 *Küper/Zopfs*, BT Rn 298 f.
11 Näher LK-*Vogel/Burchard*, vor §§ 249 ff Rn 50; § 249 Rn 17; *Wessels/Hettinger/Engländer*, BT I Rn 362.
12 RGSt 67, 183, 186.
13 Vgl BGHSt 3, 297, 298 f; RGSt 67, 183, 186.
14 BGHSt 41, 182, 185; BGH NStZ-RR 15, 373, 374; *Eisele*, BT II Rn 309; LK-*Vogel/Burchard*, § 249 Rn 9; M/R-*Maier*, § 249 Rn 6; *Zöller*, GA 04, 152, 159 f.
15 S. *Krey*, BT I, 11. Aufl. 1998, Rn 330 ff, 340h ff; *Wessels/Hettinger/Engländer*, BT I Rn 358 ff.
16 BVerfG NJW 02, 1031, 1032.
17 S. LK-*Altvater/Coen*, § 240 Rn 45; HdS-*Wittig* V, § 30 Rn 44; ausf. Darstellung des Meinungsstands bei *Blesius*, Raub-Gewalt 2004, S. 80 ff, 96 ff mit dem zu restriktiven Vorschlag, Gewalt gegen die Person ausschließlich mit der „tatbestandlichen Verletzung der §§ 223, 212, 239 StGB" gleichzusetzen (S. 102 ff); *El-Ghazi*, NStZ 20, 220 verlangt eine „Zwangswirkung aufgrund eines Körperkontakts"; s. auch *Blesius*, Jura 04, 570; OLG Koblenz StV 08, 474, 475; LG Gera NJW 00, 159; krit. hierzu OLG Brandenburg NStZ-RR 08, 201, 202.
18 BGHSt 23, 126, 127; anders noch BGHSt 1, 145, 147.
19 BGHSt 20, 194, 195; S/S/W-*Kudlich*, § 249 Rn 6; S/S-*Bosch*, § 249 Rn 4, 4a.

395 Die Einwirkung muss eine **körperliche Zwangswirkung** verursachen. Eine *rein seelische* Zwangswirkung (= *psychischer Zwang*) wie die Auslösung von Angst- oder Erregungszuständen genügt nicht.[20] Bei psychosomatischen Wirkungen ist Zurückhaltung geboten, um die Grenze zur Drohungsalternative nicht zu verwischen.[21] Auch wo eine Bedrohung mit einer Waffe „als gegenwärtiges Übel sinnlich empfunden" werden mag, handelt es sich nicht um Gewalt, sondern um Drohung mit einem zukünftigen Übel, weil sich das gegenwärtige seelische Missempfinden nur aus der gedanklichen Vorwegnahme des erst in Aussicht gestellten körperlichen Übels, verletzt oder erschossen zu werden, ergibt.[22]

Die Zwangseinwirkung muss vom Opfer **nicht** als solche *„empfunden"* werden.[23] Vielmehr ist Gewalt iS des § 249 auch gegenüber **Schlafenden** und **Bewusstlosen** möglich, die von dem gewaltsamen Vorgehen des Täters nichts merken.[24] Vorausgesetzt ist freilich auch hier die Vorstellung des Täters, er setze die Gewalt möglicherweise entstehendem Widerstand entgegen.[25]

396 Die körperliche Zwangswirkung muss eine gewisse Erheblichkeit aufweisen. Die Rspr. geht in dieser Hinsicht sehr weit. Allerdings hat der BGH im Rahmen des § 249 schon das *heimliche* Beibringen eines Betäubungsmittels sowie das Einsperren eines Menschen innerhalb eines Raumes durch bloßes Abschließen der Tür[26] zu Recht als Anwendung von **Gewalt gegen eine Person** angesehen. Hier ist zwar keine nennenswerte Kraftentfaltung des Täters gegeben, wohl aber eine *erhebliche* körperliche Zwangswirkung beim *Opfer*.

Das bloße Forttragen eines Bewusstlosen von der öffentlichen Straße zum Zwecke des Ausplünderns, das Wegschieben der Hand eines *Sterbenden* von seiner Gesäßtasche, in der sich die Geldbörse befand oder das *überraschende* Zugreifen auf eine Handtasche überschreiten dagegen die Schwelle der *Erheblichkeit* physischer Zwangs*wirkung* beim Opfer entgegen den zitierten Entscheidungen eher nicht.[27] Das gilt auch für ein einmaliges Besprühen des Gesichts mit einem nicht gesundheitsgefährdenden Deo-Spray, das erwartungsgemäß nur ein kurzfristiges Schließen der Augen bewirkt.[28] Wer einem Autofahrer mit seinem Moped den Weg versperrt, um dem Sozius zu ermöglichen, auf dem Rücksitz deponierte Handtaschen zu entwenden, verübt keine Gewalt.[29] Beim überraschenden Entreißen von Sachen deutet sich zwar eine restriktivere Tendenz an, wenn nur die als wesentlicher Bestandteil der Wegnahme entfaltete und neben List und Schnelligkeit *maßgeblich* wirkende Gewalt als ausreichend angesehen wird. Ob sich diese Tendenz durchsetzt, steht aber noch dahin.[30] Immerhin hat der BGH Gewalt gegen eine Person verneint, deren Flucht vor drohendem Raub durch Weiterfahrt mit dem PKW von den Tätern dadurch verhindert werden sollte, dass

---

[20] BGH StV 86, 61; BGH NStZ 19, 523 mit Anm. *Kassebaum*; BGH HRRS 19, Nr 1209 mit Anm. *El-Ghazi*, NStZ 20, 220; *Kudlich*, JA 20, 150; LK-*Vogel/Burchard*, § 249 Rn 10; MK-*Sander*, § 249 Rn 13.
[21] BK-*Wittig*, § 249 Rn 4; *Krey/Hellmann/Heinrich*, BT II Rn 282; SK-*Sinn*, § 249 Rn 12 f; BGH HRRS 19, Nr 1209.
[22] **AA** BGHSt 23, 126, 127 f; wie hier A/W-*Heinrich*, § 17 Rn 6.
[23] Das ist ua in BGHSt 23, 126 übersehen.
[24] BGHSt 4, 210, 212; 25, 237, 238; *Kinzig/Linke*, JuS 12, 230; HdS-*Wittig* V, § 30 Rn 46; einschränkend *Schünemann*, JA 80, 349, 350; *Seelmann*, S. 47.
[25] *Kindhäuser/Hilgendorf*, § 249 Rn 23; *Mitsch*, BT II S. 498 f.
[26] BGHSt 1, 145, 146 f; BGHSt 20, 194, 195.
[27] Anders BGHSt 4, 210, 212; 16, 341, 342; 18, 329, 330 f; s. hierzu *Blesius*, Raub-Gewalt, 2004, S. 91 ff, 107; Fischer-*Fischer*, § 249 Rn 4b; *Krey/Hellmann/Heinrich*, BT II Rn 287; LK-*Vogel/Burchard*, § 249 Rn 24 f.
[28] Für Gewalt dagegen BGH NStZ 03, 89; *Eisele*, BT II Rn 309; HK-GS/*Duttge*, § 249 Rn 5; wie hier H-H-*Kretschmer*, Rn 894.
[29] Anders LG Ulm NZV 10, 257.
[30] Vgl BGH StV 86, 61; 90, 262 sowie den *Grenzfall* LG München NStZ 93, 188; zust. *Rengier*, BT I § 7 Rn 12; krit. LK-*Vogel/Burchard*, § 249 Rn 27 f.

ein vorausfahrendes Fahrzeug vor dem Auto des Opfers vor einer „Grün" anzeigenden Ampel abbremst und dann stehenbleibt.[31]

b) Drohung mit gegenwärtiger Gefahr für Leib oder Leben

Der Gewaltanwendung stellt das Gesetz die **Drohung mit gegenwärtiger Gefahr für** 397
Leib oder Leben gleich. Die Nebeneinanderstellung von Leib und Leben spricht dafür, dass der Gesetzgeber eine Drohung mit einer völlig unerheblichen Körperbeeinträchtigung nicht ausreichen lassen will.[32] Zum Begriff der Drohung gilt im Grundsatz nichts anderes als zur Nötigung (§ 240). Der Täter muss ein **künftiges Übel in Aussicht stellen**, auf das er Einfluss hat oder zu haben vorgibt und dessen Verwirklichung dieser unter bestimmten Bedingungen stellt, die durch den Adressaten zu erfüllen sind. Ob die Drohung ausführbar ist und ob der Täter sie verwirklichen will, ist auch hier belanglos. Maßgebend ist allein, dass sie den **Anschein der Ernstlichkeit erwecken** und vom Bedrohten ernst genommen *werden soll*. Da es beim Raub auf einen **Final-**, nicht aber auf einen **Kausalzusammenhang** zwischen Nötigungsmittel und Wegnahme ankommt (Rn 400), ist (jedenfalls) hier *nicht* erforderlich, dass das Opfer die Drohung *tatsächlich ernst nimmt*.[33] Infolgedessen fällt unter § 249 (nicht aber unter § 250 I Nr 1b, s. Rn 421) die Bedrohung mit einer Schreckschuss- oder Spielzeugpistole[34] selbst dann, wenn das Opfer die Täuschung durchschaut. Zwar fehlt es dann an einem Drohungserfolg.[35] Das ist aber unschädlich, da das Gesetz mit der Drohung nur das den Handlungsunwert bestimmende Mittel beschreibt, mit dem der Täter das Rechtsgut der Willensfreiheit angreift, nicht aber auch einen (Zwischen-)Erfolg.

Adressat der Drohung kann jeder sein, der *nach der Vorstellung des Täters* zum Schutz des fremden Gewahrsams verpflichtet oder bereit ist. Ob das angedrohte Übel *ihn selbst*, eine ihm irgendwie *nahestehende Person* oder sonst *jemanden* betrifft, für den er sich *verantwortlich* fühlt, ist im Grundsatz unerheblich.[36] Die Forderung, den Kreis insoweit auf *nahestehende* Personen zu beschränken,[37] hat den Umkehrschluss aus § 241 und die zu einseitige Prämisse gegen sich, der verlangte erhöhte Motivationsdruck könne *nur* bei Bedrohung solcher Personen entstehen. Sie macht freilich zu Recht darauf aufmerksam, dass das dem Dritten angekündigte Übel nach der Vorstellung des Täters vom Gewahrsamsinhaber als erhebliches eigenes und darin idR von einer Beziehung zum Dritten abhängiges Übel empfunden werden soll.[38] Steht nach dem Inhalt der Ankündigung der Umschlag der Gefahr in eine *erhebliche*[39] Leibesverletzung oder eine Tötung zB bei einer Fristsetzung[40] nicht *unmittelbar* bevor, ist von **Gegenwärtigkeit** gleichwohl schon zu reden, wenn

---

31 BGH HRRS 19, Nr 1209.
32 RGSt 72, 229, 230 f; MK-*Sander*, § 249 Rn 21.
33 S. zu diesem Problem allgemein *Küper/Zopfs*, BT Rn 166 ff, zum Raub Rn 168; aA LK-*Vogel/Burchard*, § 249 Rn 33; NK-*Kindhäuser/Hoven*, Vor § 249 Rn 24.
34 Vgl *Eisele*, BT II Rn 315.
35 Abl. daher *Rengier*, Maurer-FS S. 1195, 1201; die bei *Rengier*, BT I § 7 Rn 18 für diese Meinung zitierte Entscheidung BGH NStZ 2018, 278, 279 (dort bemerkte das Opfer das Drohmittel nicht) betrifft die anders gelagerte Verwendungsalternative von § 250 II Nr 1 (s. dazu hier Rn 427 ff).
36 Vgl BGH NJW 19, 3659 mit Anm. *Schiemann*; *Bosch*, Jura (JK), 20, 192; *Eisele*, JuS 20, 275; *Heghmanns*, ZJS 20, 164; *Jäger*, NStZ 20, 221; *Kudlich*, JA 20, 64; *Renzikowski*, JR 20, 332; AnK-*Habetha*, § 249 Rn 26; *Küper/Zopfs*, BT Rn 171; LK-*Vogel/Burchard*, § 249 Rn 45; SK-*Sinn*, § 249 Rn 22; S/S-*Bosch*, § 249 Rn 5; ob auch die Drohung des Täters mit Selbsttötung/-verletzung ausreicht, ist allerdings zweifelhaft, s. dazu HK-GS/*Duttge*, § 249 Rn 16.
37 *Mitsch*, BT II S. 508; *Mitsch*, NStZ 99, 617; S/S/W-*Kudlich*, § 249 Rn 9; *Zaczyk*, JZ 85, 1061; *Zaczyk*, Anm. JR 99, 345.
38 Anders diff. NK-*Kindhäuser/Hoven*, vor § 249 Rn 30 ff.
39 S. dazu – Erheblichkeit abl. – SK-*Sinn*, § 249 Rn 20.
40 S. BGH NStZ-RR 98, 135; BGH NStZ 99, 406.

entweder die Gefahr jederzeit in eine Schädigung umschlagen (Dauergefahr) oder der Schaden ohne sofortige Abwehrmaßnahmen voraussichtlich nicht mehr abgewendet werden kann.[41] Bedenken, die gegen eine solche Ausweitung des Begriffs der Gegenwärtigkeit zu §§ 32, 34 bestehen,[42] treten hier zurück, weil es um die Beurteilung der Freiheitsbeeinträchtigung des Betroffenen, nicht aber um seine Eingriffsbefugnis gegenüber Dritten geht.[43]

3. Zusammenhang von Raubmittel und Wegnahme

a) Finalzusammenhang

398 Die Anwendung der Gewalt und die Drohung müssen **dazu dienen**, die Wegnahme durch Ausschaltung oder Überwindung eines in Rechnung gestellten Widerstandes zu ermöglichen.[44] An der hierin liegenden **finalen Verknüpfung** zwischen dem eingesetzten Nötigungsmittel und der Wegnahme darf es nicht fehlen (s. auch Rn 427, 430).[45] Ausgangspunkt der Beurteilung ist dabei die **Vorstellung des Täters**. Daraus zu schließen, der Zusammenhang sei rein subjektiver Natur,[46] trifft aber nicht zu. Der vollendete Einsatz des Nötigungsmittels muss einen versuchten Einsatz dieses Mittels umfassen. Deshalb muss der Täter tatsächlich ein Verhalten an den Tag gelegt haben, das zu seiner Vorstellung von der Wirkung des Nötigungsmittels passt, sie darf nicht abergläubisch und richtigerweise auch nicht grob unverständig gewesen sein. Solange diese Voraussetzungen erfüllt sind, darf seine Vorstellung unzutreffend sein, und es genügt, dass er die Anwendung des Mittels **für geeignet hält**, die Wegnahme zu ermöglichen. Der Finalzusammenhang ist also **subjektiv geprägt**, hat aber den angegebenen **objektiven Rahmen**. Beides zusammen führt zu einer dem Wortlaut entsprechenden Sichtweise, die auch die Anwendung von § 249 mit § 252 harmonisiert.[47]

Der BGH betont – seine bisherige Rspr. zusammenfassend –, dass er sich mit dem **(nur) finalen Zusammenhang** von Nötigung und Wegnahme **begnügen** will.[48] Es soll jedoch, wenn (was der Raub nicht voraussetzt, aber so sein kann) sich die Nötigung auf die Wegnahme **tatsächlich** kausal

---

41 BGH NStZ 96, 494; BGH NJW 97, 265 mit Anm. *Geppert*, JK 97, StGB § 255/8; Anm. *Joerden*, JR 99, 120; BGH StV 99, 377 mit Anm. *Kindhäuser/Wallau* und *Zaczyk*, JR 99, 343; BGH BeckRS 11, 29794; BGH NStZ 15, 36 mit Bespr. *Hecker*, JuS 15, 467.
42 S. dazu *Hillenkamp*, Miyazawa-FS S. 141, 152 ff.
43 BGH NJW 97, 266; *Küper/Zopfs*, BT Rn 183 f; krit. *Joerden*, JR 99, 121; LK-*Vogel/Burchard*, § 249 Rn 40; enger auch *Blanke*, Das qualifizierte Nötigungsmittel der Drohung mit gegenwärtiger Gefahr für Leib oder Leben 2007, S. 94 f, der der Einbeziehung der hier weiter verstandenen Dauergefahr mit beachtlichen Gründen entgegentritt.
44 BGHSt 30, 375, 377; BGH StV 86, 61; BGH NStZ 93, 79; AnK-*Habetha*, § 249 Rn 10; *Lackner/Kühl/Heger*, § 249 Rn 4; MK-*Sander*, § 249 Rn 24, 26; M/R-*Maier*, § 249 Rn 21 f; *Rengier*, BT I § 7 Rn 22; S/S-*Bosch*, § 249 Rn 7; *Zöller*, BT Rn 352; HdS-*Wittig* V, § 30 Rn 81;
45 BGHSt 41, 123, 124; BGH HRRS 18, Nr 495; BGH NStZ 22, 42; zusf. Zum Finalzusammenhang BGHSt 61, 141 mit Anm. *Bosch*, Jura (JK) 16, 1082; *Eisele*, JuS 16, 754; *Habetha*, NJW 16, 2131; *Heghmanns*, ZJS 16, 519; *Kudlich*, JA 16, 632; *Maier*, NStZ 16, 474; BGHSt 61, 197 mit Anm. *Berster*, JZ 16, 1017; BGH BeckRS 18, 25410 mit Anm. *Jahn*, JuS 18, 1246; BK-*Wittig*, § 249 Rn 14, 15; *Eisele*, BT II Rn 324 ff; *Gierhake*, JA 08, 431; *Hilgendorf/Valerius*, BT II § 14 Rn 18; *Hohmann/Sander*, BT § 5 Rn 7, 12 f; *Küper/Zopfs* BT, Rn 301; NK-*Kindhäuser*, § 249 Rn 11 f; zum Fehlen einer solchen Verknüpfung s. BGH NStZ 03, 431; BGH NStZ-RR 02, 304 mit krit. Anm. *Walter*, NStZ 04, 153; BGHSt 48, 365 mit krit. Anm. *Otto*, JZ 04, 364; BGH BeckRS 12, 18373; BGH NStZ-RR 12, 270; BGH BeckRS 13, 01325 sowie u. Rn 407 ff, gegen das Erfordernis finaler Verknüpfung de lege lata nicht überzeugend *Jakobs*, Eser-FS S. 323 ff; gegen ihn auch *A.H. Albrecht*, Die Struktur des Raubtatbestandes 2011, S. 70 f; zum Streit s. auch *Kindhäuser/Hilgendorf*, § 249 Rn 12 ff.
46 So etwa *Hillenkamp*, hier bis zur 44. Aufl.
47 *Krey/Hellmann/Heinrich*, 12. Aufl., BT II Rn 271 (Rn 292 f der 18. Aufl. zeigen das nicht mehr auf).
48 BGHSt 61, 141; BGHSt 61, 197.

auswirkt oder sie fördert, eine „**Abweichung** dieses tatsächlichen vom vorgestellten Finalverlauf" nach den für einen Irrtum über den Kausalverlauf geltenden Regeln entschieden werden. Hält sich die Abweichung innerhalb des nach der Lebenserfahrung Voraussehbaren, soll sie unerheblich, übersteigt sie dieses Maß, dagegen *erheblich* sein.[49] Diese Kriterien gehören indes zur Prüfung eines vollendeten Erfolgsdelikts, nicht zu der hier nötigen Prüfung der Umsetzung der Zwecksetzung des Täters in seinem Handeln, die Versuchsstruktur aufweisen muss.[50]

b) Örtlich-zeitlicher Zusammenhang

Der eben dargestellte objektive Rahmen des Finalzusammenhangs hat vor allem die Konsequenz, dass ein „**örtlicher und zeitlicher Zusammenhang**" zwischen dem Einsatz der Raubmittel und der Wegnahme objektiv bestehen muss. Diesen verlangt der BGH zu Recht.[51] Das Merkmal garantiert, dass auch im äußeren Tatgeschehen „Nötigungshandlung [...] und Wegnahme eine raubspezifische Einheit bilden", aus der sich die gegenüber Diebstahl und Nötigung erhöhte Strafdrohung rechtfertigt. Nötigung und Wegnahme dürfen „nicht isoliert nebeneinanderstehen".[52]

399

Dass, wie der BGH ebenfalls zutreffend ausführt, weder „der **Ort der Nötigungshandlung und der Wegnahmehandlung** identisch" sein müssen, noch sich „verbindliche Werte zu einem **zeitlichen Höchstmaß** zwischen Einsatz des Nötigungsmittels und Wegnahme" benennen lassen,[53] zeigt kein Bestimmtheitsproblem. Es ist vielmehr Folge davon, dass das hier Nötige von der Vorstellung des Täters abhängt, die aber ein Mindestmaß an Plausibilität aufweisen und tatsächlich so betätigt worden sein muss, dass der Täter davon ausging, die Wirkung erreichen zu können. Soweit in der Rspr. allerdings angenommen wurde, dass die „raubspezifische Einheit [...] regelmäßig *lediglich* dann" vorliegt, „wenn es zu einer [...] nötigungsbedingten Einschränkung der Dispositionsfreiheit des Gewahrsamsinhabers über das Tatobjekt gekommen[!]" ist,[54] geht das zu weit und verstößt gegen die eigenen Annahmen. Auch die Forderung nach einer „vom Täter erkannten [also objektiv vorliegenden!] nötigungsbedingten Schwächung des Gewahrsamsinhabers in seiner Verteidigungsfähigkeit oder -bereitschaft"[55] ist schief formuliert, denn es geht nicht um ein nachträgliches Erkennen, sondern um die Umsetzung einer vorgängigen Vorstellung.

Erforderlich ist, dass Ort und Zeit (und auch die weiteren für die Wirkung wesentlichen Modalitäten) des tatsächlichen Einsatzes des Nötigungsmittels zu der **vom Täter vorgestellten** Wirkungsweise und Wirkung für die Wegnahme passen und sich beide (Mitteleinsatz und Wegnahme) **zu einer Handlungseinheit verbinden** müssen. Das kann zB erfüllt sein, wenn ein Dünenwanderer am Lister Ellenbogen auf Sylt einen Kurgast k.o. schlägt, um eine halbe Stunde später ungestört das von diesem in List abgestellte Fahrrad zu entwenden, nicht aber mehr, wenn auf einem auf acht Monate geplanten Segeltörn am 30. Tag auf hoher See der Segelpartner über Bord geworfen wird, um sich sieben Monate später seine im Ausgangshafen zurückgelassenen Habseligkeiten zueignen zu können. Hier zeigt sich, dass die Handlungseinheit der beiden Tathandlungen des Raubes (Einsatz des Nötigungsmittels und Wegnahme) keine *natürliche* sein muss, sondern normativer (vom

---

49 BGHSt 61, 141, 146; BGHSt 61, 197, 200.
50 Zu Recht krit. auch AnK-*Habetha*, § 249 Rn 11; *Berster*, JZ 16, 2010; S/S-*Bosch*, § 249 Rn 7; BK-*Wittig*, § 249 Rn 16.1; zust. dagegen *Eisele*, BT II Rn 330a.
51 BGH Holtz MDR 84, 276 mit Anm. *Seier*, JA 84, 441; BGH NStZ 06, 38; BGHSt 61, 141, 147 f; BGHSt 61, 197, 200 f; BGH NStZ-RR 22, 14.
52 BGHSt 61, 141, 147 f.
53 BGHSt 61, 141, 148; BGHSt 61, 197, 200; entscheiden sollen „die Umstände des Einzelfalls"; ebenso BGH HRRS 19, Nr 1284.
54 So BGHSt 61, 141, 148; BGH HRRS 19, Nr 1284; ohne Kritik referiert von Fischer-*Fischer*, § 249 Rn 6a; mit *Albrecht*, Die Struktur des Raubtatbestandes, 2011, S. 134, 141 bezieht sich der BGH auf einen Autor, der einen objektiven Kausalzusammenhang fordert (s. Fn 30).
55 BGHSt 61, 197, 201; *Rengier*, BT I § 7 Rn 29 bezeichnet das als „überzeugend"; relativierend *Magnus*, NStZ 18, 71; s. dazu auch *Swoboda*, Jura 19, 28, 35 f, 39 f. Krit. Wie hier S/S-*Bosch*, § 249 Rn 7.

Tatbestand gestifteter) Natur ist. Gerade die Herstellung dieser Einheit darf aber nicht unbegrenzt erfolgen, sondern muss einen örtlichen und zeitlichen Rahmen behalten.

Weil der Raubversuch mit dem unmittelbaren Ansetzen zu Nötigung oder Wegnahme begonnen werden kann, ist der Rückgriff auf die Bestimmung des **Versuchsbeginns** im Allgemeinen zu eng; die Nötigung muss nicht in einem Zeitpunkt erfolgen, zu dem die Wegnahme bereits in das Versuchsstadium eingetreten ist.[56] Erzwingen Mittäter die Preisgabe des Verstecks einer noch wegzunehmenden Beute und bewacht einer von ihnen das Opfer, während die anderen im telefonischen Kontakt mit dem zurückgebliebenen Mittäter das Versteck aufsuchen und dort die Beute an sich nehmen, ist der erforderliche „örtliche und zeitliche Zusammenhang" noch gegeben.[57]

c) Kausalzusammenhang

400   Es kommt **nicht** darauf an, dass der Einsatz von Gewalt oder von Drohungen *conditio sine qua non* für das Gelingen der Wegnahme ist. Der Täter muss sich das auch nicht vorstellen. Die an Boden gewinnende Gegenansicht, die zum (subjektiv) finalen Moment (Rn 398) einen objektiv kausalen Zusammenhang fordert,[58] verkennt, dass sich schon im Einsatz qualifizierter Nötigungsmittel zwecks Wegnahme der gesteigerte Unrechts- und Schuldgehalt des Raubes verwirklicht, der darin besteht, dass der Eigentum und Gewahrsam missachtende Täter auch noch die elementare persönliche Freiheitssphäre des Opfers nicht respektiert, aus der ihm Widerstand *droht*.[59] Fällt dieser unerwartet aus, entlastet den Täter das nicht.

4. Vorsatz und Zueignungsabsicht

401   Der **Raubvorsatz** muss alle Merkmale des *zweiaktig* gegliederten objektiven Tatbestands umfassen.

Hinzukommen muss die bereits im Zeitpunkt der Wegnahme vorliegende (Rn 238) **Absicht** des Täters, die fremde Sache *sich* oder *einem Dritten* rechtswidrig zuzueignen (Rn 175 ff; 233 ff). Zueignungsabsicht ist nicht (notwendig) Bereicherungsabsicht. Auf den Wert des Tatobjekts kommt es folglich nicht an (s. Rn 110). Ändert sich das Objekt im Verlauf der Tatbegehung, ist für die Beurteilung der Übereinstimmung von objektivem und subjektivem Tatbestand der Zeitpunkt der letzten Ausführungshandlung maßgeblich (Rn 238).[60] Wer ein Gemälde raubt, um es dem Eigentümer gegen „Lösegeld" (also ohne Leugnung des Eigentums, vgl Rn 224) zurückzugeben, hat ebenso wenig Zueignungsabsicht wie der, der eine Sache raubt, um sie aus Hass- oder Rachegefühlen zu vernichten,[61] den Eigentümer zu ärgern oder, weil es ihm nur auf den Inhalt ankommt, sie wegzuwerfen (zu solchen Fällen s. auch Rn 207).[62] Wer bei der Wegnahme noch nicht weiß, ob er die Sache – zB eine Fanjacke – vernichten oder als Trophäe behalten will, ist

---

56 S. dazu *Eisele*, BT II Rn 321 f mwN zu dieser Forderung; **Fallbeispiele** auch bei *Kudlich*, JA 16, 633.
57 So BGH NStZ 19, 411 im Anschluss an BGH NStZ 06, 38. Zur Abgrenzung einer durch Versteckpreisgabe ermöglichten Wegnahme zur Erpressung s. hier Rn 812.
58 *A.H. Albrecht*, Die Struktur des Raubtatbestandes, 2011, S. 71 ff, 75 ff; A/W-*Heinrich*, § 17 Rn 11; *Kindhäuser/Böse*, BT II § 13 Rn 14; SK-*Sinn*, § 249 Rn 29; vgl auch *Schmidt*, BT II Rn 348 ff; ausschließlich auf eine objektiv-funktionale Verknüpfung – *Bewirkung* verminderter Abwehrchancen (= Kausalzusammenhang) – stellt *Hörnle*, Puppe-FS S. 1143 ff ab.
59 *Küper*, JZ 81, 571.
60 S. zu beiden Aussagen BGH NStZ 14, 516 (bei der Wegnahme zerreißender 50-Euro-Schein).
61 BGH NStZ 11, 699; s. dazu Rn 214 mwN; vgl auch BGH NStZ-RR 12, 207: Wegnahme in der Absicht, entdeckt/gestellt zu werden; BGH StraFo 12, 155: Wegnahme eines Mobiltelefons, um den Speicher zu durchsuchen; zust. *Hecker*, JuS 13, 468; abl. *Jäger*, JA 12, 709; *Putzke*, ZJS 13, 311.
62 S. *Graul*, JuS 99, 563; BGH NStZ 05, 155; BGH NStZ 04, 333.

zur Aneignung noch nicht hinreichend entschlossen. Dass der Täter die Aneignung nur als mögliche Folge seines Verhaltens in Kauf nimmt, reicht nicht aus.[63] Zueignungsabsicht fehlt auch dem, der eine Sache gewaltsam wegnimmt, um sie als Druckmittel zur Durchsetzung einer Forderung zu benutzen (s. Rn 232). Nimmt der Täter hierbei das Bestehen der Forderung irrig an, fehlt es zudem am Vorsatz *rechtswidriger* Zueignung.[64] Dazu ist zu beachten, dass der BGH seine zu § 253 im Zusammenhang mit Drogengeschäften entwickelte Rspr. mittlerweile auf § 249 übertragen hat. Danach liegt ein Irrtum über die Rechtswidrigkeit der erstrebten Zueignung aufgrund eines irrig angenommenen Anspruchs dann „nicht vor, wenn sich der Nötigende lediglich nach den Anschauungen der einschlägig kriminellen Kreise als berechtigter Inhaber eines Zahlungsanspruchs gegen das Opfer fühlt".[65]

5. Beteiligung und Versuch

a) Beteiligung

Mittäter kann nur sein, wer **selbst** Zueignungsabsicht besitzt.[66] Das ist unproblematisch gegeben, wenn sich die Beteiligten die Beute teilen, sie zusammen nutzen oder verkaufen wollen. Will ein Beteiligter den durch die gemeinsame Wegnahme erlangten Mitgewahrsam dagegen sogleich der Verfügungsgewalt des Mitbeteiligten überlassen,[67] kann in solchen Fällen nun für Mittäterschaft ausreichende Drittzueignungsabsicht vorliegen, wenn der Überlassende dem Mittäter dessen Zueignung ermöglichen und die hierauf gerichtete Sachverschaffung mitbeherrschen will.[68] Davon ist bei der BGHSt 17, 87 zugrunde liegenden Sachverhaltsgestaltung auszugehen, in der der die Taschen des Opfers während der gemeinsamen Gewaltanwendung durchsuchende Beteiligte die gefundenen Geldscheine dem Mittäter als Gläubiger des Opfers aushändigt, bei der zu BGH StV 90, 160 berichteten dagegen nicht. In ihr war der an einer Prügelei Beteiligte lediglich damit einverstanden, dass die übrigen Beteiligten das zu Boden geworfene Opfer ausraubten. Das reicht für Drittzueignungsabsicht nicht aus.

402

Auch fehlt bei einem so Beteiligten die zwischen Nötigung und Wegnahme vorausgesetzte *Finalität* (Rn 398). Auch sie ist – wie die Zueignungsabsicht – ein personengebundenes Tätermerkmal, das sich *mittäterschaftlicher Zurechnung* entzieht.[69] Fehlt es an der Zueignungsabsicht oder am Willen zur finalen Verknüpfung, kommt *unabhängig* vom Gewicht des Tatbeitrages *nur Beihilfe* in Betracht.[70]

Rechtsprechungsbeispiel: Weder Mittäterschaft noch Beihilfe sind gegeben, wenn diejenigen, die Gewalt anwenden, davon nichts wissen, dass ein Dritter, der sie dazu veranlasst hat, diese Situation zur Wegnahme von Gegenständen des Gewaltopfers ausnutzen will. So lag es in **BGH NStZ 13, 103**. Hier forderte A B und C auf, den N in dessen Wohnung zu überfallen, zu verletzen und ge-

---

63 BGH NStZ-RR 12, 239 mit Anm. *Jäger*, JA 12, 790; anders OLG Nürnberg NStZ-RR 13, 78 (s. dazu auch Rn 214).
64 S. BGH StV 99, 315.
65 BGH NStZ 08, 626 mit Bespr. *Bosch*, JA 09, 70 und Anm. *Kindhäuser*, StV 09, 355; übergangen ist das in BGH BeckRS 11, 19727, obwohl es dort offenbar um eine „Forderung" aus Drogengeschäften ging; zu § 253 s. BGHSt 48, 322 und hier Rn 817; zum Betrug s. Rn 697.
66 BGH StV 86, 61; BGH StV 90, 160; BGH NStZ 94, 29; 99, 510; BGH NStZ-RR 97, 297; 298; zur Abgrenzung von Mittäterschaft und Beihilfe s. BGH NStZ 06, 94.
67 BGHSt 17, 87, 92.
68 S. Rn 217 und *Ingelfinger*, JuS 98, 535.
69 Fischer-*Fischer*, § 249 Rn 21a; *Küper*, JZ 81, 571; *Lackner/Kühl/Heger*, § 249 Rn 8; SK-*Sinn*, § 249 Rn 37.
70 BGH NStZ 94, 29.

fesselt im Badezimmer abzulegen, um dann nach Betäubungsmitteln suchen und sie ungehindert „zum Schaden des N" vernichten zu können. N sollte dadurch eingeschüchtert und zum Räumen der Wohnung veranlasst werden. Nachdem N misshandelt, überwältigt und gefesselt war, betrat A absprachegemäß die Wohnung und nahm unter Ausnutzung der Gewaltwirkung gegenüber N dessen Geld, Uhren und andere Gegenstände an sich, um sie zu behalten. Das hatte er von Anfang an geplant, B und C gegenüber aber verschwiegen, die davon auch bis zum gemeinsamen Verlassen der Wohnung nichts mitbekamen. Warum das LG hier einen mittäterschaftlich begangenen Raub angenommen hat, bleibt unerfindlich, da es an einem gemeinsamen Tatentschluss hierzu ersichtlich fehlte: B und C wussten nichts von der von A geplanten Wegnahme und hatten deshalb keinerlei Kenntnis von einem Raubgeschehen. Auch fehlte ihnen zwangsläufig jede (Dritt-)Zueignungsabsicht. Mangels Kenntnis der Haupttat schied folglich auch eine Beihilfe aus. Der BGH nimmt stattdessen einen von A in mittelbarer Täterschaft vorgenommenen schweren Raub (§§ 249, 250 I Nr 1b: Beisichführen von Fesselwerkzeug) an. Konstruktiv setzt sich dieser aus der eigenhändigen Wegnahme und der nur bei ihm vorhandenen finalen Verknüpfung von Gewalt und Wegnahme zusammen, wobei die Beherrschung der qualifizierten Nötigung und damit des eigentlichen *tatbestandlichen Raub*geschehens in der Ausnutzung der von ihm bewusst herbeigeführten Vorsatz- und Absichtslosigkeit von B und C bezüglich *dieser* Tatbestandsverwirklichung liegt. Das rechtfertigt es – wie der BGH zu Recht annimmt –, dem A die Gewaltanwendung von B und C als seine Raubtat ergänzende Handlung zuzurechnen.[71]

403 *Sukzessive* Mittäterschaft durch Eintritt in eine bereits begonnene und *noch nicht abgeschlossene* Ausführungshandlung (Gewaltanwendung oder Drohung iS des § 249 zum Zwecke der Wegnahme) ist entsprechend den allgemeinen Regeln möglich,[72] die die Zurechnung eines bereits *abgeschlossenen* Geschehens verbieten.[73]

Hatte der Angreifer dem bewusstlos geschlagenen Opfer die Geldbörse nebst Inhalt schon weggenommen, so wird ein Mitbeteiligter, der das Opfer gerade nicht berauben, sondern lediglich verprügeln wollte (§§ 224, 25 II), nicht dadurch Mittäter des Raubes, dass er sich (seine ursprüngliche Weigerung aufgebend) vom räuberisch handelnden Rädelsführer einen Beuteanteil aufdrängen lässt.[74] Auch *endet* die Möglichkeit sukzessiver Teilnahme (Mittäterschaft wie Beihilfe) *nach Vollendung* der Tat, wenn kein Fall iterativer Begehung vorliegt.[75]

404 Wird ein zur Begehung eines einfachen Raubes bereits fest entschlossener Täter dazu bestimmt, bei der Tat eine Waffe zu verwenden, soll nach der Rspr.[76] **Anstiftung** zum Tatganzen vorliegen. Der dafür maßgebliche Aspekt, dass der Unwertgehalt gegenüber dem ursprünglichen Plan erheblich erhöht worden sei, trägt diese Auffassung aber nicht. Wer die „Übersteigerung" eines Tatentschlusses veranlasst, haftet nur dann als Anstifter, wenn das hierdurch bewirkte Mehr *selbstständig strafbar* oder – wie bei einer Umstiftung vom Diebstahl zum Raub – gegenüber dem ursprünglich Geplanten ein *aliud* ist. In allen anderen Fällen ist nur **Beihilfe** gegeben.[77]

Schwierig wird die Rechtslage bei einem **fingierten Raubüberfall**, den der betroffene Mitgewahrsamsinhaber mit dem eigentlichen Drahtzieher des Geschehens verabredet hat, ohne den ausfüh-

---

71 IE ebenso *Jäger*, JA 13, 71.
72 BGH MDR/D 69, 533; vgl auch *Wessels/Beulke/Satzger*, AT Rn 834 ff.
73 BGH NStZ 97, 272.
74 Unklar BGH JZ 81, 596 mit abl. Bespr. *Küper*, JZ 81, 568; s. dazu auch *Freund/Schaumann*, JuS 95, 801; LK-*Vogel/Burchard*, § 249 Rn 97.
75 *Kindhäuser/Böse*, BT II § 13 Rn 31 f; *Lackner/Kühl/Heger*, § 249 Rn 6; *Rengier*, BT I § 7 Rn 44 ff; s. dazu LK-*Murmann*, vor § 249 Rn 36 ff; **anders** BGH HRRS 20, Nr 1227; 21 Nr 348: auch noch zwischen Vollendung und Beendigung.
76 BGHSt 19, 339, 340 f; zust. SK-*Günther*, 1998, § 249 Rn 49, § 250 Rn 53.
77 *Bemmann*, Gallas-FS S. 273; *Ingelfinger*, JuS 95, 322; *Klesczewski*, BT § 8 Rn 192; *Küpper*, JuS 96, 24; s. zum Streitstand *Hillenkamp/Cornelius*, AT 25. Problem.

renden Komplizen in den Tatplan einzuweihen. Der als Gehilfe eingestufte Komplize kann nach dem BGH nur wegen Beihilfe zum Diebstahl, nicht aber zum von ihm angenommenen Raub bestraft werden, da gegenüber dem betroffenen Mitgewahrsamsinhaber, der einverstanden war, keine *gewaltsame Wegnahme* und gegenüber dem nicht einverstandenen Mitgewahrsamsinhaber zwar Wegnahme, aber keine Gewalt und damit als Haupttat nur ein Diebstahl vorgelegen habe.[78] Wird dem Täter vorgespiegelt, das Raubopfer sei mit einem fingierten Überfall einverstanden,[79] fehlt es am Raubvorsatz. Ist bei einem fingierten Raubüberfall der Alleingewahrsamsinhaber einverstanden, liegt nur Unterschlagung vor.[80] Ist bei einem geplanten Raubüberfall der den „Versuch" einleitende „Mittäter" zur Ausführung der Tat nicht mehr bereit, liegt kein den übrigen zurechenbarer Versuchsbeginn vor.[81]

b) Versuch

Vollendet ist der Raub **nicht** schon mit der Gewaltanwendung oder Drohung, sondern erst bei Vollendung der mit diesen Mitteln angestrebten *Wegnahme*.[82] Für sie gilt – wie beim Diebstahl (s. Rn 121 f) – der sozial-normative Gewahrsamsbegriff.[83] Ist die Wegnahme geschehen, ändert es an der eingetretenen Vollendung nichts, wenn der Täter deutlich weniger erlangt als erwartet[84] oder die Beute aus Enttäuschung über den geringen Wert wegwirft. Anders ist dies hingegen, wenn der Täter in dem weggenommenen Behältnis, auf das sich seine Zueignungsabsicht nicht bezieht, statt der begehrten eine ganz andere und für ihn wertlose Sache vorfindet. Dann liegt mangels einer sich auf die weggenommene Sache beziehenden Zueignungsabsicht nur ein Versuch hinsichtlich der eigentlich begehrten Sache vor.[85] Nimmt der Täter statt der gewollten, aber nicht vorgefundenen auf Grund eines neuen Entschlusses andere im Behältnis befindliche Sachen mit, tritt neben den versuchten Raub eine vollendete Unterschlagung.[86]

405

Der **Versuch** beginnt idR – und dh, wenn die Wegnahme unmittelbar folgen soll (s. dazu schon Rn 258) – mit dem unmittelbaren Ansetzen zur Gewaltanwendung oder Drohung,[87] das die Rspr. etwa im Klingeln an der Tür des Opfers,[88] nicht aber schon im Betreten des Treppenhauses sieht. Bei Beteiligung mehrerer kommt dann aber § 30 in Betracht.[89]

Im **Fall 25** ist zunächst zwischen Handtasche und Geldbörse zu unterscheiden: Wer nämlich ein **Behältnis** (wie etwa eine Hand- oder Aktentasche) wegnimmt, es aber **allein auf den Inhalt** abgesehen hat und das Behältnis wegwirft, sobald sein Inhalt entnommen ist, handelt in Bezug auf

406

---

78 So BGH MDR/D 74, 724; zu einem Überfall auf den Inhaber untergeordneten Mitgewahrsams bei Einverständnis der Inhaberin des übergeordneten Mitgewahrsams s. OLG Celle BeckRS 11, 23746 (Rn 95); zu einem Überfall bei möglichem gleichgeordneten Gewahrsam s. BGH BeckRS 19, 2165.
79 BGH JZ 95, 733.
80 BGH NStZ-RR 18, 108 mit Anm. *Bosch*, Jura (JK) 18, 636; *Jäger*, JA 18, 390.
81 BGHSt 39, 236, 238; *Hillenkamp*, Roxin-FS S. 708 ff; *Ingelfinger*, JZ 95, 704, 714.
82 BGHSt 20, 194, 195; LK-*Vogel/Burchard*, § 249 Rn 105.
83 S. dazu Rn 121 ff; 150, 173; ohne Auseinandersetzung mit ihm auf dem Boden des faktischen Gewahrsamsbegriffs nicht überzeugend BGH NStZ 11, 158; BGH NStZ 14, 40 f; BGH HRRS 10, Nrn 115, 275; *Bachmann/Goeck*, Jura 10, 927; *Hütwohl*, ZJS 09, 131.
84 In BGH NStZ-RR 19, 311 50 € aus einer Geldbörse statt erwarteter 300 000 € aus einem Tresor = **unwesentliche Abweichung**.
85 BGH NStZ 96, 599; BGH NStZ 04, 333; BGH NStZ 06, 686 mit Bespr. *Streng*, JuS 07, 422; BGH NStZ-RR 13, 309; *Kudlich/Oğlakcıoğlu*, JA 12, 324; LK-*Vogel/Burchard*, § 249 Rn 90; für Vollendung dagegen LG Düsseldorf NStZ 08, 155, 156 mit krit. Anm. *Sinn*, ZJS 10, 274; A/W-*Heinrich*, § 13 Rn 131; *Böse*, GA 10, 249; zur Parallele beim Diebstahl s. hier Rn 180.
86 BGH StV 13, 440.
87 S. dazu LK-*Murmann*, § 22 Rn 155 ff, 162 sowie hier Rn 258.
88 BGHSt 26, 201, 203 f; 39, 236, 238.
89 OLG Hamm StV 97, 242; SK-*Sinn*, § 249 Rn 34/35.

das Behältnis nicht mit Zueignungsabsicht.[90] Anders wäre nur zu entscheiden, wenn der Täter das Behältnis zum **Transport** der Beute verwenden will, denn dann erstreckt sich seine Aneignungsabsicht auch auf das Behältnis.[91] Letzteres trifft im **Fall 25** nicht zu. Im **Fall 25a** liegt daher insoweit nur straflose Sachentziehung vor; in der Fallabwandlung (= **Fall 25b**) ist allerdings auf § 303 und § 240[92] einzugehen.

Hinsichtlich der **Geldbörse** nebst Inhalt könnte dagegen ein Raub (§ 249) vorliegen. Ob das überraschende **Entreißen einer Handtasche** als Raub (§ 249) oder nur als ein listig eingefädelter Diebstahl (§ 242) zu beurteilen ist, hängt von den Umständen des Einzelfalles ab.[93] Gewalt gegen eine Person iS des § 249 setzt zwar keinen besonderen Kraftaufwand, aber doch die Herbeiführung einer **körperlichen Zwangswirkung** zur Verhinderung oder Überwindung von Widerstand, dh mehr voraus, als zum bloßen Wegnehmen iS des § 242 erforderlich ist.

Führt – wie im **Fall 25a** – schon der schnelle einfache Zugriff des Täters auf die Sache zum Gewahrsamswechsel, ehe das Opfer darauf zu reagieren vermag, handelt es sich nur um einen sog. offenen **Diebstahl**, bei dem die Wegnahme vor den Augen und gegen den Willen des Betroffenen erfolgt.[94] § 248a ist dann anwendbar. Hält der Überfallene dagegen (wie insbesondere bei Erwartung des Angriffs) die Tasche derart fest in der Hand, dass sie ihm nur **mittels erheblicher Krafteinwirkung** entrissen werden kann (so im **Fall 25b**), bedarf es der Überwindung eines tatsächlich geleisteten oder erwarteten Widerstandes mit der Folge, dass bei gelungener Wegnahme **Raub** vorliegt.[95] Da § 249 keine Bagatellklausel enthält, kann – anders als in Fällen des § 243 II – auf §§ 242, 248a auch dann nicht zurückgegriffen werden, wenn R sich von vornherein nur eine geringwertige Beute vorgestellt haben sollte.

II. Sachentwendung bei fortwirkenden, nicht zu Raubzwecken geschaffenen Zwangslagen

407

Fall 26: A und B versteckten sich nach ihrem Ausbruch aus dem Gefängnis im Haus der geschiedenen Ehefrau E des A. Sie fesselten E und ihren Lebenspartner L. Dies geschah, um E sexuell zu missbrauchen und L daran zu hindern, ihr zu helfen. B zog ohne Wissen des A der noch gefesselten E später auf Grund eines spontanen Entschlusses die Uhr vom Arm, um sie zu behalten. Danach flohen A und B mit dem Pkw des L, nachdem sie ihm die Fahrzeugschlüssel abgenommen hatten. Ob sie sich zu diesem Vorgehen schon bei der Fesselung des L entschlossen hatten, ließ sich nicht mehr feststellen.

Haben sich A und B des Raubes schuldig gemacht? **Rn 411**

Im Falle des Raubes müssen die Nötigung des Opfers und die Wegnahme der fremden Sache in einer inneren, finalen Beziehung stehen.[96] Die Nötigung muss – zumindest nach der Vorstellung des Täters – das **Mittel** zur Wegnahme gewesen sein und nicht bloße Be-

---

90 Vgl BGH StV 90, 205; BGH NStZ 00, 531; BGH NStZ-RR 00, 343; BGH NStZ 04, 333; BGH MDR/D 75, 22; *Otto*, Jura 97, 473 (s. schon hier Rn 238).
91 LG Düsseldorf NStZ 08, 155 mit insofern zust. Anm. *Sinn*, ZJS 10, 274; krit. LK-*Vogel/Burchard*, § 249 Rn 90.
92 S. S/S-*Eisele*, § 240 Rn 12.
93 Ebenso *Krey/Hellmann/Heinrich*, BT II 286 f.
94 Zutr. BGH StV 86, 61; 90, 262; zu weit BGHSt 18, 329.
95 BGH NJW 55, 1404; 02, 2043; **aA** *Mitsch*, BT II S. 500 f.
96 BGH NStZ-RR 02, 304 mit krit. Anm. *Walter*, NStZ 04, 153; zusf. BGHSt 61, 141 mit Anm. *Bosch*, Jura (JK) 16, 1082; *Eisele*, JuS 16, 754; *Habetha*, NJW 16, 2131; *Heghmanns*, ZJS 16, 519; *Kudlich*, JA 16, 632; *Maier*, NStZ 16, 474; BGHSt 61, 197 mit Anm. *Berster*, JZ 16, 1017; *Eisele*, BT II Rn 320 f; Übersicht über die uneinheitliche Rspr. bei Fischer-*Fischer*, § 249 Rn 10 ff.

gleiterscheinung.⁹⁷ Dabei schadet es nicht, wenn der Täter *daneben* noch ein weiteres Ziel verfolgt.⁹⁸ Daraus ergibt sich, dass das Ausnutzen einer zunächst ausschließlich *aus anderen Gründen* geschaffenen oder entstandenen Zwangslage zu einer Sachentwendung nicht ohne Weiteres Raub (§ 249) begründet. Je nach den Tatumständen ist hier wie folgt zu unterscheiden:

1. Fortdauer der Gewaltanwendung

Fasst und verwirklicht der Täter seinen Wegnahmeentschluss während der **noch fortdauernden Gewaltanwendung**, so begeht er einen **Raub**, weil und wenn er die zunächst zu anderen Zwecken verübte Gewalt auf Grund eines neuen Tatentschlusses unter *aktiver* Aufrechterhaltung der körperlichen Zwangswirkung nunmehr als Mittel zum Zwecke der Sachentwendung benutzt. 408

So lag es im *Armbanduhrfall*⁹⁹, in dem der Täter ein Mädchen auf öffentlicher Straße gewaltsam an sich zog, um es zu küssen, bei dem Gerangel dessen linken Arm zu fassen bekam, dort eine Armbanduhr fühlte und diese auf Grund eines *neuen* Entschlusses an sich brachte, ohne dass das sich gegen die fortdauernde Gewalt*anwendung* heftig wehrende Mädchen dies bemerkte. Hier wurde die Gewaltanwendung fortgesetzt und umfunktioniert.¹⁰⁰ Auch begeht einen Raub, wer sein Opfer zunächst „nur" mutwillig zusammenschlägt, es dann aber unterhakt und zu dessen Wohnung schleift, um dort befindliches Geld an sich zu nehmen. Hier löst die beendete eine neue, nun von Zueignungsabsicht begleitete Gewalt ab.¹⁰¹

2. Ausnutzung der Gewaltwirkung

Anders ist zu entscheiden, wenn der Täter nur die fortdauernde **Wirkung** der von ihm ohne Wegnahmevorsatz verübten **Gewalt** im Rahmen eines neuen Entschlusses zur Entwendung von Sachen **ausnutzt, ohne** dass die Nötigungs*handlung* als solche andauert.¹⁰² Das gilt auch dann, wenn das Opfer auf Grund der vorangegangenen Gewaltanwendung bewusstlos ist.¹⁰³ Hier kommt lediglich Diebstahl (§ 242) in Betracht. 409

So lag es im Fall eines Taxifahrers, der lediglich den geschuldeten Fahrpreis erhalten wollte. Ihm ging es bei Anwendung der Gewalt allein um die Durchsetzung seines Anspruchs auf Zahlung des Fahrpreises und deshalb nach der in solchen Fällen § 16 anwendenden Rspr. (s. dazu Rn 401, 236) *subjektiv* nicht um *rechtswidrige* Zueignung. Hierum ging es erst, als er den den Fahrpreis weit übersteigenden gesamten Inhalt der zu Boden gefallenen Geldbörse des zahlungsunwilligen Fahrgastes in Höhe von 870 DM ohne weitere Gewaltakte an sich nahm und behielt. Dass der Fahrgast zu diesem Zeitpunkt von der Gewalt*wirkung* noch beeindruckt „auf allen vieren" davonkroch, reicht für den nötigen Zusammenhang ebenso wenig aus, wie allgemein die Tatsache, dass die aus

---

97 BGH MDR/H 84, 276; BGH NStZ 03, 431; BGH NStZ 15, 698.
98 BGH StV 93, 79; Fischer-*Fischer*, § 249 Rn 7; HdS-*Wittig* V, § 30 Rn 82.
99 BGHSt 20, 32, 33; s. dazu *Hörnle*, Puppe-FS S. 1143, 1147 f; *Lackner/Kühl/Heger*, § 249 Rn 4; S/S-*Bosch*, § 249 Rn 6a.
100 H-H-*Kretschmer*, Rn 898; *Klesczewski*, BT § 8 Rn 187; *Krey/Hellmann/Heinrich*, BT II Rn 294; *Küper/Zopfs*, BT Rn 301; LK-*Vogel/Burchard*, § 249 Rn 49.
101 BGH NStZ-RR 15, 372; s. auch BGH HRRS 21, Nr 460.
102 BGHSt 32, 88, 92; BGH StV 83, 460; BGH NJW 69, 619; BGH NStZ-RR 13, 45 f; BGH BeckRS 14, 05762 mit Bespr. *Hecker*, JuS 14, 656; BGH HRRS 14, Nr 1080; BGH NStZ 15, 585 mit Anm. *Piel*; *Kudlich*, JA 15, 791; BGH StraFo 16, 168; BGH BeckRS 17, 121851 mit Anm. *Nestler*, Jura (JK) 18, 100; BGH HRRS 18, Nr 495; BGH BeckRS 18, 25410 mit Anm. *Jahn*, JuS 18, 1246; BGH HRRS 23, Nr 564; BK-*Wittig*, § 249 Rn 14.1; HdS-*Wittig* V, § 30 Rn 84.
103 BGH StV 95, 416; BGH NStZ 06, 508; hier ist **§ 243 I 2 Nr 6** zu beachten.

anderen Gründen verübte Gewaltanwendung nur „noch in der Weise fortwirkt, dass sich das Opfer im Zustand allgemeiner Einschüchterung befindet".[104]

410 Zu beachten ist allerdings, dass § 249 selbst *nach Abschluss der Gewaltanwendung* anwendbar bleibt, wenn der Täter zur **Drohung** mit gegenwärtiger Gefahr für Leib oder Leben übergeht.[105] Das kann in solchen Fällen namentlich dadurch geschehen, dass das Opfer das weiterhin einschüchternde Verhalten des Täters als konkludente Drohung mit erneuter Gewaltanwendung versteht, der Täter diese Situation erkennt und sie bewusst zum Zweck der Wegnahme ausnutzt.[106] Hier wird freilich der Grat zwischen **konkludenter** Drohung und bloßer Nichtbeseitigung der Gewaltwirkung durch **Unterlassen** schmal.[107] Letzteres ist aktiver Gewaltanwendung nicht gleichzusetzen (§ 13 I). Wer anders entscheidet, gerät in Gefahr, den nicht beweisbaren Verdacht eines Raubvorsatzes bei der Gewaltanwendung durch die Hintertür einer überdehnten Unterlassensstrafbarkeit abzugelten und zudem die Grenzen verbotener Finalität und bloßer Ausnutzung ohne sie entstandener Wirkung zu verwischen. Auch begünstigt eine solche Lösung den Täter, der sein Opfer schwer verletzt oder bewusstlos geschlagen und sich damit um die Möglichkeit gebracht hat, die Zwangslage aufzuheben. Schließlich fehlt in § 249 eine dem § 177 I Nr 3 entsprechende Vorschrift.[108]

Nutzt jemand fortdauernde Tätlichkeiten eines Dritten ohne dessen Kenntnis und Einverständnis dazu aus, Wertsachen aus dem in der Nähe abgestellten Kraftwagen des Tatopfers zu entwenden, kommt nicht Raub, sondern gemäß §§ 242, 243 I 2 Nr 6 nur ein *besonders schwerer Fall* des Diebstahls in Betracht.[109]

411 Im **Fall 26** hat B bezüglich der Uhr lediglich einen Diebstahl in einem besonders schweren Fall (§§ 242, 243 I 2 Nr 6) begangen, da sein spontaner Entschluss zu stehlen der Gewalt*anwendung* noch nicht zugrunde lag. Das bloße Ausnutzen der allerdings pflichtwidrig aufrecht erhaltenen Fesselung *entspricht* als Unterlassen dem geforderten aktiven Gewalteinsatz nach umstrittener, aber zutreffender Ansicht nicht.[110] A kann mangels Vorsatzes und Zueignungsabsicht insoweit nicht Mittäter und mangels Vorsatzes auch nicht Gehilfe zu dem Exzess des B sein. Waren A

---

104 So die von *Jahn*, JuS 08, 741 besprochene Entscheidung des BGH BeckRS 08, 07766 unter Berufung auf BGH NStZ 82, 380; 99, 510; BGH NStZ-RR 97, 298; BGHR StGB § 249 Abs. 1 Drohung 3; s. auch BGH NStZ 09, 325; BGH NStZ-RR 14, 110; s. auch BGH BeckRS 18, 25410 mit Anm. *Jahn*, JuS 18, 1246.
105 Lehrreich dazu BGH MDR/D 68, 17, 18; BGHSt 41, 123, 124 mit Bespr. *Krack*, JuS 96, 493; s. auch BGH NStZ-RR 12, 270; BGH StV 13, 442 f. Nicht ausreichend ist bloße **Angst** vor erneuter Gewaltanwendung, BGH NStZ 13, 648; BGH StV 14, 546; BGH HRRS 21, Nr 460; BGH HRRS 23, Nr 1228; s. zu dieser Fallgruppe auch S/S-*Bosch*, § 249 Rn 6a.
106 S. dazu BGH StV 15, 768; BGH NStZ 23, 411; BGH NStZ 24, 290 mit Anm. *Berghäuser*, NStZ 24, 413; BGH NStZ-RR 24, 244.
107 Deshalb wird von der konkludenten Drohung nur bei unmissverständlichem Erklärungswert des schlüssigen Verhaltens gesprochen, s. Fischer-*Fischer*, § 249 Rn 14 f; *Ingelfinger*, Küper-FS S. 201; M/R-*Maier*, § 249 Rn 34.
108 **Wie hier** BGH NStZ-RR 17, 143; *Eisele*, BT II Rn 326 f; *Ingelfinger*, Küper-FS S. 202 ff; *Krey/Hellmann/Heinrich*, BT II Rn 295; *Küper/Zopfs*, BT Rn 303; *Lackner/Kühl/Heger*, § 249 Rn 4; *Otto*, BT § 46 Rn 20; *Rengier*, BT I § 7 Rn 32; SK-*Sinn*, § 249 Rn 32; diff. NK-*Kindhäuser*, § 249 Rn 24 f; **aA** BGHSt 48, 365 ff mit krit. Anm. *Baier*, JA 04, 431, 433; *Hohmann/Sander*, BT I § 5 Rn 19; *Otto*, JZ 04, 364; S/S-*Eser/Bosch*, § 249 Rn 6b; *Walter*, NStZ 04, 623; *Walter*, NStZ 05, 243; *Zöller*, BT Rn 353; s. auch Fischer-*Fischer*, § 249 Rn 12b, 14 ff; HK-GS/*Duttge*, § 249 Rn 14; **dem BGH zust.** *Gössel*, JZ 04, 254; *Lackner/Kühl/Heger*, § 249 Rn 4; LK-*Vogel/Burchard*, § 249 Rn 51 ff; MK-*Sander*, § 249 Rn 32; S/S/W-*Kudlich*, § 249 Rn 15 f; zur Gefahr der **Verdachtsstrafe** s. *Hillenkamp*, Wassermann-FS S. 861, 864 f.
109 BGH StV 90, 159, 160.
110 Anders BGH JZ 04, 362.

und B bei der Fesselung des L bereits entschlossen, ihm die Fahrzeugschlüssel abzunehmen, hindert die zusätzliche Zielsetzung, ihn vom Helfen abzuhalten, die raubspezifische Finalität der Gewaltanwendung nicht.[111] Fassten sie den Entschluss erst später, gilt das zu B Gesagte entsprechend. Lässt sich das Geschehen insoweit nicht mehr aufklären, ist nach der hier vertretenen Ansicht nach dem Grundsatz in dubio pro reo von Letzterem auszugehen und nur wegen Diebstahls zu verurteilen. Auch die Gegenansicht muss diese wegen der Strafmilderungsmöglichkeit nach § 13 II günstigere Sachverhaltsalternative zugrunde legen.[112]

III. Prüfungsaufbau: Raub, § 249

Raub, § 249 412

I. **Tatbestand**
  1. **Objektiver Tatbestand**
      a) **Tatobjekt:**
        - *Sache*
        - *beweglich*
        - *fremd*
      b) **Tathandlung:**
        - *Wegnahme*
          → *Bruch fremden Gewahrsams*
            Gewahrsam
            Ⓟ faktischer oder sozial-normativer Begriff
            fremd
            Ⓟ Mitgewahrsam
            Bruch
            Ⓟ Einverständnis
              (Raub ↔ räuberische Erpressung)
            Ⓟ durch Dritte
              (mittelbare Täterschaft ↔ Dreieckserpressung)
          → *Begründung neuen Gewahrsams*
            Gewahrsam
            Ⓟ Gewahrsamsenklave
            Begründung
            Ⓟ Vollendung
      c) **Tatmittel:** **Einsatz qualifizierter Nötigungsmittel zur Wegnahme**
      (1) Nötigungsmittel:
        - *Gewalt gegen eine Person*
          Ⓟ Gewaltbegriff
          Ⓟ Gewalt gegen Sachen als Gewalt gegen Personen
          Ⓟ Adressat der Gewalt
        - *Drohung mit gegenwärtiger Gefahr für Leib/Leben*
          Ⓟ Adressat des angedrohten Übels
      (2) Wegnahmebezug: ***Wegnahme mit Gewalt/unter Anwendung von Drohungen***
          → finale Verknüpfung von Nötigung und Wegnahme
          Ⓟ nur subjektive/auch objektiv kausale Verknüpfung
          Ⓟ Ausnutzung nicht zu Raubzwecken geschaffener Zwangslagen
  2. **Subjektiver Tatbestand**
      a) **Vorsatz:**
        - *jede Vorsatzart*
          → Bedeutungskenntnis bzgl Fremdheit

---
111 BGH NStZ 93, 79.
112 S. *Lackner/Kühl/Heger*, § 1 Rn 17.

> b) Zueignungsabsicht: • **Absicht rechtswidriger Zueignung**
> → wie beim Diebstahl, § 242
> **II. Rechtswidrigkeit**
> **III. Schuld**
> → **Qualifikationen, §§ 250, 251**

§ 9 Raubqualifikationen

413 **Fall 27:** T ist nachts in das einsam gelegene Haus der 74-jährigen O eingedrungen, um dort zu stehlen. Als er von der resoluten O überrascht wird, droht er, sie zu erschießen, falls sie sich der Mitnahme von schon auf dem Küchentisch zusammengetragenem Geld und Schmuck widersetze. Dabei zielt der mit einer Strumpfmaske versehene T mit einer echt wirkenden Spielzeugpistole auf O. O, die jahrelang Verkäuferin in einer Spielzeugwarenabteilung war, durchschaut die Täuschung und versucht daher, T aus der Küche zu drängen. Daraufhin überwältigt T die sich heftig wehrende O und fesselt sie mit einem Kabel, das er für den Notfall zu diesem Zweck bei sich trug. Nachdem er die Beute in einer Plastiktüte verstaut hatte, verließ T das Haus. Kurze Zeit später verstarb O an einem Herzinfarkt. Dieser war durch die angestrengte Gegenwehr, vor allem aber dadurch bedingt, dass sich O über den Verlust ihres Schmucks sehr aufregte.
Strafbarkeit des T? **Rn 440**

I. Schwerer Raub

1. Überblick über die Neufassung des § 250

414 § 250 enthält *tatbestandlich* geformte, in ihren Absätzen I und II nach der Schwere des Unrechts voneinander abgeschichtete **Qualifikationen** zum Grundtatbestand des § 249. Kraft Verweisung gelten diese Erschwerungsgründe auch für den räuberischen Diebstahl (§ 252) und die räuberische Erpressung (§ 255).

415 § 250 stellt in I Nr 1a den Raub mit Waffen und gefährlichen Werkzeugen, in I Nr 1b den Raub mit sonstigen Werkzeugen und Mitteln, die der Täter mit einer spezifischen Verwendungsabsicht bei sich führt, und in I Nr 2 den Bandenraub als einfache Qualifikationen unter eine gegenüber § 249 um zwei Jahre erhöhte Mindeststrafe. Diese Qualifikationen entsprechen der Regelung des § 244 I Nrn 1a, b, 2. Als weitere einfache Qualifikation sieht § 250 I Nr 1c das Schaffen der Gefahr einer schweren Gesundheitsschädigung für eine andere Person vor, die in § 244 keine Entsprechung hat. Das gilt auch für die schweren Qualifikationen des § 250 II, der eine Mindeststrafe von fünf Jahren für die Fälle der Verwendung von Waffen oder gefährlichen Werkzeugen (II Nr 1), des bewaffneten Bandenraubes (II Nr 2) und der schweren körperlichen Misshandlung bzw. des Schaffens von Todesgefahr (II Nr 3a, b) vorsieht.

In § 250 III findet sich die Regelung des **minder schweren Falles**,[1] die für die einfachen wie die schweren Qualifikationen unterschiedslos gilt und deren Höchststrafdrohung bei zehn Jahren liegt.

---

1 S. dazu BGH NStZ-RR 01, 215; BGH BeckRS 13, 00514 (dilettantische/unprofessionelle Ausführung); LG Verden, StV 06, 696.

Hohe Anforderungen an den minder schweren Fall stellt der BGH iR der Beschaffungskriminalität drogenabhängiger Täter, begnügt sich im Übrigen aber mit einem „beträchtlichen Überwiegen" der strafmildernden Umstände.[2]

2. Einfache Raubqualifikationen

a) Beisichführen von Waffen oder anderen gefährlichen Werkzeugen

§ 250 I Nr 1a setzt voraus, dass der Täter oder ein anderer Beteiligter eine Waffe oder ein anderes gefährliches Werkzeug bei sich führt. Das entspricht wort- und inhaltsgleich der Qualifikation des § 244 I Nr 1a. Die Ausführungen, die dort zum Begriff der Waffe (Rn 306 ff), des gefährlichen Werkzeugs (Rn 313 ff) und zum Beisichführen (Rn 308 f, 324) gemacht worden sind, gelten daher ohne Einschränkung auch hier. 416

Auch beim Raub ist für das **bewusste Beisichführen** (s. dazu Rn 308, 324) ausreichend, wenn der Täter eine Waffe erst während der Tatausführung und nur „aus Sicherheitsgründen" aus dem Schreibtisch des Tatopfers oder ein am Tatort vorgefundenes gefährliches Werkzeug an sich nimmt.[3] Lässt er Waffe oder Werkzeug unangetastet liegen, reicht deren bloße Wahrnehmung für ein Beisichführen dagegen nicht aus.[4] Auch müssen – wie zu § 244 I Nr 1a – Waffe oder gefährliches Werkzeug beweglich sein[5] und sich so in der Nähe eines Beteiligten befinden, dass er sich ihrer in der Phase zwischen Versuch und Vollendung (nicht erst in der zwischen Voll- und Beendigung, s. Rn 309)[6] ohne nennenswerten Zeitaufwand oder besondere Schwierigkeiten bedienen kann. Wer Waffe oder gefährliches Werkzeug vor dem Eindringen in das Haus des Opfers im geparkten Pkw zurücklässt und sie erst wieder auf der Flucht zur Verfügung hat, erfüllt beide Voraussetzungen nicht.[7] Dagegen reicht es aus, wenn Waffe oder gefährliches Werkzeug in einem verschlossenen Rucksack mitgeführt werden.[8] 417

Die **Waffe** muss auch hier funktionstüchtig,[9] als *Waffe im technischen Sinn* einsatzbereit[10] und – woran es bei einer Schreckschusspistole fehlt[11] – generell dazu bestimmt sein, Menschen körperlich zu verletzen. Ein nur mit Platzpatronen geladener Gasrevolver erfüllt diesen Waffenbegriff dagegen nicht.[12] Daneben genügt das Beisichführen eines anderen **gefährlichen Werkzeugs** (s. hierzu Rn 313 ff).[13] Ebenso wie im Rahmen des § 244 stellt sich auch hier die Frage nach den hierfür maßgeblichen Aspekten. 418

---

2 BGH NStZ 02, 31, 32 f; BGH BeckRS 15, 06200.
3 BGH NStZ 85, 217; so auch BGH BeckRS 13, 08221 für ein Messer als gefährliches Werkzeug; s. auch hier Rn 307.
4 BGH BeckRS 16, 20065 mit Bespr. *Eisele*, JuS 17, 369.
5 BGH BeckRS 13, 00525 verneint das für einen im Raum befindlichen Industriemüll-Häcksler; zust. *Hecker*, JuS 13, 948.
6 *Bachmann/Goeck*, Jura 12, 133; *Geppert*, Jura 99, 604; *Habetha*, NJW 10, 3133, 3135 ff; *Kiworr*, JuS 18, 424; *Küpper/Gabow*, Achenbach-FS S. 265 ff; diff. S/S-*Bosch*, § 250 Rn 6 ff; bis zur Beendigung soll auch hier nach BGH NStZ 07, 332, 334 mit abl. Anm. *Kudlich*, JR 07, 381 reichen.
7 Anders BGH NStZ 98, 354.
8 Zu eng BayObLG StV 99, 383.
9 BGH NJW 98, 2915.
10 BGH NStZ 99, 448; bereits geladen muss die Schusswaffe nur für § 250 II Nr 1 sein, s. BGH NStZ-RR 07, 375.
11 **AA** BGHSt 48, 197; BGH NJW 06, 73, 74; s. dazu Rn 307; dem BGH zust. *Kindhäuser/Hilgendorf*, § 244 Rn 4; *Schmidt*, BT II Rn 193, § 193a; zu Recht krit. dazu AnK-*Habetha*, § 250 Rn 10; *Fischer-Fischer*, § 250 Rn 5a-d.
12 Missverständlich BGHSt 44, 103, 106 f; BGH StV 01, 274, 275; BGH JR 99, 33 mit krit. Anm. *Dencker*.
13 S. dazu *Hillenkamp/Cornelius*, BT 26. Problem.

Während der BGH in seinen ersten Entscheidungen die Maßstäbe des § 224 I Nr 2 unbesehen auch auf § 250 I Nr 1a übertragen hat, hat erst der 3. Senat[14] die hierbei bestehenden Probleme (Rn 313 ff) erkannt und deshalb erwogen, einen **Mittelweg** einzuschlagen. Dieser sollte darin bestehen, „für § 250 I Nr 1a nF [...] neben der objektiven Beschaffenheit des Gegenstandes eine generelle, von der konkreten Tat losgelöste[15] Bestimmung des Gegenstandes zur gefährlichen Verwendung seitens des Täters" zu verlangen, die noch „nicht die konkrete Verwendungsabsicht nach § 250 I Nr 1b StGB nF erreicht hat".[16] Dies ist jedoch abzulehnen und, in Einklang mit § 244 I Nr 1a (Rn 305 ff), auf ein **subjektivierendes Verständnis** abzustellen, wonach ausschließlich solche Gegenstände in den Kreis der gefährlichen Werkzeuge einzubeziehen sind, deren Verwendung *entsprechend* einem **inneren Verwendungsvorbehalt** die verlangte *Gefährlichkeit* begründet.

Vor diesem Hintergrund genügt es hinsichtlich der **Werkzeugeigenschaft** einer Schreckschusspistole – entgegen dem Vorlagebeschluss des 2. Senats[17] – nicht, dass diese objektiv „innerhalb kürzester Zeit unmittelbar am Körper des Opfers zum Einsatz gebracht werden" *könnte* und als Schlaginstrument oder bei einem aufgesetzten Schuss dann erhebliche Verletzungen bewirken würde. Vielmehr ist es erforderlich, dass die Pistole gegebenenfalls in dieser Weise *verwendet* oder mit einer solchen Vorgehensweise *gedroht werden soll*.[18] Hierüber entscheidet der zur Bestimmung der Gefährlichkeit nach der hier vertretenen Auffassung vorausgesetzte **Verwendungsvorbehalt** (Rn 318 f). Nach den Maßstäben der vom 3. Senat zunächst erwogenen, dann aber aufgegebenen Lösung[19] ist dagegen zu fragen, ob der Täter schon zuvor für alle möglichen Fälle das Werkzeug zur gegebenenfalls gefährlichen Verwendung bestimmt und bereitgelegt hat und sich dessen bei der Tatausführung bewusst ist.

Wer bei einer **Versuchshandlung** eine Waffe bei sich führt, sich ihrer dann jedoch entledigt, um die geplante Tat ohne Waffe zu vollenden, soll nach dem BGH[20] wegen vollendeten schweren Raubes gemäß §§ 249, 250 I Nr 1 (= Nr 1a nF) zu bestrafen sein, weil es keinen **Teilrücktritt** von qualifizierenden Tatbestandsmerkmalen gebe. Der Grundgedanke des § 24 dürfte indessen der Anerkennung eines solchen Teilrücktritts nicht prinzipiell entgegenstehen.[21] Dass bei dem hier wie zu § 244 I Nr 1a für das gefährliche Werkzeug verlangten Verwendungsvorbehalt (Rn 318 f) diese Alternative leer laufe, weil die Verwendungsabsicht immer schon den Versuch des § 250 II Nr 1 begründe,[22] ist nach allgemeinen Versuchsgrundsätzen nicht zwingend und daher kein stichhaltiger Einwand gegen die hier empfohlene teleologische Reduktion.[23]

b) Raub mit sonstigen Werkzeugen oder Mitteln

419 § 250 I Nr 1b setzt – wie die gleich lautende Vorschrift des § 244 I Nr 1b – voraus, dass der Täter oder ein anderer Beteiligter *sonst* ein Werkzeug oder Mittel bei sich führt, um den Widerstand einer anderen Person durch Gewalt oder Drohung mit Gewalt zu verhindern oder zu überwinden. Auch hier gelten die Aussagen zu der Regelung in § 244 I

---

14 BGH NStZ 99, 301.
15 Vgl hierzu BGHSt 43, 266, 269 f.
16 BGH NStZ 99, 301, 302; zust. OLG Frankfurt/M StV 02, 145; OLG Braunschweig NJW 02, 1735 mit Bespr. *Müller*, JA 02, 928; *Maatsch*, GA 01, 82; s. auch A/W-*Heinrich*, § 14 Rn 57; *Heghmanns*, Rn 1675; *Kasiske*, HRRS 08, 378, 382; *Zieschang*, JuS 99, 52; zum alten Recht *Scholderer*, StV 88, 432; krit. *Streng*, GA 01, 367.
17 BGH NJW 02, 2889, 2891; abl. BGH NStZ-RR 02, 265.
18 BGH NStZ 02, 31, 33; nicht vollständig klärend BGH NStZ 99, 301; wie hier *Bachmann/Goeck*, Jura 2010, 925; *Erb*, JuS 04, 653, 656; Gleiches gilt für einen Baseballschläger, vgl. BGH StV 08, 470.
19 BGH NStZ 99, 301; aufgegeben in BGHSt 52, 257, s. Rn 318 ff auch zu verbliebenen Vertretern dieser Lösung; zum „gefährlichen" Beisichführen eines Werkzeugs s. hier Rn 318 f.
20 BGH NStZ 84, 216 mit abl. Anm. *Zaczyk*.
21 Vgl zu diesem Fragenkreis HK-GS/*Duttge*, § 244 Rn 35; *Küper/Zopfs*, BT Rn 121; *Rengier*, BT I § 4 Rn 77 ff; *Streng*, JZ 84, 652 und Anm. NStZ 85, 359; *Wessels/Beulke/Satzger*, AT Rn 1056.
22 So *Schlothauer/Sättele*, StV 98, 507.
23 S. *Küper*, Hanack-FS S. 589; *Roxin*, JuS 79, 8.

Nr 1b entsprechend (vgl. insofern auch Rn 325 ff). Die gesetzgeberische Absicht, mit dieser Vorschrift einen **Auffangtatbestand** zu schaffen und sie auf die sog. *Scheinwaffen und solche Gegenstände zu erstrecken, die zwar zur gewaltsamen oder mit Gewalt drohenden, eine objektive Leibesgefahr aber nicht begründenden* Überwindung von Widerstand eingesetzt werden, hat sich auch in § 250 I Nr 1b verwirklicht.[24]

Dazu ist allerdings hervorzuheben, dass sich die Problematik der **Scheinwaffe**[25] für § 250 in einem etwas anderen Licht darstellt als zu § 244. So bildet die vom Gesetzgeber beabsichtigte Konstruktion eines Auffangtatbestandes für Scheinwaffen und Leibesgefahr nicht begründende Werkzeuge oder Mittel nach wie vor in § 250 einen *systemwidrigen Fremdkörper*, weil hier im Gegensatz zum neugefassten § 244 I *alle* übrigen Qualifikationen ihren Grund in der besonderen objektiven Gefährlichkeit von Tat und Täter finden. Mit der darin liegenden Unrechtssteigerung hält der Auffangtatbestand folglich nicht mit. Er beseitigt daher auch nicht den Druck, in § 250 III erneut schon *für den Regelfall* auszuweichen.[26] **420**

Infolgedessen sind die Auswirkungen der gesetzgeberischen Entscheidung hier zu begrenzen. Dazu taugt als Maßgabe der Gedanke der Kompensation (s. Rn 326 f). Er verbietet die Einbeziehung nach ihrem äußeren Erscheinungsbild – nach der Rspr. nach dem Urteil eines objektiven Beobachters – offensichtlich ungefährlicher Gegenstände, die auf das mitbetroffene Rechtsgut der Freiheit nur durch listige Begleiterklärungen, nicht aber von sich aus *als Mittel* wirken (Rn 327).[27] Auch ist § 250 I Nr 1b zu verneinen, wenn das Tatopfer die **Scheinwaffe** als solche erkennt.[28] In einem solchen Fall liegt objektiv keine „auf einem gesteigerten verbrecherischen Willen des Täters beruhende Einschüchterungssituation" vor.[29] Soweit eine solche beabsichtigt ist, kann dieser bloß subjektive Umstand die objektiv fehlende Freiheitsbeeinträchtigung nicht ausgleichen; die § 250 I Nr 1b zugedachte Auffangfunktion ändert daran nichts.[30] In solchen Fällen liegt zu § 250 nur eine Versuchskonstellation vor.[31] **Andere ungefährliche Mittel** scheiden nach dem Kompensationsmaßstab aus, wenn sie nur zu einer kurzfristigen, die Erheblichkeitsschwelle nicht überschreitenden Beeinträchtigung der körperlichen Integrität oder Bewegungsfreiheit führen (sollen). So liegt es etwa bei einem zur Unterbindung von Hilferufen **421**

---

24 BT-Ds 13/8587, S. 44 f; BT-Ds 13/9064, S. 18 f; BGH NJW 98, 2914; zu einem an sich § 250 I Nr 1b erfüllenden Fall bloßer Fesselung s. BGHSt 48, 365, 367 ff; die Problematik dieses Falles liegt im Unterlassen, s. dazu hier Rn 410 f.
25 S. zu ihr im Einzelnen *Wessels*, BT II Rn 338 ff und *Otto*, Jura 97, 473.
26 S. BGH NStZ-RR 01, 215; nach LK-*Vogel/Burchard*, § 250 Rn 24 f soll das bei der Scheinwaffe sogar verfassungsrechtlich geboten sein; ihm zust. *Schramm*, BT II § 4 Rn 57.
27 BT-Ds 13/9064, S. 18; BGHSt 38, 116, 118; BGH NStZ 97, 184; BGH NStZ 98, 38; BGH NStZ 07, 332, 333 f mit Bespr. *Bosch*, JA 07, 468; *Jahn*, JuS 07, 503; *Kudlich*, JR 07, 781; BGH StV 08, 520; BGH StV 11, 676, 677 mit Anm. *Bosch*, JK 12/11, StGB § 250 I Nr 1b/14; BGH NStZ-RR 23, 204 mit Anm. *Mitsch*, JR 23, 634; Bespr. *Jäger*, JA 23, 606; *Jahn*, JuS 23, 694; BK-*Wittig*, § 250 Rn 6; *Eisele*, BT II Rn 350; *Joecks/Jäger*, § 250 Rn 18 f; MK-*Sander*, § 250 Rn 45; M/R-*Maier*, § 250 Rn 19 f; W/Z/K/W-*Peters*, BT II § 6 Rn 14; **krit.** hierzu Fischer-*Fischer*, § 250 Rn 11 ff mwN; *Knupfer*, Schlüchter-FS S. 130 f; *Küper/Zopfs*, BT Rn 812; LK-*Vogel/Burchard*, § 250 Rn 20; HdS-*Wittig* V, § 30 Rn 124; zu einem insoweit zweifelhaften Fall s. BGH NStZ 11, 278 und BGH NStZ 17, 581 mit Anm. *Kudlich*; *Jahn*, JuS 17, 85 sowie hier Rn 327.
28 Ebenso *Küper/Zopfs*, BT Rn 812; *Rengier*, BT I § 8 Rn 8 ff, § 7 Rn 18 (auch für § 249 nicht ausreichend); ausreichen soll es nach BGH NStZ 16, 215 mit Bespr. *Jäger*, JA 16, 71; *Preuß*, HRRS 16, 466; *Satzger*, Jura 16, 573 allerdings, wenn das Opfer stattdessen vom Beisichführen eines anderen (gefährlichen) Werkzeugs ausgeht.
29 So BGH StV 90, 547 mit Anm. *Herzog*; s. dazu auch *Küper/Zopfs*, BT Rn 812 mwN.
30 S. zu dieser in anderen Irrtumsfällen *Küper/Zopfs*, BT Rn 810 f.
31 *Küper/Zopfs*, BT Rn 812; *Geppert*, Jura 92, 500.

während einer nur wenige Minuten dauernden Tatausführung mitgeführten Klebeband,[32] beim Sprühen mit Deo-Spray, das lediglich zu einem kurzfristigen Schließen der Augen führt,[33] oder bei einer losen Fesselung mit einem Kabel, aus der sich das Opfer nach kürzester Zeit selbst befreien kann.[34]

422 Für Werkzeuge und Mittel ergeben sich danach Abstufungen. Ob zum Beispiel ein **Schuh am Fuß** ein gefährliches Werkzeug im Sinne des § 250 I Nr 1a, sonst ein Werkzeug oder Mittel im Sinne des § 250 I Nr 1b oder nicht einmal das ist, hängt von den konkreten Umständen des Einzelfalles ab. Dabei kommt es auf die Beschaffenheit der Schuhe, die im Verwendungsvorbehalt vorgestellte Heftigkeit der Tritte und insbesondere darauf an, gegen welche Körperteile die Tritte sich richten sollen.[35] „Bewaffnet" sich ein Täter mit schweren Springerstiefeln, um notfalls Widerstand des Opfers mit unkontrollierten Tritten gegen den Kopf zu brechen, liegt § 250 I Nr 1a 2. Alt. (kommt es dazu, § 250 II Nr 1 2. Alt., Nr 3) vor.[36] Will er sich auf einen schmerzhaften, Verletzungsgefahr aber ausschließenden Tritt gegen das Schienbein beschränken,[37] ist § 250 I Nr 1b gegeben; soll es bei einem kurzfristigen Inschachhalten des zu Boden geworfenen Opfers durch das Stellen des Fußes auf den Bauch bleiben, ist das nicht so.

c) Gesundheitsgefährdender Raub

423 § 250 I Nr 1c qualifiziert den Raub, wenn durch die Tat eine andere Person in die **Gefahr einer schweren Gesundheitsschädigung** gebracht wird. Bei diesem Tatbestand handelt es sich nicht um ein erfolgsqualifiziertes Delikt iS des § 18, sondern um einen **Gefährdungstatbestand**, der den Eintritt der konkreten Gefahr einer schweren Gesundheitsschädigung und einen entsprechenden **Gefährdungsvorsatz** voraussetzt, wobei *dolus eventualis* genügt.[38] Beruht die Gefahr auf einer individuellen Schadensdisposition des Opfers, muss der Täter diese erkannt haben.[39]

424 Der Begriff der **schweren Gesundheitsschädigung** ist nach seiner bisherigen Verwendung im Gesetz (zB in § 218 II Nr 1) und dem Willen des Gesetzgebers[40] mit der in § 250 I Nr 3 aF aufgeführten „schweren Körperverletzung" (§ 226 nF) nicht gleichzusetzen. Die Herbeiführung der Gefahr einer schweren Folge im Sinne des § 226 I reicht sicher aus, ist aber nicht Voraussetzung. § 147 E 1962 machte die „schwere Schädigung an Körper oder Gesundheit" davon abhängig, dass der Verletzte erheblich verstümmelt, für immer oder für lange Zeit auffallend entstellt, im Gebrauch seines Köpers oder seiner Sinne, in seiner Fortpflanzungsfähigkeit, seinen seelischen Kräften oder seiner Arbeitsfähigkeit erheblich beeinträchtigt wird oder in eine lebensbedrohende, eine qualvolle oder eine ernste und langwierige Krankheit verfällt.[41] Aus dieser beispielhaft gemeinten Aufzäh-

---

32 S. BGH StV 99, 91.
33 AA BGH NStZ 03, 89.
34 Anders bei einer Fesselung mit Klebeband BGH NStZ 07, 332, 334 und BGH NStZ-RR 16, 339 oder mit einem Schal und abgeschnittenen Trageriemen einer Handtasche BGH BeckRS 13, 08221.
35 BGH NStZ-RR 11, 337; *Hettinger*, JuS 82, 895, 376; zu § 244 s. insoweit OLG Oldenburg StraFo 19, 217.
36 BGHSt 30, 375, 376.
37 OLG Stuttgart NJW 92, 850.
38 Vgl Fischer-*Fischer*, § 250 Rn 15; *Krey/Hellmann/Heinrich*, BT II Rn 322; S/S-*Bosch*, § 250 Rn 24; SK-*Sinn*, § 250 Rn 40; S/S/W-*Kudlich*, § 250 Rn 15.
39 BGH NJW 02, 2043 mit krit. Bespr. *Baier*, JA 03, 107; *Degener*, StV 03, 332; *Hellmann*, JuS 03, 17; *Schroth*, JR 03, 250; für Einbeziehung dieser Fälle auch deutlich LK-*Vogel/Burchard*, § 250 Rn 32.
40 RegE BT-Ds 13/8587, Begr. S. 27 f.
41 S. dazu auch *Küper/Zopfs*, BT Rn 282 ff; *Schroth*, NJW 98, 2865 f; *Windhorst*, Der Rechtsbegriff der „schweren Gesundheitsschädigung" 2001, S. 61 ff, 100 ff.

lung folgt, dass zwar auf einen abschließenden Katalog, nicht aber auf den § 226 zu Grunde liegenden Schweregrad verzichtet werden sollte.[42] Für hinreichend ernstlich, einschneidend und nachhaltig hält der BGH in diesem Sinne eine Gesundheitsschädigung jedenfalls dann, wenn zur Wiederherstellung der Gesundheit intensivmedizinische oder umfangreiche und langwierige Rehabilitationsmaßnahmen erforderlich sind.[43]

Der andere, um dessen Gefährdung es geht, muss ein Tatunbeteiligter, braucht aber weder der Beraubte noch eine Person zu sein, von der Widerstand geleistet oder erwartet wird.[44] Erforderlich ist indessen, dass die Gefährdung **durch die Tat** herbeigeführt wird. Die Gefährdung muss auf die raubspezifische, also durch die Raubmittel und nicht eine ausnahmsweise durch die Wegnahme (zB lebenswichtiger Medikamente)[45] heraufbeschworene Gefahr in der Zeitspanne zwischen Versuchsbeginn und Vollendung zurückgehen. Auch hier dürfen die engeren Voraussetzungen des § 252 **nicht** durch die Einbeziehung der Zeit **bis zur Beendigung** unterlaufen werden.[46] Auch reichen Gefährdungs- oder Verletzungshandlungen vor Versuchsbeginn[47] und ohne Wegnahmevorsatz nicht aus.[48] § 250 I Nr 1c erfüllende **Beispiele**: Bedrohung eines erkennbar schwer Herzkranken, Zurücklassen des gefesselten Opfers in der winterlichen Kälte oder in einer einsamen Gegend, Gefährdung von Kunden der überfallenen Bank durch Querschüsse. Erwächst dabei Lebensgefahr, geht § 250 II Nr 3b vor. Darauf, ob der drohende *Erfolg* eintritt oder nicht, kommt es nicht an, doch ist § 250 I Nr 1c auch dann erfüllt, wenn sich die qualifizierende Gefahr in einem entsprechenden Erfolg verwirklicht.[49]

d) Bandenraub

Der **Bandenraub** (§ 250 I Nr 2) entspricht dem Vorbild des § 244 I Nr 2. Die Ausführungen zum Bandendiebstahl (Rn 328 ff) gelten entsprechend, da Wortlaut und gesetzgeberischer Wille eine Gleichbehandlung gebieten.[50] Daher sind die vom GrS des BGH[51] zu § 244 I Nr 2 entwickelten Thesen auf den Bandenraub zu erstrecken. Eine Bande setzt danach den Zusammenschluss von mindestens drei Personen (s. auch zur Kritik daran Rn 331 ff), ein Bandenraub nicht aber die Mitwirkung von wenigstens zwei Bandenmitgliedern vor Ort (s. dagegen Rn 337) und eine Mittäterschaft auch nicht die Anwesenheit am Tatort (s. dazu Rn 338) voraus. Ausführungstat muss hier ein *Raub* sein.[52] Beschränkt sich die Absprache bis dahin auf Diebstähle, hindert das die Anwendung des § 250 I Nr 2 nicht, wenn sich mindestens zwei Bandenmitglieder spontan entschließen, zum Raub überzugehen.[53] Hinter § 250 II Nr 2 tritt die einfache Qualifikation zurück. Der Erschwe-

425

---

42 *Hellmann*, JuS 02, 18; *Stein*, in: Dencker ua, Einführung in das 6. StrRG 1998, S. 103; abschwächend HK-GS/*Duttge*, § 250 Rn 7.
43 BGH NStZ-RR 07, 304, 306 (zu § 225 III 1).
44 *Mitsch*, BT II S. 526; MK-*Sander*, § 250 Rn 49; S/S-*Bosch*, § 250 Rn 22 mwN.
45 **AA** Krey/Hellmann/Heinrich, BT II Rn 321; Lackner/Kühl/Heger, § 250 Rn 3; LK-*Vogel/Burchard*, § 250 Rn 35; Zöller, BT Rn 363; wohl auch HK-GS/*Duttge*, § 250 Rn 9; **wie hier** BK-*Wittig*, § 250 Rn 7; Fischer-*Fischer*, § 250 Rn 14a; H-H-*Kretschmer*, Rn 902; Kindhäuser/Hilgendorf, § 250 Rn 15; S/S/W-*Kudlich*, § 250 Rn 14.
46 *Eisele*, BT II Rn 360; Kindhäuser/Böse, BT II § 14 Rn 7; Kiworr, JuS 18, 424 ff; MK-*Sander*, § 250 Rn 51; SK-*Sinn*, § 250 Rn 37; **aA** BGHSt 38, 295, 298 f zu § 251; S/S-*Eser/Bosch*, § 250 Rn 23; Wessels, BT II Rn 343.
47 S. *Eisele*, BT II Rn 359.
48 BGH StV 06, 418.
49 S/S-*Bosch*, § 250 Rn 21.
50 BGHSt 46, 138, 141 mit Bespr. *Baier*, JA 01, 368.
51 BGHSt 46, 321.
52 §§ 252, 255, 316a reichen nicht, s. *Ladiges*, NStZ 16, 646 im Anschluss an LK-*Vogel/Burchard*, § 250 Rn 40.
53 BGH NStZ 99, 454; BGH NStZ-RR 15, 213 mit Bespr. *Kudlich*, JA 15, 551; Lackner/Kühl/Heger, § 250 Rn 2; S/S-*Bosch*, § 250 Rn 26.

rungsgrund gilt auch für Teilnehmer, wenngleich § 250 I Nr 2 aus sprachlichen Gründen nur den „Täter" hervorhebt.[54]

Liegen bei derselben Straftat mehrere Erschwerungsgründe iS des § 250 I vor, so ist nach hM lediglich *ein* (einziger) „schwerer Raub" anzunehmen.[55] Das gilt auch für § 250 II.[56]

3. Schwere Raubqualifikationen

426 § 250 II beschreibt gegenüber den einfachen Qualifikationen (§ 250 I Nrn 1a, b, c; 2) im Unrecht nochmals gesteigerte Erschwerungsformen, die *durchweg* auf dem Gedanken **erhöhter Gefährlichkeit** beruhen.

a) Verwendung von Waffen oder gefährlichen Werkzeugen

427 § 250 II **Nr 1** sieht gegenüber § 250 I Nr 1 gesteigertes Unrecht darin, dass der Täter oder ein anderer Beteiligter die Waffe oder ein gefährliches Werkzeug **verwendet**. Dabei geht der Gesetzgeber davon aus, dass die **Verwendung** nicht nur im Einsatz als Verletzungs- oder Gefährdungsmittel, sondern auch als Mittel zur Drohung mit Gewalt liegen kann.[57] In jedem Fall dürfen die Tatmittel nicht allein der Wegnahme (Zerschießen des Tresorschlosses) oder deliktsunspezifischen Zwecken (zB dem Quälen des Opfers) dienen, sondern müssen zum Zwecke der Nötigung eingesetzt werden.[58]

428 Der Begriff der **Waffe** unterscheidet sich hier von dem in §§ 244 I Nr 1a, 250 I Nr 1a grundsätzlich nicht (s. Rn 306 ff, 416). Erforderlich ist jedoch die **objektive Gefährlichkeit** bei der jeweiligen Art seiner Benutzung im Einzelfall.

Im Hinblick auf die Verwendung von Schusswaffen ist zwar nicht erforderlich, dass sie im Zeitpunkt der Verwendung durchgeladen und entsichert sind,[59] allerdings doch, dass sie bereits geladen und daher in ihrer objektiv gefährlichen Eigenschaft eingesetzt werden. Die Verwendung einer funktionsuntüchtigen oder ohne Munition mitgeführten Schusswaffe reicht für § 250 II Nr 1 daher nicht aus.[60] Auch Schreckschusspistolen stellen mangels objektiver Gefährlichkeit keine Waffe dar (s. dazu Rn 307).[61]

Vor diesem Hintergrund führt zwar eine Waffe bei sich (§ 250 I Nr 1a), wer das zugehörige, aufmunitionierte Magazin in seiner Jackentasche hat, verwendet aber die ungeladene Pistole in diesem Fall nicht als (gefährliche) Waffe, wenn er mit ihr das Opfer bedroht. Dass er durch Laden in Sekundenschnelle die Pistole als (gefährliche) Waffe verwenden könnte, heißt nicht, dass er sie als solche verwendet.[62] Andererseits ist eine Waffe auch dann funktionsbereit und geladen und wird

---

54 Fischer-*Fischer*, § 250 Rn 16; S/S-*Bosch*, § 250 Rn 26.
55 Vgl BGH JR 95, 123 mit Anm. v. *Hippel*, aaO S. 125.
56 SK-*Sinn*, § 250 Rn 67.
57 BT-Ds 13/8587, S. 45; *Geppert*, Jura 99, 605; HK-GS/*Duttge*, § 250 Rn 14; *Hörnle*, Jura 98, 174; *Küper/Zopfs*, BT Rn 796; *Lackner/Kühl/Heger*, § 250 Rn 4; s. dazu BGHSt 45, 92, 94 f; BGH StV 98, 487; 01, 274; BGH JR 99, 33; BGH NStZ 99, 301; 02, 31, 33; BGH StV 08, 470; BGH NStZ 18, 278 mit Anm. *Eidam*; *Eisele*, JuS 18, 393; *Nestler*, Jura (JK) 18, 962; **krit**. Fischer-*Fischer*, § 250 Rn 22 ff; *Lesch*, JA 99, 31 und LK-*Vogel/Burchard*, § 250 Rn 43, 61.
58 *Mitsch*, BT II S. 530 f; BGH BeckRS 13, 01325; zum dem zugrundeliegenden Verständnis *Peters*, ZStW 134 (2022), 149.
59 BGH NStZ-RR 01, 41; BGH NStZ-RR 07, 375.
60 BGHSt 45, 249, 251 f; BGH NJW 98, 2915; BGH StV 98, 487; 659; BGH NStZ 98, 567; die Zweifel in BGH NJW 98, 2914 beseitigt BGHSt 44, 103, 106; für die ungeladene Schreckschusspistole ebenso BGH NStZ-RR 04, 169.
61 AA BGHSt 48, 197 mit krit. Bespr. *Baier*, JA 04, 15; *Erb*, JuS 04, 653; *Fischer*, NStZ 03, 569.
62 BGHSt 45, 249, 251 f; BGH NStZ-RR 08, 342; *Lackner/Kühl/Heger*, § 250 Rn 4; MK-*Sander*, § 250 Rn 63.

ggf. verwendet, wenn ein außerhalb der Waffe liegender Umstand eine konkrete Leibes- oder Lebensgefahr ausschließt, zB der allein bedrohte Kassierer sich hinter kugelsicherem Glas befindet.[63] So kommt es in einem solchen Fall nur auf die abstrakte Gefährlichkeit funktionsbereiter Waffen an,[64] da die Entstehung einer konkreten Gefahrensituation idR zudem nicht sicher ausschließbar und folglich ein Gegenbeweis konkreter Ungefährlichkeit auch nicht zu führen ist.

Der Begriff des **gefährlichen Werkzeugs** ist anhand derselben Maßstäbe wie in § 224 I Nr 2[65] zu konkretisieren. Der Gegenstand muss nach seiner Beschaffenheit zur **Zufügung erheblicher Körperverletzungen geeignet** sein, wobei bei der Beurteilung auf den konkreten Gebrauch abzustellen ist. Dabei genügt es, dass es nur eines kurzen Handgriffs bedarf, um die Eignung, erhebliche Verletzungen zuzufügen, herbeizuführen.[66]

429

Eine ungeladene oder sonst **funktionsuntüchtige „Waffe"** stellt ein gefährliches Werkzeug dar, wenn sie als Schlaginstrument oder – mit bloßen Platzpatronen geladen – aus nächster Nähe oder aufgesetzt verwendet und dadurch eine erhebliche Verletzungsgefahr hervorgerufen wird.[67] Kein gefährliches Werkzeug stellen hingegen eine Spielzeugpistole[68] sowie eine **Schreckschusspistole** dar, soweit sich deren Benutzung darin erschöpft, die Existenz einer scharfen Schusswaffe vorzutäuschen[69] oder einen „Warnschuss" aus der Distanz abzugeben. Dass der Täter innerhalb kürzester Zeit von der Bedrohung mit einer mit Platzpatronen geladenen Schreckschusspistole dazu übergehen könnte, sie unmittelbar am Körper des Opfers in gefährlicher Weise zum Einsatz zu bringen, reicht entgegen dem Vorlagebeschluss des 2. Senats[70] für ihre Verwendung als gefährliches Werkzeug nicht aus. An der Verwendung eines gefährlichen Werkzeugs fehlt es ebenfalls, wenn das Opfer mit Klebeband nur gefesselt[71] oder ein Schlafmittel nur in harmloser Dosierung[72] verwendet, wohl kaum aber, wenn das Opfer mit K.O.-Tropfen in eine dreistündige Bewusstlosigkeit versetzt[73] wird. Wird das Opfer **bedroht**, muss sich die Gefährlichkeit darin erweisen, dass im Falle der Zufügung des angekündigten Übels die Gefahr erheblicher Verletzung entstünde.[74]

Rechtsprechungsbeispiel: In **BGH NStZ 11, 158** wollten A und B in eine Tankstelle einbrechen, um dort zu stehlen. Als Einbruchswerkzeug führten sie einen Meißel und einen abgebrochenen Schraubendreher mit sich. Als sie bemerkten, dass der Kassierer K noch anwesend war, zogen sie Sturmmasken über, betraten den Verkaufsraum und zwangen K, sich in einen Nebenraum zu begeben, um das Licht im Verkaufsraum zu löschen. Dabei drückte A dem K den Schraubendreher in den Rücken. K sah das Werkzeug aus den Augenwinkeln und verspürte einen leisen Druck. Er löschte das Licht. Zurück in dem Verkaufsraum wurde K aufgefordert, die Kasse zu öffnen, was K auch tat. Das darin befindliche Geld stopften A und B in ihre Hosentaschen. Danach legten sie Schraubendreher und Meißel ab, um besser Zigarettenstangen in sog. gelben Säcken verstauen zu können, die sie von K verlangt und erhalten hatten. Sie hatten bereits zwei Säcke gefüllt und zum

---

63 **AA** BGH StV 99, 151.
64 BGH NStZ 99, 301; BGHSt 45, 92, 93 mit krit. Anm. *Mitsch*, NStZ 99, 617 und zust. Anm. *Zopfs*, JZ 99, 1062; **krit.** LK-*Vogel/Burchard*, § 250 Rn 59.
65 S. dazu BGH BeckRS 15, 06119 (s. hier Rn 323 **Rechtsprechungsbeispiel**).
66 BGH NStZ-RR 01, 41; eine „Unterladung durch Einfügen des bestückten Magazins" reicht aus, ein „Durchladen" muss noch nicht vorliegen, BGH NStZ 10, 390.
67 Vgl BGH StV 01, 274, 275; BGH NStZ 02, 31, 33; BGH NStZ-RR 04, 169.
68 BGH NStZ 99, 135; BGH NStZ 10, 327.
69 BGH StV 98, 486; BGH NStZ-RR 98, 294; 358; BGH StV 99, 209; BGH NStZ-RR 07, 375; vgl auch BGH StV 11, 676 sowie zu den vorstehenden Beispielen BGH BeckRS 18, 28411 mit Verweisung auf § 250 I Nr 1b.
70 BGH NJW 02, 2889, 2891.
71 BGH StV 99, 91; BGHSt 48, 365 (nur § 250 I Nr 1b); BGH BeckRS 18, 28411; anders uU bei strammer Fesselung mit Kabelbinder, s. BGH NStZ-RR 04, 169.
72 BGH StV 98, 660.
73 **AA** BGH NStZ 09, 505 mit krit. Anm. *Bosch*, JA 09, 737; BGH NStZ-RR 18, 141; SK-*Sinn*, § 250 Rn 52.
74 BGH NStZ 11, 211, 212; *Küper/Zopfs*, BT Rn 796; aA *Dencker*, in: Dencker ua, Einführung in das 6. StrRG, 1998, S. 14.

Abtransport bereit gestellt, als mehrere Polizeibeamte den Verkaufsraum stürmten und A und B festnahmen. K hatte einen stillen Alarm ausgelöst, als er die maskierten Männer sich nähern sah. – Der BGH nimmt auf der Grundlage des von ihm vertretenen faktischen Gewahrsamsbegriffs (s. dazu krit. Rn 121 ff, 167 ff) iE zu Recht eine *vollendete* Wegnahme jedenfalls bezüglich des Geldes an. Zu den Zigarettenstangen soll es diesbezüglich auf Schwere und Größe der gefüllten Säcke ankommen. Einen Raub gem. § 250 I Nr 1a bejaht die Entscheidung (unzutreffend, s. Rn 314 ff) bezüglich des Schraubendrehers, weil er „nach seiner objektiven Beschaffenheit geeignet" sei, „einem Opfer erhebliche Körperverletzungen zuzufügen, etwa bei einem Einsatz als Stichwerkzeug". Das ist nur dann richtig, wenn bei A und B schon vor dem Einsatz des Werkzeugs ein *entsprechender Verwendungsvorbehalt* bestand. Zutreffend ist dann aber § 250 II Nr 1 bejaht. A hat – mit Billigung des B – den Schraubendreher als Mittel der Drohung verwendet. K hat das Nötigungsmittel als solches erkannt, den Einsatz wahrgenommen und zu Recht als konkludente Drohung (s. Rn 430) verstanden, das Werkzeug werde bei Widerstand als Stichwerkzeug gegen ihn eingesetzt. Dann wäre es aber zu einer nicht unerheblichen Verletzung gekommen. So muss es in der Drohungsalternative auch sein. Die Formulierung des BGH dazu ist allerdings missverständlich. Nimmt man an, dass der Raub mit dem erzwungenen Löschen des Lichts bereits in das Versuchsstadium eingetreten ist, ist auch die Voraussetzung erfüllt, dass die Verwendung bei der Ausführung der Tat geschehen sein muss.[75]

430 Ihre Verwendung zur *Drohung* setzt voraus, dass der Täter das Mittel nicht nur offen mit sich führt, sondern *zweckgerichtet* als Mittel des Raubes (oder der räuberischen Erpressung) gegen das Opfer einsetzt und der Betroffene einen solchen Einsatz des Mittels auch (visuell oder taktil) **wahrnimmt**. Anders kann der Bedrohte in die für eine vollendete Drohung vorausgesetzte Zwangslage nicht versetzt werden.[76] Der bloße Hinweis darauf, dass der Täter eine Waffe oder ein gefährliches Werkzeug bei sich führt, genügt zwar für sich genommen nicht. Er kann aber, wenn das Raubopfer ihn zu Recht für zutreffend und den Einsatz für möglich hält, ebenso eine *konkludente* Drohung begründen[77] wie ein von dem dem Opfer entgegentretenden maskierten Täter vor dem Oberkörper gehaltener Baseballschläger.[78] Auch reicht hierfür das erneute Präsentieren oder In-Erinnerung-Bringen eines zuvor noch ohne Raubvorsatz eingesetzten gefährlichen Werkzeugs uU aus.[79] Darauf, ob das durch Vorzeigen, verbal oder zB durch ein geräuschvolles Durchladen geschieht, kommt es nicht an.[80] Die Verwendung muss **bei der Tat**, darf deshalb auch hier nicht nur im **Vorbereitungsstadium**, muss aber **zwischen Versuchsbeginn und Vollendung** geschehen (s. Rn 309).[81] Dabei reicht es aus, wenn ein zunächst nur mit dem Vorbehalt eines ungefährlichen Einsatzes mitgeführ-

---

75 S. zu dieser Entscheidung *Bachmann/Goeck*, Jura 10, 922; *Hecker*, JuS 11, 565; *Satzger*, JK 1/11, StGB § 250 Abs. 2 Nr 1.
76 AA BE-*Becker*, S. 23, 79; *Mitsch*, JR 23, 344 f; wie hier BGH JR 05, 159 mit insoweit zust. Anm. *Gössel*; *Kudlich*, JuS 05, 189; BGH StV 08, 470; BGH StV 12, 153 mit Bespr. *Bohnhorst*, ZJS 12, 835; *Jäger*, JA 12, 307; BGH NStZ 13, 37; BGH BeckRS 13, 01325; BGH NStZ-RR 15, 13; BGH NStZ 18, 278 mit Anm. *Eidam*; *Eisele*, JuS 18, 393; *Nestler*, Jura (JK) 18, 962; BGH NStZ 23, 733 mit Anm. *Seel*; Bespr. *Kudlich*, JA 23, 781; S/S/W-*Kudlich*, § 250 Rn 24; *Peters*, ZStW 134 (2022), 149, 176. Stellt sich die beabsichtigte Wahrnehmung nicht ein, liegt ein fehlgeschlagener Versuch vor, der mit einem vollendeten Beisichführen nach § 250 I Nr 1a, das eine Wahrnehmung durch das Opfer nicht voraussetzt, aus Gründen der Klarstellung in Idealkonkurrenz steht (NK-*Puppe/Grosse-Wilde*, 6. Aufl., § 52 Rn 15; **aA** BGH und *Gössel* aaO). Da die Täter den Schraubenzieher in BGH JR 05, 159 allerdings nur als Scheinwaffe eingesetzt haben, gilt richtigerweise nur § 250 I Nr 1b vor, s. *Schlothauer*, StV 04, 655, 656.
77 BGH StV 98, 487; *Schroth*, NJW 98, 2864; BGH StV 20, 671 mit Bespr. *Jäger*, JA 21, 77; *Rieck*, NStZ 21, 230; enger *Baumanns*, JuS 05, 405, 406.
78 BGH StV 08, 470.
79 S. dazu BGH StV 15, 768 (Elektroimpulsgerät) und Rn 410; möglicherweise hat es hierzu in BGH NStZ 17, 26 mit Anm. *Kudlich* gefehlt.
80 BGH StV 20, 671 mit Bespr. *Jäger*, JA 21, 77.
81 *Lackner/Kühl/Heger*, § 250 Rn 4; LK-*Vogel/Burchard*, § 250 Rn 54; *Mitsch*, BT II S. 532; *Mitsch*, JA 17, 412; SK-*Sinn*, § 250 Rn 54; HdS-*Wittig* V, § 30 Rn 133; nach BGH NStZ 18, 148 sowie BGH HRRS 24, Nr 1453 mit Bespr. *Kudlich*, JA 24, 1042: bis zur **Beendigung**; in diesem Stadium soll auch **Beihilfe** noch möglich sein, BGH BeckRS 19, 21209.

tes Werkzeug (§ 250 I Nr 1b) erst *durch* seine Verwendung zum gefährlichen *wird*. Lässt man mit der (hier abgelehnten) Rechtsprechung die Qualifikation des Raubes nach § 250 II Nr 1 auch noch zwischen Vollendung und Beendigung zu,[82] dann ist es irreführend, ihr Vorliegen von dem (Weiter-)Bestehen einer „Beutesicherungsabsicht" abhängig zu machen.[83] Sie ist – bezogen auf den eigenen Besitz des gestohlenen oder geraubten Gutes – subjektives Tatbestandsmerkmal des § 252.[84] Geschieht der Einstieg in die Qualifikation noch iR des § 249, wäre stattdessen das (Weiter-)Bestehen der Zueignungsabsicht, geschieht er iR des § 255, das (Weiter-)Bestehen der Bereicherungsabsicht[85] zu verlangen. An beiden Absichten fehlt es, wenn es dem Täter nur noch darum geht, ohne Beute zu fliehen.

Rechtsprechungsbeispiel: In **BGH NStZ 10, 327** haben die Täter eine Angestellte A zunächst mit einer Scheinwaffe (§ 250 I Nr 1b) dazu gezwungen, die obere Tür eines Tresors zu öffnen. Das vorgefundene Geld verstauten sie in einer mitgebrachten Plastiktasche. Unzufrieden mit der bisherigen Ausbeute, forderten die Täter die A auf, auch die untere Tür des Tresors zu öffnen. A bekundete, das nur unter Mitwirkung des Geldtransportunternehmens zu können. Da die Täter das zunächst nicht glaubten, zog einer von ihnen ein „Schinkenmesser mit einer Klingenlänge von mindestens 15 cm" und erklärte gegenüber A, „dann wohl etwas grob werden" zu müssen. Später erkannten die Täter, dass A die Wahrheit gesagt hatte und verließen den Supermarkt mit dem Inhalt des oberen Fachs. – Der BGH nimmt iE zu Recht einen Raub nach § 250 II Nr 1 an. Seine zunächst gegebene Begründung, auch in der Phase zwischen Vollendung und Beendigung werde ein gefährliches Werkzeug noch „bei der Tat" verwendet, wenn Zueignungs-, Bereicherungs- oder – was Letzterem gleichstehe – Beutesicherungsabsicht weiter bestehe, begegnet allerdings den hier gegen die Einbeziehung dieser Phase erhobenen Bedenken. Richtig ist das Ergebnis gleichwohl, weil es hier um eine iterative Begehung des Raubes[86] geht, die Tat also bei Einsatz des Messers noch gar nicht vollendet war. Daher ist es auch richtig, die Tat nicht in einen bereits vollendeten schweren und den Versuch eines besonders schweren Raubs aufzuspalten.[87]

b) Bewaffneter Bandenraub

§ 250 II **Nr 2** enthält eine zusätzliche Qualifikation zum **Bandenraub**, die darin besteht, dass ein Beteiligter zwischen Versuchsbeginn und Vollendung (s. Rn 309) eine **Waffe** bei sich führt. Zu den Begriffen der Bande (Rn 330 ff), der Waffe (Rn 306 ff, 416, 428) und des Beisichführens (Rn 308 ff) gilt das zu §§ 244, 250 bisher Gesagte entsprechend. Zu verlangen ist, dass die Waffe von einem Beteiligten mitgeführt wird, der an der Tatausführung unmittelbar mitwirkt. Nur dann ist von nochmals gesteigerter Gefährlichkeit zu sprechen.[88]

431

Die für § 250 II Nr 2 gegebene Begründung, hiermit solle der besonderen Gefährlichkeit bewaffneter Räuberbanden Rechnung getragen werden (BT-Ds 13/9064, S. 18), lässt offen, warum *gefährliche Werkzeuge* hier *nicht* einbezogen sind.[89] Wenn es nach ihr nicht richtig ist, „die *Verwendung* ... eines Tapetenmessers oder von Salzsäure beim Raub einer niedrigeren Mindeststrafdrohung zuzu-

---

82 So zB BGH NStZ 04, 263; BGH NStZ 10, 327 mit Bespr. *Heintschel-Heinegg*, JA 10, 471; s. dazu auch *Rengier*, BT I § 8 Rn 41 ff.
83 So aber BGH NStZ-RR 08, 342, 343; BGHSt 55, 79; BGH StV 14, 283; s. dazu *Bachmann/Goeck*, Jura 12, 136; *Küpper/Grabow*, Achenbach-FS S. 265, 277 ff.
84 Richtig daher BGHSt 52, 376, 377 f mit Bespr. *Deiters*, ZJS 08, 672.
85 Vgl BGHSt 53, 234, 236 f mit zust. Bespr. von *Dehne-Niemann*, ZIS 09, 376 und *Mitsch*, JR 09, 298 sowie abl. Bespr. von *Nestler*, JR 10, 100 zu einem Fall des § 250 II Nr 3a; BGH NStZ 10, 327.
86 S. dazu LK-*Murmann*, vor § 22 Rn 36 ff.
87 Anders gesehen von H-H-*Kretschmer*, Rn 910; s. zur Entscheidung auch *Bachmann/Goeck*, Jura 12, 135; *Habetha*, NJW 10, 3133; *Hecker*, JuS 10, 930; *Kraatz*, StV 10, 630, *Lehmann*, JR 11, 132.
88 Zust. LK-*Vogel/Burchard*, § 250 Rn 62.
89 Waffe und gefährliches Werkzeug müssen daher spätestens hier voneinander **abgegrenzt** werden; zur Schwierigkeit, dies nach der Entscheidung BGHSt 48, 197 zu tun, s. Fischer-*Fischer*, § 250 Rn 25.

ordnen, als die Verwendung einer Schusswaffe", gilt das für das Beisichführen in der Bande auch. Zur Korrektur dieser Ungereimtheit lässt das Analogieverbot des Art. 103 II GG freilich keinen Raum.⁹⁰ Man darf diese Entscheidung auch nicht dadurch unterlaufen, dass man – missverständlich (s. Rn 429) – die ungeladene oder funktionsuntüchtige (Schuss-)Waffe oder ein „relativ kleines Messer"⁹¹ unter den Begriff der Waffe subsumiert.

c) Schwere körperliche Misshandlung und Lebensgefährdung

432 Für die Qualifikation der **schweren körperlichen Misshandlung** (§ 250 II Nr 3a) gibt es weder in § 250 aF eine Entsprechung, noch eine Aussage des Gesetzgebers dazu, was unter ihr zu verstehen ist.⁹² Ein Rückgriff auf die zu §§ 176c III, 177 VIII Nr 2a zu findenden Aussagen⁹³ muss berücksichtigen, dass Tatopfer dort ausschließlich Kinder sind.

Da die schwere körperliche Misshandlung eine besonders gravierende Form der Gewaltausübung beschreibt, sind vorsätzlich herbeigeführte *schwere Gesundheitsschädigungen* iS des § 250 I Nr 1c⁹⁴ oder *neben* einer *nicht unerheblichen* Beeinträchtigung der Körperintegrität *besonders rohe* Misshandlungen zu verlangen.⁹⁵ Heftige und mit Schmerzen verbundene Schläge oder Tritte erfüllen diese Voraussetzungen jedenfalls dann, wenn sie zu nicht unerheblichen Gesundheitsschäden oder aufgrund einer vom Täter vorsätzlich herbeigeführten Vorschädigung zur Bewusstlosigkeit führen.⁹⁶

Auch hier reicht nicht, dass die Misshandlung erst nach Tatvollendung einsetzt,⁹⁷ da es dann an der finalen Verknüpfung zwischen ihr und der Wegnahme – bei der Erpressung der Verfügung – fehlt.⁹⁸ Der BGH, der auch diese Qualifikation noch in der Beendigungsphase zulässt, verlangt auch hier (s. schon Rn 430) einschränkend, dass die Misshandlungen von „einer weiteren Verwirklichung der Zueignungs- oder Bereicherungsabsicht getragen" (krit. dazu hier Rn 430) und nicht nur durch einen räumlich-zeitlichen Zusammenhang mit dem jeweiligen Grundtatbestand (§§ 249, 255 oder 252) verbunden sind.⁹⁹ Tritt und schlägt der beim Opfer verbliebene Mittäter iS einer schweren Misshandlung zu, nachdem er von seinem Komplizen erfahren hat, dass das Opfer eine falsche Geheimzahl zu der ihm abgenommenen ec-Karte angegeben hat, so reicht das für diese Qualifikation nicht aus, wenn der Mittäter nur aus Wut und Verärgerung gehandelt hat.¹⁰⁰

433 Für § 250 II **Nr 3b** ist erforderlich, dass der Täter eine andere Person durch die Tat in die Gefahr des Todes bringt. Dieser Tatbestand ist – wie § 250 I Nr 1c – konkretes Gefähr-

---

90 Ebenso HK-GS/*Duttge*, § 250 Rn 17.
91 BayObLG StV 99, 383; diff. zum Messer dagegen BGHSt 43, 266, 267; BGH NStZ 98, 511; für ein Teppichmesser bejahend OLG Schleswig NStZ 04, 213; nach BGH StV 12, 153: gefährliches Werkzeug; zum Messer mit „relativ langer Klinge" als gefährliches Werkzeug – nicht als Waffe – s. BGHSt 52, 257 und hier Rn 320 ff.
92 Krit. *Mitsch*, BT II S. 533.
93 So Fischer-*Fischer*, § 250 Rn 26; *Hörnle*, Jura 98, 174; SK-*Sinn*, § 250 Rn 56; **wie hier** LK-*Vogel/Burchard*, § 250 Rn 63; MK-*Sander*, § 250 Rn 65.
94 Die auch hier § 226 nicht erfüllen müssen, s. BGH NStZ-RR 07, 175.
95 S. dazu § 225 I und *Küper/Zopfs*, BT Rn 396; enger *Miebach*, NStZ 94, 223 zu § 176 aF; Lackner/Kühl/*Heger*, § 250 Rn 4.
96 BGH NStZ 98, 461; BGH BeckRS 18, 29667; s. auch BGH JR 01, 378, 379 mit Anm. *Kudlich* zu § 177 IV Nr 2a; BGH NStZ-RR 07, 175 begnügt sich mit heftigen und mit Schmerzen verbundenen Schlägen; zu Tritten gegen Kopf und Rücken s. BGH NStZ-RR 11, 337; vgl auch BGH HRRS 17, Nr 71.
97 SK-*Sinn*, § 250 Rn 58; **aA** Fischer-*Fischer*, § 250 Rn 26: bis zur Beendigung.
98 Das ist in BGH NStZ-RR 15, 277 für eine vor Tatbeginn vorgenommene Misshandlung richtig gesehen.
99 BGHSt 53, 234, 236 f mit Anm. *Dehne-Niemann*, ZIS 09, 377; *Mitsch*, JR 09, 298; BGH HRRS 21, Nr 460.
100 BGH StV 12, 153, 154.

dungsdelikt[101] und setzt infolgedessen die vorsätzliche Herbeiführung des **Gefahrerfolges** des **Todeseintritts** voraus. Diese Gefahr muss aus den qualifizierten Nötigungsmitteln entstehen. Berauben Sherpas Bergtouristen um wärmende Schlafsäcke und entsteht daraus Lebensgefahr, tritt ein unerlaubtes allgemeines Lebensrisiko an die Stelle raubspezifischer Gefahr[102] (s. dazu näher Rn 424). Die Aussagen zur Beendigungsphase von § 250 II Nr 3a sollen trotz des abweichenden Wortlauts auch für § 250 II Nr 3b gelten.[103]

4. Prüfungsaufbau: Schwerer Raub, § 250

Schwerer Raub, § 250 434

I. Tatbestand
  1. Objektiver Tatbestand
     a) Verwirklichung des Grundtatbestandes, § 249
     b) Qualifikation: objektive Merkmale der Qualifikationstatbestände

I Nr 1a:	*(1) Tatmittel:*	• **Waffe** ⓟ Gas-/Schreckschusspistole • ***gefährliches Werkzeug*** ⓟ objektive Waffengleichheit oder Verwendungsvorbehalt
	(2) Handlung:	• ***Beisichführen*** ⓟ Zeitspanne ⓟ berufsmäßige Waffenträger
I Nr 1b:	*(1) Tatmittel:*	• **sonstiges Werkzeug oder Mittel** → Eignung zur Gewalt/Drohung ⓟ Scheinwaffen ⓟ Einschränkung bei evidenter Ungefährlichkeit
	(2) Handlung:	• ***Beisichführen*** ⓟ Zeitspanne
I Nr 1c:	*(1) Tatobjekt:*	• **andere Person**
	(2) Tatererfolg:	• **Gefahr einer schweren Gesundheitsschädigung**
	(3) Verursachung:	• **durch die Tat** → Zusammenhang zwischen Einsatz der Raubmittel und Gefahr ⓟ Zeitspanne
I Nr 2:	*(1) Tätereigenschaft:*	• **Mitglied einer Bande** ⓟ Bande ⓟ Extraneus, § 28 II
	(2) Begehungsweise:	• **unter Mitwirkung eines anderen Bandenmitglieds** ⓟ persönl. Mitwirkung am Tatort ⓟ Zahl der Mitglieder am Tatort
II Nr 1:	*(1) Tatmittel:*	• **Waffe** ⓟ Gas-/Schreckschusspistole ⓟ Munition

---

101 S/S-*Bosch*, § 250 Rn 34; BGH NStZ 05, 156.
102 AA *Mitsch*, ZStW 111 (1999), 102; *Krey/Hellmann/Heinrich*, BT II Rn 330; LK-*Vogel/Burchard*, § 250 Rn 35; *Zöller*, BT Rn 372; wie hier *Eisele*, BT II Rn 373, 380.
103 BGHSt 55, 79 mit krit. Anm. *Kraatz*, StV 10, 631; *Kudlich*, NStZ 11, 518; *Kühl*, JZ 10, 1131.

			• *gefährliches Werkzeug*
			→ Gefährlichkeit iS des § 224
		(2) Handlung:	• *Verwenden*
			ⓟ Zeitspanne
	II Nr 2:	(1) Handlung:	• *Beisichführen einer Waffe*
			→ wie bei I Nr 1a
		(2) Tatzeit:	• *bei einer Tat nach I Nr 2*
	II Nr 3a:	(1) Tatobjekt:	• *andere Person*
		(2) Taterfolg:	• *schwere körperliche Misshandlung*
		(3) Tatzeit:	• *bei der Tat*
			ⓟ Zeitspanne
	II Nr 3b:	(1) Tatobjekt:	• *andere Person*
		(2) Taterfolg:	• *Todesgefahr*
		(3) Verursachung:	• *durch die Tat*
			→ Zusammenhang zwischen Einsatz der Raubmittel und Gefahr
			ⓟ Zeitspanne
2.	Subjektiver Tatbestand		
	a) Vorsatz:		• *jede Vorsatzart*
			→ bzgl Grundtatbestand
			→ bzgl qualifizierender Umstände
	b) Zueignungsabsicht:		• *Absicht rechtswidriger Zueignung bzgl Tatobjekt*
	c) Besondere subj. Merkmale:		
	I Nr 1a:		ⓟ Verwendungsvorbehalt
	I Nr 1b:		• *spez. Verwendungsabsicht*
	I Nr 2:		ⓟ Handeln im Bandeninteresse

II. Rechtswidrigkeit
III. Schuld
IV. Minder schwerer Fall, § 250 III

II. Raub mit Todesfolge

1. Folge und raubspezifische Gefahr

435 § 251 ist ein **erfolgsqualifiziertes** Delikt. Die qualifizierende *Folge* besteht im **Tod** eines *anderen* Menschen. Mit Blick auf die in § 250 I Nr 1c, II Nr 3 vorgegebene Beschränkung gehört (anders als bei gemeingefährlichen Delikten)[104] ein anderer *Beteiligter* nicht dazu. Andererseits besteht keine Beschränkung auf durch den Raub selbst Verletzte. § 251 erfasst auch den Fall, dass ein *Unbeteiligter* durch eine abirrende Kugel stirbt.[105]

436 Im tödlichen Ausgang muss sich – auch im Falle Unbeteiligter – stets die dem Raub anhaftende und ihm eigentümliche Gefahr für das Leben anderer niedergeschlagen haben. Für diesen **Gefahrverwirklichungszusammenhang** ist viererlei vorausgesetzt:

(1) Zum ersten muss ein ursächlicher **Zusammenhang** zwischen dem Einsatz der **qualifizierten Nötigungsmittel** und dem **Tod** bestehen. Es steht der Anwendung des § 251 dabei nicht entgegen,

---

104 S. dazu *Hillenkamp*, JuS 77, 167; SK-*Wolters*, vor § 306 Rn 9 f.
105 BGHSt 38, 295, 297; BK-*Wittig*, § 251 Rn 2; Fischer-*Fischer*, § 251 Rn 2; *Günther*, Hirsch-FS S. 547 f; H-H-*Kretschmer*, Rn 915; *Kindhäuser/Böse*, BT II § 15 Rn 2; *Schmidt*, BT II Rn 433 f; SK-*Sinn*, § 251 Rn 4; aA *Rengier*, Erfolgsqualifizierte Delikte und verwandte Erscheinungsformen, 1986, S. 226 f.

dass das Opfer im Zeitpunkt der Gewahrsamsbegründung schon an den Folgen der Raubhandlung verstorben ist (Rn 132). Insoweit kommt es auf die Gewahrsamsverhältnisse beim Einsatz der Raubmittel an, denn sie dienen bereits der Wegnahme.[106]

(2) Zum zweiten muss der **Zurechnungszusammenhang** gewahrt sein, wobei auf die Voraussetzungen und Fallgruppen der objektiven Zurechnung abzustellen ist. Dies kann allgemein und namentlich in den Fällen der Erfolgsqualifikation[107] relevant werden, wo die Folge nicht unmittelbar auf das Täterverhalten, sondern auch auf eine abnorme Konstitution des Opfers[108] oder die Mitwirkung des Betroffenen oder Dritter zurückzuführen ist. Das ist hier nicht im Einzelnen zu entfalten.[109] Durch Gewalt oder massive Drohung ausgelöstes riskantes Ausweich- oder Fluchtverhalten wird aber idR[110] ebenso zurechenbar sein, wie der Tod bei einem verantwortbaren Hilfeleistungsversuch[111], nicht aber ein tödlicher Unfall bei Verfolgung des Täters.[112]

(3) Drittens kann von einer Verursachung „durch die Tat" nur gesprochen werden, wenn sich im Tod eine **raubspezifische Gefahr** verwirklicht. Danach reicht es aus, dass das Opfer zB durch die von der *Drohung* ausgehende Schockwirkung zu Tode kommt.[113] Es genügt jedoch nicht, dass der Tod Folge oder Begleiterscheinung der Wegnahme ist. Denn wo das Opfer stirbt, weil ihm ein lebenswichtiges Medikament oder der schützende Schlafsack im winterlichen Gebirge entwendet worden ist, verwirklicht sich ebensowenig eine raubspezifische Gefahr, wie dort, wo die aus dem Fenster geworfene Beute einen Passanten tödlich trifft. Hier geht es um unerlaubt erhöhtes allgemeines Lebensrisiko. Davor schützen §§ 212 ff, nicht aber § 251.[114]

(4) Als viertes ist als **zeitliche Begrenzung** zu verlangen, dass die tödliche Handlung in die *Ausführungsphase* des Raubes fällt. Darunter ist – wie schon bei §§ 244, 250 – weder die **Vorbereitungsphase** noch die **Phase zwischen Vollendung und Beendigung** zu verstehen. Während die erste Aussage unbestritten ist, wollen Rspr.[115] und Teile der Literatur[116] die **Flucht- und Beutesicherungsphase** einbeziehen. Diese **Ausdehnung** eines an den inhaltlichen Vorgaben und den zeitlichen Grenzen des § 249 ausgerichteten **tatbestandsspezifischen** Gefahrzusammenhangs auf **alle** aus der **Konfrontation** mit dem Räuber insgesamt erwachsenden Gefahren[117] geschieht aber mit der die Verletzung des nullum-crimen-Prinzips nur unzulänglich verdeckenden Begründung, die Gefahren bewaffneter Beutesicherung seien nicht geringer als die bei einer mit der Waffe erzwungenen Wegnahme. Auch sei der seinen Fluchtweg freischießende Täter nicht besser zu stellen und der engere, Beutesicherungsabsicht verlangende § 252 nur in der Lage, einen Teil der besonders strafwürdigen Fälle zu erfassen.[118] Das alles ist richtig, aber nicht Gesetz. Es ist mit Bedacht frag-

---

106 BGH NStZ 10, 33.
107 S. dazu BGHSt 33, 322; 38, 295, 298; *Hinderer/Kneba*, JuS 10, 590; *Kühl*, BGH-FS S. 248 ff.
108 ZB eine Asthmaerkrankung, s. dazu BGH StV 16, 644 mit Anm. *Hauck* oder eine den Tätern bekannte Vorschädigung des Herzens, BGH NStZ-RR 20, 372 mit Anm. *Kudlich*, JR 21, 268. Allg. dazu *Wessels/Beulke/Satzger*, AT Rn 299.
109 S. *Wessels/Beulke/Satzger*, AT Rn 267 ff, 284 ff.
110 S. dazu und zur engeren Rspr. *Wessels/Hettinger/Engländer*, BT I Rn 262 ff zu § 227.
111 Vgl BGHSt 39, 322, 324 ff zu §§ 222, 306 Nr 2 aF.
112 HK-GS/*Duttge*, § 251 Rn 8; *Kühl*, BGH-FS S. 261.
113 OLG Nürnberg NStZ 86, 556.
114 Wie hier BK-*Wittig*, § 251 Rn 3 f; *Eisele*, BT II Rn 380; Fischer-*Fischer*, § 251 Rn 3a; *Günther*, Hirsch-FS S. 546 f; *Hilgendorf/Valerius*, BT II § 15 Rn 24, 26; *Klesczewski*, BT § 8 Rn 205; *Mitsch*, BT II S. 536 f; *Rengier*, BT II § 9 Rn 8 ff; S/S-*Bosch*, § 251 Rn 4; für Einbeziehung **dagegen** *Heghmanns*, Rn 1691; *Herzberg*, JZ 07, 616; HK-GS/*Duttge*, § 251 Rn 5; *Hohmann/Sander*, BT I § 6 Rn 42; *Krey/Hellmann/Heinrich*, BT II Rn 332; *Lackner/Kühl/Heger*, § 251 Rn 1; LK-*Vogel*, 12. Aufl., § 251 Rn 6; MK-*Sander*, § 251 Rn 6; M/R-*Maier*, § 251 Rn 4; *Zöller*, BT Rn 388.
115 BGHSt 38, 295, 298 mit abl. Bespr. *Rengier*, NStZ 92, 589 und *Schroeder*, Anm. JZ 93, 52; BGH NJW 99, 1039 mit zust. Anm. *Schroth*, NStZ 99, 554; BGH NStZ 01, 371; BGH NStZ 16, 214 mit Anm. *Hinz*, JR 16, 400; *Satzger*, Jura 16, 703 (§ 251); BGH NStZ-RR 20, 372 mit abl. Anm. *Kudlich*, JR 21, 268.
116 *Otto*, Jura 97, 475; S/S-*Bosch*, § 251 Rn 4; *Wessels*, BT II Rn 346.
117 S. hierzu *Hefendehl*, StV 00, 110.
118 BGHSt 38, 295, 298.

mentarisch (Rn 12). Es verlangt die Todesfolge als Ergebnis innertatbestandlicher, der Wegnahme dienender Drohung oder Gewalt (§§ 249, 251) *oder* als Ergebnis einer außertatbestandlichen, dann aber auf Beutesicherung abzielenden Drohung oder Gewalt (§§ 252, 251). Dazwischen *ist* eine Lücke. Sie darf der Gesetzgeber, nicht aber der Richter schließen.[119] Das ist auch der Annahme entgegenzuhalten, es reiche aus, wenn der Tod aus einer Handlung folgt, die nicht mehr der Erlangung der Beute, sondern nur noch dazu dient, die Gegenwehr des Opfers zu unterbinden und dessen Flucht zu verhindern[120] oder die aus Wut über das gescheiterte Raub- oder Erpressungsvorhaben oder schließlich nur deshalb vorgenommen wird, weil der ohne Beute gebliebene Täter befürchtet, durch das Schreien des Opfers entdeckt zu werden.[121] Erst wenn der Raub **beendet** ist, kommt auch für die Rspr. bei einer erst danach zum Tod führenden Gewaltanwendung § 251 nicht mehr in Betracht. Dem stellt der BGH den Fall gleich, in dem ein Raubversuch endgültig fehlgeschlagen ist und der Täter mit der tödlichen Gewalteinwirkung erst beginnt, nachdem er das erkannt hat.[122]

2. Leichtfertigkeit

437 Obwohl es sich bei § 251 um ein **erfolgsqualifiziertes Delikt** handelt, ist abweichend von § 18 wenigstens **Leichtfertigkeit** erforderlich. Das entspricht dem Begriff der *groben Fahrlässigkeit*.[123] Es handelt sich um Verstöße gegen einen ausgewählten Kreis an Sorgfaltspflichten – nämlich solche Sorgfaltspflichten, die zum Kernbereich der Pflichten des Adressaten gehören, einfach zu erkennen und zu befolgen sind und in besonderer Nähe zum Schutz des Lebens stehen. Leichtfertigkeit bezieht sich damit richtigerweise auf **gravierende Sorgfaltspflichtverstöße** (auch wenn Praxis und Lehre sich oft mit Gesinnungsaspekten behelfen).

Die jeweilige Sorgfaltspflicht muss damit gerade die Verhinderung des Todes eines Menschen bezwecken (**Schutzzweckzusammenhang**). Ein gravierender Sorgfaltspflichtverstoß darf dabei nicht schon in der Raubbegehung als solcher gesehen werden; andernfalls müsste nahezu jede (deutlich) vorhersehbare Todesfolge als leichtfertig verursacht gelten, was dem *einschränkenden* Zweck des Gesetzes gegenüber § 18 widersprechen würde.[124] Hat nur einer von **mehreren Beteiligten** die Todesursache gesetzt, haften die übrigen aus § 251, sofern die erfolgsursächliche Handlung **keinen Exzess** darstellt und **ihnen ebenfalls Leichtfertigkeit zur Last fällt**.[125] Versetzt ein Mittäter dem Opfer dagegen bewusst abredewidrig tödliche Stiche, statt es – wie vereinbart – nur niederzuschlagen, kann die nachträgliche Billigung dieses Verlaufs durch den die Stiche beobachtenden Zweiten dessen sukzessive Mittäterschaft zum Raub mit Todesfolge nach Beendigung der tödlichen Hand-

---

119 **IE ebenso** AnK-*Habetha*, § 251 Rn 6; A/W-*Heinrich*, § 17 Rn 31; BK-*Wittig*, § 251 Rn 4; HdS-*Wittig* V, § 30 Rn 158; *Eisele*, BT II Rn 382; Fischer-*Fischer*, § 251 Rn 5; *Günther*, Hirsch-FS S. 544 f; H-H-*Kretschmer*, Rn 916; HK-GS/*Duttge*, § 251 Rn 6; *Jäger*, BT Rn 455; *Kindhäuser/Hilgendorf*, § 251 Rn 6; *Kühl*, BGH-FS S. 264 f; *Küpper/Grabow*, Achenbach-FS S. 265, 273 f, 277 f; *Lackner/Kühl/ Heger*, § 251 Rn 1; LK-*Vogel/Burchard*, § 251 Rn 13; *Mitsch*, JA 17, 412; MK-*Sander*, § 251 Rn 10 f; *Rengier*, BT I § 9 Rn 22; SK-*Sinn*, § 251 Rn 8; *Zöller*, BT Rn 387.
120 So aber BGH NJW 98, 3361 mit abl. Anm. *Geppert*, JK 99, StGB § 251/6; BGH NJW 99, 1039 mit abl. Bespr. *Hefendehl*, StV 00, 109 f.
121 BGH NStZ 03, 34; BGH NStZ 17, 638 mit Anm. *Kudlich*; BGH NStZ-RR 20, 372 mit Nachweis weiterer Rechtsprechungsbeispiele; s. dazu *Jäger*, JA 21, 258; zu Recht krit. *Dehne-Niemann*, StV 20, 122; *Jäger*, JA 18, 152.
122 BGH NStZ 19, 730 mit Anm. *Habetha*; *Eisele*, JuS 19, 1219; *Jäger*, JA 19, 950.
123 Vgl OLG Nürnberg NStZ 86, 556; *Wessels/Beulke/Satzger*, AT Rn 1111; W/Z/K/W-*Peters*, BT II § 7 Rn 18; s. auch *Steinberg*, ZStW 131 (2019), 888, 894 ff.
124 Zutr. *Eisele*, BT II Rn 383; *Günther*, Hirsch-FS S. 551; *Krey/Hellmann/Heinrich*, BT II Rn 334; *Lackner/ Kühl/Heger*, § 251 Rn 2; LK-*Vogel/Burchard*, § 251 Rn 18; S/S-*Bosch*, § 251 Rn 6; weiter A/W-*Heinrich*, § 17 Rn 30.
125 BGH NJW 98, 3361; BGH NStZ 10, 81 (= 33) mit Bespr. *Bosch*, JA 10, 229; zusf. BGH NStZ 16, 213 f mit Anm. *Hinz*, JR 16, 400; *Satzger*, Jura 16, 703 (§ 251); s. auch BGH NStZ-RR 20, 143 mit Anm. *Kudlich*, JA 20, 390; *Nestler*, Jura (JK) 20, 876.

lungen auch dann nicht mehr begründen, wenn der Tod erst danach eintritt. Vielmehr müsste er hierfür selbst noch mitursächlich werden.[126] Anderenfalls legte man ihm einen *dolus subsequens* zur Last.

Die aktuelle Entscheidung: Eine Illustration der in Rn 436 f aufgeführten Voraussetzungen bietet **BGH NJW 20, 3669** mit Anm. *Mitsch*; *Bosch*, Jura 21, 340; *Eisele*, JuS 21, 86; *Jäger*, JR 21, 274; *Kudlich*, JA 21, 169; *Pohlreich*, HRRS 21, 207; *Ruppert*, JZ 21, 266; *Sowada*, NStZ 21, 233. Dort hatte eine unter Niereninsuffizienz, Diabetes und eingeschränkter Gehfähigkeit leidende 84-jährige Frau F 600 € bei ihrer Bank abgehoben, das Geld in ihrer Handtasche verstaut, sie in den Korb ihres Rollators gelegt und den Gurt um den Rollatorgriff geführt. Auf dem Heimweg fuhr der Angekl. A auf seinem Fahrrad von hinten an F vorbei, ergriff die Tasche und zog so kräftig an ihr, dass F die Gehhilfe entglitt, sie das Gleichgewicht verlor und ungebremst mit dem Kopf auf das Pflaster aufschlug. A hatte die durch seinen Zugriff gelöste Fixierung der Tasche am Rollatorgriff erkannt. F erlitt ein Schädel-Hirn-Trauma mit einer massiven subduralen Blutung, die sechs Tage danach eine der Druckentlastung dienende Operation unter Narkose erzwang. Der dabei erlittene Blutverlust und die Vorerkrankungen führten dazu, dass F das Bewusstsein nicht wieder erlangte. Da sich der Gesundheitszustand trotz weiterer Behandlungsversuche in den folgenden vier Tagen verschlechterte, beschlossen die Ärzte zusammen mit den Angehörigen in Übereinstimmung mit einer Patientenverfügung und vor der Operation gegenüber einem Arzt geäußerten Wünschen der F, sie nur noch palliativ zu behandeln (zu diesem Vorgehen instruktiv *Jäger*, JR 21, 274 ff). Sie verstarb 13 Tage nach der Tat. – Der BGH hat die Verurteilung wegen eines Raubes mit Todesfolge bestätigt. Die Ausgangsfrage, ob nicht statt eines Raubes nur ein „offener" Diebstahl vorgelegen hat, ist nicht erörtert. Zwar ist die Intensität der Gewalt für einen „Handtaschenraub" ausreichend (s. Rn 393 ff). Es liegt aber nahe, dass A mit seiner Gewalt gezielt und unmittelbar nur auf die Tasche einwirken wollte und es – weil das für das Gelingen der Wegnahme nicht primär erforderlich erschien – kaum darauf anlegte, der F auch die Gehhilfe zu entziehen und sie zu Fall zu bringen. Raub (§ 249) lässt sich deshalb nur bejahen, wenn man unterstellt, dass A die (nur) mittelbare Gewalteinwirkung auf den Körper der F (dazu, dass sie erforderlich, aber auch ausreichend ist, s. Rn 394) als unvermeidbare Folge seines kräftigen Ziehens erkannt und in Kauf genommen und zur Unterdrückung jeden denkbaren Widerstands auch gebilligt hat. Nur auf dieser Grundlage (oder einer anderen Sachverhaltsinterpretation, s. *Pohlreich*, HRRS 21, 207 f) ist es richtig, dann auch trotz der auch vom BGH verlangten „einschränkenden Auslegung des § 251" diesen anzunehmen; denn dann ist der Tod der F nicht nur, was dem BGH genügt, auf eine mit dem Raubgeschehen nur irgendwie eng verbundene, sondern auf die mit der Wegnahme final verknüpfte Gewaltanwendung ursächlich zurückzuführen. Nachlesenswert begründet ist alsdann, dass der damit angelegte Gefahr- und Zurechnungszusammenhang nicht dadurch „unterbrochen" worden ist, dass nicht die Hirnblutung selbst, sondern erst die auf die Risikobeseitigung abzielende Operation im Verbund mit den Vorerkrankungen den Tod herbeigeführt hat. Und zutreffend angenommen ist auch, dass das auch für die Tatsache gilt, dass die Ärzte weitere lebensverlängernde Maßnahmen aufgrund des erklärten Willens der F abbrachen. Denn hierdurch wurde weder eine vom Ausgangsgeschehen unabhängige „neue Ursache (oder Todesgefahr)" gesetzt, noch ist der Tod des Tatopfers diesem (allein) zurechenbar, nur weil es von seinem verfassungsmäßig verbürgten Recht (dazu verweist der BGH bekräftigend auf BGH 11, 111 und BVerfG NJW 20, 905; s. dazu *Hillenkamp*, JZ 20, 618) Gebrauch macht, sich durch eine eigenverantwortete Entscheidung eine „Maximaltherapie im Sinne einer apparategestützten Lebensverlängerung" zu verbitten. Mit Recht wird abschließend festgestellt, dass all das bei einem betagten Opfer eines in schwere Verletzungen mündenden Raubes – was natürlich auch für die verlangte und hier gegebene „Leichtfertigkeit" wie für jede Fahrlässigkeit Voraussetzung ist – auch „im Rahmen des nach der Lebenserfahrung Erwartbaren" liegt.

---

126 AA BGH NStZ 08, 280; wie hier *T. Walter*, NStZ 08, 548, 549 ff.

438 Der vollendete § 251 geht den §§ 222, 227 als *lex specialis* vor. Mit §§ 212, 211 ist Tateinheit möglich. Die Erschwerungsgründe des § 250 treten nach hM hinter § 251 zurück[127].

3. Versuch und Rücktritt

439 Der **Versuch** des § 251 ist in *zwei Formen* möglich.[128]

Zum einen ist denkbar, dass die Wegnahme nicht gelingt, der Täter aber mit dem bereits angewendeten Nötigungsmittel das Opfer zurechenbar und leichtfertig oder vorsätzlich tötet (**erfolgsqualifizierter Versuch**). Da der Versuch des § 249 strafbar ist und § 251 die erhöhte Strafe an die Handlungsgefährlichkeit des Raubmitteleinsatzes knüpft, ist nach hM ein solcher erfolgsqualifizierter Versuch möglich,[129] vorausgesetzt, es hat sich die spezifische Gefahr des zur Ermöglichung der Wegnahme eingesetzten Nötigungsmittels verwirklicht.[130] Die Bestrafung richtet sich folglich nach §§ 251, 22, die bei Leichtfertigkeit mit § 227 in Tateinheit stehen.[131] Gibt in einem solchen Fall der Täter die Wegnahme freiwillig auf, ist er trotz Eintritts der Folge **zurückgetreten** und Bestrafung nur nach § 222 oder § 227 denkbar. Für eine Anwendung der §§ 251, 22 fehlt es dann an einem hierfür vorausgesetzten[132] *strafbaren* Grunddeliktsversuch.[133] Das liegt hier nicht anders als dort, wo ein Täter von einem Raubversuch mit Waffen zurücktritt. Auch in einem solchen Fall ist – wie der Tod – ein qualifizierender Teil nicht revidierbar, ein Rücktritt aber nicht deshalb unmöglich.

Ist der Raub nur versucht und auch die Folge ausgeblieben, war sie aber vom Vorsatz umfasst (**versuchte Erfolgsqualifikation**), ist auch dies nach §§ 251, 22 strafbar.[134] Auch hier beseitigt der Rücktritt vom Grunddeliktsversuch die Raubstrafbarkeit ganz.[135] Inwieweit das auch für den tateinheitlich gegebenenfalls[136] begangenen Mordversuch gilt, hängt davon ab, ob sich der Rücktritt vom Raubversuch auf den Mordversuch erstreckt. Bewirkt der Täter nach einem beendeten, nach § 250 II Nr 1 qualifizierten Versuch mit Erfolg, dass die in Kauf genommene Todesfolge nicht eintritt, bejaht der BGH einen Rücktritt von §§ 251, 22 auch dann, wenn der Täter an der Verwirklichung der qualifizierten Tat festhält.[137]

---

127 BGHSt 21, 183, 184; diff. Fischer-*Fischer*, § 251 Rn 12; **aA** S/S-*Bosch*, § 251 Rn 10.
128 S. BGH NStZ 01, 371; BGH StV 02, 81; BGH NJW 19, 3659 mit Anm. *Schiemann*; *Bosch*, Jura (JK) 20, 192; *Eisele*, JuS 20, 275; *Heghmanns*, ZJS 20, 164; *Jäger*, NStZ 20, 221; *Kudlich*, JA 20, 64; *Renzikowski*, JR 20, 332; LK-*Murmann*, vor § 22 Rn 117, 125.
129 S. *Hillenkamp/Cornelius*, AT 16. Problem mwN; *Otto*, Jura 97, 476; BGH NJW 98, 3362.
130 *Küper*, JZ 19, 872; *Küper*, GA 19, 664; zu weit daher BGH NStZ 03, 34.
131 BGHSt 46, 24, 28 f mit zust. Anm. *Kindhäuser*, NStZ 01, 31; *Kudlich*, JA 00, 748.
132 Str., s. *Lackner/Kühl/Heger*, § 18 Rn 11.
133 BGHSt 42, 158, 160; BK-*Wittig*, § 251 Rn 7; *Beulke/Zimmermann*, III Rn 575 f; Fischer-*Fischer*, § 251 Rn 9a; *Kudlich*, JuS 99, 355; *Küper*, JZ 97, 233 mwN; *Laue/Dehne-Niemann*, Jura 10, 75; LK-*Murmann*, § 24 Rn 540; LK-*Vogel/Burchard*, § 251 Rn 27; MK-*Sander*, § 251 Rn 15; *Otto*, Jura 97, 476; *Rengier*, BT I § 9 Rn 42; *Sowada*, Jura 95, 653; **aA** *Wolters*, GA 07, 65; *Wolters*, Rissing-van Saan-FS S. 767 ff, der bei einer Verursachung der Todesfolge durch die Raubgewalt auch bei Ausbleiben der Wegnahme einen vollendeten Raub mit Todesfolge annimmt; dagegen überzeugend *Herzberg*, JZ 07, 615 ff; Joecks/*Jäger*, § 251 Rn 17 empfehlen, der hM zu folgen; zu Einwänden gegen die heute hL überzeugend *Küper*, GA 19, 667: ob der Erfolg vor oder nach dem Rücktritt eingetreten ist, ist ohne Bedeutung (S. 682 f).
134 S. *Mitsch*, BT II S. 540.
135 SK-*Sinn*, § 251 Rn 20.
136 S. BGH NStZ 01, 194.
137 BGH NJW 19, 3659 mit Anm. *Schiemann*; *Eisele*, JuS 20, 275; *Heghmanns*, ZJS 20, 164; *Jäger*, NStZ 20, 221; *Kudlich*, JA 20, 64.

T hat in **Fall 27** zunächst den Tatbestand des § 249 dadurch erfüllt, dass er der gefesselten O Geld und Schmuck in Zueignungsabsicht wegnahm und mit der Beute das Haus verließ. Die Wegnahme war durch das Zusammentragen auf dem Küchentisch noch nicht vollendet. Die in der Fesselung liegende Gewalt gegen O diente daher objektiv und subjektiv der mit dem Verstauen in der Tüte vollzogenen Gewahrsamsbegründung. Auf den nur zur hier fehlgeschlagenen Drohung erheblichen Streit, ob das Opfer die Drohung ernst nehmen (Rn 397) und ob das Nötigungsmittel für die Wegnahme *objektiv förderlich* sein *muss* (Rn 398 ff), kommt es daher im Ergebnis nicht an. Ein qualifizierter Raub ist zunächst deshalb denkbar, weil T eine Spielzeugpistole verwandte, um den erwarteten Widerstand der O zu verhindern. Zwar reicht die Scheinwaffe für § 250 I Nr 1b aus. Durchschaut das Opfer aber die Täuschung, ist die objektive Ungefährlichkeit trotz der verwirklichten Verwendungsabsicht nicht ausreichend durch die *erhebliche* Beeinträchtigung der Willensfreiheit kompensiert. Insoweit liegt nur Versuchsunrecht vor (Rn 421). Gleichwohl ist § 250 I gegeben, weil T mit dem zwar verletzungsungeeigneten, Bewegungsfreiheit und körperliches Wohlbefinden aber nicht unerheblich beeinträchtigenden Kabel ein Mittel bei sich führte und einsetzte, um den Widerstand der O zu überwinden (§ 250 I Nr 1b). An einen minder schweren Fall (§ 250 III) ist zwar bei der Verwendung einer Scheinwaffe nach wie vor zu denken.[138] Er ist aber bei der „gestuften" Vorgehensweise des T nach nächtlichem Einbruch ausgeschlossen. Auch spricht die Verängstigung des Opfers durch Maskierung gegen ihn.[139] Vor allem ist aber auch § 251 erfüllt. Zwar würde die Aufregung über den Verlust des Schmuckes als Ursache für den Tod nicht reichen. Insoweit ist der Tod Folge eines offenen Diebstahls, nicht aber einer *raubspezifischen* Gefahr. Es genügt aber, dass der Tod durch die Gewaltanwendung mitbedingt war. Dass der geleistete Widerstand Opferverhalten ist, schließt die Zurechnung nicht aus. Auch stört nicht, dass der Tod erst nach Vollendung der Tat eintritt. Entscheidend ist, dass die tödliche Handlung vor ihr lag. Schließlich ist Leichtfertigkeit zu bejahen. Wer ein 74-jähriges Opfer nachts aufschreckt, mit einer Scheinwaffe bedroht und sich in eine körperliche Auseinandersetzung mit ihm begibt, setzt grob sorgfaltswidrig das Risiko des tödlichen Ausgangs (Rn 437). § 251 verdrängt § 222 sowie § 250 II Nr 3b. Auch § 250 I Nr 1b tritt zurück (Rn 438). Da bei einer Verurteilung nach § 251 nicht zum Ausdruck kommt, dass ein Wohnungseinbruchsdiebstahl vorliegt, ist Idealkonkurrenz zu § 244 I Nr 3 (bzw. § 244 IV nF) anzunehmen. Dahinter treten §§ 303, 123 zurück.

440

4. Prüfungsaufbau: Raub mit Todesfolge, § 251

Raub mit Todesfolge, § 251

I. Tatbestand
1. **Raub, § 249 (ggf iVm § 250)**
   → tatbestandsmäßiger, rechtswidriger und schuldhaft begangener Raub
2. **Eintritt und Verursachung der schweren Folge: Tod eines anderen Menschen**
   - *Tod*
   - *anderer Mensch*
     → nicht Tatbeteiligte
     → auch andere als das Raubopfer
   - *Kausalzusammenhang*
3. **Objektive Zurechnung**
   → Zurechnung der schweren Folge zum Verhalten des Täters nach allgemeinen Zurechnungsregeln

441

---

138 Krit. dazu BGH NStZ-RR 01, 215, 216.
139 BGH StV 98, 652 mit Anm. *Jahn.*

→ qualifikationsspezifische Zurechnung
   - Ⓟ Anknüpfung: Handlung oder Erfolg des Grunddelikts?
   - Ⓟ Realisierung der grunddeliktsspezifischen Gefahr
   - Ⓟ zeitlicher Zusammenhang: Einbeziehung der Flucht- und Beutesicherungsphase

4. **(Zumindest) Leichtfertigkeit hinsichtlich der Todesfolge**
   → Bezug zur konkreten Todesverursachung
   → qualifizierte Sorgfaltswidrigkeit und Vorsehbarkeit
   → auch bei vorsätzlicher Erfolgsherbeiführung
   → subjektive Vorhersehbarkeit der schweren Folge und des gefahrspezifischen Zusammenhangs (oft erst in der Schuld geprüft)

II. Rechtswidrigkeit
III. Schuld
IV. **Versuch und Rücktritt beim erfolgsqualifizierten Delikt**

4. Kapitel
Raubähnliche Sonderdelikte

§ 10 Räuberischer Diebstahl

442 **Fall 28:** T ist mit einem Dietrich in die Wohnung der abwesenden Frau F gelangt, um dort zu stehlen. Er durchsucht die Wohnung nach Schmuck und Bargeld; was ihm mitnehmenswert erscheint, steckt er in eine mitgeführte Aktentasche. Als er die Wohnung mit der Beute verlassen will, hört er, dass F zurückkehrt. T versteckt sich rasch hinter der Küchentür und entnimmt seiner Aktentasche einen 40 cm langen Holzknüppel, den er nach seiner unwiderleglichen Einlassung stets als „Pannenhilfe" bei sich führte. Als F einen Augenblick später die Küche betritt, versetzt er ihr damit von hinten zwei wuchtige Schläge auf den Kopf. Dabei geht es ihm darum, von der ihm flüchtig bekannten F nicht erkannt und an der Flucht nicht gehindert zu werden, aber auch, sich von der wertvollen Beute nicht trennen zu müssen. Ehe F wieder zu sich kommt, ist T auf und davon.
Strafbarkeit des T? **Rn 463**

I. Rechtsnatur

443 Der **räuberische Diebstahl** (§ 252) ist weniger ein erschwerter Fall des § 242 als vielmehr ein raubähnliches Sonderdelikt[1], das in der nicht notwendig erfolgreichen[2] **Verteidigung der Diebesbeute mit Raubmitteln** besteht und bei dessen Verwirklichung der

---
1 BGHSt 3, 76, 77; BK-*Wittig*, § 252 Rn 1; HdS-*Wittig* V, § 31 Rn 26; *Lackner/Kühl/Heger*, § 252 Rn 1; Fischer-*Fischer*, § 252 Rn 1; **aA** Perron, GA 89, 169; *Kratzsch*, JR 88, 397.
2 *Küper*, JZ 01, 731; OLG Hamm StV 05, 336, 337.

Täter „*gleich einem Räuber*" bestraft wird. Die Erschwerungsgründe des Raubes (§§ 250, 251) gelten danach auch für den räuberischen Diebstahl.[3]

Sachlich unterscheiden § 249 und § 252 sich dadurch, dass die Anwendung von Gewalt oder von Drohungen beim *Raub* der **Erlangung** des Gewahrsams, bei einem *räuberischen Diebstahl* dagegen der **Erhaltung** des schon erlangten Gewahrsams an der Beute dient.[4] 444

Die Gleichbehandlung des räuberischen Diebstahls mit dem Raub erscheint trotz der in § 252 steckenden Selbstbegünstigung[5] deshalb berechtigt, weil es beim Betreffen des Täters *auf frischer Tat* oft nur von Zufälligkeiten abhängt, ob die **Wegnahme** bereits **vollendet** war oder nicht. Von demjenigen, der im unmittelbaren Anschluss an die Wegnahme Raubmittel zur Verteidigung der Diebesbeute einsetzt, ist zwar nicht sicher zu erwarten, dass er zu diesen Mitteln *auch zwecks Erlangung* des Gewahrsams gegriffen hätte, wenn er etwas früher überrascht worden wäre.[6] Sicher ist aber der Wille, den *schon erlangten* Gewahrsam mit Raubmitteln zu verteidigen, nicht weniger gefährlich als der Wille, die Wegnahme auf diese Weise zu ermöglichen.[7] Um die Gleichstellung des räuberischen Diebes mit dem Räuber zu rechtfertigen, ist die Auslegung des § 252 soweit wie möglich der des § 249 anzugleichen.[8]

II. Objektiver Tatbestand

Der **objektive Tatbestand** des § 252 setzt voraus, dass der bei einem Diebstahl **auf frischer Tat betroffene Täter** nach Vollendung der Wegnahme gegen eine Person **Gewalt** verübt oder **Drohungen** mit gegenwärtiger Gefahr für Leib oder Leben anwendet. 445

1. Vortat und Anwendungsbereich

Geeignete **Vortat** iS des § 252 kann neben dem **Diebstahl** (§ 242) in all seinen Erscheinungsformen unter Einschluss der §§ 243 ff zwar keine räuberische Erpressung,[9] wohl aber auch ein **vollendeter Raub** (§ 249) sein, in dem alle Diebstahlselemente enthalten sind.[10] Letzteres wird bedeutsam, wenn der Räuber die erschwerenden Umstände der §§ 250, 251 erst in *der* Zeitphase verwirklicht, die § 252 erfasst.[11] Das gilt vor allem dann, wenn man[12] in dieser Phase eine Qualifizierung des bereits vollendeten Raubes nach §§ 250, 251 richtigerweise (Rn 417, 424, 430, 436) ausschließt. 446

Ebenso wie der Raub kennt der räuberische Diebstahl keinerlei Privilegierung. Die **Geringwertigkeit** der Beute (§ 248a) ist daher für die Anwendbarkeit des § 252 belanglos.[13]

---

3 BGH NStZ-RR 02, 237; BGH NStZ 09, 36; BGH StV 20, 671 mit Bespr. *Jäger*, JA 21, 77; *Rieck*, NStZ 21, 230.
4 BGH NStZ-RR 01, 41; *Lackner/Kühl/Heger*, § 252 Rn 1; W/Z/K/W-*Schwartz*, BT II § 8 Rn 1.
5 S. dazu *Mitsch*, BT II S. 548.
6 Krit. Zu dieser in BGHSt 9, 255, 257; RGSt 73, 343, 345 zu findenden Hypothese *Küper*, JZ 01, 737.
7 S. dazu BGH StV 87, 534; *Herzog*, Anm. EzSt StGB § 252 Nr 2; *Perron*, GA 89, 145; krit. Zu den Erklärungsmodellen für die Gleichbehandlung LK-*Vogel/Burchard*, § 252 Rn 4–10.
8 *Weigend*, GA 07, 276.
9 *Küpper/Grabow*, Achenbach-FS S. 265, 267; **aA** *Frank*, Jura 10, 893.
10 Nach vollendeter räuberischer Erpressung ist die Beuteverteidigung bloße Nötigung, s. BGH NStZ 05, 387; zum Raub als Vortat s. BGHSt 21, 377, 379 f; *Dehne-Niemann*, Jura 08, 742; LK-*Vogel/Burchard*, § 252 Rn 16; *Zöller*, JuS L 97, 89.
11 Näher BGHSt 20, 194, 197; 21, 377.
12 Entgegen BGHSt 38, 295, 298; BGH NStZ-RR 08, 342; wie hier *Bachmann/Goeck*, Jura 12, 133 ff; *Küpper/Grabow*, Achenbach-FS S. 265 ff.
13 Vgl BGHSt 3, 76, 78; BGH MDR/D 75, 543; M/S/M-*Hoyer*, BT I § 35 Rn 40; **aA** *Burkhardt*, NJW 75, 1687 und JZ 73, 110; dagegen *Krey/Hellmann/Heinrich*, BT II Rn 343.

447 **Auf frischer Tat** betroffen ist der Täter nach hM dann, wenn er bei **Ausführung**, also noch vor der Vollendung,[14] oder **alsbald nach Vollendung** der Wegnahme **am Tatort** oder in dessen **unmittelbarer Nähe** von einem anderen wahrgenommen, bemerkt oder schlicht angetroffen wird.[15]

In zeitlicher Hinsicht **beginnt** der Anwendungsbereich des § 252 auch dann, wenn der Täter schon zuvor wahrgenommen worden ist, erst mit **Vollendung der Wegnahme**. Was im Rahmen des (auf den Gewahrsam bezogenen) Nötigungsaktes vor Eintritt des Gewahrsamswechsels zur Ermöglichung der Wegnahme geschieht, wird bereits von § 249 erfasst. Beim Versuch genügt, dass der vorgestellte Nötigungsakt der vorgestellten Vollendung der Wegnahme nachfolgt, so dass unter dieser Voraussetzung auch ein versuchter Diebstahl Vortat sein kann.[16]

448 Der Täter muss die Tathandlung vornehmen, solange er noch auf frischer Tat betroffen ist. Wie lange der Diebstahl nach Vollendung der Wegnahme eine „**frische Tat**" iS des § 252 bleibt, ist umstritten. Teilweise wird hierin – einengend – eine Umgrenzung des Zeitraums gesehen, in dem noch Notrechte (§ 127 StPO, §§ 229, 859 II BGB) wahrgenommen werden dürfen.[17] Systematisch muss hier aber ein anderer Gesichtspunkt ausschlaggebend sein: Die hM nimmt zutreffend an, dass der Diebstahl den **Charakter der „frischen Tat" spätestens verliert**, sobald der Dieb *gesicherte* Sachherrschaft (= *gefestigten* Gewahrsam) erlangt hat und die Tat als **beendet** anzusehen ist.[18] Wer erst danach zu Nötigungsmitteln greift, tut dies nicht mehr *bei* einem *Diebstahlsgeschehen*. Sein Verhalten kommt auch nicht dem eines Räubers gleich. Ihm fehlt es *nach Sicherung* des Gewahrsams an einem raubähnlichen Bezug der Nötigungsmittel zu dessen Verletzung. Was sich (nach gelungener Wegnahme) erst zu einem Zeitpunkt abspielt, in welchem der Dieb schon *gesicherten* Gewahrsam erlangt hatte und der Diebstahl *beendet* war (s. dazu Rn 149 f),[19] fällt unter den allgemeinen Nötigungstatbestand des § 240.[20]

Solange sich der Täter noch auf dem Anwesen des Bestohlenen, also in dessen räumlichem Herrschaftsbereich befindet, ist der Diebstahl in der Regel nicht beendet.[21] Ist die aus einem Laden entwendete Beute bereits im Kofferraum des auf einem Parkplatz abgestellten Kraftwagens verstaut, und haben die Täter sodann (als Diebe unbemerkt und unbehelligt) die Heimfahrt angetreten, in deren Verlauf es nach einem Verkehrsverstoß zu einer Schießerei mit einer Polizeistreife kommt, so war der vorausgegangene Diebstahl schon abgeschlossen und beendet mit der Folge, dass hinsichtlich des neuen Tatgeschehens für § 252 kein Raum mehr ist.[22]

449 Bei zeitlich gestrecktem Geschehen kann es aber auch schon früh zu einer Stabilisierung des neuen Gewahrsams kommen. Dann hört ein vollendeter Diebstahl auch schon **vor dem Beendigungszeitpunkt** auf, eine *frische* Tat zu sein.[23]

---

14 S. dazu BGH NStZ 15, 701 (observierter Diebstahl) mit Anm. *Becker*; *Küper*, StV 16, 285 und Bespr. *Brüning*, ZJS 16, 386; *Eisele*, JuS 15, 1043. *Küper/Zopfs*, BT Rn 152, 154; *Küper*, Jura 01, 25; *Mitsch*, BT II S. 558.
15 BGHSt 9, 255, 257; 26, 95, 96; 28, 224, 228 f; BGH BeckRS 23, 8078.
16 W/Z/K/W-*Schwartz*, BT II § 8 Rn 17.
17 *Kindhäuser/Hilgendorf*, § 252 Rn 12; ähnlich *Eisele*, BT II Rn 403.
18 BGHSt 28, 224, 229; BGH StV 85, 13; NJW 87, 2687; Fischer-*Fischer*, § 252 Rn 4; *Schmidt*, BT II Rn 459, 462; *Geilen*, Jura 79, 614, 670; HdS-*Wittig* V, § 31 Rn 50; LK-*Vogel/Burchard*, § 252 Rn 39, 43; krit. HK-GS/*Duttge*, § 252 Rn 11 f; weiter *Gössel*, BT II § 15 Rn 12 ff; *Lackner/Kühl/Heger*, § 252 Rn 4; *Marlie*, ZIS 06, 44.
19 LK-*Murmann*, vor § 22 Rn 38.
20 **Zutr.** BGH JZ 88, 471; BK-*Wittig*, § 252 Rn 6; MK-*Sander*, § 252 Rn 7; S/S-*Bosch*, § 252 Rn 3.
21 BGH NJW 87, 2687; s. zur Beendigung Rn 173 f.
22 BGH JZ 88, 471.
23 Fischer-*Fischer*, § 252 Rn 5; M/R-*Maier*, § 252 Rn 9; W/Z/K/W-*Schwartz*, BT II § 8 Rn 33.

Ein solcher Fall liegt in BGHSt 28, 224 vor: Dort hatte der Taxifahrer T während einer Autofahrt von Stuttgart in Richtung Hamm dem Fahrgast F unbemerkt die Brieftasche mit 15500 DM entwendet und eingesteckt. Da F erst nach längerer Zeit, einer inzwischen zurückgelegten Fahrstrecke von 50 km und dem Verlassen der Autobahn argwöhnisch geworden war, ehe T an einsamer Stelle zu Tätlichkeiten gegen ihn griff und ihn aus dem Auto stieß, sah der BGH den von T verübten Diebstahl im Augenblick der Gewaltanwendung nicht mehr als *frische* Tat iS des § 252 an.

In **räumlicher Beziehung** muss der Täter alsbald nach Vollendung der Wegnahme entweder **am Tatort selbst** oder in dessen **unmittelbarer Nähe** betroffen sein.[24] Ist das der Fall, so genügt es, wenn der Einsatz der Nötigungsmittel erst während der sofort aufgenommenen und ohne Zäsur fortgesetzten Verfolgung im Verlauf seiner Flucht erfolgt, mag dies mittlerweile auch weit vom Ort der Entwendung entfernt sein.[25] Voraussetzung bleibt freilich, dass die Flucht nicht eine solche Distanz zwischen Täter und Verfolger schafft, dass die Gewahrsamssicherung die Vortat beendet.[26]   450

Von solchen Verfolgungsfällen zu unterscheiden sind die Fälle, in denen zunächst nur der *Diebstahl als solcher* entdeckt worden ist und der **Dieb** auf Grund der sofort eingeleiteten Suche **erst während der Nacheile** „betroffen" wird. Hier bleibt bei Nötigungshandlungen lediglich für § 240 Raum.

Rechtsprechungsbeispiel: Die vorgenannten Voraussetzungen lassen sich an einem Sachverhalt noch einmal verdeutlichen, der einem Beschluss des **BGH (StV 13, 445)** zugrunde lag. Dort hatten A und B im Nachtzug nach Zürich, den beide ohne gültige Fahrkarte benutzten, zwei schlafenden Reisenden Bargeld, Mobiltelefone und Ausweise entwendet und diese Gegenstände in Jacken verborgen, die sie im nicht jedermann zugänglichen Gepäckabteil des Fahrradwagens versteckt hatten. A war – als er auf der Suche nach weiterer Beute von Abteil zu Abteil lief – im Schlafwagen dem Zugbegleiter Z aufgefallen. Auf Aufforderung konnte A keine Fahrkarte vorweisen. Er ging zusammen mit Z zu dem Gepäckabteil, in dem sich B aufhielt. Dort ergriffen A und B die Jacken mit dem Diebesgut und begaben sich an Z vorbei in einen anderen Wagen. Da sich Z mit Ausreden nicht zufrieden gab, zog A die Notbremse. Während B sogleich den Zug verlassen konnte, kam es zwischen A und Z zu einem Gerangel, in dem A den Z an die Wand drückte. Die Jacken mit dem Diebesgut lagen mittlerweile auf dem Boden. Es gelang A schließlich, unter Bedrohung des Z mit einem mitgeführten Springmesser mit einer Klingenlänge von ca. 10-15 cm die Jacken zu ergreifen und gleichfalls den Zug zu verlassen. Erst später wurde er in Ungarn gefasst. – Darauf, dass A und B einen Diebstahl mit Waffen (§ 244 I Nr 1a) – ein Springmesser ist jedenfalls nach dem WaffG Waffe –, nicht aber einen schweren Raub (§ 250 II Nr 1) begangen haben, weil beim Einsatz des Messers als Drohmittel der Diebstahl schon vollendet war, geht der BGH nicht näher ein. Er verneint lediglich einerseits § 252, weil A – um den es in der Entscheidung allein ging – zwar die Beute mit Raubmitteln verteidigt habe, nicht aber mehr auf frischer Tat betroffen worden sei. Das dürfte richtig sein. Zwar war der mit dem Verbergen der Beute in den Jacken im Gepäckteil sicher vollendete, aber mangels Gewahrsamssicherung noch nicht beendete Diebstahl in einem Stadium, in dem § 252 an sich noch begangen werden kann. Es war aber zwischen den beiden Entwendungen und dem Einsatz des Raubmittels schon so viel Zeit vergangen, dass es an dem zu fordernden engen zeitlichen (unmittelbaren) Zusammenhang fehlte. Eine „Sicherungsdreieckserpressung" wird insoweit iE zu Recht (s. Rn 462) nicht einmal erwogen, sondern lediglich Nötigung und Diebstahl mit Waffen bejaht, deren Verklammerung zur Tateinheit durch den Verstoß gegen das WaffG

---

24 BGHSt 9, 255, 257; 28, 224, 228; BGH StraFo 15, 32.
25 Vgl BGHSt 3, 76, 78; BGH GA 62, 145; BGH StraFo 15, 32; BGH NStZ 23, 550 mit Anm. *Habetha*; Bespr. *Jäger*, JA 23, 697; in BGH NStZ 15, 700 betrug die Entfernung zum Tatort beim Zugriff 35 km, die Tat war aber schon bei der Durchführung beobachtet worden; LK-*Vogel/Burchard*, § 252 Rn 42, 58; **krit.** und enger dazu *Küper*, StV 16, 286; *Küper*, Streng-FS S. 77 ff, der das Erfordernis der „**Frische**" auf den **Einsatz der Nötigungsmittel** erstreckt.
26 A/W-*Heinrich*, § 17 Rn 20; Fischer-*Fischer*, § 252 Rn 7; W/Z/K/W-*Schwartz*, BT II § 7 Rn 34.

verneint wird, weil dieser als Brücke nicht trägt. Das liegt vor allem daran, dass nach Auffassung des BGH der neue zur Entscheidung berufene Tatrichter zu erwägen habe, ob nicht neben der Nötigung „zugleich eine (schwere) räuberische Erpressung" vorliegen könne. Diese komme nämlich „regelmäßig in Betracht, wenn ein dem Transportunternehmer unbekannter Fahrgast gewaltsam seine Flucht erzwingt" und so verhindert, „dass der gegen ihn bestehende (hier gemäß § 12 EVO erhöhte) Fahrpreis durchgesetzt werden kann (vgl BGH, Beschluss vom 17.8.2006 3 StR 279/06)". Da § 265a den Eintritt eines Vermögensschadens nicht voraussetzt, steht einer solchen „Sicherungserpressung" hier nicht entgegen, dass es an einem (erneuten/vertieften) Schaden fehlt. Der „neue" Tatrichter wird aber mit BGH NStZ 07, 95 f (s. dazu Rn 814) zu ermitteln haben, wie es mit der „Werthaltigkeit" der Forderung steht. Wer nämlich nur „auf die Geltendmachung einer wertlosen, weil gänzlich uneinbringlichen Forderung verzichtet, erleidet dadurch keinen Vermögensschaden".[27]

2. Betreffen und Nötigungsmittel

451 Wer den Dieb „betrifft", ist gleichgültig; es kann der Sacheigentümer, der Gewahrsamsinhaber oder ein Dritter sein. § 252 ist auch anwendbar bei einem sog. *offenen* Diebstahl unmittelbar vor den Augen des Bestohlenen.[28] Was unter **„Betreffen"** zu verstehen ist, ist umstritten.[29] Umfasst und **typisch** ist sicher der Fall, dass der Betroffene vom Betreffenden bei der Tat gesehen, beobachtet oder auch nur akustisch wahrgenommen wird. Einer subjektiven Verdachtsbildung bedarf es dabei nicht.[30] Sie ist Voraussetzung prozessualen Handelns pro magistratu (§ 127 StPO), nicht aber Bedingung dafür, dass sich der Täter als einem Räuber gleich gefährlich erweist. Im Gegenteil ist In-Verdacht-Geraten ein eher mildernder Aspekt. Darüber hinaus stellt sich die Frage, **ob** ein Betroffensein auch angenommen werden kann, wenn der Täter bei Einsatz des Nötigungsmittels durch das Opfer **noch nicht bemerkt** wurde. Dies ist in Einklang mit der Rspr.[31] und der überwiegenden Lehre[32] zu bejahen. Nötig und ausreichend ist letztlich ein **raum-zeitliches Zusammentreffen**, wobei auch der Fall erfasst wird, in dem der Dieb dem Bemerktwerden durch schnelles Zuschlagen zuvorkommt.

Hierfür sprechen bereits der allgemeine und der juristische Sprachgebrauch.[33] „Betroffen" zu sein erfordert lediglich eine Beeinflussung (insb. Störung) der eigenen Sphäre. Dass dies bemerkt wird, ist nicht erforderlich. Dass der Täter es doch bemerken muss, ergibt sich erst aus dem Vorsatzerfor-

---

27 S. zur Entscheidung *Bosch*, JK 6/2013, § 252/8; *Kudlich*, JA 13, 310; *Joecks/Jäger*, § 252 Rn 8; *Landwehr*, FD-StrafR 13, 341896.
28 BGH NJW 58, 1547; RGSt 73, 343, 345 f.
29 Zum Streitstand *Hillenkamp/Cornelius*, BT 27. Problem.
30 **So aber** *Haas*, Maiwald-FS S. 145, 167 ff; *Lask*, Das Verbrechen des räuberischen Diebstahls, 1999, S. 124; LK-*Vogel/Burchard*, § 252 Rn 34; *Schnarr*, JR 79, 315; SK-*Samson*, 4. Aufl., § 252 Rn 5; **wie hier** *Küper*, Krey-FS S. 313, 334; *Mitsch*, BT II S. 559 ff; MK-*Sander*, § 252 Rn 9; *Schwarzer*, ZJS 08, 267.
31 BGHSt 26, 95, 96 f; krit. BGHSt 28, 224, 227.
32 A/W-*Heinrich*, § 17 Rn 21; *Beulke/Zimmermann*, III Rn 600 f; *Eisele*, BT II Rn 409; Fischer-*Fischer*, § 252 Rn 6; HK-GS/*Duttge*, § 252 Rn 15; *Jäger*, BT Rn 467; *Kindhäuser/Böse*, BT II § 16 Rn 7; *Klesczewski*, BT § 8 Rn 197; *Krey/Hellmann/Heinrich*, BT II Rn 347; *Lackner/Kühl/Heger*, § 252 Rn 4; M/R-*Maier*, § 252 Rn 12; *Otto*, BT § 46 Rn 55; *Perron*, GA 89, 163; *Rengier*, BT I § 10 Rn 15 ff; *Schmidt*, BT II Rn 463; S/S-*Bosch*, § 252 Rn 4; SK-*Sinn*, § 252 Rn 11; S/S/W-*Kudlich*, § 252 Rn 11; *Wessels*, BT II Rn 357.
33 Dementgegen *Hillenkamp*, hier bis zur 44. Aufl.; AnK-*Habetha*, § 252 Rn 9; BK-*Wittig*, § 252 Rn 8a.1; HdS-*Wittig* V, § 31 Rn 48; *Geppert*, Jura 90, 556; *Haas*, Maiwald-FS S. 177 f; *Heghmanns*, Rn 1265; H-H-*Kretschmer*, Rn 927; *Hohmann/Sander*, BT I § 7 Rn 9; LK-*Vogel/Burchard*, § 252 Rn 33; *Schramm*, BT I § 5 Rn 19; W/Z/K/W-*Schwartz*, BT II § 8 Rn 29; *Seier*, JuS 79, 338; *Zöller*, BT Rn 407; **gegen** eine Verletzung des Analogieverbots dezidiert *Küper*, Krey-FS S. 313, 319 ff.

dernis. Für den anderen aber besteht kein solches. Auf die Wahrnehmung des Geschädigten kommt es daher nicht an. Auch in teleologischer Hinsicht ist es vorzugswürdig, solche Täter einzubeziehen, die dem Bemerktwerden zuvorkommen. Wer die Entdeckung nicht abwartet, sondern das Nötigungsmittel direkt anwendet, weist typischerweise eine größere kriminelle Energie und Gefährlichkeit auf. Auch sonst verwendet das StGB solches Verhalten als Qualifikationsgrund, etwa in Form der Arglosigkeit (§ 211) und Hinterlist (§ 224). Ausreichend ist vor diesem Hintergrund jedes **raum-zeitliche Zusammentreffen** von Täter und Opfer, aufgrund dessen der Täter befürchtet, die Beute ohne Einsatz des Nötigungsmittels nicht sichern zu können.[34]

Die **Nötigungsmittel** iS des § 252 entsprechen denen des Raubes (s. Rn 391 ff), sodass auch hier für Gewalt eine nicht ganz unerhebliche körperliche Zwangswirkung notwendig ist,[35] an der es bei einem bloßen „Wegschubsen" oder „Sich-losreißen" mangeln kann.[36] Die Mittel müssen sich gegen den Bestohlenen oder einen anderen richten, von dem der Dieb – sei es auch nur irrtümlich – annimmt, dass er ihm den gerade erlangten Gewahrsam **zu Gunsten des Verletzten** wieder entziehen werde oder dass er dem Fortschaffen der Beute in anderer Weise ein Hindernis in den Weg legen könnte.[37] Zu diesem Personenkreis kann auch ein Polizeibeamter gehören, der den Täter zwar nicht selbst betroffen hat, der von den den Diebstahl observierenden Beamten aber zur Verfolgung hinzugezogen worden ist.[38] Um die Gleichwertigkeit zum Raub zu gewährleisten, ist zu verlangen, dass auch die Nötigungsmittel eingesetzt werden, solange die Tat noch im beschriebenen engen raum-zeitlichen Zusammenhang frisch ist (s. Rn 447, 431). 452

Schießt ein auf frischer Tat betroffener **Mittäter** zwecks Sicherung seiner Diebesbeute auf einen Komplizen, der hinter ihm herläuft und den er während der nächtlichen Flucht irrtümlich für einen Verfolger hält, liegt danach ein **vollendeter** schwerer räuberischer Diebstahl vor (§§ 252, 250 II Nr 1).[39] Da in einem solchen Fall einer nur irrtümlich angenommenen Schutzbereitschaft eines vom Eigentümer oder bisherigen Gewahrsamsinhaber unterschiedenen Dritten keinerlei Restitutionschance vereitelt oder gefährdet wird, ist nach aA[40] nur ein wegen Opferuntauglichkeit versuchter räuberischer Diebstahl gegeben.

III. Subjektiver Tatbestand

Der **subjektive Tatbestand** verlangt *Vorsatz* und die *Absicht* des Täters, **sich im Besitz des gestohlenen Gutes zu erhalten**. Die Absicht, einem Dritten, und sei er Beteiligter, den Besitz zu wahren, reicht nicht aus, und Vorstellungen werden auch Mittätern nicht gegenseitig zugerechnet (zugerechnet wird aber der Besitz, Rn 457). Das Festhalten an diesem engen, selbstbezogenen Erfordernis ist wenig einleuchtend, wenn man bedenkt, dass der Gesetzgeber mit dem 6. StrRG (Rn 42) alle anderen Zueignungsdelikte um die Drittzueignung erweitert hat. Selbst wenn es sich dabei um eine dem Gesetzgeber unbewusst gebliebene „Planwidrigkeit" handeln sollte,[41] steht ihrer Berichtigung durch eine 453

---

34 Vgl. zu dieser Argumentation auch die **Falllösung** von *Schmitt-Leonardy/Weng*, JA 22, 570.
35 LG Gera NJW 00, 159 mit krit. Anm. *Otto*, JK 01, StGB § 249/7; Rn 348.
36 S. OLG Koblenz StV 08, 474, 475, aber auch OLG Brandenburg NStZ-RR 08, 201, 202.
37 BGHSt 9, 162, 163 und 255; 28, 224, 230 f; BGH StraFo 15, 32. Zum Streit hierum s. LK-*Vogel/Burchard*, § 252 Rn 48-50.
38 BGH NStZ 15, 701 mit krit. Anm. *Becker*; *Küper* StV 16, 285 und Bespr. *Brüning*, ZJS 16, 386; *Eisele*, JuS 15, 1043; **Falllösung** dazu bei *Brand/Freitag*, JuS 17, 235.
39 Zum evtl. *Tötungsversuch* vgl insoweit BGHSt 11, 268; *Hillenkamp*, Die Bedeutung von Vorsatzkonkretisierungen, 1971, S. 76 ff.
40 *Küper*, JZ 01, 735; LK-*Vogel/Burchard*, § 252 Rn 51 mwN; wie hier *Eisele*, BT II Rn 407.
41 S. dazu *Freund*, ZStW 109 (1997), 482; SK-*Sinn*, § 252 Rn 19.

auf Drittbesitzerhaltung zielende Absicht jedoch das Analogieverbot entgegen.[42] Eine ausreichende Eigenbesitzerhaltungsabsicht hat allerdings, wer sich den Besitz der Beute erhalten will, weil er sie später einem Dritten zueignen möchte (s. Rn 458). Zu welchem Zeitpunkt der Entschluss zur Gewaltanwendung usw gefasst wird, ist belanglos.[43] Hat der Täter sein Betroffen-Sein zunächst nicht bemerkt, reicht es aus, wenn er beim späteren Einsatz der Nötigungsmittel bewusst in Kauf nimmt, dass seine Gestellung auf ein Betroffen-worden-Sein schon beim Diebstahl zurückzuführen ist.[44]

454 Zur **Absicht** im vorgenannten Sinn gehört der Wille, eine Entziehung des gerade erlangten Gewahrsams *zu Gunsten* des *Bestohlenen* zu verhindern. Die Entziehung muss nach Meinung des Täters bereits gegenwärtig sein oder **unmittelbar bevorstehen**.[45] Nur dann steht die Behauptung des gerade eben begründeten Gewahrsams mit Raubmitteln dem Unrecht des Raubes gleich.[46] Hieran fehlt es, wenn die Zueignung etwa durch Verzehr oder Verbrauch schon unumkehrbar vollzogen ist.[47] Auch erfüllt § 252 nicht, wer die Notierung seines Kennzeichens nur in der Befürchtung gewaltsam verhindert, die Beute könne ihm später abgenommen werden.[48] Die Beutesicherungsabsicht braucht aber nicht das einzige Ziel des Handelns zu sein. Vielmehr kann sie mit dem Bestreben einhergehen, sich der Ergreifung zu entziehen.[49] Anders verhält es sich, wenn der flüchtende Dieb seine Beute im Stich lässt (sie zB fortwirft) oder sich ihrer nur nicht entledigt, um nicht überführt oder ergriffen zu werden[50] und beim Einsatz der Nötigungsmittel *nur noch* das Ziel im Auge hat, sich der Festnahme und Überführung zu entziehen. Hier fehlt es an der Absicht iS des § 252,[51] die als eine Art „verlängerter" Zueignungsabsicht zu sehen[52] und deshalb nur gegeben ist, wenn diese noch besteht. Das ist zu verneinen, wenn der Besitzerhalt nur notwendiges Zwischenziel der ein Strafverfahren abwehrenden Selbstbegünstigung ist. Ein solcher Befund liegt nach der Lebenserfahrung nahe, wenn es sich nur um eine geringwertige Beute handelt.[53]

455 Die **Vollendung** des räuberischen Diebstahls tritt mit dem **Einsatz der Nötigungsmittel** ein. Sie wird nicht dadurch ausgeschlossen, dass es dem Täter *nicht* gelingt, seine *Absicht* zu *verwirklichen* und sich im Besitz des gestohlenen Gutes zu erhalten.[54]

---

42 Fischer-*Fischer*, § 252 Rn 9a; HK-GS/*Duttge*, § 252 Rn 21; *Lackner/Kühl/Heger*, § 252 Rn 5; M/S/M-*Hoyer*, BT I § 35 Rn 43; S/S-*Bosch*, § 252 Rn 7; S/S/W-*Kudlich*, § 252 Rn 16; **aA** *Lask*, Das Verbrechen des räuberischen Diebstahls, 1999, S. 177.
43 BGHSt 3, 76, 78.
44 BGH NStZ 15, 701 mit Anm. *Becker*; *Küper*, StV 16, 285 und Bespr. *Eisele*, JuS 15, 1043; abl. *Brüning*, ZJS 16, 388.
45 Vgl BGHSt 9, 162, 164; BGH StV 87, 196; *Kindhäuser/Hilgendorf*, § 252 Rn 14; *Mitsch*, BT II S. 574; *Zöller*, BT Rn 411.
46 Weiter *Lackner/Kühl/Heger*, § 252 Rn 5; SK-*Sinn*, § 252 Rn 20; s. zum Streit hierum *Küper/Zopfs*, BT Rn 146.
47 Hier ist der Diebstahl ohnehin schon beendet (Rn 448); zur lebensfremd unterstellten Befürchtung, die Beute durch Brechmittel zu verlieren, s. LG Freiburg ZIS 05, 40 mit krit. Anm. *Marlie*.
48 OLG Koblenz StV 08, 474, 475; LK-*Vogel/Burchard*, § 252 Rn 66; aA *Küper*, JZ 01, 738; *Küper/Zopfs*, BT Rn 146.
49 Vgl BGHSt 13, 64, 65; BGH GA 1984, 475, 476; BGH NStZ 00, 530, 531; BGH StV 05, 606, 607; OLG Köln NStZ 05, 448, 449; M/S/M-*Hoyer*, BT I § 35 Rn 43.
50 OLG Zweibrücken JR 91, 383 mit Anm. *Perron*; OLG Brandenburg NStZ 08, 201, 202; s. aber auch OLG Köln NStZ 05, 448, 449 mit Anm. *Kudlich*, JuS 05, 1053.
51 Vgl BGHSt 9, 162; BGH NStZ 09, 36 mit Bespr. *Deiters*, ZJS 08, 672; BGH HRRS 14, Nr 1088; OLG Köln StV 04, 490, 491; OLG Hamm StV 05, 336, 337; OLG Brandenburg NStZ-RR 08, 201.
52 OLG Zweibrücken StV 94, 545; *Küper/Zopfs*, BT Rn 145; *Rengier*, BT I § 10 Rn 25.
53 OLG Hamm StV 05, 337; OLG Koblenz StV 08, 474, 475; KG StV 16, 652, 654.
54 BGH NJW 68, 2386; OLG Hamm StV 05, 336, 337; *Küper*, Jura 01, 25.

Ein **Versuch** des § 252 kommt daher nur in Betracht, wenn schon die Anwendung der Nötigungsmittel über das Versuchsstadium nicht hinausgeht oder missglückt. Ein untauglicher Versuch liegt vor, wenn der Täter eine *ihm selbst* gehörende, irrtümlich für *„fremd"* gehaltene Sache weggenommen hatte. Zwar ist hier die Wegnahme vollendet, wenn die Sache im Gewahrsam eines anderen war. Die angesichts des gleichen Strafrahmens erforderliche Unrechtsäquivalenz zum vollendeten Raub stellt aber nur ein auch hier vollendeter Diebstahl her.[55]

IV. Beteiligungsfälle

Wird der Tatentschluss zu Diebstahl und anschließender Beuteverteidigung mit Raubmitteln geweckt, ist Anstiftung gegeben. Da § 252 ein aliud gegenüber § 242 ist, kann auch der zu einem Diebstahl Entschlossene noch zu einer Tat nach § 252 angestiftet werden, nicht jedoch der, der sich erst nach Vollendung des Diebstahls auf Zuruf entschließt, zwecks Besitzerhalts Raubmittel einzusetzen.[56] Dass es Mittäterschaft und Beihilfe zu § 252 gibt, ist unbestritten. Verteidigen Mittäter des Diebstahls die im gemeinsamen Besitz befindliche Beute in der von § 252 geforderten Absicht, liegt Mittäterschaft vor. Stellt sich ein an der Vortat Unbeteiligter auf Veranlassung des Vortäters einem Verfolger in den Weg, ist das bei entsprechendem Förderungswillen *nach* vollendetem Diebstahl Beihilfe zu § 252.[57] In anders liegenden Fällen ergeben sich aus der *Struktur* des § 252 Besonderheiten.

456

Wenden **Mittäter** der *Vortat* die von § 252 geforderten Nötigungsmittel an, um die sich im Besitz eines weiteren Mittäters befindliche Beute im gemeinsamen Interesse gegen Entziehung zu sichern, sind auch die „Nicht-Besitzenden" Mittäter des § 252. So ist der Besitz nach § 25 II zurechenbar und deshalb auch bei den „Nicht-Besitzenden" von Besitz und der täterschaftsbegründenden Absicht zu reden, **sich** im Besitz des gestohlenen Gutes zu erhalten.[58] Auch ein **Gehilfe** der Vortat soll noch **Täter** des § 252 werden können, wenn er die Beutesicherungsabsicht mit Gewalt oder Drohung durchzusetzen sucht. Da für ihn eine Zurechnung über § 25 II aber entfällt, wird vorausgesetzt, dass **er** sich im (Mit-)**Besitz der Diebesbeute** befindet.[59] Einer solchen Annahme steht jedoch entgegen, dass § 252 in der gleichen Weise aus Diebstahls- und Nötigungselementen zusammengesetzt ist wie der Raub. Daraus folgt, dass **Täter** oder **Mittäter** des § 252 nicht anders als beim Raub nur sein kann, wer **beide Elemente** täterschaftlich verwirklicht.[60]

457

Ein Beteiligter kann als (Mit-)Täter des § 252 bestraft werden, wenn er die in Drittzueignungsabsicht entwendete Sache dem Dritten noch nicht verschafft und sich zum Erhalt dieser Möglichkeit mit den Nötigungsmitteln des § 252 gegen eine drohende Entziehung zur Wehr gesetzt hat. Keine (mit-)täterschaftliche Begehung des § 252 ist jedoch denkbar, wenn der in Drittzueignungsabsicht handelnde Dieb dem Dritten die Zueignung schon durch Besitzverschaffung ermöglicht und da-

458

---

55 Vgl *Küper*, Jura 01, 23.
56 Für ihn bleibt es bei einer Anstiftung zur Nötigung und einer Beihilfe zu § 252, s. Rn 404 und *Natus*, Jura 14, 777.
57 BGH StV 91, 349.
58 BGHSt 6, 248, 250; NK-*Kindhäuser/Hoven*, § 252 Rn 25; S/S/W-*Kudlich*, § 252 Rn 19; *Weigend*, GA 07, 281; krit. *Dehne-Niemann*, NStZ 15, 251.
59 BGHSt 6, 248, 250; BGH NStZ 15, 276 mit Bespr. *Dehne-Niemann*, NStZ 15, 251; *Satzger*, Jura 15, 768 (§§ 242, 252). Zust. Fischer-*Fischer*, § 252 Rn 11; *Otto*, BT § 46 Rn 65; SK-*Sinn*, § 252 Rn 25.
60 Zutr. *Eisele*, BT II Rn 422; *Geilen*, Jura 80, 46; H-H-*Kretschmer*, Rn 930; HK-GS/*Duttge*, § 252 Rn 27; *Lackner/Kühl/Heger*, § 252 Rn 6; LK-*Vogel/Burchard*, § 252 Rn 77; *Mitsch*, BT II S. 578; M/S/M-*Hoyer*, BT I § 35 Rn 40; *Natus*, Jura 14, 776; *Weigend*, GA 07, 281; *Zöller*, BT Rn 412; so jetzt auch BGH StV 91, 349.

nach Nötigungsmittel des § 252 im Drittbesitzerhaltungsinteresse eingesetzt hat. Einem solchen Beteiligten fehlt die für § 252 nach wie vor allein ausreichende Absicht, **sich** im Besitz des gestohlenen Gutes zu erhalten. *Darin* liegt bei einer Deutung der Besitzerhaltungsabsicht als verlängerter oder modifizierter Zueignungsabsicht nach deren Erweiterung auf Drittzueignungsfälle durch das 6. StrRG eine *Folgeunrichtigkeit des Gesetzes*, die sich aber durch erweiterte Auslegung nicht beheben lässt (Rn 453). Sie zeigt sich auch im Vergleich von Raub und räuberischem Diebstahl. Wer in Drittzueignungsabsicht das Opfer niederschlägt, um dem Mittäter die Wegnahme zu ermöglichen, haftet als Mittäter des § 249, wer die Gewalt erst nach Vollendung der Wegnahme im Interesse des Erhaltes des Drittbesitzes einsetzt, dagegen allenfalls als Gehilfe zu § 252.[61]

Rechtsprechungsbeispiel: Stiehlt eine Frau F der Lokalbedienung die Geldtasche und stellt sich ihr Begleiter B dem aufmerksam gewordenen Personal unter Gewaltanwendung entgegen, um F die Flucht mit der Geldtasche zu ermöglichen,[62] so ist B selbst dann nicht (Mit-)Täter eines räuberischen Diebstahls, wenn er sich bereits an der Vortat in *Drittzueignungsabsicht* mittäterschaftlich beteiligt hat. Ihm kommt es nur noch auf den Erhalt des der F die Zueignung ermöglichenden Fremdbesitzes an.[63] Ob B in einem solchen Fall Beihilfe zu § 252 leistet, hängt davon ab, ob seine für § 252 konstitutive Nötigung F's eigenes Verhalten zu einer Haupttat nach § 252 vervollständigt. Das ist nur möglich, wenn F selbst eine Beutesicherungsabsicht hat und ihr nach den allgemeinen Regeln der Täterschaftslehre das Verhalten des B zurechenbar ist.[64] Da es B an der für eine Täterschaft vorausgesetzten Absicht fehlt, kommt § 25 II als Zurechnungsnorm – da es hier um § 252 und nicht um § 240 geht – nicht in Betracht.[65] Handelt B im konkludent hergestellten Einvernehmen mit F, kann die altruistische Unterstützung der allein besitzerhaltungsinteressierten B dieser nach der subjektiven Teilnahmelehre ihres dominanten Interesses wegen allenfalls als mittelbarer Täterin zugerechnet werden.[66] Mit der Tatherrschaftslehre ließe sich dieses Ergebnis nur über die (umstrittene) Figur des dolosen, aber absichtslosen Werkzeugs (und sog. normative Tatherrschaft) erzielen.[67] Wer beides ablehnt, muss § 252 für F und B verneinen.[68] B ist dann aus §§ 240, 223, 257 (nicht aus § 255, s. Rn 461),[69] F gegebenenfalls wegen Anstiftung zur Nötigung zu bestrafen.[70]

V. Erschwerungsgründe und Abgrenzungsfragen

459 Der räuberische Dieb ist **gleich einem Räuber** zu bestrafen. Diese Verweisung betrifft nicht nur den Strafrahmen des § 249, sondern auch die Anwendbarkeit der **§§ 250, 251**[71], die dann so zu lesen sind, als stünde an Stelle des Wortes „Raub" jeweils die Bezeichnung „räuberischer Diebstahl".

Da ein vollendeter Diebstahl (§ 242) erst durch den in § 252 umschriebenen Nötigungsakt zum *räuberischen* Diebstahl wird und § 251 voraussetzt, dass die Todesfolge „durch den räuberischen Diebstahl" verursacht worden ist, muss auch hier ein tatbestandsspezifischer Zusammenhang zwischen dem **Nötigungsvorgang** und der **Todesfolge** bestehen. Dass der Tod allein auf der voraufgegangenen *Wegnahmehandlung* beruht, genügt nicht (s. Rn 436).

---

61 S. auch SK-*Sinn* § 252 Rn 19, 22.
62 BGH StV 91, 349 mit Anm. *Ennuschat*, JR 91, 500; s. dazu auch *Witzigmann*, Das „absichtslos-dolose Werkzeug" 2009, S. 330 ff.
63 S. hierzu auch *Schmid-Hopmeier*, Das Problem der Drittzueignung 1999, S. 221 ff.
64 BGH StV 91, 349.
65 So aber *Rengier*, BT I § 10 Rn 35 f; dagegen zu Recht *Dehne-Niemann*, JuS 08, 59; *Dehne-Niemann*, Jura 08, 748; *Haas*, JR 14, 109; LK-*Vogel/Burchard*, § 252 Rn 77; wie hier auch *Eisele*, BT II Rn 420 f.
66 So BGH StV 91, 349; im Fall einer „Mandatserteilung" an B durch F so iE auch *Haas*, JR 14, 111.
67 S. *Küper/Zopfs*, BT Rn 149.
68 So *Mitsch*, BT II/1 (2. Aufl.), § 4 Rn 40; ebenso *Dehne-Niemann*, JuS 08, 593.
69 S/S-*Bosch*, § 252 Rn 11.
70 S. die **Falllösung** bei *Hillenkamp*, JuS 03, 157, 160.
71 BGH NStZ-RR 02, 237; BGH NStZ 09, 36.

Konkurrenzprobleme und **Abgrenzungsfragen** zwischen § 249 und § 252 können sich insbesondere dann ergeben, wenn erschwerende Umstände iS des § 250 erst nach Vollendung der Wegnahme, aber vor Beendigung der Tat erfüllt werden. Zwei Fallgruppen sind hier zu unterscheiden: 460

(1) War die Vortat ein **Diebstahl** und greift der Täter erst nach vollendeter Wegnahme zur Gewaltanwendung gegen eine Person oder zu Drohungen mit gegenwärtiger Gefahr für Leib oder Leben, kommt allein § 252 in Verbindung mit § 250 in Betracht. Dies folgt daraus, dass ein Nötigungsakt **nach Vollendung der Wegnahme** nicht mehr deren „Mittel" sein kann, wie es § 249 voraussetzt, sondern lediglich der Sicherung des bereits erlangten Gewahrsams an der Beute dient.[72] So kann es auch liegen, wenn der Täter im Erdgeschoss eines Hauses die Beute schon zum Abtransport in seinem Rucksack verstaut und bereit gestellt und damit den Diebstahl schon vollendet hat, zur Absicherung der Suche nach weiterer Beute im Obergeschoss vorsorglich ein Messer aus der Küche ergreift und dieses dann zur Bedrohung einer aufgewachten Hausbewohnerin nur deshalb verwendet, um „die Flucht zu ermöglichen und die (im Erdgeschoss hinterlassene) Beute zu sichern".[73] Gegenüber der spezielleren Regelung in §§ 252, 250 treten die §§ 242 ff hier wegen Gesetzeseinheit zurück.[74]

(2) War die Vortat ein **Raub**, tritt § 252 als mitbestrafte Nachtat zurück. Sind erschwerende Umstände erst nach der Vollendung, aber vor Beendigung des Raubes hinzugekommen, steht nach der **Rspr.** nichts im Wege, die §§ 250, 251 über § 249[75] oder stattdessen über § 252 in Ansatz zu bringen.[76] Sicher ist allerdings, dass der Täter hier nicht zugleich wegen schweren Raubes *und* wegen schweren räuberischen Diebstahls verurteilt werden darf, weil sonst der Diebstahl, der in beiden Delikten enthalten ist, zweimal erfasst würde. Fraglich kann also nur sein, ob die §§ 249 ff den Vorrang genießen oder aber durch die §§ 252, 250 aufgezehrt werden sollen. BGH GA 69, 347, 348 sagt dazu Folgendes: „Zwischen diesen Taten besteht ... Gesetzeseinheit. Ebenso wie der voraufgegangene Diebstahl wird auch der Raub als Vortat durch das Verbrechen nach § 252 aufgezehrt, wenn nur dieses unter den erschwerenden Voraussetzungen des § 250 begangen ist. In dem umgekehrten Fall wird durch die Bestrafung wegen schweren Raubes der räuberische Diebstahl mitbestraft. Das gilt auch bei *gleichschweren* Tatbegehungen; da der Täter ohnehin als Räuber bestraft wird, also nicht erst *gleich einem Räuber* bestraft zu werden braucht, besteht dann auch kein Bedürfnis zur Anwendung des § 252".[77] Geht man **richtigerweise** davon aus, dass Qualifikationen zu § 249 in der Phase zwischen Vollendung und Beendigung des Raubes nicht mehr möglich sind (Rn 417, 424, 430, 436, 308), verengt sich die Gültigkeit dieser Aussagen um diesen Fall. In ihm sind die §§ 250, 251 ausschließlich über § 252 anwendbar, entfallen also zB trotz Verwirklichung der erschwerenden Umstände, wenn es an der Beutesicherungsabsicht fehlt.[78] Richtet sich das Nötigungsmittel des nach diesen Grundsätzen zurücktretenden räuberischen Diebstahls gegen einen vom Raub noch nicht betroffenen Dritten, erscheint es richtig, Tateinheit zwischen §§ 249, 250 und der gegenüber dem Dritten verwirklichten Nötigung oder Bedrohung (§§ 240, 241) anzunehmen.[79]   461

Führt der räuberische Diebstahl – was seine Vollendung nicht voraussetzt (Rn 455) – zum Erfolg, bedeutet er die erzwungene Duldung der Beutesicherung. Es liegt daher nicht fern, an eine gleichzeitige Verwirklichung einer **räuberischen Erpressung** (§§ 253, 255) zu denken. Sie wäre von auch praktischem Gewicht, wenn es etwa mangels   462

---

[72] BGHSt 28, 224, 226; BGH StV 85, 13; BGH NStZ-RR 01, 41; zur Gegenansicht: § 249 s. Rn 448.
[73] BGH StV 20, 671 mit Bespr. *Jäger*, JA 21, 77; Rieck, NStZ 21, 230.
[74] S/S-*Bosch*, § 252 Rn 13; diff. bei nur versuchter Gewaltanwendung LK-*Vogel/Burchard*, § 252 Rn 81.
[75] Vgl BGHSt 20, 194, 197; BGHSt 38, 295, 299; BGH NStZ-RR 08, 342.
[76] BGH NStZ 09, 36; BGH NStZ 18, 103; für Letzteres *Isenbeck*, NJW 65, 2326; vgl auch *Schünemann*, JA 80, 393.
[77] Zust. *Lackner/Kühl/Heger*, § 252 Rn 8; ebenso BGH NJW 02, 2043, 2044 mit Bespr. *Baier*, JA 03, 107, 110.
[78] Ebenso *Krey/Hellmann/Heinrich*, BT II Rn 355; *Rengier*, BT I § 10 Rn 41; **aA** *Wessels*, BT II Rn 366.
[79] BGH NJW 02, 2043, 2044; *Hellmann*, JuS 03, 20.

zureichender Frische[80] oder deshalb an § 252 fehlt, weil die Vortat nicht Diebstahl oder Raub, sondern zB ein Betrug ist.[81] Dann ließen sich nur über §§ 253, 255 die Folgen auslösen, die bei gleichzeitiger Verwirklichung schon über § 252 gegeben sind.

Die Entscheidung der Frage ist umstritten. Die Rspr. sieht teilweise eine tatbestandliche Sicherungserpressung als gegeben an, hält die gewaltsame Abwehr des Herausgabeanspruches aber für keine selbstständig bedeutsame Schädigung und will – falls § 252 nicht vorliegt – daher auf Nötigung und gegebenenfalls Körperverletzung zurückgreifen.[82] Vorzugswürdig ist gegenüber dieser Konkurrenz- die **Tatbestandslösung**. Abgesehen davon, dass die Erpressung schon an der in solchen Fällen häufig mangelnden Verfügung oder Nähebeziehung des Nötigungsopfers zum Vermögensinhaber scheitern wird,[83] fehlt es im Regelfall am **Schaden**. Auf den Verlust des Gewahrsams an der entwendeten Sache kann man insoweit nicht abstellen, weil diese Einbuße schon mit der Vollendung des Diebstahls eingetreten ist. Das Vereiteln der Bemühungen um Wiedererlangung der gestohlenen Sache begründet für sich allein aber keinen neuen, den Gewahrsamsverlust übersteigenden Schaden iS des § 255.[84] Infolgedessen kann es zwischen dieser Vorschrift und § 252 keine Konkurrenzprobleme geben. Auch lebt § 255 nicht auf, wenn einzelne Voraussetzungen des § 252 – wie im Beispiel des Geldtaschendiebstahls (Rn 458) bei B – fehlen.[85] Dass die damit einhergehende Einschränkung der Figur der Sicherungserpressung zu einer entsprechenden Zurückhaltung gegenüber dem Sicherungsbetrug nötigt, ist richtig, aber auch sachangemessen (s. Rn 719).[86]

Rechtsprechungsbeispiel: BGH NStZ 12, 95 bestätigt die hier getroffenen Aussagen. Dort hatten zwei Brüder dem Geschädigten G Besitz und Eigentum an einem Lenkgetriebe unter Vorspiegelung ihrer Zahlungsbereitschaft abgeschwindelt und sich mit der Beute bereits in ihr Auto begeben, als sich G ihnen in den Weg stellte, um die Bezahlung zu erzwingen. Damit G den Weg freigebe und auf die Forderung verzichte, stiegen die Brüder aus, schlugen auf G ein und bedrohten den zu Hilfe geeilten Schwager des G mit einem Messer. – Der BGH geht davon aus, dass der Vermögensnachteil bereits durch den vorangegangenen Betrug eingetreten ist. Eine Kombination von Betrug und Erpressung schließt er aus, da die Gewalt nicht von Vornherein geplant und auch nicht unmittelbar im Zusammenhang mit der Täuschung eingesetzt worden ist. Der Vermögensnachteil sei daher nicht das „Ergebnis einer das Opfer nötigenden Gewalthandlung oder Drohung". Letztere hätten auch nicht „zu einer Vertiefung des (durch den Betrug ja bereits schon eingetretenen) Vermögensnachteils" geführt, dem „Verzicht" auf die Geltendmachung der Forderung (hier durch vis absoluta erzwungen!) komme daher „keine eigenständige Bedeutung" mehr zu. Dem ist insgesamt zuzustimmen. Statt von einer (tatbestandlichen) Sicherungserpressung sollte man dann aber besser davon sprechen, dass schon der Tatbestand einer räuberischen Erpressung (nach der Vortat des Betrugs) nicht gegeben ist.[87]

463 Im **Fall 28**[88] hat T bereits mit dem Einstecken von Schmuck und Bargeld in die mitgeführte Aktentasche nach beiden Gewahrsamsbegriffen (Rn 121 ff) den Diebstahl vollendet (§§ 242, 244 I Nr 3 bzw. § 244 IV). Da er sich noch im generellen Gewahrsamsbereich der F befindet, ist sein Gewahrsam allerdings noch nicht endgültig gesichert, der Diebstahl folglich noch nicht beendet. Bejaht man im Stadium zwischen Vollendung und Beendigung mit einer Mindermeinung (Rn 448) noch Raub, ist dieser unproblematisch gegeben. Hält man in dieser Phase dagegen

---

80 BGH StV 86, 530; s. dazu *Rengier*, BT I § 11 Rn 56.
81 S. dazu BGHSt 41, 198, 203 f; *Hillenkamp*, JuS 97, 219 f; *Jäger*, JA 11, 952; *Rengier*, BT I § 11 Rn 56a.
82 So BGHSt 41, 198, 204; BGH MDR/H 87, 94; *Schröder*, MDR 50, 398, 400 f; SK-*Sinn*, § 252 Rn 23.
83 *Lackner/Kühl/Heger*, § 255 Rn 3.
84 Überzeugend *Seier*, NJW 81, 2152, 2155 ff; ihm folgend auch LK-*Vogel/Burchard*, § 252 Rn 86.
85 BGH StV 91, 350 im Anschluss an *Seier*, NJW 81, 2155; *Hillenkamp*, JuS 97, 219; 03, 161.
86 *Hillenkamp*, JuS 97, 220; *Otto*, BT § 51 Rn 152; vgl auch BGH JZ 84, 146.
87 S. dazu auch *Jäger*, JA 11, 952; *Mitsch*, HRRS 12, 181; *Satzger*, JK 9/12, StGB §§ 253, 255/15.
88 S. zur Lösung auch *Hillenkamp/Cornelius*, BT 26. Problem mit Beispiel 2 und 27. Problem.

richtigerweise allein § 252 für einschlägig, soll dieser nach BGHSt 26, 95, 96 f nicht daran scheitern, dass T dem Bemerktwerden durch F durch schnelles Zuschlagen zuvorkommt. Da auch T's Besitzerhaltungsabsicht nicht durch die gleichzeitigen Motive von Scham und Flucht verdrängt wird und auch die übrigen Voraussetzungen des § 252 vorliegen, führt diese Lösung möglicherweise zu § 250 II Nr 3b, jedenfalls aber zu § 250 II Nr 1, da T mit dem Knüppel ein *gefährliches* Werkzeug *verwendet*.[89] Die gleichzeitig verwirklichte gefährliche Körperverletzung (§ 224 I Nrn 2, 5) steht hierzu in Idealkonkurrenz. Bestreitet man dagegen, dass betroffen wird, wer dem Betroffenwerden zuvorkommt (Rn 451), entfallen §§ 252, 250. Auch auf § 255 kann nicht zurückgegriffen werden (Rn 462). Übrig bleibt § 244 I Nr 3 (bzw. § 244 IV). Nr 1 ist zu verneinen, da T mangels eines entsprechenden Verwendungsvorbehalts bis zur Vollendung des Diebstahls kein (gefährliches) Werkzeug bei sich führt und die Phase zwischen Vollendung und Beendigung für eine solche Qualifikation nicht mehr taugt. Dass sich hinter T's Schutzbehauptung, er trage den Stock lediglich als „Pannenhilfe" mit sich herum, zumindest die zu irgendeinem Zeitpunkt vor der Tatbegehung getroffene subjektive Zweckbestimmung verbirgt, sich für alle Fälle zu „bewaffnen", liegt nahe, war aber offenbar nicht zu beweisen. Eine solche Bestimmung hätte dem 3. Senat des BGH nach seiner anfänglichen, jetzt aber aufgegebenen Rspr.[90] ausgereicht, um vom Beisichführen eines *gefährlichen Werkzeugs* iS des § 244 I Nr 1a zu sprechen (s. Rn 318 ff). Nach der hier vertretenen Auffassung müsste zu einem entsprechenden Bewusstsein ein auf die konkrete Tat bezogener Verwendungsvorbehalt hinzutreten (s. Rn 315 ff und OLG Stuttgart JR 10, 169). Neben § 244 I Nr 3 (bzw. § 244 IV) sind § 224 I Nrn 2, 5 und § 240 gegeben. § 123 tritt zurück.

VI. Prüfungsaufbau: Räuberischer Diebstahl, § 252

Räuberischer Diebstahl, § 252	464
I. Tatbestand	
1. Objektiver Tatbestand	

a) Vortat: **Diebstahl**
                               → Diebstahl in all seinen Erscheinungsformen
                               → Raub	

b) Tatsituation: **Betroffensein auf frischer Tat**
                               • *frische Tat*
                                   zeitlich
                                     → Vollendung bis Beendigung der Wegnahme
                                   räumlich
                                    → am Tatort oder in seiner unmittelbaren Umgebung
                               • *Betroffensein*
                                    Ⓟ Wahrnehmen oder nur raum-zeitliches Zusammentreffen	

c) Tathandlung: **Einsatz qualifizierter Nötigungsmittel**
                                • *Gewalt gegen eine Person*
                                    Ⓟ Gewaltbegriff
                                    Ⓟ Gewalt gegen Sachen als Gewalt gegen Personen
                                    Ⓟ Adressat der Gewalt
                                • *Drohung mit gegenwärtiger Gefahr für Leib oder Leben*
                                    Ⓟ Adressat des angedrohten Übels	

---

89 Vgl BGH StV 99, 91.
90 BGH NStZ 99, 301 iVm BGHSt 43, 266, 269 f, s. auch OLG Schleswig NStZ 04, 212, 214; aufgegeben in BGHSt 52, 257.

> 2. **Subjektiver Tatbestand**
>   a) **Vorsatz:**   • *jede Vorsatzart*
>   b) **Beutesicherungs-**
>   **absicht:**   • *Absicht, sich im Beutebesitz zu erhalten*
>   → eigener oder über § 25 II zurechenbarer Beutebesitz
>   → Beutesicherung als (Zwischen-) Ziel
>   → nur zu eigenen Gunsten
>   → Vorstellung gegenwärtigen/unmittelbar bevorstehenden Besitzentzugs
>   → Eintritt des Sicherungserfolges nicht erforderlich
>
> II. **Rechtswidrigkeit**
> III. **Schuld**
> → **Qualifikationen: Bestrafung gleich einem Räuber**
>   → Verweisung auf §§ 250, 251

§ 11 Räuberischer Angriff auf Kraftfahrer

465 **Fall 29:** T hat mit der Prostituierten P in seinem Kraftwagen außerhalb der Stadt geschlechtlich verkehrt. Als er auf der Rückfahrt kurze Zeit anhält, um sich anhand der Tageszeitung über das Nachtprogramm der Lichtspieltheater zu vergewissern, drängt P ihn mit einer kränkenden Bemerkung zur Weiterfahrt. Da sie ihn schon vorher durch abfällige Äußerungen gereizt hat, gerät T in Wut. Er richtet seine ungeladene Gaspistole auf P, fordert „sein Geld" zurück und nimmt den 50 €-Schein, den er ihr als Entgelt ausgehändigt und den sie in ihre Manteltasche gesteckt hatte, mit Gewalt wieder an sich.
Strafbarkeit des T? **Rn 479**

466 **Fall 30:** T und M unterhielten einen Imbissbetrieb. Um sich auf unrechtmäßige Weise Ware zu verschaffen, bestellten sie bei einem auswärtigen Unternehmen Lebensmittel im Wert von 43 000 €. Den Verkaufsfahrer V dirigierten sie während der Anlieferungsfahrt telefonisch zu einem abgelegenen Ort. Als V dort ankam, den Motor abstellte und die Handbremse anzog, rissen T und M ihn aus dem Führerhaus und fesselten ihn. Alsdann luden sie die Ware in ihren Lkw und fuhren mit der Beute davon.
Strafbarkeit von T und M? **Rn 480**

I. Struktur des Delikts

467 § 316a I stellt die Verübung eines **Angriffs** auf Leib, Leben oder Entschlussfreiheit des **Führers** eines Kraftfahrzeugs oder eines **Mitfahrers** unter Strafe, wenn der Täter dabei die besonderen **Verhältnisse des Straßenverkehrs** ausnutzt und in der **Absicht** handelt, einen Raub, räuberischen Diebstahl oder eine räuberische Erpressung zu begehen. Das Delikt ist damit einerseits ein Tätigkeitsdelikt,[1] dessen objektiver Tatbestand sich in der

---

1 BK-*Hollering*, § 316a Rn 7; LK-*Sowada*, § 316a Rn 4; aA BE-*Bayer*, S. 131; *Kindhäuser/Hilgendorf*, § 316a Rn 1: Erfolgsdelikt (mit überschießender Innentendenz); NK-*Zieschang*, § 316a Rn 5: konkretes Gefährlichkeitsdelikt; **Überblick** über den Tatbestand bei *Bosch*, Jura 13, 1234; **Falllösung** mit mehreren Problemen des § 316a bei *Mitsch*, JuS 20, 149.

Verübung eines die Verhältnisse des Straßenverkehrs ausnutzenden, nicht notwendig „erfolgreichen"[2] Angriffs erschöpft. Es ist andererseits ein Absichtsdelikt, das weder die Begehung eines der genannten Delikte noch auch nur ein unmittelbares Ansetzen hierzu verlangt.[3] Der Versuch des räuberischen Angriffs ist strafbar (§§ 22, 23 I, 12 I). Die Vorschrift liegt auf der Nahtstelle zwischen den **Vermögens-** und den **Verkehrsdelikten**. Sie bezieht die Rechtfertigung der Vorverlegung der Strafbarkeit und der Verschärfung der Strafe gegenüber §§ 249, 252, 255 aus der hinzutretenden Gefährdung der Sicherheit und Funktionsfähigkeit des Straßenverkehrs.[4] Ihr Standort gibt diesem Rechtsgut besonderes, die Auslegung maßgeblich mitbestimmendes Gewicht.[5] So muss sich zB die Tat im **öffentlichen Verkehrsraum** ereignen.[6] Das macht diese Tat aber nicht zu einem (reinen) Verkehrsdelikt.[7]

§ 316a III fügt eine der Struktur des § 251 entsprechende **Erfolgsqualifikation** hinzu.[8] Für sie muss der *mindestens leichtfertig* verursachte *Tod* die unmittelbare Folge des Angriffs oder der zur Verwirklichung der tatbestandsspezifischen Absicht eingesetzten Nötigungsmittel sein,[9] soweit auch diese noch unter Ausnutzung der Verhältnisse des Straßenverkehrs angewendet und mit dem Tod deshalb in einen tatbestandsspezifischen Gefahrzusammenhang eingestellt werden.[10]

Es besteht angesichts der gegenüber §§ 249, 252, 255 deutlich erhöhten und durch die zusätzliche Gefährdung des Vertrauens in den Straßenverkehr nicht hinreichend erklärten **Mindest**strafandrohung von **fünf** Jahren Anlass, § 316a **eng auszulegen**.[11] Denn einerseits handelt es sich um ein Delikt, das im Vorfeld der genannten Eigentums- und Vermögensdelikte eine **bloße Tätigkeit** ohne notwendigen (Zwischen-)Verletzungserfolg für die Vollendung ausreichen lässt.[12] Und andererseits hat der Gesetzgeber trotz der frühen und die Individualrechtsgüter Leib, Leben oder Entschlussfreiheit nicht notwendig verletzenden Vollendung im Rahmen des 6. StrRG (Rn 42 die in § 316a II aF vorgesehene **tätige Reue** mit der diese Vollendungsproblematik (s. dazu Rn 478) übergehenden Begründung **abgeschafft**, sie sei wegen der durch die Aufgabe des Unternehmensdelikts eröffneten

468

---

2 *Günther*, JZ 87, 27; *Roßmüller/Rohrer*, NVZ 95, 258 f; *Stein*, in: Dencker ua, Einführung in das 6. StrRG 1998, S. 126 unter Beschränkung auf den beendeten tauglichen Versuch; Fischer-*Fischer*, § 316a Rn 6, 8; näher dazu *Ingelfinger*, JR 00, 231.
3 S. zu beidem *Küper/Zopfs*, BT Rn 33 f.
4 E 1962, Begr. S. 534; *Lackner/Kühl/Heger*, § 316a Rn 1; LK-*Sowada*, § 316a Rn 7; MK-*Sander*, § 316a Rn 2; NK-*Zieschang*, § 316a Rn 11; S/S-*Hecker*, § 316a Rn 1; S/S/W-*Ernemann*, § 316a Rn 2; BGH MDR/H 91, 104; BGHSt 39, 249, 250; BGHSt 49, 8, 11; 52, 44, 46 mit insoweit zust. Anm. *Dehne-Niemann*, NStZ 08, 319 f; BGH NStZ 04, 626; nach *Sowada*, Otto-FS S. 813 dient § 316a bezogen auf den Straßenverkehr der Vermeidung allein von (durch den Angriff drohenden) Unfallgefahren; hierin liegt die Gefahr der Ausblendung der gerade die Wehrfähigkeit des Opfers herabsetzenden Verhältnisse des Straßenverkehrs; nur für Schutz von Eigentum und Vermögen SK-*Wolters*, § 316a Rn 2; krit. zu beiden Positionen Fischer-*Fischer*, § 316a Rn 2.
5 *Geppert*, Jura 95, 311 mwN; *Geppert*, DAR 14, 129.
6 BGH BeckRS 17, 112313 (bejaht für den Parkplatz einer Sparkasse).
7 So aber BGHSt 22, 114, 117; *Günther* JZ 87, 377, 380 f; zu den Konsequenzen der Rechtsgutsbestimmung s. *Mitsch*, BT II/2 (1. Aufl.) § 2 Rn 6 ff.
8 S. dazu *Stein*, in: Dencker u.a., Einführung in das 6. StrRG, 1998, S. 127 f.
9 Fischer-*Fischer*, § 316a Rn 19; s. im Einzelnen hierzu *Mitsch*, BT II S. 662.
10 Diff. LK-*Sowada*, § 316a Rn 57.
11 BGHSt 49, 8, 11; BGH NStZ 00, 144; BGH StV 04, 140; AnK-*Esser*, § 316a Rn 2; *Ingelfinger*, JR 00, 232; *Küper/Zopfs*, BT Rn 33 f; *Lackner/Kühl/Heger*, § 316a Rn 1; M/R-*Renzikowski*, § 316a Rn 3; HdS-*Wittig* V, § 31 Rn 93; relativierend SK-*Wolters*, § 316a Rn 3; *Wolters*, JR 02, 166; zum Ausweichen auf den **minder schweren** Fall in der Praxis s. *Zieschang*, Weitzel-FS S. 717 f.
12 Krit. auch zur nF daher *Hörnle*, Jura 98, 175; *Kreß*, NJW 98, 643.

Rücktrittsmöglichkeit vom Versuch (§ 24) überflüssig.[13] Überlegungen, die Vorschrift, die ihren Ursprung im nationalsozialistischen Gesetz gegen Straßenraub mittels Autofallen vom 22.6.1938 (RGBl I 651)[14] hat, ganz zu beseitigen[15] oder wenigstens die Mindeststrafandrohung auf drei Jahre zurückzunehmen[16], hat sich der Gesetzgeber verschlossen.

II. Tatbestand

1. Verübung eines Angriffs

469 Einen **Angriff** auf Leib, Leben oder Entschlussfreiheit verübt, wer in feindseliger Absicht auf die genannten Rechtsgüter **einwirkt**.[17] Das Verüben setzt nicht voraus, dass eine Beeinträchtigung der Rechtsgüter eintritt. Der Angriff muss lediglich zB durch Aussprechen der Drohung oder Abgabe eines Schusses *ausgeführt* werden (s. Rn 468, 477).[18] Er kann mit dem beabsichtigten Angriff auf Eigentum und Vermögen zusammenfallen, muss es aber nicht. **Angreifer** kann jeder Außenstehende, aber auch der Fahrer selbst oder ein Mitfahrer sein.[19]

Angriffe gegen Leib oder Leben zielen auf (erhebliche) Körperverletzung oder Tötung. Angriffe auf die Entschlussfreiheit sind alle Formen der Nötigung, soweit sie nicht schon Leibes- oder Lebensangriffe darstellen. Auch die Entschlussfreiheit beeinträchtigende **Täuschungen** kommen mit der Maßgabe in Betracht, dass sie eine den in § 240 aufgeführten Nötigungsmitteln vergleichbare Wirkung entfalten. So kann ein Angriff auf die Entschlussfreiheit nicht nur durch eine faktische Autofalle (Errichtung einer Straßensperre; Spannen von Drähten über die Straße), sondern auch durch das ein bestimmtes Verhalten rechtlich erzwingende Vortäuschen eines Unfalls, einer polizeilichen Kontrolle oder durch Aufstellen irreführender, iS des Täters aber zu befolgender Verkehrszeichen (= psychische Autofalle) verübt werden,[20] nicht dagegen durch bloßes Verbergen der Raubabsicht oder durch die täuschende Angabe eines vermeintlichen Fahrtziels oder –zwecks.[21]

Rechtsprechungsbeispiel: Im **BGH NStZ-RR 14, 342** zugrunde liegenden Fall fuhr N mit seinem am Frankfurter Flughafen beladenen LKW auf die A 3. Er wurde von den gesondert angeklagten S und M[22] verfolgt. Kurz vor einem Rastplatz fuhren sie mit ihrem PKW auf der mittleren Fahr-

---

13 RegE BT-Ds 13/8587, Begr. S. 51; krit. dazu *Freund*, ZStW 109 (1997), 482; *Ingelfinger*, JR 00, 229; *Stein*, in: Dencker ua, Einführung in das 6. StrRG 1998, S. 127; *Wolters*, JZ 98, 400; zur Anwendung von § 2 III s. *Mitsch*, JA 99, 665.
14 S. dazu *Fischer*, Jura 00, 434; *Geppert*, Jura 95, 311; M/S/M-*Hoyer*, BT I § 35 Rn 45; *Schramm*, BT II § 5 Rn 33; *Steinberg*, NZV 07, 545; *Zieschang*, Weitzel-FS S. 705 ff; krit. zu diesem Beispiel für ein *Anlass*- oder *Reflexgesetz Hillenkamp*, FS Eisenberg II S. 655, 658, 663 ff.
15 *Freund*, ZStW 109 (1997), 482; s. dazu auch *Geppert*, DAR 14, 133 f.
16 So der BR im Anschluss an den RefE BT-Ds 13/8587, S. 75.
17 Ebenso *Eisele*, BT II Rn 431; LK-*Sowada*, § 316a Rn 14; *Rengier*, BT I § 12 Rn 14; S/S-*Hecker*, § 316a Rn 3; S/S/W-*Ernemann*, § 316a Rn 6; auf Einwirkung verzichtet MK-*Sander*, § 316a Rn 26; krit. NK-*Zieschang*, § 316a Rn 14.
18 *Fischer*, Jura 00, 438; *Lackner/Kühl/Heger*, § 316a Rn 4; LK-*Sowada*, § 316a Rn 4, 9, 14; M/R-*Renzikowski*, § 316a Rn 4; *Schmidt*, BT II Rn 480.
19 Vgl BGHSt 13, 27, 31; 25, 315; MK-*Sander*, § 316a Rn 8; NK-*Zieschang*, § 316a Rn 14.
20 Ebenso *Eisele*, BT II Rn 430, 430a; *Geppert*, Jura 95, 312; *Geppert*, DAR 14, 130; *Hohmann/Sander*, BT I § 15 Rn 6; LK-*Sowada*, § 316a Rn 11; MK-*Sander*, § 316a Rn 11 ff; SK-*Wolters*, § 316a Rn 9; S/S-*Hecker*, § 316a Rn 5; *Sternberg-Lieben/Sternberg-Lieben*, JZ 04, 636; *Wolters*, GA 02, 315 f; **aA** AnK-*Esser*, § 316a Rn 14; *Duttge/Nolden*, JuS 05, 197 f; H-H-*Kretschmer*, Rn 937; HK-GS/*Duttge*, § 316a Rn 6; *Kraemer*, JA 11, 193; *Mitsch*, BT II S. 645; M/S/M-*Hoyer*, BT I § 35 Rn 49; diff. *Fischer-Fischer*, § 316a Rn 7.
21 S. BGHSt 49, 8, 12 f; BGH StV 04, 140, 141; BGH NStZ-RR 14, 342; BGH BeckRS 15, 09421 mit Anm. *Schiemann*, JR 15, 595; *Theile*, ZJS 16, 109; BGH NStZ 23, 111 mit Bespr. *Jäger*, JA 23, 339.
22 S. zu ihnen BGH BeckRS 15, 09421 mit Anm. *Krüger*, NZV 15, 454; *Schiemann*, JR 15, 595; *Sowada*, StV 16, 292; *Zopfs*, NJW 15, 2133; zur Eingangsentscheidung s. *Bosch*, Jura (JK) 15, 117, § 316a; zusf. *Joecks/Jäger*, § 316a Rn 13; LK-*Sowada*, § 316a Rn 11a.

spur neben den LKW. Während S mehrfach hupte, gab M dem N bei geöffnetem Seitenfenster mit Handzeichen zu verstehen, er solle rechts herausfahren. Das tat N, weil er – wie von S und M beabsichtigt – annahm, es handele sich um eine Polizeistreife in Zivil, die eine Fahrzeugkontrolle durchführen wolle. Als N angehalten und den Motor abgestellt hatte, ging der ebenfalls im PKW sitzende A auf N zu und rief: „Polizeikontrolle: Papiere, bitte!". Während N nach den Papieren suchte, öffnete A die Fahrertür, bedrohte N mit einer Pistole und fesselte ihn auf dem Bett in der Kabine hinter dem Fahrersitz. Dann fuhr er den LKW – wie von vornherein geplant – zu einem Platz, an dem weitere Komplizen zusammen mit A die Ladung im Wert von 450 000 € auf ihr Fahrzeug umluden. – Das LG hat einen vom hier allein angeklagten A begangenen räuberischen Angriff auf Kraftfahrer nicht erwogen. Im Verfahren gegen die gesondert angeklagten Mittäter S und M (**BGH BeckRS 15, 09421**) hat es deren Strafbarkeit nach § 316a verneint, weil sie nicht – wie es erforderlich wäre – die besonderen Verhältnisse des Straßenverkehrs ausgenutzt hätten. Das Herauswinken sei noch kein (räuberischer) Angriff gewesen, die Bedrohung mit der Waffe dagegen erst erfolgt, als N angehalten und den Motor abgestellt habe. Zu diesem Zeitpunkt sei er aber nicht mehr „Führer" des LKW gewesen (**BGH BeckRS 14, 17294**). Letzteres bestätigt – obwohl es nicht unmittelbar einleuchtet – unter Berufung auf die neuere Rspr. (s. Rn 473 ff) **BGH BeckRS 15, 09421**. Beide BGH-Entscheidungen folgen dem LG in seiner ersten Annahme aber zu Recht nicht, weil sie den Beginn des maßgeblichen Angriffs auf die Entschlussfreiheit schon im Herauswinken auf der A 3 sehen und in diesem Zeitpunkt die beiden benannten Voraussetzungen fraglos erfüllt sind. Dem ist ebenso zuzustimmen, wie der dann allerdings notwendigen Annahme, dass es sich bei der vorgetäuschten Polizeikontrolle nicht um eine tatbestandslose List (wie sie zB beim bloßen Angeben eines „falschen Fahrtziels" gegeben ist), sondern angesichts des (vermeintlichen) rechtlichen Anhaltezwangs um einen den Tatbestand erfüllenden, weil mit nötigungsgleicher Wirkung ausgestatteten Angriff auf die Entschlussfreiheit handelt. Das wird man auch dann bejahen können, wenn man bloße Handzeichen aus nicht als solche kenntlich gemachten Einsatzfahrzeugen aus Rechtsgründen als nicht verbindlich ansieht, da dem Laien solche Einschränkungen in der Regel unbekannt sein dürften[23] und es nur darauf ankommen kann, dass N das Vorgehen der Täter als polizeiliche Weisung verstehen sollte und auch verstanden hat.[24]

Der Angriff muss sich gegen eine Person richten, die zum Zeitpunkt des Angriffs **Führer** *eines Kraftfahrzeugs* oder **Mitfahrer** ist. **Kraftfahrzeuge** sind Beförderungsmittel für Personen oder Güter, die durch Motorkraft angetrieben werden und nicht an Schienen gebunden sind. Hierunter fallen zwar keine Fahrräder, jedoch Mofas.[25]   470

Führer eines Kraftfahrzeugs ist nach der Rspr. des BGH, wer das Fahrzeug in Bewegung zu setzen beginnt, es in Bewegung hält oder allgemein mit dem Betrieb des Fahrzeugs und/oder mit der Bewältigung von Verkehrsvorgängen beschäftigt ist. Bei einem verkehrsbedingten Halt bleibt die Führereigenschaft hiernach unabhängig davon erhalten, ob der Fahrer zB an einer Ampel, Schranke oder im Stau den Motor abstellt. Bei einem nicht verkehrsbedingten Halt soll das Abstellen des Motors dagegen idR die Führereigenschaft aufheben.[26] **Mitfahrer** ist eine Person, die (mit oder gegen ihren Willen) Insasse eines geführten Fahrzeugs ist.[27] Eine Person, die sich alleine, dh ohne Fahrzeugführer, in einem Fahrzeug befindet, ist kein Mitfahrer.

---

23 S. dazu *Jahn*, JuS 14, 1137 und *Jäger*, JA 15, 236.
24 BGH BeckRS 15, 09421 mit zur *psychischen* Autofalle vert. Anm. *Sowada*, StV 16, 292; s. auch LK-*Sowada*, § 316a Rn 11a.
25 BGHSt 39, 249 f.
26 BGHSt 49, 8, 14; 50, 169, 171 f; BGH NStZ-RR 06, 185, 186; BGH BeckRS 17, 110824 mit Anm. *Eisele*, JuS 17, 793 (Taxi-Fall, s. auch Rn 473); BGH NStZ 18, 469; zust. *Hohmann/Sander*, BT I § 15 Rn 9; MK-*Sander*, § 316a Rn 17 ff; M/R-*Renzikowski*, § 315a Rn 7; *Steinberg*, NZV 07, 548 f.
27 So zB Fischer-*Fischer*, § 316a Rn 3, 5; H-H-*Kretschmer*, Rn 940; HdS-*Wittig* V, § 31 Rn 120; diff. *Rengier*, BT I § 12 Rn 23, 28 ff; Zweifel an der „Akzessorietät" des Mitfahrerbegriffs äußert *Küper*, BT (8. Aufl.) S. 21.

§ 316a spricht, anders als §§ 315c, 316, nicht von einer Person, die „im Straßenverkehr ein Fahrzeug führt" und auch nicht von einer solchen, die in einem so geführten Fahrzeug „mitfährt". Vielmehr ist vom „Führer eines Kraftfahrzeugs" die Rede, und das ist weiter als eine bloße Handlungsbeschreibung.[28]

Rspr. und Literatur stellen überwiegend darauf ab, ob es zu einer Beanspruchung des Opfers durch **Konzentration auf Fahrzeugbetrieb und Verkehrsvorgänge** kommt. Nur unter dieser Bedingung wird die Eigenschaft als **Fahrzeugführer** bejaht. Ausscheiden sollen vor diesem Hintergrund Personen, die sich noch oder wieder außerhalb des Fahrzeugs aufhalten oder die Fahrt „zunächst einmal beendet" haben[29] oder die sich nicht „mit der Bewältigung von Betriebs- oder Verkehrsvorgängen" befassen.[30] Weniger die Ergebnisse, wohl aber die Konstruktion dieser Begriffsbestimmung werden zu Recht **kritisiert**. Die kognitive Beanspruchung durch den Fahrbetrieb ist Voraussetzung des *Ausnutzens* der besonderen Verhältnisse des Straßenverkehrs. Wenn allein auf ihrer Basis die Fahrzeugführereigenschaft bejaht wird, *„verschleift"* man diese Merkmale mit der Folge, dass Letzteres keine selbstständigen Voraussetzungen mehr darstellt.[31] Das Führen des Fahrzeugs im Straßenverkehr ist richtigerweise daran zu knüpfen, dass der Täter aktuell die tatsächliche Gewalt über die Art und Weise der Fortbewegung des Fahrzeugs im **fließenden Verkehr** ausübt. Das geschieht durch Steuern, Bremsen und Beschleunigen ebenso wie durch die Überwachung autonomer Fahrfunktionen. Bewegt sich das Fahrzeug, ist es jedenfalls im fließenden Verkehr. Ist das Fahrzeug zum Stehen gekommen, so ist anhand der Wertungen der StVO zu differenzieren.[32] Bei *gewollten* Fahrtunterbrechungen endet die Eigenschaft als Fahrzeugführer in Anlehnung an § 12 StVO dann, wenn die Person ihr Fahrzeug geparkt hat. Dies ist gem. § 12 II StVO anzunehmen, wenn die Person ihr Fahrzeug verlässt oder länger als drei Minuten hält. Andernfalls ist lediglich ein Halten anzunehmen, das nicht zum Ende der Fahrzeugführereigenschaft führt. Bei *ungewollten* Fahrtunterbrechungen – dh bei tatsächlich oder rechtlich aufgrund einer Wartepflicht erzwungenem Anhalten – endet die Fahrzeugführereigenschaft, wenn der Fahrzeugführer sein Fahrzeug verlässt oder eine Weiterfahrt aus tatsächlichen Gründen über eine nicht nur kurze Dauer unmöglich ist.

Vor diesem Hintergrund bleibt zB diejenige Person Fahrzeugführer, die das Fahrzeug kurzfristig anhält, um einen Handyanruf entgegenzunehmen, sich im Autoatlas der weiteren Fahrtroute zu vergewissern. Etwas anderes gilt zB, wenn die Person das Fahrzeug verlässt, um sich eines hinreichenden Reifendrucks zu vergewissern oder um einen Passanten nach dem Weg zu fragen.

471 Erforderlich ist, dass das Tatopfer diese **Eigenschaft** *zum Tatzeitpunkt* und dh **bei Verüben** des Angriffs besitzt. Hiervon ist nicht nur dann auszugehen, wenn das Opfer bei Beginn des Angriffs schon Führer oder Mitfahrer ist. Vielmehr reicht es aus, wenn das Opfer durch einen vor Fahrtantritt begonnenen Angriff zur (Mit-)Fahrt gezwungen und der Angriff während der Fahrt unter Ausnutzen der besonderen Verhältnisse des Straßen-

---

28 AA *Mitsch*, BT II S. 646.
29 AnK-*Esser*, § 316a Rn 8, 10; SK-*Wolters*, § 316a Rn 3; *Wolters*, GA 02, 308; *Wolters*, JR 02, 165; so jetzt auch BGHSt 49, 8, 14 f; BGH StV 04, 140, 141; **zust.** *Eisele*, BT II Rn 434; *Geppert*, JK 5/04, StGB § 316a/b; *Herzog*, JR 04, 259 f; *Hilgendorf/Valerius*, BT II § 18 Rn 14; *Jesse*, JR 08, 448; *Klesczewski*, BT § 15 Rn 113; *Kraemer*, Jura 11, 194; *Krey/Hellmann/Heinrich*, BT II Rn 365; *Krüger*, NZV 04, 164; M/S/M-*Hoyer*, BT I § 35 Rn 47; *Rengier*, BT I § 12 Rn 17 ff; *Sander*, NStZ 04, 501; S/S-*Hecker*, § 316a Rn 6; S/S/W-*Ernemann*, § 316a Rn 11 f; *Zöller*, BT Rn 419; s. auch *Gössel*, BT II § 15 Rn 33, 36 ff; *Roßmüller/Rohrer*, NVZ 95, 254 f; 258; **krit.** HK-GS/*Duttge*, § 316a Rn 7 ff und *Sowada*, Otto-FS S. 799, 803 ff mit dem Vorschlag, den Verlust der Führereigenschaft erst bei „Parken", nicht aber schon bei „Halten" anzunehmen; s. dazu LK-*Sowada*, § 316a Rn 22: die Ergebnisse entsprechen weitgehend den auch hier vertretenen; NK-*Zieschang*, § 316a Rn 26, 28 bezieht den, der das Fahrzeug **schiebt**, mit ein.
30 BGHSt 49, 8, 14; 50, 169, 171; 52, 44, 45; BGH NStZ-RR 06, 185; BGH NStZ 18, 470; BGH NStZ 24, 495 mit Anm. *Ruppert*, *Wachter*, JR 24, 495; Bespr. *Eisele*, JuS 24, 706.
31 So auch LK-*Sowada*, § 316a Rn 22 und *Berghäuser*, NStZ 18, 472.
32 Ähnlich LK-*Sowada*, § 316a Rn 22 und HdS-*Wittig* V, § 31 Rn 119.

verkehrs fortgesetzt wird.³³ Strengerer Anforderungen an die letztere Voraussetzung als sonst bedarf es in dieser Fallgestaltung nicht.³⁴

2. Besondere Verhältnisse des Straßenverkehrs

Das Verüben des Angriffs, die besonderen Verhältnisse des Straßenverkehrs und ihr Ausgenutztwerden müssen sich aufeinander beziehen. *Besondere* Verhältnisse des Straßenverkehrs sind solche, die die Abwehr- und Schutzmöglichkeiten der im Verkehr eingebundenen Fahrzeugführer und Mitfahrer schwächen.³⁵ Der Täter muss diese Umstände ausnutzen. 472

Besondere Verhältnisse des Straßenverkehrs sind (zunächst abstrakte) Gefahren, die dem Straßenverkehr für den Fahrzeugführer oder Mitfahrer innewohnen. Der reine Zusammenhang zwischen der Begehung eines Raubs und der Benutzung eines Kraftfahrzeugs genügt, entgegen der früheren extensiven Rechtsprechung des BGH,³⁶ nicht. 473

Ausgangspunkt müssen, wie nun auch der BGH betont,³⁷ solche Verhältnisse des Straßenverkehrs sein, die den Kfz-Führer oder den Mitfahrer in besonderer Weise in ihren **Abwehr-** und **Schutzmöglichkeiten** beeinträchtigen. Nur sie stellen die gesteigerte Schutzlosigkeit her,³⁸ die für den einzelnen Teilnehmer nicht behebbar und deren Ausnutzen daher für die sozial nützliche und notwendige Einrichtung des Straßenverkehrs gefährlich sowie gegenüber dem in ihn Eingebundenen auch verwerflich ist. Dabei geht es um Gefahren durch die Teilnahme am *fließenden Straßenverkehr* (Rn 470).³⁹ Es kommt richtigerweise aber nicht darauf an, ob der Motor zB vor einer Ampel oder Bahnschranke kurzzeitig (evtl. sogar automatisch) abgestellt wird.⁴⁰

In Fällen des **nicht verkehrsbedingten Halts** will der 4. Strafsenat eine verkehrsspezifische Gefahr indes selbst bei laufendem Motor verneinen, wenn sich nicht weitere verkehrsspezifische Umstände ergeben, die eine Beschäftigung mit dem Fahrzeug und/oder mit Verkehrsvorgängen erzwingen⁴¹ und bei abgeschaltetem Motor § 316a uU vollständig ausschließen. So soll bei einem Angriff auf einen **Taxifahrer**, wenn dieser das Taxi anhält, um das Fahrgeld zu kassieren, ein Ausnutzen der besonderen Verhältnisse des Straßenverkehrs davon abhängen, ob er hierbei den Motor abstellt, die Handbremse angezogen hat oder das Weiterrollen des Fahrzeugs durch das Niederdrücken der Fußbremse verhindert.⁴² Zu bejahen sein soll es aber, wenn sich das Fahrzeug wieder in

---

33 BGHSt 52, 44, 45 ff mit krit. Bespr. *Bosch*, JA 08, 313; *Krüger*, NZV 08, 234; *Sowada*, HRRS 08, 136; im dortigen Fall war das Opfer, das bereits auf dem Fahrersitz Platz genommen hatte, nach der hier vertretenen Auffassung allerdings schon bei Beginn des Angriffs Führer eines Kfz; ebenso *Dehne-Niemann*, NStZ 08, 321; krit. *Joecks/Jäger*, § 316a Rn 17 f.
34 So aber BGHSt 52, 44, 47, der für den „Ausnahmefall" dann aber selbst nicht belegt.
35 Zust. *Jesse*, JR 08, 448, 451.
36 Vgl. etwa noch BGHSt 22, 114; 24, 320; 25, 315; 33, 378.
37 BGHSt 49, 8, 11; 50, 169, 172; BGH NStZ 16, 607; BGH NStZ 18, 469.
38 *Günther*, JZ 87, 379.
39 Ebenso LK-*Sowada*, § 316a Rn 28, 41 f; BGHSt 38, 196, 197 f; 49, 8, 14 f; 50, 169, 173. Enger *Joecks/Jäger*, § 316a Rn 16, die einen Angriff auf Insassen eines rollenden Fahrzeugs verlangen.
40 Vor Verbreitung von Start-Stopp-Motoren verlangte hingegen BGHSt 50, 169, 173 noch einen „laufenden Motor"; wie hier *Eisele*, BT II Rn 441; *Hilgendorf/Valerius*, BT II § 18 Rn 16; enger *Rengier*, BT I § 12 Rn 33.
41 BGHSt 50, 169, 173 f nennt hierfür als Beispiele einen Angriff unmittelbar im Zusammenhang mit dem Anhaltevorgang, ein Losrollen des angehaltenen Fahrzeugs während der Gegenwehr oder das Belassen des Fußes auf der Bremse; bestätigend BGH HRRS 18, Nr 364. BGH NStZ-RR 06, 185, 186 verneint solche Umstände, wenn der Wählhebel der Automatik sich in der Parkstellung befindet und kein Verkehrsaufkommen herrscht.
42 BGHSt 49, 8, 15; 50, 169, 173 f und BGH BeckRS 17, 110824 mit Anm. *Eisele*, JuS 17, 793; s. dazu aber auch BGH NStZ 04, 269; *Kudlich*, JA 15, 35.

Bewegung setzt, weil der Fuß infolge von Gegenwehr vom Gaspedal rutscht.[43] Aus den oben zum Erfordernis fließenden Verkehrs dargestellten Gründen überzeugt der Bezug zum Laufen des Motors nicht.

474 Für den **Fahrzeugführer** ergeben sich solche Gefahren insbesondere aus der Beanspruchung durch das Steuern und Überwachen des Fahrzeugs im Verkehr. Da der **Mitfahrer** anders als der Führer idR nicht mit der Bewältigung von Verkehrsvorgängen beschäftigt ist, sind für ihn meist andere (auch beim Fahrzeugführer hinzutretende) Faktoren von größerer Bedeutung.[44] Dazu gehören Gefahren durch eine **fahrtbedingt** erschwerte Flucht oder Gegenwehr, durch Isolation von hilfsbereiten Personen oder sonstiger Unerreichbarkeit fremder Hilfe im Fahrzeug. Auf bloß räumliche Enge im Fahrzeug kommt es hingegen nicht an, denn sie unterscheidet sich nicht von vielen anderen Lebenssituationen, zB der Nutzung eines Zelts.[45]

Wird der Fahrer unter Vorspiegelung eines **Anhaltewunsches** zum planmäßig herbeigeführten Halten an **entlegenem Ort** bestimmt[46] oder werden die Opfer mit ihrem die Beute enthaltenden Lkw an einen einsamen Ort dirigiert und dort nach Abstellen des Motors von den Tätern angegriffen (sog. **Vereinzelung**),[47] verwirklicht sich – entgegen der früheren Rspr. zur Fahrzeugnutzung – keine verkehrsspezifische Gefahr, sondern wird lediglich die Möglichkeit eines Kraftfahrzeugs genutzt, eine Person an einen anderen Ort zu transportieren.[48] An den Voraussetzungen des § 316a fehlt es erst recht, wenn das Opfer mit einem Kraftwagen zwar in eine einsame Gegend gelockt wird, der Raubüberfall jedoch (wie im Voraus geplant) erst nach einem längeren Fußmarsch in die umliegenden Weinberge stattfindet.[49]

3. Ausnutzen

475 Der Täter muss die spezifische **Opferlage ausnutzen**.[50] Die darin liegende Instrumentalisierung der Verkehrsverhältnisse für Angriffszwecke **bezieht** sich auf den **Angriff** auf *Leib*, *Leben* oder *Entschlussfreiheit*, **nicht** auf die Ausübung der räuberischen Tat.[51] Der Täter **nutzt** die besonderen Verhältnisse des Straßenverkehrs **aus**, wenn er die typischen Situationen und Gefahrenlagen des Kraftfahrzeugverkehrs in den Dienst seines Vorhabens stellt.[52] Die Tat muss insofern in **enger Beziehung** zur Benutzung des Fahrzeugs als **Verkehrsmittel** stehen.[53]

Das Ausnutzen dieser Gefahren soll nicht nur während der Fahrt oder im verkehrsbedingt haltenden Fahrzeug,[54] sondern **auch nach dem Aussteigen** des Opfers möglich sein; da-

---

43 BGH NStZ 18, 469, 470 mit krit. Anm. *Berghäuser* und Bespr. *Hecker*, JuS 18, 820.
44 Vgl *Eisele*, BT II Rn 443; *Heghmanns*, Rn 1734, 1737; LK-*Sowada*, § 316a Rn 33; *Rengier*, BT I § 12 Rn 35 f.
45 BGH NStZ 96, 390; BGH NStZ-RR 97, 356; BGH NStZ 00, 144.
46 BGH NStZ 01, 197, 198; BGH JR 02, 163.
47 BGH NStZ 94, 340 mit krit. Bspr. von *Hauf*, NStZ 96, 40; *Roßmüller/Rohrer*, NZV 95, 253.
48 So im Ergebnis auch BGH NJW 04, 786.
49 BGHSt 22, 114, 116; im dort gegebenen Fall 750 m vom Auto entfernt.
50 *Günther*, JZ 87, 378; BGHSt 50, 169, 172; BGH NStZ-RR 06, 185; zusf. zu den objektiven und subjektiven Voraussetzungen des Ausnutzens BGH NStZ 16, 607 mit Anm. *Bosch*, Jura (JK) 16, 1454; *Hecker*, JuS 16, 850; *Krell*, ZJS 17, 115; *Kudlich*, JA 16, 707; *Kulhanek*, NStZ 16, 601.
51 S/S-*Hecker*, § 316a Rn 12.
52 BGH NStZ 01, 197; BGH StV 04, 141, 142; einschr. der 4. Senat des BGH (BGHSt 49, 8, 14; 50, 169, 172 ff; 52, 44, 47; StV 04, 140; BGH NStZ 24, 495 mit Anm. *Ruppert*, *Wachter*, JR 24, 495; Bespr. *Eisele*, JuS 24, 706).
53 BGHSt 22, 114; 25, 315; 33, 378; BGH StV 97, 356.
54 BGHSt 38, 196, 197.

bei muss der geplante Überfall jedoch **im unmittelbaren räumlichen und zeitlichen Zusammenhang** mit dem Anhalten und Aussteigen stehen.[55]

§ 316a scheidet aus, wenn das Fahrzeug nur als Beförderungsmittel zum Tatort benutzt wird,[56] dieser selbst nach dem zugrunde liegenden Tatplan aber zu dem Verkehr als solchem keine ihm wesenseigene Beziehung hat.[57] Wird der räuberische Tatentschluss erst nach Beendigung der Fahrt gefasst, so fehlt es am Ausnutzen der besonderen Verhältnisse des Straßenverkehrs.[58] Daran ändert sich nichts, wenn der Täter während der Fahrt andere kriminelle Intentionen verfolgte, als der Tatbestand erfasst.[59]

§ 316a ist aber nicht nur beim Bereiten von Autofallen, sondern beispielsweise auch dann anwendbar, wenn der Täter das verkehrsbedingte Anhalten eines Kraftfahrzeugs vor einer Ampel zu Raubzwecken ausnutzt.[60] Tritt dagegen der Täter nur an ein geparktes Auto heran, um die Insassen zu berauben, besteht keine verkehrsspezifische Gefahrenlage.[61]

4. Subjektive Merkmale

Der subjektive Tatbestand setzt zunächst einen **Angriffsvorsatz** voraus. Dieser muss von dem **Bewusstsein** und **Willen** begleitet sein, bei Ausübung des Angriffs die besonderen Verhältnisse des Straßenverkehrs **auszunutzen**. Für den BGH reicht es dazu aus, dass sich der Täter – ähnlich wie beim Ausnutzungsbewusstsein bei heimtückischem Mord – nur der Abwehrmöglichkeiten des Tatopfers einschränkenden besonderen Verhältnisse des Straßenverkehrs bewusst ist. Nicht erforderlich soll es dagegen sein, dass er die damit vorgestellte Erleichterung seines Angriffs zur ursächlichen Bedingung seines Handelns macht.[62] Ein solches Bewusstsein ist auch nicht dadurch ausgeschlossen, dass die Täter daneben auch auf ihre dem Opfer keine Abwehrchance lassende zahlenmäßige Überlegenheit setzen.[63] Planen die Täter, den Angriff erst nach Beendigung der Fahrt an einem „stillen Ort" auszuführen, ist von einem solchen Bewusstsein und Willen nur zu sprechen, wenn Ort und Zeit des Angriffs in der konkreten Tätervorstellung noch im vorausgesetzten Zusammenhang mit den besonderen Verhältnissen des Straßenverkehrs stehen, was zB dann zutreffen kann, wenn die Täter das Opfer an einen abgelegenen Ort führen, um es dort noch im Auto zu berauben.[64]

476

Hinzutreten muss – als überschießende Innentendenz – schließlich die **Absicht**, einen Raub, einen räuberischen Diebstahl oder eine räuberische Erpressung zu begehen. Das setzt neben der konkreten Vorstellung von einer solchen Tat[65] auch voraus, dass der Täter die für diese Delikte geforderte Zueignungs-[66], Beutesicherungs- oder Bereicherungsabsicht hat. Die Absicht muss zudem bereits bei der Verübung des Angriffs vorliegen, darf also nicht erst nachträglich entstehen.[67] Dass auch die räuberische Tat noch unter Ausnut-

---

55 BGHSt 33, 378, 381; BGH NStZ 89, 476; 96, 389.
56 BGH StV 02, 362, 363.
57 BGH StV 97, 356; BGH NJW 99, 510.
58 BGH NStZ 00, 144; 03, 35 mit Bespr. *Beckemper*, JA 03, 541; *Sowada*, Otto-FS S. 817 f.
59 Näher BGHSt 37, 256, 258; BGH StV 02, 361, 362.
60 BGHSt 25, 315, 317.
61 BGH StV 02, 362.
62 BGHSt 50, 169, 172; ebenso BGH NStZ 16, 607 mit Anm. *Kulhanek*; *Bosch*, Jura (JK) 16, 1454; *Hecker*, JuS 16, 850; *Krell*, ZJS 17, 115; *Kudlich*, JA 16, 707; BGH NStZ 18, 469.
63 Zweifelhaft deshalb BGHSt 49, 8, 16.
64 BGHSt 33, 378; *Günther*, JZ 87, 20; enger BGHSt 49, 8, 16.
65 BGH NStZ 97, 236.
66 Ggf auch Drittzueignungsabsicht, s. M/R-*Renzikowski*, § 316a Rn 15.
67 BGH NStZ 97, 236; *Geppert*, Jura 95, 315; MK-*Sander*, § 316a Rn 43; SK-*Wolters*, § 316a Rn 13.

zung der Verhältnisse des Straßenverkehrs geschehen soll, ist nur zu verlangen, wenn Angriffs- und räuberisches Verhalten zusammenfallen (Rn 472).

Rechtsprechungsbeispiel: Die neuere Linie des 4. Senats bei der Auslegung des § 316a fasst **BGH NStZ 13, 43** noch einmal zusammen. Hier ging es darum, dass auf einer Fahrt durch Leipzig in einem PKW zwei Mitfahrer auf Aufforderung des Fahrers den weiteren Mitinsassen M nach dem Vorwurf, er habe seine Freundin belästigt und seinen Hund geschlagen, mit Faustschlägen misshandelten. Noch bevor die Angekl. ihr endgültiges Ziel, einen Parkplatz in W, erreichten, zog der Angekl. K schwarze Lederhandschuhe an und forderte M „nach einem Halt des Fahrzeugs in einem Wohngebiet mit Billigung seiner Mitfahrer auf, seine Taschen zu leeren". Aus Angst vor weiteren Schlägen holte M ein Mobiltelefon, eine Zigarettenschachtel und etwas Münzgeld aus seinen Taschen. Die Gegenstände wurden ihm sodann von einem der Mittäter aus den Händen gerissen. Später wurde M auf dem Parkplatz erneut misshandelt und dort zurückgelassen. – Die Verurteilung der drei Angekl. wegen gemeinschaftlich begangenen räuberischen Angriffs auf Kraftfahrer nach §§ 316a I, 25 II hob der BGH auf. Er bestätigt zwar, dass auch der „Mitfahrer" taugliches Tatopfer sein könne und hebt hervor, dass dem nicht entgegenstehe, dass sich M zum Tatzeitpunkt möglicherweise nur noch unfreiwillig im PKW befunden habe. Der BGH vermisst dann aber die nötigen Feststellungen dazu, „dass die Angekl. bei der Begehung der Tat die besonderen Verhältnisse des Straßenverkehrs ausgenutzt haben", weil das Urteil „zu den näheren Umständen" des Halts im Wohngebiet und namentlich dazu, ob er verkehrsbedingt war, nichts mitteile. Daher wurde die Sache zurückverwiesen. Das war in der Tat unumgänglich. Denn einerseits waren die vorangegangenen Schläge nicht schon von der Absicht begleitet, einen Raub zu verüben. Und andererseits wäre bei einem nichtverkehrsbedingten Halt und abgestelltem Motor auch dann, wenn das endgültige Fahrtziel noch nicht erreicht ist, nach der neueren Rspr. – was der BGH so nicht thematisiert – schon nicht mehr von M als einem „Mitfahrer" zu sprechen. Denn diese Eigenschaft ist (wohl) davon abhängig, dass jemand das Fahrzeug führt: Ohne Kfz-Führer gibt es (möglicherweise) auch keinen Mitfahrer. Auch fehlt es bei einem solchen Halt dann nach der neueren Rspr. an einer Ausnutzung der besonderen Verhältnisse des Straßenverkehrs. Zum vom LG angenommenen Raub mahnt der BGH an, der neue Tatrichter möge die Anforderungen an die finale Verknüpfung zwischen Nötigung und Wegnahme beachten (siehe dazu hier Rn 395, 427, 430). Vermutlich ist das LG von einer von M empfundenen latenten Drohung ausgegangen, weitere Schläge zu erhalten, falls er sich dem Herausgabeverlangen nicht beuge. Da M nur eine Gewahrsamslockerung herbeigeführt hat, die dem einen Mittäter das Entreißen der Beute ermöglichte, liegt nach allen Meinungen Raub vor (hinter dem nach der Rspr. die räuberische Erpressung zurücktritt).[68]

III. Vollendung, Versuch und Rücktritt

477   Ist der **Angriff** ausgeführt, ist die Tat **vollendet**.[69] Es bedarf weder einer **Auswirkung** dieses Angriffs auf das Opfer im Sinne eines Verletzungserfolgs, noch gar einer versuchten oder vollendeten räuberischen Tat. Allerdings gehört nach der Rspr. zur Vollendung eines Angriffs auf die Entschlussfreiheit, dass das Opfer wenigstens den objektiven Nötigungscharakter der Handlung wahrnimmt. Das entspricht der hier (Rn 469) verlangten Voraussetzung, dass der Täter mit dem Angriff auf das Rechtsgut des Verletzten **einwirkt**. Hieran kann es zB fehlen, wenn der später zu Beraubende das Fluchtmöglichkeiten vorsorglich abschneidende Aktivieren der Kindersicherung gar nicht bemerkt.[70] Dann kann aber ein Versuch des Delikts vorliegen.

---

68 S. zur Entscheidung auch *Geppert*, DAR 14, 128, 132 f; *Hecker*, JuS 13, 366; *Satzger*, JK 11/13, StGB § 316a/9.
69 Zur nach der Rspr. noch *sukzessive Mittäterschaft* zulassenden **Beendigung** s. *Krell*, ZJS 17, 118 (zu BGH NStZ 16, 607) unter Verweis auf LK-*Murmann*, vor § 22 Rn 20 ff, 36 ff.
70 S. BGH StV 04, 140, 141; BGHSt 49, 8, 12.

Der **Versuch** ist, weil das Delikt ein Verbrechen ist, selbstständig strafbar (Rn 467 f). Wann er **beginnt**, richtet sich nach § 22. Hierzu muss auf der Grundlage des Täterplanes der Angriff zeitlich und örtlich so nahe gerückt sein,[71] dass zwischen der vorgenommenen Handlung und der Verübung des Angriffs keine wesentlichen Zwischenschritte mehr liegen und sich der dadurch eingetretene Zustand als unmittelbare Gefahr der Tatbestandsverwirklichung beschreiben lässt.[72] Danach ist weder im Einsteigen in ein Taxi noch im Einsteigenlassen des Opfers in das Fahrzeug des Täters ein unmittelbares Ansetzen zum körperlichen Angriff zu sehen, wenn dieser erst nach geraumer Zeit und längerer Fahrt geplant ist.[73]

Aus dem Gebot restriktiver Auslegung (Rn 468) folgt, dass nicht nur der Beginn des Versuchs, sondern auch die **Vollendung** nicht zu früh angesetzt werden darf. Verlangt man hierfür das *Einwirken* auf die im Zusammenhang mit dem Angriff genannten Rechtsgüter (Rn 469) oder dass der Angriff das Opfer *erreicht* hat,[74] kann es selbst bei einem „beendeten Versuch"[75] an der Vollendung noch fehlen, es sei denn, man setzt zusätzlich zum Vollzug der Angriffstätigkeit eine Berührung des Kernbereichs der Opfersphäre iS eines unmittelbaren Kontakts des Angriffsmittels mit dem geschützten Rechtsgut voraus.[76] Das ist ohne Einwirkung nicht denkbar. Darüber hinaus wird vorgeschlagen, den „Versuch" mit untauglichen Mitteln nicht in die Vollendung mit einzubeziehen.[77] Das lässt sich mit dem Charakter des § 316a als unechtes Unternehmensdelikt begründen.[78]

Für einen **Rücktritt** (§ 24) bleibt nach der Struktur des Delikts nur ein schmaler Raum. **478** Der Versuch liegt der Vollendung sehr nahe. Zu denken ist an die Fälle, in denen der Angriff zeitlich und örtlich im beschriebenen Sinne nahegerückt, eine unmittelbare **Einwirkung** auf das Opfer aber noch nicht erfolgt ist. Liegt eine solche **Einwirkung** dagegen vor, ist angesichts vollendeter Tat für Rücktritt selbst dann kein Platz, wenn es an einer **Auswirkung** (noch) fehlt. Das bedeutet eine Verschärfung gegenüber dem vormaligen Recht. Es ließ, wo ein „Erfolg" des Angriffs noch ausblieb, trotz Vollendung **tätige Reue** durch Erfolgsabwendung zu.[79] Diese Verschärfung ist vom Gesetzgeber wohl nicht bedacht. Er ging davon aus, dass § 24 die Funktion des § 316a II übernehmen werde.[80] Das aber ist wegen des frühen Vollendungszeitpunktes nach wie vor nicht der Fall.[81] Es ist deshalb nur scheinbar paradox, den Gedanken einer analogen Anwendung tätiger Reue trotz ihrer Aufgabe für das geltende Recht zu erwägen.[82]

Die Wegnahme des Geldscheins mittels Gewalt gegenüber P unter gleichzeitiger Drohung mit **479** einer *Scheinwaffe* erfüllt in **Fall 29** alle Merkmale des **schweren Raubes** (§§ 249, 250 I Nr 1b).

---

71 *Günther*, JZ 87, 26; *Lackner/Kühl/Heger*, § 316a Rn 4; LK-*Sowada*, § 316a Rn 49; *Wolters*, GA 02, 313.
72 LK-*Hillenkamp*, 12. Aufl., § 22 Rn 85; ähnlich S/S-*Hecker*, § 316a Rn 17.
73 So aber BGHSt 6, 82, 84; 18, 170, 173; BGH JZ 57, 226; s. auch BGHSt 33, 378, 381; krit. *Geppert*, Jura 95, 313; *Rengier*, BT I § 12 Rn 44 f.
74 Fischer-*Fischer*, § 316a Rn 13; s. auch BGHSt 49, 8, 12; BGH StV 04, 140, 141: Wahrnehmung des Nötigungscharakters der Handlung durch das Opfer.
75 Dann stets für Vollendung *Stein*, in: Dencker ua, Einführung in das 6. StrRG 1998, S. 126 f.
76 So *Ingelfinger*, JR 00, 232.
77 *Fischer*, Jura 00, 440; *Ingelfinger* und *Stein* aaO.
78 LK-*Murmann*, vor § 22 Rn 138; MK-*Sander*, § 316a Rn 27; krit. LK-*Sowada*, § 316a Rn 13.
79 BGHSt 10, 320, 323; BGH VRS 21, 206; LK-*Schäfer*, 10. Aufl., § 316a Rn 31.
80 BT-Ds 13/8587, S. 51.
81 *Freund*, ZStW 109 (1997), 482.
82 Abl. *Eisele*, BT II Rn 448; H-H-*Kretschmer*, Rn 943; LK-*Sowada*, § 316a Rn 52; MK-*Sander*, § 316a Rn 60; SK-*Wolters*, § 316a Rn 15; S/S-*Hecker*, § 316a Rn 18; S/S/W-*Ernemann*, § 316a Rn 21; unentschieden HK-GS/*Duttge*, § 316a Rn 16; wie hier *Küper/Zopfs*, BT Rn 35; zum Streit über die Analogiefähigkeit des Gedankens der tätigen Reue s. *Hillenkamp*, in: Schöch (Hrsg.), Wiedergutmachung und Strafe, 1987, S. 81, 87 ff.

Der 50 €-Schein war für T eine **fremde** Sache, da er durch Übereignung nach § 929 S 1 BGB in das **Eigentum der P** übergegangen war. Hieran bestehen nach § 1 ProstG (BGBl 2001 I 3983) heute keine Zweifel mehr.[83] Davon, dass dieser Geldschein jetzt der P gehörte, dürfte T ausgegangen sein; mit der Rückforderung *„seines Geldes"* war wohl nur das *„von ihm gezahlte"* Entgelt gemeint. Ein Anspruch auf Rückübereignung (§ 812 I BGB) stand dem T gemäß §§ 1, 2 S 1 ProstG nicht zu; die von ihm erstrebte Zueignung war daher objektiv widerrechtlich. Falls T (was für die weitere Erörterung unterstellt werden soll, aber Tatfrage ist) das Bestehen eines solchen Anspruchs auch nicht irrtümlich angenommen hat, bestehen gegen die Bejahung des § 249 keine Bedenken.[84] § 250 I Nr 1b ist gegeben, weil es sich bei der ungeladenen Gaspistole um eine – zum Schießen ungeeignete – *Scheinwaffe* gehandelt hat, die von § 250 I Nr 1b erfasst wird (Rn 419 f). Zu prüfen bleibt, ob A sich nach **§ 316a I** strafbar gemacht hat (bejahendenfalls wäre **Tateinheit** zwischen § 316a und § 250 I 1b anzunehmen).[85] Das ist zu verneinen. Zwar hat T einen Angriff auf den Leib und die Entschlussfreiheit der Mitfahrerin P verübt, vorausgesetzt, das Fahrzeug ist aus dem geschilderten Anlass nur kurz angehalten und nicht geparkt. Dass T (unter dieser Voraussetzung) Kfz-Führer ist, schadet ebenso wenig wie dass der Angriff zugleich die qualifizierenden Nötigungsmittel im Sinne des § 249 erfüllt. Es liegt aber allein darin, dass T die P *innerhalb des haltenden Kraftwagens* angegriffen hat, noch kein „Ausnutzen der besonderen Verhältnisse des Straßenverkehrs". Sein Entschluss, der P den Geldschein wieder abzunehmen, stand **nicht in einer nahen Beziehung** zur Benutzung des Kraftfahrzeugs als **Verkehrsmittel**. Mit den dem Straßenverkehr wesenseigenen Gefahrenlagen hatte dieser Vorfall nichts zu tun.[86]

480 T und M haben im **Fall 30** gemeinsam einen Raub – möglicherweise unter den erschwerenden Umständen des § 250 I Nr 1b (Fessel) – begangen. Der BGH[87] hat – seiner älteren Rspr. entsprechend – auch § 316a bejaht. Die Ausnutzung der besonderen Verhältnisse des Straßenverkehrs sah er darin, dass V unter Vorspiegelung eines Treffpunktes an einen verkehrsarmen Ort gelockt und dort überfallen wurde, noch während er im Fahrzeug saß und durch dessen räumliche Enge in seinen Verteidigungsmöglichkeiten erheblich eingeschränkt war. Dem ist – aktueller Rspr. entsprechend – nicht zuzustimmen, da es an einer Ausnutzung der besonderen Verhältnisse des Straßenverkehrs fehlt. Die räumliche Entfernung und Enge im Fahrzeug stellen keine spezifische Gefahr des Straßenverkehrs dar (Rn 474 f).[88]

IV. Prüfungsaufbau: Räuberischer Angriff auf Kraftfahrer, § 316a

481

Räuberischer Angriff auf Kraftfahrer, § 316a

I. Tatbestand
  1. Objektiver Tatbestand
    a) Tathandlung: • *Verüben eines Angriffs*
                          Ⓟ Vollendung/Tätige Reue
                         • *auf Leib/Leben oder*

---

83 Zu früheren Bedenken aus § 138 BGB s. BGHSt, 6, 377, 378.
84 Zur Fallgestaltung bei *irriger Annahme* eines Rückzahlungsanspruchs vgl für den Bereich von Raub und Erpressung BGH StV 91, 515 und BGH StV 91, 20; s. ferner Rn 401, 817 und *Hillenkamp*, BT, 12. Aufl. 2013, 23. Problem.
85 BGHSt 25, 224, 229.
86 Näher BGHSt 19, 191, 192; ebenso BGH GA 1979, 466 für die Beraubung von Autoinsassen auf einsamen Rastplätzen der Bundesautobahn; nach *Rengier*, BT I § 12 Rn 36 liegt § 316a in solchen Fällen vor, wenn sich der Mitfahrer bei einer Flucht aus dem Pkw Gefahren des fließenden Straßenverkehrs aussetzen müsste.
87 BGH NStZ 94, 341.
88 I.E. wie hier *Hauf*, NStZ 96, 40; *Roßmüller/Rohrer*, NZV 95, 253.

b) Tatsituation:	• *Entschlussfreiheit*
	  Ⓟ auch durch List/Täuschung
	• *eines Kraftfahrzeugführers/Mitfahrers*
	  Ⓟ vor Antritt/nach Abschluss/bei Unterbrechung der Fahrt
	• *besondere Verhältnisse des Straßenverkehrs*
	  Ⓟ ruhender Verkehr/nicht verkehrsbedingter Halt
	• *Ausnutzen*
	  → funktionaler Zusammenhang zwischen Opferlage und Angriff
	  Ⓟ Angriff unmittelbar vor Antritt/nach Abschluss/ bei Unterbrechung der Fahrt
	  Ⓟ Angriff außerhalb des Fahrzeugs

2. **Subjektiver Tatbestand**	

a) Vorsatz:	• *jede Vorsatzart*
	  → bzgl des Angriffs
	  → bzgl des Ausnutzens der Verkehrsverhältnisse

b) Absicht:	• *Absicht der Begehung einer Tat gem. §§ 249, 250, 252, 255*
	  → konkrete Vorstellung von der Tat
	  → Erfüllung der besonderen subjektiven Umstände der Tat
	  → Absicht im Zeitpunkt des Angriffs
	  → nicht erforderlich:
	    → (versuchte) Tatausführung
	    → Wille zur Ausnutzung der besonderen Verhältnisse des Straßenverkehrs

II. **Rechtswidrigkeit**

III. **Schuld**

IV. **Minder schwerer Fall, § 316a II**

→ **Erfolgsqualifikation, § 316a III**

Teil II
Sonstige Straftaten gegen das Vermögen in besonderer Hinsicht

482 Zwischen die Eigentumsdelikte und die Straftaten gegen das Vermögen als Ganzes sind diejenigen Strafvorschriften einzuordnen, die das Vermögen jeweils nur in **spezieller Hinsicht** bzw. **speziellen Aspekten** – in der Regel nur in Bezug auf besondere Vermögensgegenstände – schützen. Unter ihnen stehen die strafrechtlich erfassten Fälle der **Gebrauchsanmaßung** (§§ 248b, 290) und die **Entziehung elektrischer Energie** (§ 248c) dem Eigentumsschutz am nächsten. Etwas weiter davon entfernt sind die Bestimmungen über die **Jagd- und Fischwilderei** (§§ 292 ff), bei denen es um den Schutz von *Aneignungsrechten* geht, die bestimmten Personen vorbehalten sind. Schließlich gehören zu diesem Bereich die **Straftaten gegen Einzelgläubigerrechte** unter Einbeziehung gewisser Gebrauchs- und Nutzungsrechte (§§ 288, 289).

Auch die **Insolvenzstraftaten** (§§ 283 ff) fallen in den Kreis der im Teil II aufgerufenen Delikte. Sie sind hier bis zur 33. Auflage dargestellt worden (dort Rn 457 ff). Der Verzicht auf ihre Behandlung beruht darauf, dass sie fast nirgends mehr zum Pflichtfachstoff gehören und die für einen Schwerpunktbereich erforderliche Tiefe hier nicht geboten werden kann. Dazu sei auf die Lehrwerke zum Wirtschaftsstrafrecht verwiesen. Bei einigen hier eher knapp behandelten Delikten unterscheidet sich die Zuordnung zum Pflichtfachstoff zwischen den Bundesländern.

5. Kapitel
Gebrauchs- und Verbrauchsanmaßung

§ 12 Unbefugter Gebrauch von Fahrzeugen und Pfandsachen sowie Entziehung elektrischer Energie

483 **Fall 31:** T hatte sich bei der Autovermietung V einen Pkw von Freitag bis Sonntag zum Wochenendtarif gemietet, gab den Wagen jedoch nach Ablauf der Mietzeit nicht zurück. Auch als V eine Verlängerung des Mietvertrages ablehnte und T zur unverzüglichen Abgabe aufforderte, kam T dem nicht nach. Vielmehr gebrauchte er den Pkw noch einige Tage weiter und entschloss sich erst zur Rückführung, nachdem seine Ehefrau E ihm dies dringend angeraten und sich bereit erklärt hatte, zur Ablieferung mitzukommen. V stellte Strafantrag.
Sind T und E nach § 248b zu bestrafen? **Rn 495**

484 **Fall 32:** T und M entdeckten auf dem Weg zu einer auswärtigen Party ein mit laufendem Motor abgestelltes Taxi. Kurz entschlossen setzten sie sich hinein und fuhren mit ihm zu dem 12 km entfernt und einsam gelegenen Haus, in dem die Party stattfand. Sie stellten das Taxi in der Nä-

he des Hauses auf einem Feldweg ab und ließen die Schlüssel stecken. Später gaben sie an, dass sie das Taxi dort stehen lassen wollten und fest damit gerechnet hätten, dass es alsbald entdeckt und dem Taxiunternehmer unversehrt wieder zurückgeführt werden würde. Tatsächlich wurde das Taxi erst sechs Wochen später aufgefunden.
Strafbarkeit von T und M? **Rn 496**

I. Unbefugter Gebrauch eines Fahrzeugs

1. Schutzzweck, Schutzobjekt und Berechtigter

Nach § 248b macht sich strafbar, wer ein Kraftfahrzeug oder ein Fahrrad **gegen den Willen des Berechtigten** in Gebrauch nimmt. Die Vorschrift stellt damit einen bloßen „Gebrauchsdiebstahl" – auch furtum usus genannt – unter Strafe, der gewöhnlich straflos ist. Strafbarkeit ist nur gegeben, soweit die Tat nicht in anderen Vorschriften mit schwererer Strafe bedroht ist (= relative Subsidiarität). Der **Versuch** ist strafbar. Die Verfolgung tritt nur **auf Antrag** ein (§ 248b III).   485

Diese Regelung geht auf die frühere VO vom 20.10.1932 (RGBl I 496)[1] gegen unbefugten Gebrauch von Kraftfahrzeugen und Fahrrädern zurück. Sie dient dem **Schutz des Gebrauchsrechts**[2], das nicht unbedingt dem Eigentümer zustehen muss und dessen Ausübung vor allem deshalb erhöhten Gefahren ausgesetzt ist, weil die auf Straßen und Plätzen abgestellten Fahrzeuge leicht zu **Schwarzfahrten** missbraucht werden können und dabei häufig Schaden erleiden.

Kraftfahrzeuge iS der Legaldefinition des § 248b IV sind ua Autos aller Art, Motorräder, Mofas, Luftfahrzeuge und Motorboote, *nicht* aber Anhänger, Segelboote und an Bahngleise gebundene Landkraftfahrzeuge wie Straßenbahnen oder Lokomotiven. Neben den Kraftfahrzeugen sind **Fahrräder**, zu denen auch E-Bikes zählen, geschützt.   486

Berechtigter iS des § 248b ist derjenige, dem das **Recht zur Verfügung über den Gebrauch** des Fahrzeugs oder Fahrrades zusteht. Das muss nicht notwendig der Eigentümer sein; in Betracht kommt vielmehr jeder dinglich oder obligatorisch Berechtigte, wie etwa ein Nießbraucher, Eigentumsvorbehaltskäufer oder ein Mieter.[3]   487

Die Gegenmeinung, die § 248b als *Eigentumsdelikt* behandelt und grundsätzlich den Eigentümer als Berechtigten ansieht,[4] ist zu eng. So lässt sich zB die Strafbarkeit dessen, der zwar mit Zustimmung des Eigentümers, aber **gegen den Willen des Nießbrauchers** handelt, nicht in Zweifel ziehen. Dass dann auf Antrag des Nießbrauchers uU sogar der Eigentümer selbst nach § 248b bestraft werden kann, ist keineswegs befremdlich, wie entsprechende Parallelen im Bereich des § 289 oder des § 123 zeigen. Auch kann nur so der Käufer eines noch unter Eigentumsvorbehalt stehenden Fahrzeugs wirksam gegen unbefugten Gebrauch geschützt werden.[5]

---

1 S. dazu *Wagner*, JR 32, 253; ausf. zur Geschichte *Boller*, Der unbefugte Gebrauch von Kraftfahrzeugen und Fahrrädern – § 248b, 2013, S. 5 ff.
2 Zur Diskussion um das Rechtsgut und zur Begründung des hier vertretenen Standpunkts s. *Boller*, Der unbefugte Gebrauch von Kraftfahrzeugen und Fahrrädern – § 248b, 2013, S. 21 ff, 34 f; ebenso Fischer-*Fischer*, § 248b Rn 2; *Kindhäuser/Hilgendorf*, § 248b Rn 1; M/R-*Schmidt*, § 248b Rn 1.
3 BGH VRS 39, 199; Fischer-*Fischer*, § 248b Rn 2; LK-*Vogel/Brodowski*, § 248b Rn 11.
4 AnK-*Kretschmer*, § 248b Rn 1; *Franke*, NJW 74, 1803; H-H-*Kretschmer*, Rn 876; Lackner/Kühl/*Heger*, § 248b Rn 1; MK-*Hohmann*, § 248b Rn 1 f; *Schramm*, BT II § 13 Rn 5; SK-*Hoyer*, § 248b Rn 2; S/S-*Bosch*, § 248b Rn 1, 7.
5 Ebenso A/W-*Heinrich*, § 13 Rn 141; BK-*Wittig*, § 248b Rn 1; *Boller*, Der unbefugte Gebrauch von Kraftfahrzeugen und Fahrrädern – § 248b, 2013, S. 55 f; *Eisele*, BT II Rn 279; HK-GS/*Duttge*, § 248b Rn 1; *Klesczewski*, BT § 8 Rn 239; LK-*Vogel/Brodowski*, § 248b Rn 2; *Mitsch*, BT II S. 233; *Rengier*, BT I § 6 Rn 9; NK-*Kindhäuser/Hoven*, § 248b Rn 1; S/S/W-*Kudlich*, § 248b Rn 1.

Ein *abgeleitetes* Gebrauchsrecht kann inhaltlich und zeitlich begrenzt sein; so ist der Entleiher oder Mieter eines Fahrzeugs regelmäßig nicht zur Weiterüberlassung an Dritte befugt.[6]

2. Ingebrauchnehmen des Fahrzeugs

488 Den objektiven Tatbestand des § 248b I verwirklicht, wer das Kraftfahrzeug oder Fahrrad **gegen** den **ausdrücklich oder konkludent erklärten entgegenstehenden**[7] Willen des Berechtigten in Gebrauch nimmt. Darunter fällt nicht jede beliebige Benutzung. **Ingebrauchnehmen** iSd § 248b ist nur die **bestimmungsgemäße Verwendung** des Fahrzeugs als Beförderungsmittel **zum Zwecke der Fortbewegung**, wobei es belanglos ist, ob dies mit oder ohne Ingangsetzen des Motors geschieht.[8]

Danach handelt nicht tatbestandsmäßig, wer ein fremdes Kraftfahrzeug unbefugt **zum Übernachten benutzt**[9] oder in einem Autobus als *blinder Passagier* mitfährt (Letzteres kann aber gegen § 265a verstoßen). Auch fehlt es an einer bestimmungsgemäßen Verwendung, wenn ein Fahrrad nur weggetragen wird, um es aus Verärgerung über den Eigentümer einige Straßenecken weiter wegzuwerfen.[10]

489 Dem **Ingebrauchnehmen** stellt die Rspr. das unbefugte **Ingebrauchhalten** zu Recht gleich.[11]

Dem lässt sich nicht entgegenhalten, ein Strafwürdigkeitsvergleich mit §§ 242, 246 führe dazu, als Ausgleich für die fehlende Enteignungskomponente auch für § 248b eine *Wegnahme* zu verlangen.[12] Eine solche sieht § 248b als notwendiges Merkmal ganz eindeutig nicht vor.[13] Unternimmt ein Mechaniker beispielsweise mit dem ihm zur Reparatur *übergebenen* Kraftwagen eine **Schwarzfahrt**, so macht er sich nach § 248b strafbar. Das gleiche gilt für Schwarzfahrten durch Chauffeure und sonstige Angestellte. Auch lässt sich – wie der Fall des nach Erkennen der fehlenden Berechtigung vorgenommenen Weitergebrauchs[14] zeigt – von einem Ingebrauchnehmen ohne Überschreitung der Wortlautgrenze noch bei einer unberechtigten Weiterbenutzung sprechen. Und schließlich begeht derjenige, der nach Ablauf der vereinbarten Nutzungsdauer dem Berechtigten die Sache vorenthält, auch nicht lediglich eine (nicht strafwürdige) Vertragsverletzung, sondern eine Verletzung des Gebrauchsrechts dessen, dem er die Rückgabe schuldet.[15] Das steht strafloser Abweichung von vereinbarten Schranken eines noch bestehenden Gebrauchsrechts[16] keinesfalls gleich.[17]

---

6 Vgl BGH GA 63, 344; OLG Neustadt MDR 61, 708.
7 *Rengier*, BT I § 6 Rn 10; „ohne den Willen" reicht nicht aus; über die Notwendigkeit der Erklärung besteht Streit, s. dazu genauer *Boller*, Der unbefugte Gebrauch von Kraftfahrzeugen und Fahrrädern – § 248b, 2013, S. 57 ff, die selbst nach den Regeln des Einverständnisses entscheidet, S. 69 f.
8 BGHSt 11, 44, 45 f und 47, 50; *Boller*, Der unbefugte Gebrauch von Kraftfahrzeugen und Fahrrädern – § 248b, 2013, S. 39 ff.
9 BGHSt 59, 260 mit Bespr. *Floeth*, NZV 15, 95; *Jahn*, JuS 15, 82; *Kudlich*, JA 14, 873; *Mitsch*, NZV 15, 423; *Theile/Stürmer*, ZJS 15, 123; *Zöller*, BT Rn 113.
10 BayObLG JR 92, 346.
11 Näher BGHSt 11, 47, 50; BGH GA 63, 344; BGHSt 59, 260; OLG Zweibrücken VRS 34, 444; OLG Schleswig NStZ 90, 340 mit krit. Anm. *Schmidhäuser*; LAG Nürnberg BeckRS 11, 7185 S. 5; **anders** AG München NStZ 86, 458 mit zust. Anm. *Schmidhäuser*; *Hohmann/Sander*, BT I § 4 Rn 11; MK-*Hohmann*, § 248b Rn 20 f; diff. *Küper/Zopfs*, BT Rn 376; SK-*Hoyer*, § 248b Rn 10 ff.
12 So aber *Schmidhäuser*, Anm. NStZ 86, 461.
13 OLG Schleswig NStZ 90, 340; *Bock*, JA 16, 343; S/S-*Bosch*, § 248b Rn 5.
14 BGHSt 11, 47, 50.
15 **AA** A/W-*Heinrich*, § 13 Rn 142; *Klesczewski*, BT § 8 Rn 243; *Krey/Hellmann/Heinrich*, BT II Rn 222; M/S/M-*Schroeder*, BT I § 37 Rn 9; *Otto*, BT § 48 Rn 6; *Schramm*, BT II § 13 Rn 19.
16 S. dazu *Heghmanns*, Rn 1313.
17 Ebenso AnK-*Kretschmer*, § 248b Rn 6; *Eisele*, BT II Rn 286 f; Fischer-*Fischer*, § 248b Rn 4; *Hilgendorf/Valerius*, BT II § 6 Rn 5; *Lackner/Kühl/Heger*, § 248b Rn 3; LK-*Vogel/Brodowski*, § 248b Rn 7; M/R-*Schmidt*, § 248b Rn 4; NK-*Kindhäuser/Hoven*, § 248b Rn 6 f; *Rengier*, BT I § 6 Rn 16; S/S/W-*Kudlich*,

§ 248b ist kein *eigenhändiges* Delikt. Ein Ingebrauchnehmen kann daher auch darin liegen, dass jemand sich durch einen anderen fahren lässt, etwa deshalb, weil er selbst keinen Führerschein besitzt[18] oder von einem Chauffeur „vorgefahren" werden möchte. Bloßes Mitfahren bei einer Fahrt, die der Lenker des Kraftwagens ohnehin unternommen hätte, genügt für sich allein aber ebenso wenig wie eine bloße Veranlassung der Fahrt. Hier ist wie sonst zwischen Täterschaft und Teilnahme zu unterscheiden.[19] Dabei kommt angesichts der fehlenden Eigenhändigkeit auch mittelbare Täterschaft in Betracht. 490

Die Ingebrauchnahme muss **gegen den Willen** des Berechtigten erfolgen. Bei einer von ihm erteilten **Gebrauchserlaubnis** entfällt bereits der objektive Tatbestand des § 248b. Dabei bezieht sich § 248b auf den nicht-berechtigten Besitzer, nicht jedoch auf einen Besitzer, der lediglich entgegen einer Abrede handelt. Letzterem kann hinreichend mit zivilrechtlichen Unterlassungs- und Schadensersatzansprüchen begegnet werden. Auch entstünden Schwierigkeiten der Differenzierung zwischen für § 248b relevanten und irrelevanten Nutzungsabreden. 491

Ist die Gebrauchserlaubnis bezüglich eines Kfz ausdrücklich an das Innehaben der für das Führen des Fahrzeugs einschlägigen Fahrerlaubnis geknüpft, erfüllt ein Mieter, der den Besitz dieser Fahrerlaubnis nur vortäuscht, den Tatbestand daher ebensowenig wie derjenige, der das Fahrzeug durch das Fahren von Umwegen, durch Mitnahme von Anhaltern oder durch betrunkenes Fahren vertragswidrig gebraucht.[20] Eine mutmaßliche Einwilligung (s. Rn 492) schließt wie auch ein rechtfertigender Notstand (§ 904 BGB) erst die Rechtswidrigkeit aus.[21]

Die irrige Vorstellung, dass der Berechtigte mit der Ingebrauchnahme **einverstanden** sei, schließt den **Tatbestandsvorsatz** ebenso aus (§ 16 I) wie die, der den Gebrauch Einräumende sei der Berechtigte.

Vollendet ist die Ingebrauchnahme mit dem Anfahren; das Einschalten der Zündung zu diesem Zweck begründet einen **Versuch**. Das Delikt endet erst mit der Einstellung des Gebrauchs (= *Dauerdelikt*). Daher ist auch die Rückführung des Kraftfahrzeugs an den Berechtigten durch den, der das Fahrzeug unberechtigt in Gebrauch genommen hat, von § 248b zumindest dann noch erfasst, wenn sie nicht mit dem Willen des Berechtigten erfolgt;[22] wer dabei behilflich ist, ist folglich nicht mangels Haupttat straflos.[23] 492

Liegt ein wirksames tatsächliches Einverständnis des Berechtigten in die Rückführung vor, sind Beihilfe *und* Haupttat schon nicht tatbestandsmäßig (Rn 491).[24] Entspricht die Rückführung dagegen nur dem mutmaßlichen Willen des Berechtigten, fehlt es an einer *tatbestandsmäßigen* Haupttat nur dann, wenn man auch dem nur mutmaßlichen Einverständnis bei Delikten wie § 248b, die ein

---

§ 248b Rn 4; *Zöller*, BT Rn 114; im Ausgangspunkt so auch *Boller*, Der unbefugte Gebrauch von Kraftfahrzeugen und Fahrrädern – § 248b, 2013, S. 43 ff, 51, die dann aber nach Fallgruppen differenziert, S. 52 ff; diff. S/S-*Bosch*, § 248b Rn 4a.
18 BGH VRS 19, 288; RGSt 76, 176.
19 *Boller*, Der unbefugte Gebrauch von Kraftfahrzeugen und Fahrrädern – § 248b, 2013, S. 93 ff; *Küper/Zopfs*, BT Rn 378; *Mitsch*, BT II S. 240 ff.
20 AA LK-*Vogel/Brodowski*, § 248b Rn 10; krit. Auch *Joecks/Jäger*, § 248b Rn 12 f.
21 S. *Kudlich*, JA 14, 874; *Rengier*, BT I § 6 Rn 11; *Mitsch*, BT II S. 232 f; für Tatbestandsausschluss dagegen H-H-*Kretschmer*, Rn 877; LK-*Vogel/Brodowski*, § 248b Rn 10; zur mutmaßlichen Einwilligung ganz abl. *Boller*, Der unbefugte Gebrauch von Kraftfahrzeugen und Fahrrädern – § 248b, 2013, S. 70 ff, 105.
22 S. BGHSt 59, 260; Fischer-*Fischer*, § 248b Rn 6; HK-GS/*Duttge*, § 248b Rn 9; S/S-*Bosch*, § 248b Rn 7; offen BK-*Wittig*, § 248b Rn 5; anders *Wessels*, BT II Rn 388.
23 So aber OLG Düsseldorf JZ 85, 590.
24 *Rengier*, BT I § 6 Rn 10.

Handeln gegen den Willen des Berechtigten voraussetzen, bereits den Tatbestand ausschließende Kraft zumisst;[25] richtigerweise ist die Haupttat durch mutmaßliche Einwilligung gerechtfertigt. Für beide Fälle gilt, dass der mutmaßliche Wille die Strafbarkeit der Rückführung nur dann ausschließen kann, wenn das tatsächliche Einverständnis nicht einholbar ist. Nur dann lässt sich auch erwägen, ob schon der Gedanke der Risikoverringerung Täter und Gehilfe entlastet.[26] Daneben kommt eine Rechtfertigung aufgrund der Erfüllung eines zivilrechtlichen Herausgabeanspruchs in Betracht, sofern gegen den Täter ein Rückgabeanspruch aus § 546 I BGB, § 604 I BGB oder § 985 BGB besteht und Herausgabeort der Zielort der Rückführung ist.

3. Verhältnis zu den Zueignungsdelikten

493 Wer ein Kraftfahrzeug oder Fahrrad gegen den Willen des Berechtigten in Gebrauch nimmt, eignet es sich regelmäßig auch dann an, wenn der Gebrauch nur vorübergehend gewollt ist (Rn 185). Geschieht die Ingebrauchnahme dadurch, dass der Täter das Fahrzeug wegnimmt, kommt daher **neben**[27] § 248b Diebstahl (und Unterschlagung) in Betracht, bezieht sich die unberechtigte Benutzung auf ein ohne Wegnahme in den Besitz des Täters geratenes Fahrzeug, Unterschlagung. Maßgeblich dafür, ob § 242 oder § 246 vorliegen und gegebenenfalls § 248b verdrängen, ist deshalb in Fällen der Wegnahme oder einer hinreichend klaren Manifestation die diese Handlungen begleitende Vorstellung darüber, ob das Fahrzeug an den Eigentümer ohne wesentliche Substanz- oder Werteinbuße zurückkehren soll oder nicht. Soll es das, fehlt es am Enteignungsvorsatz, soll es das nicht, liegt mit diesem Diebstahl oder Unterschlagung vor.

Die Entscheidung darüber, ob ein den Enteignungsvorsatz ausschließender „Rückführungswille" gegeben ist, macht die Rspr. vor allem davon abhängig, ob der Täter die Rückkehr des Fahrzeugs dem Zufall überlässt. Dazu sei daran erinnert, dass an die Enteignung bei der Entwendung von Kraftfahrzeugen und Fahrrädern keine geringeren Anforderungen zu stellen sind als sonst und dass die von der Rspr. angeführten Beweisanzeichen[28] gegen einen Rückführungswillen einen gleichwohl nicht vorhandenen Enteignungsvorsatz nicht zu ersetzen vermögen (s. im Einzelnen Rn 223). Auch ist darauf hinzuweisen, dass es in Fällen der Ingebrauchnahme durch Wegnahme nicht darum gehen kann, ob der Täter „von vornherein den Gewahrsam zu Gunsten des eigenen endgültig brechen" (= Diebstahl) oder ob er sich „mit nur zeitweiliger Brechung des fremden Gewahrsams begnügen" will (= § 248b).[29] Vielmehr kommt es allein darauf an, ob der Täter nach Vollzug der Wegnahme dem Berechtigten die Sache selbst oder den in ihr verkörperten Wert auf Dauer entziehen oder ob er sie ohne wesentlichen Wertverlust in die Herrschaftssphäre des Eigentümers zurückgelangen lassen will.

494 Gegenüber derartigen Delikten mit gleicher oder ähnlicher Schutzrichtung tritt § 248b kraft ausdrücklicher **Subsidiaritätsklausel** zurück, soweit durch sie die Tat mit schwererer Strafe bedroht ist. Letzteres gilt iR des § 246 nur für die Veruntreuung nach Abs. 2.[30] Werden dagegen tateinheitlich zB § 315c I Nr 1a oder § 222 verwirklicht, ist es allein

---

25 So *Ludwig/Lange*, JuS 00, 449; zust. *Lackner/Kühl/Heger*, § 248b Rn 4; LK-*Vogel/Brodowski*, § 248b Rn 10; nicht eindeutig BGHSt 59, 260 mit Bespr. *Floeth*, NZV 15, 95; *Jahn*, JuS 15, 82; *Kudlich*, JA 14, 873; *Theile/Stürmer*, ZJS 15, 123; iE übereinstimmend *Küper/Zopfs*, Rn 378.
26 S. zur Risikoverringerung *Roxin/Greco*, AT I § 11 Rn 53 f; *Wessels/Beulke/Satzger*, AT Rn 292 ff.
27 *Küper/Zopfs*, BT Rn 379; s. auch *Boller*, Der unbefugte Gebrauch von Kraftfahrzeugen und Fahrrädern – § 248b, 2013, S. 119.
28 BGH NStZ 96, 38; ausf. Würdigung der Rspr. Bei *Boller*, Der unbefugte Gebrauch von Kraftfahrzeugen und Fahrrädern – § 248b, 2013, S. 119 ff.
29 So aber missverständlich BGH NJW 87, 266; BGH NStZ 96, 38.
30 Richtet sich die Tat gegen den Eigentümer, geht wegen der intensiveren Verletzungsform auch die einfache Unterschlagung vor, im Übrigen ist Tateinheit denkbar, s. *Lackner/Kühl/Heger*, § 248b Rn 6.

sachgerecht, auch aus § 248b zu bestrafen.³¹ Anders fände die Beeinträchtigung des Gebrauchsrechts keinerlei Ausdruck. Dass die Subsidiaritätsklausel auf Grund ihres weiter gefassten Wortlauts die Deutung im Sinne einer solchen relativen Subsidiarität dem Richter verbiete,³² ist nicht zuzugeben. Die „Tat" meint im Zusammenhang einer Subsidiaritätsklausel nicht nur den einheitlichen Lebensvorgang. Vielmehr macht der Begriff zur Bedingung, dass das Unrecht dieser Tat in den anderen Vorschriften zum Ausdruck kommt. Nur diese Auslegung bringt hier – wie zu § 246 (Rn 371) und zu § 265b (Rn 750) – den Sinn der Klausel und die mit dem Konkurrenzverhältnis der Subsidiarität inhaltlich verbundene Bedeutung zur Geltung.³³

Durch eine Bestrafung nach § 248b wird der *Verbrauch an Treibstoff* mit abgegolten; da andernfalls für den Anwendungsbereich dieser Vorschrift kaum noch Raum bliebe, scheidet *insoweit* ein Rückgriff auf § 242 oder § 246 II aus.³⁴

Im **Fall 31** hat T nach Ablauf der Mietzeit und Ablehnung der Verlängerung den Pkw gegen den Willen von V in Gebrauch gehalten. Ob das dem in § 248b verlangten Ingebrauchnehmen entspricht, ist umstritten, aber richtigerweise zu bejahen, da durch die Weiterbenutzung das Gebrauchsrecht des V verletzt wird und von einem Ingebrauchnehmen auch bei einem jeweils neuerlichen Weitergebrauch gesprochen werden kann (Rn 489).³⁵ Dass T der V das Fahrzeug nicht auf Dauer, sondern nur vorübergehend vorenthalten wollte, zeigt seine Erkundigung, ob der Vertrag verlängerbar sei. Für eine Unterschlagung wäre zudem das bloße vertragswidrige Weitergebrauchen noch keine genügend eindeutige Manifestation³⁶ des Zueignungswillens (vgl Rn 358). Erst mit der Rückführung des Pkw an V ist § 248b als Dauerdelikt abgeschlossen. Da V den T zur unverzüglichen Abgabe aufgefordert hat, wird man von einem Einverständnis mit der Rückführung durch T ausgehen können. Daher liegt eine für E's Teilnahme hinreichende Haupttat nicht (mehr) vor. Folglich ist nur T nach § 248b zu bestrafen. Da die Tat vollendet ist, kommt ein Rücktritt durch das Zurückführen des Fahrzeugs nicht in Betracht. Auch Strafmilderung wegen tätiger Reue sieht § 248b nicht vor. Der erforderliche Strafantrag ist gestellt.

495

Rechtsprechungsbeispiel: Ähnlichkeiten mit **Fall 31** weist **BGH NJW 14, 2887 = BGHSt 59, 260** auf. Hier hatte der verheiratete T zusammen mit seiner Freundin F bei der Firma E einen PKW Volvo bis zum 2.3.2013 gemietet. Am 27.2.2013 trennte sich T von F und konnte deshalb nicht mehr bei ihr nächtigen. T behielt den PKW über den 2.3.2013 hinaus, ausschließlich um in ihm zu übernachten. Am 9.4.2013 nahm ihn seine Ehefrau wieder auf. Am 10.4.2013 brachte T daraufhin den PKW zu E zurück. Deren Geschäftsführer stellte Strafantrag. – Auch hier kommt ein Zueignungsdelikt mangels (hinreichend eindeutig manifestierten) Enteignungswillens nicht in Betracht. Auch scheidet ein Ingebrauchhalten durch das bloße Übernachten aus (s. Rn 488). Die Tathandlung kann daher allein in der am 10.4.2013 vorgenommenen Rückführung liegen. An der deswegen durch das LG erfolgten Verurteilung beanstandet der BGH, dass es an ausdrücklichen Feststellungen zum insoweit entgegenstehenden Willen der E fehle. „Ist die Nutzung des Fahrzeugs als Fort-

---

31 *Kindhäuser/Hilgendorf*, § 248b Rn 14; S/S-*Bosch*, § 248b Rn 14.
32 So *Bock*, BT II S. 470; *Boller*, Der unbefugte Gebrauch von Kraftfahrzeugen und Fahrrädern – § 248b, 2013, S. 114 ff; *Hohmann/Sander*, BT I § 4 Rn 16 unter Bezug auf BGH NJW 98, 465 zu § 125; ebenso *Heghmanns*, Rn 1318; *Klesczewski*, BT § 8 Rn 248; *Lackner/Kühl/Heger*, § 248b Rn 6 und BGHSt 47, 243, 244 zu § 246.
33 Wie hier BK-*Wittig*, § 248b Rn 10; *Eisele*, BT II Rn 289; Fischer-*Fischer*, § 248b Rn 11; HK-GS/*Duttge*, § 248b Rn 15; *Rengier*, BT I § 6 Rn 18; SK-*Hoyer*, § 248b Rn 18; S/S/W-*Kudlich*, § 248b Rn 11; diff. LK-*Vogel/Brodowski*, § 248b Rn 20.
34 BGH GA 60, 182; *Boller*, Der unbefugte Gebrauch von Kraftfahrzeugen und Fahrrädern – § 248b, 2013, S. 133 ff; *Küper/Zopfs*, BT Rn 380; NK-*Kindhäuser/Hoven*, § 248b Rn 13; *Schmidt*, BT II Rn 256-258; krit. *Mitsch*, BT II S. 245 f; diff. M/S/M-*Schroeder*, BT I § 37 Rn 11.
35 OLG Schleswig NStZ 90, 340.
36 *Krey/Hellmann/Heinrich*, BT II Rn 84; *Kudlich*, JA 14, 873; OLG Hamburg StV 01, 577.

bewegungsmittel – wie hier – gerade nicht auf die Verletzung der uneingeschränkten Verfügungsmöglichkeiten des Berechtigten gerichtet, sondern vielmehr auf deren Wiedereinräumung ..., liegt" für den BGH „die Vermutung nahe, dass die Ingebrauchnahme des Fahrzeugs insoweit im Einverständnis des Berechtigten erfolgte. Die Rückführung eines Fahrzeugs durch einen an sich Unberechtigten" geschehe nämlich „regelmäßig nicht ‚gegen den Willen,'", wie es für den Tatbestand nötig ist, sondern sei „von dessen mutmaßlichen Interesse gedeckt." Versteht man das so, dass der Tatrichter aus diesen Gründen nur gehalten ist, die Beweisaufnahme besonders gründlich auf den entgegenstehenden Willen zu erstrecken, kann man dem Urteil zustimmen. Liest man es dagegen so, dass zu klären ist, ob T das Einverständnis der E berechtigter Weise mutmaßen durfte, stünde einem daraus dann abgeleiteten Tatbestandsausschluss der Vorbehalt entgegen, dass es ein mutmaßliches Einverständnis als Rechtsfigur möglicherweise nicht gibt. Ist stattdessen an eine mögliche Rechtfertigung durch mutmaßliche Einwilligung gedacht, wäre übersehen, dass deren Annahme angesichts der Erfragbarkeit des tatsächlichen Willens der E den Grundsatz der Subsidiarität der mutmaßlichen Einwilligung verletzte. Da sich der BGH mit beidem nicht auseinandersetzt, liegt die erste Deutung des Urteils nahe.[37]

496 Im **Fall 32** haben T und M gemeinschaftlich den Gewahrsam des Taxifahrers gebrochen und eigenen Gewahrsam begründet. Da sie das Taxi zu einer 12 km langen Fahrt nutzen wollten, handelten sie auch in der Absicht, sich das Fahrzeug (vorübergehend) anzueignen. Sie hatten aber die Vorstellung, dass das Taxi, das sie nur für diese Fahrt gebrauchen wollten, zum Taxiunternehmen alsbald und unversehrt zurückgelangen werde. Dann fehlt es für eine Zueignungsabsicht an der Vorstellung dauernder Enteignung. Dass T und M das Taxi dem Zugriff Dritter preisgaben und es so abgestellt haben, dass ein alsbaldiges Auffinden nicht gerade wahrscheinlich war, kann zwar im Prozess ihre Einlassung unglaubwürdig machen, nicht aber das tatsächliche Fehlen des Enteignungsvorsatzes ersetzen. Diebstahl ist daher abzulehnen[38] (s. auch Rn 224). T und M sind vielmehr nach §§ 248b, 25 II zu bestrafen. Da hierin kein eigenhändiges Delikt liegt, spricht nichts gegen eine mittäterschaftliche Begehensweise, wenn auch der Mitfahrer das Geschehen wie hier mitbeherrscht und an dem Gebrauch gleichberechtigt und mit gleichem Nutzen teilhat. Die Verfolgbarkeit der Tat setzt einen Strafantrag voraus.

4. Prüfungsaufbau: Unbefugter Gebrauch eines Fahrzeugs, § 248b

497 Unbefugter Gebrauch eines Fahrzeugs, § 248b

I. Tatbestand
   1. Objektiver Tatbestand
      a) Tatobjekt:
- *Kraftfahrzeug*
  - → § 248b IV
- *Fahrrad*

      b) Tathandlung:
- *Ingebrauchnahme*
  - → bestimmungsgemäße Verwendung
  - → Täterschaftsformen/Vollendung
  - Ⓟ Ingebrauchhalten
- ***gegen den Willen des Berechtigten***
  - Ⓟ Berechtigter
  - Ⓟ Einwilligung/mutmaßliche Einwilligung bei Rückführung

---

37 S. zur Entscheidung auch *Floeth*, NZV 15, 95; *Jahn*, JuS 15, 82; *Kudlich*, JA 14, 873; *Theile/Stürmer*, ZJS 15, 123.
38 BGH NStZ 96, 38.

> 2. Subjektiver Tatbestand
> Vorsatz: • *jede Vorsatzart*
> Ⓟ Abgrenzung zu den Zueignungsdelikten (Rückkehrvorstellung)
> II. Rechtswidrigkeit
> III. Schuld
> IV. Strafantrag, § 248b III
> V. Subsidiarität, § 248b I aE
> → Subsidiarität gegenüber mit schwererer Strafe bedrohter Tat
> Ⓟ Reichweite der Subsidiaritätsklausel

II. Unbefugter Gebrauch von Pfandsachen

§ 290 stellt den unbefugten Gebrauch von in Pfand genommenen Gegenständen unter Strafe. Es handelt sich hierbei um einen weiteren Fall der in der Regel straflosen Gebrauchsanmaßung (furtum usus).[39] Die in der Praxis fast bedeutungslose Vorschrift bezieht sich nur auf **öffentliche Pfandleiher**, dh auf Personen, die ein Pfandleihgewerbe betreiben und deren Geschäft allgemein zugänglich ist. Auf das Vorliegen einer sich auf den Täter beziehenden behördlichen Konzession kommt es nicht an, solange die Tat von einer in dem Gewerbebetrieb tätigen Person begangen wird.[40] Gebrauch iS des § 290 ist jede Nutzung der Sache, die mit ihrer Beschaffenheit verträglich ist und über die bloße Verwahrung hinausgeht.[41] Auch eine Weiterverpfändung kommt hierfür in Betracht.[42] Führt der Gebrauch zu einer wesentlichen Wertminderung der Sache, kann Unterschlagung vorliegen, die § 290 verdrängt.

498

Private Pfandgläubiger fallen nicht unter § 290; der Schutz des Eigentümers ist hier auf das Zivilrecht beschränkt (vgl § 1217 BGB). Die Eigenschaft als öffentlicher Pfandleiher ist kein besonderes persönliches Merkmal nach § 28 I,[43] weil hiermit keine besondere Pflichtenstellung, sondern nur der Kreis der für das Rechtsgut besonders „gefährlichen" Täter beschrieben ist. Die Unbefugtheit ist nach – umstrittener – Meinung ein Tatbestandsmerkmal.[44]

III. Entziehung elektrischer Energie

Nach § 248c macht sich strafbar, wer einer elektrischen Anlage oder Einrichtung mittels eines nicht zur ordnungsmäßigen Entnahme bestimmten Leiters fremde elektrische Energie entzieht. Dabei stellt das Gesetz den, der dies in Zueignungsabsicht tut (§ 248c I), unter schärfere Strafdrohung als den, der lediglich eine Schädigungsabsicht besitzt (§ 248c IV). In beiden Fällen lässt sich von einer *unbefugten Verbrauchsanmaßung* sprechen.

499

Die im Jahr 1900 in das StGB aufgenommene Vorschrift ist auf die reichsgerichtliche Rspr. zurückzuführen, die das Bedürfnis der Bestrafung des „Stromdiebstahls" zwar anerkannte, der elek-

---

39 *Lackner/Kühl/Heger*, § 290 Rn 1.
40 RGSt 8, 269, 270.
41 Vgl BGHSt 11, 47, 48 f; *Kindhäuser/Hilgendorf*, § 290 Rn 5.
42 RGSt 8, 269, 271.
43 *Lackner/Kühl/Heger*, § 290 Rn 1; **aA** *Gössel*, BT II § 18 Rn 129; SK-*Hoyer*, § 290 Rn 2; offen NK-*Gaede*, § 290 Rn 3.
44 NK-*Gaede*, § 290 Rn 7; **aA** LK-*Schünemann*, § 290 Rn 9.

trischen Energie aber mit Recht die Sachqualität (§ 242) absprach und sich zur Schließung der Strafbarkeitslücke für nicht berechtigt erklärte. Dass dies allein „Aufgabe der Gesetzgebung" sei, begründete das Reichsgericht zutreffend damit, dass der Strafrichter „den Mangel gesetzlicher Bestimmungen durch analoge Anwendung von Normen", die „für diesen Fall nicht gegeben sind", auf Grund des „obersten Grundsatzes: nulla poena sine lege" nicht beheben dürfe.[45] Wenig später fügte es hinzu, dass „das gewiß nicht zu verkennende Rechtsschutzbedürfnis der elektrischen Betriebe und Industrien" mit Rücksicht auf diesen „Rechtssicherheit und persönliche Freiheit" gewährleistenden Satz aus eigener Machtvollkommenheit nicht durch Richterspruch zu befriedigen sei.[46]

500 In § 248c I findet sich ein dem Diebstahl nachgebildeter Tatbestand. Daher hat das 6. StrRG (Rn 42) die dort erfolgte Erweiterung auf die Drittzueignungsabsicht auch hier übernommen. Es hat zudem in § 248c III die zuvor schon hM[47] verankert, die eine entsprechende Anwendung der §§ 247, 248a empfahl. Da die elektrische Energie keine Sache ist, sind die Begriffe der Fremdheit und der Zueignungsabsicht in übertragenem Sinne zu verwenden.[48] Fremd ist der Strom danach dann, wenn dem Täter keine Befugnis zu seiner Entnahme zusteht. Zueignungsabsicht ist gegeben, wenn er den Strom für sich verbrauchen oder einem Dritten den Verbrauch durch Zuleitung ermöglichen will.[49] Die Entziehung ist nur dann tatbestandsmäßig, wenn sie ohne Einverständnis[50] und mittels eines vom Berechtigten nicht zur ordnungsmäßigen Entnahme bestimmten Leiters geschieht.

Nehmen frierende Büroangestellte entgegen der Weisung des Arbeitgebers in den Büroräumen installierte elektrische Heizungsgeräte in Anspruch oder bedienen sie das stromsperrende Münzkassiergerät zuvor mit Falschgeld, handeln sie danach nicht tatbestandsmäßig;[51] schließen sie dagegen mitgebrachte Heizungsgeräte eigenmächtig an, ist der Tatbestand des § 248c erfüllt. Die wenig einleuchtende Differenzierung kann der Rechtsanwender nicht korrigieren.[52] Der praktisch häufigste Fall ist nach der Rspr. der, dass nach Abstellung der Stromzufuhr wegen Gebührenrückstandes Strom unter Überbrückung der Unterbrechung oder aus wohnungsfremden Stromquellen entnommen wird.[53]

Rechtsprechungsbeispiel: In einer Entscheidung des **LAG Hamm BB 10, 2300** geht es darum, ob eine von einem Arbeitnehmer A begangene Straftat nach § 248c den Arbeitgeber zur (fristlosen) Kündigung des Arbeitsverhältnisses berechtigt. Der A hatte sich für einige Tage einen Elektroroller der Marke „Segway" gemietet und ihn kurze Zeit lang mit einem Kabel an eine Steckdose im Vorraum des Rechenzentrums seines Arbeitgebers angeschlossen, um den Akku aufzuladen. Die entnommene Strommenge hatte einen Wert von 1,8 Cent. Ungeklärt blieb, ob A das Ladekabel mitgebracht oder vorgefunden hatte. – Das LAG schließt sich der Subsumtion dieses Vorgangs durch die Vorinstanz (ArbG Siegen BB 10, 244) unter § 248c an, weil sich A in beiden Varianten eines vom Arbeitgeber nicht zum Laden von Elektrorollern seiner Arbeitnehmer bestimmten Leiters bedient habe. Diese Argumentation ist dann anfechtbar, wenn es sich um ein vorgefundenes „Ladekabel" gehandelt haben sollte, das *generell* zur Entnahme von Strom aus der Steckdose im Vorraum bestimmt war. Aus der Tatsache, dass es der Arbeitgeber duldete, dass die Mitarbeiter private Gegen-

---

45 RGSt 29, 111, 116.
46 RGSt 32, 165, 186 f.
47 S. OLG Düsseldorf NStE Nr 1 zu § 248c; BT-Ds 13/9064, S. 17.
48 LK-*Vogel/Brodowski*, § 248c Rn 2, 13; M/S/M-*Hoyer*, BT I § 33 Rn 150; MK-*Hohmann*, § 248c Rn 6, 8f; S/S/W-*Kudlich*, § 248c Rn 3, 10; OLG Celle MDR 69, 597.
49 OLG Celle MDR 69, 597; M/R-*Schmidt*, § 248c Rn 6.
50 *Brodowski*, ZJS 10, 145; *Mitsch*, BT II S. 249.
51 BayObLG MDR 61, 619; BK-*Wittig*, § 248c Rn 2.1; Fischer-*Fischer*, § 248c Rn 3a; **aA** SK-*Hoyer*, § 248c Rn 7.
52 *Kindhäuser/Hilgendorf*, § 248c Rn 7 f; s. dazu auch *Bock*, JA 16, 503 f; *Brodowski*, ZJS 10, 146; LK-*Vogel/Brodowski*, § 248c Rn 11 mit dem Vorschlag, nur vertrags- oder abredewidrige Nutzungen (zB einer Steckdose) als bloßes Zivilunrecht zu behandeln.
53 S. zB HansOLG Hamburg MDR 68, 257; OLG Celle, MDR 69, 597; OLG Düsseldorf NStE Nr 1 zu § 248c.

stände wie Kaffeemaschinen, Mikrowellen oder elektronische Bilderrahmen mit Firmenstrom speisten, ist allerdings zu Recht kein Einverständnis mit dem Vorgehen des A abgeleitet worden. Trotz Vorliegens einer Straftat wurde die Wirksamkeit der Kündigung verneint.[54]

Auch in der als Antragsdelikt ausgestalteten **Schädigungsalternative** (§ 248c IV), in der die Verbrauchsanmaßung weder dem Täter noch einem Dritten nutzen, sondern nur dem Berechtigten Schaden zufügen soll, reicht es nicht aus, dass „stromfressende" Geräte des Berechtigten gegen dessen Willen eingeschaltet werden. Vielmehr muss auch hier mittels eines zur ordnungsmäßigen Entnahme nicht bestimmten Leiters der Strom entzogen werden. Dass für die wegen der „Stromvernichtung" sachbeschädigungsnahe Variante ein praktisches Bedürfnis besteht, ist bislang nicht erwiesen.[55] Der Gesetzgeber hat gleichwohl auch an diesem Tatbestand festgehalten.[56] Der *Versuch* ist nur in den Fällen des § 248c I strafbar.[57]

501

6. Kapitel
Verletzung von Aneignungsrechten

§ 13 Jagd- und Fischwilderei

Fall 33: T nahm als Jagdgast an einer Treibjagd teil. Eine von ihm getroffene Ricke flüchtete in ein Nachbarrevier und verendete dort etwa 40 m jenseits der Grenze. T holte das Tier aus dem fremden Jagdgebiet zurück und legte es eineinhalb Meter von der Grenze entfernt im Jagdgebiet des Jagdveranstalters nieder. Dabei ging er davon aus, dass das Reh vom Jagdherrn nach Beendigung der Jagd dort abgeholt und verwertet werden würde, was auch geschah. Eine Wildfolgevereinbarung zwischen dem Jagdveranstalter und dem Pächter des Nachbarreviers bestand nicht. Bevor T im Nachbarbezirk die Ricke aufnahm, bestieg er dort für kurze Zeit einen Hochsitz, weil er ein weiteres Reh entdeckt hatte. Er brachte in der Hoffnung, das Reh werde sich auf Schussweite nähern, die Waffe in Anschlag. Nach wenigen Minuten wechselte das Reh überraschend in das Revier des Jagdveranstalters und konnte nun von T vom Hochsitz aus erlegt werden. Strafbarkeit des T? **Rn 509**

502

I. Jagdwilderei

1. Rechtsgut und Schutzfunktion

Das Wesen der Jagdwilderei besteht vornehmlich in der **Verletzung fremden Aneignungsrechts** an Gegenständen, die dem Jagdrecht unterliegen (vgl dazu §§ 1, 2 BJagdG) und für die – da und solange sie herrenlos (§ 960 I 1 BGB) sind – der Schutz der §§ 242, 246, 303 nicht greift.

503

---

54 S. dazu auch *Eckert*, DStR 09, 2324.
55 S. BT-Ds 13/8587, S. 43.
56 Dazu BT-Ds 13/8587, S. 63; 13/9064, S. 17.
57 MK-*Hohmann*, § 248c Rn 24.

Die **Schutzfunktion** des § 292 erschöpft sich allerdings nicht in der Wahrung des Aneignungsrechts als Vermögenswert. Die Strafdrohung bezweckt *auch* den Schutz des durch Hege erhaltenen Wildbestandes.[1] Seine Bestätigung findet dies in den letzten drei Regelbeispielsfällen des § 292 II Nr 2 sowie in § 1 BJagdG, wonach das Jagdrecht die ausschließliche Befugnis enthält, wild lebende Tiere **in einem bestimmten Revier zu hegen**, auf sie die Jagd auszuüben und sie sich als Jagdbeute anzueignen. Auch erklärt die zusätzliche Schutzfunktion, warum § 248a nicht für anwendbar erklärt ist.[2] Die gesonderte Regelung des sog. Jagdfrevels steht dem nicht entgegen.[3]

504 Das **Jagdrecht** als dingliches Recht folgt aus dem Eigentum am Grund und Boden, mit dem es untrennbar verbunden ist (§ 3 I BJagdG). Es darf nur in Jagdbezirken ausgeübt werden (§§ 3 III, 4 ff BJagdG). Die **Ausübung** des Jagdrechts ist übertragbar und kann Gegenstand von Jagdpachtverträgen sein (näher §§ 11 ff BJagdG); in solchen Fällen geht das **Jagdausübungsrecht** dem Jagdrecht des Grundeigentümers vor und kann daher auch von diesem verletzt werden.[4]

Auf Grundflächen, die zu keinem Jagdbezirk gehören, und in befriedeten Bezirken **ruht die Jagd** (§ 6 S 1 BJagdG). **Befriedete Bezirke** sind ua **Hausgärten**, die unmittelbar an eine Behausung anstoßen und durch irgendeine Umfriedung begrenzt oder sonst vollständig abgeschlossen sind (vgl zB § 4 I b LJagdG NW). Der Grundeigentümer, der in ihnen dem Wilde nachstellt oder es erlegt, begeht nach hM keine Jagdwilderei iSd § 292, sondern nur eine **Ordnungswidrigkeit** iSd § 39 I Nr 1 BJagdG.[5] Dritte können dagegen das Jagdrecht des Eigentümers auch in befriedeten Bezirken verletzen und daher dort Wilderei begehen.[6]

2. Objektiver Tatbestand

a) Tatobjekte und Tathandlungen

505 Der **Tatbestand** des § 292 I enthält zwei Alternativen:

(1) **Objekt** der *ersten* Alternative (§ 292 I Nr 1) ist ausschließlich **lebendes Wild** (= wild lebende, nach § 2 BJagdG *jagdbare* Tiere). Bestraft wird, wer solchem Wild nachstellt, es fängt, erlegt oder sich oder einem Dritten zueignet.

Beim **Nachstellen** handelt es sich um ein *unechtes Unternehmensdelikt*.[7] Es umfasst jede Handlung, die unmittelbar – wenn auch erfolglos – auf das Fangen, Erlegen oder Zueignen des lebenden Wildes gerichtet ist.[8] Hierfür ist der Maßstab des § 22 heranzuziehen (dh was strukturell ein unmittelbares Ansetzen darstellt, vollendet hier das Delikt). Darunter fällt zB das Anpirschen, Auflauern und Durchstreifen des Jagdreviers mit ge-

---

1 AnK-*Putzke*, § 292 Rn 1; BK-*Witteck*, § 292 Rn 7; *Kindhäuser/Böse*, BT II § 11 Rn 1; *Lackner/Kühl/Heger*, § 292 Rn 1; LK-*Schünemann*, § 292 Rn 1–3; M/S/M-*Schroeder*, BT I § 38 Rn 8 f; MK-*Zeng*, § 292 Rn 1; *Rengier*, BT I § 29 Rn 1; **aA** A/W-*Heinrich*, § 16 Rn 10; *Geppert*, Jura 08, 599; NK-*Gaede*, § 292 Rn 1; SK-*Hoyer*, § 292 Rn 4; S/S-*Heine/Hecker*, § 292 Rn 1; S/S/W-*Kudlich*, § 292 Rn 1; zur Deutung in der NS-Zeit s. RGSt 70, 220, 221 f.
2 LK-*Schünemann*, § 292 Rn 3.
3 LK-*Schünemann*, § 292 Rn 4; s. zur Regelung auch *Geppert*, Jura 08, 599.
4 *Joecks/Jäger*, § 292 Rn 2; *Krey/Hellmann/Heinrich*, BT II Rn 432; *Mitsch*, BT II S. 861; MK-*Zeng*, § 292 Rn 8; M/R-*Wietz/Matt*, § 292 Rn 4.
5 LK-*Schünemann*, § 292 Rn 14; OLG Düsseldorf JMBl NW 62, 179; OLG Hamm GA 61, 89; OLG Köln MDR 62, 671; **aA** *Furtner*, MDR 63, 98.
6 BayObLG NStZ 92, 187; *Lorz/Metzger*, Jagdrecht, Fischereirecht, 5. Aufl. 2023, § 6 Rn 6 f; s. zur Bedeutung des 2013 neu eingefügten § 292 III in diesem Zusammenhang *Lackner/Kühl/Heger*, § 292 Rn 4a.
7 Vgl *Eisele*, BT II Rn 1054; Fischer-*Fischer*, § 292 Rn 11; *Geppert*, Jura 08, 601; *Mitsch*, BT II S. 866 f; M/R-*Wietz/Matt*, § 292 Rn 7; S/S-*Heine/Hecker*, § 292 Rn 12; krit. LK-*Schünemann*, § 292 Rn 42.
8 LK-*Schünemann*, § 292 Rn 43; *Schmidt*, BT II Rn 955 f.

brauchsbereiten Jagdwaffen sowie das Legen von Ködern oder Schlingen.[9] Derartige Handlungen bringen das Wild in die unmittelbare Gefahr, gefangen, erlegt oder zugeeignet zu werden.[10] Wer hingegen schon das Aufsuchen geeigneter Plätze innerhalb des Wildwechsels zum Legen mitgeführter Schlingen ausreichen lässt, bezieht die Vorbereitungsphase mit ein und gibt damit den Charakter des Unternehmensdelikts preis.[11] Ob die Tatmittel tauglich sind oder nicht, ist gleichgültig;[12] tauglich sein muss aber das Objekt. Wer einer Hauskatze nachstellt, die er für eine Wildkatze hält, stellt dem „Wilde" nicht nach.[13]

Die sonstigen Tathandlungen der ersten Alternative des § 292 I gewinnen nur dann selbstständige Bedeutung, wenn es an vorausgegangenen Nachstellungsakten fehlt (**Beispiel:** Ein Spaziergänger findet ein verlassenes, entkräftetes Rehkitz, das er aufhebt und mit nach Hause nimmt, um es aufzuziehen). **Fangen** heißt, ein Tier lebend in seine Gewalt bringen. **Erlegen** ist jede, auch die nicht weidmännische Art des Tötens. Eigennutz oder Gewinnsucht sind keine Voraussetzung.[14] Eine **Zueignung** setzt neben der Gewahrsamsbegründung[15] und dem Zueignungswillen nicht anders als bei der Unterschlagung (Rn 353) die nach außen erkennbare Betätigung des Willens voraus, unter dauerndem Ausschluss des Aneignungsberechtigten wie ein Eigentümer über das Tatobjekt zu verfügen. Bei der auch hier durch das 6. StrRG hinzugefügten Drittzueignung muss der Täter einem nicht aneignungsberechtigten Dritten willentlich die Zueignung ermöglichen, indem er ihm Gewahrsam verschafft oder die Möglichkeit der Herrschaftsbegründung in einer Täterschaft begründenden Weise eröffnet.[16] Die Verwirklichung mehrerer Modalitäten des § 292 I ändert am Vorliegen *eines* einheitlichen Delikts nichts.

(2) Die *zweite* Alternative (§ 292 I Nr 2) betrifft das Zueignen, Beschädigen oder Zerstören **herrenloser Sachen**, die dem Jagdrecht unterliegen. 506

Welche Sachen das sind, ist in § 1 V BJagdG geregelt (= Fallwild, verendetes Wild, Abwurfstangen (= abgeworfenes Geweih von Hirschen) und die Eier jagdbarer Federwildes).[17] Bei der **Tathandlung** übernimmt das Gesetz die in § 246 und § 303 enthaltenen Begriffe des Zueignens, Beschädigens und Zerstörens, wenngleich es hier nicht um den Schutz fremden *Eigentums* geht, sondern an dessen Stelle auf das Aneignungsrecht des Jagdausübungsberechtigten abzustellen ist. Zur Zueignung, die weder bei der Selbst- noch bei der Drittzueignung ein Wegschaffen der Beute aus dem fremden Jagdrevier voraussetzt, gilt das zu § 246 Gesagte sinngemäß (vgl oben Rn 353).[18]

b) Verletzung fremden Jagd- oder Jagdausübungsrechts

In beiden Tatbestandsalternativen des § 292 I muss die Tat **unter Verletzung fremden Jagd- oder Jagdausübungsrechts** begangen werden. **Täter** sind daher idR Personen, denen beide Rechte nicht zustehen. Ausnahmen bilden der Jagdausübungsberechtigte, 507

---

9 RGSt 14, 419; 20, 4.
10 Vgl. LK-*Hillenkamp*, 12. Aufl., § 22 Rn 85; zust. MK-*Zeng*, § 292 Rn 26; zur Abgrenzung von der Vorbereitung s. NK-*Gaede*, § 292 Rn 23.
11 So zB RGSt 70, 220, 222 f; AnK-*Putzke*, § 292 Rn 13 (Eindringen in den Lebensraum des Wildes); A/W-*Heinrich*, § 16 Rn 15; BK-*Witteck*, § 292 Rn 17.2/17.3; *Lackner/Kühl/Heger*, § 292 Rn 2a (unmittelbare Vorbereitung); LK-*Schünemann*, § 292 Rn 42, 44; dagegen OLG Frankfurt NJW 84, 812; S/S/W-*Kudlich*, § 292 Rn 10; Überblick bei *Küper/Zopfs*, BT Rn 403 f.
12 AA bei absoluter Untauglichkeit LK-*Schünemann*, § 292 Rn 49.
13 *Geppert*, Jura 08, 601; *Jakobs*, AT 2. Aufl. 1991, 25/7; *Küper/Zopfs*, BT Rn 406; LK-*Murmann*, vor § 22 Rn 137; SK-*Hoyer*, § 292 Rn 15; **aA** A/W-*Heinrich*, § 16 Rn 15; *Kindhäuser/Böse*, BT II § 11 Rn 22; diff. *Eisele*, BT II Rn 1054; MK-*Zeng*, § 292 Rn 43; diff. NK-*Gaede*, § 292 Rn 24.
14 RGSt 14, 419, 420.
15 *Kindhäuser/Hilgendorf*, § 292 Rn 11.
16 S. Fischer-*Fischer*, § 292 Rn 12; OLG Hamm NJW 56, 881.
17 Vgl dazu KG JW 36, 621; *Lackner/Kühl/Heger*, § 292 Rn 3.
18 S. auch Fischer-*Fischer*, § 292 Rn 12; LK-*Schünemann*, § 292 Rn 53.

der dort jagt, wo – wie etwa in einem in seinem Jagdrevier liegenden befriedeten Bezirk (§ 6 BJagdG) – das Jagdrecht ruht,[19] der Jagdberechtigte selbst, der die Ausübung des Jagdrechts wirksam[20] verpachtet hat (§ 11 I BJagdG) oder ein Jagdgast, der die ihm eingeräumte (eine besondere Erlaubnis erfordernde) Abschussbefugnis überschreitet.[21]

Maßgebend für diese Voraussetzung ist der **Standort des Wildes**, nicht der des Jägers.[22] Wer sich bei einer Treibjagd aus einem fremden Jagdrevier Wild zutreiben lässt, begeht Wilderei[23] in der Form des Nachstellens. Die Zulässigkeit der **Wildfolge**, dh der Verfolgung angeschossenen Wildes auf fremdes Jagdgebiet, hängt von einer entsprechenden Vereinbarung mit dem Jagdnachbarn ab, soweit es an einer gesetzlichen Regelung fehlt.[24] In Betracht kommt hier auch eine Rechtfertigung kraft mutmaßlicher Einwilligung, wenn das angeschossene Wild verfolgt und erlegt wird, um ihm erhebliche Qualen zu ersparen.[25]

508 An **gewilderten Tieren** kann auch außerhalb des Jagdreviers durch Verstoß gegen die *zweite* Alternative des § 292 I seitens Dritter noch Wilderei begangen werden, solange die **Herrenlosigkeit fortbesteht**. Diese endet erst, wenn das gewilderte Objekt in das Eigentum des Jagdausübungsberechtigten (§ 958 I BGB) oder eines gutgläubigen Erwerbers (§ 932 BGB) fällt.[26] Bei einem *abgeleiteten* Erwerb tritt § 292 allerdings hinter § 259 (Hehlerei) zurück.[27]

509 Im **Fall 33** hat T als Jagdgast durch den Schuss auf die zunächst getroffene Ricke keine Wilderei begangen, soweit er sich mit diesem Schuss im Rahmen der ihm vom Jagdausübungsberechtigten eingeräumten Abschussbefugnis gehalten hat. Wohl aber hat er sich einer Wilderei gem. § 292 I Nr 2 schuldig gemacht, als er die im Nachbarrevier verendete Ricke zurückholte und dem Jagdberechtigten die Aneignung ermöglichte. Da dieses Vorgehen nicht durch eine Wildfolgevereinbarung[28] gedeckt war, handelt es sich um einen Fall einer schon nach altem Recht verbreitet für strafbar gehaltenen[29] und nach neuem Recht eindeutig strafbaren **Drittzueignung** eines nach § 1 V BJagdG dem Aneignungsrecht des im Nachbarrevier Jagdausübungsberechtigten unterliegenden verendeten Wildes. Glaubte T, das verendete Wild abholen zu dürfen, befand er sich im Verbotsirrtum.[30] Mit dem **Erlegen** des Rehs vom Hochsitz des Nachbarreviers aus begeht T dagegen keine Wilderei, weil der Standort des Wildes maßgeblich ist. T hat aber zuvor durch das Richten der Waffe auf das noch nicht in Schussweite befindliche Tier bereits dem Wilde **nachgestellt**. Da es nur noch vom Zufall abhing, ob das Reh sich noch im Nachbarrevier dem T ausreichend nähern werde oder nicht, wird man in dem In-Anschlag-Bringen der Waffe keine straflose Vorbereitungshandlung mehr sehen können, sondern ein unmittelbares Ansetzen zum Erlegen.[31]

---

19 BayObLG NStZ 92, 187.
20 AA NK-*Gaede*, § 292 Rn 11.
21 Vgl RGSt 43, 439, 440; RG DR 41, 2059 Nr 14; BK-*Witteck*, § 292 Rn 11; Fischer-*Fischer*, § 292 Rn 10.
22 AnK-*Putzke*, § 292 Rn 9; *Kindhäuser/Hilgendorf*, § 292 Rn 5; MK-*Zeng*, § 292 Rn 18.
23 BayObLG GA 55, 247, 249; *Lackner/Kühl/Heger*, § 292 Rn 4.
24 Fischer-*Fischer*, § 292 Rn 9; *Geppert*, Jura 08, 601; vgl dazu §§ 22a II BJagdG, 17 LJagdG BW, 29 LJagdG NW; BayObLG GA 1993, 121, 123; OLG Hamm NJW 56, 881; LK-*Schäfer*, 10. Aufl., § 292 Rn 49 ff.
25 NK-*Gaede*, § 292 Rn 35, 37; für Tatbestandsausschluss LK-*Schünemann*, § 292 Rn 52.
26 Näher RGSt 23, 89, 90 f; BayObLGSt 1954, 116; S/S-*Heine/Hecker*, § 292 Rn 17.
27 LK-*Schünemann*, § 292 Rn 37.
28 S. § 22a II BJagdG; BayObLG GA 1993, 121, 123.
29 S. BayObLG NJW 56, 881.
30 S/S-*Heine/Hecker*, § 292 Rn 19.
31 S. zur Abgrenzung OLG Frankfurt NJW 84, 812; Fischer-*Fischer*, § 292 Rn 11.

3. Zueignung gefangenen oder erlegten Wildes durch Dritte

Nach § 958 I BGB in Verbindung mit §§ 1 ff BJagdG wird an gefangenem oder erlegtem Wild vom Aneignungsberechtigten dadurch **Eigentum** erworben, dass er es **in Eigenbesitz nimmt**. Von diesem Augenblick an hört das Tier auf, taugliches Objekt der Wilderei zu sein; als **fremde** bewegliche Sache unterliegt es nunmehr dem Eigentumsschutz (§§ 242 ff).[32]

510

Ist dagegen ein gewildertes Tier vom Wilderer in Besitz genommen und **eigener Gewahrsam an ihm begründet worden**, ist strittig, ob das Tier noch ein taugliches Objekt der Wilderei sein kann. Mit der hM ist richtigerweise davon auszugehen, dass gewilderte Tiere auch nach Inbesitznahme durch den Wilderer **herrenlos bleiben** und weiterhin dem alleinigen **Aneignungsrecht des Jagdausübungsberechtigten** unterliegen.[33] Der **Wilderer selbst** kann nach § 958 II BGB kein Eigentum erwerben.[34] Für den **Jagdausübungsberechtigten** fehlt[35] der nach § 958 I BGB nötige Eigenbesitz bzw. Wille, ihm einen solchen zu verschaffen.[36]

511

4. Vorsatz und Irrtumsfälle

Der Täter muss wissen, dass es sich um ein Tatobjekt des § 292, also namentlich um „Wild", „Abwurfstangen" oder „Eier von Federwild" (§ 1 I, V BJagdG) handelt. Wer hierüber irrt, handelt ohne Vorsatz.[37] Im Rahmen der Tatumstands- und Bedeutungskenntnis muss der **Vorsatz** des Täters (zumindest in der Form des *dolus eventualis*) zudem das Bewusstsein umfassen, fremdes Jagdrecht zu verletzen; hierzu bedarf es einer „Parallelwertung in der Laiensphäre".[38] Hieran kann es fehlen, wenn der Täter glaubt, überfahrenes Wild unterliege nicht mehr dem Jagdrecht.[39] Die Beurteilung weiterer **Irrtumsprobleme**[40] ist umstritten.

512

Geht ein Täter bei der Ansichnahme eines im Wald zum Abtransport bereit gelegten Stückes Wild davon aus, es sei dort entweder vom Jagdausübungsberechtigten *oder* von einem Wilderer deponiert worden, ist ein sog. **alternativer Vorsatz** gegeben und aus *dem* Straftatbestand zu verurteilen, der nach Konkurrenzregeln vorgeht.[41] Ähnlich liegt es im Ergebnis, wenn der Täter sich gar keine Gedanken darüber macht, wer das Wild erlegt haben könnte. Ein **genereller Vorsatz** dieser Art schließt bei der maßgebenden Parallelwertung in der Laiensphäre alle wesentlichen Umstände ein, von denen bei der gegebenen Sachlage die Anwendbarkeit des § 242 oder des § 292 I Nr 2 abhängt.[42]

513

---

32 NK-*Gaede*, § 292 Rn 17; S/S/W-*Kudlich*, § 292 Rn 8.
33 BayObLGSt 1954, 116; BK-*Witteck*, § 292 Rn 16; *Eisele*, BT II Rn 1059; LK-*Schünemann*, § 292 Rn 36; MK-*Zeng*, § 292 Rn 22; M/S/M-*Schroeder*, BT I § 38 Rn 14; S/S-*Heine/Hecker*, § 292 Rn 17; S/S/W-*Kudlich*, § 292 Rn 8; Erman-*Ebbing*, BGB, 17. Aufl. 2023, § 958 Rn 8; Grüneberg-*Herrler*, BGB, 82. Aufl. 2023, § 958 Rn 4; *Westermann/Gursky/Eickmann*, Sachenrecht, 8. Aufl. 2011, § 58 Rn 7 f.
34 Nach *Otto*, BT § 50 Rn 25 soll das Wild hier aber Besitz- und Vermögensobjekt des Wilderers und damit nicht mehr Objekt des § 292, sondern nur noch eines Vermögensdelikts (zB des § 259) sein können.
35 Anders *Baur/Stürner*, Sachenrecht, 18. Aufl. 2009, § 53 Rn 73; *Heck*, Grundriß des Sachenrechts, 1930, § 64, 6; *Westermann*, Sachenrecht, 5. Aufl. 1966, § 58 IV; *Wilhelm*, Sachenrecht, 7. Aufl. 2021, Rn 1038; s. zum Streit auch *Geppert*, Jura 08, 602.
36 Vgl RGSt 23, 89; BayObLGSt 1954, 116; *Krey/Hellmann/Heinrich*, BT II Rn 437; *Rengier*, BT I § 29 Rn 6; *Wessels*, JA 84, 221; Soergel-*Heussler*, BGB, 13. Aufl. 2002, § 958 Rn 4; *Westermann/Gursky/Eickmann*, Sachenrecht, 8. Aufl. 2011, § 58 Rn 9.
37 S/S-*Heine/Hecker*, § 292 Rn 19.
38 Zum Begriff der „Parallelwertung in der Laiensphäre" s. *Schuhr*, ZStW 119 (2020), 994.
39 LK-*Schünemann*, § 292 Rn 71; zu Recht gegen Verbotsirrtum MK-*Zeng*, § 292 Rn 37.
40 Vgl zu ihnen auch *Mitsch*, BT II S. 874 ff; NK-*Gaede*, § 292 Rn 31 ff.
41 LK-*Murmann*, § 22 Rn 46; diff. *Wessels/Beulke/Satzger*, AT Rn 349 ff; *Wessels*, JA 84, 221, 223.
42 Zust. NK-*Gaede*, § 292 Rn 34.

514 Erfüllt der Täter objektiv den Tatbestand des Diebstahls (§ 242), weil das Wild Eigentum des Gewahrsamsinhabers ist, hält er es aber für gewildert und (nach Laienart) für **herrenlos, fehlt es am Diebstahlsvorsatz** (§ 16 I). Der Tatbestand der **Wilderei** (§ 292 I Nr 2) ist **objektiv nicht verwirklicht**. Zwar liegt ein *Versuch* (am untauglichen Tatobjekt) vor, doch der **Versuch** der Wilderei ist nicht mit Strafe bedroht.[43]

515 Hält der Täter eine objektiv herrenlose Sache für „fremd", fehlt es am objektiven Tatbestand des § 242. Dann ist nur wegen **versuchten Diebstahls** zu bestrafen (§§ 242, 22 = Versuch am untauglichen Objekt). Eine Bestrafung aus dem objektiv verwirklichten Tatbestand des § 292 I Nr 2 entfällt, weil der Täter nicht gewusst hat, dass das Wild gewildert und demnach noch herrenlos war.[44]

Zum Teil wird angenommen, dass insoweit eine Bestrafung wegen **vollendeter Wilderei** möglich sei, weil der Diebstahlsvorsatz als qualitatives *„Plus"* den weniger weit reichenden Wildereivorsatz als *„Minus"* mit einschließe.[45] Für eine derartige „Plus-Minus-Theorie" fehlt es aber ungeachtet ihrer dogmatischen Fragwürdigkeit an einem praktischen Bedürfnis, da der Unwertgehalt der Tat durch die Bestrafung des Täters wegen **versuchten Diebstahls** hinreichend erfasst wird.

5. Strafantragserfordernis

516 Ein Strafantragserfordernis besteht im Wildereibereich in den durch § 294 erfassten Fällen und damit namentlich dann, wenn der Verletzte Angehöriger (§ 11 I Nr 1) ist oder der Täter zB als Jagdgast die ihm gestattete Abschusszahl überschreitet und hierbei kein Regelbeispiel nach § 292 II erfüllt.[46] Ob darüber hinaus § 248a bei einem Verstoß gegen § 292 I *analog* anzuwenden und deshalb auch bei **geringem Wert** ein Antrag erforderlich ist, ist umstritten.[47]

Diese Frage muss richtigerweise schon deshalb **verneint** werden, weil das Gesetz in dieser Hinsicht **keine unbewusste Regelungslücke** aufweist.[48] Dass der Gesetzgeber die sinngemäße Anwendbarkeit des § 248a lediglich für den Bereich der §§ 257, 259, 263, 263a, 265a, 266, 266b, nicht aber zugleich für § 292 vorgesehen hat, konnte schon bisher nicht als *Versehen* gedeutet, sondern nur als **Verzicht auf eine solche Regelung** im Falle der **Wilderei** aufgefasst werden. Das 6. StrRG hat diesen gesetzgeberischen Willen bestätigt. Es hat die zu § 248c bestehende Lücke geschlossen (§ 248c III), die zu § 292 aber nicht. Diese Entscheidung ist vom Rechtsanwender nicht korrigierbar.

6. Besonders schwere Fälle der Wilderei

517 So wie § 243 folgt § 292 II der *Regelbeispielmethode* (vgl dazu Rn 242). Daher kann trotz Vorliegens der Merkmale eines Regelbeispiels ein besonders schwerer Fall ausnahmsweise zu verneinen sowie umgekehrt trotz Nichtvorliegens ein atypischer besonders schwerer Fall zu bejahen sein. Anders als § 243 II enthält § 292 II keine Ausschluss-

---

43 Vgl RG JW 1902, 298 Nr 19; BK-*Witteck*, § 292 Rn 34; *Krey/Hellmann/Heinrich*, BT II S 436 ff, 443; MK-*Zeng*, § 292 Rn 40; *Otto*, BT § 50 Rn 28 f; **aA** *Welzel*, Lb S. 363; ähnlich *Jakobs*, AT, 2. Aufl. 1991, 8/56; ihm teilw. zust. Fischer-*Fischer*, § 292 Rn 17.
44 Ebenso RGSt 39, 427, 433; *Krey/Hellmann/Heinrich*, BT II Rn 447; *Mitsch*, BT II S. 874 f; *Otto*, BT § 50 Rn 30; s. zu diesem Fall auch *Geppert*, Jura 08, 603.
45 A/W-*Heinrich*, § 16 Rn 19; M/S/M-*Schroeder*, BT I § 38 Rn 20; dagegen *Eisele*, BT II Rn 1059.
46 NK-*Gaede*, § 294 Rn 1, 3.
47 Bejahend SK-*Hoyer*, § 294 Rn 1; S/S-*Heine/Hecker*, § 292 Rn 2, 21; wie hier BK-*Witteck*, § 294 Rn 2; *Lackner/Kühl/Heger*, § 292 Rn 8; LK-*Schünemann*, § 292 Rn 3.
48 Zust. MK-*Zeng*, § 294 Rn 10; M/R-*Wietz*, § 292 Rn 11; NK-*Gaede*, § 294 Rn 2.

klausel für **geringwertige** Tatobjekte, in solchen Fällen ist freilich an einen nicht ausreichend schweren Ausnahmefall zu denken.

Zur **Gewerbsmäßigkeit** (§ 292 II 2 Nr 1) sei auf die Ausführungen zu § 243 I 2 Nr 3 (Rn 270) verwiesen. Gewohnheitsmäßigkeit erfordert einen durch vorangegangene Tatbegehung (mindestens eine) erworbenen Hang zu wiederholter Wilderei.[49] **518**

Erscheint die erhöhte Strafdrohung im Einzelfall als zu hoch, weil etwa der zur gewerblichen Wilderei entschlossene Täter lediglich einmal nachts dem Wild erfolglos oder demselben Stück Wild mehrfach nachgestellt hat (Fälle, in denen schon die Erfüllung des Regelbeispiels zweifelhaft ist, s. Rn 279),[50] erlaubt es der Regelbeispielscharakter ohne Bedenken, die Regelwirkung zu verneinen.

In der Regel liegt ein besonders schwerer Fall iS des § 292 II 2 Nr 2 auch vor, wenn die Wilderei zur **Nachtzeit**, in der **Schonzeit**, unter **Anwendung von Schlingen** oder sonst **unweidmännisch** begangen wird. Kommen im Einzelfall Milderungsgründe in Betracht, ist die Annahme eines besonders schweren Falles nicht mehr zwingend.[51] **519**

Eine Begehung „**zur Nachtzeit**" setzt voraus, dass der Täter die Dunkelheit gerade zur Ausführung der Tat und zur Verletzung des fremden Jagdrechts ausnutzt. Dieser funktionale Zusammenhang fehlt, wenn sich jemand zur Nachtzeit verendetes Wild zueignet, das er auf einer Landstraße gefunden hat oder das von ihm bei einer vorangegangenen Kollision mit seinem Kraftfahrzeug versehentlich getötet worden ist[52] Dabei ist das Regelbeispiel nicht auf § 292 I Nr 1 beschränkt; sein Grundgedanke, dem erhöhten Anreiz zum Wildern bei Nacht und den gesteigerten Gefahren bei Ausübung des Jagdschutzes zur Nachtzeit mit einer Verschärfung der Strafdrohung zu begegnen, kann auch für die Fälle des § 292 I Nr 2 passen.

Die **Schonzeiten** ergeben sich grds aus § 22 BJagdG iVm JagdzeitV. Die Modalitäten „innerhalb der Schonzeit" und „unter Anwendung von Schlingen" passen lediglich für die Fälle des § 292 I Nr 1, nicht aber zB für die Zueignung von verendetem Wild. Ihr Sinn besteht darin, Hege und Erhaltung des Wildbestands zu sichern, nicht aber, gerade in dieser Zeit das Heraustragen von Abwurfstangen aus dem Revier zu verhindern. In einem solchen Fall ist daher schon die Indizwirkung zu verneinen.

Nicht weidmännisch sind außer dem genannten Legen von Schlingen zB das Auslegen vergifteter Köder im Bewusstsein, sich unjagdlich zu verhalten, eine übertriebene Schädigung des Wildbestands und das Zufügen erheblicher Qualen.[53]

Nach § 292 II 2 Nr 3 ist auch die Tat, die von mehreren mit **Schusswaffen** ausgerüsteten Beteiligten begangen wird, ein idR besonders schwerer Fall. Die Beteiligten (s. zum Begriff § 28 II) müssen trotz des aus § 25 II stammenden Begriffs „gemeinschaftlich"[54] nicht Mittäter sein,[55] die Schusswaffen aber im Stadium der Tatausführung bei sich führen und sich zumindest zu zweit bewaffnet am Tatort befinden.[56] Vorausgesetzt wird bei § 292 II, dass der Vorsatz des Täters den straferhöhenden Umstand mit umfasst.[57] Insoweit gilt § 16 I entsprechend. **520**

---

49 BGH LMRR 1961, 3; MK-*Zeng*, § 292 Rn 56; *Mitsch*, BT II S. 882.
50 S. Fischer-*Fischer*, § 292 Rn 23.
51 S. insoweit zu § 292 II aF: BGHSt 5, 211, 213; OLG Hamm NJW 62, 601; LK-*Schäfer*, 10. Aufl., § 292 Rn 86.
52 BayObLGSt 1963, 86; MK-*Zeng*, § 292 Rn 57.
53 *Lackner/Kühl/Heger*, § 292 Rn 6; einschr. LK-*Schünemann*, § 292 Rn 95.
54 S. zum hieraus zu § 224 I Nr 4 entstandenen Streit *Hillenkamp/Cornelius*, BT 6. Problem.
55 BT-Ds 13/8587, S. 68; LK-*Schünemann*, § 292 Rn 97.
56 Fischer-*Fischer*, § 292 Rn 25; NK-*Gaede*, § 292 Rn 45; S/S-*Heine/Hecker*, § 292 Rn 28.
57 Vgl OLG Celle MDR 56, 54.

II. Fischwilderei

521 Die einzelnen Tatbestände der **Fischwilderei** (§ 293)[58] sind denen des § 292 nachgebildet, wobei innerhalb des Tatbestandes ebenfalls zwei Alternativen zu unterscheiden sind.

Das zu § 292 Ausgeführte gilt hier sinngemäß; der Strafrahmen ist aber milder. Zu beachten ist, dass Fische in *geschlossenen* Privatgewässern nach § 960 I 2 BGB nicht *herrenlos* sind, also dem Eigentumsschutz (§§ 242 ff) unterliegen. **Fischen** ist jede auf Fang oder Erlegen von wild lebenden Wassertieren gerichtete Handlung ohne Rücksicht darauf, ob sie zum Erfolg führt. Auch hier handelt es sich um ein unechtes Unternehmensdelikt, das nur den Versuch, nicht aber die Vorbereitung des Fangens oder Erlegens und auch keine untauglichen Tatobjekte einbezieht.[59] Ein solches Versuchen setzt eine enge räumliche Beziehung zwischen Tathandlung und Gewässer voraus. Sofern der Täter sich mit seinem Fanggerät nicht auf dem Wasser befindet, muss er die Fangvorrichtung als solche im Gewässer ausgelegt haben.[60] Geht ein Fisch dem Fischereiberechtigten in das von diesem ausgelegte Netz, erwirbt der Berechtigte Besitz und Eigentum. Auf seine Kenntnisnahme kommt es nicht an. Wer einen solchen Fisch in Zueignungsabsicht wegnimmt, begeht einen Diebstahl.[61]

III. Prüfungsaufbau: Jagdwilderei, § 292

522

Jagdwilderei, § 292

I. Tatbestand
  1. Objektiver Tatbestand
    A. § 292 I Nr 1
      a) Tatobjekt:
- *Wild*
  - → wild lebende, nach § 2 BJagdG jagdbare Tiere

      b) Tathandlung:
- *Nachstellen*
  - Ⓟ unechtes Unternehmensdelikt
- *Fangen*
- *Erlegen*
- *Sich oder Drittem Zueignen*
  - → objektiv-subjektive Sinneinheit
  - → Besitz-/Gewahrsamsbegründung
  - Ⓟ nur (eindeutige) Manifestation des Zueignungswillens oder
    - → Aneignung
    - → Enteignung
    - → An- und Enteignung
  - Ⓟ Zueignung gefangenen/erlegten Wildes

      c) Tatfolge:
- *Verletzung fremden Jagd(ausübungs)rechts*
  - → Maßgeblichkeit des Standorts des Wildes
  - Ⓟ Wildfolge

    B. § 292 I Nr 2
      a) Tatobjekt:
- *Sache, die dem Jagdrecht unterliegt*
  - → herrenlose Sachen iSd § 1 V BJagdG
  - Ⓟ gewilderte Tiere (nach Gewahrsamsbegründung durch Wilderer)

---

58 S. zur Regelung in der Constitutio Criminalis Carolina *Geppert*, Jura 08, 599.
59 S. dazu NK-*Gaede*, § 293 Rn 4, 5; anders auch hier LK-*Schünemann*, § 293 Rn 11 ff.
60 Vgl OLG Frankfurt NJW 84, 812.
61 S. RGSt 29, 216 und Rn 510.

b) **Tathandlung:**
- *Sich oder Drittem Zueignen*
- *Beschädigen*
- *Zerstören*

c) **Tatfolge:**
- *Verletzung fremden Jagd(ausübungs)rechts*

2. **Subjektiver Tatbestand**
   Vorsatz:
   - *jede Vorsatzart*
     → Bedeutungskenntnis bzgl Verletzung fremden Jagd(ausübungs)rechts
     Ⓟ Irrtum bzgl Herrenlosigkeit/Fremdheit der Sache (Wildereivorsatz/Diebstahlsvorsatz)

II. **Rechtswidrigkeit**
III. **Schuld**
IV. **Besonders schwerer Fall, § 292 II**
   → Regelbeispielscharakter
   → gesetzliche Merkmale/atypische Fälle
V. **Strafantrag, § 294**
   → analoge Anwendung des § 248a

7. Kapitel
Vereiteln und Gefährden von Gläubigerrechten

§ 14 Pfandkehr und Vollstreckungsvereitelung

I. Pfandkehr

Fall 34: Der in ständiger Geldnot zur Untermiete lebende Student S verbringt, als er in erheblichen Mietrückstand gerät, seine wertvolle Stereoanlage heimlich zu seinem Freund F. Auf dessen Angebot, eine von S dem mit F im selben Studentenwohnheim lebenden Kommilitonen K verpfändete Videokamera „vorsichtshalber" zurückzuholen und bei sich zu verwahren, geht S freudig ein. Noch am selben Tage holt S aus der Fotoabteilung eines Kaufhauses seinen dort zur Entwicklung gegebenen Film ab, indem er die Tüte, in der sich der entwickelte Film befindet, heimlich in seiner Jacke verbirgt und das Kaufhaus ohne zu zahlen verlässt.

Haben sich S und F strafbar gemacht? **Rn 529**

523

1. Schutzfunktion, Täterkreis und Tathandlung

Unter der zu eng gefassten Bezeichnung **Pfandkehr** (§ 289) schützt das Gesetz **Nutznießungsrechte** (§§ 1030 ff BGB), **Pfandrechte** (zB §§ 562, 583, 592, 647, 704, 1204 ff BGB), **Gebrauchsrechte** (vgl §§ 535, 581, 598 BGB) und **Zurückbehaltungsrechte** (zB §§ 273, 972, 1000 BGB, 369 HGB) dagegen, dass ihre Ausübung dem Berechtigten durch Wegnahme unmöglich gemacht wird. Zu den Gebrauchsrechten zählen auch das Recht des Vorbehaltskäufers beim Eigentumsvorbehalt (§ 449 BGB) und des Siche-

524

rungsgebers bei der Sicherungsübereignung, die Sache schon oder weiter zu gebrauchen.[1] Pfandkehr ist demnach eine Art „Besitzdiebstahl"[2], mit dem der Täter die geschützten Rechte eigenmächtig vereitelt.

525 Umstritten ist, ob auch das **Pfändungspfandrecht** (§ 804 ZPO) hierher gehört oder ob § 136 I insoweit als *lex specialis* vorgeht. Im Hinblick auf die unterschiedliche **Schutzfunktion** (= Schutz der öffentlich-rechtlichen Verstrickung und staatlichen Verfügungsgewalt in § 136 I, Schutz der Rechtsausübung des Einzelnen in § 289) ist das Pfändungspfandrecht in die geschützten Rechte jedenfalls dann mit einzubeziehen und je nach den Umständen **Tateinheit** zwischen § 289 und § 136 I anzunehmen, wenn dem Pfändungspfandrecht eine Forderung des Vollstreckungsgläubigers zugrunde liegt.[3]

526 Bei *gesetzlichen Pfandrechten,* wie namentlich dem Vermieterpfandrecht, ist darauf zu achten, dass sie sich nur auf *pfändbare Sachen* erstrecken. Verbringt der säumige Mieter daher dem persönlichen Gebrauch dienende Sachen (§ 811 Nr 1 ZPO) außer Haus, macht er sich nicht nach § 289 strafbar. Selbiges gilt, wenn der Vermieter der Entfernung nach § 562a S. 2 BGB nicht widersprechen kann.[4] Bei den **Zurückbehaltungsrechten** macht es – von Fällen der Umgehung abgesehen[5] – keinen Unterschied, ob sie auf *Vertrag* oder *Gesetz* beruhen.

527 § 289 sieht zwei den **Täterkreis** betreffende Alternativen vor: die Begehung durch den Sacheigentümer selbst oder durch einen zugunsten des Eigentümers handelnden Dritten. **Tathandlung** ist in beiden Fällen die **Wegnahme** der Sache. Dieses Merkmal ist hier anders zu verstehen als beim Diebstahl (§ 242): Es setzt keinen Gewahrsamsbruch, sondern die das Recht des Geschützten faktisch vereitelnde oder erheblich erschwerende[6] räumliche Entfernung der Sache aus dem **Macht- und Zugriffsbereich des Rechtsinhabers** voraus.[7]

Wegnahme besteht bei § 242 und § 289 gleichermaßen in der Entfernung des Tatobjekts aus dem Zugriffsbereich des Verletzten. Die Anforderungen sind aber jeweils im Hinblick auf die Tatobjekte und Schutzrichtung zu konkretisieren. Bei § 242 geht es um Gewahrsam, bei § 289 um die die Forderung sichernde Zugriffsmöglichkeit (insb. auch bei besitzlosen Pfandrechten). Für diese muss zunächst ein tatsächliches Gewaltverhältnis des Pfändungsgläubigers über die Sache bestehen, woran es zB beim Pfändungspfandrecht fehlt, wenn der Gerichtsvollzieher die gepfändete Sache gemäß § 808 II ZPO im Gewahrsam des Schuldners belassen hat. Zudem wird nicht jede Beeinträchtigung erfasst (wie auch § 242 einen „Bruch" des Gewahrsams verlangt). Die Reichweite des Schutzes bestimmt hier das Zivilrecht: Nur wenn die Entfernung der Sache gegen die Pflichten des Schuldners verstößt und der Gläubiger gegen die darin liegende Beeinträchtigung seiner Vollstre-

---

1 LK-*Schünemann*, § 289 Rn 7.
2 M/S/M-*Schroeder*, BT I § 37 Rn 14.
3 So auch BK-*Schmidt*, § 289 Rn 6; *Bock*, ZStW 121 (2009), 550; Fischer-*Fischer*, § 289 Rn 2; *Geppert*, Jura 87, 427; *Kindhäuser/Hilgendorf*, § 289 Rn 5; LK-*Schünemann*, § 289 Rn 6; *Mitsch*, BT II S. 910; MK-*Maier*, § 289 Rn 11 f; M/R-*Wietz/Matt*, § 289 Rn 2; S/S-*Heine/Hecker*, § 289 Rn 6; offen gelassen in RGSt 64, 77, 78; diff. AnK-*Putzke*, § 289 Rn 6; A/W-*Heinrich*, § 16 Rn 26: nur wenn der Gläubiger Gewahrsam erlangt hat (s. dazu Rn 527); **aA** *Lackner/Kühl/Heger*, § 289 Rn 1 mwN.
4 *Gericke*, NJW 13, 1637.
5 Vgl. dazu Fischer-*Fischer*, § 289 Rn 2; *Lackner/Kühl/Heger*, § 289 Rn 1; LK-*Schünemann*, § 289 Rn 9; NK-*Gaede*, § 289 Rn 8; **anders** M/S/M-*Schroeder*, BT I § 37 Rn 16.
6 LK-*Schünemann*, § 289 Rn 14.
7 RGSt 37, 118, 126 ff; BayObLG JZ 81, 451; BK-*Schmidt*, § 289 Rn 9; *Eisele*, BT II Rn 1026; *Kindhäuser/Hilgendorf*, § 289 Rn 9; *Krey/Hellmann/Heinrich*, BT II Rn 459; *Lackner/Kühl/Heger*, § 289 Rn 3; *Mitsch*, BT II S. 911 ff; *Rengier*, BT I § 28 Rn 10, 12; *Schmidt*, BT II Rn 919; *Schramm*, BT II § 15 Rn 12; S/S-*Heine/Hecker*, § 289 Rn 9; **aA** *Arzt/Weber*, BT (1. Aufl.) § 16 Rn 29; *Bock*, ZStW 121 (2009), 553; *Bohnert*, JuS 82, 256; *Laubenthal*, JA 90, 38; NK-*Gaede*, § 289 Rn 11 ff; *Otto*, Anm. JR 82, 32; SK-*Hoyer*, § 289 Rn 10; S/S-*Heine*, 28. Aufl., § 289 Rn 8; s. auch *Küper/Zopfs*, BT Rn 778 f.

ckungsmöglichkeiten grundsätzlich rechtlich vorgehen könnte (zB mittels des Selbsthilferechts des Vermieters gemäß § 562b BGB, siehe auch Rn 529), liegt eine tatbestandliche Wegnahme vor. Der Begriff der Wegnahme wird in § 242 und § 289 also nicht einfach unterschiedlich, sondern bei einheitlichem Kern kontextbezogen verstanden (sog. Begriffsrelativität).[8]

2. Subjektiver Tatbestand

In **subjektiver Hinsicht** setzt § 289 neben dem *Tatbestandsvorsatz* ein Handeln in *„rechtswidriger Absicht"* voraus.

528

Für **Absicht** iS dieser Vorschrift reicht der hL wie zu § 288 direkter Vorsatz aus.[9] Dazu genügt es, wenn der Täter bezüglich des *Bestehens* des fremden Rechts nur Eventualvorsatz hat.[10] Ist der Täter ein Dritter, darf er nicht *lediglich eigene* Interessen verfolgen, vielmehr muss sein Wille darauf gerichtet sein, **zugunsten**[11] **des Sacheigentümers** zu handeln, ihm also unter Verletzung des geschützten Rechts einen Vorteil zu verschaffen.[12] Hieran kann es fehlen, wenn der Dritte davon ausgeht, ein Zurückbehaltungsrecht gegenüber dem Sacheigentümer bestehe nicht oder werde treuwidrig ausgeübt.[13]

Im **Fall 34** hat S mit der Stereoanlage seine eigene Sache nach umstrittener, aber zutreffender Ansicht dem Vermieter dadurch „weggenommen", dass er sie heimlich zu F verbrachte. Damit entfernte er die Anlage aus dem „tatsächlichen Herrschafts- und Gewaltverhältnis des Vermieters", das vor allem auf der auf dem Selbsthilferecht (§ 562b I BGB) gegründeten Möglichkeit beruht, die Entfernung von Sachen, die seinem Pfandrecht unterliegen, zu verhindern und sie selbst in Besitz zu nehmen.[14] Vorausgesetzt ist allerdings, dass die Stereoanlage dem Vermieterpfandrecht unterliegt.[15] Für F kommt insoweit Beihilfe zu § 289, auf die § 28 nicht anzuwenden ist,[16] in Betracht, wenn man die mit der Wegnahme eingeleitete Vereitelung des Pfandrechts erst mit der „Unterbringung" abgeschlossen sieht, anderenfalls § 257. Tut F, was er angeboten hat und holt die Videokamera zu sich, erfüllt sein pfandrechtsverletzendes Verhalten (vgl dazu §§ 1204, 1227, 1253 II BGB) zudem § 289. Dass die Sache in den unmittelbaren Besitz des Eigentümers zurückkehrt, ist bei einer Wegnahme zugunsten des Eigentümers nicht erforderlich, wenn sie in seinem Interesse verwahrt wird.[17] Durch die Wegnahme des entwickelten Films, an dem S trotz der Entwicklung das Eigentum behält (§ 950 BGB), begeht S eine weitere Pfandkehr, da er hierdurch das Unternehmerpfandrecht (§ 647 BGB) und das Zurückbehaltungsrecht des Kaufhauses (§ 273 BGB) verletzt. Das laienhafte Bewusstsein, dass ein fremdes Sicherungsrecht besteht, ist nach der Lebenserfahrung anzunehmen.[18] Die Strafverfolgung ist hinsichtlich § 289 davon abhängig, dass der jeweils Verletzte **Strafantrag** stellt (§ 289 III).

529

---

8 Krit. dazu H-H-*Kretschmer*, Rn 1152; eingehend zum sprachlichen Zusammenhang *Hermann*, Begriffsrelativität im Strafrecht und das Grundgesetz, 2015 und *Simon*, Gesetzesauslegung im Strafrecht, 2005, S. 453 ff.
9 LK-*Schünemann*, § 289 Rn 25; MK-*Maier*, § 289 Rn 21; *Rengier*, BT I § 28 Rn 14; S/S-*Heine/Hecker*, § 289 Rn 10; für Absicht iS zielgerichteten Willens S/S-*Heine*, 28. Aufl., § 289 Rn 9/10.
10 *Krey/Hellmann/Heinrich*, BT II Rn 460; MK-*Maier*, § 289 Rn 22; OLG Braunschweig NJW 61, 1274.
11 Zum Streit um die objektive oder subjektive Deutung dieses Merkmals s. *Bock*, ZStW 121 (2009), 559.
12 RG JW 31, 542 Nr 22.
13 S. dazu die Falllösung bei *Dötterl*, JuS 13, 351.
14 BayObLG JZ 81, 451.
15 S. dazu LG Duisburg MDR 86, 682.
16 S/S-*Heine/Hecker*, § 289 Rn 3.
17 Enger *Bock*, ZStW 121 (2009), 566, der Gewahrsamserlangung durch den Eigentümer verlangt.
18 S. dazu und zu §§ 242, 274 bezüglich der Tüte OLG Düsseldorf NJW 89, 115.

II. Vereiteln der Zwangsvollstreckung

530 **Fall 35:** Der Kunststudent K schuldet dem Kunsthändler G 3 000 € aus Darlehen. Auch ist er wegen Trunkenheit im Verkehr zu einer Geldstrafe von 30 Tagessätzen à 20 € verurteilt worden. Er verfügt über keine nennenswerten Barmittel, besitzt aber als Erbstücke einen Orientteppich im Wert von 5 000 € sowie im annähernd gleichen Wert eine handsignierte Lithographie von *Friedensreich Hundertwasser*, an der er sehr hängt. Als G nach mehrfacher vergeblicher Mahnung die Beauftragung eines Anwalts androht und K auch eine Mahnung zur Zahlung der Geldstrafe erhält, schafft K in der zutreffenden Annahme, dass G es darauf absehen werde, den „Hundertwasser" im Wege der Pfändung an sich zu bringen, die Lithographie schleunigst zu seiner Bekannten B, die bereit ist, sie solange aufzuheben, bis die Schulden des K getilgt sind.

Haben sich K und B strafbar gemacht? Rn 540

1. Schutzgut und Gläubigerbegriff

531 Die gesetzliche Benennung des Tatbestandes des § 288 als **Vereiteln der Zwangsvollstreckung** ist in zweifacher Hinsicht ungenau: Zum einen braucht es zum Eintritt eines Vereitelungserfolges nicht zu kommen, vielmehr genügt ein darauf gerichtetes Verhalten des Schuldners (= *Vereitelungsabsicht*). Es handelt sich um ein kupiertes Erfolgsdelikt.[19] Zum anderen schützt § 288 nicht etwa das Vollstreckungsrecht als solches, sondern allein das durch die Tat gefährdete **materielle Recht des Gläubigers auf Befriedigung aus dem Schuldnervermögen.**[20] **Gläubiger** iS dieser Vorschrift ist nur, wer im maßgeblichen Zeitpunkt einen bereits entstandenen (= nicht unbedingt auch fälligen), **sachlich begründeten und durchsetzbaren Anspruch** gegen den Schuldner hat.[21] Die gegenteilige Ansicht, die eine drohende Zwangsvollstreckung unabhängig vom Bestehen des Anspruchs genügen lassen will,[22] verfälscht das Rechtsgut des § 288 und müsste selbst bei einer durch betrügerische Mittel erschlichenen Vollstreckung Schutz gewähren.[23]

Gleichwohl ist umstritten, ob der Strafrichter an ein den Anspruch bejahendes oder verneinendes rechtskräftiges Zivilurteil gebunden ist. Aus dem herrschenden prozessualen Verständnis der Rechtskraft, wonach das rechtskräftige Urteil die Rechtslage nicht verändert, sondern ausschließlich die neue Verhandlung zwischen den am Prozess beteiligten Parteien ausschließt, kann sich keine Bindungswirkung für den Strafprozess ergeben. Maßgeblich spricht jedoch § 262 I StPO, wonach das Strafgericht grundsätzlich selbstständig über zivilprozessuale Vorfragen befinden darf, für eine strafrechtsautonome Prüfung des Anspruchs, da das Gericht aufgrund anderer Prozessmaxime (insbesondere Beibringungsmaxime vs. Instruktionsmaxime) zu anderen Ergebnissen kommen kann. Diese Lösung vermeidet ebenfalls Schwierigkeiten, die für das Strafrecht aus einer rückwirkenden Durchbrechung der Rechtskraft nach § 826 BGB erwachsen können.[24]

§ 288 bildet für die Einzelvollstreckung eine gewisse Parallele zu den in §§ 283 ff geregelten Insolvenzstraftaten, die bei der Verbraucherinsolvenz zu beachten sind.[25]

---

19 HdS-*Schuhr* V, § 41 Rn 23; S/S/W-*Kudlich*, § 288 Rn 3.
20 BGHSt 16, 330, 334; BGH NJW 91, 2420.
21 RG JW 37, 1336 Nr 41; AnK-*Putzke*, § 288 Rn 5; BK-*Schmidt*, § 288 Rn 5; *Eisele*, BT II Rn 992; Fischer-*Fischer*, § 288 Rn 2; *Heghmanns*, Rn 1825; H-H-*Kretschmer*, Rn 1148; *Krey/Hellmann/Heinrich*, BT II Rn 471; *Mitsch*, BT II S. 892 f; S/S-*Heine/Hecker*, § 288 Rn 5 ff; S/S/W-*Kudlich*, § 288 Rn 2.
22 NK-*Gaede*, § 288 Rn 2; SK-*Hoyer*, § 288 Rn 8.
23 LK-*Schünemann*, § 288 Rn 3.
24 So im Ergebnis auch BayObLGSt 1952, 224; BK-*Schmidt*, § 288 Rn 6; aA LK-*Schünemann*, § 288 Rn 3 f; diff. MK-*Maier*, § 288 Rn 10 f; z. Streit s. HansOLG Hamburg StV 11, 655, 656.
25 M-G-*Richter*, Rn 88.6; BGH NJW 01, 1874, 1875.

2. Objektiver Tatbestand

Der **objektive Tatbestand** des § 288 setzt voraus, dass derjenige, dem auf Grund eines sachlich begründeten Anspruchs die Zwangsvollstreckung droht, Bestandteile *seines* Vermögens veräußert oder beiseite schafft. 532

Die konkreten Grenzen ergeben sich hierbei teilweise aus den Wertungen des AnfG. Dieses schützt in gleicher Weise wie § 288 den Zugriff des Gläubigers durch Vollstreckung vor Benachteiligung durch bestimmte schädigende Handlungen. Da der Gläubiger nach § 2 AnfG erst ab Erlangung eines vollstreckbaren Titels und der Fälligkeit der Forderung zur Anfechtung berechtigt ist, geht der Anwendungsbereich des § 288 jedoch hierüber hinaus.

a) Drohen der Zwangsvollstreckung und Tathandlung

Eine Zwangsvollstreckung „**droht**" nicht erst nach Klageerhebung oder Erteilung eines Vollstreckungsauftrags, sondern schon dann, wenn konkrete Anhaltspunkte darauf hindeuten, dass der Gläubiger seinen **Anspruch alsbald zwangsweise durchsetzen** wird.[26] 533

Hat der Gläubiger einen Vollstreckungstitel erwirkt, darf ohne Weiteres vom Drohen der Zwangsvollstreckung ausgegangen werden.[27] Auch eine Klageerhebung legt dies schon nahe. Wiederholte Mahnungen können auf die Vollstreckungsabsicht des Gläubigers beim Hinzutreten weiterer Umstände deuten.[28] Die Zwangsvollstreckung kann auch noch „drohen", wenn sie bereits begonnen hat, aber weitere Vollstreckungshandlungen zu erwarten sind, wie zB die Versteigerung der zuvor gepfändeten Sache.[29]

Derjenige, dem die Zwangsvollstreckung droht, muss Bestandteile seines Vermögens **veräußern** oder **beiseite schaffen**. Der Begriff des **Vermögens** ist hier *rein vollstreckungsrechtlich* zu verstehen; zu seinen Bestandteilen zählen bei der Zwangsvollstreckung wegen einer Geldforderung alle pfändbaren Sachen und Rechte. Auch der **Sachbesitz** eines Vorbehaltskäufers gehört zu dem der Vollstreckung unterliegenden Schuldnervermögen;[30] wichtig ist das bei Herausgabeansprüchen iS des § 883 ZPO und bei einer Pfändung, die auf Betreiben des Vorbehaltsverkäufers in die ihm noch gehörende Sache erfolgt. **Unpfändbare** Sachen und Rechte werden bei der Zwangsvollstreckung wegen Geldforderungen (§§ 803 ff ZPO) vom Schutzzweck des § 288 dagegen nicht erfasst,[31] sofern nicht eine (vorläufige) Austauschpfändung nach §§ 811a, 811b ZPO zu erwarten ist. Das gleiche gilt für Forderungen, die dem Schuldner nur *zur Einziehung* abgetreten sind (sog. Inkassozession)[32] und für Vermögensgegenstände, an denen Dritten ein die Veräußerung hinderndes Recht iS des § 771 ZPO zusteht, sodass der Gläubiger sich daraus keine Befriedigung verschaffen kann.[33]

Veräußerung iSd § 288 ist jede rechtsgeschäftliche Verfügung, durch die ein Vermögenswert (bei §§ 803 ff ZPO: *ohne vollen Ausgleich*) aus dem Schuldnervermögen ausgeschieden wird, sodass er dem Zugriff des Gläubigers **rechtlich entzogen** oder dessen 534

---

26 RGSt 63, 341, 342 f; BGH MDR/H 77, 638; BGH NJW 91, 2420; *Küper/Zopfs*, BT Rn 875 f; *Lackner/Kühl/Heger*, § 288 Rn 2; *M/R-Wietz/Matt*, § 288 Rn 3; *Rengier*, BT I § 27 Rn 6, 8; s. auch BGH NJW 01, 1874 f mit insoweit krit. Anm. *Krause*, NStZ 02, 43.
27 LK-*Schünemann*, § 288 Rn 16.
28 RGSt 20, 256, 257 f; 31, 22, 24 f; *Kindhäuser/Hilgendorf*, § 288 Rn 4.
29 Vgl RGSt 35, 62.
30 BGHSt 16, 330, 332 f; BGH GA 1965, 309, 310; s. auch BGH NJW 91, 2420; MK-*Maier*, § 288 Rn 19; krit. LK-*Schünemann*, § 288 Rn 25.
31 RGSt 71, 216, 218; *Eisele*, BT II 996 f; Fischer-*Fischer*, § 288 Rn 6; *Lackner/Kühl/Heger*, § 288 Rn 3.
32 Vgl RGSt 72, 252, 253 ff.
33 LK-*Schünemann*, § 288 Rn 24; NK-*Gaede*, § 288 Rn 9.

Befriedigungsmöglichkeit verringert ist.³⁴ Bei einer drohenden *Geldvollstreckung* verbietet das Gesetz nach dem Grundgedanken des § 3 AnfG den *bloßen Austausch* gleichwertiger Vermögensstücke nicht.³⁵ Auch unentgeltliche Leistungen, die sich auf ein übliches Gelegenheitsgeschenk von geringem Wert richten, stellen aufgrund von § 4 II AnfG keine Veräußerung dar. Die Befriedigung *anderer* Gläubiger verwirklicht den Tatbestand nur, wenn ihnen eine *inkongruente* Deckung gewährt wird, auf die in dieser Form oder zu diesem Zeitpunkt kein Anspruch bestand.³⁶

535 **Beiseiteschaffen** ist jede sonstige Handlung, durch die ein Gegenstand der Vollstreckung **tatsächlich entzogen** wird, ohne dass er rechtlich aus dem Schuldnervermögen auszuscheiden braucht.

Beispiele dafür bilden das räumliche Entfernen und Verbergen von Sachen,³⁷ nicht aber das bloße Zerstören oder *Beschädigen*, da für ein Beiseiteschaffen bereits nach dem allgemeinen Sprachgebrauch ein im Grundsatz unverändertes Fortbestehen erforderlich ist.³⁸ Namentlich für die Tatbegehung durch ein Beiseiteschaffen ist es unbefriedigend, dass der Täter strafbar bleibt, auch wenn er den zunächst erfolgreich beiseite geschafften Gegenstand reumütig und rechtzeitig in das Vermögen zurückgelangen lässt. Das Problem ist allgemein mit der Vorverlagerung der Strafbarkeit bei abstrakten Gefährdungsdelikten verbunden und könnte durch eine Reuevorschrift kompensiert werden, die de lege lata aber nicht besteht.³⁹

b) Täterschaft und Teilnahme

536 **Täter** kann dem Wortlaut des § 288 nach nur der **Vollstreckungsschuldner**, dh derjenige sein, dem die Zwangsvollstreckung droht und der aus irgendeinem Rechtsgrund zur Duldung der Zwangsvollstreckung in sein Vermögen verpflichtet ist, auch wenn es sich bei ihm nicht um den *persönlichen Schuldner* des Gläubigers handelt.⁴⁰ § 288 ist daher ein Sonderdelikt.⁴¹ Ist eine juristische Person Vollstreckungsschuldner, ist wie auch im Übrigen § 14 zu beachten.⁴² Schafft ein sonstiger Dritter auf Bitten des abwesenden Vollstreckungsschuldners dessen Vermögensbestandteile beiseite, kann der Vollstreckungsschuldner mangels Tatherrschaft⁴³ nicht mittelbarer und der Dritte mangels Sondereigenschaft nicht unmittelbarer Täter sein. Da es an einer Haupttat dann fehlt, ist auch der Erstere nicht Anstifter und der Letztere nicht Gehilfe. Auch eine Unterlassungstäterschaft des Vollstreckungsschuldners lässt sich nicht konstruieren. Diese Strafbarkeitslücke ist de lege lata hinzunehmen⁴⁴ (s. Rn 12). Die Gegenmeinung sucht sie dadurch zu überwin-

---

34 RGSt 61, 107; 62, 277; 66, 130, 131 f; 71, 227; *Haas*, JR 91, 272 und GA 96, 117; *Küper/Zopfs*, BT Rn 580 f; LK-*Schünemann*, § 288 Rn 28; MK-*Maier*, § 288 Rn 22.
35 BGH NJW 53, 1152; *Schmidt*, BT II Rn 941; S/S/W-*Kudlich*, § 288 Rn 8.
36 RGSt 71, 227, 230 f; BayObLGSt 1952, 224; NK-*Gaede*, § 288 Rn 12.
37 RGSt 19, 25, 26 f; BGH GA 1965, 309, 310; BGH wistra 12, 69 (Verstecken an einem dem Gläubigerzugriff nicht zugänglichen Ort); OLG Celle ZInsO 12, 222 (Einrichten eines Kontos, auf das der Schuldner Zugriff erhält); Abgabe eines Höchstgebots in der Zwangsversteigerung, s. dazu *Dehne-Niemann*, NZWiSt 15, 367 f.
38 *Eisele*, BT II Rn 1003; S/S-*Heine/Hecker*, § 288 Rn 14; **aA** RGSt 42, 62, 63 f; *Küper/Zopfs*, BT Rn 581; LK-*Schünemann*, § 288 Rn 31 f; *Rengier*, BT I § 27 Rn 16; *Hillenkamp*, hier bis zur 42. Aufl.
39 Dazu MK-*Maier*, § 288 Rn 51 f; s. aber auch LK-*Schünemann*, § 288 Rn 33 mit dem Vorschlag, § 288 als potenzielles Gefährdungsdelikt zu deuten.
40 RGSt 68, 108, 109; Fischer-*Fischer*, § 288 Rn 5.
41 *Lackner/Kühl/Heger*, § 288 Rn 7.
42 LK-*Schünemann*, § 288 Rn 40; M/S/M-*Schroeder*, BT I § 47 Rn 11.
43 Zum Streit s. *Mitsch*, BT II S. 897 ff; *Herzberg*, Täterschaft und Tatherrschaft 1977, S. 31 ff; zu einem Fall mit Lösung s. *Mitsch*, JuS 04, 323, 324 f.
44 BK-*Beckemper*, 2. Aufl., § 288 Rn 15; *Krey/Hellmann/Heinrich*, BT II Rn 473 ff; **aA** BK-*Schmidt*, § 288 Rn 16; Fischer-*Fischer*, § 288 Rn 5; LK-*Schünemann*, § 288 Rn 41a.

den, dass sie entweder den Vollstreckungsschuldner aufgrund seiner Pflichtenstellung zum unmittelbaren Täter oder aufgrund seiner Absicht zum mittelbaren (Unterlassungs-)-Täter macht, der sich eines absichtslos-dolosen (oder qualifikationslos-dolosen) Werkzeugs bedient.[45]

Die Möglichkeit der **Teilnahme** richtet sich im Übrigen nach den allgemeinen Vorschriften. So kann zB der Empfänger der Sache sich als *Gehilfe* strafbar machen.[46] Seine Strafe ist nicht nach § 28 I zu mildern, da die Schuldnereigenschaft keine persönliche Verantwortung gegenüber dem Gläubiger umschreibt.[47]

3. Subjektiver Tatbestand und Antragserfordernis

In **subjektiver Hinsicht** muss der **Vorsatz** des Täters alle vorgenannten Tatumstände umfassen, wobei *dolus eventualis* genügt. Hinzukommen muss die **Absicht, die Befriedigung des Gläubigers dauernd oder zeitweilig zu vereiteln**.[48] 537

Unter *Absicht* iS des § 288 versteht die hM den *direkten Vorsatz* in seinen beiden Formen. Danach genügt es, dass der Täter die Benachteiligung des Gläubigers als notwendige und sichere Folge seines Verhaltens vorausgesehen und in seinen Willen aufgenommen hat.[49] Verlangt man Absicht iS des zielgerichteten Willens,[50] wird der Gläubigerschutz eingeschränkt, da die Vereitelung oft nur die sicher vorhergesehene, aber unerwünschte Nebenfolge der erstrebten Rettung des Vermögensgegenstandes sein wird. Ohne diese Einschränkung wird allerdings bei drohender Zwangsvollstreckung praktisch das ganze Vermögen des Schuldners einer Quasi-Verfügungsbeschränkung unterworfen und die wirtschaftliche Bewegungsfreiheit unzumutbar und wirtschaftlich unvernünftig beeinträchtigt.[51] Die besseren Gründe sprechen daher für die engere, dem üblichen Wortsinn entsprechende Auslegung.[52]

Der Vollstreckungsschuldner muss die **Befriedigung** des Gläubigers **allgemein** vereiteln wollen. Die bloße Absicht, eine *bestimmte Vollstreckungsmaßnahme* zu verhindern und **nur ein bestimmtes Vermögensstück dem Zugriff des Gläubigers zu entziehen**, erfüllt bei der Zwangsvollstreckung wegen einer Geldforderung den subjektiven Tatbestand des § 288 nicht, sofern noch andere greifbare Vermögenswerte vorhanden sind, die zur Befriedigung des Gläubigers ausreichen.[53] Das Vereiteln eines Anspruchs auf eine individuelle Sache ist dagegen tatbestandsmäßig, auch wenn Mittel zur Befriedigung des Schadensersatzanspruchs verfügbar bleiben.[54] 538

Ein Verstoß gegen § 288 wird nur **auf Antrag** verfolgt (§ 288 II). Antragsberechtigt ist jeder Gläubiger, von dessen Seite dem Täter die Zwangsvollstreckung drohte und dessen Befriedigung durch die Tat vereitelt werden sollte. 539

Werden bereits gepfändete Sachen beiseite geschafft, liegt zwischen § 288 und § 136 I **Tateinheit** vor. Auch mit § 246 sowie § 283 kann Tateinheit bestehen.[55]

---

45 S. zum Meinungsbild instruktiv mit Fallbeispiel aus der Praxis *Dehne-Niemann*, NZWiSt 15, 366; ausf. auch LK-*Schünemann*, § 288 Rn 41; zur Begründung mittelbarer Täterschaft aufgrund Auftrags s. *Haas*, Die Theorie der Tatherrschaft und ihre Grundlagen, 2008, S. 80 ff; M/R-*Haas*, § 25 Rn 29.
46 RGSt 20, 214, 215 f; zum Beihilfevorsatz vgl RG JW 30, 2536; einschr. LK-*Schünemann*, § 288 Rn 42.
47 *Lackner/Kühl/Heger*, § 288 Rn 7; LK-*Roxin*, 11. Aufl., § 28 Rn 56; aA LK-*Schünemann*, § 288 Rn 44.
48 BayObLGSt 1952, 224.
49 RGSt 27, 241; 59, 314; MK-*Maier*, § 288 Rn 40; S/S-*Heine/Hecker*, § 288 Rn 17.
50 So NK-*Gaede*, § 288 Rn 16; SK-*Hoyer*, § 288 Rn 19.
51 LK-*Schünemann*, § 288 Rn 37.
52 Anders *Hillenkamp*, hier bis zur 43. Aufl.
53 Fischer-*Fischer*, § 288 Rn 13; *Küper/Zopfs*, BT Rn 582; RG JW 30, 2536; BayObLGSt 1952, 224.
54 *Kindhäuser/Hilgendorf*, § 288 Rn 10
55 BGH GA 65, 309, 310.

540 Im **Fall 35** kommt eine Strafbarkeit von K und B nach § 288 nicht wegen der K nach erfolgloser Mahnung drohenden Beitreibung der **Geldstrafe**[56] in Betracht, weil der Staat hier in Ausübung der Strafrechtspflege und nicht als Gläubiger eines vermögensrechtlichen Befriedigungsrechts handelt.[57] K droht aber nach mehrfacher erfolgloser Mahnung und der als Bekundung der Absicht, das Geld einzutreiben, zu verstehenden Ankündigung, einen Anwalt zu beauftragen, die Zwangsvollstreckung seitens des G,[58] der einen sachlich begründeten Rückzahlungsanspruch aus **Darlehen** hat. In dieser Situation hat K den der Pfändung unterliegenden *Hundertwasser* durch das Verbringen zu B beiseite geschafft. Dem K ging es freilich lediglich darum, seinen „Hundertwasser" vor der Pfändung durch G zu retten. Da der Gläubiger einer *Geldforderung* aber keinen Anspruch darauf hat, sich aus einem *bestimmten* Vermögensstück seines Schuldners zu befriedigen, und der vorhandene Orientteppich im Wert von 5000 EUR nicht nur in gleicher Weise pfändbar war, sondern zur Befriedigung des G auch ersichtlich ausreichte, hat K sich nicht strafbar gemacht. Daher entfällt auch eine sonst denkbare Beihilfe der B, auf die § 28 I keine Anwendung fände.

4. Prüfungsaufbau: Vereiteln der Zwangsvollstreckung, § 288

541

> **Vereiteln der Zwangsvollstreckung, § 288**
>
> **I. Tatbestand**
> **1. Objektiver Tatbestand**
>   a) Tatsituation: • *Drohen der Zwangsvollstreckung*
>   → Zwangsvollstreckung
>   → droht dem Täter (unter Einschluss von § 14)
>   ⓟ nur bei sachlich begründetem und durchsetzbarem Anspruch des Gläubigers
>   b) Tatobjekt: • *Bestandteil des Vermögens des Vollstreckungsschuldners*
>   → vollstreckungsrechtlicher Vermögensbegriff
>   c) Tathandlung: • *Veräußern*
>   → rechtliche Entziehung des Vermögenswertes durch Versteigerung
>   → bei Vollstreckung einer Geldschuld: ohne Kompensation durch Gegenwert
>   • *Beiseiteschaffen*
>   → tatsächliche Entziehung des Vermögenswertes
>   d) Tätereigenschaft: • *Vollstreckungsschuldner (Sonderdelikt)*
> **2. Subjektiver Tatbestand**
>   a) Vorsatz: • *jede Vorsatzart*
>   b) Absicht: • *Absicht, die Befriedigung des Gläubigers zu vereiteln*
>   ⓟ dolus directus in beiden Formen
> **II. Rechtswidrigkeit**
> **III. Schuld**
> **IV. Strafantrag, § 288 II**

---

56 S. dazu *Meyer-Goßner/Schmitt*, StPO, 66. Aufl. 2023, § 459 Rn 1–4 sowie die Anm. zu §§ 459c, d.
57 LG Bielefeld NStZ 92, 284; *Lackner/Kühl/Heger*, § 288 Rn 2; MK-*Maier*, § 288 Rn 9.
58 S. dazu RGSt 31, 22, 24 f; BGH MDR/H 77, 638.

Teil III
Straftaten gegen das Vermögen als Ganzes

8. Kapitel
Betrug und betrugsverwandte Tatbestände

§ 15 Betrug

I. Schutzgut und Tatbestandsaufbau des Betrugs

1. Tatbestandsstruktur und Rechtsgut

Ein **Betrug** (§ 263) besteht darin, dass der Täter in der Absicht, sich oder einem Dritten einen rechtswidrigen Vermögensvorteil zu verschaffen, eine andere Person täuscht, indem er Tatsachen unzutreffend behauptet oder deren Mitteilung aufklärungspflichtwidrig unterlässt, diese Person dadurch zu einer irrtumsbedingten Vermögensverfügung veranlasst und so letztlich fremdes Vermögen, für welches sie zuständig ist, schädigt. **Geschütztes Rechtsgut ist das Vermögen in seiner Gesamtheit als Inbegriff aller wirtschaftlichen Güter nach Abzug der Verbindlichkeiten.**[1] Nicht geschützt werden hingegen ein bloßes Affektionsinteresse, die bloße Dispositionsfreiheit und auch nicht „Wahrheit" oder über den Vermögensschutz hinausgehend „Freiheit" im Geschäftsverkehr.[2] Betrug ist ein **Vermögensdelikt**, das – abweichend von der Alltagssprache – nur vermögensschädigende Täuschungen mit Strafe bedroht.[3]

542

Betrug ist ein **Selbstschädigungsdelikt**: Die Vermögensschädigung muss durch das Opfer selbst oder eine für das Vermögen zuständige Person (s. Rn 626 ff) stattfinden, und zwar deshalb, weil diese einer fehlerhaften Tatsachenvorstellung unterliegt. Dies wird durch die (ungeschriebene) Voraussetzung der **Vermögensverfügung** sichergestellt (s. Rn 589 ff). Sie garantiert den in § 263 vorausgesetzten ursächlichen Zusammenhang zwischen dem Irrtum und dem Vermögensschaden (sog. Transport- oder Verbindungsfunktion der Vermögensverfügung).[4] Der tatbestandliche (Gesamt)Erfolg der irrtumsbedingten Selbstschädigung (Manipulationserfolg) muss durch eine **täuschende Erklärung** des Täters (s. Rn 553 ff) hervorgerufen werden, und dies setzt die kommunikative

543

---

1   BGHSt 16, 220, 221; 34, 199.
2   S. hierzu zusf. BGHSt 60, 1, 10 mit Anm. *H. Albrecht*, JZ 15, 841 mit der Konsequenz einer objektiven Schadensfeststellung (s. dazu *C. Dannecker*, NZWiSt 15, 176); BGH NJW 16, 3543, 3545; zu „Wahrheit/Freiheit" zu Recht abl. A/R/R-*Kölbel/Neßeler*, 8.1 Rn 9; A/W-*Heinrich*, § 20 Rn 15 ff; BK-*Beukelmann*, § 263 Rn 1; G/J/W-*Dannecker*, § 263 Rn 5; *Hellmann*, Kühl-FS S. 692 f; *Lackner/Kühl/Heger*, § 263 Rn 2; LK-*Tiedemann*, Vor § 263 Rn 18 ff; M/R-*Saliger*, § 263 Rn 1; NK-WSS-*Heger/Petzsche*, § 263 Rn 2; S/S-*Perron*, § 263 Rn 1/2.
3   BGHSt 51, 10, 15; BGH StV 00, 478, 479; BGH wistra 06, 228, 229; OLG Köln wistra 09, 126; OLG Düsseldorf StV 11, 734; da idR ein Vermögensschaden fehlt, s. Fischer-*Fischer*, § 263 Rn 123a, ist die Bezeichnung von Plagiaten als **Wissenschaftsbetrug** irreführend, s. *Goeckenjan*, JZ 13, 726.
4   Vgl RGSt 64, 226, 228 f; 76, 82, 86 f; H-H-*Voigt*, Rn 1001; G/J/W-*Dannecker*, § 263 Rn 92; M/R-*Saliger*, § 263 Rn 110.

Einwirkung auf eine andere Person voraus. Der Betrug ist daher ein **Kommunikationsdelikt**. Der Täter steuert das Opfer, indem er durch die Täuschung auf dieses einwirkt und dadurch die Informationsgrundlage der Entscheidung des Opfers manipuliert. Es handelt sich insofern um eine **selbstständig vertypte mittelbare Täterschaft**.

544 Beim Betrug geht es daher nie nur um das Verhalten eines Täters, sondern immer um das **Verhalten mehrerer Personen** und die Abhängigkeiten zwischen deren Verhalten: Der Täter muss eine Behauptung über Tatsachen aufstellen, das ist die *Tathandlung*, und eine Person auf der Seite des geschädigten Vermögens muss *deswegen* (irrtumsbedingt) die *Vermögensverfügung* vornehmen. Der Täter muss eine Bereicherung beabsichtigen, aber er muss nicht sich selbst, sondern kann auch einen Dritten bereichern wollen. Der Tatbestand sieht daher auf Täterseite strukturell zwei Personen vor (die identisch sein können, aber nicht müssen), nämlich die täuschende (Täter) und die bereicherte Person. Auch auf der geschädigten Seite sieht der Betrugstatbestand (implizit) zwei Personen vor, nämlich die verfügende Person und den geschädigten Vermögensinhaber (die ebenfalls identisch sein können, aber nicht müssen). Zum Betrug gehören also **vier Rollen**: die des Täuschenden, des Bereicherten, des Irrenden und daraufhin Verfügenden sowie die des Geschädigten. In zweien davon muss gehandelt werden (Täuschung und Verfügung). Je zwei Rollen – die erste und zweite sowie die dritte und vierte – können von derselben Person ausgefüllt werden, aber in allen Rollen können auch noch mehr als eine Person sein (beim Täuschenden über eine Mittäterschaft, beim Bereicherten über eine Verteilung der Bereicherung, beim Verfügenden über mehrstufige oder gemeinsame Verfügungen und beim Geschädigten über geteilte Vermögensinhaberschaft).

545 Durch die Voraussetzung der rechtswidrigen Bereicherung ist der Betrug als **Vermögensverschiebungsdelikt** konzipiert. Tatsächlich eingetreten sein muss die Bereicherung des Täters oder eines Dritten jedoch nicht. Ausreichend ist vielmehr, dass dies das Handlungsziel des Täters ist, dh dieser eine hierauf gerichtete **Absicht** hat. Der eigentliche Erfolg des Täters, nämlich der Zweck seiner finalen Handlung (die Bereicherung), wurde aus dem objektiven Tatbestand – und nur aus diesem – also „abgeschnitten"; deshalb ist der Betrug ein **erfolgskupiertes Delikt**. Der Betrug verlangt als tatbestandsmäßigen Erfolg nur den Eintritt eines Vermögensschadens, der bzgl. des eigentlichen Zwecks der Handlung nur ein Zwischenerfolg ist. Damit sollen aber nicht weitere, mittelbare Schäden in den Tatbestand einbezogen werden, sondern nur solche, die unmittelbar **Kehrseite** der beabsichtigten Bereicherung (und unmittelbare Folge der Selbstschädigung) sind; man spricht hier von „Stoffgleichheit" (s. Rn 705 ff).

2. Systematische Stellung im Verhältnis zum Diebstahl

546 Kennzeichnend für den Betrug ist, dass die Vermögensschädigung auf einer **Vermögensverfügung** beruht, die das Ergebnis eines irrtumsbedingten, durch Überlistung erschlichenen **Willensentschlusses** des Getäuschten ist und die sich *ohne weitere deliktische Handlung des Täters* unmittelbar vermögensmindernd auswirkt. Im Gegensatz dazu wird der Schaden des Verletzten beim Diebstahl durch den **eigenmächtigen Zugriff** des Täters auf die Sache, dh durch deren **Wegnahme** und den damit eintretenden Gewahrsamsverlust, herbeigeführt. Betrug ist ein **Selbst-**, Diebstahl ein **Fremdschädigungsdelikt**.

547 Daraus folgert die hM letztlich zu Recht, dass ein einheitlicher tatsächlicher Vorgang in Bezug auf dieselbe Sache und gegenüber demselben Vermögensträger nicht Betrug und vollendeter Diebstahl zugleich sein kann, dass sich diese Tatbestände vielmehr **gegensei-**

tig ausschließen.[5] Diese **Exklusivitätsthese** leitet sich aus der gegensätzlichen Natur beider Tatbestände ab. Zwar würden wohl, wenn es den Betrugstatbestand nicht gäbe, etliche seiner Fälle als Diebstahl in mittelbarer Täterschaft behandelt werden, woran man sieht, dass der Diebstahl nicht schon für sich genommen alle Betrugsfälle kategorisch ausschließt (und genau daraus resultieren die Probleme mit der Abgrenzung der beiden Delikte). Aber nicht nur prüfungstechnisch wäre eine Idealkonkurrenz der beiden Delikte ineffizient und wird besser schon vorab vermieden.[6] Die Exklusivität hat einen tieferen Grund: Der Betrugstatbestand klärt insbesondere, welche Beeinflussung durch den Täter, welches Zurechnungsdefizit auf Seiten des Werkzeugs, welches Ausnutzen durch den Täter und welche Zurechenbarkeit zwischen mehreren Akteuren auf Seiten des Geschädigten nötig sind. Für denselben Angriff und dieselben Zusammenhänge auch noch eine mittelbare Täterschaft beim Diebstahl zu akzeptieren, würde diese Regelungen unterlaufen. Deshalb muss man den Betrugstatbestand im Überlappungsbereich mit dem Diebstahl als abschließende Sonderregelung ansehen. Im Wege der **Abgrenzung** beider Delikte ist ihr Anwendungsbereich systematisch so zu bestimmen, dass Überlappungen vermieden bzw. eliminiert werden.

Bei dieser **Abgrenzung** geht es nicht einfach nur darum, Fremd- und Selbstschädigung zu unterscheiden. Der Grund des eben dargestellten Abgrenzungsproblems besteht ja darin, dass über die Figur der mittelbaren Täterschaft auch eine Selbstschädigung als Fremdschädigung aufgefasst werden kann: Wird die geschädigte Person als Werkzeug gegen sich selbst angesehen, rechnet man deren eigenes Verhalten (Selbstschädigung) dem Täter als Hintermann zu; damit erscheint es als Fremdschädigung. Mit der Abgrenzung von Betrug und Diebstahl muss geklärt werden, welche Fälle **abschließend als Selbstschädigung einzuordnen** sind (nur unter § 263 fallen), also nicht über § 25 I Var. 2 auch als Fremdschädigung aufgefasst werden dürfen. Weil die Selbstschädigung beim Betrug gerade über das Merkmal der Vermögensverfügung modelliert wird, muss auch die Abgrenzung vor allem über die **Anforderungen an die Vermögensverfügung** erfolgen. Die Vermögensverfügung muss immer von einer auf Seiten des geschädigten Vermögens handelnden Person vorgenommen werden und der Schadenseintritt ihre **unmittelbare** Folge sein. Diese Kriterien werden veranschaulicht, indem man sich die Vermögensverfügung als *Gebeakt* vorstellt.[7] Durch sie werden Konstellationen vom Betrugstatbestand ausgenommen (und bleiben Diebstahl), in denen der Täter durch die Täuschung nur die *Möglichkeit oder Erleichterung einer Wegnahme* (als weiterer, eigener

548

---

5 S. BK-*Beukelmann*, § 263 Rn 38; G/J/W-*Dannecker*, § 263 Rn 92; LK-*Tiedemann*, § 263 Rn 98; S/S/W-*Satzger*, § 263 Rn 144; ferner *Hillenkamp*, JuS 97, 220; *Krey/Hellmann/Heinrich*, BT II Rn 616 ff; SK-*Hoyer*, § 263 Rn 160; zur Abgrenzungsnotwendigkeit ausf. *Högel*, Die Abgrenzung zwischen Diebstahl und Betrug, 2015, S. 37 ff. **Grundlegend** BGHSt 17, 205; 18, 221; 41, 198; LK-*Tiedemann*, § 263 Rn 98 ff. S. ferner OLG Düsseldorf NJW 88, 922; A/W-*Heinrich*, § 20 Rn 70 ff; *Beulke/Zimmermann*, III Rn 341; *Strauß*, JuS 24, 308; *Biletzki*, JA 95, 857; *Eisele*, BT II Rn 555 ff; *Geiger*, JuS 92, 834; *Geppert*, JuS 77, 69; *Gössel*, BT II § 21 Rn 135; H-H-*Voigt*, Rn 1004; *Kindhäuser/Böse*, BT II § 27 Rn 45, 55 f; *Lackner/Kühl/Heger*, § 263 Rn 22 ff; M/R-*Saliger*, § 263 Rn 2, 110; *Otto*, ZStW 79 (1967), 59; *Rengier*, BT I § 13 Rn 81; *Kudlich*, PdW BT I S. 84; S/S/W-*Kudlich*, § 242 Rn 31; *Roxin/Schünemann*, JuS 69, 372, 376; *Schmidt*, BT II Rn 587; *Schramm*, BT II § 7 Rn 70; *Zöller*, BT Rn 153; mit etwas anderer Begründung auch MK-*Hefendehl*, § 263 Rn 388 ff, 448 ff, 1251. Zur **Gegenansicht**, die Tateinheit zwischen Betrug und Diebstahl für möglich hält, s. ua *Heghmanns*, Rn 1382, 1453; *Herzberg*, ZStW 89 (1977), 367; *Joecks*, Zur Vermögensverfügung beim Betrug, 1982, S. 122, 137; *Lenckner*, Anm. JZ 66, 320; *Miehe*, Unbewußte Verfügungen, 1987, S. 54 ff, 102; *Timmermann*, Diebstahl und Betrug im Selbstbedienungsladen, 2014, S. 134 ff, 158 f; *Walter*, Jura 02, 420. Vgl zu diesem Fragenkreis auch NK-*Kindhäuser*, § 242 Rn 53 ff, § 263 Rn 204 ff; *Offermann-Burckart*, Vermögensverfügungen Dritter im Betrugstatbestand, 1994; *Bosch*, Jura 23, 1396.

6 Zu diesen Überlegungen vgl. *Küper/Zopfs*, BT Rn 667; *Stuckenberg*, ZStW 118 (2006), 901.

7 *Bosch*, Jura 23, 1398.

Handlung) erlangt. Wo die Täuschung hingegen bewirkt, dass sich der Täter die Sache *nicht erst noch selbst nehmen* muss, ist das Bild der **Selbstschädigung** erfüllt.

549 Von einer *Selbstschädigung* kann man sinnvollerweise nur dort sprechen, wo die Schädigung dem Inhaber des geschädigten Vermögens zuzurechnen ist. Auch das Ausgangsproblem der Abgrenzung, nämlich dass eine Selbstschädigung durch mittelbare Täterschaft als Fremdschädigung erscheinen kann, entsteht nur dort, wo ein „Werkzeug gegen sich selbst" in Rede steht. Selbstschädigung und Abgrenzungsproblem verschwinden daher, wenn der Verfügende kein **Nähe- oder Obhutsverhältnis** zum geschädigten Vermögen und damit keinen dem Vermögensinhaber zurechenbaren Einfluss auf das Vermögen hat. Diese Anforderungen werden unter dem Stichwort des „Dreiecksbetrugs" behandelt (Rn 629 ff).

550 Weil der Diebstahl die Wegnahme einer Sache voraussetzt, können Überlappungen mit dem Betrug nur entstehen, wenn die Beeinflussung des Vermögens durch die Änderung des Gewahrsams an einer Sache erfolgt. Stellt sich diese Beeinflussung als Verfügung (und dh letztlich nicht als Wegnahme) dar, spricht man von einem **Sachbetrug**. Weil der Betrug immer das Täuschen über Tatsachen voraussetzt, können Überlappungen mit dem Diebstahl auch nur dort entstehen, wo zum Vorgehen des Täters das Herbeiführen oder Unterhalten und jedenfalls Ausnutzen eines Irrtums gehört. Wenn sich dies als trickreiche Wegnahme (und dh letztlich nicht als Vermögensverfügung) darstellt, spricht man von einem **Trickdiebstahl**. Das Abgrenzungsproblem besteht daher nicht über die ganzen Anwendungsbereiche der Tatbestände hinweg, sondern lässt sich als **Abgrenzung zwischen Trickdiebstahl und Sachbetrug** konkretisieren. Beim **Diebstahl** setzt die Wegnahme voraus – nämlich beim *Bruch* des Gewahrsams –, dass der Gewahrsamsinhaber mit dem Gewahrsamsverlust **nicht einverstanden** ist (Rn 154 ff). Umgekehrt wird nach verbreiteter Ansicht beim *Sachbetrug* verlangt, dass die verfügende Person sich **des Verfügens über die Sache bewusst** und **mit dem Gewahrsamsverlust irrtumsbedingt einverstanden** ist (Rn 612). Dem Sachbetrug stehen Formen des Betrugs mit Verfügungen über andere (dh nicht körperliche) Vermögensgegenstände gegenüber (also Rechte). Namentlich beim *Forderungsbetrug* wird üblicherweise auch eine **unbewusste Verfügung** (durch Nicht-Einziehen einer unbekannten Forderung) akzeptiert (Rn 613). Diese Uneinheitlichkeit des Begriffs, zumal innerhalb desselben Tatbestands, ist alles andere als schön, erklärt sich aber eben daraus, dass nach dem Gesetz nur für bestimmte Vermögensgegenstände (Sachen) das zu lösende Kollisionsproblem besteht und Kollisionsprobleme immer nur durch Einschränkungen, also weitere Anforderungen im Kollisionsbereich, zu lösen sind.

II. Täuschende Erklärung über Tatsachen

551 **Fall 36:** Bei Durchsicht seiner Kontoauszüge stellt der Altwarenhändler A fest, dass seinem zuvor leeren Girokonto bei der Bank auf Grund einer Fehlbuchung irrtümlich ein Betrag von 12 000 000 € gutgeschrieben worden ist, der für die X-GmbH bestimmt war. Unter Verwendung einer Auszahlungsquittung hebt A 5 000 000 € schleunigst ab, um sie für eigene Zwecke auszugeben. Weitere 6 000 000 € überweist er auf das Konto eines Gläubigers, dem er diesen Betrag schuldet.

552 **Fall 37:** Gleich darauf kauft A im Geschäft des G eine Kiste Zigarren zum Preis von 30 €, die er mit einem 50 €-Schein bezahlt. Während des Wechselns wird G durch einen Telefonanruf abgelenkt. In der irrigen Annahme, dass A ihm einen 100 €-Schein übergeben habe, legt G als Wechselgeld 70 € statt 20 € auf den Ladentisch. A steckt den gesamten Betrag wortlos ein, obwohl er den „Irrtum" des G sofort erkannt hat.

Hat A in den **Fällen 36** und **37** durch Täuschung einen Irrtum iSd § 263 erregt oder unterhalten? **Rn 564, 576**

Die **Betrugshandlung** besteht im **Täuschen über Tatsachen**. Oft wird dies als „Täuschung" bezeichnet. Das ist in Ordnung, solange dabei nicht wegen der Doppeldeutigkeit ein Missverständnis entsteht: Als „Täuschung" wird in der deutschen Sprache auch der Irrtum bezeichnet. Diese aber ist schon der erste Erfolg der Handlung, um die es hier geht. Aus dem Erfolgseintritt darf nie auf die Handlung und Kausalität geschlossen werden, sondern beide sind festzustellen bzw. zu prüfen. Anders als bei anderen Erfolgsdelikten genügt beim Betrug auch nicht eine beliebige Herbeiführung (oder Unterhaltung) des Irrtums, sondern sie muss im Wege der Kommunikation erfolgen. Wo sonst Missverständnisse zu besorgen sind, spricht man daher besser von der **Täuschungshandlung** oder **täuschenden Erklärung** (bzw. vom Täuschen). Täuschungshandlung ist jede wahrheitswidrige Behauptung des Bestehens oder Nichtbestehens von Tatsachen; sie wird zur erfolgreichen Täuschung, wenn sie einen **korrespondierenden Irrtum** bei einer anderen Person **zurechenbar verursacht**. 553

1. Behauptung des Bestehens oder Nichtbestehens von Tatsachen

Der Betrug ist ein **Kommunikationsdelikt**.[8] Der Täter muss ein Verhalten vornehmen, das gegenüber dem Adressaten einen Erklärungswert hat, und dieser Erklärungswert muss in der wahrheitswidrigen **Behauptung** des Bestehens oder Nichtbestehens von Tatsachen[9] liegen. Es muss geeignet sein, allein über seinen Bedeutungsgehalt, also *mittels Kommunikation*, auf Opferseite die Selbstschädigung zu veranlassen. Mangels **kommunikativen Aktes** täuscht noch nicht – sondern bereitet eine Täuschung höchstens vor – wer nur den vom Opfer später wahrzunehmenden Gegenstand oder Umstände verändert, aus denen das Opfer Schlüsse ziehen soll. Erst wenn dieser Gegenstand oder die Umstände dem Opfer mit Erklärungsgehalt zur Kenntnis gebracht werden, beginnt die Täuschungshandlung. 554

So erfüllt zB das Verstellen eines Kilometerzählers als solches nicht den Tatbestand, und wird für einen Betrug erst relevant, wenn der neue Wert zum Gegenstand einer (mindestens konkludenten) **Tatsachenbehauptung** gemacht wird. Je nach Umständen kann dafür allerdings zB schon das bloße Herausgeben dieses Fahrzeugs zur Probefahrt oder seine Rückgabe am Ende des Mietverhältnisses genügen. Auch die durch Änderung der Tatsachen unrichtig werdende Vorstellung auf Opferseite (als schlichte Unkenntnis heute oft *ignorantia facti* genannt[10]), ist – weil nicht auf einer Erklärung beruhend – kein betrugsrelevanter Irrtum. Wer sich heimlich in ein Verkehrsmittel schleicht, bewirkt zwar, dass die denkbare Vorstellung zB des gewissenhaften Schaffners, es befinde sich kein blinder Passagier im Zug, falsch wird, täuscht aber frühestens (durch Unterlassen trotz Aufklärungspflicht), wenn er sich auf die Frage: „Noch jemand ohne Fahrschein?", nicht meldet. Erst dann und dadurch entsteht der Irrtum iS des Betrugs.[11]

---

8 *Kindhäuser*, Tiedemann-FS S. 579 f: LK-*Tiedemann*, § 263 Rn 4; MK-*Hefendehl*, § 263 Rn 36; *Bock*, BT II S. 258; *Schramm*, BT II § 7 Rn 1.
9 Zum Erklärungsadressaten in der Zwangsversteigerung s. BGH wistra 17, 22 mit Anm. *Brand*, NJW 16, 3383; *Kudlich*, JA 16, 869.
10 Traditionell ist dieser Begriff viel weiter und umfasst alle Tatsachenirrtümer; daher ist er zur Unterscheidung zwischen einem Irrtum und einer Unkenntnis missverständlich (s. Spickhoff-*Schuhr*, § 263 Rn 24).
11 Fischer-*Fischer*, § 263 Rn 15; *Hilgendorf/Valerius*, BT II § 7 Rn 46; LK-*Lackner*, 10. Aufl., § 263 Rn 78: notwendig ist „Überlistung"; M/R-*Saliger*, § 263 Rn 26; *Schmidt*, BT II Rn 524; S/S-*Cramer/Perron*, § 263 Rn 36 f; die Gegenmeinung versteht verfälschte Vorbereitungshandlungen als Täuschung und ersetzt die Täuschung durch bloße Irrtumsverursachung; vertreten wird sie von A/W-*Heinrich*, § 20 Rn 45 ff; *Krey/Hellmann*, BT II, 15. Aufl. 2008, Rn 338; *Mitsch*, BT II S. 286 f; s. auch *Rotsch*, ZJS 08, 135.

§ 15 Betrug

555 Der **Erklärungswert** einer Äußerung ist aus dem Blickwinkel des **Empfängerhorizonts** zu bestimmen[12]. Maßgebend ist, wie die **Verkehrsauffassung** das Verhalten im Rahmen der Gesamtumstände versteht und bei objektiver Beurteilung verstehen darf.[13] Dafür ist mitbestimmend, in welchem „rechtlichen Rahmen" und „normativen Gesamtzusammenhang" die Erklärung steht.[14] Es ist in den Blick zu nehmen, welche Vorstellungen auf Grundlage des Verhaltens des Täters üblicherweise bei den Adressaten hervorgerufen werden. Ob eine **explizite** (dann ausdrückliche Täuschung) oder **implizite Behauptung** (dann konkludente[15] Täuschung) aufgestellt wird, ist grds. unerheblich. Beispiele für Letzteres sind etwa das Vorlegen von Waren an der Kasse nach heimlichem Austausch der Preisschilder oder ein Verkaufsangebot nach Manipulationen am Kilometerzähler und Vorführen eines Gebraucht- oder Mietwagens.[16]

556 Wie auch sonst ist **nicht nötig**, dass der Täter **selbst oder allein auf das Opfer einwirkt**. So erschöpfen sich die möglichen Tathandlungen des Prozessbetrügers idR nicht in seinem eigenen Vorbringen. Vielmehr wird er dieses oft durch einen Beweisantritt ergänzen, durch den ein gutgläubiger oder zur Falschaussage angestifteter Zeuge als Mittler der Unwahrheit hinzutritt.[17] Auch kann nach den im Verfahren gegen Mitglieder des Nationalen Verteidigungsrates der DDR entwickelten Grundsätzen[18] nach der insoweit allerdings zweifelhaften Rechtsprechung in mittelbarer Täterschaft täuschen, wer die in einem Wirtschaftsunternehmen durch Organisationsstrukturen bestimmten Rahmenbedingungen so ausnutzt, dass die von den Angestellten vorgenommene Täuschung als regelhafter Ablauf unbedingt tatbereiter „Rädchen" im Unternehmensgetriebe erscheint. Auf die für mittelbare Täterschaft sonst vorausgesetzte Gutgläubigkeit[19] dieser Angestellten kommt es für die Tatherrschaft unter solchen Voraussetzungen nicht an,[20] wohl aber auf den konkreten Beleg dafür, dass die vom mittelbaren Täter nicht selbst verwirklichten Tatbestandsmerkmale des Betrugs durch die Tatmittler erfüllt sind.[21]

---

12 BGH NStZ 23, 37 und zuvor BGH NStZ 15, 591. Dass das Opfer von dem behaupteten Sachverhalt ausgehen darf, ist Folge des Erklärungswerts, kann ihn aber nicht ersetzen, anders *Frisch*, Jakobs-FS S. 101 f.
13 Näher LK-*Tiedemann*, § 263 Rn 23, 28 ff; M/S/M-*Momsen*, BT I § 41 Rn 39 ff; M/R-*Saliger*, § 263 Rn 32 ff; S/S-*Perron*, § 263 Rn 12 ff; S/S/W-*Satzger*, § 263 Rn 38 ff; OLG Köln wistra 91, 115, 116; konkretisierend *Kindhäuser*, Tiedemann-FS S. 579; zum Erklärungsinhalt bei überhöhten Kaufpreisangaben zum Zweck der Immobilienfinanzierung s. *Cornelius*, NZWiSt 12, 259; in der Zwangsvollstreckung *Wagemann*, GA 07, 146; bei Fernseh-Telefongewinnspielen *Schröder/Thiele*, Jura 07, 816; krit. zur hiermit verbundenen Abgrenzung einer Täuschung durch Tun oder Unterlassen *Streng*, ZStW 122 (2010), 18; *Wittig*, Das tatbestandsmäßige Verhalten des Betrugs, 2005, S. 251 ff, 284 ff. Zur konkludenten Täuschung beim Handel mit Bitcoins, s. *Börner*, NZWiSt 18, 51.
14 BGHSt 51, 165, 170; BGH JR 10, 172, 173 mit Anm. *Gössel*; A/R/R-*Kölbel/Neßeler*, 8.1 Rn 38; krit. zur „Konkludenz" *Bung*, GA 12, 358; krit. Neuansatz der Bestimmung der konkludenten Täuschung auf der Basis der Charakterisierung des Betrugs als Kommunikationsdelikt bei *Mayer Lux*, Die konkludente Täuschung beim Betrug, 2013; zu dieser Charakterisierung s. M/R-*Saliger* § 263 Rn 23, 28; s. hierzu ebenfalls *Weng*, GA 23, 697 ff.
15 S. dazu *Becker*, JuS 14, 307; *Weng*, GA 23, 699 f.
16 BayObLG MDR 62, 70; OLG Hamm NJW 68, 1894; LG Marburg MDR 73, 66.
17 BGHSt 43, 317, 320 mit Anm. *Momsen*, NStZ 99, 306.
18 BGHSt 40, 218, 236 ff; abl. zur Übertragbarkeit auf Wirtschaftsunternehmen *I. Roxin*, Wolter-FS S. 451 ff.
19 S. zB BGH wistra 01, 144.
20 BGH NStZ 98, 568 mit krit. Anm. *Dierlamm*; BGHSt 48, 331, 341 ff; zu einem Beispiel, in dem die Voraussetzungen fehlen, s. BGH wistra 08, 57 f.
21 BGH wistra 09, 437, 438; zur denkbaren Anwendbarkeit dieser Konstruktion im **Abgasskandal** s. *Isfen*, JA 16, 5 f und *Hefendehl*, wistra 23, 177. Zur Einordnung als uneigentliches Organisationsdelikt s. BGH wistra 17, 232; BGH NStZ 17, 340.

2. Tatsachenbegriff

Der Täter muss das Bestehen oder Nichtbestehen von Tatsachen behaupten. **Tatsachen** sind konkrete Vorgänge oder Zustände der Vergangenheit oder Gegenwart, die dem **Beweis zugänglich** sind. Dem Beweis zugänglich sind auch sog. **Negativtatsachen**. Sie finden sich zB in der oftmals konkludenten Behauptung, dass etwas nicht geschehen sei, was tatsächlich geschehen ist.[22]

557

Zukünftige Ereignisse fallen nicht unter den Tatsachenbegriff.[23] Im Rahmen einer *Prognose* kann allerdings trotz ihres Zukunftsbezugs und eines mit ihr regelmäßig verbundenen Werturteils (s. Rn 559) über bereits gegenwärtige Tatsachen getäuscht werden, die die Grundlage der Prognose bilden.[24] Für das Vorliegen einer Tatsache ist es ohne Bedeutung, ob das Geschehene oder Bestehende zu den Erscheinungen der Außenwelt oder zum Bereich des Innenlebens gehört. Neben **äußeren** Tatsachen (**Beispiel:** Herkunft oder Beschaffenheit einer Sache, Üblichkeit eines Preises, Zahlungsfähigkeit einer Person usw)[25] erfasst § 263 auch **innere Tatsachen**, wie etwa das Vorhandensein einer Überzeugung[26] oder bestimmter Kenntnisse und Absichten, zB der Bereitschaft, hingegebenes Geld an einem Wallfahrtsort in den Opferstock zu legen[27] oder sich vertragstreu zu verhalten.[28] Auch solche Tatsachen sind „intersubjektiver Nachprüfbarkeit" zugänglich.[29]

558

Infolgedessen kommt es bei einer **Zechprellerei** als Bargeschäft nicht darauf an, ob der Täter nur seine Zahlungsbereitschaft (= *innere* Tatsache) oder mangels präsenter Geldmittel auch seine Zahlungsfähigkeit (= *äußere* Tatsache) vorspiegelt.[30] Ebenso kann die Täuschungshandlung bei Kreditgeschäften die **Kreditwürdigkeit** als *äußere* Tatsache und den **Zahlungswillen** als *innere* Tatsache, nicht aber die Rückzahlungsfähigkeit als zukünftige Tatsache betreffen. Dabei muss dem Getäuschten allerdings bewusst werden, dass es um ein Kreditgeschäft geht.[31]

Den Gegensatz zur Tatsachenbehauptung bilden reine **Meinungsäußerungen** und bloße **Werturteile**, wozu grundsätzlich auch das (juristisch wertend zu ermittelnde) Bestehen von Ansprüchen gehört. Ihre Abgrenzung zur Ersteren ist wegen der fließenden Übergänge bisweilen schwierig.[32] Maßgebend ist, ob die Äußerung ihrem objektiven Sinngehalt nach einen **greifbaren, dem Beweis zugänglichen Tatsachenkern** enthält oder nicht.

559

---

22 BGHSt 51, 165, 171 (mit Beispielen); BGH NStZ-RR 16, 341, 343.
23 RGSt 56, 227, 231 f; NK-*Kindhäuser*, § 263 Rn 74; krit. M/S/M-*Momsen*, BT I § 41 Rn 28; klarstellend BK-*Beukelmann*, § 263 Rn 3; s. auch AnK-*Gaede*, § 263 Rn 15; G/J/W-*Dannecker*, § 263 Rn 19; *Rengier*, BT I § 13 Rn 4.
24 BGHSt 60, 1, 6 mit Anm. *H. Albrecht*, JZ 15, 841; *Kudlich*, ZWH 15, 14; *Schlösser*, StV 16, 25; s. dazu auch *C. Dannecker*, NZWiSt 15, 174; *Beckemper*, Dannecker-FS S. 115; ferner A/R/R-*Kölbel/Neßeler*, 8.1 Rn 29 f; NK-WSS-*Heger/Petzsche*, § 263 Rn 57; Spickhoff-*Schuhr*, § 263 Rn 8. Ausf. zur Prospekthaftung *Schuhr*, ZWH 13, 119 f.
25 Vgl *Lackner/Kühl/Heger*, § 263 Rn 4; LK-*Tiedemann*, § 263 Rn 11.
26 Krit. *Beckemper*, Dannecker-FS S. 118 ff.
27 Vgl RGSt 42, 40, 42; BGHSt 2, 325, 326; 15, 24, 26; BGH wistra 87, 255 f; OLG Düsseldorf wistra 96, 32; LK-*Tiedemann*, § 263 Rn 20.
28 BGHSt 54, 69, 121; *Bock*, BT II S. 249.
29 M/S/M-*Momsen*, BT I § 41 Rn 27; S/S/W-*Satzger*, § 263 Rn 19; M/R-*Saliger*, § 263 Rn 15.
30 *Krey/Hellmann/Heinrich*, BT II Rn 552 ff; näher zu diesem Komplex BGH GA 72, 209; OLG Hamburg NJW 69, 335; LK-*Tiedemann*, § 263 Rn 9 ff, 38 f; S/S-*Perron*, § 263 Rn 28; krit. *Hilgendorf*, Tatsachenaussagen und Werturteile im Strafrecht 1998, S. 128; NK-*Kindhäuser*, § 263 Rn 76 f; *Pawlik*, Das unerlaubte Verhalten beim Betrug, 1999, S. 94 f; *Thomma*, Die Grenzen des Tatsachenbegriffs, 2003, S. 329 ff; vgl auch BGH NJW 83, 2827; 02, 1059 sowie OLG Düsseldorf JR 82, 343 zu vergleichbaren Fällen des **Benzintankens** durch Zahlungsunwillige (s. dazu auch hier Rn 118).
31 Näher insoweit H-H-*Voigt*, Rn 988; *Hillenkamp*, JuS 03, 157; S/S-*Perron*, § 263 Rn 25 ff.
32 Vgl BGH JR 58, 106; Fischer-*Fischer*, § 263 Rn 9 ff; *Graul*, JZ 95, 595; M/R-*Saliger*, § 263 Rn 16 ff; zur Bedeutsamkeit dieser Abgrenzung s. *Kuhli*, ZIS 14, 504.

Im Wesentlichen geht es hier um dieselben Abgrenzungsprobleme wie bei den Beleidigungsdelikten.[33] Wer als Händler Waren abnimmt, von denen der Vertreiber behauptet, sie verkauften sich von selbst, sitzt nur einer werbenden Meinungsäußerung auf, die sich in der unbelegten und ersichtlich nicht von einer seriösen Überzeugung gestützten Prognose (s. Rn 558) einer künftigen geschäftlichen Entwicklung erschöpft. Behauptet der Vertreiber auch die Konkurrenzlosigkeit des Produkts, fügt er freilich eine Tatsachenbehauptung hinzu.[34] Wer andere zum Kauf von Aktien durch die Zusicherung überredet, diese würden bald an der Börse gehandelt, im Wert erheblich steigen und sich als Gewinn bringende Kapitalanlage erweisen, weil hinter der Muttergesellschaft finanzstarke und einflussreiche Geschäftsleute stünden, äußert nicht nur seine *Meinung* über die *künftige* Entwicklung des betreffenden Unternehmens, sondern stellt eine **Behauptung tatsächlicher Art** auf (= es handele sich um Aktien eines kapitalkräftigen, Gewinn bringenden Unternehmens, dessen Marktchancen in Bank- und Börsenkreisen günstig beurteilt würden).[35] Die Bezeichnung einer Kapitalanlage als „sicher" oder „risikolos" kann als pauschale Anpreisung verstanden werden, wenn die Anleger über die wesentlichen betriebswirtschaftlichen Rahmendaten in Kenntnis gesetzt werden. Fehlen solche Informationen, kann der gleichen Aussage aber auch ein tatsächlicher Hintergrund zukommen. Die nicht näher unterfütterte Bezeichnung als „sicher" oder „risikolos" legt dann nämlich nahe, dass eine Absicherung besteht, die bei mündelsicheren Anlagen und dem dort vorgesehenen Sicherheitsstandard vorhanden ist. Demgegenüber fehlt **allgemeinen Redewendungen, übertreibenden Anpreisungen** und insbesondere der sog. **marktschreierischen Reklame** (= es handele sich um die „meistgekaufte" Rasierklinge oder das „beste Waschmittel der Welt" usw) zumeist ein greifbarer Tatsachenkern und der Charakter einer ernsthaft aufgestellten Behauptung.[36] Die Geltendmachung überhöhter Inkassogebühren bedeutet in der Regel nur eine strafrechtlich irrelevante Täuschung über die **Rechtslage**, deren Bewertung und Einschätzung sich freilich mit Tatsachenbehauptungen verbinden kann.[37] Erklärt ein Rechtsanwalt der Wahrheit zuwider, es gebe gerichtliche Entscheidungen, die seine (falschen) Rechtsbehauptungen bestätigten, reicht das für eine(n) Täuschung(sversuch) gegenüber dem Richter ebenso wenig aus wie die Äußerung der Rechtsauffassung, ein bestimmter Sachverhalt erfülle die Voraussetzungen einer anspruchsbegründenden Norm.[38] Etwas anderes gilt gleichwohl, wenn schlüssig ein anspruchsbegründender Sachverhalt miterklärt wird.[39] Bei wettbewerbsrechtlichen **Abmahnungen** wird nach Auffassung des BGH miterklärt, dass es sich um einen berechtigten Abmahnvorgang und nicht bloßes Generieren von Rechtsanwaltskosten handelt, das rechtsmissbräuchlich wäre. Die Zielrichtung wird dabei als innere Tatsache angesehen.[40] Das ist zumindest in dem Umfang richtig, wie die Rechtsmissbräuchlichkeit von solchen inneren Tatsachen abhängt; die Missbräuchlichkeit als sol-

---

33 Vgl *Wessels/Hettinger/Engländer*, BT I Rn 450, 463 f; *Hilgendorf*, Tatsachenaussagen und Werturteile im Strafrecht, 1998, S. 230 ff, 237; ähnlich *Schramm*, BT II § 7 Rn 13 ff.
34 BGH wistra 92, 255 f; OLG Frankfurt wistra 86, 31, 32.
35 BGH MDR/D 73, 18; vgl auch BGH NStZ-RR 10, 146.
36 Im Einzelfall Tatfrage und je nach den Umständen sorgfältig zu prüfen; s. dazu BGHSt 48, 331, 344 f mit insoweit zust. Anm. *Beulke*, JR 05, 40 f; BGHSt 34, 199, 201 mit Bespr. von *Müller-Christmann*, JuS 88, 109; *Lackner/Kühl/Heger*, § 263 Rn 5; *Mitsch*, BT II S. 260 f; krit. *Kargl*, Lüderssen-FS S. 624 f, 631; zum Tatsachengehalt der Warenkennzeichnung als „bio" oder „öko" s. *Arzt*, Lampe-FS S. 673 f, 680; zur Schadensbegründung in solchen Fällen s. *Heghmanns*, ZIS 15, 102; zu § 16 UWG in diesem Zusammenhang s. *Schmidt*, BT II Rn 531.
37 OLG Frankfurt NJW 96, 2172; zur **Rechtsbehauptung** als Tatsachenbehauptung s. AnK-*Gaede* § 263 Rn 19; Fischer-*Fischer*, § 263 Rn 11; *Hilgendorf*, Tatsachenaussagen und Werturteile im Strafrecht, 1998, S. 205 ff, 222; HK-GS-*Duttge*, § 263 Rn 7; *Klesczewski*, BT § 9 Rn 43; *Krell*, JR 12, 102; *Krey/Hellmann/Heinrich*, BT II Rn 563 ff; LK-*Tiedemann*, § 263 Rn 18 f; M/R-*Saliger*, § 253 Rn 18; W/Z/K/W-*Ladwig*, BT II § 11 Rn 24 f.
38 S. OLG Koblenz NJW 01, 1364 mit krit. Bespr. *Protzen*, wistra 03, 208; OLG Karlsruhe JZ 04, 101 mit krit. Anm. *Puppe*; *Satzger*, JK 1/14, § 263/104; *Kretschmer*, GA 04, 459; LK-*Tiedemann*, § 263 Rn 19; MK-*Hefendehl*, § 263 Rn 91; diff. G/J/W-*Dannecker*, § 263 Rn 32 f.
39 Hierzu BGH wistra 19, 279, 280 mit Anm. *Bülte*, NJW 19, 1762, insb. zum Erklärungsgehalt des Einforderns einer anwaltlichen Gebühr im Inkassoverfahren.
40 BGH wistra 09, 393; BGH NStZ 17, 536 mit zust. Anm. *Krell*, 537 und krit. Anm. *Becker*, HRRS 17, 405; **aA** OLG Köln NJW 13, 2772 mit krit. Anm. *Bittmann*; *Becker*, HRRS 17, 405.

che und das Nichtbestehen eines Abmahngrundes sind hingegen keine Tatsachen. Unzutreffend wäre es indes, die Rechtsmissbräuchlichkeit als solche als Tatsache anzusehen oder aus einer erst im späteren Verfahren festgestellten Missbräuchlichkeit auf eine täuschende Erklärung zu schließen (denn die innere Tatsache kann nur in schon zur Tatzeit vorhandenen Vorstellungen bestehen). Entsprechend werden die zu erwartenden Abmahnungen auf Grundlage der am 25.5.2018 in Kraft getretenen Datenschutz-Grundverordnung zu beurteilen sein.

3. Wahrheitswidrigkeit der Tatsachenbehauptung

Nach der sprachlich ungenauen und sich überschneidenden Umschreibung in § 263 kann die Täuschung durch Vorspiegelung „falscher" oder durch Entstellung oder Unterdrückung wahrer Tatsachen begangen werden. Freilich können Tatsachen als solche nicht wahr oder unwahr sein; Tatsachen bestehen oder bestehen nicht, und im eigentlichen Sinne ist nur eine bestehende Tatsache eine Tatsache. **Wahr oder unwahr** sind die **über Tatsachen aufgestellten Behauptungen** – auch im **Gegensatz** zu Erklärungen von **Werturteilen**, die ebenfalls nicht wahrheitsfähig sind.[41]

560

Den schiefen Wendungen des Gesetzes müssen nicht einzeln Ausformungen der unwahren Behauptung von Tatsachen zugeordnet werden, aber man kann es: „**Entstellt**" wird eine „wahre" Tatsache, wenn ihr Gesamtbild (in der Kommunikation) zwecks Irreführung verändert oder ihre Darstellung durch das Hinzufügen oder Weglassen wesentlicher Einzelheiten **verfälscht** wird. Ein „**Unterdrücken**" „wahrer" Tatsachen kann in jedem Handeln liegen, das den betreffenden Umstand der Kenntnis anderer Personen entzieht.[42] Auch das Entstellen oder Unterdrücken von Tatsachen muss im Rahmen einer Tatsachenbehauptung erfolgen und ist nicht als bloßes Abändern der Umstände zu verstehen, denn darin läge gerade keine Kommunikation.

561

Zwischen dem Vorspiegeln falscher und dem Entstellen oder Unterdrücken „wahrer" Tatsachen gibt es **keine scharfe Trennlinie**, vielmehr gehen diese Erscheinungsformen der Täuschungshandlung ineinander über. Das gilt insbesondere bei der *unvollständigen* Darstellung von Tatsachen, die ein anderer für vollständig hält und halten soll. Soweit der Täter hier das Richtige entstellt oder zB durch Bestreiten unterdrückt, spiegelt er zugleich etwas Falsches vor.[43] Wer Erdbeeren in Körben zum Verkauf anbietet und den minderwertigen Inhalt mit einer Schicht der besten Qualität überdeckt, spiegelt vor, die gesamte Menge bestehe aus erstklassiger Ware. Zugleich unterdrückt er die wahre Tatsache, dass der größere Teil minderwertig ist.

Falsch iS des § 263 ist eine Tatsachenbehauptung, wenn ihr Inhalt mit der **objektiven Sachlage** nicht übereinstimmt, der Täter also das Vorliegen von Umständen behauptet, die in Wirklichkeit nicht bestehen.[44] Das Vorspiegeln kann auch in einer wahren Behauptung bestehen, sofern mit ihr (implizit) zugleich eine unwahre aufgestellt wird (zB Vertragsangebot in Form einer Rechnung, s. Rn 569; nicht jedoch bloße Vorlage eines Beförderungstickets, welches für die Fahrt nicht ausreichend ist[45]).

562

Dieser Wahrheitsbegriff entspricht der philosophischen Korrespondenztheorie. Er ist unweigerlich mit Schwierigkeiten bei der Ermittlung der **Korrespondenz** zwischen Behauptung und Wirklichkeit verbunden, denn was in der Welt ist, kann nicht unabhängig von der Perspektive des Beobachters ermittelt werden. Für die Annahme von Wahrheitswidrigkeit genügt daher nicht, dass es um eine Tatsachenbehauptung geht und der Urteiler sich die Überzeugung bildet, sie sei unwahr, son-

---

41 S. LK-*Tiedemann*, § 263 Rn 7; NK-*Kindhäuser*, § 263 Rn 59; *Schramm*, BT II § 7 Rn 18; Spickhoff-*Schuhr*, § 263 Rn 6.
42 Vgl OLG Köln JR 61, 433.
43 Vgl RGSt 70, 151.
44 Vgl Fischer-*Fischer*, § 263 Rn 18.
45 AG Dortmund BeckRS 17, 129465.

dern richtigerweise muss er sich darüber hinaus die Überzeugung bilden, dass diese Unwahrheit auch **intersubjektiv** zu vermitteln und unter verständigen Beobachtern über sie grundsätzlich Übereinstimmung herzustellen ist. Praktisch fällt diese eigentlich materielle Anforderung regelmäßig mit prozessualen Anforderungen an die Darstellung der Begründung des Urteils zusammen.

4. Einzelfragen

563 Die Frage, durch welches kommunikative Verhalten des Täters das Bestehen oder Nichtbestehen welcher Tatsachen behauptet wird, stößt oftmals auf Schwierigkeiten, die mit der Intersubjektivität der Kommunikation und hierbei bestehenden Differenzen zusammenhängen. Es hat sich eine umfangreiche Kasuistik gebildet, aus der hier nur einige Beispiele gegeben werden können, die zum Verständnis der Norm aber auch genügen.

564 Hebt – wie im **Fall 36** – ein Kontoinhaber durch ein Bankversehen auf sein Konto geleitetes Geld ab oder tilgt er mit ihm durch Überweisung bestehende Verbindlichkeiten, lässt sich eine Täuschung möglicherweise darin sehen, dass er den Bankangestellten über die von ihm erkannte **Fehlbuchung** nicht aufklärt. Bevor man sich auf eine solche (subsidiäre) Täuschung durch Unterlassen mit der schwierigen Frage einer Aufklärungspflicht einlässt, ist sorgfältig zu prüfen, ob nicht eine Täuschung durch ausdrückliches oder konkludentes Tun gegeben ist. Letzteres hat die frühere Rechtsprechung mit der Erwägung bejaht, dass der Auszahlungs- oder Überweisungsauftrag die Erklärung einschließe, ein entsprechendes Guthaben sei vorhanden.[46] Diese Behauptung hielt jene Rechtsprechung bei einer **Fehlbuchung** für unwahr, weil durch sie kein entsprechendes Guthaben entstehe. Sie hat deshalb in solchen Fällen Betrug angenommen, wenn der getäuschte Bankangestellte den Auftrag in dem durch diesen mitbedingten Glauben an das Guthaben ausführte.[47] Bei einer durch einen **Dritten** vorgenommenen **Fehlüberweisung** wurde eine Täuschung dagegen verneint, weil durch sie der Kunde im Verhältnis zu seiner Bank ein entsprechendes Guthaben erwerbe und daher dessen Vorhandensein nicht vorspiegeln könne. Eine Täuschung konnte in diesen Fällen folglich nur in der unterlassenen Aufklärung des irrtümlich Überweisenden liegen, für deren Vornahme es aber regelmäßig an einer Garantenpflicht fehlte.[48] Für einen untauglichen Versuch des § 263 blieb hiernach Raum, wenn der Kunde in der irrigen Annahme handelte, dass eine Fehlbuchung erfolgt sei. Diese von der Lehre weitgehend gebilligte Rechtsprechung hat der **BGH** insoweit zu Recht **aufgegeben**, als an dem Entstehen eines Guthabens **auch** bei einer **Fehlbuchung** nicht zu zweifeln und deshalb eine entsprechende konkludente Behauptung auch in einem solchen Fall nicht unwahr ist.[49] Der BGH hat darüber hinaus angesichts der gängigen Bankpraxis, Überweisungen auch ohne ausreichende Kontodeckung vorzunehmen, in Abrede gestellt, dass mit einem Überweisungsauftrag überhaupt mehr als das Begehren, die Überweisung auszuführen, erklärt werde und diesem Begehren die Eignung abgesprochen, bei dem zur Prüfung der Kontodeckung bzw. der Kreditlinie verpflichteten Bankangestellten eine betrugsrelevante Fehlvorstellung hervorzurufen. Hiernach fehlt jedenfalls dem **Überweisungsauftrag** (der allein Gegenstand der BGH-Entscheidung ist) die Täuschungsqualität.[50] Da aber auch für die **Abhebung** gilt, dass mit einer nach überkomme-

---

46 S. zuletzt OLG Celle StV 94, 188 mit krit. Anm. *Schmoller*.
47 OLG Karlsruhe Justiz 78, 173; OLG Köln JR 61, 433 mit zust. Anm. *Schröder*.
48 S. BGHSt 39, 392, 395, 398 ff; OLG Celle StV 94, 188.
49 BGHSt 46, 196 mit iE zust. Anm. *Joerden*, JZ 01, 614, *Hefendehl*, NStZ 01, 281 und *Krack*, JR 02, 25; s. auch *Valerius*, JA 07, 781 f; krit. *Ranft*, JuS 01, 856; zur abw. Rechtslage bei einer *Einzugsermächtigung* s. OLG Hamm wistra 12, 161, 163 f.
50 Zust. AnK-*Gaede*, § 263 Rn 39; *Bock*, WV-BT2, S. 147 ff; BK-*Beukelmann*, § 263 Rn 15; HK-GS-*Duttge*, § 263 Rn 12; *Joecks/Jäger*, § 263 Rn 63 ff; *Krack*, JR 02, 25; M/R-*Saliger*, § 263 Rn 50; *Rengier*, BT I § 13 Rn 23 ff; SK-*Hoyer*, § 263 Rn 35; S/S-*Perron*, § 263 Rn 16c; S/S/W-*Satzger*, § 263 Rn 53; iE auch *Pawlik*, Lampe-FS S. 689, 696 ff; krit. *Heger*, JA 01, 538; *Otto*, Jura 02, 609.

ner Ansicht in ihr enthaltenen Behauptung, ein entsprechendes Guthaben zu besitzen, nichts Unwahres erklärt wird, kommt auch insoweit nur eine Täuschung durch Unterlassen in Betracht (s. Rn 576).

Ein Kläger, der einen Anspruch einklagt, obwohl er weiß, dass ihm rechtshindernde oder rechtsvernichtende Einwendungen entgegenstehen, und deren Umstände er verschweigt, täuscht konkludent das Gericht, da er dabei gegen die ihm nach § 138 ZPO auferlegte zivilprozessuale Wahrheits- und Vollständigkeitspflicht verstößt.[51] Entsprechendes gilt bei Abschluss eines **Versicherungsvertrags**, wenn der Versicherungsnehmer eine auf Vollständigkeit gerichtete Erklärung gegenüber der Versicherung abgibt und dabei gegen seine Anzeigepflichten nach § 19 VVG verstößt.[52] Bei einer förmlichen **öffentlichen Ausschreibung** enthält die Abgabe eines Angebots die schlüssige Behauptung, dass dieses Angebot ohne vorherige Absprache zwischen den Bietern zustande gekommen ist.[53] Mit der Eingehung einer vertraglichen Verpflichtung ist in der Regel die stillschweigende Erklärung des Schuldners verbunden, dass er zur Erfüllung des Vertrages bereit ist.[54] Wer in einem Hotel oder Restaurant **Getränke und Speisen bestellt**, bringt daher konkludent zum Ausdruck, dass er zahlungsfähig und zahlungswillig sei (vgl Rn 558).

565

Demgegenüber enthält die bloße Entgegennahme der vorher vereinbarten Beherbergungsleistungen durch einen *nachträglich zahlungsunfähig gewordenen* **Hotelgast** in aller Regel nicht die Behauptung fortbestehender Zahlungsfähigkeit.[55] Im **Angebot einer Sache zum Kauf** liegt die schlüssige Erklärung, zu ihrer Veräußerung befugt und zur Eigentumsverschaffung im Stande zu sein. Im Falle des Verkaufs von Seriennummern als *„gebrauchte"* Lizenzen wird konkludent miterklärt, dass die von der Rspr. aufgestellten Voraussetzungen für den Verkauf gebrauchter Computerprogramme erfüllt sind.[56] Wer eine **Leistung einfordert**, bringt damit zugleich idR das Bestehen des zugrunde liegenden Anspruchs zum Ausdruck.[57] Dazu muss der Erklärungsinhalt aber über die bloße Äußerung einer Rechtsauffassung hinausgehen.[58] Die **Hingabe eines Schecks** zur Begleichung einer Schuld umfasst zumindest die Zusicherung, dass er bei Vorlage eingelöst werde; umstritten ist nur, ob und inwieweit damit zugleich eine Deckungszusage verbunden ist.[59]

Beim Tanken ohne Zahlungsabsicht an Selbstbedienungstankstellen stellt das Verhalten eine konkludente Täuschung des Tankstellenpersonals dar, soweit dieses den Vorgang (zumindest vage als Teil des Gesamtgeschehens an der Tankstelle) wahrnimmt. Das irr-

---

51 BGH wistra 20, 379 mit Bespr. *Krell*, JR 20, 362; Fischer-*Fischer*, § 263 Rn 44; s. dazu im Fall des sog. **AGG-Hoppings** BGH NJW 22, 3165 mit Anm. *Jäger*, StV 23, 753; BGH NStZ 23, 37 mit Anm. *Oğlakcıoğlu/Kudlich*, JR 23, 297; Bespr. *von Heintschel-Heinegg*, JA 22, 1047; *Stefanopoulou*, GA 24, 319; *Brand/Rahimi-Azar*, NJW 15, 2294 und *Metz*, NZA 19, 877; *Petzsche*, HRRS 23, 74; zu § 253 in solchen Fällen s. hier Rn 806.
52 S. BGH NJW 85, 1563.
53 BGHSt 47, 83, 86 f; s. dazu auch M/R-*Saliger*, § 263 Rn 42; *Wittig*, § 14 Rn 34.
54 BGH wistra 98, 177; BGH NStZ 12, 95, 96 mit Bespr. *Jäger*, JA 11, 950; krit. H-H-*Voigt*, Rn 989.
55 Vgl BGH MDR/D 73, 729; OLG Hamburg NJW 69, 335; *Beulke/Zimmermann*, III Rn 274 f; *Rengier*, BT I § 13 Rn 28; *Trifterer*, JuS 71, 181; s. zum Streitstand *Hillenkamp/Cornelius*, BT 28. Problem.
56 AG Gießen MMR 16, 696 mit Anm. *Rosemann*.
57 S. auch BGH NStZ-RR 17, 313 mit Anm. *Meyer*, NZWiSt 18, 74, 79 f; *Röß*, NStZ 18, 441; *Tekin*, ZWH 18, 110, 112 f.
58 BGH JZ 12, 518, 520 mit Anm. *Tiedemann*; diff. hierzu *Saliger*, Imme Roxin-FS S. 314 ff; BGH wistra 17, 318.
59 Vgl BGHSt 3, 69, 71; 24, 386, 389; BGH wistra 82, 188; LK-*Tiedemann*, § 263 Rn 42; zur Vorlage von Inhaber- und Orderschecks s. BGH NStZ 08, 396; BGH StV 09, 244, 245; BayObLG NJW 99, 1648.

tumsbedingte **Zulassen des Tankens** führt hier zur Anwendbarkeit des § 263 (sog. Besitzbetrug), hinter den § 246 zurücktritt.[60] Nutzt der zahlungsunwillige Täter dagegen eine momentane Abwesenheit des Tankstellenpersonals zum heimlichen, unbemerkt bleibenden Tanken aus, kommt mangels Täuschung lediglich ein versuchter Betrug in Betracht.[61] Aufgrund eines Einverständnisses mit dem Übergang des Gewahrsams an dem Benzin ist § 242 nicht anwendbar. Eine Unterschlagung tritt aufgrund der Subsidiaritätsklausel regelmäßig auch hinter dem versuchten Betrug zurück.[62] Fasst der Täter bei Anwesenheit des Tankstellenpersonals erst nach der Benzinentnahme den Entschluss, sich ohne Zahlung des Kaufpreises unbemerkt zu entfernen, ist Raum für eine Unterschlagung des Kraftstoffs (§ 246), es sei denn, dass der Täter sich durch Irreführung des Tankstellenpersonals der Realisierung des Zahlungsanspruchs entzieht, denn dann greift wiederum § 263 ein.[63] Nutzt ein Kunde einer vollautomatischen Selbstbedienungstankstelle einen Defekt des Abrechnungssystems zum „kostenlosen" Tanken mittels einer Bankkarte aus, liegt § 263a nicht vor (s. Rn 738, 742 jeweils aE). Hat der Täter ein falsches amtliches Kennzeichen an den Pkw angebracht, steht die darin liegende Urkundenfälschung zu einem an Tankstellen verübten Betrug oder Diebstahl in Tateinheit.[64]

566 Hinsichtlich des **Abrechnungsbetrugs** durch **Vertragsärzte** („Kassenärzte")[65] hat der BGH entschieden, dass ein Kassenarzt, der im Rahmen des vertraglich vereinbarten Abrechnungssystems Leistungen unter einer bestimmten Gebührenordnungsnummer abrechnet, *konkludent* behauptet, dass die erbrachte Leistung unter die Leistungsbeschreibung dieser Nummer fällt, zu den kassenärztlichen Versorgungsleistungen gehört und nach den allgemeinen Bewertungsmaßstäben abgerechnet werden darf.[66] Dies ist allerdings eine summarisch verkürzende Formulierung, denn all das sind rechtliche Wertungen, keine Tatsachen. Genau genommen wird der Abrechnung die **Behauptung eines Tatsachenkerns** entnommen, der diese rechtlichen Schlüsse trägt, und die Abrechnungserklärung wird als unwahr angesehen, wenn die Wirklichkeit nicht so war, dass sie diese rechtlichen Schlüsse trägt. Dieses Vorgehen ist im Grundsatz richtig. Die Rechtsprechung geht aber zu weit, wenn sie erst im **Zeitpunkt** des Urteils durch Auslegung der für die Abrechnung relevanten Normen über die Voraussetzungen der Abrechnung entscheidet und dann unterstellt, dass die Abrechnungserklärung von vornherein einen entsprechenden Tatsachenkern behauptet hätte.[67] Zutreffend hat der BGH in jüngerer Zeit auch hier auf den **Empfängerhorizont** im Zeitpunkt der Abgabe der Erklärung abgestellt (also auf die zu diesem Zeitpunkt übliche Auslegung).[68] Richtigerweise kann dem Abrechen-

---

60 Näher BGH NJW 83, 2827; 84, 501; s. zum Ganzen auch *Rebler*, JA 13, 179.
61 BGH NJW 12, 1092 mit Bespr. *Ernst*, JR 12, 473; *Hecker*, JuS 12, 1138; *Satzger*, JK 6/13, § 263 I StGB/ 101; *Sinn*, ZJS 12, 831; *v. Heintschel-Heinegg*, JA 12, 305; BGH BeckRS 13, 01331; BGH HRRS 23 Nr 847 mit Anm. *Eisele*, JuS 23, 979; OLG Köln NJW 02, 1059
62 *Ast*, NStZ 13, 305 und *Ernst*, Jura 13, 454; *Charalambakis*, MDR 85, 978; anders *Schroeder*, JuS 84, 846.
63 OLG Düsseldorf JR 85, 207.
64 OLG Hamm BeckRS 17, 105918.
65 Überblick bei *Wostry*, medstra 15, 217; näher zur Schadensbegründung s. Spickhoff-*Schuhr*, § 263 Rn 43 ff; *Schmidt*, medstra 17, 79.
66 BGH NStZ 15, 591 Rn 11 ff, 16 mit Anm. *Waßmer* NZWiSt 15, 467 und *Schuhr*, ZWH 15, 145; s. auch BGH NStZ-RR 17, 313 mit Anm. *Meyer*, NZWiSt 18, 74, 79 f; *Röß*, NStZ 18, 441; *Tekin*, ZWH 18, 110, 112 f. (keine Kick-Back-Zahlungen miterklärt); BGH NJW 21, 90, 92 f mit krit. Anm. *Gaede* und *Meyer*, NZWiSt 21, 151; OLG Stuttgart NZWiSt 20, 83, 84 f mit Anm. *Sinn*; sowie Spickhoff-*Schuhr*, § 263 Rn 18 ff; ähnlich *Gaede*, MedR 18, 548, 552 ff. Näher zu dem Erklärungsgehalt *Krause*, Schlothauer-FS S. 383 ff.
67 So noch BGHSt 57, 312.
68 BGH NStZ 15, 591.

den keine Falschbehauptung entgegengehalten werden, solange die Abrechnung auf Basis einer zum Zeitpunkt der Abgabe **vertretbaren Rechtsauffassung** als richtig angesehen werden konnte (unabhängig davon, ob das Gericht diese teilt), denn der Streit um eine solche Rechtsauffassung müsste auch regulär im Wege einer Klage nach erfolgter Abrechnung geführt werden.[69] Berechnet ein Arzt gegenüber einem **Privatpatienten** nicht (so) erbrachte Leistungen, kommt auch eine Strafbarkeit des Patienten nach § 263 in Betracht, wenn er die als unberechtigt erkannte ärztliche Abrechnung an den Kostenträger weiterleitet, ohne auf deren Unrichtigkeit hinzuweisen, die falsche Abrechnungserklärung (die unzutreffende Behauptung ihres Tatsachenkerns) also in seine eigene Erklärung aufnimmt.[70] Zu weiteren Problemen des Schadens s. Rn 683.

Wann beim Abschluss einer **Wette** eine konkludente Täuschung vorliegt, ist umstritten. Stellt man für die Auslegung eines rechtsgeschäftlich bedeutsamen Verhaltens neben der für die Verkehrsauffassung maßgeblichen konkreten Situation auf den jeweiligen Geschäftstyp und die dabei typische Pflichten- und Risikoverteilung zwischen den Partnern ab,[71] wird man sowohl in Fällen der sog. *Spätwette*, als auch in Fällen einer *vorsätzlichen Manipulation* des die Wette betreffenden (Sport-)Ereignisses von der schlüssigen Täuschung dessen ausgehen müssen, der bei seinem Wettangebot die Kenntnis des Ergebnisses bzw. dessen manipulative Beeinflussung[72] verschweigt. Geschäftsgrundlage einer Wette ist die beiderseitige Ungewissheit über den Ausgang des Wettereignisses und das Vertrauen darauf, dass das „wettgegenständliche Risiko" von keinem der Wettpartner manipuliert wird. Daher ist weder die Annahme, der Wettende erkläre konkludent, den Ausgang des Wettereignisses (noch) nicht zu kennen, eine „willkürliche Konstruktion",[73] noch die Deutung, das Fehlen eines Manipulationsversuchs sei miterklärt, eine den Tatsachen nicht mehr entsprechende „Übernormativierung" der Täuschung.[74] Beides ist schlüssig behauptet.[75] Sind die Erklärungen wie dargelegt zu verstehen, ist es folgerichtig, in der Person des Wettannehmers in dessen sachgedanklichem Mitbewusstsein (s. Rn 579) einen dementsprechenden Irrtum anzunehmen.[76] Ist der Wettende allerdings lediglich im Besitz der inhaltlich *unsicheren* Information, dass ein Spiel durch *Dritte nur möglicherweise* manipuliert sei, soll nach dem BGH das bloße Ausnutzen eines solchen wirklichen oder vermeintlichen Informationsvorsprungs noch „zum allgemeinen und da-   567

---

69   Spickhoff-*Schuhr*, § 263 Rn 20.
70   S. dazu *Gaßner/Strömer*, NStZ 13, 624.
71   So BGHSt 51, 165, 170 f (Fall *Hoyzer*); BGH BeckRS 13, 61251 Rn 36 ff mit zust. Anm. *Satzger*, JK 5/13, StGB § 263 1/100; gleichlautend BGHSt 58, 103 mit insoweit krit. Anm. *Schiemann*, NJW 13, 888; *Hecker*, JuS 13, 656; s. dazu auch *Jäger*, BT Rn 483 ff.
72   Die nach *Krack*, ZIS 07, 105 nicht notwendig der Täter selbst vornehmen muss; sie fehlt beim sog. cardcounting im Blackjack-Spiel, s. dazu *Witte*, JR 12, 97, 99.
73   So aber BGHSt 16, 120, 121 gegen RGSt 62, 415 im sog. Spätwettenfall.
74   Gegen diesen Vorhalt von *Jahn/Maier*, JuS 07, 217 überzeugend *Krack*, ZIS 07, 107; *Radtke*, Jura 07, 450; s. auch *Kraatz*, Geppert-FS S. 269 ff.
75   So im Anschluss an BGHSt 29, 165, 167 f (Pferderennen) LG Berlin bei *Jahn*, JuS 06, 567 und BGHSt 51, 165, 172 f, BGH BeckRS 13, 01251 Rn 30 ff und BGHSt 58, 102, 103 für den Fall der Manipulation (offen zur Spätwette BGH NJW 07, 782, 785); dem BGH stimmen insoweit zu: *Bosch*, JA 07, 391; *Engländer*, JR 07, 477; *Feinendegen*, NJW 07, 787; Fischer-*Fischer*, § 263 Rn 31 f; *Hirsch*, Szwarc-FS S. 579 f; *Jäger*, JA 13, 870; *Krack*, ZIS 07, 105; *Lackner/Kühl/Heger*, § 263 Rn 9; *Radtke*, Jura 07, 450; mit anderer Begründung auch *Kubiciel*, HRRS 07, 70; *Saliger/Rönnau/Kirch-Heim*, NStZ 07, 363; *Zöller*, BT Rn 993; diff. M/R-*Saliger*, § 263 Rn 45; *Petropoulos/Morozinis*, wistra 09, 254; mit bedenken *Kutzner*, JZ 06, 713; *Schlösser*, NStZ 05, 426; *Trüg/Habetha*, JZ 07, 878; zu LG Berlin s. *Fasten/Oppermann*, JA 06, 69; *Hartmann/Niehaus*, JA 06, 432; *Schlösser*, NStZ 05, 423; eine Falllösung findet sich bei *Heissler/Marzahn*, ZJS 08, 638.
76   So BGH NJW 07, 782, 785; näher dazu *Kraatz*, Geppert-FS S. 269, 280 ff; *Krack*, ZIS 07, 108; abl. *Trüg/Habetha*, JZ 07, 881; zu den Merkmalen des Wettbetrugs insgesamt s. auch *Renner*, Wettbetrug, 2013.

her straflosen Geschäftsrisiko bei Wetten" gehören.[77] Ob es zur Schadensbegründung der vom BGH neu eingeführten Figur eines **„Quotenschadens"** bedarf, ist allerdings zweifelhaft (s. dazu Rn 690).

568 Wer einer Bank einen **Scheck** zur Einlösung vorlegt, behauptet, da es hierauf für die einlösende Bank nicht ankommt, nicht, dass der aus dem zugrunde liegenden Schuldverhältnis erwachsene Anspruch (noch) besteht, wohl aber konkludent, dass die wesentlichen Scheckvoraussetzungen vom Scheckaussteller erfüllt worden sind[78] und dass der Inhalt des Schecks dem Willen des Ausstellers entspricht. Dazu gehört der Umstand, dass nur eine mittels Begebungsvertrags legitimierte Person, nicht aber ein Dritter, der in strafbarer Weise in den Besitz des Schecks geraten ist, den Scheck einreicht.[79] Wer eine Ware oder Leistung zu einem **bestimmten Preis anbietet**, hat diesseits der Grenze zur Sittenwidrigkeit und des Wuchers keine Pflicht, den wahren Wert des Kaufobjekts anzugeben, selbst wenn dieser erheblich unter dem geforderten Preis liegt. Er behauptet damit allein auch noch nicht die Angemessenheit oder Üblichkeit des verlangten Preises.[80] Anderes gilt nur, wenn die Gegenleistung von den Parteien nicht konkret vereinbart wurde.[81] Auch ist mit der Angabe des Kaufpreises einer Immobilie gegenüber der Bank, die den Kauf kreditieren soll, nicht behauptet, die Immobilie sei diesen Preis wert.[82] Maßgebend in dieser Hinsicht sind aber die näheren Umstände im Einzelfall, aus denen sich (wie etwa bei Werkverträgen mit einer marktüblichen Vergütung oder dem Angebot eines „echten" Gemäldes) auch Ausnahmen von den allgemeinen Regeln ergeben können.[83] Nach diesen Regeln behauptet ein **Kunde an der Kaufhauskasse** nicht, er habe außer der vorgelegten keine (verdeckte) Ware bei sich.[84] Auch ist einem an sich eindeutigen **Angebot** an *Firmen*, gegen Entgelt in bestimmte Verzeichnisse aufgenommen zu werden, nicht schon der konkludente Erklärungswert einer Rechnung zu entnehmen, nur weil das Angebotsformular nach Farbe und Gestaltung der **Rechnung** einer Gerichtskasse ähnlich sieht.[85] Die Begründung hierfür ergibt sich allerdings nicht aus einer Opfermitverantwortung,[86] sondern aus der verkehrsüblichen Verteilung des Informations- und Orientierungsrisikos (s. Rn 584). Dieses macht *geschäftlich erfahrenen* Personen wie Kaufleuten zur Auflage, kaufmännische Schreiben ganz zu lesen und deshalb zB ein auf den ersten Blick als Rechnung erscheinendes Schriftstück auch ohne besonderen Hinweis auf die Rückseite als Vertragsangebot zu identifizieren.[87] Bei *nichtkaufmännischen Adressaten*, wie durch einen Todesfall betroffenen Bürgern, muss dagegen der Absender den Angebotscharakter eindeutig zu erkennen geben. Fasst er das Schreiben so ab, dass der Eindruck einer Zahlungspflicht entsteht und die Hinweise auf den Angebotscharakter völlig in den Hintergrund treten, liegt darin eine konkludente Täuschung.[88] Dieses Ergebnis lässt sich sachgerechter aus der in diesem Falle beim Anbietenden liegenden Informationslast und dem Gedanken des

---

77 So BGH StraFo 14, 216 unter Berufung auf *Radtke*, Jura 07, 450 und *Saliger/Rönnau/Kirch-Heim*, NStZ 07, 364; iE zust. *Lienert*, JR 14, 484. Ob das auch bei einer *sicheren* Information gilt, wird ausdrücklich offen gelassen; s. dazu *Jahn*, JuS 14, 658.
78 BGH StV 02, 82.
79 BGH StV 09, 244, 245.
80 BGH NStZ 15, 463 mit Anm. *Greeve*; *Kraatz*, NZWiSt 15, 313; *Kudlich*, ZWH 15, 346; vgl auch BGH JZ 89, 759; BGH wistra 11, 335, 336 f mit Bespr. *v. Heintschel-Heinegg*, JA 11, 710; OLG Stuttgart NStZ 85, 503 mit krit. Anm. *Lackner/Werle*; BayObLG NJW 94, 1078; *Lackner/Kühl/Heger*, § 263 Rn 10; M/R-*Saliger*, § 263 Rn 47; S/S-*Perron*, § 263 Rn 17c.
81 BGH NStZ-RR 20, 213 mit Anm. *Hecker*, JuS 20, 895 und Bespr. *Hagedorn*, HRRS 21, 121.
82 *Cornelius*, NZWiSt 12, 259.
83 Näher *Graul*, JZ 95, 595; zur Regel wie zu Ausnahmen s. auch BGH NStZ 10, 88, 89 mit Bespr. *Bosch*, JA 10, 153 (Krebsheilmittel); OLG München wistra 10, 37 mit Bespr. *Kudlich*, JA 10, 70 (Scherenschleifer); zum Betrug auf dem Kunstmarkt s. *Kinzig*, Heinz-FS S. 124 ff.
84 *Hillenkamp*, JuS 97, 221 mwN; *Pawlik*, Das unerlaubte Verhalten beim Betrug, 1999, S. 87.
85 LG Frankfurt wistra 00, 72, 73.
86 Zutr. *Erb*, ZIS 11, 372 ff; *Garbe*, NJW 99, 2869; *Geisler*, NStZ 02, 86, 89; missverständlich BGHSt 47, 1, 4 (s. dazu schon Rn 590 und A/W-*Heinrich*, § 20 Rn 49a).
87 BGH NStZ 97, 186; OLG Frankfurt NStZ 97, 187; diff. *Garbe*, NJW 99, 2868; abl. *Geisler*, NStZ, 02, 86, 89; BGH wistra 14, 439, 440 erstreckt den Schutz dagegen auch auf **Unternehmer**; ebenso BGH NStZ-RR 16, 341, 344; in der Tendenz wie hier A/R/R-*Kölbel/Neßeler*, 8.1 Rn 48.
88 S. Fallbesprechung bei *Bock*, WV-BT2, S. 132 ff und *Kudlich*, PdW BT I S. 72 f.

§ 305c BGB[89] als daraus herleiten, dass der Täter die **Behauptung wahrer Tatsachen**[90] planmäßig einsetzt und damit unter dem Anschein äußerlich verkehrsgerechten Verhaltens gezielt die Schädigung des Adressaten verfolgt, die Irrtumserregung also nicht bloße Folge, sondern Zweck der Handlung ist.[91] Wäre das maßgeblich, bestünde kein Grund, zwischen kaufmännischem und nichtkaufmännischem Verkehr zu unterscheiden.[92] Dient die Einreichung einer **Lastschrift** dem Bankkunden nicht wie üblich als Instrument des bargeldlosen Zahlungsverkehrs, sondern der Kreditbeschaffung, ist die Vorlage der Lastschrift eine konkludente Täuschung über die übliche Verwendung.[93] Ob ein **Rechtsreferendar** bei Antritt seines Referendardienstes konkludent erklärt, er sei nicht gleichzeitig auch in einem anderen Bundesland zugelassen und werde folglich nicht die Rolle eines „doppelten Referendars" einnehmen, ist zweifelhaft, wohl aber eher zu verneinen.[94] Wer in einem Arbeitsverhältnis eine **Tankkarte** erhält, um sein Dienstfahrzeug zu betanken, erklärt bei der Einreichung der entsprechenden Belege, die Karte nur iR des Vereinbarten eingesetzt zu haben. Darauf, es sei **unzumutbar**, den Missbrauch zu offenbaren, kann er sich nicht berufen.[95] Nach den gleichen Maßstäben sind die sich ausbreitenden **„Kostenfallen" im Internet** zu beurteilen, in denen die Gestaltung der Onlineseite bewusst so erfolgt, dass der durchschnittliche Benutzer die Kostenpflichtigkeit des Angebots oder das Eingehen einer Verbindlichkeit nicht erkennt.[96] Anders verhält es sich, wenn eine fremde Kreditkarte, die zur eigennützigen Verwendung vom Kreditkartenin-

---

89 S. dazu *Eisele*, BT II Rn 526; *Geisler*, NStZ 02, 88; vgl auch *Kasiske*, GA 09, 360, der den richtigen Ausgangspunkt der Informationslast und -obliegenheit durch die Bezugnahme auf die Viktimodogmatik (S. 367) unnötig der gegen sie vorzubringenden Kritik aussetzt; s. dazu auch die Absage an die Viktimodogmatik durch BGHSt 59, 195 = BGH NJW 14, 2054, 2055 f mit insoweit zust. Anm. *Bosch*, JK 11/14, StGB § 263/106.

90 *Schröder*, Peters-FS 1974 S. 153; deshalb Täuschung bezweifelnd *Joecks/Jäger*, § 263 Rn 50; krit. auch *Paschke*, Der Insertionsofferrtenbetrug, 2006, S. 105 ff; zur Täuschung mit wahren Tatsachen s. auch *S. Peters*, Betrug und Steuerhinterziehung trotz Erklärung wahrer Tatsachen, 2010 und *Weng*, GA 23, 692 ff.

91 So aber BGHSt 47, 1, 5 mit iE zust. Bespr. von *Loos*, JR 02, 77; *Otto*, Jura 02, 607; *Rose*, wistra 02, 13; BGH wistra 01, 386, 387; BGH wistra 04, 103, 104 mit Anm. *H. Schneider*, StV 04, 537; BGH wistra 14, 439, 440 (auch gegenüber Unternehmern); wie hier krit. zur Rspr. M/R-*Saliger*, § 263 Rn 34. Zur Übertragung dieser These auf den sog. **Ping-Anruf-Fall** (Auslösen des kostenpflichtigen Rückrufs auf einer Mehrwertdienstenummer) s. OLG Oldenburg wistra 10, 453, 454 f mit Bespr. *Jahn*, JuS 10, 1119 und die die Verurteilung durch das LG Osnabrück CR 13, 581 bestätigende Entscheidung BGHSt 59, 195 = BGH NJW 14, 2054 mit Anm. *Cornelius* (neben Täuschung und Irrtum dort auch zur Stoffgleichheit) sowie die Falllösungen bei *Kudlich*, PdW BT I S. 74; *Ladiges*, JuS 12, 54; s. dazu auch *Bosch*, JK 11/14, StGB § 263/105; *Brand/Reschke*, NStZ 11, 379; *Eiden*, Jura 11, 863; *Erb*, ZIS 11, 368; *Jahn*, JA 14, 630; *Jahn*, JuS 14, 848; *Kölbel*, JuS 13, 193; zw. AnK-*Gaede*, § 263 Rn 33; krit. *Scheinfeld*, wistra 08, 169; *Schuhr*, ZWH 14, 347; *Zöller*, ZJS 14, 577; aus gemeinschaftsrechtlicher Sicht *Dannecker*, ZStW 117 (2005), 713; s. auch *Hoffmann*, GA 03, 610, 616 f, der stattdessen neben dem täuschenden Gesamteindruck die Inanspruchnahme von aus einer aktuellen Geschäftsbeziehung stammendem Vertrauen fordert; für *Rath*, Gesinnungsstrafrecht, 2002, S. 7 ff, 51 f handelt es sich bei der Begründung des BGH um Kriminalunrecht nicht begründendes Gesinnungsunrecht; diese von *Paschke*, Der Insertionsofferrtenbetrug, 2006, S. 84 relativierte Kritik mündet in den diskussionswürdigen Vorschlag, eine konkludente Täuschung über den Gedanken der protestatio facto contraria zu entwickeln, S. 179 ff.

92 Für Täuschung in beiden Fällen BGH wistra 04, 103, 104 mit Hinweis auf die Erledigung solcher Schreiben durch (nichtkaufmännisches) Büropersonal; OLG Frankfurt NStZ-RR 02, 47; NJW 03, 3215, 3216; *Eisele*, BT II Rn 526; Fischer-*Fischer*, § 263 Rn 28a; *Geisler* NStZ 02, 89; G/J/W-*Dannecker*, § 263 Rn 39; *Rengier*, BT I § 13 Rn 1 f; *Schmidt*, BT II Rn 538; *H. Schneider*, StV 04, 539; SK-*Hoyer*, § 263 Rn 50; S/S/W-*Satzger*, § 263 Rn 35; *Zöller*, BT Rn 128; krit. zur Begründung des BGH auch *Baier*, JA 02, 366; *Krack*, JZ 02, 613; M/S/M-*Momsen*, BT I § 41 Rn 42; *Pawlik*, StV 03, 297; offen BK-*Beukelmann*, § 263 Rn 16; *Wittig*, § 14 Rn 25.

93 BGHSt 50, 147, 155; BGH NStZ 07, 647; s. dazu auch OLG Hamm wistra 12, 161, 163 f; Falllösung bei *Fahl*, JuS 12, 1104.

94 OLG Saarbrücken NJW 07, 2868, 2869, das auch zu Recht eine Täuschung durch Unterlassen verneint (s. Rn 568); abw. *Fahl*, Jura 08, 455; *Kudlich*, JA 08, 74; Fallaufbereitung bei *Sengbusch*, Jura 09, 310.

95 OLG Celle NStZ 11, 218, 219.

96 S. dazu klärend *Eisele*, NStZ 10, 193; *Erb*, ZIS 11, 368; ferner Fischer-*Fischer*, § 263 Rn 28b ff; M/R-*Saliger*, § 263 Rn 55; Falllösung bei *Ladiges*, Jura 13, 844; zu parallelen Strukturen in **Smartphone-Nutzer** betreffende sog. **„WAP-Billing"-Fällen** s. *Gaßner/Strömer*, NJW 16, 2529; *dies.*, HRRS 17, 110; *Wegner*, NStZ 16, 455.

haber an einen Dritten gegeben wird, nach dem Tod des Kreditkarteninhabers verwendet wird. Diejenigen, denen die Kreditkarte vorgelegt wird, machen sich angesichts der Verpflichtung des Kreditkartenunternehmens zur Zahlung keine Gedanken über die Berechtigung.[97] Gleiches gilt für die Bezahlung mit einer ec-Karte im POS-System (vgl. auch Rn 739 zu § 263a).[98] Mangels Vermögensbetreuungspflicht ist auch § 266 nicht einschlägig, und idR mangels Manifestation eines Zueignungswillens ebensowenig § 246.

Rechtsprechungsbeispiel: Um einen solchen Fall ging es in dem Beschluss des **OLG Frankfurt a.M. in NJW 11, 398** mit Anm. *Hansen* und Bespr. von *Bosch* JK 6/11, StGB § 263/90; *Brammsen/Apel*, WRP 11, 1254; *Buchmann/Majer*, CR 11, 190; *Eisele*, MMR 11, 273; *Erb*, ZIS 11, 368; *Hatz*, JA 12, 186; *Hecker*, JuS 11, 470; *Hövel*, GRUR 11, 253. Hier hatten die Angeschuldigten ihre Websites bewusst so gestaltet, dass die Kostenpflichtigkeit des Besuchs der Seite und der Vertragsschluss über ein Abonnement, die für einen „durchschnittlich informierten und verständigen Verbraucher als Nutzer" nicht erwartbar waren, entgegen § 1 I 1, IV 2 der Preisangabenverordnung weder „leicht erkennbar" noch „deutlich lesbar oder sonst gut wahrnehmbar" und dem „Angebot" auch nicht „eindeutig zuzuordnen" gewesen sind. In diesem Fall des „Täuschens mit wahren Tatsachen" folgte das OLG zur Begründung der *konkludenten* Täuschung ua der eben zitierten Entscheidung BGHSt 47, 1, 5, wenn es betont, das „Ziel des Internetauftritts" habe einzig darin bestanden, „Verbraucher über die Vergütungspflicht in die Irre zu führen und diesen Irrtum wirtschaftlich auszunutzen." Auch hier lässt sich – wie die Entscheidung BGH NJW 14, 2595, die den dem OLG-Beschluss auch zugrunde liegenden Fall der Abo-Falle bezüglich eines **Routenplaners** betrifft, zeigt – das richtige Ergebnis zur Täuschung besser aus der dem Anbieter nach der Preisangabenverordnung eindeutig aufgebürdeten Informationslast herleiten (S. 2596), als daraus, dass die Irrtumserregung hier nicht bloße Folge, sondern Zweck der Handlung ist (zur Zweifelhaftigkeit dieser Begründung s. Rn 568). Zudem ändert eine „Leichtgläubigkeit des Opfers" nichts am Vorliegen von Täuschungs(absicht) und Irrtum.

Deutlicher als zuvor wurden in dieser Entscheidung viktimodogmatische Einschränkungsversuche des Opferschutzes iE mit Recht (s. dazu Rn 586) zurückgewiesen, und das unter Berücksichtigung der **Richtlinie 2005/29/EG** über unlautere Geschäftspraktiken im binnenmarktinternen Geschäftsverkehr zwischen Unternehmen und Verbrauchern (s. dazu auch trotz Kritik am vom BGH eingeschlagenen Weg *Cornelius*, NStZ 15, 310 ff). Die gegenteilige Ansicht, nach der bei der gebotenen richtlinienkonformen Auslegung das der Richtlinie zugrunde liegende **Leitbild** eines verständigen und aufmerksamen **Verbrauchers** dazu zwinge, eine betrugsrelevante Täuschung nur anzunehmen, wenn sie geeignet ist, eine informierte, aufmerksame und verständige Person zu täuschen, weist der BGH zurück. Zum einen habe ein hohes Verbraucherschutzniveau anstrebende Richtlinie nicht den Zweck, das durch § 263 gewährleistete herkömmliche nationale Schutzniveau dadurch abzusenken, dass irreführende Geschäftspraktiken, die (allein) dazu dienen, den Verbraucher durch gezielte Täuschung an seinem Vermögen zu schädigen, straffrei gestellt würden, wenn sie auf die Täuschung unterdurchschnittlich aufmerksamer und verständiger Verbraucher gerichtet sind. Und zum anderen sei ohnehin nicht generalisierend auf den Idealtypus eines besonders aufmerksamen und gründlichen Verbrauchers, sondern differenzierend auf das „durchschnittliche Mitglied" der „Gruppe von Verbrauchern" abzustellen, an die sich die jeweilige Geschäftspraxis richtet. Das sei hier der durchschnittliche **Internetnutzer**, der sich im „auf schnelle Botschaften und schnelle Abschlüsse gerichteten" Internetverkehr durch eine gewisse Leichtgläubigkeit auszeichne. Wer das zur Täuschung bewusst ausnutze, dessen Handeln werde vom Schutzzweck der Richtlinie erfasst (BGH NJW 14, 2597 f, 2598; BGH wistra 14, 439, 441 stimmt diesem Argumentationsmodus für den Fall eines wie eine Rechnung wirkenden Angebotsschreibens zu).[99] Zur Unerheblich-

---

97 OLG Hamm NStZ-RR 15, 213, 214.
98 OLG Hamm, NStZ 20, 673 mit Bespr. *Göhler*, JR 21, 10 (*Abwicklung mittels NFC-Technologie*); Fischer-*Fischer*, § 263 Rn 59.
99 Zur viktimodogmatischen Bedeutung der ersten BGH-Entscheidung s. *Hillenkamp*, Müller-Graff-FS S. 180; zust. *Erb*, Müller-Graff-FS S. 194; krit. Anm. und Bespr. bei *Cornelius*, StraFo 14, 276; *Hecker*, JuS 14, 1043; *Hecker/H.-F. Müller*, ZWH 14, 329; *Heger*, HRRS 14, 467; *Krack*, ZIS 14, 536;

keit des Fehlens des Verfügungsbewusstseins, zur Unmittelbarkeit und zum Vermögensschaden trotz Anfechtbarkeit nach § 123 BGB finden sich zutreffende Ausführungen in der Entscheidung des OLG Frankfurt a.M. Der BGH geht noch genauer auf die Begründung des Vermögensschadens für den Fall ein, dass die versprochene Leistung – das dreimonatige Abonnement des Routenplaners – möglicherweise ihren Preis von 59,95 € wert war. Trotz wirtschaftlicher Ausgeglichenheit soll dann der Schaden nach der Lehre vom individuellen Schadenseinschlag (s. dazu Rn 657 ff) darin liegen, dass die Gegenleistung für die getäuschten Nutzer „subjektiv sinnlos und daher wertlos" gewesen sei, weil „im Internet jederzeit zahlreiche kostenlose Routenplaner verfügbar" sind und weil deshalb das erworbene Abonnement auch nicht ohne Weiteres und in zumutbarer Weise – etwa durch Weiterverkauf – in Geld umzusetzen ist. – Da sich damit die Auffassung des OLG Frankfurt a.M. (s. auch LG Hamburg CR 12, 544) zur Strafbarkeit durchgesetzt hat, machen sich auch die sog. *„Inkasso-Anwälte"*, die die Forderungen der Täter eintreiben, wegen Beihilfe zum Betrug strafbar, s. dazu *Hillenkamp*, Müller-Graff-FS S. 186 f; AG Marburg MMR 10, 329, AG Osnabrück CR 11, 201 mit Anm. *Majer*; *Erb* ZIS 11, 378.

Bei der Lösung nach dem 1.8.2012 geschehenen Fälle ist die mit diesem Tag in Kraft getretene sog. **Buttonlösung** in § 312g II–IV BGB zu beachten, die das Zustandekommen eines Vertrags im elektronischen Geschäftsverkehr davon abhängig macht, dass dem Nutzer die Zahlungspflichtigkeit der abgerufenen Leistung klar und verständlich (s. dazu § 312j III 2 BGB; *Fervers*, NJW 16, 2289 ff) vor Augen geführt wird. Eine vertragliche Verpflichtung zur Zahlung des Entgelts kommt hiernach nicht zustande, wenn § 312g II–IV BGB nicht beachtet oder umgangen werden. Wer als Seitenbetreiber gleichwohl zur Zahlung auffordert, täuscht daher noch eindeutiger als zuvor; wer als Anwalt die Eintreibung unternimmt, leistet Beihilfe zum Betrug. Da in solchen Fällen kein widerruflicher oder anfechtbarer, sondern überhaupt kein Vertrag zustande kommt, erleidet nur der Nutzer einen Schaden, der das zu Unrecht beanspruchte Entgelt bezahlt.[100]

Dem Verschweigen einer (geplanten) Manipulation des Vertragsgegenstandes im Sportwettenfall hat der BGH im Hinblick auf die konkludente Täuschung den Fall gleichgestellt, in dem der Täter mehrere **Lebensversicherungen** in der Absicht abschloss, den Eintritt des Versicherungsfalls mittels durch Bestechung erlangter unrichtiger Urkunden vorzutäuschen. Miterklärter Inhalt eines Antrags auf Abschluss einer Lebensversicherung soll es hiernach sein, dass „keine vorsätzliche sittenwidrige Manipulation des Vertragsgegenstandes" geplant, sondern ein vertragstreues Verhalten gewollt sei.[101] In dieser Auslegung sieht das BVerfG zu Recht keinen Verstoß gegen Art. 103 II GG.[102] Zu Täuschung und Irrtum nicht anders zu entscheiden ist schließlich der Fall, in dem der Täter Lebensmittel mit noch nicht **abgelaufenem Haltbarkeitsdatum** in einem Supermarkt versteckt und sie nach Ablauf des Datums vorlegt, um die für einen solchen „Fund" **ausgelobte Prämie** zu erhalten.[103]

569

Majer/Buchmann, NJW 14, 3342; *N. Müller*, NZWiSt 14, 393; *Rengier*, K.-H. Fezer-FS, 2016, S. 365 ff; *Rönnau/Wegner*, JZ 14, 1064; *v. Heintschel-Heinegg*, JA 14, 790; *Schramm*, BT II § 7 Rn 64 ff.

100 S. dazu *Boos/Bartsch/Volkamer*, CR 14, 11; zur zivil- und strafrechtlichen Lage nach dem 1.8.2012 s. *Kliegel*, JR 13, 389; zur denkbaren **Strafbarkeit des Inkasso-Anwalts** in einem erpressungsnahen (Nötigungs-)Fall nach § 240 oder auch § 253 unter besonderer Berücksichtigung des Abs. 2 s. BGH NJW 14, 401 mit Anm. *Tsambikakis*; *Beckemper*, ZJS 14, 210; *Becker*, NStZ 14, 154; *Bosch*, JK 4/2014, StGB § 240/26; *v. Heintschel-Heinegg*, JA 14, 313; *Schuster*, NZWiSt, 14, 64; s. auch *Bülte*, NZWiSt 14, 41; *Roxin*, StV 15, 447.

101 BGHSt 54, 69, 121 (Al Qaïda) mit Anm. *Joecks*, wistra 10, 179; Fallbespr. bei *Bock*, WV-BT2, S. 118 ff.

102 BVerfG wistra 12, 102, 104 f mit insoweit zust. Bespr. *Bosch*, JK 7/12, StGB § 263/97; *Jahn*, JuS 12, 266; *Kudlich*, JA 12, 230.

103 OLG München NJW 09, 1288 mit Bespr. *Kudlich*, JuS 09, 467; *Kraatz*, Geppert-FS S. 269, 271 ff.

5. Täuschung durch Unterlassen

570 Eine **Täuschung** ist nicht nur durch aktives (ausdrückliches oder schlüssiges) Tun,[104] sondern nach zutreffender und hM auch durch **Unterlassen** möglich.[105] Voraussetzung dafür ist nach § 13 StGB, dass der Unterlassende **im Stande** und als **Garant rechtlich verpflichtet** ist,[106] die Entstehung oder Fortdauer eines Irrtums mit seinen vermögensschädigenden Konsequenzen zu verhindern. Außerdem muss sein Untätigbleiben dem sozialen Sinngehalt nach einer Täuschung durch aktives Tun entsprechen (= sog. *Entsprechensklausel* in § 13 I Halbsatz 2).[107] Das Nähere dazu ist den allgemeinen Regeln der **unechten Unterlassungsdelikte** zu entnehmen.[108] Als rechtswidriges Vorverhalten, das eine Garantenstellung aus Ingerenz auslösen kann, kommt nicht nur objektiv täuschendes Verhalten, sondern zB auch eine Veruntreuung in Betracht.[109] Allein, dass ein an sich nicht rechtswidriges Vorverhalten auf einen späteren Betrug abzielt, kann aber richtigerweise keine Ingerenz auslösen, denn sonst würden die Grenzen der Strafbarkeit durch bloße Gesinnung verschoben.[110]

571 In **Übungsarbeiten** ist es ratsam, auch bei einem durch Unterlassen verübten Betrug die Prüfung mit dem täuschenden Verhalten und dem Irrtum zu beginnen (und nicht mit dem Schaden als dem Erfolg). Hier ist zu fragen, ob der Täter zur Verhinderung oder zur Beseitigung des Irrtums als Zwischenerfolg kraft einer Garantenstellung verpflichtet war. Da für einen **Betrug durch Unterlassen** nur Raum bleibt, wo nicht bereits eine Täuschung durch *aktives Tun* vorliegt, ist bei Erörterung der Täuschung gegebenenfalls *zuvor* diese Möglichkeit zu erörtern.[111]

572 Die die **Garantenstellung** begründende Garantenpflicht muss in Form einer **Aufklärungspflicht**[112] bestehen. Es genügt also keine allgemeine Erfolgsabwendungspflicht,

---

104 Vgl. BGHSt 47, 1, 3 f; BGHSt 51, 165 (Rn 19 ff); eingehend und kritisch zur Einordnung konkludenten Handelns mwN *Bung*, GA 2012, 354 ff; zum Problem der Interpretation des Verhaltens *Kraatz*, Geppert-FS, S. 269, 272 ff.
105 Vgl BGHSt 39, 392, 398; BayObLG NJW 87, 1654 mit Anm. *Hillenkamp*, JR 88, 301; *Maaß*, Betrug verübt durch Schweigen, 1982; **aA** *Grünwald*, H. Mayer-FS S. 281, 291; *Naucke*, Zur Lehre vom strafbaren Betrug, 1964, S. 214; dagegen *Ranft*, Jura 92, 67; zur damit notwendigen Abgrenzung zwischen Tun und Unterlassen s. *Heghmanns*, Rn 1343 f; krit. zu dieser Aufgabe *Wittig*, Das tatbestandsmäßige Verhalten des Betrugs, 2005, S. 251 ff, die iE bei Bestehen eines der Garantenstellung entsprechenden „Sorgeverhältnisses" gegenüber dem Betrugsopfer aber auch zur Täuschung gelangt, S. 382, 384 ff; für „passives Tun" als dritte Handlungsform *Streng*, ZStW 122 (2010) 1, 18.
106 Zur Rückwirkung einer Pflicht und dem Bestimmtheitsgrundsatz, s. BGH NStZ-RR 17, 282.
107 BGH NJW 17, 2052 mit Anm. *Brand*; *Becker*, NStZ 17, 531; *Ceffinato*, JR 17, 539; *Ladiges*, WuB 17, 475; BGH wistra 17, 437; s. hierzu näher *Hillenkamp*, Anm. JR 88, 303; *Krey/Hellmann/Heinrich*, BT II Rn 582 f; LK-*Tiedemann*, § 263 Rn 73 f; S/S/W-*Satzger*, § 263 Rn 117; nach *Kargl*, ZStW 119 (2007), 281 bleiben hierdurch nur zwei Fallgruppen für einen Betrug durch Unterlassung übrig; *Roxin*, AT II § 32 Rn 230 lehnt die Anwendung der Entsprechensklausel auf den Betrug ab; nach M/R-*Saliger*, § 263 Rn 67, 69 kommt ihr nur eine *restriktive* Wirkung bei der Annahme einer Garantenstellung zu.
108 Vgl *Lackner/Kühl/Heger*, § 263 Rn 12; LK-*Tiedemann*, § 263 Rn 53 ff; *Wessels/Beulke/Satzger*, AT Rn 1158, 1170 ff; BGH NJW 00, 3013, 3014; abw. *Frisch*, Herzberg-FS S. 744 ff.
109 BGH NJW 17, 2052 mit Anm. *Brand*; *Becker*, NStZ 17, 531; *Ceffinato*, JR 17, 539; *Ladiges*, WuB 17, 475 mit Nachw. zu dieser Forderung in der Lit.; BGH wistra 17, 441.
110 Noch offen gelassen von BGHSt 59, 68 mit Anm. *Trüg*, NStZ 14, 157; *Trück*, ZWH 14, 235 (Beantragung eines Mahn- und Vollstreckungsbescheids im automatisierten Verfahren, s. dazu auch Rn 735); zu Recht abl. *Hillenkamp*, Otto-FS S. 287 ff mwN.
111 Vgl *Mitsch*, BT II S. 265; *Runte*, Jura 89, 128; s. dazu auch BGH NJW 07, 782, 785 und – mit einem Beispiel aus der Rspr. – *Putzke*, ZJS 16, 787.
112 Einen anderen Ansatz vertritt *Seibert*, Die Garantenpflichten beim Betrug, 2007. Hiernach bezieht sich die Garantenpflicht ausschließlich auf das Vermögen (S. 157 ff), während die Aufklärungspflicht wesentliche Voraussetzung der Entsprechensklausel ist und eine Garantenpflichtqualität daher nicht aufweisen muss (S. 271 ff); nach *Frisch*, Herzberg-FS S. 744 ff, 750 ff ist eine von der Garantenpflicht zu unterscheidende Wahrheitspflicht ausschlaggebend.

sondern sie muss auf einen Kommunikationsakt gerichtet sein; typischerweise ist das aber auch von Erfolgsabwendungspflichten umfasst. Als Grundlage einer solchen Pflicht wird nach der hergebrachten formellen Pflichtenlehre[113] zunächst das **Gesetz** selbst herangezogen (vgl § 666 BGB für die Auskunftspflicht des Beauftragten, § 60 I 1 SGB I für die Pflicht des Empfängers von Sozialleistungen zur Mitteilung von Änderungen der leistungserheblichen Verhältnisse,[114] § 12 II EigZulG für die Pflicht gegenüber dem Finanzamt, Änderungen der Verhältnisse mitzuteilen, die zu einer Minderung oder dem Wegfall der Eigenheimzulage führen,[115] § 138 ZPO für die Wahrheitspflicht der Parteien im Zivilprozess usw). Offenbarungspflichten können sich hiernach ferner aus einem **pflichtwidrigen Vorverhalten**,[116] aus einem vertraglich oder außervertraglich begründeten **besonderen Vertrauensverhältnis**[117] und nach wohl noch hM in eng begrenzten Ausnahmefällen auch unmittelbar aus dem Grundsatz von **Treu und Glauben** ergeben.[118]

Während gegen die Herleitung einer Garantenpflicht aus § 242 BGB auf Grund unsicherer Begrenzungen schon das Bestimmtheitsgebot streitet, liegt die allgemeine **Gefahr solcher Aufreihungen** in der Vernachlässigung des in der neueren Lehre entwickelten *materiellen* Garantengedankens.[119] Hiernach ist zur Überwachung bestimmter Gefahrenquellen oder zur Verteidigung bestimmter Rechtsgüter nur derjenige verpflichtet, der das Geschehen tatsächlich beherrschen kann und für die Abwendung des Schadens am Rechtsgut in so besonderer Weise rechtlich einzustehen hat, dass sich die übrigen Beteiligten auf sein schadenabwendendes Verhalten verlassen und verlassen dürfen.[120] Für Letzteres ist beim Betrug maßgeblich, dass der die Aufklärung Unterlassende auf Grund

573

---

113 S. *Wessels/Beulke/Satzger*, AT Rn 1179; s. auch die Aufreihung bei *Eisele*, BT II Rn 537 ff; Fischer-*Fischer*, § 263 Rn 40–51; *Hilgendorf/Valerius*, BT II § 7 Rn 38 ff; HK-GS/*Duttge*, § 263 Rn 18 ff; NK-WSS-*Heger/Petzsche*, § 263 Rn 48 ff; *Wittig*, § 14 Rn 39 ff; *Zöller*, BT Rn 137.
114 S. dazu – auch bei Gefahr der Aufdeckung einer Straftat – OLG Düsseldorf NStZ-RR 12, 210 mit krit. Anm. *Bringewat*, StraFo 12, 372; *Mandla*, NZWiSt 12, 353; OLG Köln NStZ 03, 374; HansOLG Hamburg, wistra 04, 151 (Arbeitslosengeld) mit Anm. *Peglau*, wistra 04, 316; OLG München NStZ 09, 156; OLG Köln NStZ-RR 10, 79, 80; abl. *Bohnert*, NJW 03, 3611 (BAföG); *Bringewat*, NStZ 11, 131 (Sozialleistungsbetrug). Zudem ist umstritten, ob sich auch aus **§ 60 I 2 SGB I** eine Garantenstellung ergibt (für Dritte, die nicht in das Sozialleistungsverhältnis einbezogen sind, zB vom Todesfall). Dies bejahen generell OLG Braunschweig NStZ 15, 520 (Rentenzahlung an Verstorbenen); S/S/W-*Satzger*, § 263 Rn 94. Bessere Gründe sprechen für eine Garantenstellung erst ab Einleitung des Erstattungsverfahrens nach **§ 18 SGB X**: KG StV 13, 513 mit krit. Anm. *Zehetgruber*, NZWiSt 14, 67; OLG Naumburg NStZ 17, 293, 294; *Floeth*, NZS 13, 189; S/S-*Perron*, § 263 Rn 21. Diese Frage lässt BGH wistra 18, 481 offen, da dort bereits eine analoge Anwendung des **§ 60 I 2 SGB I** auf das Beamtenrecht verneint wurde.
115 S. dazu *Kudlich*, JA 13, 551 zu BGH wistra 13, 270.
116 BGHSt 54, 44, 47; BGH NJW 16, 2052 mit Anm. *Becker*, NStZ 17, 531; *Ceffinato*, JR 17, 539; *Ladiges*, WuB 17, 475; BGH wistra 17, 437; OLG Stuttgart NJW 69, 1975.
117 Vgl BGH NJW 81, 1231; BGH GA 1965, 208; BGH wistra 16, 488 mit Anm. *Brand*, ZWH 17, 254; BGH NJW 17, 2052 mit o.a. Anm.; BGH wistra 17, 437; in einem Zivilrechtsstreit so BGH wistra 15, 112, 114.
118 Näher BGHSt 6, 198, 199; 39, 392, 398; BGH NJW 97, 1439; BayObLG NJW 87, 1654 mit krit. Anm. *Hillenkamp*, JR 88, 301 und *Otto*, JZ 87, 626; *Jäger*, BT Rn 487; NK-*Kindhäuser*, § 263 Rn 163; s. dazu auch A/R/R-*Kölbel/Neßeler*, 8.1 Rn 57; *Hellmann*, JA 88, 73; *Klesczewski*, BT § 9 Rn 42; *Lackner/Kühl/Heger*, § 263 Rn 14; *Rengier*, JuS 89, 802; *Seier*, NJW 88, 1617.
119 S. hierzu SK-*Rudolphi*, § 13 Rn 21 f; LK-*Tiedemann*, § 263 Rn 53; relativierend MK-*Hefendehl*, § 263 Rn 250 ff; Anklänge hieran bei KG StV 13, 514 f; wie hier S/S/W-*Satzger*, § 263 Rn 89; im Ausgangspunkt jetzt auch BGH NJW 17, 2052; *Ceffinato*, JuS 17, 404 (Garantenpflicht eines Internetplattformbetreibers); BGH wistra 17, 437.
120 Zutr. OLG Celle NStZ-RR 10, 207, 208 unter Berufung auf BGHSt 39, 392; OLG Bamberg wistra 12, 279, 280 f mit Bespr. von *Beckemper*, ZJS 12, 697; *Satzger*, JK 3/13, StGB § 263 I/99; *Waßmer/Kießling*, NZWiSt 12, 313. Im Ausgangspunkt auch BGH NJW 14, 3669, 3670 mit krit. Anm. *Johnigk* und *Bringewat*, StV 16, 462; zust. *Bosch*, Jura (JK) 15, S. 221, § 263 StGB; *Hecker*, JuS 15, 1133; *Kudlich*, JA 15, 74.

einer besonders begründeten Einstandspflicht gerade für das Vermögen[121] mit der durch die Eingriffsweise bedingten Beschränkung auf die verfügungs- und vermögensbezogene Irrtumsfreiheit garantiert.[122] Dabei ist zu berücksichtigen, dass das Orientierungs- und Aufklärungsinteresse nach sozialer Übereinkunft und den Gepflogenheiten des Geschäftsverkehrs auch beim irrenden Opfer liegen kann.[123] Daher geht es zu weit, *jede* Vertragsbeziehung als ausreichende Grundlage für die Bejahung von Aufklärungspflichten anzusehen[124] oder aus § 242 BGB eine *generelle* Offenbarungspflicht ableiten zu wollen.[125] Andererseits bedeutet das Fehlen einer Vermögensbetreuungspflicht iS des § 266 angesichts der andersartigen Schutzrichtung nicht ohne Weiteres, dass auch keine Aufklärungspflicht besteht.[126] Wer Verträge schließt, bei denen jeder Teil seine Interessen und seinen Vorteil zu wahren sucht, darf nicht erwarten, dass sein Partner ihm das verkehrsübliche Geschäfts- und Orientierungsrisiko durch Aufdeckung all dessen abnimmt, was sich für ihn ungünstig auswirken könnte. Die **Rechtspflicht** zur Aufklärung kann sich hier von vornherein nur auf Umstände beziehen, die für die Willensentschließung des anderen erkennbar von **wesentlicher Bedeutung** sind.

574 Des Weiteren müssen im Einzelfall Besonderheiten vorliegen, die ein Verschweigen dieser Umstände als eine nach Sozialüblichkeit und Gepflogenheit des redlichen Geschäftsverkehrs unzulässige Überbürdung des Orientierungs- und Aufklärungsrisikos und nicht nur als moralisch anstößiges Verhalten erscheinen lassen. Dafür ist die Gefahr eines besonders großen Schadens, eines übereilten Entschlusses durch einen geschäftlich ganz Unerfahrenen oder gar das Bestehen besonderer Beziehungen im „zwischenmenschlichen Bereich" je für sich kein hinreichender Grund.[127] Auch ist von *geschäftlich erfahrenen* Personen wie Kaufleuten (nicht dagegen von durch einen Todesfall unmittelbar betroffenen Bürgern)[128] zu erwarten, dass sie ein *kaufmännisches Schreiben* nicht als Rechnung missdeuten, sondern als Vertragsangebot erkennen.[129] Dagegen hat nach diesen Maßstäben die Rechtsprechung den Verkäufer eines **Gebrauchtwagens** mit Recht für verpflichtet gehalten, den Kaufinteressenten auch ungefragt darauf hinzuweisen, dass es sich bei dem Kaufobjekt um ein sog. „Unfallfahrzeug" handelt.[130] Auch kommen Offenbarungspflichten dann in Betracht, wenn die Vertragsanbahnung erkennbar mit der Erwartung einer fachkundigen Beratung verbunden ist oder wenn das Vertragsverhältnis

---

121 Nur insoweit übereinst. der Ansatz von *Seibert*, Die Garantenpflichten beim Betrug 2007, S. 177 ff; zutr. OLG Saarbrücken NJW 07, 2868, 2869 ff, das eine Garantenstellung des „doppelten Referendars" deshalb zu Recht verneint; zust. daher *Kargl*, wistra 08, 123; Fallaufbereitung bei *Sengbusch*, Jura 09, 311.
122 S. zu diesem Ansatz auch AnK-*Gaede*, § 263 Rn 41; A/W-*Heinrich*, § 20 Rn 44; Fischer-*Fischer*, § 263 Rn 39; G/J/W-*Dannecker*, § 263 Rn 64.
123 BGHSt 39, 392, 398; OLG Stuttgart NStZ 03, 554; LK-*Tiedemann*, § 263 Rn 30, 68, 74; *Pawlik*, Lampe-FS S. 689, 696 ff, 702 f, 705 f; S/S/W-*Satzger*, § 263 Rn 89, 91 ff.
124 BGH NStZ 10, 502.
125 *Krey/Hellmann/Heinrich*, BT II Rn 579; M/R-*Saliger*, § 263 Rn 86; *Rengier*, BT I § 13 Rn 31; *Schramm*, BT II § 7 Rn 38. Auch die Meldepflicht nach § 54e UrhG gegenüber der Verwertungsgesellschaft genügt nicht, LG München GRUR-RR 18, 7 mit Anm. *Verweyen*.
126 AA *Lüderssen*, Kohlmann-FS S. 177; *Seelmann*, NJW 81, 2132; wie hier G/J/W-*Dannecker*, § 263 Rn 62; M/R-*Saliger*, § 263 Rn 66, *Pawlik*, Das unerlaubte Verhalten beim Betrug, 1999, S. 112; SK-*Hoyer*, § 263 Rn 56; S/S/W-*Satzger*, § 263 Rn 87; für eine Beschränkung auf die Verletzung von kommunikativen Verkehrspflichten *Vogel*, Keller-GS S. 313, 322 f.
127 BGHSt 39, 392, 398 ff; OLG Stuttgart NStZ 03, 554; abw. OLG Düsseldorf NJW 87, 854.
128 BGHSt 47, 1 mit abl. Bespr. *Pawlik*, StV 03, 297.
129 BGH NStZ 97, 186; OLG Frankfurt NStZ 97, 187; diff. *Garbe*, NJW 99, 2868; **aA** BGH wistra 04, 103; wistra 14, 439, 440; OLG Frankfurt NStZ-RR 02, 47; NJW 03, 3215; *Geisler*, NStZ 02, 89; s. dazu Rn 563.
130 OLG Nürnberg MDR 64, 693 Nr 93; BayObLG NJW 94, 1078; vgl auch BGH NJW 67, 1222.

gerade dem Zweck dient, den anderen Teil vor Schaden zu bewahren.¹³¹ Werden zur Altersvorsorge in einem sog. „blind pool" eingezahlte Einlagen veruntreut, sind nach dem BGH die Vermittler selbst dann zur Aufklärung der Anleger verpflichtet, wenn sie sich selbst dadurch einem Strafbarkeitsrisiko aussetzen. Dass ihr eigenes pflichtwidriges Vorverhalten schon einen objektiven Täuschungswert aufweist, will das Gericht als Voraussetzung einer Garantenstellung aus Ingerenz nicht verlangen.¹³² Wer aus **Eigenbedarf kündigt**, trägt gegenüber dem gekündigten, aber noch nicht ausgezogenen Mieter das Orientierungsrisiko über den nachträglich entfallenden Grund, Eigenbedarf geltend zu machen, und hat eine dementsprechende Pflicht zur Information.¹³³

Werden **Betrugstaten aus einem Unternehmen heraus** begangen, kommt eine Beteiligung durch Unterlassen durch Personen in Betracht, deren innerbetriebliche Aufgabe es (auch) ist, solche Straftaten zu unterbinden.¹³⁴ Das hat der BGH in einem obiter dictum für sog. „Compliance-Officers" und – entscheidungserheblich – für den Leiter der Innenrevision einer Anstalt des öffentlichen Rechts (Berliner Stadtreinigungsbetriebe) bejaht und damit eine die Pflicht zur Straftatverhinderung auslösende Überwachergarantenstellung angenommen.¹³⁵ Da solchen Personen die (Dritt-)Bereicherungsabsicht idR fehlen wird, ist von Beihilfe auszugehen. Der Streit darum, ob der den Begehungstäter nicht hindernde Garant Täter oder nur Gehilfe ist,¹³⁶ ist dann nicht relevant. 575

Im **Fall 37** stellt sich die Frage, ob A durch sein Schweigen getäuscht hat. Dazu ist zunächst festzustellen, dass in der bloßen Entgegennahme einer Leistung nicht die schlüssige Erklärung liegt, dass sie vom Leistenden geschuldet werde oder dass sie den bestehenden Anspruch nicht übersteige. Hierfür trägt das Orientierungsrisiko der Leistende.¹³⁷ Allerdings war A in der Lage, den **ohne sein Zutun entstandenen** und von ihm in keiner Weise geförderten Irrtum des G durch den Hinweis zu beseitigen, dass er lediglich mit einem 50 €-Schein bezahlt habe. **Rechtlich verpflichtet** war er dazu aber **nicht**, da sich beim Fehlen *besonderer*, den materiellen Garantengedanken begründender *Umstände* aus einem Kaufvertrag alltäglicher Art eine diesbezügliche Aufklärungspflicht nicht herleiten lässt (= schlichtes **Ausnutzen** eines schon bestehenden Irrtums).¹³⁸ Mangels *Garantenstellung* des A fehlt es hier daher auch an einer Täuschung durch pflichtwidriges Unterlassen. A hat lediglich einen ohne sein Zutun entstandenen und seiner Aufklärungslast nicht unterfallenden Irrtum ausgenutzt. Das ist nicht strafbar.¹³⁹ 576

Ebenso ist nach den in BGHSt 46, 196 entwickelten Grundsätzen auch im **Fall 36** zu entscheiden. Die nach Verneinung einer konkludenten Täuschung (s. Rn 564) allein übrig bleibende **Täuschung durch Unterlassen** scheitert hiernach an der **fehlenden Pflicht** des A, die Bank auf die Fehlbuchung und die sich hieraus ergebende Stornierungsmöglichkeit hinzuweisen. Eine

---

131 BGH wistra 20, 459, 461; Näher LK-*Tiedemann*, § 263 Rn 61 ff.
132 BGH NJW 17, 2052 mit Anm. *Becker*, NStZ 17, 531; *Ceffinato*, JR 17, 539; *Ladiges*, WuB 17, 475 mit Nachw. zu dieser Forderung in der Literatur; BGH wistra 17, 437.
133 BayObLG JR 88, 301 mit insoweit zust. Anm. *Hillenkamp*, 303; *Rengier*, BT I § 13 Rn 34; abl. *Hellmann*, JA 88, 80; ihm zust. *Krell*, JR 12, 104; MK-*Hefendehl*, § 263 Rn 297 f; zum Schaden in einem solchen Fall s. *Gericke*, NJW 13, 1636.
134 M/R-*Saliger*, § 263 Rn 81; s. zur *Geschäftsherrnhaftung Beulke*, Geppert-FS S. 23 ff; *Hillenkamp*, in: Engländer ua (Hrsg.), Strafverteidigung – Grundlagen und Stolpersteine, 2012, S. 73 ff; *Roxin*, Beulke-FS S. 239 ff; *Schall*, Rudolphi-FS S. 271 ff; *Schall*, Kühl-FS S. 417 ff.
135 BGHSt 54, 44; ausführlich hierzu *Dannecker/Dannecker*, JZ 10, 981 mit Nachw. zu den zahllosen Stellungnahmen in Fn 65; zur Haupttat in diesem Fall s. BGH JR 10, 172 mit Anm. *Gössel*; Falllösung bei *Vormbaum*, Jura 10, 861; zum Fall insgesamt s. auch *Kudlich/Oğlakcıoğlu*, Rn 232 ff, 239 ff.
136 S. dazu *Hillenkamp/Cornelius*, AT 20. Problem.
137 LK-*Lackner*, 10. Aufl., § 263 Rn 39; OLG München NStZ 09, 156.
138 BGHSt 39, 392, 398; OLG Köln NJW 80, 2366 und JZ 88, 101; OLG Celle NStZ-RR 10, 207, 208.
139 S. *Rengier*, BT I § 13 Rn 21 f; zur Abgrenzung von Versuch und Wahndelikt bei irrig angenommener Garantenstellung/-pflicht s. BGH NStZ-RR 17, 282; LK-*Murmann*, § 22 Rn 265, 307 ff.

Garantenstellung aus Ingerenz scheide aus, weil A die Gefahrenlage nicht herbeigeführt,[140] sondern die versehentliche Gutschrift nur ausgenutzt habe. Aus dem **Girovertrag** (§ 676f BGB) ergebe sich jedenfalls dann keine Aufklärungspflicht, wenn sie nicht konkret vereinbart sei. Auch aus der vom jeweiligen (Zu-)Fall abhängigen Höhe des Schadens will der BGH (an sich zu Recht, s. Rn 574) schließlich nichts anderes herleiten. Ob das allerdings auch für eine **Barabhebung** in Höhe von 5 000 000 € gilt, ist deshalb zweifelhaft, weil dann der Bank anders als bei einer Überweisung (vgl §§ 676g I 1, 676d II 1 BGB) die Möglichkeit einer Schadensabwendung aus der Hand genommen und ihr Verlustrisiko deutlich gesteigert ist. Hier ist der Schutz des generell berechtigten Vertrauens der Bank, dass Buchungsfehler nicht zu derlei einschneidenden (vgl § 263 III 2 Nr 2) und unmittelbaren Schädigungen ausgenutzt werden, jedenfalls erwägenswert.[141]

III. Erregung oder Unterhaltung eines Irrtums

577 Durch die Tatsachenbehauptung muss im Getäuschten ein **Irrtum zurechenbar verursacht** (**erregt** oder **unterhalten**) worden sein.

1. Irrtum

578 **Irrtum** iS des § 263 ist jede unrichtige, der Wirklichkeit nicht entsprechende Vorstellung über Tatsachen. Unrichtig und irrtumsbehaftet kann eine Vorstellung auch dann sein, wenn sie in einem wesentlichen Punkt lückenhaft ist. **Reines Nichtwissen** ohne jede konkrete Fehlvorstellung reicht nach zutreffender Auffassung im Rahmen des § 263 ebensowenig aus wie eine Fehlvorstellung, die nur durch die Veränderung des Gegenstandes, auf den sie sich bezieht, entstanden ist. In solchen Fällen der *ignorantia facti* fehlt es an der dem Betrug wesenseigenen Überlistung,[142]

579 Der **Irrtum** des Getäuschten braucht freilich nicht das Ergebnis eines im Bewusstsein substantiiert ablaufenden Denkprozesses zu sein. Ein unreflektiertes **sachgedankliches Mitbewusstsein**[143] am Rande des Vorstellungsinhalts genügt zur Irrtumsbejahung ebenso wie die **aus bestimmten Tatsachen abgeleitete Vorstellung**, dass in der betreffenden Hinsicht „*alles in Ordnung*" sei.[144] Letzteres trifft beispielsweise für den Schaffner im Zug zu, der auf seine Frage, ob „*noch jemand ohne Fahrkarte*" sei, keine Antwort erhält. Kellner im Restaurant pflegen bei der Entgegennahme von Bestellungen auch ohne „ge-

---
140 Insoweit zweif. *Joerden*, Anm. JZ 01, 615.
141 Abl. aber *Krack*, JR 02, 26; *Ranft*, JuS 01, 857.
142 RGSt 42, 40; KG JR 86, 469; *Küper/Zopfs*, BT Rn 382; LK-*Tiedemann*, § 263 Rn 78; M/S/M-*Momsen*, BT I § 41 Rn 57; S/S-*Perron*, § 263 Rn 36; *Wittig*, § 14 Rn 47, 49; anders OLG Celle MDR 57, 436; A/W-*Heinrich*, § 30 Rn 45 ff; *Rotsch*, ZJS 08, 135; zum Gegensatz beider Meinungen s. S/S/W-*Satzger*, § 263 Rn 127 f; krit. und mit anderer Definition *T. Walter*, Betrugsstrafrecht in Frankreich und Deutschland, 1999, S. 173 ff.
143 BGH BeckRS 13, 01251 Rn 30; BGH NJW 13, 884 mit Anm. *Hecker*, JuS 13, 650; BGHSt 59, 195 = BGH NJW 14, 2054 mit Anm. *Cornelius*; *Bosch*, JK 11/14, StGB § 263/106; *Jahn*, JuS 14, 848; *Schuhr*, ZWH 14, 347; *Sinn*, ZJS 14, 702; zur Beweiswürdigung in solchen Fällen s. BGH NStZ 14, 459, 460 mit Anm. *Trück*, ZWH 14, 473.
144 BGH wistra 06, 421, 424; BGH JR 10, 172, 174 mit Anm. *Gössel*; BGHSt 57, 112; OLG Hamburg NJW 83, 768; AnK-*Gaede*, § 263 Rn 58; *Blei*, BT § 61 III 1; H-H-*Voigt*, Rn 997; LK-*Tiedemann*, § 263 Rn 79; M/R-*Saliger*, § 263 Rn 90; *Seelmann*, NJW 80, 2545, 2550; SK-*Hoyer*, § 263 Rn 65; krit. BK-*Beukelmann*, § 263 Rn 25; Fischer-*Fischer*, § 263 Rn 62; *Frisch*, Herzberg-FS S. 733; *Schramm*, BT II § 7 Rn 54. Zu einem Irrtum der Kunden im **Abgasskandal** *Isfen*, JA 16, 3; krit. *Brand/Hotz*, NZG 17, 978; *Brand*, wistra 19, 169, 173 f.

zieltes Nachdenken" in der Vorstellung zu handeln, dass der Gast zur Barzahlung bereit und im Stande ist. Wer Geld in Empfang nimmt, sieht es als selbstverständlich an, dass man ihm kein Falschgeld anbietet. Auch im Sparkassenverkehr wird der auszahlende Angestellte in aller Regel davon ausgehen, dass der ein Sparbuch Vorlegende zur Verfügung über das Sparguthaben berechtigt ist,[145] nicht aber auch davon, dass der aufgrund einer (Fehl)Überweisung gutgeschriebene Betrag dem Kontoinhaber gegenüber dem Überweisenden zusteht.[146] Im Einzelfall ist das aber **Tatfrage** und durch Beweiserhebung (auch in Massenbetrugsfällen)[147] zu klären.[148]

Rechtsprechungsbeispiel: BGH wistra 14, 97 liegt der einfache Sachverhalt zugrunde, dass ein Angekl. von seinem Schuldner mit gefälschten 200 €-Scheinen im Nennwert von 20 000 € „bedient" worden war. Als er später die Fälschung erkannte, gelang es ihm aufgrund der „hohen Fälschungsqualität", mit 45 Scheinen in verschiedenen Geschäften Waren einzukaufen und sie mitsamt dem Wechselgeld mitzunehmen. – Der BGH belegt den Irrtum des jeweiligen Verkäufers wie folgt: „Das gänzliche Fehlen einer Vorstellung begründet für sich keinen Irrtum. Allerdings kann ein solcher auch in den Fällen gegeben sein, in denen die täuschungsbedingte Fehlvorstellung in der Abweichung des ‚sachgedanklichen Mitbewusstseins´ von den tatsächlichen Umständen besteht. Danach ist *insbesondere der Bereich gleichförmiger, massenhafter oder routinemäßiger Geschäfte von als selbstverständlich angesehenen Erwartungen geprägt, die zwar nicht in jedem Einzelfall bewusst aktualisiert werden, jedoch der vermögensrelevanten Handlung als hinreichend konkretisierte Tatsachenvorstellungen zugrunde liegen*". Gemeint ist damit die sachgedankliche Annahme der Verkäufer, es handele sich um echtes Geld. Sie selbst bei den im Einzelnen nicht mehr ermittelten Verkäufern zu unterstellen (zu den Ermittlungs- und Beweispflichten bei Rückschlüssen auf die Vorstellung nicht im Einzelnen angehörter Verfügender s. BGH ZWH 15, 14 mit Anm. *Schuhr*; BGH ZWH 15, 102 mit Anm. *Kudlich*; *Ceffinato*, ZStW 128 (2016), 804 ff; *Sinn*, ZJS 15, 627) sei sachgerecht, weil „an einer Kasse beschäftigte Mitarbeiter eines Unternehmens schon aufgrund ihrer arbeitsvertraglichen Verpflichtung den Antrag eines Kunden auf Abschluss eines Kaufvertrages zurückweisen müssten", der seiner Zahlungsverpflichtung nicht sofort und vollständig nachkommen könne. Fehlten Anhaltspunkte für ein kollusives Zusammenwirken oder das Durchschauen der Täuschung, dürfe auch bei solchen Verkäufern auf einen Irrtum geschlossen werden, die keine konkrete Erinnerung an den Vorgang mehr hätten.

Die Rspr. ist insoweit zT recht großzügig verfahren,[149] macht aber nunmehr zB zu Recht die Einschränkung, dass Personen, denen die Kontrolle der sachlichen und rechnerischen Richtigkeit einer Forderung nicht obliegt, auch keine entsprechende Vorstellung unterstellt werden darf, wenn sie eine von zuständiger Stelle ausgefertigte Auszahlungsanordnung bedienen oder einen Scheck zur Einlösung entgegennehmen, und dass ein Täter, der davon weiß, auch keinen Irrtumserregungsvorsatz hat.[150] Aus ähnlichen Gründen kann es angesichts der begrenzten Prüfungspflicht des Apothekers bei Vorlage eines kassenärztlichen Rezepts, das nicht notwendige Medikamente verordnet, an

580

---

145 Die dazu in RGSt 39, 239, 242 geäußerten Bedenken widersprechen der Lebenswirklichkeit; vgl dazu auch OLG Köln NJW 81, 1851; *Schmidt*, BT II Rn 578; krit. hierzu LK-*Tiedemann*, § 263 Rn 88; zum Meinungsstand s. *Brand*, JR 11, 97 und R 175.
146 OLG Düsseldorf wistra 08, 34, 35.
147 Dazu näher BGH NStZ 19, 40; BGH wistra 18, 518; BGH wistra 17, 492, 495; *Ceffinato*, ZStW 128 (2016), 804; Fischer-*Fischer*, § 263 Rn 64.
148 OLG Düsseldorf NJW 89, 2003; AnK-*Gaede*, § 263 Rn 55; HK-GS/*Duttge*, § 263 Rn 24; *Kraatz*, Geppert-FS S. 269, 284 f; *Lackner/Kühl/Heger*, § 263 Rn 19.
149 Vgl BGHSt 2, 325, 326 im *Deputatkohlenfall*; BGHSt 24, 257, 260 zum sog. *Prozessbetrug* im Mahnverfahren; krit. hierzu *Seier*, ZStW 102 (1990), 563; LK-*Tiedemann*, § 263 Rn 90.
150 BGH StV 94, 82; 97, 410; BGH NStZ 00, 375, 376; BGH NStZ 02, 144, 145; BGH NStZ 05, 157, 158; BGH StV 06, 583, 584 mit Bespr. *Bosch*, JA 07, 70; BGH NStZ 08, 340 f; BGH wistra 10, 408; BGH BeckRS 12, 10587; OLG Frankfurt NStZ-RR 98, 333 mit Anm. *Otto*, JK 99, StGB § 263/52; AG Siegburg NJW 04, 3725 mit Anm. *Kudlich*, JuS 05, 566; wie hier *Eisele*, BT II Rn 544 f; M/R-*Saliger*, § 263 Rn 98; *Rengier*, BT I § 13 Rn 47 f, 50 f; *Wittig*, § 14 Rn 57.

einer tatbestandsmäßigen Täuschung oder einem Irrtum fehlen.[151] Obwohl der Einreicher eines Inhaberschecks regelmäßig schon durch dessen Besitz legitimiert ist, gehört dagegen nach dem BGH ein etwaiges Abhandenkommen – ebenso wie die formellen Scheckvoraussetzungen – zu den Umständen, über die sich der entgegennehmende Bankangestellte Gedanken macht, um Schadensersatzansprüche gegen die Bank abzuwehren[152]. Auch soll es bei standardisierten, auf Massenerledigung angelegten Abrechnungsverfahren (zB ärztlicher Leistungen) für eine Fehlvorstellung nicht erforderlich sein, dass der jeweilige Mitarbeiter der Abrechnungsstelle hinsichtlich jeder einzelnen Position die *positive* Vorstellung hat, sie sei der Höhe nach berechtigt. Vielmehr soll die stillschweigende Annahme genügen, die vorgelegte Abrechnung sei insgesamt „in Ordnung". Eine tatsächliche Überprüfung der einzelnen Abrechnungen setzt ein Irrtum deshalb nicht voraus.[153] Auf dieser Linie liegt es auch, wenn in **Mahnverfahren** dem Rechtspfleger die – „nicht notwendig fallbezogen aktualisierte" – Vorstellung unterlegt wird, dass die nach dem Verfahrensrecht ungeprüft zu übernehmenden tatsächlichen Behauptungen des Antragstellers pflichtgemäß aufgestellt und wahr seien.[154] Werde das (in Wahrheit automatisierte) Mahnverfahren in der Vorstellung betrieben, dass ein in dieser Weise irrender Rechtspfleger die Verfügung treffe, soll ein untauglicher Betrugsversuch vorliegen.[155] Der Rechtspfleger hat den Anspruch allerdings gar nicht zu prüfen, sondern ist an den Antrag gebunden; sachgedankliches Mitbewusstsein setzt aber Interesse an Informationen voraus. Zudem wird erst im Vollstreckungsbescheid über Vermögen verfügt, und der hängt von einer weiteren Erklärung und damit noch von einem wesentlichen Zwischenschritt ab. Die Rechtsprechung bejaht den Versuch in den Mahnfällen daher zu früh. Zutreffend stellt die neuere Rechtsprechung zum Betrug im Zwangsversteigerungsverfahren gerade darauf ab, dass ein Betrug eines zahlungsunwilligen und zahlungsunfähigen Bieters in der Zwangsversteigerung gegenüber dem verfahrensleitenden Rechtspfleger entfalle, weil sich dessen normativ durch die Vorschriften des ZVG geprägtes Vorstellungsbild hierauf mangels einer diesbezüglichen Prüfungspflicht nicht erstrecke.[156] In der Sache bestehen aber keine Unterschiede, sodass beide Fälle gleich zu behandeln sind.

581 Der Getäuschte muss die behauptete Tatsache **für wahr halten** oder zumindest von der **Möglichkeit ihres Wahrseins** ausgehen. Wer sich über die Wahrheit überhaupt keine Gedanken macht oder wem die Wahrheit ganz gleichgültig ist, der irrt ebensowenig wie der, der die Möglichkeit der Unwahrheit nicht nur erkennt, sondern sie ernst nimmt und sich iSd dolus eventualis mit dieser Möglichkeit unter billigender Inkaufnahme abfindet.[157] Ein solches „Opfer" lässt sich sehenden Auges und folglich nicht irrend auch auf die für möglich gehaltene Unwahrheit ein.[158] Bloße **Zweifel** an der Richtigkeit des Be-

---

151 BGHSt 49, 17, 20 f mit Bespr. *Herrsch*, wistra 06, 63; Spickhoff-*Schuhr*, § 263 Rn 11; *Taschke*, StV 05, 406 (zur Untreue eines Kassenarztes in solchen Fällen s. *Ransiek*, medstra 15, 92); zum Vorstellungsbild einer Bankangestellten im Fall einer vorgespiegelten Einzugsermächtigung im *Lastschriftverfahren* s. OLG Hamm JZ 77, 610, 612 mit krit. Bespr. *Soyka*, NStZ 04, 538.
152 BGH StV 09, 244 f; zur konkludenten Täuschung in solchen Fällen s. hier Rn 568.
153 BGH JZ 12, 518, 519 mit Anm. *Tiedemann* und Bespr. *Dann*, NJW 12, 2001; BGH NStZ 15, 341 mit Anm. *Perron*, medstra 15, 300 und Bespr. *Kubiciel*, HRRS 15, 382; BGH NJW 21, 90, 92 f mit krit. Anm. *Gaede* und *Meyer*, NZWiSt 21, 151; s. zu solchen Täuschungs- und Irrtumskonstruktionen krit. *Perron*, Heine-GS S. 281 ff; *Trüg*, HRRS 15, 106.
154 BGH NStZ 12, 322, 323 mit Bespr. *Bosch*, JK 7/12, StGB § 263/96; BGHSt 59, 68, 74 mit Anm. *Trüg*, NStZ 14, 157; *Zöller*, BT Rn 146 f; *Trück*, ZWH 14, 235 unter ausdrücklicher Beschränkung auf das *Erkenntnisverfahren* (Mahn- und Vollstreckungsbescheid); im *Vollstreckungsverfahren* (Pfändungs- und Überweisungsbeschluss) soll es an Täuschung und Irrtum bezüglich einer bestehenden Forderung fehlen (s. dazu auch Rn 735).
155 OLG Celle JR 12, 127, 129 mit Bespr. *Kudlich*, JA 12, 152 und Anm. *Schuhr*, ZWH 2012, 31; zum Betrug in „vereinfachten Verfahren" s. *Ceffinato*, ZWH 14, 89.
156 BGH wistra 17, 22 mit Anm. *Brand*, NJW 16, 3384; *Kudlich*, JA 16, 869.
157 *Mitsch*, BT II S. 291; BGH wistra 17, 318.
158 Zu Recht, wenn auch mit anderer, sich nämlich auf das Fehlen mittelbarer Täterschaft stützender Begründung, nur bei dieser „Zweifelsqualität" Irrtum verneinend auch *Kindhäuser/Hilgendorf*, § 263 Rn 102; *Kindhäuser/Böse*, BT II § 27 Rn 35; *Kindhäuser/Nikolaus*, JuS 06, 197; SK-*Hoyer*, § 263 Rn 74 f; ähnlich *Gaugel*, Die Dogmatik der konkludenten Täuschung 2000, S. 43 ff; *Kargl*, Lüderssen-FS S. 620 f;

haupteten schließen aber nach zutreffender Ansicht die Bejahung eines Irrtums nicht aus.[159] § 263 verlangt vom Getäuschten kein Fürwahrhalten iS des *Überzeugtseins* oder einer dahin tendierenden überwiegenden Wahrscheinlichkeit,[160] sondern nur ein (die Vermögensverfügung auslösendes oder mitbestimmendes ernsthaftes) **Fürmöglichhalten.**

Das folgt schon daraus, dass der durch § 263 verbotenen Angriffsart der Überlistung auch der zum Opfer fällt, der trotz seines Zweifels verfügt. Auch hat eine falsche Vorstellung von der Wahrheit, wer eine andere als die wirklich gegebene Tatsache für möglich hält: wer zweifelt, irrt, auch wenn ihn dabei das Bewusstsein eines möglichen Irrtums begleitet.[161] Dass er bei in zumutbarer Weise behebbaren Zweifeln den Irrtum beseitigen könnte, ändert daran nichts. Auch lässt sich die Vernachlässigung dieser Möglichkeit nicht dazu benutzen, dem Opfer der Täuschung die Schutzbedürftigkeit abzusprechen und das Strafrecht gegenüber (versäumtem) Selbstschutz für subsidiär zu erklären. Damit wird an die Stelle des Irrtumsbegriffs eine vom Gesetz abweichende kriminalpolitische Entscheidung gesetzt, die nicht begründbare Freiräume für betrügerisches Verhalten eröffnet und die Aufgabe des unverzichtbaren Schutzes auch der Unerfahrenen und Leichtgläubigen nahe legt.[162] In diese Richtung gehende Vorschläge[163] haben daher zu Recht auch in der Rechtsprechung keine Gefolgschaft gefunden.[164]

---

vgl auch KG StV 06, 584; nichts anderes besagt die von MK-*Hefendehl*, § 263 Rn 368 sog. bewusste Risikoentscheidung; ihm folgend G/J/W-*Dannecker*, § 263 Rn 85. BGH HRRS 16, Nr 507 mit Anm. *Sinn*, ZJS 17, 375 schließt einen Irrtum bei einem **„überwiegend für wahrscheinlich halten"** der Fälschung eines Arzneimittels aus.

159   BGH MDR/D 72, 307; BGH wistra 90, 305; 92, 97; 18, 174 f; BGHSt 47, 83, 88 und eingehend BGH NJW 03, 1198 mit krit. Anm. *Beckemper/Wegner*, NStZ 03, 315; *Hilgendorf/Valerius*, BT II § 7 Rn 51; *Krüger*, wistra 03, 297; dem BGH zust. *Idler*, JuS 04, 1038; Fischer-*Fischer*, § 263 Rn 55, *Eisele*, BT II Rn 548; *Schramm*, BT II § 7 Rn 60 f; Spickhoff-*Schuhr*, § 263 Rn 26; AnK-*Gaede*, § 263 Rn 61; NK-WSS-*Heger/Petzsche*, § 263 Rn 68, 74 f; S/S/W-*Satzger*, § 263 Rn 133 f; vgl auch BK-*Beukelmann*, § 263 Rn 29; ausführlich und in der Sache übereinstimmend M/R-*Saliger*, § 263 Rn 92 ff, 95 f, 109.

160   S. dazu *Krey/Hellmann/Heinrich*, BT II Rn 602; iS der Wahrscheinlichkeitsforderung *Heghmanns*, Rn 1353.

161   A/W-*Heinrich*, § 20 Rn 65; *Hillenkamp*, Vorsatztat und Opferverhalten, 1981, S. 23. *Amelung*, Eser-FS S. 20 f sieht hierin eine wortlautüberschreitende Analogie.

162   Dagegen zu Recht BGHSt 34, 199, 201; gegen Tendenzen in diese Richtung im **Gemeinschaftsrecht** auch BGH NJW 14, 2595 ff; BGH wistra 14, 439, 441; s. dazu Rn 586 und Rn 568 (**Rechtsprechungsbeispiel**); *Cornelius/Birner*, ZJS 18, 605 und S/S/W-*Satzger*, § 263 Rn 135. Zu solchen Tendenzen beim **Okkultbetrug** s. *Hillenkamp*, Schreiber-FS S. 142 ff gegen *Schünemann*, Beulke-FS S. 543 ff.

163   S. zB *Amelung*, GA 77, 1; *Amelung*, Eser-FS S. 19 ff; *Giehring*, GA 73, 1, 16, 20 ff; *R. Hassemer*, Schutzbedürftigkeit und Strafrechtsdogmatik 1981; *Hennings*, Teleologische Reduktion des Betrugstatbestandes aufgrund von Mitverantwortung des Opfers, 2002, beschränkt auf „Risikogeschäfte"; *Jänicke*, Gerichtliche Entscheidungen als Vermögensverfügung iS des Betrugstatbestandes, 2001, S. 197 ff, 294 ff; *Kleszczewski*, BT § 9 Rn 51; *Naucke*, Peters-FS S. 109 ff; *Schünemann*, in: Schünemann, Strafrechtssystem und Betrug, 2002, S. 51, 80 ff; s. auch Beckemper/*Wegner*, NStZ 03, 315, die die objektive Zurechnung verneinen wollen, „wenn vom Opfer auf Grund seiner Zweifel erwartet werden kann, dass es sich gegen den Anreiz der Verfügung selbst schützt"; dem wenig folgerichtig zust. *Krey/Hellmann/Heinrich*, BT II Rn 605; den Ansatz über die objektive Zurechnung wählt – im Anschluss an *Kurth*, Das Mitverschulden des Opfers beim Betrug, 1984 – auch *Harbort*, Die Bedeutung der objektiven Zurechnung beim Betrug, 2010, S. 79 ff; s. dazu auch BGH wistra 18, 477 mit Anm. *Britz*, jM 19, 171; AnK-*Gaede*, § 263 Rn 65.

164   S. BGH NJW 03, 1198; LG Hildesheim MMR 05, 130, 131. Näher zu dieser Frage *Achenbach*, Jura 84, 602; *Herzberg*, GA 77, 289; *Hillenkamp*, Vorsatztat und Opferverhalten, 1981, S. 21 ff, 85 ff; *Kargl*, Lüderssen-FS S. 621, 631; *Kargl*, ZStW 119 (2007), 256; HK-GS/*Duttge*, § 263 Rn 25; *Kindhäuser*, Bemmann-FS S. 357 f; *Krack*, List als Straftatbestandsmerkmal, 1994, S. 38 ff; LK-*Tiedemann*, § 263 Rn 84 f; *Loos/Krack*, JuS 95, 204; M/S/M-*Momsen*, BT I § 41 Rn 60 ff; NK-*Kindhäuser/Hilgendorf*, § 263 Rn 51 f; *Pawlik*, Das unerlaubte Verhalten beim Betrug, 1999, S. 52 ff; *Petropoulos*, Die Berücksichtigung des Opferverhaltens beim Betrugstatbestand, 2005, S. 119 ff; SK-*Hoyer*, § 263 Rn 68 ff; *Stuckenberg*, ZStW 118 (2006), 895; *Wittig*, Das tatbestandsmäßige Verhalten des Betrugs, 2005, S. 311 ff, 357 ff, 364 f; *Wittmann*, Wissenszurechnung im Strafrecht, 2006, S. 38 ff; W/Z/K/W-*Ladwig*, BT II § 11 Rn 71; s. zum Streitstand *Hillenkamp/Cornelius*, BT 29. Problem mit Beispiel 2 zu BGH NJW 03, 1198; *Küper/Zopfs*, BT Rn 383 f.

2. Zurechenbare Verursachung des Irrtums

582 Der Täter **erregt** einen Irrtum, wenn er ihn durch seine **täuschende Erklärung** hervorruft.[165] Auch eine **Mitverursachung** reicht dafür aus.[166] Darauf, ob die Unrichtigkeit der Behauptung bei hinreichend sorgfältiger Prüfung erkennbar gewesen wäre, kommt es nicht an.[167]

Maßgebend ist nicht, worauf sich das Opfer vernünftigerweise nicht mehr einlassen sollte[168] oder wovon der Getäuschte bei gehöriger Aufmerksamkeit *hätte ausgehen müssen*, sondern nur, wovon er **tatsächlich ausgegangen ist**. Leichtgläubigkeit und mitwirkende Fahrlässigkeit schließen daher nicht den Zurechnungszusammenhang zwischen Täuschung und Irrtumserregung aus.[169] Infolgedessen bleibt es bei der erforderlichen Verknüpfung auch dann, wenn der Lieferant bei fortlaufenden Warenlieferungen auf Grund offen bleibender Rechnungen den Mangel der anfangs vorgespiegelten Zahlungsfähigkeit und -willigkeit hätte erkennen können. Hier bedarf es allerdings der sorgfältigen Prüfung, ob er nicht die Unwahrheit der Tatsachenbehauptung erkannt und sich gleichwohl zu weiteren Leistungen entschlossen hat.[170]

583 **Unterhalten** wird ein Irrtum dadurch, dass der Täter eine bereits vorhandene Fehlvorstellung **bestärkt** oder deren **Aufklärung verhindert oder erschwert**. Ob das durch *aktives Tun* oder ein *pflichtwidriges Unterlassen in Garantenstellung* geschieht, ist gleichgültig. Von dem **Unterhalten** eines Irrtums ist jedoch dessen **bloßes Ausnutzen** ohne Aufklärungspflicht zu unterscheiden; Letzteres ist nicht tatbestandsmäßig iS des § 263.[171]

Da es in den Risiko- und Aufklärungsbereich des Leistenden gehört, dass die Schuld, auf die er zahlt, besteht und die Leistung den Anspruch nicht übersteigt, bedeutet das schweigende Entgegennehmen einer Zuvielzahlung in aller Regel ein solches bloßes Ausnutzen des beim Leistenden bereits bestehenden Irrtums. Es bleibt straflos, wenn nicht eine Garantenpflicht den Betreffenden zur Aufklärung zwingt (s. dazu **Fall 37, Rn 552, 576**).[172]

584 Bei der Frage, ob die Verursachung des Irrtums dem Täter **zugerechnet** werden kann, sind auch **normative Gesichtspunkte** zu berücksichtigen, soweit sie ausnahmsweise die **Zuständigkeit** für bestimmte Informationen eindeutig zuordnen: Wo eine Alleinverantwortung des Opfers für bestimmte Informationen besteht, es sich seiner Verantwortung zuwider jedoch auf die Behauptung des Täters verlässt und irrtumsbedingt verfügt, ist der Irrtum dem Täter nicht zuzurechnen. Dies kann namentlich im Rahmen einer vertraglichen Risikoverteilung oder wegen interner Richtlinien, die eine Entscheidung unabhängig von der Erklärung vorgeben, der Fall sein. Eine weitergehende Einschränkung des

---

165 Das täuschende Verhalten muss vom Opfer folglich bemerkt werden, s. BGH StV 10, 22.
166 OLG Celle StV 94, 189 f.
167 Darüber, dass das auch uneingeschränkt gilt, wenn der Erklärungsadressat **Unternehmer/Kaufmann** ist – so BGH wistra 14, 439, 440; BGH NStZ-RR 16, 341, 344 – lässt sich angesichts der Verteilung des Informations- und Orientierungsrisikos streiten.
168 So aber *Rengier*, Roxin-FS S. 822 f; s. dazu aber auch hier Rn 586.
169 BGHSt 34, 199, 201; BGH wistra 92, 95, 97; BGH NJW 95, 1844; BGH NJW 04, 3569, 3577; OLG Hamm NZWiSt 16, 479, 484 mit Anm. *Schumacher*; dabei bleibt es auch bei Berücksichtigung der **RL 2005/29/EG**; s. dazu BGH NJW 14, 2595 ff; BGH wistra 14, 439, 441 mit Anm. *Oğlakcıoğlu*, ZWH 428 (näher dazu Rn 563, 581 – **Rechtsprechungsbeispiel**); *Garbe*, NJW 99, 2869; M/R-*Saliger*, § 263 Rn 105 mit Einschränkung in Rn 96; aA *Ellmer*, Betrug und Opfermitverantwortung 1986, S. 287; *Naucke*, Peters-FS S. 109; diff. *Hilgendorf*, Tatsachenaussagen und Werturteile im Strafrecht, 1998, S. 199 ff, 202 f; *Kasiske*, GA 09, 360, 367 will dort, „wo sich das Opfer selbst ohne weiteres die notwendigen Informationen beschaffen kann", schon die (konkludente) Täuschung ausschließen.
170 S. BGH NStZ 93, 440; BGH wistra 98, 179; BGH NStZ-RR 12, 210; Fischer-*Fischer*, § 263 Rn 56.
171 Vgl BGH JZ 89, 550.
172 BGHSt 39, 392, 398; OLG Celle NStZ-RR 10, 207, 208 (keine Garantenpflicht aus dem Arbeitsverhältnis zur Aufklärung über ungerechtfertigte Lohnzahlungen); *Joerden*, Anm. JZ 94, 423; *Lackner/Kühl/Heger*, § 263 Rn 20.

Betrugs dahingehend, dass stets ein zum Erhalt der „Vermögensverwaltungsfreiheit" bestehender *Wahrheitsanspruch* des Opfers verletzt werden müsse, würde hingegen den von § 263 bezweckten Vermögensschutz verkürzen und zur gar nicht geschützten Dispositionsfreiheit verschieben.[173]

Den zahlreichen Vorschlägen, eine Zurechnung des Irrtums mittels des Gedankens der **Eigenverantwortlichkeit**[174] bei **einfältigem, sorglosem oder leichtfertigem Opferverhalten** zu verneinen (bzw. eine entsprechende teleologische Reduktion vorzunehmen)[175], sollte man nicht folgen.[176] Auch einfältige oder sorglose Menschen nach § 263 zu schützen, ergibt iR des Betrugstatbestands zweifellos Sinn, denn die Schädigung geht weiterhin vom Täter aus, nicht von der sich nur nicht schützenden Person aus.[177] Wiederholt vorkommende Fälle, in denen namentlich älteren Menschen mit üblen Tricks und oft märchenhaft anmutenden Täuschungen ihre Ersparnisse abgeschwindelt werden, machen deutlich, wie unangebracht es wäre, durch eine einschränkende Anwendung des § 263 Betrügern kriminalpolitisch sinnlose Freiräume eröffnen zu wollen.[178] Eine dem Opfer zurechenbare Taterleichterung kann bei der Strafzumessung berücksichtigt werden.[179]

585

Inwieweit es im deutschen Strafrecht bei dem hiermit angedeuteten hohen Schutzniveau angesichts der Entwicklung des **europäischen Gemeinschaftsrechts** bleiben kann und wird, stand über längere Zeit in Zweifel. Die Absenkung des Verbraucherschutzes gegen unlautere Geschäftspraktiken durch die Richtlinie 2005/29/EG auf Aussagen, die geeignet sind, eine informierte, aufmerksame und verständige Person zu täuschen, hatte Vorschlägen Auftrieb gegeben, auch jenseits grenzüberschreitender Fälle sektoral oder im Ganzen Täuschungen aus dem Betrugstatbestand herauszunehmen, die diese Eignung nicht besitzen.[180] Der hier seit der 30. Aufl. (dort Rn 491a) eingenomme-

586

---

173 S. zu diesem Ansatz von *Kindhäuser*, ZStW 103 (1991), 398; *Kindhäuser*, Bemmann-FS S. 339; *Muñoz*, GA 05, 129 und *Pawlik*, Das unerlaubte Verhalten beim Betrug, 1999, S. 74, 83, 139 ff: **krit.** A/W-*Heinrich*, § 20 Rn 26 f; *Kargl*, Lüderssen-FS S. 613; *Krack*, List als Tatbestandsmerkmal, 1994, S. 71 mit Antikritik *Pawlik*, aaO, S. 104; MK-*Hefendehl*, § 263 Rn 88 ff; *Vogel*, Keller-GS S. 313, 318 ff; zur Verkürzung des Opferschutzes SK-*Hoyer*, § 263 Rn 5.
174 So im Anschluss an *Kurth*, Das Mitverschulden des Opfers beim Betrug, 1984; auch *Harbort*, Die Bedeutung der objektiven Zurechnung beim Betrug, 2010; dem Ansatz zust. AnK-*Gaede*, § 263 Rn 3 und *Krell*, JR 20, 359; mit zurückhaltenden Folgerungen auch A/R/R-*Kölbel/Neßeler*, 8.1 Rn 65 ff; *Gaede*, Roxin-FS II S. 967; nach Zuständigkeits- und Verantwortungsbereichen abgrenzend *Schwarz*, Die Mitverantwortung des Opfers beim Betrug, 2013, S. 113 ff und HdS-*Kindhäuser/Schumann* V, § 33 Rn 69 ff; zur Berücksichtigung der *objektiven Zurechnung* insgesamt im Betrug s. M/R-*Saliger*, § 263 Rn 10.
175 S. dazu *Hillenkamp/Cornelius*, BT 29. Problem mwN.
176 *Hillenkamp*, Vorsatztat und Opferverhalten, 1981, S. 21 ff, 29 ff, 39 ff, 85 ff; näher zur *Viktimodogmatik Hillenkamp*, ZStW 129 (2017), 598; G/J/W-*Dannecker*, § 263 Rn 10; LK-*Tiedemann*, vor § 263 Rn 36–38; im Zusammenhang mit „Phishing" zust. *Stuckenberg*, ZStW 118 (2006), 895; abl. *Schünemann*, Beulke-FS S. 543 ff. Zum geschichtlichen Ursprung des Gedankens des Opfermitverschuldens s. *Vogel*, in: Schünemann, Strafrechtssystem und Betrug, 2002, S. 89, 105 ff.
177 Trotz einschränkender Formulierung iE wohl anders BGHSt 47, 1, 4; BGH NJW 14, 2595, 2596; s. dazu *Arzt*, Tiedemann-FS S. 595, 602 f. Die in Fn 8 genannten Stimmen räumen das grundsätzliche Bedenken nicht aus.
178 S. dazu *Hillenkamp*, Vorsatztat und Opferverhalten, 1981, S. 195 f; zust. *Erb*, ZIS 11, 372 f; s. dazu auch § 291 sowie den Vorschlag von *Holzhauer*, ZRP 10, 87, den Schutz vor (betrügerischem) Ausnutzen von „Unwissenheit und Schwäche" zu verbessern.
179 S. *Hillenkamp*, Vorsatztat und Opferverhalten, 1981, S. 294 ff; OLG Hamm wistra 12, 161, 163 („Gedankenlosigkeit", „Leichtfertigkeit" der geschädigten Bank als Strafmilderungsgrund); ebenso *Frank/Leu*, StraFo 14, 198; *Jahn*, JA 14, 631; *Petropoulos*, Die Berücksichtigung des Opferverhaltens beim Betrugstatbestand, 2005, S. 171 ff; krit. *Jänicke*, Gerichtliche Entscheidungen als Vermögensverfügung, 2001, S. 283 ff; für eine „Feinsteuerung" der einzelnen Tatbestandsmerkmale durch den Gedanken der Opfermitverantwortung A/W-*Heinrich*, § 20 Rn 6, 26.
180 S. hierzu AnK-*Gaede*, § 263 Rn 3; *Hecker*, Europäisches Strafrecht, 5. Aufl. 2015, § 9 Rn 33 ff; M/R-*Saliger*, § 263 Rn 6, 109; *Saliger*, E/R/S/T, § 263 Rn 6, 106; *Ruhs*, Rissing-van Saan-FS S. 568, 578 ff, 582 f; *Soyka*, wistra 07, 127, 132; S/S/W-*Satzger*, § 263 Rn 13 f, 118 ff; *Wittig*, § 14 Rn 3a sowie – zurückhaltender – *Dannecker*, ZStW 117 (2005), 711; *Kleszcewski*, BT § 9 Rn 62; LK-*Tiedemann*, vor § 263 Rn 40; zur „Eignung" s. auch AnK-*Gaede*, § 263 Rn 21 ff; *Gaede*, Roxin-FS II S. 983 ff; *Mühlbauer*, NStZ 03, 651; zur schon älteren Zurücknahme des Strafrechtsschutzes in vergleichbaren Fällen in der Schweiz s. *Ackermann*, Roxin-FS II S. 949.

nen Position, dieser Entwicklung im Rahmen des rechtlich Zulässigen entgegenzutreten,[181] ist der BGH in einer viel beachteten Entscheidung[182] nunmehr gefolgt. Wer behaupte, diese Rechtsprechung sei bei der gebotenen richtlinienkonformen Auslegung mit Blick auf das der RL 2005/29/EG zugrunde liegende europäische Verbraucherleitbild aufzugeben oder zu modifizieren, verkenne, dass eine auf die Verbesserung des Verbraucherschutzes abzielende Richtlinie nicht den Zweck oder die Wirkung haben könne, das herkömmliche nationale strafrechtliche Schutzniveau zuungunsten unterdurchschnittlich aufmerksamer oder verständiger Personen abzusenken. Das gelte zumal im auf schnelle Botschaften und Abschlüsse zielenden **Internetverkehr**, deren Nutzer sich durch eine gewisse Leichtgläubigkeit auszeichneten. Dem ist, auch wenn man der Verfahrensweise und der Begründung Vorbehalte[183] entgegensetzen kann, iE zuzustimmen. Für den *Haarverdickerfall* verdient (auch) deshalb die Auffassung Beifall, die es auch unter Beachtung unionsrechtlicher Vorgaben bei der opferschützenden Lösung des BGH belässt.[184]

3. Wissensdiskrepanzen und Wissenszurechnung

587 Noch nicht abschließend geklärt sind Fälle, in denen auf der **Opferseite Personenmehrheiten** stehen. Unbestritten ist, dass Personenmehrheiten nicht als solche irren können. Vielmehr müssen bei arbeitsteilig tätigen Unternehmen oder Organisationen die Personen ermittelt werden, die im konkreten Fall getäuscht, in einen entsprechenden Irrtum versetzt und dadurch Auslöser der Verfügung geworden sind.[185] Ungeklärt ist aber die Sachverhaltsgestaltung, in der sich auf der Opferseite Personen mit auf den Gegenstand der Täuschung bezogen **unterschiedlichen Kenntnissen** befinden. So ist es denkbar, dass der Geschädigte den wahren Sachverhalt kennt, die verfügende Person (s. zum Dreiecksbetrug Rn 626 ff) aber täuschungsbedingt irrt. Umgekehrt kann der Verfügende die Täuschung durchschauen und gleichwohl verfügen, ohne den Geschädigten aufzuklären. Schließlich kann es so sein, dass sich der verfügende Vermögensinhaber durch Hilfspersonen (wie Rechtsanwälte, Steuerberater oder Wirtschaftsprüfer) beraten lässt, die die Täuschung erkennen, die Verfügung aber gleichwohl nicht verhindern.[186]

588 Im erstgenannten Fall wird man angesichts des unleugbaren Irrtums des Verfügenden einen *vollendeten* Betrug nur verneinen können, wenn dem Geschädigten die Verhinderung der Verfügung

---

181 Beispielhaft dafür *Brammsen/Apel*, WRP 11, 1255; *Erb*, ZIS 11, 375; MK-*Hefendehl*, § 263 Rn 75 f; anders dagegen *Eick*, Die Berücksichtigung des Opferverhaltens beim Betrug am Beispiel der Werbung, 2011, S. 164 ff.
182 BGH NJW 14, 2595; s. dazu zust. *Hillenkamp*, Müller-Graff-FS S. 180; ebenso Fischer-*Fischer*, § 263 Rn 55, 55a; *Erb*, Müller-Graff-FS S. 188; zur Begründung krit. *Cornelius*, StraFo 14, 276; *Cornelius*, NStZ 15, 310; *Hecker*, JuS 14, 1043; *Hecker/H.-F. Müller*, ZWH 14, 329; *Heger*, HRRS 14, 467; *Krack*, ZIS 14, 536; *Majer/Buchmann*, NJW 14, 3342; *N. Müller*, NZWiSt 14, 393; *Hoyer*, ZIS 19, 413; NK-WSS-*Heger/Petzsche*, § 263 Rn 11 ff; *Rönnau/Wegner*, JZ 14, 1064; *v. Heintschel-Heinegg*, JA 14, 790. Die Entscheidung bestätigt BGH wistra 14, 439.
183 Sie beziehen sich namentlich auf die verweigerte Vorlage an den EuGH und die vorgenommene Differenzierung des Verbraucherleitbildes, s. dazu die in der vorstehenden Fn angegebenen Besprechungen; zum Fall s. näher das **Rechtsprechungsbeispiel** in Rn 568.
184 So *Heim* in ihrer beachtlichen Schrift über „Die Vereinbarkeit der deutschen Betrugsstrafbarkeit (§ 263 StGB) mit unionsrechtlichen Grundsätzen und Regelungen zum Schutz der Verbraucher vor Irreführungen", 2013, S. 78 f, 158 ff mwN zum Streitstand dort und auf S. 67 ff.
185 BGH BeckRS 12, 10587; wohl auch BGH wistra 19, 420, 421.
186 S. zu solchen Konstellationen BGH NJW 03, 1198, 1199 f; BayObLG NStZ 02, 91; *Eisele*, BT II Rn 551 ff; Fischer-*Fischer*, § 263 Rn 68 f; G/J/W-*Dannecker*, § 263 Rn 88; LK-*Tiedemann*, § 263 Rn 82; M/R-*Saliger*, § 263 Rn 102 ff; *Rengier*, Roxin-FS S. 823 f; *Schuhr*, ZStW 123 (2011), 517; S/S-*Perron*, § 263 Rn 41a; S/S/W-*Satzger*, § 263 Rn 137 ff; *Weißer*, GA 11, 333; *Wittig*, § 14 Rn 54 f; *Zöller*, BT Rn 165 ff; weiterführend *Eisele*, ZStW 116 (2004), 15. Es darf nicht generell auf ein Sonderwissen von Vorgesetzten abgestellt werden, solange diese nicht in den konkreten Geschäftsvorgang involviert waren und ihn kannten (*Schuhr*, ZWH 12, 363).

rechtzeitig möglich und zumutbar war. Hat der Vermögensinhaber oder der für das Vermögen zuständige Sachwalter das manipulative Vorgehen selbst vorgeschlagen, ist diese Voraussetzung gegeben. Zwar wird auch dann aufgrund eines täuschungsbedingten Irrtums verfügt,[187] der Schaden beruht in einem solchen Fall aber nicht zurechenbar darauf, sondern auf dem bewusst selbstschädigenden Verhalten des Vermögensinhabers bzw. dem pflichtwidrigen Verhalten des Sachwalters. Da der Täuschende das weiß, liegt auch kein versuchter Betrug vor. Für den Sachwalter kommt ggf eine Untreue unter Beteiligung des Täuschenden in Betracht.[188] Diese Lösung setzt allerdings voraus, dass der Vermögensinhaber oder Sachwalter nicht ihrerseits vom Täuschenden über den wahren Umfang der Täuschung im Unklaren gelassen wurden.[189] In den beiden anderen Sachverhaltsgestaltungen ist die Kenntnis der Verfügenden bzw. der beratenden Hilfspersonen dem Vermögensinhaber zuzurechnen, wenn diese Personen nach den Maßstäben der **Lagertheorie** (s. Rn 632) zum Vermögenskreis des Vermögensinhabers zu zählen sind. Dann liegt nur versuchter Betrug vor. Behält allerdings der Verfügende oder Gehilfe seine Kenntnis mit dem Wissen des Täuschenden dem Geschäftsherrn bewusst vor oder handelt mit jenem kollusiv zusammen, ist die Grundlage der Zurechnung zerstört. Hier wird idR ein Betrug unter Beteiligung der Hilfsperson gegeben sein.[190] *Anders* entscheidet in einem solchen Fall allerdings der BGH. Er lehnt bei einem kollusiven Zusammenwirken des die „Täuschung" kennenden Verfügenden mit dem „Täuschenden" einen Betrug ab, weil es für den Irrtum *allein* auf das Vorstellungsbild des Verfügenden ankomme. Befinde sich der Verfügende in einer für § 266 hinreichenden Pflichtstellung gegenüber dem Inhaber des geschädigten Vermögens, liege stattdessen eine Untreue vor, zu der der außen stehende „Täuschende" mangels Sondereigenschaft nur als Gehilfe nach §§ 27, 28 I (oder ggf als Anstifter nach §§ 26, 28 I) in Betracht komme.[191]

Verfügt der Mitarbeiter einer **Behörde**, eines Unternehmens etc kommt es auf seine Vorstellung bzw. die Vorstellungen desjenigen an, der nach der Organisationsstruktur die Verfügung zu verantworten hat. Die Kenntnis irgendeines anderen Behördenmitarbeiters kann der Behörde nicht zugerechnet werden.[192] Bei **mehraktigen Verfügungen** ist richtigerweise nicht entscheidend, ob der letzte Verfügende irrt, sondern dass die jeweils finalen (Teil-)Entscheidungen auf einem Irrtum beruhen.[193]

IV. Vermögensverfügung

Verfügungsverfügung ist jedes **Verhalten** (Tun oder Unterlassen), das eine **Vermögensminderung zurechenbar verursacht**. Der Vermögensverfügung kommt die Funktion zu, den Charakter des Betrugs als Selbstschädigungsdelikt abzusichern und ihn vom Diebstahl als Fremdschädigungsdelikt abzugrenzen (s. Rn 546 ff). Von dieser Vorstellung geprägt ist auch das Verständnis der einzelnen Aspekte der Vermögensverfügung.

589

---

187 BGH StV 06, 297 verneint einen Irrtum, weil es bei einer Ableitung der Verfügungsbefugnis vom Sachwalter auf dessen Kenntnis ankomme; ebenso BGH StV 14, 684; krit. dazu *Brand/Vogt*, wistra 07, 408; s. zur Lösung auch *Rengier*, BT I § 13 Rn 60 ff; *Wittmann*, Wissenszurechnung im Strafrecht, 2006, S. 86.
188 BGH NStZ-RR 10, 146.
189 Die für die Lösung vorauszusetzende Eigenverantwortlichkeit richtet sich nach den Maßstäben für die Wirksamkeit einer Einwilligung, s. *Eisele*, JZ 08, 524 zu BGH JZ 08, 522; iE zust. auch *Krack*, ZIS 08, 518, 520 f.
190 S. BayObLG NStZ 02, 91; *Otto*, Jura 02, 611. *Eisele*, ZStW 116 (2004), 15, 23 f, 29, 30 ff, *Rengier*, BT I § 13 Rn 66 und LK-*Tiedemann*, § 263 Rn 82 stützen diese Ergebnisse nicht auf Wissenszurechnung, sondern auf die allgemeinen Regeln der objektiven Zurechnung; eine Zurechnung des Wissens von *Hilfspersonen* lehnen *Weißer*, GA 11, 334 und *Wittmann*, Wissenszurechnung im Strafrecht, 2006, S. 137 f mit der Folge eines vollendeten Betrugs ab; s. auch S/S/W-*Satzger*, § 263 Rn 137 ff; im Wesentlichen wie hier AnK-*Gaede*, § 263 Rn 62 ff.
191 BGH NStZ 13, 473.
192 OLG München NStZ 09, 156; diff. Fischer-*Fischer*, § 263 Rn 67; s. auch A/W-*Heinrich*, § 20 Rn 81a.
193 Näher dazu *Schuhr*, ZStW 123 (2011), 517, 534 ff, 547; Spickhoff-*Schuhr*, § 263 Rn 34.

1. Vermögensbezug und Vermögensbegriff

a) Vermögensposition

590 Anders als der Vermögensschaden (der letztlich eine rechnerische Größe ist und sich aus einer Gesamtbetrachtung des Vermögens durch Saldierung ergibt) setzen die Vermögensverfügung und Vermögensminderung einen Bezug zu einem **konkreten Vermögensgegenstand** (Vermögensposition) voraus. Hierin unterscheidet sich der Betrug auch von der Untreue (§ 266), wo es lediglich eines Gesamtvermögensbezugs bedarf. Gegenstand der Verfügung und Minderung muss eine **geschützte Vermögensposition** sein. Sie muss nicht in einem physischen Gut bestehen. Auch Rechte diverser Art bilden Vermögensgegenstände, zB Forderungen, immaterielle Güter oder Sachgesamtheiten. Nach welchen Regeln ihre Konstruktion vorzunehmen ist, ist umstritten (s. Rn 592 ff). Unter Bezugnahme auf einen juristischen Vermögensbegriff können Vermögensgegenstände nur in **juristischen Kategorien** wie Eigentum, Besitz, Anwartschaftsrecht, Anspruch etc. bestimmt werden. Ein weiteres Verständnis erreicht man bei der Konstruktion von Vermögensgegenständen auf Grundlage **allgemeiner wirtschaftlicher Kategorien**. Auf dieser Grundlage ist alles als Vermögensgegenstand anzusehen, dem ein konkreter Marktwert zugeordnet werden kann. Bei einer solchermaßen wirtschaftlich-tatsächlichen Konstruktion muss aber in einem zweiten Schritt die Frage beantwortet werden, ob eine Vermögensposition aus **normativen Gründen** vom Schutz des § 263 auszunehmen ist (Rn 598).

b) Vermögensbegriff

591 Der **Begriff** des strafrechtlich geschützten **Vermögens** ist umstritten und in seinen Randbereichen noch nicht abschließend geklärt. Seine Entwicklung in Rechtsprechung und Wissenschaft ist geprägt durch eine Abkehr von extremen Auffassungen und eine Hinwendung zu vermittelnden Lehrmeinungen.[194]

592 Die ältere, heute nicht mehr vertretene **juristische Vermögenstheorie** sah im Vermögen nur die Summe der einzelnen Vermögensrechte.[195] Im Gegensatz zu ihr stand ursprünglich der **rein wirtschaftliche Vermögensbegriff**, der „alle geldwerten Güter einer Person" umfasst und neben nichtigen Ansprüchen aus verbotenen oder unsittlichen Geschäften auch Werte einschließt, die man widerrechtlich oder sonst in missbilligenswerter Weise erlangt hat. Diese extrem wirtschaftlich orientierte Betrachtungsweise wurde durch RGSt 44, 230 in die Rechtsprechung übernommen und später durch BGHSt 2, 364 bekräftigt.[196] Ihre wichtigste Konsequenz besteht darin, dass sich im sog. Ganovenumfeld kein strafrechtsfreier Raum[197] bilden kann und dass es keine wirtschaftlichen Werte gibt, die gegen Betrug, Erpressung, Untreue und dergleichen ungeschützt sind.

---

[194] Zum Streit s. *Evers*, Das Verhältnis des Vermögensnachteils zum Vermögensschaden beim Betrug, 2018, S. 16 ff; *Hillenkamp/Cornelius*, BT 31. Problem; *Küper/Zopfs*, BT Rn 624 ff; *Kühl*, JuS 89, 505; M/R-*Saliger*, § 263 Rn 150 ff; HdS-*Kindhäuser/Schumann* V, § 33 Rn 45 ff; *Otto*, Jura 93, 424; Überblicke zu Problemfeldern des Vermögensschadens finden sich bei *Satzger*, Jura 09, 518 und *Waszcynski*, JA 10, 251 ff; s. auch *Wittig*, § 14 Rn 76 ff.

[195] Vgl RGSt 3, 332, 333; 11, 72, 76; *Binding*, Lehrbuch des Gemeinen Deutschen Strafrechts BT, 1. Bd., 2. Aufl. 1902, S. 238 ff; zu ihrer – behaupteten verdeckten und verfassungswidrigen – „Wiederbelebung" durch Urteile des BGH s. *Saliger*, HRRS 12, 363.

[196] Zust. *Blassl*, wistra 16, 427; *Fahl*, JA 95, 205; *Haft/Hilgendorf*, BT S. 92; *Heghmanns*, Rn 1373; *Krey/Hellmann/Heinrich*, BT II Rn 675 ff; *Sonnen*, JA 82, 593; *Zöller*, BT Rn 174; nahest. *Fischer-Fischer*, § 263 Rn 89 ff; unter dem Blickwinkel des Bestimmtheitsgebots krit. *Naucke*, Kargl-FS S. 333 ff.

[197] Zu seinen Gefahren s. *Hillenkamp*, Vorsatztat und Opferverhalten, 1981, S. 204 f.

Zwischen den vorgenannten Auffassungen hat sich in der Rechtslehre zunehmend die **juristisch-ökonomische Vermittlungslehre** durchgesetzt,[198] die in unterschiedlichen Varianten zum Vermögen einer Person alle Wirtschaftsgüter zählt, die ihr „ohne rechtliche Missbilligung" zukommen[199] oder die ihr „unter dem Schutz der Rechtsordnung" zu Gebote stehen.[200]

593

Vereinzelt wird eine **personale Vermögenstheorie** befürwortet, die von der Funktion des Vermögens als „Grundlage der Persönlichkeitsentfaltung" ausgeht und im Zuge der Schadensfeststellung vorrangig auf die Minderung der wirtschaftlichen Potenz des Vermögensträgers und den mit der Verfügung angestrebten Zweck abstellt.[201] Ihren Ausgangspunkt, das Vermögen mit der Reichweite seiner Wirkungsmacht gleichzusetzen und damit eine Herrschaftsposition zu beschreiben, teilt der **normativ-ökonomische Vermögensbegriff** *Hefendehls*.[202] Nach ihm ergibt sich Vermögen, wenn eine Person über mit der Rechtsordnung vereinbare Potenziale wirtschaftlicher Betätigung mit Hilfe zivilrechtlich anerkannter Durchsetzungsmöglichkeiten nach ihrem Belieben verfügen und externen Störfaktoren effektiv begegnen kann. Der so genannte **funktionale Vermögensbegriff** versteht unter Vermögen die Verfügungsmacht einer Person über die ihr rechtlich zugeordneten übertragbaren Güter.[203]

594

Die neuere Rspr. hält im Prinzip am bewährten und als Ausgangspunkt vorzugswürdigen[204] **wirtschaftlichen Vermögensbegriff** fest[205] und folgt auch weitgehend den Ergänzungen und Korrekturen der **juristisch-ökonomischen Vermittlungslehre** zur Vermeidung von Wertungswidersprüchen zwischen Zivilrecht und Strafrecht durch **Einbeziehung normativer Wertungen**.[206] Typisch dafür ist der in der Sache zwar überholte, methodisch aber beispielhaft bleibende Beschluss des BGH im *Dirnenlohnfall*[207], wonach keinen Betrug beging, wer eine Prostituierte um den vereinbarten Lohn prellte: „Zwar kann auch die Möglichkeit, die eigene Arbeitskraft zur Erbringung von Dienstleistungen zur Verfügung zu stellen, zum Vermögen iS des § 263 StGB gehören, wenn solche Leis-

595

---

198 S. LK-*Tiedemann*, § 263 Rn 127, 132.
199 *Gössel*, BT II § 21 Rn 121; *Lackner/Kühl/Heger*, § 263 Rn 34 f; *Lenckner*, JZ 67, 105; *Seelmann*, S. 72; S/S-*Perron*, § 263 Rn 82 ff; E/R/S/T-*Saliger*, § 263 Rn 129, 131; enger *Zieschang*, Hirsch-FS S. 837, 840.
200 *Franzheim*, GA 1960, 269; *Mitsch*, BT II S. 306 f; *Rengier*, BT I § 13 Rn 140; *Schramm*, BT II § 7 Rn 102; *Tenckhoff*, Anm. JR 88, 126; nicht auf die Vermögensposition, sondern auf den Tauschwert und seine rechtliche Anerkennung bezogen SK-*Hoyer*, § 263 Rn 118, 121; *Hoyer*, Samson-FS S. 339, 351 ff; s. auch *Nelles*, Untreue zum Nachteil von Gesellschaften 1991, S. 426; krit. *Kargl*, JA 01, 714. Zu **Haustieren** als Vermögensgut und die Bedeutung von Eigentums- und Vermögensdelikten in dem Zusammenhang, s. *Mitsch*, Jura 17, 1394 f. Zur Wertbestimmung von **Bitcoins** s. *Börner*, NZWiSt 18, 49, 52.
201 Vgl *Alwart*, JZ 86, 563; *D. Geerds*, Jura 94, 309; *D. Geerds*, Wirtschaftsstrafrecht und Vermögensschutz, 1990, S. 116 ff; *Otto*, Die Struktur des strafrechtl. Vermögensschutzes, 1970, S. 34 ff, 69; *Winkler*, Der Vermögensbegriff beim Betrug usw, 1995; krit. dazu LK-*Lackner*, 10. Aufl., § 263 Rn 124; ferner *Achenbach*, Roxin-FS II, S. 1005, der auf die „Nutzungschance" abhebt. Zur Vereinbarkeit mit der neueren Rechtsprechung des BVerfG s. *Ceffinato*, NZWiSt 15, 90.
202 *Hefendehl*, Vermögensgefährdung und Expektanzen 1994, S. 93 ff; *Hefendehl*, in: Schünemann, Strafrechtssystem und Betrug, 2002, S. 185, 228 ff; MK-*Hefendehl*, § 263 Rn 516 ff; s. auch *Klesczewski*, BT § 9 Rn 24, 26 ff; LPK-*Schünemann*, § 266 Rn 214.
203 NK-*Kindhäuser*, § 263 Rn 35 ff; *Kindhäuser/Nikolaus*, JuS 06, 198.
204 A/W-*Heinrich*, § 20 Rn 15 f, 91; LK-*Tiedemann*, § 263 Rn 132.
205 S. BGHSt 34, 199, 203; 38, 186, 190, 196 mit krit. Bespr. *Ranft*, wistra 94, 41; BGHSt 57, 113; BGH JR 03, 162 mit zust. Anm. *Engländer*; OLG Düsseldorf NJW 88, 922; 94, 3367; wistra 95, 276, 277; OLG Celle StV 96, 155; KG NJW 01, 86.
206 HK-GS/*Duttge*, § 263 Rn 39; krit. dazu *Krey*, BT II, 12. Aufl., Rn 433 ff; M/R-*Saliger*, § 263 Rn 150.
207 BGH JR 88, 125 mit Anm. *Tenckhoff*, 126; *Barton*, StV 87, 485 und Bespr. von *Bergmann/Freund*, JR 88, 189; s. auch BGHSt 26, 346, 347 f; 31, 178; OLG Hamm NJW 89, 2551. Zu Telefonsex OLG Hamm NJW 90, 342 mit Anm. *Wöhrmann*.

tungen üblicherweise nur gegen Entgelt erbracht werden. Das gilt aber nicht für Leistungen, die verbotenen oder unsittlichen Zwecken dienen. Das Strafrecht würde sich in **Widerspruch zur übrigen Rechtsordnung** setzen, wenn es im Rahmen des Betrugstatbestandes nichtigen **Ansprüchen Schutz gewährte, die aus verbotenen oder unsittlichen Rechtsgeschäften** hergeleitet werden. [...] Geschützt bleibt, was die Prostituierte als Entgelt erlangt hat. Zu weitergehender Pönalisierung besteht kein Anlass. Für die Gegenmeinung spricht auch nicht, dass die Einkünfte [...] einkommensteuerpflichtig sind. Für die Besteuerung ist es unerheblich, ob ein Verhalten, das den Tatbestand eines Steuergesetzes erfüllt, gegen ein gesetzliches Verbot oder gegen die guten Sitten verstößt (§ 40 AO 1977)." Die zugrunde gelegte Annahme, die Leistung von Prostituierten sei sittenwidrig, ist freilich zu Recht durch die Entscheidung des VG Berlin NJW 01, 983 ins Wanken geraten und die Annahme zivilrechtlicher Unwirksamkeit durch § 1 des Gesetzes zur Regelung der Rechtsverhältnisse der Prostituierten (ProstG vom 20.12.2001, BGBl I 3983) überholt (s. zur jetzigen Rechtslage Rn 606).[208]

596 Bloße, noch nicht rechtlich verfestigte Erwerbsaussichten (**bloße Exspektanzen**) und andere Positionen, die nicht unter dem Schutz der Rechtsordnung stehen, gehören danach nicht zum strafrechtlich geschützten Vermögen. Insoweit nimmt das Vermögen auch am Wandel der Rechtsordnung teil. Diese **Einschränkung des rein wirtschaftlichen Vermögensbegriffs** erscheint zwar unabweisbar, weil eine rein wirtschaftliche Betrachtungsweise das Vermögensstrafrecht in einen Widerspruch zur Gesamtrechtsordnung bringen würde, wo doch auch seine Aufgabe nur darin besteht, den wesentlichen Kern rechtlicher Verhaltensregeln zum Schutz anerkannter Rechtsgüter zu sichern. Sie birgt aber die Gefahr, den Betrüger zu ermutigen, „seine Opfer in den Kreisen der sittlich schwachen Personen zu suchen",[209] die Befriedungsfunktion des Strafrechts in einem von seinen Schranken befreiten Bereich aufzugeben und dadurch ohne legitimierenden Sinn Freiräume für wirtschaftliche Schädigungen zu eröffnen.[210] In der *Verwirkung* des Vermögensschutzes durch missbilligenswertes Opferverhalten eine Rechtfertigung hierfür zu suchen, verbietet sich deshalb, weil dieser Gedanke dem Strafrecht fremd und das Unrecht ersichtlich auf beide Seiten verteilt ist.[211] Man wird daher die juristische Einschränkung des wirtschaftlichen Vermögensbegriffes auf die wenigen Fälle beschränken müssen, in denen die Gesamtrechtsordnung die fragliche Vermögensposition eindeutig missbilligt. Basis, aber nicht Grenze der Beurteilung ist dabei das im *Grundgesetz* verkörperte Wertesystem.[212] **Bestandteile des strafrechtlich geschützten Vermögens** sind letztlich alle Güter und Positionen, denen ein **wirtschaftlicher Wert** beizumessen ist und die **nicht eindeutig rechtlich missbilligt** werden, also grundsätzlich unter dem **Schutz der Rechtsordnung** stehen (= wirtschaftlicher Vermögensbegriff mit *normativer* Schranke).[213]

---

208 S. dazu *Heger*, StV 03, 350, 355; *Hilgendorf*, Kühne-FS S. 91 ff; *Rautenberg*, NJW 02, 650; *v. Galen*, Rechtsfragen der Prostitution, 2004, Rn 314 ff, 394 ff; *Trede*, Auswirkungen des ProstG auf das Straf- und Ordnungswidrigkeitenrecht, 2006, S. 238 ff; *Ziethen*, NStZ 03, 184. Die durch das am 1.7.2017 in Kraft getretene **Prostituiertenschutzgesetz – ProstSchG** vom 21.10.2016 (BGBl I 2372) getroffenen Regelungen berühren einschließlich der Neufassung des § 3 ProstG die hier dargestellte Veränderung der Problematik nicht.
209 RGSt 44, 230, 249.
210 S. *Hillenkamp*, Vorsatztat und Opferverhalten, 1981, S. 108 ff, 204 f; *Krey*, BT II, 12. Aufl., Rn 435.
211 Ebenso *Bockelmann*, JZ 52, 464; LK-*Lackner*, 10. Aufl., § 263 Rn 242.
212 AA *Zieschang*, Hirsch-FS S. 831.
213 AnK-*Gaede*, § 263 Rn 68; *Beulke/Zimmermann*, II Rn 179 f; *Hilgendorf/Valerius*, BT II § 7 Rn 70 f; LK-*Tiedemann*, § 263 Rn 132; NK-WSS-*Heger/Petzsche*, § 263 Rn 91; *Schramm*, BT II § 7 Rn 102; Spickhoff-*Schuhr*, § 263 Rn 28; S/S-*Perron*, § 263 Rn 82 f; S/S/W-*Satzger*, § 263 Rn 152; in der Sache auch *Eisele*, BT II Rn 606 ff; *Rengier*, BT I § 13 Rn 140 ff; *Satzger*, Jura 09, 519. M/R-*Saliger*, § 263 Rn 158

Dazu zählen beispielsweise dingliche und obligatorische **Rechte** unter Einschluss auch kragloser,[214] nicht aber nach §§ 134, 138 BGB nichtiger Forderungen, **Anwartschaften**[215] sowie tatsächliche **Erwerbsaussichten**, soweit sie hinreichend konkretisiert sind,[216] auf einer rechtlich legitimen Grundlage basieren[217] und daher dem Inhaber die störungsfreie Entwicklung zum Vollwert ermöglichen. Unter diesen Voraussetzungen ist von einer **vermögenswerten Exspektanz** zu sprechen, die als erstarkte Gewinnchance bereits Bestandteil des Vermögens ist.[218] Ferner gehört die Möglichkeit zum Vermögen, die eigene **Arbeitskraft** zur Erbringung von Dienstleistungen einzusetzen, wenn diese üblicherweise nur gegen Entgelt erbracht[219] und nicht zu verbotenen oder sittenwidrigen Zwecken verlangt werden.[220] Richtigerweise werden dazu heute auch die Dienstleistungen **Prostituierter** gezählt.[221] Ferner ist der redlich, aber auch der widerrechtlich, also zB durch Diebstahl, erlangte **Besitz** an Sachen geschützt, sofern ihm ein wirtschaftlicher Wert zukommt.[222]

Das fiskalische Vermögen des Staates wird ebenso geschützt wie anderes Individualvermögen. Der staatliche Anspruch auf Zahlung einer Geldstrafe gehört wegen der **besonderen Natur der Geldstrafe** als Sanktionsmittel des Strafrechts jedoch nicht zu dem durch § 263 geschützten Vermögen des Staates.[223]

597

Sinn der Geldstrafe ist es nicht, die staatlichen Kassen zu füllen, auch wenn den daraus fließenden Einnahmen im Staatshaushalt wirtschaftliche Bedeutung zukommen mag.[224] Zudem entziehen sich die Ansprüche dem Markt (haben als solche keinen Verkehrswert).[225] Gleiches muss für ein **Ver-**

---

bezeichnet die – inhaltlich übereinstimmende – Position als „wirtschaftlicher Vermögensbegriff mit normativer Anpassung"; vgl auch BGHSt 16, 220, 221; 34, 199, 203; BGH NStZ 86, 455; JR 88, 125.
214 RGSt 40, 21, 29 f; 68, 379.
215 BGH JR 78, 298; BGHSt 31, 178, 179.
216 BGH NStZ 12, 272 f; BGH NStZ 18, 213 mit Anm. *Schilling* (Erwerbs- und Gewinnaussichten bei einer Gaststätte). Zu diese Voraussetzung zu Lebzeiten des Erblassers idR nicht erfüllenden **Erb**aussichten s. OLG Stuttgart NJW 99, 1564 mit Anm. *Thomas*, NStZ 99, 622; *Eisele*, Weber-FS S. 271, 278 ff; zur Testaments- und **Erbfallerschleichung** s. *Schroeder*, NStZ 1997, 575; *Hoyer*, Schroeder-FS S. 497 ff; Falllösung bei *Putzke*, Jura 17, 344.
217 NK-*Kindhäuser*, § 263 Rn 245 ff; BGHSt 17, 147, 148; 34, 379, 390 f; BayObLG NJW 94, 208 mit Bespr. *Hilgendorf*, JuS 94, 468; OLG Düsseldorf JR 94, 522 mit Anm. *Ranft*, 523.
218 S. *Hefendehl*, in: Schünemann, Strafrechtssystem und Betrug, 2002, S. 135, 230 f, 237 ff; *Lackner/Kühl/Heger*, § 263 Rn 34; LPK-*Schünemann*, § 266 Rn 215; MK-*Hefendehl*, § 263 Rn 544 ff; M/R-*Saliger*, § 263 Rn 163 ff; hierzu beim sog. Rabattbetrug BGH NStZ 04, 557 f; KG wistra 05, 37, 38; OLG Stuttgart NStZ-RR 07, 347, 348.
219 BGH NJW 01, 981.
220 BGH JR 88, 125; BGH NStZ 01, 534; LK-*Tiedemann*, § 263 Rn 138; krit. Fischer-*Fischer*, § 263 Rn 108 ff; *Krey/Hellmann/Heinrich*, BT II Rn 681; s. auch *Heinrich*, GA 1997, 32.
221 Nicht erwogen von BGH NStZ 11, 278; zutr. dagegen *Eckstein*, JZ 12, 103; *Hecker*, JuS 11, 945; M/R-*Saliger*, § 263 Rn 170; E/R/S/T-*Saliger*, § 263 Rn 141; BGH NStZ 13, 710 beschränkt den Schutz im Anschluss an *Zimmermann*, NStZ 12, 211 auf einvernehmliche (abredegemäße) sexuelle Handlungen, s. dazu Rn 814 (**Rechtsprechungsbeispiel**) und – abl. – *Hecker*, Kühne-FS S. 81 ff; s. zum Streit auch *Küper/Zopfs*, BT Rn 631a.
222 BGHSt 14, 386, 388; BGH JR 88, 125; BGH NStZ 08, 627 mit abl. Anm. *Kindhäuser*, StV 09, 355; BGH HRRS 24, Nr 528; BayObLG NJW 87, 1654; OLG Karlsruhe NJW 23, 2895 mit Anm. *Mitsch*; *Hecker*, JuS 23, 1166; A/W-*Heinrich*, § 20 Rn 115b; *Jäger*, BT Rn 527; LK-*Tiedemann*, § 263 Rn 140; M/R-*Saliger*, § 263 Rn 162; S/S/W-*Satzger*, § 263 Rn 168; *Tenckhoff*, Anm. JR 88, 126; anders zum deliktisch erlangten Besitz Eisele, BT II Rn 608; G/J/W-*Dannecker*, § 263 Rn 114; M/S/M-*Momsen*, BT I § 41 Rn 100; S/S-*Perron*, § 263 Rn 95; *Zieschang*, Hirsch-FS S. 837; diff. SK-*Hoyer*, § 263 Rn 125; zum Streitstand s. auch *Hillenkamp*, Achenbach-FS S. 189 ff; *Küper/Zopfs*, BT Rn 632; Falllösung bei *Ladiges*, JuS 14, 1097.
223 AA *Otto*, BT § 51 Rn 83, der Straflosigkeit aber aus § 258 V herleiten will; *Fahl*, NStZ 17, 65; wie hier M/R-*Saliger*, § 263 Rn 179; *Rengier*, BT I § 13 Rn 148; näher dazu *Jänicke*, Gerichtliche Entscheidungen als Vermögensverfügung, 2001, S. 363 ff, 418, 433 f; BGHSt 38, 345, 351 f; OLG Karlsruhe NStZ 90, 282; BayObLG JR 91, 433 mit Anm. *Graul*; BGH NJW 98, 1568, 1576.
224 S. dazu *Hillenkamp*, Lackner-FS S. 455.
225 *Kudlich*, PdW BT I S. 86.

warnungs- oder **Bußgeld** nach dem OWiG gelten.[226] Wer sich vor Gericht als Vater eines gegen seinen gleichnamigen Sohn geführten Bußgeldverfahrens als Betroffener ausgibt und dadurch einen Freispruch bewirkt, begeht keinen Betrug.[227] Wer einen Parkschein manipuliert, um die Dienstkräfte der Verkehrsüberwachung von der Festsetzung eines Verwarnungs- oder Bußgeldes abzuhalten, bewirkt damit keine Vermögensverfügung.[228] Staatliche *Gebühren* und Kosten sind zwar grds. erfasst,[229] da die Nacherhebung der *Benutzungsgebühr* jedoch nicht durch dieselben Dienstkräfte betrieben wird, soll es insoweit bezüglich des in dem Fall nur versuchten Betrugs an Vorsatz und Stoffgleichheit fehlen.

c) Unerlaubte Vermögenspositionen

598 Aus dem normativ beschränkten wirtschaftlichen Vermögensbegriff (Rn 595) ergibt sich, dass eine **Vermögensposition, deren Bestand als solcher verboten ist**, richtigerweise nicht zugleich mittels Strafrechts geschützt werden kann.[230] Vom Unrecht des Betrugs bliebe nur die Lüge des Täters als solche, die aber gerade nicht ausreicht und das Rechtsgut nicht unmittelbar betrifft. Der Verlust der Vermögensposition enthält kein Unrecht, sondern ist rechtlich verlangt. Der Erwerb der Vermögensposition durch den Täter ist Unrecht, wird vom (objektiven) Tatbestand des § 263 aber gar nicht erfasst, sondern aus anderen Vorschriften gesondert bestraft. Voraussetzung ist dabei freilich, dass die rechtliche Missbilligung für und gegenüber jedermann gilt.[231] Nach der höchstrichterlichen Rspr. ist § 89c eine solche Wertung nicht zu entnehmen, sodass auch das Vermögen einer *Terrororganisation* geschützt ist.[232]

Dies gilt beispielsweise für den Besitz von Kinderpornografie und den nach dem BtMG strafbare Besitz von Betäubungsmitteln (zur **aA** der Rspr. sogleich). Nach §§ 858, 859 BGB genießt auch der unrechtmäßige Besitzer Schutz gegen verbotene Eigenmacht. Darf man ihn also nicht bestehlen, berauben oder erpressen, so kann für den Betrug nichts anderes gelten.[233] Dient der Einsatz betrügerischer Mittel ihm gegenüber allerdings nur dem Ziel, dem **Sacheigentümer** den ihm gebührenden Besitz zurückzuverschaffen, so fehlt es an der Rechtswidrigkeit des vom Täter erstrebten Vermögensvorteils und damit an einer Strafbarkeitsvoraussetzung des § 263 (s. dazu Rn 701 ff). Auszunehmen ist zudem der illegale, weil *strafrechtlich verbotene* Besitz, weil er eine *eindeutige Missbilligung* durch die Rechtsordnung erfährt.[234]

Rechtsprechungsbeispiel: „Nach der **Rechtsprechung des Bundesgerichtshofs** ist dem Vermögen im Sinne der §§ 253, 263 **auch der unerlaubte Besitz von Betäubungsmitteln** zuzurechnen, weil der strafrechtliche Vermögensbegriff wirtschaftlich betrachtet werden soll. Daran will der [2.] Senat nicht festhalten. Er beabsichtigt zu entscheiden, dass die Nötigung zur Übertragung von un-

---

226 *Jänicke*, Gerichtliche Entscheidungen als Vermögensverfügung, 2001, S. 440 ff; BGH wistra 07, 258 (Beschränkung des Betrugs daher auf die Gebühr); **aA** *Fahl*, NStZ 17, 65; *Mitsch*, NZV 16, 565.
227 AG Aachen wistra 12, 322; bezüglich der Gebühren fehlen idR Vorsatz und Bereicherungsabsicht.
228 OLG Köln NJW 02, 527; s. dazu *Hecker*, JuS 02, 224; *Mitsch*, NZV 12, 156.
229 Fischer-*Fischer*, § 263 Rn 99; MK-*Hefendehl*, § 263 Rn 624; NK-*Kindhäuser*, § 263 Rn 246.
230 *Hillenkamp*, Achenbach-FS S. 189, 204 f; zust. *Hoyer*, Fischer-FS S. 361 ff; *Lackner/Kühl/Heger*, § 263 Rn 34; *Puppe*, Fischer-FS S. 463 ff; *Zimmermann*, GA 17, 549; *Windsberger*, ZStW 2021 (133), 123; offengelassen in BGHSt 48, 322, 326; BGH StraFo 13, 480; nicht problematisiert in BGH JR 15, 206 f (iR des § 253) mit Anm. *Ernst*. S. dazu auch BGH NStZ 15, 572 mit Anm. *Oğlakcıoğlu*; *Jäger*, JA 15, 874; *Kudlich*, NJW 15, 2901; **aA** *Bock*, BT II S. 343; *Drenkhahn*, Jura 11, 65 in einer Falllösung; *Wolters*, Samson-FS S. 495, 497, 512; zu Fällen strafbaren Besitzes s. *Ambos*, Yamanaka-FS S. 233 ff.
231 Geschützt bleibt danach ein im Strafvollzug widerrechtlich besessenes Handy, s. dazu OLG Bamberg NStZ 16, 243.
232 BGH StV 19, 85, 87 mit krit. Anm. *Wachter*; *Bechtel*, Jura 19, 63, 69 f; *Ebner*, ZWH 18, 296; *Jahn*, JuS 18, 721 und Bespr. *Li*, NZWiSt 19, 405.
233 S. zum Streit auch innerhalb der juristisch-ökonomischen Vermittlungslehre *Küper/Zopfs*, BT Rn 632.
234 *Hillenkamp*, Achenbach-FS S. 204 f; zust. *Eisele*, BT II Rn 609.

erlaubtem Besitz an Betäubungsmitteln nicht das strafrechtlich geschützte Vermögen betrifft. Er fragt deshalb wegen Divergenz und grundsätzlicher Bedeutung der Rechtsfrage bei den anderen Strafsenaten an, ob diese ihm folgen oder an der bisherigen Rspr. festhalten." So heißt es in **BGH NStZ 16, 596** (mit krit. Anm. *Krell*; *Bosch*, Jura (JK) 16, 1338; *Jäger*, JA 16, 790; *Jäger*, BT Rn 377b; *Jahn*, JuS 16, 848). Dem Beschluss lag ein Fall zugrunde, in dem die Angeklagten in die Wohnung des späteren Nebenklägers N, eines Drogendealers, eindrangen. Sie forderten N auf, Heroin herauszugeben. N gab „drei Plomben Heroin" heraus, nachdem die drei ihn am Kragen gepackt, ihm Schläge versetzt, einen spitzen Gegenstand vor das Gesicht gehalten und an der Flucht gehindert hatten. Die Vorinstanz hatte die Angeklagten u.a. wegen besonders schwerer Erpressung verurteilt. Der 2. Strafsenat hielt dies für rechtsfehlerhaft, weil es „kein strafrechtlich schutzwürdiges Vermögen außerhalb des Rechts […] oder sogar im Widerspruch dazu" geben könne. Das entspricht der hier (schon länger) vertretenen Auffassung (s. dazu oben Rn 119, 323 und *Hillenkamp*, Achenbach-FS S. 189, 204 f; beidem zust. *Bechtel*, JR 17, 197; *Ladiges*, wistra 16, 479). Der 1. Senat (BGH NStZ-RR 17, 112), 3. Senat (BGH NStZ-RR 17, 244 ff), 4. Senat (BGH NStZ-RR 17, 44) und der 5. Senat (BGH NStZ-RR 17, 110) haben die Anfrage allerdings abschlägig beschieden. Schließlich änderte auch der 2. Senat seine Auffassung wieder (in einer anderen Spruchgruppe bereits BGH NStZ-RR 17, 111, im Ausgangsverfahren BGH NStZ 18, 104 f; in gleichgelagerten Verfahren zB BGH wistra 18, 41; BGH NStZ-RR 18, 16). Die zutreffend angegriffene Rspr. besteht daher weiterhin fort.

Ob auch **Ansprüche**, die gemäß §§ 134, 138 BGB **rechtlich keinen Bestand** haben, Gegenstand eines Betrugs sein können, selbst wenn ihnen im Einzelfall ein wirtschaftlicher Wert beizumessen ist, ist umstritten.

Fall 38: A und B haben bei einem Einbruchsdiebstahl Schmuck von hohem Wert erbeutet, den A zu Geld machen soll; von dem Erlös sollen beide vereinbarungsgemäß je 50% erhalten. A erzielt 3 000 €, übergibt dem B indessen nur 1 000 € mit der Behauptung, „mehr habe er nicht herausholen können". Der leichtgläubige B fällt darauf herein.

Hat A den B in strafbarer Weise betrogen? **Rn 601**

599

Die Anwendbarkeit des § 263 scheitert in derartigen Fällen nach der inzwischen herrschenden und auch hier zugrunde gelegten (s. Rn 595) **juristisch-ökonomischen Vermittlungslehre** bereits daran, dass Ansprüche, die aus gesetz- oder sittenwidrigen Abmachungen hergeleitet, also von der Rechtsordnung ausdrücklich (§§ 134, 138 BGB) missbilligt werden, nicht zum strafrechtlich geschützten Vermögen gehören.[235] Nur von diesem Standpunkt aus lassen sich Wertungswidersprüche zwischen Zivilrecht und Strafrecht vermeiden. Auf die Frage nach dem wirtschaftlichen Wert der betreffenden Ansprüche käme es nur dann an, wenn die **Nichtigkeit** aus von der Rechtsordnung **nicht missbilligten** Gründen folgt (wie etwa einem Formmangel).[236]

600

Die Gegenmeinung stellt auf Grundlage des wirtschaftlichen Vermögensbegriffs darauf ab, ob der nichtige Anspruch für den Betroffenen einen wirtschaftlichen Wert besessen hat oder nicht; im ersten Fall soll Raum für das Vorliegen eines Vermögensschadens sein.[237] Zumeist sind nichtige Forderungen aus wirtschaftlicher Sicht schon deshalb wertlos, weil es an der Leistungsbereitschaft des „Schuldners" fehlt. Dann wirkt sich der Meinungsstreit im Ergebnis nicht aus. Die Dinge können aber anders liegen, wenn besondere Bindungen (zB aus enger Freundschaft oder Komplizenschaft)

---

235 Vgl BGH JR 88, 125; BGH NStZ 01, 534; LK-*Tiedemann*, § 263 Rn 151; MK-*Hefendehl*, § 263 Rn 641 ff; M/R-*Saliger*, § 263 Rn 174 f; *Rengier*, BT I § 13 Rn 157; S/S/W-*Satzger*, § 263 Rn 170; Überblick bei *Küper/Zopfs*, BT Rn 629; zum – nach BGH NJW 14, 1805 zu verneinenden – Anspruch auf Arbeitslohn bei **Schwarzarbeit** s. Kolb, NZWiSt 14, 344.
236 M/R-*Saliger*, § 263 Rn 176; S/S/W-*Satzger*, § 263 Rn 171.
237 Vgl *Heghmanns*, Rn 1415; *Krey/Hellmann/Heinrich*, BT II Rn 679.

zwischen den Beteiligten bestehen, die erwarten lassen, dass der andere Teil die ihm obliegende Leistung aus freien Stücken erbringen wird. Hier würde eine rein tatsächliche Erwerbsaussicht existieren, die bei hinreichender Konkretisierung Vermögenswert haben könnte.

Für den Fall eines sog. Komplizenbetrugs hat der BGH in seiner früheren Rechtsprechung, die noch von der rein wirtschaftlichen Betrachtungsweise geprägt war, ein Indiz für den wirtschaftlichen Wert der nichtigen Forderung darin gesehen, dass sich der täuschende Hehler der Erfüllung des Erlösabkommens nicht schlechthin entzogen, sondern immerhin einen Teilbetrag an den Vortäter gezahlt habe.[238] Ob eine solche Schlussfolgerung stichhaltig ist, erscheint indes zweifelhaft. Man könnte aus dem Verhalten des Hehlers ebenso gut schließen, dass er hinsichtlich der gesamten Forderung bzw. des Mehrbetrages von 500 € gerade nicht leistungswillig war.[239]

601 Im **Fall 38** hat B es infolge der Täuschung **unterlassen**, den vollen Anteil am wirklich erzielten Erlös zu fordern und seinen (gemäß § 138 I BGB nichtigen, rechtlich also nicht existenten) „Anspruch" auf Zahlung der restlichen 500 € gegen A geltend zu machen. Dass B dadurch einen **Schaden** iS des § 263 erlitten hat, ist entgegen BGHSt 2, 364 aber unabhängig davon zu verneinen, ob die Teilerfüllung durch A dem „Anspruch" einen wirtschaftlichen Wert verschafft. Der fehlende Schaden folgt schon aus dem Rechtsgrund der aus der Rechts- und Sittenwidrigkeit der Beurteilung folgenden Nichtigkeit des Anspruchs, der die Aussicht auf Erfüllung aus dem von § 263 geschützten Vermögen ausnimmt.

d) Einsatz von Vermögenswerten zu missbilligten Zwecken

602 Umstritten ist, wie weit der Schutz des Vermögens durch § 263 reicht, wenn es **zu rechtswidrigen oder unsittlichen Zwecken eingesetzt** wird.

> **Fall 39:** A lebt mit seinem Nachbarn N in Streit. B bietet ihm an, gegen Vorauszahlung von 200 € dem N in der kommenden Nacht sämtliche Fensterscheiben einzuwerfen. Auf diesen Vorschlag geht A freudig ein. In Wirklichkeit denkt B gar nicht daran, seine Zusage einzuhalten; sein Ziel war es, den leichtgläubigen A um die 200 € zu prellen.
>
> Hat B sich des Betrugs schuldig gemacht? **Rn 604**

603 Bei der Beantwortung dieser Frage ist die Einsicht zugrunde zu legen, dass entgegen verbreiteter Ansicht[240] eine **Verwirkung der Schutz*würdigkeit* des Vermögens** auf Grund missbilligenswerten Opferverhaltens **nicht anzuerkennen** ist. Aus der vermeintlichen zivilrechtlichen Versagung eines Anspruchs auf die Rückabwicklung des Geschäfts ist das für das Strafrecht nicht herleitbar.[241] Soweit man sich zur Begründung dieser Versagung auf § 817 S. 2 BGB beruft,[242] ist zudem verkannt, dass sich diese Vorschrift nur auf bereicherungsrechtliche Ansprüche bezieht, wegen ihres Ausnahmecharakters einer Rückforderung nach §§ 985, 826 oder § 823 II BGB iVm § 263 aber nicht entgegensteht.[243]

---

238 BGHSt 2, 364, 370 im Drehbankfall.
239 Vgl *Lenckner*, JZ 67, 105, 109 Fn 27 und Fall 38, der BGHSt 2, 364 entspricht.
240 S. *Beulke/Zimmermann*, III Rn 316; *Cramer*, Vermögensbegriff und Vermögensschaden, 1968, S. 243 f; *Harbort*, Die Bedeutung der objektiven Zurechnung beim Betrug, 2010, S. 100 ff; *Mitsch*, BT II S. 276 ff.
241 KG NJW 01, 86.
242 S. zB *Hecker*, JuS 01, 231.
243 BGH JR 03, 163 mit Anm. *Engländer*; *Hillenkamp*, JuS 03, 163; *Rengier*, BT I § 13 Rn 168; S/S/W-*Satzger*, § 263 Rn 172; ferner *Spickhoff*, JZ 02, 970; eine Rückforderung nach §§ 823 II BGB iVm § 263 kann allerdings rechtsmissbräuchlich sein, wenn sie – wie zB zuvor betrügerisch verlorenem Haschisch – auf die (Wieder)Herstellung eines strafbaren Zustands zielt, s. dazu BGHSt 48, 322, 327 und Rn 798.

Auch ergibt es keinerlei Sinn, dem Schädiger nur wegen der Verfolgung unerlaubter oder anstößiger Zwecke seitens des Getäuschten einen Freibrief zu erteilen, sich auf Kosten des von ihm Überlisteten zu bereichern und sich die Vermögenswerte zu verschaffen, die dieser aufs Spiel setzt, um ein rechtlich missbilligtes Ziel zu erreichen. Ein wegen seiner Herkunft, Entstehung oder Verwendung schlechthin schutzunwürdiges Vermögen kennt die Rechtsordnung nicht.[244] Aus den Vorschriften über Einziehung und Verfall ist das Gegenteil nicht herleitbar,[245] weil sich der Sinn dieser Sanktion ersichtlich nicht im *privaten* Einbehalt des missbräuchlich eingesetzten Vermögens erfüllt. Einer Bestrafung wegen Betrugs steht zudem nicht entgegen, dass es sich bei der mit der Hingabe guten Geldes erschlichenen Vorleistung um eine sog. *bewusste Selbstschädigung* handelt.[246] Damit würde verkannt, dass sich der Einsatz von Vermögenswerten zu unerlaubten Zwecken nicht mit einer *zweckfreien* bewussten Vermögensentäußerung auf eine Stufe stellen lässt.[247]

In **Fall 39** liegt in der **Hingabe des Geldes** eine irrtumsbedingte[248] Vermögensverfügung, die den A um 200 € ärmer macht, ohne dass er ein den Verlust ausgleichendes Äquivalent erhält. Die zwischen ihm und B getroffene Abrede war zwar nach § 138 I BGB **sittenwidrig und nichtig**; den Eintritt eines **Vermögensschadens** iS des § 263 hindert das jedoch nicht, weil man den Schutz seines Vermögens vor betrügerischer Schädigung nicht verliert, indem man es zu rechtswidrigen Zwecken einsetzt.   604

Die **Rspr.** hat den hier vertretenen Standpunkt in zwei neueren Entscheidungen **bestätigt**. Dabei ging es im Fall des BGH[249] um vermeintliche Rauschgifthändler, im Fall des KG[250] um einen nur zum Schein bereiten Auftragsmörder, denen jeweils ein angesichts der fehlenden Leistungsbereitschaft verlorener Vorschuss gezahlt wurde. Das auf dem Boden des wirtschaftlichen Vermögensbegriffs gewonnene[251] Ergebnis stimmt hier mit dem juristisch-ökonomischen Standpunkt (Rn 595 f) überein.[252] In Fällen dieser Art ist allerdings stets auf den richtigen Ansatz zu achten: Für den Schaden des Vorleistenden ist nicht das Ausbleiben der sittenwidrigen Gegenleistung, sondern der Umstand maßgebend, dass er durch Täuschung zu einer vermögensmindernden Verfügung bestimmt worden ist, die angesichts ihrer Zweckverfehlung für ihn eine **wirtschaftlich sinnlose Ausgabe** bedeutet und ihn um das Geleistete ärmer macht. Der Täuschende wird damit auch nicht etwa gezwungen, das rechtswidrige Angebot einzulösen; denn er wird nicht dafür bestraft, dass er es unterlassen hat, die Leistung zu erbringen, sondern deshalb, weil   605

---

244 RGSt 44, 230, 248 f; s. dazu *Hillenkamp*, Achenbach-FS S. 189, 190 ff.
245 S. dazu RGSt 44, 230; BGHSt 48, 322, 330; *Hillenkamp*, Vorsatztat und Opferverhalten, 1981, S. 104 ff, 108 ff; LK-*Tiedemann*, § 263 Rn 138; krit. Fischer-*Fischer*, § 263 Rn 108 ff; **aA** mit Hinweis auf §§ 73, 74 *Kindhäuser/Wallau*, NStZ 03, 152 f; ebenso AnK-*Gaede*, § 263 Rn 83; LG Regensburg NStZ-RR 05, 312, 313; dagegen *Gröseling*, NStZ 01, 517.
246 Vgl Rn 587 f; anders *Freund/Bergmann*, JR 91, 357; *Seelmann*, S. 72; *Seier*, JuS-Lernbogen 1996, L 21; S/S-*Perron*, § 263 Rn 150; *Zimmermann*, GA 17, 549; auch *Harbort*, Die Bedeutung der objektiven Zurechnung beim Betrug, 2010, S. 107 f spricht von die Zurechnung ausschließender „eigenverantwortlicher Selbstgefährdung".
247 Zutr. LK-*Lackner*, 10. Aufl., § 263 Rn 242; *Otto*, Jura 93, 424; *Zieschang*, Hirsch-FS S. 845.
248 **AA** *Mitsch*, BT II S. 276 f; *Mitsch*, JuS 03, 122, 126: schon keine betrugsrelevante Täuschung.
249 BGH NStZ 02, 33 mit Bespr. *Heger*, JA 02, 454.
250 KG NJW 01, 86 mit zust. Bespr. *Baier*, JA 01, 286; *Gröseling*, NStZ 01, 515; abl. dagegen *Hecker*, JuS 01, 228; Falllösung bei *Hillenkamp*, JuS 14, 929.
251 KG NJW 01, 86; *Krey/Hellmann/Heinrich*, BT II Rn 664 f, 685.
252 S. *Hillenkamp*, JuS 03, 162; A/W-*Heinrich*, § 20 Rn 115 ff; *Eisele*, BT II Rn 610 f; HK-GS/*Duttge*, § 263 Rn 49; *Lackner/Kühl/Heger*, § 263 Rn 35a; M/R-*Saliger*, § 263 Rn 178; *Rengier*, BT I § 13 Rn 168.

er **den Vorleistenden in betrügerischer Weise zu einer schädigenden Verfügung veranlasst** und ihn in Bereicherungsabsicht „um sein redlich besessenes Geld gebracht" hat.[253] Wie § 826 BGB zeigt, würde auch das Zivilrecht dem so geschädigten Opfer nicht jeden Schutz versagen.[254] Auf diese Begründung ist auch dann abzustellen, wenn die Gegenleistung nicht vollständig, aber zu einem gewichtigen Teil ausbleibt, statt 35 kg Haschisch also zB nur 4 kg „Stoff" und 31 kg Schokolade geliefert werden.[255]

606 Ebenso verhielt es sich, wenn eine Prostituierte ihren „Freier" zur Vorauszahlung veranlasste, ohne ihrerseits erfüllungsbereit zu sein. Für den umgekehrten Fall, dass der „Freier" die Prostituierte um den vereinbarten Lohn prellt, sollte es nach BGHSt 4, 373 dagegen am objektiven Tatbestand des § 263 fehlen, weil die *körperliche Hingabe* keine Vermögensverfügung sei und „dem Geschlechtsverkehr für das Recht kein in Geld zu veranschlagender Wert zukomme". Auch die Aussicht auf Entlohnung der als unsittlich angesehenen Leistungen gehörte nicht zum strafrechtlich geschützten Vermögen.[256] Diese Wertungen sind heute überholt; **§ 1 ProstG**[257] geht § 138 BGB vor. Es besteht ein – zum Vermögen des bzw. der Prostituierten gehörender – Anspruch auf das vereinbarte Entgelt, soweit die dafür versprochenen sexuellen Handlungen tatsächlich erbracht wurden oder die Person sich für die bestimmte Zeitdauer dafür bereithielt. Daher liegt jetzt in beiden Fällen ein Betrug vor.[258]

Zu **beachten** ist aber, dass es dann am Vermögensschaden fehlt, wenn das Opfer der Täuschung seine **Arbeitskraft in strafbarer Weise** einsetzt, ohne anschließend die in Aussicht gestellte Vergütung zu erhalten. Der so aufgewendeten Arbeitskraft wohnt nach der juristisch-ökonomischen Lehre kein durch § 263 geschützter Wert inne.[259] Führt also der Lohnmörder den Mord aus, ohne den versprochenen Lohn zu erhalten, ist er schon nicht um einen geschützten Vermögensbestandteil gebracht. Im Übrigen ist seine Lohnforderung nichtig, sodass auch insoweit Betrug ausscheidet (Rn 600). Ein Widerspruch zum Schutz des Auftraggebers liegt hierin nicht: der Besitz am Geld ist durch die Rechtsordnung geschützt, das Mordhandwerk dagegen nicht.

2. Vermögensminderndes Verhalten

607 Der Begriff der Verfügung setzt eine **Einwirkung** (durch Tun oder Unterlassen) auf die Vermögensposition mit **unmittelbar wertmindernder Wirkung** voraus. Die Vermögensminderung kann in einem **wirtschaftlichen Nachteil beliebiger Art** bestehen (wie etwa in der Belastung des Vermögens mit einer Verbindlichkeit, im Verlust einer Sache,

---

253 *Hillenkamp*, Vorsatztat und Opferverhalten, 1981, S. 109; grundlegend RGSt 44, 230, 246 ff.
254 S. *Spickhoff*, JZ 02, 970, 977.
255 Für Betrug auch in diesem Fall zu Recht BGH JR 03, 163 mit zust. Anm. *Engländer*; krit. dagegen *Kindhäuser/Wallau*, NStZ 03, 152; *Mitsch*, JuS 03, 122; SK-*Hoyer*, § 263 Rn 132; *Swoboda*, NStZ 05, 476, 480 ff.
256 BGH JR 88, 125 mit Anm. *Tenckhoff*, 126.
257 Vom 20.12.2001 mWv. 1.1.2002, BGBl I 3983 mit Begr. in BT-Ds 14/5958, S. 4.
258 BGH NStZ 16, 283 mit Anm. *Krehl*, NStZ 16, 347; zum Schaden bei versprochener Barzahlung BGH NZWiSt 20, 322 mit Anm. *Bode/Koch*; *Jäger* JA 20, 787; „*Dominafall*": BGHSt 61, 149 mit Anm. *Bosch*, Jura (JK) 16, 826; *v. Galen*, NJW 16, 2438; *Krehl*, NStZ 16, 347. Fischer-*Fischer*, § 263 Rn 107 f; *Trede*, Auswirkungen des ProstG auf das Straf- und Ordnungswidrigkeitenrecht, 2006, S. 239 ff; *v. Galen*, Rechtsfragen der Prostitution, 2004, Rn 396, 398; *Hecker*, Kühne-FS S. 81 ff; diff. *Ziethen*, NStZ 03, 184; die Wertung ist auf Fälle des Telefonsex übertragbar, s. *Beulke/Zimmermann*, III Rn 320; Fischer-*Fischer*, § 263 Rn 107b; HK-GS/*Duttge*, § 263 Rn 51, zweifelhaft ist aber die Übertragung auf einen Fall *einmaliger* sexueller Hingabe, um mit den versprochenen 20 000 € das Studium zu finanzieren, nach LG Bad Kreuznach BeckRS 13, 05628 Betrug. Zur *Erpressung* in solchen Fällen s. hier Rn 814.
259 Ebenso BGH NStZ 01, 534; A/W-*Heinrich*, § 20 Rn 119, 120c; *Hecker*, JuS 01, 228; *Lackner/Kühl/Heger*, § 263 Rn 34; S/S/W-*Satzger*, § 263 Rn 169; aA *Krey/Hellmann/Heinrich*, BT II Rn 681, 683; *Otto*, JK 02, StGB § 263/64; Überblick bei *Küper/Zopfs*, BT Rn 631.

einer Forderung, eines Rechts oder einer realen Erwerbsaussicht usw). „Verfügung" ist nicht zivilrechtlich, sondern in einem **tatsächlichen Sinne** zu verstehen, insbesondere muss die Verfügung nicht rechtlich wirksam (und schon gar nicht unanfechtbar) sein. Eine rein tatsächliche Verfügung dieser Art (zB Weggabe von Geld oder von sonstigen Sachen) kann auch ein Kind oder ein Geschäftsunfähiger vornehmen.[260] Die Einwirkung kann aber auch **rechtlicher Art** sein. Neben rechtsgeschäftlichen Dispositionen (zB Bestellung von Waren, Gewährung eines Darlehens, Übernahme einer Bürgschaft, Erlass einer Forderung) fallen hierunter insbesondere staatliche Hoheitsakte (zB die Abweisung einer Klage oder Verurteilung zu einer Leistung im Zivilprozess, Inhaftierung eines obdachsuchenden und sich fälschlich bezichtigenden Nichtsesshaften).[261] Auch ein Unterlassen kann eine Vermögensverfügung darstellen, so der Verzicht auf die Geltendmachung eines Anspruchs.

a) Irrtum als Grund der Verfügung

Der **Grund** der Verfügung muss in dem vom Täter durch dessen Erklärung gesteuerten **Irrtum** des Verfügenden liegen. Zur Bejahung des **ursächlichen Zusammenhanges** zwischen Täuschung und Verfügung genügt, dass die Erregung oder Unterhaltung des Irrtums für die Vermögensverfügung des Getäuschten **mitbestimmend** war; sie braucht nicht deren alleinige Ursache gewesen zu sein.[262] Maßgebend ist dabei nach allgemeinen Regeln die Verknüpfung zwischen dem **wirklichen Geschehensablauf** und dem konkreten Erfolg.[263]

608

Fall 40: Der Hochstapler H hat sich unter adeligem Namen in das Vertrauen der Fabrikantenwitwe F eingeschlichen und ihr die Ehe versprochen. Er spiegelt ihr vor, dass er zum Aufbau einer neuen Existenz kurzfristig 50 000 € benötige. F glaubt ihm und überlässt ihm diesen Betrag als Darlehen. Wie von vornherein geplant, macht H sich daraufhin aus dem Staub und gibt das gesamte Geld in einem Spielkasino aus. Dem Rat ihres Anwalts, Strafanzeige wegen Betrugs zu erstatten, widerspricht F mit dem Hinweis, sie könne „dem charmanten H nicht gram sein; da er ihr viel Lebensfreude geschenkt habe, würde sie ihm die 50 000 € *auch zu Spielzwecken* überlassen haben, wenn er sie darum gebeten und sich zu seiner Spielleidenschaft bekannt hätte".
War die Täuschungshandlung des H bei dieser Einstellung der F ursächlich für deren Vermögensverfügung? **Rn 610**

609

Auszugehen ist hier von dem **realen Umstand**, dass F den falschen Angaben des H geglaubt und sich im Vertrauen auf deren Richtigkeit zur Hingabe des Darlehens entschlossen hat. Der von H erregte Irrtum ist somit für die Vermögensverfügung der F zumindest **mitbestimmend** gewesen. Da *hypothetische Ersatzbedingungen* nach der Conditio-sine-qua-non-Formel bei Feststellung des ursächlichen Zusammenhangs nicht hinzugedacht werden dürfen, lässt sich die Ursächlichkeit der Irrtumserregung für die konkrete Vermögensverfügung nicht mit dem Hinweis darauf verneinen, dass F dem H die 50 000 € auch dann gegeben hätte, wenn er ihr seine Spielleidenschaft und seine wirkliche Verwendungsabsicht offenbart hätte.[264] Denn der **tatsäch-**

610

---

260 NK-*Kindhäuser*, § 263 Rn 198.
261 S. hierzu *Jänicke*, Gerichtliche Entscheidungen als Vermögensverfügung, 2001; LK-*Tiedemann*, § 263 Rn 104.
262 RGSt 76, 82, 86 f; BGH wistra 99, 419, 420; BGH NStZ 12, 95 (Verfügung auch, um keine „Probleme" zu bekommen); G/J/W-*Dannecker*, § 263 Rn 91; M/R-*Saliger*, § 263 Rn 146 f.
263 Vgl *Wessels/Beulke/Satzger*, AT Rn 238; BGH BeckRS 13, 01251 Rn 36.
264 Vgl LK-*Tiedemann*, § 263 Rn 123; *Wessels/Beulke/Satzger*, AT Rn 238.

liche Verlauf der Willensbildung *verliert sein Dasein und seine Rechtswirkungen nicht dadurch, dass ein gedachter Verlauf mit dem gleichen Endergebnis an seine Stelle hätte treten können, aber nicht getreten ist.*[265] Er bleibt die wirkliche Grundlage der betreffenden Vermögensverfügung. Die reale Verknüpfung zwischen dem Irrtum der F, dem H die Gründung einer neuen Existenz zu ermöglichen, und der dadurch veranlassten oder mitveranlassten Darlehensgewährung, wird nicht dadurch beseitigt, dass F bei wahrheitsgemäßen Angaben andere Erwägungen zur Geldhingabe angestellt *hätte* (zB Dankbarkeit gegenüber H, Verständnis für seine Spielleidenschaft), die sie jedoch **tatsächlich nicht angestellt hat**. An einer *irrtumsbedingten* Vermögensverfügung iS des § 263 ist daher im **Fall 40** nicht zu zweifeln.[266] Anders kann es nur dann liegen, wenn den Darlehensgeber der Verwendungszweck gar nicht interessiert.[267]

611 Die Möglichkeit, dass der Getäuschte die Vermögensverfügung auch beim Durchschauen der wahren Zusammenhänge getroffen hätte, vermag demnach am ursächlichen Zusammenhang nichts zu ändern, wenn der Irrtum für die konkrete Verfügung **tatsächlich** bestimmend oder wenigstens *mitbestimmend* war. Deshalb leuchtet es nicht ein, dass die Kausalität des im Angebot eines deutlich überteuerten Krebsheilmittels enthaltenen unzutreffenden Hinweises auf „wissenschaftliche Belege" für die behauptete Wirksamkeit dann entfallen soll, wenn – wie es naheliege – die austherapierten Patienten auch bei Aufklärung über die nur bestehende unsichere Möglichkeit einer Wirkung gleichfalls gekauft hätten, weil sie „genötigt waren, nach jedem Strohhalm zu greifen".[268] Anders liegt es dagegen, falls der Getäuschte das ihm Vorgespiegelte zwar für wahr gehalten, die Vermögensverfügung jedoch **aus ganz anderen Gründen** getroffen hat (**Beispiele:** Jemand glaubt einem als Bettler auftretenden Schwindler, gibt ihm das Almosen aber nicht aus Hilfsbereitschaft, sondern *ausschließlich* deshalb, weil er den lästigen Bittsteller möglichst rasch loswerden will; A gewährt der D trotz erheblicher Zweifel an der von ihr vorgetäuschten Rückzahlungsbereitschaft ein Darlehen *allein* deshalb, weil er D „fesch" findet und sich „ein bisschen in sie verschaut" hat).[269] Hier fehlt es an jeder Ursächlichkeit. Bereits kein **Irrtum** liegt dagegen vor, wenn jemand Rechnungen unter 100 € stets ohne jedes Nachdenken bezahlt, nur weil er seine Ruhe haben will (Rn 581).[270]

b) Verfügungsbewusstsein

612 Um den Betrug bereits auf Tatbestandsebene vom Diebstahl abzugrenzen, ist **beim Sachbetrug** auch **Verfügungsbewusstsein** zu verlangen (vgl bereits Rn 546).[271] Gerade für die Fälle der Selbstschädigung, in denen die bewusste Entscheidung, ob und wie verfügt wird, vom Irrtum beeinflusst wurde, enthält der Betrugstatbestand die ungleich ausdifferenziertere Regelung als der des Diebstahls in mittelbarer Täterschaft, und das ist der

---

265 BGHSt 13, 14; BGH BeckRS 13, 01251 Rn 39; zweifelhaft insoweit OLG Bamberg BeckRS 13, 22035 mit Bespr. *Jahn*, JuS 14, 275.
266 Eingehend dazu BGHSt 13, 13, 14 f; BGH MDR/D 58, 139, 140; BGH StV 02, 132 f; BGH NStZ 17, 340; *Lenckner*, NJW 71, 599.
267 So BGH NStZ 17, 170 unter Bezug auf BGH StV 02, 132.
268 So aber BGH NStZ 10, 88, 89 mit zu Recht krit. Bespr. *Bosch*, JA 10, 153, 154; *Puppe*, JR 17, 513; vgl dazu auch AG Gießen medstra 15, 124 mit Anm. *Porten*.
269 S. BGH StV 02, 132 f; OLG Bamberg BeckRS 13, 22035 mit Bespr. *Jahn*, JuS 14, 275; *Hillenkamp*, JuS 03, 157; *Mitsch*, BT II S. 293.
270 BGH wistra 17, 318. Zur Frage des Irrtums bei Zahlung aus „Lästigkeit" heraus im Falle der vermeintlichen Kosten einer Telefonsexhotline, s. OLG Frankfurt wistra 19, 158, 161 mit Anm. *Krack*; krit. *Jahn*, JuS 19, 404.
271 S. AnK-*Gaede*, § 263 Rn 91 f; *Kudlich*, PdW BT I S. 90; *Küper/Zopfs*, BT Rn 669 mwN; *Rengier*, BT I § 13 Rn 71 f; OLG Düsseldorf NJW 88, 923; verneinend LK-*Tiedemann*, § 263 Rn 118.

Grund, Letzteren zu sperren. Wenn hingegen das Opfer einer Täuschung den Gewahrsam an einer Sache überträgt (oder die Gewahrsamsverschiebung zumindest nicht hindert), ohne sich dessen bewusst zu sein, liegt keine vom Irrtum beeinflusste Entscheidung über die Verfügung vor, sondern der Irrtum bewirkt nur, dass das Opfer die Qualität seines Verhaltens verkennt. Darin aber liegt nicht mehr Selbstschädigung als in jeder mittelbaren Täterschaft, bei der das Opfer selbst als Werkzeug fungiert, und der Betrugstatbestand sagt darüber nichts besonders Passendes. Deshalb ist es in solchen Fällen vorzugswürdig, eine Verfügung zu verneinen; der einzige steuernde Akteur ist der Hintermann, nicht der Getäuschte. Auch von einem **Einverständnis** mit dem Gewahrsamswechsel kann dann keine Rede sein, vielmehr liegt eine Wegnahme vor.[272]

Praktisch bedeutsam wird dies namentlich in Fällen, in denen der Täter verdeckte Ware an der Kasse eines Selbstbedienungsladens vorbeischmuggelt.[273] Ein **Sachbetrug** wird hier regelmäßig mangels Täuschung und Irrtum nicht einschlägig sein. Das gilt selbst dann, wenn ein Kunde auf eine ausdrückliche Frage des Kassierers die verborgene Ware verleugnet, denn auch dann fehlt es an einem auf die Verfügung bezogenen Bewusstsein und damit an einer Vermögensverfügung.[274] Vielmehr ist ein **Diebstahl** anzunehmen, wenn der Täter zB in seinem Einkaufswagen Waren unter Werbeprospekten[275] oder seiner Jacke[276] verbirgt und die Kasse nach Bezahlung nur der vorgelegten Ware passiert. Auf die Art des Verbergens kann es nicht ankommen, sodass auch in einem toten Winkel[277] oder in der Originalverpackung gekaufter Ware versteckte Gegenstände durch Diebstahl erlangt werden.[278] In solchen Fällen geht es dem Täter darum, „den Gewahrsam ohne Wissen und damit ohne Einverständnis des Getäuschten aufzuheben", ihm also die Wegnahme zu verschleiern, nicht aber darum, den Getäuschten zur Weggabe zu bewegen. Ein **Forderungsbetrug** ist hingegen zu verneinen. Das liegt nicht nur daran, dass das Geschehen seinen Charakter als „Nehmakt" nicht dadurch verliert, dass „der Berechtigte den Dieb infolge der Täuschung" entlässt.[279] Vielmehr fehlt es auch an einem neben der Fremdschädigung selbstständigen, vom Geschädigten personal mitgestalteten Schaden.[280]

An einem auf das Tatobjekt konkretisierten Verfügungsbewusstsein fehlt es dagegen nicht, wenn jemand als Käufer in einem Selbstbedienungsladen einen Karton mit darin verpackten Babywindeln öffnet, ihn *an Stelle* der Windeln mit mehreren Stangen Zigaretten füllt, mit Klebestreifen wieder verschließt und den Karton sodann zwecks Bezahlung und Übereignung (zum darauf angegebenen Preis für die Windelpackung) an der Kasse vorlegt. Die bewusste und willentliche Übergabe „des Kartons samt Inhalt" durch den Kassierer enthält dann eine irrtumsbedingte **Vermögensverfügung** iS des § 263, sodass ein **Betrug** gegeben ist. Eine Strafbarkeit wegen **Diebstahls** scheidet gleichzeitig aus: In diesen Konstellationen ist ein wirksames Einverständnis in den Gewahrsamsübergang gegeben, sodass für eine *Wegnahme* iS des § 242 kein Raum bleibt. Die strafrechtliche Beurteilung muss hier der sachenrechtlichen Wirksamkeit der Übereignung entsprechen. Anders

---

272 *Krey/Hellmann/Heinrich*, BT II Rn 619; *Küper/Zopfs*, BT Rn 669; *Rengier*, BT I § 13 Rn 71, 80; S/S-*Perron*, § 263 Rn 60, 63a; S/S/W-*Satzger*, § 263 Rn 179 f.
273 S. dazu *Hillenkamp*, JuS 97, 217, 220 ff; ferner *Beulke/Zimmermann*, III Rn 171; *Fahl*, JuS 04, 885; *B. Heinrich*, Beulke-FS S. 396 ff; *Jäger*, BT Rn 304 ff; *Kudlich*, PdW BT I S. 93 f; *Küper/Zopfs*, BT Rn 670; *Oğlakcıoğlu*, JA 12, 904; *Poisel/Ruppert*, JA 19, 353, 355 f.
274 Insoweit abw. MK-*Hefendehl*, § 263 Rn 419; wie hier H-H-*Voigt*, Rn 1006.
275 BGHSt 41, 198; OLG Zweibrücken NStZ 95, 448; zust. *Hillenkamp*, JuS 97, 221; *Hohmann/Sander*, BT § 44 Rn 92; MK-*Hefendehl*, § 263 Rn 417 f; M/R-*Saliger*, § 263 Rn 125; *Scheffler*, JR 96, 342; *Zopfs*, NStZ 96, 190; ein Fall, in dem auch *Miehe*, Unbewußte Verfügungen 1987, S. 54 ff, 60 f, 70 das von ihm verlangte „Mindestmaß personaler Beteiligung" und damit Betrug verneint.
276 OLG Köln NJW 84, 810; *Vitt*, NStZ 94, 134.
277 BayObLGSt 88, 5.
278 AA OLG Düsseldorf NJW 88, 922; *Fahl*, JuS 04, 889; *Otto*, BT § 40 Rn 36; *Rengier*, BT I § 13 Rn 96 f; wie hier *Jäger*, BT Rn 305; MK-*Hefendehl*, § 263 Rn 420 f; S/S-*Perron*, § 263 Rn 63a; S/S/W-*Satzger*, § 263 Rn 182; unentschieden AnK-*Gaede*, § 263 Rn 92.
279 So LK-*Lackner*, 10. Aufl., § 263 Rn 106; ebenso *Biletzki*, JA 95, 859; *Roßmüller/Rohrer*, Jura 94, 472.
280 *Hillenkamp*, JuS 97, 222; ebenso LK-*Tiedemann*, § 263 Rn 120; krit. *Rotsch*, GA 08, 66.

als in den Fällen verborgener Ware, in denen sich das Verfügungsbewusstsein auf diese mangels Kenntnis nicht erstrecken kann, will der Verkäufer über die ausgetauschte Ware verfügen, er handelt dabei nur in Unkenntnis ihrer Eigenschaften (*error in obiecto*).[281]

613 **Außerhalb** des **Sachbetrugs** setzt § 263 hingegen **kein Verfügungsbewusstsein** voraus.[282] Ob der Getäuschte *bewusst* oder *unbewusst* verfügt, ist bei **Forderungen, Rechten und** (vermögenswerten) **Erwerbsaussichten** daher belanglos.[283] Das liegt zunächst daran, dass dort kein Anlass für eine Einschränkung des Verfügungsbegriffs zum Zwecke der Abgrenzung von einer kollidierenden Regelung besteht, die Übernahme des Merkmals hier aber zu sinnwidrigen Einschränkungen des Betrugstatbestands führen würde. Darüber hinaus ist es so, dass das Bewusstsein, mit einem körperlichen Gegenstand umzugehen, von durchaus anderer Art ist, als das Bewusstsein, eine immaterielle Beziehung zu beeinflussen. Man erhält für **alle Arten des Betrugs** dieselben Merkmale, wenn man statt von einem Verfügungsbewusstsein davon spricht, dass der Verfügende sich **der unmittelbaren Wirkung seines Verhaltens in der Außenwelt bewusst** sein muss, und das ist die ganz normale Anforderung an willentliches (wenngleich irrtumsbedingt nicht freiwilliges) tatsächliches Verhalten. Nur rechtlich relevante Irrtümer werden in der klassischen Zurechnung auch sonst anders behandelt als Tatsachenirrtümer (beim Täter bzgl. seiner Tat zB nach § 17 statt § 16).

614 Der Forderungsbetrug kann daher insbesondere auch auf die **Nicht-Geltendmachung einer Forderung** gerichtet sein. Eine **Vermögensverfügung** kann zB auch darin liegen, dass eine Warenbestellung in dem täuschungsbedingten Glauben, es handle sich nur um das Anfordern eines Werbeprospekts, **unterschrieben** wird, oder darin, dass im Internet eine entgeltliche Leistung in der irrigen Vorstellung ihrer Unentgeltlichkeit abgerufen wird.[284]

615 **Fall 41:** Um den Kassenbestand zwecks späterer Einbehaltung des erzielten Überschusses zu erhöhen, gibt der am Fahrkartenschalter der Eisenbahn tätige B allen eiligen Reisenden jeweils 1 € Wechselgeld zu wenig zurück. Die Betroffenen bemerken das nicht, weil niemand von ihnen das Wechselgeld nachzählt.
Haben die Reisenden eine ihr Vermögen mindernde *Verfügung* iSd § 263 getroffen? **Rn 616**

616 B hat in schlüssiger Form vorgespiegelt, das Wechselgeld in voller Höhe ausbezahlt zu haben; in Wirklichkeit fehlte daran 1 €. Bei den Reisenden wurde dadurch eine unrichtige Vorstellung

---

281 OLG Hamm OLGSt § 263, S. 165; *Fahl*, JuS 04, 888; *Rengier*, BT I § 13 Rn 99; *Roßmüller/Rohrer*, Jura 94, 471; M/R-*Saliger*, § 263 Rn 125; einschränkend S/S/W-*Satzger*, § 263 Rn 183; für Diebstahl dagegen MK-*Hefendehl*, § 263 Rn 422 f; *Zöller*, BT Rn 158; s. zu diesem Fragenkreis auch *Brocker*, JuS 94, 205; *Rotsch*, JA 04, 537; *Schmitz*, JA 93, 350; *Stoffers*, JR 94, 205.
282 Näher BGHSt 14, 170, 172; OLG Hamm NJW 69, 620; OLG Celle NStZ 11, 218, 219; ebenso *Bock*, BT II S. 356; BK-*Beukelmann*, § 263 Rn 36; *Eisele*, BT II Rn 565; Fischer-*Fischer*, § 263 Rn 74; HK-GS/*Duttge*, § 263 Rn 29; *Lackner/Kühl/Heger*, § 263 Rn 24; M/S/M-*Momsen*, BT I § 41 Rn 74; M/R-*Saliger*, § 263 Rn 124; *Schmidt*, BT II Rn 583; S/S/W-*Satzger*, § 263 Rn 179 ff; *Wittig*, § 14 Rn 69; *Zöller*, BT Rn 154.
283 AA MK-*Hefendehl*, § 263 Rn 406 ff; *Otto*, BT § 51 Rn 28 ff; *Ranft*, Jura 92, 68; SK-*Hoyer*, § 263 Rn 175 f, 181.
284 Vgl RGSt 52, 163, 164; 70, 225; OLG Düsseldorf JZ 85, 251; OLG Stuttgart NJW 69, 1975; LK-*Tiedemann*, § 263 Rn 103; zu den „Kostenfallen" im Internet s. OLG Frankfurt a.M. NJW 11, 398, 403; *Eisele*, NStZ 10, 193, 197 f; anders *Bockelmann*, BT I S. 96; *Hansen*, MDR 75, 533; krit. zum Ganzen *Miehe*, Unbewußte Verfügungen, 1987, der auch beim Sachbetrug ein Verfügungsbewusstsein für entbehrlich hält, aber verlangt, dass der Getäuschte wenigstens den äußeren Vorgang der Sachbewegung erkennt, das Vermögen daher betroffen weiß und „für diese Sachbewegung gewonnen wird", S. 77.

hervorgerufen. Ihnen blieb verborgen, dass ihr Zahlungsanspruch in Höhe von 1 € noch fortbestand. Die **Vermögensverfügung** der Reisenden ist darin zu erblicken, dass sie die unvollständige Leistung des B hinnahmen und es **unterließen**, die ihnen verbliebene Restforderung geltend zu machen. Das wirkte sich zu ihren Ungunsten auch *unmittelbar vermögensmindernd* aus, weil ihr Anspruch unter den gegebenen Umständen ohne sofortige Geltendmachung nicht mehr zu realisieren war und – ungeachtet seines *rechtlichen* Fortbestehens – **wirtschaftlich wertlos** wurde. Da die sonstigen Voraussetzungen des § 263 ebenfalls vorliegen, hat B sich des Betrugs schuldig gemacht.[285]

Ob der Getäuschte sich auch des **vermögensmindernden Charakters** seiner Verfügung **bewusst** war, spielt für den ursächlichen Zusammenhang keine Rolle.

617

Davon zu unterscheiden ist die Streitfrage, ob es *über den Kausalzusammenhang hinaus* einer besonderen **funktionalen Beziehung** zwischen Irrtum und Vermögenseinbuße in dem Sinne bedarf, dass dem Getäuschten die **vermögensschädigende Wirkung seiner Verfügung verborgen geblieben sein** muss. Die These, dass § 263 nur die **unbewusste** Selbst- oder Drittschädigung erfasse, wird von der hM abgelehnt.[286] Die Vertreter der Mindermeinung halten § 263 bei einer **bewussten Selbstschädigung** für unanwendbar, relativieren ihren Standpunkt aber über die sog. **Zweckverfehlungslehre**, wonach die objektiven Voraussetzungen des Betrugstatbestandes gegeben sein sollen, wenn eine irrtumsbedingte Leistung den ihr immanenten **sozialen Zweck verfehlt** und der Verfügende dies infolge der Täuschung nicht erkannt hat, sodass *insoweit* eine *unbewusste* Selbstschädigung vorliegt.[287] Die besseren Gründe sprechen für die hM, da sie einen umfassenderen Vermögensschutz gewährleistet und sachlich nicht zu rechtfertigende Strafbarkeitslücken im Grenzbereich zwischen Betrug und Erpressung vermeidet. Die praktische Bedeutung der Streitfrage ist freilich gering, weil die **Zweckverfehlungslehre** unter dem Blickwinkel einer wirtschaftlich sinnlosen Ausgabe auch unabhängig von der Theorie der *unbewussten Selbstschädigung* vertreten werden kann und ihrem Grundgedanken nach als **Element des Schadensbegriffs**[288] bereits Eingang in die Rechtsprechung gefunden hat.[289] Darauf ist beim Tatbestandsmerkmal des **Vermögensschadens** zurückzukommen (Rn 664 ff).

c) „Freiwilligkeit"

Aus dem Wesen der Verfügung als eines selbstschädigenden Geb*a*ktes wird weiter gefolgert, dass die Überlassung der Sache zwar irrtumsbedingt, im Übrigen aber „**freiwillig**" geschehen müsse.[290] (Wegen des Irrtums ist sie stets *unfreiwillig*, wenngleich noch *willentlich*. Gemeint ist von den Vertretern dieser These, dass neben dem Irrtum keine weiteren Gründe für Unfreiwilligkeit, dh kein nötigender Zwang, vorhanden sein dürfen.) Bei einer **vorgetäuschten Beschlagnahme** durch angebliche Kriminal- oder Vollstreckungsbeamte ist danach *nicht das äußere Erscheinungsbild* des Gebens oder Nehmens, sondern allein die Frage entscheidend, ob die irrtumsbedingte Hingabe der Sache oder die Duldung ihrer Wegnahme **auf einer innerlich freien Willensentschließung des Getäuschten beruht** oder nicht.

618

---

285 Näher RGSt 52, 163.
286 RGSt 70, 255, 256; BGHSt 19, 37, 45; BGH NJW 95, 539; OLG Düsseldorf NJW 88, 922; *Deutscher/Körner*, JuS 96, 296; *Dölling*, JuS 81, 570; Fischer-*Fischer*, § 263 Rn 74, 137; *Herzberg*, JuS 72, 570; *Hilgendorf*, JuS 94, 466; M/R-*Saliger*, § 263 Rn 148; *Schmoller*, JZ 91, 117; S/S/W-*Satzger*, § 263 Rn 205; weitere Nachweise bei *Gerhold*, Zweckverfehlung und Vermögensschaden, 1988, S. 19, 56 ff.
287 Vgl M/S/M-*Momsen*, BT I § 41 Rn 120 ff; *Rudolphi*, Klug-FS S. 315; S/S-*Perron*, § 263 Rn 41, 102.
288 Dagegen *Graul*, Brandner-FS S. 805; wie hier *Hecker*, JuS 14, 562.
289 Vgl BGHSt 19, 37, 45; BGH NJW 95, 539; OLG Hamm NJW 82, 1405.
290 S. *Küper/Zopfs*, BT Rn 671; LK-*Tiedemann*, § 263 Rn 102, 120.

619 **Fall 42:** Der Kassenbote B hat im Auftrag des Firmeninhabers F Lohngelder bei einer Bank abzuholen. Als er die Bank wieder verlässt, tritt A auf ihn zu, gibt sich als Kriminalbeamter aus und fordert ihn unter Vorzeigen einer gefälschten Dienstmarke auf, ihm die Aktentasche mit den Lohngeldern in Höhe von rd. 20000 EUR auszuhändigen, da diese „wegen des Verdachts der Steuerhinterziehung beschlagnahmt" seien. B erwidert, er könne der Aufforderung ohne vorherige Rückfrage bei F nicht nachkommen. Dem Hinweis des A, dass alles vom Polizeipräsidium aus geklärt werde und dass er ihm dorthin folgen müsse, schenkt B Glauben. Im Präsidium durchquert A mit B mehrere Abteilungen; schließlich weist er ihn an, auf der Bank vor dem Dienstzimmer des Polizeipräsidenten Platz zu nehmen, ihm die Aktentasche zu übergeben und zu warten, bis er hereingerufen werde. B tut, was A von ihm verlangt. Dieser selbst geht durch eine Flügeltür weiter und verschwindet sodann mit seiner Beute durch einen Notausgang.
Betrug oder Diebstahl? **Rn 622**

620 In der Übergabe der Sache an den „Hoheitsträger" liegt keine *Verfügung*, weil sich das Opfer nur der Staatsgewalt und dem vermeintlich von ihr ausgehenden Zwang fügen will. Ist der Getäuschte mit dem Gewahrsamsverlust **nicht** *aus freien Stücken* **einverstanden**, nimmt er ihn vielmehr nur unter dem **Druck der Vorstellung** hin, dass **Widerstand nicht zulässig oder zwecklos** sei, so liegt darin zwar noch ein selbst gefasster Willensentschluss, aber keine *„freiwillig"* zu Stande gekommene Vermögensverfügung iSd § 263.[291] Daran ändert sich auch dann nichts, wenn der Getäuschte an der Gewahrsamsänderung durch aktives Tun selbst mitwirkt (zB durch Öffnen von Behältnissen, Hingabe der *„beschlagnahmten"* Sache usw). Maßgebend ist allein, dass sein diesbezüglicher Beitrag **nicht das Ergebnis eines innerlich freien Willensentschlusses**, sondern eine Folge des ihn bedrängenden **Zwangs** ist.[292]

621 Rechtsprechung und Rechtslehre begründen die Verneinung eines Betrugs hier zumeist damit, dass es an einer *„freiwilligen"* Vermögensverfügung iSd § 263 fehle.[293] Die Entscheidung BGHSt 18, 221, 223 formuliert diesen Standpunkt wie folgt: „Daß für die Grenzziehung zwischen Betrug und Diebstahl die innere Willensrichtung des Verletzten maßgebend sein kann, trifft allerdings zu. Duldet dieser die Wegnahme, so kann darin eine Verfügung iS des Betrugstatbestands nur gesehen werden, wenn das Dulden auf einem freien Willensentschluß beruht, mag er auch durch einen Irrtum beeinflußt sein. Wird dagegen der Gewahrsam ohne sein Einverständnis aufgehoben, so liegt nicht Betrug, sondern Diebstahl vor. Einen solchen nimmt die Rechtsprechung deshalb auch dann an, wenn der Täter durch die falsche Behauptung einer behördlichen Beschlagnahme die Herausgabe einer fremden beweglichen Sache fordert und sie erreicht, selbst wenn das Opfer die Wegnahme nicht nur duldet, sondern die Sache dem Täter auf dessen Verlangen aushändigt; denn hier ist für einen eigenen freien Willensentschluß des Opfers, das sich dem Zwang fügt, kein Raum."

622 Im **Fall 42** liegt daher trotz des äußerlichen Bildes eines Gebeakts ein Diebstahl vor. Dabei ist der Grund für den Ausschluss der „Freiwilligkeit" der Sachverschaffung naturgemäß nicht die betrugsnotwendige Irrtumsbefangenheit des B, sondern die Tatsache, dass bei ihm von einem

---

[291] **AA** bei „eigenhändiger Übergabe" LK-*Vogel/Brodowski*, § 242 Rn 126; s. auch *Miehe*, Unbewußte Verfügungen, 1987, S. 74 ff, der schon den Rückzug aus der „Zuständigkeit" für die Sache als Verfügung ansieht; wie hier BK-*Wittig*, § 242 Rn 23; HK-GS/*Duttge*, § 263 Rn 30; *Jäger*, BT Rn 297; *Lackner/Kühl/ Heger*, § 263 Rn 26; MK-*Hefendehl*, § 263 Rn 403; S/S/W-*Satzger*, § 263 Rn 188; *Zöller*, BT Rn 153; diff. NK-*Kindhäuser*, § 242 Rn 54; krit. *Rotsch*, GA 08, 66; *Rotsch*, ZJS 08, 135.
[292] Näher BGHZ 5, 365, 368 ff; BGHSt 18, 221, 223; BGH NJW 52, 796 Nr 26; 53, 73; 95, 3129; S/S-*Perron*, § 263 Rn 63 mwN; krit. dazu *R. Schmitt*, Spendel-FS S. 575.
[293] Vgl BGHZ 5, 365, 368 ff; *Geppert*, JuS 77, 69; *Hillenkamp*, JuS 94, 771; *Krey/Hellmann/Heinrich*, BT II Rn 638 ff. *Küper*, Anm. NJW 70, 2235, *Jäger*, BT Rn 310 und SK-*Hoyer*, § 263 Rn 166 verneinen den Verfügungswillen.

wenigstens im Übrigen freien Willensentschluss nicht die Rede sein kann. Für diese Annahme muss man nicht auf wenig zeitgemäße „obrigkeitsstaatliche Vorstellungen",[294] sondern kann allein darauf abstellen, dass B die Sache so oder so – und dh auch im Falle eines erwogenen Widerstandes – verloren sieht.

Hiervon ist allerdings nur auszugehen, wenn der Täter die Sache für „beschlagnahmt" erklärt. Droht er die Beschlagnahme nur für den Fall an, dass der Gewahrsamsinhaber die Sache nicht „freiwillig" herausgibt und leistet das Opfer dem zur Abwendung des Zwangs Folge, ist von einer für den Betrug hinreichenden Freiwilligkeit auszugehen. Denn auch ein Verfahrensdruck, der daraus rührt, dass im Weigerungsfall belastende Folgen drohen, die mit staatlichem Zwang durchgesetzt werden, hindert eine verfahrensrechtlich modifizierte Freiwilligkeit nicht. Das zeigt auch § 94 II StPO, der von der Möglichkeit einer freiwilligen Herausgabe auch angesichts einer sonst drohenden Beschlagnahme spricht.[295]

Die Verknüpfung des Kriteriums der *„Freiwilligkeit"* mit dem Verfügungsbegriff des § 263 lässt sich allerdings, so einleuchtend und sachgerecht sie in den *Beschlagnahmefällen* auch ist, **nicht einschränkungslos durchhalten.**[296] Zwar ist es richtig, dass es zum regelmäßigen Erscheinungsbild des Betrugs als Selbstschädigungsdelikt gehört, dass das Opfer der Täuschung einen Gegenstand aus seinem Vermögen – wenn auch täuschungsbedingt, so doch im Übrigen auf Grund eines *innerlich freien* Entschlusses – weggibt. Daraus darf aber nicht gefolgert werden, dass es *stets* und *unter allen Umständen* an einer Vermögensverfügung iS des § 263 *fehle*, wenn zu der Irrtumsbefangenheit der Willensentschließung des Getäuschten Zwang hinzutritt, die Verfügung also nicht *frei von jedem inneren Zwang* gewesen ist.

623

Das beweist die Entscheidung BGHSt 7, 197 (**Chantagefall**) mit folgendem Sachverhalt: Frau F hatte zu dem in bestem Ruf stehenden Kaufmann K ehebrecherische Beziehungen unterhalten, aus denen ein (kurz nach der Geburt gestorbenes) Kind hervorgegangen war. Um das Ansehen des K zu schonen, hatte F den im Jahre 1944 gefallenen B (einen Bruder ihrer Freundin) als Erzeuger angegeben. In der Absicht, ihren Vater und sich auf Kosten des K zu bereichern, spiegelte F dem K nach dem Ende des Krieges vor, der als gefallen gemeldete B sei plötzlich zurückgekehrt und verlange jetzt von ihr Schweigegeld; er habe ihr angedroht, im Weigerungsfalle alles an die Öffentlichkeit zu bringen und insbesondere die Familie des K über das Vorgefallene zu informieren. K glaubte der F und zahlte an sie insgesamt 16000 Reichsmark Schweigegeld, um die ihm peinlichen Enthüllungen seitens des B abzuwenden. Der BGH hat hier die Auffassung der Strafkammer gebilligt, dass F sich nicht der Erpressung (s. Rn 823), sondern des Betrugs zum Nachteil des K schuldig gemacht habe. Eine Drohung iS des § 253 habe nicht vorgelegen, weil F nicht den Eindruck erweckt habe, dass der Eintritt des Übels von ihrem Willen abhängig sei.[297] F habe vielmehr die Rolle einer Hilfesuchenden gespielt, die selbst vor der Ausführung einer erpresserischen Drohung habe geschützt werden wollen. Dass F durch die Täuschung in K die Vorstellung eines ihm (angeblich von B) drohenden Übels hervorgerufen und ihn so **in eine Zwangslage versetzt** habe, genüge nicht zur Bestrafung wegen Erpressung, lasse aber eine Bestrafung **wegen Betrugs** zu.

624

---

294 M/S/M-*Hoyer*, BT I § 33 Rn 31; s. aber *Rengier*, BT I § 13 Rn 87, der es aus solchen Gründen schon an einer „Willensbildung" fehlen lassen will.

295 S. dazu grundlegend *Amelung*, Die Einwilligung in die Beeinträchtigung eines Grundrechtsgutes, 1981, S. 111 ff; Nachw. zu solchen Fällen bei *Hillenkamp*, MedR 16, 112.

296 Krit. insoweit A/W-*Heinrich*, § 20 Rn 75 f; *Herzberg*, JuS 72, 570; *Rengier*, BT I § 13 Rn 84 ff; *Rengier*, JuS 81, 654.

297 Vgl dazu *Wessels/Hettinger/Engländer*, BT I Rn 387; für *Küper*, GA 06, 439, 456 ff, 465 f; *Küper*, Puppe-FS S. 1217 ff liegt hier der Fall einer von ihm sog. „fraudulösen Warnung" vor, die die Qualität einer Drohung erreicht.

625 Wenn die Anwendbarkeit des § 263 hiernach richtigerweise nicht daran scheitert, dass der Täter (ohne dabei zu den Mitteln des § 253 zu greifen) sein Opfer durch Täuschung auch in eine psychische Zwangslage versetzt, muss man von „Freiwilligkeit" selbst bei hinzutretendem Zwang noch sprechen. Dass damit eine erhebliche Einschränkung des Freiwilligkeitskriteriums verbunden ist, ist richtig, dass in ihr seine Preisgabe liege, aber nicht. Denn während im **Beschlagnahmefall** das Opfer die Sache so oder so verloren sieht, schreibt sich im **Chantagefall** der Verletzte die Entscheidung über den Verlust des Geldes mit gutem Recht selbst noch zu. Dann aber lässt sich die Zahlung auch noch als freiwillige Selbstschädigung begreifen.[298]

3. Qualifikation der handelnden Person und Dreiecksbetrug

a) Zweipersonenverhältnis und Dreipersonenverhältnis

626 Beim Betrug kann die Verfügung des Getäuschten sein eigenes Vermögen oder das eines Dritten schädigen. Während Irrender und Verfügender grundsätzlich personengleich sein müssen – weil es sonst an der durchlaufenden Kausalkette zwischen den objektiven Tatbestandsmerkmalen des § 263 fehlen würde (zu Ausnahmen bei mehraktigen Verfügungen Rn 588) –, brauchen Verfügender und Geschädigter nicht identisch zu sein. Daraus ergibt sich die Möglichkeit eines sog. **Dreiecksbetrugs**, an dem drei Personen beteiligt sind (der Täter, der irrtumsbedingt Verfügende und der Geschädigte). Dessen Konstruktion setzt freilich voraus, dass der Getäuschte **rechtlich** oder (auf Grund einer besonderen Nähebeziehung zum betroffenen Vermögen) **rein tatsächlich** im Stande war, über das Vermögen des Dritten zu **verfügen**[299] *und* dass trotz der Verfügung eines Vermögensfremden das Bild vom **Selbstschädigungsdelikt** erhalten bleibt.

b) Zurechnungsvoraussetzungen

627 **Fall 43:** A beobachtet auf dem Bahnsteig des Hauptbahnhofs, dass der Reisende R sich zu einem Verkaufsstand begibt und seinen Koffer unbeaufsichtigt zurücklässt. Auf diesen Koffer zeigend, erteilt A dem gerade vorbeikommenden Gepäckträger G den Auftrag, ihm „seinen" Koffer zum Ausgang zu tragen, was auch geschieht. Dort entlohnt A den gutgläubigen G und macht sich mit seiner Beute aus dem Staub. **Rn 633**

628 **Fall 44:** A hat durch Zufall erfahren, dass Frau F das Pelzhaus P telefonisch beauftragt hat, ihren Persianermantel abzuholen und um 20 cm zu verlängern. Er wartet ab, bis F das Haus verlässt. Sodann meldet er sich bei dem Hausangestellten H, gibt sich als Bote des P aus und lässt sich von dem gutgläubigen H den Pelzmantel der F übergeben, den er umgehend in Hehlerkreisen absetzt.
Betrug oder Diebstahl in mittelbarer Täterschaft? **Rn 637**

629 Nach allgemein anerkannter Auffassung[300] liegt eine **Vermögensverfügung** iS des § 263 vor, wenn der Getäuschte bei seiner Einwirkung auf das fremde Vermögen Rechtshand-

---

298 Ebenso M/R-*Saliger*, § 263 Rn 128; abl. *Rengier*, BT I § 13 Rn 86.
299 Vgl BGHSt 18, 221, 223 f; BayObLG GA 1964, 82; *Geppert*, JuS 77, 69; LK-*Tiedemann*, § 263 Rn 116; S/S-*Perron*, § 263 Rn 65.
300 Fischer-*Fischer*, § 263 Rn 81; *Küper/Zopfs*, BT Rn 681; *Lackner/Kühl/Heger*, § 263 Rn 29; M/R-*Saliger*, § 263 Rn 130; OLG Stuttgart NStZ-RR 13, 174 (Kassenarzt gegenüber der Kasse) mit Bespr. *Bülte*, NZWiSt 13, 346; *Satzger*, JK 10/13, § 263 StGB/103. Zur Bedeutung dieser Aussage für die Falllösung s. *Rotsch*, ZJS 13, 81.

lungen vornimmt oder Gewahrsamsdispositionen trifft, zu denen er kraft Gesetzes, behördlichen Auftrags, Rechtsgeschäfts oder einer zumindest stillschweigend erteilten Ermächtigung *an sich* **rechtlich befugt** war (zB als Insolvenzverwalter, Testamentsvollstrecker, gesetzlicher Vertreter, Bevollmächtigter oder im Rahmen einer damit vergleichbaren Stellung) und die er daher **subjektiv** in dem irrtumsbedingten Glauben vornimmt, hierzu auch *konkret* berechtigt zu sein. Ist die Sachüberlassung, um deren Beurteilung es geht, durch eine solchermaßen angenommene Handlungsbefugnis gedeckt, so schließt das **Einverständnis des Getäuschten mit dem Gewahrsamsübergang** eine *Wegnahme* in derselben Weise aus wie das Einverständnis des Sacheigentümers.

Fraglich und umstritten ist indessen, ob das Verhalten des Getäuschten dem Vermögensinhaber ausschließlich dann (wie eine eigenhändige Weggabe) zugerechnet werden darf, wenn es sich subjektiv auf eine entsprechende Ermächtigungsgrundlage stützen kann. Das wird von der von einer Mindermeinung vertretenen **Ermächtigungs-** oder **Befugnistheorie** behauptet.[301] Dem ist aber nicht zu folgen. Die zivilrechtlich orientierte Befugnistheorie begibt sich nämlich in ihrer allein möglichen subjektivierenden Fassung der von ihr reklamierten Zurechnungsgrundlage einer objektiv bestehenden Verfügungsberechtigung im Grunde selbst. Zudem passt sie nicht zu dem *wirtschaftlich* ausgerichteten Vermögens- und Verfügungsbegriff des § 263 und trägt der Eigenständigkeit strafrechtlicher Begriffsbildung gegenüber dem Zivilrecht nicht genügend Rechnung.[302] Gegen ihren Ausschließlichkeitsanspruch spricht ferner, dass sie der Vermögensverfügung im Abgrenzungsbereich zur Wegnahme zu enge Grenzen setzt und im konkreten Fall zur Frage nach der Reichweite einer etwaigen Ermächtigung (etwa bei Hausangestellten oder sonstigen Hilfskräften) auch keinesfalls klarere Lösungen ermöglicht als die herrschende Meinung.

630

Andererseits ginge es aber zu weit, die Anwendbarkeit des § 263 schon dann bejahen zu wollen, wenn der Getäuschte nur *rein tatsächlich in der Lage* war, über das Vermögen des Geschädigten zu verfügen. Anklänge einer solchen **rein faktischen Nähetheorie** finden sich in der älteren Rechtsprechung.[303] Hier würde es an einem tauglichen Abgrenzungskriterium zum Diebstahl in mittelbarer Täterschaft fehlen, der ebenfalls voraussetzt, dass das gutgläubige Werkzeug des Täters zur Einwirkung auf das fremde Vermögen im Stande war. Zudem bietet die rein tatsächliche Zugriffsmöglichkeit keinen Grund, dem Vermögensinhaber die Schädigung zuzurechnen.

631

Wo in Dreiecksfällen eine **fremde Sache** den Gegenstand der Tat bildet, ist daher mit der hM eine klare Grenzziehung zwischen *Vermögensverfügung* und *Wegnahme* nur zu gewinnen, wenn man für den fremdschädigenden **Dreiecksbetrug** neben dem rein **tatsächlichen Verfügenkönnen** ein besonderes normatives **Näheverhältnis** des Getäuschten zu

632

---

301 *Amelung*, GA 77, 1, 14; *Backmann*, Die Abgrenzung des Betrugs von Diebstahl und Unterschlagung, 1974, S. 127 ff; *Heghmanns*, Rn 1382; *Joecks*, Zur Vermögensverfügung beim Betrug, 1982, S. 131, 135; *Mitsch*, BT II S. 302; MK-*Schmitz*, § 242 Rn 100 f; SK-*Hoyer*, § 263 Rn 144 ff; deutlicher iSd hier dargestellten subjektivierten – s. dazu *Kindhäuser*, ZStW 103 (1991), 417; *Küper/Zopfs*, BT § 263 Rn 682 – Befugnistheorie *Krey/Hellmann/Heinrich*, BT II Rn 648, 652; MK-*Hefendehl*, § 263 Rn 465, 469; *Otto*, BT § 51 Rn 44; *Schünemann*, GA 69, 46; aus dem Blickwinkel (nur) des § 242 zust. LK-*Vogel/Brodowski*, § 242 Rn 125.
302 *Hohmann/Sander*, BT § 44 Rn 102; *Pawlik*, Das unerlaubte Verhalten beim Betrug, 1999, S. 217; zum Einwand gegen die subjektivierende Variante s. *Küper/Zopfs*, BT Rn 682, 686; ihm folgend *Rotsch*, JA 04, 534.
303 RGSt 25, 244, 247; BGHSt 18, 221, 223 f; BayObLG GA 1964, 82; OLG Hamm NJW 69, 620; s. auch *Gribbohm*, NJW 67, 1897; der faktischen Nähetheorie nahest. *Kindhäuser/Hilgendorf*, § 263 Rn 154 ff; *Kindhäuser/Nikolaus*, JuS 06, 295; die hier (Rn 632) vertretene Auffassung lässt sich dieser Lehre – entgegen G/J/W-*Dannecker*, § 263 Rn 101 – nicht zuschlagen.

dem betroffenen Vermögen voraussetzt, das schon vor der Tat bestanden haben muss und den Getäuschten in eine *engere, Zurechnung legitimierende* Beziehung zum Vermögenskreis des Geschädigten bringt als einen beliebigen Außenstehenden (sog. **Lagertheorie**).[304] Von *Hintergrund* und *Ergebnissen* dieser Lehre entfernt man sich nur wenig, wenn man von der geforderten, Zurechnung begründenden „Kompetenz" des Verfügenden verlangt, dass sie als „Ausprägung der Selbstbindung des betroffenen Vermögensinhabers" aus dessen *Autonomie* hergeleitet erscheint.[305] Etwas wesentlich anderes will auch die kaum unbestimmtere „Lagermetaphorik" nicht sagen.[306]

Bedeutung hat das vor allem, wo Mitgewahrsamsinhaber, Angestellte, Verkäufer, Dienstboten und andere Gewahrsamshüter vom Täter in eine Sachverschiebung eingeschaltet werden.

c) Folgerungen

633 Hiernach ist **Betrug** zu verneinen, wenn der Getäuschte vor der Tat **in keinerlei Obhutsbeziehung** zu der Sache gestanden hat, um deren Erlangung es dem Täter geht, auf sie vielmehr – ebenso wie der Täter selbst – **von außen her** zugreifen muss.

> So liegt es im **Fall 43**, wo der Gepäckträger G in keiner engeren oder näheren Beziehung zum Koffer des R stand als der das Geschehen planmäßig lenkende A. Hier ist gleichwohl **Diebstahl** in mittelbarer Täterschaft zu bejahen, da A den gutgläubigen G als Werkzeug zur Ausführung der Wegnahmehandlung eingesetzt hat.

634 Im Gegensatz dazu handelt es sich um die Herbeiführung einer irrtumsbedingten **Vermögensverfügung** und einen Fall des **Dreiecksbetrugs**, wenn der Getäuschte auf Grund einer schon vorhandenen **Obhutsbeziehung** zur Sache – *bildlich gesprochen* – „im Lager des Geschädigten" stand, beim Vollzug der Vermögensverschiebung also faktisch als „Repräsentant" des Sachherrn tätig geworden ist und dabei subjektiv in der Vorstellung gehandelt hat, unter den für gegeben gehaltenen Umständen zu der konkreten Verfügung legitimiert zu sein.[307]

Daraus folgt zugleich, dass nicht § 263 eingreift, wenn ein Gewahrsamshüter die ihm durch seinen Aufgabenbereich gesetzten Grenzen **bewusst** überschreitet und den Gewahrsamswechsel eigenmächtig herbeiführt.[308] In Betracht kommt lediglich § 242.

---

304 Vgl BGH wistra 17, 485 mit Anm. *Jäger*, JA 17, 950; BGH HRRS 22 Nr 773; *Beulke/Zimmermann*, II Rn 113; *Beulke/Zimmermann*, III Rn 338; BK-*Beukelmann*, § 263 Rn 35; *Geppert*, JuS 77, 69; G/J/W-*Dannecker*, § 263 Rn 100 f; *Eisele*, BT II Rn 569; *Herzberg*, ZStW 89 (1977), 367, 407; HK-GS/*Duttge*, § 263 Rn 33; *Jäger*, BT Rn 510; LK-*Tiedemann*, § 263 Rn 116; *Lenckner*, Anm. JZ 66, 320; M/S/M-*Momsen*, BT I § 41 Rn 80; *Rengier*, BT I § 13 Rn 112; S/S-*Perron*, § 263 Rn 66; S/S/W-*Satzger*, § 263 Rn 198; *Schramm*, BT II § 7 Rn 91; *Zöller*, BT Rn 164; wohl auch *Küper/Zopfs*, BT Rn 686; *Schmidt*, BT II Rn 597 (faktische und Lagertheorie werden nicht getrennt); konkretisierend *Offermann-Burckart*, Vermögensverfügungen Dritter im Betrugstatbestand, 1994, S. 148 ff, 169. Die von M/R-*Saliger*, § 263 Rn 135 geforderten Restriktionen zum Lagerbegriff stimmen mit der hier vertretenen Deutung überein; unentschieden Hilgendorf/*Valerius*, BT II § 7 Rn 161 f.
305 So *Pawlik*, Das unerlaubte Verhalten beim Betrug, 1999, S. 206 ff.
306 S. *Pawlik* selbst, aaO S. 210, 217; trotz mit *Pawlik* übereinstimmendem Ausgangspunkt: der Verfügende muss ein vom Vermögensinhaber „abgeleitetes Recht auf Wahrheit gegenüber dem Täuschenden" haben, gelangt *Kindhäuser/Hilgendorf*, § 263 Rn 154 ff; *Kindhäuser*, ZStW 103 (1991), 398 ff, 415 ff, 420; *Kindhäuser*, Bemmann-FS S. 538 ff auf dem Boden der von ihm sog. **Wirksamkeitstheorie** zu stärker abweichenden Ergebnissen, s. hierzu krit. *Krack*, List als Tatbestandsmerkmal 1994, S. 72 ff; *Pawlik*, aaO S. 217 f; SK-*Hoyer*, § 263 Rn 147.
307 BGHSt 18, 221, 224; näher dazu *Küper/Zopfs*, BT Rn 684; auf Letzteres verzichtet Fischer-*Fischer*, § 263 Rn 83.
308 Vgl LK-*Lackner*, 10. Aufl., § 263 Rn 114; *Otto*, ZStW 79 (1967), 59, 81; anders *Rengier*, JZ 85, 565.

Für das erwähnte Näheverhältnis genügt es freilich nicht, dass der Getäuschte *irgendwo* "im Lager" des Geschädigten gestanden hat und in dessen Herrschaftssphäre in irgendeiner Weise beschäftigt war. Eine *engere* Beziehung zum betroffenen Vermögen existiert nur, wenn der Getäuschte gerade zum konkreten Tatobjekt eine **Obhutsbeziehung** und **Hüterstellung** gehabt hat;[309] allein das rechtfertigt es, ihn hinsichtlich der erschlichenen Weggabe und des Einverständnisses mit dem Gewahrsamsübergang als **Repräsentanten** des Sachherrn zu behandeln und den Vorgang dem Anwendungsbereich des § 263 zuzuordnen.

635

So ist die Obhut über die Garderobe und Wäsche der Hausherrin zwar einer Putzkraft, nicht jedoch dem Hausgärtner anvertraut. Wird dieser durch Täuschung veranlasst, den Pelzmantel seiner Arbeitgeberin in Befolgung eines ihm vorgespiegelten Auftrags herauszugeben, trifft er keine Vermögensverfügung iS des § 263. Er wird jedoch zum gutgläubigen Werkzeug eines Angriffs auf fremdes Eigentum (§ 242).

Auf der anderen Seite kann jemand, der nicht im Herrschaftsbereich des Sacheigentümers tätig ist, in einem besonderen Näheverhältnis zu dessen Vermögen stehen, sofern sich zu einzelnen Vermögensgegenständen eine konkrete Obhutsbeziehung bejahen lässt.

636

Dies gilt insbesondere, wenn der Betreffende Allein- oder Mitgewahrsam an der fremden, in seiner Obhut stehenden Sache hat, wie es für den Finder gemäß § 966 I BGB zutrifft oder im **Sammelgaragenfall** bei dem von der Garagenverwaltung eingesetzten Wächter der Fall war, der zu jedem eingestellten Fahrzeug den Zweitschlüssel verwahrte.[310]

Im **Fall 44** wird man davon ausgehen dürfen, dass es (wie im Regelfall üblich) zum Aufgabenkreis des Hausangestellten H gehörte, bei Abwesenheit der F die Obhut über deren Habe auszuüben und bei der Erledigung von Aufträgen mitzuwirken, die F im Rahmen dieses Tätigkeitsbereichs erteilt hatte. Vom Standpunkt der hM aus hat A sich somit des **Betrugs** schuldig gemacht.

637

Ob eine besondere, schon vor der Tat begründete **Nähebeziehung** des Getäuschten zum Vermögen des Geschädigten auch dort zu fordern ist, wo es nicht um das Verhältnis von *Sachbetrug* und *Diebstahl* (also von Verfügungsbegriff und Wegnahme), sondern um die Möglichkeit eines „Dreiecksbetrugs" in Bezug auf **Forderungen, Rechte** oder tatsächliche **Erwerbsaussichten** geht, ist umstritten und noch nicht abschließend geklärt. Da es einen „Forderungsdiebstahl" nicht gibt, kann hier die Entscheidung gegen Betrug Straflosigkeit bedeuten.

638

Die hM in Rechtsprechung und Lehre verneint diese Frage stillschweigend oder ausdrücklich.[311] Dem ist aber deshalb zu widersprechen, weil das Näheverhältnis nicht nur zur Abgrenzung von Diebstahl und Betrug, sondern allgemein zur Wahrung der Natur des Betrugs als Selbstschädigungsdelikt zu fordern ist. Den Vorzug dürfte daher eine *vermittelnde Ansicht* verdienen, die darauf abzielt, die an das Näheverhältnis zu stellenden Anforderungen für *diesen* Problembereich in sachgerechter Weise anzupassen.[312] In Fällen des **Prozessbetrugs** reicht danach aus, dass dem Gericht

639

---

309 BGH wistra 17, 484, 485 mit Anm. *Jäger*, JA 17, 950 bejaht das, wenn der Getäuschte mit dem Einverständnis des Vermögensinhabers eine Schutz- oder Prüfungsfunktion wahrnimmt oder Mitgewahrsam hat.
310 S. hierzu BGHSt 18, 221, 224; BGH wistra 17, 485 und *Hillenkamp/Cornelius*, BT 30. Problem.
311 Vgl BGHSt 17, 147, 148 f; 24, 386, 389; zur Gegenansicht s. BayObLG wistra 98, 157 mit Anm. *Otto*, JK 99, StGB § 263/51; *Schröder*, Anm. JZ 72, 707, 709.
312 Näher dazu OLG Celle NJW 94, 142 mit krit. Bespr. *Krack/Radtke*, JuS 95, 17 und *Linnemann*, wistra 94, 169; LK-*Tiedemann*, § 263 Rn 117; M/S/M-*Momsen*, BT I § 41 Rn 81; MK-*Hefendehl*, § 263 Rn 470 ff; M/R-*Saliger*, § 263 Rn 140 ff; *Rengier*, BT I § 13 Rn 133 f; *Rönnau*, JuS 11, 984; S/S/W-*Satzger*, § 263 Rn 199 ff; für gleiche Anforderungen SK-*Hoyer*, § 263 Rn 177; gegen eine „gesonderte Prüfung" des Näheverhältnisses *Fock/Gerhold*, JA 10, 511, 513, da jede wirksame Verfügung (und nur sie) den Dreiecksbetrug begründe und die Macht zur wirksamen Verfügung „denklogisch" nicht ohne das geforderte Näheverhältnis bestehen könne.

durch das Gesetz die Zugriffsmacht auf das streitbefangene Vermögen der Parteien eingeräumt ist.[313] Nicht abschließend geklärt sind Fälle, in denen Forderungen aufgrund von Vorschriften namentlich des BGB[314] erlöschen, weil der **Schuldner** mit **befreiender Wirkung** an einen **Nichtgläubiger** leistet. Setzt man sich in den Sparbuchfällen (s. dazu Rn 200, 579) über die Bedenken zu Täuschung und Irrtum hinweg, wird man einen Betrug zu Lasten des Sparbuchinhabers annehmen können, weil er nach § 808 I 1 BGB seine Forderung gegenüber dem Aussteller durch einen Verfügenden einbüßt, der seinen Vertragspartner (die ausstellende Bank oder Sparkasse) repräsentiert. Ähnlich wird man es in Fällen sehen können, in denen der Schuldner aufgrund der Vorschrift des § 407 BGB durch Leistung an den bisherigen Gläubiger frei wird.[315]

4. Unmittelbarkeitszusammenhang

640 Zwischen Verfügungsverhalten und Vermögensminderung bedarf es der **Kausalität**. Darüber hinaus nimmt die hM an, die Vermögensminderung müsse **unmittelbar** durch die Verfügungshandlung herbeigeführt worden sein (dh ohne weiteres *eigenmächtiges* deliktisches Handeln des Täters). Das ist aber nur ein Aspekt der hier relevanten Frage objektiver Zurechnung, ob die Vermögensminderung bei **wertender Betrachtung** gerade als Ergebnis des durch die Täuschung hervorgerufenen Irrtums erscheint (sich gerade das mit ihm gesetzte Risiko verwirklicht hat).[316]

641 An der Unmittelbarkeit fehlt es ua dann, wenn die Täuschung des Opfers dem Täter nur die **Möglichkeit zur nachfolgenden Wegnahme von Sachen**[317] und damit zur *Fremdschädigung* oder zur Vornahme einer anderen deliktischen Handlung, wie etwa zur Fälschung eines Bestellscheins oder zum „Abkassieren" der Verbindungsentgelte nach erschlichener Einrichtung einer 0190er-Nummer, eröffnen soll,[318] nicht aber dann, wenn – wie beim Einlösen eines betrügerisch erlangten Rezepts – der Täter an die begehrte Sache ohne weiteres *deliktisches* Handeln gelangt.[319]

642 Kein Betrug ist **mangels Unmittelbarkeit** dann anzunehmen, wenn das Verhalten des Getäuschten in der Aushändigung einer Sache **ohne vollständigen Gewahrsamswechsel** besteht, sodass die fortbestehende Gewahrsamsbeziehung des Berechtigten vom Täter noch durch ein **weiteres eigenmächtiges Handeln** beseitigt werden muss.[320] In diesem Fall kommt ausschließlich Diebstahl in Betracht.

---

313 S. *Eisele*, BT II Rn 572; *Kretschmer*, GA 04, 460; *Krey/Hellmann/Heinrich*, BT II Rn 654; *Kudlich*, PdW BT I S. 99; *Schmidt*, BT II Rn 599; S/S-*Perron*, § 263 Rn 69; *Zaczyk*, Krey-FS S. 485, 489 f; krit. *Fahl*, Jura 96, 74; krit. (auch) aus solchen Gründen zum Näheverhältnis, aber ohne überzeugendes Gegenkonzept *Ebel*, Jura 07, 897; 08, 256.
314 Zu diesen wie anderen Rechtsscheinregelungen s. *Brand*, JR 11, 96; M/R-*Saliger*, § 263 Rn 143 ff.
315 So *Rengier*, BT I § 13 Rn 137; diff. *Brand*, JR 11, 101.
316 Ähnlich *Stuckenberg*, ZStW 118 (2006), S. 903.
317 Ggf auch dann, wenn zunächst ein gutgläubiger Dritter Gewahrsam erlangt, BGH NStZ 17, 351.
318 Zur Grundaussage s. BGH BeckRS 16, 16704; zum Letzteren vgl einerseits OLG Hamm wistra 82, 152, 153, andererseits BGHSt 50, 174, 177 f mit Anm. *Eidam*, JR 06, 254; *Kudlich*, JuS 05, 1133; s. dazu näher *Jäger*, JuS 10, 761 und Rn 644, 695 ff.
319 OLG Stuttgart NStZ-RR 13, 175 mit Anm. *Satzger*, JK 10/13, § 263 StGB/103 und Bespr. *Bülte*, NZWiSt 13, 346.
320 BGH NStZ 16, 727 mit Anm. *Kulhanek*; *Kudlich*, JA 16, 953; *Satzger*, Jura (JK) 17, 871; BK-*Beukelmann*, § 263 Rn 38; Fischer-*Fischer*, § 263 Rn 76 f; G/J/W-*Dannecker*, § 263 Rn 98; LK-*Tiedemann*, § 263 Rn 106; LK-*Vogel/Brodowski*, § 242 Rn 119; S/S/W-*Satzger*, § 263 Rn 189, 191; krit. *Jäger*, Rengier-FS S. 227, 229 ff; zur Unmittelbarkeit bei „*mehraktigen*" Verfügungen s. A/R/R-*Kölbel/Neßeler*, 8.1 Rn 93; M/R-*Saliger*, § 263 Rn 123; OLG Stuttgart NStZ-RR 13, 175.

Fall 45: A klingelt bei Frau F an der Etagentür. Als sie öffnet, behauptet A, er komme im Auftrag des E-Werkes, um den Zähler zu überprüfen. Auf Grund dieser erfundenen Angabe verschafft A sich Zutritt zur Wohnung. Während F nach seinen Anweisungen auf dem Flur den Zähler beobachtet und ihn durch Zuruf über Lauf oder Stillstand der Zählerscheibe unterrichtet, schaltet A in den einzelnen Räumen alle Lichtquellen ein und aus. Dabei sucht er rasch nach Wertgegenständen; was er für mitnehmenswert hält, steckt er ein. Mit dem Hinweis, dass ein neuer Zähler eingebaut werden müsse, entfernt er sich schließlich. Erst später entdeckt F, dass sie auf einen Schwindler hereingefallen ist und einen erheblichen Verlust erlitten hat.
Ist F einem Betrug oder einem Diebstahl zum Opfer gefallen? **Rn 646**

643

Fall 46: A hat sich eine Schirmmütze mit der Aufschrift „Gepäckträger" aufgesetzt und veranlasst so durch die wahrheitswidrige Behauptung, dass sie ihr Gepäck nicht in den Wartesaal mitnehmen dürfe, die Reisende R, ihren Koffer in einem Schließfach der Bahnhofshalle unterzubringen. Nachdem R ihm die erforderliche Geldmünze zum Einwerfen übergeben hat, stellt A ihren Koffer in ein Fach mit der Nr 700, zieht den Schlüssel ab und händigt der ahnungslosen R den Schlüssel zu einem anderen (leeren) Schließfach aus. Während R sich im Wartesaal aufhält, holt A ihren Koffer aus dem Schließfach und verschwindet damit.
Betrug oder Diebstahl hinsichtlich des Koffers? **Rn 647**

644

Die diesen (Schul-)Fällen zugrunde liegende Sachverhaltsgestaltung des „*erschlichenen Einverständnisses*" hat die Rspr. wiederholte Male[321] beschäftigt.

645

Der BGH führt hierzu aus, dass auch ein erschlichenes Einverständnis den Tatbestand des § 242 ausschließen könne. Aber „[d]as durch Täuschung erlangte Einverständnis muss sich auf die erstrebte Gewahrsamsänderung in ihrem vollen Umfang erstrecken. Willigt der Getäuschte nur in eine Lockerung seines Gewahrsams ein und muss der Täter daher noch durch eine weitere eigenmächtige Handlung den vorbehaltenen Gewahrsamsrest brechen, so liegt darin eine Wegnahme der Sache. Die ihr vorausgegangene Vermögensgefährdung durch Ermöglichung des Diebeszugriffs ist nicht schon als Schaden im Sinne des Betrugstatbestandes anzusehen." Daher liegt in diesen Fällen nach der Rechtsprechung § 242 vor. Dem ist iE **zuzustimmen**. Zwar wird man im Einzelfall eine schadensgleiche Vermögensgefährdung auch nach den Auflagen des BVerfG zu deren Feststellung und Quantifizierung (s. dazu Rn 653, 881) als Zwischenstadium nicht immer leugnen können.[322] Dieser Schaden ist aber zur beabsichtigten Bereicherung nicht stoffgleich (dazu Rn 705 ff), und der der angestrebten und auch erreichten Bereicherung korrespondierende Schaden ist *hier* nicht die **unmittelbare** Folge des Verhaltens des Tatopfers, sondern des hierdurch erst ermöglichten Täterverhaltens, mit dem sich *der Täter nimmt*, was ihm zuvor noch nicht überantwortet ist. Damit ist von **Fremd**-, nicht aber von **Selbstschädigung** zu sprechen.[323] Das soll nach dem BGH auch dann noch gelten, wenn die Übergabe einer Sache **außerhalb des generellen Gewahrsamsbereichs** des Gewahrsamsinhabers unter dem Vorwand, sie nur kurz benutzen zu wollen, erreicht wird,

---

321 S. **Brieftaschenfall**, OLG Köln MDR 73, 866; OLG Düsseldorf NJW 90, 923; BGH GA 87, 307; **Autowäscherfall**, BGH VRS 48, 175; **Wash-Wash-Fall**, KG NStZ-RR 13, 138 mit Anm. *Kudlich*, JA 13, 552; *Schramm*, BT II § 2 Rn 30; **Falllösung** dazu bei *Burghardt/Bröckers*, JuS 14, 238.
322 *Herzberg*, ZStW 89 (1977), 367; MK-*Hefendehl*, § 263 Rn 432 ff mit teilweise abw. Ergebnissen; *Stuckenberg*, ZStW 118 (2006), 901.
323 *Eisele*, BT II Rn 560; *Hohmann/Sander*, BT § 44 Rn 87; *Jäger*, BT Rn 313; *Krey/Hellmann/Heinrich*, BT II Rn 616 ff, 631 ff; *Lackner/Kühl/Heger*, § 263 Rn 22; 25 f; LK-*Tiedemann*, § 263 Rn 106; *Rengier*, BT I § 13 Rn 92; SK-*Hoyer*, § 263 Rn 16; dass hier nichts mehr (weg)*genommen* werde – so *Rotsch*, GA 08, 68 –, überzeugt nicht, und es geht auch nicht nur um einen subjektiven Zusammenhang – anders *Bosch*, Jura 23, 1398.

der Täter die Sache dann aber, wie beabsichtigt, behält.[324] Der Täter erlange allenfalls Mitgewahrsam und nehme die Sache weg, wenn er den vollständigen Verlust der Sachherrschaft des Opfers dann gegen dessen Willen vollziehe. Das ist mit dem hier vertretenen sozial-normativen Gewahrsamsbegriff (Rn 122 f) vereinbar.

646 Im **Fall 45** hat A die F erfolgreich getäuscht. Darin allein, dass diese ihm den Zutritt zu ihrer Wohnung gestattet hat, liegt jedoch noch **keine Vermögensverfügung** im Sinne eines auf ihre wirtschaftlichen Güter einwirkenden Verhaltens. Vielmehr erleichtert F nur den Zugriff auf ihr Eigentum. F wird daher erst durch ein **weiteres eigenmächtiges Handeln** des A (= Wegnahme der Wertsachen) **geschädigt**. Es liegt **Fremd-**, nicht Selbstschädigung vor. A hat daher keinen Betrug, sondern einen Diebstahl begangen (= sog. *Trickdiebstahl*)[325].

647 Im **Fall 46** hat R ihren bisherigen Gewahrsam nicht etwa dadurch auf A übertragen, dass sie ihm den Koffer ausgehändigt und es sodann unbewusst unterlassen hat, die Herausgabe des richtigen Schließfachschlüssels zu verlangen. Das durch Täuschung bewirkte Verhalten der arglosen R hat dem A nur die Möglichkeit verschafft, den Koffer im Wege des Gewahrsamsbruchs an sich zu bringen. In der geschilderten Schlüsselmanipulation lag nur eine Gewahrsamslockerung. Darin sind sich faktischer und sozial-normativer Gewahrsamsbegriff (s. Rn 122, 131) einig. Sie führt nicht zu einem eigenständigen Betrug. Vielmehr bildet sie nur das täuschungsgeprägte Vorbereiten der geplanten Wegnahme des Koffers. Da R ohne ihr Einverständnis von der tatsächlichen Sachherrschaft über ihren Koffer ausgeschlossen worden ist, hat A sich nicht des Betrugs, sondern des **Diebstahls** schuldig gemacht.[326]

648 Der BGH stellt der vorstehend behandelten Konstellation den Fall gleich, in dem der (spätere) Täter in der Absicht, sich eine bessere Möglichkeit zum eigenen Zugriff zu verschaffen, zunächst einen gutgläubigen Dritten dazu veranlasst, das Tatobjekt auf der Grundlage eines Vertrags mit dem Opfer in seinen Gewahrsam zu bringen[327]. Ähnliche Probleme wirft das Stellen einer sog. **Wechselgeldfalle** auf. Dort bedarf es indessen einer differenzierten Betrachtungsweise.[328] Legt der Täter zB den großen Schein vor sich auf den Schaltertisch, geht das Eigentum auf die Bank idR noch nicht über. Streicht er dann – wie von vorneherein beabsichtigt – den Schein mitsamt dem Wechselgeld ein, liegt nur Betrug vor, weil und wenn weder Eigentum noch Gewahrsam aufseiten der Bank begründet worden sind.[329]

V. Vermögensschaden

1. Vermögensminderung und ihre Kompensation

649 Die Vermögensminderung muss einen Vermögensschaden darstellen. Ein Vermögensschaden iS des § 263 ist nach der **grundsätzlich wirtschaftlichen Betrachtungsweise** die nachteilige Differenz des Wertes des von der Verfügung betroffenen Vermögens un-

---

324 BGH BeckRS 16, 19983 mit Bespr. *Eisele*, JuS 17, 698; BGH HRRS 17, Nr 786; **aA** AG Tiergarten NStZ 09, 271; s. dazu auch Fischer-*Fischer*, § 263 Rn 77; *Hilgendorf/Valerius*, § 7 Rn 156 f.
325 S. dazu BGH MDR/D 74, 15; AnK-*Gaede*, § 263 Rn 90; *Kudlich*, PdW BT I S. 89 f; *Mitsch*, BT II S. 296 f; MK-*Hefendehl*, § 263 Rn 452.
326 Näher BGH MDR/D 66, 199; ähnlich BGH MDR/H 87, 446.
327 BGH NStZ 17, 351.
328 S. dazu RG JW 19, 321; BayObLG NJW 92, 2041 mit Anm. *Graul*, JR 92, 519; OLG Celle NJW 59, 1981; *Eisele*, BT II Rn 561 f; *Fahl*, JA 96, 40; *Hohmann/Sander*, BT § 44 Rn 88; MK-*Hefendehl*, § 263 Rn 458 ff; *Roxin/Schünemann*, JuS 69, 372.
329 LK-*Tiedemann*, § 263 Rn 107; M/R-*Saliger*, § 263 Rn 120.

mittelbar *vor* und (unmittelbar)³³⁰ *nach* der Vermögensverfügung. Ermittelt wird diese Differenz nach dem **Prinzip der Gesamtsaldierung**. Dieses Verständnis des Schadens entspricht auch den Vorgaben des BVerfG.³³¹

Ein Schaden setzt hiernach zunächst voraus, dass die Verfügung dem geschützten Vermögen einen Bestandteil mit messbarem **Wert**³³² **entzieht oder** es **mit** einer **Verbindlichkeit belastet**. Zweite Voraussetzung ist, dass dieser wirtschaftliche Nachteil **nicht** von Vorteilen **kompensiert** wird, die aus derselben Verfügung resultieren und wirtschaftlich mindestens gleichwertig sind. Ein solcher zur **Schadenskompensation** führender Vorteil wird oft in einer mindestens wertgleichen Gegenleistung³³³ liegen oder darin, dass die Verfügung eine fällige und einredefreie Verbindlichkeit erfüllt und dadurch eine Zahlungspflicht erlischt.³³⁴ Erlangt der Betroffene einen Gegenwert, ist von einem **Vermögensschaden** nur dort zu sprechen, wo die Einbuße größer ist als der zugeflossene Wert,³³⁵ das Opfer also im Ergebnis **ärmer** geworden ist. Spätere Entwicklungen wie eine **Schadensvertiefung** (zB durch weitere Aufwendungen) oder ein nachträglicher **Schadensausgleich** berühren den Schaden nicht mehr. Sie sind **nur** noch für die **Strafzumessung** von Bedeutung.³³⁶

Bei einem Sozialleistungsbetrug ist genau zu prüfen, ob die ausgezahlten Sozialbeträge höher sind als die Beträge, auf die ein Anspruch besteht.³³⁷ Bei einem ertrickten Vertrag ist ein Vermögensschaden zu verneinen, wenn der Getäuschte im Rahmen des Austauschverhältnisses für seine Leistung eine **wirtschaftlich gleichwertige Gegenleistung** erhalten hat, auch wenn die **vertragliche Verpflichtung** beim Durchschauen der wahren Zusammenhänge **nicht** eingegangen worden wäre (Motivirrtum). Die Verfügungsfreiheit als solche ist strafrechtlich nur gegen Gewalt und Drohung (vgl §§ 240, 253), nicht aber gegen Täuschung und List geschützt. Bloße Eingriffe in die wirtschaftliche Dispositionsfreiheit des Getäuschten reichen daher zur Bejahung des § 263 nicht aus.³³⁸

650

---

330 Zur (Miss-)Deutung des Unmittelbarkeitskriteriums s. *Küper*, JZ 09, 801.
331 Zur **Auswirkung** von BVerfGE 126, 170 (s. hier Rn 881) auf den Schadensbegriff im Betrug s. *Saliger*, Imme Roxin-FS S. 307 ff; BGH JR 12, 79, 80 mit Anm. *Becker*; BGH wistra 11, 387; BGH StV 11, 733 f; BGH BeckRS 12, 10850 mit Anm. *Scheinfeld*, NZWiSt 14, 180 sowie nun **unmittelbar** zu § 263 StGB BVerfG wistra 19, 102 mit Bespr. *Bosch*, JK 7/12, StGB § 263/97; *Jahn*, JuS 12, 266; *Kudlich*, JA 12, 230; BGH NStZ 16, 285 mit Anm. *Krehl*, NStZ 16, 346. Zusf. *Graf*, Das Vermögensstrafrecht vor den Schranken des Verfassungsrechts, 2016; M/R-*Saliger*, § 263 Rn 183 ff; *Rostalski*, HRRS 16, 73.
332 Worunter zB ein Reisepass oder Ausweis nicht fällt, s. BGH NStZ 09, 694; Fischer-*Fischer*, § 263 Rn 97.
333 Keine wertgleiche Gegenleistung ist zB die Ermöglichung einer unrechtmäßigen Nutzung eines Computerprogramms, s. BGH NStZ-RR 19, 114.
334 BGH NStZ-RR 19, 181, 182; BGH NStZ 16, 13; *Küper/Zopfs*, BT Rn 664; M/R-*Saliger*, § 263 Rn 201. Vgl. auch BGH StV 11, 733 f zu einer mehrstufigen Täuschung.
335 *Lackner/Kühl/Heger*, § 263 Rn 36; LK-*Tiedemann*, § 263 Rn 159; M/R-*Saliger*, § 263 Rn 194 ff; s. zur im Ausgang objektiven Schadensberechnung *Satzger*, Jura 09, 521; *Eisele/Bechtel*, JuS 18, 97 f. Bspw. zur objektiven Schadensberechnung bei einem Aktienkauf BGH wistra 19, 153 f.
336 Zusf. BGHSt 60, 1, 9 ff mit Anm. *H. Albrecht*, JZ 15, 841; *C. Dannecker*, NZWiSt 15, 173; *Kudlich*, ZWH 15, 14; *Schlösser*, StV 16, 25; S/S-*Perron*, § 263 Rn 120, 141; BGH NStZ 18, 538 mit Anm. *Krug*, FD-StrafR 18, 402885; BGH NStZ 16, 409 mit Anm. *Becker*, BGH NStZ 16, 674; BGH NStZ-RR 16, 341, 343 f speziell zum Eingehungsbetrug. S. ferner BGHSt 16, 220, 221; 321, 325; 22, 88, 89; 23, 300, 302; 34, 199, 203; BGH wistra 99, 263, 265; BGHSt 53, 199, 201 f (mit Bespr. *Bosch*, JA 09, 548) unter Verweis auf BGHSt 30, 388, 389 f; missverständlich ist daher die Rede von einem „endgültigen Schaden" im amtlichen Leitsatz 2; zu Recht krit. insoweit *Ransiek/Reichling*, ZIS 09, 315, 316 f; s. auch die krit. Bespr. von *Küper*, JZ 09, 800; zur Bedeutung des „Endschadens" für die Strafzumessung in Fällen schadensgleicher Vermögensgefährdung (Rn 656) s. *Schlösser*, StV 08, 548.
337 S. dazu näher BGH NStZ 16, 412 mit Anm. *Hoven*.
338 Vgl Rn 542 und BGH StV 95, 254; BGH NJW 95, 539; BGHSt 60, 1, 10 mit Anm. *H. Albrecht*, JZ 15, 841; *Kudlich*, ZWH 15, 14; *Schlösser*, StV 16, 25; OLG Düsseldorf NJW 91, 1841; *Rengier*, BT I § 13 Rn 186 f; *Schramm*, BT II § 7 Rn 2; anders *Kindhäuser*, ZStW 103 (1991), 398.

651 Zur Schadenskompensation ungeeignet sind Vorteile, die dem Geschädigten aus Gründen zufließen, die nicht **unmittelbar auf der maßgebenden Vermögensverfügung beruhen**, sondern zu ihr – wie zB freiwillige Leistungen Dritter oder Entschädigungen durch die öffentliche Hand – nur in einem äußeren Zusammenhang stehen. Sie bleiben hier ebenso unberücksichtigt wie eine nachträgliche **Schadensbeseitigung**.[339] Auch **gesetzliche Ansprüche und Rechte**, die dem Betroffenen gerade auf Grund der Täuschung erwachsen, wie etwa Schadensersatzansprüche aus §§ 823 II, 826 BGB oder Bereicherungsansprüche aus §§ 812 ff BGB, können den Schaden **nicht kompensieren**.[340] Auch kann sich nicht auf eine Leistung als anrechenbaren Gegenwert berufen, wer diese ohnehin ohne Entgelt zu erbringen hat.[341] Dasselbe gilt für **Anfechtungs- und Gewährleistungsrechte**.[342] Ob das gesetzliche Unternehmerpfandrecht (§ 647 BGB) schlechthin unberücksichtigt bleibt, ist umstritten.[343] Die Abgabe einer selbstschuldnerischen Bürgschaft begründet dann noch keine schadensgleiche Vermögensgefährdung, wenn der Bürge die Auszahlung wegen Mangelhaftigkeit der Ware ebenso wie der Schuldner verweigern (§§ 768 I, 437 Nrn 1, 2 BGB) oder wenn er über einen auf Grund der Zahlungsfähigkeit des Schuldners vollwertigen Rückgriffsanspruch verfügen kann.[344] Bei einem **vereinbarten Rücktrittsrecht** (nicht aber bei bloßer *Stornierungsbereitschaft*)[345] fehlt es in der Regel am Eintritt einer schadensgleichen Vermögensgefährdung, wenn der getäuschte Vertragspartner seine Leistung noch nicht erbracht hat, lediglich vertraglichen Ansprüchen des Täters ausgesetzt ist und seine Verpflichtung durch einfache einseitige Erklärung wieder beseitigen kann.[346] Anders liegt es, sobald er erfüllt hat; hier bildet das ihm eingeräumte Rücktrittsrecht zumeist keinen vollwertigen Ausgleich für die schon erfolgte Vermögensminderung.[347] Gleiches soll vor und nach der Erbringung der Leistung für ein Anfechtungsrecht gelten.[348] Der Versuch, für diese Ergebnisse die Eigenverantwortlichkeit des Opfers für seinen Selbstschutz und den vermeintlichen Vorrang solcher Selbstschutzmöglichkeiten vor staatlichem Schutz heranzuziehen,[349] beruht auf einem anfechtbaren Verständnis des Subsidiaritätsprinzips (s. Rn 581, 584),[350] dessen Heranziehung es hier nicht bedarf.

2. Wertbestimmung von Vermögensbestandteilen

652 Die zur Gesamtsaldierung erforderliche **Bestimmung des wirtschaftlichen Werts** der Vermögensbestandteile erfolgt nach **objektiv individualisierenden Maßstäben**.[351] Regelmäßig ist vom („objektiven") Verkehrs- oder Marktwert auszugehen, wenn es einen solchen gibt. Bei einer nur von Einzelnen nachgefragten Leistung und wenn zwischen Vertragsparteien ein Preis vereinbart wurde, ist jedoch von deren („individuellen") Wertbestimmung bzw. den von ihnen gemeinsam für maßgeblich erachteten Faktoren auszugehen, **soweit nicht** bereits diese Einigung selbst **durch den Irrtum beeinflusst** wur-

---

339 Vgl RGSt 41, 24, 25 f; BGH NStZ 99, 353; G/J/W-*Dannecker*, § 263 Rn 127 f; *Jäger*, JuS 10, 764; LK-*Tiedemann*, § 263 Rn 161 f; krit. *Bittmann*, NStZ 12, 289, 291; *T. Walter*, Tiedemann-FS S. 763; zur ähnlichen Problematik beim Vermögensnachteil iSd § 266 s. BGH NStZ 86, 455.
340 BGH MDR/D 70, 13; *Lackner/Kühl/Heger*, § 263 Rn 36a; S/S-*Perron*, § 263 Rn 120.
341 BGHSt 26, 346, 348; *Stoffers*, Jura 95, 117 zu § 253; zw. daher OLG Köln StV 13, 639.
342 BGHSt 21, 384, 386; 23, 300, 302 f; 54, 69, 124; BGH NJW 85, 1563.
343 Bejahend BayObLG JZ 74, 189 = JR 74, 336 mit krit. Anm. *Lenckner*; diff. *Amelung*, NJW 75, 624; *D. Meyer*, MDR 75, 357.
344 BGH NStZ 98, 570.
345 S. BGHSt 23, 300, 303 f; *Rengier*, BT I § 13 Rn 223.
346 BGH MDR/D 71, 546.
347 Näher BGHSt 34, 199, 203 mit Anm. *Bottke*, JR 87, 428 und Bespr. von *Müller-Christmann*, JuS 88, 108.
348 S/S-*Perron*, § 263 Rn 131; s. dazu auch OLG Frankfurt NJW 11, 398, 403.
349 *Luipold*, Die Bedeutung von Anfechtungs-, Widerrufs-, Rücktritts- und Gewährleistungsrechten für das Schadensmerkmal des Betrugstatbestandes, 1998, S. 208 f.
350 S. dazu *Hillenkamp*, Vorsatztat und Opferverhalten, 1981, S. 175 ff.
351 S. *Becker/Rönnau*, JuS 17, 975.

de[352] oder Anhaltspunkte für ein **auffälliges Missverhältnis** von Leistung und Gegenleistung vorliegen.[353] Darin liegt keine Ausnahme von der „objektiven" Bestimmung. In einer durch *Privatautonomie* geprägten Wirtschaftsordnung ist vielmehr genau das der wirtschaftliche Wert. Die individuellen Vereinbarungen sind sogar ihrerseits Voraussetzung des Konzepts des Marktpreises; er darf nicht mit mittelalterlichen Vorstellungen von einem „gerechten Preis" verwechselt oder vermengt werden.

In wirtschaftlichen Zusammenhängen verlangen BVerfG und BGH grundsätzlich eine Bewertung nach **bilanzrechtlichen Maßstäben,**[354] die freilich ihrerseits vielfältig sind. Vor allem aber folgen sie dem Prinzip kaufmännischer Vorsicht, das Schadenssummen tendenziell vergrößert und so dem Grundsatz *in dubio pro reo* zuwider läuft; im Strafverfahren muss insoweit korrigiert werden und eine neutrale Bewertung erfolgen.[355] Dass sich das Opfer auf Grund der Täuschung nur geschädigt *fühlt*, reicht ebenso wenig aus wie die Feststellung, das Opfer habe in Folge des Irrtums eine Verfügung getroffen, die es bei Kenntnis der tatsächlichen Umstände nicht vorgenommen hätte, da sonst der Betrug als Vermögensschädigungsdelikt zum Vergehen gegen die Wahrheit im Geschäftsverkehr und die Dispositionsfreiheit umfunktioniert werden würde.[356]

653

Der **Wert** eines Vermögensgegenstands kann auch **gegenwärtig bereits dadurch beeinflusst** werden, dass an diesem **Effekte erst viel später** auftreten oder ausbleiben werden. Soweit ein künftiges, einen Bestandteil des Vermögens betreffendes Ereignis – sei es nachteilig oder vorteilhaft – im Zeitpunkt der Vermögensverfügung bereits als möglich zu erkennen und ein **Erwartungswert** (Produkt aus Wahrscheinlichkeit und Wertänderung) abzuschätzen ist, ändert sich damit der Wert dieses Vermögensbestandteils und des Gesamtvermögens sofort. Der **Wert antizipiert konkret erwartete künftige Änderungen.**

654

Beispiel: Ist in einigen Tagen mit einem Hurrikan zu rechnen und wird ein bestimmtes Holzhaus von ihm konkret bedroht, dann senkt das den aktuellen Wert des Hauses abhängig von der Eintrittswahrscheinlichkeit und Höhe des erwarteten Schadens. Wird das Haus unter pflichtwidriger Täuschung über diese Gefahr veräußert, dann ist für die Schadensbestimmung unerheblich, ob der Hurrikan das Haus letztlich schädigt, aber sein Wert zur Tatzeit ist unter Berücksichtigung dieser Gefahr zu bestimmen.

Auf diesem allgemeinen Zusammenhang beruht insbesondere die Figur des **Gefährdungsschadens**, die bei richtiger Betrachtung im Kern nicht problematisch ist. Wichtig ist aber, strafrechtlich nur nach wirtschaftlichen Regeln **objektivierbare und quantifizierbare Erwartungen** zu berücksichtigen. Dazu müssen die Ereignisse nach gesicherten Erfahrungssätzen betrachtet werden – zB Naturereignisse, Massen- und Marktphäno-

655

---

352 BGHSt 61, 149, 156 f mit Anm. *Bosch*, Jura (JK) 16, 263; *v. Galen*, NJW 16, 2438; *Raum*, Fischer-FS S. 479, 485 ff; krit. Überblick zur Bedeutung der „intersubjektiven Wertsetzung" bei *C. Dannecker*, NStZ 16, 318 und Becker. *Krehl*, NStZ 16, 347; ausdehnend *Bittmann*, Joecks-GS S. 203, 210 ff. Zu **Produktplagiaten** und Schwarzmarktpreisen, s. *Wagner*, wistra 17, 467.
353 BGH wistra 20, 511; BGH NZWiSt 21, 71 mit Anm. *Thiele/Veljovic*.
354 S. nur BVerfGE 126, 170, 207 (Rn 103), 212 (Rn 114), 216 (Rn 123), 224 ff (Rn 141 ff), 230 (Rn 151); sowie bereits BGH NStZ 10, 329 f; krit. *Blassl*, wistra 16, 425; *Ginou*, NZWiSt 17, 138. Eingehend zur Bedeutung der **Bilanzierung** s. *Wostry*, Schadensbezifferung und bilanzielle Berechnung des Vermögensschadens bei dem Tatbestand des Betrugs, 2016.
355 BGHSt 58, 102 (Rn 41). Auch dem BVerfG geht es nur um den methodischen Mindeststandard zum Schutz des Beschuldigten. Vert. *Kempf*, Volk-FS S. 231, 240 f; *Becker* HRRS 09, 334, 338 f; *Hefendehl*, Vermögensgefährdung und Expektanzen, 1994, 178 ff.
356 BGH NStZ-RR 01, 41, 42; BGHSt 51, 10, 15; OLG Düsseldorf StV 11, 734; *Wittig*, § 14 Rn 98; s. hierzu im Zusammenhang mit einem „Rabattbetrug" OLG Stuttgart StV 07, 132; NStZ-RR 07, 347 f; zusf. *Fischer-Waßmer*, Strafrechtsgespräche, S. 175 f.

mene – oder selbst den Gesetzen der wirtschaftlichen Vernunft unterliegen (wirtschaftlich gebotene und daher regelmäßig zu erwartende Folgemaßnahmen). Hingegen darf weiteres individuelles Verhalten des Täters, des Geschädigten oder anderer konkreter Einzelpersonen nicht in einer dem Täter nachteiligen Weise unterstellt werden, denn dies ist als „frei" anzusehen und damit nicht gesichert prognostizierbar. Der Grundsatz *in dubio pro reo* greift selbst dann ein, wenn solches Verhalten später tatsächlich vorgenommen wird, denn maßgeblicher Zeitpunkt für die Wertbestimmung ist allein derjenige der Vermögensverfügung.

656 Zutreffend erkennt die hM daher eine **sog. konkrete („schadensgleiche") Vermögensgefährdung** als Vermögensschaden an, sofern sie bereits mit einer aus feststehenden Tatsachen herzuleitenden[357] Verschlechterung der gegenwärtigen Vermögenslage verbunden ist. Eine solche Lage kann sich namentlich dann schon als **schadensbegründend** erweisen,[358] wenn dem Bedrohten keine in seiner Macht liegenden Möglichkeiten zu Gebote stehen, den Umschlag der Gefahr in den endgültigen Verlust zu vermeiden.[359] Der BGH will eine konkrete Gefährdung nur dann als Schaden anerkennen, wenn der Eintritt wirtschaftlicher Nachteile überwiegend wahrscheinlich ist,[360] der Betrogene also ernstlich mit wirtschaftlichen Nachteilen zu rechnen hat. Das geht sachlich in die richtige Richtung, stellt die Situation aber etwas schief dar, denn so wäre in der Überlegung ein verbotener Analogieschluss zu besorgen. Wenn jedoch die Gefährdungslage jederzeit deshalb „**unmittelbar** in einen effektiven Güterverlust umschlagen" kann, weil dieses Ereignis nicht mehr von weiteren „eigenmächtigen Handlungen des Täters, Opfers oder Dritter abhängt",[361] dann sinkt der wirtschaftliche Wert des Gutes (ganz unabhängig davon, ob der Schaden sich später realisiert) sofort, und zwar im Umfang des Erwartungswerts des Schadens (Wahrscheinlichkeit x Höhe des drohenden Schadens) – zB ist ein Fahrrad, das absehbar möglicherweise demnächst Schrottreife erlangt, schon vor dem Eintritt der Schrottreife in seinem Wert geschmälert, und zwar auch dann, wenn es tatsächlich noch lange gut fährt. Die Wahrscheinlichkeit entscheidet letztlich nicht über das Ob des Schadens, sondern über die Höhe; mit seinem Kriterium blendet der BGH unbedeutende Schadenshöhen (zu Recht) aus, es wirkt also zu Gunsten des Beschuldigten, nicht als belastende Analogie. Macht man mit diesen Voraussetzungen Ernst, hält sich die Einbeziehung der schadensbegründenden Vermögensgefährdung iR der nach Art. 103 II GG zu beachtenden Wortlautgrenze.[362] Auch deshalb besteht kein Anlass, den

---

357 BGH StV 95, 24; BGH wistra 04, 60.
358 *Küper/Zopfs*, BT Rn 652; LK-*Tiedemann*, § 263 Rn 168; BGHSt 15, 24, 27; 21, 112, 113; 34, 394, 395; BGH JR 1990, 517 mit Anm. *Keller*; krit. dazu *Bung*, in: Institut für Kriminalwissenschaften Frankfurt a. M. (Hrsg.), Jenseits des rechtsstaatlichen Strafrechts, 2007, 363 ff; *Evers*, Das Verhältnis des Vermögensnachteils bei der Untreue zum Vermögensschaden beim Betrug, 2018, S. 46 ff; 108 ff; *Hauck*, ZIS 11, 919; *Riemann*, Vermögensgefährdung und Vermögensschaden, 1989, S. 60 ff.
359 S. *Hefendehl*, Vermögensgefährdung und Exspektanzen, 1994, S. 129 ff; *Hefendehl*, in: Schünemann, Strafrechtssystem und Betrug, 2002, S. 185, 233, 243 ff; LPK-*Schünemann*, § 266 Rn 230; eine sehr weit gehende Vermeidemacht entwickelt *Wahl*, Die Schadensbestimmung beim Eingehungs- und Erfüllungsbetrug, 2007, S. 45 ff; 203 ff. BGH HRRS 14, Nr 307 mit Anm. *Bittmann*, ZWH 14, 186 und *Satzger*, JK 10/14, StGB § 263/105 verneint eine schadensbegründende Vermögensgefährdung bis zur Einreichung eines durch Täuschung erschlichenen Überweisungsträgers aufgrund dessen freier Widerruflichkeit.
360 BGHSt 51, 165, 177; BGH StV 08, 526, 527; BGH NStZ 17, 30 mit Anm. *Becker*.
361 Unter dieser Voraussetzung der Figur der schadensgleichen Vermögensgefährdung wie hier zust. M/R-*Saliger*, § 263 Rn 225, 229; s. auch OLG Stuttgart NStZ-RR 13, 174 mit Bespr. *Bülte*, NZWiSt 13, 346; *Satzger*, JK 10/13, § 263 StGB/103; Überblick bei *Becker/Rönnau*, JuS 17, 499.
362 S. dazu die § 263 einbeziehende Entscheidung BVerfG wistra 09, 385, 387 f zu § 266 mit Bespr. *Fischer*, StV 10, 95; *Jahn*, JuS 09, 859 sowie BVerfG wistra 10, 380 mit Anm. *Steinberg/Dinter*, JR 11, 224; *Krüger*, JR 11, 369 und BVerfG wistra 12, 102, 105 mit Bespr. *Peglau*, wistra 12, 368 zu § 263.

von Rechtsprechung und Lehre entwickelten Begriff und die mit ihm verbundene Schadensbegründung aufzugeben.³⁶³ Sie folgt aus dem wirtschaftlichen Ausgangspunkt des Vermögens- und Schadensbegriffs und ist weder entbehrlich noch eine Verschleierung vermeintlich nur gegebenen Versuchsunrechts.³⁶⁴ Vielmehr beschreibt sie einen nach wirtschaftlichen Maßstäben bereits eingetretenen **Gefährdungsschaden**,³⁶⁵ der nach den Vorgaben des Bundesverfassungsgerichts „in wirtschaftlich nachvollziehbarer Weise festzustellen" und zu quantifizieren ist.³⁶⁶ *Diesem* Verfassungsauftrag hat der BGH in seiner *Al Qaida-Entscheidung* nach der – insoweit anfechtbaren – Auffassung des BVerfG nicht genügt, dem Bestimmtheitsgrundsatz mit der Konstruktion eines Eingehungsschadens aber verfassungsgerichtlich unbeanstandet Rechnung getragen.³⁶⁷ Zu dieser Begründung des Schadens passt der Vorschlag nicht, dem Täter die Möglichkeit einer **tätigen Reue** einzuräumen. Das gilt abgeschwächt auch für den Vorschlag, den Gefährdungsschaden strafmildernd zu berücksichtigen.³⁶⁸ In Betracht kommt eine schadensbegründende Vermögensgefährdung in Fällen, in denen der bereits erbrachten Leistung des Getäuschten ein durch konkrete Umstände erfüllungsunsicherer Anspruch und damit ein „Gefährdungsschaden auf der Kompensationsebene" gegenübersteht,³⁶⁹ vor allem aber in Fällen des **Eingehungsbetrugs** (s. Rn 679 ff),³⁷⁰ im Bereich des **Kreditbetrugs**, des **Gutglaubenserwerbs** und der **Preisgabe einer Geheimzahl**, die den Zugang zu einem Konto oder einem Tresor eröffnet.

---

363 So aber der 1. Strafsenat in BGHSt 53, 199, 202, mit insoweit zust. Anm. *Ransiek/Reichling*, ZIS 09, 315; *Schlösser*, NStZ 09, 663; abl. wie hier A/R/R-*Kölbel/Neßeler*, 8.1 Rn 117; *Brüning*, ZJS 09, 300, 302 f; *Eisele*, BT II Rn 577 ff; G/J/W-*Dannecker*, § 263 Rn 138; *Küper*, JZ 09, 803; NK-WSS-*Heger/Petzsche*, § 263 Rn 112 ff; *Rengier*, BT I § 13 Rn 211 ff; *Schramm*, BT II § 7 Rn 136; Spickhoff-*Schuhr*, § 263 Rn 53; *Wittig*, § 14 Rn 113; *Zöller*, BT Rn 179 f; zusf. Fischer-*Fischer*, § 263 Rn 156 ff; *Sickor*, JA 11, 109; krit. *Hefendehl*, Samson-FS. 295 ff; H-H-*Voigt*, Rn 1028 ff; *Joecks*, Samson-FS S. 355 ff; zur entsprechenden Entwicklung zu § 266 s. die Entscheidung des 1. Senats in JR 08, 426, 428 mit insoweit zu Recht krit. Anm. *Beulke/Witzigmann* S. 430, 433.

364 S. *Fischer*, NStZ-Sonderheft 09, 8, 11 ff mwN; vgl. auch A/W-*Heinrich*, § 20 Rn 97.

365 Der 2. Senat gibt in BGHSt 52, 323, 336, 338 den Begriff des „Gefährdungsschadens" zu Recht nicht auf; der 3. Senat vermeidet den Begriff in BGHSt 54, 69, 122–126; krit. zur Schadensbegründung *Saliger*, Samson-FS S. 455, 475 ff. Das lädt aber eher zur Vernachlässigung ihrer Besonderheiten ein. Ob man von „schadensgleicher Gefährdung" oder von „Gefährdungsschaden" spricht, macht unter dem Blickwinkel der verfassungsrechtlichen Problematik kaum einen Unterschied; aA AnK-*Gaede*, § 263 Rn 108; Bedenken gegen den zuerst genannten Begriff auch bei *Rengier*, BT I § 13 Rn 211.

366 BVerfG wistra 10, 380, 395 (zu § 266); dem folgt BGH wistra 11, 22, 23 (**nichtiger Pfändungs- und Überweisungsbeschluss**); BGH wistra 22, 108 mit Anm. *Schladitz*; OLG Stuttgart NStZ-RR 13, 175; s. dazu Fischer-*Fischer*, § 263 Rn 161a; beachtliche Konkretisierung findet sich bei AnK-*Gaede*, § 263 Rn 122 ff; krit. zur Beteiligung von Sachverständigen bei der Schadensfeststellung *Hefendehl*, wistra 12, 325 und *Krause*, wistra 12, 331; krit. zu bilanzrechtlichen Kriterien *Blassl*, wistra 16, 428; *Ginou*, NZWiSt 17, 138. Einen Versuch zur genauen Bezifferung des Schadens durch Bildung einer **Berechnungsformel** als Modell für den Fall der drohenden Verjährung als Forderungsausfall unternehmen *Zebisch/Kubik*, NStZ 17, 324, 328.

367 S. zur Aufhebung der Entscheidung BGHSt 54, 69 durch BVerfG wistra 12, 102 die Bespr. von *Kraatz*, JR 12, 329; *Kudlich*, JA 12, 230; *Kudlich*, PdW BT I S. 101 f; *Schlösser*, NStZ 12, 473; *Steinsiek/Vollmer*, ZJS 12, 586; *Waßmer*, HRRS 12, 368; Bedenken gegen den methodisch anfechtbar begründeten Übergriff in die Auslegungskompetenz der Fachgerichte finden sich bei *Bosch*, JK 7/12, StGB § 263/97 und *Jahn*, JuS 12, 268 („Superrevisionsinstanz"-Vorwurf); klärend dazu aber *Kuhlen*, JR 11, 246; beachtliche Kritik an der Schadensbegründung durch BGHSt 54, 69 findet sich allerdings auch bei Fischer-*Fischer*, § 263 Rn 176a-d; der Begründung zust. dagegen *Krey/Hellmann/Heinrich*, BT II Rn 746.

368 So aber AnK-*Gaede*, § 263 Rn 202.

369 S. *Küper*, JZ 09, 804, der hierin zu Recht die richtige Schadensbegründung zu BGHSt 53, 199 sieht; s. auch AnK-*Gaede*, § 263 Rn 122; *Kindhäuser/Hilgendorf*, § 263 Rn 193.

370 BGH NStZ 20, 157; *Küper/Zopfs*, BT Rn 654 f.

3. Berücksichtigung individueller Verhältnisse

657 Auf den ersten Blick abweichend von den eben dargestellten Grundsätzen der objektiven, marktmäßigen Bewertung sind in bestimmten Konstellationen – den Fallgruppen des individuellen Schadenseinschlags sowie der sozialen Zweckverfehlung – individuelle Verhältnisse und Annahmen zu berücksichtigen. Diese Fälle bilden jedoch **keine Ausnahme vom wirtschaftlichen Vermögens- und Schadensbegriff**. Sie betreffen vielmehr eine **Grenze objektiver Bestimmbarkeit eines Marktwertes**.

658 In einem Wirtschaftssystem mit Privatautonomie ist neben einer Preisbildung am Markt auch dort, wo die Umsatzhäufigkeit so gering ist bzw. die gehandelten Güter so unterschiedlich sind, dass **kein eigentlicher Markt** besteht, eine reguläre, wirtschaftliche Preisbildung möglich. Gleiches gilt, wo Akteure auf Basis einer eigenen, speziellen, vom Üblichen stark abweichenden Nutzenfunktion ökonomisch-rational handeln. Der Nutzen eines Guts ist keineswegs für alle Marktteilnehmer gleich. Entsprechend haben die Güter **für die Individuen unterschiedlichen Wert**. Der Marktwert bemisst keinen objektiven, für alle gleichen Nutzen, sondern gibt ein den Gesamtnutzen (bzw. Umsatz) maximierendes Kriterium für den Abschluss von Transaktionen; nur insofern ist er objektiv. Er ist das Ergebnis eines statistischen Prozesses, aber nicht das ökonomische Modell individuellen Verhaltens. Die Bewertung von im Zuge einer Transaktion erlangten Gegenständen an den **Marktwert** zu knüpfen, ist **nur insoweit sinnvoll**, wie die Interessen des Geschädigten am zu bewertenden Gegenstand denen der anderen Marktteilnehmer zumindest insoweit ähneln, dass sie wirtschaftlich **vernünftigerweise um diesen Gegenstand konkurrieren konnten**. Ist dem nicht so, muss eine konsequent wirtschaftliche Betrachtung auf andere **ökonomisch-zweckrationale Kriterien** abstellen. Ihre Bezeichnung als „normativ" ist durchaus irreführend.

659 Wo **Probleme der Wertermittlung** in den Besonderheiten im **Marktumfeld** liegen und es nur am eigentlichen Marktpreis fehlt, ist auf wertbildende Faktoren zurückzugreifen (so zB bei der Schätzung des Wertes einzelner Grundstücke). Wo die Besonderheiten hingegen in der **Person der Akteure** liegen, ist zu differenzieren: Andere Besonderheiten als eine ungewöhnliche Nutzenfunktion sind ökonomisch und damit auch nach dem strafrechtlichen Vermögensbegriff nicht relevant. Eine **ungewöhnliche Nutzenfunktion** ist relevant, wenn sie sich – für den Täter erkennbar und von ihm erkannt – aus einer besonderen wirtschaftlichen Situation zweckrational aufdrängt, nämlich in den Fallgruppen des **individuellen Schadenseinschlags** (Rn 661 ff). Und sie ist relevant, wenn sie offensichtlich **Grundlage des gemeinsamen Geschäfts** war, so in den Fällen der **sozialen Zweckverfehlung** (Rn 664 ff).

660 Dabei muss es bei einer in dem Sinne **objektiven Wertermittlung** bleiben, dass auch der Täter sie zur Tatzeit anhand derselben Kriterien vornehmen konnte, denn es geht nicht um die nachträgliche Festsetzung eines „gerechten Preises" (primär ein mittelalterliches Konzept), sondern um die Rekonstruktion des Wertes im **hypothetisch-täuschungsfreien Verhältnis** zwischen Täuschendem und Verfügendem nach ökonomischen Kriterien (dh solchen, die zweckrational den je eigenen Nutzen im Rahmen möglichen Zusammenwirkens maximieren). Deshalb sind diese Fallgruppen im Zweifel eng zu fassen und werden dabei enger als in der gerade gegebenen Charakterisierung des Grundproblems

a) Individueller Schadenseinschlag

661 Entspricht der Verkehrswert einer Gegenleistung rein rechnerisch dem der Leistung des Getäuschten, so kommt ein Vermögensschaden nach den Grundsätzen des **individuellen**

Schadenseinschlags[371] gleichwohl in Betracht, wenn **besondere Umstände** hinzutreten, bei denen aufgrund persönlicher, erkennbarer Umstände aufseiten des Getäuschten von einer Wertminderung auszugehen ist. Nach der hierzu grundlegenden Entscheidung BGHSt 16, 321, 326 ff[372] ist dies insbesondere der Fall, wenn der Erwerber

– die angebotene Leistung nicht oder nicht in vollem Umfang zu dem vertraglich vorausgesetzten Zweck oder in anderer zumutbarer Weise verwenden kann,

– oder durch die eingegangene Verpflichtung zu vermögensschädigenden Maßnahmen genötigt wird,

– oder infolge der Verpflichtung nicht mehr über die Mittel verfügen kann, die zur ordnungsmäßigen Erfüllung seiner Verbindlichkeiten oder sonst für eine seinen persönlichen Verhältnissen angemessene Wirtschafts- oder Lebensführung unerlässlich sind.

Obwohl es hier richtigerweise nicht um Ausnahmen von einer wirtschaftlichen Betrachtung handelt, ist es meist klausurtaktisch klug, auf eine Begründung des Schadens über den individuellen Schadenseinschlag nur dann zurückzugreifen, wenn sich aus dem in der Prüfung zunächst vorzunehmenden Vergleich des Vermögens vor und nach der Verfügung kein (wirtschaftlicher) Negativsaldo ergibt; auch die Rspr. geht meist so vor.[373] Da nach dem BVerfG normative Gesichtspunkte bei der Bewertung eines Schadens zwar nicht ausgeschlossen sind, die wirtschaftliche Betrachtungsweise aber nicht vollends überlagern oder verdrängen dürfen, finden sich in der neueren Rechtsprechung des BGH Zweifel, ob an den in BGHSt 16, 321 entwickelten Grundsätzen in vollem Umfang festgehalten werden kann.[374] Welche Einschränkungen deshalb zukünftig entwickelt werden, bleibt abzuwarten. Eine Aufgabe der Lehre vom individuellen Schadenseinschlag steht aber nicht zu erwarten,[375] und das liegt an dem eingangs beschriebenen wirtschaftlichen Hintergrund.

Am Eintritt eines Vermögensschadens ist nach der ersten, zu Recht weitgehend anerkannten[376] Leitlinie zB nicht zu zweifeln, wenn einem Abonnenten oder Käufer unter Vorspiegelung falscher Tatsachen wissenschaftliche Zeitschriften oder Unterrichtswerke „aufgeschwatzt" werden, die als solche zwar *ihren Preis wert* sind, das Verständnis des Bestellers jedoch weit übersteigen oder sonst nach dem Urteil eines objektiven Betrachters[377] **für seine speziellen Zwecke und individu-**

662

---

371 S. dazu A/W-*Heinrich*, § 20 Rn 92 f; BK-*Beukelmann*, § 263 Rn 60 ff; *Eisele*, BT II Rn 619 ff; Fischer-*Fischer*, § 263 Rn 146 ff; *Heghmanns*, Rn 1419 ff; H-H-*Voigt*, Rn 1038 f; *Hilgendorf/Valerius*, BT II § 7 Rn 118 ff; HK-GS/*Duttge*, § 263 Rn 64 ff; *Klesczewski*, BT § 9 Rn 79 ff; *Krey/Hellmann/Heinrich*, BT II Rn 705 ff; *Lackner/Kühl/Heger*, § 263 Rn 48 ff; LK-*Tiedemann*, § 263 Rn 177 ff; M/R-*Saliger*, § 263 Rn 207 ff; NK-WSS-*Heger/Petzsche*, § 263 Rn 118 ff; *Rengier*, BT I § 13 Rn 201 ff; *Satzger*, Jura 09, 522 ff; S/S-*Perron*, § 263 Rn 121 ff; *Schmidt*, BT II Rn 631 ff; OLG Hamm wistra 82, 152, 153; krit. AnK-*Gaede*, § 263 Rn 141; *Kindhäuser/Hilgendorf*, § 263 Rn 175; zum Vergleich mit dem subjektiven zivilrechtlichen Schadensbegriff *Saliger/Rüsse*, NStZ 21, 513.
372 S. zu diesem sog. Melkmaschinenfall *Bock*, BT II S. 398 ff; *Fahl*, JA 95, 198.
373 S. BGH NStZ 14, 517, 519; BGH NStZ 18, 105 mit Anm. *Schlösser*. Anders BGH NStZ-RR 18, 283 mit krit. Anm. *Jäger*, JA 18, 949, 951; *Jäger*, BT Rn 361a; Anm. *Eisele*, JuS 18, 1109.
374 S. BGH NStZ 14, 318, 320 mit Anm. *Schmidt*, NZWiSt 14, 274; BGH NStZ 14, 517, 519 unter Verweis auf BVerfGE 126, 170; 130, 1; Anm. zu dieser Entscheidung finden sich bei *Jäger*, JA 14, 875; *Schlösser*, HRRS 14, 396; *Trüg*, NStZ 14, 520; s. auch *Rostalski*, HRRS 16, 73; *Teixera*, ZIS 16, 310 (im Ganzen bejahend).
375 BGH NJW 14, 2595, 2598 f wendet die Lehre an, ohne auf eine denkbare Modifizierung einzugehen; s. zur Problematik *Ceffinato*, NZWiSt 15, 90; Fischer-*Saliger*, Strafrechtsgespräche, S. 28 f; Fischer-*Kudlich* Strafrechtsgespräche, S. 129 ff; *Schilling*, NStZ 18, 316, 320 f; beide in BGH NStZ 14, 318 und 14, 517 in obiter dicta eingekleidete Einschränkungen lehnt *Schmidt*, NJW 15, 284 ab.
376 Fischer-*Fischer*, § 263 Rn 146 f; HK-GS/*Duttge*, § 263 Rn 64; LK-*Tiedemann*, § 263 Rn 178 f; *Rengier*, BT I § 13 Rn 203; S/S/W-*Satzger*, § 263 Rn 233; *Wittig*, § 14 Rn 110.
377 Krit. dazu aus der Sicht des personalen Vermögensbegriffs *Geerds*, Jura 94, 315; s. auch *Jakobs*, JuS 77, 231.

ellen **Bedürfnisse nicht brauchbar** sind.[378] Bei einem Gebrauchtwagen, der zwar seinen Preis wert ist, der aber eine deutlich höhere Laufleistung als die vertraglich zugesicherte aufweist, macht die Rechtsprechung eine Schädigung nach diesen Maßstäben von der eher die Ausnahme bildenden Voraussetzung abhängig, dass es dem Käufer erkennbar auf Grund besonderer individueller Verhältnisse mehr als gewöhnlich auf geringe Reparaturbedürftigkeit oder höhere Verkehrssicherheit angekommen ist.[379] Ein in dem Erlangten verkörperter Gegenwert bleibt dann regelmäßig unberücksichtigt und schlägt nur dann schadensmindernd oder -ausschließend zu Buche, wenn das Tatopfer im Stande ist, ihn ohne finanziellen und zeitlichen Aufwand in zumutbarer Weise zu realisieren.[380] Da ein Markt für kostenpflichtige **Routenplanerabonnements** nicht existiert, kommt eine hiernach denkbare Kompensation auch beim Erwerb eines solchen Abonnements auf dem Weg einer sog. Internet-Abo-Falle[381] (s. dazu Rn 568: **Rechtsprechungsbeispiel**) nicht in Betracht. Der Erwerber kann das Abonnement nicht „ohne Weiteres und in zumutbarer Weise in Geld umsetzen". Auch wenn die abrufbaren Leistungen ihren Preis an sich wert sein sollten, ist ein solches Abonnement zudem nach der Auffassung des BGH für den Erwerber deshalb „subjektiv sinnlos und daher wertlos", weil „im Internet jederzeit zahlreiche kostenlose Routenplaner verfügbar sind".[382] Besteht **objektiv** die Möglichkeit, den Wert des Erlangten in zumutbarer Weise zu realisieren, ist ein Schaden nicht allein deshalb gegeben, weil der Geprellte die mögliche Realisierung **nicht** vornehmen **will**. Auch insoweit gilt, dass § 263 nicht die Dispositionsfreiheit schützt.[383]

Vereinbarungen oder Zusicherungen über die **Herkunft** einer Ware oder deren **Beschaffenheit** können im Rahmen der Schadensberechnung Bedeutung gewinnen, wenn der Wirtschaftsverkehr Waren bestimmten Ursprungs (zB Hopfen aus einem bestimmten Anbaugebiet) oder bestimmter Beschaffenheit höher bewertet als andere, objektiv gleichwertige Waren (wie etwa deutsche Markenbutter gegenüber qualitätsgleicher Auslandsbutter).[384] Wer beispielsweise für ein **Badesalz** dessen hohen Preis nur deshalb zahlt, weil ihm vorgetäuscht wird, es werde aus der in Bad Reichenhall zur Badetherapie verwendeten Natursole gewonnen, während es sich in Wirklichkeit um ein (als Vieh-, Streu- und Pökelsalz verwendbares) **reines Siedesalz** handelt, erleidet einen Vermögensschaden, selbst wenn Badesalz aus der erwähnten Natursole gar nicht in den Handel kommt.[385] Entscheidend ist hier, dass der Käufer angesichts der besonderen Herkunfts- und Beschaffenheitsangaben für seine Leistung kein *gleichwertiges* Äquivalent erhält.

663 Die praktische Bedeutung der beiden übrigen, miteinander eng zusammenhängenden individuellen Schadensbegründungen ist gering.[386] Gedacht ist vor allem an Fälle, in denen vermögensschädigende Maßnahmen getroffen oder Verpflichtungen eingegangen werden, um eine vermeintlich einmalige günstige Kaufgelegenheit wahrzunehmen, bei der in Wahrheit zum Marktpreis verkauft wird. Bedenken gegen die Annahme einer Schädigung, die sich aus dem Erfordernis der Unmittelbarkeit der Schadenszufügung und der bewussten Aufsichnahme des Vermögensopfers durch den Betroffenen ergeben, sind zwar mit Mühe ausräumbar, belegen aber den Grenzfallcharakter dieser Sachverhaltsgestaltungen.[387]

---

378 BGHSt 23, 300, 301; BGH NJW 90, 1921, 1923; OLG Köln JR 57, 351 und NJW 76, 1222; weitergehend *Schmoller*, ZStW 103 (1991), 92.
379 OLG Hamm NStZ 92, 593; OLG Düsseldorf JZ 96, 913 mit Anm. *Schneider*.
380 BGHSt 51, 10, 15 f; BGH NZWiSt 12, 67, 68 f (Erwerb einer maroden und unbewohnbaren Immobilie für einen Verein) mit Anm. *Steinberg/Kreuzner*; die von BGHSt 16, 321, 326 benannte Verwendung „in anderer zumutbarer Weise" hatte RGSt 16, 1, 9 in einer „ohne jede Mühe und jedes Bedenken" verwirklichbaren **„Wiederverkäuflichkeit"** gesehen.
381 Vgl auch *Gaßner/Strömer*, HRRS 17, 110 (Abo-Falle bei Mobilfunkgeräten).
382 BGH NJW 14, 2595, 2599 (s. zu dieser Entscheidung hier Rn 568, 586).
383 BGH StraFo 15, 479 mit Anm. *Bosch*, Jura 16, 218 (§ 255): erpressensch aufgezwungener Wein, den das Opfer als Gastwirt weiterverkaufen könnte, s. dazu auch hier Rn 814.
384 BGHSt 8, 46, 49; 12, 347, 352 f.
385 BGH NJW 80, 1760.
386 S. nur BayObLG NJW 73, 633; OLG Köln, MDR 74, 157.
387 S. LK-*Tiedemann*, § 263 Rn 180; für Begrenzung auf unmittelbare und gegenwärtige Folgen des täuschungsbedingten Vertragsschlusses M/R-*Saliger*, § 263 Rn 209; s. auch *Teixera*, ZIS 16, 311.

b) Soziale Zweckverfehlung

Um die Berücksichtigung der individuellen Verhältnisse des betroffenen Vermögensinhabers und des sog. „persönlichen Schadenseinschlags" innerhalb der Schadensermittlung geht es auch bei den Fällen, die man unter dem Gesichtspunkt der **sozialen Zweckverfehlung** und der **wirtschaftlich sinnlosen Ausgabe** zusammenfasst. 664

Allgemein anerkannt ist, dass derjenige einen Betrug begeht, der durch unwahre Angaben über zuteilungserhebliche (auch innere) Tatsachen sich oder einem Dritten **zweckgebundene öffentliche Mittel** verschafft, die zur Förderung bestimmter sozial- oder wirtschaftspolitischer Ziele dienen (= Förderung des sozialen Wohnungsbaues, der Gewerbeansiedlung in strukturschwachen Gebieten, der Unterstützung Hilfsbedürftiger usw). Ein Schaden ist hier dann gegeben, wenn der Subventionsempfänger die für die Subventionsvergabe vorausgesetzten Bedingungen nicht erfüllt[388] oder nicht die Absicht hat, die Subventionsleistungen zweckgebunden einzusetzen.[389] Dabei besteht zwischen Subventionsnehmer und Subventionsgeber ein Gegenseitigkeitsverhältnis und der Subventionsnehmer schuldet eine Leistung, der allgemein auch ein wirtschaftlicher Wert zukommt. 665

Umstritten und noch nicht abschließend geklärt ist dagegen, inwieweit sich dies auf eine vergleichbare **subjektive Zwecksetzung und deren Verfehlung im privaten Bereich** übertragen lässt.[390] Will man der Gefahr einer Subjektivierung des Schadensbegriffs,[391] einer Verfälschung der Schutzrichtung durch deren Ausdehnung auf die Dispositionsfreiheit und eines Verstoßes gegen das vom BVerfG aufgestellte „Verschleifungsverbot"[392] wirksam begegnen, wird man hier von folgender Richtlinie ausgehen müssen: Zur **Schadensbegründung** geeignet kann nur eine **objektivierbare**, der konkreten Leistung **immanente** und **wirtschaftlich relevante Zwecksetzung** sein, nicht jedoch die Verknüpfung einer Vermögenszuwendung mit *bloßen Affektionsinteressen* und Zielvorstellungen *beliebiger* Art. Da die *Irrtumsbedingtheit* einer Vermögensverfügung für sich allein noch keinen Schaden darstellt, ist ein Motivirrtum, der nicht den wirtschaftlich relevanten Gehalt der Leistung selbst betrifft oder der die Erreichung des sozialen Leistungszwecks nicht in Frage stellt, grundsätzlich auszuscheiden.[393] Das gilt zB dann, wenn der für einen gemeinnützigen Verein zur Unterstützung behinderter Menschen Angeworbene täuschungsbedingt davon ausgeht, der Werber sei nicht gewerblich, sondern ehrenamtlich 666

---

388 ZB bei Beantragung der **„Abwrack-Prämie"** den Pkw nicht verschrottet, sondern im Ausland verkauft (s. dazu *Stumpf*, NJW Spezial 09, 648; Falllösung bei *Fahl*, JA 11, 836; *Schneider/Schumann*, ZJS 13, 199), die behauptete **Kurzarbeit** gar nicht eingeführt (s. dazu *Graede/Leydecker*, NJW 09, 3542) oder die für eine **Eigenheimzulage** vorausgesetzte Neubauwohnung gar nicht errichtet hat (s. dazu *Kudlich*, JA 13, 551 zu BGH wistra 13, 270).
389 Vgl BGHSt 19, 37, 44 f; BGH NJW 82, 2453; BGH wistra 06, 228 f mit Anm. *Bosch*, JA 06, 492 und Bespr. *Idler*, JuS 07, 904; BGH NJW 14, 2297 mit Anm. *Gaede*; *Bosch*, JK 10/14, StGB § 263/105; KG JR 62, 26; OLG Hamm NJW 82, 1405; *Lackner/Kühl/Heger*, § 263 Rn 56a; LK-*Tiedemann*, § 263 Rn 183.
390 S. *Küper/Zopfs*, BT Rn 672 ff.
391 Ganz abl. daher A/W-*Heinrich*, § 20 Rn 111 f; *Evers*, Das Verhältnis des Vermögensnachteils bei der Untreue zum Vermögensschaden beim Betrug, 2018, S. 40 ff; wie hier M/R-*Saliger*, § 263 Rn 215.
392 S. dazu *Fröba/Straube*, StraFo 14, 500; MK-*Hefendehl*, § 263 Rn 1051 f; *Schlösser*, HRRS 11, 254. Fischer-*Schlösser*, Strafrechtsgespräche, S. 89 ff geht von der **Verfassungswidrigkeit** der Zweckverfehlungslehre aus; dagegen Fischer-*Saliger*, Strafrechtsgespräche, S. 29.
393 So mit Recht BGH NJW 95, 539; BGH wistra 03, 457, 459; OLG München wistra 14, 33 f mit Bespr. *Hecker*, JuS 14, 561; eher weitgehend OLG Frankfurt a.M. NStZ-RR 11, 13 mit zust. Bespr. *Bosch*, JA 11, 69; BK-*Beukelmann*, § 263 Rn 50.1; HK-GS/*Duttge*, § 263 Rn 68; LK-*Lackner*, 10. Aufl., § 263 Rn 167; S/S/W-*Satzger*, § 263 Rn 239 f; *Kudlich*, PdW BT I S. 110; *Küpper/Bode*, JuS 92, 642; *Zöller*, BT Rn 193; *Schramm*, BT II § 7 Rn 157; krit. MK-*Hefendehl*, § 263 Rn 1045.

tätig. Anders kann es aber liegen, wenn er (auch) deshalb davon ausgeht, sein Mitgliedsbeitrag werde ausschließlich für den guten Zweck und nicht zum größten Teil für die Finanzierung des Werbeaufwandes eingesetzt. Freilich muss dann der Irrtum auf konkludenter oder durch garantenpflichtwidriges Unterlassen erfüllter Täuschung beruhen.[394] Vergleichbar liegt es, wenn der Betreiber eines Toilettenreinigungsunternehmens im Ausgangsbereich Teller zur Aufnahme von Trinkgeld aufstellt, das er ausschließlich für die Lohnzahlung an sein Personal verwendet.[395]

667 Wie die nachfolgenden Beispiele verdeutlichen, ist in den Fällen der Zweckverfehlung zwischen **unentgeltlichen Zuwendungen** und **Austauschgeschäften** zu unterscheiden. Bei den **unentgeltlichen Zuwendungen** handelt es sich vornehmlich um das Erschleichen „verlorener Zuschüsse" sowie um Fälle des **Bettel-** und **Spendenbetrugs**. Hier muss die richtige Lösung gewährleisten, dass ein **bloßes Affektionsinteresse** (s. dazu Rn 542) bei *unentgeltlichen* Zuwendungen im Rahmen des § 263 ebenso unberücksichtigt bleibt, wie dies bei *entgeltlichen* Rechtsgeschäften der Fall ist.[396]

668 **Fall 47:** Mit der wahrheitswidrigen Behauptung, dass seine Mutter plötzlich verstorben sei und ihm nicht genügend Geld für die Heimreise zur Verfügung stehe, erschwindelt der Gastarbeiter G von seinem Arbeitgeber A einen „verlorenen Zuschuss" von 500 € zur angeblich geplanten Teilnahme an der Beerdigung. In Wirklichkeit hat G vor, einige Tage im Betrieb „blau zu machen" und das Geld zu verjubeln.
Strafbarkeit nach § 263? **Rn 670**

669 **Fall 48:** S sammelt im Bezirk einer Pfarrgemeinde für die Caritas. Zur Steigerung des Spendeneifers trägt er zu Beginn der Sammelliste eine in Wahrheit nicht erfolgte Spende des A in Höhe von 30 € ein. Um nicht hinter A zurückzustehen, spenden die Nachbarn und zahlreiche Bekannte des A ebenfalls mindestens 30 €, während sie sich sonst mit 10 oder 20 € als Spende begnügt hätten.
Strafbarkeit nach § 263? **Rn 671**

670 Im **Fall 47** hat die durch Täuschung herbeigeführte unentgeltliche Zuwendung des A an G den ihr immanenten und wirtschaftlich relevanten **Zweck verfehlt**. Sie war in objektiv erkennbarer Weise als **Sozialleistung** bestimmt, wurde jedoch dadurch, dass G sie zweckwidrig verwenden wollte, für A zu einer **wirtschaftlich sinnlosen** und sein Vermögen schädigenden Ausgabe. G hat einen Betrug begangen.

671 Anders liegt es im **Fall 48**, in dem das BayObLG[397] die Voraussetzungen des § 263 schon deshalb bejaht hat, weil der von S erregte Irrtum für die Spendenhöhe der Betroffenen mitbestimmend war. Diese Erwägung allein reicht aber unter den hier gegebenen Umständen für eine Bestrafung wegen Betrugs nicht aus. Sie geht nämlich daran vorbei, dass der mit den Spenden verfolgte **soziale Zweck** (= die Bereitstellung von Geldern für das Hilfswerk der Caritas) jeweils erreicht worden ist, sodass die finanzielle Leistung für jeden Spender eine **wirtschaftlich sinnvolle Ausgabe** blieb. Zwar war die Höhe des Geldopfers bei einer Reihe von Spendern durch den von S erregten Irrtum mitveranlasst; die Bedeutung *dieses Motivirrtums* erschöpfte sich je-

---

394 S. dazu BGH NJW 95, 539 mit Anm. *Rudolphi*, NStZ 95, 288; OLG Celle BeckRS 12, 20313 mit Bespr. *Jahn*, JuS 13, 179; Fischer-*Fischer*, § 263 Rn 139.
395 LSG Berlin-Brandenburg BeckRS 14, 72346 mit Bespr. *Kudlich*, JA 15, 632.
396 Näher LK-*Lackner*, 10. Aufl., § 263 Rn 162, 171.
397 BayObLG NJW 52, 798 Nr 30; s. dazu diff. LK-*Tiedemann*, § 263 Rn 185.

doch in einem **reinen Affektionsinteresse** (= nicht hinter A zurückzustehen und nicht weniger freigebig zu erscheinen als dieser), das zur „Schadensbegründung" nicht ausreicht.[398]

Auch bei **Austauschverträgen,** bei denen der Austausch der Güter mit einem sozialen Zweck verbunden wird, ist die Annahme eines Schadens möglich, wenn der vereinbarte Zweck für den Abschluss des Geschäfts entscheidend war und alsdann verfehlt wird.[399] Hier kommt allerdings der **Gleichwertigkeit von Leistung und Gegenleistung** auch gegenüber dem Gesichtspunkt der *Zweckverfehlung* Bedeutung zu: 672

Fall 49: A bietet an der Tür Künstlerpostkarten, sortiert zu je 10 Stück, zum Preis von 10 € zum Kauf an. Ihr wirklicher Wert beträgt allenfalls 5 €. Die Höhe des Preises rechtfertigt A stets mit dem wahrheitswidrigen Hinweis, der Erlös komme behinderten Kindern zugute, von denen die Karten „*mit dem Munde gemalt*" seien. Alle Karten tragen auf der Rückseite einen kleinen Stempelaufdruck dieses Inhalts, den A zu Täuschungszwecken dort selbst angebracht hat. Betrug gegenüber den gutgläubigen Käufern? **Rn 675** 673

Fall 50: Ändert sich die Beurteilung im **Fall 49,** wenn die Karten ihren Preis von 10 € vollauf wert sind und A nur in der Absicht schwindelt, nicht abgewiesen zu werden und seinen Umsatz zu steigern? **Rn 676** 674

Im **Fall 49** fehlt es an der wirtschaftlichen **Ausgeglichenheit** von Leistung und Gegenleistung, sodass die getäuschten Käufer schon aus diesem Grunde einen **Vermögensschaden** erleiden. Für die Hingabe von 10 € erhalten sie nur einen Gegenwert von 5 €. An der Strafbarkeit gemäß § 263 I besteht hier aber angesichts der Kenntnis der Überteuerung nur dann kein Zweifel, wenn man die Verfehlung des mit dem Kauf der Postkarten verknüpften sozialen Zwecks zur Schadensbegründung heranzieht (zum *Strafantragserfordernis* beachte insoweit § 263 IV in Verbindung mit § 248a). 675

Demgegenüber sind Leistung und Gegenleistung im **Fall 50 wirtschaftlich voll ausgeglichen**, da die Postkarten (was bei Gegenständen anderer Art im Einzelfall zu prüfen bliebe) für die Käufer brauchbar sind und es sich nicht um eine nutzlose Anschaffung gehandelt hat. Enttäuscht wird hier nur die sozial motivierte Erwartung der Käufer, dass der Erlös behinderten Kindern zugute komme. Im Fall der wirtschaftlichen **Gleichwertigkeit von Leistung und Gegenleistung** genügt Letzteres für sich allein zur Annahme eines Vermögensschadens jedoch nicht.[400] 676

Dass die getäuschten Käufer die ihnen angebotenen Postkarten bei Kenntnis der wahren Sachlage nicht gekauft hätten, ändert am Ergebnis nichts, weil § 263 weder Treu und Glauben im Geschäftsverkehr noch die Verfügungsfreiheit als solche schützt, vielmehr eine Vermögenseinbuße fordert, die nicht durch einen unmittelbar erlangten Vermögenszuwachs wirtschaftlich voll ausgeglichen wird.[401]

---

398 Ebenso BGH NJW 95, 539; *Deutscher/Körner*, JuS 96, 296; *Eisele*, BT II Rn 628; Fischer-*Fischer*, § 263 Rn 137; *Gallas*, Beiträge zur Verbrechenslehre 1968, S. 226, 258; Gerhold, Zweckverfehlung und Vermögensschaden 1988, S. 54; M/R-*Saliger*, § 263 Rn 215; *Rengier*, BT I § 13 Rn 176 ff; *Rudolphi*, Klug-FS S. 315; S/S-*Perron*, § 263 Rn 102; anders *Gössel*, BT II § 21 Rn 170 ff; gegen die Verneinung eines Schadens *Graul*, Brandner-FS S. 806 ff.
399 BGH wistra 03, 457, 459; S/S-*Perron*, § 263 Rn 105 (sog. gemischter Vertrag).
400 Näher OLG Köln NJW 79, 1419; *Achenbach*, Jura 84, 602; *Beulke/Zimmermann*, III Rn 300; *Bock*, BT II S. 392; *Küpper/Bode*, JuS 92, 642; *Mayer*, Jura 92, 238; M/R-*Saliger*, § 263 Rn 217; S/S-*Perron*, § 263 Rn 105; *Sonnen*, JA 82, 593; S/S/W-Satzger, § 263 Rn 242; anders insoweit OLG Düsseldorf wistra 90, 200; M/S/M-*Momsen*, BT I § 41 Rn 121; s. auch SK-*Hoyer*, § 263 Rn 224. Für den Fall nur falsch gekennzeichneter, qualitativ aber ordnungsgemäßer „Biowaren" wie hier *Heghmanns*, ZIS 15, 102.
401 Vgl BGHSt 16, 220, 222 und 321, 325.

677 Die Lösung aller unter dem Begriff der Zweckverfehlung zusammengeführten Fallgruppierungen ist im Fluss.[402] Auf dem Hintergrund bislang nicht vollends ausgeräumter Bedenken gegen die auch hier vorausgesetzte Deutung ideeller Zweckerreichung als wirtschaftlich bedeutsamer Kompensation, mit der ein Schaden trotz eigentlich eindeutigen wirtschaftlichen Ärmerwerdens ausschließbar sein soll, ist namentlich der Vorschlag diskussionswürdig, die Problematik in das Täuschungsmerkmal vorzuverlagern. Hiernach ist von einer *betrugsrelevanten* Täuschung nur zu sprechen, wo sie dem Täter dazu dient, seinem Opfer das Bewusstsein von dem wirtschaftlichen oder eben auch – in Fällen des Handelns als homo beneficus – dem sozialen Sinn seiner Verfügung zu nehmen.[403] Die mit der Verlagerung in die Täuschung vereinzelt verbundene Folgerung, die *soziale* Zweckverfehlung ganz dem Betrug zu entziehen,[404] ist allerdings angesichts der nicht selbst verantworteten, sondern fremdbestimmten Sinnlosigkeit des Vermögensopfers unannehmbar.

4. Einzelfragen

678 Die dargestellten Grundsätze werden im Folgenden anhand typischer Fallgruppen näher erläutert und vertieft. Für die Prüfung und das Verständnis entscheidend bleiben aber stets die Grundsätze, nicht die Fallgruppen.

a) Eingehungs- und Erfüllungsbetrug

679 Bei vertraglichen Austauschgeschäften kann man zwischen einem **Eingehungs-** und einem **Erfüllungsbetrug** unterscheiden.[405] Mit den Begriffen wird auf unterschiedliche Zeitpunkte im Ablauf des vertraglichen Geschäfts abgestellt und für die jeweiligen Zeitpunkte eine mögliche Täuschungshandlung, Vermögensverfügung und ein Vermögensschaden geprüft. Insbesondere beim Eingehungsbetrug wird die Wertbestimmung mittels der Grundsätze der schadensgleichen Vermögensgefährdung relevant.

Bei einem sog. **Eingehungsbetrug** (= Täuschung bei Vertragsschluss), auf den namentlich dann abzustellen ist, wenn es zum tatsächlichen Leistungsaustausch oder wenigstens zur Leistung des Getäuschten nicht kommt[406] oder der spätere Austausch den Betrugstatbestand nicht mehr verwirklicht,[407] sind die **beiderseitigen Vertragsverpflichtungen**

---

402 Krit. zum Ganzen mit jeweils neuen Lösungsansätzen *Kindhäuser*, ZStW 103 (1991), 398; LK-*Tiedemann*, § 263 Rn 184 f; *Schmoller*, JZ 91, 117; *Pawlik*, Das unerlaubte Verhalten beim Betrug, 1999, S. 273 ff.
403 So mit beachtlichen Gründen *Graul*, Brandner-FS S. 813 ff, 818 in Anlehnung an *Schröder*, NJW 62, 721; ihr folgend AnK-*Gaede*, § 263 Rn 24 mwN; mit anderer und anfechtbarer Begründung auch *Pawlik*, aaO S. 157 f; s. auch *Merz*, Bewußte Selbstschädigung und die Betrugsstrafbarkeit nach § 263 StGB, 1999, 121 ff, 186; abl. M/R-*Saliger*, § 263 Rn 214.
404 So *Mitsch*, BT II S. 275 f; s. auch *Merz*, Bewußte Selbstschädigung und die Betrugsstrafbarkeit nach § 263 StGB, 1999, 121 ff, 186.
405 S. A/W-*Heinrich*, § 20 Rn 94 f; G/J/W-*Dannecker*, § 263 Rn 142 ff; *Hilgendorf/Valerius*, BT II § 7 Rn 87 ff, 101 ff; *Lackner/Kühl/Heger*, § 263 Rn 53; MK-*Hefendehl*, § 263 Rn 796 ff; *Rengier*, § 13 Rn 196 ff, 209 ff; *Satzger*, Jura 09, 526; S/S/W-*Satzger*, § 263 Rn 259 ff; *Wittig*, § 14 Rn 117 ff; *Zöller*, BT Rn 181 ff. Zur Verfassungsmäßigkeit der Figur des Eingehungsbetrugs s. BVerfG wistra 12, 102. Falllösung bei *Konhäuser/Lindemann*, JuS 11, 804.
406 S. zur grundsätzlichen **Subsidiarität** des Eingehungs- gegenüber dem Erfüllungsbetrug *Küper/Zopfs*, BT Rn 654; LK-*Tiedemann*, § 263 Rn 274; *Müller-Christmann*, JuS 88, 112; diff. *K. Klein*, Das Verhältnis von Eingehungs- und Erfüllungsbetrug, 2003, S. 162 ff, 262 ff; für die Schadensfeststellung stellt auch der BGH (JR 12, 80; BeckRS 13, 01251 Rn 38; NJW 13, 885) beim *unechten Erfüllungsbetrug* „allein auf die Erfüllungsphase" ab.
407 BGHSt 22, 38 f.

miteinander zu vergleichen.[408] Ein **Vermögensschaden** und damit ein bereits mit dem Vertragsabschluss *vollendeter* Betrug[409] liegt hier nur dann vor, wenn der Anspruch, den der Getäuschte erlangt hat, in seinem wirtschaftlichen Wert hinter der von ihm übernommenen Verpflichtung zurückbleibt.[410] Zu beurteilen ist das nach **objektiven Wertmaßstäben** unter Einbeziehung des **Ausfallrisikos**. Ebenfalls sind die **persönlichen Bedürfnisse und individuellen Verhältnisse** des Betroffenen (= sog. *„persönlicher Einschlag"*) zu berücksichtigen. Maßgebend für die Bejahung eines Schadens ist jedoch nicht dessen subjektive Einschätzung, sondern das **vernünftige Urteil eines objektiven Betrachters**.[411] Danach ist von einem Eingehungsschaden idR zu sprechen, wenn das Versprochene gegenüber der vom Getäuschten geschuldeten Leistung (beachte dazu § 433 I 2 BGB) minderwertig oder der Versprechende leistungsunfähig oder leistungsunwillig ist.[412] Ein Schaden kann auch angenommen werden, wenn ein Gläubiger durch Täuschung veranlasst wird, eine ihm zustehende Forderung nicht oder nicht alsbald einzufordern und dadurch das Bestehen oder die Realisierbarkeit des Anspruchs reduziert bzw. konkret gefährdet wird (zur Verfügung bereits Rn 650).[413] Da es im Stadium des Eingehungsbetrugs zu einem Leistungsaustausch noch nicht gekommen ist, wird es an einer die Betrugs*vollendung* bewirkenden *schadensgleichen Vermögensgefährdung* (s. dazu Rn 656), um die es in den Fällen des Eingehungsbetrugs geht,[414] dagegen fehlen, wenn ein Anspruch erst zu einem späteren Zeitpunkt bei einer konkreten Leistungserbringung entsteht[415] oder solange sich der Getäuschte durch die Zug-um-Zug-Einrede[416] oder sonstige rechtlich institutionalisierte Schadensverhinderungsmöglichkeiten[417] vor der effektiven Vermögenseinbuße noch zu schützen vermag. Das gilt bei etwaigen Widerrufsrechten nach §§ 312 ff, 355 ff BGB, aber auch bei anderen Möglichkeiten der Lösung von der eingegangenen Verpflichtung allerdings idR nur dann, wenn der in seinem Vermögen Gefährdete diese Rechte kennt und ihrer Ausübung keine erheblichen Hindernisse entgegenstehen.[418] Daran kann es zB bei einem betrügerisch erzielten Haftungsausschluss nach § 444 BGB fehlen.[419]

---

408   BGH NJW 16, 3543, 3544; zur Berücksichtigung vertraglicher Nebenpflichten BGH StV 21, 723.
409   Zu Einwänden gegen die Vollendungsstrafbarkeit s. *K. Klein*, Das Verhältnis von Eingehungs- und Erfüllungsbetrug, 2003, S. 115 ff; LK-*Tiedemann*, § 263 Rn 175.
410   BGHSt 51, 165, 174 f, 177; 54, 69, 122; 58, 205, 208, 210 mit Bespr. *Albrecht*, NStZ 14, 17; *Bittmann*, wistra 13, 449; *Bosch*, JK 8/2013, § 263/102; *C. Dannecker*, NZWiSt 15, 173; *Kubiciel*, JZ 14, 99; *Krell*, NZWiSt 13, 370; *Sinn*, ZJS 13, 625; BGH NJW 91, 2573; BGH NStZ 04, 557, 558; BGH NStZ 14, 318; BGH NStZ-RR 16, 205, 207; BGH BeckRS 20, 28772 mit Bespr. *Brüning/Heidemann*, ZJS 21, 538; BGH wistra 22, 471. Zur Schadensberechnung beim **Leasing** BGH wistra 18, 29; BGH NStZ 19, 614, 616 mit Bespr. *Bittmann*; BGH NStZ 20, 157, 158 mit Anm. *Soyka*.
411   BGHSt 16, 220, 221; 321, 325; 32, 22, 23; 54, 69, 122; BGH NJW 85, 1563; BGH wistra 08, 149, 150; BGH NStZ 14, 318; Fischer-*Fischer*, § 263 Rn 176a; *Ranft*, Anm. JR 94, 523.
412   S/S-*Perron*, § 263 Rn 128; zur Zahlungsunfähigkeit s. *Schlösser*, wistra 10, 164; zur Zahlungsunwilligkeit als Begründung einer Vermögensgefährdung krit. *Schlösser*, StV 14, 694. Eine eigenständige Ermittlung des Schadens findet sich bei *Wahl*, Die Schadensbestimmung beim Eingehungs- und Erfüllungsbetrug, 2007, zsf. S. 202 ff.
413   LK-*Tiedemann*, § 263 Rn 229; BGH HRRS 18, Nr 684 (Aufrechnung des Getäuschten mit nicht bestehender Forderung des Täters); BGH wistra 18, 28; BGH wistra 20, 459, 462.
414   Fischer-*Fischer*, § 263 Rn 176 mit 156 ff; *Küper/Zopfs*, BT Rn 652, 655; *Rengier*, BT I § 13 Rn 210; BGHSt 45, 1, 4 f; 51, 165, 174 ff; BayObLG NJW 99, 663.
415   BGH NStZ-RR 21, 343.
416   S. dazu OLG Düsseldorf JR 94, 522 mit Anm. *Ranft*; OLG Bamberg wistra 16, 332; BGH wistra 98, 59, 60; 01, 423, 424; 05, 222, 223; *Eisele*, BT II Rn 584.
417   S. LK-*Tiedemann*, § 263 Rn 176; s. zum Grundstückskauf OLG Stuttgart JR 02, 214 mit Anm. *Erb*.
418   S. *Krey/Hellmann/Heinrich*, BT II Rn 699; *Küper/Zopfs*, BT Rn 655; MK-*Hefendehl*, § 263 Rn 764 ff; zu Stornierungs- und Rücktrittsrechten s. auch Rn 651.
419   Nicht erörtert von OLG München wistra 09, 126.

680 Gleichfalls um einen Eingehungs- und nicht um einen Erfüllungsbetrug handelt es sich dann, wenn jemand **Waren** oder **Dienstleistungen unter dem Namen eines Anderen bestellt**, um diesen zu beunruhigen oder zu ärgern und der Andere die Annahme ablehnt.[420] Maßgeblich für den Schaden ist hier nicht, ob das angegriffene Vermögen nach der Abwicklung des Geschäfts (zB dadurch, dass die gelieferte Ware – wie eine Pizza – nicht anderweitig verwertbar ist) geschädigt ist, sondern nur, ob der Vermögensbestand durch den Abschluss des Vertrags selbst eine Einbuße erlitten hat. Das ist hier deshalb so, weil die Anlieferer gegen den vermeintlichen Auftraggeber keinen Anspruch erwerben und die analog §§ 177, 179 BGB gegen den wahren Besteller erwachsenden Ansprüche wegen dessen Anonymität und fehlender Zahlungsbereitschaft wirtschaftlich wertlos sind. Obwohl eine Leistungspflicht des Unternehmers ebenfalls regelmäßig zu verneinen sein mag, wird doch tatsächlich eine wirtschaftliche Position geschaffen, in der die Leistung nach Regeln der wirtschaftlichen Vernunft zu erwarten ist (weil es ökonomisch grundsätzlich klug ist, für wirksam gehaltene Vereinbarungen über selbst angebotene Leistungen zu erfüllen), weshalb sie im Wert des Vermögens (nachteilig) antizipiert wird. Fehlen dürfte es allerdings an der Bereicherungsabsicht, da der erstrebte Ärger nicht die Kehrseite des Schadens und der erworbene Anspruch nicht als Vermögenswert erstrebt ist.[421] Das ist auch gegen einen ohnehin nicht überzeugend konstruierbaren Erfüllungsbetrug einzuwenden.[422]

681 Im Falle des sog. **Erfüllungsbetrugs** ist zwischen dem *echten* und dem *unechten* Erfüllungsbetrug zu unterscheiden.[423] Beim **echten** Erfüllungsbetrug entschließt sich der Vertragspartner erst nach Vertragsabschluss, nicht vertragsgemäß zu leisten und hierüber zu täuschen. Dann sind die vertraglich **geschuldete** und die **tatsächlich erbrachte Leistung** miteinander zu vergleichen.[424] Ergibt sich dabei eine **nachteilige Differenz** zulasten des Getäuschten (= er erhält weniger, als ihm zusteht, oder bezahlt mehr, als er von Rechts wegen müsste), liegt ein Vermögensschaden vor. Das gilt selbst dann, wenn die Leistung des Täuschenden an sich ihren Preis wert ist, hinter dem vertraglich Geschuldeten aber zurückbleibt.[425] Die strafrechtliche Diskussion um die Unterscheidung zwischen Gattungs- und Stückschulden beim Kaufvertrag hat sich mit der Schuldrechtsreform praktisch erübrigt.[426] Will man angesichts des weiter bestehenden (Nach)Erfüllungsanspruchs im nur unbewusst-faktischen Verzicht auf die mit diesem Anspruch begründete Exspektanz auf die eigentlich geschuldete Leistung noch keine schadensgleiche Gefährdung sehen, wird man den Erfüllungsschaden erst bejahen, wenn der Getäuschte mit seiner Leistung den Vertrag erfüllt.[427]

682 Beim **unechten** Erfüllungsbetrug wird bereits im Rahmen des Verpflichtungsgeschäfts zB darüber getäuscht, eine Hose sei aus „reiner Schurwolle" oder ein Gebrauchtwagen

---

420 Einen Eingehungsbetrug bejahen in diesem heute auch von § 238 I Nr 3 erfassten Fall BayObLG JR 72, 344 und LG Kiel NStZ 08, 219; gegen die Annahme eines Eingehungs- wie eines Erfüllungsbetrugs im „eigentlichen" Sinn mit beachtlichen Gründen *Krack*, Puppe-FS S. 1205, 1207 ff.
421 IE ebenso *Joecks/Jäger*, § 263 Rn 171; *Krack*, Puppe-FS S. 1205, 1210 ff; *Maurach*, JR 72, 346; *Schröder*, JZ 72, 26; S/S-*Perron*, § 263 Rn 167; s. auch hier Rn 705.
422 Für Erfüllungsbetrug *Herzberg*, JuS 72, 185; M/S/M-*Schroeder*, BT I § 43 Rn 136; dagegen zu Recht *Blei*, JA 72, 435 (StR 115); Falllösung bei *v. Schenck*, Jura 08, 557.
423 S. *Eisele*, BT II Rn 588 ff; G/J/W-*Dannecker*, § 263 Rn 144; *Küper/Zopfs*, BT Rn 657, 661; LK-*Tiedemann*, § 263 Rn 202; *Rengier*, BT I § 13 Rn 196 ff; M/R-*Saliger*, § 263 Rn 242 ff; *Schmidt*, BT II Rn 639 ff.
424 Nach denselben Grundsätzen bejaht BGH wistra 11, 456 den Betrug eines gerichtlich bestellten Sachverständigen, der unerlaubt einen akademischen Grad führt, wenn dieser einen Vergütungsanspruch geltend macht, obwohl der Anspruch analog § 654 BGB verwirkt ist.
425 Vgl dazu BGH NStZ 16, 539 mit Anm. *Becker*.
426 S. dazu *Küper/Zopfs*, BT Rn 658 f; *Küper*, Tiedemann-FS S. 625 f.
427 So *Küper*, Tiedemann-FS S. 632 ff; *Stolz/Horter*, GA 24, 502 ff; selbst dann kann nach der Konzeption von *Wahl*, Die Schadensbestimmung beim Eingehungs- und Erfüllungsbetrug 2007, S. 167 ff der Schaden noch fehlen. Jedenfalls bei Unkenntnis der anspruchsbegründenden Tatsachen (s. dazu *Wahl*, S. 141) dürfte aber bereits bei Annahme der Leistung eine hinreichende Vermögensgefährdung bestehen.

habe nur die halbe Laufleistung.[428] Weil bzw. soweit das ein für die Parteien preisrelevanter Umstand ist, betrifft der Irrtum ihre Vereinbarung, die deshalb nicht maßgeblich bleiben kann. Für den Eingehungsbetrug hängt der Schaden davon ab, ob der vereinbarte Preis den Marktwert übersteigt (dann Schaden) oder nicht. In letzterem Fall wurde der Käufer lediglich um die erhoffte Gewinnerwartung gebracht, eine rein schurwollene Hose oder einen weniger gefahrenen Gebrauchtwagen zu einem günstigen Preis zu erhalten,[429] aber er wurde nicht wirtschaftlich ärmer. Die Täuschung und der darauf beruhende Irrtum wirken in der Erfüllungsphase fort,[430] aber es entsteht kein zusätzlicher Schaden. Geleistet wird zwar die mangelhafte Sache auf den Anspruch auf mangelfreie Leistung, mehr war aber auch von vornherein in der Situation dieses Geschäfts wirtschaftlich nicht zu erwarten, so dass der Anspruch keinen höheren wirtschaftlichen Wert hatte. (Die hinzukommende Erwartung wegen Sekundäransprüchen besteht fort, und deren sofortige Erfüllung war von vornherein nicht zu erwarten, so dass insoweit auch kein Schaden besteht.) Entscheidend bleibt also letztlich der Eingehungsbetrug. Das Ergebnis bleibt gleich, wenn die Täuschung von vornherein gerade auf die Erfüllung gerichtet (und die eingegangene Vereinbarung wirtschaftlich unbedeutend) war; dann hängt hier der Schaden (nun in der Erfüllungsphase) und letztlich die Betrugsstrafbarkeit ebenfalls nur davon ab, ob der gezahlte Preis über dem Marktwert lag. Die Bezeichnung als „Erfüllungsbetrug" sagt also letztlich nichts über die Kriterien für den Schaden aus, aber man kann als „echt" und „unecht" typische Varianten knapp bezeichnen, die entgegen einiger Stimmen in der Literatur[431] nicht gleich zu behandeln sind.

Die aktuelle Entscheidung: In dem der Entscheidung **BGH NStZ 18, 713** (mit krit. Anm. *Becker*; zust. Anm. *Eisele*, JuS 18, 917) zugrundeliegenden Fall hat der Angeklagte A mit L einen notariellen Kaufvertrag über ein Grundstück mit einem Haus geschlossen. Bis zur Zahlung des Kaufpreises sollte L Eigentümer bleiben. Zugunsten des A wurde eine Vormerkung eingetragen. Der Kaufpreis betrug – dem Marktwert entsprechend – 185 000 €. A täuschte bei Vertragsschluss konkludent über die Tatsachen seiner Zahlungsfähigkeit und -willigkeit, worüber L auch irrte. L übergab dem A bereits die Schlüssel zu dem Haus auf dem Grundstück und war mit vorzeitigen Umbauarbeiten einverstanden. A zahlte den Kaufpreis nicht, und die Vormerkung wurde gelöscht. L verkaufte nunmehr das Grundstück zu einem Kaufpreis von 167 000 € unter Marktwert, da die Umbaumaßnahmen noch nicht abgeschlossen waren und das Haus stellenweise „Baustellencharakter" hatte. Zwei Vermögensverfügungen sind hier zu unterscheiden – (1.) der Abschluss des Kaufvertrags (Eingehungsbetrug) und (2.) die Einräumung des Besitzes einschließlich der Erklärung des Einverständnisses mit dem Umbau (Erfüllungsbetrug). (1.) Bzgl des Eingehungsbetrugs fehlt es, da L nur eine Verpflichtung zur Leistung Zug um Zug eingeht (Eintragung im Grundbuch erst nach Kaufpreiszahlung), an einer schadensgleichen Vermögensgefährdung. (2.a) Hinsichtlich der zweiten Verfügung liegt im Besitzverlust zwar möglicherweise ein Vermögensnachteil, der nicht durch einen dem Vertrag entsprechenden (sondern nur wirtschaftlich minderwertigen) Gegenanspruch ausgeglichen wird, dieser müsste aber konkret ermittelt und ein negativer Saldo (jedenfalls im Sinne eines Mindestschadens) beziffert werden. Hier ist der BGH allerdings übertrieben restriktiv: Üblicherweise wird der Besitz an einem bebauten Grundstück nur gegen Miete überlassen, weshalb die ortsübliche Miete als Schaden angesehen werden könnte. Zwar weist der BGH zutr. darauf hin, dass für die vorzeitige Besitzüberlassung beim Grundstückskauf Mietzahlungen eher unüblich sind, das aber hängt gerade von der Erwar-

---

428 BGHSt 16, 220, 223 f; BayObLG NJW 87, 2457; s. auch BayObLG NJW 99, 663 mit Anm. *Bosch*, wistra 99, 410 und Bespr. *Rengier*, JuS 00, 644.
429 LK-*Tiedemann*, § 263 Rn 202; *Tenckhoff*, Lackner-FS S. 686.
430 *Rengier*, BT I § 13 Rn 196 f.
431 S/S-*Perron*, § 263 Rn 137; *Otto*, JZ 93, 657; *Schneider*, JZ 96, 916; *Seyfert*, JuS 97, 29; wie hier AnK-*Gaede*, § 263 Rn 110; *Jahn*, JuS 13, 83.

tung einer störungsfreien Abwicklung ab, und darüber, dass diese hier von vornherein nicht zu erwarten war, wurde gerade getäuscht. Insofern kombinieren sich hier Eingehungs- und Erfüllungsbetrug (unechter Erfüllungsbetrug): Der Vertrag (der keine Mietansprüche vorsah) ist richtigerweise nicht zur Bestimmung des durch die Erfüllungshandlung eingetretenen Schadens heranzuziehen, denn sein insoweit einschlägiger Inhalt wurde schon selbst von der Täuschung beeinflusst, sodass es richtigerweise – entgegen der hier vom BGH getroffenen Entscheidung – bei der allgemeinen wirtschaftlichen Beurteilung bleibt, also ein Schaden entstand. (2.b) Die Umbaumaßnahmen sind hingegen keine Verfügung des L, und auch das Einverständnis hat keine unmittelbar (sondern nur mittelbar über das Verhalten des A) vermögensmindernde Wirkung. Das wäre anders zu beurteilen, soweit eine Einverständniserklärung üblicherweise oder im Einzelfall gegen Geld erfolgt, hier aber war das nicht der Fall. Die Wertminderung durch die Umbaumaßnahmen ist zwar ein weiterer Schaden, und die Besitzaufgabe war dafür zumindest iS einer conditio sine qua non kausal. Dieser Schaden ist aber nicht unmittelbare (und damit nicht objektiv zurechenbare) Folge der Verfügung (vgl. Rn 640), und er ist nicht „stoffgleich" mit dem beabsichtigten Vermögensvorteil (dazu Rn 705 f). Folgeschäden werden vom Betrugstatbestand nicht erfasst.

b) Abrechnungsbetrug

683 Beim Abrechnungsbetrug liegt die täuschende **Erklärung in einer Abrechnung**. Diese erfolgt stets nach der tatsächlichen oder mit der Abrechnung zumindest konkludent behaupteten Eingehung des Rechtsverhältnisses, das den Grund der Abrechnung bildet oder bilden soll. Typischerweise – bei Vorleistung der abgerechneten Leistung – liegt ihr Zeitpunkt auch tatsächlich oder zumindest behauptet nach der Erfüllung des Anspruchs, dessen Gegenanspruch mit der Abrechnung geltend gemacht wird. Als **Beispiel** für den Abrechnungsbetrug werden hier Fallgestaltungen aus dem **Gesundheitswesen** herangezogen. Bei der Abrechnung stellen sich zunächst Fragen nach dem **Erklärungsgehalt** – dazu bereits Rn 667. Darüber hinaus kann aber auch die Schadensbestimmung problematisch werden. So war im Kontext der gesetzlichen Krankenversicherung umstritten, **ob und bei wem ein Schaden eintritt**, wenn Vertragsärzte nicht erbrachte Leistungen abrechnen, dadurch aber nur ihren Anteil an der in Summe gleichbleibenden Gesamtvergütung erhöhen,[432] denn die Krankenkassen zahlen dadurch nicht mehr, und die anderen Ärzte, die tatsächlich weniger Geld erhalten, hatten vor der Feststellung ihres Anteils noch keine gesicherte und von § 263 geschützte Vermögensposition. Zu Recht hat die Rechtsprechung hier die Kassenärztliche Vereinigung als im maßgeblichen Zeitpunkt Inhaberin des Gesamtbudgets und für die richtige Abrechnung haftende Körperschaft als Geschädigte angesehen.[433] In einem stark durch (sozial)rechtliche Abrechnungsregeln überformten Bereich kann zudem die Schadensberechnung nach wirtschaftlichen Vermögensbegriff problematisch werden. So gibt es zahlreiche formale Kriterien für die Zulässigkeit von Abrechnungen im Gesundheitswesen, die nichts damit zu tun haben, ob die Leistung erfolgreich erbracht und der sozialrechtliche Anspruch des Versicherten erfüllt wurde (oder dieser zumindest untergegangen ist). Immer wieder wird deshalb vorgetragen, bei solchermaßen unrichtigen Abrechnungen entstehe durch deren Bezahlung wirtschaftlich kein Schaden, sondern werde von der Rechtsprechung nur normativ konstruiert (sog. **normativer Schaden** bzw. **streng formale Betrachtungsweise**).[434] Die Argumen-

---

432 Näher dazu Spickhoff-*Schuhr*, § 263 Rn 47 f mwN.
433 BGHSt 65, 110 (Rn 37); BGH NStZ 93, 388, 389; BGH NJW 03, 1198, 1200; näher dazu Spickhoff-*Schuhr*, § 263 Rn 49 f mwN.
434 Dazu BGH NStZ 95, 85 f. und 232, 233 m. Anm. *Hellmann*; BVerfG wistra 21, 436 mit krit. Anm. *Dann*, medstra 21, 376 und abl. Bespr. *Kessler/Gierok*, MedR 22, 21; *Beulke*, Rogall-FS S. 311 ff.

tation greift aber zu kurz. Der Schadenseintritt ist zum Zeitpunkt der Vermögensverfügung zu beurteilen. Ob vorher eine Vermögensmehrung stattgefunden hat (zB durch eine Behandlung, die nicht abrechenbar ist, aber einen zuvor gegen die Krankenkassen bestehenden Anspruch beseitigt hat), ist für den Betrug unerheblich (nur eine Frage des Sozial- bzw. Bereicherungsrechts). Im Zeitpunkt der Verfügung war das Vermögen keinem wirtschaftlich werthaltigen Anspruch ausgesetzt, denn jede Klage wäre abgewiesen worden, und deshalb sinkt es wirtschaftlich um den Wert der Zahlung. Wenn der Ausschluss des Anspruchs allerdings nur eine Sanktion für Fehlverhalten darstellt, fällt diese Vermögensposition nicht unter den Schutz des Betrugs, denn der schützt keine repressiven Ansprüche des Staates (Rn 597).[435] Entsprechend ist auch ein Abrechnungsbetrug durch einen **Pflegedienst** unabhängig von der Qualität der gewährten Pflegeleistung möglich, wenn die Leistung von einem Pfleger erbracht wird, der nicht über die mit der Kranken- und Pflegekasse vertraglich **vereinbarte** Qualifikation verfügt.[436]

c) Anstellungsbetrug

Beim Anstellungsbetrug als einer Form des *Eingehungsbetrugs*[437] kommt es nach der Rspr. ausschließlich auf den Eingehungsschaden an, weil die Erfüllung der Zahlungsverpflichtung durch den Getäuschten auch bei Aufrechterhaltung der ursprünglichen Täuschung keine neue Verwirklichung des Betrugstatbestands bedeute.[438] Von einer „schadensgleichen" Vermögensgefährdung (und damit einer wertmäßigen Minderung des Anspruchs auf Arbeitsleistung) des Einstellenden ist auszugehen, wenn der Anspruch gegenüber dem Eingestellten aufgrund drohender Vermögensnachteile (nämlich durch eine der vertraglichen Verpflichtung nicht entsprechend erbrachten Arbeitsleistung oder das Fehlen weiterer wesentlicher Voraussetzungen in der Person des Arbeitnehmers, dazu sogleich) minderwertig ist.[439] Hierfür müssen bereits im Zeitpunkt des Vertragsschlusses konkrete Anhaltspunkte bestehen. Abzustellen ist insofern auf eine ex ante-Betrachtung. Bei längerer Dauer der Anstellung kann die tatsächlich erbrachte Leistung des Verpflichteten als Indiz für die bei Vertragsschluss bestehende Gefährdung herangezogen werden.[440]

684

Bei privatrechtlich Angestellten ist der Arbeitnehmer zwar nach § 614 BGB vorleistungspflichtig. Zu einer Möglichkeit des Arbeitgebers, einen Schadenseintritt selbst abzuwenden (mit der Folge, dass ein konkreter Gefährdungsschaden zu verneinen wäre), führt dies jedoch nicht. Bei Schlechterfüllung der Arbeitsverpflichtung steht dem Arbeitgeber weder ein Zurückbehaltungsrecht noch ein Recht auf Lohnminderung zu, auch eine Anfechtung entfaltet im Rahmen von Arbeitsverhält-

---

435 Eingehen und mwN Spickhoff-*Schuhr*, § 263 Rn 44.
436 BGH NStZ 14, 640, 642 f mit Anm. *Piel*; *Böse*, ZJS 15, 239; *Bosch*, Jura (JK) 15, S. 422, § 263 StGB; *Brand*, ZWH 14, 427; *Lange*, NZWiSt 15, 278; *Magnus*, NStZ 17, 252; *Schuhr*, NJW 14, 1373; *Warntjen*, medstra 15, 58. Zur Beteiligung von Mitarbeitern der selbstständigen Stellen zur Bekämpfung von Fehlverhalten im Gesundheitswesen s. *Dannecker/Bülte*, NZWiSt 12, 81; zur betrügerischen Abrechnung durch einen **Apotheker** s. BGH NStZ 15, 341, LG Nürnberg-Fürth StV 23, 748 und *Perron*, Heine-GS S. 281 ff; zur staatsanwaltlichen Praxis s. *Badle*, NJW 08, 1028. Einführend *Braun*, ZJS 14, 35; Falllösung bei *Braun*, ZJS 13, 188. Zur Abrechnung laborärztlicher Leistungen in „freier Praxis", s. BGH HRRS 17, Nr 902 mit Bespr. *Ellbogen*, ArztR 18, 33.
437 BGHSt 45, 1, 4 f; Fischer-*Fischer*, § 263 Rn 152; M/R-*Saliger*, § 263 Rn 252 ff und hier Rn 679.
438 BGHSt 22, 38 f; s. dazu Fischer-*Fischer*, § 263 Rn 152; *Heghmanns*, Rn 1406 f; HK-GS/*Duttge*, § 263 Rn 58; LK-*Tiedemann*, § 263 Rn 274; M/R-*Saliger*, § 263 Rn 252 ff; Fischer-*Ransiek*, Strafrechtsgespräche, S. 286.
439 BGHSt 45, 1, 4 f; *Lackner/Kühl/Heger*, § 263 Rn 52; Fischer-*Fischer*, § 263 Rn 152; *Krokotsch*, JuS 23, 1105.
440 BGHSt 45, 1, 4 f; BGH NStZ 20, 291; OLG Celle NStZ 24, 415.

nissen nur für die Zukunft Wirkung und führt nicht zum Wegfall der Lohnzahlungspflicht. Eine Kündigung hat ebenfalls keine Rückwirkung und kann damit einen Schaden durch die Lohnzahlung für nicht erbrachte Arbeitsleistung nicht verhindern. Dies gilt in gleichem Maße für Beamte, wo ein Schadenseintritt durch Disziplinarmaßnahmen (die nur für die Zukunft wirken) nicht vollständig verhindert werden kann.

685 Bei **Beamten** begründet das Nichtvorliegen vorgespiegelter laufbahnrechtlicher Ernennungsvoraussetzungen stets eine minderwertige Arbeitsleistung und damit einen Schaden. Dies gilt auch für charakterlich-sittliche Mängel, die persönlichen Anforderungen und „Würdigkeit" entgegenstehen,[441] sofern im Hinblick auf diese Mängel das Einstellungsermessen der Behörde „auf Null" reduziert gewesen wäre.[442] Die vom BVerfG[443] zwar zu Recht nicht beanstandete, in der Sache aber den Schutzbereich des § 263 überdehnende Annahme eines Betrugs bei Verschweigen einer MfS-Mitarbeit durch einen Polizeibeamten ist daher mit Grund in die Kritik geraten.[444] Bei **privatrechtlich Angestellten** soll von einem Vermögensschaden trotz der Erwartung einer den tatsächlichen Anforderungen entsprechenden Leistung uU auch dann gesprochen werden, wenn mit der Höhe der Vergütung vorausgesetzte besondere Qualifikationen oder persönliche Eigenschaften wie Vertrauenswürdigkeit und Zuverlässigkeit fehlen.[445] Insoweit kommt auch das Verschweigen von Vorstrafen in Betracht, soweit eine Aufklärungspflicht anzunehmen ist.[446]

d) Submissionsbetrug

686 Aufträge über Waren oder gewerbliche Leistungen werden häufig im Wege einer Ausschreibung (= Submission) vergeben. Die Ausschreibung soll das für den Auftraggeber günstigste Angebot unter den Bedingungen eines freien Wettbewerbs ermitteln.[447] Dabei kommt es nicht selten zu sog. **Submissionsabsprachen**, in denen sich Anbieter darauf verständigen, welches Mitglied des von ihnen gebildeten Submissionskartells den Zuschlag erhalten und zu welchem Preis es den Auftrag bekommen soll. Durch ungünstigere Scheinangebote der übrigen Kartellmitglieder wird eine Vergabe des Auftrags an das ausgesuchte Mitglied des Kartells erreicht.[448] Von einem **Submissionsbetrug** iS des § 263 ist vor diesem Hintergrund dann zu sprechen, wenn die Kartellmitglieder dem Aus-

---

441 BGHSt 45, 1, 6 f; BGH NStZ 20, 291 mit krit Anm. *Oğlakcıoğlu*, JR 20, 258; LK-*Tiedemann*, § 263 Rn 224; MK-*Hefendehl*, § 263 Rn 839 ff; M/R-*Saliger*, § 263 Rn 255; S/S-*Perron*, § 263 Rn 156; einschränkend S/S/W-*Satzger*, § 263 Rn 280 f.; krit. *Krokotsch*, JuS 23, 1107; zum Schaden bei Einstellung eines „doppelten Referendars" (OLG Saarbrücken NJW 07, 2868) s. näher *Kargl*, wistra 08, 123.
442 BGHSt 45, 1, 4 f, 9 mit krit. Anm. *Geppert*, NStZ 99, 305; *Jahn*, JA 99, 628; *Jerouschek/Koch*, GA 01, 273; *Otto*, JZ 99, 738; *Prittwitz*, JuS 00, 335; *Saliger*, ZStW 112 (2000), 600; *Seelmann*, JR 00, 164; s. auch OLG Dresden NStZ 00, 259. S. zum Ganzen auch *Geppert*, Hirsch-FS S. 525; *Protzen*, Der Vermögensschaden beim sog. Anstellungsbetrug 2000, S. 252 ff; zum „**Wissenschaftsbetrug**" in diesem Zusammenhang s. *Jerouschek*, GA 99, 420; *Kudlich*, in: Dreier/Ohly, Plagiate 2013, S. 117 ff; *Ottermann*, Wissenschaftsbetrug und Strafrecht, 2006, S. 256 ff; *Trüg*, Schiller-FS S. 630 ff.
443 BVerfG NStZ 98, 506.
444 S. LG Berlin NStZ 98, 302; KG JR 98, 434; *Protzen*, NStZ 97, 525.
445 BGHSt 17, 254, 256 f, 259; BGH NJW 1978, 2042; krit. *Krokotsch*, JuS 23, 1107.
446 S. dazu *Fischer-Gercke*, Strafrechtsgespräche, S. 299 ff; *Fischer-Ransiek*, Strafrechtsgespräche, S. 285 ff; *Krey/Hellmann/Heinrich*, BT II Rn 734 ff; zu weitgehend BGH NJW 1978, 2042 mit krit. Bespr. *Miehe*, JuS 1980, 263; *Rengier*, BT I § 13 Rn 286 ff, 290; *Schmidt*, BT II Rn 624 ff, 627.
447 S. näher *Satzger*, Der Submissionsbetrug, 1994, S. 27 ff, 32 f.
448 *Oldigs*, Möglichkeiten und Grenzen der strafrechtlichen Bekämpfung von Submissionsabsprachen, 1998, S. 10 ff; *Satzger*, Der Submissionsbetrug, 1994, S. 38 ff. Zu mit solchen Taten oft verbundenen Korruptionsdelikten *Hohmann*, NStZ 01, 567; *König*, JR 97, 401. Zu einem möglichen Betrug an unbeteiligten Mitbewerbern BGH wistra 97, 144, 145; M/R-*Saliger*, § 263 Rn 266.

schreibenden die Absprache verheimlichen und ihm infolgedessen konkludent vortäuschen, dass es sich um echte Wettbewerbsangebote handle,[449] der Auftraggeber dem ausgesuchten Mitglied den Zuschlag auf Grund eines entsprechenden Irrtums erteilt und dadurch einen (Eingehungs-)Schaden erleidet.[450] Bei dessen Berechnung soll nicht der eigentlich „angemessene", sondern der Preis zugrunde gelegt werden, der sich voraussichtlich im freien Wettbewerb ohne Absprache gebildet hätte.[451] Die Berechnung dieses hypothetischen Wettbewerbspreises[452] stößt in der Praxis offenbar auf so erhebliche (Beweis-)-Schwierigkeiten, dass es nur selten zur Verurteilung kommt.[453] Diese hindern zwar eine Aburteilung nach dem 1997 eingeführten und als abstraktes Gefährdungsdelikt ausgestalteten § 298 (s. Rn 782) nicht. Die Problematik bleibt aber erhalten, weil angesichts der unterschiedlichen Schutzrichtungen zwischen § 263 und § 298 Idealkonkurrenz besteht.[454]

e) Kredit- und Kontoeröffnungsbetrug

Beim **Kreditbetrug** als einem Unterfall der **Risikogeschäfte** (zum selbstständigen Vorfelddelikt des § 265b s. hingegen Rn 779 ff) liegt bereits in der Kreditgewährung regelmäßig ein Schaden, wenn die Gegenforderung (idR Rückzahlungs-, Zins- und Gebührenanspruch) wegen Vermögenslosigkeit oder Zahlungsunwilligkeit kein gleichwertiges Äquivalent darstellt.[455] Bei der (stets wirtschaftlichen) Bewertung der Gegenforderung sind *Sicherheiten*, wie zB eine Sicherungshypothek,[456] von besonderer Bedeutung.[457] Sie gleichen den wirtschaftlichen Wert der Forderung ihrem Nominalwert an und schließen – soweit dieser dem Risiko entspricht – einen Schaden aus, wenn sie zur Deckung des Risikos ausreichen und dem Gläubiger ohne erheblichen zeitlichen und finanziellen Aufwand sowie unmittelbar, und dh vor allem ohne notwendige Mitwirkung des zahlungsunwilligen Schuldners, zur Verfügung stehen.[458] Hinsichtlich der Werthaltigkeit solcher Sicherheiten ist auf den Zeitpunkt der Vermögensverfügung abzustellen.[459] Da die Darlehens-

687

---

449 S. dazu BGHSt 47, 83 mit zust. Bespr. *Rönnau*, JuS 02, 545; *Rose*, NStZ 02, 41.
450 Ausführlich *Grützner*, Die Sanktionierung von Submissionsabsprachen, 2003, S. 161 ff, 308; *Oldigs*, Möglichkeit und Grenzen, 1998, S. 60 ff; *Satzger*, Der Submissionsbetrug, 1994, S. 57 ff; zur Übertragbarkeit der Grundsätze auf die freihändige Vergabe mit Angebotsanfrage s. BGHSt 47, 83, 87 f; krit. dazu *Satzger*, JR 02, 392; *Walter*, JZ 02, 255; Überblick bei M/R-*Saliger*, § 263 Rn 263 ff.
451 OLG Frankfurt NJW 90, 1057; BGHSt 38, 186, 190 ff, s. dazu *Hellmann*, Rn 609 ff; *Tiedemann*, WirtschaftsstrafR, Rn 747 ff.
452 BGHSt 38, 186, 194 ff.
453 Vgl BGH NJW 95, 737, aber auch BGH NJW 97, 3034, 3037 f; BGH wistra 01, 103, 104 und BGHSt 47, 83, 88; *Otto*, BT § 61 Rn 142; *Otto*, wistra 99, 42 ff. S. zur Entwicklung der Rechtsprechung und zur Schadenskonstruktion instruktiv *Moosecker*, Lieberknecht-FS S. 407 ff; *Satzger*, ZStW 109 (1997), 357; s. auch A/W-*Heinrich*, § 21 Rn 104 ff; Fischer-*Fischer*, § 298 Rn 3; *Grüner*, JuS 01, 882; *Regge/Rose/Steffens*, JuS 99, 160; *Rönnau*, JuS 02, 549; *Satzger*, JR 07, 391.
454 *Otto*, BT § 61 Rn 151; *Rengier*, BT I § 13 Rn 298.
455 BGH wistra 13, 268, 269; BGH NStZ 16, 343 mit Anm. *Becker*; *Brüning*, ZJS 16, 781; *Ladiges*, wistra 16, 231; BGH NStZ 19, 144 mit Anm. *Kulhanek*; BGH wistra 20, 67, 69.
456 Neben dinglichen kommen auch persönliche Sicherungsmittel in Betracht, bergen oft aber ihrerseits ein mitzuveranschlagendes Bonitätsrisiko, s. MK-*Hefendehl*, § 263 Rn 793; NK-*Kindhäuser*, § 263 Rn 255; S/S-*Perron*, § 263 Rn 162a. Dies gilt insb. dann, wenn die Sicherungsgeber selbst an der Tat beteiligt sind, s. BGH wistra 18, 129.
457 BGH NStZ 17, 170, 171; Fischer-*Fischer*, § 263 Rn 133. Umgekehrt können keineswegs alle ungesicherten Ansprüche als minderwertig betrachtet werden, und nicht jede Risikoerhöhung muss gesondert kompensiert werden, s. BGH HRRS 17, Nr 981; Spickhoff-*Schuhr*, § 263 Rn 54.
458 S. BGH wistra 92, 142; 95, 28; 00, 350; BGH NStZ 99, 353; BGH NStZ-RR 09, 206; BGH wistra 13, 268 f mit Anm. *Schlösser*, NStZ 13, 713; BGH wistra 14, 349, 350; BGH NStZ 16, 287; BGH wistra 17, 22 mit Anm. *Brand*, NJW 16, 3383; *Kudlich*, JA 16, 869; BGH StraFo 17, 515; M/R-*Saliger*, § 263 Rn 230; *Rengier*, BT I § 13 Rn 256; BGH HRRS 17, Nr 1050; S/S-*Perron*, § 263 Rn 162a.
459 BGH NStZ 09, 150.

gewährung ein Risikogeschäft ist, muss für die Schadensfeststellung „die Verlustwahrscheinlichkeit" nach den Maßstäben des Bundesverfassungsgerichts „tragfähig eingeschätzt" und das „täuschungsbedingte Risikoungleichgewicht" gegebenenfalls unter sachverständiger Beratung bewertet werden.[460] Zur Bestimmung des Schadens ist grds. auch auf bankenübliche Wertansätze sowie einzelfallbezogene Besonderheiten zur Ermittlung des Wertes der Rückzahlungsforderung am Markt abzustellen.[461] Stundet ein Gläubiger unter dem Einfluss einer Täuschung eine Forderung oder nimmt er einen Zwangsvollstreckungsantrag zurück, begründet dieses Verhalten nur dann eine schadensgleiche Vermögensgefährdung, wenn dadurch eine Verschlechterung der Aussichten eintritt, den Anspruch zu befriedigen. Daran fehlt es, wenn der Schuldner schon im Zeitpunkt des Gläubigerhandelns kein pfändbares Vermögen mehr hat.[462] Beabsichtigt der Täter von Anfang an, ein ungesichertes Darlehen nicht zurückzuzahlen, sieht die Rechtsprechung darin meist einen Schaden in voller Höhe des Rückzahlungsanspruchs;[463] richtig ist dies jedenfalls dort, wo Prozess- und Bonitätsrisiken den Anspruch wirtschaftlich wertlos machen. Überlässt jemand einem anderen später zurückzuzahlende Gelder, um damit Spekulationsgewinne bei Aktienkäufen zu machen, liegt ein Schaden vor, wenn der andere von vornherein die Käufe nicht vornehmen und das Geld nicht zurückzahlen will, nicht aber, wenn das Geld ohne Beeinträchtigung der Werthaltigkeit des Rückzahlungsanspruchs nur anderweitig eingesetzt werden soll. Dass sich der Geldgeber auch dann betrogen sieht, reicht für einen Schaden nicht aus.[464] Wird der Anleger über die Höhe eines Verlustrisikos getäuscht, entsteht ein Gefährdungsschaden, wenn der Marktpreis wegen des höheren Risikos tatsächlich niedriger gelegen hätte[465]. Die Ausfallversicherungen der Banken stellen keine Schadenskompensation dar, denn diese basieren nicht auf der Vermögensverfügung, sondern einer selbstständigen Entscheidung der Bank.[466]

688 Diese Grundsätze gelten auch im Rahmen der Verschleierung von **Kick-Back-Zahlungen bei Immobilienfinanzierungen**. Hier geht es um die Frage eines Eingehungsbetrugs durch die Angabe eines überhöhten Kaufpreises bei der Bank zur Erlangung einer Immobilienfinanzierung. Ein Teil des überhöhten Kaufpreises fließt an den Immobilienerwerber zurück (Kick-Back). Dabei ist zunächst darauf zu achten, ob bereits eine Täuschung vorliegt.[467] Eine „schadensgleiche" Vermögensgefährdung der Bank kann zB dann vorliegen, wenn die Zweckentfremdung eines Teils der Darlehensmittel zu einer Fehlein-

---

460 BGH BeckRS 12, 10850; für das Risikoungleichgewicht ist maßgeblich, ob und in welchem Umfang das Ausfallrisiko sich verändert, wenn der Täter über die risikobestimmenden Faktoren nicht getäuscht, sondern sie zutreffend angegeben hätte, s. BGH StraFo 14, 166, 167 mit Anm. *Becker*, NStZ 14, 458; BGH NStZ 16, 344 mit Anm. *Becker*; *Hotz*, ZWH 16, 355; *Ladiges*, wistra 16, 231; BGH NStZ 19, 144 mit Anm. *Kulhanek*.
461 BGH NStZ 19, 82, 83; BGH NStZ 19, 144 mit Anm. *Kulhanek*; BGH NStZ-RR 21, 310.
462 S. BGH StV 03, 447; BGH wistra 03, 232, 233; BayObLG NStZ 04, 503.
463 BGH NStZ 17, 708 mit Anm. *Eidam*; BGH wistra 17, 494; 18, 169 mit Anm. *Weber*, FD-StrafR 18, 400404; 19, 151; BGH NStZ-RR 18, 77, 78; BGH wistra 20, 253 (zum *Anlagebetrug*). Bei mehreren Kreditanträgen am selben Tag und bei demselben Bankinstitut besteht eine natürliche Handlungseinheit, und es liegt nur eine Betrugstat vor, s. BGH NStZ-RR 16, 281.
464 BGH NStZ 17, 469.
465 BGH NStZ 14, 320; BGH wistra 23, 747 mit Anm. *Schulte-Rudzio*, NStZ 23, 40; Fischer-*Fischer*, § 263 Rn 127; S/S/W-*Satzger*, § 263 Rn 274; *Kasiske*, NZWiSt 16, 302. Bei **Schneeballsystemen** geht der BGH (streng genommen zu pauschal) von einem Schaden im vollen Umfang der Einlage aus, s. BGH NStZ 16, 410 mit Anm. *Becker*; *Schmidt*, StV 18, 57; BGH BeckRS 21, 43375; Fischer-*Trüg*, Strafrechtsgespräche, S. 217, 226 f.
466 S. dazu BGH HRRS 18, Nr 1166; LK-*Tiedemann*, § 263 Rn 167.
467 S. BGH HRRS 18, Nr 1200 für die Konstellation einer Rückvergütung in der Bestattungsbranche.

schätzung des Risikos eines Zahlungsausfalls führt und keine Kompensation durch ausreichende Sicherheiten und erhöhte Zinsen erfolgt.[468]

Dem Kreditbetrug verwandt ist der sog. **Kontoeröffnungsbetrug**. Hier kann nach der anfechtbaren Rechtsprechung[469] ein Schaden in Form einer schadensgleichen Vermögensgefährdung schon dann eintreten, wenn der Täter unter Vorlage eines gefälschten oder entwendeten Ausweises und Täuschung über seine Zahlungswilligkeit bei einer Bank ein Konto eröffnet und ihm antragsgemäß eine Kredit- oder EC-Karte ausgehändigt oder ein Überziehungskredit eingeräumt wird. Wird das Konto nur auf Guthabenbasis geführt, ist ein Gefährdungsschaden allerdings ausgeschlossen.[470] Ähnlichkeiten mit den vorgenannten Sachverhalten weist auch die **Vorbehaltsgutschrift** auf, die die Inkassobank bei Einreichung eines ungedeckten Schecks zur Einziehung vornimmt. Hier entfällt eine schadensgleiche Vermögensgefährdung nicht nur, wenn dem Kontoinhaber der Zugriff auf sein Konto ohnehin versperrt ist, sondern auch dann, wenn die Rückbelastung des (in Anspruch genommenen) Scheckbetrages durch den Kontostand wertmäßig abgedeckt oder der Kontoinhaber willens und in der Lage ist, das Konto auszugleichen.[471] Ein Schaden liegt dagegen vor, wenn die Inkassobank nach den konkreten Umständen des Einzelfalls durch das ihr zustehende Rückbelastungsrecht nicht hinreichend gesichert ist.[472] Parallelen hierzu weist die **Vereinbarung** der Nutzung eines mobilen **Point-of-Sale-Terminals mit Clearing-Service** auf. Hier werden dem Vertragspartner bereits vor Abschluss des Clearings die Gutschriften aus abgewickelten Bezahlvorgängen gutgeschrieben, sodass der Anbieter das Zahlungsausfallrisiko trägt. Schon mit Vertragsschluss und Übersendung des Terminals liegt dabei eine **Vermögensverfügung** vor, denn der Vertragspartner kann ab diesem Zeitpunkt durch die Generierung von Lastschriften, für die der Anbieter das **Ausfallrisiko** trägt, über Teile des Vermögens des Anbieters **verfügen**.[473] Bei erhöhtem Ausfallrisiko bleibt der Wert des Anspruchs des Anbieters auf Zahlung des Entgelts hinter dem Wert des Anspruchs auf die Zahlungsdienstleistung zurück, sodass ein Gefährdungsschaden angenommen werden kann.

689

f) Wettbetrug

Im Falle einer **manipulierten Sportwette** mit festen Quoten (sog. Oddset-Wette) hat das LG Berlin schon beim Abschluss des Wettvertrages eine schadensgleiche Vermögensgefährdung beim Wettanbieter in Höhe des möglichen Wettgewinns (abzüglich des Einsatzes) angenommen und hiermit einen *Eingehungsschaden* begründet. Diesem Ansatz folgen zwei neuere Entscheidungen zur manipulierten Sportwette für den Fall, dass es zu einer Gewinnausschüttung nicht gekommen und deshalb auf den *Eingehungsbetrug* abzustellen ist. Bei dem gegebenen Risikogeschäft komme es dann auf die nach den *Vorgaben des BVerfG* (s. dazu Rn 656) zu errechnende bzw. unter sachkundiger Beratung zu schätzende „täuschungs- und irrtumsbedingte Verlustgefahr an, die über die vertraglich

690

---

468 Näher dazu *Cornelius*, NZWiSt 12, 262; vgl zum umgekehrten Fall des Verschweigens von Rückvergütungen an finanzierende Banken *Gerst/Meinicke*, CCZ 11, 96; *Schäfer*, BKR 11, 239; *Schlösser*, BKR 11, 465.
469 Zsfd. BGH NStZ 11, 160; BGH BeckRS 19, 32574; Falllösung bei *Zöller*, Jura 03, 638 f; für bloßes Versuchsunrecht spricht, dass die Gefahrrealisierung von *weiterem Täterverhalten* abhängt, s. dazu Rn 655 und AnK-*Gaede*, § 263 Rn 128.
470 OLG Hamm wistra 12, 161, 162 mit Hinweis auf die BGHSt 47, 160 und BGH NStZ 09, 329 noch zugrunde liegende, mit dem 31.12.2001 aber entfallene, Scheckkartengarantie.
471 BGH wistra 12, 267, 269 mit Anm. *Bosch*, JK 9/12, StGB § 263/98.
472 BGH wistra 16, 311; 442 f.
473 BGH NJW 23, 3803 mit Anm. *Funcke*, NZWiSt 24, 186.

zu Grunde gelegte hinausgeht." Ein Vermögensschaden liege danach vor, wenn bei objektiver Betrachtung die „von den getäuschten Wettanbietern eingegangene – infolge der Manipulation mit einem erhöhten Realisierungsrisiko behaftete – Verpflichtung zur Auszahlung des vereinbarten Wettgewinns nicht mehr durch den Anspruch auf den Wetteinsatz aufgewogen" werde.[474]

Diesen Begründungsansatz wies der BGH im Fall *Hoyzer*[475] deshalb zurück, weil bei einem Eingehungsschaden die Gefahr des endgültigen Verlustes bereits so groß sein müsse, dass sie schon im Zeitpunkt des Abschlusses eine schadensgleiche Minderung des Vermögens bedeute. Davon könne aber keine Rede sein, wenn der Eintritt des Nachteils beim Wettanbieter trotz der Manipulation nicht einmal überwiegend wahrscheinlich sei. Gleichwohl wurde ein Eingehungsschaden dann in Gestalt eines *„Quotenschadens"* für den Fall bejaht, dass es zu einem *Spielgewinn nicht kommt*. Wenn zur Eingehung der vertraglichen Verpflichtungen der Austausch von Einsatz und Wettschein hinzukomme, sei maßgeblich, „dass der Wettanbieter täuschungsbedingt aus seinem Vermögen eine Gewinnchance" einräume, „die (unter Berücksichtigung der Preisbildung des Wettanbieters) gemessen am Wetteinsatz zu hoch" sei. Der Manipulator habe nämlich das Risiko, das jeder Wettanbieter seiner kaufmännischen Kalkulation zugrunde lege, „erheblich zu seinen Gunsten verschoben" und die daraus resultierende deutlich vergrößerte Chance nicht (quotengerecht) bezahlt. Der Täuschende verschaffe sich also eine höhere Gewinnchance, als der Wettanbieter ihm für den gezahlten Preis bei richtiger Risikoeinschätzung „verkaufen" würde. Kommt es zur *Auszahlung eines Wettgewinns*, sei „das Verlustrisiko in einen endgültigen Vermögensverlust der jeweiligen Wettanbieter in Höhe der Differenz zwischen Wetteinsatz und Wettgewinn umgeschlagen" und ein Gewinn ausbezahlt, „auf den der Wettende wegen der Spielmanipulation keinen Anspruch" habe. In dieser Höhe sei das Vermögen des Wettanbieters gemindert und gerade diese Bereicherung erstrebe der Wettende auch an.[476] Diese Überlegungen wurden für beide denkbaren Wettausgänge kritisiert. Vorgeschlagen wurde, im auch vom BGH als hinzukommende Besonderheit erwähnten Austausch von Wetteinsatz und Wettschein schon einen wegen der Manipulation zu Ungunsten des Wettanbieters vermögensrelevant gestörten *Leistungsaustausch* zu sehen, der bereits die Voraussetzungen des Erfüllungsbetrugs verwirkliche.[477] Das würde die schwierige Konstruktion eines *Eingehungsbetrugs ganz überflüssig* machen. Die Problematik der Zurechenbarkeit des Schadens bei Gewinnauszahlung entfiele gleichwohl nicht, weil dieser Schaden den vorangegangenen überträfe und auch für das Regelbeispiel des § 263 III 2 Nr 2 von Bedeutung ist. Es steht zu erwarten, dass sich die Rechtsprechung künftig nach den beiden hier eingangs wiedergegebenen neueren Entscheidungen des BGH richtet, weil erst diese die Rspr. des BVerfG zum Gefährdungsschaden berücksichtigen konnten.[478]

g) Leasingbetrug

691 Wird an eine **Leasinggesellschaft** ein inexistenter Gegenstand vom Leasingnehmer selbst *(sale-and-lease-back)* oder auf seine Veranlassung durch einen Dritten (der ihm

---

474 So – gleichlautend – BGHSt 58, 102, 103 mit Anm. *Schiemann*, NJW 13, 888 und Bespr. *Hecker*, JuS 13, 656; *Jäger*, JA 13, 868; *Schlösser*, NStZ 13, 629 und BGH BeckRS 13, 01251 Rn 48 ff mit Anm. *Satzger*, JK 5/13, StGB § 263 1/100; s. auch den Überblick über die Schadensbestimmung bei *Greco*, NZWiSt 14, 334 und die Fallbesprechung bei *Bock*, WV-BT2, S. 139 ff. Zur Schadensbegründung für den Fall der Gewinnausschüttung wendet der BGH die zum unechten Erfüllungsbetrug geltenden Regeln an, s. dazu das vorstehende **Rechtsprechungsbeispiel**, BGH wistra 12, 385.
475 BGHSt 51, 165, 174 ff (Fall *Hoyzer*).
476 BGHSt 51, 165, 177 f; zust. *Hellmann*, Kühl-FS S. 704; *Krey/Hellmann/Heinrich*, BT II Rn 744; krit. Fischer-*Fischer*, § 263 Rn 132; M/R-*Saliger*, § 263 Rn 260 ff; *Petropoulos/Morozinis*, wistra 09, 257.
477 So *Krack*, ZIS 07, 109; ihm zust. *Engländer*, JR 07, 479; *Radtke*, Jura 07, 451. S/S/W-*Satzger*, § 263 Rn 298 ff; *Saliger/Rönnau/Kirch-Heim*, NStZ 07, 364 ff, 367 ff verneinen einen Schaden bei Vertragsschluss, halten aber einen (zurechenbaren) Auszahlungsschaden bei Gewinn für möglich; s. auch *Rengier*, BT I § 13 Rn 278 f; Falllösung bei *Heissler/Marzahn*, ZJS 08, 638, 641 ff.
478 S. zu dieser Lage *Steinsiek/Vollmer*, ZIS 12, 589.

dann idR einen Teil des Kaufpreises weiterleitet) verkauft, so liegt darin regelmäßig ein Eingehungsbetrug. Später tatsächlich gezahlte Leasingraten mindern den Schaden nicht, sind aber als teilweise Schadenswiedergutmachung bei der Strafzumessung zu berücksichtigen (s. Rn 649).[479]

h) Gutglaubenserwerb

Fall 51: T hat sich von X ein Moped für eine Fahrt nach auswärts geliehen. Unterwegs versagt das Moped. T schiebt es zur Reparaturwerkstatt des O, der ihn auf die Notwendigkeit einer größeren Reparatur aufmerksam macht. T bietet daraufhin dem O das Moped für 130 € zum Kauf an und verspricht, die Papiere zuzusenden. O, der T zunächst für den Eigentümer hält, kauft das Moped, schöpft jedoch, als die Papiere nicht kommen, Verdacht und gibt das Moped später dem X zurück, nachdem er den wahren Sachverhalt erfahren hat.

Hat T gegenüber O einen Betrug begangen? **Rn 695**

692

In Fällen wie diesen liegt ein Schaden unproblematisch vor, wenn auch ein gutgläubiger Erwerber kein Eigentum erlangen kann, weil die Sache dem Eigentümer gestohlen worden, verloren gegangen oder sonst abhanden gekommen war (§ 935 BGB). *Abhandenkommen* bedeutet den unfreiwilligen Verlust des unmittelbaren Besitzes. Dabei ist der für die Freiwilligkeit maßgebliche Wille nicht rechtsgeschäftlicher, sondern tatsächlicher Natur. Er ist nach der Rechtsprechung weder bei einer Täuschung noch bei einer einfachen, der Wirkung von vis absoluta nicht gleichkommenden Drohung ausgeschlossen.[480] Ist danach ein **gutgläubiger Erwerb** möglich und gegeben,[481] scheint es an einem Schaden zu fehlen. Erhebt in Fällen eines solchen Erwerbs der ehemalige Eigentümer gegen den Erwerber eine Herausgabeklage (§ 985 BGB), liegt das **Prozessrisiko** bei ihm, da den Kläger gemäß § 932 BGB die **Beweislast** für die Behauptung trifft, dass der Käufer beim Erwerb **nicht in gutem Glauben gehandelt** habe. Mit Rücksicht darauf hat das Reichsgericht ursprünglich einen Schaden des gutgläubigen Erwerbers verneint.[482] In einer Entscheidung von 1938 hat es sich jedoch von dieser zivilrechtlichen Betrachtungsweise gelöst und den Standpunkt vertreten, ein Gutglaubenserwerb sei zumeist **wirtschaftlich weniger wert** als der Erwerb vom Berechtigten. Dies folge daraus, dass der Gutgläubige uU Aufwendungen zur Verteidigung seines Erwerbes machen müsse und sich ggf an einer beabsichtigten Weiterveräußerung der Sache gehindert sehe; zudem sei ein Erwerb vom Nichtberechtigten mit einem „*sittlichen Makel*" behaftet.[483]

693

Der BGH hat der *Makeltheorie* eine deutliche Absage erteilt, ist aber der neueren Linie unter dem Blickwinkel der schadensgleichen **konkreten Vermögensgefährdung** gefolgt. Er stellt dabei jedoch zu Recht ganz auf die Besonderheiten des Einzelfalls und rein wirtschaftliche Erwägungen ab.[484] Ob ein Vermögensschaden iS des § 263 zu bejahen oder zu verneinen ist, hängt danach wesentlich von den **beteiligten Personen**, der **Art des Vertragsobjekts** und den **sonstigen Umständen** ab, unter denen sich Veräußerung und Erwerb abgespielt haben. Sie müssen für eine gerichtliche Auseinandersetzung die

694

---

479 BGH NStZ-RR 17, 413 mit zust. Anm. *Kulhanek*, 416; BGH NStZ-RR 18, 77; BGH HRRS 18, Nr 286; BGH wistra 07, 18, 21; BGH NStZ 12, 276; BGH NStZ 16, 674.
480 BGH HRRS 16, Nr 865.
481 Zu den hierzu erforderlichen Voraussetzungen beim Erwerb eines Gebrauchtwagens BGH BeckRS 19, 12617.
482 RGSt 49, 16; so auch M/S/M-*Momsen*, BT I § 41 Rn 125; S/S-*Perron*, § 263 Rn 111.
483 RGSt 73, 61; s. dazu *Bock*, BT II S. 410; Fischer-*Fischer*, § 263 Rn 151.
484 BGHSt 3, 370, 372; 15, 83, 87; BGH StV 03, 447, 448.

konkrete Gefahr begründen, in ihr zu unterliegen oder aus wirtschaftlicher Rücksichtnahme die Sache herauszugeben[485] und geeignet sein, den Gefährdungsschaden in einer den Vorgaben des Bundesverfassungsgerichts genügenden Weise zu begründen.[486]

695 Dass T im **Fall 51** den O durch Täuschung zu einer Vermögensverfügung bewogen hat, liegt klar auf der Hand. Problematisch erscheint allein die Frage des **Vermögensschadens**. Da das veräußerte Moped dem X *nicht* im Sinne des § 935 BGB *abhanden gekommen* war, hat O an ihm *kraft guten Glaubens* **Eigentum erworben** (§§ 929, 932 BGB). Gleichwohl ist zweifelhaft, ob dieser Vermögenszuwachs die Zahlung des vereinbarten Kaufpreises an T **wirtschaftlich voll ausgleicht**, da sich nicht ausschließen lässt, dass X dem O angesichts der fehlenden Papiere beim Kauf Bösgläubigkeit vorwirft (vgl § 932 II BGB), mit dieser Begründung die Wirksamkeit der Veräußerung leugnet und den O möglicherweise sogar mit einem Prozess überzieht. Aus solchen Gründen hat BGHSt 15, 83 hier Betrug bejaht.[487]

i) Preisgabe einer Geheimzahl

696 In den Besitz einer EC-Karte mit der dazugehörigen **Geheimzahl** oder der **Zahlenkombination** für einen Safe gelangen Täter nicht selten entweder durch Nötigung (s. Rn 812) oder durch Täuschung des Opfers (s. Rn 739). Die Rspr. zu solchen Fällen ist nicht einheitlich. Einige Entscheidungen gehen von einer schadensgleichen Vermögensgefährdung aus.[488] Andere verneinen eine schon tatbestandsrelevante Gefährdung aber zu Recht.[489] Der Betrugs- (oder Erpressungs-)Schaden wird hier erst durch das *weitere Handeln* des Täters, nicht aber unmittelbar durch das Opfer herbeigeführt.[490]

VI. Subjektiver Tatbestand

1. Vorsatz

697 Der **Vorsatz** muss sich auf alle Umstände des objektiven Tatbestandes unter Einschluss der sie verbindenden Kausalbeziehung erstrecken. Dies schließt das **Bewusstsein** der Unrichtigkeit des Behaupteten ein, das nicht schon zum objektiven Tatbestand gehört.[491] Zur

---

485 S. hierzu im Einzelnen A/W-*Heinrich*, § 20 Rn 98; *Eisele*, BT II Rn 612; *Hefendehl*, Vermögensgefährdung und Exspektanzen, 1994, S. 353 ff; *Küper/Zopfs*, BT Rn 653; *Lackner/Kühl/Heger*, § 263 Rn 43; *Mitsch*, BT II S. 327 ff; *Rengier*, BT I § 13 Rn 249 ff; S/S/W-*Satzger*, § 263 Rn 253; s. auch *Beulke/Zimmermann*, III Rn 345.
486 S. dazu BGH wistra 11, 387; und BGH StraFo 15, 300 mit abl. Bespr. *Pannenborg*, NZWiSt 15, 429 und Anm. *Begemeier/Wölfel*, NStZ 16, 129; *Bosch*, Jura 15, 1136 (§ 145d); *Brüning*, ZJS 15, 535; *Hecker*, JuS 15, 949; *Kudlich*, JA 15, 947; BGH StraFo 13, 480; *Begemeier/Wölfel*, JuS 15, 307. Das wird nur noch in Ausnahmefällen zutreffen, ebenso M/R-*Saliger*, § 263 Rn 233.
487 S. hierzu *Hillenkamp/Cornelius*, BT 32. Problem; der Kfz-Brief ist kein „Traditionspapier". Zum Erwerb des Eigentums ist daher seine Übergabe nicht erforderlich, s. BGH NStZ-RR 07, 201.
488 So zB BGHR StGB § 263 Abs. 1 Konkurrenzen 6; BGHR StGB § 263a Anwendungsbereich 1 mit krit. Bespr. *Mühlbauer*, NStZ 03, 650; BGH NStZ-RR 04, 333, 334; BGH wistra 23, 161; Thüringer OLG wistra 07, 236, 237; BGH HRRS 14, Nr 795 unter der Voraussetzung, dass es sich um die richtige Geheimzahl handelt.
489 So in vergleichbaren Fällen BGHR StGB § 263 Abs. 1 Vermögensverfügung 2 (Überlassen einer Kundenkarte); BGH NStZ 06, 38 (Versteckpreisgabe); BGHSt 50, 174, 177 f (Erschleichen eines „0190er" Nummernvertrags); *Oğlakcıoğlu/Mansouri*, NStZ 23, 131.
490 S. hier Rn 793, 691; *Cornelius/Birner*, ZJS 18, 606; **aA** Fischer-*Fischer*, § 263 Rn 173; *Stuckenberg*, ZStW, 118 (2006), 899; diff. *Graf*, NStZ 07, 330.
491 Für eine Berücksichtigung bereits im objektiven Tatbestand *Hillenkamp*, hier bis zur 40. Aufl.; *Eisele*, BT II Rn 521; *Küper/Zopfs*, BT Rn 494; *Lackner/Kühl/Heger*, § 263 Rn 6; *Rengier*, BT I § 13 Rn 9; *H. Schneider*, StV 04, 538; *Wittig*, § 14 Rn 21; *Wittig*, Das tatbestandsmäßige Verhalten des Betrugs, 2004,

Kausalität wird auch nicht nur die Vorstellung des eigenen Verhaltens als *conditio sine qua non* (notwendige Bedingung), sondern als **irrtums- und verfügungsrelevant** in dem Sinn verlangt, dass es zum Irrtum positiv beiträgt und so die Verfügung mit auslöst, und diese Vorstellung muss zutreffend sein (s. Rn 33 f).[492]

Eventualvorsatz genügt, soweit es sich nicht um das Vorspiegeln einer die eigene Person betreffenden inneren Tatsache handelt. Hier ist Wissentlichkeit verlangt.[493] Ein Schädigungsvorsatz entfällt zB beim Darlehensbetrug oder der betrügerischen Einwerbung von Kapitaleinlagen nach Auffassung des BGH[494] nicht schon deshalb, weil der Täter beabsichtigt, hofft oder glaubt, den Umschlag der erkannten *schadensgleichen Vermögensgefährdung* in den endgültigen Schaden abwenden zu können. Kennt er die die Rückzahlung gefährdenden und damit die die Minderwertigkeit des Rückzahlungsanspruchs begründenden Umstände, reicht das für Vorsatz aus. Allerdings muss – liegt kein direkter Vorsatz vor – auch das voluntative Element hinreichend belegt sein.[495] Es muss sich aber auch bei einem *„Gefährdungsschaden"* (s. Rn 656) nur auf das den Schaden begründende Verlustrisiko, nicht dagegen auf die Realisierung dieses Risikos in einem für den Betrug nirgends zu verlangenden „Endschaden" erstrecken.[496] Die zu § 266 für solche Fälle vom 2. Senat entwickelte gegenteilige Aussage[497] löst die zwingende Kongruenz von objektivem und subjektivem Tatbestand zum Schadensmerkmal auf und ist deshalb zu § 266 (s. Rn 886) wie zu § 263 abzulehnen.[498] Letzteres legt die Begründung des 2. Senats selbst nahe.[499]

Nach zutreffender und hM muss der Tatbestandsvorsatz auch die Rechtswidrigkeit des vom Täter erstrebten Vorteils umfassen.[500] Wer irrig annimmt, dass auf den erstrebten Vermögensvorteil ein fälliger, rechtlich begründeter Anspruch bestehe, befindet sich im Tatbestandsirrtum und handelt in dieser Hinsicht gemäß[501] § 16 I 1 ebensowenig vorsätzlich wie der, der einen nur vermeintlich unberechtigten Anspruch abwehrt.[502] In solchen Fällen begeht der Täter daher mangels Tatentschlusses selbst dann keinen Betrugsversuch, wenn er die Durchsetzung oder Abwehr mit Mitteln der Täuschung betreibt.[503] Dabei ist freilich mit BGHSt 48, 322, 328 f zu beachten, dass es als Grundlage für einen Tatbestandsirrtum nicht ausreicht, wenn sich der Täuschende nur nach den Anschauun-

698

S. 210, 383; *Zöller*, BT Rn 129; s. auch BGHSt 18, 235, 237; **dagegen** für eine Berücksichtigung erst im subjektiven Tatbestand BGH NZWiSt 13, 230, 232 (objektive Täuschung trotz fehlenden Täuschungsvorsatzes); A/R/R-*Kölbel/Neßeler*, 8.1 Rn 32; *Bock*, BT II S. 262; Fischer-*Fischer*, § 263 Rn 14; *Heghmanns*, Rn 1351; HK-GS/*Duttge*, § 263 Rn 8; M/R-*Saliger*, § 263 Rn 27; NK-*Kindhäuser*, § 263 Rn 58; *Pawlik*, Das unerlaubte Verhalten beim Betrug, 1999, S. 81 f; Spickhoff-*Schuhr*, § 263 Rn 9; diff. MK-*Hefendehl*, § 263 Rn 134; ihm zust. S/S/W-*Satzger*, § 263 Rn 32; s. auch BayObLG NJW 99, 1648.
492 BGH wistra 16, 232, 233.
493 RGSt 30, 333, 335 f; OLG Celle GA 57, 220; HK-GS/*Duttge*, § 263 Rn 76; diff. *Dencker*, Grünwald-FS S. 80.
494 BGH wistra 01, 423, 424; BGHSt 48, 331, 346 ff mit krit. Anm. *Beulke*, JR 05, 40.
495 BGH StV 07, 581; krit. dazu AnK-*Gaede*, § 263 Rn 163.
496 HK-GS/*Duttge*, § 263 Rn 76; BGHSt 53, 199, 204; hier wird allerdings die Konstruktion eines Gefährdungsschadens verworfen, s. dazu Rn 656; BGH HRRS 16, Nr 591.
497 BGHSt 51, 100, 121 ff; s. dazu *Fischer*, StraFo 08, 269.
498 *Hillenkamp*, Maiwald-FS S. 323, 341 ff; M/R-*Saliger*, § 263 Rn 275.
499 BGHSt 51, 100, 123; offenbar für Übertragbarkeit auf § 263 Fischer-*Fischer*, § 263 Rn 182 f.
500 BGH MDR/D 56, 10; BGH MDR/H 92, 320; BGHSt 42, 268 mwN.
501 Fischer-*Fischer*, § 263 Rn 194; H-H-*Voigt*, Rn 1046; *Lackner/Kühl/Heger*, § 263 Rn 62; M/R-*Saliger*, § 263 Rn 294; S/S/W-*Satzger*, § 263 Rn 329; *Zöller*, BT Rn 197; abw. *Roxin*, AT I § 12 Rn 142: analog; s. hier Rn 236.
502 *Rengier*, BT I § 13 Rn 339 f.
503 BGHSt 42, 268, 272; BGH NStZ 03, 663; *Wittig*, § 14 Rn 147.

gen der einschlägig kriminellen Kreise als „berechtigter" Inhaber eines Anspruchs fühlt. Vielmehr muss er sich vorstellen, dass der Anspruch auch von der Rechtsordnung anerkannt und infolgedessen mit gerichtlicher Hilfe durchsetzbar ist. Hat umgekehrt der Täter einen fälligen Anspruch auf den erstrebten Vorteil, weiß dies aber nicht oder wehrt er einen nicht bestehenden Anspruch durch Täuschung ab, den er irrig für gegeben hält, liegt ein untauglicher Versuch vor.[504] Für die juristisch-ökonomische Betrachtungsweise handelt es sich bei diesen Irrtumskonstellationen um eine irrige Vorstellung schon zum Schaden, sodass es bei einer irrigen Annahme eines Anspruchs bereits am Schädigungsvorsatz fehlt.[505]

2. Absicht rechtswidriger Bereicherung

a) Bereicherungsabsicht

699 Die **Absicht, sich** oder einem **Dritten** einen rechtswidrigen Vermögensvorteil zu verschaffen, ist gegeben, wenn es dem Täter **auf die Erlangung des Vorteils ankommt**, mag dieser von ihm auch nur als Mittel zu einem anderweitigen Zweck und damit als Zwischenziel erstrebt werden (= sog. *Bereicherungsabsicht* als zielgerichteter Erfolgswille). Nicht erforderlich ist, dass die Vorteilserlangung die eigentliche Triebfeder, das Motiv oder das *in erster Linie* erwünschte Ziel seines Handelns ist.[506]

Hinsichtlich dieses **Absichtsmerkmals** genügt ein dem *dolus eventualis* entsprechendes Wissen und Wollen nicht, vielmehr muss der Täter den Vorteil für sich *oder* für einen Dritten **erstreben.**[507] Daran dürfte es dem mangeln, der für einen anderen Waren bestellt, nur um ihn zu ärgern.[508] Eventualvorsatz reicht aber insoweit aus, als es sich um die **Rechtswidrigkeit** des erstrebten Vorteils handelt.[509]

700 Als **Vermögensvorteil** iS des § 263 ist **jede günstigere Gestaltung der Vermögenslage** anzusehen, gleichgültig, ob diese in einer Vermehrung der Aktivposten, im Nichterbringen einer geschuldeten Leistung oder in der Befreiung von einer Verbindlichkeit besteht.[510]

§ 263 setzt nicht voraus, dass der Täter den erstrebten Vorteil auch wirklich erlangt. **Vollendet** ist der *vorsätzlich* und in *Bereicherungsabsicht* begangene Betrug schon mit dem Eintritt des Vermögensschadens.[511]

---

504 BGHSt 42, 268, 272 f mit Anm. *Arzt*, JR 97, 469; *Kudlich*, NStZ 97, 432; LK-*Murmann*, § 22 Rn 231; aA *Klesczewski*, BT § 9 Rn 94.
505 S. S/S-*Perron*, § 263 Rn 175; *Küper/Zopfs*, BT Rn 133; iE ebenso NK-*Kindhäuser*, § 263 Rn 370 ff; SK-*Hoyer*, § 263 Rn 275.
506 Vgl BGHSt 16, 1; 18, 246, 248; BGH JR 10, 172, 174; *Fahl*, JA 97, 110; *Rengier*, JZ 90, 321; zusf. *Küper/Zopfs*, BT Rn 135 ff; LK-*Tiedemann*, § 263 Rn 251 f; *Wittig*, JA 13, 401.
507 BGHSt 16, 1, 5; BGH MDR/D 75, 22; BGH NStZ 22, 46; zur Kritik an der wenig klar gefassten Formel der Rechtsprechung s. *Küper/Zopfs*, BT Rn 136 f.
508 AA BayObLG JZ 72, 25 mit abl. Anm. *Schröder* und zust. Bespr. *Herzberg*, JuS 72, 19; s. auch *Puppe*, MDR 1973, 12 f; LG Kiel NStZ 08, 219; *Rengier*, BT I § 13 Rn 303; das BVerfG EuGRZ 06, 603, 604 sieht in einer solchen Annahme (dort des OLG Schleswig) keinen Verstoß gegen das Willkürverbot; wie hier *Eisele*, BT II Rn 637; *Jahn*, JuS 07, 385; *Joecks/Jäger*, § 263 Rn 171; *Krack*, Puppe-FS S. 1205, 1210 ff; S/S-*Perron*, § 263 Rn 167. Zur aufgedrängten Waren- oder Dienstleistungsbestellung s. § 238 I Nr 3 und hier Rn 680.
509 Lehrreich dazu BGHSt 31, 178, 181; 42, 268, 271; OLG Bamberg NJW 82, 778; krit. *Gössel*, Zipf-GS S. 228.
510 Vgl BGHSt 42, 268, 271; OLG Stuttgart NJW 62, 502.
511 BGH NJW 84, 987; *Lackner/Kühl/Heger*, § 263 Rn 63.

b) Rechtswidrigkeit des erstrebten Vorteils

Der erstrebte Vermögensvorteil muss **objektiv rechtswidrig** sein. Das ist der Fall, wenn auf ihn kein rechtlich begründeter Anspruch besteht.[512] Dieses Merkmal und seine Stellung hat mit der Eigenschaft des Betrugs als erfolgskupiertes Delikt (Rn 545) zu tun: Der finale Zweck ist eine Bereicherung, und die erfüllt den Tatbestand nur, wenn kein Anspruch auf sie besteht. § 263 verzichtet im objektiven Tatbestand nur auf den Eintritt dieser Bereicherung, aber nicht auf diese Voraussetzung. Sie gehört daher eigentlich weiterhin zum objektiven Tatbestand. Dort kann man das Merkmal aber nicht sinnvoll prüfen, denn es bezieht sich auf die Bereicherung, die nur beabsichtigt sein muss, und erst im subjektiven Tatbestand als überschießende Innentendenz zu prüfen ist. Deshalb ist es auch in der Prüfung richtig, das Merkmal erst hier zu behandeln. Aber es ist **objektiv** zu prüfen und erfordert zudem **Vorsatz**.[513] Besteht objektiv ein Anspruch, der Täter weiß davon aber nichts, liegt nur ein **versuchter** Betrug vor.

701

Fall 52: Der Gläubiger G hat dem Schuldner S ein Darlehen in Höhe von 800 € gewährt. Bei Rückzahlung dieses Betrages hat S eine Quittung erhalten, es aber versäumt, sich den Schuldschein von G zurückgeben zu lassen. Einige Zeit darauf ist G verstorben. Sein Alleinerbe E entdeckt den Schuldschein im Nachlass und besteht gutgläubig auf dessen Einlösung. Schließlich verklagt er den S, der in seinen Unterlagen vergeblich nach der Quittung sucht, auf Rückzahlung des Darlehens. Um die 800 € nicht noch einmal zahlen zu müssen, stellt S eine unechte Quittung mit der Unterschrift des G her, die er im Prozess vorlegt. Da niemand an der Echtheit der Quittung zweifelt, wird die Klage des E abgewiesen.

Hat S sich strafbar gemacht? **Rn 704**

702

Hat der Täter einen einredefreien und fälligen Anspruch auf den erstrebten Vorteil, kommt ein Betrug ebensowenig in Betracht wie dann, wenn er die Abwehr eines tatsächlich nicht bestehenden Anspruchs betreibt. Da das verfolgte Ziel der Rechtsordnung entspricht, wird der Vorteil nicht dadurch rechtswidrig, dass er mit unlauteren Mitteln erstrebt wird. Daher führen falsche Angaben oder gefälschte Beweismittel im Prozess, die zur wegen Beweisschwierigkeiten gefährdeten Durchsetzung eines bestehenden oder zur ebenso gefährdeten Abwehr eines nichtbestehenden Anspruchs eingesetzt werden (sog. *Selbsthilfebetrug*), nicht zum Betrug.[514] Da nach einer rein wirtschaftlichen Betrachtungsweise die Erfüllung eines beweisgefährdeten Anspruchs ebenso ein Schaden ist wie der „Verlust" einer unbegründeten, aber wegen der Beweislage aussichtsreichen Forderung, kann Betrug hiernach nur mangels Rechtswidrigkeit des erstrebten Vermögensvorteils entfallen.[515] Eine der inneren Folgerichtigkeit der Gesamtrechtsordnung verpflichtete juristisch-ökonomische Schadensbestimmung (s. Rn 595) muss demgegenüber schon die betrugsrelevante Schädigung verneinen.[516] Wer nur leistet, wozu er verpflichtet und wer nur verliert, was ihm von

703

---

512 BGHSt 20, 136, 137. Zur Erlangung einer Sache als Pfand zur Durchsetzung einer nicht bestehenden Forderung und die Bedeutung der Vorstellung des Täters darüber (s. auch hier Rn 746) betonend, BGH NStZ 18, 713.
513 Vgl. entspr. zu § 255 BGHSt 4, 105, 106 f; und zu § 253 BGH StRR 12, 389.
514 BGHSt 42, 268, 271 f; Fischer-*Fischer*, § 263 Rn 135; *Lackner/Kühl/Heger*, § 263 Rn 61; LK-*Tiedemann*, § 263 Rn 194, 231; M/R-*Saliger*, § 263 Rn 206, 289; s. auch OLG München NStZ 07, 157 mit Bespr. *Kraatz*, Jura 07, 531; krit. A/W-*Heinrich*, § 20 Rn 125. Zum Sicherungsbetrug im privatärztlichen Abrechnungswesen s. *Beulke*, Rogall-FS S. 311 ff.
515 *Krell*, JR 12, 106; *Krey/Hellmann/Heinrich*, BT II Rn 758.
516 LK-*Tiedemann*, § 263 Rn 186, 194, 231, 265; M/S/M-*Momsen*, BT I § 41 Rn 135, 146; *Rengier*, BT I § 13 Rn 338; BGHSt 42, 268, 272; s. dazu auch *Eisele*, BT II Rn 643 f und OLG Düsseldorf JR 98, 478 mit Anm. *Krack* und *Kösch*, Der Status des Merkmals „rechtswidrig", 1999, S. 59.

Rechts wegen nicht zugestanden ist, hat keinen Schaden.[517] Strafbarkeitslücken im Bereich des sog. *Prozessbetrugs* entstehen dadurch nicht, weil die §§ 153 ff, 267 ff bei einer Täuschung des Richters für einen ausreichenden Schutz sorgen.

704 Im **Fall 52** hat S zur Täuschung im Rechtsverkehr eine unechte Urkunde hergestellt (§ 267 I).[518] Fraglich ist, ob auch ein Betrug zum Nachteil des E vorliegt (= sog. *Prozessbetrug* in Form des *Selbsthilfebetrugs*). Durch Vorlage der unechten Quittung hat S den Richter getäuscht und zur Abweisung der Klage, dh zur Vornahme einer irrtumsbedingten Verfügung über das Vermögen des E veranlasst (dazu Rn 639). Ohne die Täuschungshandlung des S hätte E mit seiner Klage Erfolg gehabt, weil der Besitz des Schuldscheins eine ihm günstige Prozesslage geschaffen hatte und S nicht im Stande war, den ihm obliegenden Beweis für die Rückzahlung des Darlehens zu erbringen. Da zum Vermögen nach **wirtschaftlicher** Betrachtungsweise auch Werte gehören können, die man **zu Unrecht** innehat, liegt der **Schaden** des E hiernach darin, dass seine *prozessuale Erfolgschance* und die damit verbundene *reale Erwerbsaussicht* mit Abweisung der Klage zunichte gemacht wurden. Diesen Erfolg hat S vorsätzlich und in der Absicht herbeigeführt, seine eigene Vermögenslage durch Abwendung seiner Verurteilung günstiger zu gestalten. Gleichwohl entfällt der subjektive Tatbestand des § 263, weil S für sich **keinen „rechtswidrigen" Vorteil** erstrebt hat. Maßgebend dafür, ob ein Vermögensvorteil objektiv rechtswidrig ist oder nicht, ist **allein das sachliche Recht**. Materiellrechtlich war die Klage des E gegen S jedoch unbegründet, weil dieser das Darlehen schon zurückgezahlt hatte (vgl §§ 488 I 2, 362 I BGB). Das von S verfolgte Ziel (= Abwendung seiner Verurteilung zur nochmaligen Rückzahlung) stand also mit dem **materiellen Recht** in Einklang und wurde nicht dadurch rechtswidrig, dass S sich bei seiner Verwirklichung *unerlaubter Mittel* bediente.[519] Legt man einen **juristisch-ökonomischen** Vermögensbegriff zugrunde, fehlt es bereits am Schaden, da E nichts verloren hat, was ihm rechtlich zustünde. Hält S sein Verhalten für Betrug, ist das ein Wahndelikt.

c) Unmittelbarkeitsbeziehung (sog. „Stoffgleichheit")

705 Der Täter muss, da es sich beim Betrug um ein *Vermögensverschiebungsdelikt* handelt, den rechtswidrigen Vermögensvorteil in der Weise erstreben, dass er **unmittelbar** zulasten des **geschädigten Vermögens** geht; der **Vorteil** muss gewissermaßen die **Kehrseite des Schadens**, nicht allerdings dessen – man denke an Fälle des individuellen Schadenseinschlags – genaues Gegenstück bilden.[520] Der zur Kennzeichnung dieses Verhältnisses gebrauchte Begriff der *„Stoffgleichheit"* ist daher ungenau, bisweilen sogar irreführend.[521] Die gemeinte **Unmittelbarkeitsbeziehung** ist dann gegeben, wenn Schaden und Vorteil sich in der Weise entsprechen, dass sie **durch ein und dieselbe Vermögensverfügung vermittelt** werden, also nicht auf jeweils verschiedene Verfügungen zurückzuführen sind.[522] Der Sinn des Merkmals erschließt sich am besten, wenn man die Zusam-

---

517 BGH NStZ-RR 00, 140.
518 S. dazu auch *Krack*, Anm. JR 98, 479.
519 BGHSt 3, 160, 162 f; 20, 136, 137 f; BGH NJW 82, 2265; BGH NStZ 88, 216; BGH NJW 97, 750.
520 BGH wistra 24, 288; BGH NStZ 03, 264; BGHSt 60, 1, 13 (Stoffgleichheit zwischen Schaden und Vorteil, nicht zwischen Gegenstand der Täuschung und Schaden, ebenso BGH NJW 16, 3543); *Hilgendorf/Valerius*, BT II § 7 Rn 137; *Fischer-Fischer*, § 263 Rn 187; HK-GS/*Duttge*, § 263 Rn 80 f; *Lackner/Kühl/Heger*, § 263 Rn 59; MK-*Hefendehl*, § 263 Rn 1133 f; S/S/W-*Satzger*, § 263 Rn 314, 320; *Wittig*, § 14 Rn 139; klarstellend iS der „Kehrseitentheorie" M/R-*Saliger*, § 263 Rn 283; zur Stoffgleichheit in Fällen des individuellen Schadenseinschlags s. *Eisele*, BT II Rn 641; *Rengier*, BT I § 13 Rn 317.
521 *Küper/Zopfs*, BT Rn 139 f; *Lackner/Kühl/Heger*, § 263 Rn 59; BGHSt 34, 379, 391; missverständlich ist auch die Rede vom „Spiegelbild" zB bei *Heghmanns*, Rn 1436; zu seinen Ursprüngen *Rönnau/Saathoff*, JuS 24, 509.
522 Näher BGHSt 6, 115, 116; 21, 384, 385 f; 34, 379, 391; BGHSt 59, 195 = BGH NJW 14, 2054 mit Anm. *Cornelius*; *Bosch*, JK 11/14, StGB § 263/106; *Jahn*, JA 14, 631; *Jahn*, JuS 14, 848 („Ping"-Anruf-Fall, s. Rn 557); BayObLG NJW 87, 1654 und NStZ 94, 491; OLG Düsseldorf NJW 93, 2694; OLG Stuttgart

menhänge der Prüfungsreihenfolge entgegen durchdenkt: Der vom Täter bezweckte Erfolg (die Finalität seines Handelns) ist die Bereicherung, doch um diese wurde der objektive Deliktstatbestand „beschnitten" (**erfolgskupiertes Delikt**, vgl Rn 545). Wie beim Diebstahl erfordert der objektive Tatbestand als Erfolg im technischen Sinne nur die Schädigung des geschützten Rechtsguts. Der final angestrebte Erfolg wird als überschießende Innentendenz abgebildet. Bezogen auf Letzteren ist der tatbestandsmäßige Erfolg eigentlich nur ein Zwischenerfolg. Weitere, mit dem final angestrebten Erfolg nicht unmittelbar zusammenhängende (Kollateral-)Schäden sollen nicht erfasst werden (sind für die Strafzumessung aber als weitere Tatfolgen iS des § 46 II relevant)[523]; der Tatbestand soll das Rechtsgut nur in dieser besonderen Beziehung schützen. Bezogen auf einen juristischen Vermögensbegriff müsste nicht nur eine unmittelbare, sondern eine Bereicherung um denselben Gegenstand angestrebt werden, der dem geschützten Vermögen als Schaden verloren geht. Das drückt die alte Formulierung „Stoffgleichheit" aus, ist aber, weil dieser Vermögensbegriff überholt ist, entsprechend schief. Wie die Rechtswidrigkeit des Vorteils (Rn 701) ist auch dieses **Merkmal objektiv**.

Praktische Bedeutung gewinnt dies vor allem dort, wo **Provisionsvertreter** Kunden mittels Täuschung zu Bestellungen veranlassen, um von ihrer Firma für die angeblich ordnungsgemäß erlangten Aufträge vorschussweise Provision zu kassieren. Eine Stoffgleichheit zwischen dem vom Vertreter angestrebten Vorteil, der Provision, und dem Schaden der Besteller liegt dann nicht vor. Betrug zum Nachteil der **Kunden** ist hier gleichwohl unschwer zu begründen, wenn man beachtet, dass der Täter (auch) in der Absicht handelt, zunächst **seiner Firma** einen rechtswidrigen Vermögensvorteil in Gestalt der **erschlichenen Bestellungen** zu verschaffen. Das ist ein sog. *fremdnütziger* Betrug, bei dem die Bestellung seitens der Kunden auf der einen Seite den Schaden und auf der anderen Seite den Vermögensvorteil bewirkt.[524] An der „Stoffgleichheit" fehlt es dagegen, wenn es dem Verursacher eines Verkehrsunfalls durch Verleugnen seines Verschuldens gegenüber der Versicherung nicht darauf ankommt, dieser die Schadenserstattung gegenüber dem Geschädigten zu ersparen (keine Drittbereicherungs*absicht*), sondern allein darauf, sich den Schadensfreiheitsrabatt zu erhalten. Dieser Vorteil ist nicht die Kehrseite des Schadens, den der Geschädigte durch die unterbliebene Erstattung an seinem Vermögen erleidet.[525] Ebenso mangelt es an der Stoffgleichheit, wenn der Täter einem Handwerker betrügerisch den Auftrag erteilt, in einem ihm nicht gehörenden Mietshaus die Heizung zu sanieren, und damit die Absicht verfolgt, sich den Mietern gegenüber fälschlich als Eigentümer des Hauses ausgeben und die Miete einziehen zu können.[526]

706

NStZ-RR 13, 176 mit Anm. *Satzger*, JK 10/13, § 263 StGB/103; iE übereinstimmend AnK-*Gaede*, § 263 Rn 168; HK-GS/*Duttge*, § 263 Rn 80; *Jäger*, JuS 10, 765; *Rönnau/Saathoff*, JuS 24, 510; *Straßer*, 100 Jahre Stoffgleichheit, 2002, S. 99 ff, 107 f.
523   BGH wistra 11, 262; BGH HRRS 17, Nr 216.
524   Vgl *Jäger*, BT Rn 551 f; *Krey/Hellmann/Heinrich*, BT II Rn 700 ff; MK-*Hefendehl*, § 263 Rn 1138; S/S-*Perron*, § 263 Rn 169; BGHSt 21, 384, 385 f; OLG Braunschweig NJW 61, 1272.
525   BayObLG NStZ 94, 491.
526   BGH NStZ-RR 02, 10; weitere Beispiele fehlender Stoffgleichheit in BGHSt 49, 17, 23; BGH NStZ 04, 557, 558; s. auch *Hohmann/Sander*, BT § 44 Rn 142 ff.

VII. Täterschaft, Teilnahme und Versuch

707 **Täterschaftliches Handeln** setzt in all seinen Formen voraus, dass der Beteiligte Selbst-Bereicherungsabsicht oder Drittbereicherungsabsicht hat.[527] Die Abgrenzung von Mittäterschaft und Beihilfe ist anhand der allgemein dazu geltenden Grundsätze vorzunehmen. Wer mit Drittbereicherungsabsicht *alle* Tatbestandsmerkmale des Betrugs selbst erfüllt, ist danach *regelmäßig* Täter,[528] wer weder Tatherrschaft noch den Willen dazu hat, dagegen Gehilfe.[529] Dabei schließt nach der Rechtsprechung die bloße Mitwirkung im Vorbereitungsstadium auch Mittäterschaft nicht aus. Mittäterschaft oder Beihilfe nach Vollendung des Betrugs ist nur bei iterativer Tatbegehung möglich.[530]

Hinsichtlich einer **Beihilfe** zum Betrug stellt die Bereicherungsabsicht ein strafbegründendes Merkmal dar, das aufgrund seiner Tatbezogenheit nicht unter § 28 I fällt.[531] Dabei kann eine Beihilfe schon begehen, wer dem Täter etwa mit einem gefälschten Sachverständigengutachten ein entscheidendes Tatmittel willentlich an die Hand gibt und dabei bewusst das Risiko erhöht, dass mithilfe dieses Mittels ein Betrug begangen wird. Auf eine genauere Kenntnis von Opfer, Tatzeit oder näheren Einzelheiten der konkreten Begehungsweise kommt es für die Beihilfe nicht an.[532] Handelt es sich um berufstypisches und damit „neutral" erscheinendes Verhalten zB eines Bankangestellten oder eines Rechtsanwalts oder Notars,[533] liegt Beihilfe nach den zitierten Entscheidungen nur vor, wenn die Förderung einem erkennbar tatgeneigten Haupttäter gilt und sich der Gehilfe mit diesem solidarisiert.[534]

Der **Versuchsbeginn**[535] liegt zwar regelmäßig in der Vornahme der Täuschungshandlung, zB dem mit einer Täuschung verbundenen Vertragsangebot beim Eingehungsbetrug.[536] Geht es um ein mehraktiges Geschehen, ist aber erst diejenige Täuschungshandlung maßgeblich, die den Getäuschten unmittelbar zur irrtumsbedingten Verfügung bestimmen soll.[537] In Fällen der Beteiligung gilt die Gesamtlösung.[538]

---

527 LK-*Tiedemann*, § 263 Rn 283; M/R-*Saliger*, § 263 Rn 305; zur mittelbaren Täterschaft dort Rn 306.
528 S. *Hillenkamp*, Schünemann-FS S. 407 ff.
529 BGH StV 97, 411;
530 LK-*Murmann*, vor § 22 Rn 36 ff; **aA** BGH wistra 01, 378; BGH NStZ 02, 482; BGH NStZ 14, 516 mit Anm. *Becker*; zum Verbot der Zurechnung eines bereits abgeschlossenen Tatgeschehens s. BGH wistra 09, 389, 390.
531 Fischer-*Fischer*, § 263 Rn 205; *Lackner/Kühl/Heger*, § 263 Rn 58; **aA** *Umansky/Mathie*, HRRS 15, 45.
532 BGHSt 42, 135, 138 mit Anm. *Kindhäuser*, NStZ 97, 273; *Loos*, Jura 97, 297; *Schlehofer*, StV 97, 412; BGH NStZ-RR 00, 326; BGH NStZ 11, 399, 400; BGH NStZ 17, 274.
533 BGH wistra 00, 340, 341; 459, 460; BGH StV 00, 479, 480; BGH NZWiSt 14, 139 mit Anm. *Bott/Orlowski*; *Satzger*, JK 11/14, StGB § 27/27; *Trüg*, ZWH 14, 436; BGH MDR 17, 1151; BGH NStZ 17, 337 mit Anm. *Kudlich*; *Beyer*, NZWiSt 17, 362; *Bode*, NJ 17, 203; *Schörner/Bockemühl*, StV 18, 20; s. auch *Putzke*, ZJS 14, 637; BGH NZWiSt 14, 461 mit Anm. *Wohlers*, JR 17, 585.
534 S. dazu *Hillenkamp/Cornelius*, AT 28. Problem; zu BGH NZWiSt 14, 139 s. genauer *Roxin*, StV 15, 449.
535 S. dazu ausführlich M/R-*Saliger*, § 263 Rn 301 ff. Zu Abo-Fallen s. *Krell*, ZIS 19, 62, 65 ff.
536 Fischer-*Fischer*, § 263 Rn 197; MK-*Hefendehl*, § 263 Rn 1175.
537 BGH NStZ 02, 433, 435; BGH NStZ 11, 400, 401 mit Anm. *Satzger*, JK 9/11, StGB § 263/92; BGH wistra 17, 397 (zum Prozessbetrug) mit Anm. *Webel*; BGH StV 22, 731; OLG Hamm StV 12, 155; OLG Hamm BeckRS 16, 18657; KG BeckRS 12, 12410; OLG Hamm NStZ 24, 366; OLG Bremen BeckRS 24, 8151 mit Anm. *Jäger*, JA 24, 1044; s. auch BGH HRRS 14, Nr 307 mit Anm. *Bittmann*, ZWH 14, 186; *Satzger*, JK 10/14, StGB § 263/105: Abgrenzung zur bereits schadensgleichen Vermögensgefährdung.
538 BGH StV 99, 24; BGH wistra 00, 379, 381; LK-*Murmann*, § 22 Rn 212; *Wessels/Beulke/Satzger*, AT Rn 966 ff; zum Versuchsbeginn beim Prozessbetrug s. *Zaczyk*, Krey-FS S. 485, 495 ff.

VIII. Regelbeispiele und Qualifikation

1. Regelbeispiele

Bei den **Regelbeispielen** des § 263 III 2 Nrn 1–5 handelt es sich wie bei denen des Diebstahls (§ 243 I 2 Nrn 1–7) um **Strafzumessungsregeln**, die den dort entwickelten Grundsätzen folgen. Auch hier ist die Annahme eines besonders schweren Falls bei Vorliegen eines Beispiels daher – etwa im Falle einer erheblichen Taterleichterung durch das Opfer – nicht zwingend,[539] aber die keiner zusätzlichen Begründung bedürftige Regel, und im Ausnahmefall auch gestattet, wenn es an den Voraussetzungen der aufgeführten Beispiele fehlt (s. Rn 247 f).[540] **708**

Für Versuch, Vorsatz und Teilnahme gelten die zu § 243 dargelegten Besonderheiten entsprechend (s. Rn 250 ff, 259 ff). Dass der Täter ein Regelbeispiel nur vermeintlich erfüllt, reicht nicht aus (s. Rn 254 f).[541] Für eine Beihilfe ist auf sie selbst, nicht auf die Schwere der Haupttat abzustellen (s. Rn 259).[542] Auch ist § 243 II gemäß § 263 IV auf alle Regelbeispiele wie auf den atypischen schweren Fall anzuwenden.[543] **709**

a) Gewerbsmäßiges Handeln oder bandenmäßige Begehung (Nr 1)

In **§ 263 III 2 Nr 1** ist das **gewerbsmäßige** Handeln ebenso wie das als Mitglied einer **Bande**, die sich zur fortgesetzten Begehung von Taten verbunden hat, in Anlehnung an §§ 243 I 2 Nr 3, 244 I Nr 2 (s. dazu Rn 279; 328 ff) als Regelbeispiel genannt. **710**

Gewerbsmäßigkeit – ein rein subjektives Merkmal – setzt im Unterschied zur Bereicherungsabsicht voraus, dass der jeweilige Täter eigennützig auf eigene Einnahmen zielt.[544] Dem steht nicht entgegen, wenn der Täter[545] mit dem erlangten Geld nur alte Schulden abtragen will. Auch muss er seinen Lebensunterhalt nicht zwingend allein oder auch nur überwiegend durch die Begehung der Straftaten bestreiten wollen, solange er nur in der Absicht handelt, sich durch die wiederholte Begehung eine fortlaufende Einnahmequelle von einiger Dauer und einigem Umfang zu verschaffen.[546] Fließen die Vermögensvorteile in eine von ihm beherrschte Gesellschaft, reicht seine jederzeitige Zugriffsmöglichkeit aus.[547] Auch soll es für das gewerbsmäßige Handeln eines Angestellten ausreichen, wenn die durch ihn betrügerisch gesteigerten Betriebseinnahmen ihm *mittelbar*, etwa über das Gehalt oder eine Beteiligung an den Betriebsgewinnen (anteilig), zufließen sollen.[548]

---

539 BGH NStZ 04, 265, 266; zur Taterleichterung durch das Opfer s. LG Gera NStZ-RR 96, 167; OLG Hamm wistra 12, 161, 163; *Hillenkamp*, Vorsatztat und Opferverhalten 1981, S. 295 ff; *Frank/Leu*, StraFo 14, 198; zum Vorliegen mehrerer Regelbeispiele s. BGH wistra 04, 262, 263.
540 S. zum Verzicht auf zusätzliche Begründung BGH NJW 04, 2394, 2395; zur Begründung von Abweichungen BGH wistra 03, 460, 461; OLG Karlsruhe NStZ-RR 02, 333.
541 *Tiedemann/Waßmer*, Jura 00, 539; M/R-*Saliger*, § 263 Rn 314.
542 BGH wistra 01, 105.
543 S. dazu BGH NStZ-RR 22, 183; OLG Hamm wistra 12, 40; *Lackner/Kühl/Heger*, § 263 Rn 66; *Mitsch*, ZStW 111 (1999), 113; für den atypischen Fall verneinend *Jesse*, JuS 11, 313.
544 BGHSt 49, 177, 181, 186 ff.
545 Gewerbsmäßigkeit des Gehilfen genügt nicht, s. BGH BeckRS 17, 125784. Zur entsprechenden Anwendung des § 28 II, s. hier Rn 259.
546 S. BGH wistra 03, 460, 481; BGH NStZ 08, 282 f; näher zur Gewerbsmäßigkeit *Brodowski*, wistra 18, 97.
547 BGH wistra 08, 379; 09, 351; 12, 350; BGH NZWiSt 12, 67 (vom Täter beherrschter Verein) mit Anm. *Steinberg/Kreuzner* und Bespr. *Satzger*, JK 5/12, StGB § 263/95.
548 BGH wistra 15, 357; NJW 19, 378.

Die **bandenmäßige Begehung** ist nicht von der Mitwirkung eines anderen Bandenmitgliedes (bei der Täuschungshandlung) abhängig.[549] Die Bande muss aber nach der Entscheidung des GrS des BGH[550] aus mindestens drei Personen bestehen, die sich, was sie von bloßen Mittätern unterscheiden soll, auf eine gewisse Dauer zu zukünftiger Deliktsbegehung verbunden haben. Dass sie sich, wie zB ein Zahnarzt und das ihn beliefernde Dentallabor, geschäftlich gegenüberstehen, hindert nicht das „Ziehen an einem Strang", wenn sie sich zur betrügerischen Schädigung eines Dritten (hier der kassenärztlichen Vereinigung) zusammengetan haben.[551] Da nach der Rspr. (s. Rn 330, 332) nicht nur Mittäter, sondern auch Gehilfen eine Bande mitbegründen können, ist die Bande als Zurechnungsgrundlage nicht geeignet. Eine Zurechnung gegenseitiger Tatanteile kann auch in der Bande folglich nur über § 25 II zwischen Mittätern erfolgen.[552] Auch wer Bandenmitglied ist, kann allerdings wegen einer Tat, die aus der Bande heraus begangen wird, als Täter oder Teilnehmer nur bestraft werden, wenn er an der konkreten Tat *mitgewirkt* hat. Die Abgrenzung zwischen Täterschaft und Teilnahme richtet sich dann nach den hierzu auch sonst geltenden Grundsätzen.[553] Die fragliche Tat muss Ausfluss der Bandenabrede sein. Sie darf nicht losgelöst von ihr ausschließlich im Interesse der jeweils unmittelbar Beteiligten begangen werden.[554] Neben Betrug ist als Bandendelikt auch Urkundenfälschung möglich.[555]

Weder der Gewerbsmäßigkeit noch der bandenmäßigen Begehung steht es entgegen, wenn es bei nur einer Tat bleibt oder die Einzeldelikte der Betrugsserie aus Rechtsgründen in gleichartiger Tateinheit zusammentreffen. Maßgeblich ist allein, dass bei der Ausführung der Tat die für die gewerbs- bzw. bandenmäßige Begehung jeweils erforderliche spezifische Absicht bestand.

b) Vermögensverlust großen Ausmaßes oder Verlustgefahr (Nr 2)

711 § 263 III 2 Nr 2 knüpft die Regelwirkung zunächst an einen **Vermögensverlust großen Ausmaßes**.[556] Der sich hier (wie in § 267 III 2 Nr 2) auf den beim Verletzten tatsächlich eingetretenen, wenn auch nicht notwendig bleibenden[557] Schaden beziehende Begriff des „großen Ausmaßes" findet sich auch in §§ 264 II 2 Nr 1, 330 Nr 1, 335 II Nr 1 und § 370 III 2 Nr 1 AO.[558] Die Auslegung hat sich aber richtigerweise am jeweiligen Tatbestand zu orientieren.[559] Für ihn kommt es nicht auf den vom Täter erlangten Vorteil, sondern allein auf die Vermögenseinbuße beim Opfer an. Eine Addition von Einzelschäden in einer Betrugsserie kommt nur in Betracht, wenn die tateinheitlich zusammentreffenden Taten dasselbe Opfer betreffen.[560] Das Regelbeispiel setzt eine aus dem Rahmen durchschnittli-

---

549 BGH BeckRS 16, 16704.
550 BGHSt 46, 321; s. dazu Rn 341 f und BGH wistra 02, 21; BGH NStZ 02, 200, 201; 07, 269.
551 BGH NStZ 07, 269, 270; das hier wieder verwendete Ziehen „am selben Strang" ist als Kriterium von BGHSt 46, 321, 325 ff aufgegeben worden, s. dazu Rn 340. Auch BGH NJW 13, 887 verzichtet auf einen „Interessengleichlauf"; krit. hierzu M/R-*Saliger*, § 263 Rn 318.
552 BGH wistra 07, 100, 101.
553 BGH StV 07, 579, 580; BGH wistra 13, 97.
554 BGH StraFo 17, 122.
555 Zum Auslegungsstreit insoweit s. Fischer-*Fischer*, § 263 Rn 212; MK-*Hefendehl*, § 263 Rn 1216 f.
556 BGH NJW 91, 2574; BGH MDR/D 75, 368; s. zu den Regelbeispielen der Nr 2 *Peglau*, wistra 04, 7.
557 BGH wistra 02, 339 mit abl. Anm. *Joecks*, StV 04, 17 und zust. Bespr. von *Hannich/Röhm*, NJW 04, 2063.
558 S. dazu BGH wistra 94, 228, 229; s. dazu *Stam*, NStZ 13, 144.
559 BGH NZWiSt 16, 71 mit Anm. *Bürger*; *Sinner*, HRRS 16, 196; für Einheitlichkeit iS von 50 000 € dagegen BGH NZWiSt 16, 359 (zu § 355 II Nr 1) mit Anm. *Houben*.
560 BGH NStZ 11, 401, 402; BGH NStZ 12, 213; BGH NJW 13, 884, 887 f.

cher Betrugsschäden nach objektivem Maßstab erheblich herausfallende Schädigung voraus, die nach der insoweit zweifelhaften, vom BGH aber mittlerweile übernommenen gesetzgeberischen Vorstellung (BT-Ds 13/8587, S. 43) in Anlehnung an § 264 II 2 Nr 1[561] erst bei 100000 DM = 50 000 €[562] beginnen, als Vermögens**verlust** aber durch eine nur schadensgleiche Vermögensgefährdung noch nicht auslösbar sein soll.[563] Das ist angesichts der Gleichsetzung von schadensgleicher Vermögensgefährdung und Schaden[564] zwar nicht unbedenklich, lässt sich aber mit einer gegenüber dem Schaden engeren Bedeutung des Verlusts rechtfertigen. Auf dem Boden dieser Auffassung kann es auch den (beim Diebstahl für möglich gehaltenen, s. Rn 254) Fall eines Versuchs in einem besonders schweren Fall nicht geben, in dem die Tat versucht bleibt und ein Vermögensverlust großen Ausmaßes beabsichtigt war.[565] Für die zweite Alternative genügt dagegen die **Absicht,**[566] eine **große Zahl**[567] von Menschen durch rechtlich selbstständige Betrugshandlungen in die **konkrete Gefahr** des Verlustes von Vermögenswerten zu bringen.[568] Davon ist auszugehen, wenn der Täter durch das zur Tatbegehung verwendete Medium eine unbestimmte Vielzahl von Opfern ansprechen will.[569] *Juristische* Personen scheiden als „Menschen" aus.[570]

c) Wirtschaftliche Not (Nr 3)

Das Regelbeispiel des § 263 III 2 Nr 3 erfüllt, wer eine andere Person in **wirtschaftliche Not** bringt. Davon ist hier – wie in §§ 283a 2 Nr 2, 291 II 2 Nr 1 – zu sprechen, wenn das Opfer einer solchen Mangellage ausgesetzt wird, dass ihm die Mittel für lebenswichtige Aufwendungen für sich oder auch für unterhaltsberechtigte Personen fehlen.[571]

712

d) Missbrauch der Befugnisse oder Stellung als Amtsträger oder Europäischer Amtsträger (Nr 4)

Ein weiteres Regelbeispiel erfüllt, wer seine Befugnisse oder Stellung als **Amtsträger** oder **Europäischer Amtsträger** missbraucht, **§ 263 III 2 Nr 4**. Dieses Regelbeispiel stimmt mit § 264 II 2 Nr 2 und § 370 III 2 Nr 2 AO überein. Wer Amtsträger oder Europäischer Amtsträger ist, ergibt sich aus § 11 I Nr 2, Nr 2a. § 28 II ist entsprechend an-

713

---

561 S. dazu Fischer-*Fischer*, § 264 Rn 46; LK-*Tiedemann*, § 264 Rn 147; *Satzger*, Jura 12, 792; S/S-*Perron*, § 264 Rn 74.
562 S. dazu BGHSt 48, 360; BGH wistra 09, 236, 237; BGH HRRS 18, Nr 286; LK-*Tiedemann*, § 263 Rn 298; zweifelnd Fischer-*Fischer*, § 263 Rn 215a; s. auch schon BGH StV 02, 144.
563 S. BGHSt 48, 354, 355 ff; mit zust. Anm. *Krüger*, wistra 04, 146; *Gallandi*, NStZ 04, 268; beiden Aussagen iE zust. A/W-*Heinrich*, § 20 Rn 135; BGH BeckRS 20, 13446; *Eisele*, BT II Rn 652; M/R-*Saliger*, § 263 Rn 320 f; *Rotsch*, ZStW 117 (2005), 577, 591 ff, 597 ff; HdS-*Kindhäuser/Schumann* V, § 33 Rn 290; krit. *Wittig*, § 14 Rn 161 ff; HK-GS/*Duttge*, § 263 Rn 100; für Einbeziehung auch der Vermögensgefährdung dagegen MK-*Hefendehl*, § 263 Rn 1221 f; *Satzger*, Jura 12, 792; S/S/W-*Satzger*, § 263 Rn 391; s. zu beiden Urteilen die krit. Bespr. von *Hannich/Röhm*, NJW 04, 2061; *Lang* ua, NStZ 04, 528; ferner *Krüger*, wistra 05, 247; Falllösung bei *Rotsch*, ZJS 13, 83.
564 S. dazu auf dem Hintergrund der Kontroverse um den Gefährdungsschaden *Fischer*, NStZ-Sonderheft 09, 8, 12; Bedenken bei *Hohmann/Sander*, BT § 44 Rn 155.
565 BGH StV 07, 132; BGH NStZ-RR 09, 206; krit. dazu *Steinberg/Burghaus*, ZIS 11, 580 f.
566 Sicheres Wissen reicht aus, *Kindhäuser/Hilgendorf*, § 263 Rn 244.
567 S. dazu *Joecks/Jäger*, § 263 Rn 186: mindestens fünfzig; LK-*Tiedemann*, § 263 Rn 299: mindestens zehn; MK-*Hefendehl*, § 263 Rn 1226; S/S-*Perron*, § 263 Rn 188d: mindestens zwanzig; BGH NZWiSt 12, 67 (jedenfalls bei 123 Personen erfüllt); s. auch BGH JR 99, 210 (= BGHSt 44, 175) mit Anm. *Ingelfinger* zu § 306b; für eine Verknüpfung mit der Schadenshöhe *Kretschmer*, Herzberg-FS S. 835.
568 S. dazu BT-Ds 13/8587, S. 64; *Mitsch*, BT II S. 346; *Otto*, BT § 51 Rn 108.
569 OLG Jena NJW 02, 2404.
570 BGH wistra 01, 59.
571 BGH NStZ-RR 07, 269; *Mitsch*, BT II S. 346 f; S/S-*Heine/Hecker*, § 291 Rn 43.

wendbar. Der Missbrauch der Befugnisse setzt ein täuschendes Handeln innerhalb an sich gegebener Zuständigkeit, der Missbrauch der Stellung die Ausnutzung durch das Amt sonst gegebener Möglichkeiten voraus.[572]

e) Versicherungsbetrug (Nr 5)

714 Ein **besonders schwerer Fall** des **Betrugs** liegt nach § 263 III 2 Nr 5 vor, wenn der Täter die Tat dadurch begeht, dass er einen Versicherungsfall vortäuscht, nachdem er oder ein anderer zu diesem Zweck eine Sache von bedeutendem Wert in Brand gesetzt, durch eine Brandlegung ganz oder teilweise zerstört oder ein Schiff zum Sinken oder Stranden gebracht hat.[573] Mit dem Vortäuschen des Versicherungsfalls[574] ist das Regelbeispiel bereits erfüllt, ein besonders schwerer Fall kann daher schon im **Betrugsversuch** liegen.[575]

715 Objekt der **1. Alternative** ist eine Sache von bedeutendem Wert. Hierfür ist der objektive Verkehrswert maßgeblich, der eine Höhe von mindestens 1 000 € erreichen muss.[576] In Brand gesetzt ist die Sache, wenn sie derart vom Feuer ergriffen ist, dass dieses auch nach dem Entfernen oder Erlöschen des Zündstoffes selbstständig weiterbrennen kann.[577] Es reicht aus, dass die Sache durch eine Brandlegung ganz oder teilweise zerstört (Rn 65), also zB durch die Explosion des Brandmittels vernichtet wird.[578] Objekt der **2. Alternative** ist ein Schiff, das zum Sinken oder Stranden gebracht werden muss. Dazu genügt, dass der Täter eine Teilüberflutung des Schiffes unter Verlust der Lenkbarkeit oder dessen Auflaufen auf den Strand herbeiführt.[579] In beiden Alternativen müssen die Objekte nicht tatsächlich versichert sein.[580]

716 In **beiden Alternativen** müssen die beschriebenen Handlungen bereits in der alsdann vom Täter des Betrugs auch **verwirklichten Absicht** vorgenommen worden sein, einen **Versicherungsfall vorzutäuschen**. Nach dem Wortlaut liegt die Vortäuschung eines Versicherungsfalls nur vor, wenn das Ereignis, dessen Eintritt notwendige Bedingung der Leistungspflicht des Versicherers ist (= Versicherungsfall i.S.d. VVG),[581] vorgespiegelt wird. Das ist zB auch dann der Fall, wenn die (zB verbrannte) Sache oder das (zB untergegangene) Schiff fälschlicherweise als der versicherte Gegenstand ausgegeben werden. Insoweit ergibt der Verzicht darauf, dass die Sache oder das Schiff versichert sein müssen, Sinn. Zudem wird man in Übereinstimmung mit dem gesetzgeberischen Willen, den wesentlichen Regelungsgehalt des § 265 aF zu übernehmen, auch dann vom Vortäuschen eines Versicherungsfalls sprechen müssen, wenn der Versicherungsfall tatsächlich eingetreten, der Versicherungsanspruch aber nicht entstanden oder der Versicherer von seiner Leistungspflicht frei geworden ist[582] und der Täter das weiß.

---

572 LK-*Tiedemann*, § 263 Rn 301; *Mitsch*, BT II S. 347.
573 Krit. zur Sinnhaftigkeit der Beschränkung auf die beiden Tatobjekte und Handlungen *Mitsch*, ZStW 111 (1999), 115.
574 Zur empirischen Bedeutung der Versicherungsvermittler *Ossege/Riedel*, ZVersWiss 17, 369.
575 Vollendung verlangt M/R-*Saliger*, § 263 Rn 328.
576 S. näher S/S-*Heine/Bosch*, vor § 306 Rn 15; AnK-*Gaede*, § 263 Rn 199: 1 300 €; MK-*Hefendehl*, § 263 Rn 1233 und SK-*Wolters/Horn*, vor § 306 Rn 11: 1 200 €; *Klesczewski*, BT § 9 Rn 207: 500 €.
577 Vgl BGHSt 16, 109, 110; 18, 363, 364.
578 S. *Wessels/Hettinger/Engländer*, BT I Rn 953; *Küper/Zopfs*, BT Rn 368 f.
579 RGSt 35, 399, 400; Definitionen hierzu bei M/R-*Saliger*, § 263 Rn 326.
580 S. dazu Rn 741; *Kindhäuser/Hilgendorf*, § 263 Rn 247; *Mitsch*, BT II S. 348; MK-*Hefendehl*, § 263 Rn 1232; S/S/W-*Satzger*, § 263 Rn 401.
581 S. Prölss/Martin-*Armbrüster*, VVG, 32. Aufl. 2024, § 1 Rn 166; Rüffer/Halbach/Schimikowski-*Brömmelmeyer*, VVG, 4. Aufl. 2020, § 1 Rn 62.
582 Ebenso Fischer-*Fischer*, § 263 Rn 225; LK-*Tiedemann*, § 263 Rn 302; HK-GS/*Duttge*, § 263 Rn 105; *Mitsch*, BT II S. 348; S/S/W-*Satzger*, § 263 Rn 401; *Wolters*, JZ 98, 399; *Zöller*, BT Rn 205.

Trotz Eintritts des Versicherungsfalls wird der Versicherer namentlich dann frei, wenn der Versicherungsnehmer den Versicherungsfall vorsätzlich herbeiführt (§ 81 I VVG). Dafür reicht ein einverständliches Zusammenwirken mit einem Dritten als Täter aus.[583] Auch ohne ein solches Zusammenwirken soll sich der Versicherungsnehmer nach der Rechtsprechung ferner das Verhalten als eigenes zurechnen lassen müssen, wenn es sich bei dem Dritten um einen sog. **Repräsentanten** des Versicherungsnehmers oder um den **wahren wirtschaftlich Versicherten** handelt.[584] Als Repräsentanten sieht die Rechtsprechung (auch im Verhältnis von Ehegatten zueinander) jeden an, der auf Grund eines tatsächlichen Vertretungsverhältnisses die Obhut über die versicherte Sache ausübt oder der sonst innerhalb des versicherten Risikos befugt ist, in einem nicht ganz unbedeutenden Umfang selbstständig für den Versicherten zu handeln und dabei dessen Rechte und Pflichten als Versicherungsnehmer wahrzunehmen.[585] Die bloße familienrechtliche Verbundenheit unter Angehörigen reicht hierfür allein ebenso wie die Ehegatteneigenschaft nicht aus.[586] Als wahrer wirtschaftlich Versicherter wird nicht schon der potenzielle Erbe, wohl aber etwa der an der Geschäftsführung unbeteiligte Alleingesellschafter einer versicherten GmbH angesehen.[587] Diesen Annahmen gegenüber ist Zurückhaltung geboten, wie sich an den stetig wachsenden Anforderungen an die Zurechnung von Handlungen Dritter in der Rechtsprechung selbst zeigt.[588]

717

2. Qualifikation

§ 263 V ist § 260a nachgebildet und hat in § 244a iVm § 243 I 2 Nr 3 eine Parallele. Es handelt sich bei dieser **Banden-** und **Gewerbsmäßigkeit** (s. dazu Rn 279, 338 ff) verknüpfenden Begehungsweise auch im minder schweren Fall (§ 12 III) um ein **Verbrechen**, das als **Qualifikation** ausgestaltet und auf das § 30 anwendbar ist.[589] Auch setzt eine Bande mindestens drei Personen voraus.[590] Die Vorschrift zielt (ehemals gemeinsam mit § 263 VII) auf die Bekämpfung der organisierten Kriminalität. Sie erweitert den Kreis der in Betracht kommen Delikte um die §§ 263a, 264, 268 und 269. Dass Vermögensvorteile großen Ausmaßes erlangt werden, ist als zunächst vorgesehene[591] weitere Voraussetzung fallen gelassen[592] und als Ausgleich dafür eine Strafmilderung für minder schwere Fälle eingefügt worden.[593]

718

IX. Sicherungsbetrug und Verfolgbarkeit

1. Sicherungsbetrug

Mitbestrafte Nachtat soll ein Betrug dann sein, wenn er nur die bereits aus einem Eigentums- oder Vermögensdelikt erlangten Vorteile sichern soll, ohne dass der Täter einen neuen selbstständigen Vermögensschaden – etwa bei Dritten[594] – verursacht. Dies

719

---

583 BGH NStZ 86, 314; LK-*Tiedemann*, 11. Aufl., § 265 aF Rn 29, worauf in LK-*Tiedemann*, § 263 Rn 302 verwiesen wird.
584 S. näher zum *Repräsentanten* Prölss/Martin-*Armbrüster*, VVG, 32. Aufl. 2024, § 28 Rn 98 ff, mit Beispielen in Rn 118 ff; § 81 Rn 6; zum *wahren wirtschaftlich Versicherten* § 47 Rn 22; Rüffer/Halbach/Schimikowski-*Brömmelmeyer*, VVG, 4. Aufl. 2020, § 28 Rn 109 ff; § 81 Rn 67 ff; vgl auch M/R-*Saliger*, § 263 Rn 327; *Schramm*, BT II § 8 Rn 71 ff; *Wittig*, § 16 Rn 6 ff.
585 Näher BGH NJW 76, 2271; BGH StV 89, 299; BGH NJW 07, 2038.
586 BGH NStZ 87, 505; BGH NStZ 17, 290.
587 *Ranft*, Jura 85, 501.
588 S. Prölss/Martin-*Armbrüster*, VVG, 32. Aufl. 2024, § 28 Rn 100.
589 BGH NStZ-RR 07, 269; zusf. BGH StraFo 17, 122; M/R-*Saliger*, § 263 Rn 329; *Mitsch*, BT II S. 344 f.
590 BGH wistra 02, 21; BGHSt 49, 177, 187; BGH NStZ-RR 17, 248; s. hier Rn 331.
591 BT-Ds 13/8587, S. 10, 43.
592 BT-Ds 13/8587, S. 64.
593 Dazu BT-Ds 13/9064, S. 19.
594 BGH wistra 08, 423, 424; BGH wistra 24, 416.

gilt nach hM insbesondere dort, wo der Vortäter durch falsche Angaben gegenüber dem Verletzten die Geltendmachung von Rückgewähr- oder Schadensersatzansprüchen vereitelt (= sog. **Sicherungsbetrug**).[595] Gegen diese Konstruktion ist jedenfalls dann etwas einzuwenden, wenn keine „Erweiterung oder Vertiefung des schon durch das Eigentumsdelikt verursachten Schadens"[596] gegeben ist. Dann fehlt es bereits am Tatbestand des Betrugs.[597] Daher verbleibt es zB bei der Verheimlichung zuvor im Kaufhaus entwendeter Ware an der Kasse beim Diebstahl, auch wenn die Kassiererin auf Grund einer Täuschung die Herausforderung des Diebesguts unterlässt.[598]

2. Verfolgbarkeit

720 § 263 IV erklärt nicht nur § 243 II, sondern auch § 247 und § 248a für entsprechend anwendbar. Danach besteht für den *Bagatell-* und den *Haus-* und *Familienbetrug* ein **Strafantragserfordernis**. Im letztgenannten Fall kommt als Antragsberechtigter nur der Geschädigte, nicht auch der davon personenverschiedene Getäuschte in Betracht.[599] Zum Beginn der **Verjährung** beim Betrug ist § 78a zu beachten.[600]

X. Prüfungsaufbau: Betrug, § 263

721
Betrug, § 263
I. Tatbestand
  1. Objektiver Tatbestand
    a) Täuschung:
      • *Tatsachen*
        → Abgrenzung zum Werturteil
      • *Vorspiegeln falscher Tatsachen*
      • *Entstellen/Unterdrücken wahrer Tatsachen*
        → durch aktives/konkludentes Tun
        → durch Unterlassen
          Ⓟ Garanten(Aufklärungs)pflicht
    b) Irrtum:
      • *Irrtum*
        Ⓟ Irrtum bei Zweifeln
        Ⓟ ignorantia facti ↔ sachgedankliches Mitbewusstsein
      • *Erregung/Unterhaltung*
        → Mitverursachung
    c) Vermögensverfügung:
      • *vermögensmindernde Verfügung*
        Ⓟ Vermögensbegriff
        → Unmittelbarkeit ⎫
        → Freiwilligkeit   ⎬ Ⓟ Diebstahl ↔ Betrug
        → Verfügungs-   ⎭
           bewusstsein

---

595 BGH GA 1957, 409, 410; 1958, 369, 370; 1961, 83; BeckRS 20, 41132; HK-GS/*Duttge*, § 263 Rn 109; *Lackner/Kühl/Heger*, § 263 Rn 69; LK-*Tiedemann*, § 263 Rn 325 ff; *Kretschmer*, JuS 13, 26; M/R-*Saliger*, § 263 Rn 339; *Schröder*, MDR 50, 398; anders bei einer Abwehr des Anspruchs im Prozess *Bittmann*, NStZ 12, 289 ff.
596 BGH StV 92, 272.
597 S. *Otto*, BT § 51 Rn 152; vertiefend *Sickor*, GA 07, 590.
598 *Hillenkamp*, JuS 97, 220, 222; zur entsprechenden Frage bei der **„Sicherungserpressung"** s. ebenso *Kienapfel*, Anm. JR 84, 389; *Seier*, NJW 81, 2157; Rn 815; Rn 462 mit BGH NStZ 12, 95.
599 Vgl RGSt 74, 167; näher zum Ganzen *Naucke*, Lackner-FS S. 695.
600 *Otto*, Lackner-FS S. 715, 723 ff; BGH wistra 04, 228; BGH wistra 20, 65, 66; BGH BeckRS 20, 41132.

	• *des Getäuschten*
	→ Vermögensinhaber (Selbstschädigung)
	→ Dritter (Fremdschädigung)
	Ⓟ Dreiecksbetrug oder Diebstahl in mittelbarer Täterschaft
d) Vermögensschaden:	• *Vermögensminderung*
	Ⓟ schadensgleiche Vermögensgefährdung
	• *Ausbleiben einer Kompensation*
	Ⓟ individueller Schadenseinschlag
	Ⓟ bewusste Vermögensminderung/ Zweckverfehlung
e) Kausalität:	• *Kausalzusammenhang zwischen den 4 Merkmalen*
	Ⓟ funktionaler Zusammenhang Irrtum
	→ Verfügung
2. Subjektiver Tatbestand	
a) Vorsatz:	• *jede Vorsatzart*
b) Bereicherungsabsicht:	• *Absicht, sich oder Drittem rechtswidrigen Vermögensvorteil zu verschaffen*
	Vermögensvorteil des Täters/eines Dritten
	Ⓟ *Stoffgleichheit von Schaden und Vorteil*
	dolus directus 1. Grades bzgl Vermögensvorteil
	objektive Rechtswidrigkeit des Vermögensvorteils
	→ nicht bei fälligem, einredefreien Anspruch
	zumindest dolus eventualis bzgl Rechtswidrigkeit
	Ⓟ *Irrtum bzgl Rechtswidrigkeit*

II. Rechtswidrigkeit

III. Schuld

IV. Privilegierung (Strafantrag, § 263 IV iVm. §§ 247, 248a)

V. Besonders schwerer Fall, § 263 III

→ Qualifikation, § 263 V

§ 16 Computerbetrug

I. Zweck, Rechtsgut und Einordnung der Vorschrift

Sowohl § 263a als auch § 265a verbietet Verhaltensweisen, die aufgrund der **Begrenzung auf menschliches Verhalten nicht** unter § 263 fallen. § 263a verbietet manipulative Einwirkungen auf Datenverarbeitungsprozesse, § 265a Fälle der Erschleichung von Leistungen von Automaten (aber auch Weiteres). Zwar sind sowohl § 263a als auch § 265a als Erfolgsdelikte konstruiert, sie unterscheiden sich jedoch im Hinblick auf den tatbestandlichen Erfolg (Vermögensschaden vs. Erlangung einer Leistung) und die Tathandlung, die § 263a in Anlehnung an § 263 entwickelt und ausdifferenziert, während § 265a das verbotene Verhalten nur bildhaft als „erschleichen" bezeichnet. Beide Tatbestände weisen auch im Hinblick auf die Entstehungsgeschichte Parallelen auf.

722

723 **Fall 53:** O hatte seine ec-Karte der T überlassen, ihr seine zugehörige Geheimzahl mitgeteilt und ihr gestattet, sich 2 000 € für eine Reise abzuheben. Diese Reise fand dann aber nicht statt. T hob gleichwohl bei acht Gelegenheiten unter Einsatz von Karte und Geheimnummer Geldbeträge in einer Gesamthöhe von 10 800 € vom Konto des O ab, ohne dass dieser damit einverstanden war. Hat sich T nach § 263a strafbar gemacht? **Rn 745**

724 **Fall 54:** 1995 präparierte T 2500 schwedische 5-Kronen-Münzen im Wert von je etwa 1 DM durch Überkleben der Schmalseiten mit Klarsichtfolie so, dass ihr Durchmesser dem eines 5-DM-Stückes entsprach. Mit einem Teil dieser Münzen bediente er in der Spielbank einen Geldspielautomaten und erzielte dabei einen Gewinn von 182 5-DM-Münzen. Das gelang ihm deshalb, weil der elektronische Münzprüfer in dem Spielautomaten defekt war. T hatte mit dem Vorhandensein eines solchen Münzprüfers gerechnet, von dem Defekt aber nichts gewusst.

Hat sich T nach § 263a strafbar gemacht? **Rn 746**

725 Der Computerbetrug (§ 263a) schließt *Lücken* im Vermögensschutz, die durch den zunehmenden Einsatz von Datenverarbeitungssystemen entstanden waren, bei denen ein im Betrug vorausgesetzter menschlicher Irrtum nicht möglich ist.[1]

726 Die Vorschrift stellt Manipulationsformen zum Nachteil fremden Vermögens unter Strafe. Deren Besonderheit besteht im Vergleich zum Betrug (§ 263) darin, dass nicht ein *Mensch getäuscht* und zu einer *irrtumsbedingten Vermögensverfügung* veranlasst, sondern der Schaden durch die Manipulation eines Datenverarbeitungssystems herbeigeführt wird. § 263a übernimmt infolgedessen aus § 263 zwar den vollständigen subjektiven Tatbestand und das Merkmal der Vermögensbeschädigung, ersetzt die dort vorgesehene Täuschungshandlung jedoch durch eine Reihe weit gefasster Computermanipulationen. Geschützt ist wie beim Betrug das **Vermögen**.[2]

Der **Versuch** ist mit Strafe bedroht;[3] nach § 263a II gelten § 263 II-VI entsprechend.[4] 2003 hat der Gesetzgeber infolge eines Rahmenbeschlusses des Rates der EU zur Bekämpfung von Betrug und Fälschung im Zusammenhang mit unbaren Zahlungsmitteln schon die bloße **Vorbereitung** eines Computerbetruges durch Herstellen, Sich-Verschaffen uä eines Computerprogramms, dessen Zweck die Begehung einer Tat nach § 263a I ist, in § 263a III (mit der Möglichkeit tätiger Reue, § 263a IV) unter Strafe gestellt.[5] Der „objektive Zweck" des Programms muss gerade die Begehung eines Computerbetrugs sein. Taugliches Tatobjekt ist nur ein Programm, das mit der Absicht entwickelt oder modifiziert worden ist, eine entsprechende Straftat zu begehen. Auf eine solche Absicht kann uU aus dem Vertriebskonzept und der Bewerbung des Produkts geschlossen werden.[6]

---

1 Näher zu der durch das 2. WikG vom 15.5.1986 (BGBl I 721) eingefügten Vorschrift *Lackner*, Tröndle-FS S. 41; *Lenckner/Winkelbauer*, CR 86, 654; *Möhrenschlager*, wistra 86, 123, 131; *Otto*, Jura 93, 612; *Tiedemann*, JZ 86, 865; BGH NJW 07, 2864, 2866; ausf. zu §§ 263a, 266b *Pütz*, Der Computerbetrug und verwandte Delikte, 2013, S. 95 ff, 180 ff.
2 BGHSt 40, 331, 334; Fischer-*Fischer*, § 263a Rn 2; *Lackner/Kühl/Heger*, § 263a Rn 1; NK-WSS-*Waßmer*, § 263a Rn 5; *Schramm*, BT II § 8 Rn 4; weiter LK-*Tiedemann/Valerius*, § 263a Rn 13 f; S/S-*Perron*, Vor § 263 Rn 12. § 263a ist damit ein Schutzgesetz gem. § 823 II BGB.
3 Zum Versuchsbeginn s. KG BeckRS 12, 18313 mit Bespr. *Jahn*, JuS 12, 1135.
4 Die Qualifikation des § 263 V findet sich zB bei banden- und gewerbsmäßig organisiertem *Skimming*, s. BGH NStZ 12, 626; BGH NStZ-RR 13, 109 (zum Skimming s. auch hier Fn 57) sowie bei Wettmanipulationen, s. BGH NJW 13, 1017. Als Vortat zu § 261 muss § 263a banden- oder gewerbsmäßig begangen sein, s. KG NStZ-RR 13, 13.
5 S. dazu AnK-*Gaede*, § 263a Rn 32 ff; *Heger*, ZIS 08, 496, 498; *Husemann*, NJW 04, 104, 107 und – wegen der Ausdehnung der Strafbarkeit in das Vorfeld zu Recht krit. – *Duttge*, Weber-FS S. 285; zu restriktiver Handhabung rät NK-WSS-*Waßmer*, § 263a Rn 106. Zum Verdacht einer solchen Tat s. LG Karlsruhe wistra 06, 317; zur **Subsidiarität** der Vorbereitung gegenüber dem Versuch s. BGH BeckRS 14, 16408.
6 K/H-*Cornelius*, Kap. 102 Rn 110.

Dual-Use-Tools scheiden demnach grds aus.[7] Die bloße Eignung zur Begehung eines Computerbetrugs kann folglich ebenso wenig ausreichen[8] wie das bloße Missbrauchspotenzial des Programms.[9] 2021 wurde § 263a III um das Herstellen, Sich-Verschaffen uä von Passwörtern oder sonstige Sicherungscodes, die zur Begehung einer solchen Tat geeignet sind, erweitert.[10] Bei der Begriffsbestimmung soll auf § 202c zurückgegriffen werden.[11]

Aus der **Betrugsähnlichkeit** wird überwiegend[12] die Forderung abgeleitet, die Vorschrift **betrugsnah** auszulegen.[13] Dem ist im Grundsatz zu folgen, um die Struktur- und Wertgleichheit beider Delikte zu wahren und der Auffangfunktion des neuen Tatbestandes gerecht zu werden.[14] Geschehen kann das freilich nur in den Grenzen, die Wortlaut und Betrugsäquivalenz der einzelnen Merkmale zulassen.[15] Rein menschliche Verarbeitungsprozesse sind eindeutig § 263, rein (per Datenverarbeitung) automatische § 263a zuzuordnen. Probleme entstehen, wenn am Entscheidungsprozess sowohl Mensch als auch Maschine beteiligt sind. Richtigerweise kommt es auf die finale (Teil-)Entscheidung über die Vermögensverfügung an.[16] Ist nicht zu ermitteln, ob diese durch einen Menschen oder maschinell erfolgte, trifft die hM eine Wahlfeststellung und nimmt sehr „großzügig" bedingten Vorsatz bzgl beider Delikte (§ 263 und § 263a) an.[17] Weil § 263a aber eine gesetzliche Analogie zu § 263 enthält und eine Analogie keine neue Vorschrift schafft, sondern eine bestehende erweitert, ist es vorzugswürdig, Betrug und Computerbetrug als einheitliches Delikt (mit über zwei Vorschriften verteilten Begehungsvarianten) anzusehen. In den angesprochenen unklaren Fällen genügt dann eine – unproblematische – unechte Wahlfeststellung.[18]

727

II. Tatbestand

1. Zwischenfolge, Erfolg und Bereicherungsabsicht

Der Tatbestand unterscheidet vier Tathandlungen. Für alle vier gilt, dass sie als tatbestandlichen **Zwischenerfolg**[19] zunächst das **Ergebnis eines Datenverarbeitungsvorganges beeinflussen** müssen. Dabei treten der Datenverarbeitungsvorgang und dessen Beeinflussung an die Stelle von Irrtum und Verfügung beim Betrug.[20]

728

---

7 Vgl BVerfG ZUM 09, 749 f; *Cornelius*, CR 07, 684; *Popp*, GA 08, 375 zur parallelen Problematik bei § 202c.
8 S. dazu *Eisele*, CR 11, 1341, 134; Fischer-*Fischer*, § 263a Rn 30 ff; HK-GS/*Duttge*, § 263a Rn 35.
9 S/S/W-*Hilgendorf*, § 263a Rn 38; zu Dual-Use-Programmen s. auch BK-*Schmidt*, § 263a Rn 48 f.
10 Vgl. Gesetz vom 10.3.2021 (BGBl I S. 333).
11 BT-Ds 19/25631, S. 23.
12 Abl. *Achenbach*, Gössel-FS S. 481; *Mitsch*, BT II S. 396 ff; *Ranft*, NJW 94, 2574; einschr. *Otto*, BT § 52 Rn 29.
13 BGHSt 47, 160, 162 f; BGH NStZ 05, 213; BGH NStZ 16, 149 mit Anm. *Piel*; OLG Düsseldorf NStZ-RR 98, 137; OLG Karlsruhe NStZ 04, 333, 334; AnK-*Gaede*, § 263a Rn 2; A/R/R-*Wegner/Heghmanns*, 8 Rn 198 f; BK-*Schmidt*, § 263a Rn 4; *Hilgendorf*, JuS 99, 542; M/R-*Altenhain*, § 263a Rn 1; NK-WSS-*Waßmer*, § 263a Rn 1, 37; *Rengier*, BT I § 14 Rn 1, 19; SK-*Hoyer*, § 263a Rn 6; S/S-*Perron*, § 263a Rn 2; iE auch *Kindhäuser*, Grünwald-FS S. 285; krit. MK-*Hefendehl/Noll*, § 263a Rn 5 ff; *Wachter*, NStZ 18, 241; *Zöller*, BT Rn 217; zum Streit s. *Kraatz*, Jura 10, 36.
14 *Lackner/Kühl/Heger*, § 263a Rn 2, 13 f.
15 *Hilgendorf/Valerius*, BT II § 8 Rn 3; LK-*Tiedemann/Valerius*, § 263a Rn 6, 16 f.
16 LK-*Tiedemann/Valerius*, § 263a Rn 67; Spickhoff-*Schuhr*, § 263a Rn 3.
17 BGH NStZ 08, 281 f; *v. Heintschel-Heinegg*, JA 08, 660; Fischer-*Fischer*, § 263a Rn 23, 38; LK-*Tiedemann/Valerius*, § 263a Rn 65; MK-*Hefendehl/Noll*, § 263a Rn 221; NK-*Kindhäuser/Hoven*, § 263a Rn 62.
18 Näher zu diesem Vorschlag *Schuhr*, ZWH 2012, 50, 53; Spickhoff-*Schuhr*, § 263a Rn 8.
19 LK-*Tiedemann/Valerius*, § 263a Rn 26, 65; *Wachter*, JuS 17, 724.
20 G/J/W-*Bär*, § 263a Rn 31; *Lackner/Kühl/Heger*, § 263a Rn 16; SK-*Hoyer*, § 263a Rn 5; Beispiele für deren Fehlen in BGH NStZ 05, 213; AG Gera NStZ-RR 05, 213, 214.

729 Den recht allgemein gehaltenen Begriff des „Datenverarbeitungsvorganges" erläutert das Gesetz nicht. Er ist weit auszulegen.[21] **Daten** sind nach allgemeiner Ansicht kodierte Informationen; eine Beschränkung auf solche nach § 202a II besteht hier nicht. Zur **Datenverarbeitung** gehören alle technischen Vorgänge, bei denen durch Aufnahme von Daten und ihre Verknüpfung nach Programmen bestimmte Arbeitsergebnisse erzielt werden.[22] **Beeinflusst** im Sinne des § 263a wird das Ergebnis eines Datenverarbeitungsvorganges, wenn eine der im Gesetz genannten Tathandlungen in den Verarbeitungsvorgang des Computers Eingang findet, seinen Ablauf mitbestimmt und eine Vermögensdisposition auslöst. Dass der Datenverarbeitungsvorgang *bereits in Gang befindlich* ist, setzt dessen Ergebnisbeeinflussung in *keiner Variante* voraus. Sie kann vielmehr auch in einem Anstoßen oder Auslösen des Vorganges liegen.[23]

730 Unmittelbare Folge der in dieser Weise beeinflussten Vermögensdisposition muss die **Schädigung** fremden **Vermögens** (Rn 649 ff) sein. Dass die durch Abhebungen mit einer gestohlenen Kennkarte geschädigte Bank möglicherweise einen Schadensersatzanspruch gegen den Karteninhaber hat, bedeutet daher zB hier wie beim Betrug (s. Rn 651) keine hinreichende Kompensation. Dass die Bank geschädigt ist, folgt daraus, dass gegenüber einem Kontoinhaber, auf dessen Konto ohne seinen Auftrag oder sonstigen Rechtsgrund Belastungsbuchungen vorgenommen werden, ein Aufwendungsersatzanspruch nach §§ 675c, 670, 675 I BGB wegen fehlender Autorisierung ausgeschlossen ist (§ 675u S. 1 BGB) und eine unverzügliche Rückerstattung des Zahlungsbetrages durch die Bank zu erfolgen hat (§ 675u S. 2 BGB).[24] Da das Konto des Bestohlenen allerdings zunächst belastet wird, kommt auch ein Computerbetrug in Form eines Dreiecksbetruges zulasten des Kontoinhabers in Betracht. Dessen Schaden kann in einer schadensgleichen Vermögensgefährdung bestehen, da er die Abbuchung entdecken und die Rückbuchung gegen den denkbaren Einwand, er habe seine Aufbewahrungspflichten grob fahrlässig verletzt (ein Fall, in dem der Schaden bei ihm verbleiben kann)[25], erst noch durchsetzen muss.[26] Die Feststellung und Bezifferung eines solchen Gefährdungsschadens muss allerdings auch zu § 263a den Anforderungen entsprechen, die das BVerfG hierzu zu § 266 und § 263 aufgestellt hat.[27] In Anlehnung an diese Fallkonstellation hat das OLG Celle den missbräuchlichen Einsatz einer durch verbotene Eigenmacht erlangten **Tankkarte** mit dem Ergebnis entschieden, dass unmittelbar geschädigt nicht der Inhaber der Tankkarte, sondern (wie die Bank im ec-Kartenfall) nur der Betreiber der Tankstation sei.[28]

Die **unmittelbar** vermögensmindernde Wirkung des Verarbeitungsergebnisses gewährleistet die Strukturgleichheit mit dem Betrug.[29] So, wie die Vermögensminderung dort

---

21 Ebenso *Wittig*, § 15 Rn 6; zu Eingrenzungsversuchen s. *Kraatz*, Jura 10, 38.
22 S. RegE BT-Ds 10/318 S. 21.
23 BGHSt 38, 120, 121; BGH wistra 17, 102; *Beulke/Zimmermann*, III Rn 524; *Eisele*, BT II Rn 670; Fischer-*Fischer* § 263a Rn 20; *Klose*, NZWiSt 18, 16 f; *Krey/Hellmann/Heinrich*, BT II Rn 839; *Kudlich*, PdW BT I, S. 116; NK-WSS-*Waßmer*, § 263a Rn 70; *Rengier*, BT I § 14 Rn 5, 26; *Mitsch*, BT II S. 401; SK-*Hoyer*, § 263a Rn 12; *Wittig*, § 15 Rn 21; zur Gegenansicht s. S/S/W-*Hilgendorf*, § 263a Rn 28.
24 BGH NJW 01, 1508; BGH NStZ 08, 396, 397; *Fest/Simon*, JuS 09, 798, 801 f; NK-WSS-*Waßmer*, § 263a Rn 81; *Rengier*, BT I § 14 Rn 30; s. dazu im Falle des sog. *Skimmings* (hier Fn 57) auch *Seidl*, ZIS 12, 421.
25 *Beulke/Zimmermann*, III Rn 525; s. dazu jetzt § 675v II BGB; zu den Sorgfaltsanforderungen des Karteninhabers s. *Seidl*, ZJS 12, 421.
26 *Rengier*, BT I § 14 Rn 30; s. auch *Goeckenjahn*, wistra 08, 128, 132; *Stuckenberg*, ZStW 118 (2006), 878, 898 f; zur Schadensbegründung in einem unberechtigt in Anspruch genommenen Lastschriftverfahren s. BGHSt 58, 119, 128 ff; BGH NStZ 14, 580.
27 S. dazu Rn 653, 879 mwN.
28 OLG Celle NStZ-RR 17, 80.
29 BGH StV 14, 85, 86.

unmittelbare Folge des Irrtums sein muss, muss sie hier unmittelbarer Effekt der manipulierten Datenverarbeitung sein. Unmittelbarkeit ist zB gegeben, wenn am Ende der Verarbeitung eine zivilrechtliche Verfügung (etwa eine Gutschrift) oder eine verpflichtende Erklärung des Geschädigten (etwa ein Rentenbescheid)[30] steht. Auch wo das Ergebnis des vom Täter manipulierten Datenverarbeitungsvorgangs von einer Person ohne eigene Entscheidungsbefugnis und ohne inhaltliche Kontrolle lediglich umgesetzt wird, liegt die erforderliche Unmittelbarkeit noch vor.[31] Sie fehlt dagegen, wo die Manipulation des Ergebnisses dem Täter nur als Hilfsmittel einer Täuschung dient, die – wie zB die Vorlage und das Einlesen einer unberechtigt weiterbenutzten AOK-Versicherungskarte beim Arzt[32] – zu einer Verfügung des Opfers führt (= § 263). Sie fehlt auch dort, wo die Beeinflussung dem Täter nur die Möglichkeit eröffnet, die Schädigung selbst vorzunehmen oder diese zu verschleiern.[33] So wie der Betrug steht auch § 263a zum Diebstahl im Verhältnis der **Exklusivität**.[34]

Rechtsprechungsbeispiel: Richtig entschieden hat daher das **OLG Hamm wistra 14, 36**. Hier hatte der Angekl. in einem Supermarkt zunächst einen *Playboy*, später einen *Stern* aus dem Zeitschriftenregal entnommen, an der *Selbstbedienungskasse* aber nicht deren Strichcodes, sondern den einer Tageszeitung zu 1,20 €, den er zuhause ausgerissen und mitgebracht hatte, unter das Einlesegerät gehalten und die beiden teuren Zeitschriften jeweils nach Zahlung von 1,20 € mitgenommen. Es fehlte bereits an einem verfügungsgleichen Datenverarbeitungsergebnis; die beiden Zeitschriften wurden nicht übereignet. Erst die Mitnahme der teureren Zeitschriften, nicht unmittelbar das Geschehen an der Scannerkasse hat zur eingetretenen Vermögensschädigung geführt. „Überdies" sieht das OLG auch keine der vier durchgeprüften Tathandlungen als verwirklicht an. Namentlich die „betrugsspezifisch" (s. Rn 738) auszulegende unbefugte Verwendung von Daten liege nicht vor, weil hierzu auf das „Vorstellungsbild einer natürlichen Person" abzustellen sei, „die sich ausschließlich mit den Fragen befasst, die auch der Computer" prüfe (s. Rn 740). Darunter falle aber nicht die Übereinstimmung des eingegebenen Strichcodes mit der entnommenen Ware, ein Ergebnis, dass die Fragwürdigkeit dieser „Maßfigur" zeigt. Den Auffangtatbestand der 4. Variante verneint das OLG auch deshalb, weil es nicht dessen Aufgabe sei, Verhaltensweisen zu erfassen, die unter § 242 fielen. Dass es bei der Mitnahme der Zeitschriften aber mangels wirksamen Einverständnisses (s. Rn 161) und trotz Beobachtung (s. Rn 169) hierum geht, ist richtig gesehen (zust. daher auch *Jäger*, JA 14, 155, *Jäger*, BT Rn 210e, *Jahn*, JuS 14, 179 und *Schuhr*, ZWH 14, 111; teils krit., iE aber auch zust. *Fahl*, NStZ 14, 244; krit. auch *Ruppert*, Jura 2022, 1415. *B. Heinrich*, Beulke-FS S. 398 ff bejaht dagegen § 263a in der 3. Var., bei einer nach dem Scan- und Bezahlvorgang erfolgenden Gewährung des Durchgangs an einer personalüberwachten Schranke § 263, S. 403).

In **subjektiver** Hinsicht deckt sich § 263a mit der in § 263 getroffenen Regelung. Der Wille des Täters muss hier darauf gerichtet sein, gerade durch das Ergebnis des manipulierten oder unbefugt vorgenommenen Datenverarbeitungsvorganges einen rechtswidrigen Vermögensvorteil zu erlangen (= sog. „Stoffgleichheit" zwischen dem erstrebten Vorteil und der Vermögensbeschädigung). Hat der Täter einen fälligen Anspruch auf den Vorteil, fehlt es an der Rechtswidrigkeit der angestrebten Bereicherung.[35] Irrt der Täter

731

---
30 *Lackner/Kühl/Heger*, § 263a Rn 18; M/R-*Altenhain*, § 263a Rn 23.
31 BGH NStZ-RR 16, 371, 372 mit Anm. *Hecker* JuS 17, 276; BGH BeckRS 16, 17444 mit Anm. *Bramssen*, EWiR 17, 79.
32 S. dazu OLG Hamm NStZ 06, 574, 575; zust. H-H-*Voigt*, Rn 1067.
33 BGH wistra 18, 344; BGH ZWH 13, 361 mit Anm. *Schuhr*. Zum Wegstoßen eines Bankkunden nach Eingabe der PIN und anschließender eigenmächtiger Abhebung durch den Täter s. **Die aktuelle Entscheidung** hier Rn 836.
34 *Kindhäuser/Hilgendorf*, § 263a Rn 73; LK-*Tiedemann/Valerius*, § 263a Rn 65; *Otto*, Anm. JR 00, 215; SK-*Hoyer*, § 263a Rn 49 f; S/S-*Perron*, § 263a Rn 21, 23; krit. M/S/M-*Momsen*, BT I § 41 Rn 243, 246.
35 Thüringer OLG wistra 07, 237; hier wird allerdings iE zu Recht (s. Rn 745) der Missbrauch der unter falschem Vorwand erschwindelten Karte nicht unter § 263a subsumiert.

über den Mangel seiner Befugnis, liegt ein Tatbestandsirrtum vor.[36] Im Ergebnis zutreffend geht die hM davon aus, dass wer Umstände annimmt, die § 263a verwirklichen würden, während die tatsächlichen Umstände § 263 verwirklichen, keiner beachtlichen Fehlvorstellung unterliegt, und ebensowenig im umgekehrten Fall. Überzeugend erklären kann sie das allerdings nicht, denn sie geht von Exklusivität der Tatbestände aus. Die Annahme eines einheitlichen Delikts (s. Rn 727) hingegen erklärt dieses Ergebnis. Zutreffend wird deshalb (nur) aus dem jeweils vollendeten Delikt bestraft.[37] Konsequenterweise muss im Falle eines dolus alternativus Gleiches gelten.[38]

2. Tathandlungen

732 Bei den **Tathandlungen** zählt das Gesetz vier verschiedene Modalitäten auf, deren Einzelmerkmale *betrugsspezifisch* auszulegen sind, soweit sie sich an den in § 263 normierten Täuschungsbegriff anlehnen (s. Rn 727).[39] Das gilt insb. für die *Verwendung unrichtiger oder unvollständiger Daten*.

733 Vorgänge der Datenverarbeitung werden stets durch ein Programm gesteuert, dessen **unrichtige Gestaltung** der Tatbestand bereits als tatbestandliche Manipulation erfasst, Var. 1. Er geht so durchaus über das Vorbild des Betrugs hinaus, denn wie ein Mensch Informationen behandelt, ist höchstens durch Bildung, aber nicht durch eine Täuschung steuerbar. Als **Programm** bezeichnet man jede in Form von ausführbarem Code fixierte Anweisung an den Computer. Da auch Code in Speicherzuständen abgebildet wird, lässt er sich als Sammlung von Daten und letztlich als *spezielle* Ausprägung der in der zweiten Variante aufgeführten Inputmanipulationen verstehen.[40] Gemeint war vom Gesetzgeber freilich eine Gegenüberstellung vom Programm als Sammlung der Regeln zur Verarbeitung von Daten und der in der Verarbeitung unter Anwendung dieser Regeln verwendeten (eingegebenen) Daten. **Unrichtig** in betrugsspezifischem Sinne ist eine **Programmgestaltung** immer dann, wenn sie zu Ergebnissen führt, die nach der zugrunde liegenden Aufgabenstellung und den Beziehungen zwischen den Beteiligten so nicht bewirkt werden sollen, der materiellen Rechtslage also widersprechen. Es kommt danach nicht auf eine rein subjektive, von Wünschen des Systembetreibers abhängige, sondern auf eine am Maßstab der Aufgabenstellung und ihrem Niederschlag in Pflichtenheften, bisherigen Programmversionen etc zu **objektivierende Unrichtigkeit** an.[41] Eine unrichtige Programmgestaltung nimmt bspw. vor, wer in einem Überweisungssystem den Code zur Prüfung hinreichender Deckung oder eines hinreichenden Überziehungsrahmens deaktiviert.

734 **Daten** werden **verwendet**, wenn sie in einen Datenverarbeitungsprozess eingegeben werden. Sie müssen nicht speziell auf diesen Prozess bezogen sein; auch soweit das Programm, zB mittels Sensoren oder Netzwerkzugriffen, Daten erfasst, liegt in der Einfluss-

---

36 *Lackner/Kühl/Heger*, § 263a Rn 24.
37 *Fischer-Fischer*, § 263a Rn 23; NK-WSS-*Waßmer*, § 263a Rn 86; S/S/W-*Hilgendorf*, § 263a Rn 34.
38 Die hM hingegen entscheidet dann nach Konkurrenzregeln, s. BGH wistra 17, 405; *Hillenkamp*, hier bis zur 40. Aufl.; *Lackner/Kühl/Heger*, § 263a Rn 24; zum *dolus alternativus* s. LK-*Murmann*, § 22 Rn 46.
39 Näher BGH StV 14, 684 f; LK-*Tiedemann/Valerius*, § 263a Rn 16 f; S/S-*Perron*, § 263a Rn 2; SK-*Hoyer*, § 263a Rn 24, 31, 46; abw. *Ranft*, NJW 94, 2574 und JuS 97, 19.
40 K/H-*Cornelius*, Kap. 102 Rn 87; LK-*Tiedemann/Valerius*, § 263a Rn 27; *Schramm*, BT II § 8 Rn 12; ein **Beispiel** für die 1. Variante findet sich in BGH NStZ-RR 16, 371.
41 AnK-*Gaede*, § 263a Rn 6; *Bock*, BT II S. 437; E/R/S/T-*Saliger*, § 263a Rn 8; *Hilgendorf*, JuS 97, 131; HK-GS/*Duttge*, § 263a Rn 6; *Lackner*, Tröndle-FS S. 55 f; LK-*Tiedemann/Valerius*, § 263a Rn 30 f; *Rengier*, BT I § 14 Rn 9; *Schmidt*, BT II Rn 671 f; *Schramm*, BT II § 8 Rn 14; SK-*Hoyer*, § 263a Rn 24; aA BT-Ds 10/318, S. 20; NK-*Kindhäuser/Hoven*, § 263a Rn 14 f; HdS-*Kindhäuser/Schumann* V, § 34 Rn 16; **Beispiel** bei *Wittig*, § 15 Rn 11.

nahme auf das Ergebnis dieses Datenabrufs eine Verwendung der Daten. **Daten** sind iS der 2. Variante **unrichtig**, wenn sie – nach der bei der Programmierung vorausgesetzten und für den Verwender zu erkennenden Interpretation – einen Sachverhalt im Widerspruch zur Wirklichkeit als bestehend bzw. nicht bestehend darstellen. Sie sind **unvollständig**, wenn sie den zugrunde liegenden Lebenssachverhalt nicht in für die Verarbeitung ausreichender Weise erkennen lassen.[42] Eine solche Differenz zwischen Daten und Wirklichkeit ist bspw. gegeben, wenn fingierte Forderungen als Lastschriften im Wege des Abbuchungsverfahrens bei einer Bank eingereicht werden, obwohl keine entsprechenden Abbuchungsaufträge erteilt wurden.[43]

Schließt man richtigerweise aus der Betrugsähnlichkeit, dass § 263a ausscheidet, wenn ein der vorgenommenen Tathandlung entsprechendes Täuschungsverhalten gegenüber einer Person nicht zum Betrug führen würde,[44] muss man folgerichtig § 263a verneinen, wenn in einem Antrag auf Erlass eines **Mahnbescheides** im **automatisierten** Mahnverfahren (§ 689 I 2 ZPO) falsche Angaben gemacht und in die maschinelle Bearbeitung eingespeist werden. Hier fehlt es an Täuschungs- und Irrtumsäquivalenz, weil auch im nichtautomatisierten Verfahren der Rechtspfleger nicht gehalten ist, die Wahrheit der dem Anspruch zugrunde liegenden Angaben zu überprüfen. Die vor allem in der Rechtsprechung zu findende Annahme, es liege gleichwohl eine sachgedanklich mitbewusste irrige Vorstellung des Rechtspflegers vor, die der Antragsteller vorsätzlich bewirkt habe, geht von einer realitätsfernen und angesichts fehlender Prüfungspflicht auch rechtlich nicht schlüssig begründbaren Unterstellung aus,[45] die der BGH auf das *Erkenntnisverfahren* (Mahn- und Vollstreckungsbescheid) beschränkt. Beim Antrag auf Erlass eines Pfändungs- und Überweisungsbeschlusses im Vollstreckungsverfahren soll es auch nach ihm an der Täuschungsäquivalenz fehlen.[46] **735**

Der Tatbestand des § 263a ist mangels erstrebter Vermögensverschiebung nicht erfüllt, wenn ein von der Konkurrenz bestochener Programmierer die Datenverarbeitungsanlage durch eine Fehlprogrammierung vorsätzlich lahmlegt, oder wenn der Vermögensschaden darin besteht, dass der Computer infolge der Manipulation falsche Arbeitsergebnisse liefert, die gerade ihrer Mangelhaftigkeit wegen unverwertbar sind. In Fällen dieser Art bedarf es der Prüfung, ob andere Strafvorschriften (wie zB § 303b) eingreifen. **736**

In der 3. Variante wird die **unbefugte Verwendung von Daten** unter Strafe gestellt. Hiermit wird auch der schon (Rn 202 ff) erörterte **Missbrauch von Geldautomatenkarten** erfasst.[47] Daten im Sinne dieser Begehungsweise sind zweifelsfrei die dem Kontoinhaber zugeteilte Geheimnummer und die im Magnetstreifen der Karte gespeicherten Informationen. **Beeinflusst** wird das Ergebnis des Datenverarbeitungsvorganges nicht nur, **737**

---

42 BGHSt 58, 119, 125; BGH wistra 22, 511
43 BGHSt 58, 119, 125 f mit Bespr. *Heghmanns*, ZJS 13, 323; *Schuhr*, JR 13, 579 (im konkreten Fall aA, da es um Steuercodes ohne Tatsachenbezug ging und das Bestehen der Aufträge im alleinigen Verantwortungsbereich der Bank lag); BGH wistra 22, 511.
44 *Lackner*, Tröndle-FS S. 54 ff; S/S-*Perron*, § 263a Rn 2.
45 S. dazu schon Rn 580; wie hier *Kraatz*, Jura 10, 40; K/H-*Cornelius*, Kap 102 Rn 93; *Lackner/Kühl/Heger*, § 263a Rn 20 iVm § 263 Rn 17 mit Hinweis auf § 692 I Nr 2 ZPO; M/R-*Altenhain*, § 263a Rn 22; *Rengier*, BT I § 14 Rn 13; MK-*Hefendehl/Noll*, § 263a Rn 65; aA BGH NStZ 12, 322, 323 mit Bespr. *Bosch*, JK 7/12, StGB § 263/96 (s. dazu Rn 573); OLG Düsseldorf NStZ 91, 586; OLG Celle JR 12, 127 mit Bespr. *Kudlich*, JA 12, 152; *Wachter*, JuS 17, 726. IE ebenso *Klesczewski*, BT § 9 Rn 141; LK-*Tiedemann/Valerius*, § 263a Rn 39, 68 (Versuch erst mit Stellung des Antrags auf Erlass eines Vollstreckungsbefehls); NK-WSS-*Waßmer*, § 263a Rn 28; zu vergleichbaren Fallkonstellationen bei der Anmeldung rechtlich falsch oder zweifelhaft ausgewiesener Forderungen zur **Insolvenztabelle** durch den Insolvenzgläubiger s. *Sick*, Jura 09, 814, 816 f.
46 BGHSt 59, 68, 71 f mit Anm. *Trüg*, NStZ 14, 157; *Trück*, ZWH 14, 235; *Bosch*, JK 06/2014, StGB § 263a/ 18; eine Aufklärung gebietende Garantenpflicht aus Ingerenz wird insoweit verneint.
47 S. BT-Ds 10/5058, S. 30. Nach BGH NJW 08, 1394 ist auch der Täter erfasst, der sich unbefugt Gelder von fremden Konten verschafft, indem er Überweisungsträger dieser Konten fälscht, vorausgesetzt, die Überweisungsträger werden nur in automatischer Weise auf ihre Echtheit überprüft (sonst § 263).

wenn es sich in Form eines Widerspruchs zwischen Ist- und Sollbeschaffenheit als inhaltlich unrichtig erweist, sondern auch dann, wenn **sein Zustandekommen** von der unbefugten Datenverwendung abhängt.[48] Zweck dieser Tatbestandsmodalität ist es gerade, einem solchen **Computermissbrauch** vorzubeugen und fragwürdige Ersatzkonstruktionen, zu denen einzelne Gerichte und ein Teil der Rechtslehre gegriffen hatten, künftig entbehrlich zu machen.[49]

738 Allerdings hängt der Umfang, in dem § 263a den Bankomatenmissbrauch erfasst, maßgeblich davon ab, wie das Merkmal **unbefugt** zu verstehen ist.[50] Deutet man es „**computerspezifisch**" so, dass sich der der Datenverwendung entgegenstehende und die Verwendung unbefugt machende Wille des Betreibers im Computerprogramm niedergeschlagen haben muss,[51] verengt man die Reichweite erheblich und schließt vor allem den Missbrauch durch den kontoüberziehenden Berechtigten aus. Erklärt man demgegenüber mit einer **subjektivierenden** Deutung jede Verwendung für unbefugt, die dem wirklichen oder mutmaßlichen Willen des Betreibers[52] oder dem „vertraglich vereinbarten Dürfen"[53] widerspricht, verwandelt man den Computerbetrug in eine reines Vertragsunrecht einbeziehende allgemeine Computeruntreue. Zustimmung verdient daher der Versuch, auch in dieser Variante durch ein **betrugsspezifisches** Verständnis die Struktur- und Wertgleichheit mit dem Betrug zu wahren. Danach setzt das Verhalten Täuschungsäquivalenz voraus. Sie ist gegeben, wenn die Verwendung der Daten gegenüber einer Person Täuschungscharakter hätte.[54] Daran fehlt es zB beim Einlösen eines erkennbar versehentlich zugesandten Online-Gutscheins[55] oder – wie bei der bloßen Ausnutzung eines bereits vorhandenen Irrtums (s. Rn 583) – wenn der Täter einen im Risikobereich des Betreibers liegenden technischen Defekt dazu nutzt, eine Leistung unentgeltlich in Anspruch zu nehmen.[56]

---

48 BGHSt 38, 120, 121; BayObLG NJW 91, 438, 440 und JR 94, 476; *Cramer*, Anm. JZ 92, 1032; *Krey/Hellmann/Heinrich*, BT II Rn 839; *Schlüchter*, JR 93, 493; anders *Ranft*, wistra 87, 79 und NJW 94, 2574.
49 Zur früher umstrittenen Anwendbarkeit der §§ 242 ff oder des § 246 beim Geldautomatenmissbrauch s. bspw. BayObLG NJW 87, 663, 665 (= Rückgriff auf §§ 242, 243 I 2 Nr 2), BGHSt 35, 152 und OLG Stuttgart NJW 87, 666 (= Rückgriff allein auf § 246) sowie OLG Hamburg NJW 87, 336 und OLG Schleswig NJW 86, 2652 (= Annahme einer Strafbarkeitslücke).
50 S. dazu *Hillenkamp/Cornelius*, BT 36. Problem; instruktiv *Ruppert*, Jura 22, 1409; kurze Falllösung bei *Tetzlaff*, JuS 13, 155.
51 So *Lenckner/Winkelbauer*, CR 86, 657; ebenso *Achenbach*, JR 94, 295; *Achenbach*, Gössel-FS S. 494 f; *Arloth*, Jura 96, 357 f; OLG Celle NStZ 89, 367; nahest. *Schönauer*, wistra 08, 445, 450, der zusätzlich eine „Irrtumsäquivalenz" fordert; einschr. hierzu BGH NJW 13, 1018.
52 BGHSt 40, 331, 335; BayObLG JR 94, 289; *Bock*, WV-BT2, S. 215 f, 371 ff; *Hilgendorf*, JuS 97, 132; *Mitsch*, JZ 94, 883; *Otto*, BT § 52 Rn 40; *Popp*, JuS 11, 385, 392; S/S/W-*Hilgendorf*, § 263a Rn 10, 14; HdS-*Kindhäuser/Schumann* V, § 34 Rn 27.
53 So *Mitsch*, BT II S. 396. Vgl. hierzu auch M/S/M-*Momsen*, BT I § 41 Rn 240.
54 Grundlegend *Lackner*, Tröndle-FS S. 52 ff; im Grundsatz zust. AnK-*Gaede*, § 263a Rn 11 f; BK-*Schmidt*, § 263a Rn 23; *Beulke/Zimmermann*, III Rn 541; *Eisele*, BT II Rn 677 ff; Fischer-*Fischer*, § 263a Rn 11; *Heghmanns*, Rn 1466; H-H-*Voigt*, Rn 1065; HK-GS/*Duttge*, § 263a Rn 15; *Jäger*, BT Rn 824; *Klesczewski*, BT § 9 Rn 146; *Kraatz*, Jura 10, 41; *Kraatz*, Jura 16, 880; *Kunze*, Das Merkmal „unbefugt" in den Strafnormen des BT des StGB, 2014, S. 175 ff; *Lackner/Kühl/Heger*, § 263a Rn 13 f; LK-*Tiedemann/Valerius*, § 263a Rn 44, 46 ff; *Mühlbauer*, wistra 03, 248; NK-WSS-*Waßmer*, § 263a Rn 37; *Rengier*, BT I § 14 Rn 19; *Rengier*, Neumann-FS S. 1149 ff; *Schmidt*, BT II Rn 678; *Schroth*, S. 241; SK-*Hoyer*, § 263a Rn 16, 19; S/S-*Perron*, § 263a Rn 9; *Wachter*, NStZ 18, 242; *Wittig*, § 15 Rn 16; *Zöller*, Jura 03, 639; BGHSt 38, 120, 121 f; BGHSt 47, 160; BGH NJW 08, 1394; BGH NJW 13, 1018; BGH wistra 23, 161; OLG Köln NJW 92, 126; OLG Düsseldorf NStZ-RR 98, 137; OLG Karlsruhe NJW 09, 1287, 1288; OLG Köln StraFo 16, 36; OLG Zweibrücken NStZ 22, 550; iE auch MK-*Hefendehl/Noll*, § 263a Rn 87; krit. *Kindhäuser*, Grünwald-FS S. 295.
55 LG Gießen wistra 13, 326.
56 KG Berlin NStZ-RR 15, 111; OLG Karlsruhe NStZ 04, 333, 334; AG Karlsruhe CR 13, 642; *Bung*, GA 12, 354, 363; *Klas/Blatt*, CR 12, 136, 139; s. hierzu auch Rn 118, 688. Nach OLG Braunschweig NJW 08, 1464 soll in einem solchen Fall aber die 4. Tatbestandsvariante in Betracht kommen; vgl. *Obermann*, NStZ 15, 187.

Rechtsprechungsbeispiel: Ein lehrreiches Beispiel zur Täuschungsäquivalenz und den dazu vom BGH entwickelten Grundsätzen bildet **BGH NJW 13, 1017** (mit Anm. *Satzger*, JK 10/13, StGB § 263a/17). Dort geht es um Wettautomaten. Die Wettteilnehmer verhielten sich beim Abschluss des Wettvertrages am Automaten nach Auffassung des BGH deshalb täuschungsäquivalent, weil sie die betroffenen Spiele durch Geldzuwendungen an Spieler oder Schiedsrichter manipuliert hatten. Beim Vertragsschluss mit dem Wettanbieter selbst gehöre es zum konkludent mit erklärten Inhalt des Vertragsangebotes, dass Verlauf und Resultat der gewetteten Spiele vom Anbietenden nicht beeinflusst und ihm die Ergebnisse folglich unbekannt seien (s. hier Rn 567). Die vom 2. Senat in BGHSt 47, 160, 163 aus der computerspezifischen Deutung des Begriffs „unbefugt" übernommene Einschränkung, die Täuschung müsse sich auf Tatsachen beziehen, die das Datenverarbeitungssystem auch selbst prüft (s. dazu hier Rn 740), hält der 4. Senat zwar für ein Verhalten iR einer bereits bestehenden Vertragsbeziehung möglicherweise, nicht aber für die hier vorliegende Erschleichung eines Vertragsabschlusses für richtig. Selbst wenn man aber auch hierfür die Einschränkung mache, sei sie deshalb erfüllt, weil der „Wille der Wettanbieter, Wetten auf manipulierte Spiele ... nicht ... zuzulassen, in den Datenverarbeitungsvorgängen durch die Festlegung von Höchstgrenzen für Wetteinsätze ... seinen Ausdruck gefunden habe", ebenso BGH NJW 16, 1336 mit Anm. *Bosch*, Jura (JK) 16, 954. Überzeugender gelangt man zum identischen Ergebnis, wenn man die Berechtigung der Einschränkung bestreitet. Zur Schadensfeststellung gilt hier dann nichts anderes als zum Betrug (s. dazu hier Rn 649).

Hiernach macht sich der **nichtberechtigte** Karteninhaber, der sich einer gefälschten, manipulierten[57] oder durch verbotene Eigenmacht rechtswidrig erlangten[58] Codekarte bedient, nach § 263a zulasten der (kartenausgebenden) Bank[59] strafbar, weil er einem Bankangestellten in einem solchen Fall seine fehlende Berechtigung konkludent vortäuschen müsste.[60] Die subjektivierende Auffassung stimmt hiermit iE überein.[61] Anders entscheidet die Rechtsprechung bei dem kontaktlosen Einsatz einer ec-Karte im POS-Verfahren, weil keine über die tatsächlich eingesetzten Mittel (Karte, ggf Code) hinausgehende Prüfung der Berechtigung des Kartennutzers stattfindet.[62] Nicht Computerbetrug, sondern Betrug ist nach dem BGH gegeben, wenn der Täter Waren mit entwendeten ec-Karten *ohne Eingabe* der PIN nur durch Fälschung der Unterschrift des Karteninhabers auf dem Kassenbeleg „bezahlt".[63] Zu den § 263a vorausgehenden deliktischen Formen rechtswidriger Erlangung der Karte zählen nach der Rechtsprechung zB Diebstahl und räuberische Erpressung,[64] nicht aber ein die Aushändigung der Karte und die Preis-

739

---

57 BGHSt 38, 120, 123; BayObLGSt 93, 36; hierzu zählen auch Kartenrohlinge, auf die zuvor durch sog. **Skimming** (Abschöpfen der relevanten Daten durch technische Installationen an Geldautomaten oder Bezahlterminals; zur Technik des Skimmings s. BGH JR 11, 456; *Seidl*, ZIS 12, 415 f) ausgespähte Daten aufgetragen worden sind, s. dazu *Bachmann/Goeck*, JR 11, 425, 427; *Eisele*, CR 11, 131, 135 f; MK-*Hefendehl/Noll*, § 263a Rn 93; *Seidl*, ZIS 12, 417, 421; BGH NStZ 12, 626 f; zum Verhältnis des § 263a zu §§ 152a, b s. BGH NStZ-RR 13, 109; zu Beteiligungsformen s. *Feldmann*, wistra 15, 41; **Falllösung** zu Skimming und Phishing bei *Wörner/Hoffmann*, Jura 13, 742.
58 BGHSt 47, 160, 162; OLG Hamm NZWiSt 23, 269 mit Anm. *Schmidt*; BayOLG NJW 24, 3670; erlangt der Karteninhaber die Karte vom Aussteller durch Täuschung über seine Identität, ist er berechtigter Karteninhaber, s. BGHSt 47, 160, 162; 50, 174, 179; OLG Köln NJW 92, 125.
59 S. BGH NJW 01, 1508 mit Anm. *Fad*, JA-R 01, 112; *Wohlers*, NStZ 01, 539; zur Schadensbegründung s. dort und *Krey/Hellmann/Heinrich*, BT II Rn 840 sowie – auch zum denkbaren Computerdreiecksbetrug – hier Rn 720.
60 A/W-*Heinrich*, § 21 Rn 37; G/J/W-*Bär*, § 263a Rn 16; LK-*Tiedemann/Valerius*, § 263a Rn 48 f; SK-*Hoyer*, § 263a Rn 31; iE auch NK-*Kindhäuser/Hoven*, § 263a Rn 46; zur Nutzung einer einem Nichtberechtigten überlassenen **Mensakarte** s. *Raschke/Zirzlaff*, ZJS 12, 224.
61 *Hilgendorf*, JuS 97, 134.
62 OLG Hamm wistra 21, 84, 86 mit zust. Anm. *Christoph/Dorn-Haag* und Bespr. *Heghmanns*, ZJS 21, 494; *Böse/Tomiak*, ZfIStrW 23, 265; BayOLG NJW 24, 3670; zu ähnlichen Konstellationen *Christoph/Dorn-Haag*, NStZ 20, 697.
63 BGH MMR 12, 127.
64 BGH NStZ 01, 316; BGH StV 02, 362.

gabe der PIN bewirkender Betrug. Hier soll allein ein Betrug gegenüber dem Karteninhaber vorliegen, der Einsatz der Karte am Automaten dagegen straflos sein.[65] Das kann nicht überzeugen. Richtigerweise folgt auch einer durch Täuschung erzielten Erlangung von Karte und PIN ein Computerbetrug, der den (Besitz-)Betrug – wenn er denn vorliegt – als mitbestrafte Vortat verdrängt.

Die aktuelle Entscheidung: Im **BGH NStZ 16, 149** zugrunde liegenden Fall rief A ältere Menschen an, gab vor, ein Bankangestellter zu sein, und berichtete ihnen von einem angeblichen Hackerangriff. Er forderte die Kontoinhaber auf, zur Überprüfung der Vorgänge Bankkarte und zugehörige Geheimzahl einem demnächst bei ihnen erscheinenden Bankmitarbeiter auszuhändigen. B, mit dem A zusammenarbeitete, nahm die Karte und Geheimzahl sowie in einem der Fälle auch das abgehobene Bargeld entgegen und hob wenig später am Geldautomaten einen größeren Betrag von dem jeweiligen Konto ab. Der BGH bestätigt zu Recht die Verurteilung wegen Betrugs bezüglich des Bargelds, beanstandet aber zu Unrecht die Annahme des LG, es liege in allen Fällen (auch) ein Computerbetrug vor. Dazu wird zwar angesichts der „verfassungsrechtlich gebotenen einschränkenden Auslegung des Tatbestands" die subjektivierende Deutung des Merkmals „unbefugt" (Rn 738), mit der man hier zu § 263a käme, mit Recht verworfen. Es wird aber für die richtigerweise verlangte betrugsspezifische Deutung dann (wieder, s. Rn 740) als Vergleichsmaßstab ein Prüfvorgang am Bankschalter für maßgeblich erklärt, der sich auf die Aspekte beschränkt, „die auch der Geldautomat abarbeitet". Da dieser nur die Übereinstimmung von Karte und PIN prüfe, die hier gegeben ist, werde der Geldautomat nicht „betrogen" (Bedenken dagegen in BGH NStZ-RR 17, 79 mit zust. Bespr. *Ladiges*, wistra 17, 255). Damit wird nicht nur der Unterschied zur zu engen computerspezifischen Deutung eingeebnet (s. *Rengier*, BT I § 14 Rn 22). Vielmehr wird auch übersehen, dass ein mit Karte und Kenntnis der Geheimzahl um Auszahlung am Schalter bittender Mensch nicht um die Angabe der geheim zu haltenden PIN, sondern um eine der Signatur auf der Karte entsprechende Unterschrift gebeten und deshalb zum Erfolg zu deren Fälschung genötigt würde. Die damit verbundene Täuschung bewirkt die Betrugsäquivalenz zum parallelen Vorgehen am Automaten. Dieser Befund ist ersichtlich unabhängig davon, ob sich der Täter Karte und PIN durch Diebstahl und Nötigung, durch räuberische Erpressung oder ob er sie sich wie im hier besprochenen Fall durch eine möglicherweise den Betrugtatbestand erfüllende Täuschung verschafft hat. Denn weder prüfen Automat oder Bankmitarbeiter die Art des Erwerbs der Zugangsmittel nach, noch lässt sich begründen, warum – wie es der BGH offenbar will – zwischen einer Beeinträchtigung des Willens durch Täuschung und einer durch (gegebenenfalls kompulsiven) Zwang ein Unterschied zu machen sei. Auch bei Nötigung und Erpressung (anders nur zur Karte bei Diebstahl oder bei vis absoluta) geschieht die Überlassung der Zugangsmittel durch den Berechtigten ja häufig nicht anders als beim Betrug „mit dessen Willen". Auch wenn man – wie es der BGH jetzt verlangt – „die Vergleichsbetrachtung von Betrug und Computerbetrug ... um eine Gesamtbetrachtung des Geschehens ... ergänzt", muss es deshalb bei einer identischen Bewertung des Verhaltens am Automaten bleiben. Der daher gegebene Computerbetrug verdrängt den vom BGH ausschließlich angenommenen vorangegangenen Besitzbetrug an der Karte (die Erschleichung der Geheimzahl ist ohne Nötigung nicht strafbar) als mitbestrafte Vortat. Voraussetzung dafür bzw. für die Lösung des BGH ist freilich, dass der Tatbestand des Betrugs bezüglich der Karte gegenüber dem Karteninhaber überhaupt vorliegt. Das ist deshalb zweifelhaft, weil – worauf der BGH gar nicht eingeht – der bloße Besitz der Karte auch bei Kenntnis der Geheimzahl einen kaum bezifferbaren Vermögenswert hat und deshalb auch der Verlust einen nach den Maßstäben des BVerfG kaum benennbaren Schaden erzeugt. Zudem ließe sich vor Abhebung auch nur von einer allenfalls „schadensgleichen" Vermögensgefährdung sprechen, gegen deren schon betrugsbegründende Konstruktion

---

65 BGHR StGB § 263a Anwendungsbereich 1; BGH HRRS 13, Nr 279; BGH NStZ 16, 149 mit Anm. *Jäger*, JA 16, 151, 153; Anm. *Kraatz*, JR 16, 312; BGH wistra 24, 420 mit Anm. *Schladitz*; *Ebner*, NStZ 24, 679; Thüringer OLG wistra 07, 236, 237; krit. *Hefendehl/Noll*, wistra 24, 268.-

spricht, dass der „eigentliche" Schaden in diesen Fällen erst durch das Abheben des Geldes und damit eine Täterhandlung, nicht aber *unmittelbar* durch das Opferverhalten (= die täuschungsbedingte Preisgabe von Karte und PIN) eintritt (s. zu vergleichbaren Zweifeln an der Betrugserfüllung bei erschlichener Gewahrsamslockerung und anschließender Wegnahme Rn 700). In der Kritik weitgehend übereinstimmend *Berster*, wistra 16, 73; *Böse*, ZJS 16, 663; *Bosch*, Jura 16, 451 (§ 263a); *Brand*, StV 16, 360: *Jäger*, JA 16, 153; *Kraatz*, JR 16, 312; *Kraatz*, Jura 16, 881 f; *Piel*, NStZ 16, 151. Vertiefend und mit lehrreicher Parallelisierung zum sog. Phishing *Ladiges*, wistra 16, 180 ff; vgl auch *Ceffinato*, NZWiSt 16, 464. Zu einem Fall willensmangelfreier Überlassung von Karte und PIN mit anschließendem Missbrauch s. hier Rn 745.

Überzieht der **Kontoinhaber** selbst vertragswidrig sein Konto, indem er durch Abhebungen am Bankomaten den ihm (nach § 504 BGB) eingeräumten, landläufig *Dispositionskredit* genannten[66] Kreditrahmen (und eine bisweilen darüber hinaus bestehende, ihm bekannte Toleranzgrenze)[67] überschreitet, liegt nach der subjektivierenden Auffassung § 263a unzweifelhaft vor.[68] Unter den Anhängern der vorzugswürdigen betrugsspezifischen Deutung ist die Lösung dagegen **umstritten.**[69] Teilweise wird § 263a verneint, weil das vertragswidrige Überschreiten der Kreditgrenze gegenüber einem Bankangestellten ohne dessen Täuschung möglich sei,[70] nach § 505 BGB geduldete Überziehungen kaum Strafbarkeit auslösen könnten[71] und man im Übrigen bei der Prüfung der Täuschungsäquivalenz **nicht** auf einen **fiktiven Bankangestellten** abstellen dürfe, der die Interessen der Bank umfassend wahrnimmt, sondern nur auf einen **solchen**, der sich mit **Fragen befasst**, die auch der **Computer prüft.**[72] Hierin liegt eine Annäherung an eine computerspezifische Interpretation. Damit wird nicht nur der Bankangestellte unsachgemäß zu einem personalisierten Computer degradiert.[73] Vielmehr ist auch dem daraus gezogenen Schluss der Tatbestandslosigkeit zu widersprechen.[74] Da ein Bankangestellter des kartenausgebenden Instituts nach Erschöpfung des Überziehungsrahmens den begehrten Betrag nicht ohne Weiteres auszahlen dürfte und daher den Kontostand vor Auszahlung überprüfen würde, bedürfte es einer konkludenten Täuschung darüber, dass der in Anspruch genommene Betrag noch gedeckt ist. Der Bankomat dieses Instituts verfährt idR nicht anders. Er verweigert die Auszahlung, wenn die Prüfung ergibt, dass der Dispo-

740

---

66 *Rengier*, BT I § 14 Rn 38; *Rengier*, Stürner-FS S. 892.
67 *Rengier*, Stürner-FS S. 894 f: „geduldete Kontoüberziehung", § 505 BGB = „Überziehungskredit".
68 S/S/W-*Hilgendorf*, § 263a Rn 17.
69 S. *Heinz*, Maurer-FS, S. 1127 ff; *Küper/Zopfs*, BT Rn 724 ff; vgl auch *Beulke/Zimmermann*, III Rn 542; *Hillenkamp/Cornelius*, BT 36. Problem, 2. Beispiel; *Kempny*, JuS 07, 1084; *Valerius*, JA 07, 781.
70 A/W-*Heinrich*, § 21 Rn 43; BK-*Schmidt*, § 263a Rn 28; *Kraatz*, Jura 10, 43; *Krey/Hellmann/Heinrich*, BT II Rn 853; SK-*Hoyer*, § 263a Rn 35; S/S-*Perron*, § 263a Rn 11.
71 *Eisele*, BT II Rn 685.
72 BGHSt 47, 160, 163 mit Bespr. *Kudlich*, JuS 03, 537; BGH wistra 13, 228, 230; OLG Rostock wistra 20, 122 mit Anm. *Schmidt* und *Wachter*, JR 20, 443; *Altenhain*, JZ 97, 752, 758; AnK-*Gaede*, § 263a Rn 12 f; A/R/R-*Wegner/Heghmanns*, 8 Rn 207; E/R/S/T-*Saliger*, § 263a Rn 6; HK-GS/*Duttge*, § 263a Rn 17; M/R-*Altenhain*, § 263a Rn 15; *Schmidt*, BT II Rn 686; *Schramm*, BT II § 8 Rn 28, 37; *Zöller*, Jura 03, 640; BGH NJW 13, 1017, 1018 stimmt BGHSt 47, 160 bei einem Verhalten iR einer bestehenden Vertragsbeziehung zu, nicht aber bei der Erschleichung eines (Wett-)Vertragsabschlusses; zu Recht abl. gegenüber dem Heranziehen einer solchen „Vergleichsfigur" MK-*Hefendehl/Noll*, § 263a Rn 82; im Zusammenhang mit „Domain-Reservierungen" in gleicher Weise wie der BGH einschränkend OLG Karlsruhe NJW 09, 1287, 1288; im Zusammenhang mit dem Einzug von Lastschriften auf ein Verrechnungskonto OLG Hamm NJW 24, 3307.
73 Abl. wie hier NK-WSS-*Waßmer*, § 263a Rn 40; *Rengier*, BT I § 14 Rn 22 f.
74 *Bernsau*, Der Scheck- und Kreditkartenmißbrauch durch den berechtigten Karteninhaber 1990, S. 154 ff, 191 f; *Eisele/Fad*, Jura 02, 311; *Lackner/Kühl/Heger*, § 263a Rn 14; LK-*Tiedemann*, 11. Aufl., § 263a Rn 51; *Lackner*, Tröndle-FS S. 53 f.

sitionskredit (und eine etwa gewährte Toleranz) erschöpft sind. Damit liegt aber täuschungsäquivalentes Verhalten vor.[75] Benutzt der Karteninhaber den Geldautomaten einer **fremden Bank**, beschränkt sich auch hier die Prüfung nicht auf den „Verfügungsrahmen".[76] Vielmehr erstreckt sie sich im Regelfall (wie bei Bargeldabhebungen am institutseigenen Bankomaten) ebenso auf die Überprüfung des Limits wie darauf, ob die Karte gesperrt ist.[77] Daher besteht auch hier kein Anlass, die Täuschungsäquivalenz zu verneinen, selbst wenn sich im Einzelfall die Prüfung einmal nicht unmittelbar auf den Kreditrahmen erstrecken sollte. Anderenfalls kehrte man zu der zu engen computerspezifischen Deutung des Merkmals „unbefugt" zurück.[78] Dass die Banken als Opfer es dem Täter leicht machen und sich möglicherweise nicht aller zur Verfügung stehenden Selbstschutzmöglichkeiten bedienen, ist wie beim Betrug (s. Rn 581) kein hinreichender Grund, den Schutzbereich des Tatbestands um diese Fallgruppe zu verkürzen.[79]

741 Wegen der unterschiedlichen Strafdrohung in § 263a und § 266b wird von manchen angenommen, ein Geldautomatenmissbrauch durch **den Kontoinhaber selbst** werde nicht von § 263a, sondern von dem milderen Straftatbestand des **§ 266b** erfasst[80] oder durch ihn verdrängt.[81] Auch wird vorgeschlagen, im Wege einer „Rechtsfolgenbeschränkung" das Strafmaß für § 263a dem § 266b zu entnehmen.[82] Der 2. Senat des **BGH** hat sich diesen Vorschlägen iE insoweit angenähert, als er § 263a mangels Betrugsäquivalenz verneint (s. Rn 740) und stattdessen § 266b für grundsätzlich einschlägig erklärt. Das soll dann im Falle vertragswidriger Bargeldabhebungen des Berechtigten an einem **Geldautomaten** des **kartenausgebenden Instituts** zur vollständigen **Straflosigkeit** führen, weil es bei dieser Sachlage an dem in § 266b vorausgesetzten Drei-Partner-System fehle, das die Untreueähnlichkeit erst herstelle und die erhöhte Schutzbedürftigkeit des Kartenausgebers auslöse. Missbräuchliche Barabhebungen des zahlungsunfähigen oder -unwilligen Karteninhabers an **Automaten dritter Kreditinstitute** erfüllen hiernach dagegen § 266b, weil sie sich von der Bareinlösung eines garantierten ec-Schecks bei einer Drittbank nicht wesentlich unterschieden.[83] Gegen diese Auffassung bestehen jedoch Bedenken (s. auch Rn 900). Einmal wird die codierte ec-Karte in Fällen dieser Art nicht als Scheckkarte mit der für sie vormals wesentlichen Garantiefunktion, sondern lediglich in ihrer Eigenschaft als „Automatenschlüssel" benutzt. Das zeigt sich mit der Aufhebung des Euroschecksystems zum 31.12.2001[84] noch deutlicher als zuvor, weil die ec-

---

75 AA *Jäger*, BT Rn 827; *Klesczewski*, BT § 9 Rn 146; *Eisele*, BT II Rn 685; Fischer-*Fischer*, § 263a Rn 14a; *Krey/Hellmann/Heinrich*, BT II Rn 853; *Küper/Zopfs*, BT Rn 724 f.; MK-*Hefendehl/Noll*, § 263a Rn 103; M/R-*Altenhain*, § 263a Rn 15. Auch NK-WSS-*Waßmer*, § 263a Rn 42 f und *Rengier*, BT I § 14 Rn 23, 38 verneinen eine Täuschungsäquivalenz, obwohl sie die in BGHSt 47, 160, 162 f zu findende Beschränkung auf eine Person, die nur prüft, was auch der Computer prüft, wie hier ablehnen; vgl als Beispiele dazu den Sachverhalt in den Entscheidungen OLG Schleswig NJW 86, 2652; OLG Stuttgart NJW 88, 981; LG Karlsruhe NStZ 86, 71; anders für die Bezahlung an einem Selbstbedienungskassenautomaten OLG Rostock wistra 20, 122, 125 mit Anm. *Schmidt*.
76 So aber BGHSt 47, 160, 163; *Krey/Hellmann/Heinrich*, BT II Rn 853; unter „Verfügungsrahmen" ist die Festlegung des Höchstbetrags zu verstehen, den ein Kontoinhaber innerhalb eines bestimmten Zeitraums (an *einem* Tag, innerhalb *einer* Woche) abheben darf, s. *Rengier*, Stürner-FS S. 894 f.
77 So der heutige Standard, s. *Rengier*, Stürner-FS S. 899.
78 *Hillenkamp/Cornelius*, BT 36. Problem, 2. Beispiel; *Lackner/Kühl/Heger*, § 263a Rn 14; *Mühlbauer*, wistra 03, 249.
79 S. *Hillenkamp*, Vorsatztat und Opferverhalten 1981, S. 18 ff; 46 f; 180 ff; LK-*Tiedemann/Valerius*, § 263a Rn 51 iVm Rn 5; MK-*Hefendehl/Noll*, § 263a Rn 17.
80 OLG Stuttgart NJW 88, 981; *Huff*, NJW 87, 815; *Joecks/Jäger*, § 266b Rn 17; *Meier*, JuS 92, 1017; *Mitsch*, JZ 94, 877, 881; S/S-*Cramer*, 26. Aufl., § 263a Rn 19; *Schulz/Tscherwinka*, JA 91, 119; *Weber*, JZ 87, 215; *Zielinski*, Anm. CR 92, 223, 227; diff. M/S/M-*Momsen*, BT I § 45 Rn 79.
81 NK-*Kindhäuser/Hoven*, § 263a Rn 49.
82 *Bernsau*, aaO S. 181 ff; s. zum Streit *Hillenkamp/Cornelius*, BT 36. Problem, 2. Beispiel; dort auch zu Stimmen, die weder § 263a noch § 266b anwenden wollen.
83 BGHSt 47, 160, 164 ff; s. dazu *Beckemper*, JA 02, 545; Fischer-*Fischer*, § 263a Rn 14a iVm § 266b Rn 7 ff; *Kudlich*, JuS 03, 538; *Zielinski*, JR 02, 342.
84 S. dazu *Baier*, ZRP 01, 454.

Karte seitdem zwar nach wie vor in der zuletzt genannten Funktion, nicht aber mehr als Scheckkarte einsetzbar ist.[85] Infolgedessen lässt sie sich nicht einmal mehr als „Scheckkarte" iS des § 266b bezeichnen,[86] auch wenn sie weiterhin möglicherweise das ec-Logo trägt. Zum anderen enttäuscht der Kontoinhaber hier nicht nur das ihm von seinem Geldinstitut mit der Kartenüberlassung entgegengebrachte Vertrauen. Vielmehr greift er auch die Sicherungseinrichtungen an, mit denen seine Bank oder Sparkasse den automatisierten Geldauszahlungsverkehr zu schützen sucht. Dieser zusätzliche, über § 266b hinausreichende Handlungsunwert rechtfertigt die Anwendung des § 263a mit der höheren Strafdrohung.

In der 4. Tatvariante wird die **sonst unbefugte Einwirkung auf den Ablauf** unter Strafe gestellt. Sie soll als Auffangtatbestand für strafwürdige Fälle dienen, die von den ersten drei Tatvarianten nicht erfasst oder durch die Entwicklung neuer Techniken erst möglich werden.[87] Unter sie fällt zB der Abbruch einer durch ein Mietkartentelefon hergestellten Telefonverbindung, bevor es zur Abbuchung der Gebühren auf der eingeführten Telefonkarte kommt.[88] Ihre Auffangfunktion wirkt sich namentlich dann aus, wenn man für die *Verwendung* von Daten im Sinne der 2. und 3. Variante verlangt, dass die Daten in den Datenverarbeitungsvorgang eingegeben werden.[89] Dann fällt das **Leerspielen von Geldautomaten** durch die Verwendung von rechtswidrig erlangten Kenntnissen über den Programmablauf deshalb *ausschließlich* unter die 4. Variante, weil bei Betätigung der Risikotaste nur das Sonderwissen über die Daten verwendet, die rechtswidrig erlangten Daten aber nicht selbst in das Verarbeitungssystem eingegeben werden.[90] **Unbefugt** ist die **Einwirkung** bei betrugsnaher Auslegung in einem solchen Fall deshalb, weil der Glücksspieler nach den zur Teilnahme an einer Wette entwickelten Maßstäben (s. Rn 567) dem hinzugedachten Automatenbetreiber gegenüber konkludent erklären würde, dass er kein wie immer erworbenes Sonderwissen besitze, mit dem er die im Datenverarbeitungsvorgang programmierte Gewinnchance zu seinen Gunsten beeinflussen könne.[91] Ist die Programmkenntnis rechtswidrig erlangt, ließe sich die Täuschungsäquivalenz auch damit begründen, dass gegenüber dem Spielbetreiber im Verschweigen des Sonderwissens eine die dann ingerenzbedingte Aufklärungspflicht verletzende Täuschung durch Unterlassen läge.[92] Verfehlt ist es allerdings, auch die Nichtkenntnis eines Automatendefekts zum

---

85 *Krey/Hellmann/Heinrich*, BT II Rn 853.
86 A/W-*Heinrich*, § 21 Rn 43a; *Rengier* BT I § 19 Rn 2 (ferner zur Kreditkarte *Rengier* BT I § 19 Rn 28 f, 33 ff); die Beibehaltung der Begriffe „Scheckkarte" in § 266b und „Euroscheck" in § 152b dient der Aburteilungsmöglichkeit von Altfällen, s. *Husemann* NJW 04, 104, 108.
87 Fischer-*Fischer*, § 263a Rn 18; OLG München NStZ 08, 403, 404.
88 OLG München NStZ 08, 403 mit Bespr. *Schönauer*, wistra 08, 445; der Inhaber des Mietkartentelefons erreichte mit solchen „Sekundenverbindungen" hohe Gebührenumsätze, an denen er beteiligt war. Zur Betrugsäquivalenz s. S. 405.
89 *Rengier*, BT I § 14 Rn 11, 14, 59; zum Streit s. BK-*Schmidt*, § 263a Rn 35 f; S/S/W-*Hilgendorf*, § 263a Rn 23 f.
90 *Kudlich*, PdW BT I S. 119; *Mitsch*, BT II S. 399 f; NK-WSS-*Waßmer*, § 263a Rn 65; *Theile*, JA 11, 32, 35; für „Verwendung" dagegen BayObLG JR 91, 298 mit insoweit zust. Anm. *Neumann*, 301; *Hilgendorf*, JuS 97, 131; offen gelassen in BGHSt 40, 331, 334; krit. M/R-*Altenhain*, § 263a Rn 18.
91 Auf die Parallele zum Wettbetrug – s. dazu auch BGH NJW 13, 1017, 1018 – macht zu Recht HK-GS/*Duttge*, § 263a Rn 24 aufmerksam; wie im Text *Krey/Hellmann/Heinrich*, BT II Rn 857; *Rengier* BT I § 14 Rn 60; unter Betonung, dass die Kenntnis rechtswidrig erlangt sein müsse, bejahen die Äquivalenz mit einer konkludenten Täuschung auch A/W-*Heinrich*, § 21 Rn 47; *Hilgendorf*, JuS 97, 130, 132; *Lackner/Kühl/Heger*, § 263a Rn 14a; LK-*Tiedemann/Valerius*, § 263a Rn 61; SK-*Hoyer*, § 263a Rn 45; S/S-*Perron*, § 263a Rn 17.
92 *Eisele*, BT II Rn 689; iE ebenso BGHSt 40, 331; BayObLG JR 94, 289; *Mitsch*, JZ 94, 877, 882; anders *Achenbach*, Anm. JR 94, 293; M/S/M-*Momsen*, BT I § 41 Rn 241; *Neumann*, Anm. StV 96, 375; *Schulz*, JA 95, 538; *Zielinski*, Anm. NStZ 95, 345.

konkludenten Erklärungsinhalt oder den Wissenden hierüber aufklärungspflichtig zu machen.[93]

Rechtsprechungsbeispiel: Letzteres ist richtig gesehen in **KG NStZ-RR 15, 111.**[94] Hier nutzten die Angekl. einen ihnen wohl über das Internet bekannt gewordenen Fehler der Software eines bestimmten Spielautomatentyps dazu aus, den höchstmöglichen Spielgewinn zu erzielen. Die vom KG allein erwogene Strafbarkeit nach der 4. Variante des § 263a I wird zu Recht verneint, weil sich die Angekl. im Rahmen einer „formell ordnungsgemäßen Bedienung" lediglich einen bereits bestehenden Defekt, von dem sie erfahren hatten, zunutze machten. Ein solches Vorgehen ist nach der Ansicht des KG bei der vorauszusetzenden Betrugsäquivalenz nicht unbefugt, weil die vergleichbare Ausnutzung eines bereits bestehenden Irrtums auch § 263 nicht erfüllen würde. Für dieses Ergebnis spreche auch, dass sich die Angekl. die Kenntnis des Defekts nicht rechtswidrig verschafft hatten und der Betreiber den Automaten trotz bei ihm vorhandener Kenntnis des Defekts in Betrieb hielt.

743   Dem behandelten Geldautomatenmissbrauch verwandt ist die missbräuchliche Verwendung einer Geldkarte im electronic-cash-Verfahren.[95] § 263a kommt weiter in Betracht bei Verwendung eines Telefonkartensimulators, bei unbefugtem Telefonieren mit einem fremden Mobiltelefon, beim missbräuchlichen Einsatz von Kreditkarten im Internet und beim Einsatz einer Pay-TV-Piratenkarte, bei der Einrichtung und Nutzung von Dialern und bei missbräuchlicher Nutzung von durch password fishing (= **phishing**) erlangten Bankkontodaten,[96] nicht aber beim Einwählen in ein unverschlüsselt betriebenes Funknetzwerk in der Absicht, die Internetnutzung ohne Entgelt zu erlangen.[97]

744   Dass § 263a als Sonderregelung die §§ 242, 246 beim Geldautomatenmissbrauch ausschließt bzw. verdrängt, ist zutreffende Meinung.[98] Allerdings ist der den Missbrauch ermöglichende Diebstahl der Karte (s. Rn 204) nach dem BGH[99] keine mitbestrafte Vortat zu § 263a. Vielmehr ist hiernach Tatmehrheit gegeben. Liegt § 263 hinsichtlich derselben Vermögensposition vor, tritt nach hM

---

93 AA OLG Braunschweig JR 08, 435, 436 mit Anm. *Niehaus/Augustin*; wie hier OLG Karlsruhe NStZ 04, 333, 334; KG NStZ-RR 15, 111; mit Bespr. *Hecker*, JuS 15, 756; *Eisele*, BT II Rn 690; K/H-*Cornelius*, Kap. 102 Rn 103; *Klas/Blatt*, CR 12, 136, 139; *Rengier* BT I § 14 Rn 57; *Vogt/Brand*, Jura 08, 305, 306; s. hierzu auch Rn 118, 738 und *Obermann*, NStZ 15, 198.
94 S. auch OLG Stuttgart ZfWG 17, 59 mit Anm. *Hambach/Berberich*.
95 S. dazu *Altenhain*, JZ 97, 752; G/J/W-*Bär*, § 263a Rn 19; *Rossa*, CR 97, 219; SK-*Hoyer*, § 263a Rn 41 und genauer *Rengier*, Stürner-FS S. 900 ff.
96 S. in der Reihenfolge der Aufzählung dazu LG Würzburg NStZ 00, 374; *Hecker*, JA 04, 762, 768; *Hefendehl*, NStZ 00, 348. *Busch/Giessler*, MMR 01, 586; *Hellmann/Beckemper*, JuS 01, 1095; *Laue*, JuS 02, 359; *Schmidt*, BT II Rn 678; *H. Scheffler*, CR 02, 151. *Fülling/Rath*, JuS 05, 598; *Gercke*, CR 05, 606, 608; *Krutisch*, Strafbarkeit des unberechtigten Zugangs zu Computerdaten und -systemen 2004, S. 164 ff; *Popp*, NJW 04, 3517; *Popp*, MMR 06, 84; AG Hamm CR 06, 70 mit Anm. *Werner*; *Heghmanns*, wistra 07, 167, 169; *Kögel*, wistra 07, 206; *Popp*, MMR 06, 84. Zum **Card-Sharing** = Teilen einer Smartcard eines Pay-TV-Abonnenten mit Nicht-Abonnenten s. OLG Celle StraFo 17, 76 mit Anm. *Esser/Rehaag*, wistra 17, 81. Beim Phishing ist zwischen der möglicherweise nach § 202c I Nr 1 oder § 44 BDSG strafbaren Erlangung der Daten und ihrer denkbarerweise nach § 263a strafbaren, weil unbefugten Verwendung zu unterscheiden, s. dazu *Ceffinato*, NZWiSt 16, 465; *Goeckenjan*, wistra 08, 128, 131 f; *dies.*, wistra 09, 47, 49 ff; zur Strafbarkeit der Anwerbens/Vermittelns von Personen, die ihr Bankkonto für Phishing zur Verfügung stellen s. BGH wistra 18, 254 f; zum Kreditkarten- und Lastschrift-Carding (echte Karte mit manipulierten Kontodaten im Magnetstreifen) s. *Ullenboom*, NZWiSt 18, 26; zur materiellen **Beendigung** s. BGH wistra 15, 20; mit Bespr. *Mayer*, HRRS 15, 500; zum **Versuchsbeginn** in diesem Zusammenhang s. KG MMR 12, 845; LK-*Tiedemann/Valerius*, § 263a Rn 56 und *Stuckenberg*, ZStW 118 (2006), 906, der das Erlangen der Kontozugangsdaten aber auch schon als Betrug ansieht (S. 894 ff). Überblicke zum Missbrauch kartengestützter Zahlungssysteme finden sich bei *Eisele/Fad*, Jura 02, 305; *Heinz*, Maurer-FS, S. 1111; *Kempny*, JuS 07, 1084; *Valerius*, JA 07, 778.
97 LG Wuppertal MMR 11, 65, 66; Oğlakcıoğlu, JA 11, 588, 592.
98 Näher BGHSt 38, 120, 124 f; S/S-*Perron*, § 263a Rn 42; anders *Ranft*, JuS 97, 19 sowie Anm. JR 89, 165.
99 BGH NJW 01, 1508 mit Anm. *Fad*, JA-R 01, 110.

§ 263a zurück;[100] vorzugswürdig wäre die Annahme einer einheitlichen (dann mehraktigen) Tat (s. Rn 727). Hat der Täter eine ec-Karte betrügerisch erlangt,[101] soll der nach dem BGH mit ihr durch Bargeldabhebungen begehbare § 266b mit § 263 in Tateinheit stehen (s. Rn 901).[102] Allenfalls § 263, nicht aber § 263a ist erfüllt, wenn der Täter mit entwendeten ec-Karten im Lastschriftverfahren „bezahlt", indem er ohne Eingabe der PIN nur die Unterschrift des Karteninhabers vortäuscht (denn die Verfügung trifft ein Mensch; die EDV dient nur der Abwicklung per Kontodaten).[103] Nur *ein* Computerbetrug liegt vor, wenn eine zuvor eingegebene Liste von Überweisungen mit einer einzigen Handlung ausgeführt („gestartet") wird,[104] ebenso bei zeitlich aufeinander folgenden unbefugten Abhebungen an einem Bankautomaten, wenn weder die Bankfiliale noch die Karte gewechselt wird.[105] Es liegt eine einheitliche Tat nach §§ 263, 263a vor (hM Wahlfeststellung, s. Rn 727), wenn sich nicht aufklären lässt, ob Überweisungsträger durch (dann getäuschte) Bankangestellte oder nur in „automatisierter Weise" überprüft worden sind. Nach den Grundsätzen der Postpendenz wird dagegen nach § 263a bestraft, wenn feststeht, dass ein Computerbetrug vorliegt, aber ungewiss ist, ob der Täter zuvor einen Betrug begangen hat.[106] Zum Vorsatz des Gehilfen folgt der BGH seiner Rechtsprechung zum Betrug (Rn 707), verlangt vom sog. Finanzagenten aber immerhin doch, dass er einen unterstützenden Tatbeitrag zu einer in Unrechtsgehalt und Angriffsrichtung (als Computerbetrug) im Wesentlichen erkannten Haupttat für möglich hält.[107]

Im **Fall 53** hat T in der Absicht, sich rechtswidrig um 10 800 € (die zugestandenen 2 000 € waren an den Reisezweck gebunden) zu bereichern, das Konto des O belastet und dadurch dessen Vermögen geschädigt.[108] Sie hat auch das Ergebnis des Datenverarbeitungsvorganges des Bankomaten durch das *Ingangsetzen* seines Ablaufs[109] (Rn 729) beeinflusst. Dies geschah durch Verwendung der PIN-Nummer des O und damit von Daten.[110] Die Annahme eines Computerbetrugs hängt damit maßgeblich davon ab, ob die Verwendung der Daten **unbefugt** war. Das lässt sich mit einer subjektivierenden Deutung darauf stützen, dass die Überlassung von Karte und PIN-Nummer den AGB der Banken und damit dem Willen des Systembetreibers widerspricht.[111] Auch tritt hinzu, dass T die Beschränkung im Innenverhältnis zu O nicht eingehalten und deshalb vertragswidrig gehandelt hat.[112] Nach der zutreffenden **betrugsspezifischen** Auslegung ist dagegen entscheidend, ob ein täuschungsäquivalentes Verhalten vorliegt. Das wird zwar mit der Überlegung bejaht, der Täter müsse einem Bankangestellten eine ihm fehlende, nach außen wirksame Befugnis behaupten.[113] Da er die Verfügungsmacht aber auf Grund der – anders als in der Entscheidung BGH NStZ 16, 149 (s. dazu Rn 739 Die aktuelle Entscheidung; auch in BGH NStZ-RR 17, 79 geht es um eine täuschungsbedingte Überlassung) willensman-

745

---

100 *Lackner/Kühl/Heger*, § 263a Rn 27; auch § 370 AO kann § 263a verdrängen, s. BGH NJW 07, 2864, 2866 f.
101 Zur zweifelhaften schadensgleichen Vermögensgefährdung in solchen Fällen s. BGH NStZ 09, 329 (noch ohne Berücksichtigung der Entscheidungen des BVerfG hierzu, s. Rn 637, 676, 860) und **Die aktuelle Entscheidung** hier Rn 739.
102 BGHSt 47, 160, 167 f; s. dazu *Mühlbauer*, NStZ 03, 650, 655 und hier Rn 685.
103 BGH MMR 12, 127 unter Berufung auf BGH NJW 03, 1404; OLG Rostock wistra 20, 122 mit Anm. *Schmidt*.
104 BGH wistra 10, 263, 264.
105 BGH NStZ-RR 13, 13; BGH BeckRS 20, 3076; BGH StV 21, 36.
106 BGH NJW 08, 1394, 1395 mit Bespr. *v. Heintschel-Heinegg*, JA 08, 660; BGH NStZ 08, 396; BGH wistra 13, 271.
107 BGH BeckRS 12, 08602.
108 Vgl S/S-*Cramer*, 26. Aufl., § 263a Rn 28.
109 OLG Köln NJW 92, 125; **aA** *Kleb-Braun*, JA 86, 259; *Ranft*, wistra 87, 83 f.
110 Vgl LK-*Tiedemann/Valerius*, § 263a Rn 50 iVm Rn 21.
111 Ist die Bevollmächtigung Dritter vertraglich ausnahmslos ausgeschlossen, will BGH NStZ-RR 17, 79 mit Anm. *Stam*, NZWiSt 17, 238 und Bespr. *Ladiges*, wistra 17, 255, § 263a bejahen.
112 *Mitsch*, JZ 94, 877, 882; NK-*Kindhäuser/Hoven*, § 263a Rn 51; S/S/W-*Hilgendorf*, § 263a Rn 16.
113 *Lackner/Kühl/Heger*, § 263a Rn 14; *Rengier*, BT I § 14 Rn 34; *Theile*, JA 11, 32, 33; für eine Begründung mittels Zivilrechtsakzessorietät *Eibach*, NStZ 20, 704.

gelfreien – Überlassung von Karte und PIN durch den Karteninhaber hat, muss er sie – wie bei einer gegenüber der Bank nicht beschränkten Vollmacht – auch nicht vortäuschen. Daher kann man den Täuschungswert auch verneinen.[114] Eher liegt Untreueverhalten vor. Da T's Zugang zum Vermögen des O nicht auf einer rechtsgeschäftlich wirksam eingeräumten Verfügungsmacht beruht, kommt allerdings nur der Treubruchstatbestand in Betracht. Hier fehlt es aber angesichts der Begrenzung auf einen fest umgrenzten Abhebungsvorgang an der Treuepflicht.[115] Strafbar ist T daher – wenn man § 263a verneint – allenfalls wegen Unterschlagung,[116] da auch § 266b entfällt. Auch O hat sich nicht nach § 266b strafbar gemacht.[117] Hat der Täter sich in solchen Fällen in den Besitz von Karte und Geheimnummer zB durch die unwahre Behauptung gebracht, er wolle nur die Kontoauszüge für den Karteninhaber abholen, diesem eine Schuld begleichen oder Unregelmäßigkeiten auf dem Konto überprüfen, soll nach der Rechtsprechung (nur) § 263 gegeben sein.[118] Das ist deshalb zweifelhaft, weil den Vermögensschaden nicht schon die Überlassung von Karte und PIN-Nummer, sondern erst die hierdurch ermöglichte Abhebung durch den Täter herbeiführt, der Schaden also nicht die unmittelbare Folge der Verfügung ist.[119] Richtigerweise (s. Rn 739) liegt in solchen Fällen (jedenfalls auch) § 263a vor, da dem Täter hier – anders als im **Ausgangsfall 53** – keinerlei auf Geldabhebungen bezogene Verfügungsbefugnis eingeräumt ist.[120]

746 Da im **Fall 54** der elektronische Münzprüfer defekt war, hat T den Schaden ohne Beeinflussung des Ergebnisses eines Datenverarbeitungsvorganges bewirkt. Daher kommt nur ein **versuchter** Computerbetrug in Betracht. T rechnete damit, dass er durch eine Einwirkung auf den Ablauf der Münzprüfung das Prüfergebnis in seinem Sinne beeinflussen könne.[121] Durch die Benutzung präparierter Münzen war die Einwirkung nach allen hierzu vertretenen Ansichten unbefugt, was T auch wusste. Ihm war bekannt, dass er gegenüber einer gedachten Kontrollperson die präparierten Münzen als 5-DM-Stücke hätte ausgeben müssen. Da T den Automatenbetreiber schädigen und sich an dem Gewinn rechtswidrig bereichern wollte, scheint der **Tatentschluss** demnach vorzuliegen. Das OLG Celle[122] hat das aber zu Recht verneint, weil T an den Gewinn nach seiner Vorstellung erst kommen konnte, wenn er nach Eröffnung der Spiel- und Gewinnmöglichkeit durch den Münzprüfer den Spielautomaten bediente, sich den Gewinn erspielte und ihn an sich nahm. Unter diesen Voraussetzungen fehlt es an der auf Grund der Betrugsäquivalenz zu fordernden **Unmittelbarkeit**[123] des die Verfügung ersetzenden Ergebnisses des Datenverarbei-

---

114 Vgl BGH HRRS 17, Nr 353 (Bedenken dazu in BGH NStZ-RR 17, 79; zust. *Ladiges*, wistra 17, 255); OLG Düsseldorf NStZ-RR 98, 137 mit abl. Anm. *Otto*, JK 99, StGB § 263a/9 und abl. Bespr. *Hilgendorf*, JuS 99, 542; OLG Köln NJW 92, 126; OLG Dresden StV 05, 443; BK-*Schmidt*, § 263a Rn 27; Fischer-*Fischer*, § 263a Rn 13a; HK-GS/*Duttge*, § 263a Rn 18; *Kraatz*, Jura 10, 42; LK-*Tiedemann/Valerius*, § 263a Rn 50; *Meyer*, JuS 92, 1017; M/R-*Altenhain*, § 263a Rn 14; NK-WSS-*Waßmer*, § 263a Rn 47; S/S-*Perron*, § 263a Rn 12; SK-*Hoyer*, § 263a Rn 39; ebenso bei Missbrauch einer zum dienstlichen Gebrauch überlassenen Mobilfunkcodekarte LG Bonn NJW 99, 3726 bzw. **Tankkarte** OLG Celle NStZ 11, 218, 219; OLG Koblenz StV 16, 372 mit Anm. *Bosch*, Jura 15, 1010 (§ 263a); zu einer Parallele im Lastschriftverfahren s. BGH StraFo 15, 340.
115 S. S/S-*Perron*, § 263a Rn 12; anders bei der eingeräumten Befugnis, Geldbeträge für eine angemessene Lebensführung abzuheben, OLG Hamm NStZ-RR 04, 111, 112; s. auch *Kraatz*, Jura 10, 43.
116 So OLG Köln NJW 92, 127.
117 BGH NStZ 92, 278; *Löhnig*, Jura 98, 838.
118 BGHR StGB § 263a Anwendungsbereich 1; Thüringer OLG wistra 07, 236, 237; s. dazu jetzt genauer BGH NStZ 16, 149 (s. hier Rn 739 **Die aktuelle Entscheidung**).
119 Das Thüringer OLG wistra 07, 236, 237 setzt sich hierüber unter Berufung auf Tröndle-*Fischer*, Strafgesetzbuch, 52. A. 2004, § 263 Rn 46 hinweg; s. auch *Stuckenberg* ZStW 118 (2006), 899 und hier Rn 644.
120 S. zu diesem Unterschied zutr. *Ladiges*, wistra 16, 183; ihm folgend *Böse*, ZJS 16, 665.
121 Nach OLG Düsseldorf NStZ 99, 249; JR 00, 212 mit abl. Anm. *Otto* soll bei „Überlistung" nur der Münzprüfung schon keine Einflussnahme auf den eigentlichen Datenverarbeitungsvorgang vorliegen; ebenso MK-*Hefendehl/Noll*, § 263a Rn 152.
122 OLG Celle JR 97, 345.
123 *Lenckner/Winkelbauer*, CR 86, 659.

tungsvorganges für den Schaden. Daran ändert auch nichts, dass mit der Überlistung des Münzprüfers bereits eine *Vermögensgefährdung* eintritt.[124] Diese entspricht der Gewahrsamslockerung beim Trickdiebstahl, die für Betrug dort aber ebenfalls nicht ausreicht.[125] Der Versuch, die vom OLG Celle gegebene zutreffende Begründung durch die behauptete „Unwichtigkeit" des Datenverarbeitungsvorganges zu ersetzen, scheitert am elementaren Gewicht des Prüfungsvorganges für den *Vermögensschutz*,[126] zu dem der Vermögensinhaber den Münzprüfer einsetzt.[127] Das OLG Celle hat daher zu Recht wegen Diebstahls verurteilt. Dabei liegt die Bejahung eines besonders schweren Falls (§ 243 I 2 Nr 2) nahe (s. Rn 269).[128]

III. Prüfungsaufbau: Computerbetrug, § 263a

Computerbetrug, § 263a   747

I. Tatbestand
  1. Objektiver Tatbestand
     a) Tathandlung: Datenverarbeitungsvorgang beeinflussende
                             Handlungen
                             • *unrichtige Gestaltung des Programms*
                               Ⓟ Unrichtigkeit
                             • *Verwendung unrichtiger/unvollständiger Daten*
                               Ⓟ Unrichtigkeit
                               Ⓟ Verwendung ohne Eingabe der Daten
                             • *unbefugte Verwendung von Daten*
                               Ⓟ Verwendung ohne Eingabe der Daten
                               Ⓟ Deutung der Unbefugtheit (Bankomatenfälle)
                             • *unbefugte Einwirkung auf den Ablauf*
     b) Zwischenfolge: • *Beeinflussung des Ergebnisses einer Datenverarbeitung*
                               → Eingang der Handlung in den Verarbeitungsvorgang
                               Ⓟ Beeinflussung durch Ingangsetzen
     c) Taterfolg: • *Vermögensschaden*
                               Vermögensminderung
                               → wie beim Betrug, § 263
                               Ausbleiben einer Kompensation
                               → wie beim Betrug, § 263
                               Unmittelbarkeit zwischen Beeinflussung und Schaden
  2. Subjektiver Tatbestand
     a) Vorsatz: • *jede Vorsatzart*
     b) Bereicherungsabsicht: • *Absicht, sich oder Drittem rechtswidrigen Vermögensvorteil zu verschaffen*
                               → wie beim Betrug, § 263

---

124 So aber *Hilgendorf*, Anm. JR 97, 349; *Mitsch*, JuS 98, 313.
125 *Krey/Hellmann/Heinrich*, BT II Rn 616, 618; zweif. S/S-*Cramer*, 26. Aufl., § 263a Rn 26.
126 Abl. gegen *Hilgendorf*, Anm. JR 97, 349 daher auch LK-*Tiedemann/Valerius*, § 263a Rn 22, 65.
127 Nicht überzeugend daher auch *Mitsch*, JuS 98, 334.
128 S. zu weiteren Delikten *Biletzki*, JA 97, 749; *Hilgendorf* und *Mitsch*, jeweils aaO; OLG Düsseldorf JR 00, 212 mit krit. Anm. *Otto*; s. zu einer Fallvariante *Jerouschek/Kölbel*, JuS 01, 780.

II. Rechtswidrigkeit
III. Schuld
IV. Privilegierung (Strafantrag, § 263a II iVm §§ 263 IV, 247, 248a)
V. Besonders schwerer Fall, § 263a II iVm § 263 III, IV
→ Qualifikation, § 263a II iVm § 263 V

§ 17 Erschleichen von Leistungen

748 **Fall 55:** Durch Überklettern eines Zaunes verschafft A sich unter Umgehung der Kasse ohne Eintrittskarte Zugang zu einem noch nicht ausverkauften Fußballspiel der Bundesliga. Innerhalb des Stadions wirft er gefälschte Münzen, deren Unechtheit er erst nach Empfang erkannt hatte, in einen Zigarettenautomaten. Da die Münzen nach Umfang und Gewicht echten Euro-Münzen entsprechen, fällt eine Schachtel Zigaretten in die Ausgabevorrichtung, sodass A sie an sich nehmen kann. Wie ist der Sachverhalt strafrechtlich zu beurteilen? **Rn 761**

I. Tatbestandsüberblick

749 § 265a enthält drei **Auffangtatbestände**, die innerhalb des **Vermögensschutzes** gegenüber dem Betrug (§ 263) Lücken schließen sollen[1] und die im Verhältnis zu **schwereren Delikten mit gleicher Schutzrichtung** nur **subsidiär** gelten. Im Einzelnen erfasst § 265a die Erschleichung der **Beförderung durch ein Verkehrsmittel**, des **Zutritts** zu einer **Veranstaltung oder Einrichtung** sowie der **Leistung eines Automaten** oder eines öffentlichen Zwecken dienenden **Telekommunikationsnetzes**.

750 Aus der gesetzlich gegenüber Tatbeständen mit schwererer Strafdrohung angeordneten **Subsidiarität**, die sich auf Delikte mit *gleicher Schutzrichtung*[2] und damit vor allem auf §§ 242, 263, 263a bezieht, folgt das Zurücktreten des § 265a namentlich in Fällen, in denen die entgeltliche Leistung wegen Täuschung einer **Kontrollperson** durch einen Betrug erlangt wurde.[3] Demgegenüber sieht sich der BGH angesichts der weiter gefassten Subsidiaritätsklausel (zu Unrecht) daran gehindert, die Subsidiarität auf Delikte mit gleicher Schutzrichtung zu beschränken (wie dies auch für die §§ 246, 248b zu fordern ist, s. Rn 371, 494).[4] Das würde bspw. zu dem wenig einleuchtenden Ergebnis führen, dass aus § 265a nicht zu bestrafen ist, wer während der erschlichenen Beförderung gegenüber einem Fahrgast eine gefährliche Körperverletzung (§ 224) begeht.

---

1 S. dazu RGSt 68, 65; LK-*Tiedemann*, § 265a Rn 2 f; die Vorschrift ist 1935 (RGBl I 839) eingefügt worden.
2 AnK-*Gercke/Hembach*, § 265a Rn 26; *Eisele*, BT II Rn 723; *Hilgendorf/Valerius*, BT II § 10 Rn 18; HK-GS/*Duttge*, § 265a Rn 27; *Kindhäuser/Hilgendorf*, § 265a Rn 26; NK-*Hellmann*, § 265a Rn 50; *Rengier*, BT I § 16 Rn 1; SK-*Hoyer*, § 265a Rn 38; S/S-*Perron*, § 265a Rn 14; *Zöller*, BT Rn 274; aA *Bock*, JA 17, 357, 361; *Hohmann/Sander*, BT § 45 Rn 25; *Klesczewski*, BT § 9 Rn 190; *Lackner/Kühl/Heger*, § 265a Rn 8; MK-*Hefendehl*, § 265a Rn 220; M/R-*Gaede*, § 265a Rn 23; unentschieden BK-*Valerius*, § 265a Rn 25; S/S/W-*Saliger*, § 265a Rn 22.
3 BGHSt 16, 1; OLG Düsseldorf NJW 90, 924; S/S-*Perron*, § 265a Rn 1.
4 BGH NJW 98, 465; BGHSt 47, 243, 244.

Ungeschriebenes **objektives Tatbestandsmerkmal** ist die **Entgeltlichkeit**[5] der Leistungen, Veranstaltungen bzw. Einrichtungen. Das ergibt sich aus der Vermögensschutzfunktion der Vorschrift sowie aus dem für alle vier Varianten gemeinsam geltenden Erfordernis der Absicht, das Entgelt nicht zu entrichten. Wer sich als nicht zugelassener Teilnehmer auf ordnungswidrigem Wege den Zutritt zu einer **unentgeltlichen** Veranstaltung verschafft, begeht daher möglicherweise einen Hausfriedensbruch, macht sich aber nach § 265a ebenso wenig strafbar wie der, der nur die bereits erworbene Monatskarte oder den zur unentgeltlichen oder ermäßigten Nutzung berechtigenden Ausweis nicht bei sich führt,[6] einen gebührenfreien Geldwechselautomaten benutzt[7] oder ein öffentliches Schwimmbad zu einer (Nacht-)Zeit aufsucht, in der es geschlossen ist.

751

II. Erschleichen als Ausführungshandlung

Die **Tathandlung** wird für alle Tatbestände des § 265a durch das Merkmal des **Erschleichens** umschrieben. Dieser Begriff setzt nach einhelliger Meinung weder eine Täuschung noch ein „Einschleichen"[8] voraus, ist im Übrigen aber umstritten. Zum Teil wird darunter jede unbefugte Inanspruchnahme der Leistung verstanden.[9] Nach anderer Auffassung bedarf es eines Verhaltens, das Sicherungsvorkehrungen des Berechtigten umgeht, die das Entrichten der Leistung gewährleisten sollen,[10] oder das den Charakter des Verheimlichens oder der Erweckung des Anscheins einer ordnungsmäßigen Benutzung aufweist.[11] Die in solchen Wendungen anklingende Täuschungsähnlichkeit wird aus dem Begriff des Erschleichens[12] oder auch aus einer § 263a entsprechenden (s. dazu Rn 727) Betrugsnähe des § 265a hergeleitet,[13] die aber in dieser Deutlichkeit hier nicht besteht. Richtigerweise ist im Hinblick auf die delikttypischen Besonderheiten der Einzeltatbestände des § 265a wie folgt zu **differenzieren**:[14]

752

Beim **Automatenmissbrauch** und beim Erschleichen von **Telekommunikationsleistungen** genügt jede unbefugte, der Entgelthinterziehung dienende Inanspruchnahme der Leistung durch eine **ordnungswidrige Benutzung** der technischen Vorrichtungen, in der

753

---

5 BK-*Valerius*, § 265a Rn 10; *Hilgendorf/Valerius*, BT II § 10 Rn 9; *Küper/Zopfs*, BT Rn 71 f; MK-*Hefendehl*, § 265a Rn 76; *Rengier*, BT I § 16 Rn 2; S/S/W-*Saliger*, § 265a Rn 3; s. auch LG Wuppertal CR 11, 245, 247; zum Fehlen dieses Merkmals bei mangels Genehmigung unwirksamen Verträgen Minderjähriger s. SK-*Hoyer*, § 265a Rn 29. Zur Berücksichtigung des häufigen Bagatellcharakters der Tat in der Strafzumessung s. OLG Brandenburg StV 09, 361; OLG Stuttgart NStZ 07, 38; OLG Naumburg StV 12, 734.
6 BayObLG NJW 86, 1504; OLG Koblenz NJW 00, 86 mit Anm. *Kudlich*, NStZ 01, 90; BayObLG BeckRS 20, 16503; Fischer-*Fischer*, § 265a Rn 9; NK-*Hellmann*, § 265a Rn 38; SK-*Hoyer*, § 265a Rn 10; S/S/W-*Saliger*, § 265a Rn 4; anders nur bei paralleler Nutzung einer übertragbaren Karte durch einen Dritten, s. MK-*Hefendehl*, § 265a Rn 104; *Kudlich*, NStZ 01, 90 f; *Zieschack/Rau*, JR 09, 244.
7 OLG Düsseldorf NJW 00, 158; *Kudlich*, JuS 01, 22.
8 BGHSt 53, 122, 126 unter Berufung auf die Begründung zu § 347 des Entwurfs eines Allgemeinen Deutschen StGB aus dem Jahr 1927, krit. zur Entscheidung *Alwart*, JZ 09, 478; *Zieschack/Rau*, JR 09, 244.
9 OLG Stuttgart MDR 63, 236; OLG Hamburg NJW 87, 2688.
10 *Lackner/Kühl/Heger*, § 265a Rn 6; *Kindhäuser/Hilgendorf*, § 265a Rn 11.
11 BayObLG NJW 69, 1042; *Bockelmann*, BT I S. 118; beides verbindend MK-*Wohlers/Mühlbauer*, 2. Aufl., § 265a Rn 45. Letzteres greift BGHSt 53, 122 mit Bespr. *Bosch*, JA 09, 470 auf.
12 Fischer-*Fischer*, § 265a Rn 4; LK-*Tiedemann*, § 265a Rn 34 ff; *Mitsch*, BT II S. 448; M/R-*Gaede*, § 265a Rn 12.
13 So BK-*Valerius*, § 265a Rn 16; HK-GS/*Duttge*, § 265a Rn 1, 13; SK-*Hoyer*, § 265a Rn 5; S/S/W-*Saliger*, § 265a Rn 7.
14 Für einheitliche Auslegung dagegen Fischer-*Fischer*, § 265a Rn 3 ff, 5; S/S/W-*Saliger*, § 265a Rn 5; wie hier *Mitsch*, BT II S. 448 ff; NK-*Hellmann*, § 265a Rn 14; S/S-*Perron*, § 265a Rn 8 ff; s. auch BGHSt 53, 122, 127.

eine Überlistung des die Entgeltlichkeit sichernden Mechanismus liegt.[15] Das kann zB durch Einwerfen von Falschgeld geschehen.[16] Die Entgeltlichkeit muss sich gerade auf die in Anspruch genommene tatbestandliche Leistung beziehen. So stellt zB die Einfahrt in ein **Parkhaus** oder eine gebührenpflichtige **Parkfläche** in der Absicht, die Parkgebühren nicht zu entrichten, oft schon keine Entgegennahme einer Automatenleistung dar,[17] jedenfalls aber ist diese – und ebenso der „Zutritt" (die Zufahrt) – regelmäßig kostenfrei, und auch in der späteren Ausfahrt liegt keine *Zutritts*erschleichung[18] (und wieder keine als solche kostenpflichtige Automatenleistung). Verstoßen wird dann hingegen regelmäßig gegen ein (nicht als solches strafbewehrtes, u.U. aber bußgeldbewehrtes) Parkverbot, das im Falle der Bezahlung befristet aufgehoben worden wäre.[19]

754 Nicht erfasst wird die bloße **Ausnutzung technischer Defekte**.[20] Auch reicht das bloße Herstellen einer telefonischen Verbindung zu dem Zweck nicht aus, den Hörer nach dem „Durchklingeln" (entsprechend der vorherigen Verabredung mit dem Partner oder aus Gründen der nächtlichen Ruhestörung) rasch wieder aufzulegen, um die Gebühr zu ersparen; die Leistung iS des § 265a ist nämlich erst mit dem **Herstellen der Sprechverbindung** erschlichen.[21] Das Erschleichen geschieht im Telekommunikationsnetz zB durch ein Eingreifen in die Gebührenerfassung oder den unbefugten Anschluss an das Netz, nicht aber zB durch das unbefugte Führen von Privatgesprächen auf einem Dienstapparat.[22] Beim nur nicht angemeldeten **Schwarzhören** oder **Schwarzfernsehen** fehlt es an der vorausgesetzten Überlistung von Sicherungsmechanismen.[23] Auch die Bargeldbeschaffung aus einem **Geldautomaten** durch unbefugte Verwendung der an den Kontoinhaber ausgegebenen **Codekarte** fällt nicht unter § 265a, sondern unter den Tatbestand des Computerbetrugs (§ 263a). Hier liegt zwar ein täuschungsäquivalentes Verhalten gegenüber dem Vermögensinhaber (s. Rn 739), nicht aber ein ordnungs- und regelwidriges Manipulieren des Mechanismus vor (s. auch Rn 204). Zudem ist an der Entgeltlichkeit der Leistung zu zweifeln.[24]

755 Bei der **Beförderungs-**[25] und **Zutrittserschleichung** setzt der Begriff des **Erschleichens** ein Verhalten voraus, das sich entweder mit dem **äußeren Anschein der Ordnungsmäßigkeit** umgibt oder die vorhandenen **Kontrollmaßnahmen** umgeht oder ausschaltet. Während die letztere Aussage allen Voraussetzungen, die an das Erschleichen in dieser Tatbestandsvariante gestellt werden, genügt, werden an den Anschein der Ordnungsmäßigkeit unterschiedlich strenge Anforderungen gestellt.[26] Die Rechtsprechung neigt – durch das BVerfG[27] unbeanstandet – dazu, eine nur **unbefugte** Inanspruchnahme einer erschlichenen gleichzusetzen, indem sie das schlichte Nichtlösen eines Fahrscheines oder

---

15 *Arloth*, CR 96, 362; *Küper/Zopfs*, BT Rn 73; *Lackner/Kühl/Heger*, § 265a Rn 6a; OLG Karlsruhe NJW 09, 1287, 1288; LG Wuppertal CR 11, 245, 247. Zur unbefugten Nutzung von **Online-Streaming Diensten** unter Weitergabe von Passwörtern s. MK-*Hefendehl*, § 265a Rn 60 ff, 155 ff (Erschleichen verneinend).
16 LK-*Tiedemann*, § 265a Rn 42.
17 Auch Parkuhr und Parkscheinautomat erbringen keine Leistung, *Küper/Zopfs*, BT Rn 74; M/S/M-*Momsen*, BT I § 41 Rn 221.
18 Vgl. Fischer-*Fischer*, § 265a Rn 22, 24; *Mitsch*, NZV 12, 157.
19 BayObLG JR 91, 433 mit Anm. *Graul*; Fischer-*Fischer*, § 265a Rn 14; *Lackner/Kühl/Heger*, § 265a Rn 5.
20 HK-GS/*Duttge*, § 265a Rn 16; NK-*Hellmann*, § 265a Rn 24; *Popp*, JuS 11, 391; OLG Karlsruhe wistra 03, 116, 117.
21 Vgl LK-*Tiedemann*, § 265a Rn 51; *Mitsch*, BT II S. 441; NK-*Hellmann*, § 265a Rn 29; S/S-*Perron*, § 265a Rn 10; aA LG Hamburg MDR 54, 630; *Brauner/Göhner*, NJW 78, 1469; *Herzog*, GA 75, 257.
22 *Eisele*, BT II Rn 713; MK-*Hefendehl*, § 265a Rn 162.
23 *Eisele*, BT II Rn 714; LK-*Tiedemann*, § 265a Rn 44; *Oğlakcıoğlu*, JA 11, 590 ff; S/S/W-*Saliger*, § 265a Rn 15; zum Missbrauch von Kabelfernsehanschlüssen s. *Krause/Wuermeling*, NStZ 90, 526.
24 *Krey/Hellmann/Heinrich*, BT II Rn 846; *Schroth*, NJW 81, 730.
25 Zu den verschiedenen Strafrechtsbezügen bei Fahrkartenkontrollen instruktiv *Mitsch*, NZV 14, 545.
26 S. *Küper/Zopfs*, BT Rn 87; zu den Folgen dieser Ansicht bei erkennbarem Schwarzfahren *Mitsch*, NZV 22, 54, 56.
27 BVerfG NJW 98, 1135; für gegenteilige Klarstellung de lege ferenda *Bock*, JA 17, 360.

die (vorsätzlich)[28] unterlassene Entwertung ausreichen lässt.[29] Dem hat sich der BGH auf Vorlagebeschluss des OLG Naumburg, das sich die auch hier vertretene täuschungsäquivalente Deutung zu eigen machen wollte, angeschlossen.[30] Danach erschleicht eine Beförderungsleistung, wer ein Verkehrsmittel unberechtigt benutzt und sich dabei gegenüber einem gedachten objektiven Beobachter (nicht notwendig gegenüber dem Beförderungsbetreiber oder seinen Bediensteten) mit dem Anschein umgibt, er erfülle die nach den *Geschäftsbedingungen des Betreibers* erforderlichen Voraussetzungen.[31] So soll es zB liegen, wenn der Täter in dem Verkehrsmittel mitfährt, ohne sich um die Erlangung eines Fahrausweises zu kümmern, da ein objektiver Beobachter aus solch *unauffälligem Verhalten* auf die Rechtmäßigkeit der Benutzung des Verkehrsmittels schließen würde.[32]

Diese Auslegung wird dem **Sinn** des Erschleichens aber **nicht gerecht**.[33] Das ergibt sich daraus, dass die äußere Tathandlung dann auch von dem ordnungsgemäßen Benutzer erfüllt, die handlungsbeschreibende, hier auf die Täuschungsähnlichkeit verweisende Bedeutung also aufgegeben und damit das Erschleichen seines spezifischen Unrechtsgehalts entkleidet würde.[34] Es ist daher zu verlangen, dass der Täter etwa durch „Entwertung" eines ungültigen Fahrausweises, durch Ausweichen vor einer Fahrkartenkontrolle oder ein Durchschreiten von Sperren oder Schleusen ein über bloß unauffälliges Auftreten hinausgehendes verdeckendes oder verschleierndes Verhalten an den Tag legt.[35] Um diese Einschränkung zu begründen, bedarf es der zweifelhaften[36] Erwägung nicht, wer Kontroll- und Sicherungsmaßnahmen abbaue, verdiene den Strafrechtsschutz nicht. Vielmehr ist sie aus dem Wortsinn selbst und daraus herzuleiten, dass ebenso wie ein Schwarzhören oder Schwarzfernsehen ein schlichtes Schwarzfahren für das Unrecht des Erschleichens nicht ausreicht.[37] Mangels Täuschungsähnlichkeit scheidet ein Erschleichen ebenso aus, wenn der Fahrgast länger im Verkehrsmittel verweilt, als ihn sein Fahrticket berechtigt.[38] Dies

---

28 LG Bonn StraFo 15, 81.
29 OLG Hamburg NJW 87, 2688; JR 92, 40; OLG Düsseldorf NStZ 92, 84; NJW 00, 2120; OLG Stuttgart MDR 89, 841; OLG Frankfurt a.M. NStZ-RR 01, 269; BayObLG StV 02, 428; zust. *Hagemann*, Rechtliche Probleme des Schwarzfahrens, 2008, S. 89; *Rengier*, BT I § 16 Rn 6; *Wessels*, BT II Rn 637; noch weiter *Hauf*, DRiZ 95, 18. Zur rechtspolitischen Debatte s. *Harrendorf*, NK 18, 250, 256 ff; *Sasse*, NJ 19, 59.
30 BGHSt 53, 122 mit Bespr. *Bosch*, JA 09, 470; krit. *Alwart*, JZ 09, 478; *Zieschack/Rau*, JR 09, 244.
31 So der Leitsatz von BGHSt 53, 122 mit der auf S. 127 zu findenden Klarstellung; dem folgen OLG Naumburg StraFo 09, 343 und OLG Hamm NStZ-RR 11, 206; krit. Fischer-*Fischer*, § 265a Rn 5; eher strenger OLG Frankfurt a.M. NJW 10, 3107 mit Anm. *Krumm*.
32 OLG Koblenz NStZ-RR 11, 246, 247.
33 S. dazu ausführlich *Putzke/Putzke*, JuS 12, 500, 504; iE ebenso *Roggan*, Jura 12, 303; einen Überblick über den Meinungsstand gibt *Preuß*, ZJS 13, 261 ff.
34 A/W-*Heinrich*, § 21 Rn 20; BK-*Valerius*, § 265a Rn 20 f; Fischer-*Fischer*, § 265a Rn 5 ff; *Kindhäuser/Hilgendorf*, § 265a Rn 8; *Krey/Hellmann/Heinrich*, BT II Rn 819; M/R-*Gaede*, § 265a Rn 15.
35 AnK-*Gercke*, § 265a Rn 18; *Bock*, BT I S. 504 f; Fischer-*Fischer*, § 265a Rn 4, 5e, 6 f; *Hefendehl*, JA 11, 406; H-H-*Voigt*, Rn 1078; *Hilgendorf/Valerius*, BT II § 10 Rn 12 f, 15; *Hohmann/Sander*, § 45 Rn 21; *Ingelfinger*, StV 02, 429, 430; *Klesczewski*, BT § 9 Rn 187; *Lackner/Kühl/Heger*, § 265a Rn 6a; *Mitsch*, BT II S. 450; *Mosbacher*, NJW 18, 1069 f; *Ranft*, Jura 93, 84; *Schall* JR 92, 1; SK-*Hoyer*, § 265a Rn 21; S/S-*Perron*, § 265a Rn 11; S/S/W-*Saliger*, § 265a Rn 17; *Zöller*, BT Rn 268; enger *Alwart*, JZ 86, 563 und Anm. NStZ 91, 588; *Albrecht*, Anm. NStZ 88, 222.
36 S. zu ihr LG Bonn StraFo 15, 81; MK-*Wohlers/Mühlbauer*, 2. Aufl., § 265a Rn 43; SK-*Hoyer*, § 265a Rn 7; hiergegen *Hillenkamp*, Vorsatztat und Opferverhalten 1981, S. 47; *Hillenkamp*, ZStW 129 (2017), 596, 617 ff; *Schall*, JR 92, 1.
37 *Alwart*, ZIS 16, 534; HK-GS/*Duttge*, § 265a Rn 20 f; *Oğlakcıoğlu*, JA 11, 589; SK-*Hoyer*, § 265a Rn 8 f; unter Betonung der Opfermitverantwortung LK-*Tiedemann*, § 265a Rn 47.
38 S. *Mitsch*, NZV 19, 70, 73 ff (auch zu allgemeinen Fragen des Unterlassens und einer actio libera in causa); MK-*Hefendehl*, § 265a Rn 182; NK-*Hellmann*, § 265a Rn 39; aA AG Dortmund, BeckRS 17, 129465.

ist dagegen bei einem *kollusiven Zusammenwirken* mit einer vom Veranstalter eingesetzten Aufsichtsperson anzunehmen[39] (denn Bezugsperson der Täuschung ist der gedachte Beobachter, nicht die Aufsichtsperson); hier tritt § 265a aber zurück, falls darin eine Anstiftung oder Beihilfe zur Untreue (§ 266) liegt.

756 Wer im Rahmen einer **Protestdemonstration** gegen eine angekündigte **Fahrpreiserhöhung** einen Straßenbahnwagen *ausschließlich* zum Verteilen von Flugblättern betritt und das auch nach dem Anfahren bis zur nächsten Haltestelle ohne Fahrschein fortsetzt, **erschleicht** keine Beförderungsleistung, sondern begeht Hausfriedensbruch.[40]

Rechtsprechungsbeispiele: Im der Entscheidung **KG NJW 11, 2600** zugrunde liegenden Fall nutzte der Angeklagte A die öffentlichen Verkehrsmittel in Berlin wiederholt bewusst ohne Fahrschein und trug in Brusthöhe an seiner Kleidung ein Schild etwa in Größe einer Scheckkarte mit dem Aufdruck „Für freie Fahrt in Bus und Bahn" und „Ich zahle nicht" sowie in der Mitte ein Foto von drei Bussen der BVG mit dem Querdruck „Streik". Das KG meint, für einen fiktiven objektiven Beobachter habe sich das Verhalten des A als völlig angepasstes und unauffälliges Nutzen des Verkehrsmittels dargestellt, sodass keine Parallele zur Entscheidung **BayObLG NJW 69, 1042** (offen und unmissverständlich ohne Entgeltzahlung) besteht. Das kleine Schild ändere nichts, weil es schwer wahrnehmbar gewesen sei und selbst bei Wahrnehmung keine eindeutige Verweigerungserklärung enthalten habe. Man könne den Text auch als bloße Provokation oder ein Eintreten für freies Fahren iS einer politischen Stellungnahme deuten. Das steht aber mit der Aussage „Ich zahle nicht" (OLG Köln BeckRS 15, 16686 mit Anm. *Satzger*, Jura (JK) 17, 362: „Ich fahre schwarz" oder OLG Frankfurt BeckRS 16, 112425 mit Anm. *Rathgeber*, FD-StrafR 17, 386894: „Ich fahre umsonst") nicht im Einklang, aus der sich dem objektiven Beobachter erschließt, dass er es mit einem „Überzeugungstäter" zu tun hat. Die Frage ist freilich, **wie deutlich** das durch Verhalten oder Erklärung (beidseitig mit Großbuchstaben bedrucktes T-Shirt? s. dazu *Jahn*, JuS 11, 1042 f, *Roggan*, Jura 12, 299 und *Oğlakcıoğlu*, JA 11, 590) gemacht werden muss, **wem gegenüber** (s. dazu OLG Köln BeckRS 15, 16686: gegenüber Mitreisenden reicht nicht) und ob notwendig in der **aktuellen Situation** (OLG Hamm NStZ-RR 11, 206, 207: frühere schriftliche Mitteilungen an die Verkehrsbetriebe, der Täter beabsichtige, künftig Beförderungsleistungen ohne Entrichtung des Fahrpreises in Anspruch zu nehmen, genügen nicht).

III. Leistungs- und Warenautomaten sowie Einrichtungen

757 Ein **Automat** iSd § 265a ist ein technisches Gerät, dessen mechanische oder elektronische Steuerung bewirkt, dass die abrufbare, vom Automaten selbsttätig erbrachte Leistung von der Entrichtung des Entgelts abhängig gemacht wird.[41] Bei einem *Datenverarbeitungsvorgang* können § 265a und § 263a einschlägig sein, wobei aber die Subsidiaritätsklausel zu beachten ist.[42] Bei einem **Automatenmissbrauch** ist im Rahmen des § 265a zwischen **Leistungs-** und **Warenautomaten** zu unterscheiden. Zu den letztgenannten gehören alle Geräte, die Waren, Wertzeichen, Fahrscheine, Eintrittskarten und dergleichen ausgeben. Der Geldwechselautomat ist Warenautomat.[43] Leistungsautomaten sind ua Fernsprechgeräte, Spielautomaten und Musikboxen. Bei Geldspielautomaten

---

39 *Lackner/Kühl/Heger*, § 265a Rn 6a; *Tiedemann/Waßmer*, Jura 00, 535; **aA** *Eisele*, BT II Rn 716; *Rengier*, BT I § 16 Rn 18.
40 BayObLG NJW 69, 1042.
41 Bei späterer Abrechnung einer ohne Entgeltentrichtung abrufbaren Leistung entfällt § 265a, s. OLG Karlsruhe NJW 09, 1287, 1288.
42 MK-*Wohlers/Mühlbauer*, 2. Aufl., § 265a Rn 12; NK-*Hellmann*, § 265a Rn 23. Nach aA ist für Fälle des § 263a der Strafrahmen des § 265a analog heranzuziehen, MK-*Hefendehl*, § 265a Rn 36.
43 OLG Düsseldorf JR 00, 212.

mischen sich die Eigenschaften: Die Gewährung des durch Gewinnchancen angereicherten Spielvergnügens ist Leistung, der Gewinn selbst Ware.[44] Der Tatbestand des § 265a erfasst zwar entgegen der noch hM[45] nicht nur die Leistungs-, sondern beide Arten von Automaten.[46] Auf Grund der **Subsidiaritätsklausel** ist jedoch nicht nach dieser Vorschrift, sondern wegen **Diebstahls** (§ 242 in Verbindung mit § 248a) zu bestrafen, wer durch den **Einwurf von Falschgeld** oder in anderer Weise den Mechanismus eines **Warenautomaten** missbräuchlich auslöst und sich so die Möglichkeit verschafft, Waren ohne Entgelt zu entnehmen (= *Wegnahme* in Zueignungsabsicht).[47] Dabei ist, da das Einverständnis des Automatenbetreibers in *beiden Fällen* fehlt, nicht zwischen einem ordnungswidrigen Anstoßen des dann funktionsgerechten Ablaufs und einer funktionswidrigen Einwirkung von außen zu differenzieren.[48]

Das gilt auch, wenn jemand **Geld** aus einem Geldwechselautomaten erlangt, nachdem er den eingeführten Geldschein wieder zurückzieht[49] oder Geld aus einem *Spielautomaten* entwendet, indem er dessen Antriebsauslöser durch einen technischen Trick überlistet[50] (zur Anwendbarkeit des § 243 I 2 Nr 2 bei *weiteren* Einwirkungen von außen **auf das Spielwerk** des Automaten s. Rn 278), sodass die h.M. zutrifft, nach der nicht nur eine Unterschlagung vorliegt. § 246 ist indes dann anzuwenden, wenn jemand *versehentlich* (also ohne Wegnahmevorsatz) eine falsche oder eine ausländische Münze einwirft und seinen Irrtum erkennt, ehe er sich sodann die durch den Automaten ausgeworfene Ware oder das als Gewinn erzielte Geld nach erfolgtem Spiel zueignet.

Unter das öffentlichen Zwecken dienende **Telekommunikationsnetz** fallen neben den Fernsprech- und Fernschreibnetzen auch die drahtlose Übermittlung und das Internet.[51] Ein Erschleichen (s. Rn 752) liegt hier nicht in einer nur unbefugten Benutzung eines fremden Anschlusses, wohl aber zB in der Verwendung einer unberechtigt selbst wieder aufgeladenen Telefonkarte.[52] Unter den Begriff der **Einrichtung**, der hier sehr weit zu ziehen ist, fällt jede Sachgesamtheit, die der Befriedigung menschlicher Bedürfnisse dienen soll und der Allgemeinheit oder einem größeren Kreis von Personen zur Verfügung steht (zB Museum, Gemäldegalerie, Planetarium oder Toilettenanlage). Wer eine **Veranstaltung** – zB ein Konzert oder eine Kinovorstellung – mit gültiger Eintrittskarte besucht, erschleicht sich den Zutritt zu ihr nicht dadurch, dass er einen besseren als den bezahlten Platz in Anspruch nimmt. Anders liegt es, wenn der Besucher einer Kunstsammlung oh-

758

---

44 OLG Celle JR 97, 346; OLG Düsseldorf NStZ 99, 248.
45 *Klesczewski*, BT § 9 Rn 181; *Krey/Hellmann/Heinrich*, BT II Rn 724; *Lackner/Kühl/Heger*, § 265a Rn 2; M/S/M-*Momsen*, BT I § 41 Rn 221; M/R-*Gaede*, § 265a Rn 5; NK-*Hellmann*, § 265a Rn 19 ff; S/S-*Perron*, § 265a Rn 4; *Zöller*, BT Rn 47; unentschieden BK-*Valerius*, § 265a Rn 11.
46 A/W-*Heinrich*, § 21 Rn 13; *Bock*, BT II S. 497; *Eisele*, BT II Rn 709; Fischer-*Fischer*, § 265a Rn 11; *Hilgendorf/Valerius*, BT II § 10 Rn 4; HK-GS/*Duttge*, § 265a Rn 6 f; *Kindhäuser/Hilgendorf*, § 265a Rn 16; *Mitsch*, JuS 98, 313; MK-*Hefendehl*, § 265a Rn 39 ff; *Otto*, BT § 52 Rn 14 f; *Rengier*, BT I § 16 Rn 5 f; SK-*Hoyer*, § 265a Rn 12 f; S/S/W-*Saliger*, § 265a Rn 8.
47 BGH MDR 52, 563; BayObLGSt 1955, 120; s. auch *Mitsch*, BT II S. 437 f.
48 Im ersten Fall für § 265a dagegen *Otto*, BT § 52 Rn 15; s. auch SK-*Hoyer*, § 265a Rn 13; Bedenken gegen die Wegnahme äußert *Dreher*, Anm. MDR 52, 563.
49 OLG Düsseldorf JR 00, 212 mit abl. Anm. *Otto*; *Biletzki*, Anm. NStZ 00, 424; *Kudlich*, JuS 01, 20; **aA** A/W-*Heinrich*, § 21 Rn 14 f mit § 13 Rn 150 (Unterschlagung).
50 Lehrreich BayObLGSt 1955, 120; BayObLG NJW 81, 2826 mit zust. Anm. *Meurer*, JR 82, 292; OLG Koblenz NJW 84, 2424; OLG Stuttgart NJW 82, 1659; *Albrecht*, JuS 83, 101; **aA** AG Lichtenfels NJW 80, 2206 mit abl. Anm. *Seier*, JA 80, 681 und *Schulz*, NJW 81, 1351; A/W-*Heinrich*, § 21 Rn 14 f mit § 13 Rn 150 (Unterschlagung)
51 BK-*Valerius*, § 265a Rn 5 f; *Hellmann/Beckemper*, JuS 01, 1096; *Laue*, JuS 02, 361; S/S/W-*Saliger*, § 265a Rn 13 mit weiteren Beispielen.
52 *Krey/Hellmann/Heinrich*, BT II Rn 725; *Hecker*, JA 04, 768; zur Nutzung eines **offenen WLAN** s. LG Wuppertal CR 11, 246, 247.

ne dafür gültige Zusatzkarte den Zutritt zB zu einer in einem abgegrenzten Raum befindlichen und entgeltpflichtigen Sonderausstellung erschleicht.[53]

IV. Vorsatz, Versuch und Verfolgbarkeit

759 Der **Vorsatz** muss sich auf alle Merkmale des objektiven Tatbestands[54] und insbesondere auf die **Entgeltlichkeit** der Leistung erstrecken; wer irrig annimmt, dass es sich um eine *unentgeltliche* Veranstaltung handele, befindet sich im Tatbestandsirrtum (§ 16 I 1). Gleiches gilt, wenn ein Täter beim Einsteigen in ein öffentliches Verkehrsmittel irrig annimmt, er sei im Besitz eines gültigen Fahrscheins.[55] Hinzukommen muss die **Absicht**, das Entgelt nicht oder nicht in voller Höhe zu entrichten. Hieran fehlt es bei dem, der seine ordnungsgemäß gelöste Monatsfahrkarte nur zuhause vergessen hat[56] oder der sich zur Nachtzeit den Zutritt zu einem geschlossenen Schwimmbad erschleicht. Für den **Absichtsbegriff** als solchen gilt das zu § 263 Gesagte sinngemäß.[57]

760 Der **Versuch** ist mit Strafe bedroht. Der Zeitpunkt der Vollendung fällt idR mit dem Beginn der „Leistung" zusammen und lässt sich daher nicht für alle Varianten gleichmäßig bestimmen.[58] Vor allem bei der Beförderungs- und der Zutrittserschleichung zu einer Veranstaltung tritt früh Vollendung ein, aber nicht vor Beginn der Fahrt oder Vorstellung.[59] Bei einem bloßen Fahrtantritt bleibt es beim Versuch, wenn der Täter nach wenigen Metern die Fahrt abbricht oder entdeckt wird.[60] Ein Rücktritt durch nachträgliche Entrichtung des Entgelts oder Zahlung einer „Vertragsstrafe" kommt angesichts schon eingetretener Vollendung nicht in Betracht.[61] Eines **Strafantrags** bedarf es gemäß § 265a III nur unter den in §§ 247, 248a[62] genannten Voraussetzungen.

761 Im **Fall 55** hat A keine Kontrollperson getäuscht; für die Annahme eines Betrugs (§ 263)[63] ist daher kein Raum. Er hat aber die Eingangskontrollen umgangen und sich den Zutritt dadurch verschafft, dass er die Stadionumzäunung in der Absicht überklettert hat, das Eintrittsgeld nicht zu entrichten. Dieses Verhalten erfüllt alle Merkmale der **Zutrittserschleichung** (§ 265a I). Vollendet ist die Tat mit Beginn des Spiels. Bis dahin ist Rücktritt möglich. Außerdem liegt ein **Hausfriedensbruch** (§ 123) vor. Zwischen § 265a und § 123, die verschiedene Rechtsgüter schützen, besteht nach überwiegender Ansicht Tateinheit (§ 52; zum **Strafantragserfordernis** s. §§ 265a III, 123 II). – Durch den Einwurf des Falschgeldes und die Entnahme der Zigarettenschachtel hat A sich des **Inverkehrbringens** von **Falschgeld**[64] und nach der hier vertretenen Meinung des **Diebstahls** (§§ 242, 248a) schuldig gemacht, der § 265a verdrängt. Da im Einwer-

---

53 Im 1. Fall anders NK-*Hellmann*, § 265a Rn 43; wie hier insoweit S/S/W-*Saliger*, § 265a Rn 19.
54 OLG Frankfurt a.M. NJW 10, 3107, 3109; LG Bonn StraFo 15, 81.
55 OLG Hamm NJW 12, 1239, 1240; OLG Koblenz NJW 00, 86.
56 OLG Koblenz NJW 00, 86; *Lackner/Kühl/Heger*, § 265a Rn 7.
57 BayObLG NJW 69, 1042; vgl hier Rn 699 ff.
58 S. dazu diff. S/S/W-*Saliger*, § 265a Rn 21; vgl auch LK-*Murmann*, § 22 Rn 11 ff.
59 Vgl OLG Frankfurt a.M. NJW 10, 3107; S/S-*Perron*, § 265a Rn 13; teilw. abw. Fischer-*Fischer*, § 265a Rn 28a.
60 OLG Koblenz NStZ-RR 11, 246, 247; s. auch OLG Hamm NStZ-RR 11, 206, 207; **Falllösung** bei *Krell*, JuS 12, 537; *Ladiges*, JuS 12, 50.
61 SK-*Hoyer*, § 265a Rn 34.
62 Ein dreimaliges Schwarzfahren kann für die Bejahung des besonderen öffentlichen Interesses genügen s. KG Berlin BeckRS 16, 115973.
63 Zum Vorrang der Betrugsprüfung s. *Preuß*, ZJS 13, 257.
64 § 147; s. dazu *Wessels/Hettinger/Engländer*, BT I Rn 931 ff.

fen des Falschgeldes schon der Beginn des Wegnehmens liegt, stehen beide Delikte (§§ 242, 147) in **Tateinheit** (§ 52).

V. Prüfungsaufbau: Erschleichen von Leistungen, § 265a

Erschleichen von Leistungen, § 265a

I. Tatbestand
  1. Objektiver Tatbestand
    a) Tatobjekt:
- *Leistung eines Automaten*
  - Ⓟ Warenautomat
- *eines Telekommunikationsnetzes*
- *Beförderung durch ein Verkehrsmittel*
- *Zutritt zu einer Veranstaltung/Einrichtung*
- *Entgeltlichkeit der Leistung*

    b) Tathandlung:
- *Erschleichen*
  - Ⓟ Erfordernis täuschungsähnlichen Verhaltens

  2. Subjektiver Tatbestand
    a) Vorsatz:
- *jede Vorsatzart*

    b) Absicht:
- *Absicht, Entgelt nicht (vollständig) zu entrichten*

II. Rechtswidrigkeit
III. Schuld
IV. Privilegierung (Strafantrag, § 265a III iVm §§ 247, 248a)
V. Subsidiarität, § 265a I aE
  Ⓟ Reichweite der Subsidiaritätsklausel

762

§ 18 Subventionsbetrug, Kapitalanlagebetrug, Kreditbetrug, Wettbewerbsbeschränkende Absprachen bei Ausschreibungen, Versicherungsmissbrauch

§ 263 verbietet täuschende Erklärungen, die der Täter mit dem Ziel einer rechtswidrigen Bereicherung abgibt, die über eine irrtumsbedingte, dem Vermögen(sinhaber) zurechenbare, selbstschädigende Verfügung bewirkt werden soll. Streng genommen ist nur dies Inhalt der Verbotsnorm, dh der **Verhaltensregel** (denn verboten wird genau genommen der Versuch der Tat; nur diesen kann der Täter wirklich steuern, nicht ihren Erfolg und damit auch nicht ihre Vollendung). In objektiver Hinsicht verlangt der Tatbestand neben dieser Erklärung, dass der angestrebte Irrtum, eine durch sie bedingte Vermögensverfügung und als deren Folge ein Vermögensschaden, der zur angestrebten Bereicherung stoffgleich ist, tatsächlich eintreten. Dies sind zur Verletzung der Verhaltensregel (der **Pflichtwidrigkeit**) hinzutretende Voraussetzungen der Strafbarkeit wegen vollendeter Tat, dh **weitere Bedingungen der betreffenden Sanktionsnorm**. Die §§ 264, 264a,

763

265b, 298 verbieten ebenfalls jeweils bestimmte betrügerische Verhaltensweisen und knüpfen die Strafbarkeit (allein) an diese an. Hierdurch kommt es zu einer **Vorverlagerung der *Strafbarkeit*** gegenüber § 263 (schwächeren Bedingungen der Sanktionsnorm an den Erfolgsfortschritt der Tat). Die Verhaltensweisen sind jeweils nur mit der Gefahr eines Vermögensschadens verbunden. Die **Verhaltensregel** wird gegenüber derjenigen des § 263 **hingegen nicht vorverlagert**, sondern jeweils nur weiter spezialisiert. In diesem Sinne handelt es sich um **unechte Vorfelddelikte** zum Betrug.[1] Anders ist das bei § 265. Dort wird auch bereits die Verhaltensregel vorverlagert. Die Vorschrift verbietet einen bestimmten Umgang mit versicherten Sachen in der Absicht, später eine nach § 263 (Versicherungsbetrug) verbotene Erklärung abzugeben. Bei § 265 handelt es sich entsprechend um ein **echtes Vorfelddelikt** zum Betrug.[2]

I. Subventionsbetrug

764 **Fall 56:** Der Frühinvalide F, der stundenweise einen kleinen Süßwarenkiosk betreibt, lebt in sehr ärmlichen Verhältnissen. Auf seinen Antrag hat das Sozialamt der Stadt S ihm zu Beginn der winterlichen Jahreszeit eine Unterstützung aus dem Sozialhilfefonds gewährt. Später stellt sich heraus, dass F, ohne vorsätzlich zu handeln, wesentliche Umstände aus grober Nachlässigkeit nicht oder nicht vollständig angegeben hatte.
Hat F sich strafbar gemacht? **Rn 771**

1. Schutzzweck und Deliktsnatur

765 § 264 schützt das **Vermögen** der öffentlichen Hand, das durch eine ungerechtfertigte Inanspruchnahme und die Vereitelung des Vergabezwecks von Subventionen Schaden erleidet.[3] Dieser Schaden ist allerdings nicht rein wirtschaftlich-fiskalischer Natur, sondern resultiert aus dem **Allgemeininteresse** an einer **wirkungsvollen staatlichen Wirtschaftsförderung durch Subventionen** und besteht in ihrer **missbräuchlichen Inanspruchnahme** bzw. Zweckvereitelung, die verhindert werden soll.[4] Wegen dieser Bedeutungsverschiebung des Schadensbegriffs erklären erst beide Aspekte gemeinsam das Delikt.[5]

766 Die Bezeichnung „**Subventionsbetrug**" ist irreführend, da § 264 eine gegenüber § 263 **selbstständige und abschließende Sonderregelung** enthält, bei der es auf eine Verwirklichung der Betrugsmerkmale gerade nicht ankommt. § 264 I Nrn 1, 3 und 4 setzen lediglich eine der Täuschungshandlung ähnliche, mit ihr aber angesichts der für Nrn 1 bis 3 auch vorgesehenen leichtfertigen Begehungsweise strukturell nicht übereinstimmende Verhaltensweise und *keine* durch eine irrtumsbefangene Verfügung vermittelte *Verletzung* oder *konkrete Gefährdung* eines Angriffsobjekts voraus;

---

1 Begriff und Aufdeckung der dogmatischen Struktur von *Weng* (Publikation in Vorbereitung).
2 Entsprechend *Weng*.
3 So Fischer-*Fischer*, § 264 Rn 2b; *Hellmann*, Rn 880; *Krey/Hellmann/Heinrich*, BT II Rn 791; *Ranft*, JuS 86, 445; SK-*Hoyer*, § 264 Rn 10 ff.
4 Dies als das Schutzgut ansehend OLG Hamburg NStZ 84, 218; ähnlich HK-GS/*Duttge*, § 264 Rn 3; LK-*Tiedemann*, § 264 Rn 23; S/S-*Perron*, § 264 Rn 4.
5 Ähnlich G/J/W-*Straßer*, § 264 Rn 3–5; für Priorität bei letzterem Aspekt AnK-*Gercke/Hembach*, § 264 Rn 3; BK-*Momsen/Laudien*, § 264 Rn 7; *Eisele*, BT II Rn 725; *Lackner/Kühl/Heger*, § 264 Rn 1; *Mitsch*, BT II S. 404; NK-WSS-*Isfen*, § 264 Rn 4; *Rengier*, BT I § 17 Rn 7; S/S/W-*Saliger*, § 264 Rn 1; *Wittig*, § 17 Rn 4; die Bedeutung der Vorrangfrage relativierend A/R/R-*Wattenberg*, 6.2 Rn 12.

die Tat bildet ein als Tätigkeitsdelikt ausgestaltetes **abstraktes Gefährdungsdelikt,**[6] das früher vollendet ist als der Betrug.[7]

Ergänzt und ausgefüllt wird § 264 insbesondere durch die Vorschriften des **Subventionsgesetzes** (SubvG), die ua die Bezeichnung der subventionserheblichen Tatsachen seitens des **Subventionsgebers** gegenüber dem **Subventionsnehmer** (§ 2 SubvG) und dessen Offenbarungspflicht bei der Inanspruchnahme von Subventionen (§ 3 SubvG) sowie die Unerheblichkeit von Scheingeschäften (§ 4 SubvG, Gedanke des § 117 BGB) näher regeln.[8]

767

Mit § 264 IV hat der Gesetzgeber im Kernstrafrecht erstmalig ein in der Form der **Leichtfertigkeit** fahrlässig begehbares Vermögensschutzdelikt geschaffen. Der wesentliche Grund hierfür ist in den erheblichen Schwierigkeiten zu sehen, den Nachweis des Vorsatzes zu führen.[9] Leichtfertigkeit wird von der Rechtsprechung (zu Unrecht *nur*) als **vorsatznahe Schuldform** verstanden, die eine besondere Gleichgültigkeit oder grobe Unachtsamkeit voraussetzt[10] und zB bei einer die Unrichtigkeit der Angaben nicht aufdeckenden Beratung durch eine juristisch gebildete und deshalb im Vergleich mit dem Täter kompetentere Person entfallen kann.[11]

768

2. Subventionsbegriff

Subventionen iS des § 264 sind nach § 264 VIII Nr 1 Leistungen aus **öffentlichen Mitteln** nach Bundes- oder Landesrecht an **Betriebe** oder **Unternehmen**[12] (unter Einschluss des öffentlichen Unternehmens, § 264 VIII S 2), nicht dagegen an öffentlich-rechtliche Gebietskörperschaften.[13] Die Leistungen müssen wenigstens zum Teil ohne marktmäßige Gegenleistung gewährt werden und der **Förderung der Wirtschaft** dienen.[14] In Betracht kommen Hilfeleistungen in Katastrophenfällen, zinsverbilligte Darlehen, verlorene Zuschüsse uä.[15] § 264 VIII Nr 2 bezieht Leistungen aus öffentlichen Mitteln nach dem

769

---

6 BGHSt 34, 265, 267 f; S/S-*Perron*, § 264 Rn 5; W/J-*Dannecker/Bülte*, 2/309; anders LK-*Tiedemann*, § 264 Rn 28 f, der in § 264 ein schlichtes *Tätigkeitsdelikt* erblickt; MK²-*Wohlers/Mühlbauer*, § 264 Rn 12 f (Kumulationsdelikt); M/R-*Gaede*, § 264 Rn 5 und S/S/W-*Saliger*, § 264 Rn 2 (Eignungsdelikt); näher zum 1. WiKG und zu den Reformzielen *Hack*, Probleme des Tatbestandes Subventionsbetrug, § 264 StGB, 1982; *Heinz*, GA 1977, 193, 225; *Löwer*, JZ 79, 621; *Sannwald*, Rechtsgut und Subventionsbegriff, § 264 StGB, 1982. S. zum Ganzen auch die krit. Rechtsprechungsübersicht von *Ranft*, NJW 86, 3163.
7 BGH wistra 08, 348; OLG München NStZ 06, 630, 631; krit. dazu BGH wistra 07, 217; zur Beendigung iS der Verjährung s. OLG Rostock NZWiSt 12, 386.
8 Soweit **Subventionen** nach § 264 VIII Nr 2 von der **EU** selbst vergeben werden, gilt das SubvG nicht. Ob im Europäischen Recht mit Art 4 III VO Nr 2988/98 eine § 4 SubvG vergleichbare Regelung existiert bzw. auf einen ungeschriebenen allgemeinen Grundsatz zurückgegriffen werden kann, ist umstritten; näher dazu LK-*Tiedemann*, § 264 Rn 12, 124; S/S/W-*Saliger*, § 264 Rn 25. Letzteres bezweifelt BGH wistra 18, 130 mit Anm. *Mansdörfer*, ZWH 18, 144.
9 Anders G/J/W-*Straßer*, § 264 Rn 95; M-G-*Retemeyer*, Rn 52.50; *Tiedemann*, WirtschaftsstrafR Rn 718; krit. hierzu („Verdachtsstrafe") *Hillenkamp*, in: Achenbach ua, Recht und Wirtschaft, 1985, S. 237 ff, 247; *Mitsch*, BT II S. 411; MK-*Ceffinato*, § 264 Rn 121; M/R-*Gaede*, § 264 Rn 7; NK-WSS-*Isfen*, § 264 Rn 3; s. auch BGHSt 43, 148, 167; zu Beweisproblemen des § 264 insgesamt s. A/W-*Heinrich*, § 21 Rn 55, 64, 73; *Detzner*, Rückkehr zum „klassischen Strafrecht" und die Einführung einer Beweislastumkehr, 1998; SK-*Hoyer*, § 264 Rn 3 f; zur **Verfassungsmäßigkeit** der Vorschrift s. BK-*Momsen/Laudien*, § 264 Rn 10; NK-*Hellmann*, § 264 Rn 6 ff; S/S/W-*Saliger*, § 264 Rn 3.
10 BGH NStZ-RR 10, 311, 312; BGH NStZ 13, 406; s. auch BGHSt 43, 158, 168.
11 BGH wistra 13, 149 f; hier wird trotz Kennzeichnung der Leichtfertigkeit (nur) als „vorsatznahe Schuldform" in der Sache immerhin angedeutet, dass es schon um eine durch (objektive) Leichtfertigkeit gekennzeichnete *Verhaltensform* („Tathandlung") geht.
12 Dass sie daneben auch Privatpersonen „offenstehen", schadet nach BGHSt 59, 244 mit Anm. *Asholt*, ZWH 14, 467 und *Hellmann*, JZ 15, 724 nicht.
13 LG Mühlhausen NJW 98, 2069; s. dazu *Achenbach*, NStZ 98, 561.
14 S. dazu umfassend *Schmidt*, GA 79, 121; ferner *Kudlich/Oğlakcıoğlu*, Rn 265 f; NK-WSS-*Isfen*, § 264 Rn 7 ff; *Wittig*, § 17 Rn 22 f; HdS-*Kindhäuser/Schumann* V, § 34 Rn 71 ff.
15 S. *Lackner/Kühl/Heger*, § 264 Rn 6; *Tiedemann*, WirtschaftsstrafR Rn 713 ff.

Recht der EU mit ein, verzichtet hier aber auf die Voraussetzung, dass sie der Förderung der Wirtschaft dienen.[16]

770 *Sozialleistungen* an **Privatpersonen** (zB Wohngeld, Kindergeld oder Ausbildungsförderung)[17] und öffentliche Leistungen, die nicht wenigstens teilweise zur Förderung der Wirtschaft, sondern für **andere Zwecke**, insbesondere für *kulturelle* Aufgaben, Bildungseinrichtungen und dergleichen bestimmt sind, werden von § 264 VIII Nr 1 **nicht** erfasst.[18] Das Erschleichen solcher nach Bundes- oder Landesrecht gewährten Leistungen ist nur im Rahmen des § 263 mit Strafe bedroht. Auch die sog. „**Abwrackprämie**", die beim Kauf eines Neuwagens bei gleichzeitiger Verschrottung eines Altfahrzeugs in der zurückliegenden Finanzkrise gezahlt wurde, fällt hierunter, da sie nur an Privatpersonen ausgereicht worden ist.[19] Das **Kurzarbeitergeld** mag zwar auch der „Förderung der Wirtschaft" dienen, gehört aber in den Bereich der sog. Subventionsvermittlung, in dem die Subvention dem Betrieb nicht zur eigenen Verwendung, sondern zur Weiterreichung an den Arbeitnehmer überlassen wird. Hier ist deshalb nur Betrug, nicht aber Subventionsbetrug denkbar.[20] Anderes ist bei den Corona-Soforthilfen anzunehmen, da die Förderung an Kleinstunternehmen und Soloselbstständige als Sonderleistung zur Behebung von Störungen des Wirtschaftslebens erfolgte.[21]

771 Im **Fall 56** kommt ein **Betrug** (§ 263) zum Nachteil der Stadt S unter dem Blickwinkel der *Fehlleitung zweckgebundener Sozialmittel* schon deshalb nicht in Betracht, weil F **nicht vorsätzlich** gehandelt hat. **Leichtfertigkeit** ist nur im Bereich des **Subventionsbetrugs** gemäß § 264 I Nrn 1 bis 3, IV mit Strafe bedroht. Nach dem Vorstehenden fehlt es für die Anwendbarkeit dieses Tatbestandes aber schon an einer Subvention im Sinne der Legaldefinition des § 264 VII Nr 1. F hat sich daher nicht strafbar gemacht.

772 Subventionen, die auf Grund **steuerrechtlicher Vorschriften** gewährt werden, fallen wegen prinzipiellen **Vorrangs des Steuerstrafrechts** auch dann nicht unter § 264, wenn sie in Geldleistungen statt in einer bloßen Steuerermäßigung bestehen.[22]

3. Tathandlungen und Strafbarkeit

773 Die in § 264 I Nrn 1, 3 und 4 umschriebenen **Tathandlungen** (= unrichtige oder unvollständige Angaben, pflichtwidriges In-Unkenntnis-Lassen und Gebrauchen einer durch unrichtige oder unvollständige Angaben erlangten Bescheinigung im Subventionsverfahren) müssen sich auf **subventionserhebliche Tatsachen**[23] beziehen. Hierunter fallen nach § 264 IX Nr 1 zunächst Tatsachen, die vom Gesetz oder vom Subventionsgeber auf-

---

16 S. dazu Fischer-*Fischer*, § 264 Rn 12; W/J-*Dannecker/Bülte*, 2/309 f; zu EU-Subventionen im Agrarbereich s. *Janovsky*, NStZ 98, 120; *Schrömbges*, wistra 09, 249. Reine Vertragssubventionen sind nicht erfasst s. BGH HRRS 19, Nr 330.
17 S. Fischer-*Fischer*, § 264 Rn 2, 10 f; *Mitsch*, BT II S. 405.
18 *Hellmann*, Rn 884; *Otto*, BT § 61 Rn 13.
19 S. dazu *Stumpf*, NJW-Spezial 09, 648; Falllösung bei *Fahl*, JA 11, 836.
20 S. *Gaede/Leydecker*, NJW 09, 3545; S/S/W-*Saliger*, § 264 Rn 8, 14. Gleiches gilt zB für Schlechtwettergeld, s. A/R/R-*Wattenberg*, 6.2 Rn 18; BK-*Momsen/Laudien*, § 264 Rn 18.
21 S. auch LG Hamburg NJW 21, 707 mit Anm. *Habetha*; *Rau/Sleiman*, NZWiSt 20, 374.
22 Vgl LK-*Tiedemann*, § 264 Rn 41; MK-*Ceffinato*, § 264 Rn 135; NK-*Hellmann*, § 264 Rn 17; zur Abgrenzung einer Steuervorteilserschleichung iS der Abgabenordnung gegenüber dem Betrug und dem Subventionsbetrug s. *Fuhrhop*, NJW 80, 1261.
23 Dazu BGHSt 44, 233; BGH NStZ-RR 11, 81; BGH NStZ-RR 21, 214 mit Anm. *Dihlmann*, NJW 21, 2056; *Hecker*, JuS 21, 988; *Peukert/Püschel*, NZWiSt 21, 474; OLG Rostock NZWiSt 12, 388 mit Anm. *Reimers*; LG Magdeburg wistra 05, 155, 156 f; LG Hamburg NJW 21, 707 mit Anm. *Habetha*; NK-*Hellmann*, § 264 Rn 50 ff; zum Fehlen dieser Bezeichnung bei EU-Subventionen s. W/J-*Dannecker/Bülte*, 2/310; OLG Celle StraFo 16, 525 mit Anm. *Groß/Lange*, ZWH 17, 47. Dass das Gesetz die Bewilligung von ihnen abhängig macht, genügt idR, näher S/S/W-*Saliger*, § 264 Rn 20.

grund eines Gesetzes (namentlich § 2 SubvG)²⁴ mit hinreichender Deutlichkeit als subventionserheblich bezeichnet werden.²⁵ Subventionserheblich sind darüber hinaus nach § 264 IX Nr 2 auch Tatsachen, die nicht ausdrücklich als solche bezeichnet, aber Voraussetzung für die Subventionsentscheidungen (Bewilligung, Rückforderung etc) sind, was das Gesetz oder der Subventionsvertrag mit hinreichender Deutlichkeit zum Ausdruck bringen muss.²⁶ § 264 I Nr 4 lässt auch eine Bescheinigung über die *Subventionsberechtigung* als solche genügen.²⁷

Da Leichtfertigkeit genügt (§ 264 V), Täuschen aber begrifflich das Wissen um die Unwahrheit voraussetzt (s. Rn 697), sind die Tathandlungen nicht mit der Täuschung oder dem „Vorspiegeln" des § 263 gleichzusetzen.²⁸ **Unrichtig** iS des § 264 I Nr 1 sind nicht nur Angaben, die mit der Wirklichkeit nicht übereinstimmen, sondern auch solche, die nur ein unvollständiges Gesamtbild vermitteln.²⁹ Das Merkmal des Handelns „für einen anderen" in § 264 I Nr 1 ist weit auszulegen; es genügt, dass die Angaben *zu Gunsten* des Subventionsnehmers gemacht werden. Täter kann daher uU auch der in das Subventionsverfahren eingeschaltete Amtsträger sein, sofern ihm nicht die Erteilung des Bewilligungsbescheides obliegt.³⁰

Nach § 264 I Nr 2 macht sich strafbar, wer eine Verwendungsbeschränkung verletzt.

Vollendet ist der Verstoß gegen § 264 I Nr 1, sobald die falschen Angaben, die für den Antragsteller oder den anderen vorteilhaft sind, dem Subventionsgeber gegenüber gemacht werden.³¹ Zweifelhaft und umstritten ist, unter welchen Voraussetzungen die betreffenden Angaben iS dieser Vorschrift **„vorteilhaft"** sind.³² Nach Ansicht des BGH ist dies schon dann der Fall, wenn sie im Zeitpunkt ihres Vorbringens **geeignet** erscheinen, das Subventionsverfahren günstig zu beeinflussen; dass die Voraussetzungen für eine Subventionsgewährung *aus einem anderen Grunde* gegeben waren, der erstrebte Vorteil also auch ohne die Falschangaben hätte erlangt werden können, soll an der Tatbestandsmäßigkeit des Verhaltens nichts ändern.³³ Im Anschluss an OLG Karlsruhe NJW 81, 1385 steht die Rechtslehre überwiegend auf dem gegenteiligen Standpunkt.³⁴ Dem ist zu folgen,

774

---

24 Vgl BGH wistra 23, 123; BGH wistra 23, 126; OLG Celle, StraFo 16, 525 mit Anm. *Groß/Lange*, ZWH 17, 47; *Achenbach*, NStZ 17, 692;
25 Näher zu subventionserheblichen Tatsachen und der Bedeutung von § 4 SubvG BGH wistra 18, 302, 305 ff; BGH wistra 18, 130 mit Anm. *Mansdörfer*, ZWH 18, 144; BGH HRRS 19, Nr 324; im Zusammenhang mit Corona-Soforthilfen BGH NStZ-RR 21, 214 mit Anm. *Dihlmann*, NJW 21, 2056; *Hecker*, JuS 21, 988; *Peukert/Püschel*, NZWiSt 21, 474; BGH NJW 24, 94 mit Anm. *Wenglarczyk*, JR 24, 430; *Busch*, wistra 24, 125; *Czimek/Schefer*, NStZ 24, 231; LG Hamburg NJW 21, 707 mit Anm. *Habetha*; *Rau/Sleiman*, NZWiSt 20, 375; Überblick bei *Tolksdorf/Schellhaas*, NZWiSt 21, 344; zu den einzelnen Landesbestimmungen *Schmuck/Hecken/Tümmler*, NJOZ 20, 673.
26 BT-Ds 7/5291, S. 13; BGH BeckRS 18, 37937; BGH wistra 19, 369, 371; KG NZWiSt 22, 446.
27 Näher *Müller-Emmert/Maier*, NJW 76, 1657, 1659; *Schmidt-Hieber*, NJW 80, 322; BGH JR 81, 468 mit krit. Anm. *Tiedemann*; BayObLG NJW 82, 2202.
28 AA G/J/W-*Straßer*, § 264 Rn 56; NK-*Hellmann*, § 264 Rn 74; NK-WSS-*Isfen*, § 264 Rn 37; *Wittig*, § 17 Rn 38: „Täuschen"; Fischer-*Fischer*, § 264 Rn 22; MK-*Ceffinato*, § 264 Rn 84; S/S/W-*Saliger*, § 264 Rn 23: „Vorspiegeln" als ungeschriebenes Tatbestandsmerkmal; auch BGH NStZ 10, 327 spricht vom „Täuschungsvorsatz".
29 BGH NStZ 06, 625, 627; 10, 327; s. zur Unrichtigkeit und Unvollständigkeit auch M/R-*Gaede*, § 264 Rn 32.
30 BGHSt 32, 203, 208; OLG Hamburg NStZ 84, 218; M/S/M-*Momsen*, BT I § 41 Rn 179; *Ranft*, JuS 86, 445; *Rengier*, BT I § 17 Rn 13; S/S/W-*Saliger*, § 264 Rn 27.
31 BGHSt 34, 265, 267; zur Vollendung und Beendigung s. auch BGH wistra 07, 217; 08, 348; OLG München NStZ 06, 630, 631; OLG Rostock NZWiSt 12, 386.
32 S. *Achenbach*, BGH-FS S. 608 ff.
33 BGHSt 35, 265, 270; 36, 373, 375 f; zust. *Achenbach*, Anm. JR 88, 251; *Meine*, wistra 88, 13; MK-*Ceffinato*, § 264 Rn 94 f; *Otto*, BT § 61 Rn 19.
34 Näher *Kindhäuser*, JZ 91, 492; *Lüderssen*, wistra 88, 43; M-G-*Retemeyer*, Rn 52.25 ff; *Mitsch*, BT II S. 408 f; NK-*Hellmann*, § 264 Rn 87; *Ranft*, NJW 86, 3163, 3166; S/S-*Perron*, § 264 Rn 47 mwN.

weil das im Betrugstorso des § 264 sich nicht unbedenklich verflüchtigende Unrecht[35] eine Auslegung verlangt, die eine Gefährdung des mitgeschützten Vermögens voraussetzt.[36]

775 Da § 264 nicht nur das Vorfeld des Betrugs abdecken, sondern auch die Fälle der **erfolgreichen Subventionserschleichung** erfassen will, entspricht seine *Strafdrohung* derjenigen des Betrugstatbestandes. Für *besonders schwere Fälle* sieht § 264 II unter Aufzählung von Regelbeispielen Freiheitsstrafe von 6 Monaten bis zu 10 Jahren vor. Gemäß § 264 III gilt § 263 V entsprechend. **Tätige Reue** wird gemäß § 264 VI in Anlehnung an § 24 I durch Gewährung von Straffreiheit belohnt.[37] Sie wird nicht dadurch ausgeschlossen, dass die Behörde nach Richtigstellung der Angaben die Subvention (zu Unrecht) gewährt. In einem solchen Fall fehlt es an der Kausalität der zunächst unrichtigen Angaben und der Bewilligung der Subvention.[38] Bei der Beteiligung mehrerer ist der Grundgedanke des § 24 II sinngemäß anzuwenden.[39]

776 Entfällt eine Bestrafung nach § 264, bleibt ein Rückgriff auf § 263 bzw. §§ 263, 22 zulässig;[40] im Übrigen wird ein Verstoß gegen § 263 durch die Bestrafung gemäß § 264 I mit abgegolten.[41]

II. Kapitalanlagebetrug

777 Die Bekämpfung von Anlageschwindel verfolgt der Straftatbestand des § 264a,[42] der wie die §§ 264, 265b Beweisschwierigkeiten beim Betrug beseitigen soll.[43] Im Mittelpunkt steht der individuelle Vermögensschutz potenzieller Kapitalanleger;[44] darüber hinaus beugt die Vorschrift einer Erschütterung des allgemeinen Vertrauens in den Kapitalmarkt (bzw. seine Funktionsfähigkeit) vor.[45] Daraus erklärt sich, dass das Gesetz hier nur Angaben in Prospekten, Darstellungen und Übersichten über den Vermögensstand gegenüber einem **größeren Kreis von Personen** erfasst, nicht aber Unredlichkeiten in Verhandlungen mit Einzelpersonen, die aus dem Schutzbereich der Norm ausgeklammert sind und für die es weiterhin bei § 263 bleibt. § 264a I, II bedroht schon das bloße **Aufstellen unrichtiger vorteilhafter Angaben** sowie das **Verschweigen nachteiliger Tatsachen** hin-

---

35 S. *Hack*, Probleme des Tatbestandes des Subventionsbetruges, 1982, S. 112 ff; *Hillenkamp*, in: Achenbach ua, Recht und Wirtschaft, 1985, S. 237 f, 247.
36 *Eisele*, BT II Rn 734; *Lackner/Kühl/Heger*, § 264 Rn 18; NK-WSS-*Isfen*, § 264 Rn 46; SK-*Hoyer*, § 264 Rn 58; S/S/W-*Saliger*, § 264 Rn 26; *Tenckhoff*, Bemmann-FS 469 ff, 478; *Wittig*, § 17 Rn 45; krit. *Achenbach*, BGH-FS S. 611 ff.
37 Zur ratio s. A/W-*Heinrich*, § 21 Rn 59 f; *Krack*, NStZ 01, 505.
38 BGH NStZ 10, 327, 329.
39 MK-*Ceffinato*, § 264 Rn 133; S/S-*Perron*, § 264 Rn 69.
40 BGH NJW 82, 2453; BGH BeckRS 20, 24146; *Lackner/Kühl/Heger*, § 264 Rn 31.
41 BGHSt 44, 233, 243; BGH wistra 07, 217; BGH wistra 19, 369; näher A/W-*Heinrich*, § 21 Rn 75 f; LK-*Tiedemann*, § 264 Rn 185 f; aA MK-*Wohlers/Mühlbauer*, 2. Aufl., § 264 Rn 123. Zum Verhältnis der Tathandlungen des § 264 s. BGH NStZ-RR 16, 140 (zu *Abs 1 Nr 1 und Nr 3*); LK-*Tiedemann*, § 264 Rn 188; S/S/W-*Saliger*, § 264 Rn 43.
42 S. LK-*Tiedemann/Vogel*, § 264a Rn 1 f; M-G-*Wagenpfeil*, Rn 27.110; instruktiv *Nestler*, Jura 24, 590.
43 S. M/R-*Schröder/Bergmann*, § 264a Rn 1; NK-*Hellmann*, § 264a Rn 3; s. aber auch *Tiedemann*, WirtschaftsstrafR, Rn 1020.
44 Zur Beschränkung auf dieses Rechtsgut s. *Jacobi*, Der Straftatbestand des Kapitalanlagebetrugs, 2000, S. 15 ff, 51; NK-*Hellmann*, § 264a Rn 9f; krit. hierzu *Hefendehl*, wistra 19, 2; dagegen auf den Institutsschutz verweisend *Kubiciel*, JZ 18, 176.
45 Vgl BT-Ds 10/318, S. 22; *Lackner/Kühl/Heger*, § 264a Rn 1; A/R/R-*Hüls*, 12.1 Rn 8; G/J/W-*Bock*, § 264a Rn 5; *Otto*, BT § 61 Rn 38 f; abl. gegenüber dem „Vertrauen" MK-*Ceffinato*, § 264a Rn 6, der (Rn 12) wie auch schon *Wohlers/Mühlbauer* in der Vorauflage „allein die Funktionsfähigkeit des Kapitalanlagemarkts als Institution geschützt" ansieht; zu Erscheinungsformen, zur Strafverfolgungspraxis und zu Reformvorschlägen s. *v. Schönborn*, Kapitalanlagebetrug, 2003, S. 55 ff, 79 ff, 101 ff.

sichtlich der für die Anlageentscheidung **erheblichen**[46] Umstände in einer bestimmten Angebotssituation mit Strafe. Verschweigen bedeutet ein bewusstes „Nichtsagen" oder Verheimlichen, wofür nicht ausreicht, dass über bestehende Verflechtungen erst an „später" Stelle, dort aber zutreffend Auskunft gegeben wird.[47] Unrichtige Informationen kann auch verbreiten, wer einen Prospekt mit zutreffenden Angaben weiter versendet, obwohl er weiß, dass nachträglich einige Angaben unrichtig geworden sind.[48]

Eine Pflicht zur **Aufklärung** besteht danach hinsichtlich aller Umstände, die für den verständigen, durchschnittlich vorsichtigen Kapitalanleger Einfluss auf den Wert, die Chancen und Risiken einer Kapitalanlage haben. Dabei liegt es auf der Hand, dass Prospektangaben schon ihrer Funktion nach nicht auf Vollständigkeit angelegt sein können. Die Offenbarungspflicht ist daher auf die wertbildenden Umstände zu beschränken, die nach den Erwartungen des Kapitalmarkts für die Anleger bei ihrer Investitionsentscheidung von Bedeutung sind.[49] Die Tat ist **kein Sonderdelikt**,[50] uU ist indes der geistige Urheber schon unmittelbarer Täter.[51] Die praktische Bedeutung der Vorschrift ist gering.[52] Zu den Einzelheiten der gesetzlichen Regelung im Übrigen sei auf § 264a I und II verwiesen.[53] § 264a III belohnt „tätige Reue" unter den dort genannten Voraussetzungen mit Straffreiheit.[54] Auf Grund des überindividuellen Rechtsgutsschutzes besteht zwischen § 263 und § 264a gegebenenfalls Tateinheit.[55]

778

III. Kreditbetrug

Die durch das 1. WiKG 1976 eingefügte Vorschrift des § 265b betrifft bestimmte Täuschungshandlungen[56] im **Vorfeld des** (vollendeten) **Betrugs**.[57] Ihr Anwendungsbereich beschränkt sich aber auf Kreditgeschäfte, bei denen Kreditgeber und Kreditnehmer ein **Betrieb** oder **Unternehmen** iS des § 265b III Nr 1 sind.[58]

779

---

46 Zur nicht unbedenklichen Unbestimmtheit dieses Merkmals (und anderer) s. A/W-*Heinrich*, § 21 Rn 85 ff; zur Art. 103 II GG beachtenden Auslegung s. NK-WSS-*Momsen/Laudien*, § 264a Rn 25.
47 BVerfG NJW 08, 1726, 1727; zu diesen Voraussetzungen *Nestler*, WiJ 13, 142.
48 BGH(Z) ZWH 15, 347, 350.
49 S. BGH JR 06, 248 mit zust. Anm. *Ziemann*; Fischer-*Fischer*, § 264a Rn 15; LK-*Tiedemann/Vogel*, § 264a Rn 70 ff. Bewertungen und Prognosen als „Angabe" verstehend Fischer-*Fischer*, § 264a Rn 14; MK-*Ceffinato*, § 264a Rn 43; nur auf Tatsachen abstellend SK-*Hoyer*, § 264a Rn 15; NK-*Hellmann*, § 264a Rn 32 f. Bei der Beurteilung der Erheblichkeit können das WpPG, VermAnlG und die VermVerkProspV sowie die Rspr. zur Prospekthaftung Indizien liefern (zurückhaltend OLG Hamm BeckRS 16, 18360).
50 S/S/W-*Bosch*, § 264a Rn 23; *Wittig*, § 18 Rn 8; BGH(Z) ZWH 15, 347, 349.
51 Vgl. LK-*Tiedemann/Vogel*, § 264a Rn 103; S/S/W-*Bosch*, § 264a Rn 23; krit. Fischer-*Fischer*, § 264a Rn 22; *Darleder/Knops/Bamberger-Waßmer*, § 86 Rn 87.
52 BK-*Momsen/Laudien*, § 264a Rn 7; S/S/W-*Bosch*, § 264a Rn 3; s. aber zB BGH BeckRS 13, 04310 (mit der Forderung verfassungskonformer Auslegung, Rn 15 f); KG wistra 11, 358, 359: § 264a als Schutzgesetz iS des § 823 II BGB; *Stackmann* NJW 13, 1986; § 264a muss dann vorsätzlich verwirklicht worden sein, s. BGH NJW-RR 12, 404; für Abschaffung des § 264a *Zieschang*, GA 12, 616. Relevant ist aber in der gesellschaftsrechtlichen Praxis zB die Amtsunfähigkeit von Geschäftsführern und Vorständen nach § 6 II 2 Nr 3e GmbHG und § 76 III 2 Nr 3e AktG.
53 S. auch M-G-*Wagenpfeil*, Rn 27.110 ff; *Mitsch*, BT II S. 420 ff, Falllösungen bei *Hellmann*, Rn 1 ff.
54 Näher zum Ganzen *Achenbach*, NJW 86, 1835; *Joecks*, wistra 86, 142; zu § 264a im Zusammenhang mit der Einführung des Euro s. *Schröder*, NStZ 98, 552. Entfällt eine Strafbarkeit nach § 264 III, so gilt dies nicht für einen mitverwirklichten Betrug, s. auch *Kindhäuser/Hilgendorf*, § 264a Rn 13; NK-*Hellmann*, § 264a Rn 73, 74; MK-*Ceffinato*, § 264a Rn 91; aA LK-*Tiedemann/Vogel*, § 264a Rn 100.
55 MK-*Wohlers/Mühlbauer*, 2. Aufl., § 264a Rn 108; *Otto*, BT § 61 Rn 67; *Rengier*, BT I § 17 Rn 22; **aA** BGH BeckRS 21, 43275; *Lackner/Kühl/Heger*, § 264a Rn 17 mit § 265b Rn 10.
56 Zu ihrer Auslegung s. BGH wistra 14, 484, 485; instruktiv *Nestler*, Jura 23, 803.
57 Zur Legitimation im Hinblick auf Beweisschwierigkeiten zu § 263 s. *Tiedemann*, WirtschaftsstrafR Rn 988 ff.
58 S. dazu BGH NStZ 11, 279; LG Hamburg, BeckRS 17, 117883; A/R/R-*Hellmann*, 11.1 Rn 11 ff; BK-*Momsen/Laudien*, § 265b Rn 5; G/J/W-*Wiedner*, § 265b Rn 26; S/S/W-*Saliger*, § 265b Rn 3; *Darleder/Knops/Bamberger-Waßmer*, § 86 Rn 106 f; *Wittig*, § 19 Rn 6–11.

Kredite, die an oder von Privatpersonen gewährt werden, scheiden hiernach aus. Für sie gilt lediglich § 263.[59] Das gleiche gilt für Kredite an erst zu gründende Unternehmen.[60] **Täter** eines **Kreditbetrugs** iS des § 265b I Nrn 1, 2 kann allerdings jedermann, also auch eine Privatperson und uU ähnlich wie beim Subventionsbetrug auch ein Mitarbeiter des Kreditgebers[61] sein. Eine Begriffsbestimmung des **Kredits** findet sich in § 265b III Nr 2.[62] § 265b I Nr 1a ist mit dem Bestimmtheitsgrundsatz (Art. 103 II GG) vereinbar.[63]

780 Die Tat ist ein **abstraktes Gefährdungsdelikt**. Schutzgut ist das **Vermögen** des einzelnen Kreditgebers; daneben wird auch das **Allgemeininteresse** an der Verhütung von Gefahren geschützt, die sich aus dem Kreditschwindel für die inländische Kreditwirtschaft ergeben.[64] Daher geht § 265b dem § 263 – entgegen der Rspr. – nicht vor, sondern es besteht Tateinheit.[65]

781 Die tatbestandlichen **Täuschungshandlungen** sind in § 265b I näher beschrieben. Unter § 265b I Nr 2 findet sich ein **echtes Unterlassungsdelikt**. In subjektiver Hinsicht ist stets **Vorsatz** erforderlich. Einen *Leichtfertigkeitstatbestand* kennt § 265b im Gegensatz zu § 264 IV nicht. Die **Vollendung** setzt nicht voraus, dass ein Vermögensschaden eintritt.[66] **Beihilfe** ist bis zur Ausreichung der letzten (Kredit-)Leistung möglich.[67] Die Regelung zur **tätigen Reue** (§ 265b II) deckt sich im Wesentlichen mit derjenigen des § 264 V.[68]

IV. Wettbewerbsbeschränkende Absprachen bei Ausschreibungen

782 Im Abschnitt „Straftaten gegen den Wettbewerb" erfasst § 298[69] die Angebotsabgabe auf der Grundlage **wettbewerbsbeschränkender Absprachen bei Ausschreibungen**[70] (**§ 298 I**) und bei freihändiger Vergabe eines Auftrages nach vorangegangenem Teilnahmewettbewerb (§ 298 II).[71] Verboten wird die Abgabe von Angeboten in bestimmten

---

59 S. zur Unterscheidung von Kreditbetrug iwS und ieS M-G-*Hadamitzky*, Rn 50.101 ff.
60 BayObLG NStZ 90, 439.
61 S. näher dazu *Mitsch*, BT II S. 456; einschr. MK-*Kasiske*, § 265b Rn 45.
62 Hierunter fallen zB auch „Genussscheine", s. OLG Celle wistra 08, 196, 197.
63 BGHSt 30, 285, 286 ff; s. auch NK-WSS-*Momsen/Laudien*, § 265b Rn 10.
64 BGHSt 60, 15, 25 ff mit Anm. *Rübenstahl*, NJW 15, 426 (gleichwohl sind auch ausländische Kreditgeber geschützt); vgl auch OLG Stuttgart NStZ 93, 545; nur für Vermögensschutz M/S/M-*Momsen*, BT I § 41 Rn 173; SK-*Hoyer*, § 265b Rn 7 f.
65 AA BGHSt 36, 130, 131 f; BGH NStZ 11, 279, 280; *Lackner/Kühl/Heger*, § 265b Rn 10; *Mitsch*, BT II S. 455; NK-*Hellmann*, § 265b Rn 69. Wie hier LK-*Tiedemann*, § 265b Rn 15, 113; Fischer-*Fischer*, § 265b Rn 3; *Otto*, BT § 61 Rn 37; *Darleder/Knops/Bamberger-Waßmer*, § 86 Rn 175; für Tateinheit zwischen § 265b und bloßem Betrugsversuch auch *Kindhäuser*, JR 90, 520; zum Konkurrenzverhältnis zwischen § 265b und § 331 HGB s. BGH NStZ-RR 20, 45.
66 BGH NStZ 03, 539, 540.
67 BGH wistra 10, 219, 220.
68 Näher zum Ganzen A/R/R-*Hellmann*, 11.1 Rn 55 ff; *Lampe*, Der Kreditbetrug, §§ 263, 265b StGB 1980; *Mitsch*, BT II S. 453 ff; zur praktischen Bedeutung, namentlich in der Insolvenz, s. W/J-*Pelz*, 9/309 ff; W/J-*Knierim*, 10/170 sowie M-G-*Hadamitzky*, Rn 50.150; *Reiter/Methner*, VuR 03, 128; Falllösungen bei *Hellmann*, Rn 194 ff; *Wittig*, § 19 Rn 5 ff. Zur (antizipierten) tätigen Reue bei beiden Vorschriften s. *Oğlakcıoğlu/Kulhanek*, JR 14, 465.
69 S. dazu das Gesetz zur Bekämpfung der Korruption vom 13.8.1997 (BGBl I 2038 ff); *Dahs*, Kriminelle Kartelle? Zur Entstehungsgeschichte des § 298 StGB, 1998; LK-*Lindemann*, vor § 298 Rn 1 f; *Möhrenschlager*, JZ 96, 829; SK-*Rogall*, § 298 Rn 1 f; zum Phänomen der Korruption s. näher *Dölling*, in: Dölling (Hrsg.), Handbuch der Korruptionsprävention, 2007, 1/1 ff; Überblick über § 298 bei *Stoffers/Möckel*, NJW 12, 3270.
70 Näher zum Begriff der Ausschreibung BGHSt 59, 34 mit Anm. *Bosch*, ZWH 14, 275.
71 Vgl dazu BGHSt 47, 83; hier geht es allerdings im 2. Fall um ein Verhandlungsverfahren, s. dazu *Walter*, JZ 02, 256.

Ausschreibungssituationen, die auf einer rechtswidrigen Absprache beruhen. Angesichts der weiten Vorverlegung des Vollendungszeitpunkts eröffnet § 298 III die Möglichkeit tätiger Reue.[72] Es handelt sich um ein abstraktes Gefährdungsdelikt,[73] das vorrangig[74] dem **Schutz des freien Wettbewerbs**, daneben aber auch dem des **Vermögens** des Veranstalters der Ausschreibung[75] und der Mitbewerber dient.[76]

Die aus einer funktionierenden Marktwirtschaft erwachsenden Vorteile setzen „echten" Wettbewerb zwischen Konkurrenten voraus, und dieser ist gefährdet, wenn nicht sichergestellt ist, dass Aufträge nach der Leistungsfähigkeit der Bewerber zugeteilt werden. Damit ist § 298 im Marktkontext nicht allein. Es bestehen zahlreiche Rechtsregeln, die für die Ausgestaltung des Wettbewerbs getroffen wurden. Strafrechtliche Verhaltensregeln können zu diesen nur **akzessorisch** sein, und müssen auf sie bei der Frage der Rechtswidrigkeit einer Absprache zurückgreifen. 783

Auf eine **Betrugsähnlichkeit** hat der Gesetzgeber zwar äußerlich und bei den objektiven Tatbestandsmerkmalen weitgehend *verzichtet*.[77] Es entfällt nicht nur die Voraussetzung des schwer nachweisbaren Vermögensschadens.[78] Vielmehr sind schon Täuschung und Irrtum zwar die Regel, nicht aber zwingende Merkmale des Tatbestands. Gleichwohl stellt die Tathandlung des § 298 einen Spezialfall einer täuschenden Erklärung in Ausschreibungssituationen dar, weshalb auch hier eine Überdeckung mit der *Verhaltensregel des Betrugs* besteht. 784

Aus der Schutzrichtung ist zu folgern, dass § 298 einen gleichzeitig erfüllten Submissionsbetrug nicht verdrängt,[79] sondern mit diesem in Tateinheit steht.[80] Nur so ist die Möglichkeit der Annahme eines besonders schweren Falls nach § 263 III zu erhalten.[81]

Es bedarf der Abgabe eines Angebots im Rahmen einer Ausschreibung über Waren oder Dienstleistungen. Bei **öffentlichen Vergabeverfahren** sind öffentliche Ausschreibungen (§ 3 Nr 1 VOB/A, VOL/A) und offene Verfahren (§§ 119 III GWB, 15 VgV), bei denen eine unbeschränkte Anzahl zur Angebotseinreichung aufgefordert wird, ebenso umfasst wie beschränkte Ausschreibungen (§ 3 Nr 2 VOB/A, VOL/A) bzw. nicht offene Verfahren (§§ 119 IV GWB, 16 VgV).[82] Gerade bei Letzteren besteht eine erhöhte Missbrauchsgefahr, da nur wenige Konkurrenten beteiligt sind und hierdurch die Gefahr der 785

---

72 BT-Ds 13/5584, S. 14 f. Skeptisch in Bezug auf den Anreiz für ein Kartellmitglied *Hombrecher*, NZKart 17, 148.
73 Nach G/J/W-*Böse*, § 298 Rn 2; MK-*Hohmann*, § 298 Rn 6: Verletzungsdelikt; wie hier S/S-*Heine/Eisele*, § 298 Rn 2; S/S/W-*Bosch*, § 298 Rn 2.
74 Nicht vorrangig, sondern nur: *Hotz*, JuS 17, 925; *Kuhlen*, Lampe-FS S. 744 ff; MK-*Hohmann*, § 298 Rn 4 f; M/R-*Schröder/Bergmann*, § 298 Rn 1–3; SK-*Rogall*, § 298 Rn 4; S/S/W-*Bosch*, § 298 Rn 1; *Vormbaum*, Schroeder-FS S. 649 ff.
75 Näher zum Begriff BGHSt 59, 34 mit Anm. *Bosch*, ZWH 14, 275.
76 BT-Ds 13/5584, S. 13; BK-*Momsen/Laudien*, § 298 Rn 7; *Dölling*, ZStW 112 (2000), 348; LK-*Lindemann*, § 298 Rn 9 f; NK-WSS-*Greeve*, § 298 Rn 3; krit. zu Letzterem *Hellmann*, Rn 559 (nur Schutzreflex); NK-*Dannecker/Schröder*, § 298 Rn 12; *Pasewaldt*, ZIS 08, 84; zu Rechtsgut und Deliktsstruktur genauer *Rotsch*, ZIS 14, 579.
77 S/S-*Heine/Eisele*, § 298 Rn 1.
78 S. *Bottke*, ZRP 98, 219.
79 So aber *Krey*, BT II, 12. Aufl., Rn 534b; *Wolters*, JuS 98, 1102.
80 *Achenbach*, WuW 97, 959; Fischer-*Fischer/Lutz*, § 298 Rn 22; G/J/W-*Böse*, § 298 Rn 41; *König*, JR 97, 402; *Korte*, NStZ 97, 516; *Lackner/Kühl/Heger*, § 298 Rn 9; M-G-*Gruhl*, Rn 58.20; *Otto*, BT § 61 Rn 151; *Pasewaldt*, ZIS 08, 90; *Regge/Rose/Steffens*, JuS 99, 162; SK-*Rogall*, § 298 Rn 48; für Subsidiarität des § 298 Maurach/Schroeder/Maiwald, BT II § 68 Rn 9.
81 BT-Ds 13/5584, S. 14; für dessen Aufnahme in § 298 *Walter*, JZ 02, 256.
82 Zu beschränkten Ausschreibungen BGHSt 59, 34, 36 f; BGH NZWiSt 16, 64, 72 mit Anm. *Bürger*; Überblick über die unterschiedlichen Vergabeverfahren bei *Böse*, Dannecker-FS S. 126 ff.

Absprache steigt.⁸³ Nicht umfasst sind die Auftragsvergabe im *wettbewerblichen Dialog* (§§ 119 VI GWB, 18 VgV)⁸⁴ und Innovationspartnerschaften (§ 119 VII GWB, § 19 VgV)⁸⁵. Nach Abs. 2 ist der Ausschreibung die freihändige Vergabe eines Auftrages nach vorausgegangenem Teilnahmewettbewerb gleichgestellt.⁸⁶ Bei **privaten Vergabeverfahren** ist der Anwendungsbereich eröffnet, wenn das private Vergabeverfahren ähnlich zum öffentlichen Vergabeverfahren ausgestaltet ist, dh nach einer Gesamtbetrachtung die wesentlichen Grundsätze des entsprechenden Vergabeverfahrens eingehalten wurden.⁸⁷ Die Ausschreibung muss **Waren** oder **Dienstleistungen** zum Gegenstand haben. Dies ist kartellrechtsakzessorisch zu bestimmen. Der Begriff der **Waren** umfasst bewegliche und unbewegliche Sachen sowie übertragbare Rechte; **Dienstleistungen** sind unkörperliche Leistungen mit einem Geldwert.⁸⁸

786 Als **Tathandlung** reicht die **Absprache** trotz der insoweit missverständlichen Überschrift nicht aus.⁸⁹ Vielmehr muss ein **Angebot abgegeben** worden und **zugegangen**⁹⁰ sein. Darauf, ob das Angebot an Mängeln leidet, die es zwingend vom Ausschreibungsverfahren ausschließen, soll es nicht ankommen.⁹¹

787 Das Angebot muss auf einer **Absprache** beruhen.⁹² Absprachen setzen einen Akt der Verständigung zwischen den Parteien dahingehend voraus, dass ein oder mehrere Angebote abgegeben werden sollen. Ihr Ziel muss darin bestehen, den Veranstalter zur Annahme eines bestimmten Angebots zu **veranlassen**. Fragen der **Rechtswidrigkeit** einer Absprache sind unter Rückgriff auf die Regelungen des Kartellrechts zu beurteilen.⁹³ Es bedarf eines Verstoßes gegen das Kartellverbot des § 1 GWB oder Art. 101, 102 AEUV.⁹⁴ Nach § 1 GWB sind Vereinbarungen zwischen Unternehmen, Beschlüsse von Unternehmensvereinigungen und aufeinander abgestimmte Verhaltensweisen verboten, die eine Verhinderung, Einschränkung oder Verfälschung des Wettbewerbs bezwecken oder bewirken. Nicht rechtswidrig sind solche Absprachen, die in Einklang mit den kartellrechtlichen Wertungen stehen, insbesondere §§ 2, 3 GWB und Art. 101 III AEUV.

788 Aufgrund der *kartellrechtsakzessorischen* Ausgestaltung nimmt § 298 I am Wandel des § 1 GWB teil, sodass nach Auffassung der Rspr. seit 2005 auch **vertikale Absprachen** zwischen einem Anbieter und dem Veranstalter erfasst sind.⁹⁵ Das hat für den BGH zur Folge, dass nicht nur Kartellmitglieder, sondern auch „Personen auf Seiten des Veranstalters" oder sogar der Veranstalter selbst als Täter des § 298 I in Betracht kommen. Hält man durch § 298 nicht nur den freien Wettbewerb, sondern auch das Vermögen des Veranstalters für geschützt, ist die letztere Annahme allerdings kaum schlüssig begründbar.

---

83 BT-Ds. 13/5584, S. 14; BGHSt 59, 34, 37.
84 S/S-*Heine/Eisele*, § 298 Rn 5.
85 NK-*Dannecker/Schröder*, § 298 Rn 48a.
86 Zum Teilnahmewettbewerb LG München BeckRS 08, 736.
87 BT-Ds. 13/5584, S. 14; BGH NStZ 03, 548 mit Anm. *Greeve*; NK-*Dannecker/Schröder*, § 298 Rn 56.
88 MK-*Hohmann*, § 298 Rn 52 f.
89 LK-*Lindemann*, § 298 Rn 28.
90 S. dazu *Kindhäuser/Hilgendorf*, § 298 Rn 6; *Kuhlen*, Lampe-FS S. 752; *Pasewaldt*, ZIS 08, 87.
91 BGHSt 59, 34, 36 f mit Nachw. zum Streitstand und Anm. *Greeve*, NStZ 14, 403; *Kretschmer*, JR 14, 407.
92 SK-*Rogall*, § 298 Rn 18 f, 21 f; S/S-*Heine/Eisele*, § 298 Rn 11, 15; S/S/W-*Bosch*, § 299 Rn 11.
93 BT-Ds. 13/5584, S. 14; BGHSt 47, 83, 87; BGHSt 49, 201, 205; BGH NZWiSt 13, 139 mit Anm. *Greeve*.
94 G/J/W-*Böse*, § 298 Rn 26; NK-WSS-*Greeve*, § 298 Rn 77 ff; *Kuhlen*, Lampe-FS S. 754 ff; LK-*Lindemann*, § 298 Rn 35 f; *Wittig*, § 25 Rn 29.
95 Dazu BGH NZWiSt 13, 139 mit Anm. *Greeve* sowie *Bosch*, JK 2/13, § 298/2; *Hohmann*, wistra 13, 105; LK-*Lindemann*, § 298 Rn 14; MK-*Hohmann*, § 298 Rn 71; **aA** G/J/W-*Böse*, § 298 Rn 23 f; NK-*Dannecker/Schröder*, § 298 Rn 98; *L. Rengier*, Rengier-FS S. 291, 295 ff.

Der Täter muss mit mindestens bedingtem Vorsatz handeln, der sich auch auf einen Verstoß gegen das Kartellverbot beziehen muss.[96] Es handelt sich um ein normatives Tatbestandsmerkmal, sodass es mindestens einer Parallelwertung (in der hier ggf. sehr professionellen Laiensphäre) durch den Täter bedarf.

789

V. Versicherungsmissbrauch

§ 265 bezweckt[97] eine Vorverlegung des Strafrechtsschutzes im Bereich des Versicherungsmissbrauchs. Warum in den Schutz des § 265 *nur* **Sach**versicherer und nicht auch zB Haftpflicht-, Lebens- oder Unfallversicherer[98] einbezogen sind, entbehrt einer einsichtigen Begründung.[99]

790

> **Fall 57:** Der Fuhrunternehmer F „überlässt" gegen Zahlung von 30 000 € einen Lkw an A. F beabsichtigt – was A weiß –, den gegen Diebstahl versicherten Lkw der Versicherung als gestohlen zu melden. A wird, noch bevor F den „Schadensfall" der Versicherung anzeigen kann, gefasst. Sind F und A nach § 265 zu bestrafen? **Rn 798**

791

1. Struktur und Schutzgut

Der Versicherungsmissbrauch ist weder ein Untreue- noch ein (spezieller) Betrugstatbestand, dem Betrug aber vorgelagert. Er kann der Vorbereitung eines Betrugs dienen, wenn beispielsweise der Versicherungsnehmer die Tat selbst begeht, um den – durch die vorsätzliche Herbeiführung des Versicherungsfalls eingebüßten (§ 81 VVG) – Anspruch gegenüber der Versicherung geltend zu machen. Geschieht das, tritt § 265 auf Grund der in ihrem Wortlaut zu engen **Subsidiaritätsklausel** gegenüber dem (versuchten oder vollendeten) Betrug (ggf in einem besonders schweren Fall nach **§ 263 III 2 Nr 5**) auch dann zurück, wenn der Betrug gegenüber dem Versicherungsmissbrauch eine selbstständige Tat darstellt.[100] Der Versicherungsmissbrauch kann aber auch so begangen werden, dass es zu einem Betrug oder Betrugsversuch weder kommt noch kommen soll. So liegt es dann, wenn ein Dritter den Versicherungsfall herbeiführt, ohne dass der Versicherungsnehmer seinen Anspruch verliert.[101] Beide Varianten erweisen die zum Vergehen herab-

792

---

96 *Kindhäuser/Hilgendorf*, § 298 Rn 7, 9; *Lackner/Kühl/Heger*, § 298 Rn 3, 5; S/S/W-*Bosch*, § 298 Rn 14; *Wittig*, § 25 Rn 38 f; Zweifel bei Fischer-*Fischer/Lutz*, § 298 Rn 12, 18a.
97 S. zur Entstehungsgeschichte und Reform *Zopfs*, VersR 99, 265; für ersatzlose Streichung von §§ 265, 263 III 2 Nr 5 *Wirth*, Zur Notwendigkeit des strafrechtlichen Schutzes des Privatversicherungswesens durch Sondernormen 2004, der angesichts der verneinten Notwendigkeit de lege lata eine restriktive Auslegung des § 265 anrät, zusf. S. 331 ff; weitere Nachw. hierzu bei S/S/W-*Saliger*, § 265 Rn 2.
98 S. dazu LK-*Tiedemann*, § 265 Rn 2; *Schüll*, Die Strafbarkeit von Versicherungsnehmer und Versicherungsvermittler nach dem StGB, 2011, S. 109 ff.
99 Ausf. zur Kritik an der Vorschrift *Zopfs*, VersR 99, 268, 270; s. auch MK-*Kasiske*, § 265 Rn 7; M/R-*Gaede*, § 265 Rn 1; *Wolff*, Die Neuregelung des Versicherungsmißbrauchs, 2000, S. 133 ff; *Kindhäuser*, ZStW 129 (2017), 382, 384.
100 BGH NStZ 12, 40; *Bröckers*, Versicherungsmißbrauch, 1999, S. 164; *Lackner/Kühl/Heger*, § 265 Rn 6; MK-*Kasiske*, § 265 Rn 34; *Mitsch*, BT II S. 433; M/R-*Gaede*, § 265 Rn 10; S/S/W-*Saliger*, § 265 Rn 15; BGHSt 45, 211, 213 f versteht „die Tat" im prozessualen Sinn; ebenso AnK-*Gercke/Hembach*, § 265 Rn 17; BK-*Wittig*, § 265 Rn 14; Fischer-*Fischer*, § 265 Rn 17; *Kindhäuser/Hilgendorf*, § 265 Rn 10; NK-WSS-*Hoven*, § 265 Rn 24; SK-*Hoyer*, § 265 Rn 29; zur Subsidiarität auch gegenüber einer Teilnahme am Betrug s. G/J/W-*Sackreuther*, § 265 Rn 32.
101 BT-Ds 13/9064, S. 19 f unter Berufung auf E 1962, Begr. S. 427 f; BGHSt 51, 236, 238 f; weiteres Beispiel bei *Tiedemann/Waßmer*, Jura 00, 533, 538.

gestufte Vorschrift als **Auffangtatbestand**, der das **Vermögen** der Versicherung, aber **auch** die **soziale Leistungsfähigkeit der Versicherer** schützt. Dass § 265 ggf hinter § 263 zurücktritt, legt die Vorschrift nicht einseitig auf Vermögensschutz fest.[102]

2. Tatobjekt und Tathandlungen

793 **Tatobjekt** ist eine gegen Untergang, Beschädigung, Beeinträchtigung der Brauchbarkeit, Verlust oder Diebstahl versicherte Sache (zum Sachbegriff Rn 48, 110 ff). **Versichert** ist die betroffene Sache, wenn über sie ein Versicherungsvertrag abgeschlossen und förmlich zu Stande gekommen ist, mag er auch anfechtbar oder nach § 74 II VVG wegen Überversicherung nichtig sein.[103] Belanglos ist insoweit auch, ob eine fällige Versicherungsprämie rechtzeitig gezahlt worden ist oder nicht.[104] Das gilt angesichts der (abstrakten) Gefährdung auch dann, wenn der Versicherer wegen Verzugs des Versicherungsnehmers (§ 37 II, 38 II VVG) von seiner Leistungspflicht frei geworden ist.[105] Fälle *offenkundiger* Nichtleistungspflicht sind rar und sollten nicht ausgenommen werden.[106] Für die Eigenschaft der Sache, versichert zu sein, sind Einschränkungen wie ein Selbstbehalt oder persönliche Beschränkungen noch unerheblich.[107]

794 Eine der **Tathandlungen** nimmt vor, wer die versicherte Sache beschädigt, zerstört, in ihrer Brauchbarkeit beeinträchtigt, beiseiteschafft oder einem anderen überlässt. Der Erfolg der Handlung muss jedoch unter das *versicherte Risiko* fallen (was zB scheitern kann, wenn ein Vollkasko-Schaden von einem nicht mitversicherten Fahrer herbeigeführt wird).[108] **Beschädigung** und **Zerstörung** haben hier keine andere Bedeutung als bei der Sachbeschädigung (Rn 53 ff).[109] Die **Beeinträchtigung der Brauchbarkeit** setzt eine nicht unwesentliche Minderung der Funktionsfähigkeit voraus, die auch ohne Substanz-

---

102 So aber *Bröckers*, Versicherungsmißbrauch, 1999, S. 94; *Geppert*, Jura 98, 363; NK-*Hellmann*, § 265 Rn 15; *Kindhäuser/Böse*, BT 2 § 32 Rn 1; *Rengier*, BT I § 15 Rn 2; SK-*Hoyer*, § 265 Rn 6 f; S/S/W-*Saliger*, § 265 Rn 1; nur für Schutz der sozialen Leistungsfähigkeit HK-GS/*Duttge*, § 265 Rn 1; *Jäger*, BT Rn 790; MK-*Kasiske*, § 265 Rn 4; *Otto*, BT § 61 Rn 1; wie hier BE-*Klipstein*, S. 85; *Eisele*, BT II Rn 695; G/J/W-*Sackreuther*, § 265 Rn 3; *Hörnle*, Jura 98, 176; *Lackner/Kühl/Heger*, § 265 Rn 1; LK-*Tiedemann*, § 265 Rn 4; *Mitsch*, BT II S. 427; NK-WSS-*Hoven*, § 265 Rn 3; *Rönnau*, JR 98, 442, 445; S/S-*Perron*, § 265 Rn 2. Zu den Auswirkungen des Streits auf die Frage des Schutzes ausländischer Versicherungsunternehmen s. LK-*Tiedemann*, § 265 Rn 40. Dass zumindest auch das Vermögen des Versicherers geschützt wird, genügt für die Eigenschaft als Schutzgesetz iSd § 823 II BGB (s. MK-*Kasiske*, § 265 Rn 2).
103 BGHSt 8, 343, 344 f; AnK-*Gercke/Hembach*, § 265 Rn 3; A/W-*Heinrich*, § 21 Rn 126; *Joecks/Jäger*, § 265 Rn 9; MK-*Kasiske*, § 265 Rn 13; NK-WSS-*Hoven*, § 265 Rn 7; S/S-*Perron*, § 265 Rn 6; bei Nichtigkeit aA NK-*Hellmann*, § 265 Rn 21; SK-*Hoyer*, § 265 Rn 10 mit dem zweifelhaften Verweis auf „Selbstschutzmöglichkeiten" der Versicherung; *Schramm*, BT II § 8 Rn 62.
104 BGHSt 35, 261 f; *Geppert*, Jura 98, 384.
105 G/J/W-*Sackreuther*, § 265 Rn 9; LK-*Tiedemann*, § 265 Rn 10; NK-*Hellmann*, § 265 Rn 20; **aA** *Kindhäuser/Böse*, BT 2 § 32 Rn 3; *Kleszewski*, BT § 9 Rn 214; MK-*Kasiske*, § 265 Rn 13 (mit dem zweifelhaften Hinweis auf „Selbstschutzmöglichkeiten" der Versicherung); *Otto*, BT § 61 Rn 2; S/S-*Perron*, § 265 Rn 6; enger *Wolff*, aaO S. 76.
106 S/S/W-*Saliger*, § 265 Rn 4 gibt für diesen Vorschlag selbst keine „eindeutigen" Beispiele; auch hier findet sich der zweifelhafte (s. *Hillenkamp*, Vorsatztat und Opferverhalten 1981, S. 172 ff) Hinweis auf „hinreichende Selbstschutzmöglichkeiten"; nach LK-*Tiedemann*, § 265 Rn 10; S/S-*Perron*, § 265 Rn 6 soll der Fall der Nichtzahlung der ersten Prämie hierzu zählen.
107 LK-*Tiedemann*, § 265 Rn 12; MK-*Kasiske*, § 265 Rn 14; S/S/W-*Saliger*, § 265 Rn 5; abw. NK-*Hellmann*, § 265 Rn 22.
108 E 1962, Begr. S. 428; BK-*Wittig*, § 265 Rn 5; *Geppert*, Jura 98, 384; HK-GS/*Duttge*, § 265 Rn 6 f; LK-*Tiedemann*, § 265 Rn 13 mit Rn 11; M/R-*Gaede*, § 265 Rn 3; NK-WSS-*Hoven*, § 265 Rn 8; *Schroth*, BT S. 251; S/S-*Perron*, § 265 Rn 8; S/S/W-*Saliger*, § 265 Rn 7; *Zöller*, BT Rn 246; iE auch *Bröckers*, Versicherungsmißbrauch, 1999, S. 124 f.
109 AA MK-*Kasiske*, § 265 Rn 16; S/S-*Perron*, § 265 Rn 8.

verletzung denkbar ist.¹¹⁰ **Beiseitegeschafft** ist eine Sache nach der Vorstellung des E 1962 (Begr. S. 428) dann, „wenn sie der Verfügungsmöglichkeit des Berechtigten räumlich entzogen ist".¹¹¹ Das Verbergen der Sache vor der Versicherung durch den Versicherten selbst reicht aus.¹¹² Die bloß wahrheitswidrige Behauptung eines Diebstahls ohne ein Wegschaffen oder Verstecken der Sache genügt allerdings nicht.¹¹³ Bei der kollusiven Übernahme der Sache liegt ein Beiseiteschaffen durch den Abnehmer vor, wenn der Anschein des Abhandenkommens erweckt werden soll.¹¹⁴ Anders lässt sich die Absicht des Gesetzgebers nicht verwirklichen, in Fällen der Kfz-Verschiebung auch den professionellen Schieber als Täter zu erfassen.¹¹⁵ Die versicherte Sache ist **überlassen**, wenn die Sachherrschaft auf einen anderen übertragen oder die Herrschaftsbegründung durch diesen zugelassen wird.¹¹⁶

Dass die Tat auch durch Unterlassen begangen werden kann, lässt sich kaum bestreiten. Nicht anders als beim Betrug ist dann aber auf eine die materielle Garantenlehre einbeziehende Begründung der Garantenstellung (s. Rn 573) und die in § 13 I verlangte Entsprechung (s. Rn 570) zu achten.¹¹⁷

3. Subjektiver Tatbestand

Der Täter muss den Tatbestand **vorsätzlich** verwirklichen, die Tathandlung also bewusst gegen eine Sache richten, von der er weiß, dass sie einer der aufgeführten Versicherungsarten unterfällt. Dazu muss die **Absicht** treten, sich oder einem Dritten (mit dem Versicherungsschutz „deckungsgleiche") Leistungen aus der Sachversicherung¹¹⁸ zu verschaffen.¹¹⁹ Es muss sich nicht um das Endziel handeln.¹²⁰ Auf die Rechtswidrigkeit der erstrebten Versicherungsleistung kommt es nicht an.¹²¹ Den subjektiven Tatbestand erfüllt daher auch der Dritte, dessen Verhalten dem Versicherungsnehmer nicht im Rahmen des § 68 VVG zuzurechnen und daher nicht geeignet ist, den Versicherungsanspruch zu Fall zu bringen. Auch wer dem Versicherungsnehmer die ihm zustehende Versicherungsleistung verschaffen will, erfüllt folglich § 265.¹²²

795

---

110 *Lackner/Kühl/Heger*, § 265 Rn 3; *Otto*, BT § 61 Rn 4.
111 Krit. hierzu NK-*Hellmann*, § 265 Rn 26 f.
112 A/W-*Heinrich*, § 21 Rn 127; BE-*Klipstein*, S. 85 f; *Geppert*, Jura 98, 384; G/J/W-*Sackreuther*, § 265 Rn 13; *Otto*, BT § 61 Rn 4; *Rengier*, BT I § 15 Rn 3; SK-*Hoyer*, § 265 Rn 17 f; enger *Lackner/Kühl/ Heger*, § 265 Rn 3; **aA** *Mitsch*, BT II S. 430.
113 Fischer-*Fischer*, § 265 Rn 6; NK-WSS-*Hoven*, § 265 Rn 13.
114 LK-*Tiedemann*, § 265 Rn 16; S/S/W-*Saliger*, § 265 Rn 10; enger HK-GS/*Duttge*, § 265 Rn 11.
115 S. BT-Ds 13/8587, S. 65; 13/9064, S. 19; G/J/W-*Sackreuther*, § 265 Rn 14; *Hörnle*, Jura 98, 176; S/S/W-*Saliger*, § 265 Rn 12; aA HK-GS/*Duttge*, § 265 Rn 11; *Rönnau*, JR 98, 443; s. auch SK-*Hoyer*, § 265 Rn 19 f.
116 *Eisele*, BT II Rn 700; S/S-*Sternberg-Lieben*, § 149 Rn 6; RGSt 59, 214, 216 f; enger *Rönnau*, JR 98, 444.
117 Deshalb zurückhaltend *Joecks/Jäger*, § 265 Rn 28; MK-*Kasiske*, § 265 Rn 20; s. aber auch *Lackner/ Kühl/Heger*, § 265 Rn 3; LK-*Tiedemann*, § 265 Rn 18f.
118 S. dazu Fischer-*Fischer*, § 265 Rn 11; NK-*Hellmann*, § 265 Rn 9; S/S/W-*Saliger*, § 265 Rn 13
119 *Joecks/Jäger*, § 265 Rn 15 f; Kudlich, PdW Strafrecht BT I, S. 121; *Otto*, BT § 61 Rn 5.
120 E 1962, Begr. S. 428; S/S-*Perron*, § 265 Rn 13; zu weit *Bröckers*, Versicherungsmißbrauch, 1999, S. 155, nach dem dolus eventualis ausreichen soll; dagegen zu Recht NK-WSS-*Hoven*, § 265 Rn 19. In Kfz-Schieberfällen unter Absprache mit dem Versicherungsnehmer wird oft Drittverschaffungsabsicht vorliegen; aA MK-*Kasiske*, § 265 Rn 23; offen G/J/W-*Sackreuther*, § 265 Rn 23.
121 LK-*Tiedemann*, § 265 Rn 23; M/S/M-*Momsen*, BT I § 41 Rn 208; S/S/W-*Saliger*, § 265 Rn 13; krit. dazu *Hörnle*, Jura 98, 176; *Rönnau*, JR 98, 445.
122 E 1962, Begr. S. 427; BT-Ds 13/9064, S. 19 f; AnK-*Gercke/Hembach*, § 265 Rn 10; A/W-*Heinrich*, § 21 Rn 131; BE-*Klipstein*, S. 86; *Geppert*, Jura 98, 386; G/J/W-*Sackreuther*, § 265 Rn 24; *Rengier*, BT I § 15 Rn 5.

4. Vollendung und Versuch

796 Die Tat ist **früh vollendet**. Da sie die Schadensmeldung an den Versicherer nicht voraussetzt, kann sie sich äußerlich in einem „an sich" (bei Fehlen der vorausgesetzten Absicht) unverbotenen, im privaten Lebensbereich des Täters verbleibenden Verhalten erschöpfen, wenn etwa der Versicherungsnehmer in seinem Haus die versicherte Sache mit entsprechender Absicht zerstört.[123] Die Tathandlungen stellen für das Vermögen und die soziale Leistungsfähigkeit der Versicherung eine oft nur geringe Gefahr dar. Deshalb hätte es nahe gelegen, auch in Deutschland die Möglichkeit **tätiger Reue** vorzusehen (vgl § 151 II öStGB). Anders als etwa in §§ 264 V, 264a III, 265b II[124] und § 320 hat der Gesetzgeber sich aber dagegen entschieden. Eine analoge Anwendung von § 306e kommt schon mangels planwidriger Regelungslücke nicht in Betracht.[125]

797 Obwohl § 265 die Strafbarkeit bereits weit in das Vorbereitungsstadium vorverlegt, hat der Gesetzgeber auf eine **Versuchsstrafbarkeit** nicht verzichtet. Er hält sie – wenig einleuchtend – wegen der Gefährlichkeit der Tat für unentbehrlich.[126] Insoweit ist ein Rücktritt naturgemäß möglich. Tritt der Täter allerdings erst von einem schon versuchten (Versicherungs-)Betrug zurück, erfasst der Rücktritt nicht den bereits vollendeten Versicherungsmissbrauch. Seiner Bestrafung steht die Subsidiaritätsklausel dann nicht entgegen.[127]

798 Im **Fall 57** ist es zu einem versuchten Betrug gegenüber der Versicherung noch nicht gekommen, weil F zur täuschenden Einwirkung auf das Vorstellungsbild des Sachbearbeiters noch nicht unmittelbar angesetzt hat. Mangels Haupttat entfällt auch eine strafbare Beteiligung des A. Eben dieses Ergebnis hielt der Gesetzgeber im Hinblick auf die beträchtlichen Schäden durch Kraftfahrzeugverschiebungen, die sich zum Nachteil der Versicherungsnehmer auswirken, für „nicht länger hinnehmbar".[128] Die Strafbarkeitslücke ist nun durch § 265 geschlossen. F hat in der Absicht, sich die Versicherungsleistung zu verschaffen, A den gegen Diebstahl versicherten Lkw überlassen, A hat den Lkw beiseitegeschafft. Seine Bestrafung setzt freilich voraus, dass es auch ihm wenigstens als notwendiges Zwischenziel darauf ankommt, F die Versicherungsleistung zu verschaffen. Das wird man in Fällen wie diesen idR deshalb annehmen können, weil der Deal den beiderseitigen Gewinn zur Geschäftsgrundlage hat.[129] Verneint man Absicht, liegt eine Beihilfe zum durch F begangenen Versicherungsmissbrauch vor.[130]

---

123 **Beispiele** bei *Hörnle*, Jura 98, 176; *Rönnau*, JR 98, 445; für Tatbestandslosigkeit solcher Fälle *Schroth*, BT S. 250.
124 Für deren analoge Anwendung *Kindhäuser/Hilgendorf*, § 265 Rn 9; *Klesczewski*, BT § 9 Rn 218; M/S/M-*Momsen*, BT I § 41 Rn 211; MK-*Kasiske*, § 265 Rn 32; S/S-*Perron*, § 265 Rn 15; *Wirth*, Zur Notwendigkeit des strafrechtlichen Schutzes des Privatversicherungswesens durch Sondernormen, 2004, S. 244 ff.
125 **AA** *Geppert*, Jura 98, 385; MK-*Kasiske*, § 265 Rn 32; M/R-*Gaede*, § 265 Rn 9; wie hier *Eisele*, BT II Rn 703; *Lackner/Kühl/Heger*, § 265 Rn 5; *Mitsch*, BT II S. 432; NK-WSS-*Hoven*, § 265 Rn 22 f; *Rengier*, BT I § 15 Rn 9; *Rönnau*, JR 98, 446; *Schroth*, BT S. 250; S/S/W-*Saliger*, § 265 Rn 14; G/J/W-*Sackreuther*, § 265 Rn 28 verweist auf § 153 StPO; ebenso LK-*Tiedemann*, § 265 Rn 29; diff. SK-*Hoyer*, § 265 Rn 26 f.
126 BT-Ds 13/9064, S. 26; E 1962, Begr. S. 428; zust. LK-*Tiedemann*, § 265 Rn 27; NK-*Hellmann*, § 265 Rn 39; krit. Fischer-*Fischer*, § 265 Rn 13; G/J/W-*Sackreuther*, § 265 Rn 27; *Sander/Hohmann*, NStZ 98, 277; *R. Schröder*, Versicherungsmißbrauch – § 265 StGB, 2000, S. 139 ff; *Stächelin*, StV 98, 100.
127 BE-*Klipstein*, S. 85; Fischer-*Fischer*, § 265 Rn 14, 17; H-H-*Voigt*, Rn 1072; NK-*Hellmann*, § 265 Rn 44; *Mitsch*, ZStW 111 (1999), 119; **aA** *Kindhäuser/Hilgendorf*, § 265 Rn 9; MK-*Kasiske*, § 265 Rn 34; M/R-*Gaede*, § 265 Rn 11; SK-*Hoyer*, § 265 Rn 15; S/S/W-*Saliger*, § 265 Rn 15.
128 BT-Ds 13/8587, S. 65; NK-*Hellmann*, § 265 Rn 6.
129 **AA** zum Beiseiteschaffen und zur Absicht *Rönnau*, JR 98, 444 f; auch MK-*Kasiske*, § 265 Rn 23 verneint hier Absicht; offen G/J/W-*Sackreuther*, § 265 Rn 23.
130 Einschr. auch insoweit *Rönnau*, JR 98, 444.

5. Vortäuschen eines Versicherungsfalls und Verhältnis zu § 263 I, II, III 2 Nr 5

Fall 58: Bauer B ist hochverschuldet. Um ihm die Versicherungssumme zu verschaffen, legt sein Sohn S ohne Wissen des B in dem gegen Brand versicherten Hofgebäude Feuer. Der gesamte Hof brennt ab. Die Beteiligung des S bleibt unentdeckt. B macht den Versicherungsanspruch geltend und erhält die Versicherungssumme von seiner Versicherungsgesellschaft ausbezahlt.
Strafbarkeit von B und S gemäß §§ 263, 265? **Rn 801**

799

Ein Betrug durch Vortäuschen eines Versicherungsfalls setzt einen Versicherungsmissbrauch nicht voraus.[131] Umgekehrt folgt einem Versicherungsmissbrauch auch kein Betrug, wenn ein Dritter den Versicherungsmissbrauch begeht, ohne den Versicherungsanspruch zu Fall zu bringen.[132] Einen Betrug bereitet dagegen mit einem Versicherungsmissbrauch vor, wer bezüglich einer iS des § 265 versicherten Sache den Versicherungsfall mit den dort bestimmten Handlungen herbeiführt und damit den Versicherungsanspruch verwirkt, weil er Versicherungsnehmer, dessen Repräsentant oder wahrer Versicherter ist. Darin liegt zugleich die Vorbereitung eines (Versicherungs-)Betrugs in einem besonders schweren Fall, wenn der Versicherungsmissbrauch durch die vorbereitenden Handlungen des § 263 III 2 Nr 5 verwirklicht wird. Kommt es nicht mehr zum Betrug oder wenigstens zu dessen Versuch, bleibt es bei § 265. Täuscht dagegen der Täter den Versicherungsfall in „betrügerischer Absicht" vor, tritt § 265 hinter § 263 in seiner jeweiligen Verwirklichungsform auch dann zurück, wenn es sich nicht um eine einheitliche Tat handelt (s. Rn 794). Begeht ein Repräsentant ohne Wissen des Versicherungsnehmers einen Versicherungsmissbrauch, und macht der Versicherungsnehmer seinen vermeintlichen Anspruch gutgläubig geltend, kommt für den Repräsentanten ein Betrug in mittelbarer Täterschaft in Betracht, der § 265 verdrängt.[133]

800

Im **Fall 58** macht B einen Versicherungsanspruch geltend, der besteht. S hat mit seiner Brandstiftung den Versicherungsfall herbeigeführt. Auch ist der Versicherer von seiner Leistungspflicht nicht frei geworden, weil S als bloßer Angehöriger und denkbarer Erbe weder Repräsentant noch schon wahrer wirtschaftlich Versicherter ist (Rn 717). Daher begeht weder B noch S (in mittelbarer Täterschaft) einen (Versicherungs-)Betrug in einem besonders schweren Fall. S hat sich aber nach § 265 strafbar gemacht, weil er eine gegen (Brand-)Beschädigung versicherte Sache zerstört hat, um seinem Vater Leistungen aus der Versicherung zu verschaffen. Dass B die Leistung rechtlich beanspruchen kann, steht § 265 nicht entgegen (Rn 795). Vielmehr stand gerade auch dieser Fall dem Gesetzgeber bei der Verselbstständigung des § 265 gegenüber § 263 als strafwürdig vor Augen.[134] Wendet sich in einem solchen Fall B, weil er von der Tat des S erfahren hat, in der irrigen Annahme an die Versicherung, ihm stünde kein Anspruch zu, wird verbreitet (statt eines Wahndelikts) ein untauglicher Betrugsversuch angenommen. Die dann nur vermeintliche Erfüllung des Regelbeispiels löst dessen Strafrahmen nach zutreffender Ansicht nicht aus (s. Rn 255 f).[135] – Ist nach der Strafbarkeit insgesamt gefragt, ist neben § 306a auch an § 306b II Nr 2 zu denken, wenn der Täter des § 265 einen Be-

801

---

131 S. S/S/W-*Satzger*, § 263 Rn 403; **aA** BeckOK-*Beukelmann*, § 263 Rn 112; Fischer-*Fischer*, § 263 Rn 222; NK-*Kindhäuser/Hoven*, § 263 Rn 401.
132 S. BGHSt 51, 236, 238 f.
133 *Lackner/Kühl*, § 263 Rn 9a.
134 E 1962, Begr. S. 427 f; BT-Ds 13/9064, S. 20; *Geppert*, Jura 98, 385; *Rönnau*, JR 98, 441.
135 *Tiedemann/Waßmer*, Jura 00, 539 mwN.

trug ermöglichen will.¹³⁶ Richtigerweise wird man angesichts der hohen Mindeststrafe von 5 Jahren aus § 306b II Nr 2 aber den Fall ausnehmen müssen, in dem die Brandstiftung nur der Vorbereitung eines Versicherungsbetrugs dient.¹³⁷ Der BGH nimmt von den zu ermöglichenden Straftaten jedoch lediglich die tateinheitlich begangenen § 265 und § 303 (bezüglich des Inventars) aus, da insoweit keine „anderen" Straftaten vorlägen.¹³⁸

6. Prüfungsaufbau: Versicherungsmissbrauch, § 265

802

Versicherungsmissbrauch, § 265

I. Tatbestand
 1. **Objektiver Tatbestand**
  a) **Tatobjekt:** • *versicherte Sache*
    → (auch eigene/auch unbewegliche) Sache
    → Versicherung gegen Untergang etc
    ⓟ Gültigkeit des Versicherungsvertrags
  b) **Tathandlung:** • *Beschädigen*
    • *Zerstören*
    • *Beeinträchtigung in der Brauchbarkeit*
    • *Beiseiteschaffen*
    • *Überlassung an einen anderen*
  c) **Taterfolg:** • *Eintritt des Versicherungsfalls*
    → Erfolg iR des versicherten Risikos
 2. **Subjektiver Tatbestand**
  a) **Vorsatz:** • *jede Vorsatzart*
  b) **Absicht:** • *Absicht, sich oder einem Dritten eine Versicherungsleistung zu verschaffen*
    → kein Erfordernis der Rechtswidrigkeit der Versicherungsleistung

II. Rechtswidrigkeit
III. Schuld
IV. Subsidiarität, § 265 I aE
  ⓟ Verhältnis zu § 263 III 2 Nr 5 (Begriff der Tat)

---

136 S. MK-*Hefendehl*, § 263 Rn 1235; *Stein*, in: Dencker ua, Einführung in das 6. StrRG, 1998, S. 106 f.
137 Fischer-*Fischer*, § 306b Rn 9 f; *Hecker*, GA 1999, 338, 342; *Mitsch*, ZStW 111 (1999), 114; **aA** BGHSt 45, 211, 216 ff mit abl. Anm. *Schlothauer*, StV 00, 138; zust. dagegen *Radtke*, Anm. JR 00, 428; *Rönnau*, JuS 01, 328.
138 BGHSt 51, 236, 239 ff; s. zum Streit *Hillenkamp/Cornelius*, BT 16. Problem.

9. Kapitel
Erpressung, räuberische Erpressung und erpresserischer Menschenraub

§ 19 Erpressung und räuberische Erpressung

I. Erpressung

> **Fall 59:** D hat dem E ein Gemälde von sehr hohem Wert gestohlen, das als Werk eines bekannten Meisters nur schwer abzusetzen ist. Daher verfährt D wie folgt: Mit der Androhung, dass E sein Gemälde nicht wiedersehen werde, wenn er die Polizei einschalte oder nicht zahle, bietet er E das unersetzliche Kunstwerk gegen ein Lösegeld von 20 000 € zum Rückerwerb an. Um Schlimmeres zu verhüten, geht E auf den Handel ein und erhält das sorgfältig verpackte Gemälde gegen Zahlung von 20 000 € zurück.
> Liegt eine Erpressung oder nur ein Fall der Nötigung vor? **Rn 815, 818, 820**

803

1. Deliktsstruktur und Schutzgüter

Erpressung (§ 253) ist die vom Bereicherungsstreben getragene Nötigung eines anderen zur Preisgabe eigener oder fremder Vermögenswerte. In ihrer tatbestandlichen Struktur ähnelt diese Straftat dem Betrug, mit dem sie den Charakter eines **Vermögensverschiebungsdelikts** teilt. Der wesentliche Unterschied zwischen ihnen liegt darin, dass der Eintritt des Vermögensschadens bei der **Erpressung** auf einer durch **Nötigung erzwungenen** *Handlung, Duldung* oder *Unterlassung* beruht, während die Vermögensbeschädigung beim **Betrug** die unmittelbare Folge einer durch **Täuschung erschlichenen** *Vermögensverfügung* sein muss. Typisch für die Erpressung ist ihr Freikaufcharakter; das Opfer erkauft sich durch die ihm abgenötigte Leistung die Beendigung der Zwangswirkung und die künftige Freiheit von Zwang,[1] bisweilen auch nur die Abwendung von Schaden wie in Fällen von *„Erpressungstrojanern"*.[2] Dabei kann das Opfer Gefahr laufen, sich selbst strafbar zu machen. Das gilt namentlich dann, wenn mit Schutzgeldzahlungen kriminelle Vereinigungen unterstützt werden.[3]

804

Der Erpresser benutzt den Angriff auf die persönliche Entschlussfreiheit des Opfers als Mittel zur Herbeiführung der erstrebten Vermögensverschiebung. Den Schwerpunkt der Rechtsgutsverletzung bildet der Angriff auf das fremde Vermögen.[4] Die Tat in ihrer Gesamtheit ist daher ein Vermögensdelikt. **Geschützte Rechtsgüter** sind das **Vermögen** und die **persönliche Entscheidungs-**

---

[1] *Mitsch*, NStZ 95, 499; *Rengier*, JuS 81, 654; zur Erpressung von Unternehmen durch für Abnehmer gefährliche Manipulationen an (Verkaufs-)Produkten s. anschaulich *Mosesschus*, Produkterpressung 2004, S. 28 ff; zu §§ 253, 255 S. 102 ff.

[2] Zur Zahlung von Lösegeld als Reaktion auf „Erpressungstrojaner" im Cyberraum (*digitale Erpressung*) s. BGH JZ 21, 1065 mit Anm. *Eisele*; Bespr. *Heghmanns*, ZJS 21, 824 und *Erdogan*, ZWH 22, 13; *Ceffinato*, NZWiSt 16, 467; *Salomon*, MMR 16, 575.

[3] S. dazu *Arzt*, JZ 01, 1052; A/W-*Heinrich*, § 18 Rn 21; für durchgehende Straflosigkeit des Opfers (notwendigen Teilnehmers) Fischer-*Fischer*, § 253 Rn 48; zust. BK-*Wittig*, § 253 Rn 23; M/R-*Maier*, § 253 Rn 38; zu Fragen der Rechtfertigung s. auch *Dann*, wistra 11, 127.

[4] *Lackner/Kühl/Heger*, § 253 Rn 1; M/S/M-*Momsen*, BT I § 42 Rn 13.

freiheit.[5] Systematisch stehen § 253 und § 255 zueinander im Verhältnis von **Grundtatbestand** und **Qualifikation**. § 253 IV sieht straferhöhende **Regelbeispiele** (s. dazu Rn 242 ff) für den Fall vor, dass der Täter *gewerbsmäßig* (s. Rn 279)[6] oder als *Mitglied einer Bande* (s. dazu Rn 330 ff) handelt.

2. Objektiver Tatbestand

805 Zum **äußeren Tatbestand** des § 253 gehört, dass ein Mensch durch Gewalt oder Drohung mit einem empfindlichen Übel zu einer Handlung, Duldung oder Unterlassung **genötigt** und dadurch dem **Vermögen** des Genötigten oder eines Dritten **ein Nachteil zugefügt** wird.

a) Nötigungsmittel

806 Bezüglich der **Nötigungselemente** des § 253 kann auf die Ausführungen zu § 240 verwiesen werden,[7] weil sich die Tatbestände in dieser Hinsicht in ihrem Wortlaut vollständig und nach ihrem Inhalt im Wesentlichen decken.

Im Hinblick darauf, dass sich das abgenötigte Verhalten nach an Anhängerschaft zwar verlierender, gleichwohl aber zutr. Ansicht als **Vermögensverfügung** darstellen muss, kommt abweichend von § 240 als **Gewalt** iS des § 253 allerdings nur **vis compulsiva**, dh die willensbeugende Gewalt, nicht dagegen *vis absoluta* in Betracht.[8] Bei § 253 kann es genügen, wenn diese sich unmittelbar gegen Sachen und nur mittelbar gegen das Opfer richtet.[9] Zur **Drohung** mit einem **Unterlassen** – ein Richter droht, seine Frau, eine Staatsanwältin, *nicht* dazu zu bewegen, das Verfahren gegen einen Beschuldigten einzustellen, falls er ihm nicht 5 000 € zahle – wird von der Rechtsprechung auch für §§ 253, 255[10] daran festgehalten, dass sie ohne Handlungspflicht den Tatbestand erfüllt, sofern das in Aussicht gestellte Übel so erheblich ist, dass ein Standhalten in besonnener Selbstbehauptung nicht erwartet werden kann.[11] Gewinnt die Fortdauer des Übels, das der Täter nicht aufzuhalten droht, ein dem Eintritt eines neuen Übels gleichwertiges Gewicht oder verlangt der Drohende für die Abhaltung des Übels eine dem Bedrohten schwer zumutbare Gegenleistung, soll das selbst dann gelten, wenn der Handlungsspielraum des Bedrohten durch das Angebot des Täters tatsächlich erweitert ist.[12] Wie bei der Nötigung muss auch bei der Erpressung der Täter bei der Drohung mit dem Verhalten eines Dritten vorgeben, er werde den Dritten „bei Nichtvornahme der geforderten Vermögensverfügung"[13] in der befürchteten Richtung beeinflussen. Gibt der Täter vor, er werde nur gegen Zahlung von Geld den erfundenen Dritten von dessen geplanter Übelszufügung abzu-

---

5 BGHSt 19, 342, 343; 41, 123, 125; *Kindhäuser/Hilgendorf*, § 253 Rn 1; SK-*Sinn*, § 253 Rn 2.
6 S. dazu LG Düsseldorf MMR 11, 624 mit Anm. *Bär*.
7 S. *Wessels/Hettinger/Engländer*, BT I Rn 357 ff, 367 ff sowie BGH NStZ 85, 408.
8 So – näher nachfolgend – die zutr. Lehre im Gegensatz namentlich zur Rspr., s. dazu *Kudlich*, PdW BT I, S. 153 f; *Küper/Zopfs*, BT Rn 688 ff; *Rengier*, BT I § 11 Rn 13.
9 S/S/W-*Kudlich*, § 253 Rn 6; *Schramm*, BT I, S. 235.
10 Zu § 240 s. BGHSt 31, 195, 200 ff; *Hillenkamp/Cornelius*, BT 7. Problem; *Wessels/Hettinger/Engländer*, BT I Rn 371 ff; eine BGHSt 31, 195 – Drohung mit Nichtaufhalten einer Strafanzeige wegen Ladendiebstahls – entsprechende Fallkonstellation zu § 253 findet sich in OLG Karlsruhe NJW 04, 3724; zur Erpressung mit vergifteten Lebensmitteln *Mitsch*, NZWiSt 22, 181.
11 BGHSt 44, 251, 252; OLG Oldenburg NJW 08, 3012, 3013 (Fall des Richters) mit insoweit abl. Bespr. *Kudlich*, JA 09, 901 und zust. Bespr. *Sinn*, ZJS 10, 447; s. auch *Jäger*, BT Rn 555; M/R-*Maier*, § 253 Rn 8; S/S/W-*Kudlich*, § 253 Rn 9; der Rspr. zust. *Eisele*, BT II Rn 757; *Hillenkamp*, JuS 97, 822; MK-*Sander*, § 253 Rn 12; krit. *Kuhlen*, Schünemann-FS S. 625 ff; s. auch *Hartmann*, JA 98, 947; Falllösung bei *Kaspar*, JuS 12, 628.
12 BGHSt 44, 68, 74 ff – Fall *Vogel* mit Anm. *Sinn*, NStZ 00, 195; s. zu dieser Fallgruppe Fischer-*Fischer*, § 253 Rn 12; SK-*Sinn*, § 253 Rn 15; zum Fall *Vogel* s. auch *Lagodny/Hesse*, JZ 99, 316; *Liebernickel*, Erpressung ausreisewilliger DDR-Bürger, 2000.
13 So wörtlich BGH NStZ 96, 435; zur Abgrenzung von Drohung und Warnung s. *Küper*, GA 06, 439.

halten versuchen, soll hiernach nicht Erpressung, möglicherweise aber Betrug vorliegen.[14] Dazu ist allerdings zu bedenken, dass darin im entschiedenen Fall die Drohung lag, etwas zu unterlassen – nämlich die Abwendung eines tödlichen Angriffs –, wozu der Täter denkbarerweise sogar nach § 323c verpflichtet ist. Mit den Aussagen zur Drohung mit Unterlassen ist diese Entscheidung daher nicht ohne Weiteres vereinbar. Dass das angedrohte Übel Dritte betreffen soll, ist auch bei der Erpressung ebenso unschädlich (s. Rn 400)[15] wie, dass die Drohung nicht ausführbar ist, solange nur das Opfer die Drohung ernst nehmen soll. **Subjektiv** muss der Täter den Bedrohten nicht unbedingt von der Ernsthaftigkeit der Drohung überzeugen wollen. Hält der Täter die Drohung für geeignet, bei dem Bedrohten Furcht vor ihrer Verwirklichung auszulösen, reicht es aus, wenn das Opfer die Ausführung nur für möglich halten soll.[16] Dass sich der Täter dabei einen Aberglauben des Opfers zunutze macht, hindert die Annahme einer Drohung nicht.[17] Wer mit einer nicht gerechtfertigten Klage bedroht wird, soll sich idR in besonnener Selbstbehauptung auf sie einlassen müssen.[18] Entsteht die Bereicherungsabsicht erst im Verlauf einer aus anderen Gründen vorgenommenen Nötigung, reicht das für eine Erpressung nur aus, wenn die Nötigung weiter aufrechterhalten, nicht aber, wenn die vorangegangene Nötigung nur ausgenutzt wird.[19]

Rechtsprechungsbeispiel: Im **OLG Hamm NStZ-RR 13, 312** zugrunde liegenden Sachverhalt boten die Angekl. der Staatsanwaltschaft (StA) an, bestimmte Aktenordner als Beweismittel (nur) gegen einen Kaufpreis herauszugeben. Das OLG deutet die Aufnahme der Kaufverhandlungen so, dass darin „zugleich die konkludente Ankündigung" liege, im Falle des Scheiterns der Verhandlungen die Akten „nicht zu übergeben (mithin vorzuenthalten)." Würde in einem solchem Fall die StA den verlangten Kaufpreis zahlen, läge ein Vermögensschaden vor, da Akten keinen den Verlust kompensierenden Vermögenswert besitzen und zudem idR als Beweismittel ohnehin unentgeltlich herauszugeben sind. Letzteres kann freilich – wie die sog. Steuer-CDs zeigen – auch einmal anders liegen. Darauf, dass hier nach dem sozialen Sinngehalt eine Drohung mit Unterlassen – der Nichtherausgabe – vorliegt, geht das Gericht nicht ein. Es verneint das Nötigungsmittel der Drohung deshalb, weil es von der StA als Amtsträger erwartet werden könne, dass sie „der Bedrohung in besonnener Selbstbehauptung standhält." Die Berufung auf BGHSt 31, 195, 201, eine Entscheidung, die unter solchen Umständen die Empfindlichkeit des angedrohten Übels verneint, weil ihm die Eignung fehle, „den Bedrohten im Sinne des Täterverlangens zu motivieren", zeigt den Rückgriff auf die zu § 240 geltenden Aussagen. Inhaltlich verweist das OLG darauf, dass die normative Voraussetzung der Eignung gegenüber der StA fehle, weil ihr zur Auffindung und Sicherstellung von Beweismitteln das Instrumentarium der §§ 94 ff StPO zur Verfügung stehe. Greife dieses Instrumentarium im Einzelfall nicht ein, sei der Beweisverlust – statt ihn durch Geldzahlung auszugleichen – „hinzunehmen", da es im Strafprozess nicht darum gehen könne, eine „Sachverhaltsaufklärung um jeden Preis" zu betreiben (s. dazu – iE zust. – *Wedler*, NZWiSt 14, 246; neutrale Wiedergabe bei Fischer-*Fischer*, § 253 Rn 11).

b) Vermögensverfügung

Im Mittelpunkt der Diskussion um den Tatbestand der Erpressung steht die Frage, ob die durch Nötigung erzwungene Handlung, Duldung oder Unterlassung eine **Vermögensverfügung** darstellen muss. Praktische Bedeutung gewinnt dies vor allem bei der gewaltsamen *Wegnahme* von Sachen zum Zwecke des vorübergehenden Gebrauchs[20] und bei

807

---

14 BGH NStZ-RR 07, 16; Fischer-*Fischer*, § 253 Rn 5.
15 S. *Esser*, Jura 04, 277; zur juristischen Person als Nötigungsopfer s. *Wallau*, JR 00, 312.
16 BGH NStZ-RR 16, 45 mit Bespr. *Kudlich*, JA 16, 236.
17 S. *Hillenkamp*, JuS 03, 163; *Hillenkamp*, Schreiber-FS S. 135, 137 f.
18 S. dazu OLG Karlsruhe NStZ-RR 96, 296; JZ 04, 102 sowie – für den Fall eines sog. **AGG-Hoppings** – *Brand/Rahimi-Azar*, NJW 15, 2996; *Metz*, NZA 19, 881.
19 S. dazu BGH BeckRS 13, 01323; Fischer-*Fischer*, § 253 Rn 38; das zum Raub Gesagte (Rn 407 ff) gilt hier entsprechend, s. auch Rn 826.
20 BGHSt 14, 386, 390 mit abl. Anm. *Schnellenbach*, NJW 60, 2154; BGH NStZ-RR 99, 103.

einer gewaltsamen Pfandkehr.[21] Hier wird der Nötigungsakt nicht von § 249, aber auch nicht von § 255, sondern nur von § 240 erfasst, falls man die umstrittene Frage mit der vormals hL bejaht.

808 Auf Grund der parallelen Struktur zwischen § 263 und § 253[22] als Selbstschädigungsdelikt wird in der Rechtslehre noch immer verbreitet die Auffassung vertreten, dass der Tatbestand der Erpressung eine **Vermögensverfügung** des Genötigten voraussetzt.[23] Über die an sie zu stellenden Anforderungen herrscht innerhalb dieser Meinung dann allerdings Streit (s. Rn 812).

809 Im Gegensatz dazu hält die Rechtsprechung das Vorliegen einer Vermögensverfügung bei §§ 253, 255 nicht für unbedingt notwendig. In dem Bestreben, alle als gleich gefährlich beurteilten Verhaltensweisen auch gleich schwer zu bestrafen, sucht der BGH jede durch Gewalt gegen eine Person oder durch Drohung mit gegenwärtiger Gefahr für Leib oder Leben herbeigeführte Vermögensverschiebung entweder über den Tatbestand des **Raubes** (§ 249) oder den der **räuberischen Erpressung** (§ 255) zu erfassen. Demnach soll es ggf genügen, dass der Täter zur **vis absoluta** greift[24] und die **vermögensschädigende Handlung** – zB durch *Wegnahme* einer Sache – **selbst vornimmt**.[25] Von diesem Standpunkt aus läge in jedem Raub zugleich eine räuberische Erpressung; im Verhältnis zur generellen Regelung des § 255 wäre § 249 dann das *speziellere* Gesetz.[26] Wer nicht Räuber iS des § 249 ist, weil er *ohne Zueignungsabsicht* und nur mit dem Willen zur Gebrauchsanmaßung gehandelt hat, würde dennoch über § 255 „gleich einem Räuber" bestraft.[27]

810 Wollte man der Rechtsprechung folgen, wäre der Tatbestand des Raubes (§ 249) gegenüber § 255 überflüssig;[28] denn dass jemand zu den Mitteln des Raubes greift, um *völlig wertlose* Sachen oder Liebhaberstücke „unter voller Werterstattung" an sich zu bringen,[29] kommt in der Praxis kaum vor. Andererseits würde der ausufernde Rückgriff auf

---

21 RGSt 25, 435.
22 Krit. zu diesem Ansatz *Küper*, Lenckner-FS S. 503 f; ihm weitgehend zust. *Erb*, Herzberg-FS S. 211 ff.
23 AnK-*Habetha*, § 253 Rn 10; A/W-*Heinrich*, § 18 Rn 14 ff; *Beulke/Zimmermann*, III Rn 579 f; BK-*Wittig*, § 253 Rn 7-7.2; *Brand*, JuS 09, 900 f; *Eisele*, BT II Rn 769 f; Fischer-*Fischer*, § 253 Rn 2; *Heghmanns*, Rn 1632; H-H-*Kretschmer*, Rn 956; HK-GS/*Duttge*, § 253 Rn 7, 13 f; *Hohmann/Sander*, BT § 46 Rn 14 ff; *Joecks/Jäger*, § 255 Rn 5; *Klesczewski*, BT § 9 Rn 277 f; *Krey*, BT II, 12. Aufl., Rn 304; *Lackner/Kühl/Heger*, § 253 Rn 3; M/S/M-*Momsen*, BT I § 42 Rn 6 ff; MK-*Sander*, § 253 Rn 13 ff; *Otto*, ZStW 79 (1967), 59, 85; *Otto*, BT § 53 Rn 4; *Rengier*, BT I § 11 Rn 13, 25 ff; *Rengier*, JuS 81, 654; *Schmidt*, BT II Rn 765; SK-*Samson*, 4. Aufl., § 253 Rn 5; S/S-*Bosch*, § 253 Rn 8, 8a; *Schröder*, ZStW 60 (1941), 33, 83; *Zöller*, BT Rn 445.
24 S. dazu zust. *Kindhäuser/Hilgendorf*, § 253 Rn 14 ff; abl. SK-*Sinn*, vor § 249 Rn 17.
25 BGHSt 7, 252, 254; 14, 386, 390; 25, 224, 228; 32, 88; 41, 123, 125; 42, 196, 199; BGH NStZ-RR 99, 103; OLG Celle BeckRS 11, 23746 mit Bespr. *Bosch*, JK 3/12, StGB § 255/11; *Jahn*, JuS 11, 1131; *Krell*, ZJS 11, 572 (s. dazu auch Rn 135, 794); zust. *Geilen*, Jura 80, 50; *Günther*, Rössner-FS S. 798 ff; *Hecker*, JA 98, 305; *Jäger*, BT Rn 556; *Kretschmer*, Jura 06, 221; *Krey/Hellmann/Heinrich*, BT II Rn 491; S/S/W-*Kudlich*, § 253 Rn 11; vor §§ 249 ff Rn 7 f; *Lüderssen*, GA 1968, 257; M/R-*Maier*, § 253 Rn 14; *Schünemann*, JA 80, 486; *Seelmann*, S. 94; *Tausch*, Die Vermögensverfügung des Geschädigten – notwendiges Merkmal der Erpressungstatbestände?, 1995, S. 73 ff; krit. gegenüber der „Verfügungstheorie" auch *Mitsch*, BT II S. 602 f; § 253 Rn 16 f; diff. SK-*Sinn*, vor § 249 Rn 11 f, 17; § 253 Rn 16.
26 So BGHSt 14, 386, 390; 41, 123, 125; auch *Bock*, BT II S. 581; SK-*Sinn*, vor § 249 Rn 11, 16 f; Wahlfeststellung zwischen Raub und räuberischer Erpressung kommt danach nicht in Betracht, BGH NStZ 14, 640; BGH StV 19, 273.
27 Übersicht über den Streitstand bei *Geppert/Kubitza*, Jura 85, 276; *Hecker*, JA 98, 301 f; *Hillenkamp/Cornelius*, BT 33. Problem; *Küper/Zopfs*, BT Rn 691 ff; **Falllösung** bei *Radtke/Matula*, JA 12, 265; *Kudlich/Aksoy*, JA 14, 85; Skizzierung bei *Bode*, JA 17, 110; *Rönnau*, JuS 12, 888.
28 S. dazu *Kindhäuser/Böse*, BT II § 18 Rn 7 ff.
29 So die Gegenargumente von *Schünemann*, JA 80, 486, 488.

§ 255 für eine Reihe von Delikten (zB im Bereich der §§ 248b, 289, 292) **Möglichkeiten der Strafschärfung** schaffen, die das Gesetz dort nicht vorsieht. Zudem führte die Anwendung nichtqualifizierter Nötigungsmittel bei einem Diebstahl[30] zur Erpressung, obwohl die Eigentumsschutzdelikte erst bei qualifizierten Nötigungsmitteln in § 249 ein erhöhtes Strafmaß vorsehen. Das **System der Wertstufenbildung** innerhalb des Strafrahmens der einzelnen Vermögensdelikte könnte dadurch weitgehend unterlaufen werden. Das kann aber schwerlich im Sinne des Gesetzes sein. Den Vorzug verdient daher die Lehre, die den Tatbestand der **Erpressung** als **selbstständigen Deliktstyp** behandelt, dem die Aufgabe zufällt, nur diejenigen Vermögensverletzungen zu erfassen, die auf einer Selbstschädigung des Opfers und damit auf einer Vermögensverfügung beruhen. Entsprechend ihrer Parallelstruktur unterscheiden Betrug und Erpressung sich somit nur dadurch, dass die vermögensschädigende Verfügung dort durch *Täuschung erschlichen* und hier durch *Nötigung erzwungen* wird.[31]

Dieser Lehre wird häufig entgegengehalten, bei fehlender Zueignungsabsicht (**Beispiel:** Wegnahme eines Taxis mit Raubmitteln zum Zwecke des vorübergehenden Gebrauchs unter alsbaldiger Rückgabe an den Berechtigten)[32] begünstige sie den brutalen, zur *vis absoluta* greifenden Gewalttäter, indem sie dessen Nötigungshandlung nur über § 240 erfasse, während sie denjenigen, der lediglich mit gegenwärtiger Gefahr für Leib oder Leben *drohe* und so eine Vermögensverfügung (= Übertragung des Sachbesitzes an sich) erzwinge, gemäß §§ 253, 255 wegen räuberischer Erpressung bestrafe.[33] Diese Bedenken hätten Gewicht, wenn *vis absoluta* im Vergleich zur Drohung stets das brutalere Nötigungsmittel wäre. Davon kann aber keine Rede sein. Ein Taxifahrer, der dem Täter seinen Kraftwagen überlässt, weil er mit einer geladenen und entsicherten Schusswaffe bedroht wird, hat bspw. eine gefährlichere Situation zu bestehen als ein anderer, den der Täter durch rasches Abschließen der Tür im Warteraum des Taxenstandes einsperrt (= *vis absoluta*)[34] und der so zur Duldung der Wegnahme gezwungen wird. Richtig ist allein, dass der strafrechtliche Vermögensschutz im hier erörterten Bereich verbesserungsbedürftig ist und dass bei der augenblicklichen Gesetzeslage weder die Auffassung der Rechtsprechung noch die hier bevorzugte Lehre zu vollauf befriedigenden Ergebnissen führen. Während die Letztere sich auf die besseren *dogmatischen* Gründe stützen kann, muss man der Rechtsprechung zugestehen, dass sie aus *kriminalpolitischer* Sicht bei der Bekämpfung der Gewaltkriminalität nicht ohne Vorzüge[35] und mit dem Wortlaut der §§ 253, 255 vereinbar ist.

811

Die Entscheidung für eine Vermögensverfügung, die für die **Sach-** und die **Forderungserpressung** gleichermaßen gilt,[36] verlangt die Beschreibung ihrer **inhaltlichen Beschaffenheit**.[37] Leitet man das Erfordernis der Verfügung aus der strukturellen Verwandtschaft zum Betrug und der für beide Delikte charakteristischen Selbstschädigung ab, liegt es nahe, sich unter Berücksichtigung der Besonderheiten der Erpressung an den Verfügungsbegriff des Betrugs (s. Rn 589 ff) anzulehnen.

812

Mindestvoraussetzung ist ein **willensgetragenes**, die Vermögensverschiebung **bewusst** herbeiführendes Verhalten.[38] Ein unbewusstes Unterlassen kann bei der **Sacherpressung**

---

30 Sog. kleiner Raub, s. dazu *Küper/Zopfs*, BT Rn 697; SK-*Sinn*, § 253 Rn 17.
31 S. dazu *Rengier*, JuS 81, 654 und JZ 85, 565; krit. *Küper*, Lenckner-FS S. 495 ff.
32 Vgl BGHSt 14, 386.
33 Vgl *Geilen*, Jura 80, 50, 51; *Schünemann*, JA 80, 486, 488; s. dazu auch *Brand*, JuS 09, 900.
34 Vgl BGHSt 20, 194, 195; BGH GA 1965, 57.
35 Vgl dazu *Kudlich/Aksoy*, JA 14, 85 f; s. dazu auch *Hilgendorf/Valerius*, BT II § 17 Rn 16 ff, die sich nach ähnlicher Einschätzung des Streitstands anders als hier auf die Seite der Rspr. schlagen, Rn 21.
36 *Rengier*, JuS 81, 661; aA *Brand*, JuS 09, 901.
37 *Küper/Zopfs*, BT Rn 702 ff.
38 AnK-*Habetha*, § 253 Rn 11; *Rengier*, BT I § 11 Rn 37; S/S-*Bosch*, § 253 Rn 8; so auch SK-*Sinn*, § 253 Rn 16, der aber keine „Verfügung" verlangt; krit. A/W-*Heinrich*, § 17 Rn 17.

nicht Vermögensverfügung iS des § 253 sein, weil es zum Wesen der Willensbeugung durch kompulsive Gewalt oder Drohung gehört, dass der Genötigte zu einem *willensgesteuerten, bewussten* Verhalten bestimmt wird. Das schließt auch vis absoluta als Nötigungsmittel aus.

Freiwilligkeit kann nicht im gleichen Sinn wie beim Betrug gefordert werden, da auch unterhalb der Schwelle zur vis absoluta das Nötigungselement der Erpressung erheblichen (nämlich willensbeugenden) Zwang bewirkt. Die Verfügung muss willentlich, aber nicht freiwillig erfolgen. Maßgeblich für die Erhaltung des Selbstschädigungscharakters ist insoweit, dass der Genötigte eine für sich durchhaltbare, das Vermögen bewahrende Verhaltensalternative oder seine Mitwirkung als notwendig und die Übergabe des Vermögensbestandteils daher als *seine* Entscheidung ansieht. Letzteres ist dann gegeben, wenn das Erpressungsopfer für den Zugang zu seinem Vermögen eine „Schlüsselstellung" innehat,[39] die beispielsweise in der Kenntnis einer Zahlenkombination oder eines Verstecks, nicht aber im bloßen Besitz des (Tresor-)Schlüssels[40] liegen kann.

Auch wenn der Täter aus der Sicht des Opfers auf seine Mitwirkung angewiesen ist, ist der Schluss nicht zwingend, es komme auf die **unmittelbar** vermögensmindernde Wirkung des Opferverhaltens dann nicht an.[41] Vielmehr bleiben auch aus der Erpressung die Sachverhaltsgestaltungen ausgeschlossen, in denen die Eröffnung des Zugangs zum Vermögen nur den **fremdschädigenden** Zugriff des Täters ermöglicht.[42] Denn wenn auch das Vermögen nach der „Aufschlüsselung" für den Täterzugriff offen liegt, ist seine Schädigung *ohne* Aushändigung des geforderten Teils noch nicht „definitiv".[43] Vielmehr hängt sie dann noch von fremdschädigendem Zugreifen ab. Bei einer mit Nötigungsmitteln erzwungenen Preisgabe der zu einer ec-Karte gehörigen Geheimnummer ist zwar dann, wenn der Täter schon im Besitz der Karte ist und die Abhebung kurz bevorsteht, die Annahme einer schadensgleichen Vermögensgefährdung (s. Rn 656) nicht ausgeschlossen. Auch hier sollte man aber nicht anders als beim Betrug (s. Rn 640 ff) die Unmittelbarkeit verneinen, da der eigentliche Schaden erst durch die von § 263a erfasste (s. Rn 730) unbefugte Verwendung der Karte herbeigeführt wird.[44] Das ist freilich ausgeschlossen, wenn eine Geldabhebung mangels Deckung des Kontos oder der Preisgabe einer unzutreffenden Geheimzahl nicht möglich ist. Dann kommt nur Versuch in Betracht.[45]

In jedem Fall muss das Opfer *durch* die Zwangswirkung des Nötigungsmittels zu der vom Täter erstrebten Handlung bewegt und in diesem Sinne der Wille des Opfers gebeugt worden sein. Daran fehlt es, wenn das Opfer *nur* aus ermittlungstaktischen Gründen zahlt, nicht aber, wenn die Furcht vor der Verwirklichung der Drohung neben dem Rat der Polizei zu zahlen *mitbestimmend* ist.[46]

---

39   BK-*Wittig*, § 253 Rn 9; *Hauf*, BT I S. 109; H-H-*Kretschmer*, Rn 959, 962; HK-GS/*Duttge*, § 253 Rn 13; *Krey*, BT II, 12. Aufl., Rn 300, 305; *Küper*, NJW 78, 956; *Küper*, Jura 83, 288; *Lackner/Kühl/Heger*, § 253 Rn 3; *Tenckhoff*, JR 74, 492; *Zöller*, BT Rn 446; krit. dazu *Biletzki*, Jura 95, 637; *Hecker*, JA 98, 305; *Rengier*, BT I § 11 Rn 34 ff, 37.
40   Ihn kann man ggf dem Opfer abnehmen; daher liegt in BGH NStZ-RR 07, 375 in beiden Tatvarianten angesichts der Lebensbedrohung Raub vor. Anders der BGH unter Rekurs auf das äußere Erscheinungsbild, s. dazu hier Rn 829.
41   So aber *Lackner/Kühl/Heger*, § 253 Rn 3; *Otto*, BT § 53 Rn 5; *Tenckhoff*, JR 74, 492.
42   *Hillenkamp*, JuS 90, 455; ebenso *Hellmann*, JuS 96, 524, in dessen Fall Erpressung zu bejahen sein dürfte; s. auch BGH NStZ 06, 38 mit krit. Anm. *Hoyer*, ZIS 06, 140; BGH BeckRS 21, 28048 und BGH NStZ-RR 22, 15.
43   So aber *Küper*, Lenckner-FS S. 506; ihm zust. AnK-*Habetha*, § 253 Rn 11; *Hohmann/Sander*, BT § 46 Rn 31.
44   Anders BGH NStZ-RR 04, 333, 334; wie hier *Rengier*, BT I § 11 Rn 36, 38 f; diff. *Graul*, Jura 00, 208.
45   BGH NStZ 11, 212, 213; BGH HRRS 14, Nr 795.
46   BGHSt 41, 368, 371; BGH JR 99, 117; BGH NStZ 10, 215.

Genötigter und **Verfügender** müssen **personengleich** sein, während *Genötigter* und *Geschädigter* nicht identisch zu sein brauchen.[47] Wie im Falle des Betrugs kann der Nachteil auch das Vermögen eines Dritten treffen, zu welchem der Genötigte auf Grund eines **Näheverhältnisses** derart in Beziehung steht, dass er tatsächlich im Stande ist, über Vermögensgegenstände des Vermögensinhabers zu verfügen (s. Rn 632).

813

Welche Anforderungen bei einer solchen **Dreieckserpressung** im Einzelnen an dieses „Näheverhältnis" zu stellen sind, ist noch weitgehend ungeklärt.[48] Sieht man in der Erpressung ein dem Betrug strukturverwandtes Selbstschädigungsdelikt, sind auch hier die Überlegungen zum (Dreiecks-)Betrug unter Berücksichtigung der Besonderheiten der Erpressung fruchtbar zu machen.[49] Danach ist zu verlangen, dass der verfügende Dritte **im Lager** des Vermögensinhabers steht (s. Rn 632),[50] naturgemäß hier aber nicht, dass er subjektiv in der Vorstellung handelt, zu der konkreten Vermögenspreisgabe berechtigt zu sein.[51] Obwohl die Gegenmeinung eine Verfügung nicht verlangt, setzt auch sie ein „Näheverhältnis" voraus.[52] Nach Ansicht des BGH bedeutet Erpressung in solchen Fällen die „erzwungene Preisgabe von ... fremden Vermögenswerten, deren Schutz der Genötigte wahrnehmen kann und will". Deshalb müsse der Genötigte spätestens im Zeitpunkt der Tatbegehung „auf der Seite des Vermögensinhabers stehen". Das wird selbstverständlich für die „Entscheidungsträger" einer juristischen Person,[53] aber auch für die „in Erfüllung ihrer Aufgaben an Stelle des Geschädigten" handelnde Polizei[54] wie für die Lebensgefährtin des Geschädigten oder für einen den Vermögensinteressen des Geschäftsherrn nicht gleichgültig gegenüberstehenden Angestellten bejaht[55] und für den Zugbegleiter gegenüber der Bahn offenbar vorausgesetzt.[56] Der Sache nach ist hierin eine Annäherung an die These zu sehen, dass es sich bei der Erpressung um ein Selbstschädigungsdelikt handelt.[57]

c) Vermögensnachteil

Der Begriff des **Vermögensnachteils** in § 253 deckt sich mit dem Merkmal der Vermögensbeschädigung in § 263.[58] Die Rspr. legt daher auch hier eine wirtschaftliche Betrachtungsweise zugrunde, die aber bei § 253 nicht anders als zu § 263 (s. dazu Rn 595, 598) normative Begrenzungen erfährt.[59] Das zeigt sich zB daran, dass sich der *Standplatz einer Prostituierten* im Sperrbezirk nicht nur als *zu ungesicherte* Aussicht auf Geschäfts-

814

---

47 Näher BGH NStZ 87, 222; BGHSt 41, 123, 125 f; BGH NStZ-RR 97, 321 mit Anm. *Cramer*, NStZ 98, 299 und *Krack*, NStZ 99, 134; BGH NStZ-RR 11, 143, 144.
48 Übersicht bei *Ingelfinger*, JuS 98, 537 f; *Küper/Zopfs*, BT Rn 705 ff; krit. *Erb*, Herzberg-FS S. 716 ff; zu Fragen des Versuchs und der Vollendung bei der Dreieckserpressung s. *Knauer*, JuS 14, 690.
49 So auch BK-*Wittig*, § 253 Rn 11; *Eisele*, BT II Rn 773 f; *Esser*, Jura 04, 278; H-H-*Kretschmer*, Rn 963; *Kindhäuser/Böse*, BT II § 17 Rn 42 ff; *Klesczewski*, § 9 Rn 279; *Krey*, BT II, 12. Aufl., Rn 306; *Heghmanns*, Rn 1642; MK-*Sander*, § 253 Rn 23; *Rengier*, BT I § 11 Rn 30; S/S-*Bosch*, § 253 Rn 6; abw. Konzeptionen bei Fischer-*Fischer*, § 253 Rn 17; *Mitsch*, BT II S. 603 ff.
50 IE nahe stehend *Röckrath*, Die Zurechnung von Dritthandlungen bei der Dreieckserpressung, 1991, S. 67 ff; dazu M/S/M-*Momsen*, BT I § 42 Rn 31.
51 *Biletzki*, JA 96, 162; *Küper/Zopfs*, BT Rn 707; *Otto*, Anm. JZ 95, 1020.
52 *Hilgendorf/Valerius*, BT II § 17 Rn 33; M/R-*Maier*, § 253 Rn 25; SK-*Sinn*, § 253 Rn 18; S/S/W-*Kudlich*, § 253 Rn 21.
53 BGH NStZ-RR 11, 143, 144 (Mitglieder des Aufsichtsgremiums einer Bank).
54 BGHSt 41, 368, 371.
55 Zur Lebensgefährtin s. BGHSt 41, 123, 125 f; näher, teils krit. zu dieser Entscheidung *Krack*, JuS 96, 493; *Mitsch*, Anm. NStZ 95, 499; *Otto*, Anm. JZ 95, 1020; abl. *Wolf*, Anm. JR 97, 73; dagegen zutr. *Ingelfinger*, JuS 98, 537 f; zum Angestellten s. OLG Celle BeckRS 11, 23746 mit Bespr. *Bosch*, JK 3/12, StGB § 255/11; *Jahn*, JuS 11, 1131; *Krell*, ZJS 11, 572; s. zu diesem Fall auch Rn 135. S. zum Ganzen auch *Rengier*, JZ 85, 565.
56 BGH StV 13, 445 (s. dazu hier Rn 450 mwN).
57 *Geppert*, JK 90, StGB, § 255/9; krit. *Kindhäuser/Hilgendorf*, § 253 Rn 23 ff, 30 f.
58 Vgl BGH StV 96, 33.
59 BGHSt 44, 251, 254 f.

abschlüsse darstellen soll, um die Voraussetzungen einer *vermögenswerten Exspektanz* zu erfüllen, sondern dass das auch deshalb gelte, weil die Prostitution dort jederzeit (von Rechts wegen) unterbunden werden könnte.[60] Auch sollen die Erzwingung einen Straftatbestand erfüllender Leistungen oder des Verzichts auf einen Beuteanteil trotz ihres wirtschaftlichen Wertes keine Schädigung des Opfers bedeuten.[61] Das stimmt wie die Verneinung des strafrechtlichen Vermögensschutzes für *strafbaren* Besitz (von Betäubungsmitteln)[62] mit dem juristisch-ökonomischen Vermögensbegriff überein (Rn 595). Dem entspricht es auch, wenn der mangelnden Werthaltigkeit einer Forderung kein selbstständiges Gewicht beigemessen wird, wo die Forderung rechtlich nicht besteht.[63] Der wirtschaftliche Ausgangspunkt wird demgegenüber deutlich, wenn die Rechtsprechung dem einen Nachteil abspricht, der aufgrund der Drohung nur darauf verzichtet, eine ohnehin wertlose,[64] weil gänzlich uneinbringliche Forderung geltend zu machen.[65] Auch bei der Erpressung kann sich ein Nachteil nach der Lehre vom individuellen Schadenseinschlag (Rn 661 ff) ergeben.[66] Ebenso kann die Herbeiführung einer konkreten Vermögensgefährdung wie beim Betrug unter Beachtung der vom BVerfG aufgestellten Vorgaben (s. Rn 656) genügen.[67] An ihr fehlt es zB, wenn eine Geldübergabe im Rahmen einer Erpressung von der Polizei so überwacht wird, dass dem Täter keine Chance bleibt, mit dem Geld zu entkommen[68] oder bei einer erzwungenen Herausgabe einer Bankkarte für ein leeres Konto.[69] Durch das schädigende Ereignis gegen Dritte erwachsende Ansprüche schließen andererseits auch bei der Erpressung den Schaden nicht aus.[70]

Rechtsprechungsbeispiel: Mit einer an den Kopf gehaltenen Schreckschusspistole zwang der Angeklagte A im **BGH NStZ 11, 278** zugrunde liegenden Sachverhalt die Prostituierte P in einem Wohnmobil, in dem sie ihrer Arbeit nachging, an seinem Geschlechtsteil zu manipulieren. So zu verfahren hatte er bereits vor, als er sich von P zunächst den Preis für Oral- und Vaginalverkehr nennen ließ, sich mit ihm einverstanden erklärte und so erreichte, dass P ihn in ihr Wohnmobil einließ und dort auf der Bettkante vor ihm Platz nahm. Zwei Fluchtversuche der P unterband A dadurch, dass er sie mit der freien Hand auf das Bett zurück drückte. Kurze Zeit nachdem sie sich seiner Forderung aus Angst gebeugt hatte, gelang ihr dann aber doch die Flucht. – Nach Ansicht des BGH scheidet eine (räuberische) *Erpressung* aus zwei Gründen aus. Zum einen liege kein erzwungener *Verzicht* auf die Geltendmachung eines *Anspruchs auf Arbeitsentgelt* aus einem Dienstver-

---

60 BGH JR 12, 204, 205 f mit Anm. *Erb* und *Satzger*, JK 6/12, StGB § 32/37.
61 BGH NStZ 01, 534; BGH NStZ-RR 09, 106.
62 Offengelassen in BGHSt 48, 322, 326; BK-*Wittig*, § 253 Rn 14.1; bejahend dagegen BGH wistra 18, 41; BGH NStZ- RR 17, 244; *Wolters*, Samson-FS S. 495, 512; verneinend für den *strafbaren* Btm-Besitz *Hillenkamp*, Achenbach-FS S. 189, 205; s. hier Rn 569.
63 BGH NStZ 08, 627 mit Anm. *Kindhäuser*, StV 09, 355.
64 Zum Problem strafbaren Besitzes zB von BtM s. Rn 597 sowie BGH NStZ-RR 17, 244; BGH BeckRS 17, 123966 mit Anm. *Müller-Metz*, NStZ- RR 17, 341; BGH NStZ-RR 18, 15.
65 BGH NStZ 07, 95, 96; krit. dazu *Grabow*, NStZ 10, 371; s. auch BGH NStZ 11, 278 zum Schadensersatzanspruch einer zur Dienstleistung gezwungenen Prostituierten; *Eckstein*, JZ 12, 101 und *Hecker*, JuS 11, 944 weisen aber zu Recht (s. hier Rn 597) auf den Vermögenswert der Arbeitskraft hin; auch in BGH StV 13, 445 und BGH NStZ-RR 21, 281 mit Anm. *Eisele*, JuS 22, 79 steht die Frage der Werthaltigkeit im Raum, s. dazu hier Rn 450 mwN.
66 BGH StraFo 15, 479 mit Anm. *Bosch*, Jura 16, 218 (§ 255 StGB); auch zu § 253 darf diese von BVerfG NJW 13, 365 nicht beanstandete Lehre allerdings nicht zur Begründung des Schadens allein wegen Verletzung der Dispositionsfreiheit führen, s. Rn 661.
67 Vgl BGHSt 34, 394; BGH NStZ-RR 18, 316 zur erzwungenen Hingabe eines Schuldscheins für eine nicht bestehende Forderung; BGH NStZ-RR 98, 233; 00, 234; BGH NStZ 00, 197; BK-*Wittig*, § 253 Rn 14; HK-GS/*Duttge*, § 253 Rn 17; MK-*Sander*, § 253 Rn 24 f; M/R-*Maier*, § 253 Rn 16; krit. S/S-*Bosch*, § 253 Rn 9.
68 BGH StV 98, 80; 661; s. dazu StV 99, 94.
69 BGH BeckRS 20, 11966.
70 BGH NStZ-RR 04, 333, 334 f.

trag und damit kein Schaden vor, weil ein solcher Anspruch nach § 1 ProstG nur bei *einvernehmlicher* Vornahme der zuvor gegen Entgelt vereinbarten sexuellen Handlung, nicht aber bei erzwungener Leistungserbringung entstehe. Das ist im entschiedenen Fall wohl richtig, da die Annahme eines konkludenten Verzichts lebensfremd wäre. Für beide Varianten tritt hinzu, dass ein Verzicht auf mangels fehlender Erfüllungsbereitschaft *wirtschaftlich weitgehend wertlose* Ansprüche auch ohnehin keinen Schaden auslösen könnte. In den Stellungnahmen zur Entscheidung (*Eckstein*, JZ 12, 101; *Hecker*, JuS 11, 944; *Zimmermann*, NStZ 12, 211) wird aber zu Recht moniert, dass der BGH nicht als drittes die Möglichkeit wenigstens erwägt, in der Erzwingung einer Arbeitsleistung (Manipulation des Geschlechtsteils), die unter den gegebenen Umständen üblicherweise und gesetzlich nicht mehr missbilligt (s. dazu Rn 596, 597, 632) nur gegen Entgelt erbracht wird, die Tatbestandsverwirklichung zu sehen. Das hat BGH NStZ 13, 710 in einem ähnlich liegenden Fall nun nachgeholt. Im Anschluss an *Zimmermann* wird nun auch der Vermögenswert eines gegen den Willen der Prostituierten erzwungenen Geschlechtsverkehrs verneint. Die Rechtsgutsverletzung erschöpfe sich in einem solchen Fall in einem Angriff auf die sexuelle Selbstbestimmung. Diesem zweifelhaften Standpunkt stimmt *Jäger*, JA 14, 232 (zust. auch *Satzger*, JK 8/14, StGB § 253/16) mit der Überlegung zu, der in der Degradierung der Prostituierten zum Objekt liegende Menschenwürdeverstoß verbiete die Gleichsetzung einer so abgetrotzten „Leistung" mit einer vermögenswerten Verfügung. *Hecker*, Kühne-FS S. 81 ff fragt dagegen zu Recht, warum man zB einen Taxifahrer oder einen Kfz-Mechaniker durch § 253 bei einer erzwungenen unentgeltlichen Beförderungsleistung oder Reparatur schützt, eine Prostituierte bei einer abgezwungenen Dienstleistung aber nicht. Die Berufung auf die Menschenwürde kehrt sich dann im Ergebnis gegen sie (s. dazu auch *Barton*, StV 14, 418; *Schwaab*, ZJS 14, 706).

Im **Fall 59** hat D den objektiven Tatbestand des § 253 I verwirklicht: Die Ankündigung, dass E sein wertvolles Gemälde „nicht wieder sehe", wenn er sich dem Ansinnen des D nicht beuge, enthält die **Drohung** mit einem empfindlichen Übel, weil D hier zu *unterlassen* androht, was zu tun er rechtlich verpflichtet ist.[71] Dadurch ist E zur Zahlung des Lösegeldes, dh zu einer sein Vermögen *unmittelbar* schädigenden Handlung (= Vermögensverfügung) genötigt worden, was, nach allen hierzu vertretenen Auffassungen als Bindeglied zwischen Nötigungsmittel und Schädigung reicht. Zu prüfen bleibt, ob es an einem **Vermögensnachteil** im Hinblick darauf fehlen könnte, dass E gegen Hingabe des Geldes das Gemälde zurückerhalten hat.[72] Dem ist der BGH[73] jedoch mit Recht – wenn auch nicht in Übereinstimmung mit einer rein wirtschaftlichen Betrachtungsweise[74] – entgegengetreten. Denn da D gemäß §§ 985, 861 BGB zur **unentgeltlichen Rückgabe** der Diebesbeute verpflichtet war, gleicht die Wiedererlangung des Kunstwerkes durch E nur den *schon vorher angerichteten Diebstahlsschaden* aus, nicht aber den Verlust des Lösegeldes. In dieser Hinsicht fehlt es an einem *anrechenbaren* Gegenwert und an den Voraussetzungen für eine Einbeziehung in die Schadensberechnung. Im Verhältnis zum **Lösegeldschaden** bildet die Rückgabe des Diebesgutes, die auf einer schon vorher entstandenen *gesetzlichen* Verpflichtung beruht, kein **kompensationsfähiges Äquivalent** (vgl dazu Rn 651).

815

3. Subjektiver Tatbestand

In **subjektiver Hinsicht** setzt die Erpressung *Vorsatz* und die *Absicht* voraus, sich oder einen Dritten **zu Unrecht zu bereichern**. Trotz der anderen sprachlichen Fassung entspricht dies sachlich der beim Betrug geforderten Absicht, sich oder einem Dritten einen

816

---

71 Näher *Hillenkamp/Cornelius*, BT 7. Problem; *Puppe*, Anm. JZ 89, 596; *Wessels/Hettinger/Engländer*, BT I Rn 371.
72 So aber OLG Hamburg JR 74, 473; ebenso *Trunk*, JuS 85, 944; mit gleichem Ergebnis nach ausf. Auseinandersetzung mit dem Streitstand *Dehne-Niemann*, ZStW 123 (2011), 485.
73 BGHSt 26, 346, 347 f; ebenso *Stoffers*, Jura 95, 113; diff. *Mitsch*, BT II S. 615 f: § 253 nur bei tatbestandslosem (s. dazu hier Rn 228 aE) Vorverhalten; dazu krit. *Dehne-Niemann*, ZStW 123 (2011), 485, 500 ff.
74 S. *Graul*, JuS 99, 566.

rechtswidrigen Vermögensvorteil zu verschaffen.[75] Auf die diesbezüglichen früheren Ausführungen kann daher verwiesen werden (vgl Rn 699 ff).

817 Der Besitz kann einen **vermögenswerten Vorteil** darstellen, sofern diesem ein eigenständiger wirtschaftlicher Wert zukommt.[76] Einen vermögenswerten Vorteil erstrebt zB, wer vor der geplanten Zerstörung ein Fahrzeug zunächst als Fluchtmittel nutzen,[77] nicht aber, wer das dem Opfer zur Verhinderung eines Hilferufs abgepresste Handy oder die einem „gegnerischen Outlaw" abgenommene „Kutte" weder nutzen noch verkaufen, sondern alsbald nach der Tat wegwerfen will.[78] Nach der Rechtsprechung wird auch dann kein Vermögensvorteil erstrebt, wenn der Vorteil aus Sicht des Täters lediglich eine „notwendige oder mögliche Folge seines ausschließlich auf einen anderen Zweck gerichteten Verhaltens" ist.[79] Wer den Abschluss eines ausgeglichenen Pacht- bzw. Mietvertrags über ein Lokal erzwingt, schädigt nicht das Vermögen des Opfers und hat nicht die Absicht, sich (stoffgleich) rechtswidrig zu bereichern, wenn er die „vereinbarte" Pacht bzw. Miete zu zahlen beabsichtigt.[80] Auch muss zwischen dem angestrebten Vorteil und dem vom Opfer erlittenen Schaden **Stoffgleichheit** bestehen.[81] Daran fehlt es bei einer eigenmächtigen Inpfandnahme von Wertgegenständen, um den Betroffenen zur Zahlung seiner Schulden zu veranlassen, sofern nicht ein Anspruch auf Herausgabe dieses Gegenstandes besteht.[82]

Rechtswidrig ist der erstrebte Vermögensvorteil, wenn der Täter oder der Dritte nach materiellem Recht auf ihn **keinen Anspruch** hat. Dem steht es nach dem BGH gleich, wenn einem denkbaren Rückgewähr- oder Ersatzanspruch Treu und Glauben deshalb entgegenstehen, weil seine Erfüllung – wie bei der Rückgabe betrügerisch erlangter Drogen – einen Zustand herbeiführen würde, dessen Aufrechterhaltung strafbar wäre.[83] Besteht dagegen ein Anspruch – wie zB der Prostituierten gemäß § 1 ProstG nach *vereinbarungsgemäß* erbrachter Leistung[84] – und ist er fällig und einredefrei, so wird der **Vorteil** nicht dadurch rechtswidrig, dass seine Erlangung im Wege der Nötigung oder sonstwie **mit unerlaubten Mitteln** durchgesetzt wird (s. schon Rn 703).[85] Gleiches soll für die Durchsetzung einer Forderung auch dann gelten, wenn sie bestritten wird und vor Gericht eingeklagt werden müsste. Entscheidend soll sein, dass sie nach materiellem Recht besteht.[86] Auch soll es an der Rechtswidrigkeit des erstrebten Vorteils mangeln, wenn der Täter durch die erzwungene

---

75 BGH NStZ 89, 22; 96, 39; BGH HRRS 23 Nr 369; Überblick bei *Wittig*, JA 13, 401.
76 S. BGH NStZ-RR 18, 282 f; BGH NStZ 20, 542; BGH NStZ 24, 543 mit Anm. *Hahn*.
77 BGH NStZ 96, 39.
78 OLG Jena NStZ 06, 450; BGH NStZ 20, 543; nach BGH StraFo 12, 155 gilt das beim Handy auch dann, wenn nur der Speicher durchsucht und gefundene Bilddateien kopiert werden sollen; dann soll auch keine Zueignungsabsicht vorliegen, also auch Raub ausscheiden; zust. *Hecker*, JuS 13, 468; abl. *Jäger*, JA 12, 709; *Putzke*, ZJS 13, 311. Zur Kutte s. den Hells-Angels-Fall BGH NStZ 11, 699, 701 (Rn 212) mit Bespr. *Jahn*, JuS 11, 846.
79 BGH NStZ-RR 18, 282 f; BGH NStZ 20, 543.
80 BGH NStZ 14, 41; BGH NStZ 18, 213 mit Anm. *Schilling*.
81 BGH NStZ 02, 254 mit Bespr. *Baier*, JA 02, 457; NK-*Kindhäuser/Hoven*, § 253 Rn 36; S/S-*Eser/Bosch*, § 253 Rn 20; BGH NStZ 18, 712 f; BGH NStZ 19, 473 mit Anm. *Habetha*.
82 S. BGH NJW 82, 2265; BGH NStZ 88, 216; BGH StV 99, 315; s. dazu *Bernsmann*, NJW 82, 2214; *Graul*, JuS 99, 564; **aA** (erst die Rechtswidrigkeit des Vorteils fehlt) BGH NStZ 17, 642 mit zust. Anm. *Kulhanek*; Fischer-*Fischer*, § 253 Rn 20; bereits den Schaden bezweifelnd NK-*Kindhäuser/Hoven*, § 253 Rn 28, 36.
83 BGHSt 48, 322, 326 f mit Anm. *Kühl*, NStZ 04, 387 und Fallbespr. *Käßner/Seibert*, JuS 06, 810, 812; bei strafbarem Drogenbesitz ist ein Schaden zu bejahen, s. Rn 597, **aA** *Hillenkamp*, Achenbach-FS S. 189, 196, 205 und Rn 535 in der 43. Aufl. Entsprechend – mangels Zahlungsanspruch – für Wechselgeld bei einem Drogengeschäft BGH NJW 21, 1966 mit Anm. *Brand*; *Fahl*, NStZ 22, 108 und *Disselkamp* ZJS 21, 679.
84 S. dazu BGH NStZ 02, 481, 482; BGH NStZ 11, 278; *Ziethen*, NStZ 03, 184; *Trede*, Auswirkungen des ProstG auf das Straf- und Ordnungswidrigkeitenrecht 2007, S. 40 ff, 274 ff; zu einem Bereicherungsanspruch nach teilweise misslungenem „Freikauf" einer Prostituierten s. BGH NStZ 10, 391.
85 Vgl BGHSt 3, 160, 162 f; 20, 136, 137; BGH StV 00, 79, 80; BGH NStZ-RR 04, 45; BGH NStZ 11, 519 f (das Erlangte muss natürlich aus dem Vermögen des Schuldners stammen); BGH BeckRS 14, 18282.
86 BGH StV 09, 357 f; BGH NStZ-RR 09, 17, 18; BGH BeckRS 19, 37171.

Ausstellung von Wechseln keine zweite selbstständige Verbindlichkeit begründen, sondern nur die Durchsetzung seiner bestehenden Forderung erleichtern will.[87] Wer als Käufer von Rauschgift betrogen wurde, weil er statt Haschisch Schokolade erhalten hat, kann sein Geld (vor Vermischung) nach § 985 BGB herausverlangen[88] und hat zudem nach §§ 823 II BGB, 263 sowie § 826 BGB einen Schadensersatzanspruch. Macht er ihn mit Nötigungsmitteln geltend, erstrebt er keinen rechtswidrigen Vorteil. § 817 BGB steht dieser Wertung ebenso wenig entgegen,[89] wie die gegebenenfalls bezüglich des eingesetzten Geldes eröffnete Möglichkeit von Einziehung oder Verfall.[90] Wer sich das ihm entwendete Diebesgut mit erpresserischen Mitteln zurückholt, soll angesichts der Tatsache, dass auch der Dieb Besitzschutz gegenüber Dritten genießt, keine *rechtswidrige* Bereicherung anstreben und folglich nur wegen Nötigung strafbar sein, wenn er sein Recht mit Waffengewalt durchsetzt.[91] Da hierdurch aber eine gegenüber dem Eigentümer rechtswidrige Besitzposition (wieder) hergestellt und die Vermögenszuordnung – worauf es hier ankommt – durch den nur possessorischen Besitzschutzanspruch nicht begründet wird, kann das kaum überzeugen.[92]

Wer **irrig annimmt**, dass auf die erstrebte Bereicherung ein *rechtlich begründeter Anspruch* bestehe, befindet sich – nicht anders als bei Diebstahl (s. Rn 236) und Betrug (s. Rn 701) – im **Tatbestandsirrtum**, sodass § 253 entfällt;[93] uU kommt dann eine Bestrafung wegen Nötigung in Betracht.[94] Der auf die Schädigung und die Rechtswidrigkeit der Bereicherung bezogene Vorsatz bleibt dagegen erhalten, wenn der Täter mit der Möglichkeit rechnet, dass der angenommene Anspruch nicht besteht und sich hiermit abfindet.[95] Das gilt auch dann, wenn sich der Erpresser nur nach den Anschauungen der einschlägig kriminellen Kreise, nicht aber im Einklang mit den Wertvorstellungen der Rechtsordnung als berechtigter Inhaber eines Anspruchs gegen das Opfer fühlt.[96] Wer Drittbereicherungsabsicht hat, muss nicht notwendig (Mit-)Täter sein. Fehlt es am tatherrschaftsbegründenden Umfang der Tatbeteiligung und eigenem Tatinteresse, liegt trotz dieser Absicht nur Beihilfe vor.[97]

Im **Fall 59** hat D **vorsätzlich** und in der **Absicht** gehandelt, sich in Gestalt der 20 000 €, auf die er keinerlei Anspruch hatte, einen **rechtswidrigen Vermögensvorteil** zu verschaffen. Diese Besserstellung seiner Vermögenslage bildete die Kehrseite des dem E zugefügten Schadens; an der sog. „**Stoffgleichheit**" zwischen Vorteil und Nachteil, die durch *ein und dieselbe Vermögensverfügung vermittelt* worden sind, besteht hiernach kein Zweifel.[98] Damit ist auch der **subjektive Tatbestand** des § 253 I gegeben.

818

---

87 BGH NStZ 09, 386.
88 BGH NStZ-RR 00, 234; s. dazu H-H-*Kretschmer*, Rn 967 ff.
89 BGH NJW 92, 310; BGH JR 03, 163 mit Anm. *Engländer*; *Hillenkamp*, JuS 03, 163; aA *Hecker*, JuS 01, 231.
90 So aber *Kindhäuser/Wallau* NStZ 03, 152, 154; *Mitsch*, JuS 03, 122, 123 f; s. dagegen BGHSt 48, 322, 329 und Rn 630.
91 BGH NStZ-RR 08, 76; zum Diebesbesitz als Vermögensbestandteil s. *Hillenkamp*, Achenbach-FS S. 189, 201 ff; s.o. Rn 597.
92 Zu Recht krit. daher *Bauer*, Jura 08, 851; *Dehne-Niemann*, NStZ 09, 37, der das für richtig gehaltene Ergebnis aber auf einen Anspruch aus § 812 I 1 BGB stützen will; dem BGH zust. *Eisele*, BT II Rn 786.
93 BGH NStZ 88, 216; BGH StV 99, 315; BGH StV 00, 78, 79 mit Bespr. *Jahn/Dickmann*, JA 00, 541; BGH JR 03, 163; BGH NStZ 02, 481; BGH BeckRS 13, 16583 mit Anm. *Hecker*, JuS 14, 366; BGH BeckRS 14, 18282 mit Bespr. *Kudlich*, JA 14, 947; BGH NJW 17, 1487 (**Parkkrallen-Fall**) mit Anm. *Kudlich/Koch*; S/S-*Bosch*, § 253 Rn 22.
94 Vgl BGHSt 4, 105, 106 f; BGH NJW 86, 1623; *Krey/Hellmann/Heinrich*, BT II Rn 523 ff; zum Irrtum dort s. *Küper*, JZ 13, 453; BGH NJW 17, 1487 mit Anm. *Kudlich/Koch*; *Bosch*, Jura (JK) 17, 990; S/S-*Bosch*, § 253 Rn 22.
95 BGH JR 99, 336 mit Anm. *Graul*; BGH BeckRS 19, 39406.
96 S. BGHSt 48, 322, 328 f; BGH NStZ 08, 626; BGH BeckRS 17, 105591 mit Anm. *Bock*, NStZ 17, 468.
97 BGH StV 98, 540; BGH NStZ-RR 11, 111, 112.
98 Vgl RGSt 67, 200; BGH MDR/H 80, 106; zur denkbaren Strafbarkeit eines von E beauftragten Lösegeldboten s. *Rönnau*, JuS 05, 481, 484 ff.

4. Rechtswidrigkeit und Vollendung

819 Die **Rechtswidrigkeit der Tat im Ganzen** ist nach der **Zweck-Mittel-Relation** des § 253 II zu beurteilen, die mit der in § 240 II getroffenen Regelung übereinstimmt; das zur *Nötigung* Gesagte gilt hier also entsprechend.[99] Die Bejahung der **Verwerflichkeit** liegt bei der Erpressung allerdings näher, da sie mit der angestrebten rechtswidrigen Bereicherung stets auf ein zumindest rechtswidriges Zwischenziel gerichtet ist.[100] Die Rspr. zieht hier wie bei der Nötigung[101] einer durch „Prinzipien" konkretisierten Feststellung der Verwerflichkeit[102] eine zu dem Urteil sittlicher oder sozialer Unerträglichkeit führende Gesamtbetrachtung vor, die sich nicht an „moralischer Bedenklichkeit", sondern an der „Beachtung der Position des Opfers" orientiert.[103]

820 Im **Fall 59** sind alle Voraussetzungen des § 253 II erfüllt. Schuldausschließungsgründe sind nicht ersichtlich, ebenso nicht Erschwerungsgründe iS des § 253 IV. D ist daher gemäß § 253 I, II zu bestrafen.

821 Zur **Vollendung** der Erpressung genügt es, dass die abgenötigte Vermögensverfügung den **Nachteil** unmittelbar herbeigeführt hat. Die Verursachung einer schadensbegründenden Vermögensgefährdung reicht aus (s. Rn 795). Dass der Täter die erstrebte Bereicherung wirklich erreicht, ist nicht erforderlich.[104] Das nach dem BGH für die Herstellung von Tateinheit noch geeignete Stadium der Beendigung soll bei einer räuberischen Erpressung in einer Bank noch zu Beginn der Flucht mit einem PKW andauern, weil der Täter „bis dahin noch keinen gesicherten Gewahrsam an der erpressten Tatbeute erlangt" habe.[105]

Weiß der Täter nicht, dass er einen Anspruch auf den erstrebten Vorteil hat, kommt (nur) **Versuch** in Betracht.[106] Der Versuch beginnt idR mit dem unmittelbaren Ansetzen zur Nötigungshandlung (zB mit der Übergabe des Drohbriefes). Das erfolglose Bemühen, in das Haus des zu Erpressenden zu gelangen, reicht für sich allein nicht aus; hier fehlt es noch am Beginn einer *Einwirkung auf den Willen* des Opfers.[107] Ebenso liegt es, wenn die Täter durch Betrug an das Geld des Opfers gelangen und sich dabei nur vorbehalten haben, notfalls zusätzlich zur Täuschung Nötigungsmittel einzusetzen. Wird das nicht erforderlich, liegt noch kein unmittelbares Ansetzen vor.[108] Erhält der Er-

---

99 S. *Wessels/Hettinger/Engländer*, BT I Rn 378 ff; s. dazu den erpressungsnahen (*Schuster*, NZWiSt 14, 65) Fall einer (versuchten) Nötigung durch einen Anwalt in BGH NJW 14, 401 mit Anm. *Tsambikakis*; *Beckemper*, ZJS 14, 214; *Becker*, NStZ 14, 154; *Bosch*, JK 4/2014, StGB § 240/26; *v. Heintschel-Heinegg*, JA 14, 313; *Schuster*, NZWiSt 14, 64; vgl. auch *Bülte*, NZWiSt 14, 48, *Roxin*, StV 15, 447 und hier Rn 557.
100 S. A/W-*Heinrich*, § 18 Rn 18; *Joecks/Jäger*, § 253 Rn 23; nach SK-*Sinn*, § 253 Rn 29 erübrigt sich die Klausel; einschr. MK-*Sander*, § 253 Rn 36 f; zu den übrig bleibenden problematischen Fällen s. S/S/W-*Kudlich*, § 253 Rn 33; zu einem Fall eines nach der Vorstellung des Täters erlaubten Zwecks s. BGHSt 17, 328, 331 f zu § 240.
101 S. *Küper/Zopfs*, BT Rn 416 f.
102 S. aber BGHSt 39, 133, 137: Prinzip des Vorrangs staatlicher Zwangsmittel; OLG Karlsruhe NJW 04, 3724: fehlende Konnexität.
103 S. BGHSt 44, 68, 81; Fischer-*Fischer*, § 240 Rn 41; insb. bei einer Drohung mit einer der Sachlage entsprechenden Strafanzeige fehlt die Verwerflichkeit, BGHSt 5, 254, 260 f; BGH BeckRS 16, 15363. Bejaht wurde sie zB bzgl der Drohung, bei einer Bank entwendete Daten an die Finanzbehörden weiterzugeben, BGH NStZ-RR 11, 143.
104 BGHSt 19, 342, 344; Fischer-*Fischer*, § 253 Rn 44; S/S-*Bosch*, § 253 Rn 23–27.
105 BGH NJW 14, 871 mit Anm. *Bosch*, JK 06/2014, StGB § 52/17.
106 BGH NStZ 08, 214: Fall des „umgekehrten Tatbestandsirrtums"; vgl dazu auch BGHSt 42, 268, 272 (zu § 263) und LK-*Murmann*, § 22 Rn 288; *Rengier*, BT I § 11 Rn 64a.
107 BGH MDR/D 75, 21 zu §§ 22, 30 II.
108 LK-*Hillenkamp*, 12. Aufl., § 22 Rn 129 f; aA BGH NStZ 02, 33.

presser weniger als gefordert, ist die Tat vollendet, der weitergehende, auf Erlangung der höheren Summe zielende Versuch aber fehlgeschlagen.[109] Entspricht die übergebene Sache dagegen nicht der Erwartung des Täters und gibt er sie deshalb zurück, liegt nur Versuch vor.[110]

5. Konkurrenzen

Mehrere Drohungen gelten als nur *eine* Erpressung begründende rechtliche Bewertungseinheit, wenn sie der Ausgangsdrohung nur den Umständen entsprechend angepasst oder aktualisiert und zur Einforderung ein- und derselben Leistung eingesetzt werden.[111] Seine Grenze findet dieser Grundsatz, wo eine Erpressungstat (bzw. ihr Versuch) bereits abgeschlossen ist. Das ist vor allem dann der Fall, wenn das Ziel bereits erreicht oder der Versuch, es zu erreichen, fehlgeschlagen ist.[112] Es ist auch der Fall, wenn die weitere Drohung einen neuen, wegen einer Zäsur (die sich insbesondere aus einer erheblichen Änderung der Vorstellung von den Umständen oder zeitlichem oder örtlichem Abstand ergeben kann) selbstständigen Anlauf zur Erreichung des angestrebten Taterfolgs darstellt.[113]

822

Das **Verhältnis** des § 253 **zu anderen Tatbeständen** ist umstritten. Tateinheit mit **Betrug** bei einem Zusammentreffen von Drohung und Täuschung kommt in Betracht, wenn die zur Willensbeeinflussung eingesetzten Mittel voneinander unabhängig sind und die darauf beruhende, für den Betrug unbestritten zu verlangende Vermögensverfügung sowohl dem Einfluss der Drohung als auch dem Einfluss der Täuschung zuzuschreiben und trotz der Drohung noch als für § 263 hinreichend freiwillig (s. Rn 618 ff) zu bezeichnen ist.[114] Ein **Beispiel** dafür bildet die Hingabe von Geld als Darlehen aus Furcht vor der Drohung mit einer Strafanzeige *und* im Vertrauen auf die außerdem vorgespiegelte, in Wirklichkeit aber fehlende Rückzahlungsbereitschaft des Täters.[115]

Dient die Täuschung jedoch lediglich dem Zweck, die Ausführbarkeit der Drohung vorzuspiegeln, deren Wirkung zu verstärken oder das in Aussicht gestellte Übel in einem besonders grellen Licht erscheinen zu lassen, so bildet sie einen Bestandteil der Drohung und geht in dieser auf mit der Folge, dass der Täter nur wegen Erpressung oder räuberischer Erpressung zu bestrafen ist.[116]

823

Die zutr. Begründung hierfür ist die **Tatbestandslösung**, die bereits eine *betrugsrelevante* Täuschung verneint, wo die Täuschung nur der Unterstützung der Drohung dient. Hier ist die Täuschung nicht „wesentlicher" – und damit gleichberechtigter – „Bestandteil der Drohung",[117] sondern nur Erhärtung ihres *willensbeugenden* Kerns. Die List des Betrugs liegt daher nicht vor. Nur Betrug ist dagegen gegeben, wenn der Täter dem Opfer eine von einem Dritten drohende Lebensgefahr nur vorspiegelt und anbietet, gegen Geldzahlung darauf hinzuwirken, die Gefahr abzuwenden (zur **Sicherungserpressung** s. Rn 834 ff).[118]

---

109 BGHSt 41, 368, 371.
110 BGH StV 08, 356.
111 BGH NStZ-RR 12, 79; BGH BeckRS 19, 39406; BGH HRRS 23 Nr 294; BGH HRRS 23 Nr 559.
112 BGH NStZ-RR 08, 239; BGH NStZ 18, 148 mit Anm. *Kudlich*; näher zum Fehlschlag S/S/W-*Schuhr/Kudlich*, § 24 Rn 16 ff.
113 BGH HRRS 23 Nr 559.
114 RG HRR 1941, 169.
115 BGHSt 9, 245, 247. Zur hier wie bei allen Vermögensdelikten oft einhergehenden Steuerhinterziehung (§ 370 AO) - in Tatmehrheit - s. *Trinks*, NStZ 16, 263.
116 BGHSt 23, 294.
117 So aber BGHSt 23, 296; wie hier HK-GS/*Duttge*, § 253 Rn 8 f, 40.
118 BGH NStZ-RR 07, 16; s. dazu Rn 806.

6. Prüfungsaufbau: Erpressung, § 253

824

Erpressung, § 253

I. Tatbestand
  1. Objektiver Tatbestand
     a) Tathandlung: • *Nötigen*
     b) Tatmittel: • *Gewalt*
        ⓟ Gewaltbegriff
        ⓟ nur vis compulsiva
        • *Drohung mit einem empfindlichen Übel*
        ⓟ Adressat des Übels ≠ Adressat der Nötigung
        ⓟ Drohung mit Unterlassen
     c) Nötigungserfolg: • *Handlung, Duldung oder Unterlassung*
        → Kausalität Nötigung (Zwangswirkung)
        → Verhalten
        ⓟ abgenötigtes Verhalten = jedes beliebige Verhalten (auch unter vis absoluta) oder Vermögensverfügung
        ⓟ wenn Verfügung:
           → Unmittelbarkeit
           → Freiwilligkeit
           → Verfügungsbewusstsein
        ⓟ Dreieckserpressung (Näheverhältnis)
     d) Taterfolg: • *Vermögensnachteil*
        → wie Vermögensschaden beim Betrug, § 263
  2. Subjektiver Tatbestand
     a) Vorsatz: • *jede Vorsatzart*
     b) Bereicherungs-
        absicht: • *Absicht, sich oder Dritten zu Unrecht zu bereichern*
        → wie Bereicherungsabsicht beim Betrug, § 263
II. Rechtswidrigkeit
  1. Allgemeine Rechtfertigungsgründe
  2. Verwerflichkeit iSd § 253 II
III. Schuld
IV. Besonders schwerer Fall, § 253 IV
➔ Qualifikation, § 255

II. Räuberische Erpressung

825

Fall 60: T ist in das Haus des V eingedrungen. Er findet dort den 11-jährigen Sohn S des auf einer Couch schlafenden V vor. T stellt sich zwischen S und V und fordert S mit den Worten „Wenn du mir nicht das Geld gibst, dann steche ich deinen Papi ab" auf, ihm die Suche nach Bargeld abzunehmen. Ein Messer hat T nicht dabei und auch nicht vor, V etwas anzutun. Er rechnet aber damit, dass S seine Drohung ernst nimmt. Das tut S auch und öffnet eingeschüchtert einen Wandtresor, dessen Zahlenkombination ihm bekannt ist. Anschließend händigt er T die darin befindlichen 10 000 € aus.
Strafbarkeit des T? **Rn 833**

1. Tatbestandsstruktur und Nötigungsmittel

Wird eine Erpressung durch **Gewalt gegen eine Person** oder unter Anwendung von **Drohungen mit gegenwärtiger Gefahr für Leib oder Leben** begangen, so liegt eine **räuberische Erpressung** vor (§ 255).

826

Die qualifizierten Nötigungsmittel stimmen mit denen des Raubes überein (s. dazu Rn 391 ff). Allerdings scheidet vis absoluta aus (s. Rn 806, 830). Das Erfordernis der *Leibes- oder Lebensgefahr* (die eine gewisse Schwere aufweisen muss[119]) betrifft nur die **Drohung** und nicht etwa die vom Täter verübte Gewalt.[120] Eine **Drohung** kann nicht nur mit eindeutigen Worten, sondern auch mit allgemeinen Redensarten oder versteckten Andeutungen ausgesprochen oder durch schlüssiges Verhalten verwirklicht werden. Der Täter muss die Gefahr für Leib oder Leben allerdings deutlich in Aussicht stellen. Dass das Opfer nur erwartet, dass es zu einer Schädigung kommt, reicht nicht aus. Das bloße Ausnutzen einer entsprechenden Angst genügt nicht den Voraussetzungen für eine Drohung.[121] Die Bedrohung mit Leibes- oder Lebensgefahr muss mit dem Erpressungsopfer oder einem Dritten einen *Menschen* betreffen. Die Drohung, den Hund des Opfers zu erschießen, reicht daher auch dann nicht aus, wenn – vom Täter unbeabsichtigt – auch das Opfer durch die Atmosphäre der Einschüchterung um sein Leben fürchtet.[122] **Gegenwärtig** ist eine Gefahr, wenn das Umschlagen in eine Verletzung unmittelbar bevorsteht oder wenn bei natürlicher Weiterentwicklung der Dinge der Eintritt eines Schadens sicher oder doch höchstwahrscheinlich ist, falls nicht alsbald Abwehrmaßnahmen ergriffen werden, wenn (also) der ungewöhnliche Zustand nach menschlicher Erfahrung und natürlicher Weiterentwicklung der gegebenen Sachlage jederzeit in einen Schaden umschlagen kann.[123] Eine Dauergefahr reicht danach aus (s. schon Rn 400). Wird die Übelszufügung an den ergebnislosen Ablauf einer nicht zu lang bemessenen (Zahlungs-)Frist geknüpft, ist die Gefahr bereits gegenwärtig.[124] Soll das angedrohte **Übel** nicht den zur Verfügung Aufgeforderten, sondern einen **Dritten** betreffen, ist auch bei der Erpressung zu verlangen, dass das Übel vom Verfügenden als erhebliches eigenes empfunden wird (Rn 400),[125] was zB dann der Fall ist, wenn auf der Grundlage gestohlener Kontobelege mit einer Anzeige von Bankkunden gedroht wird, die die erpresste Bank zugleich als eigene Geschäftsschädigung betrachten muss.[126] Wer eine **fortwirkende**, zunächst ohne Nötigungsvorsatz und Bereicherungsabsicht erfolgte **Drohung** *mit gegenwärtiger Leibes- oder Lebensgefahr* auf Grund eines neugefassten Tatentschlusses dazu benutzt, das eingeschüchterte Opfer zur Herausgabe seiner Geldbörse zu bestimmen, macht sich der räuberischen Erpressung schuldig,[127] wenn er sich der fortwirkenden Drohwirkung bewusst ist.[128] Nicht anders als beim Raub muss auch bei der räuberischen Erpressung zwischen dem Einsatz der qualifizierten Nötigungsmittel und der angestrebten, den Nachteil auslösenden Verfügung ein **finaler Zusammenhang** bestehen.[129]

---

119 BGH NStZ 22, 409.
120 BGHSt 18, 75 f.
121 BGH StV 14, 286 f mit Anm. *Satzger*, JK 10/14, StGB § 253/17; BGH NStZ 15, 461; BGH NStZ 17, 92 mit Anm. *Lorenz*, HRRS 17, 309; BGH NStZ 17, 26 mit Anm. *Kudlich*; BGH StV 19, 106 f.; BGH NStZ 19, 674; BGH BeckRS 21, 4037.
122 BGH StV 14, 287 f.
123 BGH NJW 89, 176; 1289; BGH NJW 97, 265 mit Anm. *Geppert*, JK 97, StGB, § 255/8; Anm. *Joerden*, JR 99, 120; BGH StV 99, 377 mit Anm. *Kindhäuser/Wallau* und *Zaczyk*, JR 99, 343; BGH NStZ 15, 36 mit Bespr. *Hecker*, JuS 15, 467; Fischer-*Fischer*, § 255 Rn 3, 4; HK-GS/*Duttge*, § 255 Rn 5; *Rengier*, BT I § 11 Rn 11.
124 BGH NStZ-RR 98, 135; BGH NStZ 99, 406; BGH StV 99, 377. *Blanke*, Das qualifizierte Nötigungsmittel der Drohung mit gegenwärtiger Gefahr für Leib oder Leben, 2007, S. 94 f, 219 f stimmt den vorstehenden Aussagen unter der Voraussetzung zu, dass die Frist „derart kurz bemessen ist, dass die Gefahr normativ betrachtet als unmittelbar bevorstehend" angesehen werden kann (s. aber auch Rn 400).
125 *Lackner/Kühl/Heger*, § 255 Rn 1; S/S/W-*Kudlich*, § 255 Rn 3; ohne nähere Begründung auch BGH NJW 19, 3659, 3660 mit Anm. *Schiemann*.
126 BGH NStZ-RR 11, 143, 144.
127 Lehrreich OLG Frankfurt NJW 70, 342; s. auch BGH NStZ-RR 12, 173, 174; BGH BeckRS 13, 01325.
128 BGH StV 14, 287.
129 S. BGH NStZ-RR 12, 173, 174 mit Verweis auf BGH NStZ 06, 508; BGH BeckRS 13, 01325; BGH StV 19, 106 f; BGH StV 19, 98 f (zur Bedeutung für den Tatentschluss); BGH NStZ 19, 674, 675; BGH BeckRS 21, 4037. Da der BGH keine Verfügung verlangt, geht es ihm um einen Zusammenhang von Nötigungsmittel und (erlangtem) Vorteil.

827 Im Falle einer räuberischen Erpressung ist der Täter „gleich einem Räuber" zu bestrafen. Diese Verweisung in § 255 bezieht sich nicht nur auf den Strafrahmen des § 249, sondern auch auf die **Erschwerungsgründe** des Raubes (§§ 250, 251).[130]

Daher gelten auch die Ausführungen hierzu (Rn 416 ff) entsprechend. Vor diesem Hintergrund ist eine **räuberische Erpressung** in der qualifizierten Form des § 250 I Nr 1b bei Gegenständen zu verneinen, die schon nach ihrem äußeren Erscheinungsbild offensichtlich ungefährlich und deshalb nur auf Grund einer zusätzlichen Täuschung als bedrohliche Scheinwaffen anzusehen sind (s. Rn 421, 329).[131] Für §§ 255, 250 II Nr 1 kann die Verwendung einer Schreckschusspistole als bloßes Drohmittel nicht ausreichen, soweit nur eine geladene Schusswaffe vorgetäuscht werden soll.[132] Nicht anders als beim Raub ist – entgegen der Rechtsprechung – die Phase zwischen **Vollendung und Beendigung** nicht mehr geeignet, die Qualifikationen der §§ 250, 251 auszulösen (s. Rn 417, 424, 430, 436).[133]

2. Abgrenzung zum Raub

828 Während der **Räuber** (§ 249) sein Opfer zur *Duldung der Wegnahme* von Sachen zwingt, nötigt der **räuberische Erpresser** (§ 255) den Betroffenen, *selbst* eine vermögensmindernde Handlung vorzunehmen, eine vermögenserhaltende Tätigkeit zu unterlassen oder ein vermögensschädigendes Tun zu dulden, das über die Wegnahme einer Sache hinausgeht (s. dazu schon Rn 807 ff).

829 Anders als bei der Abgrenzung zwischen Betrug und Diebstahl in Fällen einer vorgetäuschten Beschlagnahme (vgl dazu Rn 618 ff) soll es nach Auffassung der Rechtsprechung bei der „Abgrenzung" zwischen Raub und „bloßer" räuberischer Erpressung (dh bei der Frage, ob auch eine einen Raub begründende Wegnahme vorliegt) **nicht auf die innere Willensentschließung** des Opfers, sondern allein auf das **äußere Erscheinungsbild** des Gebens (= dann § 255) oder Nehmens (= dann § 249) ankommen.[134] Entsprechendes soll bei der Dreieckserpressung gelten.[135]

Danach liegt bei einem Täter, der qualifizierte Nötigungsmittel zur **Erlangung einer Sache** einsetzt und Zueignungsabsicht hat, Raub vor (hinter dem die von der Rspr. zugleich angenommene räuberische Erpressung zurücktritt), wenn sich der Täter die Sache nimmt, unter den gleichen Bedingungen im Übrigen dagegen nur eine räuberische Erpressung, wenn er sich die Sache geben lässt.[136] Ob dieser Gebeakt auf (Rest-)Freiwilligkeit beruht, ist gleichgültig, denn auf den Verfügungscharakter kommt es nach der Rspr. gerade nicht an.[137] Das führt zu dem wenig einleuchtenden Ergebnis, dass einen *Diebstahl* begeht, wer sich unter dem Eindruck einer *vorgetäuschten Be-*

---

[130] Vgl BGHSt 27, 10, 11; BGH NJW 94, 1166 mit krit. Anm. *Kelker*, StV 94, 657; BGH NStZ-RR 06, 12; BGH NStZ-RR 12, 173, 174 (zu § 250 II Nr 3); auch ein minder schwerer Fall nach § 250 III kommt in Betracht, BGH NStZ 09, 37.

[131] BGH StV 11, 676; OLG Köln StV 10, 636; zum insoweit zweifelhaften Sporttaschenfall BGH NStZ 11, 278 s. Rn 329, zur aF BGH NStZ-RR 96, 356; BGH StV 98, 77.

[132] BGH NStZ-RR 98, 358; BGH NStZ-RR 07, 375 ff; s. genauer hier Rn 429, 307.

[133] S. dazu *Bachmann/Goeck*, JuS 12, 133; *Küpper/Grabow*, Achenbach-FS S. 265 ff.

[134] BGHSt 7, 252, 255; 41, 123, 125; BGH NStZ 99, 350; BGH NStZ-RR 07, 375; BGH NStZ-RR 11, 80; BGH HRRS 18, Nr 495; BGH BeckRS 21, 28048; BGH NStZ 23, 351; krit. hierzu *Erb*, Herzberg-FS S. 721 ff; s. auch *Schladitz*, JA 22, 89; zu Schwankungen der Rspr. s. Rn 709; auch BGH StV 12, 153 passt zur Rechtsprechungslinie nicht, s. dazu *Bohnhorst*, ZJS 12, 835; *Jäger*, JA 12, 307.

[135] BGH NStZ-RR 97, 321 mit Anm. *Cramer*, NStZ 98, 299 und *Krack*, NStZ 99, 134; SK-*Sinn*, vor § 249 Rn 18.

[136] In aufeinanderfolgenden *zweiaktigen* Geschehen können sich beide Tatbilder hintereinander ergeben, s. BGH NStZ 11, 519, 520.

[137] Unklar daher MK-*Sander*, § 253 Rn 21; insoweit anders SK-*Sinn*, vor § 249 Rn 11, der bei vis absoluta § 253 verneint, obwohl er keine Verfügung verlangt.

schlagnahme eine Sache *herausgeben* lässt (hier soll die innere Willensrichtung maßgebend sein (s. Rn 618), dagegen eine *räuberische Erpressung*, wenn er dabei zugleich das Opfer mit einer „Dienstpistole" bedroht.[138] **Fehlt** es – wie zB bei einer mit qualifizierten Nötigungsmitteln erzwungenen Gebrauchsanmaßung – dagegen an der **Zueignungsabsicht**, soll das äußere Erscheinungsbild gleichgültig sein.[139] Da Raub mangels Zueignungsabsicht ausscheidet, soll unabhängig vom Sichgebenlassen (Handlung iS des § 253) oder einem Nehmen (Duldung der Wegnahme im Sinne des § 253) Erpressung vorliegen. Der Raub ist so gesehen das durch Zueignungsabsicht und äußerliche Wegnahme geprägte speziellere Delikt gegenüber der allgemeinen Erpressung, die eingreift, wenn eines der beiden Raubelemente fehlt.[140] **Fehlt** es allerdings **auch** an der **Bereicherungsabsicht**, kann naturgemäß auch keine Erpressung vorliegen.[141]

Im Gegensatz dazu stellt die „Verfügungstheorie" bei der Abgrenzung zwischen § 255 und § 249 zu Recht auf das Vorliegen oder Fehlen einer *willensgesteuerten* **Vermögensverfügung** mit der Folge ab, dass *vis absoluta* im Rahmen des § 255 als Gewaltmittel ausscheidet. Jedenfalls zur räuberischen **Sacherpressung**[142] gehört daher eine **Willensbeugung** und eine darauf beruhende Mitwirkung des Opfers in Gestalt einer *willentlichen* Gewahrsamsübertragung, deren Vorliegen durch das äußere Erscheinungsbild des „Hingebens" indiziert,[143] nicht aber abschließend begründet wird. Gibt das Erpressungsopfer die Sache heraus, weil es sie – wie bei der Drohung „Geld oder Leben"[144] – so oder so verloren sieht, liegt mangels durchhaltbarer Verhaltensalternative trotz äußerer Herausgabe Wegnahme vor. 830

Die bloße Preisgabe eines Verstecks oder anderer Geheimnisse (zB über die Zahlenkombination/PIN des Tresors), mit deren Hilfe dem Täter sodann die geplante Wegnahme von Wertsachen gelingt, ist noch nicht notwendig ein „Vermögensnachteil" iS der §§ 253, 255, reicht also nicht ohne weiteres aus, um diese Vorschriften an Stelle des § 249 anzuwenden.[145] Sie bedeutet auch kein Einverständnis mit der anschließenden Wegnahme durch den Täter.[146] Vielmehr ist es dessen fremdschädigender Zugriff, der den Schaden herbeiführt. Daher ist dann idR ein Raub und keine räuberische Erpressung verwirklicht.[147] 831

Dieser Auffassung liegt die Annahme zugrunde, dass sich Raub und räuberische Erpressung wie Diebstahl und Betrug ausschließen. Das eine ist Fremd-, das andere Selbstschädigungsdelikt (s. dazu schon Rn 812).[148] 832

Im **Fall 60** hat T gegenüber S eine Drohung mit gegenwärtiger Gefahr für Leib und Leben des V ausgesprochen. Dass die Drohung weder ausführbar ist noch ausgeführt werden soll, ist belanglos. Maßgebend ist allein, dass der Bedrohte die Ausführung der Drohung *für möglich hält*, 833

---

138 S. dazu BGH NJW 11, 1979 und Rn 709; zu § 253 bei der Drohung mit erneuter Inhaftierung durch vermeintliche Polizeibeamte in Zivil, die etwas „vom Kuchen" eines Drogendealers abhaben wollten, s. BGH BeckRS 12, 11284.
139 BGH NStZ-RR 99, 103.
140 S. *Küper/Zopfs*, BT Rn 690 ff mwN.
141 BGH NStZ-RR 98, 235; BGH NStZ 11, 699, 701 (Hells-Angels-Fall, s. Rn 212).
142 Da es nicht nur um eine Abgrenzung, sondern auch um die Wahrung des Deliktscharakters geht, sollte man zur **Forderungserpressung** nicht anders entscheiden, s. dazu *Rengier*, BT I § 11 Rn 14a und hier Rn 817; diff. *Brand*, JuS 09, 899 ff.
143 Zutr. *Rengier*, JuS 81, 654, 657.
144 S. dazu *Samson*, Strafrecht II S. 109; richtig muss die Drohung **„Geld oder Geld und Leben"** heißen.
145 Vgl. BGH MDR/H 84, 276; BGH HRRS 18, Nr 1189; krit. *Graul*, Jura 00, 208; s. dazu schon Rn 792.
146 AA *Küper/Zopfs*, BT Rn 704.
147 S. BGH NStZ 06, 38; *Hellmann*, JuS 96, 524; *Hillenkamp*, JuS 90, 455; für Erpressung dagegen *Hecker*, JA 98, 305; *Küper*, Lenckner-FS S. 506.
148 Ausf. Wiedergabe der Begründungen bei *Hillenkamp/Cornelius*, BT 33. Problem; *Küper/Zopfs*, BT Rn 690 ff; zu abw. Meinungen bei der Dreieckserpressung s. *Ingelfinger*, JuS 98, 538.

infolgedessen in Furcht versetzt und dadurch zu einer entsprechenden Willensentschließung bestimmt wird.[149] Unerheblich ist auch, dass das Übel V und nicht S treffen soll, wenn nur der Genötigte dadurch unter einen der Bedrohung seiner eigenen Person vergleichbaren Handlungsdruck gerät. Das kann man bei einer gegen den eigenen Vater gerichteten Drohung sicher bejahen.[150] Da S nach dem äußeren Erscheinungsbild das Geld T übergeben und T die von S für den schlafenden Vater wahrgenommene Schutzfunktion für dessen Vermögen durch Nötigung aufgehoben hat, liegt nach der Rechtsprechung eine **Dreieckserpressung** vor.[151] Nicht anders entscheidet die Verfügungstheorie: S steht im Lager des V und trifft eine Verfügung, da er eine „Schlüsselstellung" gegenüber dem geschädigten Vermögen innehat und außer der „Aufschlüsselung" auch die Übergabe selbst vollzieht. Seine Minderjährigkeit steht der Annahme einer (faktischen) Verfügung nicht entgegen. Hierdurch ist bei V unmittelbar ein Vermögensverlust entstanden, auf den sich T's Absicht rechtswidriger Bereicherung richtet. Liegt § 255 vor, erübrigt sich eine Erörterung des § 253 II.[152] Eine Qualifikation nach § 250 I Nr 1b kommt nicht in Betracht, da hierfür die konkludente Behauptung, ein Messer bei sich zu führen, nicht ausreicht. Ein zugleich begangener Raub in mittelbarer Täterschaft scheidet nach beiden Auffassungen aus.[153] Nach der hier vertretenen Auffassung (Rn 823) liegt auch ein Dreiecksbetrug schon tatbestandlich nicht vor.

3. Rechtsprechungsbeispiele

834 Nach BGH NJW 84, 501 begeht nicht eine räuberische Erpressung, sondern lediglich eine Nötigung, wer sich **einen durch Betrug erlangten Vorteil** in der Weise sichert, dass er auf Grund eines neu gefassten Entschlusses den Geschädigten mit Gewalt gegen eine Person an der Durchsetzung seiner Forderung hindert.

In dem betreffenden Fall hatte der Angeklagte an einer **Selbstbedienungstankstelle** Benzin im Wert von rund 150 DM in der vorgefassten Absicht getankt, ohne Bezahlung davonzufahren. Zu diesem Zweck hatte er falsche Kennzeichen an seinem Auto angebracht. Als der Tankwart sich ihm in den Weg stellte, um ihn am Davonfahren zu hindern, fuhr er mit Vollgas auf ihn zu, sodass dieser zur Seite springen musste.

Der BGH führt aus, der Angeklagte habe sich unter den gegebenen Umständen den bereits durch Betrug erlangten Vorteil nur **gesichert**, dem Betroffenen dadurch aber **keinen weiteren Schaden** zugefügt.[154]

835 Aus den gleichen Erwägungen ist kein Raum für § 255, sondern nur für § 240, wenn sich jemand – wie in BGH MDR/H 87, 94 – nach einem bereits *beendeten* Diebstahl die dadurch erlangten Vorteile in der Weise zu erhalten sucht, dass er ein Herausgabeverlangen des Bestohlenen mit einer gefährlichen Drohung abwehrt.[155] Dass im zweiten Fall trotz gleicher Lage der Tatbestand erfüllt, die **Sicherungserpressung** aber als **mitbestrafte Nachtat** anzusehen sein soll, leuchtet nicht ein. Vielmehr ist die **Tatbestandslösung** vorzugswürdig, weil der Schaden schon durch die Vortat eingetreten ist; es wäre auch nicht

---

149 BGHSt 23, 294, 295 f; 26, 309, 310 f; BGH JZ 85, 1059 mit Anm. *Zaczyk*.
150 S. *S. Cramer*, Anm. NStZ 98, 300.
151 Vgl BGHSt 41, 123, 125 f; BGH NStZ-RR 97, 321; dazu *Geppert*, JK 98, StGB, § 255/9.
152 *Kindhäuser/Hilgendorf*, § 255 Rn 6; S/S-*Bosch*, § 255 Rn 1.
153 Vgl BGH NStZ-RR 97, 321; *Ingelfinger*, JuS 98, 538 auch zu abw. Meinungen.
154 S. dazu auch *Grabow*, NStZ 14, 121; *Kienapfel*, Anm. JR 84, 388; *Seier*, JA 84, 321; BGH MDR/H 88, 452.
155 S. dazu auch BGHSt 41, 198, 203 f; BGH NStZ 12, 95 mit Bespr. *Jäger*, JA 11, 950, *Mitsch*, HRRS 12, 181 und *Satzger*, JK 9/12, StGB §§ 253, 255/15 (s. dazu schon hier Rn 462).

recht einleuchtend, warum ein Verbrechen gegenüber einem Vergehen eine nicht ins Gewicht fallende Nachtat sein sollte (s. Rn 462).[156]

Aus diesen Gründen hätte es der BGH auch bei der Entscheidung des LG Stuttgart belassen sollen, nach der sich der Täter eines vollendeten Betrugs auch dann nur wegen Nötigung und nicht wegen Erpressung strafbar macht, wenn er bei Begehung des Betrugs schon plante, notfalls Nötigungsmittel zur Erlangung der Beute oder zur Abwehr eines anschließenden Herausgabeverlangens einzusetzen, nur das Letztere dann aber tut.[157]

Nach BGHSt 32, 88, 89 ff kann sich der räuberischen Erpressung schuldig machen, wer ein Hotel unter Anwendung von Gewalt gegenüber dem Hotelportier mit seinem Gepäck verlässt, weil er nicht mehr in der Lage ist, die Hotelrechnung zu bezahlen. Der Vermögensnachteil kann in einem solchen Fall in der **Beeinträchtigung des gesetzlichen Pfandrechts des Gastwirts** (§ 704 BGB) liegen. Voraussetzung dafür ist, dass die eingebrachten Sachen des Gastes der Pfändung unterliegen (§ 704 S. 2 iVm § 562 I 2 BGB).

836

In dem betreffenden Fall hatte das Landgericht diesen Anknüpfungspunkt nicht erkannt, die auf § 255 gestützte Verurteilung vielmehr damit begründet, das Vermögen der Hotelleitung sei geschädigt, weil der Angeklagte den Portier genötigt habe, das *Verlassen des Hotels ohne Bezahlung* zu dulden.

Der BGH beanstandete diese Begründung zu Recht mit dem Hinweis, die Forderung des Hoteliers auf Begleichung der Rechnung sei durch die gegen den Portier verübte Gewalt nicht beeinträchtigt worden. Insoweit fehle es an der notwendigen Kausalität zwischen der Nötigungsfolge und dem in Betracht kommenden Nachteil.[158] Geeigneter Ansatz für § 255 könne hier allein das in § 704 BGB normierte Pfandrecht sein; in dieser Hinsicht bedürfe der Sachverhalt weiterer Aufklärung.[159]

Die aktuelle Entscheidung: Nach BGH NJW 18, 245 mit Anm. *Brandt* liegt eine räuberische Erpressung vor, wenn das Opfer, nachdem es an einem Bankautomaten die PIN eingegeben hat, von dem Täter zur Seite gestoßen wird, dieser den Geldbetrag eingibt und die daraufhin ausgegebenen Geldscheine mitnimmt. Das entspricht der Linie der Rechtsprechung, die als Nötigungserfolg der Erpressung keine Vermögensverfügung fordert, sondern eine mit *vis absoluta* erzwungene Duldung – und damit auch eine Wegnahme – genügen lässt. Für die Lehre kommt in einer solchen Konstellation hingen grds. nur eine Unterschlagung in Betracht (kein Diebstahl, Raub etc, denn der Karteninhaber hatte noch gar keinen Gewahrsam am Geld erlangt und dem Automatenbetreiber, der ursprünglich Gewahrsam hatte, ist die Ausgabe durch den Automaten wohl als Gewahrsamsbruch ausschließendes Einverständnis zuzurechnen – während an den unberechtigten Nutzer sicherlich kein Übereignungsangebot gerichtet wird). Der Fall hat aber weitere Besonderheiten: Erstens hatte das Opfer nach Ausgabe des Geldes den Täter aufgefordert, ihm das Geld herauszugeben, woraufhin der Täter dem Opfer Schläge androhte. Dass dieses die Herausgabe danach nicht weiterverfolgte, könnte doch als Vermögensverfügung angesehen und dann auch vom Standpunkt der Lehre aus eine räuberische Erpressung angenommen werden. Das setzt allerdings voraus, dass der Karteninhaber überhaupt einen Herausgabeanspruch hatte (sonst kei-

---

156 *Hillenkamp*, JuS 97, 219; H-H-*Kretschmer*, Rn 964; *Kretschmer*, JuS 13, 26; *Seier*, NJW 81, 2155 ff; zum Streitstand s. auch *Grabow*, NStZ 14, 121 ff; *Rengier*, BT I § 11 Rn 53 ff. BGH NStZ 12, 95 erklärt den Schaden durch Betrug schon für „eingetreten", spricht aber gleichwohl von einer Sicherungserpressung; anders BGH StV 18, 34 zu §§ 263, 266; für Strafbarkeit der Sicherungserpressung, die tatbestandlich vorliegen soll, tritt *Grabow*, Die Sicherungserpressung, 2013, S. 178 ff, 250 f ein.
157 BGH NStZ 02, 33; s. dazu schon Rn 821 und *Kindhäuser/Hilgendorf*, § 253 Rn 48.
158 S. dazu SK-*Sinn*, § 255 Rn 6.
159 Näher dazu *Jakobs*, Anm. JR 84, 385; *Otto*, Anm. JZ 84, 143; *Sonnen*, JA 84, 319.

ne Verfügung über eigenes Vermögen) und selbst geschädigt wurde. Eine Dreieckserpressung zum Nachteil der Bank scheitert nämlich daran, dass der Kunde nicht „in ihrem Lager" steht (mit der Frage, ob die Rspr. darin kein Problem sieht, weil sie mangels Verfügung auch keine Zurechnung fordert, hat der BGH sich leider nicht befasst). Es spricht allerdings mehr dafür, den Vorgang nicht als berechtigte Abhebung und damit auch die Ansprüche des Kontoinhabers gegenüber der Bank als nicht gemindert (sondern den sicherlich zunächst niedrigeren Kontostand als falsch) und eben diese als Geschädigte anzusehen (vgl. *Jäger*, Anm. JA 18, 309, 311), so dass es bei § 246 (und § 240) bleibt. § 263a verwirklicht der Täter am Automaten hingegen eher nicht, denn die Eingabe des Auszahlungsbetrags ist nicht „unbefugt" in dem betrugsäquivalenten Sinne, dass eine Person an Stelle des Automaten verfügungsrelevant getäuscht worden wäre (s. Rn 737 ff); die hätte nämlich auch das von Gewalt dominierte weitere Verhalten wahrgenommen (s. *Brand*, Anm. NJW 18, 246; aA *Jäger*, Anm. JA 18, 309, 311).

837 Geht es wie in den vorstehenden Fällen dem Täter darum, die Durchsetzung eines gegen ihn bestehenden Anspruchs mit Nötigungsmitteln zu verhindern,[160] handelt es sich um sog. **Forderungserpressungen**. Ob man auch für sie eine Verfügung des Erpressungsopfers verlangen soll, ist unter den Anhängern der Verfügungslehre strittig. Dafür spricht, dass es sich bei der Verfügung nicht lediglich um ein Abgrenzungsmerkmal zum Raub, sondern um ein tatbestandliches Charakteristikum dieses „Freikaufdelikts" handelt. Dieses Bild wird bei Anwendung von vis absoluta aber zerstört.[161]

4. Prüfungsaufbau: Räuberische Erpressung, § 255

838 **Räuberische Erpressung, § 255**

I. Tatbestand
  1. Objektiver Tatbestand
  a) Tathandlung:
   • *Nötigen*
  b) Tatmittel:
   • *Gewalt gegen eine Person*
    Ⓟ Gewaltbegriff
    Ⓟ nur vis compulsiva
    Ⓟ Gewalt gegen Sachen als Gewalt gegen Personen
   • *Drohung mit gegenwärtiger Gefahr für Leib/Leben*
    Ⓟ Adressat des Übels ≠ Adressat der Nötigung
    Ⓟ Gegenwärtigkeit
    Ⓟ Drohung mit Unterlassen
  c) Nötigungserfolg:
   • *Handlung, Duldung oder Unterlassung*
    → Kausalität Nötigung (Zwangswirkung)
    → Verhalten
    Ⓟ abgenötigtes Verhalten = jedes beliebige Verhalten (auch unter vis absoluta) oder Vermögensverfügung (Abgrenzung Raub ↔ räuberische Erpressung)
    Ⓟ wenn Verfügung:
     → Unmittelbarkeit
     → Freiwilligkeit
     → Verfügungsbewusstsein
    Ⓟ Dreieckserpressung (Näheverhältnis)
  d) Taterfolg:
   • *Vermögensnachteil*
    → wie Vermögensschaden beim Betrug, § 263

---

160 S. dazu auch BGH NStZ 11, 278, 279.
161 S. dazu mit unterschiedlichen Antworten *Brand*, JuS 09, 899; *Eisele*, BT II Rn 771 f.

2. **Subjektiver Tatbestand**
   a) Vorsatz: • *jede Vorsatzart*
   b) Bereicherungs-
      absicht: • *Absicht, sich oder Dritten zu Unrecht zu bereichern*
      → wie Bereicherungsabsicht beim Betrug, § 263

II. **Rechtswidrigkeit**
   1. Allgemeine Rechtfertigungsgründe
   2. Verwerflichkeit iS des § 253 II

III. **Schuld**

→ **Qualifikationen: Bestrafung gleich einem Räuber**
   → Verweisung auf §§ 250, 251

§ 20 Erpresserischer Menschenraub

Fall 61: T betrat das Juweliergeschäft des J, ließ sich dort von J mehrere sehr wertvolle Schmuckstücke „zum Vergleich" vorlegen, zog dann – wie von vornherein geplant – eine geladene und entsicherte Pistole aus der Jackentasche und hielt sie mit dem Ausruf „Überfall, keine Bewegung" J an die Schläfe. Alsdann raffte T die Schmuckstücke an sich und ließ den vor Schreck erstarrten J zurück. Strafbarkeit des T? **Rn 846**

839

I. Tatbestandsstruktur und Schutzgut

Der **erpresserische Menschenraub** (§ 239a) ist als **Verbrechen**, dessen Versuch und Verabredung strafbar sind,[1] in Tatbestandsmerkmalen und Struktur mit der Geiselnahme (§ 239b) eng verwandt. Im Unterschied zu dieser verfolgt der Täter des § 239a den **Zweck**, sich durch eine **Erpressung rechtswidrig zu bereichern**. Die geplante Tat muss also alle Voraussetzungen der Erpressung erfüllen. Dazu gehört auf der Opferseite nach der hier vertretenen Auffassung, dass das abgepresste Verhalten eine Verfügung wäre (s. Rn 807 ff, 846) und zudem Vermögenswert besäße (woran es zB bei einer dem Opfer angesonnenen Straftat fehlte, weil die zur Begehung von Straftaten eingesetzte Arbeitskraft nicht zum geschützten Vermögen gehört, s. Rn 598).

840

Die **1. Alternative** des Tatbestandes setzt die benannte Absicht als die Tathandlung des Entführens oder Sich-Bemächtigens lediglich begleitendes **inneres Moment** voraus, das sich mit der **Vorstellung verbinden** muss, die durch die Handlung ausgelöste Sorge des Opfers um sein eigenes Wohl oder die Sorge eines Dritten um das Wohl des Opfers zu der Erpressung **auszunutzen**. In der **2. Alternative** muss eine noch ohne solche Vorstellungen und Absicht geschaffene Entführungs- oder Bemächtigungslage vom Täter **tatsächlich** zu einer solchen **Erpressung ausgenutzt**, zu der Erpressung also wenigstens im Sinne des § 22 unmittelbar angesetzt werden.[2]

Während die ursprüngliche Fassung des § 239a sich auf das für dieses Delikt charakteristische **Dreiecksverhältnis** dadurch beschränkte, dass allein die Sorge eines Dritten um

---
1 Zur Abgrenzung s. BGH StV 99, 593.
2 BGH NJW 97, 1082; BGH NStZ-RR 12, 173, 174.

das Wohl des durch die Entführung oder Bemächtigung Betroffenen ausgenutzt werden sollte, hat der Gesetzgeber 1989 das Delikt auf **Zwei-Personen-Verhältnisse** erweitert.[3] Entführungs- (Bemächtigungs-) und Erpressungsopfer können seitdem identisch sein.

841 Auch wenn mit der Erpressung ein Angriff auf das Vermögen geplant oder ausgeführt wird, handelt es sich bei § 239a seinem Schwerpunkt und seiner systematischen Stellung nach **nicht** um ein **Vermögens**-, sondern um ein die persönliche Freiheit und Unversehrtheit des Opfers[4] und gegebenenfalls die Freiheit des Dritten schützendes **Delikt gegen Persönlichkeitswerte**.[5] Wegen des engen Sachzusammenhangs mit der Erpressung wird der Tatbestand gleichwohl hier in seinen Grundzügen und seinen gegenüber § 239b bestehenden Abweichungen im Überblick dargestellt.[6]

II. Tatbestand

842 Der **objektive** Tatbestand weist in den beiden Tatbestandsalternativen zwei gleichwertige Handlungsmöglichkeiten auf. Das **Entführen** unterwirft als Vorstufe oder Modalität[7] des Sich-Bemächtigens das Opfer einer **Veränderung seines Aufenthaltsorts** mit der Wirkung, dass es der Herrschaftsgewalt des Täters ausgeliefert ist. Einer solchen Ortsveränderung bedarf es beim **Sich-Bemächtigen** nicht. Eines anderen Menschen[8] bemächtigt sich, wer ihn zwecks Benutzung als Geisel **physisch in seine Gewalt bringt**[9] oder eine schon – zB über das eigene Kind[10] – bestehende Gewalt so verändert, dass es zu einer erheblichen Minderung der Geborgenheit des Opfers kommt.[11] Dabei genügt das In-Schach-Halten mit einer Waffe.[12] Gelingt die Begründung der Verfügungsgewalt, reichen auch Scheinwaffen als Tatmittel aus.[13] Wie das Beispiel des (Kleinst-)Kindes zeigt, ist weder eine Freiheitsberaubung noch stets die Tatsache vorausgesetzt, dass sich das Opfer von Entführung oder Bemächtigung seiner Lage bewusst wird.[14] Der Tatbestand entfällt nicht dadurch, dass sich eine Austauschgeisel zur Verfügung stellt.[15] Eine Person, die sich nur zum Schein als Geisel nehmen lässt, genügt als Tatopfer dagegen nicht.[16]

---

3 Zur Gesetzgebungsgeschichte s. BK-*Valerius*, § 239a Rn 1.1 u. 1.2; LK-*Schluckebier*, § 239a Entstehungsgeschichte; *Satzger*, Jura 07, 114; SK-*Wolters*, § 239a Rn 1.
4 Nur für Letzteres MK-*Renzikowski*, § 239a Rn 3 ff.
5 *Brambach*, Probleme der Tatbestände des erpresserischen Menschenraubes und der Geiselnahme, 2000, S. 77; Fischer-*Fischer*, § 239a Rn 2; *Krey/Hellmann/Heinrich*, BT II Rn 528; *Lackner/Kühl/Heger*, § 239a Rn 1; LK-*Schluckebier*, § 239a Rn 1; M/R-*Eidam*, § 239a Rn 2; *Nikolaus*, Zu den Tatbeständen des erpresserischen Menschenraubes und der Geiselnahme, 2003, S. 97 f, 135, 199; S/S/W-*Schluckebier*, § 239a Rn 1; aA S/S-*Eisele*, § 239a Rn 2.
6 Zu den Einzelheiten s. *Wessels/Hettinger/Engländer*, BT I Rn 405 ff.
7 *Wessels/Hettinger/Engländer*, BT I Rn 409; SK-*Wolters*, § 239a Rn 4.
8 S. dazu *Mitsch*, BT II S. 674 f.
9 BGH NStZ 96, 276; 02, 31, 32; *Küper/Zopfs*, BT Rn 466 ff.
10 S. BGHSt 26, 70, 71 f; es muss kein fremdes Kind sein, s. LK-*Schluckebier*, § 239a Rn 6, 13.
11 *Eisele*, BT II Rn 819; *Krey/Hellmann/Heinrich*, BT II Rn 541; *Rengier*, BT II § 24 Rn 45; *Wessels/Hettinger/Engländer*, BT I Rn 444 f; *Nikolaus*, aaO S. 111 ff setzt die Umwandlung eines Personensorgeverhältnisses in ein Gewahrsamsverhältnis voraus.
12 BGH NStZ 86, 166; JZ 87, 366.
13 *Rengier*, GA 85, 318; Fischer-*Fischer/Anstötz*, § 239a Rn 4a–c; BGH NStZ 99, 509 mit Bespr. *Baier*, JA 00, 191; BGH StV 99, 646 mit insoweit abl. Anm. *Renzikowski*; abl. auch BK-*Valerius*, § 239a Rn 7; *Lackner/Kühl/Heger*, § 239a Rn 3; LK-*Schluckebier*, § 239a Rn 11, 14, der für beide Modalitäten List ausreichen lässt; SK-*Wolters*, § 239a Rn 4.
14 BGH StV 99, 646; A/W-*Heinrich*, § 18 Rn 35; *Mitsch*, BT II S. 674 f, 677 f; S/S-*Eisele*, § 239a Rn 7.
15 HK-GS/*Lenz*, § 239a Rn 3; LK-*Schluckebier*, § 239a Rn 7.
16 *Rengier*, BT II § 24 Rn 8; *Satzger*, Jura 07, 116; zur Beteiligung an der Erpressung s. LK-*Schluckebier*, § 239a Rn 9.

Der Täter muss in der **1. Tatbestandsalternative vorsätzlich** und in der **Absicht** gehandelt haben, die Sorge des Opfers um sein Wohl oder die Sorge eines (beliebigen)[17] Dritten, der auch der Staat sein kann,[18] um das Wohl des Opfers[19] zu einer Erpressung (s. dazu Rn 840, 846) auszunutzen. Dazu muss der Täter die beschriebene Absicht bereits zeitgleich mit der Tathandlung besitzen und einen **zeitlich-funktionalen Zusammenhang** zwischen der Entführungs- oder Bemächtigungslage und der angestrebten Erpressung planen.[20] Letzteres geschieht nach der Rspr. dadurch, dass Entführungsopfer oder Dritter bereits *während der Dauer* und *unter Ausnutzung* der geschaffenen physisch oder psychisch wirkenden[21] Zwangslage – also nicht erst eingeschüchtert durch die Bemächtigung nach deren Beendigung[22] – erpresst werden sollen und dass es im Drei-Personen-Verhältnis die Vorstellung des Täters ist, dass der Dritte gerade auf Grund der ihm bekannt gemachten Bemächtigungslage die geforderte Leistung erbringt.[23]

843

Während es im **Entführungsfall** im Drei- wie im Zwei-Personen-Verhältnis die Regel ist, dass der Täter durch die Entführung für das Entführungsopfer eine **eigenständige Bemächtigungslage** schafft, die ihm als Grund- und Ausgangslage dafür dienen soll, das Opfer oder einen Dritten unter Ausnutzung der entstandenen Sorge um das Wohl des Opfers zu erpressen, ist die Einhaltung dieser den funktionalen Zusammenhang zwischen Bemächtigungslage und Bereicherungsversuch kennzeichnenden Abfolge beim **Sich-Bemächtigen im Zwei-Personen-Verhältnis** weniger selbstverständlich. Hier lässt sich in herkömmlichen Fällen räuberischer Erpressung von einem Sich-Bemächtigen häufig schon dann reden, wenn der Täter – etwa durch die Bedrohung mit einer Schusswaffe – lediglich das qualifizierte Nötigungsmittel des § 255 anwendet und „im gleichen Atemzuge" das Opfer zur Herausgabe eines Vermögensbestandteils nötigt. Damit würden zahlreiche Fälle alltäglicher räuberischer Erpressung eo ipso zum erheblich höher zu bestrafenden erpresserischen Menschenraub.[24] Um diese vom Gesetzgeber schwerlich gewollte und angesichts des frühen Vollendungszeitpunkts nur noch strafmindernde tätige Reue (§ 239a IV) zulassende Folge zu vermeiden, ist für § 239a eine der Entführungslage in Fällen des Sich-Bemächtigens **vergleichbar stabile** Bemächtigungslage zu verlangen, die der Täter für ein **weiteres** erpresserisches Verhalten auszunutzen trachtet *(unvollkommen zweiaktiges Delikt).*[25] Entscheidend ist, dass sich die eigenständige Bedeutung der

844

---

17 S. *Rheinländer*, Erpresserischer Menschenraub, 2000, S. 70, 85 f.
18 *Kindhäuser/Hilgendorf*, § 239a Rn 9; S/S-*Eisele*, § 239a Rn 13.
19 S. *Lackner/Kühl/Heger*, § 239a Rn 4.
20 S. BGH NStZ-RR 03, 328; BGH NStZ 22, 41.
21 BGH NStZ-RR 19, 212.
22 BGH NStZ 08, 569, 570; BGH NStZ-RR 09, 16, 17; BGH BeckRS 12, 10847; BGH StV 14, 284 f; BGH StraFo 14, 30; BGH StraFo 14, 32 (zu §§ 239a und b; dazu kann das erzwungene Ausstellen eines Schuldscheins genügen; s. dazu *Bosch*, JK 4/2014, StGB § 239a/12; *Hecker*, JuS 14, 368); BGH HRRS 16, Nr 546; BGH NStZ-RR 19, 212; A/W-*Heinrich*, § 18 Rn 36; *Eisele*, BT II Rn 823; *Rengier*, BT II § 24 Rn 14.
23 BGH StV 97, 302 f; BGH NStZ-RR 97, 100; BGH NStZ 99, 509; BGH NStZ 05, 508; *Küper/Zopfs*, BT Rn 470; LK-*Schluckebier*, § 239a Rn 32; *Wessels/Hettinger/Engländer*, BT I Rn 413.
24 S. *Graul*, in: Institut für Kriminalwissenschaften Frankfurt a. M. (Hrsg.), Vom unmöglichen Zustand des Strafrechts, 1995, S. 345 ff.
25 BGHSt 40, 350, 359; BGH JR 98, 125 mit krit. Anm. *Renzikowski*; BGH NStZ-RR 04, 333, 334; BGH NStZ-RR 09, 16 f; BGH NStZ 10, 46 mit Bespr. *Jahn*, JuS 10, 174; BGH HRRS 15, Nr 726; BGH StV 19, 98; BGH BeckRS 20, 43410; BGH NStZ 23, 34 mit Anm. *Valerius*; BGH NStZ 23, 677 mit Anm. *Kudlich/Schütz*; BK-*Valerius*, § 239a Rn 12 f; *Bock*, WV-BT2, S. 183; S/S/W-*Schluckebier*, § 239a Rn 10 f; H-H-*Voigt*, Rn 312 f; Fischer-*Fischer/Anstötz*, § 239a Rn 8a f; wegen mangelnder Bestimmtheit *Eisele*, BT II Rn 828 f; *Satzger*, Jura 07, 119; für das Abstellen auf die „Dauer der Beherrschung des Opfers" SK-*Wolters*, § 239a Rn 7.

Bemächtigungslage darin erweist, dass über die in jeder mit Gewalt verbundenen Nötigungshandlung liegende Beherrschungssituation hinaus eine weitergehende Druckwirkung auf das Opfer sich gerade aus der stabilisierten Bemächtigungslage ergeben und der Täter beabsichtigen muss, diese Lage für sein erpresserisches Vorgehen auszunutzen.[26]

Nach dem BGH[27] gilt das auch im Drei-Personen-Verhältnis,[28] versteht sich hier aber regelmäßig von selbst.[29] An der nötigen Lage kann es fehlen, wo mit der (angestrebten) Erpressungshandlung zugleich die Bemächtigungslage entfiele[30] oder eine nur sehr „kurzzeitige Machtausübung" vorliegt.[31] Es genügt grds nicht, wenn die abgepresste Handlung erst nach der Freilassung erfolgen soll.[32] Bei Erreichen eines Teilerfolgs kommt es darauf an, ob dieser für den Enderfolg erheblich und von eigenständiger Bedeutung ist.[33] Eine „hilflose Lage" iS des § 237 aF[34] wird mit ihr häufig einhergehen, ist aber mit ihr nicht identisch.

845 Während in der 1. Tatbestandsalternative die Tat bereits **vollendet** ist, wenn der Täter mit der beschriebenen Vorstellung und Absicht das Opfer entführt oder sich des Opfers bemächtigt hat, bedarf es in der **2. Alternative** zwar nicht der Vollendung,[35] wohl aber des Beginns der Ausführung der Erpressung iS des Versuchs. Dabei muss der Täter die ohne Erpressungsabsicht geschaffene Lage in gleicher (funktionaler) Weise ausnutzen (wollen) wie in der 1. Alternative.[36] Da das Gesetz eine **vom Täter geschaffene** Bemächtigungslage voraussetzt, kann der sogenannte **Trittbrettfahrer**, der dieses Geschehnis nur vortäuscht, nicht Täter sein.[37] Auch reicht es nicht aus, dass ein hinzukommender (Mit-)-Täter der Erpressung die zuvor allein durch Dritte geschaffene Bemächtigungslage ausnutzt. Er kann freilich dadurch Täter nach § 239a I 1. Alt. werden, dass er durch sein Eingreifen die Situation des Opfers qualitativ verändert und dadurch die Bemächtigungslage nunmehr maßgeblich selbst (mit-)bestimmt.[38]

Rechtsprechungsbeispiel: In **BGH NStZ-RR 12, 173** brachte A den O dazu, mit ihm zu der Wohnung des T zu fahren, um dort gemeinsam Drogen (wohl zu kaufen und) zu konsumieren. Tatsächlich wollte A – was er T ankündigte – O wegen eines ihm und einem Verwandten gegenüber begangenen Diebstahls zur Rede stellen und bestrafen. A und T bedrohten, verprügelten und beleidigten den „geständigen" O und fesselten ihn schließlich. In diesem Zustand zwangen sie ihn, den Verwandten telefonisch um Entschuldigung zu bitten. Alsdann fragten sie ihn (offenbar aufgrund

---

26 BGH-NStZ 06, 448, 449; BGH NStZ-RR 15, 337; BGH BeckRS 20, 43410; BGH NStZ 23, 34 mit Anm. *Valerius*; s. dazu *Satzger*, Jura 07, 115 (Beispielsfall 3).
27 BGH NStZ 99, 509 mit Bespr. *Immel*, NStZ 01, 67.
28 Enger *Rheinländer*, Erpresserischer Menschenraub, 2000, S. 261; abw. Lösung bei *Nikolaus*, Zu den Tatbeständen des erpresserischen Menschenraubes und der Geiselnahme, 2003, S. 137 ff, 200 f. Nachw. zum umfassenden und krit. Schrifttum zu dieser Rspr. bei *Küper/Zopfs*, BT Rn 469 ff, 471 f; *Lackner/Kühl/Heger*, § 239a Rn 4a.
29 BGH NStZ 02, 31, 32; *Jäger*, BT Rn 173; *Fischer-Fischer/Anstötz*, § 239a Rn 8b.
30 *Küper/Zopfs*, BT Rn 469, 471; ihm zust. HK-GS/*Lenz*, § 239a Rn 15; *Zöller*, JA 00, 481.
31 *Immel*, Die Gefährdung von Leib und Leben durch Geiselnahme, 2001, S. 218 ff, 382.
32 BGH NStZ-RR 17, 372.
33 BGH NStZ-RR 17, 176.
34 So der Vorschlag von *Brambach*, Probleme der Tatbestände des erpresserischen Menschenraubes und der Geiselnahme, 2000, S. 196 ff mit daraus abgeleiteter, aber nicht überzeugender Beschränkung der Bemächtigung auf Fälle der vis absoluta.
35 So aber *Elsner*, JuS 06, 784, 788; MK-*Renzikowski*, § 239a Rn 68; M/R-*Eidam*, § 239a Rn 19. Der Begriff „Erpressung" steht wie der des Diebstahls in § 243 (s. dazu hier Rn 251) für Vollendung und Versuch; wie hier BGH NJW 1997, 1082, 1083; *Eisele*, BT II Rn 832; *Satzger*, Jura 07, 117; S/S-*Eisele*, § 239a Rn 24.
36 Näher zur 2. Alt. *Mitsch*, BT II S. 698 ff; s. auch BGH NStZ-RR 12, 173.
37 Fischer-*Fischer/Anstötz*, § 239a Rn 11a; MK-*Renzikowski*, § 239a Rn 65.
38 BGH StraFo 14, 30; BGH StraFo 14, 32 mit Bespr. *Bosch*, JK 4/2014, StGB § 239a/12; *Hecker*, JuS 14, 368.

eines spontanen Einfalls), „wie viel er ihnen schulde, um seine Missetat zu begleichen". Der eingeschüchterte O, der kein Geld bei sich hatte, erbot sich, Geld von seinem Konto abzuheben. Das gelang später, nachdem A, dessen herbeigerufene Freundin F und T den O in dessen Auto zu seiner Bank gebracht, ihn auf der Fahrt dahin allerdings etwa 20 Minuten lang – möglicherweise ungefesselt – allein im Auto zurückgelassen hatten. – Einen erpresserischen Menschenraub nach § 239a I 1. Alt. schließt der BGH zu Recht aus, weil A und T bei der Herstellung der Bemächtigungslage noch nicht den Vorsatz hatten, den O um Geld zu erpressen. Es kommt folglich nur die zweite Alternative in Betracht. Durch das Verbringen des O in die Wohnung des T, seine dort erfolgte Unterwerfung unter die physische Macht beider und seine Fesselung ist fraglos eine stabile Bemächtigungslage (s. Rn 844) hergestellt worden. Das LG hat § 239a I 2. Alt. gleichwohl verneint, weil es einen für diese Alternative erforderlichen Erpressungsversuch nicht mehr im zeitlich-funktionalen Zusammenhang (Rn 843) mit der Bemächtigungslage gesehen hat, da es diese durch das Zurücklassen des O im Pkw für 20 Minuten (wohl zu Recht) aufgehoben sah. Der BGH gibt demgegenüber aber zu bedenken, dass der in dieser Alternative zu verlangende Erpressungsversuch (Rn 845) bereits in der Frage liegen könnte, wie viel O ihnen schulde. Sei sie nämlich in der (irrigen) Erwartung gestellt worden, O führe Geld zum Kauf der Drogen bei sich. Hierzu fehlten im Originalfall indes noch nötige Feststellungen.

Für die **tätige Reue** ist ein freiwilliges Handeln nicht erforderlich (s. § 239a IV),[39] wohl aber, dass der Täter das Opfer in seinen Lebenskreis zurückgelangen lässt und auf die erstrebte Leistung vollständig verzichtet.[40] Verursacht der Täter durch die Tat **wenigstens leichtfertig** den **Tod** des Opfers, ist die **Erfolgsqualifikation** des § 239a III gegeben. Durch Einfügen des Wortes „wenigstens" wurde durch das 6. StrRG (Rn 42) hier wie in § 251 klargestellt, dass im Einklang mit der bisherigen Rechtsprechung[41] auch die vorsätzliche Tötung erfasst wird. Zur tatbestandsspezifischen Gefahr und ihrer Verwirklichung im Todeserfolg gilt das hier zu § 251 (Rn 436) bzw. zu § 239b Gesagte entsprechend.[42]

Im **Fall 61** hat T einen schweren Raub nach §§ 249, 250 II Nr 1 begangen, indem er J unter Drohung mit gegenwärtiger Gefahr für Leib und Leben[43] die trotz der Gewahrsamslockerung noch im Gewahrsam des J befindlichen Schmuckstücke weggenommen und bei der Tat eine einsatzbereite Schusswaffe als Drohmittel verwendet hat. Ob auch ein erpresserischer Menschenraub nach § 239a I 1. Alt. in Form des Sich-Bemächtigens vorliegt, ist aus zweierlei Gründen zweifelhaft. Zum einen hat T den J bedroht, um einen **Raub** zu begehen, der nach der hier vertretenen „Verfügungstheorie" zur Erpressung in einem Exklusivitätsverhältnis steht. Legt man diese Ansicht zugrunde, kommt hier nur § 239b in Betracht. Für die Rechtsprechung ist der Weg zu § 239a indes eröffnet,[44] denn sie sieht den Tatbestand des Raubes gegenüber der räuberischen Erpressung „nur" als speziell an,[45] was in Fällen des § 249 die *Anwendung*, nicht aber das gleichzeitige *Vorliegen* einer Tat nach § 253 ausschließt, sodass der Täter nach ihrer Auffassung mit dem Raub immer auch eine räuberische Erpressung zu begehen beabsichtigt.[46] In beiden

846

---

39 *Krey/Hellmann/Heinrich*, BT II Rn 536; *Rengier*, BT II § 24 Rn 41; zu den Gründen des Verzichts auf Freiwilligkeit s. *Hillenkamp*, Streng-FS S. 266; LK-*Schluckebier*, § 239a Rn 54.
40 BGH HRRS 17, Nr 56 mit Anm. *Renzikowski*, JR 17, 316; BGH NStZ-RR 19, 285, 286; BGH NStZ-RR 20, 347; *Schiemann*, NJW 17, 1125.
41 BGH NStZ 94, 481.
42 S. BGH NStZ 16, 214 mit Anm. *Hinz*, JR 16, 400; *Satzger*, Jura (JK) 16, 703; *Wessels/Hettinger/Engländer*, BT I Rn 415 ff; ferner Fischer-*Fischer/Anstötz*, § 239a Rn 18.
43 Zur Bedeutung dieser Alternative im Gegensatz zur bereits zugefügten Gewalt für § 239a s. S/S-*Eisele*, § 239a Rn 12.
44 S. BGH HRRS 19, Nr 362; *Ingelfinger*, JuS 98, 533; *Klesczewski*, BT § 9 Rn 301; S/S-*Eisele*, § 239a Rn 11.
45 Vgl BGH NStZ-RR 97, 321; BGH NStZ-RR 11, 80.
46 BGH NStZ 02, 31, 32; BGH NStZ 03, 604, 605; BGH NStZ-RR 04, 333, 334; BGH NStZ 06, 448, 449; BGH NStZ-RR 09, 16, 17; BGH BeckRS 13, 01325; BGH NStZ 13, 648; BGH NStZ 22, 14; für eine gesetzgeberische Klarstellung *Mitsch*, JuS 22, 613.

Fällen scheitert der jeweilige Tatbestand dann aber zum anderen nach der zu Recht um Restriktion bemühten Rspr. an der **nicht** hinreichend **stabilisierten** und gegenüber der qualifizierten Nötigung **nur uneigenständigen Bemächtigungslage**: Das Sich-Bemächtigen durch die Bedrohung mit der Pistole geschieht durch das Raubmittel, das im unmittelbaren Anschluss die Duldung der Wegnahme erzwingt. Dann ist lediglich Raub gegeben.[47]

III. Prüfungsaufbau: Erpresserischer Menschenraub, § 239a

847 **Erpresserischer Menschenraub, § 239a**

A. Entführungstatbestand, § 239a I 1. Alt.
  I. Tatbestand
    1. Objektiver Tatbestand
      a) Tatobjekt: • ein (anderer) Mensch
      b) Tathandlung: • *Entführen*
          → Veränderung des Aufenthaltsortes
          Ⓟ Freiwilligkeit (Austauschgeisel)
        • *Sich-Bemächtigen*
          → Begründung physischer Verfügungsgewalt (ohne Ortswechsel)
          Ⓟ Bemächtigung mittels Scheinwaffe
    2. Subjektiver Tatbestand
      a) Vorsatz: • *jede Vorsatzart*
      b) Absicht: • *Absicht der Begehung einer Erpressung unter Ausnutzung der Sorge des Opfers oder eines Dritten um das Wohl des Entführungs-/Bemächtigungsopfers*
          → zum Zeitpunkt des Entführens/Sich-Bemächtigens
          → Ausführung der Absicht nicht erforderlich
        Erpressungsabsicht
          → Absicht rechtswidriger Bereicherung
          Ⓟ Absicht, Raub zu begehen (Verhältnis Raub ↔ räuberische Erpressung)
        Ausnutzungsabsicht
          Ⓟ zeitlich-funktionaler Zusammenhang zwischen durch Tathandlung geschaffener stabiler Bemächtigungslage und geplanter Erpressung
  II. Rechtswidrigkeit
  III. Schuld
  IV. Tätige Reue, § 239a IV
→ **Erfolgsqualifikation, § 239a III**

B. Ausnutzungstatbestand, § 239a I 2. Alt.
  I. Tatbestand
    1. Objektiver Tatbestand
      a) Tatobjekt: • ein (anderer) Mensch
      b) Tathandlung: • *Entführen (s. o.)*
          → noch ohne Erpressungsabsicht

---

47 Oder räuberische Erpressung, s. BGH NStZ-RR 07, 375; zur Falllösung im Einzelnen s. *Ingelfinger*, JuS 98, 531 ff; zu weiteren Fällen s. *Hartmann*, JA 98, 946, 952; *Hellmann*, JuS 96, 527; *Tag*, JuS 96, 909; zum Versuch s. BGH JR 00, 293 mit Anm. *Dey*; zum Aufbau der Fallbearbeitung s. *Zöller*, JA 00, 476.

- *Sich-Bemächtigen (s. o.)*
  → noch ohne Erpressungsabsicht
- *Erpressung unter Ausnutzung der geschaffenen Lage*
  Ⓟ auch bei Raub (Verhältnis Raub ↔ räuberische Erpressung)
  → zumindest Erpressungsversuch (Raubversuch) mit entsprechender Bereicherungsabsicht (Zueignungsabsicht)

2. **Subjektiver Tatbestand**
   a) **Vorsatz:** • *jede Vorsatzart*
   b) **Absicht:** • *Absicht rechtswidriger Bereicherung (Zueignung)*

II. **Rechtswidrigkeit**
III. **Schuld**
IV. **Tätige Reue, § 239a IV**
→ **Erfolgsqualifikation, § 239a III**

10. Kapitel
Untreue und untreueähnliche Delikte

§ 21 Untreue

Fall 62: Die Hausfrau F, die an einem Datenverarbeitungskurs teilnimmt, hat von dem Büroausstatter B einen PC gemietet, auf dem sie zunächst fleißig übt. Als F später aber die Lust am Kurs verliert, veräußert sie den PC als angeblich ihr gehörend für 500 € an den gutgläubigen Erwerber E, um mit dem Erlös Rechnungsrückstände für Strom- und Gasverbrauch zu tilgen.
Hat F sich zum Nachteil des B der Untreue schuldig gemacht? **Rn 868**

I. Übersicht zu § 266

1. Schutzgut und Deliktscharakter

Untreue (§ 266) ist die Schädigung fremden Vermögens durch vorsätzliche Verletzung einer Vermögensbetreuungspflicht. Sie ist eines der zentralen Delikte des Wirtschaftsstrafrechts.[1] Der Grund der Vorschrift ist einfach: In einer arbeitsteiligen Wirtschaftsordnung ist es sinnvoll, wenn nicht notwendig, andere in mehr oder minder weitem Umfang auch mit der Betreuung eigener Vermögensteile zu betrauen. In etlichen Zusammenhängen ordnet das Recht dies sogar an (zB elterliche Vermögenssorge für das Kind) und sieht bisweilen sogar (insb. aus Verkehrsschutzgründen) einen weiten Umfang der übertragenen Rechtsmacht vor (zB beim Prokuristen), deren Beschränkungen im Innenverhältnis nicht im Außenverhältnis wirksam sind. Auf die daraus für das Vermögen „von

---
1 S. *Schünemann*, Frisch-FS S. 837 ff; *Kudlich/Oğlakcıoğlu*, Rn 327.

innen" resultierenden Gefahren reagiert das Strafrecht mit § 266.² **Geschütztes Rechtsgut** ist nach hM allein das **Vermögen**.³

Soweit damit das **Vertrauen** in die Pflichttreue des Täters und die Redlichkeit des Rechts- und Wirtschaftsverkehrs **als eigenständige Rechtsgüter ausgeschieden** werden sollen,⁴ ist dem zuzustimmen. Der Schutz von Vertrauen ist immer nur ein – wenn auch oft wichtiger – Schutzreflex; als konturgebendes Rechtsgut eignet sich ein derart vages und notwendig spekulatives Konzept grundsätzlich nicht. Auch ist richtig, dass die **Dispositionsfreiheit** und **-befugnis** des Vermögensinhabers wie beim Betrug nicht neben das Vermögen als Schutzgut tritt⁵ und die Beschränkung der Dispositionsbefugnis des Berechtigten für sich allein auch für die Feststellung eines Vermögensschadens nicht ausreicht.⁶ Da aber das Opfer einer Untreue durch seine Auslieferung an die Dispositionsmacht des Täters, der das Vermögen „von innen heraus" aushöhlt,⁷ besonders gefährdet ist, konstituiert die Missachtung der Dispositionsfreiheit des Verletzten Handlungs- *und* Erfolgsunrecht der Untreue wesentlich mit.⁸ Der Gesichtspunkt der Dispositionsfreiheit ist im Rechtsgut Vermögen teilweise enthalten; zugleich wird seine Bedeutsamkeit für die Untreue durch das Rechtsgut Vermögen begrenzt, nämlich auf wirtschaftlich werthaltige Dispositionsmöglichkeiten.⁹ Der Topos der Dispositionsfreiheit ist daher einerseits bisweilen analytisch wertvoll, darf andererseits aber nicht zur weiteren Ausdehnung des ohnehin konturarmen Tatbestands herangezogen werden. Wie schmal dieser Grat ist, zeigt sich deutlich, wenn von der Rspr. im Fall „schwarzer Kassen" die dem Vermögensinhaber vorenthaltene „Möglichkeit zur Disposition über das eigene Vermögen ... zum Kern der von § 266 StGB geschützten Rechtsposition" gezählt¹⁰ und Pflichtverletzung und Schaden „verwendungszweckunabhängig", und dh ohne Rücksicht darauf bestimmt werden, ob der Täter im selbstdefinierten Interesse des Berechtigten handelt.¹¹ Bei der sog. Haushaltsuntreue wird der Vermögensnachteil auch mit der Beeinträchtigung der „politischen Gestaltungsbefugnis" des Haushaltsgebers begründet,¹² freilich betont, dass es der wirtschaftlich nachvollziehbaren Feststellung eines eigenständigen Schadens bedarf.¹³

850 Da § 266 im Gegensatz zu §§ 253, 263 kein Bereicherungsstreben des Täters voraussetzt, ist die Untreue kein Vermögensverschiebungsdelikt, sondern ein reines **Fremdschädigungsdelikt**. Die Vorschrift enthält keine eigene **Verhaltensregel**, sondern ist **akzessorisch** abhängig von einer (außerstrafrechtlichen, zB zivil-, gesellschafts-, beamten- oder

---

2   S. *Schünemann*, I. Roxin-FS S. 341 ff; Spickhoff-*Schuhr*, § 266 Rn 4; S/S/W-*Saliger*, § 266 Rn 3.
3   Vgl BGH NJW 00, 154, 155; BVerfGE 126, 170, 200; BGH NStZ 18, 107 mit Anm. *Schlösser*; *Kraatz*, JR 18, 400; AnK-*Esser*, § 266 Rn 1 ff; A/R/R-*Lindemann*, 7.2 Rn 10; BK-*Wittig*, § 266 Rn 3; *Bock*, BT II S. 512; G/J/W-*Waßmer*, § 266 Rn 11; LK-*Schünemann*, § 266 Rn 23; M/S/M-*Momsen*, BT I § 45 Rn 1; M/R-*Matt*, § 266 Rn 1; NK-*Kindhäuser*, § 266 Rn 1; NK-WSS-*Jahn/Ziemann*, § 266 Rn 4; *Schramm*, BT II § 10 Rn 2; SK-*Hoyer*, § 266 Rn 1 ff; S/S-*Perron*, § 266 Rn 1.
4   Ähnlich BVerfGE 126, 170, 200 f; LK-*Schünemann*, § 266 Rn 35; *Mitsch*, BT II S. 357. Gläubigerschutz scheidet ebenfalls aus, BGH NJW 00, 154.
5   BGHSt 43, 293, 297; BGH HRRS 19, Nr 320; BVerfG ZWH 13, 62.
6   BGHSt 51, 100, 113 f (Fall *Kanther*); BGH NStZ 18, 107 mit Anm. *Schlösser*; *Kraatz*, JR 18, 400.
7   LK-*Schünemann*, § 266 Rn 1; *Rönnau*, ZStW 119 (2007), 887, 890.
8   *Hillenkamp*, NStZ 81, 166; *Mansdörfer*, JuS 09, 114, 115; *Ransiek*, ZStW 116 (2004), 635, 646 ff; BGH NStZ 84, 550; s. auch Fischer-*Fischer*, Strafrechtsgespräche, S. 51 f; *Kraatz*, ZStW 123 (2011), 447, 453: Schutz des Vermögens in seiner „Verfügbarkeit für den Einzelnen zur freien Disposition"; erläuternd dazu S. 465 f, 468.
9   S. auch BVerfGE 126, 170; S/S/W-*Saliger*, § 266 Rn 1; LK-*Schünemann*, § 266 Rn 23.
10 BGHSt 52, 323, 339 (Fall *Siemens*); näher dazu mit Nachw. **Rechtsprechungsbeispiel Rn 863**.
11 BGHSt 51, 100, 112 ff (Fall *Kanther*); krit. hierzu *Dierlamm*, Widmaier-FS S. 607, 609 ff; *Saliger*, NStZ 07, 545, 546 ff; *Saliger/Gaede*, HRRS 08, 57, 70.
12 BGHSt 43, 293, 297 ff mit dazu Anm. *Brauns*, JR 98, 381; BGH NStZ 03, 541, 542 mit Anm. *Wagner*; krit. *Saliger*, ZStW 112 (2000), 563, 589 ff; *Saliger*, Samson-FS S. 455, 463 ff; *v. Selle*, JZ 08, 178, 180 f; zur Schadensbestimmung bei der Bildung schwarzer Kassen und der Haushaltsuntreue s. näher *Schünemann*, StraFo 10, 1, 4 ff.
13 BGH NStZ 11, 520, 521 mit Bespr. *Bosch*, JK 8/11, StGB § 266/37.

sozialrechtlichen) Pflichtenstellung.[14] Genuin strafrechtlich ist zunächst nur die **Sanktionsnorm**, die die Strafdrohung für Verletzungen dieser Pflichtenstellung enthält. Dass sich aus der Vorschrift selbst keine Verhaltensregel und damit zunächst auch kein Unrechtskern ergibt, macht sie **strukturell unbestimmt**[15] und führt zu Schwierigkeiten mit dem strafrechtlichen Gesetzlichkeitsprinzip (Art. 103 II GG). Eine selbstständige strafrechtliche Regelung mit unabhängiger Verhaltensregel wäre aber in keiner Weise vorzugswürdig. Selbst (und gerade) wenn sie sich sehr bestimmt formulieren ließe, würde die darin statuierte Pflicht von den weiterhin bestehenden Regeln der anderen Rechtsgebiete (an die heute angeknüpft wird) abweichen, die Adressaten der Norm (die potenziellen Täter) würden allen Regelungen gemeinsam unterliegen, könnten sich aber doch immer nur in einer Weise verhalten und hätten damit insgesamt noch weniger klare rechtliche Vorgaben als heute. Die Folge wäre ein noch weniger effizienter Rechtsgüterschutz. Die gewählte Regelungsstruktur ist daher die relativ beste, und die mit ihr verbundenen Probleme müssen in der strafrechtlichen Handhabung des Delikts gelöst werden. Das ist auch durchaus konstruktiv möglich: Die Sanktionsnorm bestimmt nämlich, (1) an welche Pflichten aus anderen Rechtsgebieten angeknüpft wird und bzgl. welcher genauen Inhalte dies geschieht.[16] Ohne die Ausgangspflichten selbst zu ändern oder zu beschneiden, wird so vom Tatbestand der Untreue nur ein Teil dieser Pflichten erfasst. Die Sanktionsnorm bestimmt (2) unter welchen weiteren Bedingungen die Strafbarkeit steht (namentlich wird ein Vermögensschaden verlangt, und der muss dem Täter als Erfolg der Pflichtverletzung objektiv zurechenbar sein). Schließlich steht das Delikt uneingeschränkt unter den Vorgaben des Gesetzlichkeitsprinzips. Nachträgliche Beschränkungen durch „restriktive Auslegung" nützen da wenig, denn die Strafbarkeit muss schon zur Tatzeit bestimmt sein (Art. 103 II GG). Genau dieses Erfordernis führt aber zu einem weiteren Kriterium: Von der Sanktionsnorm kann (3) nur solches Verhalten erfasst werden, dessen Pflichtwidrigkeit sich für eine verständige Person in der Situation des Täters zur Tatzeit eindeutig ergab (sog. **evidente** Pflichtverletzung)[17]. Wo das Strafrecht eigene Verhaltensregeln aufstellt, müssen diese selbst und allgemein bestimmt sein; wo es an fremde anknüpft, muss das letztgenannte Kriterium die Anwendung der Sanktionsnorm beschränken. Durch die drei angegebenen Kriterien gemeinsam bildet das Strafrecht letztlich einen eigenen Ausschnitt der Pflichtenstellung, an die es akzessorisch anknüpft, und zwar so, dass die strafrechtlichen Prinzipien dabei eingehalten werden. Dies betont der Ausdruck **„Normspaltung"** – ohne die Ausgangsnormen zu ändern wird für das Strafrecht ein Teil von ihnen „abgespalten" und mit Strafe bewehrt.[18] Im Hinblick auf diese strukturellen Voraussetzungen hat das BVerfG § 266 zu Recht für noch hinreichend konkret erachtet, (bzgl des zweiten obigen Kriteriums) aber eine methodisch korrekte Bezifferung des Schadens verlangt und ein Verschleifungsverbot formuliert sowie geboten, die Handhabung der Kriterien insgesamt

---

14 Eingehend zu dieser Gesetzestechnik *Cornelius*, Verweisungsbedingte Akzessorietät bei Straftatbeständen, 2016, passim; knapper Überblick bei Spickhoff-*Schuhr*, § 266 Rn 5 f, 41 ff.
15 S/S/W-*Saliger*, § 266 Rn 4; Spickhoff-*Schuhr*, § 266 Rn 6; *Hohmann*, ZIS 07, 38; eingehend zu den Folgen *Ransiek*, ZStW 116 (2004), 634.
16 S. dazu namentlich das **Rechtsprechungsbeispiel** Rn 857: Es muss um Pflichten gehen, die wesentlich dem Schutz des betreuten Individualvermögens dienen.
17 S. BVerfGE 126, 170, 211 (dort Rn 110 ff); BGH NStZ 13, 715.
18 Grundlegend *Tiedemann*, Tatbestandsfunktionen im Nebenstrafrecht, 1969, S. 187. S. auch *Kudlich/Oğlakcıoğlu*, Rn 49b; AnK-*Gaede*, § 1 Rn 9; (ohne diesen Ausdruck) MK-*Joecks*, § 119 BetrVG Rn 7 ff. Man darf sich die Normspaltung allerdings nicht zu formal nur auf den Wortlaut bezogen vorstellen; wenn zB zu einer vagen arbeitsrechtlichen Vorschrift nur eine (arbeitsrechtlich akzeptierte) analoge Erweiterung ausgeblendet wird, entsteht dadurch allein noch keine hinreichend bestimmte Regel, s. Spickhoff-*Schuhr*, § 266 Rn 43.

so zu entwickeln, dass sich nur bei schon zur Tatzeit bestimmter Strafbarkeit später das Risiko einer Bestrafung ergeben kann (**Präzisierungsgebot**).[19]

Die heutige Regelung, die an die Stelle der unzulänglichen Kasuistik des § 266 aF getreten ist und dem früheren Meinungsstreit zwischen der **Missbrauchs-** und **Treubruchstheorie** durch deren Vereinigung ein Ende gesetzt hat[20], beruht auf einer Gesetzesnovelle vom 26.5.1933 (RGBl I 295). Sie sieht die entsprechende Anwendung der §§ 243 II, 247 und 248a vor. Auch § 263 III ist entsprechend anwendbar (§ 266 II). Von der Einführung der Versuchsstrafbarkeit[21] hat der Gesetzgeber abgesehen.

2. Tatbestandliche Ausgestaltung

851 § 266 I umfasst zwei Tatbestandsalternativen: den **Missbrauchs-** und den **Treubruchstatbestand**. Wie der **Missbrauchs-** und der **Treubruchstatbestand** sich zueinander verhalten, ist umstritten. Eine Mindermeinung beurteilt beide als selbstständig und begrifflich verschieden.[22] Zustimmung verdient jedoch die hM, die im Missbrauchstatbestand nur einen enger und präziser gefassten, *speziell* geregelten Anwendungsfall des Treubruchstatbestandes erblickt, ihm also gegenüber dem Letzteren den **Vorrang** als lex specialis einräumt.[23] Weil manche Zusammenhänge beim Missbrauchstatbestand plastischer werden, es stets richtig ist, die speziellere Vorschrift zuerst zu prüfen, und es „darstellungstaktisch" oft angeraten ist, erst die besonderen Voraussetzungen zu erörtern (während gemeinsame Voraussetzungen fehlen und die Prüfung dann damit endet), wird hier grds diese Prüfungsreihenfolge empfohlen und auch die folgende Darstellung entsprechend gegliedert. Die erst beim Treubruchstatbestand behandelten allgemeinen Fragen (auch zu Vorsatz etc) beziehen sich freilich auf beide Varianten gleichermaßen. Zudem wäre es auch im Gutachten keineswegs falsch, erst den Treubruchstatbestand (als „Grunddelikt") und dann die weiteren Voraussetzungen des Missbrauchstatbestands (quasi als „Qualifikation") zu behandeln.

852 Im Anschluss an die neuere Rspr.[24] hat sich inzwischen die Auffassung durchgesetzt, dass die Verletzung einer **Vermögensbetreuungspflicht** nicht nur im **Treubruchstatbestand**, sondern auch im **Missbrauchstatbestand** vorausgesetzt wird.[25] Dieser Ansicht ist beizupflichten. Für sie spricht,

---

19 S. dazu das **Rechtsprechungsbeispiel** Rn 862. Ähnlich Fischer-*Fischer*, § 266 Rn 5; LK-*Schünemann*, § 266 Rn 24; MK-*Dierlamm/Becker*, § 266 Rn 14 ff; Spickhoff-*Schuhr*, § 266 Rn 6; S/S/W-*Saliger*, § 266 Rn 4; *Saliger*, Fischer-FS S. 523, 525 ff (näher zum Verschleifungsverbot); **aA** *Kargl*, ZStW 113 (2001), 565.
20 Näher dazu *Küper/Zopfs*, BT Rn 613; LK-*Schünemann*, § 266 Rn 6 ff.
21 S. BT-Ds 13/8587, S. 10, 43 und dazu krit. *Matt/Saliger*, in: Institut für Kriminalwissenschaften Frankfurt a. M. (Hrsg.), Irrwege der Strafgesetzgebung, 1999, S. 217; zu Konsequenzen für die Auslegung s. BVerfG wistra 09, 385, 388 mit Bespr. *Fischer*, StV 10, 95; *Jahn*, JuS 09, 859.
22 BGH NJW 54, 1616; LK-*Schünemann*, 11. Aufl., § 266 Rn 13 ff, 18; S/S-*Perron*, § 266 Rn 2; *Schramm*, BT II § 10 Rn 9.
23 Vgl BGH JR 83, 515; OLG Hamm NJW 68, 1940; A/W-*Heinrich*, § 22 Rn 79; *Bock*, BT II S. 513; *Eisele*, BT II Rn 856; G/J/W-*Waßmer*, § 266 Rn 44; *Hilgendorf/Valerius*, BT II § 11 Rn 5; M/S/M-*Momsen*, BT I § 45 Rn 13; MK-*Dierlamm/Becker*, § 266 Rn 31; SK-*Samson/Günther*, § 266 Rn 5; S/S/W-*Saliger*, § 266 Rn 7; HdS-*Saliger* V, § 35 Rn 16 ff; zu den daraus folgenden **Aufbaufragen** s. *Kindhäuser/Hilgendorf*, § 266 Rn 8; *Kohlmann*, JA 80, 228; *Mitsch*, JuS 11, 98; *Schmidt*, BT II Rn 736; *Wittig*, § 20 Rn 12.
24 BGHSt 24, 386, 387; 33, 244, 250; BGH wistra 91, 305, 307.
25 Vgl AnK-*Esser*, § 266 Rn 10; A/W-*Heinrich*, § 22 Rn 68; BK-*Wittig*, § 266 Rn 9; *Bock*, BT II S. 249 f; *Eisele*, BT II Rn 878 f; Fischer-*Fischer*, § 266 Rn 6, 21; G/J/W-*Waßmer*, § 266 Rn 45; H-H-*Koranyi*, Rn 1088; *Joecks/Jäger*, § 266 Rn 30; *Klesczewski*, § 266 Rn 9; *Krey/Hellmann/Heinrich*, BT II Rn 903 ff; *Lackner/Kühl/Heger*, § 266 Rn 4; M/S/M-*Momsen*, BT I § 45 Rn 20; M/R-*Matt*, § 266 Rn 7; NK-WSS-*Jahn/Ziemann*, § 266 Rn 64; *Rengier*, BT I § 18 Rn 3, 14; *Schramm*, BT II § 10 Rn 7; *Zöller*, BT Rn 294; nahest. NK-*Kindhäuser/Hoven*, § 266 Rn 37, 38; für Identität der Anforderungen an die Pflicht in beiden Tatbeständen BGHSt 50, 331, 341 f; MK-*Dierlamm/Becker*, § 266 Rn 31.

dass sich die Wendung „... und dadurch dem, dessen Vermögen er zu betreuen hat ..." auf beide Tatbestandsalternativen bezieht und dass an die speziellere Form der Untreue keine geringeren Anforderungen als an die allgemeinere zu stellen sind. Auch trägt diese Auffassung der anerkannten Notwendigkeit Rechnung, einer Ausuferung des § 266 vorzubeugen und seinen Anwendungsbereich durch eine **restriktive Auslegung** sachgerecht zu begrenzen. Die nach wie vor breit vertretene Gegenmeinung[26] beachtet nicht hinreichend, dass ohne Verletzung einer besonderen Betreuungspflicht der Missbrauchstatbestand Fallgestaltungen erfasst, die trotz gleicher Strafandrohung im Handlungsunrecht hinter der Untreue erheblich zurückbleiben. Das spricht auch gegen eine „verdünnte" Vermögensbetreuungspflicht, die für den Missbrauchstatbestand in unterschiedlichen Abstufungen genügen soll.[27] Dass durch die Anreicherung des Missbrauchstatbestandes um die Vermögensbetreuungspflicht auch dieser an deren Akzessorietät und Bestimmtheitsproblemen teilhat, ist richtig, angesichts der tatbestandsbeschränkenden Funktion dieses Merkmals aber unbedenklich.[28]

II. Missbrauchstatbestand

1. Verfügungs- und Verpflichtungsbefugnis

Der **Missbrauchstatbestand** des § 266 ist erfüllt, wenn der Täter die ihm durch Gesetz, behördlichen Auftrag oder Rechtsgeschäft eingeräumte **Befugnis**, über fremdes Vermögen zu verfügen oder einen anderen zu verpflichten, **missbraucht** und dadurch dem, dessen **Vermögensinteressen er zu betreuen** hat, **Nachteil zufügt**. 853

Als die verlangte Befugnis begründende Rechtsverhältnisse kommen hier vor allem in Betracht: das gesetzlich vorgesehene Vermögenssorgerecht der Eltern gegenüber ihren Kindern (§ 1626 BGB), die Vertretungsbefugnis des Vormunds (§ 1789 BGB), des Betreuers (§ 1823 BGB),[29] des Testamentsvollstreckers (§ 2205 BGB), des Richters oder Rechtspflegers in Nachlasssachen,[30] des Insolvenzverwalters (§§ 22, 56, 80 InsO)[31] und des Gerichtsvollziehers (§§ 753, 814 ff ZPO)[32] sowie die rechtsgeschäftlich begründete Vertretungsmacht von Bevollmächtigten (§§ 164 ff BGB, § 54 HGB),[33] Prokuristen (§ 48 HGB) und der gesellschaftsrechtlichen Organe.[34] All diesen Personen ist gemeinsam, dass aus ihrer Stellung idR eine Vertretungsmacht erwächst, die ihnen Verfügungs- und Verpflichtungsbefugnisse gegenüber fremdem Vermögen gewährt. Damit ist die „Rechtsmacht" **nicht** vergleichbar, die dem Täter nach den Regeln des **Rechtsscheins** oder des **Gutglaubensschutzes** (zB §§ 407, 932 BGB; 56, 366 II, III HGB) ermöglichen, den Vermögensin-

---

26 *Heghmanns*, Rn 1791; *Labsch*, Jura 87, 345; *Miehe*, JuS 80, 262; *Otto*, BT § 54 Rn 7 ff; krit. auch A/R/R-*Lindemann*, 7.2 Rn 55; *Schünemann* hat diese im LK in der 11. Aufl. (§ 266 Rn 28 f) noch vertretene Auffassung in der 12. Aufl. zwar nicht gänzlich aufgegeben, ist aber zur Überzeugung gelangt, die Ansicht der hM sei „nicht mehr rückgängig" zu machen. LK-*Schünemann*, § 266 Rn 13 f, 144; *Schünemann*, Frisch-FS S. 846.
27 S. *Eisele*, GA 01, 377, 380 f; *Eser IV*, Fall 17 Rn 41; *Mitsch*, BT II S. 363 f; S/S-*Perron*, § 266 Rn 2; *Wegenast*, Missbrauch und Treuebruch, 1994, S. 134 ff; zu ihren Gefahren s. A/R/R-*Lindemann*, 7.2 Rn 56; zum Streitstand s. *Hillenkamp/Cornelius*, BT 34. Problem; HK-GS/*Beukelmann*, § 266 Rn 7; *Küper/Zopfs*, BT Rn 618 f; *Nelles*, Untreue zum Nachteil von Gesellschaften, 1991, S. 218 ff, 502 ff; wie hier *Hohmann/Sander*, BT § 47 Rn 3; *Mitsch*, JuS 11, 100; SK-*Hoyer*, § 266 Rn 17.
28 **AA** *Kargl*, ZStW 113 (2001), 565, 588 ff; s. dagegen BVerfGE 126, 170, 175 f, 204 f, 209; H-H-*Koranyi*, Rn 1091; LK-*Schünemann*, § 266 Rn 24 ff.
29 S. dazu OLG Stuttgart NJW 99, 1564; Falllösung bei *Rotsch*, ZJS 13, 75.
30 BGHSt 35, 224, 227 mit Anm. *Otto*, JZ 88, 883.
31 S. dazu zB BGH wistra 98, 150, 151.
32 Vgl dazu BGHSt 13, 274, 276; KG NStZ-RR 13, 279.
33 S. zur Bankvollmacht BGH wistra 12, 22 und einer dieser gleichstehenden Überlassung von ec-Karte und persönlicher Geheimzahl OLG Hamm wistra 03, 356; S/S-*Perron*, § 263a Rn 12.
34 S. zB BGH NJW 97, 66; BGH wistra 97, 146; LG Düsseldorf NJW 04, 3275 und BGH NJW 06, 522, 523 *(Mannesmann)*; zu Organen ideeller Vereine s. *Eisele*, GA 01, 377, 386 ff.

haber bindende Rechtshandlungen vorzunehmen. Diese Fälle scheiden folglich aus dem Missbrauchstatbestand aus.[35] Erfasst bleiben allerdings Fälle fingierten Fortbestehens (§§ 168, 674 BGB) oder Fortwirkens (§§ 170 ff BGB) einer ursprünglich wirksam erteilten Vollmacht, da sich die Befugnis bei ihnen als Nachwirkung aus dieser und damit aus einem Rechtsgeschäft ableitet.[36]

2. Vermögensbetreuungspflicht

854 **Gegenstand** der auch für den Missbrauchstatbestand zu verlangenden **Vermögensbetreuungspflicht** muss die *Geschäftsbesorgung für einen anderen* in einer nicht ganz unbedeutenden Angelegenheit mit einem Aufgabenkreis von einigem Gewicht und einem gewissen Grad von Verantwortlichkeit sein (s. ausf. Rn 871 ff).[37] Die Anforderungen, die § 266 in dieser Hinsicht stellt, sollten auch für den schärfer umrissenen Missbrauchstatbestand nicht weniger streng sein als innerhalb des wegen seiner Weite bedenklichen Treubruchstatbestands.[38]

3. Missbrauchshandlung

855 Ein **Missbrauch** iS der *ersten* Alternative des § 266 I ist nur in der Form des **rechtsgeschäftlichen** oder **hoheitlichen Handelns** möglich. Untreuehandlungen *rein tatsächlicher* Art (zB die widerrechtliche Verwendung fremder Gelder für eigene Zwecke, das Verkommenlassen von Gegenständen durch mangelnde Pflege usw) fallen nicht unter den Missbrauchs-, sondern unter den Treubruchstatbestand.[39] Die Rspr. ist in dieser Hinsicht nicht frei von Widersprüchen.[40] Den Angelpunkt für die Anwendbarkeit der *ersten* Alternative des § 266 I im konkreten Fall bildet der Vergleich zwischen dem **Innen-** und **Außenverhältnis** der Vertretungsmacht; entscheidend sind dabei die oft unterschiedlichen Rechtsschranken zwischen dem *internen* **Dürfen** und dem *externen* **Können**. Ein **Missbrauch** der Verpflichtungs- oder Verfügungsbefugnis liegt vor, wenn der Täter im Rahmen seines rechtsverbindlich wirkenden **Könnens** die Grenzen des im *Innenverhältnis* einzuhaltenden **rechtlichen Dürfens** bewusst überschreitet[41] und dadurch seine Vermögensbetreuungspflicht verletzt. Entscheidend ist für die Erfüllung des Missbrauchstatbestands, dass eine (rechtlich) **wirksame Verfügung** getroffen oder ein Anspruch (oder andere rechtliche Belastung des Vermögens) wirksam begründet wird.[42]

---

35 A/R/R-*Lindemann*, 7.2 Rn 47; H-H-*Koranyi*, Rn 1096; HK-GS/*Beukelmann*, § 266 Rn 21; *Hohmann/Sander*, BT § 47 Rn 18; *Krey/Hellmann/Heinrich*, BT II Rn 916; *Küper/Zopfs*, BT Rn 616; MK-*Dierlamm/Becker*, § 266 Rn 35; *Rengier*, BT I § 18 Rn 8 f; S/S-*Perron*, § 266 Rn 4; S/S/W-*Saliger*, § 266 Rn 20; BGH wistra 92, 66; diff. Fischer-*Fischer*, § 266 Rn 20; G/J/W-*Waßmer*, § 266 Rn 112 f; LK-*Schünemann*, § 266 Rn 38 ff.
36 OLG Koblenz NStZ 12, 330; *Kudlich*, PdW BT I S. 169; aA SK-*Hoyer*, § 266 Rn 80.
37 Vgl BGHSt 13, 315, 317; 24, 386, 387; 33, 244, 250; BGH NStZ 13, 40 f; *Saliger*, JA 07, 327; *Schreiber/Beulke*, JuS 77, 656.
38 Anders noch *Wessels*, BT II Rn 702; für Identität BGH NJW 06, 522, 525; BK-*Wittig*, § 266 Rn 9; G/J/W-*Waßmer*, § 266 Rn 45; SK-*Hoyer*, § 266 Rn 17; S/S/W-*Saliger*, § 266 Rn 6.
39 AnK-*Esser*, § 266 Rn 137; *Jäger*, BT Rn 593, 596; LK-*Schünemann*, § 266 Rn 46; *Zöller*, BT Rn 286.
40 Krit. dazu *Heinitz*, H. Mayer-FS S. 433; vgl auch *Arzt*, Bruns-FS S. 365.
41 Vgl BGH JR 85, 28 mit Anm. *Otto*; A/W-*Heinrich*, § 22 Rn 31; *Eisele*, BT II Rn 863; H-H-*Koranyi*, Rn 1097; *Hilgendorf/Valerius*, BT II § 11 Rn 10; *Hohmann/Sander*, § 47 Rn 20; *Kindhäuser/Hilgendorf*, § 266 Rn 40; *Kleszewski*, BT § 9 Rn 113; *Krey/Hellmann/Heinrich*, BT II Rn 911 ff; *Rengier*, BT I § 18 Rn 6; *Schmidt*, BT II Rn 732 f; *Wittig*, § 20 Rn 18; krit. hierzu *Schünemann*, Imme Roxin-FS S. 341, 345 ff.
42 BGHSt 50, 331, 341; 54, 148 (dort Rn 31 ff); BGH NStZ 07, 579, 580 f; NK-*Kindhäuser/Hoven*, § 266 Rn 86 ff.

Am besten lässt sich das anhand der §§ 49, 50 HGB verdeutlichen, die für den **Prokuristen** den 856
Umfang seines **rechtlichen Könnens im Außenverhältnis** in der Weise regeln, dass abweichende
Vereinbarungen und Einschränkungen **nur für das Innenverhältnis** Bedeutung haben. Handelt
ein Prokurist zB der ihm erteilten Weisung, den Wareneinkauf bis zur Behebung eines finanziellen
Engpasses zu drosseln und vorerst ohne Zustimmung des Firmenchefs keine neuen Wechselverbindlichkeiten einzugehen, vorsätzlich zuwider, so **missbraucht** er seine **Verpflichtungsbefugnis**.
Die Wirksamkeit der Wechselverpflichtung im Verhältnis zu Dritten bleibt davon gemäß §§ 49, 50
HGB unberührt. Erwächst der Firma daraus durch Wechselproteste, Vollstreckungsmaßnahmen
von Wechselgläubigern usw ein Nachteil, bezüglich dessen der Prokurist zumindest mit *dolus
eventualis* gehandelt haben müsste, so ist der Missbrauchstatbestand der Untreue erfüllt. Ähnliche
Regelungen wie §§ 49, 50 HGB sieht das Gesetz auch anderswo vor (vgl § 126 HGB, § 37
GmbHG und § 82 AktG).

Wie weit die Befugnisse des Betreuungspflichtigen im Innenverhältnis reichen und was 857
seine Pflicht ihm konkret gebietet oder verbietet, richtet sich (soweit nicht **Gesetz** oder
Satzung vorgehen) in **erster Linie** nach den mit dem Vermögensinhaber getroffenen
Vereinbarungen; ergänzend sind die Sorgfaltsanforderungen heranzuziehen, die ein ordentlicher und gewissenhafter „Geschäftsmann" (vgl § 43 I GmbHG; § 347 HGB; § 93 I
AktG) zu beobachten hat.[43] Nun gibt es allerdings eine Vielzahl unterschiedlichster
Pflichten, denen wirtschaftlich tätige Personen unterliegen, und es müssen diejenigen herausgefiltert werden, deren Verletzung § 266 I mit Strafe bedroht. Nachdem zuvor diverse andere Ansätze zur Begrenzung der erfassten Pflichtverletzungen in der Rspr. entwickelt wurden (die keineswegs überholt sind, und auf die noch einzugehen sein wird), hat
der BGH in der Siemens-AUB[44]-Entscheidung ein zentrales, unmittelbar auf das geschützte Rechtsgut bezogenes Kriterium eingeführt: Nur die Verletzung solcher Pflichten, die (mindestens mittelbar) das betreute Vermögen schützen, kommen als Untreue in
Betracht. Andere Pflichten genügen selbst dann nicht, wenn ihre Verletzung selbst bereits unter Strafe steht.[45] Zu achten ist freilich darauf, dass eine Strafbarkeit wegen Untreue in Betracht kommt, wenn sich der Täter zwar zunächst nur eines „Primärverstoßes"
gegen eine *nicht* das Vermögen schützende Norm zB dadurch schuldig macht, dass er unter § 206 fallende Mitteilungen an ein mit deren Auswertung betrautes Unternehmen
macht, dann aber entgegen seiner aus dem Treueverhältnis ableitbaren vermögensrelevanten Pflicht, nichtige Forderungen nicht zu begleichen, Zahlungen an das betraute Unternehmen leistet. Es kommt also auf den vermögensschützenden Charakter der Pflicht
an, deren Verletzung den Nachteil unmittelbar herbeiführt.[46]

---

43 *Baur/Holle*, JR 19, 181, 183; *Esser*, NZWiSt 18, 201, 206 f; *Hillenkamp*, NStZ 81, 167; *Joecks/Jäger*,
§ 266 Rn 23. Zu § 283 s. *Ceffinato*, ZIP 18, 457.
44 Die Abkürzung hatte verschiedene Bedeutungen, zB Aktionsgemeinschaft Unabhängiger Betriebsangehöriger.
45 S. neben der folgenden Entscheidung auch: Vermögensschützende Vorschriften zur **Landeshaushaltsordnung**: BGHSt 61, 48 mit Anm. *Rönnau/Becker*, JR 17, 204; *Saliger/Schweiger*, NJW 16, 260. Nicht
§ 25 PartG, ggf aber darauf bezogene Ausschüttungen vermögensschützend: BGHSt 56, 203, 211 mit Bespr.
Jahn, JuS 11, 1133 sowie BGH NJW 12, 3797 f und BGHSt 60, 94, 115 f (Fall *Böhr*) mit Anm. *Altenburg*, NJW 15, 1624; *Brand/Seeland*, ZWH 15, 258; krit. *Rönnau*, StV 11, 755. § 64 S. 3 GmbHG vermögensschützend: *Rönnau*, Schünemann-FS S. 678 ff. § 4 SGB V bzw. § 18 KWG vermögensschützend: BVerfGE 126, 170, 217 f und 220; dazu *Saliger*, Roxin-FS II S. 1053, 1060 f. Verstoß gegen § 55
AO bzw. § 325 HGB nicht ausreichend: OLG Celle BeckRS 12, 20313 mit Bespr. *Jahn*, JuS 13, 179;
LG Ravensburg NStZ-RR 17, 145. Vgl. auch *Rönnau/Becker*, NZWiSt 14, 442. Zur Ausstrahlung der
Lehre auf die Wirksamkeit einer Einwilligung trotz einer Rechtsverletzung s. *Lesch*, Wessing-FS,
S. 235 ff.
46 BGH NZWiSt 13, 189, 192; s. dazu *Bülte*, NStZ 14, 683; *Krell*, NStZ 14, 62 und krit. *Cornelius*, NZWiSt
13, 166; S/S/W-*Saliger*, § 266 Rn 35; zum Schaden in diesem Fall s. hier Rn 880.

Rechtsprechungsbeispiel: In dem der **Siemens-AUB Entscheidung** des BGH (BGHSt 55, 288, v.a. 300 f mit Bespr. *Brand*, JR 11, 400, *Jahn*, JuS 11, 183 und *Kraatz*, wistra 11, 447; Falllösung bei *Bock*, WV-BT2 S. 245 f) zugrunde liegenden Fall hatte der Angeklagte, der Vorsitzender des Betriebsrats der Siemens AG war, Gelder des Unternehmens für die Arbeit und den Betriebswahlkampf der AUB, der er angehörte und für die er kandidierte, angenommen. Diese Zahlungen erfolgten ohne Information des Vorstands oder Aufsichtsrats und unter Verschleierung des eigentlichen Zwecks. Die Zusammenarbeit mit Vertretern der AUB (bzw. das Zurückdrängen der IG Metall) führte zu wirtschaftlichen Vorteilen für die Siemens AG. In der Entscheidung ging es zunächst um eine Strafbarkeit nach § 119 I Nr 1 Alt. 2 iVm § 20 II BetrVG (und auch § 370 AO). Diese hat der BGH zu Unrecht bejaht, denn das Verhalten verstieß nicht unmittelbar gegen § 20 II BetrVG, sondern gegen dessen analoge Erweiterung und hätte daher richtigerweise nicht als von der Blankettverweisung in § 119 BetrVG erfasst angesehen werden dürfen (strafrechtliches Analogieverbot).[47]

Hier interessiert aber der weitere Gegenstand der Entscheidung, nämlich die Rolle dieses Rechtsverstoßes für die **Untreue**. (Auch wenn man die genannte Strafbarkeit richtigerweise verneint, wurden unzweifelhaft betriebsverfassungsrechtliche Pflichten verletzt. Im Arbeitsrecht besteht kein Analogieverbot, und § 266 I verweist nicht nur auf im schriftlichen Gesetz enthaltene Pflichten.) Sehr überzeugend hat der BGH entschieden, dass nur solche Pflichten für die Untreue relevant sind, die **vermögensschützenden Charakter** besitzen. § 119 BetrVG hingegen schützt das Vermögen des Arbeitgebers bzw. des Betriebs nicht einmal mittelbar, sondern dient alleine dem Schutz der Betriebsratswahlen, der Integrität des Betriebsrats und damit der Arbeitnehmermitbestimmung. Ganz konsequent hat der BGH zudem darauf hingewiesen, dass den Kosten für die Siemens AG auch deren (wenngleich indirekten) Vermögensvorteile gegenüberzustellen wären; ergibt sich in der Gesamtsaldierung kein Schaden, ist der Tatbestand auch deshalb nicht erfüllt. Ähnlich hat der BGH im Nürburgringverfahren (BGH NJW 16, 2585 ff mit Bespr. *Schlösser*, StV 17, 123 ff; *Brand*, NZG 16, 690 ff; *Saliger/Schweiger*, NJW 16, 2600) entschieden, als es um die Frage ging, ob eine Verletzung europarechtlicher Beihilfevorschriften eine Untreue darstellt; der Schutz eines anderen als des betreuten Vermögens genügt nicht. In einer neueren Entscheidung zur Gewährung eines überhöhten Arbeitsentgelts (§ 37 IV 1 BetrVG) an einen freigestellten Betriebsrat stellt der BGH allerdings auf einen Verstoß gegen den „Public Corporate Governance Kodex" ab, ohne auf die Frage des vermögensschützenden Charakters einzugehen (BGH wistra 18, 514 f; mit krit. Anm. *Bittmann*, wistra 18, 495, 497; *Brand/Strauß*, GmbHR 18, 909, 912 f; *Buchholz*, StV 19, 36 ff; *Strauß* NZA 18, 1372, 1375 ff; vgl nun auch im Hinblick auf das betriebsverfassungsrechtliche Begünstigungsverbot nach § 78 S. 2 BetrVG BGH NJW 23, 1075 mit Anm. *Kulhanek*, NStZ 23, 355; *Klose*, NZWiSt 23, 199; *Gräfin von Galen/Spiller*, NStZ 24, 492; Bespr. *Bertke/Knaupe*, ZfIStrW 24, 326 und *Lindemann*, wistra 23, 317).

858 Zur näheren Bestimmung der strafrechtlichen relevanten Pflichten hat sich eine hier im Einzelnen nicht aufführbare (und in Klausuren auch nicht sinnvoll abprüfbare) **Kasuistik** herausgebildet,[48] ei-

---

47 Näher *Kudlich*, Stöckel-FS 2009, S. 93, 114.
48 Näher zB zur Untreue bei **Kreditvergabe**: BGHSt 46, 30; 47, 148; BGH JR 22, 200 mit Anm. *Stam; Feigen*, Rudolphi-FS S. 445; *Gallandi*, wistra 01, 281; *Keller/Sauer*, wistra 02, 365; *Knauer*, NStZ 02, 399; M-G-*Hadamitzky*, Rn 67.1 ff; *Martin*, Bankuntreue 2000; *Zimmermann*, in Steinberg ua, Das Wirtschaftsstrafrecht des StGB 2011, S. 71 ff. Zur Untreue bei **vertragsärztlicher Verordnung ("Kassenarzt")**: BGHSt 49, 17, 23 f; BGH NJW 16, 3253 (Rn 8 ff) mit zust. Bspr. *Hoven*, NJW 16, 3213; Anm. *Steinhilper*, MedR 17, 138; krit. *Kusnik/Mandera*. medstra 17, 43, 44 f; *Waßmer/Zeller*, wistra 17, 71; *Kraatz*, medstra 17, 336; s. auch BGH NStZ-RR 17, 313 mit Anm. *Meyer*, NZWiSt 18, 74, 79 f; BGH BeckRS 20, 43084; BGH NStZ 21, 742 mit Anm. *Ziemann/Corsten*, medstra 22, 243; *Röß*, NStZ 18, 441; *Tekin*, ZWH 18, 110, 112 f; *Steenbreker*, medstra 22, 233. Zur **Geschäftsführung** einer noch nicht eingetragenen **GmbH**: BGHSt 3, 23, 25. Zu Verfügungen, die das Stammkapital einer **GmbH** angreifen: BGHSt 34, 379 und 35, 333. Zur Untreue des Direktors einer **Private Limited Company**: BGH wistra 10, 268 mit Anm. *Wegner*, GWR 10, 267; krit. *Kraatz*, ZStW 123 (2011), 447, 469 f; s. dazu auch *Schramm/Hinderer*, ZIS 10, 494; *Radtke* und *Rönnau* NStZ 11, 556, 558. Zur Untreue von AG-Vorstandsmitgliedern zum Nachteil abhängiger GmbH (**Konzernuntreue**): BGH NJW 04, 2248 *(Bremer Vulkan)*; dazu *Arnold*, Jura 05, 844; *Kasiske*, wistra 05, 81; *Krause*, JR 06, 51; *Kudlich*, JuS 04, 1117; *Ransiek*, wistra 05, 121; *Salditt*,

nige Zusammenhänge haben aber grundsätzliche Bedeutung und sollen im Folgenden dargestellt werden. **Alle wirtschaftlichen Betätigungen** (keineswegs nur Risikogeschäfte) sind damit verbunden, **Risiken einzugehen**. Das ist volkswirtschaftlich sinnvoll, rechtlich erwünscht (oft sogar Teil der Pflichten zur Vermögensbetreuung) und darf **durch das Strafrecht nicht gehemmt** werden. Die Anwendung von § 266 darf daher keinesfalls von einer vermeintlichen „Pflicht zum sichersten Weg" ausgehen. Die Vorschrift enthält keine allgemeine Pflicht, den tatbestandlichen Erfolg (Vermögensschaden) zu vermeiden; sie enthält selbst eben keine Verhaltensregel (Rn 850). Ganz anders als die Delikte, die auf einer eigenen Verhaltensregel aufbauen (idealtypisch Totschlag, Körperverletzung etc), stellt § 266 nicht die Herbeiführung des Erfolgs unter Strafe, sondern die selbstständig festzustellende Pflichtverletzung (und Missbrauch der Befugnis) unter der zusätzlichen Bedingung des Erfolgseintritts. In welchem Umfang der Täter zur Abwendung von Schäden verpflichtet war, ist allein Frage seiner konkreten Vermögensbetreuungspflicht, nicht des § 266, und die Antworten divergieren stark (etwa von der Pflicht zur risikominimierenden Verwahrung oder mündelsicheren Anlage,[49] über Pflichten zur Sparsamkeit oder Wirt-

---

NStZ 05, 269; *Wattenberg*, StV 05, 523; s. dazu auch *Arens*, Untreue im Konzern 2010; *D. Busch*, Konzernuntreue 2004; *Höf*, Untreue im Konzern 2006. Zur Untreue bei Gewährung von **Anerkennungsprämien** (in einer AG): BGHSt 50, 331 *(Mannesmann/Vodafone)*; dazu *Bernsmann*, GA 07, 219, 220 ff; *Braum*, KritV 04, 67; *Dittrich*, Die Untreuestrafbarkeit von Aufsichtsratsmitgliedern 2007; *Geesch*, Otto-FS S. 561; *Günther*, Weber-FS S. 311; *Hamm*, NJW 05, 1993; *Hanft*, Jura 07, 58; *Hoof*, Kompensationsmöglichkeiten innerhalb des Untreuenachteils 2018, S. 222 ff; *Hohn*, wistra 06, 161; *Jakobs*, NStZ 05, 276; *Krause*, StV 06, 307; *Kubiciel*, NStZ 05, 353; *Kudlich*, JA 06, 171; *Kudlich*, Streng-FS S. 68 ff; *Ransiek*, NJW 06, 814; *Schünemann*, Organuntreue, 2004; *Schünemann*, NStZ 05, 473; *Schünemann*, NStZ 06, 196; *Tiedemann*, Weber-FS S. 319; *Tiedemann*, ZIP 04, 2056; *Vogel/Hocke*, JZ 06, 568; *Wostry*, JuS 18, 1138, 1140 ff. Zur Vermögensbetreuungspflicht von **Aufsichtsratsmitgliedern**: BGH wistra 16, 314, 320; *Bramssen*, ZIP 09, 1504; *Dittrich*, Die Untreuestrafbarkeit von Aufsichtsratsmitgliedern 2007; *Krause*, NStZ 11, 57; *Lüderssen*, Lampe-FS S. 727; *Rönnau/Hohn*, NStZ 04, 113; *Saliger*, JA 07, 330; *Schilha*, Die Aufsichtsratstätigkeit in der AG im Spiegel strafrechtlicher Verantwortung 2007; *Schünemann*, Organuntreue 2004; *Schwerdtfeger*, NZG 17, 455; *Tiedemann*, Tröndle-FS S. 319; *Zech*, Untreue durch Aufsichtsratsmitglieder einer Aktiengesellschaft 2007; *Wilke*, NZWiSt 20, 2. Zur **„Vorstandsuntreue"** in der AG: *Brammsen*, wistra 09, 85; zu beidem *Seibt/Schwarz*, AG 10, 301; BGH NStZ 23, 351. Zur Untreue zum Nachteil von **Personengesellschaften**: die gleichnamige Schrift von *Soyka* 2008; BGH NJW 13, 3590 (Rn 42 ff) mit Anm. *Brand*. Zur Untreue des **Testamentsvollstreckers**: BGH GA 1977, 342 (Risikogeschäfte) und AG Düsseldorf BeckRS 16, 09807 (Erhaltung des Nachlassvermögens). Zur Verpflichtung eines **Notars** (entspr. Rechtsanwalts), anvertraute Mandantengelder sofort einem *Anderkonto* zuzuführen: BGH NStZ 82, 331; BGH NJW 15, 1191. Zu Untreuehandlungen von **Finanzbeamten**: BGH NStZ 98, 91; BGH NJW 07, 2864, 2866; BGHSt 62, 288 mit Anm. *Brand*, NJW 18, 1334, *Gehm*, NZWiSt 18, 328; OLG Stuttgart ZWH 17, 374 mit Anm. *Wittig*; allgemein zum **öffentlichen Dienst** s. *Fabricius*, NStZ 93, 414. Zur Untreue durch (vorläufige) **Insolvenzverwalter**: BGH BeckRS 16, 20475; LG Aurich BeckRS 17, 117963 mit Anm. *Bittmann*, ZInsO 17, 1874; *Weyand*, ZInsO 17, 1740; *Keramati/Klein*, NZI 17, 421; *Lassmann*, NStZ 09, 473; *Schramm*, NStZ 00, 398. Zur Untreue von **Organen ideeller Vereine** (= Non-Profit): *Brand/Sperling*, JR 10, 473; s. *Eisele*, GA 01, 377; *Lassmann*, NStZ 09, 473. Zur Untreue bei **Stiftungen**: BGH wistra 10, 445 mit Anm. *Büch*, wistra 11, 20; *Lassmann*, Stiftungsuntreue, 2008; *Saliger*, Non Profit Law Yearbook, 2005, S. 209 ff. Zur Einrichtung **schwarzer Kassen**: BGH NStZ 00, 206; BGHSt 51, 100 *(Kanther)*; BGHSt 52, 323 *(Siemens)*; dazu weitere Nachw. unten Rn 863; BGH wistra 19, 301 *(CDU-Kreisverband Köln)* mit Anm. *Corsten* S. 389; BGH NStZ-RR 14, 343; BGH wistra 17, 193; *Brammsen/Apel*, WM 10, 781; *Rönnau*, Tiedemann-FS S. 713; *Saam*, HRRS 15, 345; *Saliger*, NStZ 07, 545; *Schünemann*, StraFo 10, 1, 4 ff; *Strelczyk*, Die Strafbarkeit der Bildung schwarzer Kassen, 2008; *Tsagkaraki*, Die Strafbarkeit der sog. „schwarzen Kassen" als strafbare Untreue gemäß § 266 StGB, 2013; *Weimann*, Die Strafbarkeit der Bildung schwarzer Kassen gem. § 266 (Untreue), 1996; BGHSt 55, 266 *(Trienekens)*; *Saliger*, Roxin-FS II S. 266 ff. Zur Untreue durch **Stellenbesetzungen**: BGH NStZ 06, 307 und die gleichnamige Schrift von *Krell* 2015. Zur Untreue durch **zweckwidrigen Einsatz** wissenschaftlicher Mitarbeiter: BGH wistra 19, 60. Zur Untreue durch Verstoß gegen das **kommunalrechtliche Spekulationsverbot**: BGHSt 62, 144 ff mit Anm. *Eisele*; *Brand*, NZG 18, 293; BGH NJW 19, 378 mit Anm. *Brand*; zust. *Schneider*, NZWiSt 19, 234; BGH NStZ 20, 294. Zu den Prüfpflichten eines **Rechtsamtsmitarbeiters** bei der Bestellung gesetzlicher Vertreter für vermeintlich unbekannte Grundstückseigentümer: BGHSt 61, 311 ff.

49 Vgl etwa BGH NJW 06, 3219, 3223 zur Abführung hoher erstrittener Summen aus einer Unfallversicherung durch den Anwalt an den gesetzlichen Vertreter eines Minderjährigen und Anlage durch diesen; s. auch *Scheja*, Das Verhältnis zwischen Rechtsanwalt und Mandant im Hinblick auf den Straftatbestand der Untreue 2006; *Schmidt*, NStZ 13, 498.

schaftlichkeit,[50] bis zum Gebot einer riskanten, Ertragschancen maximierenden Anlagestrategie). IdR wird es freilich zu den Pflichten gehören, Schäden, denen keine (nach Erwartungswert, also Wahrscheinlichkeit und Höhe) gleichwertigen Gewinnerwartungen gegenüberstehen, möglichst zu vermeiden. Schon weil aber der Tatbestand nur solche Verhältnisse als Vermögensbetreuungspflicht erfasst, die mit eigenen Entscheidungsspielräumen verbunden sind (Rn 854), kann grundsätzlich allein solches Verhalten als pflichtwidrig angesehen werden, das sich im konkreten Zusammenhang in einer das betreute Vermögen benachteiligenden Weise als sachlich, wirtschaftlich oder rechtlich unvertretbar[51] darstellt (**„unternehmerische Vertretbarkeit"**).[52] Je komplexer, wichtiger und risikobehafteter eine Entscheidung ist, desto höher werden die Anforderungen an die Verpflichteten, in einer **methodisch** geleiteten Weise die Umstände und eigenen Handlungsmöglichkeiten zu ermitteln, **Prognosen** über die Folgen dieser Optionen zu erstellen und sich dann mit nachvollziehbaren Gründen für eine dieser Optionen zu entscheiden.[53] In diesem Rahmen stehen aber alle **Beurteilungs-, Prognose- und Ermessensspielräume** den Verpflichteten selbst zu; das später urteilende Gericht darf sie nicht durch eigene Einschätzungen ersetzen.[54] Dies ist ein wesentlicher Teil dessen, was das BVerfG unter der Einschränkung auf „evidente" Pflichtverletzungen[55] versteht. Entsprechendes sollte wohl auch mit der missverständlichen Forderung, nur **gravierende** Pflichtverletzungen (s. Rn 866) als Untreue zu erfassen, ausgedrückt werden.[56]

859 Die Zustimmung des Vermögensinhabers zu geschäftlichen Dispositionen, die ein gesteigertes Wagnis enthalten und als sog. **Risikogeschäfte** die Gefahr eines Fehlschlags iS einer Vermögensschädigung in sich bergen,[57] kann zu einer entsprechenden **Erweiterung** der im Innenverhältnis maßgebenden **Grenzen des rechtlichen Dürfens** führen. Demzufolge fehlt es an einer Pflichtverletzung[58] und damit an einer Verwirklichung des Tatbestands, wenn und soweit der Abschluss des riskanten Geschäfts nach pflichtgemäßer Abwägung der Risiken und Chancen erfolgt und – was im Ergebnis beides auf dasselbe hinausläuft – von vornherein von den mit der Pflichtenstellung vorgegebenen Befugnissen des Verpflichteten oder von einer späteren *wirksamen* „Einwilligung" (Rn 860) des Vermögensinhabers gedeckt war. Nicht selten (insb. bei Geschäftsführern, Vorständen etc von Unternehmen) gehört es sogar zur Pflichtenstellung, sich bietende Geschäfts-

---

50 Vgl etwa BGH NStZ 08, 87, 89; BGH NJW 20, 628 mit Anm. *Brand*; *Becker*, NStZ 20, 424 und *Wagner*, JR 20, 400; BGH NStZ 22, 109 mit Anm. *Schilling*, *Bittmann*, NZWiSt 22, 30 und BGH wistra 23, 425 mit Anm. *Oğlakcıoğlu/Becker*, JR 24, 151 zum (Ober)Bürgermeister einer Stadt; zu einer Ermessensüberschreitung s. BGH NStZ 16, 600 mit Anm. *Eidam*; *Satzger*, Jura (JK) 17, 246; zu kassenärztlichen Vereinigungen BGH BeckRS 20, 43084; zu Sparkassen BGH wistra 22, 74.
51 Zum Konzept der rechtlichen (Un)Vertretbarkeit *Schuhr*, JZ 08, 603.
52 BGHSt 49, 163; BGH NJW 06, 454; BGH BeckRS 20, 43998 und BGH wistra 22, 294 mit Anm. *Becker*, NStZ 22, 685; mit Parallelen zur aktienrechtlichen Business Judgement Rule; OLG Köln BeckRS 16, 117223; Spickhoff-*Schuhr*, § 266 Rn 52.
53 S. dazu im Zusammenhang mit riskanten Wertpapiergeschäften der Banken *Becker/Walla/Endert*, WM 10, 875; zu weiteren Leitlinien in diesem Bereich s. *Brüning/Samson*, ZIP 09, 1089; *C. Schröder*, NJW 10, 1169; allgemeiner *Kudlich*, Streng-FS, S. 67; zu „pay to play"-Zuwendungen s. *Duesberg*, wistra 20, 101.
54 Vgl etwa BGH StV 06, 299, 301; BGH wistra 16, 314, 320 f zu Entscheidungen der Organe einer Gesellschaft über die Erschließung neuer Geschäftsfelder mit neuartiger Geschäftsidee und Technikinvestitionen.
55 BVerfGE 126, 170, 211 (dort Rn 110 ff); BGH NStZ 13, 715; oben Rn 850.
56 BVerfGE 126, 170, 211 (dort Rn 110 ff); BGHSt 47, 148, 150 ff; BGHSt 47, 187, 197; BGH BeckRS 20, 43998; klarstellend zur betroffenen Fallgruppe BGHSt 50, 331, 345; vgl. auch *Beulke*, Eisenberg-FS 2009, S. 245, 252 ff; *Bittmann*, wistra 13, 1, 6 ff; *Schünemann*, ZIS 12, 183, 191; *Kubiciel*, NStZ 05, 353, 357 f; Spickhoff-*Schuhr*, § 266 Rn 45, 48 f; *Zehetgruber*, wistra 18, 489, 493 f.
57 S. zum Risikogeschäft im Einzelnen *Hillenkamp*, NStZ 81, 161; ferner *Bittmann*, NStZ 11, 361; *Fischer-Piel*, Strafrechtsgespräche, S. 109 ff; *Hellmann*, ZIS 07, 433; *Murmann*, Jura 10, 561; *Ransiek*, ZStW 116 (2004), 634; *Rose*, wistra 05, 281; *Kubiciel*, NJW 20, 1249; *Stenzel*, Risikogeschäfte und strafbare Untreue, 2016; *Waßmer*, Untreue bei Risikogeschäften, 1996; krit. *Martin*, Bankuntreue, 2000, S. 96 ff.
58 *Hellmann*, ZIS 07, 435; *Lackner/Kühl/Heger*, § 266 Rn 7; *Mitsch*, BT II S. 369: am Missbrauch; wie hier *Rönnau*, Tiedemann-FS S. 713, 717 f.

chancen wahrzunehmen. Dann kann eine Pflichtverletzung auch darin liegen, dass die Eingehung des dazu nötigen **Risikos** in wirtschaftlich unvernünftiger Weise **gemieden** wird (und der Nachteil in der nicht realisierten tatsächlichen Gewinnchance, s. Rn 878).

Dabei handelt es sich bei einer solchen Einwilligung in die Untreue um ein **tatbestandsausschließendes Einverständnis**.[59] Es modifiziert nämlich die in der konkreten Situation bestehende Pflichtenstellung, sodass gar keine Pflichtverletzung mehr entsteht, und – da § 266 den Unrechtsgehalt der Tathandlung aus einer **Pflichtverletzung** herleitet – auch (ggf trotz Schaden) kein Unrecht mehr verbleibt. Daher muss das Einverständnis des Vermögensinhabers hier *normativen* (normsetzenden) Charakter und nicht lediglich *rein tatsächliche* Bedeutung haben. Daher schließt nicht schon ein bloß „natürliches Einverständnis", sondern grds nur eine *wirksame* (ausdrückliche oder konkludente) Erklärung des Vermögensinhabers bzw. seines gesetzlichen Vertreters eine **Pflichtverletzung** iS des § 266 aus.[60] Daran ist auch in Fällen eines nur **hypothetischen Einverständnisses** zu denken;[61] die Figur ist schief bezeichnet: Es genügt nicht, dass ein Einverständnis erklärt worden wäre, wenn gefragt worden wäre. Doch der Verpflichtete muss nicht für jedes eingegangene Risiko nachfragen. Vielmehr hängt es gerade von der Pflichtenstellung ab, welche Risiken (ggf bis hin zu sicheren Verlusten) nach eigenem Ermessen (ohne Nachfrage beim Geschäftsherrn) eingegangen werden dürfen, und wann dessen Entscheidung einzuholen ist – würde er immer gefragt werden wollen, hätte er niemand anderen mit der Vermögenssorge beauftragt. Und immer ist dieses Ermessen durch pflichtgemäßes Erwägen der Interessen des Geschäftsherrn auszuüben. Wenn man das (etwas schief) als „hypothetisches Einverständnis" bezeichnet, hat die Figur bei § 266 durchaus ihren Ort. Eine **nachträgliche** Zustimmung entfaltet dagegen im Strafrecht keine Wirkung,[62] kann aber uU (deklaratorisch) Indiz für eine bereits zuvor (mindestens konkludent) erteilte Zustimmung sein.

860

Im Rahmen des § 266 kann die *Wirksamkeit* des Einverständnisses (ähnlich wie bei Eingriffen in die körperliche Unversehrtheit) nicht ohne Rücksicht auf die **Einwilligungsfähigkeit**,[63] auf etwaige **Willensmängel**, eine evtl. fehlende Aufklärung über außergewöhnlich hohe Risiken eines in Aussicht genommenen Geschäfts und die vorhandene oder mangelnde Erfahrung des Einwilligenden in kommerziellen Angelegenheiten beurteilt werden.[64]

861

---

59 So BGHSt 50, 331, 342; 55, 266, 278; BGH NJW 00, 154, 155; BGH NJW 03, 2996, 2998; BGH NStZ-RR 12, 80; A/W-*Heinrich*, § 22 Rn 70; *Bock*, BT II S. 532; *Edlbauer/Irrgang*, JA 10, 786; *Eisele*, BT II Rn 865; Fischer-*Fischer*, § 266 Rn 29, 90 ff; *Heghmanns*, Rn 1793; H-H-*Koranyi*, Rn 1100; *Hillenkamp*, NStZ 81, 161, 165; *Jordan*, JR 00, 137; W/Z/K/W-*Becker*, BT II § 15 Rn 20; LK-*Schünemann*, § 266 Rn 100; *Mitsch*, JuS 11, 101; MK-*Dierlamm/Becker*, § 266 Rn 149; NK-*Kindhäuser/Hoven*, § 266 Rn 66; NK-WSS-*Jahn/Ziemann*, § 266 Rn 75; *Rengier*, BT I § 18 Rn 50; *Schmidt*, BT II Rn 750; S/S-*Perron*, § 266 Rn 21; S/S/W-*Saliger*, § 266 Rn 58 ff; *Schramm*, Untreue und Konsens 2005, S. 52 ff, 57 ff; *Wittig*, § 20 Rn 68 ff; *Zöller*, BT Rn 288; anders BGHSt 9, 203, 216 = *rechtfertigende* Einwilligung.
60 Vgl BGHSt 34, 379, 384; G/J/W-*Waßmer*, § 266 Rn 209 ff; S/S/W-*Saliger*, § 266 Rn 59; iE nicht anders *Hellmann*, ZIS 07, 435 f; s. zur Einwilligung beschränkt Geschäftsfähiger *Schramm*, Untreue und Konsens, 2005, S. 75 ff.
61 Zur denkbaren Erstreckung des Instituts der hypothetischen Einwilligung auf § 266 s. OLG Hamm wistra 12, 448 („hypothetisches Einverständnis"); *Beckemper*, NZWiSt 13, 235; *Hengstenberg*, Die hypothetische Einwilligung im Strafrecht 2013, S. 416 ff; *Schmidt*, Die Rechtsfigur der hypothetischen Einwilligung und ihre Übertragbarkeit auf die Untreue, 2018, S. 201 ff; G/J/W-*Waßmer*, § 266 Rn 210; abl. NK-WSS-*Jahn/Ziemann*, § 266 Rn 77; S/S/W-*Saliger*, § 266 Rn 58; *Rotsch/Wagner*, Dannecker-FS S. 299; krit. *Wittig*, § 20 Rn 72; *Dehne-Niemann*, wistra 22, 177.
62 BGHSt 60, 94, 108 (Fall *Böhr*) mit Anm. *Altenburg*, NJW 15, 1624; *Brand/Seeland*, ZWH 15, 258. Zutr. weist *Bock*, ZIS 16, 69 aber auf die Strafzumessungsrelevanz hin.
63 Vgl BGHSt 9, 203, 216.
64 S. A/R/R-*Lindemann*, 7.2 Rn 92, 396; M/R-*Matt*, § 266 Rn 93; NK-*Kindhäuser/Hoven*, § 266 Rn 67; S/S/W-*Saliger*, § 266 Rn 59; *Waßmer*, Untreue bei Risikogeschäften, 1996, S. 32 ff; BGH NStZ 97, 124.

Beispiel: Die reiche, aber geschäftlich unerfahrene Fabrikantenwitwe F hat ihrem Bekannten B, den sie mit einer Generalvollmacht ausstattet, die Verwaltung ihres Privatvermögens übertragen. Nach einigen Gewinn bringenden Aktienkäufen kann B der Versuchung, sich mit dem Geld der F an einer höchst riskanten Börsenspekulation zu beteiligen, nicht widerstehen. Zuvor hat F sich auf sein Drängen mit dem betreffenden Vorhaben einverstanden erklärt, ohne dessen Risiken auch nur andeutungsweise erkannt zu haben. Dass F nicht zu überblicken vermochte, worauf sie sich einließ, war dem B vor Einholung ihrer Zustimmung klar. – In einem solchen Fall stünde bei einem Fehlschlagen des Spekulationsgeschäfts außer Zweifel, dass das (auf fehlender Aufklärung, irrigen Vorstellungen und mangelnder geschäftlicher Erfahrung beruhende und daher) unwirksame[65] Einverständnis der F das Vorliegen einer **Pflichtverletzung** iS des Missbrauchstatbestands nicht ausschließt, weil F (wie B wusste) nicht im Stande war, die **Tragweite ihrer Entscheidung** zu erfassen und das ihr drohende Risiko sachgerecht einzuschätzen. Sinn der Bestellung des B zum Vermögensverwalter war es ja gerade, die F wegen ihrer geschäftlichen Unerfahrenheit vor Fehlentscheidungen dieser Art zu bewahren. War das Einverständnis der F aus den genannten Gründen aber unwirksam, blieb B im Innenverhältnis an die Sorgfaltsregeln einer **Risikopolitik** gebunden, die ein ehrlicher und gewissenhafter Vermögensverwalter zu beachten hat und die es nicht gestatten, das zu betreuende Vermögen bei Spekulationsgeschäften mit einer außergewöhnlich hohen Verlustgefahr aufs Spiel zu setzen.[66]

862 Dieses Beispiel zeigt, dass die **Wirksamkeit** eines Einverständnisses des Vermögensinhabers im Bereich der Untreue bei der Frage, ob es das Vorliegen einer *Pflichtverletzung* und damit bereits den Tatbestand des § 266 ausschließt, im Prinzip nach den gleichen Grundsätzen zu beurteilen ist, wie dies bei einer *rechtfertigenden* Einwilligung zu geschehen pflegt;[67] es muss sich um eine **autonome** Entscheidung des Vermögensinhabers handeln. Auch das ist eine Folge der besonderen Tatbestandsstruktur (Rn 850): Wenn die Verhaltensregel sich aus dem Deliktstatbestand ergibt, wird mittels Rechtfertigungsgründen geprüft, ob diese (allgemeine) Verhaltensregel für die konkrete Situation ausnahmsweise dispensiert war und daher (trotz Deliktstatbestandsmäßigkeit) in concreto keine Verletzung der Verhaltensregel erfolgte; hier ist das Entsprechende zu prüfen, doch schon der Deliktstatbestand setzt eine Verletzung der Verhaltensregel im konkreten Fall voraus.

863 Die **Wirksamkeit** des Einverständnisses setzt naturgemäß voraus, dass der Vermögensinhaber von den Maßnahmen des Treuepflichtigen Kenntnis hat. Dass eine Treugeberin entgegen den ein Verbot der Bestechung im geschäftlichen Verkehr enthaltenden Compliance-Vorschriften in ihrem Betrieb stillschweigend mit der Bildung „schwarzer Kassen" zur Finanzierung solcher Bestechungen einverstanden ist, darf nicht ohne konkreten Nachweis unterstellt werden.[68] Andererseits wäre ein solches Einverständnis nicht deshalb unwirksam, weil es sich auf denkbare Straftaten bezöge.[69] Die Wirksamkeit des Einverständnisses kann freilich daran scheitern, dass es selbst **gesetzwidrig** ist (so zB zustimmende Beschlüsse des Studentenparlaments zur Wahrnehmung des allgemeinpolitischen Mandats durch den Allgemeinen Studentenausschuss)[70] oder seinerseits eine

---

65 Vgl dazu aber auch LK-*Schünemann*, § 266 Rn 124.
66 Vgl BGH wistra 82, 148, 150; GA 1977, 342; BGH StV 04, 424, 425; BGH wistra 12, 233 (Wertpapiergeschäfte mit hochspekulativen Optionsscheinen); *Hillenkamp*, NStZ 81, 167; LK-*Hübner*, 10. Aufl., § 266 Rn 87; *Waßmer*, Untreue bei Risikogeschäften, 1996, S. 58 ff.
67 Vgl dazu AnK-*Esser*, § 266 Rn 147; *Kindhäuser/Hilgendorf*, § 266 Rn 54 f; *Wessels/Beulke/Satzger*, AT Rn 554, 557; möglicherweise Grund für den BGH, in BGHSt 9, 203, 216 von einer *rechtfertigenden* Einwilligung zu sprechen; offen gelassen in BGHSt 30, 247, 249; wie hier *Eisele*, BT II Rn 865; G/J/W-*Waßmer*, § 266 Rn 158, 145; *Rengier*, BT I § 18 Rn 50; S/S/W-*Saliger*, § 266 Rn 59; *Wittig*, § 20 Rn 71 ff.
68 BGHSt 52, 323, 335 (Fall *Siemens*).
69 *Ransiek*, StV 09, 321; *Weber*, Seebode-FS S. 437, 442.
70 BGHSt 30, 247, 249; OLG Hamm NJW 82, 190, 192; hierzu (bei Einrichtung schwarzer Kassen) in der Privatwirtschaft *Rönnau*, Tiedemann-FS S. 713, 718 ff; s. auch BGHSt 60, 94, 109 (Fall *Böhr*: unzulässige Zustimmung der Fraktion) mit Anm. *Altenburg*, NJW 15, 1624; *Brand/Seeland*, ZWH 15, 258.

Pflichtverletzung iS des § 266 darstellt.[71] Das gilt insbesondere für die ungetreue Zustimmung der Mitgliederversammlung eines Vereins[72] wie von Aufsichtsorganen einer Aktiengesellschaft zu Untreuehandlungen des Vorstandes oder von GmbH-Gesellschaftern zur missbräuchlichen Verschiebung von Vermögenswerten durch den Geschäftsführer einer (Einmann-)Gesellschaft.[73] Als unwirksam sieht der BGH hier namentlich die Zustimmung zu Verfügungen an, die das Stammkapital der Gesellschaft beeinträchtigen, der Gesellschaft ihre Produktionsgrundlage entziehen oder ihre Liquidität gefährden.[74]

Rechtsprechungsbeispiel: Im Fall **Siemens(-ENEL)** (BGHSt 52, 323) hatten zwei Manager, die auch für die Akquise von Neuaufträgen zuständig waren, leitende Angestellte des italienischen ENEL-Konzerns bestochen, um Aufträge zu erlangen. Die Schmiergeldzahlungen erfolgten aus einer dafür eingerichteten **„schwarzen Kasse"**, in die Firmengelder „umgeleitet" wurden. Neben Ausführungen zu einer Tat nach § 299 (die der BGH aus Gründen ablehnt, die in der heutigen Gesetzesfassung entfallen sind) ging der BGH hier von einer Untreue nach § 266 I Var. 1 aus. Die Schmiergeldzahlung war gesetzeswidrig; darauf, ob sie schon deshalb pflichtwidrig iS des § 266 I war (was nach der späteren Siemens-AUB-Entscheidung bezweifelt werden muss, s. das Rechtsprechungsbeispiel in Rn 857), kam es hier nicht an, denn die Gewinnmarge der Aufträge, die erlangt wurden (und in dubio pro reo nur so zu erlangen waren), überstieg die Schmiergeldzahlungen; die Zahlung führte also zu einem Vermögensvorteil, nicht zu einem Schaden. Doch bereits das Anlegen der schwarzen Kasse verstieß gegen interne Regeln und wurde daher als pflichtwidrig angesehen (was im Hinblick auf die Frage, ob Richtlinien evt. nur pro forma formuliert und uU durch andere verbindliche Absprachen konterkariert wurden, eingehender hätte diskutiert werden können).

Nach Ansicht des BGH ist durch das Anlegen der schwarzen Kasse auch bereits ein endgültiger **Vermögensnachteil** entstanden. Was nämlich dem Zugriff der Gesellschaft entzogen wird, rechnet er auch nicht mehr ihrem Vermögen zu (s. auch BGH HRRS 19, Nr 236 und BGH wistra 20, 416 mit Anm. *Habetha*, NStZ 20, 544), selbst wenn nach einer etablierten Praxis sicher davon ausgegangen werden kann, dass der Einsatz der Mittel nur zu einem den Betrag der Mittel übersteigenden Vorteil erfolgt. Der BGH entfernt sich hier von einer konsequent wirtschaftlichen Betrachtung. Richtigerweise wäre der unzweifelhaft entstehende Nachteil (Vermögensabfluss) mit dem Wert begründeter wirtschaftlicher Erwartungen zu saldieren. S. hierzu *Bosch*, JA 09, 233, 235; *Brammsen/Apel*, WM 10, 781; *Hoof*, Kompensationsmöglichkeiten innerhalb des Untreuenachteils 2018, S. 268 ff; *Jahn*, JuS 09, 175; *Knauer*, NStZ 09, 153; *Kudlich/Oğlakcıoğlu*, Rn 329; *Satzger*, NStZ 09, 297, 303; S/S/W-*Saliger*, § 266 Rn 1; teils zust. *Rönnau*, StV 09, 246, 249; zust. Fischer-*Fischer*, Strafrechtsgespräche, S. 51 f; Fischer-*Hoven*, Strafrechtsgespräche, S. 206 f; klärend hierzu *Hohn*, Rissing-van Saan–FS S. 259, 265 ff; *de lege ferenda* für einen Unterschlagungstatbestand zur Erfassung dieser Fälle Fischer-*Perron*, Strafrechtsgespräche, S. 189 ff; Falllösungen bei *Bock*, WV-BT2 S. 234 ff; *Jäger*, BT Rn 607 f; *Rotsch*, JA 13, 278.

Wer als Betreuungspflichtiger Weisungen unterworfen ist und nach Erfüllung der ihm obliegenden Beratungspflicht[75] lediglich eine **verbindliche Weisung** seines Geschäftsherrn befolgt, handelt

---

71 G/J/W-*Waßmer*, § 266 Rn 214 ff.
72 OLG Hamm wistra 99, 350, 353.
73 Vgl BGHSt 34, 379, 384 f; 35, 333, 337; 55, 266, 278; BGH NJW 97, 66; BGH NJW 00, 154, 155 mit Bespr. *Gehrlein*, NJW 00, 1089; BGH NJW 03, 2996, 2998; BGH JR 12, 443; BGH StV 17, 79 mit Anm. *Floeth*, EWiR 16, 629; *Achenbach*, BGH-FS S. 596 ff; *Brammsen*, DB 89, 1609; Fischer-*Fischer*, § 266 Rn 93 ff; *Kindhäuser/Hilgendorf*, § 266 Rn 56 ff; *Kraatz*, ZStW 103 (2011), 447, 473 ff; LK-*Schünemann*, § 266 Rn 125; MK-*Dierlamm/Becker*, § 266 Rn 152 ff; *Schramm*, Untreue und Konsens, 2005, S. 91 ff; *Waßmer*, Untreue bei Risikogeschäften, 1996, S. 51 ff, 80 ff; *Wodicka*, Die Untreue zum Nachteil der GmbH, 1993, S. 210 ff, 249 ff, 274 ff; *Zieschang*, Kohlmann-FS S. 351; s. auch die Nachw. zu den Fällen *Mannesmann* und *Bremer Vulkan* in Rn 858, Fn zur Kasuistik.
74 BGHSt 54, 52, 57 f; BGH NStZ-RR 12, 80; BGH wistra 13, 232; BGH NStZ-RR 19, 381; krit. dazu *Beulke*, Eisenberg-FS S. 245, 256 ff; *Kraatz*, ZStW 103 (2011), 447, 472; vgl auch *Anders*, NZWiSt 17, 17; *Habetha/Klatt*, NStZ 15, 672; *Tiedemann*, Mehle-FS S. 625, 633 ff.
75 S. dazu BGH JZ 84, 682.

nach der Rspr des BGH nicht pflichtwidrig, sondern pflichtgemäß. Ein *Missbrauch* seiner Verpflichtungs- oder Verfügungsbefugnis iS des § 266 sei insoweit nicht denkbar; nur *weisungswidriges* Verhalten könne hier den Untreuetatbestand erfüllen. Führe die Befolgung einer verbindlichen Weisung zu Vermögenseinbußen und Verlusten, treffe die Verantwortung dafür (kraft seiner Weisungsbefugnis) allein den Geschäftsherrn.[76] Das überzeugt, soweit die Pflichtenstellung zur Disposition des Geschäftsherrn steht und er durch die Weisung wirksam über sie disponiert, nicht hingegen bei indisponiblen gesetzlichen Pflichten. Dort kann in der Weisung nur ein Einverständnis gesehen werden und ihre Wirksamkeit und Wirkung muss sich nach den dafür beschriebenen Regeln richten,[77] was im Ergebnis aber kaum zu Unterschieden führen dürfte.

865 Missbrauch und Pflichtverletzung müssen sich jeweils aus **Art** und **Inhalt** des Geschäfts ergeben. Wer zB als Vertreter oder Inkassobevollmächtigter Forderungen *auftragsgemäß* einzieht, dabei jedoch in der Absicht handelt, das Geld für eigene Zwecke zu verwenden, missbraucht seine Verfügungsbefugnis (noch) nicht.[78] Der **Verbrauch des Geldes** entgegen der Ablieferungspflicht kann indessen den Treubruchstatbestand des § 266 erfüllen.

866 Für die Pflichtverletzung im Sinne des Missbrauchstatbestandes bei einer **Kreditvergabe** ist nach dem BGH[79] maßgebend, ob die Entscheidungsträger, unter denen sich auch für den Fall des Einstimmigkeitsprinzips unterschiedliche Verantwortlichkeiten ergeben können,[80] ihre banktibliche Informations- und Prüfungspflicht bezüglich der wirtschaftlichen Verhältnisse des Kreditnehmers **gravierend** vernachlässigt haben. Anhaltspunkte hierfür können sich aus einer Verletzung der in § 18 KWG normierten Pflichten[81] sowie zB aus der Eigennützigkeit[82] ergeben. Macht der **Vorstand einer AG** aus deren Vermögen Zuwendungen an einen **Fußballverein**, ergibt sich die Pflichtwidrigkeit nach der anfechtbaren und vom 3. Senat im Mannesmann-Verfahren nicht geteilten[83] Auffassung des 1. Senats gleichfalls erst bei einer **gravierenden** gesellschaftsrechtlichen Pflichtverletzung (vgl Rn 858). Für eine solche sollen die fehlende Nähe zum Unternehmensgegenstand, fehlende innerbetriebliche Transparenz und das Vorliegen sachwidriger Motive wie namentlich die Verfolgung rein persönlicher Präferenzen sprechen.[84] Richtig hieran ist, dass strafbares Handeln in **beiden Alternativen** des § 266 insoweit auf den *klar und evident unvertretbaren* Verstoß gegen *allgemein anerkannte Wertungen* beschränkt bleiben sollte, und dass die angeführten

---

76 So zB BGH GA 1977, 342; S/S-*Perron*, § 266 Rn 20; *Wessels*, BT II Rn 712; näher dazu *Nelles*, Untreue zum Nachteil von Gesellschaften, 1991, S. 563 ff.
77 *Waßmer*, Untreue bei Risikogeschäften 1996, S. 35 ff; einschr. *Schramm*, Untreue und Konsens, 2005, S. 61 f; stets nur für diese Variante *Hillenkamp*, hier bis zur 40. Aufl.
78 BGH wistra 84, 143; S/S-*Perron* § 266 Rn 19; *Wittig/Reinhart*, NStZ 96, 467; anders LK-*Hübner*, 10. Aufl., § 266 Rn 71 mit dem nicht überzeugenden Hinweis, der *böse Wille* begründe bereits das Vorliegen einer bösen Tat; s. zum „Bösen" *Dölling*, Roxin-FS II S. 1901 ff.
79 BGHSt 46, 30, 35; 47, 148; BGH wistra 10, 21, 23 f; BGH JR 22, 200 mit Anm. *Stam*.
80 S. dazu *Knauer*, NStZ 02, 399, 403 f.
81 BGHSt 47, 148, 149 ff mit krit. Bespr. von *Keller/Sauer*, wistra 02, 365 und *Knauer*, NStZ 02, 399; s. dazu auch *Ransiek*, ZStW 116 (2004), 671.
82 BGHSt 46, 30, 34.
83 S. BGHSt 50, 331, 343 f; s. zu beiden Entscheidungen *Jäger*, BT Rn 605 f; eine Rückkehr zum Erfordernis **„gravierend"** fordert *Beulke*, Eisenberg-FS S. 245, 252 ff; s. dazu auch BVerfGE 126, 170, 210 f; OLG Hamm wistra 12, 448; LG Hamburg ZWH 15, 147; zum Streitstand AnK-*Esser*, § 266 Rn 100 f; Fischer-*Fischer*, § 266 Rn 61 ff; S/S/W-*Saliger*, § 266 Rn 47 ff mit krit. eigener Position in Rn 50; *Wittig*, § 20 Rn 50; klarstellend G/J/W-*Waßmer*, § 266 Rn 132 ff; LK-*Schünemann*, § 266 Rn 95 ff; *Schünemann*, ZJS 12, 191; einen Zusammenhang zur Lehre von der objektiven Zurechnung stellt – im Anschluss an *Schünemann*, NStZ 05, 476 – *Kraatz*, ZStW 103 (2011), 447, 479 ff her.
84 BGHSt 47, 187, 197; s. dazu MK-*Dierlamm/Becker*, § 266 Rn 197 ff; *Otto*, Kohlmann-FS S. 187; *Saliger*, JA 07, 329; s. zur nach § 87 AktG zu beurteilenden Ausschüttung von Anerkennungsgebühren im Fall *Mannesmann* ausführlich LG Düsseldorf NJW 04, 3275, das schon von einer „gravierenden" Verletzung ausgehen wollte; zum Problem der „Bestimmtheit" s. in diesem Zusammenhang *Lüderssen*, Schroeder-FS S. 569. Zur Adäquanz von **Wein-** und **Champagnerpräsenten** s. OLG Düsseldorf wistra 15, 484 mit Bespr. *Jahn*, JuS 15, 850 und *Bernsmann*, ZWH 16, 81.

Kriterien hierfür Indizien sind.⁸⁵ Überschreiten Vorstandsmitglieder die in § 93 I AktG normierten äußersten Grenzen unternehmerischen Ermessens, liegt nach dem BGH das Merkmal der „gravierenden" Pflichtverletzung „gleichsam automatisch" vor.⁸⁶ Demgegenüber reicht die Berufung auf eine Verletzung des allgemeinen Schädigungsverbots für eine Treuepflichtverletzung schwerlich aus.⁸⁷

Da beide Untreuetatbestände nur eine Pflichtverletzung (Befugnismissbrauch; Treuepflichtverletzung) voraussetzen, können sie gleichermaßen durch **Tun** und **Unterlassen** verwirklicht werden.⁸⁸ Dabei ergibt sich die Garantenstellung notwendig aus der Vermögensbetreuungspflicht. § 13 I enthält also letztlich keine zusätzlichen Voraussetzungen, und es kommt in der Sache nicht auf die Unterscheidung zwischen Tun und Unterlassen an.⁸⁹ Deshalb besteht oft auch kein Anlass für eine Milderung nach § 13 II.⁹⁰ **867**

Eine **Befugnis** iS der *ersten* Alternative des § 266 I kann so zB durch Schweigen im Falle des § 362 HGB oder durch das Unterlassen einer Mängelrüge (§ 377 II HGB),⁹¹ uU auch durch Verjährenlassen einer Forderung durch den mit ihrer Geltendmachung beauftragten Rechtsanwalt⁹² missbraucht werden. Bei einem als Risikogeschäft einzuordnenden Vergleich liegt ein Missbrauch vor, wenn die Vertreter einer Krankenkasse auf durch einen Abrechnungsbetrug wahrscheinlich entstandene Rückzahlungsansprüche gegenüber der Witwe des Arztes in einer nach den für ordnungsgemäßes Verwaltungshandeln geltenden Normen und Grundsätzen nicht mehr vertretbaren Weise verzichten.⁹³

Im **Fall 62** war F zwar im Stande, dem gutgläubigen E nach §§ 929, 932 BGB Eigentum an dem PC des B zu verschaffen. Die rechtliche Möglichkeit dazu war jedoch nur eine **Folge der Schutzwirkung**, die das BGB zu Gunsten eines redlichen Dritten mit dem Besitz einer Sache **868**

---

85 Zutr. Gleichsetzung bei *Lackner/Kühl/Heger*, § 266 Rn 20b; krit. hierzu Fischer-*Fischer*, § 266 Rn 64a; s. hierzu auch *Ignor/Sättele*, Hamm-FS S. 211, 220; *Jahn/Ziemann*, ZIS-FS S. 770 f; *Otto*, Tiedemann-FS S. 693, 695 ff; *Rönnau*, ZStW 119 (2007), 887, 909 ff; *Tiedemann*, WirtschaftsstrafR, Rn 566 und diff. S/S/W-*Saliger*, § 266 Rn 47, 49 f; ebenso BGH NStZ 13, 715 mit zust. Bespr. *Jahn*, JuS 14, 82; *Kubiciel*, StV 14, 91; *Saliger*, ZWH 14, 73; BGHSt 60, 94, 107 f (Fall *Böhr*) mit Anm. *Altenburg*, NJW 15, 1624; *Brand/Seeland*, ZWH 15, 258; OLG Celle BeckRS 12, 20313; OLG Celle StV 14, 99 mit Anm. *Brand*, ZWH 14, 23. Zu Vergünstigungen für Betriebsratsmitglieder s. in diesem Zusammenhang *Bittmann/Mujan*, BB 12, 637, 640. Handelt es sich – wie zB bei durch Satzung festgelegte Sitzungsgelder – um Entscheidungen ohne jeden Handlungsspielraum, kommt es auf das Merkmal „gravierend" nicht an, s. OLG Braunschweig NJW 12, 3800 mit Anm. *Rübenstahl*, NZWiSt 13, 267.
86 BGH NJW 17, 578 *(HSH Nordbank)* mit Anm. *Brand; Becker*, NStZ 17, 232; *Bittmann*, wistra 17, 121; *Kubiciel*, JZ 17, 585; *Leimenstoll*, StV 17, 394; *Nepomuck*, NZWiSt 17, 119; *Stam*, JR 17, 439; *Weiler/Lingert*, CB 17, 344; zur Übertragung der Grundsätze auf die GmbH s. *Wagner*, ZfBR 17, 549 und auf Sparkassenvorstände BGH JR 22, 200 mit Anm. *Stam*; zu § 93 AktG, der Business Judgement Rule und zur Bezugnahme durch § 266 *Eibach/Scholz*, ZStW 21, 685 und *Tzannetis*, ZfIStW 22, 304.
87 So aber BGHSt 50, 331, 336, 343 f; s. dazu *Deiters*, ZIS 06, 152; *Krause*, StV 06, 308; *Ransiek*, NJW 06, 814; *Schünemann*, NStZ 06, 196; *Thomas*, Hamm-FS S. 767; s. hierzu bei Pflichtverstößen im Risikomanagement *Helmrich*, NZG 11, 1252, 1254.
88 *Lackner/Kühl/Heger*, § 266 Rn 2; S/S-*Perron*, § 266 Rn 35; S/S/W-*Saliger*, § 266 Rn 22, 40.
89 S. dazu BGHSt 52, 182, 189; 323, 334; BGH NJW 11, 3528, 3529 mit Bespr. *Becker* HRRS 12, 237; OLG Braunschweig NJW 12, 3800; zust. *Rönnau*, StV 09, 246, 247; aA (§ 13 gar nicht anwendbar) *Rengier*, BT I § 18 Rn 45 f; *Hillenkamp*, hier bis zur 40. Aufl.
90 Die hM geht von dem Recht von der Möglichkeit einer solchen Milderung aus, wenn in der Unterlassung nur eine deliktsuntypisch geringe Schuld liegt BGHSt 36, 227; BGH NStZ-RR 97, 357; BGH NJW wistra 07, 3366, 3367; BGH NJW 15, 1191; A/R/R-*Lindemann*, 7.2 Rn 80; Fischer-*Fischer*, § 266 Rn 55; G/J/W-*Waßmer*, § 266 Rn 439; *Lackner/Kühl/Heger*, § 266 Rn 2; LK-*Schünemann*, § 266 Rn 202; MK-*Dierlamm/Becker*, § 266 Rn 148; NK-WSS-*Jahn/Ziemann*, § 266 Rn 97. **AA** (§ 13 II nicht anwendbar) *Eisele*, BT II Rn 884; *Rengier*, BT I § 18 Rn 48; *Schmidt*, BT II Rn 745; SK-*Rudolphi*, § 13 Rn 4, 6 (aufgegeben von *Stein*, § 13 Rn 65); *Hillenkamp*, hier bis zur 40. Aufl.
91 Näher LK-*Schünemann*, § 266 Rn 53; *Seebode*, Anm. JR 89, 301; S/S-*Perron*, § 266 Rn 16.
92 S. BGH JR 83, 515 mit Anm. *Keller*; LK-*Schünemann*, § 266 Rn 53.
93 OLG Karlsruhe NJW 06, 1682.

§ 21 *Untreue*

und dem dadurch erzeugten **Rechtsschein** verbindet (vgl § 1006 I BGB). Eine *Befugnis*, über den betreffenden Gegenstand zu verfügen, lässt sich daraus nicht herleiten.[94] Infolgedessen ist hier kein Raum für die Annahme, dass F eine ihr im Verhältnis zu B zustehende *Befugnis* iS des § 266 missbraucht haben könnte. Der Tatbestand der **Untreue** in all seinen Erscheinungsformen entfällt im **Fall 62** außerdem deshalb, weil die Obhutspflicht des Sachmieters als *bloße Nebenpflicht* keine „**Vermögensbetreuungspflicht**" begründet.[95] F hat sich daher lediglich der **veruntreuenden Unterschlagung** schuldig gemacht (§ 246 II).

4. Nachteilszufügung

869 Durch die Missbrauchshandlung muss demjenigen, dessen Vermögensinteressen der Täter zu betreuen hat, ein **Nachteil** (= Vermögensschaden) zugefügt werden. Der Begriff entspricht ungefähr dem Vermögensschaden beim Betrug, ist aber etwas (insb. um nichtrealisierte tatsächliche Gewinnchancen) weiter zu verstehen (näher dazu Rn 878 ff). Der Vermögensnachteil muss auf die *Pflichtwidrigkeit zurückführbar* sein und mit ihr in einem *Zurechnungszusammenhang* stehen.[96] Ein Teil dieses Zurechnungszusammenhangs wird bereits im Erfordernis einer vermögensschützenden Pflicht (Rn 857) abgebildet.

III. Treubruchstatbestand

870 **Fall 63:** In einem kleineren Bahnhof obliegt dem im Schalterdienst tätigen S die alleinige Verwaltung der Fahrkartenkasse. Die Tageseinnahmen sind von ihm bei Dienstschluss mit der Endsumme in ein Ablieferungsbuch einzutragen und gegen Quittung der Sammelkasse zuzuführen. Zweimal monatlich erfolgt eine Gesamtabrechnung. Um persönliche Schulden zu begleichen, hat S Geld aus der Kasse entnommen, das Ablieferungsbuch unrichtig geführt und den Fehlbetrag dadurch verschleiert, dass er spätere Einnahmen unter falschen Daten verbucht hat. Strafbarkeit des S? **Rn 888**

1. Treueverhältnis, Vermögensbetreuungspflicht und Pflichtverletzung

871 Den **Treubruchstatbestand** verwirklicht, wer die ihm kraft Gesetzes, behördlichen Auftrags, Rechtsgeschäfts oder auf Grund eines faktischen Treueverhältnisses obliegende **Pflicht zur Wahrnehmung fremder Vermögensinteressen verletzt** und dadurch dem, dessen Vermögensinteressen er zu betreuen hat, einen **Nachteil zufügt**. Das **Treueverhältnis** kann demnach auf denselben Grundlagen wie beim Missbrauchstatbestand beruhen, kann sich aber im Gegensatz zu diesem auch aus einem tatsächlichen Verhältnis ergeben.[97] Letzteres kommt namentlich dann in Betracht, wenn das zugrunde liegende Geschäft aus rechtlichen Gründen nichtig ist, bei Gültigkeit aber eine rechtliche Treuepflicht entstehen ließe.[98] Von einem tatsächlichen Treueverhältnis ist gleichfalls auszuge-

---

94 BGHSt 5, 61, 62 f.
95 Vgl BGHSt 22, 190, 191; M/S/M-*Momsen*, BT I § 45 Rn 33.
96 BGHSt 46, 30, 34; H-H-*Koranyi*, Rn 1104; *Mansdörfer*, JuS 09, 114, 116 f; *Perron*, Frisch-FS S. 868 ff; *Weber*, Seebode-FS S. 437, 445.
97 AnK-*Esser*, § 266 Rn 57; *Hohmann/Sander*, BT § 47 Rn 26; S/S-*Perron*, § 266 Rn 30.
98 *Lackner/Kühl/Heger*, § 266 Rn 10; S/S/W-*Saliger*, § 266 Rn 25 ff; s. dazu auch *Reiß*, Das Treueverhältnis des § 266 StGB, 2014, S. 507 ff.

hen, wenn der Geschäftsführer einer Gesellschaft die Geschäftsführung mit Einverständnis der Gesellschafter, aber ohne förmliche Bestellung nur *faktisch* innehat und ausübt und dabei gegenüber dem formellen Geschäftsführer eine überragende Stellung einnimmt.[99] Die Treuepflicht kann auch für einen Dritten durch ein Rechtsgeschäft mit dem primär Treuepflichtigen begründet werden.[100]

Die **Pflichtverletzung** kann in rechtsgeschäftlichem wie in tatsächlichem Verhalten (wie zB dem Bezahlen einer gegen einen Mitarbeiter verhängten Geldstrafe oder Geldbuße aus Bank- oder Verbandsvermögen,[101] der Auszahlung von gesetzlich nicht zulässigen hohen Sonderboni an Mitglieder des Betriebsrats,[102] der Entnahme eines Geldbetrags aus dem Tresor einer Sportwettfiliale zu privater Verwendung,[103] einem kreditschädigenden und dadurch Schadensersatzansprüche auslösenden Interview[104] oder in der Veranlassung eines Testierunfähigen durch den Betreuer, ihn als Begünstigten einzusetzen)[105] liegen, das auch hier in **Tun** oder **Unterlassen** bestehen kann.

Der Gefahr, dass die fast uferlose Weite dieses Tatbestandes[106] nahezu jede Vertragsverletzung pönalisieren könnte, suchen Rspr. und Lehre mit unterschiedlichen Akzentuierungen[107] durch relativ **strenge Anforderungen** an die **Vermögensbetreuungspflicht** zu begegnen: Vorausgesetzt wird, dass die Pflicht zur Wahrnehmung fremder Vermögensinteressen einen **typischen und wesentlichen Inhalt** des rechtlich begründeten oder faktisch bestehenden Treueverhältnisses bildet.[108]

872

---

99 Ein Fall der sog. faktischen Organstellung, s. dazu BGH NJW 13, 624 f; BGH wistra 20, 293; M/R-*Matt*, § 266 Rn 44; *Mayr*, ZJS 18, 212; *Leppich*, wistra 18, 361 (zur Beendigung); ähnlich auch BGH BeckRS 20, 3554. Zur Frage einer Untreue des „Strohmann"-Geschäftsführers, wenn zugleich ein faktischer Geschäftsführer existiert s. BGH wistra 17, 65 mit Anm. *Ceffinato*; *Heuking*, BB 16, 3089; *Sahan/Altenburg*, NZWiSt 18, 161.
100 BGH NStZ 00, 375, 376; aus tatsächlichen Gründen verneint im Fall einer von einem **Betreuer** zur Wahrnehmung von Forderungen gegenüber einer Versicherung **eingeschalteten Person** von OLG Hamm NZWiSt 16, 479 mit Anm. *Schumacher*.
101 S. dazu BGHSt 37, 226; OLG Frankfurt StV 90, 112; *Hillenkamp/Cornelius*, BT 12. Problem; *Ignor/Rixen*, wistra 00, 448; *Kranz*, ZJS 08, 471, 473 ff; *Spatschek/Ehnert*, StraFo 05, 266; diff. *Otto*, Tiedemann-FS S. 693, 699 ff; *Stoffers*, JR 10, 239.
102 BGHSt 54, 148, 156 ff (VW-Fall) mit Bespr. *Corsten*, wistra 10, 206; s. dazu *Bittmann/Mujan*, BB 12, 637; *Zwiehoff*, Puppe-FS S. 1337 ff.
103 Im Fall des OLG Hamburg NStZ 10, 335 durch den Kassierer zum Zweck der „Entfärbung" schwarz eingefärbten Geldes, s. dazu *Jahn*, JuS 09, 1144; *Satzger*, JK 7/10, StGB § 266/35; zu einem „Griff in die Kasse" durch den Geschäftsführer einer KG s. BGH wistra 12, 237.
104 S. den Fall *Kirch/Breuer* BGHZ ZIP 06, 317; dazu *Jäger*, Otto-FS S. 593.
105 Nach OLG Celle NStZ-RR 13, 176 mit Bespr. *Kudlich*, JA 13, 710 ein Fall der mittelbaren Täterschaft mit dem Testierenden als Werkzeug. Entgegen der Ansicht des OLG Celle begründet die Veranlassung der testamentarischen Begünstigung noch keinen Gefährdungsschaden s. BGH HRRS 19, Nr 320; BGH NStZ 18, 347.
106 Für **Verfassungswidrigkeit** daher *Kargl*, ZStW 113 (2001) 589 und zw. MK-*Dierlamm/Becker*, § 266 Rn 3, dagegen NK-WSS-*Jahn/Ziemann*, § 266 Rn 24; *Ransiek*, ZStW 116 (2004), 640; S/S/W-*Saliger*, § 266 Rn 4; der Streit ist durch BVerfGE 126, 170 LS 1 entschieden: Der Untreuetatbestand des § 266 Abs. 1 StGB ist mit dem Bestimmtheitsgebot des Art. 103 Abs. 2 GG zu vereinbaren, die wichtigste Aussage dieser Entscheidung. s. *Kuhlen*, JR 11, 246, 253 f.
107 S. die Gegenüberstellung bei *Küper/Zopfs*, BT Rn 619, 638 ff; zusf. BGHSt 61, 48 mit Anm. *Rönnau/Becker*, JR 17, 204; *Saliger/Schweiger*, NJW 16, 260.
108 BGHSt 1, 186, 189; 22, 190, 191; 55, 288, 297 f; BGH NZWiSt 12, 33, 34 mit Anm. *Waßmer*; BGH NStZ 13, 40 f; BGHSt 62, 144 ff mit Anm. *Eisele*; *Brand*, NZG 18, 293; BVerfGE 126, 170, 208 ff; KG wistra 15, 72; zusf. BGHSt 60, 94, 104 f (Fall *Böhr*) mit Anm. *Altenburg*, NJW 15, 1624; *Brand/Seeland*, ZWH 15, 258; BGH wistra 17, 153 mit Bespr. *Bittmann*, wistra 17, 124; BGH NJW 18, 1486, 1488; *Eisele*, BT II Rn 889 ff; *Fischer-Fischer*, § 266 Rn 21; HK-GS-*Beukelmann*, § 266 Rn 8 ff; H-H-*Koranyi*, Rn 1105, 1112 ff; *Krey/Hellmann/Heinrich*, BT II Rn 921 ff; *Rengier*, BT I § 18 Rn 17; *Zöller*, BT

Die **allgemeine Pflicht**, einen **Vertrag** zu erfüllen und dabei auf die Interessen des anderen Teils Rücksicht zu nehmen, ist keine „*Vermögensbetreuungspflicht*" iS des § 266.[109] Infolgedessen genügt das Nichterfüllen einfacher Vertragspflichten bei Kauf-, Miet-, Werk-, Darlehens- oder Arbeitsverträgen den Anforderungen des Treubruchstatbestandes nicht.[110] Vielmehr muss die verletzte Pflicht in besonderem Maße den Vermögensinteressen des Vertragspartners dienen, gerade deshalb vereinbart sein und – als rechtsgeschäftlich eingegangene Pflicht – zugunsten des Vertragspartners Elemente einer Geschäftsbesorgung aufweisen.[111] Das ist zB nicht der Fall, wenn eine Kreditkarte, die zum eigennützigen Gebrauch überlassen wurde, über den Tod des Kreditkarteninhabers hinaus genutzt wird.[112] Aus dem Auftrag einer Versicherungsgesellschaft, Berechtigte aus einer **Lebensversicherung** über die Anlage frei gewordener Gelder zu **beraten** und ihnen das Geld auszuhändigen, falls es nicht zu einem neuen Vertrag kommt, folgt keine Vermögensbetreuungspflicht.[113] Auch eine **Sicherungszession** im Rahmen einer Kreditgewährung begründet für den Kreditnehmer im Allgemeinen nur Nebenpflichten, während die Hauptpflicht sich darauf beschränkt, den gewährten Kredit zurückzuzahlen.[114] Bei **Beamten** reicht deren allgemeine Treuepflicht für § 266 nicht aus, vielmehr bedarf es insoweit einer sich aus dem konkreten Aufgabenbereich ergebenden Vermögensbetreuungspflicht.[115] Eine solche ergibt sich zB für den über staatliche *Subventionen* entscheidenden Amtsträger. Den Subventionsempfänger soll eine solche Pflicht dagegen nicht treffen, da er nicht fremd-, sondern eigennützig die eigene Wertschöpfung steigern soll.[116] In einigen Zusammenhängen muss die Einordnung differenziert ausfallen und eine Vermögensbetreuungspflicht im Grundsatz zwar bejaht, zugleich aber das Bestehen auf einzelne Verhältnisse beschränkt oder das Bestehen anderer uU vorrangiger Pflichten ebenfalls anerkannt werden, so zB beim **Betriebsrat** mit Blick auf die dem Betrieb angehörigen Arbeitnehmer[117] und im **Gesundheitswesen** für den **Vertragsarzt** und dessen gegenüber medizinischen Belangen des Patienten nachrangigen Verpflichtung nach dem Wirtschaftlichkeitsgebot.[118]

873 **Mindestvoraussetzung** der Betreuungspflicht ist stets, dass es sich nach den **gesamten Umständen** des Einzelfalls um eine nicht ganz unbedeutende Angelegenheit mit einem Aufgabenkreis von einigem Gewicht und einem **gewissen Grad von Verantwortlichkeit** (also auch gewissen **Entscheidungsspielräumen**) handelt. **Anzeichen** dafür sind Art, Umfang und Dauer der jeweiligen Tätigkeit, ein etwaiger, der Missbrauchsalternati-

---

Rn 295; eine Übersicht bieten A/R/R-*Lindemann*, 7.2 Rn 132 ff; Fischer-*Fischer*, § 266 Rn 35 ff, 48 f; *Kindhäuser/Hilgendorf*, § 266 Rn 36–39; M-G-*Hadamitzky*, Rn 32.24; Spickhoff-*Schuhr*, § 266 Rn 10 f; S/S-*Perron*, § 266 Rn 23 ff; S/S/W-*Saliger*, § 266 Rn 25 ff; *Wittig*, § 20 Rn 123 ff. Für die Ersetzung dieser Umschreibung durch „Garantenpflicht" *Jakobs*, Dahs-FS S. 49, 55 f, 58 f; krit. gegenüber den Kriterien *Kraatz*, ZStW 123 (2011), 447, 461 f; *Ransiek*, Joecks-GS S. 287, 290 ff.

109 BGHSt 33, 244, 251; BVerfGE 126, 170, 209 f.
110 Vgl BGHSt 22, 190, 191; BGH wistra 98, 61 mit Anm. *Otto*, JK 98, StGB, § 266/16; BGH NStZ-RR 00, 236 mit Anm. *Otto*, JK 01, StGB, § 266/20; BGH wistra 20, 204; für den **„Sicherheitseinbehalt"** bei einem **Werkvertrag** macht das OLG München NStZ 06, 632 hiervon eine Ausnahme; krit. hierzu mwN OLG Stuttgart NJW-RR 10, 1612; zur Vermögensbetreuungspflicht bei Verwendung von Besserungsscheinen s. *Sahan/Minkoff*, ZIS 18, 317, 319 ff.
111 BGHSt 52, 182, 186 f; BGH NZWiSt 19, 473, 475; BGH wistra 20, 382; daran fehlt es bei der Nebenpflicht des **Arbeitgebers**, für seine Arbeitnehmer **vermögenswirksame Leistungen** zu entrichten, s. BGH wistra 10, 483, 484; BGH NStZ-RR 11, 276, 277 (= nur Nebenpflicht).
112 Vgl. BGH NStZ-RR 15, 213 mit Anm. *Jäger*, JA 15, 629; *Kudlich*, PdW BT I S. 172 f.
113 BGH StV 02, 143.
114 BGH wistra 84, 143; zur parallelen Bewertung für den **Sicherungsgeber** s. OLG Celle StV 14, 99 mit Anm. *Brand*, ZWH 14, 23. Zum Sicherungsvertrag bei einer **Grundschuld** s. *Clemente*, wistra 10, 249.
115 BGH StV 95, 73; naheliegend bei gleichzeitiger Erfüllung des § 370 III Nr 2 AO durch Finanzbeamtin, BGH NStZ 98, 91; s. auch LG Dresden NStZ 06, 633 für eine einem Polizeibeamten vom LKA zum **Betanken** des Dienstfahrzeugs überlassene **Kreditkarte**.
116 So BGH NJW 04, 2248, 2251 f (*Bremer Vulkan*); BGHSt 49, 147, 155 f.
117 S. dazu *Lobinger*, in: Rieble ua (Hrsg), Arbeitsstrafrecht im Umbruch, 2009, S. 99, 109 ff.
118 Zur Verordnungsuntreue des Vertragsarztes s. die Kasuistik in Rn 858, ferner *Dannecker/Bülte*, NZWiSt 12, 81, 84 ff; *Schneider* NZWiSt 20, 10 und Spickhoff-*Schuhr*, § 266 Rn 28 ff.

ve typischerweise innewohnender und ihr vergleichbarer Entscheidungsspielraum des Verpflichteten[119] und das Maß seiner Selbstständigkeit. (Angestellten-)Tätigkeiten in einem unselbstständigen, dienenden und zuarbeitenden Pflichtenkreis[120] sowie rein *mechanische Tätigkeiten* wie die Erledigung von Botendiensten oder Schreibarbeiten begründen ebenso wenig ein Treueverhältnis iS des § 266 wie Verwandtschaft, Freundschaft oder alte Bekanntschaft als solche.[121] Bei der Delegation einer Vermögensbetreuungspflicht wandelt sich die ursprüngliche Pflicht in eine Organisationspflicht zur ordnungsgemäßen Auswahl, Anleitung und Kontrolle.[122]

Während die beiden zuletzt genannten Gesichtspunkte in der Lehre oft betont werden, weil der Vermögensinhaber einem Treupflichtigen nur unter der Voraussetzung einer gewissen Bewegungsfreiheit des Täters gegenüber dem Fremdvermögen in ähnlicher Weise ausgeliefert ist, wie dem, der eine Verfügungs- oder Verpflichtungsbefugnis besitzt,[123] spielen diese Aspekte in der Argumentation der Rspr. bisweilen eine geringere Rolle. Sie bejaht zB bei einer vertrags- bzw. gesetzwidrigen Verwendung der **Mieterkaution** durch den **Vermieter** den Treubruchstatbestand,[124] obwohl „der Vermieter für den Umgang mit der Mieterkaution nach § 550b Abs. 2 S 1 BGB nur einen relativ engen Entscheidungsspielraum hat" (vgl § 551 III BGB). Es verbiete sich, den Vermieter mit „Diensten der Handreichung" gleichzusetzen, wie sie von Kellnern, Lieferausträgern, Chauffeuren und Boten erbracht würden. Unter Bezugnahme auf diese Entscheidung bejaht das BayObLG[125] auch einen **Treubruch des Mieters**, der vertragswidrig ein als Mietkaution eingerichtetes Postsparbuch auflöst. Ebenso soll ein **Abgeordneter** einen Treubruch begehen können, indem er unter Verstoß gegen eng gezogene Richtlinien Parlamentsbesucher aus seinem spärlich ausgestatteten „Besuchertopf" ins Theater einlädt.[126] Problematisch sind dabei weniger diese Ergebnisse, als dass die Rspr. die Maßstäbe oft nicht klar ausspricht. Die Treupflichtwidrigkeit darf nicht zur bloßen Vertrags- oder Regelverletzung verwässern.[127] Richtigerweise ist an den **Kriterien** der Literatur festzuhalten, zugleich aber zu betonen, dass sie **auf die Vermögensbetreuungspflicht insgesamt** zu beziehen sind, dh die Gesamtrolle des Täters in dem Rechtsverhältnis betreffen, aus dem sich seine Pflichten gegenüber dem Geschädigten ergeben. Das ist in einer **Gesamtbetrachtung** dieser Rolle zu beurteilen. Der Entscheidungsspielraum muss nicht für den konkreten (pflichtwidrigen) Vorgang bestehen, dh für den Täter müssen **nicht mehrere Optionen rechtmäßigen Alternativverhaltens** bestanden haben.

---

119 S. zu dessen Fehlen bei Überlassung einer Visa-Karte zur freien Nutzung OLG Hamm NStZ-RR 15, 214 mit Bespr. *Jäger*, JA 15, 629.
120 Zu sog. *Handlangertätigkeiten* s. G/J/W-*Waßmer*, § 266 Rn 54; LK-*Schünemann*, § 266 Rn 42 ff; OLG Hamburg wistra 10, 155, 157 (Bankangestellte gegenüber einem Girokontoinhaber); zu Anlageberatern s. *Mölter*, wistra 10, 53, 56 ff.
121 Vgl RGSt 69, 58, 60 ff; 279, 280 f; *Wittig*, § 20 Rn 122.
122 BGH NStZ 22, 109 mit Anm. *Schilling*; *Bittmann*, NZWiSt 22, 30; *Kraatz*, JR 22, 288.
123 *Hohmann/Sander*, BT § 47 Rn 8; *Mitsch*, BT II S. 375; MK-*Dierlamm/Becker*, § 266 Rn 54 ff; S/S-*Perron*, § 266 Rn 23, 23a; SK-*Hoyer*, § 266 Rn 32; S/S/W-*Saliger*, § 266 Rn 10 f.
124 BGHSt 41, 224, 227 ff mit krit. Bespr. *Sowada*, JR 97, 28 und *Satzger*, Jura 98, 570; *Saliger*, JA 07, 328; zust. *Bock*, BT II S. 523; abl. *Lackner/Kühl/Heger*, § 266 Rn 12 und HdS-*Saliger* V, § 35 Rn 35; **Falllösung** bei *Beulke/Zimmermann*, III Rn 654 ff; die Entscheidung betrifft eine *Wohnraummiete*; für die *Gewerberaummiete* will BGHSt 52, 182, 185 ff mit krit. Bespr. *Bosch*, JA 08, 658 und *Kretschmer*, JR 08, 348 jedenfalls die *gesetzliche* Herleitung einer Vermögensfürsorgepflicht nicht gelten lassen; in beiden Fällen Untreue verneinend *Rönnau*, NStZ 09, 633, bejahend *Gericke*, NJW 13, 1634; *Pauly*, ZMR 10, 256.
125 BayObLG wistra 98, 157 mit krit. Bespr. *Satzger*, JA 98, 926 und **Falllösung** bei *Radtke/Steinsiek*, JuS 10, 417; OLG Zweibrücken wistra 07, 275 leitet aus beiden Entscheidungen (trotz auch abw. Rspr., s. OLG Düsseldorf wistra 94, 33) eine staatsanwaltschaftliche „Obliegenheit zur Anklageerhebung" ab; s. zu dieser Problematik *Beulke/Swoboda*, Strafprozessrecht, 17. Aufl. 2025, Rn 147 f.
126 OLG Koblenz NJW 99, 3277; s. auch *Lesch*, ZRP 02, 159; s. zur Untreue von Abgeordneten durch den Ankauf von **Goldfüllern** als Bürobedarf *Soyka*, JA 11, 566.
127 LG Mainz StV 01, 296.

874 Ein **Notar** muss als unparteiischer Betreuer der an einem zu beurkundenden Rechtsgeschäft Beteiligten deren Vermögensinteressen wahrnehmen, sie über die Bedeutung und Tragweite ihrer Erklärungen belehren und sie auf Schadensrisiken hinweisen, derer sich die Gefährdeten möglicherweise nicht bewusst sind.[128] Auch macht sich ein **Rechtsanwalt**, der Gelder für sich verwendet, die er für seinen Mandanten entgegengenommen oder von seinem Mandanten zB zur Stellung einer **Kaution** erhalten hat, ebenso der Untreue schuldig, wie ein Täter, der treuwidrig Geld mit Hilfe einer ihm zur Bestreitung des angemessenen Lebensunterhalts überlassenen **Scheckkarte** mit Geheimzahl abhebt.[129] Während ein **Rechtsanwalt**, der für seinen Mandanten in Empfang genommene Gelder entgegen seiner Pflicht aus dem Anwaltsvertrag nicht auf ein Anderkonto leitet, sondern selbst verwendet, sich grundsätzlich wegen Treubruchs strafbar macht,[130] soll das für einen **Versicherungsmakler**, der die entgegengenommenen Versicherungsprämien nicht auf ein Anderkonto, zu dessen Einrichtung er nicht verpflichtet ist, sondern auf sein eigenes Konto leitet, erst dann gelten, wenn er die Prämien nicht zum vereinbarten Termin an den Versicherungsgeber weitergibt. Fehlende Zahlungsfähigkeit des Maklers zu diesem Termin steht dem nach dem BGH nicht entgegen.[131] Allgemein sollen beim Einkassieren, Verwalten und Abliefern von Geld für andere die Höhe der anvertrauten Mittel und der Umstand eine Rolle spielen, ob zur Kontrolle der Einnahmen Bücher zu führen oder Abrechnungsunterlagen zu erstellen sind.[132]

Ohne jede **eigene Dispositionsbefugnis** reicht das für die vorausgesetzte fremdnützige Vermögensfürsorge aber nicht ohne Weiteres aus. Ein hinreichendes Maß an Selbstständigkeit fehlt, wenn die zu erfüllenden Pflichten angesichts ihrer untergeordneten Bedeutung in allen Einzelheiten vorgegeben sind und keinerlei Dispositionsbefugnis besteht. Deshalb kommt eine Untreue beispielsweise für einen **Bürgermeister** einer Gemeinde oder deren **Kassenleiter** in Betracht, denen die Abwicklung des Zahlungsverkehrs obliegt,[133] ebenso für den **Leiter einer Verkaufsfiliale**[134] und auch für einen **Polizeivollzugsbeamten** hinsichtlich der Einnahme und Behandlung von eingezogenen Verwarnungsgeldern.[135] Keine Untreue begeht hingegen ein **Bankangestellter**, der nur das *von anderen* vereinnahmte ausländische Geld einzusortieren und das von anderen herauszugebende Geld bereitzulegen hat.[136]

875 Selbst dort, wo **vertragliche Beziehungen** zur Entstehung eines Treueverhältnisses iS des § 266 geführt haben, fällt **nicht jede Einzelverpflichtung** zwangsläufig in den Schutzbereich dieser Norm, sondern nur solche, die der Täter **selbstständig und ohne individuelle Kontrolle** durch den Geschäftsherrn zu erfüllen hat.[137] Wer zB **Gelder seines Mandanten** Gewinn bringend anlegen soll und das auch getan hat, diese Vermögenswerte bei Beendigung des Vertrages aber nicht rechtzeitig herausgibt, verletzt nicht die von § 266 erfasste Treue-, sondern nur eine schlichte Schuldnerpflicht; die Herausga-

---

128 BGH NStZ 14, 517, 518 mit Anm. *Trüg*; *Jäger*, JA 14, 875; *Schlösser*, HRRS 14, 396.
129 BGH wistra 04, 61 mwN zu beiden Konstellationen im Fall des Rechtsanwalts; BGH wistra 15, 27, 28; KG NJW 07, 3366; OLG Hamm NStZ-RR 04, 111 (s. dazu auch **Fall 42**); Selbiges gilt für einen Treuhänder, der Geld unter Verstoß gegen die Bedingungen des Treuhandvertrags auf das Konto eines Dritten überweist, BGH wistra 19, 506, 508.
130 BGH NJW 15, 1191; anders jedoch, wenn der Rechtsanwalt fähig und bereit ist, mit den empfangenen Geldern weisungsgemäß zu verfahren, BGH wistra 20, 337 mit Anm. *Schmidt*, NStZ 20, 418; BGH NStZ 23, 105; OLG Köln wistra 20, 127 zu Fragen der Konkurrenzen BGH NStZ-RR 22, 246.
131 BGH NStZ 14, 158 mit Anm. *Krehl*; *Wagner*, ZIS 14, 364; s. zu **Versicherungsvertretern** auch BGH NStZ 23, 103 mit Anm. *Schmidt*, wistra 22, 516. Zur Unterlassungshaftung trotz fehlender Zahlungsfähigkeit s. *Hillenkamp*, Tiedemann-FS S. 949 ff mwN.
132 Näher BGHSt 13, 315, 319; BGH GA 1979, 143; BGH wistra 89, 60, 61.
133 BGH NStZ 03, 540, 541; BGH NStZ 94, 586; BGH NStZ 07, 579 mit Anm. *Dierlamm*.
134 BGH wistra 04, 105, 107.
135 BayOLG NJW 22, 3522 mit Anm. *Brand*.
136 BGH NStZ 83, 455. Ebenso, wenn Kreditfälle nach starren Kriterien ohne Beurteilungsspielraum zu klassifizieren sind, BGH NStZ 13, 40, sowie bei gebundener Prozessführung selbst bzgl eines Anwalts, BGH NJW 13, 1615 f; s. dazu auch *Bosch*, JK 11/2013, § 266 I/40 und *Schmidt/Corsten*, NZWiSt 13, 470.
137 BGH wistra 08, 427, 428 (Geldtransporteur).

be- und Rückerstattungspflicht entspricht hier derjenigen anderer Schuldverhältnisse ohne Treueabrede, und es ist Sache des Geschäftsherrn, ihre Erfüllung zu überwachen oder die Folgerisiken zu tragen.[138] Wer bestimmenden Einfluss auf Vergabeentscheidungen und Auftragserteilungen zB als **Ärztlicher Direktor** einer Universitätsklinik hat, muss im Rahmen seiner Treuepflicht auf günstige Vertragsabschlüsse für den Treugeber hinwirken. Hingegen ist die Pflicht, persönliche Provisionen, personengebundene Spenden oder auch Schmiergelder ggf an den Geschäftsherrn herauszugeben (§ 667 BGB), keine Treue-, sondern nur eine allgemeine Herausgabepflicht, deren Verletzung bei Beamten zu dienstrechtlichen Konsequenzen, nicht aber in die Untreue führen kann.[139] Auch das Verhalten bei Verhandlungen über **eigene Vergütungsansprüche** und mit ähnlichen erkennbaren Interessenkonflikten behaftete Tätigkeiten fallen nicht unter die besonderen Pflichten fremdnütziger Vermögenssorge.[140]

Von dem **Grundsatz**, dass eine bestehende Vermögensbetreuungspflicht zugleich mit dem ihr zugrunde liegenden Rechtsverhältnis **erlischt** und dass danach etwaige Herausgabe- oder Abwicklungspflichten bloße Schuldnerpflichten sind, kann es Ausnahmen geben. Das gilt zB für die Beendigung einer Vormundschaft oder eines Betreuungsverhältnisses.[141] Gleiches kann eine im Innenverhältnis nach § 168 BGB erloschene (Bank-)Vollmacht bewirken, wenn sie im Wege des Rechtsscheins (§§ 170–173 BGB) nach außen weiterbesteht.[142] Nicht anders liegt es bei einem Gerichtsvollzieher, der begonnene Vollstreckungstätigkeiten nach dem Verlust seiner Zuständigkeit durch eine Versetzung in den Innendienst fortführt und die eingetriebenen Beträge einbehält.[143]

Das Einziehen des *„Brötchengeldes"* durch einen **Bäckerjungen** oder die Entgegennahme des Kaufpreises für Gegenstände des täglichen Lebens durch ein Lehrmädchen, das diese Dinge nebst Quittung überbringt, entspricht den Anforderungen des § 266 ebenso wenig wie die bloße Abrede, übergebene Waren weiterzuverkaufen und den Erlös abzuführen.[144] Hier reicht der Schutz des § 246 völlig aus. Anders verhält es sich beim Einziehen von Nachnahmebeträgen durch **Postbeamte** sowie bei der Inkassotätigkeit von **Schalterbediensteten** der Banken, der Post und der Bahn.[145] Auch trifft einen **Gerichtsvollzieher** iR des ihm erteilten Vollstreckungsauftrags ebenso eine Vermögensbetreuungspflicht gegenüber dem Vollstreckungsgläubiger[146] wie den **Zwangsverwalter** und den mit dem Zwangsverwaltungsverfahren befassten **Rechtspfleger** gegenüber dem Schuldner und seinen Gläubigern.[147]

876

Im Rahmen der sog. **Ganovenuntreue** ist zu unterscheiden: von Untreue iS des § 266 kann keine Rede sein, wenn jemand **gesetz-** oder **sittenwidrigen Abreden**, die er mit

877

---

138 S. dazu BGH NStZ 86, 361; BGH NStZ-RR 00, 236; BGH StV 02, 142; *Beulke/Ruhmannseder*, Die Strafbarkeit des Verteidigers, 2. Aufl. 2010, Rn 424; *Schmidt*, NStZ 13, 498.
139 BGHSt 47, 295, 297 f; *Kindhäuser/Goy*, NStZ 03, 291; *Rönnau*, JuS 03, 232.
140 BGH NJW 06, 522, 530 (insoweit nicht abgedruckt in BGHSt 50, 331); OLG Braunschweig wistra 13, 73 mit Anm. *Corsten*.
141 RGSt 45, 434; OLG Stuttgart NJW 99, 1566; OLG Celle NStZ-RR 13, 177; Fischer-*Fischer*, § 266 Rn 43.
142 S. dazu OLG Koblenz NStZ 12, 330.
143 BGH StraFo 13, 480, 481 mit krit. Anm. *Bittmann*, ZWH 14, 70; *Jäger*, JA 14, 311 (statt § 266 oder § 263) und krit. Bespr. *Kraatz*, JR 14, 241; zum Teil enger *Reiß*, Das Treueverhältnis des § 266 StGB, 2014, S. 511.
144 OLG Düsseldorf NJW 98, 690; 00, 529; anders nur, wenn es sich um ein echtes Kommissionsgeschäft iS der §§ 383 ff HGB handelt.
145 RGSt 73, 235; BGHSt 13, 315, 317 ff; BGH wistra 89, 60, 61; abw. LK-*Hübner*, 10. Aufl., § 266 Rn 32, 37.
146 BGH NStZ 11, 281, 282 mit Anm. *Ceffinato*, StV 11, 418 und *Satzger*, JK 2/12, StGB § 266 I/38; BGH StraFo 13, 480, 481 mit Anm. *Jäger*, JA 14, 311; *Kraatz*, JR 14, 241.
147 BGH NZWiSt 12, 33, 34 f mit Anm. *Waßmer*.

einem anderen getroffen hat, lediglich nicht nachkommt.[148] Andererseits ist es (je nach Lage des Einzelfalls) nicht ausgeschlossen, dass sich jemand nach der *zweiten* Alternative des § 266 I aufgrund eines faktischen Treueverhältnisses strafbar macht, wenn er sich abredewidrig **an Geldern bereichert**, die sein Auftraggeber ihm zur **Verwendung für gesetzwidrige Zwecke** anvertraut hatte. Aus solchen Gründen Schädigungsfreiheit zu schaffen, ist ohne erkennbaren Gewinn.[149]

2. Nachteilszufügung

878 **Folge** des pflichtwidrigen Handelns oder Unterlassens muss die Zufügung eines **Nachteils** zulasten desjenigen sein, dessen Vermögensinteressen der Täter zu betreuen hat.[150] Dafür ist die Identität der *zu schützenden* und der *verletzten* Interessen erforderlich. Die Pflichtwidrigkeit der Handlung allein reicht für den Nachteil der Untreue ebenso wenig aus, wie die Irrtumsbedingtheit der Disposition des Getäuschten zur Bejahung des Betrugsschadens. Erforderlich ist ein durch die Pflichtwidrigkeit erst bewirkter Nachteil.[151] Eine verfassungskonforme Auslegung des Tatbestands darf daher den Nachteil **nicht** in dem Sinne mit der Pflichtwidrigkeit **verschleifen**, dass Ersterer aus Letzterer gefolgert wird oder umgekehrt.[152] Zwar kann (und wird oft) die Pflicht gerade darin bestehen, Schaden vom Vermögen abzuwenden. Während der Nachteil aber *ex post* wirtschaftlich zu ermitteln ist (was oft leichter fällt), muss die Pflichtverletzung *ex ante* beurteilt werden – anhand der für den Handelnden pflichtgemäß zu erkennenden Umstände und unter Beachtung der ihm zukommenden Beurteilungs- und Entscheidungsspielräume.

Der **Begriff** des **Nachteils** in § 266 I hat im Grundsatz dieselbe Bedeutung wie die **Vermögensbeschädigung** in § 263.[153] Als Nachteil ist bei der Untreue indes auch eine **pflichtwidrig unterlassene Vermögensmehrung** anzusehen, ebenso die Vernichtung einer (auch bloß rein tatsächlichen, aber konkret bezifferbaren) Exspektanz.[154] Hier ist das

---

148 Vgl BGH MDR/H 79, 456; *Eisele*, BT II Rn 887; G/J/W-*Waßmer*, § 266 Rn 143.
149 *Hillenkamp*, Vorsatztat und Opferverhalten 1981, S. 195 f; ebenso BGHSt 8, 254, 256 ff; BGH NStZ 10, 704; A/W-*Heinrich*, § 22 Rn 55; *Bock*, BT II S. 530; *Haft/Hilgendorf*, S. 125; HK-GS/*Beukelmann*, § 266 Rn 15; *Krey/Hellmann/Heinrich*, BT II Rn 918; LK-*Schünemann*, § 266 Rn 64; *Rengier*, BT I § 18 Rn 42 f; anders *Eisele*, BT II Rn 888; *Joecks/Jäger*, § 266 Rn 38; *Klesczewski*, BT § 9 Rn 123; MK-*Dierlamm/Becker*, § 266 Rn 171 ff; *Kindhäuser/Hilgendorf*, § 266 Rn 35; M/S/M-*Momsen*, BT I § 45 Rn 30; S/S-*Perron*, § 266 Rn 31; diff. S/S/W-*Saliger*, § 266 Rn 29; ohne Stellungnahme AnK-*Esser*, § 266 Rn 64; Fischer-*Fischer*, § 266 Rn 44 ff; s. zum Streitstand *Hillenkamp/Cornelius*, BT 35. Problem; *Küper/Zopfs*, BT Rn 643.
150 Zum Vermögensinhaber beim Unternehmensverbund s. *Lesch/Hüttemann/Reschke*, NStZ 15, 610. Zu Personengesellschaften BGHSt 34, 222 f; BGH wistra 17, 439; LPK-*Schünemann*, § 266 Rn 221; S/S/W-*Saliger*, § 266 Rn 69; *Radtke*, NStZ 16, 639; *K. Schmidt*, JZ 14, 878.
151 BGHSt 43, 293, 297; 46, 30, 34; 47, 295, 301 f; 55, 288, 304; BGH NStZ 01, 248, 251; BGHSt 43, 293; NK-*Kindhäuser/Hoven*, § 266 Rn 94, 99; S/S/W-*Saliger*, § 266 Rn 64.
152 BVerfGE 126, 170, 211 ff (Rn 113 ff), 221 ff (Rn 136 ff), 228 ff (Rn 149–156) im Anschluss an *Saliger*, ZStW 112 (2000), 563, 610, der zu diesem Problem auf Rn 777 (jetzt Rn 883) in diesem Buch verweist; eingehend dazu auch *Saliger*, ZIS 11, 902; *Kudlich*, ZWH 11, 1; BVerfG NJW 13, 365 f; OLG Köln StV 13, 639; BGH wistra 20, 506, 507; *Lackner/Kühl/Heger*, § 266 Rn 16; S/S/W-*Saliger*, § 266 Rn 65 f. S. aber auch bereits BGHSt 43, 293, 297 f.
153 Vgl BGHSt 40, 287, 294 ff; 43, 293, 297; BGH wistra 88, 26; Fischer-*Fischer*, § 266 Rn 110, 115; Fischer-*Schünemann*, Strafrechtsgespräche, S. 61 ff; *Lackner/Kühl/Heger*, § 266 Rn 17; *Munz*, Haushaltsuntreue 2001, S. 61 ff; s. dazu aber auch Rn 883; krit. *Evers*, Das Verhältnis des Vermögensnachteils bei der Untreue zum Vermögensschaden beim Betrug, 2018; *Perron*, Frisch-FS S. 857 ff. Zur Sicherungsuntreue vgl einerseits Rn 685 und andererseits BGH wistra 18, 126.
154 Fischer-*Fischer*, § 266 Rn 116; MK-*Dierlamm/Becker*, § 266 Rn 240; Spickhoff-*Schuhr*, § 266 Rn 68; *Otto*, BT § 54 Rn 33; *Perron*, Frisch-FS S. 863 ff; *Rengier*, BT I, § 18 Rn 46; s. dazu auch BVerfG 126, 170, 212 ff.

Verschleifungsverbot besonders zu betonen: keineswegs jede mögliche, schon gar nicht eine rechtswidrige Vermögensmehrung muss der Verpflichtete realisieren – die Pflichtwidrigkeit ist selbstständig zu bestimmen und hier sogar Voraussetzung des Schadens.

Die „schadensgleiche" Vermögensgefährdung,[155] die zB in der pflichtwidrigen Abgabe einer Bürgschaftserklärung liegen kann, wenn sich die zukünftige Verlustgefahr aufgrund der Eintrittswahrscheinlichkeit des Bürgschaftsfalls schon im Zeitpunkt der Erklärungsabgabe so verdichtet hat, dass sie als „schadensgleich" anzusehen ist,[156] hat ihren gedanklichen Ursprung in der Untreue. Beim Betrug wäre in entsprechenden Fällen ursprünglich eher ein Versuch angenommen worden, der bei der Untreue aber nicht strafbewehrt ist. Hier muss Farbe bekannt werden, und zwar so, dass wirtschaftlich bereits eingetretene Schäden auch dann als Vollendung erfasst werden, wenn sie tatsächlich noch ungewisse künftige Ereignisse antizipieren, zugleich aber die gesetzgeberische Entscheidung gegen eine Strafbarkeit des bloßen (noch ohne Schaden gebliebenen) Versuchs respektiert wird (s. dazu Rn 656). Diese Voraussetzungen sind durch eine jahrzehntelange Rspr. hinreichend bestimmt worden.[157] Nimmt man sie im Hinblick auf das zu fordernde, die Schadensgleichheit begründende konkrete Verlustrisiko ernst, besteht keine Gefahr, die Untreue zum Gefährdungsdelikt oder einen bloßen, bei der Untreue straflosen Versuch zum vollendeten Delikt zu verfälschen.[158] Auch rechtfertigen weder vermeintlich größere Unbestimmtheiten des § 266 gegenüber § 263 noch eine angeblich zu beobachtende, die Führungskräfte der Wirtschaft unangemessen bedrohende „Anwendungshypertrophie" es, die in zahllosen, die „große" Wirtschaftskriminalität gar nicht betreffenden Fällen bewährte und bei wirtschaftlicher Ausrichtung des Schadensbegriffs unverzichtbare Schadensbeschreibung durch den „Gefährdungsschaden" (jedenfalls) für § 266 preiszugeben.[159] Eine solche Preisgabe lässt sich weder in der Richtung rechtfertigen, dass die bisher unter den Begriff fallenden Sachverhalte als bloßes Versuchsunrecht ausschieden, noch umgekehrt so, dass der Begriff „entbehrlich" sei, weil in den unter ihn subsumierten Fällen bereits ein „endgültiger Vermögensnachteil" eingetreten und deshalb mit der Rede von einer schadensgleichen Vermögensgefährdung nur eine „Scheinproblematik" bezeichnet werde. Der 1. Strafsenat, der so argumentiert,[160] verlangt nicht nur zu Unrecht einen „endgültigen" Schaden, sondern setzt unzulässig diesen mit einem nur prognostizierten hohen Verlustrisiko gleich. Für diesen letzteren, durch einen bereits eingetretenen „endgültigen" Verlust gerade noch nicht gekennzeichneten Fall ist der Begriff der schadensgleichen Vermögensgefährdung klärend und deshalb gerade nicht „entbehrlich".[161] Daher ist mit dem 2. Senat an der Figur der schadensgleichen Vermögensgefährdung fest-

879

---

155 RGSt 16, 77 f; BGHSt 44, 376, 384; 46, 30, 34; 47, 8, 11; 52, 182, 188; OLG Stuttgart NJW 99, 1564; OLG Hamm wistra 10, 76, 77; Fischer-*Schünemann*, Strafrechtsgespräche, S. 63; *Ransiek*, ZStW 116 (2004), 659; *Saliger*, JA 07, 331 ff; für eine eigenständige Bestimmung der schadensgleichen Vermögensgefährdung für § 266 *Mansdörfer*, JuS 09, 114, 116 f; *Perron*, Tiedemann-FS S. 737, 739 ff; krit. *Hauck*, ZIS 11, 919; vert. Ensenbach, Der Prognoseschaden bei der Untreue, 2016; *Göhler*, Der Gefährdungsschaden im Untreuetatbestand, 2016.
156 BGH HRRS 16, Nr 522. Zur **Aufgabe einer Sicherheit** s. BGH HRRS 18, Nr 955; S/S-*Perron*, § 266 Rn 45a.
157 S. BVerfG wistra 09, 385 mit Bespr. *Fischer*, StV 10, 95; *Jahn*, JuS 09, 859; BVerfGE 126, 170, 221 ff (s. dazu Rn 881).
158 S. zur Gefahr, die Straflosigkeit des Versuchs zu unterlaufen, *Bosch*, wistra 01, 257; *Matt/Saliger*, in: Institut für Kriminalwissenschaften Frankfurt a. M. (Hrsg.), Irrwege der Strafgesetzgebung, 1999, S. 234 ff; *Mosenheuer*, NStZ 04, 181; *Saliger*, ZStW 112 (2000), 565, 574 ff.
159 So zu Recht *Fischer*, NStZ-Sonderheft 09, 8 f, 11 ff mit umfassenden Nachw. zu der zitierten Kritik; s. zu ihr nur *Bernsmann*, GA 09, 296; *Beulke*, Eisenberg-FS S. 245 ff; *Perron*, GA 09, 219, 222 („Allzweckwaffe"), 231 ff; *Ransiek*, ZStW 116 (2004), 634: „§ 266 passt immer"; zusf. und die Kritik zurückweisend LK-*Schünemann*, § 266 Rn 3; *Schünemann*, Imme Roxin-FS S. 341 ff; *Schünemann*, StraFO 10, 1; *Schünemann*, ZIS 12, 183; *Sickor*, JA 11, 109.
160 S. BGH JR 08, 426 (zu § 266) mit krit. Bespr. von *Beulke/Witzigmann*, JR 08, 430, 432 f; *Peglau*, wistra 08, 430; *Rübenstahl*, NJW 08, 2454; *Schünemann*, NStZ 08, 430, 432; *Selle/Wietz*, ZIS 08, 471, 474; *Wegner*, wistra 08, 343; BGH NStZ 09, 330, 331 (zu § 263) mit insoweit zust. Anm. *Ransiek/Reichling*, ZIS 09, 315; abl. wie hier *Brüning*, ZJS 09, 300, 302 f; S/S/W-*Saliger*, § 266 Rn 66 ff, 82 ff; s. auch *Rengier*, BT I § 18 Rn 82 ff; *Satzger*, Jura 09, 518, 524. Näher zur Begründung dieser Wende *Nack*, StraFO 08, 277.
161 Zutr. *Fischer*, StraFO 08, 269; *Fischer*, NStZ-Sonderheft 2009, 8.

zuhalten.¹⁶² Dass man dann im Einzelfall darüber streiten kann, ob ein Gefährdungsschaden schon vorliegt¹⁶³ oder ob – etwa beim Führen „**schwarzer Kassen**" – nicht schon stattdessen ein Schaden durch Verlust eingetreten ist,¹⁶⁴ versteht sich von selbst und ist kein Argument gegen die „Institution". Nicht folgerichtig und daher abzulehnen ist allerdings die vom 2. Senat erhobene Forderung,¹⁶⁵ bei einem mit dolus eventualis in Kauf genommenen Gefährdungsschaden die Kongruenz zwischen objektivem und subjektivem Tatbestand aufzulösen und eine Billigung der *Realisierung* der Gefahr zu verlangen. Gibt man hierfür als Grund an, es gehe beim Gefährdungsschaden materiell um bloßes Versuchsunrecht, müsste man den Gegnern Recht geben und die schadensgleiche Vermögensgefährdung als Schadensbegründung aufgeben (s. dazu Rn 879 ff). Bei Kautionen oder Mandantengeldern (Fremdgeld) ist ein Nachteil bzw. ein Gefährdungsnachteil anzunehmen, wenn es verbraucht wird, Gläubiger darauf zugreifen könnten, ein Zinsschaden entsteht oder eine Exspektanz vernichtet wird.¹⁶⁶

880 Auch die zum Betrug entwickelten **Grundsätze der Schadensberechnung** (Rn 649 ff) gelten einschließlich der Lehre vom individuellen Schadenseinschlag¹⁶⁷ bei der Untreue sinngemäß.¹⁶⁸ Danach entsteht einer AG ein Schaden, wenn ein für die Konzernsicherheit zuständiger leitender Angestellter Forderungen einer von ihm beauftragten Firma begleicht, die deshalb nach § 134 BGB nichtig sind, weil sie das Entgelt für nach § 206 und Vorschriften des BDSG strafbare und in ihren Ergebnissen der AG schon übermittelte „Ermittlungstätigkeiten" betrafen.¹⁶⁹ Auch kann eine juristische Person einen Schaden

---

162 BGHSt 51, 100, 113 ff; BGH StV 07, 581; BGHSt 52, 323, 336, 338; ebenso der 5. Senat, s. BGHSt 52, 182, 188 f; s. auch OLG Stuttgart ZWH 17, 374 mit Anm. *Wittig*. Das BVerfG wistra 09, 385; BVerfGE 126, 170, 221 ff erhebt keine durchschlagenden Einwände gegen diese Figur; s. dazu *Fischer*, StV 10, 95; *Jahn*, JuS 09, 859; *Saliger*, NJW 10, 3195; für Beibehaltung auch *Eisele*, BT II Rn 903 ff; *G/J/W-Waßmer*, § 266 Rn 280 ff; *LK-Schünemann*, § 266 Rn 178 ff; *Rengier*, BT I § 18 Rn 85.

163 ZB im Fall einer **Bürgschaft** – s. dazu *Schneider*, wistra 15, 372 – oder der **Erbeinsetzung** eines Betreuers durch einen Testierunfähigen, s. dazu OLG Celle NStZ-RR 13, 176 mit Bespr. *Kudlich*, JA 13, 710 und *Oğlakcıoğlu*, ZWH 13, 375.

164 Im *Kanther*-Fall (BGHSt 51, 100) hat der BGH eine konkrete Vermögensgefährdung, im *Siemens*-Fall (BGHSt 52, 323) dagegen (insoweit unter Aufgabe seiner Position im *Kanther*-Fall) einen Schaden durch Verlust angenommen; ebenso dann BGHSt 55, 266, 282 *(Trieneken)*; BGH NZWiSt 15, 37 mit Bespr. *Becker*; s. dazu *Saliger*, Roxin-FS II S. 1033 ff. Zur Grenze zwischen noch nicht schadensgleicher Gefährdung und Schaden s. BGHSt 52, 182, 188 f. S. auch Fischer-*Hoven*, Strafrechtsgespräche, S. 201 ff; *Gerhäuser*, Der Vermögensnachteil des § 266 bei Bildung schwarzer Kassen 2015. Entsprechend zu abredewidrigen Anlagegeschäften BGH NZWiSt 20, 119 mit Anm. *Schmidt*.

165 S. die Nachw. in der vorstehenden Fn; gegen sie *Hillenkamp*, Maiwald-FS S. 323, 341 ff.

166 Näher S/S/W-*Saliger*, § 266 Rn 92; Spickhoff-*Schuhr*, § 266 Rn 70.

167 BGH NStZ 10, 330, 332; BGH NStZ-RR 11, 373, 374 mit Bespr. *Satzger*, JK 5/12, StGB § 263/95; BGH NStZ 18, 107 mit Anm. *Schlösser*; *Kraatz* JR 18, 400; S/S-*Perron*, § 266 Rn 43; S/S/W-*Saliger*, § 266 Rn 79; zu Bedenken gegen die einschränkungslose Weitergeltung dieser Lehre auch der nachf. wiedergebenen Rspr. des BVerfG s. BGH NStZ 14, 318 mit Anm. *Schmidt*, NZWiSt 14, 274; *Schmidt*, NJW 15, 284; BGH NStZ 14, 517, 519 mit Anm. *Trüg*; *Schmidt*, NJW 15, 284 (s. auch hier Rn 662 f).

168 S. zur Schadensfeststellung *Bittmann*, NStZ 12, 57; NK-*Kindhäuser/Hoven* § 266 Rn 96; *Kindhäuser*, Lampe-FS S. 709, 722 ff; BGHSt 50, 299, 313 ff; BGH NStZ-RR 22, 184; zum Nachteil im Zusammenhang mit Schmiergeld- (s. auch BGH NJW 06, 2864, 2867; BGH wistra 19, 190, 192 f) und Provisionszahlungen im **Kick-back-Verfahren** s. zusf. BGHSt 49, 317, 332 ff; *Gerst/Meinicke*, CCZ 11, 96; im Zusammenhang mit dem **WM-Sommermärchen** s. *Hoven/Kubiciel/Waßmer*, NZWiSt 16, 121; zur Übertragung der Grundsätze der Schadensberechnung bei der **Einstellung** von **Beamten** oder **Angestellten** zu § 263 auf § 266 s. BGH wistra 06, 307, 308 und dazu *Bernsmann*, StV 05, 576; *Bernsmann*, GA 07, 219, 223 ff; *Saliger*, NJW 06, 3377; *Schünemann*, NStZ 06, 196, 199 ff; *Vogel*, JR 05, 123 *(Fuchs-Panzer)*; vgl. auch *Krell*, Untreue durch Stellenbesetzungen, 2015, S. 150 ff. Zur Bilanzierung von Vermögensnachteilen s. *Blassl*, wistra 16, 425 und der Schadensfeststellung bei **Aktienkäufen** *Saliger*, NJW 19, 886, 888 ff.

169 BGH NZWiSt 13, 189 mit Anm. *Satzger*, JK 6/13, § 266 I StGB 39 und krit. Bespr. *Cornelius*, NZWiSt 13, 166, *Burghardt/Bröckers*, NJW 15, 905 (nur iE zust. S. 908) sowie S/S/W-*Saliger*, § 266 Rn 39; besteht die Forderung, wird der Vermögensabfluss durch die Tilgung kompensiert, s. dazu OLG Celle BeckRS 12, 20313. Zur – zweifelhaften – Übertragung der Begründung von BGH NZWiSt 13, 189 auf Fälle der Auszahlung von Werklohn für **Schwarzarbeit** s. – abl. – *Burghardt/Bröckers*, NJW 15, 905.

erleiden, wenn den von ihr erbrachten Leistungen durch von ihrem Geschäftsführer gewerbsmäßig begangenen Betrug nach § 261 kontaminierte Forderungen oder Geldleistungen entgegenstehen.[170] Dagegen fehlt es an einem Nachteil, wenn der Vermögensinhaber bei einem Vergleich des gesamten Vermögens unmittelbar vor und nach der belastenden Handlung[171] nicht ärmer geworden ist. Das ist zB dann der Fall, wenn der eingetretene Verlust durch gleichzeitig erlangte **Vorteile**, die *unmittelbar* (s. Rn 649)[172] auf dem pflichtwidrigen Verhalten beruhen, **wirtschaftlich voll ausgeglichen** wird,[173] nicht aber dann, wenn der Täter im Tatzeitpunkt höchst ungewisse Gewinne aus hochspekulativen Wertpapiergeschäften den Konten der Geschädigten später wieder zuführt[174] oder wenn das freiwillige Opfer Dritter, wie im Fall des Spendenaufrufs des ehemaligen Bundeskanzlers *Kohl*, nur zu einer nachträglichen Schadensbeseitigung führt.[175] Ein unmittelbarer, den Vermögensnachteil kompensierender Vermögensvorteil ist nicht nur dann gegeben, wenn die Kompensation in engem zeitlichen Zusammenhang mit der Pflichtverletzung steht. Zeitgleich muss das kompensierende Ereignis nicht sein. Vielmehr ist nur vorausgesetzt, dass – anders als im Fall *Kohl* – keine weitere selbstständige Handlung mehr hinzutreten muss, um den kompensationsfähigen Vermögenszuwachs hervorzubringen.[176] Schmiergelder und Kick-Back-Zahlungen oder Ausgleichszahlungen bei Kartellpreisabsprachen sind nach der Rspr. widerlegliche Indizien dafür, dass auch ein für das Vermögen günstigeres Verhalten möglich gewesen wäre.[177]

Hat der Vermögensinhaber Anspruch auf die Erbringung einer Arbeitsleistung zu einem bestimmten Arbeitsentgelt, ist er bei einer pflichtwidrigen Erhöhung dieses Entgelts durch ein dafür unzuständiges Organ selbst dann geschädigt, wenn das erhöhte Entgelt „angemessen" ist.[178] Ebenso taugen bei einer Zahlung von „Sonderboni" Leistungen für eine Kompensation nicht, zu denen der Bonusempfänger gegenüber dem Arbeitgeber ohnehin schon verpflichtet ist.[179] Die **Rspr.** beruht zwar auch hier auf dem **wirtschaftli-** 881

---

170 *Bülte*, NStZ 14, 680.
171 BGH NStZ 97, 543; BGH NStZ-RR 06, 175, 176; BGH wistra 07, 21 f; BGH NJW 11, 3528, 3529 mit Bespr. *Becker*, HRRS 12, 237.
172 Auch der **Nachteil** soll *unmittelbare* Folge des pflichtwidrigen Verhaltens sein müssen, s. OLG Celle BeckRS 12, 20313 mit Bespr. *Jahn*, JuS 13, 179; wohl auch BGH wistra 20, 293; krit. zum Unmittelbarkeitskriterium bei § 266 *Perron*, Frisch-FS S. 863 ff; s. dazu auch *Hinrichs*, wistra 13, 166. *A. Albrecht*, GA 17, 130 will das Kriterium der Unmittelbarkeit durch die Anwendung der Regeln der objektiven Zurechnung ersetzen.
173 BGHSt 31, 232, 234; näher dazu *Hoof*, Kompensationsmöglichkeiten innerhalb des Untreuenachteils, 2018; S/S/W-*Saliger*, § 266 Rn 73; die fehlende Kenntnis der Kompensation beseitigt sie nicht, s. BGH NStZ 18, 107 mit Anm. *Schlösser*; *Kraatz* JR 19, 400.
174 BGH wistra 12, 233, 234; BGH NZWiSt 20, 119, 120 mit Anm. *Schmidt*.
175 S. hierzu und zur kontroversen Beurteilung der Strafbarkeit der Entgegennahme anonymer Spenden für die CDU LG Bonn NStZ 01, 375; *Krüger*, NJW 02, 1178 und *Schwind*, NStZ 01, 349 mwN; ferner Fischer-*Fischer*, § 266 Rn 164 ff; grundlegend zur Parteienuntreue *Saliger*, Parteiengesetz und Strafrecht 2005, zum Fall *Kohl* und zur *Hessen-CDU* S. 696 ff; zum Hessen-Fall s. OLG Frankfurt NJW 04, 2028; *Matt*, NJW 05, 389 und BGHSt 51, 100 mit Anm. *Bosch*, JA 08, 148 und Bespr. *Saliger*, NStZ 07, 545.
176 BGHSt 55, 288, 305.
177 BGHSt 47, 83, 88; BGH NJW 13, 3590; BGH NStZ 24, 741 mit Anm. *Hoven/Thomas*; LK-*Schünemann*, § 266 Rn 84. Zur Widerleglichkeit BGH NJW 01, 2102, 2105; Spickhoff-*Schuhr*, § 266 Rn 69. Ausf. zum Nachteil S/S/W-*Saliger*, § 266 Rn 76 f, 80 ff.
178 BGH wistra 14, 186, 188 mit Bespr. *Bittmann*, NZWiSt 14, 129; *Klemm*, NStZ 15, 223; *Trück*, ZWH 14, 361.
179 BGHSt 54, 148, 158 f *(VW-Fall)* mit krit. Bespr. *Corsten*, wistra 10, 206; zur Kompensationsproblematik in solchen Fällen s. näher *Lösing*, Die Kompensation des Vermögensnachteils durch nicht exakt qualifizierbare vermögenswirksame Effekte, 2012, S. 70 ff, 164 ff; auch wo Aufwendungen unentgeltlich (ehrenamtlich) „geschuldet" sind, taugt die erbrachte Leistung nicht zur Kompensation, anders OLG Köln StV 13, 639.

chen Vermögensbegriff,[180] löst sich aber zu Recht (Rn 595) von einer *rein* wirtschaftlichen Betrachtung, wenn sie den Vermögensschaden verneint, wo die entstandene Lage im Einklang mit der materiellen Rechtsordnung steht, und daher in der Erfüllung eines fälligen und einredefreien Anspruchs auch dann keinen Nachteil sieht, wenn der Gläubiger die Forderung nur schwer hätte beweisen können.[181] Eine bloße Wiedergutmachung der durch die pflichtwidrige Handlung verursachten Nachteilszufügung ändert indessen auch hier an der Tatbestandsverwirklichung nichts.[182] Auch ist weder die durch pflichtwidrigen Einsatz von Bestechungsgeldern entstehende vage Chance, einen im Ergebnis vorteilhaften Vertrag abzuschließen, noch gar die darauf nur zielende Absicht des Täters ein zur Kompensation geeigneter Vermögenswert.[183] Bei der Ausreichung eines Kredits hat der Richter den Minderwert des Darlehensrückzahlungsanspruchs der Bank nach bilanzrechtlichen Maßstäben zu errechnen.[184]

Rechtsprechungsbeispiel: Von den drei in **BVerfGE 126, 170** behandelten Verfassungsbeschwerden, die sich gegen eine Verurteilung nach dem als *zu unbestimmt* gerügten Untreuetatbestand richteten, hatte nur die dritte Erfolg. In dem ihr zugrunde liegenden Sachverhalt ging es um die Bewilligung später verlorener Kredite in Millionenhöhe durch die verurteilten Vorstände einer Bank an eine insolvenzbedrohte Gruppe, die sich mit dem Ankauf von Plattenbauten beschäftigte. Das BVerfG beanstandet insofern, dass LG und BGH der „Gefahr einer Überdehnung des Tatbestandes" durch die „Anwendung der dogmatischen Figur des Gefährdungsschadens" in verfassungswidriger Weise nicht hinreichend entgegenwirken (S. 226), wenn sie in einem solchen Fall auf „**eine konkrete Feststellung der Schadenshöhe nach anerkannten Bewertungsmaßstäben**" verzichten (S. 227). Dadurch werde an die Stelle der vom Gesetzgeber gewollten *wirtschaftlichen* Betrachtung eine weitgehend normativ geprägte gesetzt (S. 228, s. dazu auch *Rönnau*, StV 11, 761 f; zu einer Falllösung s. *Krell/Hülsen*, Jura 16, 98 ff). Das vermeiden im Anschluss an diese Entscheidung BGH wistra 11, 22 und KG StV 13, 89. *Lesenswert* macht die Entscheidung des BVerfG aber weniger dieses Ergebnis, als seine Ausführungen zur *Funktion des Bestimmtheitsgebots* (Art. 103 II GG) im Strafrecht und die akribische Prüfung (der Auslegung) aller Tatbestandsmerkmale des § 266 unter diesem Blickwinkel. Dabei formuliert das BVerfG ein an die Rspr. gerichtetes **Präzisierungsgebot** „unterbestimmter" Normen sowie das **Verschleifungsverbot** (Rn 878). Im Ergebnis wird die Verfassungswidrigkeit der Untreuevorschrift in ihrer von der höchstrichterlichen Rspr. gegebenen Form verneint. Das gilt vor allem auch für die innerhalb des BGH umstrittene Figur des Gefährdungsschadens, wenn er nach den Vorgaben des Gerichts bestimmt und festgestellt wird. S. zur Entscheidung ua *Beckemper*, ZJS 11, 88; *Böse*, Jura 11, 617; *Hüls*, NZWiSt 12, 12; *Kraatz*, JA 11, 434; *Krüger*, NStZ 11, 369, *Kudlich*, JA 11, 66; *Perron*, Heinz-FS S. 796 ff; *Safferling*, NStZ 11, 376; *Saliger*, NJW 10, 3195 und – sehr lehrreich – *Kuhlen*, JR 11, 246; vert. *Graf*, Das Vermögensstrafrecht vor den Schranken des Verfassungsrechts, 2016. Zu der die schadensgleiche Vermögensgefährdung beim *Betrug* betreffenden Entscheidung BVerfG wistra 12, 102 s. Rn 653, 649.

---

180 BGH wistra 99, 350, 354.
181 BGH NStZ 04, 205, 206; OLG Hamm wistra 99, 420, 422 f; vgl auch BGH NStZ-RR 21, 246; zum Schaden bei Erfüllung einer noch nicht fälligen oder einredebehafteten Forderung s. *Rönnau*, Schünemann-FS S. 683 ff.
182 BGH NStZ 86, 455; BGH NJW 11, 3528, 3529 mit Bespr. *Becker*, HRRS 12, 237.
183 BGHSt 52, 323, 338; zur Schadensfeststellung in solchen Fällen s. *Dierlamm*, Widmaier-FS S. 607, 612 ff; *Fischer*, NStZ-Sonderheft 09, 8, 17 f; *Ransiek*, StV 09, 321; *Satzger*, NStZ 09, 297, 302 f; *Schünemann*, NStZ 08, 431, 433; vgl auch *Saliger*, Parteiengesetz und Strafrecht, 2005, S. 218 ff; zur Tauglichkeit tatsächlich erzielter Vorteile zur Kompensation s. *R. Keller*, Puppe-FS S. 1189 ff. Zur Schädigung durch Auslösen von straf- und bußgeldrechtlichen Sanktionen s. *Solka/Altenburg*, NZWiSt 16, 212; *Weber*, Seebode-FS S. 437.
184 Bei verbleibenden Unsicherheiten sollte nach BGH NStZ 10, 329, 330 eine Schätzung unter Beachtung des Zweifelssatzes vorzunehmen sein; krit. zum bilanzrechtlichen Rückbezug *Perron*, Frisch-FS S. 866 ff; s. dazu auch *Bittmann*, NStZ 13, 72; *Hefendehl*, wistra 12, 325; *Hinrichs*, wistra 13, 161.

An dem bei §§ 253, 263 strikt durchgeführten Grundsatz, dass **gesetzliche Ersatzansprüche** gegen den Täter im Rahmen der Schadensermittlung nicht zu berücksichtigen, dh **nicht kompensationsfähig** sind, hält die Rspr. in **Untreuefällen** nicht uneingeschränkt fest. So hat der BGH bei konkursfremden Verfügungen durch einen **Konkursverwalter** eine Nachteilszufügung unter der Voraussetzung verneint, dass der zum Ausgleich gewillte Täter „eigene flüssige Mittel in entsprechender Höhe zum Ersatz ständig bereithält".[185] Unter der gleichen Voraussetzung macht sich ein **Anwalt** nicht strafbar, der Gelder seines Mandanten nicht einem Anderkonto zuführt oder nicht auskehrt, weil er aufrechnen will, dann aber die Erklärung der Aufrechnung versäumt.[186] Unerlässlich ist dabei allerdings die fortwährende Zahlungsbereitschaft und -fähigkeit des Täters.[187] In Fällen von (struktureller) **Ämterpatronage** ist ein Nachteil der öffentlichen Hand nicht aufweisbar, § 266 daher nicht gegeben.[188]

882

Pflichtwidrigkeit und **Nachteil** sind bei der Untreue **eng miteinander verzahnt**. Das zeigt sich deutlich bei Risikogeschäften. Bei ihnen darf zwar nicht von einem eingetretenen Nachteil ohne Weiteres auf die Pflichtwidrigkeit zurückgeschlossen werden.[189] Verstößt der Täter hier aber gegen eine Verhaltensregel, die den Vermögensinhaber vor zu hohen Verlustrisiken schützt, ergibt sich daraus idR auch ein Vermögensnachteil iS eines Risikoschadens.[190] Das entbindet freilich nicht von seiner präzisen schadensrechtlichen Feststellung.[191]

883

3. Vorsatz

Der **Vorsatz** des Täters muss sich nicht anders als sonst auf alle objektiven Merkmale der jeweils verwirklichten Tatbestandsalternative erstrecken. Bedingter Vorsatz genügt. Vorsätzlich ungetreu handelt danach nur, wer die ihm obliegende Vermögensbetreuungspflicht kennt, sie wissentlich und willentlich verletzt und dabei zumindest in Kauf nimmt, dass ein ernsthaft für möglich gehaltener Nachteil beim Vermögensinhaber eintritt. Da der Pflichtverstoß (normatives) Tatbestandsmerkmal ist, gehört die Kenntnis der Pflichtwidrigkeit zum Vorsatz.[192] Für sie reicht nicht aus, dass das Verhalten für den Täter „erkennbar pflichtwidrig" war. Vielmehr muss es „erkanntermaßen pflichtwidrig" sein, was sich zB bei einer ohne jeden Bezug zum Unternehmenszweck erfolgten Bereicherung angesichts der Evidenz der Pflichtwidrigkeit einer solchen „Selbstbedienung" aufdrängt.[193]

884

---

185 BGHSt 15, 342, 344; BGH wistra 20, 257; weiterführend BGH NStZ 95, 233; zust. *Lackner/Kühl/Heger*, § 266 Rn 17; M/S/M-*Momsen*, BT I § 45 Rn 47; MK-*Dierlamm/Becker*, § 266 Rn 239; abl. S/S-*Perron*, § 266 Rn 42; s. dazu auch *Wittig*, Imme Roxin-FS S. 375 ff; zur Herangehensweise in einer Klausur s. *Eisele/Bechtel*, JuS 18, 98.
186 BGH wistra 15, 27, 28; BGH NJW 15, 1191; OLG Hamm wistra 10, 76, 77; KG NStZ 08, 405, 406.
187 BGH MDR/H 83, 281; BGH wistra 04, 61 f; BGHSt 52, 182, 188 f; BGH wistra 15, 27, 28; BGH NJW 15, 1191.
188 S. dazu *Lindenschmidt*, Zur Strafbarkeit der parteipolitischen Ämterpatronage in der staatlichen Verwaltung, 2004, S. 46 ff mit einem Vorschlag de lege ferenda S. 178.
189 *Jahn/Ziemann*, ZIS 16, 555: „Rückschaufehler".
190 *Hillenkamp*, NStZ 81, 166 f; *Waßmer*, Untreue bei Risikogeschäften, 1996, S. 144 ff, 150; enger *Hellmann*, ZIS 07, 439; *Hellmann*, Kühl-FS S. 694 f; zum Risikoschaden bei Kreditgeschäften s. BGHSt 46, 30, 34; M-G-*Hadamitzky*, Rn 67.89 ff; krit. *Martin*, Bankuntreue, 2000, S. 124, 128; weiterführend *Ransiek*, ZStW 116 (2004), 646 ff, 659 ff.
191 S. zum Verstoß gegen das **kommunalrechtliche Spekulationsverbot** bei Abschluss von Finanzderivaten in Form von Zinssatzswaps und einem daraus folgenden Schaden BGH NJW 19, 378 mit krit. Anm. *Brand*; BGH NStZ 20, 294; ausf. dazu *Schneider*, wistra 18, 281 und *Bittmann*, NStZ 20, 263.
192 Str., s. *Beulke*, Eisenberg-FS S. 265; *Lackner/Kühl/Heger*, § 266 Rn 19; LK-*Schünemann*, § 266 Rn 193 f mwN; M/R-*Matt*, § 266 Rn 151 f; Spickhoff-*Schuhr*, § 266 Rn 74; zur insoweit unklaren Rspr. s. A/R/R-*Lindemann*, 7.2 Rn 86; S/S/W-*Saliger*, § 266 Rn 127 f; diff. *Leite*, GA 15, 527.
193 BGHSt 54, 148, 164 (*VW-Fall*) mit Bespr. *Corsten*, wistra 10, 206.

Da sich die Pflicht nicht aus § 266 selbst, sondern aus dem Tatbestand vorgelagerten Normen ergibt, muss sich der Täter im Übrigen durch eine hinreichende Parallelwertung in der Laiensphäre des Grundes und der Grenzen seiner hieraus erwachsenden Pflicht gewahr sein.[194] Ist er es, liegt ein Verbotsirrtum fern, der darin bestünde, dass sich der Täter trotz Kenntnis seiner Pflichtenstellung zu dem verbotenen Verhalten für befugt hielte.[195] Soweit das Einverständnis des Vermögensinhabers tatbestandsausschließend wirkt (s. Rn 860), schließt seine irrige Annahme durch den Täter gemäß § 16 I eine vorsätzliche Pflichtverletzung aus.[196] Bezüglich des Schädigungsvorsatzes gilt nichts Besonderes. Allerdings ist darauf zu achten, dass das vom BVerfG aufgestellte „Verschleifungsverbot" (s. Rn 878) auch für die subjektive Seite gilt. Der Vorsatz bezüglich der Nachteilszufügung ist folglich mit dem Vorsatz zur Pflichtwidrigkeit nicht identisch, sondern auch dort selbstständig festzustellen, wo die Pflichtwidrigkeit in einem engen inneren Zusammenhang mit dem Nachteil steht.[197] Schädigungsabsicht ist möglich, aber nicht notwendig. Direkter oder bedingter Vorsatz reichen aus. Auf die Einführung einer **Bereicherungsabsicht** hat der Gesetzgeber **verzichtet**. Untreue ist ein Schädigungsdelikt.

885 Für den **dolus eventualis** gilt im Grundsatz nichts anderes als sonst. Die Rspr. stellt allerdings an ihn seit den Tagen des RG im Zusammenhang mit der Untreue **besonders strenge Anforderungen**.[198] Bezweckte sie damit – was verbreitet angenommen wird – die Weiten und Vagheiten des objektiven Tatbestandes über die subjektive Tatseite zu „korrigieren", wäre dies der falsche Weg. Die Grenzen des objektiven Tatbestandes sind diesem selbst zu setzen.[199] Gegen die regelmäßig gegebene Begründung, der Tatrichter sei angesichts der oft komplexen und mehrdeutigen Strukturen des Wirtschaftslebens und der Weite und Unbestimmtheit des Tatbestandes der Untreue gehalten, auf die *Feststellung* des Vorsatzes besondere Sorgfalt anzuwenden *und die (begrifflichen) Anforderungen* der höchstrichterlichen Rspr. an die *voluntative Seite* namentlich bei nicht eigensüchtigem Vorgehen des Täters nicht nur formelhaft, sondern inhaltlich zu beachten, ist aber nichts einzuwenden. Das geschieht auch in anderen Bereichen, in denen gegen die Annahme eines dolus eventualis – wie zB bei Tötungsdelikten – wiederkehrende Umstände sprechen.[200]

---

194 BGH NJW 18, 179 mit Anm. *Eisele*.
195 S. zu der Annahme eines solchen Irrtums im *Mannesmann*-Verfahren durch das LG Düsseldorf NJW 04, 3275, 3285 die Stellungnahme in BGH NJW 06, 522, 529 (in BGHSt 50, 331 nicht mit abgedruckt) sowie *Hohn*, wistra 06, 164; *Ransiek*, NJW 06, 816; s. auch BGHSt 52, 182, 190 f. Zur Abgrenzung Tatbestands-/Verbotsirrtum s. G/J/W-*Waßmer*, § 266 Rn 338 ff, 227, 230; LK-*Schünemann*, § 266 Rn 192 f; NK-WSS-*Jahn/Ziemann*, § 266 Rn 123; zur parallelen Frage der Abgrenzung von untauglichem Versuch und Wahndelikt bei sog. *Vorfeldirrtümern* s. LK-*Murmann*, § 22 Rn 266 ff.
196 *Hantschel*, Untreuevorsatz, 2010, S. 92 ff.
197 BGH NStZ 13, 715 mit Anm. *Trüg* und Bespr. *Bung*, StV 15, 176; *Jahn*, JuS 13, 82; *Kubiciel*, StV 14, 91; *Saliger*, ZWH 14, 73; S/S/W-*Saliger*, § 266 Rn 127; ebenso für den *Gehilfenvorsatz* BGH HRRS 15, Nr 236 mit Anm. *Bosch*, JK 15, 766 (§ 27).
198 Vgl nur BGH NStZ 97, 543; BGH wistra 00, 60, 61; 03, 463, 464; s. dazu *Hillenkamp*, Maiwald-FS S. 323, 326 ff; ferner Fischer-*Fischer*, § 266 Rn 176; *Hantschel*, Untreuevorsatz, 2010, S. 63 ff; LK-*Schünemann*, § 266 Rn 190; M/R-*Matt*, § 266 Rn 149 f; NK-*Kindhäuser/Hoven*, § 266 Rn 123.
199 *Beulke/Witzigmann*, JR 08, 435; *Dierlamm*, NStZ 97, 535; *Feigen*, Rudolphi-FS S. 459 f; Fischer-*Fischer*, § 266 Rn 176; *Hantschel*, Untreuevorsatz, 2010, S. 64 f; *Hillenkamp*, NStZ 81, 163; *Kindhäuser/Hilgendorf*, § 266 Rn 106; LK-*Schünemann*, § 266 Rn 190 ff; MK-*Dierlamm/Becker*, § 266 Rn 314; Spickhoff-*Schuhr*, § 266 Rn 72; S/S-*Perron*, § 266 Rn 50; S/S/W-*Saliger*, § 266 Rn 127; *Waßmer*, Untreue bei Risikogeschäften, 1996, S. 156 ff.
200 Zur Tötungshemmschwelle s. BGH NStZ 84, 19; 86, 550; BGHSt 36, 1, 15. BGHSt 46, 30, 35 und 47, 148, 157 verweisen aber auch auf Entscheidungen zur Körperverletzung (BGHSt 36, 1, 9) und zur Urkundenfälschung im Rahmen einer Strafverteidigung (BGHR StGB § 15 Vorsatz, bedingter 8); s. dazu *Hillenkamp*, Maiwald-FS S. 323. 336 ff; abw. Wertung bei G/J/W-*Waßmer*, § 266 Rn 337; *Otto*, Puppe-FS S. 1247, 1268; wie hier *Hantschel*, Untreuevorsatz, 2010, S. 305.

Besteht der Nachteil (wie idR bei sog. Risikogeschäften) in einem **Gefährdungsscha-** 886
den, soll hiernach der Grad der Wahrscheinlichkeit des Schadenseintritts allein kein Kriterium dafür sein, dass der Täter den Erfolg im Sinne des dolus eventualis auch gebilligt hat.[201] Umgekehrt soll die Tatsache, dass eine Jahre währende Schadensgefahr nicht in einen Verlust umgeschlagen ist, dafür sprechen, dass der Täter sich mit einer Schädigung nicht abgefunden, sondern auf ihr Ausbleiben vertraut hat.[202] Liegt allerdings ein erkanntes besonders hohes und schwer beherrschbares Verlustrisiko vor, ist darin nach der Rspr. ein Indiz für die Billigung der schadensgleichen Gefährdung zu sehen.[203] Stets muss sich der Täter damit abfinden, dass er dem seiner Betreuung anvertrauten Vermögen Schaden zufügt.[204] Dafür genügt bei einer mit *dolus eventualis* verursachten schadensgleichen Vermögensgefährdung, dass der Täter mit der Möglichkeit eines für die Schadensbegründung hinreichenden hohen Verlustrisikos ernsthaft rechnet und sich hiermit abfindet. Weder beim direkten noch beim bedingten Vorsatz spielt dann eine Rolle, dass der Täter glaubt oder hofft, dass zB der Kredit letztlich dennoch zurückgeführt werden wird. Die spätere Schadensentwicklung ist nur noch für die Strafzumessung von Belang.[205]

Entgegen der neueren Rspr. des 2. Senats[206] ist deshalb auch eine darüber hinausgehende 887
„Billigung der Realisierung der Gefahr" iS eines Sich-Abfindens mit einem „endgültigen" Verlust nicht zu verlangen. Der Senat sieht mit seinem Vorschlag Bedenken gegen ein in der schadensgleichen Vermögensgefährdung nach seiner Auffassung lediglich verwirklichtes Versuchsunrecht zerstreut, weil es durch einen auf wirkliche Vollendung zielenden „Tatentschluss" kompensiert werde.[207] Das ist aber eine doppelt angreifbare Lösung. Einerseits ist es dem Richter verwehrt, materielles Versuchsunrecht mit einem auf Vollendung zielenden Vorsatz zu einer vollendeten Tat zusammenzuschmieden. Wäre der „Gefährdungsschaden" nur eine Vorstufe des im Gesetz verlangten Nachteils, müsste man ihn als dem Verlust gleichwertige Schadensform stattdessen aufgeben. Andererseits liegt es nicht in Richtermacht, bei Delikten ohne überschießende Innentendenz eine solche zu „erfinden" und damit die im Übrigen bestehende und dogmatisch unauflösbare Kongruenz zwischen objektivem und subjektivem Tatbestand aufzukündigen.[208] Deshalb ist daran festzuhalten, dass eine zutreffend begründete schadensgleiche Vermögensge-

---

201 BGHSt 46, 30, 35; s. dazu *Beulke*, JR 05, 41.
202 BGHSt 51, 100, 121 f (Fall *Kanther*); s. dazu krit. *Bernsmann*, GA 07, 219, 229 ff; *Ransiek*, NJW 07, 1727, 1729.
203 BGHSt 47, 148, 157; zum Vorsatznachweis durch Indizien s. *Hantschel*, Untreuevorsatz, 2010, S. 217 ff.
204 BGH wistra 86, 25; BGH NStZ 86, 455.
205 BGH wistra 10, 21, 23.
206 BGH NStZ 07, 704, 705 mit Anm. *Schlösser*, NStZ 08, 397 im Anschluss an BGHSt 51, 100, 121 f; OLG Hamburg NStZ 10, 336; s. zu diesen Entscheidungen *Fischer*, StraFo 08, 269; *Fischer*, NStZ- Sonderheft 09, 8, 13 f; *Fischer*, StV 10, 95, 99 ff; gegen ihn *Nack*, StraFo 08, 277; krit. auch *Bernsmann*, GA 07, 219, 229 ff; *Kasiske*, NZWiSt 16, 308; *Perron*, Tiedemann-FS S. 737, 766 f; *Rönnau*, Tiedemann-FS S. 713, 731 ff; *Saliger*, NStZ 07, 545, 550; *Schlösser*, StV 08, 548; *Schünemann*, Frisch-FS S. 852 f; *Weber*, Eisenberg-FS S. 371, 374; zust. BK-*Wittig*, § 266 Rn 59; *Ignor/Sättele*, Hamm-FS S. 211, 224 f; *Kempff*, Hamm-FS S. 255, 262 ff; der 5. Senat folgt dem 2. in BGHSt 52, 182, 189 f; BGH BeckRS 13, 10324; vgl auch A/W-*Heinrich*, § 22 Rn 78; *Bock*, BT II S. 564; *Eisele*, BT II Rn 905, 911; *Joecks/Jäger*, § 266 Rn 53; *Rengier*, BT I § 18 Rn 83 ff; S/S/W-*Saliger*, § 266 Rn 128.
207 BGHSt 51, 100, 123.
208 *Hillenkamp*, Maiwald-FS S. 335, 341 ff; *Kühne*, StV 02, 199 hat schon BGHSt 47, 148 einen „überschießenden Vorsatz" unterstellt; s. hierzu in Bezug auf BGHSt 51, 100 *Bernsmann*, GA 07, 219, 230; *Beulke*, Eisenberg-FS S. 264; *Saliger*, NStZ 07, 545, 550; *Schünemann*, NStZ 08, 431; vgl auch *Marwedel*, ZStW 123 (2011), 948, 563.

fährdung ein Schaden *ist* und sich der Vorsatz in seinen beiden Komponenten nur auf das den Gefährdungsschaden begründende Verlustrisiko beziehen muss.[209]

888 Im **Fall 63** erfüllt das Verhalten des S alle Merkmale der *veruntreuenden* Unterschlagung. Fraglich ist, ob darin zugleich eine **Untreue** liegt. Der Missbrauchstatbestand des § 266 I entfällt mit Rücksicht darauf, dass S zur eigenmächtigen Verfügung über die ihm anvertrauten Gelder nicht befugt ist und dass Pflichtwidrigkeiten *rein tatsächlichen* Charakters allein vom **Treubruchstatbestand** des § 266 I erfasst werden. Für den Missbrauchstatbestand ist[210] deshalb zB auch dann kein Raum, wenn ein **Schalterbeamter** Fahrkarten unter dem amtlich festgesetzten Preis verkauft, denn seine Rechtsmacht *im Außenverhältnis* reicht in dieser Hinsicht nicht weiter als seine *interne* Befugnis. Wo **Können** und **Dürfen** sich decken, der Täter also zugleich seine Vertretungsmacht im Außenverhältnis überschreitet, greift an Stelle des Missbrauchstatbestandes der **Treubruchstatbestand** ein.[211] Im Hinblick auf den *Grad seiner Verantwortlichkeit* und das *Maß seiner Selbstständigkeit* bei der Kassenverwaltung ist eine **Vermögensbetreuungspflicht** des S zu bejahen. Diese Pflicht hat S dadurch verletzt, dass er sich einen Teil des Geldes rechtswidrig zugeeignet hat.[212] **Nachteilszufügung** durch S und Vorsatz in Bezug auf alle Merkmale des objektiven Unrechtstatbestandes sind ohne Schwierigkeit festzustellen. Insgesamt hat S sich daher der **Untreue** (§ 266 I *zweite* Alternative) schuldig gemacht. § 246 II tritt im Wege der Gesetzeskonkurrenz (Konsumtion) zurück (s. Rn 370 f).[213]

4. Fragen des Allgemeinen Teils und Regelbeispiele

889 Untreue kann in beiden Varianten durch **Tun** und durch **Unterlassen** begangen werden (s. Rn 867, 871). **Vollendet** ist die Untreue mit **Eintritt des Vermögensnachteils**, der auch bei einer schadensgleichen Vermögensgefährdung gegeben ist.[214] Der Versuch ist nicht mit Strafe bedroht. **Täter** oder Mittäter dieses Sonderdelikts kann nur sein, wer selbst vermögensbetreuungspflichtig ist.[215] Täterschaftsbegründend ist die Pflichtverletzung allein nach dem BGH aber nicht.[216] Außenstehende kommen lediglich als **Teilnehmer** in Betracht; nach hM ist auf sie § 28 I anzuwenden, da das Bestehen einer Pflicht zur Betreuung fremden Vermögens besonderes persönliches Merkmal ist.[217] Wenn allerdings die Täterschaft eines Beteiligten, der an sich auch Tatherrschaft hatte, nur am Fehlen der Vermögensbetreuungspflicht scheitert, und er deshalb nur als Gehilfe bestraft werden kann, dann sieht die Rspr. diesen Gesichtspunkt mit der Milderung nach § 27 II 2 als verbraucht an und versagt eine weitere Milderung nach § 28 I.[218] Liegen der Untreuehand-

---

209 So auch AnK-*Esser*, § 266 Rn 229; *Mitsch*, BT II S. 383 f; NK-WSS-*Jahn/Ziemann*, § 266 Rn 120; SK-*Hoyer*, § 266 Rn 119 f; krit. dazu Fischer-*Fischer*, § 266 Rn 183 f; *Otto*, Puppe-FS S. 1247, 1260 ff; vermittelnd BGH NStZ 13, 715, 716 mit Bespr. *Bung*, StV 15, 176; *Jahn*, JuS 13, 82; *Kubiciel*, StV 14, 91; *Saliger*, ZHW 14, 73; G/J/W-*Waßmer*, § 266 Rn 349.
210 Entgegen einem obiter dictum in BGHSt 13, 315, 316.
211 S. *Küper/Zopfs*, BT Rn 615.
212 Näher BGHSt 13, 315.
213 *Küper*, Jura 96, 207.
214 Zur Beendigung iS des § 78a s. *Cordes/Sartorius*, NJW 13, 2635.
215 Vgl BGH StV 95, 73; zur Feststellung einer solchen Pflicht iR der Beihilfe zu der Tat eines unbekannt gebliebenen Haupttäters in einem Kreditinstitut s. OLG München wistra 10, 155, 156 f; zur Teilnahme s. auch *Thomas*, Rissing-van Saan-FS S. 669 ff.
216 BGH NJW 16, 2585, 2599 f mit Bespr. *Schlösser*, StV 17, 123; *Saliger/Schweiger*, NJW 16, 2600; s. dazu auch *Hillenkamp*, Schünemann-FS S. 407, 411 f.
217 BGH wistra 97, 100; 07, 306, 307; BGH NStZ-RR 08, 6; 09, 102; BGH NStZ 12, 316; BGH NJW 16, 2585, 2600; KG StV 13, 91; Fischer-*Fischer*, § 266 Rn 186; *Joecks/Jäger*, § 266 Rn 58; MK-*Dierlamm/Becker*, § 266 Rn 321; *Seier*, JuS 98, 49; anders S/S-*Perron*, § 266 Rn 52.
218 BGH wistra 15, 146.

lung Kollektiventscheidungen zugrunde, treten schwierige Kausalitäts- und Zurechnungsfragen des Allgemeinen Teils auf.[219]

Aus dem Kreis der **Rechtfertigungsgründe** können die *mutmaßliche* und die *hypothetische* Einwilligung sowie der *rechtfertigende* Notstand (§ 34) hier praktische Bedeutung gewinnen.[220] In § 266 II wird für **besonders schwere Fälle** auf die Regelbeispiele des Betrugs verwiesen.[221] Dieser Verweis ist nur von sehr begrenztem Sinn. Abgesehen von den Regelbeispielen des § 263 III 2 Nr 2 1. Alt.[222] und Nr 3 ist die Regelung des § 263 III für schwere Fälle der Untreue kaum einmal einschlägig[223] oder wenig sachangemessen,[224] wie zB die gleichzeitig strafbegründende wie nach § 263 III 2 Nr 4 strafschärfende Wirkung der Amtsträgerschaft erweist.[225] § 243 II ist entsprechend anwendbar. Das gilt auch für § 247. Stellen die geschädigten Mitgesellschafter keinen Strafantrag, kann die Tat gleichwohl verfolgt werden, wenn auch die GmbH selbst einen Vermögensnachteil erlitten hat.[226]

IV. Prüfungsaufbau: Untreue, § 266

Untreue, § 266   890

I. Tatbestand
  1. Objektiver Tatbestand[227]
    A. Missbrauchstatbestand, § 266 I 1. Alt.
      a) Tathandlung: Missbrauch der erteilten Verfügungs-/
                         Verpflichtungsbefugnis
        • *Verfügungs-/Verpflichtungsbefugnis bzgl*
          fremden Vermögens
          → durch Gesetz, behördlichen Auftrag,
            Rechtsgeschäft
          Ⓟ Rechtsschein/Gutglaubensschutz
        • *Missbrauch*
          → Überschreiten des rechtlichen Dürfens iRd
            rechtlichen Könnens

---

219 S. BGHSt 47, 148, 156; vgl auch BGHSt 37, 106, 125 ff; 129 ff; OLG Stuttgart JZ 1980, 774; *Knauer*, NStZ 02, 399, 403; *Martin*, Bankuntreue, 2000, S. 73 ff; MK-*Dierlamm/Becker*, § 266 Rn 323 ff.
220 Vgl BGHSt 12, 299, 304 mit Anm. *Bockelmann*, JZ 59, 495; *Küper*, JZ 76, 515; zur mutmaßlichen Einwilligung bei Risikogeschäften s. *Hellmann*, ZIS 07, 437; *Hillenkamp*, NStZ 1981, 167; zur Unterscheidung zwischen mutmaßlichem Einverständnis und mutmaßlicher Einwilligung s. *Hantschel*, Untreuevorsatz, 2010, S. 102 f; *Schramm*, Untreue und Konsens, 2005, S. 227 ff, 235 ff; zur Übertragbarkeit der aus dem Arztstrafrecht stammenden hypothetischen Einwilligung (mit möglicherweise schon tatbestandsausschließender Wirkung) auf die Untreue s. OLG Hamm wistra 12, 448; *Rönnau*, StV 11, 755 und – grundlegend – *Hengstenberg*, Die hypothetische Einwilligung im Strafrecht, 2013, S. 406 ff, 416 ff; krit. S/S/W-*Saliger*, § 266 Rn 58, 130.
221 Durch den dort im Mindest- und Höchstmaß erhöhten Strafrahmen wird im Regelbeispielsfall eine gleichzeitig begangene veruntreuende Unterschlagung (§ 246 II) durch die auch auf sie anwendbare Subsidiaritätsklausel des § 246 I 2 verdrängt, s. BGH NStZ 12, 628 mit Anm. *Hohmann*, NStZ 13, 161.
222 Für die auch hier als „Verlust" eine schadensgleiche Gefährdung nicht ausreicht, s. BGH wistra 07, 306, 307; vgl ferner BGH wistra 01, 348, 349 sowie BGH wistra 04, 20 mit Rn 711; Zweifel am Vorliegen einer Untreue hierzu bei *Rotsch*, wistra 04, 300.
223 Zur Gewerbsmäßigkeit finden sich zwei altruistisch motivierte und deshalb zweifelhafte Fälle, BGH NStZ-RR 03, 297; BGH NStZ 14, 85.
224 LK-*Schünemann*, § 266 Rn 218 f.
225 BGH NStZ 00, 592; BGH StraFo 13, 480; krit. dazu S/S-*Perron*, § 266 Rn 53; *Spickhoff-Schuhr*, § 266 Rn 79.
226 BGH NStZ-RR 07, 79, 80; zur hiervon abw. Lage bei der KG s. BGH wistra 12, 233, 234.
227 S. zur Prüfungsreihenfolge auch Rn 832.

→ durch rechtsgeschäftliches/hoheitliches Handeln
Ⓟ Anforderungen an tatbestandsausschließendes Einverständnis
Ⓟ Treuwidrigkeit bei Risikogeschäften
Ⓟ Missbrauch durch Unterlassen
b) **Treueverhältnis:** • *Vermögensbetreuungspflicht*
Ⓟ Erfordernis und Inhalt der Treuepflicht
Ⓟ § 28 bei Teilnehmern
c) **Taterfolg:** • *Vermögensnachteil*
→ grds wie Vermögensschaden beim Betrug, § 263
Ⓟ Verknüpfung Pflichtwidrigkeit – Nachteil

B. **Treubruchstatbestand, § 266 I 2. Alt.**
a) **Treueverhältnis:** • *Vermögensbetreuungspflicht*
→ aus rechtlichem oder faktischem Treueverhältnis
Ⓟ Inhalt der Treuepflicht
Ⓟ Ganovenuntreue
Ⓟ § 28 bei Teilnehmern
b) **Tathandlung:** • *Verletzung der Vermögensbetreuungspflicht*
→ durch rechtliches oder faktisches Verhalten
c) **Taterfolg:** • *Vermögensnachteil*
→ wie beim Missbrauchstatbestand

2. **Subjektiver Tatbestand**
Vorsatz: • *jede Vorsatzart*
Ⓟ strengere Anforderungen an dolus eventualis

II. **Rechtswidrigkeit**
III. **Schuld**
IV. **Privilegierung (Strafantrag, § 266 II iVm §§ 247, 248a)**
V. **Besonders schwerer Fall, § 266 II iVm §§ 263 III, 243 II**

§ 22 Untreueähnliche Delikte

I. Vorenthalten und Veruntreuen von Arbeitsentgelt

1. Vorenthalten von Sozialversicherungsbeiträgen

891 § 266a fasst in seinen ersten beiden Absätzen die zuvor verstreuten Normen über das **Vorenthalten von Sozialversicherungsbeiträgen** zu einem Straftatbestand zusammen, der den **Schutz der Solidargemeinschaft** bezweckt und dem Ziel dienen soll, das Beitragsaufkommen der Sozialversicherungsträger und der Bundesanstalt für Arbeit[1] strafrechtlich zu gewährleisten.[2] Abs. 1 betrifft (durch den Arbeitgeber abzuführende) **Arbeitnehmerbeiträge**, Abs. 2 **Arbeitgeberbeiträge**. Ob durch die Vorschrift insgesamt auch das individuelle Vermögen des Arbeitnehmers geschützt ist, ist umstritten,[3] für

---

1 S. BT-Ds 14/8221, S. 18.
2 Näher *Martens*, wistra 86, 154; LK-*Möhrenschlager*, § 266a Rn 8; *Mitsch*, JZ 94, 877, 887; SK-*Hoyer*, § 266a Rn 3; BGH NStZ 90, 588; BGHZ 144, 311, 321; wistra 92, 144.
3 S. befürwortend *Tag*, Das Vorenthalten von Arbeitnehmerbeiträgen zur Sozial- und Arbeitslosenversicherung 1994, S. 33 ff; ebenso LK-*Gribbohm*, 11. Aufl., § 266a Rn 5; LK-*Möhrenschlager*, § 266a Rn 10 f; **aA** BK-*Wittig*, § 266a Rn 2; Fischer-*Fischer*, § 266a Rn 2a; M/R-*Matt*, § 266a Rn 2; NK-WSS-*Fuchs*, § 266a Rn 4; S/S/W-*Saliger*, § 266a Rn 2; s. zum Streit SK-*Hoyer*, § 266a Rn 5 ff.

Abs. 3 aber nicht zweifelhaft. Nach § 266a können auch Fälle geahndet werden, in denen Arbeitgeber und Arbeitnehmer im Wege des einvernehmlichen Handelns verabredet haben, bei Lohnzahlungen etwa für **Schwarzarbeit** keine Sozialversicherungsbeiträge abzuführen.[4] Eine solche Vereinbarung ist unbeachtlich. Für die Beurteilung, ob ein sozialversicherungs- und lohnsteuerpflichtiges **Arbeitsverhältnis**[5] vorliegt, sind allein die tatsächlichen Gegebenheiten maßgeblich, nicht eine zur Verschleierung gewählte Rechtsform oder Abrede. Deshalb können die Vertragsparteien die sich hieraus ergebenden Beitragspflichten auch im Übrigen nicht durch eine abweichende vertragliche Gestaltung beseitigen.[6]

§ 266a ist in beiden Varianten (Abs. 1 und 2) ein **Erfolgsdelikt**[7] und erst mit Erlöschen der Beitragspflicht beendet.[8] Täter des **§ 266a I und II** können nur der Arbeitgeber und die diesem in § 266a V gleichgestellten Personen sein. Daher sind § 266a I, II **echte Sonderdelikte.**[9]

892

Den Tatbestand des **§ 266a I** erfüllt, wer in dieser Eigenschaft **Beiträge** des **Arbeitnehmers**[10] zur Sozialversicherung einschließlich der Arbeitsförderung der Einzugsstelle **vorenthält**, sie also nicht spätestens am Fälligkeitstag an diese abführt.[11] Der Berechnung der Beiträge ist das in § 14 I SGB IV definierte **Arbeitsentgelt** zugrunde zu legen. Was in diesem Sinne Gegenleistung für die erbrachte Arbeit ist, können die Vertragsparteien nicht durch abweichende Vereinbarungen der Beitragspflicht entziehen.[12] Bei Schwarzarbeit berechnet der BGH die für den Schuldumfang bedeutsame Höhe der vorenthalte-

---

4 AnK-*Esser*, § 266a Rn 77; A/R/R-*Gercke*, 14.2 Rn 34; G/J/W-*Wiedner*, § 266a Rn 19, 26; HK-GS/*Beukelmann*, § 266a Rn 16 f; M-G-*Henzler*, Rn 36.1 ff; NK-*Tag*, § 266a Rn 6, 57 f; SK-*Hoyer*, § 266a Rn 34; zur Zulässigkeit der Schätzung von Schwarzlohn und vorenthaltenen Beiträgen s. BGH NStZ 10, 635, 636 f; BGH NStZ-RR 23, 207 und BGH NStZ 24, 96, 97; zur BGH-Rspr. bei illegaler Beschäftigung s. *Thum/Selzer*, wistra 11, 290.
5 Zur Akzessorietät sowie zur Bedeutung des am 1.4.2017 in Kraft getretenen § 611a BGB s. *Schulz*, Neumann-FS S. 1219 ff; *Buchholz*, NZWiSt 20, 89; zu hiermit zusammenhängenden Problemen *Bertheau*, NJW 20, 664.
6 BGH NJW 11, 3047; BGH NJW 12, 471; BGH NStZ 16, 348; BGH HRRS 18, Nr 240; BGH NJW 23, 2357 mit Anm. *Tag*; *Peukert/Rhein*, NZWiSt 23, 309; BGH wistra 24, 27; zur **„Scheinselbstständigkeit"** s. BGH GmbHR 19, 278 mit Anm. *Brand*; BGH NZWiSt 21, 60 mit Anm. *Gehm*; *Klose*, NZWiSt 18, 12; *L. Schulz*, ZIS 14, 573; *Ziehm*, NZWiSt 16, 387; zur **Shared Economy** *Rieks*, wistra 20, 49.
7 S. *Krack*, wistra 15, 121 mit Beschreibung der Folgen für Kausalität und funktionalen Zusammenhang, zur Vermögensabschöpfung *Bach*, NZWiSt 19, 214.
8 BGHSt 53, 31; BGH HRRS 18, Nr 75; BGH HRRS 17, Nr 1041.
9 BGH wistra 11, 344, 346; *Lackner/Kühl/Heger*, § 266a Rn 2; MK-*Radtke*, § 266a Rn 78; SK-*Hoyer*, § 266a Rn 18; S/S/W-*Saliger*, § 266a Rn 7; zum Begriff des **Arbeitgebers** s. BGH NStZ 13, 587 f; BGH wistra 14, 24; BGH NStZ-RR 14, 246, 247 mit Anm. *Küpper*, ZWH 14, 396; BGH ZWH 14, 389, 390 mit Anm. *Küpper*, 393; BGH NStZ 17, 354; *Krumm*, NZWiSt 15, 102; *L. Schulz*, ZIS 14, 573; BGH NStZ 15, 648 mit Anm. *Trüg*; *Bürger*, wistra 16, 169; zum Insolvenzverwalter als Arbeitgeber s. *Dupper/Petzsche*, wistra 16, 294.
10 Fischer-*Fischer*, § 266a Rn 9; BGH NStZ 96, 543; OLG Frankfurt StV 99, 32; der Arbeitnehmer muss (ggf nach den Kollisionsnormen des europäischen Sozialversicherungsrechts) in Deutschland sozialversicherungspflichtig sein, s. dazu BGHSt 51, 124, 127 f mit Bespr. *Zimmermann*, ZIS 07, 407; BGHSt 51, 224, 228 f mit Bespr. *Rübenstahl*, NJW 07, 3538; BGH JZ 08, 366 mit Anm. *Heger*; EuGH NZA 18, 1253 ff; zur denkbaren **Beihilfe** des **Arbeitnehmers** (oder Dritter) s. *Wittig*, ZIS 16, 700, 702 ff.
11 Zum hiermit zusammenhängenden Verjährungsbeginn BGH NJW 20, 3469 mit Anm. *Klötzer-Assion*; *Lanzinner*, NStZ 20, 162; *Gercke/Hembach*, wistra 20, 113; *Lorenz*, FD-StrafR 20, 425803; *Gehm*, NZWiSt 21, 20; *Bachmann*, JR 20, 370; BGH NZWiSt 20, 288 mit Anm. *Rieks*; *Matt*, wistra 20, 262; BGH BeckRS 20, 35332; BGH NZWiSt 21, 110 mit Anm. *Gehm*; BGH NStZ-RR 21, 312; BGH wistra 23, 509; Überblick bei *Loose*, NStZ 21, 709; anders noch BGH NZWiSt 19, 266 mit Anm. *Gehm*.
12 BGH wistra 09, 438, 439; BGH NJW 12, 471; BGH NStZ-RR 14, 246, 247 f mit Anm. *Küpper*, ZWH 14, 396; BGH NStZ 17, 354 mit Anm. *Gehm*, NZWiSt 17, 233.

nen Sozialversicherungsbeiträge nach § 14 II 2 SGB IV.[13] Nach **§ 266a II** ist nun auch das Vorenthalten der **Arbeitgeberbeiträge** unter Strafe gestellt. Während Absatz 1 der Untreue ähnelt, hat der Gesetzgeber durch die Anlehnung des § 266a II an den Tatbestand der Steuerhinterziehung (§ 370 I AO)[14] diese Vorschrift eher betrugsähnlich ausgestaltet.[15] Das Vorenthalten, das den Erfolg dieses Tatbestandes beschreibt[16], ist deshalb nur dann strafbar, wenn der Arbeitgeber der zuständigen Stelle über sozialversicherungsrechtlich erhebliche Tatsachen wie zB die Zahl oder die Lohnhöhe seiner Arbeitnehmer entweder unrichtige oder unvollständige Angaben macht oder die Stelle über solche Tatsachen in Unkenntnis lässt.[17] Das Vorenthalten der Beiträge von Arbeitgebern zur Sozialversicherung ist bei geringfügigen Beschäftigungen in Privathaushalten als bloße Ordnungswidrigkeit von der Strafbarkeit nach § 266a ausgenommen.[18] Für den **subjektiven Tatbestand** reicht jede Vorsatzform aus.[19]

893 Die praktische Bedeutung und die Probleme des bisher im Vordergrund stehenden § 266a I lassen sich – nicht von ungefähr[20] – am **Beispiel** einer Entscheidung des BGH in Zivilsachen[21] aufzeigen:

Der Geschäftsführer G einer in einer wirtschaftlichen Krise befindlichen GmbH blieb die Arbeitnehmeranteile für die im März noch gezahlten Löhne schuldig. Zu diesem Zeitpunkt war die GmbH bereits zahlungsunfähig, da G zuvor mit den restlichen liquiden Mitteln in „kongruenter Deckung" Verbindlichkeiten der GmbH bedient hatte. G wurde von der Sozialversicherungsträgerin auf Schadensersatz in Höhe der vorenthaltenen Märzbeiträge verklagt. Der BGH bejahte einen Schadensersatzanspruch gegen G aus § 823 II BGB iVm § 266a I.[22] **Arbeitgeber** ist die GmbH. Gemäß **§ 14 I Nr 1** ist das Delikt aber im Hinblick auf dieses strafbegründende besondere persönliche Merkmal auch auf G als vertretungsberechtigtem Organ der GmbH anzuwenden. Das wäre auch dann nicht anders, wenn G nur als „Strohmann" tätig wäre, der zwar im Innenverhältnis keine

---

13 BGHSt 53, 71 mit Anm. *Joecks*, JZ 09, 531; BGH wistra 11, 344, 345; BGH NStZ 10, 635; BGH NStZ-RR 22, 17; *G/J/W-Wiedner*, § 266a Rn 26; s. zur Lohnschätzung bei illegaler Beschäftigung auch *Krumm*, NZWiSt 13, 97; *Theile*, NZWiSt 23, 285 f; S/S/W-*Saliger*, § 266a Rn 14 ff, 18.
14 Zum Verhältnis von § 266a und § 370 AO s. BGH NZWiSt 17, 189 mit Anm. *Rolletschke*; zum Strafklageverbrauch s. *Bülte*, NZWiSt 17, 49; zur Beihilfehandlung bezogen auf § 266a und § 370 AO s. BGH NZWiSt 17, 233 mit Anm. *Gehm*.
15 Näher zu dieser Tatbestandsalternative *Loose*, Das Vorenthalten von Arbeitgeberbeiträgen zur Sozialversicherung gemäß § 266a Abs. 2 StGB, 2017.
16 NK-*Tag*, § 266a Rn 94; dazu näher *Wittig*, HRRS 12, 64.
17 Zu den unterschiedlichen Folgen von „Unmöglichkeit" und „Unzumutbarkeit" in § 266a I und II s. BGH NJW 11, 3047 f mit Anm. *Bittmann* und krit. Bespr. *Wittig*, HRRS 12, 63.
18 S. zur Ausnahme bei geringfügigen Beschäftigungen in Privathaushalten s. BT-Ds 15/2573, S. 28; Fischer-*Fischer*, § 266a Rn 19a; *Loose*, NZWiSt 20, 182.
19 BGH NJW 02, 1123, 1125; BGHSt 47, 318, 323; BGH BeckRS 20, 1453; BGH wistra 23, 427, 429; zu einem **Tatbestandsirrtum** bei einer *Fehlvorstellung über die Arbeitgebereigenschaft* nunmehr BGH wistra 18, 339 mit Anm. *Rode/Hinderer*; *Bollacher*, NZWiSt 19, 59; *Galen/Dawidowicz*, NStZ 19, 146; *Habetha*, StV 19, 38; *Theile*, ZJS 18, 482; *Ceffinato*, wistra 20, 230; und BGH NStZ 20, 89, 91 mit Anm. *Hinderer*; *Brand*, NJW 19, 3535; *Grötsch*, wistra 20, 74 und Bespr. *Eisele*, JuS 20, 365; OLG Frankfurt (Oder) NZWiSt 21, 155 mit krit. Anm. *Bürger* und *Jansen*, juris PR-StrR 20, Anm. 2; offenlassend BGH NStZ-RR 19, 151, 153.
20 S. Fischer-*Fischer*, § 266a Rn 2a zur Bedeutung des § 266a als Schutzgesetz iS des § 823 II BGB.
21 BGH NJW 97, 1237 mit iE zust. Bespr. von *Heger*, JuS 98, 1090 und *Hellmann*, Anm. JZ 97, 1005 sowie iE abl. Anm. *Tag*, BB 97, 1115; s. zur Lösung auch *Hellmann*, Rn 915 ff; weitere Fallbeispiele bei *Waszczynski*, ZJS 09, 596; *Wittig*, § 22 vor Rn 8; zur Prüfungsabfolge bei § 266a s. auch *Krumm*, wistra 12, 211; Überblick über § 266a insg. bei *Wickel*, ZJS 16, 189.
22 S. *Heger*, JuS 98, 1091; auch in BGH NJW 02, 1123 geht es hierum; § 266a I als Schutzgesetz bejaht die hM im Zivilrecht, s. BGH wistra 05, 339, 340; zur Darlegungs- und Beweislast des Klägers in solchen Fällen s. BGH NJW 13, 1304; zu § 266a II als Schutzgesetz s. NK-WSS-*Fuchs*, § 266a Rn 5; OLG Saarbrücken wistra 16, 203 mit Anm. *Loose*.

nennenswerten Kompetenzen, formell aber die Position eines Geschäftsführers innehat.[23] Ihm obliegt die Aufgabe, für die Erfüllung öffentlich-rechtlicher Pflichten zu sorgen.[24] Als solcher hat er bei Fälligkeit die Arbeitnehmeranteile der Sozialversicherung der Einzugsstelle vorenthalten. Da es sich bei § 266a I um ein **Unterlassungsdelikt** handelt, ist zu erwägen, ob die zum Zeitpunkt der Fälligkeit der Märzbeiträge eingetretene **Zahlungsunfähigkeit** den Tatbestand nach dem Grundsatz *nemo ultra posse obligatur* ausschließt.[25] Das wird bisweilen mit der dem strafrechtlichen Schuldprinzip nicht angemessenen, aus dem Zivilrecht abgeleiteten Begründung verneint, jedermann habe für seine finanzielle Leistungsfähigkeit ohne Rücksicht auf Verschulden einzustehen.[26] Richtigerweise ist hingegen darauf abzustellen, ob nach den Grundsätzen der **omissio libera in causa**[27] dem Täter ein Vorwurf daraus zu machen ist, dass er die Zahlungsunfähigkeit zB dadurch schuldhaft verursacht hat, dass er trotz erkennbar auf ihn zukommender Liquiditätsprobleme keine ihm möglichen und zumutbaren Rücklagen gebildet hat. Diesen Gedanken kombiniert der BGH mit der Annahme eines Vorrangs des Sozialversicherungsanspruchs vor anderen Forderungen, solange der Arbeitgeber in der Krise überhaupt noch selbst verfügen kann und darf.[28] Herleitbar sei der Vorrang aus der strafrechtlichen Absicherung gerade dieses Anspruchs, weshalb er nach den Maßstäben der Pflichtenkollision vorrangig zu bedienen sei.[29] Obwohl dieser Argumentation ein Zirkelschluss zugrunde liegt (die Strafbarkeit wird letztlich mit der Strafbarkeit begründet) und sie dem Versicherungsträger einen vom Insolvenzrecht nicht gewährten Vorzug verschafft,[30] hat auch der 2. Zivilsenat des BGH sich „mit Rücksicht auf die Einheit der Rechtsordnung" der Vorranglehre angeschlossen.[31] In der Praxis wird diese Pflichtenkollision teilweise aufgelöst, indem nach § 270 I InsO auf Antrag ein vorläufiger Sachwalter bestellt wird und Zahlungen von Sozialversicherungsbeiträgen von dessen Zustimmung abhängig gemacht werden.[32]

---

23 BGH NStZ 17, 149 mit Anm. *Ceffinato*, wistra 17, 65; OLG Celle, EWiR 17, 655 mit Anm. *Baumann/Schlieker*; *Weiler*, NJOZ 17, 1066.
24 BGH NStZ 97, 125, zu § 14 s. G/J/W-*Wiedner*, § 266a Rn 14; zum Fall eines **faktischen Geschäftsführers** s. BGH BeckRS 21, 19237 und LG Augsburg wistra 15, 39; zur Fortführung der Geschäftsführertätigkeit trotz Verlustes des Amts nach § 6 II 2 Nr 3e GmbHG s. OLG Bamberg, BeckRS 16, 03553.
25 S. OLG Frankfurt StV 99, 32; OLG Hamm StV 02, 545; OLG Hamm NZWiSt 18, 72 mit Anm. *Floeth*; zur Zumutbarkeit s. *Lackner/Kühl/Heger*, § 266a Rn 10; S/S-*Perron*, § 266a Rn 10; S/S/W-*Saliger*, § 266a Rn 21 f; vgl auch *Hillenkamp*, Tiedemann-FS S. 949 (zu § 283 I Nr 5, 7); zur abw. Beurteilung iR des § 266a II s. BGH NJW 11, 3047 f mit diff. Bespr. *Wittig*, HRRS 12, 63.
26 OLG Celle JR 97, 479; aufgegeben von OLG Celle NJW 01, 2985.
27 S. dazu BGHSt 47, 318, 321 f; BGH BeckRS 18, 33540; OLG Hamm wistra 03, 73, 74; OLG Düsseldorf StV 09, 193, 194; OLG Köln BeckRS 11, 28440; A/R/R-*Gercke*, 14.2 Rn 40; A/W-*Heinrich*, § 23 Rn 14; BK-*Wittig*, § 266a Rn 20; Fischer-*Fischer*, § 266a Rn 15b; G/J/W-*Wiedner*, § 266a Rn 45; *Heger*, JuS 98, 1093; LK-*Möhrenschlager*, § 266a Rn 58; *Mitsch*, BT II S. 467; MK-*Radtke*, § 266a Rn 67; SK-*Hoyer*, § 266a Rn 51 ff; *Tag*, Das Vorenthalten von Arbeitnehmerbeiträgen zur Sozial- und Arbeitslosenversicherung 1994, S. 118 ff; krit. hierzu *Hellmann*, JZ 97, 1005; *Renzikowski*, Weber-FS S. 334, 341 ff; S/S/W-*Saliger*, § 266a Rn 22; dazu, dass die omissio libera in causa hier zur Lösung besser taugt als zu der verwandten Frage zu § 283 I Nrn 5, 7 s. *Hillenkamp*, Tiedemann-FS S. 967. Zur abw. Beurteilung der Zahlungsunfähigkeit iR des **§ 266a II** s. *Krack*, wistra 15, 126.
28 BGH JZ 97, 1003; zust. *Heger*, JuS 98, 1093; *Hellmann*, JZ 97, 1006; s. auch LG Leipzig NStZ 98, 304.
29 Dem folgte BGHSt 47, 318, 321 f mit insoweit abl. Bespr. von *Radtke*, NStZ 03, 154, 156; *Tag*, JR 02, 521, 522 f; BGHSt 48, 307, 311 f mit Bespr. *Bittmann*, wistra 04, 327; *Radtke*, NStZ 04, 562; *Rönnau*, NJW 04, 976 dehnte den Vorrang auf die Phase nach bestehender Insolvenzreife aus; BGH wistra 06, 17, 18 (mit Anm. *Sinn*, NStZ 07, 155) hält hieran trotz der gegenteiligen hM im Zivilrecht – s. dazu BGH wistra 05, 339, 334 – fest; s. hierzu *Kutzner*, NJW 06, 413; *Radtke*, Otto-FS S. 695, 703 ff; *Rönnau*, wistra 07, 81; *C. Schröder*, GmbHR 05, 736; *Tiedemann*, WirtschaftsstrafR, Rn 1300 ff.
30 Fischer-*Fischer*, § 266a Rn 16; NK-*Tag*, § 266a Rn 72 ff.
31 BGHZ JZ 08, 44, 45 f mit Anm. *Rönnau*; s. dazu auch *Bittmann*, wistra 07, 406, beide auch zu noch ungeklärten Folgen dieser „Anpassung"; dem BGH zust. A/W-*Heinrich*, § 23 Rn 14. Zust. G/J/W-*Wiedner*, § 266a Rn 47; M/R-*Matt*, § 266a Rn 46; die Vorrangrechtsprechung zu Recht abl. dagegen MK-*Radtke*, § 266a Rn 70 ff; *Radtke*, NStZ 03, 154, 156; *Tag*, BB 97, 116; *dies.*, JR 02, 521, 522 f; s. zu BGHSt 47, 318 auch *Röhm*, DZWIR 03, 36; *Wegner*, wistra 02, 382; ausf. mit diff. Stellungnahme LK-*Möhrenschlager*, § 266a Rn 60 ff; SK-*Hoyer*, § 266a Rn 60 ff, 66 ff; S/S/W-*Saliger*, § 266a Rn 23.
32 Die Zulässigkeit dieses Antrags bejahend AG Hamburg, EWiR 17, 537 mit Anm. *Hofmann*; AG Heilbronn NZI 16, 583 mit Anm. *Hörmann*; **aA** AG Hannover ZInsO 15, 1111 mit Anm. *Frind*, EWiR 15, 651.

2. Heimliches Nichtabführen einbehaltenen Arbeitsentgelts an Dritte

894 Einen anderen Komplex regelt § 266a III, bei dem es sich um ein untreue- und betrugsähnliches Verhalten[33] des Arbeitgebers zum Nachteil seines Arbeitnehmers und damit um ein **Vermögensdelikt**[34] handelt. Zum **Tatbestand** gehört hier ein **zweifaches Unterlassen** des Arbeitgebers: das **Nichtabführen** einbehaltener Teile des Arbeitsentgelts an einen Gläubiger des Arbeitnehmers und dessen **mangelnde Unterrichtung** hiervon im Zeitpunkt der Fälligkeit oder unmittelbar danach.[35]

In Betracht kommen hier *einbehaltene* Teile des Arbeitsentgelts bei vermögenswirksamen Leistungen, bei einer freiwilligen Höher- oder Weiterversicherung, bei einer Lohnabtretung oder Pfändung und dergleichen. Mit Rücksicht auf die bereits in der Abgabenordnung vorhandene Regelung (§§ 370, 378, 380 AO) ist die Lohnsteuer in § 266a III 2 ausgeklammert worden.[36] Haben Arbeitgeber und Arbeitnehmer *vertraglich* Leistungen des Arbeitgebers zur Altersversorgung des Arbeitnehmers *vereinbart* und führt der Arbeitgeber sie nicht ab, so macht er sich nach § 266a III nur strafbar, wenn sich die vereinbarten Leistungen als „Entgeltteile des Arbeitnehmers" darstellen.[37]

II. Missbrauch von Scheck- und Kreditkarten

895 **Fall 64:** T ist Inhaber eines Girokontos bei der Postbank. Sein Konto ist überzogen, der Dispositionskredit (§ 504 BGB) erschöpft. T gelingt es in dieser ihm bewussten Situation, an vier aufeinander folgenden Tagen unter Ausnutzung eines technischen Defekts eines Bankomaten der Postbank durch Verwendung seiner codierten Postbank-Scheckkarte und seiner Geheimnummer in 322 Einzelhandlungen Beträge von je 400 bzw. 500 € in einer Gesamthöhe von 158 700 € dem Bankomaten zu entnehmen.
Strafbarkeit des T? **Rn 905**

896 **Fall 65:** T verkauft seine Kreditkarte an S. Dieser soll mit ihr Einkäufe tätigen, durch den Weiterverkauf der so erworbenen Luxusgegenstände seine Spielschulden begleichen und so sein weiteres Mitwirken an der Spielrunde, an der auch T teilnimmt, finanzieren. T meldet die Karte als verloren und macht S seine Unterschrift zugänglich, damit dieser die Einkaufsbelege mit der Unterschrift des T versehen kann. S erwirbt auf diese Weise Waren im Gesamtwert von 123 175 €.
Strafbarkeit von T und S nach § 266b? **Rn 906**

1. Zweck der Vorschrift

897 Nach § 266b macht sich strafbar, wer die ihm durch die Überlassung einer **Scheck-** oder **Kreditkarte** eingeräumte **Möglichkeit**, den Aussteller zu einer Zahlung zu veranlassen, **missbraucht** und diesen **dadurch schädigt**. Mit dieser 1986 eingefügten Vorschrift sollte einem bis dahin zum Missbrauch beider Kartentypen bestehenden Meinungsstreit, der Strafbarkeitslücken zwischen Betrug und Untreue heraufbeschwor, ein Ende gesetzt werden.[38]

---

33 *Lackner/Kühl/Heger*, § 266a Rn 1; S/S/W-*Saliger*, § 266a Rn 1.
34 *Kindhäuser/Hilgendorf*, § 266a Rn 1; MK-*Radtke*, § 266a Rn 6; *Otto*, BT § 54 Rn 56.
35 S. näher dazu Fischer-*Fischer*, § 266a Rn 22 ff; *Mitsch*, BT II S. 470.
36 Zu Einzelheiten s. S/S-*Perron*, § 266a Rn 12 ff; *Tag*, Das Vorenthalten von Arbeitnehmerbeiträgen zur Sozial- und Arbeitslosenversicherung, 1994, S. 146 ff.
37 BGH HRRS 17, Nr 531 mit Anm. *Floeth*, NStZ-RR 17, 249; *Sahan*, NStZ 17, 530.
38 Vgl dazu BGH JZ 87, 208; GA 1987, 263; KG JR 87, 257; 2. WiKG vom 15.5.1986 (BGBl I 721); zum Leitbild der Vorschrift s. *Rengier*, Heinz-FS S. 809 ff; S. auch *Hillenkamp*, hier bis zur 40. Aufl. Rn 794.

Scheckkarten waren (beachte Rn 899) die auf Grund von Vereinbarungen der europäischen Kreditwirtschaft einheitlich gestalteten „Eurocheque"-Karten. Mit ihnen konnte man zwar regelmäßig auch Bargeldabhebungen an Bankomaten vornehmen. Ihre ihnen ihren Namen gebende **Funktion** war es aber, dass der Kartenaussteller die Einlösung von von dem Karteninhaber ausgestellten Schecks dem Scheckhnehmer bis zu einem bestimmten Betrag **garantierte**. Der Missbrauchsalternative des § 266 entsprechend besaß bei diesem Verfahren der Karteninhaber nach außen die rechtliche Macht, den Kartenaussteller auch dann zur Scheckeinlösung zu verpflichten, wenn er im Innenverhältnis mangels Deckung des Kontos den Scheck nicht mehr hätte ausstellen dürfen.

898

2. Tatbestand

Mit dem auf die Vermögensbetreuungspflicht verzichtenden, im Übrigen aber **untreueähnlichen** Delikt[39] wird das **Vermögen** der Kartenaussteller geschützt. Zugleich ergibt sich (als Reflex) ein Schutz des unbaren Zahlungsverkehrs.[40] Dafür spricht, dass gemäß § 266b II die Regelung des § 248a hier entsprechend gilt.[41] Der **Täterkreis** ist auf *berechtigte* Karteninhaber eingegrenzt, weil nur ihnen die Möglichkeit „eingeräumt" ist, den Aussteller zu einer Zahlung zu veranlassen.[42] Für Nichtberechtigte bleibt es bei der Anwendbarkeit des § 263. Die Tat ist daher ein *Sonderdelikt* und die Tätereigenschaft wegen des dem Karteninhaber eingeräumten Vertrauens ein *besonderes persönliches Merkmal* iS des § 28 I.[43] Daher macht sich derjenige, der eine ihm (vertragswidrig) zur eigenen Verwendung überlassene Kreditkarte nach dessen Tod weiter nutzt, nicht nach § 266b strafbar.[44]

899

Einen **Scheckkartenmissbrauch** in der oben (Rn 897) geschilderten Art gibt es **nicht mehr**, weil die europäischen Banken den **garantierten Euroscheckverkehr** zum 31.12.2001 eingestellt haben.[45] Die vormalige eurocheque-Karte (EC-Karte) wird nicht mehr ausgegeben. Wo heute das ec-Logo (nun klein geschrieben) auf an ihre Stelle getretenen Karten zu finden ist, hat es jetzt die Bedeutung von „electronic-cash".[46] Als **Folge** dieser Entwicklung **entfällt** nicht nur der klassische **Scheckkartenmissbrauch** (iS der Rn 897) **ganz**.[47] Vielmehr wird man auch die ohnehin zu bestreitende (s. Rn 741) Möglichkeit nicht mehr behaupten können, der Kartenmissbrauch an gegenüber dem kartenausgebenden Institut fremden Bankomaten lasse sich unter § 266b subsumieren.[48] Da es der Maestro-Karte an jeder Beziehung zum Scheckverfahren fehlt, § 266b aber wie § 152a IV zwischen Scheck- und sonstigen (Kredit-)Karten ausdrücklich unterscheidet, bedeutete die wei-

900

---

39 S. BK-*Wittig*, § 266b Rn 3; Fischer-*Fischer*, § 266b Rn 3.
40 Fischer-*Fischer*, § 266b Rn 2; G/J/W-*Bär*, § 266b Rn 3; *Kindhäuser/Hilgendorf*, § 266b Rn 1; M/R-*Maier*, § 266b Rn 1; *Otto*, BT § 54 Rn 41; SK-*Hoyer*, § 266b Rn 3; aA (kein bloßer Reflex) BGH NStZ 93, 283; *Bernsau*, Der Scheck- oder Kreditkartenmissbrauch durch einen nicht berechtigten Karteninhaber, 1990, S. 64, 77 f; HK-GS/*Beukelmann*, § 266b Rn 1; *Lackner/Kühl/Heger*, § 266b Rn 1.
41 Dagegen *Bernsau*, aaO S. 78.
42 BGH StV 18, 35; *Bock*, BT II S. 567; MK-*Radtke*, § 266b Rn 4; NK-*Kindhäuser/Hoven*, § 266b Rn 4; S/S-*Perron*, § 266b Rn 7; S/S/W-*Hilgendorf*, § 266b Rn 14.
43 Fischer-*Fischer*, § 266b Rn 21; HK-GS/*Beukelmann*, § 266b Rn 3; M/S/M-*Momsen*, BT I § 45 Rn 79; M-G-*Gruhl*, Rn 49.75.
44 Mit anderer Begründung (kein Schaden) OLG Hamm NStZ-RR 15, 213, wie hier Anm. *Jäger*, JA 15, 629, 631. Ähnlich bzgl einer betrieblichen Tankkarte OLG Koblenz StV 16, 371, 373.
45 S. dazu *Baier*, ZRP 01, 454; K/H-*Cornelius*, Kap. 102 Rn 120.
46 AnK-*Esser*, § 266b Rn 5; Fischer-*Fischer*, § 266b Rn 6; *Krey/Hellmann/Heinrich*, BT II Rn 853; *Wittig*, § 21 Rn 11.
47 S. *Krey/Hellmann/Heinrich*, BT II Rn 941; *Rengier*, BT I § 19 Rn 2; der Weitergebrauch des Begriffs „Scheckkarte" in § 266b hat (wie der des „Euroschecks" in § 152b) der Aufarbeitung der Altfälle gedient, s. *Husemann*, NJW 04, 104, 108, sollte nun aber aufgegeben werden.
48 So noch BGHSt 47, 160, 164 f; ihm folgend *Joecks/Jäger*, § 266b Rn 17; diff. G/J/W-*Bär*, § 266b Rn 9.

tere Subsumtion dieser Karte unter den Begriff der Scheckkarte eine verbotene Analogie.[49] Einwände aus dem Analogieverbot sprechen auch dagegen, die Maestro-Card zwar nicht als Scheck-, wohl aber als **Kreditkarte** auszugeben; denn dass sich die Abläufe beim Einsatz klassischer Kreditkarten und beim electronic-cash-Verfahren „ähneln" oder sich „vergleichen" lassen, berechtigt ebenso wenig wie die Annahme, eine unterschiedliche Behandlung leuchte nicht ein, den auf Universalkreditkarten gemünzten Begriff der Kreditkarte auf die Maestro-Card anzuwenden.[50] Das ließe sich nur durch einen gesetzgeberischen Eingriff erreichen.[51]

901 Die Fälle des **Geldautomatenmissbrauchs** durch unbefugte Verwendung einer Codekarte werden nicht von § 266b, sondern von § 263a erfasst. Das gilt auch für die wenigen verbleibenden Fälle, in denen die Codekarte mit der Scheckkarte des Kontoinhabers kombiniert war und dieser sich nach Erschöpfung seines Girokontos entgegen den Abmachungen mit seiner Bank Bargeld aus Geldautomaten verschaffte (s. dazu schon Rn 740 f). Die Kombination beider Funktionen in einer Karte war zwar im Interesse der Vereinfachung gewollt, im Grunde aber zufällig und beliebig und darf nicht darüber hinwegtäuschen, dass am Geldautomaten die Karte vom Berechtigten gerade nicht in ihrer (vormaligen) Garantiefunktion, sondern als bloßer Automatenschlüssel benutzt wurde.[52] Das gilt unabhängig davon, ob der Karteninhaber sich eines institutseigenen oder eines institutsfremden Bankomaten bedient hat.[53] Wer statt § 263a die Vorschrift des § 266b für anwendbar hielt, musste dagegen beim Abheben am institutseigenen Automaten angesichts des dann fehlenden Drei-Personen-Verhältnisses zur Straffreiheit kommen.[54]

902 Bei der **Kreditkarte**[55] (zB der American-Express-Card; Diners-Club-Karte; Eurocard; Visacard) handelt es sich um einen vermögensschädigenden **Missbrauch**, wenn der Täter mit der Verwendung der Karte gegen die aus dem Kreditkartenvertrag resultierenden Pflichten verstößt, also zB durch Wareneinkäufe oder Inanspruchnahme von Dienstleistungen Verpflichtungen eingeht, obwohl er weiß, dass seine finanzielle Lage den Kontoausgleich nicht gestattet. Als Kreditkarten iS des § 266b kommen nur die oben genannten sog. **Universalkreditkarten** in Frage, **nicht** aber – wie zB die Air-Plus Kundenkreditkarte der Lufthansa oder die Ikea-Family-Card – die sog. **Kundenkarten** im „Zwei-Partner-System".[56] Das ergibt sich aus Wortlaut und Struktur des § 266b. Im Zwei-Partner-System wird die Karte zwar für eine geldwerte Leistung, nicht aber zur **Veranlassung einer Zahlung** (an einen Dritten für dessen Leistung) und daher auch nicht zur **Auslösung einer Garantieverpflichtung** genutzt. Damit fehlt es an einer dem Missbrauch der

---

49 Die von A/W-*Weber*, 2. Aufl., § 23 Rn 48a vertretene Ansicht, die Subsumtion der Maestro-Card unter den Begriff der Scheckkarte sei „zwanglos möglich", ist in A/W-*Heinrich*, § 23 Rn 44b aufgegeben worden; wie hier *Eisele*, BT II Rn 926; K/H-*Cornelius*, Kap. 102 Rn 121; *Rengier*, BT I § 19 Rn 2.
50 Wie hier *Eisele*, BT II Rn 927; *Lackner/Kühl/Heger*, § 266b Rn 3, 4; aA *Rengier*, BT I § 19 Rn 23, 25; *Rengier*, Stürner-FS S. 903 (der aber § 266b 2. Var. in den heute noch praktischen Konstellationen iE auch ablehnt); ebenso *Brand*, JR 08, 496, 498 f; *Brand*, WM 08, 2194, 2196 f, 2200 mit umfassenden Nachw. zum Streitstand; zur Universalkarte s. auch *Fest/Simon*, JuS 09, 800.
51 S. zu Vorschlägen in verschiedene Richtungen *Baier*, ZRP 01, 454, 457 ff.
52 S. zum früheren Streitstand *Hillenkamp*, BT, 9. Aufl., 36. Problem; A/R-*Hellmann*, 3. Aufl., IX 2 Rn 81 ff; *Lackner/Kühl/Heger*, § 266b Rn 3.
53 LK-*Gribbohm*, 11. Aufl., § 266b Rn 10 f; diff. AnK-*Esser*, § 266b Rn 14.
54 So BGHSt 47, 160, 165 ff; zust. Fischer-*Fischer*, § 266b Rn 8.
55 Zu Zivil- und Strafrecht näher *Schur/Schur*, JA 17, 739, 740.
56 BGHSt 38, 281, 282 ff mit krit. Anm. *Otto*, JZ 92, 1139; *Ranft*, NStZ 93, 185; zust. A/R-*Hellmann*, 3. Aufl., IX 2 Rn 92 ff; *Eisele*, BT II Rn 934; *Fest/Simon*, JuS 09, 801; Fischer-*Fischer*, § 266b Rn 10a; *Lackner/Kühl/Heger*, § 266b Rn 4; M-G-*Gruhl*, Rn 49.62, Rn 49.77; *Mitsch*, JZ 94, 885; MK-*Radtke*, § 266b Rn 26; SK-*Hoyer*, § 266b Rn 11; für Einbeziehung von Karten im Zwei-Partner-System A/W-*Weber*, 2. Aufl., § 23 Rn 48 (aufgegeben von A/W-*Heinrich*, § 23 Rn 48a); S/S/W-*Hilgendorf*, § 266b Rn 13.

Untreue verwandten Situation. Es wird nur ein Kredit im **Verhältnis zum Aussteller** erschlichen.⁵⁷ In solchen Fällen kann man eine Begrenzung des Strafrahmens des § 263 durch den des § 266b erwägen.⁵⁸

Im für **Universalkreditkarten** klassischen „Drei-Partner-System" (Kartenaussteller, Kreditkarteninhaber, Vertragsunternehmen) gibt dagegen das kartenausstellende Kreditkartenunternehmen selbst die Zusage einer garantierten Zahlung (s. § 152b IV Nr 1) an das Vertragsunternehmen.⁵⁹ In der Abgabe des abstrakten Schuldversprechens wird es beim Einsatz der Karte durch den Karteninhaber nach überkommener Auffassung „vertreten". Daraus resultiert dessen rechtliche Macht, das Kreditkartenunternehmen zu einer Zahlung zu veranlassen. Ist ihm das im Innenverhältnis nicht erlaubt, weil der Kredit erschöpft ist, liegt § 266b „untreueähnlich" vor.⁶⁰ In der Praxis herrscht heute allerdings ein „Vier-Partner-System" vor, bei dem neben der kartenausstellenden Bank als Lizenznehmerin der Kreditkartenorganisationen zusätzlich noch ein Aquiring-Unternehmen (gleichfalls als Lizenznehmerin der Kreditkartenorganisationen) eingeschaltet ist.⁶¹ Die Aufgabe dieses Aquiring-Unternehmens soll es sein, die Zahlungsgarantie gegenüber dem Vertragsunternehmen abzugeben, wofür es im Gegenzug unwiderrufliche interne Ausgleichsansprüche gegen die kartenausgebende Bank erhält.⁶² Deshalb ist in Missbrauchsfällen die Geschädigte die Bank. Anders als bei der Untreue müsste für einen Missbrauch durch den Karteninhaber in einem solchen „Vier-Partner-System" wohl seine *tatsächliche* Macht ausreichend sein, durch den Einsatz der Karte die Zahlungsverpflichtung des kartenausgebenden Instituts auszulösen, da er hier nicht als Stellvertreter des das Schuldversprechen abgebenden Unternehmens oder in anderer Weise für dieses rechtsgeschäftlich agieren kann.⁶³

903

Erreicht der Karteninhaber bereits die **Ausstellung** und Aushändigung der Kreditkarte durch **betrügerisches Handeln**, kann in der dann in aller Regel gegebenen, wenn auch schwer hinreichend bezifferbaren, schadensgleichen Vermögensgefährdung (s. dazu Rn 656) der für die Vollendung des § 263 nötige Erfolg liegen. Wer das verneint, muss bei Ausbleiben eines Karteneinsatzes auf Strafe verzichten.⁶⁴ Bejaht man § 263, dann kann es die durch einen § 266b erfüllenden Einsatz der Karte eintretende Vertiefung des Schadens⁶⁵ rechtfertigen, Tateinheit zwischen §§ 263, 266b anzunehmen.⁶⁶ Sieht man das Rechtsgut des § 266b allerdings nur im Vermögen (Rn 899), liegt es näher, § 263 als mitbestrafte Vortat anzusehen. Zu erinnern bleibt, dass auch der Kreditkartenmissbrauch nur vom **berechtigten** Karteninhaber begehbar ist (Rn 899).⁶⁷

---

57 *Krey/Hellmann/Heinrich*, BT II Rn 954; *Lackner/Kühl/Heger*, § 266b Rn 4; *Oğlakcıoğlu*, JA 18, 338, 341 f; *Rengier*, BT I § 19 Rn 5, 18 ff; S/S-*Perron*, § 266b Rn 5b.
58 *Kindhäuser/Hilgendorf*, § 266b Rn 12.
59 *Eisele*, BT II Rn 930; *Oğlakcıoğlu*, JA 18, 279, 282; *Rengier*, BT I § 19 Rn 6.
60 *Oğlakcıoğlu*, JA 18, 338, 341; *Rengier*, BT I § 19 Rn 12.
61 AnK-*Esser*, § 266b Rn 6; BK-*Wittig*, § 266b Rn 12; *Lackner/Kühl/Heger*, § 266b Rn 4; LK-*Möhrenschlager*, § 266b Rn 20; *Rengier*, BT I § 19 Rn 18; die Kreditkartenorganisationen als Lizenzgeberinnen werden teilweise mitgezählt, sodass auch von „Fünf-Partner-Systemen" gesprochen wird, s. *Eisele*, BT II Rn 931 f.
62 So die Funktionsweise dieser Systeme nach den Recherchen von *Rengier*, Heinz-FS S. 815 ff.
63 AnK-*Esser*, § 266b Rn 17; *Eisele*, BT II Rn 922, 932; *Rengier*, Heinz-FS S. 819 ff; *Rengier*, BT I § 19 Rn 17 im Anschluss an *Brand*, WM 08, 2194, 2200 und JR 08, 496, 499 f; vgl auch BK-*Wittig*, § 266b Rn 15; LK-*Möhrenschlager*, § 266b Rn 22.
64 S. A/R-*Hellmann*, 3. Aufl., IX 2 Rn 72; dazu *Rengier*, BT I § 13 Rn 237 ff.
65 BGHSt 47, 160, 168; s. dazu auch BGH NStZ 09, 329.
66 *Rengier*, BT I § 19 Rn 40; *Wittig*, § 21 Rn 26; *Jäger*, BT Rn 539 sieht in § 266b eine mitbestrafte Nachtat; s. genauer hierzu Fischer-*Fischer*, § 266b Rn 24 f.
67 *Krey/Hellmann/Heinrich*, BT II Rn 956.

904 Die **Schädigung** ist wie der Nachteil bei der Untreue zu verstehen.[68] Wie dort kann es daher an einem Schaden fehlen, wenn der Täter bei Überschreitung der ihm im Innenverhältnis gezogenen Kreditlinie jederzeit willens und in der Lage ist, das Konto auszugleichen.[69] Irrt er über diese Möglichkeit, fehlt es am Vorsatz. An einem Schaden fehlt es auch, wenn der Karteninhaber, der die Karte Dritten überlässt, den Kartenausgeber schadlos stellt.[70]

905 In einem **Fall 64** vergleichbaren Sachverhalt hat das BayObLG[71] den Angeklagten freigesprochen. Dabei geht es zu Recht davon aus, dass § 266 mangels Vermögensbetreuungspflicht und § 263 mangels Täuschung – auch eine Pflicht gegenüber der Bank, über den Defekt aufzuklären, wird verneint – nicht vorliegen. Zu § 266b will sich das Gericht mit dem OLG Stuttgart[72] noch darüber hinwegsetzen, dass die Scheckkarte hier nicht als solche, sondern als Codekarte benutzt wurde. Scheitern müsse § 266b aber am Missbrauch deshalb, weil die hierfür im „Drei-Partner-System" typische Vertrauensbruchsituation nicht gegeben sei. Zwar könne man abweichend von BGHSt 38, 281, 282 ff bei Bankomatenabhebungen auch im Zwei-Partner-Verhältnis noch davon sprechen, dass der Aussteller zu einer Zahlung veranlasst werde. Mit der Ausnutzung eines zufälligen Defekts werde aber nicht rechtliches Können über internes Dürfen hinaus ausgeübt. – Richtigerweise ist dieses Ergebnis bereits damit zu begründen, dass es hier schon am Gebrauch einer Scheckkarte mangelt und dass sich der Missbrauch von Scheck- wie Kreditkarten auf Drei-(oder Mehr-)Personen-Verhältnisse beschränkt.[73] Dass das Bayerische Oberste Landesgericht freispricht, ist ohne Eingehen auf § 263a bzw. §§ 242, 246 dann allerdings verwunderlich.[74] Möglicherweise hat für die Nichterörterung des § 263a eine Rolle gespielt, dass die bloße Ausnutzung eines Defekts kein täuschungsäquivalentes Verhalten (s. dazu Rn 738) ist.

906 Im **Fall 65** haben weder S noch T § 266b verwirklicht. Im Verhältnis zum Kartenaussteller ist **unberechtigter** Inhaber nicht nur, wer die Karte dem Berechtigten stiehlt, sondern auch, wem die Karte von diesem entgegen den Vereinbarungen zwischen ihm und dem Aussteller zur Benutzung überlassen worden ist und der sie alsdann missbraucht.[75] Daher macht sich S nicht nach § 266b strafbar. Auch die von T vorgenommene unberechtigte Weitergabe seiner Kreditkarte erfüllt nicht das Missbrauchsmerkmal. Zwar wird damit das interne Dürfen überschritten. Die Vorschrift schützt aber nicht vor jeder Art vertragswidriger Benutzung und den damit verbundenen Missbrauchsmöglichkeiten. Sie richtet sich nur gegen den an sich berechtigten Karteninhaber, soweit er unter Verwendung der Karte Leistungen in Anspruch nimmt, obwohl er weiß, dass er zum Ausgleich nicht in der Lage sein wird. Nur für dieses weder nach § 266 noch nach § 263 strafbare Verhalten ist § 266b gedacht.[76]

---

68 Fischer-*Fischer*, § 266b Rn 18; G/J/W-*Bär*, § 266b Rn 21; S/S/W-*Hilgendorf*, § 266b Rn 20.
69 BK-*Wittig*, § 266b Rn 18; *Lackner/Kühl/Heger*, § 266b Rn 6; MK-*Radtke*, § 266b Rn 73; *Otto*, BT § 54 Rn 49; vgl auch *Bernsau*, aaO S. 113 ff.
70 LG Dresden NStZ 06, 633; zust. *Eisele*, BT II Rn 923; *Geppert*, JK 4/07, StGB § 266/30.
71 BayObLG StV 97, 596.
72 OLG Stuttgart NJW 1988, 982.
73 Letzterem zust. BGHSt 47, 160, 165 f.
74 S. *Achenbach*, NStZ 98, 563; *Otto*, JK 98, StGB § 266b/4; näher dazu *Hillenkamp*, BT 9. Aufl., 36. Problem, 2. Beispiel; *Löhnig*, JR 99, 362.
75 BGH StV 18, 35; *Bernsau*, aaO S. 106; Fischer-*Fischer*, § 266b Rn 12; MK-*Radtke*, § 266b Rn 4.
76 S. BGH NStZ 92, 278 mit Verweis auf §§ 263, 267 und Beihilfe hierzu; A/R-*Hellmann*, 3. Aufl., IX 2 Rn 76 ff; LK-*Möhrenschlager*, § 266b Rn 43 ff; *Wittig*, § 21 Rn 10.

3. Prüfungsaufbau: Missbrauch von Scheck- und Kreditkarten, § 266b

Missbrauch von Scheck- und Kreditkarten, § 266b	
I. Tatbestand	
1. Objektiver Tatbestand	
a) Täter:	• *berechtigter Inhaber einer Scheck-/Kreditkarte*
	→ Berechtigung durch Überlassung durch den Kartenausgeber
	Ⓟ Überlassung der Karte durch berechtigten Inhaber an Dritten
	Ⓟ Behandlung der ec-Karte
b) Tathandlung:	• *Missbrauch der Möglichkeit, den Aussteller zur Zahlung zu veranlassen*
	Ⓟ Benutzung der Kreditkarte
	→ nur im Drei-Partner-System
	→ auch im Zwei-Partner-System
	Ⓟ Benutzung der ec-Karte
	→ am institutsfremden Bankomat
	→ am institutseigenen Bankomat
c) Taterfolg:	• *Schädigung*
	→ wie Vermögensnachteil bei der Untreue, § 266
2. Subjektiver Tatbestand	
Vorsatz:	• *jede Vorsatzart*
II. Rechtswidrigkeit	
III. Schuld	
IV. Privilegierung (Strafantrag, § 266b II iVm § 248a)	

907

11. Kapitel
Korruptionsdelikte (im privaten Sektor)

§ 23 Bestechung und Bestechlichkeit im privaten Sektor

I. Korruption im privaten Sektor

1. Überblick über die Korruptionsdelikte

Es gibt viele unterschiedliche Korruptionsbegriffe. Oft bezeichnet **Korruption** eine Manipulation oder einen Missbrauch einer Vertrauensstellung zur Erlangung eines unangemessenen Vorteils für sich oder einen Dritten.[1] Das Strafgesetzbuch verwendet den Begriff der Korruption nicht, enthält aber etliche Korruptionsdelikte. Ihre Zahl und Reich-

908

---

[1] Zum Korruptionsbegriff sowie Korruptionsstrukturen in Deutschland s. W/J/S-*Bannenberg*, 13/4 ff; zur Suche nach bestimmenden Strukturelementen *Zimmermann*, Das Unrecht der Korruption, 2018, S. 65 ff.

weite hat in den letzten Jahren stark zugenommen und damit auch ihre praktische Bedeutung insbesondere für Criminal Compliance. Zu dieser Deliktsgruppe gehören zunächst die Delikte der **Korruption im öffentlichen Sektor**. Mit Bezug auf **Wähler** ist das § 108b, für **Mandatsträger** § 108e (verschärft 2021)[2] und für **Amtsträger** sind das die §§ 331 ff (wesentlich, aber nicht zuletzt geändert durch das Korruptionsbekämpfungsgesetz 1997)[3]. Geschützt wird dort die **Integrität der Entscheidungen staatlicher Entscheidungsträger** (bzw. von Hauptakteuren staatlicher politischer Willensbildung), um damit die Grundlage für das in sie gesetzte Vertrauen zu erhalten (als notwendige Bedingung für die Funktionsfähigkeit des Staates). Die Delikte der Amtsträgerkorruption bilden den Ursprung und das Vorbild der weiteren Korruptionsdelikte, und ihre Regelungen sind am weitesten ausdifferenziert. Im Vergleich zu anderen Straftatbeständen sind auch sie noch relativ jung; sie gehen auf das Preußische Allgemeine Landrecht von 1794 zurück.[4] Oft beschränkt der allgemeine Examensstoff sich auf die Amtsträgerkorruption. Sie wird in diesem Werk im I. Band des BT behandelt.

909 Die Delikte der **Korruption im privaten Sektor** sind ungleich jünger, und gerade sie erfahren in den letzten Jahren rasant wachsende Aufmerksamkeit. Die zentrale und älteste Vorschrift in diesem Bereich ist **§ 299**, der Bestechlichkeit und Bestechung im geschäftlichen Verkehr behandelt und **Angestellte und Beauftragte eines Unternehmens** als Vorteilsempfänger erfasst. Die Regelung geht zurück auf § 12 UWG 1909,[5] wurde mit dem Korruptionsbekämpfungsgesetz 1997[6] ins StGB übernommen, 2002 auf Handlungen im ausländischen Wettbewerb erstreckt[7] und durch das Korruptionsbekämpfungsgesetz 2015[8] um die Pflichtverletzungsvariante (Abs. 1 Nr 2), das sog. „Geschäftsherrenmodell" (Rn 934), erweitert. Auf dringendes Anraten in einer Entscheidung des Großen Strafsenats des BGH[9] hat der Gesetzgeber 2016 die **§§ 299a, 299b** für den Bereich des **Gesundheitswesens** erlassen.[10] Im Jahr 2017 kamen die **§§ 265c, 265d** für **Sportwetten** und **berufssportliche Wettbewerbe** hinzu.

910 Bei Korruption zwischen einem **öffentlichen** und einem **privaten Sektor** zu unterscheiden, ist eine in Deutschland bislang noch nicht allgemein gebräuchliche Sprechweise, **international** aber **üblich** (insbesondere die Bezeichnung als „in the private sector"). So heißt zB der unionsrechtliche Rahmenbeschluss 2003/568/JI des Rates vom 22. Juli 2003,[11] der mit dem eben genannten Korruptionsbekämpfungsgesetz 2015 umgesetzt wurde, „zur Bekämpfung der Bestechung im privaten Sektor". Ebenso wird in der Criminal Law Convention on Corruption des Europarats (ETS 173, Straßburg, 27.1.1999, mit Zusatzprotokoll vom 15.5.2003) formuliert (Art. 7 und 8) und im Übereinkommen der Vereinten Nationen gegen Korruption vom 31.10.2003[12] (öffentlicher Sektor: Art. 7; pri-

---

2 BGBl I 2021, 4650.
3 BGBl I 1997, 2038.
4 §§ 360 ff ALR 1794 Teil II Titel 20.
5 RGBl 1909, 499.
6 BGBl I 1997, 2038.
7 BGBl I 2002, 3387.
8 BGBl I 2015, 2025; s. dazu *Dannecker/Schröder*, ZRP 15, 48 und *Schünemann*, ZRP 15, 68; *Dann*, NJW 16, 203.
9 BGHSt 57, 202.
10 Gesetz zur Bekämpfung der Korruption im Gesundheitswesen (BGBl I 2016, 1254); s. dazu *Brettel/Duttge/Schuhr*, JZ 2015, 929; *Dann*, KriPoZ 15, 169; *Dann/Scholz*, NJW 16, 2077; *Gaede/Lindemann/Tsambikakis*, medstra 15, 142; *Grzesiek/Sauerwein*, NZWiSt 16, 369; *Krüger*, NZWiSt 17, 129; *Schröder*, NZWiSt 15, 321.
11 ABl 2003 L 192/54.
12 BGBl III 2006, ausgegeben am 13. März 2006, Nr 47.

vater Sektor: Art. 12, 21, 22, 39). Auch die OECD hat diese Sprechweise in ihren Empfehlungen (bezogen auf die OECD Anti-Bribery Convention 1997 und spätere Vereinbarungen) übernommen. Zugleich zeigt sich hier, dass die rasante Entwicklung der Korruptionsdelikte keineswegs ein nationales Phänomen ist, sondern ein internationales, und in nicht unerheblichem Maße durch **internationales oder supranationales Recht** gesteuert wird.

2. Struktur der Korruptionsdelikte

Korruptionsdelikte beziehen sich immer auf einen **Vorteil** und setzen mindestens ein **Zweipersonenverhältnis** voraus, einen **Nehmer bzw. Empfänger** und einen **Geber** des Vorteils. Alle Korruptionsdelikte des StGB erfassen beide Seiten als Täter (teils in unterschiedlichen Absätzen, teils in unterschiedlichen Paragraphen, aber weitgehend strukturgleich). Die Delikte der Nehmerseite werden als **Bestechlichkeit**, die der Geberseite als **Bestechung** bezeichnet; für den privaten Sektor gibt es bislang keine §§ 331, 333 vergleichbare Ausdehnung auf Vorteilsgewährung bzw. Vorteilsannahme. Die Nehmerseite nennt man auch „**passiv**", die Geberseite „**aktiv**"; mit der Unterscheidung zwischen Tun und Unterlassen hat das nichts zu tun, sondern bezieht sich hier nur auf die Rollen der Personen.

911

Korruptionsdelikte verlangen stets besondere Qualifikationen der Nehmerseite (**Empfängerqualifikation**), z.B. § 299 die Stellung als Angestellter oder Beauftragter eines Unternehmens. Auch die Delikte der *Geberseite* stellen auf die *Empfängerqualifikation* ab. Angeknüpft wird so an eine besondere Vertrauensstellung und Einwirkungsmöglichkeit. Ihr wesentliches Charakteristikum ist, dass die betreffenden Personen eine **Entscheidungskompetenz** haben, deren Ausübung **nicht vollständig durch Regeln gebunden** und an ihnen zu überprüfen ist, sondern **Spielräume** (Ermessen, sportliche Fairness und Wettkampfeifer etc) hat.[13] Aus diesem Grund sind die Entscheidungen jeweils persönlich und können nicht einfach durch die Entscheidung anderer Personen korrigiert werden. Deshalb aber muss die Person integer sein und ihre Entscheidung **lauter** (in dem Sinne, wie im Wettbewerbsrecht von Lauterkeit gesprochen wird). Diese **Lauterkeit** schützen die Korruptionsdelikte. Die Vorstellung, sie würden das Vertrauen in die Entscheidungsträger oder Entscheidungen schützen, greift zu kurz, aber es ist ein beabsichtigter Schutzreflex der Korruptionsdelikte, dass sie die **Grundlage des Vertrauens** in die jeweils betroffenen **Institutionen** schützen, denn deren gesellschaftliche Funktionsfähigkeit hängt von diesem Vertrauen ab. Aus der Empfängerqualifikation ergibt sich jeweils der konkrete **Gegenstand des Korruptionsdelikts**, nämlich die Art der Entscheidungen, die vor Korruption (des Entscheidungsträgers) geschützt werden sollen. Für die *Nehmerseite* ergibt die Empfängerqualifikation zugleich den **persönlichen Anwendungsbereich**; insoweit sind die Korruptionsdelikte **Sonderdelikte**, lassen also keine mittelbare Täterschaft zu. Auf *Geberseite* sind hingegen keine besonderen Voraussetzungen erforderlich; insoweit sind die Korruptionsdelikte **Allgemeindelikte**.

912

Die Korruptionsdelikte des StGB können jeweils in drei unterschiedlichen Phasen des Delikts, sog. *Stufen*, vollendet werden. Dies sind die **Verhandlungsstufe** („fordern" bzw. „anbieten" des Vorteils), die **Vereinbarungsstufe** („sich versprechen lassen" bzw. „versprechen" des Vorteils) und die **Leistungsstufe** („annehmen" bzw. „gewähren" des Vor-

913

---

13 Abstellend auf interpersonale Interessenkonflikte *Zimmermann*, Das Unrecht der Korruption, 2018, S. 319.

teils). Einen Manipulationserfolg setzen die Korruptionsdelikte nicht voraus; sie sind **Gefährdungsdelikte**.

914 Für sich genommen sind Vorteile nicht rechtlich missbilligt und die auf den Vorteil bezogenen Handlungen nicht verboten. Obwohl die Korruptionsdelikte **keine konkrete Gefahr voraussetzen**, ist es deshalb missverständlich, sie als bloß abstrakte Gefährdungsdelikte zu bezeichnen; allein die abstrakte Gefahr aus dem Vorteil genügt nicht. Erst sein Bezug zum Entscheidungsverhalten (Rn 912) begründet das Verbot. Weil sich dieses Verhalten jeweils über die Empfängerqualifikation bestimmt, ist es je nach Korruptionsdelikt unterschiedlich (in § 299 zB die Entscheidung, bestimmte Waren oder Dienstleistungen zu beziehen, in §§ 299a/b ärztliche Verordnungen etc); man kann es allgemein als **Referenzverhalten**[14] bezeichnen. Die Verbindung zwischen dem Vorteil und dem Referenzverhalten muss durch eine **Unrechtsvereinbarung** zwischen Geber und Nehmer hergestellt werden, dh der Vorteil muss zugewandt werden, damit das Referenzverhalten vorgenommen werde (**do ut des** – ich tue dies, damit Du jenes machst). Diese muss auf der Verhandlungsstufe vom Täter zumindest vorgestellt und konkludent mit angeboten werden, auf der Vereinbarungs- und Leistungsstufe tatsächlich vereinbart worden sein.

915 Korruptionsdelikte sollen die Lauterkeit von Entscheidungen vor der **Manipulation** des Entscheiders **durch sachfremde Vorteile** schützen. Vorteile, die in einem sachlichen Bezug zur Entscheidung oder in einem rein privaten Bezug zum Entscheider stehen oder deren Manipulationsgefahr aus besonderen Umständen als vernachlässigbar zu gelten hat, erfüllen die Korruptionstatbestände nicht. Verhandelt wird dies unter dem Stichwort der **Sozialadäquanz**. Ihre Beurteilung ist oft mit großen Schwierigkeiten verbunden. Das Erfordernis ähnelt stark dem der **Unlauterkeit** im UWG und steht in enger Beziehung zu vielen keineswegs widerspruchsfreien gesellschaftlichen Wertungen und Zielen. In ihm liegen chronische Bestimmtheitsprobleme der Korruptionsdelikte, die nur verstärkt werden, wenn man mit Floskeln der Art arbeitet, dass „schon ein böser Anschein zu vermeiden" sei.

3. Wettbewerb als strafrechtliches Schutzgut

916 Die Korruptionsdelikte der §§ 299, 299a, 299b, aber auch schon § 298, dienen dem Schutz des Wettbewerbs. **Wettbewerb** bezeichnet eine durch **Konkurrenz** (auf Nachfrageseite bzw. Angebotsseite) geprägte Situation in einem marktwirtschaftlichen Wirtschaftssystem.[15] Wenn die Marktteilnehmer (eigennützig) nach der Maximierung ihres Wohlstands streben, werden sie durch Wettbewerber herausgefordert, ihr Angebot im Hinblick zB auf Preis, Qualität oder Innovationsgrad zu **verbessern**, um ihre **Marktposition** zu stärken. Auf Nachfrageseite erhöht sich so tendenziell die Handlungsfreiheit, da die Angebotsseite auf ihre Bedürfnisse reagiert und Auswahlmöglichkeit schafft. Auch sinkende Preise erhöhen auf Nachfrageseite (finanzielle) Spielräume. Damit wird das **Gemeinwohl** gefördert. Vorteile für Individuen (und auch für die Allgemeinheit) entstehen durch Wettbewerb jedoch erst mittelbar und nicht zwingend, weshalb er kein **Rechtsgut** im klassischen Sinne bezeichnet.

917 Im idealtypischen Wettbewerb setzt sich im einzelnen Geschäft das für den jeweils Nachfragenden überlegene Angebot durch (sog. **Leistungsprinzip**). Dieser Zusammenhang ist (wenngleich hier idealisierend vereinfacht) fundamental, denn auf ihm beruht die Anreizwirkung. Dass er immer besteht, lässt sich nicht garantieren, aber gegen **Wettbewerbsbeeinträchtigungen** kann man vorge-

---

14 Zu diesem Ausdruck Spickhoff-*Schuhr*, § 299 Rn 35; *Brettel/Duttge/Schuhr*, JZ 15, 929, 931.
15 Eingehend *Jansen*, Der Schutz des Wettbewerbs im Strafrecht, 2021, S. 32 ff.

hen und den Zusammenhang zumindest in dieser Weise schützen bzw. fördern. Solche bestehen namentlich dann, wenn *alternative Angebote* durch den Zusammenschluss von Unternehmen, Absprachen zwischen Unternehmen oder das Ausüben von Macht *verhindert* werden. Dann fehlt es an echtem Wettbewerb, oder er wird verzerrt; dies ist der Fokus des **Kartellrechts**. Verzerrende Beeinträchtigungen liegen auch in *Manipulationen der Entscheidungen auf Nachfrageseite*, nämlich in *unlauteren Verhaltensweisen* wie fehlerhafter Werbung, Boykottaufrufen gegen Konkurrenten und Bestechung bzw. Bestechlichkeit; auf solche fokussiert das **Lauterkeitsrecht**.

Zum **Lauterkeitsrecht** gehören namentlich das UWG (Gesetz gegen den unlauteren Wettbewerb) und Teile des gewerblichen Rechtsschutzes. Es besteht eine erhebliche Überformung durch Unionsrecht und internationale Verträge.[16] Zentral ist das **Verbot unlauterer geschäftlicher Handlungen** in § 3 I UWG, das Marktteilnehmer schützen und der Allgemeinheit einen unverfälschten Wettbewerb gewährleisten soll.[17] Wesentlicher Gegenstand der weiteren Regelungen und wesentliches Problemfeld dieses Rechtsgebiets ist die Konkretisierung des Verbots aus § 3 I UWG. Ein wichtiger Regelungsbereich betrifft dabei geschäftliche Handlungen, die sich an Verbraucher richten oder diese erreichen (§ 3 II UWG). Verstöße gegen das Verbot können dort zB in unwirksamen AGB-Klauseln[18] liegen. Wo keine Spezialregelungen (insb. §§ 3a-7a UWG) bestehen, wird versucht, die Generalklausel des § 3 I UWG mithilfe von Fallgruppen zu konkretisieren. Dass die **Korruption im privaten Sektor** vom UWG ins StGB übernommen wurde (Rn 909), sollte nur die Bedeutung des Verbots unterstreichen, ändert aber nichts daran, dass auch sie inhaltlich zum Lauterkeitsrecht gehört.[19]

918

Das **Kartellrecht** ist geprägt durch ein Zusammenwirken von **nationalem** und **europäischem Recht**, insbesondere von GWB (Gesetz gegen Wettbewerbsbeschränkungen) und AEUV (näher zum Verhältnis § 22 GWB). Thematisch lassen sich folgende Bereiche unterscheiden: Das **Kartellverbot** (Art. 101 AEUV, §§ 1-3 GWB) richtet sich gegen Vereinbarungen zwischen Unternehmen, aufeinander abgestimmte Verhaltensweisen etc, die geeignet bzw. darauf gerichtet sind, Handel bzw. Wettbewerb am Markt zu beeinträchtigen. **Missbrauchsaufsicht** (Art. 102 AUEV, §§ 18-21 GWB) soll insbesondere verhindern, dass marktbeherrschende Unternehmen ihre Marktmacht missbräuchlich ausüben. Mittels **Fusionskontrolle** (§§ 35-43a GWB) sollen Unternehmenszusammenschlüsse verhindert werden, die eine marktbeherrschende Stellung begründen oder ausbauen oder einen wirksamen Wettbewerb sonst erheblich einschränken. GWB und AEUV arbeiten vielfach mit *Generalklauseln*. Wichtige Auslegungshilfen geben Leitlinien und Bekanntmachungen der Kommission; diese können als Verwaltungsgrundsätze eine *Selbstbindung* der Kommission bei der Ermessensausübung und Verhängung von Geldbußen darstellen.[20] § 298 StGB (Rn 782 ff) ist thematisch dem Kartellrecht zuzuordnen.

919

Kartellrecht und Lauterkeitsrecht bilden gemeinsam das **Wettbewerbsrecht**. Die meisten seiner Regelungen sind nicht strafrechtlicher Natur. Neben den Korruptionsdelikten gibt es aber weitere Delikte mit engem Bezug zum Wettbewerb. Sie stellen besondere Verstöße gegen Verbote des Wettbewerbsrechts unter Strafe. Bei Delikten, die sich auf Verhaltensregeln aus anderen Rechtsgebieten als dem Strafrecht selbst beziehen, spricht man von **akzessorischem Strafrecht**.[21] So richtet

920

---

16 ZB die RL 2005/29/EG über unlautere Geschäftspraktiken im Binnenmarkt (ABl 2005 L 149/22) und bis heute die Pariser Verbandsübereinkunft zum Schutz des gewerblichen Eigentums vom 20. März 1883 (RGBl 1903, 147).
17 Vgl. zur Einführung *Drouet/Seidel*, Jura 23, 824.
18 BGH GRUR 2018, 423, 428; BGH NJW 21, 2193, 2196; Fezer/Büscher/Obergfell-*Götting/Hetmank*, Lauterkeitsrecht: UWG, 3. Aufl. 2016, § 3a Rn 159;
19 BT-Ds 13/5584, S. 15; NK-*Dannecker/Schröder*, § 299 Rn 2.
20 Von der Groeben/Schwarze/Hatje-*Puffer-Mariette*, Europäisches Unionsrecht, 7. Auflage 2015, VO (EG) 1/2003 Art. 1 Rn 201; s. auch Immenga/Mestmäcker-*Ellger/Fuchs*, Wettbewerbsrecht, 6. Aufl. 2020, § 2 Rn 38 ff; zum rechtlichen Status auch die Bekanntmachung der Kommission, Leitlinien zur Anwendung von Artikel 81 Absatz 3 EG-Vertrag (2004/C 101/08), Rn 4, 7.
21 Hierzu *Cornelius*, Verweisungsbedingte Akzessorietät bei Straftatbeständen, 2020, S. 18 ff; *Tiedemann*, WirtschaftsstrafR, Rn 209 ff; im Kontext des strafrechtlichen Bestimmtheitsgebots LK-*Dannecker/Schuhr*, § 1 Rn 117 ff.

sich bei § 298 die Rechtswidrigkeit der Absprache nach den Regeln des Kartellrechts, und die Unlauterkeit bei § 299 I Nr 1 und II Nr 1 sowie §§ 299a und 299b bezieht sich auf lauterkeitsrechtliche Wertungen (für letztere Vorschriften mit Berufsrecht und Sozialrecht).

921 Insgesamt ergibt sich im Wettbewerbsrecht ein **Gefüge von Rechtsfolgen** mit sehr unterschiedlicher Rechtsnatur. So steht die Strafdrohung des § 298 in dem Regelungskontext, dass Kartellbehörden manches *Verhalten untersagen* (§ 32 GWB), *Vorteile abschöpfen* (§ 34 GWB) und *Bußgelder verhängen* (§§ 81 ff GWB) können, dass Betroffene *Unterlassungs-, Beseitigungs- und Schadensersatzansprüche* (§§ 33 ff GWB) haben und Verträge der Nichtigkeit nach § 134 BGB unterliegen. Das Lauterkeitsrecht wird in erster Linie mit Mitteln des Zivilrechts durchgesetzt. So berechtigt das UWG betroffene Mitbewerber und ausgewählte Institutionen (vgl §§ 8 III, 8a, 8b UWG) bei Wettbewerbsverstößen zur Geltendmachung von Ansprüchen auf *Beseitigung und Unterlassung* (§ 8 I UWG), *Schadensersatz* (§ 9 UWG) und *Gewinnabschöpfung an den Bundeshaushalt* (§ 10 UWG). Es gibt aber auch hier Bußgeldtatbestände (im UWG die §§ 19 f) und Straftatbestände (§ 16 UWG sowie für Geschäftsgeheimnisse § 23 GeschGehG).

II. Bestechlichkeit und Bestechung im geschäftlichen Verkehr

1. Grundgedanken und Grundstruktur des § 299

922 **Fall 66**: Als Mitglied der Geschäftsleitung eines Lebensmittelunternehmens hatte die A dafür gesorgt, dass Lieferant L, zu dem bis dahin keine Geschäftsbeziehungen bestanden, in großem Umfang Aufträge erhielt. Als Gegenleistung hatten A und L vereinbart, dass A monatliche, an die Höhe der Umsätze gekoppelte Zahlungen (sog. Kick-back-Zahlungen) erhalten soll. Diese wurden A auch tatsächlich ausgezahlt. Hat A sich wegen Bestechlichkeit im geschäftlichen Verkehr nach § 299 I strafbar gemacht? **Rn 945**

923 Werden **Angestellte** oder **Beauftragte** eines **Unternehmens** bestochen, kommt § 299 in Betracht. Diese Vorschrift stellt in Anlehnung an die §§ 331 ff die Bestechlichkeit (§ 299 I) und die Bestechung (§ 299 II) im **geschäftlichen Bereich** unter Strafe.[22] Ihre Übernahme von § 12 UWG aF in das **Kernstrafrecht**[23] soll das Bewusstsein der Bevölkerung schärfen, dass es sich auch bei der Korruption im geschäftlichen Bereich um eine Kriminalitätsform handelt, die nicht nur die Wirtschaft selbst betrifft, sondern wegen ihrer die Allgemeinheit schädigenden Auswirkungen in einer den Delikten des StGB entsprechenden Weise sozialethisch zu missbilligen ist.[24]

924 § 299 **schützt** den **lauteren und fairen Wettbewerb**. Werden Entscheidungen für Waren oder Dienstleistungen auf Nachfrageseite nicht nach sachbezogenen Kriterien getrof-

---

22 Einen Überblick über die Vorschrift geben *Kieferle*, NZWiSt 17, 391; *Nöckel*, ZJS 13, 50; *Roxin*, Rössner-FS S. 892 ff; Beispiele in BGH NZWiSt 16, 70 mit Anm. *Bürger*; BGH NStZ 14, 324; *Sinner*, HRRS 16, 196; LG Frankfurt ZWH 15, 352; LG Münster BeckRS 15, 19392; OLG Stuttgart, JR 15, 651 mit Anm. *Kretschmer* (private Arbeitnehmer sind keine Mitbewerber); zu §§ 331 ff s. *Kudlich/Oğlakcıoğlu*, Rn 371 ff; zur Diskussion de lege ferenda s. *Kubiciel*, ZIS 14, 667. Zur Beendigung s. BGH wistra 18, 35 mit Anm. *Böhme* und *Helmrich*, wistra 09, 12 ff.
23 Krit. dagegen BR-Ds 553/96, S. 6; *Dölling*, Gutachten C, 61. DJT, 1996, C 84 f; *König*, JR 87, 401; *Wolters*, JuS 98, 1103; zur Vorgeschichte s. *Ulbricht*, Bestechung und Bestechlichkeit im geschäftlichen Verkehr, 2007, S. 5 ff; zu Erscheinungsformen s. *Pragal*, Die Korruption 2006, S. 17 ff; zur Reform s. G/J/W-*Sahan*, § 299 Rn 3; *Krack*, Samson-FS S. 377 ff; **Falllösung** bei *Pösl/Walther*, ZJS 10, 523. Zur Auslegung der Unrechtsvereinbarung s. BVerfGK 8, 50; BGH NZWiSt 16, 70 mit Anm. *Bürger*; *Grützner/Momsen*, CCZ 17, 160 ff.
24 BT-Ds 13/5584, S. 15; BK-*Momsen/Laudien*, § 299 Rn 1; LK-*Lindemann*, § 299 Entstehungsgeschichte; M/R-*Sinner*, § 299 Rn 1; SK-*Rogall*, § 299 Rn 3; S/S/W-*Rosenau*, § 299 Rn 2; **Fallbeispiel** bei *Hellmann*, Rn 788 ff; *N. Müller*, NZWiSt 14, 255; *Wittig*, § 26 vor Rn 1.

fen, unterminiert dies das Leistungsprinzip (Rn 917), und die aus „echter" Konkurrenz resultierenden Vorteile schwinden. Die Vorschrift schützt zunächst (jeweils Nr 1) die **Lauterkeit der Ausübung der Entscheidungskompetenz** einzelner Akteure auf Nachfrageseite vor Manipulation durch persönliche Vorteile (typischerweise, aber nicht notwendig von Akteuren auf der Angebotsseite).[25] Daneben (jeweils Nr 2) wird der **Geschäftsherr** vor einer entsprechenden Manipulation seiner Angestellten oder Beauftragten mit Bezug auf die Durchführung des Geschäfts geschützt.[26] Indirekt werden zudem Vermögensinteressen der **Mitbewerber** geschützt. § 299 setzt weder einen Erfolg noch den Eintritt einer konkreten Gefahr voraus, weshalb die Vorschrift oft als abstraktes **Gefährdungsdelikt** bezeichnet wird[27]. Zu beachten ist aber, dass wegen der durch die mindestens intendierte Unrechtsvereinbarung hergestellten Beziehung zwischen Vorteil und Referenzverhalten mehr als bloß ein abstrakt gefährliches äußeres Verhalten verlangt wird.

2. Empfängerqualifikation

Während auf Geberseite keine besonderen persönlichen Merkmale gefordert sind, muss Nehmer ein **Angestellter oder Beauftragter eines Unternehmens** sein. § 299 I, der die Strafbarkeit auf Nehmerseite bestimmt, ist damit ein echtes Sonderdelikt, die Angestellten- oder Beauftragteneigenschaft ein besonderes persönliches Merkmal iS des § 28 I. Unternehmen ist dabei jede auf eine **gewisse Dauer** betriebene Tätigkeit im **Wirtschaftsleben**, die den **Austausch von Waren oder Dienstleistungen** gegen Entgelt zum Gegenstand hat.[28] Darunter fallen auch öffentliche Unternehmen und solche, die lediglich soziale oder kulturelle Zwecke verfolgen, sofern sie dabei wirtschaftlich tätig werden.[29]

925

Angestellter in einem Unternehmen ist, wer in einem **Dienst-, Werkvertrags- oder Auftragsverhältnis zum Geschäftsinhaber** steht und gegenüber diesem **weisungsgebunden** ist.[30] Weder die genaue arbeitsrechtliche Einordnung des Vertragsverhältnisses noch dessen zivilrechtliche Wirksamkeit sind entscheidend,[31] Angestellter kann jedoch nur sein, wer **Entscheidungskompetenz** mit Einfluss auf die geschäftliche Tätigkeit besitzt. Dies ist hinsichtlich eines faktischen Geschäftsführers zu bejahen, nicht jedoch hinsichtlich einer Hilfskraft, die ausschließlich untergeordnete Tätigkeiten ausführt.[32] **Beauftragter** des Unternehmens ist, wer berechtigt ist, für das Unternehmen unmittelbar oder mittelbar beim Austausch von Waren oder Dienstleistungen geschäftlich tätig zu werden, ohne dabei Angestellter zu sein.[33] Dem Begriff kommt eine Auffangfunktion zu; er ist weit auszulegen.[34] Die zivilrechtliche Wirksamkeit des Auftragsverhältnisses ist

926

---

25 Vgl. Spickhoff-*Schuhr*, § 299 Rn 1a; SK-*Rogall*, § 299 Rn 8.
26 BGH wistra 18, 35, 37 mit Anm. *Böhme*; BGH NJW 21, 3606, 3607 mit Anm. *Corsten/Reichling*; BGH NStZ 22, 413 mit Anm. *Oesterle*; *Sahan*, ZfIStW 22, 474; HdS-*Dannecker* VI, § 56 Rn 95.
27 MK-*Krick*, § 299 Rn 29; HdS-*Dannecker* VI, § 56 Rn 101.
28 BGHSt 2, 396, 401 f; BGHSt 10, 358, 365 f; BGHSt 57, 202, 210; NK-*Dannecker/Schröder*, § 299 Rn 51; Fischer-*Fischer/Lutz*, § 299 Rn 5.
29 BGHSt 2, 396, 402; BGH NJW 91, 367, 370; SK-*Rogall*, § 299 Rn 23; Fischer-*Fischer/Lutz*, § 299 Rn 5; *Wittig*, § 26 Rn 25.
30 BGH NJW 21, 3606, 3607; BGH NStZ 22, 413 mit Anm. *Oesterle*; *Sahan*, ZfIStW 22, 474; NK-*Dannecker/Schröder*, § 299 Rn 38; S/S/W-*Rosenau*, § 299 Rn 7.
31 LK-*Lindemann*, § 299 Rn 11; S/S-*Eisele*, § 299 Rn 10; MK-*Krick*, § 299 Rn 45; Spickhoff-*Schuhr*, § 299 Rn 10.
32 BayOLG NJW 96, 268, 271 (zu § 12 UWG aF); NK-*Dannecker/Schröder*, § 299 Rn 38; S/S/W-*Rosenau*, § 299 Rn 7; *Kienle/Kappel*, NJW 07, 3531; *Kieferle*, NZWiSt 17, 391.
33 BGHSt 2, 396, 401; BGHSt 57, 202, 211; BGH NStZ 12, 35, 38; Fischer-*Fischer/Lutz*, § 299 Rn 15; *Nöckel*, ZJS 13, 52.
34 BGHSt 2, 396, 401; LK-*Lindemann*, § 299 Rn 16; *Wittig*, § 26 Rn 20.

nicht entscheidend,[35] die Person muss jedoch unmittelbar oder mittelbar auf die **Entscheidungen** eines Unternehmens über Waren oder Dienstleistungen **Einfluss** nehmen können.[36] Dies ist bei externen Unternehmensberatern zur Auftragsvermittlung anzunehmen,[37] ebenso bei Vorstandsmitgliedern einer AG.[38] Der **Unternehmensinhaber** selbst kommt aber weder als Beauftragter noch als Angestellter in Betracht;[39] der Geschäftsherr wird nicht vor sich selbst geschützt.

927 Für **niedergelassene Vertragsärzte** wurde die Frage aufgeworfen, ob sie bei der Verordnung von Arzneimitteln als Beauftragte des **Unternehmens der Krankenkassen** handeln. Die Eigenständigkeit des Handelns schließt dies nicht aus, sondern unterscheidet nur die Beauftragten von Angestellten, die weisungsgebunden tätig werden. Entgegen der Argumentation des **Großen Strafsenats**[40] schließt auch das gesetzliche (statt rechtsgeschäftliche oder faktische) Rechtsverhältnis dies nicht aus, denn eine Beschränkung auf bestimmte rechtliche Grundlagen der Berechtigung ist weder der Formulierung zu entnehmen noch durch Sinn und Zweck geboten, denn die Gefährdungslage entsteht ebenso.[41] Aber die Entscheidung des Vertragsarztes müsste dem Unternehmen der Krankenkasse zuzurechnen sein, und daran fehlt es.[42] Zwar erfüllt der Vertragsarzt durch die Verordnung die Verpflichtung der Krankenkassen nach §§ 31, 34 SGB V. Doch es gehört nicht zum Unternehmen der Krankenkassen, Patienten zu behandeln und Arzneimittel zu verordnen. Ihr Unternehmen beschränkt sich auf Abrechnung und Organisation. Deshalb hat der Großen Strafsenat die Anwendbarkeit von § 299 im Ergebnis **zutreffend verneint**. Erst wenn auch der Krankenkasse zukommende Aufgaben, wie zB der Verleih von Hilfsmitteln für die Dauer der Behandlung, auf Vertragsärzte übertragen werden, käme eine Zurechnung und damit Anwendung von § 299 in Betracht, wenn die Krankenkasse neben den wirtschaftlichen Lasten der Anschaffung auch das weitere wirtschaftliche Risiko trägt.

3. Vorteil

928 Alle Tathandlungen beziehen sich auf einen Vorteil. Vorteil ist jede **Leistung**, die die wirtschaftliche, rechtliche oder persönliche **Lage** des Empfängers **verbessert** und auf die dieser keinen Anspruch hat.[43] Bisweilen wird auch Sozialadäquanz schon als vorteilsausschließend angesehen, wird meist aber besser erst bei der (Unlauterkeit der) Unrechtsvereinbarung eingeordnet (Rn 941). Der Begriff des Vorteils umfasst Zuwendungen materieller und immaterieller Art, sofern sie hinreichend **greifbar**[44] sind.

---

35 BGHSt 57, 202, 211; Fischer-*Fischer/Lutz*, § 299 Rn 15; *Wittig*, § 26 Rn 20.
36 BGH NJW 21, 3606, 3607 mit Anm. *Corsten/Reichling*; *Zimmermann*, Das Unrecht der Korruption, 2018, S. 644; MK-*Krick*, § 299 Rn 72.
37 Fischer-*Fischer/Lutz*, § 299 Rn 16.
38 SK-*Rogall*, § 299 Rn 32, 33; Fischer-*Fischer/Lutz*, § 299 Rn 16; MK-*Krick*, § 299 Rn 89 mit weiteren Beispielen; **aA** (Einordnung als Angestellte) LK-*Lindemann*, § 299 Rn 14;
39 BGH NJW 13, 3590, 3592 mit Anm. *Brand*; BGH NJW 21, 3606, 3607 mit Anm. *Corsten/Reichling*; LG Frankfurt, NStZ-RR 15, 215; S/S-*Eisele*, § 299 Rn 11; Fischer-*Fischer/Lutz*, § 299 Rn 12; *Wittig*, § 26 Rn 23a; *Roxin*, Rössner-FS, S. 893; *Zimmermann*, Das Unrecht der Korruption, 2018, S. 639 f; 644 f.
40 BGHSt 57, 202, 211 ff; die Vorlagebeschlüsse finden sich in BGH NStZ-RR 11, 303 und BGH wistra 11, 375; s. dazu Fischer-*Fischer/Lutz*, § 299a Rn 2; *Duttge*, Steinhilper-FS S. 203 ff; *Schroth*, Imme Roxin-FS S. 327 ff; *Schuhr*, NStZ 12, 14; *Tsambikakis*, Steinhilper-FS S. 217 ff; zur kriminalpolitischen Folgerung s. *Dannecker*, ZRP 13, 37.
41 Vgl. auch BGH NStZ 12, 35, 38 f.
42 *Schuhr*, NStZ 12, 14.
43 BGHSt 31, 264, 279 (zu §§ 331, 332); BGH NJW 03, 2996, 2997 f; BGH NZWiSt 16, 64, 70 mit Anm. *Bürger*; LK-*Lindemann*, § 299 Rn 25 mit Beispielen; S/S-*Eisele*, § 299 Rn 18; S/S/W-*Rosenau*, § 299 Rn 19; *Kieferle*, NZWiSt 17, 393 f; *Bach*, wistra 08; 48; für einen nach Tatbeständen differenzierten Vorteilsbegriff *Reinhart*, ZIS 18, 330.
44 NK-*Dannecker/Schröder*, § 299 Rn 66, 67; für objektive Messbarkeit und Darstellbarkeit BGHSt 47, 295, 304 f. (zu § 331); krit. *Walther*, Jura 10, 514.

Durch einen Vertrag könnte zwar grundsätzlich stets ein Anspruch begründet und ein Vorteil so begrifflich ausgeschlossen werden, doch schon in einem günstigen **Vertragsangebot** liegt ein Vorteil;[45] auch wirtschaftlich ausgewogene Verträge als Vorteil anzusehen, würde hingegen den Vorteilsbegriff überdehnen.[46] Vorteilsempfänger kann auch ein **Dritter** sein.[47] Eine Vorteilsgewährung zugunsten des **Unternehmens** – des **Geschäftsherrn** – ist aus Schutzzweckerwägungen vom Tatbestand aber auszunehmen, denn dessen Vorteil haben seine Angestellten und Beauftragten meist gerade anzustreben.[48]

929

4. Tathandlungen

In Absatz 1 (**Nehmervariante**) knüpft der Tatbestand an das Fordern, Versprechen-Lassen und die Annahme eines Vorteils für sich oder einen Dritten an. Einen Vorteil **fordert**, wer einen solchen ausdrücklich oder konkludent verlangt. Ein solches Verlangen setzt die *Abgabe* und den tatsächlichen *Zugang* einer solchen Erklärung beim Empfänger voraus.[49] Der Täter lässt sich einen Vorteil **versprechen**, wenn zwischen Geber und Nehmer eine auf die Leistung des Vorteils gerichtete Vereinbarung zustande kommt.[50] Die **Annahme** eines Vorteils setzt dessen tatsächliche Entgegennahme voraus, wobei die Schein-Entgegennahme eines Vorteils nicht genügt.[51] In Absatz 2 (**Gebervariante**) entsprechen diesen Tathandlungen das Anbieten, Versprechen oder Gewähren eines Vorteils für sich oder einen Dritten. **Anbieten** bezeichnet eine einseitige (ausdrücklich oder konkludent getätigte und zugegangene) Erklärung, mit der ein Vorteil in Aussicht gestellt wird. Das **Versprechen** ist für Geber und Nehmer bedeutungsgleich. Der Vorteil wird **gewährt**, wenn die tatsächliche Leistung erfolgt.

930

In allen drei Phasen – der **Verhandlungsstufe** (fordern bzw. anbieten), **Vereinbarungsstufe** (sich versprechen lassen bzw. versprechen) und **Leistungsstufe** (annehmen bzw. gewähren) – wird das Delikt jeweils vollendet, bleibt aber eine Tat. Durch diese nicht unproblematische Vorverlagerung[52] (gegenüber der eigentlichen Manipulation) sollen vor allem Beweisschwierigkeiten reduziert werden. In allen drei Phasen kann – wie bei §§ 331 ff – keine tatbestandsmäßige Handlung vorliegen, wenn die Entgegennahme nur unter dem offenen **Vorbehalt** erfolgen soll, dass die dauerhafte Entgegennahme von einer zeitnahen Entscheidung des Geschäftsherrn über eine **Genehmigung** der Entgegennahme abhängig gemacht wird (was nicht mit der Frage einer Genehmigung der Unrechtsvereinbarung bzw. Manipulation verwechselt werden darf).[53]

931

---

45 BGH NStZ 08, 216, 217 (zu § 333); BGH NStZ-RR 15, 278, 279; S/S-*Eisele*, § 299 Rn 18; *Wittig*, § 26 Rn 35.
46 Näher Spickhoff-*Schuhr*, § 331 Rn 26 mwN zur Diskussion.
47 Einschränkend wohl BGH NJW 06, 925, 937: Mittelbarer Vorteil für bestochenen Angestellten oder Beauftragten erforderlich, aA hierzu Fischer-*Fischer/Lutz*, § 299 Rn 17 und Spickhoff-*Schuhr*, § 331 Rn 28.
48 Spickhoff-*Schuhr*, § 299 Rn 29; *Nepomuck/Groß*, wistra 12, 135; abstellend auf die Unlauterkeit Fischer-*Fischer/Lutz*, § 299 Rn 18, 19; mit Einschränkungen *Odenthal*, wistra 05, 172; hierzu auch *Grützner/Momsen/Behr*, NZWiSt 13, 88.
49 BGHSt 15, 88, 98 (zu § 332); SK-*Rogall*, § 299 Rn 55; Fischer-*Fischer/Lutz*, § 299 Rn 30; Spickhoff-*Schuhr*, § 299 Rn 30.
50 SK-*Rogall*, § 299 Rn 56; Spickhoff-*Schuhr*, § 299 Rn 31.
51 OLG Karlsruhe NStZ 01, 654 (zu § 332); SK-*Rogall*, § 299 Rn 57; Fischer-*Fischer/Lutz*, § 299 Rn 30; *Wittig*, § 26 Rn 31.
52 Fischer-*Fischer/Lutz*, § 299 Rn 30; SK-*Rogall*, § 299 Rn 55. Zutreffend geht BGHSt 10, 358, 367 mit Verweis auf *Baumbach-Hefermehl* davon aus, dass „Versuchshandlungen als vollendete Straftaten" behandelt werden.
53 Zu §§ 331 ff vgl. BGH NJW 89, 914, 916.

5. Unrechtsvereinbarung

a) Referenzverhalten

932 Der Vorteil muss stets auf ein bestimmtes weiteres Verhalten (hier als **Referenzverhalten** bezeichnet) bezogen werden (näher zu diesem Bezug Rn 936 ff). Dieses besteht in **Nr 1** der Abs. 1 und 2 in der **Bevorzugung** eines anderen im inländischen oder ausländischen Wettbewerb bei dem Bezug von Waren oder Dienstleistungen. In **Nr 2** der Abs. 1 und 2 besteht es in der **Vornahme oder Unterlassung einer Handlung** bei dem Bezug von Waren oder Dienstleistungen, in der eine **Pflichtverletzung** gegenüber dem Unternehmen liegen muss.

933 Nr 1 folgt dem in Deutschland traditionellen **Wettbewerbsmodell** dieses Korruptionsdelikts. Die Begriffe der Waren und Dienstleistungen sind weit zu verstehen. **Waren** sind alle wirtschaftlichen Güter, die Handelsgegenstand sein können.[54] **Dienstleistung** ist jede geldwerte unkörperliche Leistung des gewerblichen oder geschäftlichen Lebens, worunter auch Leistungen der **freien Berufe** fallen.[55] Ihr **Bezug** umfasst den gesamten Geschäftsverkehr, der mit ihrer Erlangung verbunden ist, so auch die Lieferung und Bezahlung.[56] Beim Bezug bedarf es der **Bevorzugung** eines anderen im inländischen oder ausländischen Wettbewerb,[57] dh eine sachfremde **Besserstellung im Wettbewerb**. Davon kann nur gesprochen werden, wenn eine Entscheidung zwischen **mindestens zwei Mitbewerbern** erfolgt,[58] die Waren oder Dienstleistungen gleicher oder ähnlicher Art anbieten.[59] Die Vorstellung der Verletzung eines konkreten Mitbewerbers in einer konkreten Wettbewerbssituation ist nicht erforderlich.[60]

934 Durch das Korruptionsbekämpfungsgesetz 2015[61] wurde neben die *Bevorzugungsvariante* (Nr 1) mit der jeweiligen **Nr 2** eine *Pflichtverletzungsvariante*[62] im sog. **Geschäftsherrenmodell** gestellt,[63] die Parallelen zur Untreue (§ 266) aufweist (aber nicht deren Schadenserfordernis). Neben den Schutz der wettbewerblichen Lauterkeit tritt dabei der **Schutz des Unternehmens**.[64] Die verletzten Pflichten können sich grundsätzlich aus beliebigen Rechtsgründen bzw. Rechtsquellen er-

---

54 SK-*Rogall*, § 299 Rn 66; MK-*Krick*, § 299 Rn 258; S/S-*Eisele*, § 299 Rn 24; Spickhoff-*Schuhr*, § 299 Rn 36.
55 BT-Ds 13/5584, S. 15 (zu § 299 aF); BGH NJW 17, 2565, 2567 mit Anm. *Böhme*, wistra 18, 39; Fischer-*Fischer/Lutz*, § 299 Rn 23; enger LG Magdeburg wistra 02, 156, 157 und NK-*Dannecker/Schröder*, § 299 Rn 101.
56 BGHSt 10, 269, 270; BGH NJW 17, 2565, 2567 mit Anm. *Böhme* wistra 18, 39; SK-*Rogall*, § 299 Rn 67; S/S/W-*Rosenau*, § 299 Rn 26.
57 Zu § 299 aF für Schmiergeldzahlungen im ausländischen Wettbewerb BGHSt 52, 323, 339 ff mit Anm. *Ransiek* NJW 09, 95. Der hiermit verbundene Streitstand wurde durch die Neufassung 2002 und 2015 entschieden. Überblick zur Auslandsbestechung *Kappel/Junkers*, NZWiSt 16, 382.
58 BGH NJW 03, 2996, 2997; OLG Stuttgart JR 15, 650, 651 mit Anm. *Kretschmer*; Zimmermann, Das Unrecht der Korruption, 2018, S. 656; S/S/W-*Rosenau*, § 299 Rn 24; zum Wettbewerbsbegriff *Gercke/Wollschläger*, wistra 08, 6 ff.
59 BGH BeckRS 20, 1450; BGH NStZ 23, 494, 496 mit Anm. *Bürger*; NK-*Dannecker/Schröder*, § 299 Rn 83; MK-*Krick*, § 299 Rn 265.
60 BGH NJW 04, 3129, 3133; BGH NZWiSt 16, 64, 70; BGH wistra 23, 164; BGH NStZ 23, 494, 496 mit Anm. *Bürger*.
61 BGBl I 2015, 2025.
62 Hierzu auch *Grützner/Helms/Momsen*, ZIS 18, 299; *Jansen*, NZWiSt 19, 41 (zur Pflichtverletzung); *Krack*, ZIS 16, 83; *Lorenz/Krause*, CCZ 17, 74; *Schröder-Frerkes*, Wessing-FS S. 296 ff; *Walther*, NZWiSt 15, 255; zur Auswirkung auf § 261 *Bülte*, NZWiSt 15, 281. Zur Frage des Sponsorings s. *Hohmann*, Joecks-GS S. 243 ff.
63 S. hierzu *Krack*, ZIS 16, 83 ff; *Schröder-Frerkes*, Wessing-FS S. 296 ff; *Walther*, NZWiSt 15, 255; zur Auswirkung auf § 261 *Bülte*, NZWiSt 25, 281.
64 BT-Ds 18/4350, S. 21; BT-Ds 18/6389, S. 15; *Jansen*, NZWiSt 19, 45; HdS-*Dannecker* VI, § 56 Rn 98; S/S-*Eisele*, § 299 Rn 36; Kritisch zum Tatbestand *Hoven*, NStZ 15, 557; *Kubiciel*, ZIS 14, 669 ff; *Walther*, NZWiSt 15, 256 f; *Dann*, NJW 2016, 205.

geben (insb. Gesetz, Arbeitsvertrag, innerbetrieblichen Regelungen oder Weisungen).[65] Ein *Wettbewerbserfordernis* wird in dieser Variante nicht formuliert, auch nicht in dem die Auslegung prägenden Rahmenbeschluss 2003/568/JI.[66] Teilweise wird daraus abgeleitet, die verletzte Pflicht müsse keinen Wettbewerbsbezug haben.[67] Auch diese Tatvariante setzt aber insoweit eine „abstrakte Wettbewerbslage"[68] voraus, als der Angestellte bzw. Beauftragte des Unternehmens nicht nur nach seiner Stellung im Unternehmen, sondern auch nach der tatsächlichen Angebotslage im Wettbewerb einen Entscheidungsspielraum und dh eine Alternative zu seinem Verhalten gehabt haben muss.[69] Verletzt werden muss eine **Pflicht**, die sich auf den **Gebrauch dieses Spielraums**, nämlich die **Entscheidung** über den Bezug oder das den Bezug umsetzende Verhalten bezieht,[70] denn sonst könnte die Pflichtverletzung nicht auf der Manipulation durch einen Vorteil beruhen. Auch rein innerbetriebliche Störungen fallen (weil sie nicht unmittelbar den Bezug von Waren oder Dienstleistungen betreffen) nicht unter den Tatbestand.[71]

Das pflichtwidrige Handeln oder Unterlassen muss **„ohne Einwilligung"** des Unternehmens erfolgen. Weil das eine Voraussetzung des Tatbestands ist, handelt es sich dogmatisch um ein *tatbestandsausschließendes Einverständnis*.[72] Abzustellen ist auf den Unternehmensinhaber; dessen Willensbildung und Zuständigkeit ist nach dem Gesellschaftsrecht zu bestimmen.[73] 935

b) Gegenseitigkeitsverhältnis (Begriff der Unrechtsvereinbarung)

Das Referenzverhalten kann, muss aber **nicht tatsächlich vorgenommen** werden. Der Vorteil jedoch muss *„dafür"* gefordert werden etc, dass das Referenzverhalten künftig vorgenommen werde (*do ut des*). Dieses vom Tatbestand verlangte **Gegenseitigkeitsverhältnis** heißt **Unrechtsvereinbarung**. Diese Absprache kann ausdrücklich oder konkludent erfolgen. 936

Die Annahme eines Vorteils für eine **in der Vergangenheit liegende Bevorzugung** wird von § 299 nur erfasst, wenn diese Bevorzugung auf Grund einer Unrechtsvereinbarung erfolgte, die sie schon zum Zeitpunkt der Vornahme mit diesem Vorteil verknüpft hat.[74] Hier unterscheidet sich § 299 von §§ 332, 334, die eine solche zeitliche Einschränkung nicht kennen. Ein nachträgliches Dankeschön oder eine spätere Belohnung fallen daher grundsätzlich nicht unter § 299. 937

Auf der *Verhandlungsstufe* ist es ausreichend, dass das Fordern bzw. Anbieten des Vorteils mit dem **erkennbaren Ziel** erfolgt, eine Unrechtsvereinbarung zu treffen. Erst auf der *Vereinbarungs- und Leistungsstufe* muss diese Vorstellung von Geber und Nehmer **tatsächlich übereinstimmen und erklärt** worden sein.[75] Es handelt sich daher um ein stark subjektiv geprägtes Tatbestandsmerkmal,[76] das aber letztlich doch noch objektiv ist, weil es um die Bedeutung der abgegebenen Erklärung bzw. der getroffenen Vereinbarung geht. 938

---

65 BT-Ds 18/4350, S. 21; S/S-*Eisele*, § 299 Rn 37; *Wittig*, § 26 Rn 55a; *Heuking/von Coelln*, BB 16, 328.
66 Näher Spickhoff-*Schuhr*, § 299 Rn 1a.
67 Wie hier *Krack*, ZIS 16, 88; MK-*Krick*, § 299 Rn 323 ff und S/S-*Eisele*, § 299 Rn 38.
68 NK-*Dannecker/Schröder*, § 299 Rn 116 (und zuvor).
69 Spickhoff-*Schuhr*, § 299 Rn 45a.
70 Spickhoff-*Schuhr*, § 299 Rn 45a; ähnlich, teils noch weitergehenden Wettbewerbsbezug fordernd, *Kubiciel*, ZIS 14, 670 ff; NK-*Dannecker/Schröder*, § 299 Rn 92, 93; *Dannecker/Schröder*, ZRP 15, 49 f; *Jansen*, NZWiSt 19, 43 ff; *Hoven*, NStZ 2015, 558 f; S/S/W-*Rosenau*, § 299 Rn 5; krit. *Zimmermann*, Das Unrecht der Korruption, 2018, S. 672 ff.
71 BT-Ds 18/4350, S. 21; NK-*Dannecker/Schröder*, § 299 Rn 92; *Lackner/Kühl/Heger*, § 299 Rn 5a.
72 *Lackner/Kühl/Heger*, § 299 Rn 5a; *Wittig*, § 26 Rn 55b.
73 Hierzu im Detail MK-*Krick*, § 299 Rn 342 ff.
74 BGH NJW 13, 3590, 3592 mit Anm. *Brand*; NK-*Dannecker/Schröder*, § 299 Rn 75 ff; Spickhoff-*Schuhr*, § 299 Rn 46; *Zimmermann*, Das Unrecht der Korruption, 2018, S. 665.
75 BGHSt 10, 358, 367 f; Spickhoff-*Schuhr*, § 299 Rn 48; enger S/S-*Eisele*, § 299 Rn 23.
76 BGH NStZ 14, 323, 324; BGH NStZ-RR 15, 278, 279; BGH NZWiSt 20, 402, 405; BGH BeckRS 20, 1450.

939 Die Unrechtsvereinbarung (wie auch ein tatbestandsmäßiges Versprechen) ist rechtlich stets unwirksam (§ 134 BGB iVm § 299 StGB) und muss auch die zivilrechtlichen Maßstäbe an die Bestimmtheit von Angebot und Annahme (*essentialia negotii*) nicht erfüllen. Ausreichend ist, dass die Bevorzugung in **groben Zügen** so skizziert wird,[77] dass die Parteien einordnen können, ob die Vereinbarung erfüllt ist.[78]

c) Handeln im geschäftlichen Verkehr

940 Die Tathandlungen müssen im **geschäftlichen Verkehr** erfolgen, dh auf die Förderung eines wirtschaftlichen Zwecks gerichtet sein, in der eine Teilnahme am Wettbewerb zum Ausdruck kommt.[79] Der Text des § 299 bezieht dieses Merkmal zwar auf die Tathandlungen, die vorausgesetzte Ausrichtung ergibt sich aber erst aus dem Referenzverhalten; deshalb ist es richtigerweise erst bei der Unrechtsvereinbarung zu prüfen. Die Voraussetzung grenzt die Tathandlungen (und Vorteile) von rein privaten oder hoheitlichen ab.[80] **Geschäfte mit Endverbrauchern** werden von § 299 daher **nicht** erfasst, ebensowenig **private Arbeitnehmer**, die um eine Arbeitsstelle konkurrieren[81] oder Schiedsrichter für einen Sportverband.[82] Diese Voraussetzung erklärt sich auch aus der Ausgestaltung als Wettbewerbsdelikt.

d) Unlauterkeit bzw. Sozialadäquanz

941 Dass Personen im wirtschaftlichen Verkehr Vorteile suchen und anstreben, also auch ihr Verhalten daran ausrichten und davon abhängig machen, ist an sich normal und keineswegs rechtlich missbilligt; es ist sogar die Grundlage des Leistungsprinzips (Rn 917), das § 299 schützen soll.[83] In den von § 299 erfassten Situationen soll aber regulär der Vorteil des Geschäftsherrn, nicht ein Eigeninteresse der Angestellten oder Beauftragten verfolgt werden. Weil solche Vorteile den Tatbestand nicht erfüllen (Rn 929), liefern die bis hier behandelten Voraussetzungen einer Unrechtsvereinbarung ein **Indiz für Unrecht**. Es ist für Angestellte und Beauftragte aber nicht schlechthin verboten, neben dem Vorteil des Geschäftsherrn (nachrangig) auch Eigeninteressen zu verfolgen. Daher bedarf es noch eines – **nach Art einer Rechtfertigung**, aber im Tatbestand zu behandelnden[84] – **Korrektivs**. Was hier speziell für § 299 erläutert wurde, gilt für andere Korruptionsdelikte ganz entsprechend; die allgemeine Bezeichnung dieses Korrekturmerkmals bei Korruptionsdelikten lautet **„Sozialadäquanz"**. Bisweilen wird diese schon als Ausschluss eines Vorteils angesehen. Es geht aber darum, dass einer sozial üblichen und gebilligten Zuwendung die Eignung fehlt, eine nach Nr 1 oder Nr 2 relevante Entscheidung auf Empfängerseite zu beeinflussen,[85] und das ist sinnvoll erst im Hinblick auf das Gegenseitigkeitsverhältnis zu prüfen.

---

77 BGH wistra 10, 447, 449; BGH NStZ 23, 494, 496 mit Anm. *Bürger*; MK-*Krick*, § 299 Rn 241; NK-*Dannecker/Schröder*, § 299 Rn 107.
78 Spickhoff-*Schuhr*, § 299 Rn 47.
79 BGHSt 10, 358, 365 f; NK-*Dannecker/Schröder*, § 299 Rn 57; SK-*Rogall*, § 299 Rn 40; *Wittig*, § 26 Rn 45; *Kienle/Kappel*, NJW 07, 3532.
80 SK-*Rogall*, § 299 Rn 40; Fischer-*Fischer/Lutz*, § 299 Rn 20; BeckOK-*Momsem/Laudien*, § 299 Rn 31; *Lackner/Kühl/Heger*, § 299 Rn 3; *Zöller*, GA 09, 139.
81 OLG Stuttgart JR 15, 650, 651 mit Anm. *Kretschmer*.
82 Zu Letzterem *Krack*, ZIS 11, 478; ebenso S/S-*Eisele*, § 299 Rn 16; *Nöckel*, ZJS 13, 52.
83 Zu weit ging daher die Beschreibung der Unlauterkeit in BGHSt 2, 396, 401.
84 Spickhoff-*Schuhr*, § 299 Rn 53.
85 BT-Ds 18/6446, S. 17 f (zu § 299a, b); NK-*Dannecker/Schröder*, § 299 Rn 68; SK-*Rogall*, § 299 Rn 47; MK-*Krick*, § 299 Rn 181; S/S/W-*Rosenau*, § 299 Rn 20; *Nöckel*, ZJS 13, 53.

Die Bevorzugungsvariante (jeweils Nr 1) nennt dieses Merkmal ausdrücklich, verwendet aber die Bezeichnung des Lauterkeitsrechts, verlangt nämlich eine **„unlautere"** Bevorzugung. Gemeint ist damit eine Verletzung der in „freien" Wettbewerbsbedingungen erblickten (wirtschaftlichen) Sachgerechtigkeit der Entscheidung. Ohne diese Bezeichnung aufzugreifen, geht es aber auch im Geschäftsherrenmodell (jeweils Nr 2) um den Schutz der unbefangenen und in entsprechender Weise sachgerechten Ausübung von Entscheidungsspielräumen (vor Manipulationen, die zur Pflichtverletzung führen); auch bei Nr 2 kann man daher ebenso von **Unlauterkeit** sprechen. 942

Eine **Entscheidung ist lauter**, wenn sie auf Grundlage sachbezogener Erwägungen getroffen wird; eine **Vereinbarung ist nicht unlauter** (sozialadäquat), solange sie nicht darauf gerichtet ist, ein letztlich lauteres Entscheiden zu stören. Sie darf unsachliche Gesichtspunkte nicht entscheidungserheblich stark machen, und auch nicht die ernsthafte Gefahr begründen, dass sie diese Stärke annehmen.[86] Es bedarf einer **Gesamtbetrachtung** des Verhältnisses der Beteiligten, des Vorteils und des Referenzverhaltens. **Indizwirkung** (gegen Unlauterkeit) haben die *gesellschaftliche Üblichkeit* der Zuwendung ohne Erwartung einer Beeinflussung[87] oder ganz ohne Bezug zum Referenzverhalten[88] sowie die *Unerheblichkeit* (Geringwertigkeit) des Vorteils.[89] Wegen des gesetzlichen Ziels, Korruption zurückzudrängen, sind diese Indizien aber nicht unwiderleglich. 943

Problematisch kann die Frage des hinreichenden Sachbezugs zB bei **Kundenbindungsprogrammen** (wie persönlichen Treuepunkteprogrammen für die Mitarbeiter),[90] **Sponsoring** oder **Kick-Back-Zahlungen** werden. Hier ist die Frage zu beantworten, ob sich die Besserstellung in marktwirtschaftlich anerkannten Grenzen bewegt und einen (wenn auch verdeckten) Bezug zum Gegenstand oder Preis aufweist. Ist dies nicht der Fall, wird meist von Unlauterkeit auszugehen sein.

Für **Geschäfte im Ausland** ist auf die (meist ungeschriebenen) Regeln des jeweiligen Marktes abzustellen. Soweit es in Märkten **außerhalb des europäischen Binnenmarkts** für Beteiligte nach den lokalen Gepflogenheiten nötig ist, Bestechungsgelder zu verlangen, um einen *angemessenen Lebensunterhalt* zu erlangen, und die Mitbewerber sich auf diese Situation eingestellt haben, wird man unbeschadet des *Ziels, Korruption global zurückzudrängen*, mit einer Einordnung als unlauter sehr zurückhaltend sein müssen. 944

In **Fall 66** (nach BGH NStZ 95, 92) ist A zwar Mitglied der Geschäftsleitung, aber nicht selbst Inhaberin des Unternehmens, sondern seine Angestellte. A hat sich von L einen Vorteil in Form einer Kick-Back-Zahlung versprechen lassen und einen solchen angenommen. Hiermit war auch eine Unrechtsvereinbarung verbunden; die Zahlung erfolgte als Gegenleistung dafür, dass L bei der Vergabe von Waren in großem Umfang Aufträge erhielt und damit bevorzugt wird. Weil der Vorteil nicht so gering war, dass eine sachwidrige Beeinflussung praktisch auszuschließen wäre, und weil die prozentuale Beteiligung nicht in legitimierender Weise sachbezogen ist, war die Bevorzugung (und die Vereinbarung) auch unlauter. Am Vorsatz von A bestehen keine Zweifel. Damit hat A sich nach § 299 I Nr 1 Var. 2 strafbar gemacht (und spiegelbildlich L nach § 299 II Nr 1 Var. 2). Soweit auch ein Fordern (oder Anbieten) vorliegt (Var. 1), gehört dies zur selben Tat (muss also nicht einmal als mitbestrafte Vortaten zurücktreten). 945

---

[86] Vgl. dazu ausführlicher S/S/W-*Rosenau*, § 299 Rn 24; NK-*Dannecker/Schröder*, § 299 Rn 89 ff; *Wittig*, § 26 Rn 54; S/S-*Eisele*, § 299 Rn 33; *Zimmermann*, Das Unrecht der Korruption, 2018, S. 659 ff.
[87] Allerdings soll von der Üblichkeit nicht alleine auf die Sozialadäquanz geschlossen werden können, vgl. BeckOK-*Momsen/Laudien*, § 299 Rn 36.
[88] RGSt 63, 426, 427; LK-*Lindemann*, § 299 Rn 29;
[89] Näher zur Unerheblichkeit immaterieller Vorteile NK-*Dannecker/Schröder*, § 299 Rn 67; *Otto*, BT § 61 Rn 156.
[90] Krit. hierzu *Bach*, wistra 08, 49 f.

6. Weitere Deliktsmerkmale

946 Bedingter **Vorsatz** genügt grundsätzlich. Bzgl. der eigenen Erklärungen und ihrer von der Unrechtsvereinbarung verlangten Ausrichtung auf eine Beeinflussung bzw. Pflichtwidrigkeit ist Vorsatz aber nur in Form von Absicht vorstellbar. Absatz 1 formuliert ein **Sonderdelikt**; Personen, die nicht Angestellte oder Beauftragte des Unternehmens sind, können lediglich Teilnehmer sein.[91] Diese Empfängerqualifikation ist ein die Strafbarkeit begründendes **besonderes persönliches Merkmal** (§ 28 I).

947 Soweit es um dieselbe (von Anfang an hinreichend präzise) Unrechtsvereinbarung geht, stellt die Verwirklichung verschiedener Stufen eine **einheitliche Tat** dar.[92] Mangelt es nur an der Präzision, tritt die frühere Stufe regelmäßig als mitbestrafte Vortat zurück. Das Verhältnis zu weiteren, mit dem Referenzverhalten verwirklichten Delikten (zB § 266), richtet sich nach dem zeitlichen Verhältnis: Bei **zeitlichem Zusammentreffen** besteht **Tateinheit** (§ 52), ansonsten **Tatmehrheit** (§ 53).[93] Das Delikt ist zu schwach, um mehrere zusammen mit § 299 verwirklichte Untreuetaten zu einer rechtlichen Handlungseinheit zu verklammern.[94]

948 § 300 bezieht sich neben § 299 auch auf §§ 299a, 299b und enthält eine Strafzumessungsregel für **besonders schwere Fälle** nach der Regelbeispielmethode (Rn 242 ff). Für einen *Vorteil großen Ausmaßes* (S. 2 Nr 1) kommt es auf den Wert des Vorteils (und nicht der Bevorzugung) an; er muss zur sachwidrigen Beeinflussung in besonderem Maße geeignet sein (s. ergänzend Rn 659).[95] Wie bei § 263 III Nr 1 sind in § 300 S. 2 Nr 2 die Gewerbsmäßigkeit (Rn 711) und das Handeln als Bandenmitglied (Rn 710) zu verstehen. § 301 enthält ein relatives Strafantragserfordernis mit einer Sonderregel zur Antragsbefugnis (Abs. 2).[96]

7. Prüfungsaufbau: Bestechung und Bestechlichkeit im geschäftlichen Verkehr, § 299

949 **Bestechung und Bestechlichkeit im geschäftlichen Verkehr, § 299**

I. Tatbestand
  1. Objektiver Tatbestand
     a) Empfängerqualifikation: Angestellter oder Beauftragter eines Unternehmens
     b) Vorteil und Tathandlung: Einen Vorteil für sich oder einen Dritten fordern, sich versprechen lassen oder annehmen bzw. anbieten, versprechen oder gewähren
     c) Unrechtsvereinbarung
        • Referenzverhalten je nach Tatbestandsvariante (Nr 1 bzw. Nr 2) als Bezug des Vorteils (nicht notwendig tatsächlich vorgenommen)
        • Gegenseitige Vereinbarung (je nach Stadium intendiert oder tatsächlich abgeschlossen)

---

91 MK-*Krick*, § 299 Rn 31; allgemein zu diesen *Nestler/Lehner*, Jura 17, 403 und LK-*Walter*, vor §§ 13 ff Rn 58 ff.
92 BGH BeckRS 18, 37934; BGH BeckRS 22, 31718; MK-*Krick*, § 299 Rn 502; Fischer-*Fischer/Lutz*, § 299 Rn 45.
93 Fischer-*Fischer/Lutz*, § 299 Rn 46.
94 BGH wistra 12, 310 Rn 20 ff; Spickhoff-*Schuhr*, § 299 Rn 61.
95 BGH NStZ-RR 15, 278, 280; *Wittig*, wistra 98, 8.
96 Dazu BT-Ds 18/4350, S. 22; BGH NJW 21, 3606, 3607 mit Anm. *Corsten/Reichling*; MK-*Krick*, § 301 Rn 8.

- Handeln im geschäftlichen Verkehr
- Unlauterkeit: Eignung zu unsachlicher Beeinflussung
2. **Subjektiver Tatbestand: Vorsatz**

II. **Rechtswidrigkeit und Schuld**

III. **Regelbeispiele, § 300**

IV. **Strafantrag, § 301**

III. Bestechung und Bestechlichkeit im Gesundheitswesen

Fall 67: Im Rahmen eines Ärztekongresses bietet der Vertreter P des Pharmakonzerns S der Vertragsärztin A den Abschluss eines Vertrags über die Durchführung einer Anwendungsbeobachtung an. A solle nach Verordnung des Medikaments von S an einen Patienten bei dessen Kontrollbesuchen Puls und Blutdruck messen und die Daten anonymisiert an S übermitteln. Pro Patientenbeobachtung soll A eine Aufwandsentschädigung von 200 € erhalten. Offiziell ist die Untersuchung dazu bestimmt, Erkenntnisse bei der Anwendung des Medikaments zu sammeln. Der Geldbetrag steht jedoch in keinem wirtschaftlich nachvollziehbaren Verhältnis zum ärztlichen Aufwand und P verfolgt mit der Vergütung nur das Ziel, dass A infolge der in Aussicht gestellten Vergütung das Medikament deutlich häufiger verordnen wird. A lehnt jedoch ab. Hat P sich nach § 299b strafbar gemacht? **Rn 962**

950

Der Große Strafsenat[97] hat entschieden, dass ein niedergelassener Arzt mit Befugnis zur Abrechnung im Rahmen der gesetzlichen Krankenversicherung (Vertragsarzt) als solcher weder Amtsträger nach § 11 I Nr 2c noch Beauftragter der Krankenkassen ist, sodass weder §§ 331 ff noch § 299 auf ihn als Empfänger eines Vorteils anzuwenden sind. Zugleich hat er die schon zuvor diskutierte Schaffung eines einschlägigen Deliktstatbestands angemahnt; dem ist der Gesetzgeber 2016 mit Erlass der **§§ 299a, 299b** nachgekommen.[98] Normiert wird ein strafbewehrtes Verbot der Bestechlichkeit und Bestechung von Angehörigen bestimmter Heilberufe, bei dem der Gesetzgeber sich stark an § 299 orientiert hat.

951

Die §§ 299a, 299b haben zwei Schutzrichtungen. Erstens soll der **faire Wettbewerb** geschützt werden, der **im Gesundheitswesen** aber eine besondere, stark durch gesetzliche Vorgaben und Regelungen über die Kostentragung überformte, Ausprägung hat.[99] Indirekt werden so namentlich eine Begrenzung der Kosten und verbesserte Behandlungsmöglichkeiten angestrebt. Zweitens soll die **Integrität heilberuflicher Entscheidungen** geschützt werden und damit die Basis für das Vertrauensverhältnis zwischen Patienten und Berufsträgern im Gesundheitswesen sowie letztlich die Individual- und Volksgesundheit.[100] Die systematische Einordnung bei den Wettbewerbsdelikten und der Normtext betonen den Gesichtspunkt des Wettbewerbs. *De lege lata* ist das als Begrenzung des

952

---

97 BGHSt 57, 202 mit Anm. *Brand/Hotz*, PharmR 12, 317; *Hohmann*, wistra 12, 388; *Ihwas/Lorenz*, ZJS 12, 712; *Kölbel*, StV 12, 592; *Kraatz*, NZWiSt 12, 273; zum Vorlagebeschluss auch *Schuhr*, NStZ 12, 14.
98 BGBl I 2016, 1254; s. dazu *Brettel/Duttge/Schuhr*, JZ 2015, 929; *Dann*, KriPoZ 16, 169; *Dann/Scholz*, NJW 16, 2077; *Gaede/Lindemann/Tsambikakis*, medstra 15, 142; *Grzesiek/Sauerwein*, NZWiSt 16, 369; *Krüger*, NZWiSt 17, 129; *Schröder*, NZWiSt 15, 321.
99 Zum Leistungsprinzip im Gesundheitswesen *Jansen*, medstra 24, 207.
100 BT-Ds 18/6446, S. 12 f.; Spickhoff-*Schuhr*, §§ 299a, 299b Rn 1 ff., 8; zum Rechtsgut auch NK-*Dannecker/Schröder*, § 299a Rn 28 ff und (de lege ferenda) *Kölbel*, medstra 16, 193; auf Schwierigkeiten eines doppelten Rechtsgüterschutzes hinweisend *Krüger*, NZWiSt 17, 130.

§ 23 *Bestechung und Bestechlichkeit im privaten Sektor*

Tatbestands zu akzeptieren, während *de lege ferenda* durchaus eine Betonung und Erweiterung der zweiten Schutzrichtung gerade auch mit Blick auf den Arzneimittelsektor erwägenswert wäre. Schon für das geltende Recht darf der Wettbewerbsschutz aber **nicht über die Belange der Patienten** gestellt werden (näher Rn 959).

953 Auf Empfängerseite muss ein **Angehöriger eines Heilberufs** stehen, der für die Berufsausübung oder die Führung der Berufsbezeichnung eine staatlich geregelte Ausbildung erfordert. Es sollen die zu § 203 I Nr 1 entwickelten Regeln zur Anwendung kommen.[101] Hiernach werden nicht nur **akademische Heilberufe** (zB Ärzte oder Apotheker), sondern auch **Gesundheitsfachberufe** (zB Krankenpfleger oder Logopäden) erfasst.[102]

954 § 299a enthält das Delikt der **Nehmerseite**, § 299b das korrespondierende Delikt der **Geberseite**. Im Übrigen gilt zu Vorteil und Tathandlungen das zu § 299 Gesagte (Rn 928 ff). Beispiele für Vorteile sind hier Einladungen zu Kongressen, Fortbildungssponsoring, übertrieben vergütete Anwendungsbeobachtungen, Provisionen, Rabatte und Kick-Back-Zahlungen.

955 Die **Unrechtsvereinbarung** muss auf die unlautere Bevorzugung eines anderen im inländischen oder ausländischen Wettbewerb gerichtet sein und in einem **heilberuflichen Zusammenhang** stehen, sodass ein funktionaler Zusammenhang zwischen der Tathandlung und der Berufsausübung entsteht. Die §§ 299a, 299b belassen es aber nicht bei diesen beiden Charakterisierungen des **Referenzverhaltens** (die deshalb nur notwendige, aber nicht hinreichende Bedingungen darstellen), sondern verlangen noch konkreter ein Referenzverhalten, das unter eine der folgenden **drei Nummern** fällt. Zum Gegenseitigkeitsverhältnis – auch dazu, dass das Referenzverhalten nicht tatsächlich vorgenommen werden, sondern nur in der Austauschbeziehung vorgesehen sein muss – gilt wieder das zu § 299 Gesagte (Rn 936 ff) entsprechend.

956 **Nr 1** verbietet Bevorzugungen im Hinblick auf die **Verordnung** von **Arznei-, Heil- oder Hilfsmitteln** oder von **Medizinprodukten**. Im Medizinrecht bezeichnet der Begriff der **Verordnung** die Ausübung einer vertragsärztlichen Kompetenz zur Konkretisierung sozialrechtlicher Ansprüche (§ 73 II SGB V) und ist terminologisch von der **Verschreibung** zu unterscheiden, die die Abgabe bestimmter Arznei- und Betäubungsmittel gestattet (insbesondere §§ 48, 56a AMG und § 13 BtMG). Nicht jede Verschreibung ist eine Verordnung. Im Gesetzgebungsverfahren wurde dieser terminologische Unterschied nicht ausreichend bedacht. Der strafrechtliche **Bestimmtheitsgrundsatz** (aus Art. 103 II GG) spricht gleichwohl dringend dafür, am engen etablierten Begriffsverständnis festzuhalten, obwohl das die privatärztliche Behandlung praktisch aus dem Anwendungsbereich ausnimmt; der Gesetzgeber sollte das ändern, nicht die Gesetzesinterpretation.[103]

957 **Nr 2** erfasst den **Bezug** von **Arznei- oder Hilfsmitteln** oder von **Medizinprodukten**, die jeweils **zur unmittelbaren Anwendung in der eigenen Praxis** (durch den Heilberufsangehörigen oder einen seiner – § 203 III entsprechenden – Berufshelfer)[104] bestimmt sind.[105] Hierher gehören zB der Erwerb von Bandagen, Implantaten oder Medikamenten,

---

101 BT-Ds 18/6446, S. 17; *Heil/Oeben*, PharmR 2016, 218; *Rauer/Pfuhl*, PharmR 2016, 360.
102 BT-Ds 18/6446, S. 12 f; NK-*Dannecker/Schröder*, § 299a Rn 93; zu medizinisch-technischen Handwerksberufen *Heil/Oeben*, PharmR 2016, 2178; zu Tierärzten S/S/W-*Rosenau*, § 299a Rn 6 und SK-*Rogall*, § 299a Rn 21.
103 Ausführlich und mwN Spickhoff-*Schuhr*, §§ 299a, 299b Rn 23.
104 BT-Ds 18/8106, S. 15; SK-*Rogall*, § 299a Rn 40; S/S/W-*Rosenau*, § 299a Rn 28.
105 Näher Spickhoff-*Schuhr*, §§ 299a, 299b Rn 26 ff mwN.

die unmittelbar durch den Berufsangehörigen angewandt werden, nicht jedoch Einrichtungsgegenstände und Praxisbedarf.[106]

Nr 3 erfasst die **Zuführung** von **Patienten** oder **Untersuchungsmaterial**. Ersteres betrifft die weitere Behandlung eines Patienten durch einen anderen Berufsträger, sofern der Behandelnde die grundsätzlich freie Entscheidung des Patienten tatsächlich beeinflusst, dabei eigene heilberufliche Kompetenz auszuüben hat und entsprechendes Vertrauen des Patienten in Anspruch nimmt.[107] Das geschieht jedenfalls durch Überweisung, Verweisung oder schlichte Empfehlung, nicht jedoch bei der reinen Auslage von Werbematerial. 958

Die **Unlauterkeit** der Unrechtsvereinbarung (und damit der tatbestandlichen Bevorzugung) entspricht zunächst derjenigen aus § 299[108] (Rn 941 ff), weist aber Besonderheiten auf. Die Sachgerechtigkeit des Referenzverhaltens richtet sich wegen der spezifisch medizinischen Einordnung durch Nrn 1-3 nämlich **primär** nach **medizinisch-fachlichen Kriterien** sowie **autonomen Entscheidungen des Patienten**,[109] erst zwischen danach gleichwertigen Entscheidungen geht es um eine wirtschaftlich sachgerechte Auswahl. Wegen der Struktur des Merkmals – es geht um den Ausschluss der Strafbarkeit bei **Lauterkeit** der Unrechtsvereinbarung (Rn 941) –, können die **außer-wirtschaftlichen Kriterien** die **Strafbarkeit** allerdings nicht begründen, sondern **nur ausschließen**. 959

Weil für das Referenzverhalten nach Nrn 1-3 stets fachliche Sachkriterien bestehen (ohne dass diese es eindeutig bestimmen würden), **indiziert** das Bestehen einer Unrechtsvereinbarung auch hier stets die **Unlauterkeit**. Sie ist **ausnahmsweise ausgeschlossen**, wenn die Unrechtsvereinbarung eine Entscheidung nach den *fachlichen Sachkriterien nicht gefährdet* oder wenn die Vereinbarung nur solche Entscheidungen betrifft, für die nach den medizinisch-fachlichen Kriterien und der Selbstbestimmung der Patienten *Entscheidungsspielraum* besteht und die Vereinbarung nur diesen betrifft und wirtschaftlich-zweckrationalen Maßstäben entspricht. Als lauter wird es zB idR anzusehen sein, wenn bei einer Veranstaltung die Weitergabe medizinisch relevanter Informationen eines Herstellers oder Produzenten im Vordergrund steht und keine umfangreichen kostenlosen Nebenleistungen erbracht werden, nicht jedoch kostenlose Fortbildungsreisen mit erheblichem Erholungs- oder Vergnügungscharakter und nicht sog. „Überweisungskartelle".[110] Für etliche Kooperationsformen und Aspekte des Gesundheitsmarkts bestehen **gesundheitsrechtliche Spezialregelungen**. Was diese – insbesondere das *Berufs- oder Sozialrecht* – gestatten, ist nicht iS des §§ 299a, 299b unlauter („negative Akzessorietät")[111]. 960

Durch den Erlass **berufsrechtlicher Vorschriften** hat der Gesetzgeber den medizinischen Wettbewerb in gewissem Maße reguliert; diese Regulierungen bilden für §§ 299a, 299b den Rahmen und sind bei der Bestimmung der Unlauterkeit bindend. Die berufsrechtliche Missbilligung ist damit Voraussetzung der Unlauterkeit, dort, wo eine Bevorzugung durch das Berufsrecht ausdrücklich zugelassen ist, liegt Unlauterkeit nicht vor. 961

In **Fall 67** hat P der A – als Ärztin eine Angehörige eines Heilberufs – durch das Angebot der Zahlung einer Aufwandsentschädigung einen **Vorteil angeboten**. P hatte dabei die aus den Um- 962

---

106 BT-Ds 18/6446, S. 22; *Tsambikakis*, medstra 2016, 135; *Pragal/Handel*, medstra 2016, 26; MK-*Hohmann*, § 299 Rn 47.
107 Näher Spickhoff-*Schuhr*, §§ 299a, 299b Rn 30 ff mwN.
108 BT-Ds 18/6446, S. 21.
109 Spickhoff-*Schuhr*, §§ 299a, 299b Rn 6, 44; *Jansen*, medstra 24, 211.
110 Weitere Beispiele bei *Großkopf/Schanz*, RDG 2016, 226 ff und *Corell*, RDG 20, 214.
111 BT-Ds 18/6446, S. 21; *Dann/Scholz*, NJW 16, 2078; *Geiger*, CCZ 16, 175 f; *Jäger*, MedR 17, 298 ff; Spickhoff-*Schuhr*, §§ 299a, 299b Rn 44; S-S-*Eisele*, § 299 Rn 5 ff; M/R-*Sinner*, § 299a Rn 13.

ständen auch für A erkennbare Vorstellung, dass der Vorteil Gegenleistung für eine deutlich erhöhte Anzahl an Verordnung eines bestimmten Arzneimittels sein sollte. Hierin hätte eine Bevorzugung der S im Wettbewerb gelegen. Weil es hier erst um das Verhandlungsstadium der Tat geht, genügt dies als Unrechtsvereinbarung; abgeschlossen werden musste sie nicht, und zur tatsächlichen Vornahme des Referenzverhaltens (und zur Bevorzugung) muss es ohnehin nicht kommen. Anwendungsbeobachtungen und auch deren Vergütung sind zwar im Grundsatz zulässig, und was gesundheitsrechtlich zulässig ist, kann nicht unlauter sein, die Höhe der Vergütung muss aber so bemessen werden, dass daraus kein besonderer Anreiz für eine bevorzugte Verordnung entsteht (§ 67 VI AMG). Ob, wenn lediglich Puls und Blutdruck gehoben werden, überhaupt ernsthaft von einer Anwendungsbeobachtung ausgegangen werden konnte, kann daher dahinstehen. Jedenfalls waren die angesonnene Unrechtsvereinbarung und damit die intendierte Bevorzugung unlauter. P handelte vorsätzlich, rechtswidrig und schuldhaft und hat sich nach § 299b Nr 1 strafbar gemacht.

IV. Sportwettbetrug und Manipulation von berufssportlichen Wettbewerben

963 Mit Verweis auf die besondere gesellschaftliche und wirtschaftliche Bedeutung des Sports wurden 2018 die **§§ 265c-265e** eingeführt.[112] Sie stellen die **manipulative Beeinflussung** des **Verlaufs** oder **Ergebnisses eines sportlichen Wettbewerbs** durch den Bestechungstatbeständen nachgebildete Verhaltensweisen unter Strafe. Trotz der Überschrift sind die Tatbestände der §§ 265c und 265d nicht nach Art eines Betrugs, sondern als **Korruptionsdelikte** ausgestaltet. Einen Bezug zum unter § 263 fallenden Wettbetrug haben sie aber insofern, als sie in dessen Vorfeld liegen: Mit dem tatbestandlichen Verhalten muss ein Wettbetrug intendiert sein, die §§ 265c und 265d setzen aber nicht nur noch kein Schaden voraus, sondern auch noch kein unmittelbares Ansetzen zur Täuschungshandlung des Betrugs. Die Vorschriften bezwecken den Schutz der Nicht-Käuflichkeit sportlicher Leistungen[113] und insofern die „*Integrität des Sports*".[114] Diese **Lauterkeit** ist das Rechtsgut. Der Schutz eines Vertrauens der Allgemeinheit ist ein erwünschter Schutzreflex, aber ungeeignet zur Konturierung des Tatbestands.[115] Wo mit der Sprechweise vom Schutz des Vertrauens ein noch weitergehender Schutz als derjenige der Lauterkeit verlangt wird, ginge es auch nur um blindes, nicht auf wirklicher Sachgerechtigkeit beruhendes und damit nicht schützenswertes Vertrauen. Ein weiterer Schutzreflex der Vorschrift gilt den **Vermögensinteressen** der Wettenden.[116]

1. Sportwettbetrug

964 § 265c unterscheidet folgende Varianten: Die **Abs. 1** und **2** setzen als Empfänger des Vorteils **Sportler** oder **Trainer** voraus. Sie verlangen eine Unrechtsvereinbarung, die auf eine Beeinflussung **zugunsten des Wettbewerbsgegners** gerichtet ist. Die **Abs. 3** und **4**

---

112 Einundfünfzigstes Gesetz zur Änderung des Strafgesetzbuches – Strafbarkeit von Sportwettbetrug und der Manipulation von berufssportlichen Wettbewerben vom 11.4.2017, BGBl. I S. 815; krit. *Bohn*, KriPoZ 17, 88 und *Krack*, ZIS 16, 540; Falllösung bei *Schmitt-Leonardy/Weng*, JA 22, 561.
113 BT-Ds 18/8831 S. 10.
114 BT-Ds 18/8831 S. 15, 19; krit. zu dieser Rechtsgutsbestimmung *Krack*, ZIS 2016, 545; *Krack*, wistra 17, 389; *Valerius*, Jura 18, 778; *Jansen*, GA 17, 600.
115 Näher dazu Spickhoff-*Schuhr*, §§ 331 ff Rn 4 f mwN.
116 BT-Ds 18/8831 S. 10 ff, 15.

setzen als Empfänger des Vorteils Schieds-, Wertungs- oder Kampfrichter voraus. Sie verlangen eine auf eine **regelwidrige** Beeinflussung gerichtete Unrechtsvereinbarung. **Abs. 1 und 3** betreffen die Nehmerseite, **Abs. 2 und 4** die Geberseite.

Sportler ist, wer an einem sportlichen Wettbewerb teilnimmt – der Grad der Professionalisierung und das Leistungsniveau spielen keine Rolle.[117] **Trainer** ist nach **Abs. 6 S. 1**, wer bei dem sportlichen Wettbewerb über den Einsatz und die Anleitung von Sportlern entscheidet. Dabei muss die unmittelbare Einflussnahme auf das Spielgeschehen möglich sein. Nicht umfasst sind damit idR Fitness- und Techniktrainer, wohl aber Teamchefs.[118] Einem Trainer stehen nach **Abs. 6 S. 2 Personen gleich**, die aufgrund ihrer **beruflichen** oder **wirtschaftlichen Stellung wesentlichen Einfluss** auf den Einsatz oder die Anleitung von Sportlern nehmen können. Bei diesem nur mäßig bestimmten Begriff wird man sich oft immerhin am Vorliegen eines „**arbeitgeberähnlichen Weisungsrechts**" oder einer **Letztentscheidungsbefugnis** über teamrelevante Fragen orientieren können[119].

Schiedsrichter ist, wer bei Mannschaftssportarten über die Einhaltung der relevanten Wettbewerbsregeln unmittelbar entscheidet.[120] Dies wird auch bei Schiedsrichterassistenten oder Video-Schiedsrichterassistenten im Fußball (VAR) anzunehmen sein; auf das Letztentscheidungsrecht kommt es hier nicht an.[121] **Wertungsrichter** ist eine Person, die bei Wettkämpfen subjektiv geprägte Kriterien wie Ausdruck oder Haltung bewertet.[122] **Kampfrichter** ist, wer bei Sportveranstaltungen über die Einhaltung sportlicher Regeln wacht.[123]

Die Tathandlungen und ihr Bezug zu einem Vorteil entsprechen denen der anderen Korruptionsdelikte (Rn 928 ff). Wie sonst wird die Tat jeweils auf der **Verhandlungsstufe** (durch Fordern bzw. Anbieten des Vorteils), der **Vereinbarungsstufe** (Sich-Versprechenlassen bzw. Versprechen) und auf der **Leistungsstufe** (Annehmen bzw. Gewähren) vollendet. 965

Nach der **Unrechtsvereinbarung** (Rn 932 ff) muss der Vorteil eine Gegenleistung dafür darstellen, dass der Nehmer einen **Wettbewerb des organisierten Sports** in **bestimmter Weise beeinflusse** und infolgedessen ein **rechtswidriger Vermögensvorteil** durch eine auf diesen Wettbewerb bezogene **öffentliche Sportwette** erlangt werde. Diese Beeinflussung zu dem genannten Zweck bildet das Referenzverhalten. Wie stets muss es **nicht tatsächlich vorgenommen** werden und erst recht nicht zu dem angestrebten Vermögensvorteil kommen, aber es muss Gegenstand der (auf Vereinbarungsstufe und Leistungsstufe) getroffenen bzw. (auf Verhandlungsstufe) angebotenen Unrechtsvereinbarung sein. 966

Ein **Wettbewerb des organisierten Sports** ist nach **Abs. 5** eine **Sportveranstaltung** im Inland oder im Ausland, die von einer nationalen oder internationalen Sportorganisation oder in deren Auftrag oder mit deren Anerkennung **organisiert** wird und bei der **Regeln einzuhalten** sind, die von einer nationalen oder internationalen Sportorganisation mit verpflichtender Wirkung für ihre Mitgliedsorganisationen verabschiedet wurden. Die 967

---

117 BT-Ds 18/8831 S. 15; S/S/W-*Satzger*, § 265c Rn 16; M/R-*Sinner*, § 265c Rn 7; S/S-*Perron*, § 265c Rn 10; zu Schwierigkeiten im Hinblick auf den Sportbegriff *Satzger*, Jura 16, 1148 und (im Hinblick auf die Einbeziehung von eSport) *Lutzebäck/Wieck*, Jura 20, 1322 ff und *Ruppert*, NZWiSt 20, 5.
118 *Rübenstahl*, JZ 17, 270; *Valerius*, Jura 18, 780; MK-*Schreiner*, § 265c Rn 11; S/S/W-*Satzger*, Rn 17; *Jaleesi*, Die Kriminalisierung von Manipulationen im Sport, 2020, S. 125.
119 Ähnlich *Rübenstahl*, JZ 17, 270; *Satzger*, Jura 16, 1146.
120 BT-Ds 18/8831 S. 18; MK-*Schreiner*, § 265c Rn 45.
121 BT-Ds 18/8831 S. 18; *Rübenstahl*, JZ 17, 271; S/S-*Perron*, § 265c Rn 22; BeckOK-*Bittmann/Großmann/Rübenstahl*, § 265c Rn 28; *Jaleesi*, Die Kriminalisierung von Manipulationen im Sport, 2020, S. 137; krit. im Hinblick auf Schiedsrichterassistenten *Stam*, NZWiSt 18, 43.
122 BT-Ds 18/8831 S. 18; BeckOK-*Bittmann/Großmann/Rübenstahl*, § 265c Rn 28.
123 BT-Ds 18/8831 S. 18; M/R-*Sinner*, § 265c Rn 10.

Formulierung geht auf § 3 III AntiDopG zurück; die dort entwickelten Regeln finden auch im Rahmen des § 265d Anwendung.[124]

Die zweite Voraussetzung wirft im Kontext des klassischen Fußballs (**Association Football**, im Gegensatz zu Futsal und Beach-Soccer) Schwierigkeiten auf, denn die Spielregeln werden durch die **IFAB** festgelegt und von der FIFA nur anerkannt.[125] Es erscheint jedoch sachgerecht, das „Verabschieden" von Regeln entsprechend weit zu verstehen.[126]

968 Von einer **Beeinflussung des Verlaufs oder des Ergebnisses** ist bei Manipulationen des Wettbewerbs zu sprechen, die die Unvorhersehbarkeit des Wettbewerbsgeschehens bzw. seine Abhängigkeit von der auf Sieg gerichteten Leistung der Teilnehmer aufheben oder einschränken.[127] In den **Abs. 1 und 2** muss die Unrechtsvereinbarung auf eine Beeinflussung **zugunsten des Gegners** gerichtet sein. In den **Abs. 3 und 4** muss die Unrechtsvereinbarung auf eine **regelwidrige**[128] Beeinflussung gerichtet sein. Wesentlich ist dabei, dass der Nehmer seine Pflicht zu Unparteilichkeit und Neutralität verletzen und eine Entscheidung den Interessen des Vorteilsgebers unterordnen soll.[129] Eine objektiv falsche Entscheidung muss hingegen nicht vereinbart sein.[130]

969 Die Beeinflussung muss nach der Unrechtsvereinbarung Mittel zu einem anderen Zweck sein, nämlich zur Erlangung eines rechtswidrigen Vermögensvorteils aus einer auf den beeinflussten Wettbewerb bezogenen öffentlichen Sportwette. Der Begriff der **Sportwette** richtet sich nach dem Rennwett- und Lotteriegesetz[131] und erfasst Wetten, die aus Anlass von Sportereignissen getätigt werden (§ 17 Abs. 2 RennwLottG). Für deren **Öffentlichkeit** muss die Teilnahme einem größeren, nicht geschlossenen Personenkreis möglich sein. Die **Rechtswidrigkeit** des angestrebten Vermögensvorteils soll nach den zu § 263 entwickelten Kriterien bestimmt werden; sie ist bereits dann zu bejahen, wenn der Wettteilnehmer bei der Abgabe einer Wette gegenüber dem Wettanbieter die Manipulation des Wettgegenstands verschweigt.[132]

2. Manipulation von berufssportlichen Wettbewerben

970 § 265d ist weitgehend parallel zu § 265c konstruiert (dazu Rn 964). Es bestehen nur folgende Unterschiede: § 265d verlangt **keinen Bezug zu einer Sportwette** (und nicht zu einem Vermögensvorteil), setzt aber einen **berufssportlichen Wettbewerb** (statt nur einen solchen des organisierten Sports) voraus. Zudem muss die Beeinflussung zugunsten eines Gegners in den Abs. 1 und 2 **in wettbewerbswidriger Weise** erfolgen.

971 Den **berufssportlichen Wettbewerb** definiert Abs. 5. Über die Anforderung an Wettbewerbe des organisierten Sports (Rn 967) hinaus ist erforderlich, dass überwiegend Sportler teilnehmen, die durch ihre sportliche Betätigung unmittelbar oder mittelbar **Einnahmen von erheblichem Umfang** erzielen. Die Formulierung stimmt mit § 4 VII Nr 2 AntiDopG überein. Einbezogen sind neben Start- und Preisgeldern auch mittelbare Einnahmen, namentlich Sponsorengelder. Sie müssen in der Höhe deutlich über eine bloße Kostenerstattung hinausgehen.[133] Davon wird in Anlehnung

---

124 BT-Ds 18/8831, S. 22.
125 S. dazu *Krack*, ZIS 21, 486.
126 So auch BeckOK-*Bittmann/Großmann/Rübenstahl*, § 265c Rn 52.
127 BT-Ds 18/8831, S. 16; *Rübenstahl*, JZ 17, 276; M/R-*Sinner*, § 265c Rn 21; S/S-*Perron*, § 265c Rn 17.
128 Dazu BT-Ds 18/8831, S. 18; *Valerius*, Jura 18, 784; hierzu auch *Krack*, wistra 18, 292.
129 BT-Ds 18/8831, S. 18; MK-*Schreiner*, § 265c Rn 50; *Valerius*, Jura 18, 784.
130 BT-Ds 18/8831, S. 18.
131 BT-Ds 18/8831, S. 16.
132 BT-Ds 18/8831, S. 17; MK-*Schreiner*, § 265c Rn 29.
133 BT-Ds 18/8831, S. 22.

an die Wertungen des Gemeinnützigkeitsrechts (insbesondere den Anwendungserlass zu § 67a AO) jedenfalls dann auszugehen sein, wenn Sportler eine monatliche Vergütung von durchschnittlich mehr als 520 € erlangen.

Das Erfordernis der **Wettbewerbswidrigkeit** soll dem Umstand Rechnung tragen, dass es auch wettbewerbsimmanente (taktische) Gründe geben kann, einen Gegner zeitweise, aber mit dem mittelbaren Ziel des eigenen sportlichen Erfolges zu unterstützen.[134] Derartige Fälle sollen aus dem Tatbestand ausgenommen werden. 972

3. Strafzumessungsregel und Konkurrenzen

§ 265e regelt mit zwei Regelbeispielen **besonders schwere Fälle** für §§ **265c und 265d**, die inhaltlich § 263 III 2 Nr 1 und Nr 2 Var. 1 nachgebildet sind (s. dazu Rn 710 f). Kommt es anschließend zum **Betrug**, dürfte dieser, da es in § 265c auch um die Lauterkeit des sportlichen Wettbewerbs geht, zu § 265c – ähnlich wie bei Gelingen eines Kreditbetrugs § 263 zu § 265b (s. Rn 780) – in **Tateinheit** stehen. Die Nehmerseite leistet damit idR zugleich Beihilfe zum Wettbetrug dessen, der diesen namentlich als Bestechender verübt. 973

12. Kapitel
Anschlussdelikte mit Vermögensbezug

§ 24 Begünstigung

Fall 68: Beim Einbruch in einen Juwelierladen hat A Schmuck und Uhren erbeutet. Noch in der Tatnacht gibt er seiner Frau F eine wertvolle Herrenarmbanduhr mit dem Auftrag, sie am nächsten Tag seinem Bekannten B als Geschenk zu überbringen. F weiß, dass die Uhr gestohlen ist und dass A dem B aus einem bestimmten Anlass Dank schuldet. Am anderen Morgen wird A verhaftet; dabei findet die Polizei auch einen Teil der Diebesbeute. Im Laufe des Tages führt F, die befürchtet, dass auch die Uhr gefunden werden könnte, den ihr erteilten Auftrag aus.
Hat F sich strafbar gemacht? **Rn 988** 974

Fall 69: T entriss einem Geldboten mit Gewalt zwei Geldbomben, die 30 000 € enthielten. Auf seiner Flucht wurde er vom Zeugen Z verfolgt. Dieser beobachtete, wie T die Geldbomben in einem Gebüsch nahe der Straße verbarg und sich dann entfernte. Z nahm die Geldbomben an sich und übergab sie der mittlerweile eingetroffenen Polizei, die das Versteck alsdann observierte. Eine Stunde später kam T mit seiner Ehefrau F zurück, die er zwischenzeitlich getroffen und gebeten hatte, für ihn die beiden Geldbomben aus dem Gebüsch zu holen. F erklärte sich dazu bereit, um ihrem Mann zu helfen. Als sie im Gebüsch vergeblich nach den Geldbomben suchte, wurde sie von der Polizei festgenommen.
Strafbarkeit der F? **Rn 994**

---
134 BT-Ds 18/8831, S. 21.

I. Schutzgut und Deliktseinordnung

975 Während die *persönliche* Begünstigung (= Verhinderung der Bestrafung des Täters als persönlicher Folge der Tat) unter der Bezeichnung „Strafvereitelung" in §§ 258, 258a geregelt ist,[1] beschränkt § 257 sich auf die *sachliche* Begünstigung.[2] Sie besteht darin, dass der Täter einem anderen in der Absicht **Hilfe leistet**, ihm die aus einer *rechtswidrigen* Tat (§ 11 I Nr 5) erlangten Vorteile zu sichern. Gelingen muss diese Sicherung nicht. Es handelt sich daher um ein **Gefährdungsdelikt**.[3] Das Delikt ist ein Vergehen, sein Versuch nicht mit Strafe bedroht.

976 Die Strafbestimmung des § 257 schützt **Individual-** wie **Allgemeininteressen**.[4] Wie bei den Korruptionsdelikten beschränkt sich der Begriff des **Vorteils** nicht auf Vermögenswerte, sondern umfasst **jedwede Besserstellung** des Vortäters (Rn 977). Deshalb ist die Begünstigung kein Vermögensdelikt. Tatsächlich geht es aber meist um Vermögensvorteile. Belange des Einzelnen sind betroffen, soweit der Begünstiger durch die **nachträgliche Unterstützung** der Vortat eine Entziehung der daraus gewonnenen Vorteile zu Gunsten des durch die Vortat Verletzten und die noch gegebene Möglichkeit der Schadensbeseitigung zu vereiteln sucht.[5] Um einen **Angriff auf die Rechtspflege** handelt es sich in jedem Falle, da es deren Aufgabe ist, den durch die Vortat beeinträchtigten **gesetzmäßigen Zustand wiederherzustellen**. Die Erfüllung dieser Aufgabe behindert der Täter, indem er die **Restitution erschwert** oder **vereitelt**.[6] Die Vorschrift dient zugleich generalpräventiven Zwecken, indem sie den Vortäter nach der Tat isoliert. So wie ihm bei der Tat nicht geholfen werden darf, soll ihm auch nach der Tat keine Hilfe zuteil werden.[7] Hierdurch werden mittelbar auch die durch die Vortat angegriffenen Rechtsgüter geschützt.[8] Ist die **Vortat** im **Ausland** begangen, liegt eine Begünstigung nur vor, wenn sie diese Rechtsgüter verletzt.[9]

II. Tatbestand

1. Merkmale der Vortat

977 Die **Vortat** muss sich **nicht unbedingt gegen** fremdes **Vermögen** gerichtet haben. So kann bspw. die Erschleichung der Approbation als Arzt durch Urkundenfälschung, eine Bestechlichkeit (zu sichernder Vorteil: der angenommene tatbestandliche Vorteil), eine

---

1 Vgl dazu *Wessels/Hettinger/Engländer*, BT I Rn 701 ff.
2 Näher zur bereits 1974 (BGBl I 503) erfolgten Trennung beider zuvor in § 257 zusammen enthaltenen Formen *Stree*, JuS 76, 137; krit. *Hruschka*, JR 80, 221.
3 S. näher *Küper/Zopfs*, BT Rn 343 ff („Gefährlichkeitsdelikt eigener Art", „verselbstständigtes objektiviertes Versuchsdelikt"); BK-*Ruhmannseder*, § 257 Rn 2; *Kindhäuser/Hilgendorf*, § 257 Rn 2; MK-*Cramer*, § 257 Rn 4; M/R-*Dietmeier*, § 257 Rn 3.
4 *Rengier*, BT I § 20 Rn 2; SK-*Hoyer*, § 257 Rn 1 f; S/S-*Hecker*, § 257 Rn 1; **aA** *Altenhain*, Das Anschlussdelikt, 2002, S. 269: nur das staatliche Recht zur Entziehung der Vorteile; s. auch NK-*Altenhain*, § 257 Rn 6; für eine Begrenzung des Allgemeininteresses durch den individuellen Restitutionsanspruch S/S/W-*Jahn*, § 257 Rn 4.
5 BGHSt 57, 56, 58 sieht auch darin eine „Hemmung der Rechtspflege"; krit. dazu *Altenhain*, JZ 12, 915.
6 Vgl BGHSt 24, 166, 167; 36, 277, 280; BGH NStZ 94, 187; A/W-*Heinrich*, § 27 Rn 1; *Amelung*, JR 78, 227, 231; *Geppert*, Jura 94, 442; 07, 592; *Hohmann/Sander*, BT § 48 Rn 1; *Mitsch*, BT II S. 726; *Rengier*, BT I § 20 Rn 2; *Zipf*, JuS 80, 24.
7 S. BGHSt 42, 196, 197; *Heghmanns*, Rn 1871; *Weisert*, Der Hilfeleistungsbegriff bei der Begünstigung, 1999, S. 266 ff; krit. dazu *Hörnle*, Schroeder-FS S. 483 f, 489 f, 494.
8 S. *Seel*, Begünstigung und Strafvereitelung durch Vortäter und Vortatteilnehmer, 1999, S. 18 ff im Anschluss an *Miehe*, Honig-FS S. 91 ff; ähnlich *Wilbert*, Begünstigung und Hehlerei, 2007, S. 87 f; nur sie geschützt sieht *Kleszcewski*, BT § 10 Rn 14.
9 S. *Hecker*, Heinz-FS S. 714, 721 ff.

Bestechung (zu sichernder Vorteil: die Besserstellung durch die pflichtwidrige Diensthandlung), das Ausspähen von Daten (§ 202a) zB beim Ankauf von Kontodaten, ein Verstoß gegen § 17 UWG sowie der nach § 29a I Nr 2 BtMG strafbare Besitz von Betäubungsmitteln genügen.[10] Alle betreffenden Erfolge geben Beispiele möglicher **Vorteile** (vgl Rn 976).

Die Begünstigung ist eine **Anschlusstat. Vortat** iS des § 257 kann daher nur eine **bereits begangene** Tat sein. Sie muss den objektiven und subjektiven Tatbestand eines nicht notwendig dem Schutz fremden Vermögens dienenden (Rn 975) Strafgesetzes erfüllen, rechtswidrig sein (§ 11 I Nr 5) und dem Vortäter einen Vorteil (schon) verschafft haben, dessen Sicherung Gegenstand der Begünstigung ist.

Ist die Vortat **beendet**, kommt bei einer Hilfeleistung nur noch Begünstigung (ggf iVm Geldwäsche) in Betracht.[11] Vollständig abgeschlossen braucht die Vortat aber nicht zu sein. Begünstigung ist auch vor deren Beendigung, also zB zu einem Zeitpunkt möglich, in welchem die Diebesbeute nach soeben vollendeter Wegnahme noch nicht in Sicherheit gebracht ist.[12] Hier kann es zu Abgrenzungsschwierigkeiten und Überschneidungen zwischen **Begünstigung** und **Beihilfe zur Vortat** kommen, **wenn** man mit der wohl noch hM[13] eine (sukzessive) Beihilfe im Stadium zwischen Vollendung und Beendigung für möglich hält. Ob dann das eine oder das andere anzunehmen ist, soll von den Umständen des Einzelfalls abhängen und im Wesentlichen Tatfrage sein. Vor allem die Rechtsprechung richtet sich dabei nach der kaum zuverlässig ermittelbaren Vorstellung und Willensrichtung der Beteiligten:[14] wolle der Helfer die Haupttat fördern, soll Beihilfe, wolle er den Vorteil aus der Tat sichern, Begünstigung vorliegen.[15] Eine Unterstützung, die noch der **Vortat selbst** zugute kommt und auch **ihre erfolgreiche Beendigung fördern** soll, ist nach einer anderen, die Möglichkeit der Überschneidung ebenfalls zugrunde legenden Meinung dagegen mit Rücksicht auf § 257 III stets als **Beihilfe** zu bestrafen; ein etwaiger Verstoß gegen § 257 I soll dahinter zurücktreten.[16] Als Grund hierfür wird angegeben, der Hilfeleistende könne nicht deshalb von der uU strengeren Haftung wegen Beihilfe verschont bleiben, weil er zugleich eine Vorteilssicherung erstrebe.[17] Das leuchtet ein.

Da das Stadium zwischen Vollendung und Beendigung unbestimmt und die Hilfeleistung nach der Tat vom Gesetzgeber durch die §§ 257, 258, 259, 261 nur ausschnittweise und unter einschränken-

---

10 Enger – nur Vermögensdelikte als Vortat – *Bosch*, Jura 12, 270 f; wie hier Fischer-*Fischer/Lutz*, § 257 Rn 2; HK-GS/*Momsen*, § 257 Rn 6; LK-*Walter*, § 257 Rn 18; S/S-*Hecker*, § 257 Rn 4; zum Fall der Weitergabe Liechtensteiner bzw. Schweizer **Kontendaten** an den BND bzw. und/oder deutsche Steuerbehörden (beachte dazu § 257 III 1) s. *Benkert*, Schiller-FS S. 29 f; *Ignor/Jahn*, JuS 10, 390, 393; *Sieber*, NJW 08, 881, 884; *Spernath*, NStZ 10, 307, 309; *Trüg/Habetha*, NJW 08, 887, 888; zur Strafbarkeit der den Ankauf ermöglichenden „Helfer" nach § 257 s. *Bielefeld/Prinz*, DStR 08, 1122, 1123; LG Düsseldorf NStZ-RR 11, 84; **§ 257 verneint** für die Aufkäufer zu Recht *Satzger*, Achenbach-FS S. 447, 455; *Sonn*, Strafbarkeit des privaten Entwendens und staatlichen Ankaufs inkriminierter Kundendaten, 2014, S. 200 ff; zum Streitstand s. auch das Urteil des RhPfVerfGH NZWiSt 14, 421, 427 (mit Anm. *Krug*), das sich mit der Verwertbarkeit im Strafverfahren auseinandersetzt. Zum Tatbestand einer **„Datenhehlerei"** s. jetzt § 202d; dazu krit. *Berghäuser*, JA 17, 244; *Rennicke*, wistra 20, 135; *Stuckenberg*, ZIS 16, 526. Zu § 29a BtMG als Vortat OLG München NStZ-RR 11, 56.
11 BGH StV 98, 25; BGH NStZ 00, 31; 08, 152; BGH NStZ 11, 637; BGH NStZ 13, 463, 464; BGH NStZ 14, 516 mit Anm. *Becker*; BGH BeckRS 17, 109821; BK-*Ruhmannseder*, § 257 Rn 9.
12 BGHSt 4, 132, 133; aA *Otto*, BT § 57 Rn 4.
13 S. S/S-*Heine/Weißer*, § 27 Rn 20; *Wessels/Beulke/Satzger*, AT Rn 913 ff mwN; vgl zu § 257 auch *Beulke/Zimmermann*, III Rn 399 f.
14 BGHSt 4, 132, 133; OLG Köln NJW 90, 587.
15 Ebenso HK-GS/*Momsen*, § 257 Rn 9; MK-*Cramer*, § 257 Rn 24; s. aber auch BGH BeckRS 12, 08602: bis zur „materiellen Beendigung" Beihilfe, (erst) „danach" Begünstigung nach der Maßgabe des § 257 III.
16 Vgl *Bosch*, Jura 12, 272; *Hilgendorf/Valerius*, BT II § 19 Rn 13 f; *Maurach/Schroeder/Maiwald*, BT II § 101 Rn 6; *Laubenthal*, Jura 85, 630; *Vogler*, Dreher-FS S. 405, 417; *Wessels*, BT II Rn 746; iE ähnlich *Weisert*, Der Hilfeleistungsbegriff bei der Begünstigung, 1999, S. 217 ff, 222.
17 S/S-*Hecker*, § 257 Rn 7.

den Voraussetzungen unter Strafe gestellt ist, verdient die Ansicht den **Vorzug**, die **nach Vollendung** der Tat eine **Beihilfe grundsätzlich**[18] nicht mehr zulässt.[19] Insofern stellt sich **in aller Regel** das Abgrenzungsproblem nach formeller Vollendung der meisten der hier als Vortat in Betracht kommenden Delikte[20] nicht. Liegt eine Überschneidung ausnahmsweise dennoch vor, ist nach Konkurrenzgrundsätzen zu entscheiden. Das gilt auch für die Fälle, in denen die erst nach der Tat wirkende Begünstigungshandlung schon vor der Vortatvollendung erbracht worden ist.[21] Hierin kann – wie in einer vor Vollendung der Vortat zugesagten Sicherungshilfe – eine § 257 III 1 auslösende Vortatbeteiligung durch psychische Beihilfe liegen.[22] Nur Beihilfe kommt allerdings in Betracht, wo die Hilfe die Erlangung des noch gar nicht erzielten Vorteils ermöglicht.[23]

979 Die Vortat muss **tatsächlich begangen** worden sein; es reicht nicht aus, dass der Täter dies nur irrtümlich annimmt. Auf ihre **Verfolgbarkeit** kommt es dagegen nach hM nicht an (wichtig bei Eintritt der Verjährung oder beim Fehlen eines erforderlichen Strafantrags).[24]

Ist die Vortat ein Antragsdelikt, so bedarf es allerdings nach § 257 IV 1 zur **Strafverfolgung wegen Begünstigung eines Strafantrags**, sofern der Begünstiger als *fiktiver* Täter oder Beteiligter der Vortat nur auf Antrag verfolgt werden könnte. War die Vortat zB ein Haus- und Familiendiebstahl (§ 247), hängt die Strafverfolgung wegen Begünstigung gemäß § 257 I, IV 1 von einem Strafantrag des Bestohlenen ab, wenn dieser *Angehöriger* des Begünstigers ist oder mit ihm in *häuslicher Gemeinschaft* lebt.

2. Tathandlung

980 Als **Tathandlung** genügt nach umstrittener[25] aber zutreffender Meinung jede **Hilfeleistung**, die **objektiv geeignet** ist, die durch die Vortat erlangten oder entstandenen **Vorteile** dagegen zu sichern, dass sie dem Vortäter **zu Gunsten des Verletzten entzogen** werden.[26]

Dass die Lage des Vortäters dadurch tatsächlich verbessert und das Handlungsziel erreicht wird, ist eine Forderung, die heute zu Recht nicht mehr erhoben wird.[27] In der Beschränkung des Tatbe-

---

18 Zu Ausnahmen s. LK-*Murmann*, vor § 22 Rn 37 f; dazu dürfte – entgegen BVerfGK 10, 442 (s. dazu *Hillenkamp/Cornelius*, BT 19. Problem) – § 142 I nicht zählen.
19 S. A/W-*Heinrich*, § 27 Rn 20; *Eisele*, BT II Rn 1082; H-H-*Kretschmer*, Rn 1165; *Joecks/Jäger*, § 257 Rn 10; LK-*Schünemann/Greco*, § 27 Rn 40 f; LK-*Walter*, § 257 Rn 102; *Mitsch*, JA 17, 412; M/R-*Dietmeier*, § 257 Rn 8; NK-*Altenhain*, § 257 Rn 14; *Rengier*, BT I § 20 Rn 18; S/S/W-*Jahn*, § 257 Rn 11 f; *Zöller*, BT Rn 488; ähnlich SK-*Hoyer*, § 257 Rn 25 f; s. auch *B. Wolff*, Begünstigung, 2002, S. 89, 113, 120; s. zum Ganzen auch *Küper/Zopfs*, BT Rn 351.
20 S. zur notwendigen Differenzierung LK-*Murmann*, vor § 22 Rn 35 ff.
21 S. dazu *Küper/Zopfs*, BT Rn 348 ff; *B. Wolff*, Begünstigung, 2002, S. 70 f, 131, 134; diff. *Klesczewski*, BT § 10 Rn 39 ff.
22 BGH BeckRS 13, 10259.
23 BGH NStZ 11, 399, 400.
24 Zu einer **Auslandstat** als Vortat s. *Hecker*, Heinz-FS S. 714, 721 ff; *Sonn*, Strafbarkeit des privaten Entwendens und staatlichen Ankaufs inkriminierender Kundendaten, 2014, S. 201 ff.
25 S. zum Streit *Hillenkamp/Cornelius*, BT 37. Problem; *Küper/Zopfs*, BT Rn 343.
26 BGHSt 4, 122; 4, 221; BK-*Ruhmannseder*, § 257 Rn 15; *Bosch*, Jura 12, 273; *Eisele*, BT II Rn 1084; Fischer-*Fischer/Lutz*, § 257 Rn 7; *Geppert*, Jura 07, 592; *Heghmanns*, Rn 1880; H-H-*Kretschmer*, Rn 1167; *Hilgendorf/Valerius*, BT II § 19 Rn 19 f; *Hohmann/Sander*, BT § 48 Rn 11; *Kindhäuser/Hilgendorf*, § 257 Rn 12; *Krey/Heinrich*, Strafrecht BT I, 15. Aufl. 2012, Rn 856; *Lackner/Kühl/Heger*, § 257 Rn 3; *Mitsch*, BT II S. 742 ff; MK-*Cramer*, § 257 Rn 16 f; M/R-*Dietmeier*, § 257 Rn 14; NK-*Altenhain*, § 257 Rn 19; *Rengier*, BT I § 20 Rn 10; *Schramm*, BT II § 12 Rn 12; S/S/W-*Jahn*, § 257 Rn 14; *Stoffers*, Jura 95, 122; *Vogler*, Dreher-FS S. 405, 421; *Zipf*, JuS 80, 24; *Zieschang*, Die Gefährdungsdelikte, 1998, S. 333 ff; *Zieschang*, Küper-FS S. 733, 734 f; *Zöller*, BT Rn 476; iE auch LK-*Walter*, § 257 Rn 44 mit zweifelhafter Herleitung aus § 257 als „Erfolgsdelikt".
27 S. aber SK-*Hoyer*, § 257 Rn 20 f (graduelle Besserstellung durch Erschwerung der Restitution); ihm folgend AnK-*Tsambikakis*, § 257 Rn 12; *Klesczewski*, BT § 10 Rn 24 verlangt eine „konkrete Gefährdung der Restitution".

stands auf bloße Hilfeleistung liegt der Verzicht auf den Eintritt eines Erfolgs. Auf der anderen Seite reicht die irrige Vorstellung des Täters, sein Ziel durch eine objektiv untaugliche Beistandsleistung erreichen zu können, nicht aus.[28] Bei einem solchen Verständnis würde die gesetzgeberische Entscheidung gegen die Strafbarkeit eines (untauglichen) Versuchs der zur Täterschaft aufgewerteten Beihilfe unterlaufen und der Begriff des Hilfeleistens ohne sachlichen Grund anders als in § 27 bestimmt.[29]

An der **objektiven Eignung** des Handelns im vorgenannten Sinn fehlt es, wenn der Vortäter sich des **Vorteils**, den er aus der Vortat **erlangt** haben muss, bereits endgültig entäußert hatte,[30] ihn aus anderen Gründen nicht mehr innehat,[31] wozu nicht zählt, dass die Polizei aus der Vortat stammendes Geld nur vorläufig sichergestellt hat,[32] oder ihn von Rechts wegen behalten darf (zB deshalb, weil er den Verletzten inzwischen beerbt hat). 981

Beispiele für Begünstigungshandlungen sind das Aufbewahren oder Mitwirken beim Verbergen der entwendeten Gegenstände, das Unkenntlichmachen gestohlener Kraftwagen durch Umlackieren, das Abheben des Geldes von einem durch Diebstahl erlangten Sparbuch,[33] das Leisten von Hilfe beim Absetzen der Deliktsbeute,[34] falsche Angaben gegenüber den Ermittlungsbehörden[35] und dergleichen. Erfasst ist demnach die beihilfeähnliche unselbstständige Unterstützung des Vortäters bei dessen Bemühen um Vorteilssicherung ebenso wie die „täterschaftliche" Vorteilssicherung.[36] Handlungen, die als „neutrales" Alltagsverhalten von der Beihilfe ausgenommen werden könnten, dürften hier wegen der geforderten Begünstigungsabsicht ihre Tatbestandsmäßigkeit nicht einbüßen.[37]

Aus der Schutzfunktion des § 257 ergibt sich, dass die Hilfeleistung darauf abzielen muss, dem Vortäter die aus der Vortat gewonnenen Vorteile **gegen ein Entziehen zu Gunsten des Verletzten** zu sichern. Handlungen, die lediglich der **Sacherhaltung** (Beispiel: Füttern gestohlener Tiere), dem Schutz gegen Naturgewalten (bei Hochwasser, Sturm usw) oder der Abwehr rechtswidriger Angriffe dienen, liegen außerhalb des Begünstigungstatbestandes.[38] 982

Hilfe iS des § 257 kann uU auch durch ein pflichtwidriges **Unterlassen** in Garantenstellung[39] geleistet werden, wie etwa dann, wenn Eltern nichts dagegen unternehmen, dass ihre minderjährigen Kinder gestohlene oder gehehlte Sachen ins Haus schaffen und dort aufbewahren[40] oder wenn der Fahrer eines Geldtransporters seinem Beifahrer, der mit einer entwendeten Geldkassette die Flucht antritt, durch verzögerte Benachrichtigung der Polizei einen Zeitvorsprung verschafft.[41] 983

---

28 BGH JZ 85, 299; *Bockelmann*, BT I S. 175; schwankend A/W-*Heinrich*, § 27 Rn 6 f.
29 Zur Wiederbelebung der auch ungeeignete Handlungen einbeziehenden „Interessenförderungstheorie" s. *Weisert*, Der Hilfeleistungsbegriff bei der Begünstigung, 1999, S. 74 ff, 210 ff; s. dagegen NK-*Altenhain*, § 257 Rn 20.
30 BGHSt 24, 166, 167 f.
31 BGH JZ 85, 299; NStZ 94, 187.
32 BGH NStZ 00, 259 mit Anm. *Geppert*, JK 00, StGB § 257/5; s. aber auch Rn 994.
33 RGSt 39, 236 f.
34 BGHSt 2, 362, 363; 4, 122, 123.
35 RGSt 54, 41.
36 *Küper/Zopfs*, BT Rn 345.
37 Vgl A/W-*Heinrich*, § 27 Rn 8; LK-*Walter*, § 257 Rn 56; *Hillenkamp/Cornelius*, AT 28. Problem.
38 RGSt 60, 273, 278; 76, 31, 33.
39 BGH StV 1993, 27; OLG Braunschweig GA 63, 211 (s. dazu *Bosch*, Jura 12, 274; *Dehne-Niemann*, ZJS 09, 152); *Eisele*, BT II Rn 1085; *Rengier*, BT I § 20 Rn 13; S/S/W-*Jahn*, § 257 Rn 19.
40 Vgl RG DR 43, 234; BK-*Ruhmannseder*, § 257 Rn 18.1; S/S-*Stree/Hecker*, § 257 Rn 13.
41 BGH NStZ 92, 540, 541.

3. Vorsatz und Begünstigungsabsicht

a) Vorsatz

984 Der in subjektiver Hinsicht erforderliche **Vorsatz** muss die für die Tathandlung vorausgesetzte Eignung (Rn 980) und – zumindest in der Form des *dolus eventualis*[42] – die Vorstellung umfassen, dass der in Betracht kommende Vorteil *unmittelbar* aus einer rechtswidrigen Vortat iS des § 11 I Nr 5 stammt. Nähere Einzelheiten zur Person des Vortäters, zur Art der Vortat und zur Beschaffenheit des Vorteils brauchen – ähnlich wie bei der Beihilfe[43] – dem Begünstiger nicht bekannt zu sein.[44] Etwaige Fehlvorstellungen in der Hinsicht, ob eine für den Vortäter versteckte Kassette Bargeld oder Schmuck enthält und ob sie nebst Inhalt durch Diebstahl oder Hehlerei in dessen Hand gelangt ist, sind bedeutungslos. Ein Irrtum, der die Art der Vortat betrifft, ist allerdings dann beachtlich, wenn er aus der Sicht des Hilfswilligen die Möglichkeit einer Vorteilssicherung ausschließt.[45]

b) Begünstigungsabsicht

985 Zum subjektiven Tatbestand des § 257 I gehört außerdem die **Absicht**, dem Begünstigten die **Vorteile** der rechtswidrigen Vortat zu **sichern**. Ob der Sicherungserfolg erreicht wird, ist belanglos; es genügt, dass der Täter ihn erstrebt. Dafür ist notwendige,[46] aber nicht hinreichende[47] Voraussetzung, dass der Täter die Vorteilssicherung als mögliche Folge seines Handelns in sein Bewusstsein aufgenommen hat.[48] **Beabsichtigt** iS des § 257 I ist die Vorteilssicherung immer erst dann, wenn es dem Hilfeleistenden darauf ankommt, im Interesse des Vortäters die Wiederherstellung des gesetzmäßigen Zustandes zu verhindern oder zu erschweren. Diese Zielsetzung muss sein Verhalten im Wesentlichen bestimmt haben, braucht aber weder der einzige Zweck des Handelns noch dessen Beweggrund gewesen zu sein.[49]

986 Der **Vorteil**, um dessen Sicherung es dem Hilfeleistenden geht, muss **unmittelbar** aus der rechtswidrigen Vortat erwachsen[50] und im Augenblick der Hilfeleistung *schon* oder *noch* beim Vortäter vorhanden sein.[51] Die hM[52] dehnt den Begriff der Unmittelbarkeit[53] im Bereich der Begünstigung (§ 257) *weiter* aus als im Falle der Hehlerei (§ 259); begründet wird dies damit, dass § 257 anders als § 259 nicht von „erlangten Sachen", son-

---

42 Für Beschränkung auf sicheres Wissen bei *Anwälten* (s. dazu § 261 Rn 1015 ff) *Jahn*, JuS 12, 566.
43 Bezüglich der Haupttat BGHSt 42, 135, 138; BGH NStZ 11, 399; BGH NStZ 11, 399.
44 BGHSt 4, 221, 224; RGSt 76, 31, 33 f; OLG Frankfurt NJW 05, 1727, 1735; LK-*Walter*, § 257 Rn 68.
45 Näher BGHSt 4, 221.
46 BGH NStZ 00, 259.
47 BGH NStZ 00, 31.
48 BGH NStZ 00, 259; BGH NStZ-RR 20, 175.
49 Näher BGHSt 4, 107, 108 f; BGH NStZ 92, 540; 94, 187; BGH GA 85, 321, 322; BGH NStZ-RR 20, 175; OLG Düsseldorf NJW 79, 2320; BayOLG BeckRS 20, 12149; BK-*Ruhmannseder*, § 257 Rn 27 f; *Hohmann/Sander*, BT § 48 Rn 16; *Lackner/Kühl/Heger*, § 257 Rn 5; S/S/W-*Jahn*, § 257 Rn 23; *Zipf*, JuS 80, 24; in den **Kontendaten-Fällen** iSe notwendigen Zwischenziels der deutschen Behörden bejaht von *Ignor/Jahn*, JuS 10, 390, 393; *Trüg/Habetha*, NJW 08, 888; verneinend LK-*Walter*, § 257 Rn 77; *Spernath*, NStZ 10, 307, 309; für *Bosch*, Jura 12, 275; *Otto*, BT § 57 Rn 9 reicht sicheres Wissen, dagegen SK-*Hoyer*, § 257 Rn 31.
50 BGHSt 24, 166, 168; BGH NStZ 87, 22; BGH NStZ 11, 399, 400; *Lackner/Kühl/Heger*, § 257 Rn 5.
51 BGH NStZ 11, 399; BGH BeckRS 13, 10259.
52 BK-*Ruhmannseder*, § 257 Rn 14; *Eisele*, BT II Rn 1089 f; Fischer-*Fischer/Lutz*, § 257 Rn 6; *Maurach/Schroeder/Maiwald*, BT II § 101 Rn 9; S/S/W-*Jahn*, § 257 Rn 20; im Ansatz enger *Mitsch*, BT II S. 759 ff; *Rengier*, BT I § 20 Rn 7 f.
53 Krit. zu ihm SK-*Hoyer*, § 257 Rn 13; ebenso NK-*Altenhain*, § 257 Rn 16; LK-*Walter*, § 257 Rn 32 will ihn (ähnlich wie die Rspr. zum „Herrühren" in § 261) der „Kausalität" annähern.

dern ganz allgemein nur von den „Vorteilen der Tat" spreche.[54] Geldbeträge, die aus strafbaren Handlungen stammen, sollen zB auch dann noch taugliches Objekt einer Begünstigung sein können, wenn sie über Bankkonten geleitet worden sind und zwischenzeitlich in Wertpapieren angelegt waren.[55] Ob es sich noch um die „Vorteile der Tat" iS des § 257 I handelt, ist nach Ansicht des BGH keine Frage bloßer Sachidentität, sondern von der Eigenart der Vortat abhängig. War diese ein **Betrug**, soll die dort maßgebende wirtschaftliche Betrachtungsweise auch auf § 257 ausstrahlen.

Rechtsprechungsbeispiel: Noch weiter geht **BGHSt 57, 56**. Hier hatte PU dabei geholfen, zur Ermöglichung eines groß angelegten betrügerischen Handelns des P eine Scheinfirma einzurichten und dafür von P vorab einen Tatlohn von 50 000 € erhalten. Diese hatte PU mit Hilfe des Anwalts A, dem Angeklagten, an der Steuer vorbei in der Schweiz angelegt. – Der BGH sieht in dem Verhalten des A eine Begünstigung. Dazu führt er aus: „Nach dem Wortlaut der Strafnorm sind umfassend „Vorteile der Tat" erfasst. Er unterscheidet nicht zwischen Vorteilen „für" und „aus" der Tat, sondern beinhaltet jeglichen Vorteil, der sich im Zusammenhang mit der Tatbegehung ergibt. Nicht erforderlich ist danach, dass dieser „aus" der Tat resultiert. Gemessen hieran sind „Vorteile der Tat" nicht nur die „Früchte der Vortat" – also die später von P betrügerisch erlangten Gelder – sondern auch „der (vorab) an einen Tatbeteiligten – wie vorliegend von P an PU – gezahlte Tatlohn". Dem soll nicht entgegenstehen, dass nach der Rechtsprechung des BGH einschränkend verlangt werde, dass der Vorteil *unmittelbar* durch die Vortat erlangt ist. Das Unmittelbarkeitskriterium diene nämlich nur dazu, „Ersatzvorteile (Vorteilssurrogate) auszuklammern". Bei der Entlohnung für die Tatbeteiligung handele es sich jedoch nicht um einen derartigen Ersatzvorteil; vielmehr sei auch der Tatlohn ein unmittelbarer Vorteil der Tat. Ein (einem anderen) *nur versprochener* Tatlohn erfülle diese Voraussetzung allerdings noch nicht.[56]

Nach der Rspr.[57] muss die Hilfe des Begünstigers nicht unbedingt darauf gerichtet sein, dem Vortäter den **Besitz** der gestohlenen Sache zu erhalten. Denn der Vorteil, den ein Diebstahl vermittelt, liegt vor allem in der Möglichkeit, über die entwendete Sache nach Belieben *wie ein Eigentümer* zu verfügen. Infolgedessen ist die Begünstigung nicht auf die Sicherung des Sachbesitzes beschränkt; sie kann auch die **Sicherung der angemaßten eigentümerähnlichen Verfügungsgewalt** durch ein Mitwirken beim Absetzen oder Verschenken der Sache zum Ziel haben, vorausgesetzt, die Mitwirkung soll nicht nur der günstigen Verwertung, sondern auch und gerade dem Schutz vor sonst drohender Sachentziehung dienen.[58] In diesem Sinne soll von einer Vorteilssicherung sogar dann die Rede sein können, wenn der Täter durch einen Rückverkauf der Sache an den Eigentümer für einen dem Vortäter günstigen Absatz sorgt.[59] Stellt der Täter seinen eBay-account einem Dieb zur Verfügung, um hierüber gestohlene Ware abzusetzen, ist das nur dann eine Begünstigung, wenn auch die Absicht vorliegt, den Dieb vor der Wiederentziehung des Diebesguts zu bewahren. Die anschließende Auskehrung des Erlöses

987

---

54 Vgl zu den divergierenden Ansichten *Küper/Zopfs*, BT Rn 346; LK-*Walter*, § 257 Rn 31; *Miehe*, Honig-FS S. 91; S/S-*Hecker*, § 257 Rn 18.
55 Vgl BGHSt 36, 277, 282 mit zust. Anm. *Keller*, JR 90, 480; BGHSt 46, 107, 117; s. zur „wirtschaftlichen" Betrachtungsweise auch OLG Frankfurt NJW 05, 1727, 1734, speziell bei Betrug als Vortat BGH BeckRS 2013, 10259; unter Berufung auf Art. 103 II GG enger BGH NStZ 87, 22.
56 S. dazu die – zur letzteren Aussage krit. – Bespr. von *Jahn*, JuS 12, 566; insges. abl. *Altenhain*, JZ 12, 913; *Cramer*, NStZ 12, 446; Fischer-*Fischer/Lutz*, § 257 Rn 6; *Satzger*, JK 10/12, StGB § 257/7.
57 BGHSt 2, 362, 363; 4, 122, 124.
58 Näher BGHSt 4, 122, 124; *Küper/Zopfs*, BT Rn 347.
59 OLG Düsseldorf NJW 79, 2320; Fischer-*Fischer/Lutz*, § 257 Rn 10; **aA** *Bosch*, Jura 12, 276; *Geppert*, Jura 07, 594; SK-*Hoyer*, § 257 Rn 33; s. dazu *Kindhäuser*, § 257 Rn 18; *Küper/Zopfs*, BT Rn 347; *Stoffers*, Jura 95, 122.

an den Dieb erfüllt § 257 nicht, weil es insoweit an der Unmittelbarkeit des Vorteils mangelt.[60]

988 Hiernach sind im **Fall 68** die objektiven und subjektiven Merkmale des § 257 I erfüllt. F hat durch die Ausführung des Auftrags dem A ermöglicht, durch eine Schenkung mit der Uhr wie ein Eigentümer zu verfahren. Darauf kam es der F ebenso an, wie darauf, die befürchtete Restitution durch die Polizei zu verhindern. Ob außerdem Hehlerei in Betracht kommt (Tateinheit zwischen § 257 und § 259 ist möglich), hängt ua davon ab, ob man den Begriff des *Absetzens* und des *Absetzenhelfens* in § 259 mit der hM auf die *entgeltliche* Veräußerung beschränkt.[61] Die Absicht, B zu bereichern, wird man bejahen können.

4. Tatvollendung

989 **Vollendet** ist die Tat bereits mit dem **Hilfeleisten** in Begünstigungsabsicht; auf den Eintritt des angestrebten Erfolges kommt es nicht an.[62] Die hM lässt zur Tatvollendung schon das *unmittelbare Ansetzen* zu einer Unterstützungshandlung ausreichen, die objektiv geeignet ist, dem Vortäter die Vorteile der Tat gegen ein Entziehen zu Gunsten des Verletzten zu sichern.[63] Diese Vorverlagerung wird daraus hergeleitet, dass es sich bei der Begünstigung um ein *unechtes Unternehmensdelikt*[64] handelt. Was sich noch im Stadium bloßer Vorbereitung bewegt, genügt danach zur Tatbestandsverwirklichung sicher nicht. Eine analoge Anwendung der für gewisse Unternehmensdelikte geltenden speziellen Rücktrittsregelung (vgl §§ 83a, 316a II aF) oder des § 261 VIII[65] auf die Begünstigung ist nicht möglich, da insoweit keine planwidrige Gesetzeslücke besteht.[66]

III. Selbstbegünstigung und Begünstigung durch Vortatbeteiligte

1. Selbstbegünstigung

990 § 257 I bedroht nur die **Fremdbegünstigung** mit Strafe; die dort umschriebene Hilfe muss *„einem anderen"* geleistet werden. Die **Selbstbegünstigung** als solche ist nicht tatbestandsmäßig und daher nicht nach § 257 I strafbar. Sie unterläuft nicht das Solidarisierungsverbot, mit dem § 257 den Vortäter isolieren bzw. bereits von der Tat abhalten will.[67]

2. Auswirkungen der Vortatbeteiligung

991 Wegen Begünstigung wird nach der Regelung in § 257 III 1 nicht bestraft, wer wegen **Beteiligung an der Vortat strafbar** ist. Dies gilt jedoch nicht für Vortatbeteiligte (= Täter, Mittäter oder Teilnehmer), die einen an der Vortat **Unbeteiligten** zur Begünstigung

---

60 BGH StV 08, 520, 521 mit Bespr. *Kudlich*, JA 08, 656; s. dazu auch AnK-*Tsambikakis*, § 257 Rn 10; *Bosch*, Jura 12, 277; zur fehlenden Unmittelbarkeit s. auch BGH NStZ 11, 399.
61 Vgl RGSt 32, 214, 215 f; BGH NJW 76, 1950 mwN; anders S/S-*Hecker*, § 259 Rn 28; näher Rn 1038, 1040.
62 BGH StV 94, 185.
63 Näher BK-*Ruhmannseder*, § 257 Rn 21; S/S-*Hecker*, § 257 Rn 22; krit. dazu *Geppert*, Jura 80, 269, 275; 07, 593; LK-*Walter*, § 257 Rn 57.
64 SK-*Hoyer*, § 257 Rn 3; s. dazu auch LK-*Murmann*, vor § 22 Rn 136 f, 139.
65 Dafür *Schittenhelm*, Lenckner-FS S. 534 ff.
66 Zutr. *Lackner/Kühl/Heger*, § 257 Rn 7; MK-*Cramer/Pascal*, § 257 Rn 27; S/S/W-*Jahn*, § 257 Rn 18; anders *Rengier*, BT I § 20 Rn 20; S/S-*Hecker*, § 257 Rn 22; s. dazu auch *Kindhäuser/Hilgendorf*, § 257 Rn 32; LK-*Murmann*, vor § 22 Rn 139.
67 *Joerden*, Lampe-FS S. 771, 781 f; *Seel*, Begünstigung und Strafvereitelung, 1999, S. 31.

anstiften (§ 257 III 2).[68] Aufgrund dieser Regelung ist eine denkbare Beteiligung an der Vortat vorab zu prüfen.[69]

Der Strafausschluss in § 257 III 1 lässt die Tatbestandsmäßigkeit und Rechtswidrigkeit des Verhaltens unberührt. Er beruht auf der Erwägung, dass die **Begünstigung** als **nachträgliche Unterstützung der Vortat** durch eine Bestrafung wegen Beteiligung an eben jener Vortat abgegolten ist. Dieser Grundgedanke der *mitbestraften Nachtat* greift aber nur dann durch, wenn der Begünstiger wegen der Vortatbeteiligung auch **wirklich strafbar** ist.[70] Er versagt dagegen, wenn der Begünstiger wegen seiner Mitwirkung an der Vortat nicht bestraft werden kann (zB deshalb nicht, weil insoweit zu seinen Gunsten ein Schuldausschließungsgrund eingreift oder weil sich eine strafbare Beteiligung an der Vortat nicht zweifelsfrei feststellen lässt). Zu erinnern (s. Rn 978) ist daran, dass eine Vortatbeteiligung uU auch in der Zusage der späteren Hilfeleistung schon vor der Vollendung der Vortat liegen kann.[71]

§ 257 III 2 enthält eine auf die überholte Schuldteilnahmetheorie zurückgreifende und daher fragwürdige[72] Regelung: Ein Vortatbeteiligter, der auf Unbeteiligte einwirkt, kann **Anstifter** zu einer Begünstigung sein, die ihm selbst zugutekommt.

Rechtsprechungsbeispiel: Im Fall des **OLG München NStZ-RR 11, 56** wurde bei A bei einer polizeilichen Kontrolle eine kleine Menge Marihuana gefunden. A lebte mit seinem Bruder B zusammen in einem Zimmer. Dort hatte A 84 g Marihuana und 68 g Haschisch zum Eigenverbrauch gelagert. B durfte hiervon „mitrauchen". Es gelang A, B unbemerkt von der Kontrolle zu berichten und ihn zu bitten, den Vorrat „verschwinden zu lassen, damit er nicht" bei einer befürchteten Hausdurchsuchung „gefunden würde". B versteckte den Vorrat in einem nur 6 bis 8 m von der Eingangstür entfernten Busch. Der Rauschgifthund fand ihn rasch. – Vortat einer von B möglicherweise begangenen Begünstigung ist hier As nach § 29 I Nr 2 BtMG strafbarer Besitz des Rauschgifts. Trotz des Lagerns im gemeinsamen Zimmer und der Gestattung des Mitrauchens verneint das Gericht zunächst eine die Begünstigung nach § 257 III 1 ausschließende Beteiligung des B an dieser Tat. Erst durch das Verstecken habe er in strafbarer Weise Besitz begründet. Durch diese Handlung sei auch § 257 I erfüllt. Das ist angesichts der *objektiven Eignung* des Versteckens, um A den Besitz zu bewahren, richtig und nicht deshalb zweifelhaft, weil das „Versteckspiel" nicht von Erfolg gekrönt war. Auch hindert – anders als bei der mitgeprüften Strafvereitelung – die nur sehr kurze Zeit der Vorteilssicherung die *Vollendung* nicht. Der die versuchte Strafvereitelung erfassende persönliche *Strafausschließungsgrund* des § 258 VI erstreckt sich nach dem OLG nicht auf § 257, da B über das für den Vereitelungserfolg notwendige Maß – eine Vernichtung des Vorrats hätte ausgereicht – hinausgegangen und deshalb nicht *zwangsläufig* Täter der Begünstigung bzw. des § 29 I Nr 2 BtMG geworden ist (s. dazu Rn 994).

IV. Verfolgbarkeit

Unter den in § 257 IV 1 genannten Voraussetzungen wird die dem Vortäter gewährte Begünstigung nur auf Antrag, mit Ermächtigung oder auf Strafverlangen verfolgt. Maßgebend ist insoweit die objektive Sachlage, nicht die Vorstellung des Begünstigers.

992

---

68 Zur – teils sehr restriktiven – Auslegung dieser Vorschrift s. *Lackner/Kühl/Heger*, § 257 Rn 8; NK-*Altenhain*, § 257 Rn 41, 44; krit. *Seel*, Begünstigung und Strafvereitelung, 1999, S. 72, 88 f.
69 BGH NStZ 11, 637; s. auch BGH NStZ 11, 399.
70 S. Fischer-*Fischer/Lutz*, § 257 Rn 5; M/R-*Dietmeier*, § 257 Rn 24; *Geppert*, Jura 94, 444; aA SK-*Hoyer*, § 257 Rn 8; zu einem Fall zweifelhafter Vortatbeteiligung s. BGH BeckRS 13, 10259.
71 BGH BeckRS 13, 10259.
72 S. *Hauf*, BT I S. 132; *Lackner/Kühl/Heger*, § 257 Rn 8; LK-*Walter*, § 257 Rn 86; s. aber auch *Seel*, Begünstigung und Strafvereitelung, 1999, S. 72.

993 Die Bedeutung der Verweisung auf § 248a in § 257 IV 2 ist umstritten.[73] Dem Sachzusammenhang nach kann die sinngemäße Anwendung des § 248a nicht auf den Charakter und das Gewicht der Vortat, sondern muss allein auf den **Vorteil selbst** bezogen werden, um dessen Sicherung es geht. Daraus folgt, dass die Verweisung auf § 248a nur dann aktuell wird, wenn die Begünstigungshandlung der Sicherung eines **Vermögensvorteils** von objektiv **geringem Wert** dienen soll.[74]

994 Im **Fall 69** ist zunächst zu klären, ob der von T begangene Raub mit dem Verbergen der Beute versucht, vollendet oder beendet war. Die **Beobachtung** durch Z hat den Gewahrsamswechsel faktisch nicht verhindern können. Auch in sozial-normativer Sicht hat T Gewahrsam an den Geldbomben begründet. **Vollendet** war der Raub also sicher, als F eingriff. Der BGH[75] sieht hier im Verbergen der Beute zudem einen „unabänderlichen Abschluss" des Rechtsgutsangriffs, der trotz der nicht endgültigen Beutesicherung den Raub **beende**. Dann ist auch nach der Rechtsprechung nicht mehr zwischen Beihilfe und Begünstigung abzugrenzen. Begünstigung kann in einem solchen Fall nur annehmen, wer den untauglichen Begünstigungsversuch für ausreichend hält (s. Rn 980). § 258 VI ist (ebenso wie § 258 V) auf § 257 allenfalls dann **analog** anwendbar, wenn – anders als hier – die Strafvereitelung nach der Vorstellung des Täters nicht ohne gleichzeitige sachliche Begünstigung erreicht werden kann.[76] Richtigerweise fehlt es hier aber an der vorausgesetzten objektiven Sicherungseignung der Handlung, da der Vortäter T den zunächst erlangten Vorteil im Zeitpunkt der Hilfeleistung nicht mehr innehat.[77] Danach ist F straflos.

V. Prüfungsaufbau: Begünstigung, § 257

995 Begünstigung, § 257

I. Tatbestand
  1. Objektiver Tatbestand
     a) Vortat:
        • *rechtswidrige Tat*
          → tatbestandsmäßige und rechtswidrige Tat
          → eines anderen
             Ⓟ Vortatbeteiligung
          → die bereits tatsächlich begangen ist
             Ⓟ Abgrenzung Begünstigung ↔ sukzessive Beihilfe bei unbeendeter Tat
          → unmittelbar aus der Vortat stammender (idR Vermögens-)Vorteil
     b) Tathandlung:
        • *Hilfe leisten*
          → gegen Entziehung des Vorteils
             Ⓟ Eignung zur Vorteilssicherung
  2. Subjektiver Tatbestand
     a) Vorsatz:
        • *jede Vorsatzart*
     b) Absicht:
        • *Vorteilssicherungsabsicht zugunsten des Vortäters*

II. Rechtswidrigkeit

---

73 Vgl *Heghmanns*, Rn 1887; *Lackner/Kühl/Heger*, § 257 Rn 10.
74 *Otto*, BT § 57 Rn 16; S/S/W-*Jahn*, § 257 Rn 31.
75 BGH NJW 85, 814.
76 BGH StV 95, 586; BGH BeckRS 19, 18187; OLG München NStZ-RR 11, 56; *Lackner/Kühl/Heger*, § 258 Rn 16 f; offen gelassen in BGH NStZ 00, 259 mit Anm. *S. Cramer*, NStZ 00, 246; s. dazu auch *Bosch*, Jura 12, 278.
77 S. dazu BGH NStZ 11, 399; s. zum Fall *Küper*, JuS 86, 862.

III. Schuld
IV. Strafausschluss, § 257 III 1
V. Strafantrag, § 257 IV

§ 25 Hehlerei

I. Schutzgut und Wesen der Hehlerei

Auch wenn ein Vermögensschaden nicht vorausgesetzt ist, ist das von § 259 **geschützte** **Rechtsgut** das **Vermögen**. Die Hehlerei ist ein durch bestimmte Tätigkeiten gekennzeichnetes **Vermögensgefährdungsdelikt**.[1] Ihr **Kern** besteht in der vertiefenden bzw. auf Vertiefung gerichteten **Aufrechterhaltung** der durch die Vortat geschaffenen **rechtswidrigen Vermögenslage** durch **einverständliches Zusammenwirken** mit dem Vortäter oder dessen Besitznachfolger (= sog. *Aufrechterhaltungs-* oder *Perpetuierungstheorie*).[2] § 259 geht es um den Schutz vor der Gefährdung der Restitution und vor dem Schaffen von Anreizen zur Vermögenskriminalität; daraus ergibt sich indes kein weiteres Rechtsgut, sondern die konkrete Schutzrichtung der Vorschrift.[3] Das Verbot der Hehlerei soll die – Vermögensdelikte generell fördernde – Bereitschaft des Hehlers bekämpfen, bei der Abnahme der Beute mitzuhelfen, da mit dieser Bereitschaft der Dieb der Sorge um die gefahrlose Verwertung der Beute enthoben und so ein ständiger Anreiz für die Begehung von Vermögensstraftaten geschaffen wird.[4] Zugleich geht es um die – korrespondierende – konkrete Gefahr, dass die Wiederherstellung der früheren rechtmäßigen Vermögenslage erschwert wird.

996

Auswirkungen ergeben sich namentlich bei der Auslegung der Tathandlung des Ankaufens bzw. Sich-Verschaffens (s. Rn 1018 ff, 1026 f). Daneben wird im Anschluss an eine Entscheidung des Großen Senats[5] zunehmend der Aspekt des Schutzes allgemeiner, durch das Hehlereiunwesen beeinträchtigter **Sicherheitsinteressen** in den Rang eines mitgeschützten Rechtsguts erhoben[6] und für die Auslegung des Tatbestandes herangezogen.[7] Dass sich aus dem Tatbestand ein solcher Schutzreflex ergibt, dieser gewollt ist und zur Begründung der Strafdrohung gehört, trifft zu. Hierin ein eigenes Rechtsgut zu sehen, das eine entsprechend weite Auslegung verlangt und rechtfertigt, geht aber zu weit. Der Gesetzgeber verfolgt ein solches Interesse selbstständig mit § 261. Es auf die Hehlerei zu übertragen, zieht unnötige Schwierigkeiten auf der subjektiven Tatseite und Bestimmtheitsprobleme nach sich.[8]

997

---

1 Näher *Arzt*, NStZ 81, 10; *Berz*, Jura 80, 57; *Geppert*, Jura 94, 100; *Küper*, Stree/Wessels-FS S. 407; *Lackner/Kühl/Heger*, § 259 Rn 1; *Roth*, JA 88, 193, 258; *S/S-Hecker*, § 259 Rn 1; *Rudolphi*, JA 81, 1 und 90; s. auch KG NJW 06, 3016, 3017; **aA** *Altenhain*, Das Anschlussdelikt 2002, S. 269.
2 BGHSt GrS 7, 134, 137; 27, 45; 42, 196, 198; OLG Düsseldorf JZ 78, 35; LK-*Walter*, § 259 Rn 7; S/S/W-*Jahn*, § 259 Rn 1 (beide unter Ausschluss weiterer Rechtsgüter).
3 S. dazu auch *Küper*, Dencker-FS S. 203, 214 mit Fn 56; *Bosch*, Jura 19, 827.
4 Deshalb wird der Hehler auch als „Zuhälter der Diebe" bezeichnet, vgl. dazu BGHSt 7, 134, 142; 42, 196, 200.
5 BGHSt 7, 134, 141 f.
6 *Eisele*, BT II Rn 1135; *Mitsch*, BT II S. 775 f; MK-*Maier*, § 259 Rn 3; *Rengier*, BT I § 22 Rn 1, 3; *Rudolphi*, JA 81, 4 ff; *Schmidt*, BT II Rn 812; *Seelmann*, JuS 88, 39; SK-*Hoyer*, § 259 Rn 2 f; S/S-*Stree/Hecker*, § 259 Rn 3; *Hillenkamp*, hier bis zur 43. Aufl.
7 BGHSt 42, 196, 197.
8 S. iE auch A/W-*Heinrich*, § 28 Rn 3; *Geppert*, Jura 94, 100 f; *Jahn/Palm*, JuS 09, 502; M/S/M-*Momsen*, BT I § 39 Rn 5; S/S/W-*Jahn*, § 259 Rn 2; *Roth*, JA 88, 194; *Wilbert*, Begünstigung und Hehlerei, 2007, S. 123; offen BK-*Ruhmannseder*, § 259 Rn 3; zum Streit s. *Küper/Zopfs*, BT Rn 484; *Küper*, Probleme der

II. Gegenstand und Vortat der Hehlerei

998 **Fall 70:** A hat dem Barbesucher B einen 500 €-Schein entwendet und damit im Lederwarengeschäft des L eine Handtasche für 100 € erworben. Diese Handtasche nebst einem 100 €-Schein aus dem von L erhaltenen Wechselgeld schenkt A seiner Freundin F, nachdem er sie zuvor über alle Einzelheiten des Geschehens informiert hat.
Liegt in der Annahme des Geschenks durch F eine Hehlerei? Rn 1010

1. Tatobjekt

999 Tatobjekt der Hehlerei kann allein eine **Sache** (= ein körperlicher Gegenstand), nicht eine Forderung, ein Recht oder ein *wirtschaftlicher Wert* als solcher sein.[9] Das StGB kennt als Hehlerei im engeren Sinne nur die **Sachhehlerei**, keine Werthehlerei – freilich lässt sich die auch Werte erfassende Geldwäsche durchaus als Hehlerei in einem weiten Sinn auffassen. Auch Daten sind kein Objekt des § 259, § 202d enthält aber das selbstständige Delikt der **Datenhehlerei**. Papiere, die Rechte oder Ansprüche verkörpern, wie Wechsel, Schecks, Sparbücher, Fahrkarten oder Gepäckscheine, sind als solche (im Gegensatz zu den verkörperten Ansprüchen) „Sachen", fallen also unter § 259.[10]

Wegen fehlender Sachqualität lag – wenn der Datenträger dem Informanten gehörte – auch in den Liechtensteiner und Schweizer Kontendaten-Fällen keine Hehlerei der deutschen Behörden vor.[11] Seit dem 18.12.2015 ist insoweit jetzt § 202d maßgeblich.[12]

1000 Gleichgültig ist, ob es sich um eine bewegliche oder unbewegliche,[13] um eine fremde, herrenlose oder sogar eigene Sache des Täters oder Vortäters handelt. Im Gegensatz zu den Zueignungsdelikten (§§ 242 ff) ist der Anwendungsbereich des § 259 *nicht auf fremde bewegliche* Sachen beschränkt (wenngleich hier in der Praxis das Schwergewicht liegt).[14]

Hehlerei ist zB an gewilderten **herrenlosen** Tieren (§§ 292, 293)[15] ebenso möglich wie an **eigenen** Sachen des Täters, die ein anderer zu dessen Gunsten im Wege der Pfandkehr (§ 289)[16] in seinen Besitz gebracht hat.

Hehlerei bei ungewisser Vortatbeteiligung, 1989, S. 44 ff mwN; zum Aspekt der Unterstützung „illegaler Märkte" s. *Hörnle*, Schroeder-FS S. 485 ff.
9 Vgl dazu *Heinrich*, JZ 94, 938; verneint für einen Auszahlungsanspruch gegenüber einer Bank von BGH NStZ-RR 19, 379.
10 BGH NJW 78, 170; BayObLG JR 80, 299; OLG Düsseldorf NJW 90, 1493.
11 S. *Benkert*, Schiller-FS S. 29; *Busch/Giessler*, MMR 2001, 586, 590, 595; *Satzger*, Achenbach-FS S. 447 ff; *Scheffler/Dressel*, ZRP 00, 517; s. dort auch zur sog. Geheimnishehlerei nach § 17 II Nr 2 UWG, die in den Kontendaten-Fällen (*Liechtenstein/Schweiz*) von Bedeutung ist; s. zu § 259 in diesem Zusammenhang LG Düsseldorf NStZ-RR 11, 84; FG Köln BeckRS 11, 95441; *Göres/Kleinert*, NJW 08, 1353, 1357; *Ignor/Jahn*, JuS 10, 390, 391; *Kühne*, GA 10, 275, 276; *Samson/Langrock*, wistra 10, 201, 202; *Satzger*, Achenbach-FS S. 447, 455; *Schünemann*, NStZ 08, 305, 308; *Sieber*, NJW 08, 881, 883; *Spernath*, NStZ 10, 307, 309; *Stahl/Demuth*, DStR 08, 600; *Trüg/Habetha*, NJW 08, 887, 888; zum Liechtensteiner Fall s. auch *Kölbel*, NStZ 08, 241.
12 S. dazu BGBl I 2218, 2227 und *Roßnagel*, NJW 16, 537; *Singelnstein*, ZIS 16, 432; *Stamm*, StV 17, 488; *Stuckenberg*, ZIS 16, 526; informativer Vergleich zwischen §§ 202d, 259 bei *Berghäuser*, JA 17, 244. Zu Vorüberlegungen, einen Tatbestand der **Datenhehlerei** (§ 259a mit Strafbarkeitsausschluss für den Ankauf in „Erfüllung rechtmäßiger dienstlicher und beruflicher Pflichten", s. dazu jetzt § 202d III) einzuführen, s. *Bohnert*, Schiller-FS S. 70 ff; *Klengel/Gans*, ZRP 13, 16; *Rennicke*, wistra 20, 135; zu § 257 s. hier Rn 975.
13 Vgl RGSt 56, 335, 336.
14 M/S/M-*Momsen*, BT I § 39 Rn 4, 13.
15 Vgl RGSt 63, 35, 38.
16 BGH wistra 88, 25; RGSt 18, 303, 304; *Kindhäuser/Hilgendorf*, § 259 Rn 5.

2. Zusammenhang zwischen Vortat und Hehlerei

Das Gesetz nennt als **Gegenstand** der Hehlerei **Sachen**, die „ein *anderer* gestohlen oder sonst durch eine gegen fremdes Vermögen gerichtete **rechtswidrige Tat erlangt**" hat. Um ein Vermögensdelikt im *engeren* Sinne braucht es sich dabei nicht zu handeln.[17] Als eine gegen fremdes Vermögen gerichtete Vortat iS des § 259 ist vielmehr jede (den Anforderungen des § 11 I Nr 5 entsprechende) Tat anzusehen, die unter **Verletzung fremder Vermögensinteressen** zu einem deliktischen Sacherwerb und *unmittelbar dadurch* zu einer **rechtswidrigen Vermögenslage** geführt hat. Da die Hehlerei sich nur auf Sachen bezieht, ist unter einer solchen Vermögenslage der rechtswidrige Sachbesitz zu verstehen.[18]

1001

Vortat zur Hehlerei kann somit nicht nur ein Zueignungsdelikt (§§ 242 ff), ein Vermögensverschiebungsdelikt (§§ 253, 263),[19] Untreue (§ 266), Wilderei (§§ 292, 293), Pfandkehr (§ 289) oder Hehlerei (= sog. *Kettenhehlerei*),[20] sondern uU auch eine Urkundenfälschung (§ 267),[21] Begünstigung (§ 257)[22] oder Nötigung (§ 240)[23] sein. Andererseits scheiden die Geldfälschungsdelikte (§§ 146 ff), die Bestechungstatbestände (§§ 331 ff), Versicherungsbetrug und Versicherungsmissbrauch bezüglich der versicherten Sache,[24] § 202a[25] und Verstöße gegen die öffentliche Ordnung als solche[26] hier ebenso aus wie bloße Ordnungswidrigkeiten. Der Vortäter muss die Sache durch die Vortat erlangt haben. Dass sie durch die Vortat erst hervorgebracht wird, reicht deshalb nicht aus.[27]

1002

Die **Vortat** muss den objektiven und subjektiven Tatbestand eines Strafgesetzes verwirklicht haben,[28] rechtswidrig begangen und in Bezug auf die Sacherlangung **rechtlich abgeschlossen** sein.[29] Ein **Versuch** genügt nur, wenn er zur Sacherlangung geführt und damit die rechtswidrige Vermögenslage schon hergestellt hat.[30]

1003

Ob den Vortäter ein *persönlicher Schuldvorwurf* trifft oder ob ein solcher mangels Schuldfähigkeit, infolge eines unvermeidbaren Verbotsirrtums oder im Hinblick auf das Eingreifen eines Entschuldigungsgrundes entfällt, ist unerheblich.[31] Es kommt auch nicht darauf an, ob der Vortäter sich auf

1004

---

17 BK-*Ruhmannseder*, § 259 Rn 9; Fischer-*Fischer/Lutz*, § 259 Rn 2 f; HK-GS/*Momsen*, § 259 Rn 6; *Jäger*, BT Rn 617; *Joecks/Jäger*, § 259 Rn 9 f; W/Z/K/W-*Saathoff*, BT II § 20 Rn 14 ff; S/S-*Hecker*, § 259 Rn 6; S/S/W-*Jahn*, § 259 Rn 8; *Schmidt*, BT II Rn 819.
18 *Krey/Hellmann/Heinrich*, BT II Rn 964; *Küper/Zopfs*, BT Rn 476; S/S-*Hecker*, § 259 Rn 1, 7.
19 Vgl dazu RGSt 59, 128.
20 BGHSt 27, 45; 33, 44, 48; BGH GA 1957, 176, 177; BGHSt 59, 40 mit Bespr. *Jäger*, JA 13, 952 und *Jahn*, JuS 13, 1044.
21 Vgl BGH NJW 69, 1260; RGSt 52, 95 f; s. dazu auch *Husemann*, NJW 04, 108; abl. MK-*Maier*, § 259 Rn 34.
22 RGSt 39, 236 ff.
23 BGH MDR/D 72, 571; MK-*Maier*, § 259 Rn 36.
24 BGH StV 05, 329 mit Anm. *Rose*, JR 06, 109; BGH NStZ-RR 14, 373; klarstellend M/R-*Dietmeier*, § 259 Rn 6; s. auch AnK-*Matthies/Scheffler*, § 259 Rn 11.
25 LG Düsseldorf NStZ-RR 11, 84 (zweifelhaft).
26 Vgl BGH MDR/D 75, 543; zu § 269 als Vortat s. – verneinend – LG Würzburg NStZ 00, 374, dazu *Hefendehl*, NStZ 00, 349 f; *Otto*, JK 00, StGB § 263a/11; *Schmidt*, BT II Rn 819.
27 LK-*Walter*, § 259 Rn 27.
28 Näher BGHSt 4, 76, 78; zur Frage, wie genau die Vortat feststellbar sein muss, s. *Kudlich/Kessler*, NStZ 08, 62, 64.
29 BGHSt 13, 403, 405; BGH MDR/H 95, 881; BGH NStZ 12, 700; s. auch OLG München wistra 07, 37, 38; zur Absatzhilfe zwischen Vollendung und Beendigung der Vortat bei einer Steuerhehlerei (§ 374 AO) s. BGH NJW 12, 1746 mit Anm. *Schiemann*; *Gehm*, NZWiSt 12, 228; *Kindler*, NStZ 12, 640.
30 Fischer-*Fischer/Lutz*, § 259 Rn 8; LK-*Walter*, § 259 Rn 19; *Rengier*, BT I § 22 Rn 14; s. auch BGH NJW 12, 1746, 1747.
31 BGHSt 1, 47, 50; LK-*Walter*, § 259 Rn 14; S/S-*Hecker*, § 259 Rn 9; *Zöller/Frohn*, Jura 99, 379; zT abw. *Bockelmann*, NJW 50, 850 und BT I S. 162.

einen *persönlichen Strafausschließungsgrund* berufen kann und ob die Vortat *verfolgbar* ist oder nicht. Stellt sich der Täter allerdings die tatsächlichen Voraussetzungen einer tauglichen Vortat nur irrig vor, ist nur ein untauglicher Hehlereiversuch gegeben.[32] Auch eine nach dem Tatortrecht wie nach deutschem Recht strafbare, nicht notwendig aber hier auch verfolgbare **Auslandstat** kann eine taugliche Vortat sein, wenn sie sich gegen fremdes Vermögen richtet.[33]

1005 Im Verhältnis zur Vortat bildet die Ausführungshandlung des Hehlers eine sog. **Anschlusstat**. In dieser Hinsicht bringt die Fassung des § 259 klar zum Ausdruck, dass die **Sacherlangung durch den Vortäter** der Hehlerei **rechtlich und zeitlich vorausgehen** muss. Die betreffende Sache muss den Makel des strafrechtswidrigen Erwerbs bereits an sich tragen, ehe sie Gegenstand einer Hehlerei sein kann.[34] Wo die beiderseits maßgebenden Verhaltensweisen dicht beieinanderliegen oder gar zeitlich zusammenfallen, können sich Abgrenzungsschwierigkeiten zwischen **Beteiligung an der Vortat** und **Hehlerei** ergeben. Praktisch bedeutsam wird das vor allem im Bereich der Zueignungsdelikte, insbesondere bei der Unterschlagung.[35]

1006 Die Rspr. macht die **Bestrafung wegen Hehlerei** (ggf in Tateinheit oder Tatmehrheit mit Beihilfe zur Vortat) hier davon abhängig, dass die deliktische Sacherlangung durch den Vortäter **rechtlich und zeitlich abgeschlossen** war, bevor die von § 259 erfasste Tat begangen wurde. Hinsichtlich der Zeitspanne, die zwischen der jeweiligen Betätigung liegen muss, begnügt sie sich allerdings mit so minimalen Anforderungen, dass beide unmittelbar aufeinander folgen und nahezu ineinander übergehen können.[36] Die hL stimmt dem trotz dieser in Fällen der Unterschlagung geringen Trennschärfe mit Recht zu.[37] Die Mindermeinung, die es ausreichen lässt, dass die Vortat durch eine *Verfügung zu Gunsten des Hehlers* begangen wird,[38] überdehnt den Wortlaut („gestohlen ... hat") und verwischt die Grenzen zwischen Vortatbeteiligung und Anschlusstat. Wer schon zur Entstehung der rechtswidrigen Besitzlage beiträgt, beteiligt sich an der Vortat und verwirklicht nicht das Unrecht der Hehlerei.[39] Eine „Beendigung" der Vortat, insbesondere des Diebstahls (§ 242), ist allerdings auch vom Standpunkt der hM aus nicht zu fordern.[40]

1007 Erlangt iS des § 259 ist eine Sache daher dann, wenn die rechtswidrige Besitzlage beim Vortäter hergestellt ist. Das kann auch dann gegeben sein, wenn sich die Sache bei Begehung der Vortat schon im Alleingewahrsam des Vortäters befunden, dieser sodann aber

---

32 BGH wistra 93, 264, 265; BGH NStZ 99, 351.
33 S. *Hecker*, Heinz-FS S. 714, 720 f.
34 RGSt 55, 145 f; 59, 128; BGH StV 89, 435; 02, 542.
35 S. dazu BGH NStZ 94, 486; BGH NStZ-RR 11, 245, 246; BGH wistra 12, 147 (Fall einer Wahlfeststellung); BGH NJW 12, 3736 mit Bespr. *Kudlich*, JA 13, 392; BGH NStZ-RR 21, 7; OLG Stuttgart NStZ 91, 285 mit krit. Anm. *Stree*.
36 So BGHSt 13, 403 im Schrottentwendungsfall und BGH NJW 59, 1377 zum Verhältnis zwischen §§ 246, 259 für den Treibstoff-Abfüllvorgang in einem Tanklager.
37 Vgl A/W-*Heinrich*, § 28 Rn 9; *Beulke/Zimmermann*, III Rn 405; BK-*Ruhmannseder*, § 259 Rn 14; *Eisele*, BT II Rn 1142; *Geppert*, Jura 94, 100; H-H-*Kretschmer*, Rn 1196; *Hilgendorf/Valerius*, BT II § 21 Rn 7; HK-GS/*Momsen*, § 259 Rn 13; *Jäger*, BT Rn 618; *Jahn/Palm*, JuS 09, 502; *Kindhäuser/Böse*, BT II § 48 Rn 7; *Kleszewski*, BT § 10 Rn 57; *Krey/Hellmann/Heinrich*, BT II Rn 979 f; *Lenz*, Die Vortat der Hehlerei, 1994, S. 267 ff; LK-*Walter*, § 259 Rn 31; MK-*Maier*, § 259 Rn 49 f; M/S/M-*Momsen*, BT I § 39 Rn 21; M/R-*Dietmeier*, § 259 Rn 10; NK-*Altenhain*, § 259 Rn 15 f; *Rengier*, BT I § 22 Rn 15; *Schmidt*, BT II Rn 833; *Schramm*, BT II § 12 Rn 39; S/S-*Hecker*, § 259 Rn 14; S/S/W-*Jahn*, § 259 Rn 11; *Zöller*, BT Rn 510; offen *Kindhäuser/Hilgendorf*, § 259 Rn 15.
38 *Eser*, Strafrecht IV S. 193; *Haft/Hilgendorf*, BT S. 66; *Küper*, Stree/Wessels-FS S. 467; *Küper*, Jura 96, 205; *Otto*, BT § 58 Rn 8; S/S-*Stree*, 27. Aufl., § 259 Rn 15; *Bosch*, Jura 19, 829 lässt es ausreichen, wenn die Tat die „Kehrseite der Vortat" ist.
39 S. zum Streit *Hillenkamp/Cornelius*, BT 38. Problem.
40 *Fischer-Fischer/Lutz*, § 259 Rn 8; so aber OLG Hamburg NJW 66, 2227; für den Fall einer Steuerhehlerei (§ 374 AO) s. dazu BGH NJW 12, 1746.

(wie etwa im Falle der Unterschlagung) seinen bisherigen *Fremdbesitz* in *Eigenbesitz* umgewandelt hat.[41]

Rechtsprechungsbeispiel: Die vorstehend umschriebene Problematik stellt sich in **BGH NStZ-RR 11, 245** (der identische Sachverhalt ist Grundlage auch der in der Kernaussage gleichlautenden Entscheidung **BGH wistra 12, 147**). Dort hatte der Angeklagte A mit E, der in Italien lebte, beschlossen, sich in Italien nach Absprache mit Leasingnehmern, die dafür entlohnt werden sollten, Leasingfahrzeuge zu beschaffen und in Nordafrika zu verkaufen. Die Leasingnehmer sollten die Fahrzeuge jeweils als gestohlen melden. In einem Teil der abgeurteilten Fälle verhandelten A und E mit den Leasingnehmern, kauften ihnen die Fahrzeuge ab und ließen sie durch in Deutschland angeworbene Fahrer nach Nordafrika bringen, wo sie verkauft wurden. In einem weiteren Fall hatte A erfahren, dass S sein fremdfinanziertes und im Sicherungseigentum der Bank stehendes Kraftfahrzeug im Ausland verkaufen und dann als gestohlen melden wollte. Er übernahm das Fahrzeug von S gegen Teilzahlung des vereinbarten Entgelts und ließ auch dieses Fahrzeug in Nordafrika verkaufen. – Das LG hatte A wegen *gewerbsmäßiger Hehlerei* verurteilt. Der BGH beanstandet das mit sehr dürren Worten. „In beiden Fällen" sei die „von § 259 I StGB vorausgesetzte **rechtswidrige Besitzlage** erst mit der Übergabe des jeweiligen Fahrzeugs an" A und E bzw. A eingetreten, „die gegen fremdes Vermögen gerichtete Tat zum Zeitpunkt des abgeleiteten Erwerbs" also noch nicht – wie es die Rechtsprechung verlange – abgeschlossen. Vielmehr sei die Vortat – nämlich die *Unterschlagung* der Autobesitzer – jeweils „erst durch die Verfügung zugunsten des „Hehlers" begangen." Dann aber liege nur eine (hier mittäterschaftliche) Beteiligung an der Unterschlagung vor. Das ist eine (für ein examenswichtiges Klausurproblem, s. Fn 44) nicht ausreichende Lösung,[42] weil es an einer hinreichenden Erörterung der Vortat(en) fehlt. Dass Leasingnehmer schon zum Abschluss des Leasingvertrages überredet worden sind, so dass weitere Vorgehen zu ermöglichen, ergibt der mitgeteilte Sachverhalt allerdings nicht. In einem solchen Fall läge als Vortat ein bereits vollendeter Besitzbetrug vor (s. dazu **BGH wistra 12, 148** aE). A wäre dann auch als *Anstifter* hierzu *und* als *Hehler* zu bestrafen (s. Rn 1054. Gibt es keine insoweit strafbare Vortat(-beteiligung), kommt eine Untreue (mit ähnlicher Vollendungsproblematik) der Leasingnehmer bzw. des Sicherungsgebers (wohl) nicht in Betracht, weil bei beiden eine Vermögensbetreuungspflicht fehlen dürfte (s. dazu Rn 872 ff). Nicht ohne Weiteres ausgeschlossen ist aber auch ein Versicherungsmissbrauch nach § 265. Eine rechtswidrige Besitzlage[43] kann allerdings auch hiernach erst das Überlassen an A schaffen, auch dann träfe A also – wie der BGH annimmt – keine schon „vorbestehende" bemakelte Lage an. Daher spitzt sich die Frage in der Tat auf die Unterschlagung zu. Da der Übergabe der Fahrzeuge, in der der BGH die Unterschlagung erst sieht, in beiden Fällen Verhandlungen über den „Kaufpreis" vorangingen, war dazu aber zu klären, ob nicht schon durch den „Kaufvertrag" Fremdbesitz in Eigenbesitz umgewandelt und deshalb schon durch die „Veräußerung" der Zueignungswille hinreichend manifestiert (s. dazu Rn 353 ff), die Zueignung also doch schon vor der Übernahme der Fahrzeuge vollendet und damit eine rechtswidrige Vermögenslage bereits geschaffen worden war. Das ist als Frage auch in **BGH wistra 12, 148** nicht bedacht.

3. Fortbestehen der rechtswidrigen Vermögenslage

Nach hM ist Hehlerei nur an solchen Sachen möglich, die **unmittelbar** durch die Vortat **erlangt** sind und hinsichtlich derer die dadurch begründete **rechtswidrige Vermögenslage** im Augenblick der Hehlereihandlung **noch fortbesteht**. Dies bedeutet, dass die *gehehlte* Sache mit der durch die Vortat *erlangten* Sache *körperlich identisch* sein muss.[44] Die **Ersatzhehlerei** ist straflos.

1008

---

41 RGSt 55, 145 ff; 58, 230; S/S-*Hecker*, § 259 Rn 12.
42 S. *Hecker*, JuS 11, 1040; *Satzger*, JK 4/12, StGB § 259/27.
43 Zu deren Fehlen bei einer Tat nach § 265 s. BGH StV 05, 329 und hier Rn 1002.
44 BGH NJW 69, 1260; RGSt 58, 117; *Lackner/Kühl/Heger*, § 259 Rn 8; *Mitsch*, BT II S. 794 ff; *Rengier*, BT I § 22 Rn 24; *Stree*, JuS 61, 50 mwN; *Kretschmer/Üniversitesi*, JA 23, 384.

1009 An Surrogaten (= Ersatzsachen), die *wirtschaftlich* an die Stelle einer gestohlenen Sache getreten sind, setzt sich die Rechtswidrigkeit der Vermögenslage (= auch „*Bemakelung*" genannt) nicht fort. In diesen Fällen kommt lediglich Geldwäsche gemäß § 261 in Betracht. Wird Geld gestohlen und ein Teil dieses Geldes auf das Konto eines Dritten eingezahlt, erwirbt der Dritte schon nicht das Geld aus der Tatbeute, sondern einen Auszahlungsanspruch gegen die kontoführende Bank. Dieser ist zudem mit dem Geld aus dem Tresor nicht identisch.[45] **Taugliches Objekt** der Hehlerei können solche **Ersatzsachen** nur dann sein, wenn **ihr Erwerb** im Rahmen der „Umtauschaktion" auf einer **erneuten rechtswidrigen Tat** beruht.[46] Von diesen Grundsätzen ist auch bei **Wechselgeld**, das der Täter gegen gestohlenes Geld eintauscht, keine Ausnahme zu machen. Die Mindermeinung, die das befürwortet, indem sie von der *Sachqualität* des Geldes absieht und den **Wertsummengedanken** auf § 259 überträgt,[47] löst die tatbestandlichen Grenzen der Hehlerei auf und ist mit der **Aufrechterhaltungstheorie** nicht zu vereinbaren.[48]

1010 Im **Fall 70** hat F nicht den von A gestohlenen 500 €-Schein, sondern die damit gekaufte **Handtasche** sowie einen Teil des von L erlangten **Wechselgelds** als Geschenk angenommen. Die Handtasche ist als Surrogat des gestohlenen Geldes kein taugliches Hehlereiobjekt. Das gilt nach zutreffender Ansicht auch für das Wechselgeld. Handtasche und Wechselgeld sind von A auch nicht auf Grund einer erneuten Tat erlangt. An einem Betrug gegenüber L fehlt es hier, weil L kraft guten Glaubens gemäß §§ 929, 932, 935 II BGB **Eigentum am 500 €-Schein** erhalten, durch Hingabe der Handtasche und des Wechselgelds somit keinen Vermögensschaden iS des § 263 erlitten hat (vgl dazu Rn 694). Demnach hat F im **Fall 70** keine Hehlerei begangen.

1011 **Anders** verhält es sich mit Rücksicht auf die in § 935 I BGB getroffene Regelung, wenn nicht *gestohlenes Geld* eingewechselt oder sonst umgesetzt, sondern eine **gestohlene Sache anderer Art** veräußert und zu Geld gemacht wird.

1012 **Fall 71:** A hat dem Barbesucher B einen Goldring aus dem Jackett entwendet und für 500 € an den gutgläubigen E, der A für den Eigentümer hielt, veräußert. Von dem Erlös überlässt A seiner Freundin F, die in alles eingeweiht ist, zwei 100 €-Scheine als Geschenk.
Sind diese Geldscheine taugliches Objekt einer Hehlerei?

A hat dem E vorgespiegelt, ihm Eigentum an dem Ring verschaffen zu können. In Wirklichkeit war er dazu nicht in der Lage (vgl § 935 I BGB), sodass E bei Abwicklung des Kaufvertrags 500 € gezahlt hat, ohne dafür ein *vollwertiges Äquivalent* erhalten zu haben. Der Bestohlene B, dessen Eigentum fortbesteht, kann von E jederzeit Herausgabe des Rings fordern (§ 985 BGB). Die 500 €, die A als Erlös erzielt und von denen F 200 € in Kenntnis ihrer Herkunft an sich gebracht hat, waren somit **durch Betrug** (§ 263) erlangt, dh *ihrerseits* taugliches Objekt der Hehlerei. Zwar hatte E dem A diese Geldscheine gemäß § 929 BGB übereignet. Unter den hier gegebenen Umständen berührt das die Anwendbarkeit des § 259 jedoch nicht, weil es sich **nicht um einen Eigentumserwerb von Bestand**, sondern lediglich um einen *anfechtbaren* Erwerb gehandelt hat,[49] der dem A seitens des E gemäß §§ 123 I, 823 II, 826 BGB wieder entzogen werden kann. Die insoweit bestehende **widerrechtliche Vermögenslage** hat F im einverständli-

---

45 BGH NStZ-RR 19, 379.
46 Vgl BK-*Ruhmannseder*, § 259 Rn 13; *Eisele*, BT II Rn 1146; Fischer-*Fischer/Lutz*, § 259 Rn 7; LK-*Walter*, § 259 Rn 30; MK-*Maier*, § 259 Rn 51 f; M/S/M-*Momsen*, BT I § 39 Rn 10; S/S-*Hecker*, § 259 Rn 13.
47 *Roxin*, H. Mayer-FS S. 467; ebenso *Blei*, BT § 72 III; *Eser*, Strafrecht IV S. 192; *Rudolphi*, JA 81, 1, 4.
48 Näher RGSt 23, 53, 54; 26, 317 ff; OLG Braunschweig NJW 52, 557; *Berz*, Jura 80, 57, 61; BK-*Ruhmannseder*, § 259 Rn 13.1; *Bosch*, Jura 19, 828; *Eisele*, BT II Rn 1147; H-H-*Kretschmer*, Rn 1195; *Hilgendorf/Valerius*, BT II § 21 Rn 14; *Hohmann/Sander*, BT § 49 Rn 28; *Krey/Hellmann/Heinrich*, BT II Rn 962 ff; M/R-*Dietmeier*, § 259 Rn 9; *Rengier*, BT I § 22 Rn 24, 28; *Zöller*, BT Rn 513; *Zöller/Frohn*, Jura 99, 380.
49 S. dazu SK-*Hoyer*, § 259 Rn 11; S/S/W-*Jahn*, § 259 Rn 14; zust. *Kühl/Brutscher*, JuS 11, 339 (Falllösung); **aA** *Arzt*, NStZ 81, 11.

chen Zusammenwirken mit A *vorsätzlich* und in *Bereicherungsabsicht* aufrechterhalten, sodass ihrer Bestrafung wegen Hehlerei (§ 259) nichts im Wege steht (zum Merkmal des „Sichverschaffens" durch Annahme der 200 € als Geschenk vgl Rn 1018 ff).

Eine fehlerhaft erlangte Sache bleibt aber nicht zwangsläufig und nicht unbedingt für die gesamte Zeit ihrer Existenz taugliches Objekt der Hehlerei. Sie hört vielmehr auf, es zu sein, sobald die **Widerrechtlichkeit der Vermögenslage wegfällt** und ihre *„Bemakelung"* durch einen **Eigentumserwerb von Bestand endet**. Die „Bemakelung" lebt auch nicht wieder auf, wenn die Sache später in die Hand eines Zweit- oder Dritterwerbers gelangt, der die ursprüngliche Fehlerhaftigkeit des Verschaffungsaktes gekannt hat. 1013

Fall 72: In der irrigen Annahme, es mit einem Wildhändler zu tun zu haben, hat der gutgläubige Gastwirt G gegen Zahlung des üblichen Kaufpreises von W einen Rehbock erworben, den dieser tags zuvor im Revier des J gewildert hatte. Kurz nach dem Weggang des W erfährt G von dem bei ihm einkehrenden Landarbeiter L, woher der Rehbock wirklich stammt. Da er sich scheut, in seinem Betrieb gewilderte Tiere zu verarbeiten, bietet er dem L den Rehbock für ein Drittel des Preises, den er an W hat zahlen müssen, zum Kauf an. Nach kurzem Zögern geht L darauf ein. Strafbarkeit nach § 259? 1014

W hatte den Rehbock gewildert (§ 292), ihn somit als *herrenlos* bleibende Sache (vgl §§ 960 I, 958 II BGB sowie Rn 510 f) durch eine rechtswidrige Vortat erlangt. Im Augenblick seiner Veräußerung an G handelte es sich um ein taugliches Tatobjekt iS des § 259. G hat aber keine Hehlerei begangen, weil er *gutgläubig* war und sein Verhalten den subjektiven Tatbestand des § 259 I nicht erfüllt. Im Gegensatz dazu war L als Zweiterwerber über die Herkunft des Rehbocks voll im Bilde. Die Frage, ob *er* sich im Wege des „Sichverschaffens" der Hehlerei schuldig gemacht hat, ist jedoch ebenfalls zu verneinen, und zwar deshalb, weil im Zeitpunkt *seines* Erwerbs kein taugliches Tatobjekt iS des § 259 mehr vorhanden war. Denn die rechtswidrige Vermögenslage hinsichtlich des gewilderten Rehbocks hatte mit dem Gutglaubenserwerb des G gemäß §§ 929, 932 BGB ihr Ende gefunden. Für § 935 I ist *hier* kein Raum; wild lebende Tiere in der Freiheit stehen in niemandes Besitz, können dem Jagdberechtigten im Falle des Wilderns also nicht „abhanden kommen". Bei einem solchen unanfechtbaren Eigentumserwerb von Bestand entfällt die bisherige *„Bemakelung"* der Sache. Sie lebt auch nicht dadurch wieder auf, dass L die *ursprüngliche* Fehlerhaftigkeit des Verschaffungsakts gekannt hat. Im **Fall 72** scheidet eine Bestrafung wegen Hehlerei somit für G wie für L aus (unter den gegebenen Umständen kommt bei L auch die Annahme eines *untauglichen Versuchs* iS der §§ 259, 22 nicht in Betracht).[50]

Ähnlich liegt es, wenn ein Kunstmaler Leinwand und Farbe stiehlt, daraus ein **Gemälde** herstellt und dieses einem Eingeweihten entgeltlich oder unentgeltlich überlässt. Hier schafft § 950 BGB in der Person des „Herstellers" die Voraussetzungen für einen **Eigentumserwerb von Bestand**, sodass § 259 bezüglich des Gemäldes unanwendbar ist.[51] 1015

III. Hehlereihandlungen

Die **Tathandlung** des Hehlers kann darin bestehen,[52] dass er die *„bemakelte"* Sache **ankauft** oder sonst **sich oder einem Dritten verschafft** (Erwerbshehlerei) oder dass er sie **absetzt** oder **absetzen hilft** (Absatz- bzw. Verwertungshehlerei). Alle diese Begehungs- 1016

---
50 Vgl dazu LK-*Murmann*, § 22 Rn 252, 262, 266 ff; *Wessels/Beulke/Satzger*, AT Rn 983, 994 ff.
51 Vgl RGSt 57, 159 f; BayObLG JZ 79, 694.
52 Zur Systematisierbarkeit der Tathandlungen W/Z/K/W-*Saathoff*, BT II § 20 Rn 54.

formen setzen das **einverständliche Zusammenwirken** zwischen dem Hehler und dem Vortäter oder dessen Besitznachfolger voraus; erst dieses Einvernehmen stellt die innere Verbindung zwischen Hehlerei und Vortat her (s. näher Rn 1027).[53]

1017 **Fall 73:** Der Dieb D hat seinem ahnungslosen Bekannten B einen Posten gestohlener Autoreifen zur Aufbewahrung übergeben. Geraume Zeit später erfährt B, dass D als „Serieneinbrecher" verhaftet worden ist. Nach Durchsicht der einschlägigen Presseberichte wird ihm klar, dass es sich bei den Autoreifen um Diebesgut handelt. Diese Situation nutzt B in der Weise zu seinem Vorteil aus, dass er die Autoreifen paarweise veräußert und den Erlös – wie geplant – für sich verwendet.
Kann B als Hehler bestraft werden? **Rn 1028**

1. Sich oder einem Dritten verschaffen

1018 Während beim **Sichverschaffen** die Verfügungsgewalt, sei es auch nur übergangsweise, auf den Täter übergeht, wird sie bei der **Drittverschaffung** durch das Handeln des Täters unmittelbar vom Vorbesitzer an einen Dritten weitergeleitet.[54]

a) Einvernehmliche Erlangung der Verfügungsgewalt

1019 Das **Verschaffen** muss in der bewussten und gewollten **Übernahme der tatsächlichen Verfügungsgewalt** *zu eigenen Zwecken* im Wege des **abgeleiteten Erwerbs** und des **einverständlichen Zusammenwirkens** (s. Rn 1026 f) mit dem Vortäter oder dem sonstigen Vorbesitzer bestehen.[55] Dabei bedarf es allerdings keines „kollusiven" Handelns in dem Sinne, dass auf beiden Seiten Unrechtsbewusstsein zu fordern wäre.[56] Es genügt vielmehr, dass das beiderseitige Einvernehmen sich auf die Erlangung der eigentümergleichen Verfügungsgewalt durch den Erwerber bezieht und dass es im Zeitpunkt des „Verschaffens" noch fortbesteht. So kann es zB bei einem Sichverschaffen von Diebesgut von einem gutgläubigen Zwischenbesitzer liegen.[57]

1020 Das einverständliche Geben und Nehmen muss darauf angelegt sein, dem Erwerber eine vom Vorbesitzer unabhängige, **eigentümergleiche Verfügungs-** oder **Mitverfügungsgewalt** über die Sache *zu eigenen Zwecken* zu verschaffen.[58] **Zu eigenen Zwecken** wird die Verfügungsgewalt nur dann übernommen, wenn das Verhalten darauf abzielt, die Sache *zueignungsgleich* dem Vermögen des Täters oder des Dritten einzuverleiben, für den das Tätigwerden erfolgt. In dieser Hinsicht reicht die Annahme als **Pfand** oder **Darlehen**

---
53 BGHSt 7, 134, 137; 10, 151, 152; 27, 45 f; 42, 196, 197; BGH NJW 13, 2212; BGH NJW 19, 1540 mit Anm. *Jahn*; *Altenhain*, StV 19, 674; *Bosch*, Jura (JK) 19, 896; *Bosch*, Jura 19, 833; *Eidam*, NStZ 19, 477; *Heger/Weiss*, JR 19, 644; *Jäger*, JA 19, 548; *Ruppert*, NStZ-RR 19, 212; *Eisele*, BT II Rn 1149; *Hilgendorf/Valerius*, BT II § 21 Rn 1, 19; *Mitsch*, JA 20, 32; krit. dazu *Hruschka*, JR 80, 221; *Roth*, Eigentumsschutz nach der Realisierung von Zueignungsunrecht, 1986, S. 116 f; zusf. *Küper/Zopfs*, BT Rn 483 ff.
54 BGH NStZ-RR 12, 247; 13, 79; BGH NStZ 22, 480 mit Anm. *Bock*.
55 BGHSt 15, 53, 56; 27, 45, 46; BGH NStZ 95, 544.
56 OLG Düsseldorf JZ 78, 35; S/S-*Stree*, 27. Aufl., § 259 Rn 42; S/S/W-*Jahn*, § 259 Rn 17; NK-*Altenhain*, § 259 Rn 26; **aA** *Kindhäuser/Hilgendorf*, § 259 Rn 19; *Rengier*, BT I § 22 Rn 33 f.
57 Fall des OLG Düsseldorf JZ 78, 35; denkbar auch als Abwandlung von BGH wistra 08, 423, wenn der dort Diebesgut über ebay verkaufende „Zwischenhändler" gutgläubig, die Käufer dagegen bösgläubig gewesen wären; dass Eigentum nach § 935 BGB nicht erworben werden kann, steht dem Verschaffen (von Diebesgut) naturgemäß nicht im Wege.
58 BGHSt 33, 44, 46; BGH NJW 19, 1311 mit Bespr. *Eisele*, JuS 19, 915; BGH NStZ 22, 480 mit Anm. *Bock*; BGH NStZ 24, 171; BK-*Ruhmannseder*, § 259 Rn 19.

aus,[59] nicht aber die Gewahrsamserlangung zum Zwecke der Aufbewahrung, des Umarbeitens,[60] der Vernichtung[61] oder des *bloßen Gebrauchs* als Entleiher oder Mieter.[62] Der sog. **Verkaufskommissionär**, der die *„bemakelte"* Sache **für Rechnung des Vorbesitzers** veräußern soll, erlangt ebenfalls keine Verfügungsgewalt *zu eigenen Zwecken*; sein Handeln lässt sich daher nur der Begehungsform des „Absetzens" zuordnen.[63]

Wer stattdessen den Verkaufskommissionär der Alternative des „Sich-Verschaffens" zuschlägt,[64] setzt diesen zu Unrecht dem Verfügungsgewalt zu eigenen Zwecken begründenden Ankäufer gleich und entzieht dem „Absetzen" dessen gewichtigste Fallgruppe. Verlangt man zu Letzterem einen Absatzerfolg, bewirkt diese Umschichtung zudem, dass das hiernach zunächst nur versuchte Absetzen zu einer vollendeten Hehlerei avanciert. Dafür gibt es keinen sachlichen Grund. Ein „Sichverschaffen" iS des § 259 liegt auch dann nicht vor, wenn jemand dem Dieb durch Zahlung von Lösegeld ein gestohlenes Kunstwerk „abkauft", **um es an den Berechtigten zurückzugeben** und im rein faktischen Sinn dessen *bisherige* Eigentümerposition wiederherzustellen. Das gilt erst recht, wenn der durch die **Vortat Geschädigte** selbst die Sache zurückkauft.[65] 1021

Typisch für die Fälle des Sichverschaffens ist, dass der Vortäter oder Vorbesitzer sich der bemakelten Sache zu Gunsten des Hehlers entäußert und diesen in die Lage versetzt, mit ihr nach eigenem Gutdünken zu verfahren. Überträgt er die Sache an eine Mehrheit von Personen, so genügt es, wenn diese (wie etwa die Mitglieder einer Gesellschaft) untereinander nur **Mitverfügungsgewalt** erlangen.[66] Überlässt der Vortäter dem anderen lediglich Mitgewahrsam, ohne sich selbst der Verfügungsgewalt vollständig zu entledigen, so liegt darin nicht ohne Weiteres ein hehlerischer Erwerb.[67] Vielmehr muss hier danach unterschieden werden, ob die gemeinsame Berechtigung darin besteht, dass beide auf Grund der getroffenen Absprache **nur gemeinschaftlich** über die Sache verfügen können, oder ob jeder für sich **unabhängig vom Willen des anderen** verfügungsberechtigt sein soll. 1022

Im erstgenannten Fall scheidet Hehlerei in der Form des Sichverschaffens aus, da sich der Vortäter der Sache infolge des ihm verbliebenen Mitspracherechts nicht im eigentlichen Sinne entäußert hat. Auch der andere hat die bemakelte Sache nicht zu *eigener* Verfügungsgewalt erworben; daran hindert ihn das Mitspracherecht des Vortäters. Die für den Hehlereitatbestand wesentliche **Perpetuierung der rechtswidrigen Vermögenslage** lässt sich bei bloßer Mitverfügungsgewalt von Vortäter und Erwerber nur dann bejahen, wenn beide Teile übereinkommen, dass **jeder für sich allein**, der Erwerber also nach eigenem Gutdünken und unabhängig vom Willen des Vortäters über die Sache verfügen können soll.[68] 1023

b) Problemfälle

Ob man sich an hinterlegten Sachen, die sich im Gewahrsam eines zur Herausgabe bereiten Dritten befinden, die tatsächliche Verfügungsgewalt schon durch den Erwerb der ent- 1024

---

59 BGH JR 58, 466.
60 BGHSt 10, 151, 152 f.
61 BGHSt 15, 53, 56; BGH NStZ 95, 544.
62 BGH StV 87, 197; s. zum Zueignungscharakter der Erwerbshehlerei *Küper/Zopfs*, BT Rn 476, 481.
63 BGH GA 83, 472; NJW 76, 1698; LK-*Walter*, § 259 Rn 41; s. auch schon RGSt 55, 58.
64 So *Dencker*, Küper-FS S. 9 ff; s. dazu *Küper/Zopfs*, BT Rn 482 mit Rn 9.
65 Vgl RGSt 40, 15, 47 ff zu § 257; BayObLGSt 1959, 78; *Hohmann/Sander*, § 49 Rn 44 f; zu Rückverkaufsfällen durch einen Dritten s. *Stoffers*, Jura 95, 113.
66 BGHSt 35, 172, 175; BGH NStZ-RR 05, 236; Fischer-*Fischer/Lutz*, § 259 Rn 11; S/S-*Hecker*, § 259 Rn 18.
67 S. BGH StV 99, 604; BGH StV 05, 87; BGH BeckRS 20, 14480; *Küper/Zopfs*, BT Rn 478.
68 BGHSt 33, 44, 46 f; 35, 172, 175; BGH StV 99, 604; BGH StV 05, 87.

sprechenden **Auslösungsbefugnis** verschaffen kann, ist umstritten.[69] Während die überwiegende Lehre im Anschluss an BGHSt 27, 160, 163 bereits beim Erwerb eines **Pfandscheins**, der die Verfügung über das Pfand zum eigenen Nutzen ermöglichen soll, ein Sichverschaffen des Pfandes bejaht,[70] wird das von einer Mindermeinung mit beachtlichen Gründen bestritten.[71] Stattdessen wird Hehlerei am Pfandschein erwogen.[72] Von der Begründung eigener Verfügungsmacht wird man in solchen Fällen erst sicher sprechen können, wenn die Auslösungsmacht einen jederzeit ungehinderten Zugriff auf die Sache gewährt. Das ist nicht ohne Weiteres bei einem Pfandschein, wohl aber bei Überlassung einer Garderobenmarke, eines Gepäckscheins oder eines Schließfachschlüssels der Fall, die die Inbesitznahme der Sache ohne Umstände gestatten.

1025 Umstritten ist auch, ob im bloßen **Mitverzehr** von Nahrungs- oder Genussmitteln ein „Sichverschaffen" iS des § 259 zu erblicken ist. Die wohl hM lehnt dies mit Recht ab, soweit der zum Mitverzehr Eingeladene – wie in der Regel – **keine** vom Gastgeber *unabhängige* **Verfügungs-** oder **Mitverfügungsgewalt** an dem ihm Dargebotenen erlangt.[73]

Nicht der Eingeladene, sondern der Gastgeber pflegt zu bestimmen, *was* und *wie viel* zum gemeinsamen Verzehr bereitgestellt wird. Letztlich ist das aber Tatfrage. Im Einzelfall *kann* es durchaus so liegen, dass der Mitverzehrende unabhängig von den übrigen Beteiligten an der Verfügungsgewalt teilhat. Wo das zutrifft, ist Raum für die Anwendung des § 259.[74] Ähnlich liegt es bei Mitverzehr, Mitverbrauch oder Mitnutzung vom Ehemann oder Lebenspartner gestohlener Gegenstände im Rahmen gemeinsamer Haushaltsführung, in der sich der Vortäter idR ein die alleinige Verfügungsmacht ausschließendes Mitspracherecht vorbehalten wird.[75]

1026 Das **Sichverschaffen** durch **abgeleiteten Erwerb** *im Einvernehmen* mit dem Vorbesitzer steht in deutlichem Gegensatz zu den Verschaffungsakten in anderen Straftatbeständen, bei denen die Erlangung der tatsächlichen Verfügungsgewalt über das Tatobjekt auf einem **eigenmächtigen Zugriff** des Täters beruht. Wer dem Vortäter beispielsweise eine gestohlene Sache widerrechtlich **wegnimmt**, kann sich je nach der Art seines Vorgehens des **Diebstahls** oder des **Raubes** schuldig machen,[76] ist aber nicht Hehler.

Obwohl sich auch in solchen Fällen von einer **Perpetuierung** der rechtswidrigen Besitzlage sprechen lässt,[77] ist das der Hehlerei eigentümliche Tatbild nicht erfüllt. Wie das „Ankaufen" deutlicher macht, geht es um einverständlichen Erwerb, mit dem der Hehler zum Gehilfen des Vortäters nach dessen abgeschlossener Tat wird.[78]

1027 Ein *einverständliches Zusammenwirken* mit dem Vortäter oder dessen Besitznachfolger fehlt nach der Rspr. des BGH auch dann, wenn diesem die *bemakelte* Sache durch **Nötigung** oder **Erpressung** entzogen wird. Das verdient Beifall. Eine derartige Sachentzie-

---
69 S. zum Streit *Hillenkamp/Cornelius*, BT 39. Problem.
70 BK-*Ruhmannseder*, § 259 Rn 22.1; *Lackner/Kühl/Heger*, § 259 Rn 11; LK-*Walter*, § 259 Rn 47; MK-*Maier*, § 259 Rn 82; *Rengier*, BT I, § 22 Rn 46; SK-*Hoyer*, § 259 Rn 25; S/S-*Hecker*, § 259 Rn 19.
71 *Schall*, JuS 77, 180; *Schall*, NJW 77, 2221; s. dazu auch *Joecks/Jäger*, § 259 Rn 28 f.
72 OLG Schleswig NJW 75, 2217; *Schall*, JuS 77, 180.
73 BGHSt 9, 137, 138; BGH NJW 52, 754 Nr 24; NStZ 92, 36; A/W-*Heinrich*, § 28 Rn 10; Fischer-*Fischer/Lutz*, § 259 Rn 12; LK-*Walter*, § 259 Rn 48; *Mitsch*, BT II S. 800 f; **aA** aber M/R-*Dietmeier*, § 259 Rn 16; M/S/M-*Momsen*, BT I § 39 Rn 27; NK-*Altenhain*, § 259 Rn 34; S/S-*Hecker*, § 259 Rn 22; **Insichbringen** als stärkste Form des „Ansichbringens" (= § 259 aF); s. zum Streit auch *Küper/Zopfs*, BT Rn 479.
74 Vgl BGH NStZ 88, 271.
75 BGH StV 99, 604.
76 S. dazu *Hillenkamp*, Achenbach-FS S. 189 ff.
77 S. *Küper/Zopfs*, BT Rn 484; *Roth*, JA 88, 206; *Hruschka*, JR 80, 221.
78 Diese Charakterisierung soll nach *Küper*, Dencker-FS S. 203, 219 nur für den Absatzhelfer, nicht aber für den gelten, der an einem „Quasi-Rechtsgeschäft" mitwirkt; BGH NJW 13, 2212 stellt dazu klar, dass es eine Beihilfe nach beendeter Tat nicht mehr gibt.

hung, die sich gerade *gegen* den Vortäter richtet, ist nämlich nicht von der Bereitschaft geprägt, diesem bei der Verwertung oder dem Weiterverschieben der Deliktsbeute zu helfen. Auch schafft die Aussicht, die erhoffte Beute durch Erpressung oder Nötigung zu verlieren, keinen Anreiz, Vermögensstraftaten zu begehen. Damit scheiden diese Fälle aus dem eingangs (Rn 996 f) beschriebenen, auch allgemeine Sicherheitsinteressen umfassenden Schutzbereich der Hehlerei aus.[79] Gleiches muss entgegen der Rspr. des BGH gelten, wenn die Sache dem Vortäter durch *Täuschung* „abgelistet" wird,[80] auch wenn die Aussicht, gegebenenfalls „über's Ohr gehauen zu werden", nicht in gleicher Weise demotivierend wirkt. Dass der „Perpetuierungsschutz" hierdurch verloren geht, ist richtig, gilt aber auch für die Fälle von Diebstahl, räuberischer Erpressung und Raub.[81]

Im **Fall 73** hatte B lediglich *Verwahrungsbesitz* im Einvernehmen mit D erworben. Die **eigentümergleiche Verfügungsgewalt** über die gestohlenen Autoreifen hat er sich dagegen erst durch einen **eigenmächtigen Zueignungsakt** in Form der *abredewidrigen* Veräußerung verschafft. Dieses Verhalten erfüllt den Tatbestand der einfachen **Unterschlagung** (§ 246 I), nicht den der Hehlerei[82] (zum Merkmal des „Anvertrautseins" iS des § 246 II vgl Rn 365 ff).

1028

Das **Ankaufen** ist lediglich ein Beispielsfall des „Verschaffens", muss also dessen Erfordernissen voll entsprechen.[83] Der Abschluss des obligatorischen Kaufvertrages verwirklicht somit für sich allein den Tatbestand des § 259 noch nicht.[84] Andererseits reicht es für die Vollendung aus, wenn der Ankäufer *mittelbaren Besitz* (§ 870 BGB) erlangt und mit ihm die bisherige Sachherrschaft des Vortäters ausschließt.[85] Wer eine Sache hehlerisch angekauft hat, macht sich auch dann nur deswegen strafbar, wenn er die Sache später im sich auch hierauf noch erstreckenden Einverständnis des Vortäters verkauft. Liegt darin ein Absetzen, tritt es hinter das Ankaufen zurück.[86]

1029

2. Absetzen und Absetzenhelfen

Fall 74: Unbekannte hatten aus dem Atelier eines bekannten Malers zahlreiche Bilder gestohlen und sie H, der von dem Diebstahl wusste, weit unter Preis verkauft. Nach dem Tod des Malers beauftragte H den A, Käufer für die Bilder zu suchen und händigte A die Gemälde zu die-

1030

---

79 BGHSt 42, 196, 200 mit Anm. *Hruschka*, JZ 96, 1135 und *Kudlich*, JA 02, 674; s. auch BGH StV 10, 359, 361 (der eine Übertragung auf § 261 dort ablehnt); ebenso A/W-*Heinrich*, § 28 Rn 12; *Gleß*, Jura 03, 501; H-H-*Kretschmer*, Rn 1197; *Rudolphi*, JA 81, 1; *Zöller/Frohn*, Jura 99, 381; iE auch *Otto*, Jura 88, 606; *Otto*, JK 97, StGB § 259/16; anders LK-*Ruß*, 11. Aufl., § 259 Rn 17; S/S-*Stree*, 27. Aufl., § 259 Rn 42; RGSt 35, 278, 280 f; *Küper*, Dencker-FS S. 203, 219 nimmt nur den Fall qualifizierter Nötigung als den quasi-rechtsgeschäftlichen Charakter zerstörend aus.
80 So BK-*Ruhmannseder*, § 259 Rn 17.2; *Eisele*, BT II S 1151; *Hohmann/Sander*, BT § 49 Rn 41; *Jäger*, BT Rn 622; *Kindhäuser/Hilgendorf*, § 259 Rn 18; *Klesczewski*, BT § 10 Rn 68 f; LK-*Walter*, § 259 Rn 36; *Mitsch*, BT II S. 802; *Mitsch*, JA 20, 32; MK-*Maier*, § 259 Rn 72; *Rengier*, BT I § 22 Rn 34; *Schramm*, BT II § 12 Rn 46; S/S-*Hecker*, § 259 Rn 37; S/S/W-*Jahn*, § 259 Rn 17; *Zöller*, BT Rn 514; **aA** BGH NJW 19, 1540 mit Anm. *Jahn*; *Altenhain*, StV 19, 674; *Bosch*, Jura (JK) 19, 896; *Bosch*, Jura 19, 833; *Eidam*, NStZ 19, 477; *Heger/Weiss*, JR 19, 644; *Jäger*, JA 19, 548; *Ruppert*, NStZ-RR 19, 212; Fischer-*Fischer/Lutz*, § 259 Rn 13a; *Krey/Hellmann*, BT II, 15. Aufl. 2008, Rn 587a; *Küper*, Dencker-FS S. 203, 219; *Lackner/Kühl/Heger*, § 259 Rn 10; M/S/M-*Momsen*, BT I § 39 Rn 22; M/R-*Dietmeier*, § 259 Rn 12; *Schmidt*, BT II Rn 839; *Heghmanns*, Rn 1900; **Falllösung** bei Kaspar, JuS 12, 634.
81 Deshalb für Hehlerei in Fällen einfacher Nötigung oder Täuschung *Küper*, Dencker-FS S. 203, 217 ff.
82 Näher BGHSt 10, 151, 152 f; 15, 53, 56; 27, 45, 46.
83 Vgl BGHSt 5, 47, 49; BGH NStZ-RR 05, 236.
84 Vgl RGSt 73, 104 ff; Fischer-*Fischer/Lutz*, § 259 Rn 10; NK-*Altenhain*, § 259 Rn 47; *Kretschmer/Üniversitesi*, JA 23, 386.
85 BGH NStZ-RR 19, 14.
86 BGH NStZ 14, 577.

sem Zweck aus. A sollte sie als sog. Verkaufskommissionär für Rechnung des H verkaufen und als Provision 10 % des Verkaufserlöses erhalten. A hielt es für möglich, dass es sich bei H entgegen dessen Behauptung nicht um den Eigentümer der Bilder, sondern um einen Hehler handelte. Das war ihm aber wegen der erwarteten Provision gleichgültig. Im Rahmen seiner Verkaufsbemühungen fertigte A Fotografien der Bilder an und legte sie einer Reihe von Interessenten vor, die ihm seine Bekannte B vermittelt hatte. Bis zur Beschlagnahme der Bilder verliefen die Bemühungen des A ohne Erfolg.

Haben A und B sich der Hehlerei schuldig gemacht? **Rn 1039, 1043**

1031 Hehlerei begeht ferner, wer die *„bemakelte"* Sache **absetzt** oder **absetzen hilft**. Im Gegensatz zur Absatzhilfe veräußert der Hehler beim Absetzen die Sache zwar im Einverständnis mit dem Vortäter oder Vorbesitzer, aber **sonst völlig selbstständig** *für dessen Rechnung.*[87]

a) Begriffliche Abgrenzung

1032 **Absetzen** ist das Unterstützen eines anderen beim Weiterschieben der *„bemakelten"* Sache durch **selbstständiges** Handeln (= Tätigwerden für fremde Rechnung, aber „in eigener Regie"). **Absetzenhelfen** ist dagegen die weisungsabhängige, **unselbstständige** Unterstützung, die dem **Vortäter** (= dem Dieb, Räuber, Betrüger usw, aber auch dem sog. „Zwischenhehler", nicht jedoch dem Absatzhelfer) bei dessen Absatzbemühungen gewährt wird. Beide Begehungsformen des Hehlens betreffen zwar unterschiedliche Tätigkeiten, stehen innerhalb des § 259 aber **gleichgeordnet** nebeneinander. Zwischen ihnen besteht kein „Stufenverhältnis"; jede von ihnen verwirklicht den Tatbestand der Hehlerei im Wege des **täterschaftlichen Handelns**.[88]

1033 Die Frage, warum der Gesetzgeber die dem Vortäter geleistete **Absatzhilfe** in § 259 **tatbestandlich verselbstständigt** hat und wie diese **Hehlerei durch Absetzenhelfen** (= Täterschaft iS des § 259) sich von der bloßen **Beihilfe zur Hehlerei** eines anderen abgrenzen lässt, ist wie folgt zu beantworten: § 259 setzt ein *einverständliches Zusammenwirken* zwischen dem Vortäter oder dessen Besitznachfolger und dem Hehler voraus. Wer die Vortat selbst (= als Täter oder Mittäter) begangen hat, kann nicht mit sich in einer Person „zusammenwirken", also nicht sein eigener Hehler sein.[89] *Seine* Bemühungen, die rechtswidrig erlangte Sache abzusetzen, werden vom Tatbestand des § 259 nicht erfasst. Wer ihn dabei unterstützt, fördert ein insoweit *tatbestandsloses* Handeln und kann *mangels Haupttat* nicht wegen „Beihilfe zur Hehlerei" bestraft werden. Um diese Lücke zu schließen, hat der Gesetzgeber das **Absetzenhelfen** (= früher das „Mitwirken zum Absatz") als besondere Form des Hehlens in den Tatbestand des § 259 aufgenommen, dh einen Fall des *bloßen Hilfeleistens* **tatbestandlich verselbstständigt** (vgl als Parallele dazu § 257 I).

1034 Daraus kann aber nicht entnommen werden, dass nunmehr jede Form der unselbstständigen Absatzhilfe ohne Rücksicht darauf, *wem* sie zugutekommt und ob sie unmittelbar dem Vortäter oder lediglich dem Sacherwerber (= sog. Verschaffungshilfe) zuteil wird, **täterschaftliches Handeln** iS des „Absetzenhelfens" (§ 259) ist. Zu sachgerechten Ergebnissen führt allein die Auffassung, dass die Tatmodalität des *Absetzenhelfens* sich nur auf die (unter dem Blickwinkel des § 259 *tatbestandslosen* und insoweit nicht strafbaren) Absatzbemühungen des **Vortäters** unter Einschluss des *im Eigeninteresse* handelnden **Zwischenhehlers** bezieht. In dieser Hinsicht ist § 259 somit *restriktiv* auszulegen und auf diejenige Unterstützungstätigkeit zu beschränken, die mangels einer tatbestandsmäßi-

---

[87] BT-Ds 7/550, S. 252 f.
[88] BGHSt 26, 358, 362; 27, 45, 48; krit. dazu *Küper*, JZ 15, 1032.
[89] BGHSt 7, 134, 137; 33, 50, 52.

gen Haupttat (vgl § 27 I) sonst straflos bleiben müsste. Jede **anderweitige Absatzförderung**, wie zB die einem Absatzhelfer gewährte,[90] ist dagegen ebenso wie die „Verschaffungshilfe" als **Beihilfe zur Hehlerei** zu bestrafen (§§ 259, 27).[91] Praktische Konsequenzen hat dies für das sog. *Milderungsprivileg* des Gehilfen (§ 27 II 2) und die Straflosigkeit einer lediglich *versuchten* Beihilfe.

b) Vollendung und Absatzerfolg

Klärungsbedürftig ist, ob die Tatmodalitäten des *Absetzens* und des *Absetzenhelfens* das **Gelingen des Absatzes** voraussetzen.[92] Diese Frage ist naturgemäß nur dort von Bedeutung, wo es an einem Absatzerfolg fehlt. **1035**

Anders als zur früheren Gesetzesfassung wird der heutige Wortlaut überwiegend in dem Sinne verstanden, dass es eines *erfolgreichen* Absatzes bedürfe, und zwar in *beiden* Tatmodalitäten[93] oder zumindest doch dort, wo es um das **Absetzen** geht.[94] Nachdem der BGH zunächst nur für den Fall des **Absetzenhelfens** keinen Absatzerfolg verlangt hatte,[95] ging er später davon aus, dass die Vollendung einen Absatzerfolg – auch in der neu hinzugefügten Variante – nicht voraussetze.[96] Neben dem Hinweis, dass man unter „Absetzen" rein sprachlich durchaus die „darauf gerichtete Tätigkeit" verstehen könne, stützte der BGH sich auf das (nicht bestreitbare) Argument, mit der Neufassung des § 259 habe der Gesetzgeber insoweit am bisherigen Rechtszustand nichts ändern und damit auch für die Variante des Absetzens keinen Erfolg voraussetzen wollen. **1036**

Zugegeben werden muss, dass die *Absatzhilfe* sprachlich auch gut ohne Absatzerfolg vorstellbar ist. Gleichwohl bot der dargestellte Standpunkt der Rspr. in dogmatischer Hinsicht zu Zweifeln Anlass[97] und wurde in der Rechtslehre überwiegend abgelehnt.[98] **1037**

---

90 S. zu ihr *Küper*, JZ 15, 1037.
91 Ebenso BGHSt 26, 358, 362; 27, 45, 52 zu IIc der Entscheidungsgründe; BGH NStZ 09, 161; BGH wistra 14, 309; BGH NStZ 19, 276; BGH StV 19, 676; vgl auch BGHSt 33, 44, 49; BGH NStZ 94, 486; 99, 351; BGH wistra 08, 146, 147; BGH NJW 12, 1746 und BGH HRRS 19, Nr 947 zur Absatzhilfe bei einer Steuerhehlerei; *Küper/Zopfs*, BT Rn 8; S/S-*Hecker*, § 259 Rn 33; zur Notwendigkeit, trotz „formal" voller Tatbestandserfüllung in solchen Fällen entgegen § 25 I 1. Alt. nach allgemeinen Regeln abzugrenzen, s. *Hillenkamp*, Schünemann-FS S. 407, 415 ff und zur parallelen Problematik bei § 261 hier Rn 1097.
92 S. zum Streitstand *Hillenkamp/Cornelius*, BT 40. Problem; *Küper/Zopfs*, BT Rn 13 ff.
93 OLG Köln NJW 75, 987; *Blei*, JA 74, 527; *Hohmann/Sander*, BT § 49 Rn 53; *Küper*, JuS 75, 633; S/S-*Hecker*, § 259 Rn 29, 31.
94 So BGH NJW 76, 1698; *Bockelmann*, BT I S. 166; *Geerds*, GA 1988, 256; *Kindhäuser*, 7. Aufl., § 259 Rn 26.
95 BGHSt 26, 358.
96 BGHSt 27, 45, 47 ff; BGH NJW 79, 2621; BGH GA 83, 472; BGH NStZ 90, 539; BGH NStZ-RR 00, 266; BGH wistra 06, 16; BGH NStZ 08, 570; BGH StV 09, 411; die abweichende Ansicht in NJW 76, 1698 ist vom 2. Senat des BGH aufgegeben worden; ebenso A/W-*Heinrich*, 2. Aufl., § 28 Rn 19; LK-*Walter*, § 259 Rn 57, 60; *D. Meyer*, MDR 75, 721; *Rosenau*, Anm. NStZ 99, 352; auf dem Boden der „Interessenförderungstheorie" auch *Weisert*, Der Hilfeleistungsbegriff bei der Begünstigung, 1999, S. 195 f; vermittelnd *Mitsch*, BT II S. 811 f.
97 BGH wistra 10, 229 bescheinigt der hM in der Literatur, dass sie der Rspr. „mit beachtlichen Argumenten entgegentritt".
98 Vgl etwa *Beulke/Zimmermann*, III Rn 429 f; BK-*Ruhmannseder*, § 259 Rn 34; *Bergmann/Freund*, JuS 91, 224; *Berz*, Jura 80, 57, 65; *Eisele*, BT II Rn 1163; Fischer-*Fischer/Lutz*, § 259 Rn 27; *Heghmanns*, Rn 1906; H-H-*Kretschmer*, Rn 1203 f; *Hilgendorf/Valerius*, § 21 Rn 27; *Hohmann/Sander*, BT § 49 Rn 53 ff; *Jäger*, BT Rn 623, 625; *Jahn/Palm*, JuS 09, 504; *Klesczewski*, BT § 10 Rn 74, 76; *Krey/Hellmann/Heinrich*, BT II Rn 1012 ff; *Kunz*, Jura 97, 155; *Lackner/Kühl/Heger*, § 259 Rn 13; MK-*Maier*, § 259 Rn 112 ff, 116; M/R-*Dietmeier*, § 259 Rn 21; M/S/M-*Momsen*, BT I § 39 Rn 30; NK-*Altenhain*, § 259 Rn 49; *Otto*, BT § 58 Rn 22; *Rengier*, BT I § 22 Rn 55 ff; *Roth*, JA 88, 204; *Rudolphi*, JA 81, 90, 92; *Schmidt*, BT II Rn 845, 849; *Schramm*, BT II § 12 Rn 60; *Schwabe/Zitzen*, JA 05, 195 f; SK-*Hoyer*, § 259 Rn 20 f; S/S-*Hecker*, § 259 Rn 29, 31; S/S/W-*Jahn*, § 259 Rn 27 ff; *Zieschang*, Schlüchter-GS S. 403, 408 ff; *Zöller*, BT Rn 522; *Zöller/Frohn*, Jura 99, 383.

Auf Initiative des 3. Senats[99] hat auch der *BGH* seine Auffassung *revidiert* und verlangte zunächst für die **Vollendung** des (damals allein verfahrensgegenständlichen) **Absetzens** einen **Absatzerfolg**. Er beruft sich hierfür *erstens* auf den Wortlaut, da im Verkehr unter Kaufleuten, aus dem der Begriff stamme, niemand von einem Absetzen der Ware sprechen würde, wenn die Verkaufsbemühungen vergeblich verliefen. *Zweitens* sei mit der Einführung des Absetzens nur eine Klarstellung (s. dazu Rn 1031), nicht aber eine Festschreibung der bis dahin bestehenden Auslegung zur Absatzhilfe durch die Rechtsprechung beabsichtigt worden. *Drittens* widerspreche es der Systematik des Tatbestandes, für die Varianten des Ankaufens und sonstigen Verschaffens den Übergang der Verfügungsgewalt zu verlangen, für das Absetzen aber nicht. Für einen Gleichklang insoweit spreche *viertens* auch die Teleologie, da die Aufrechterhaltung der durch die Vortat geschaffenen rechtswidrigen Vermögenslage in zweiter Hand erst durch das erfolgreiche Weiterverschieben eintrete. Angesichts der Versuchsstrafbarkeit entstünden schließlich und *fünftens* keine nicht hinnehmbaren Strafbarkeitslücken. Das verdient iE – allerdings ohne den vielerorts zu findenden, befremdlichen Zusatz, das Problem habe sich durch die Kehrtwende des BGH „erledigt" – Zustimmung.[100] Obwohl die ersten beiden Argumente für die Variante der **Absatzhilfe** nicht in gleichem Maße zutreffen, sollte man auch die vom BGH anfangs (s. Rn 1036) vorgenommene Differenzierung nicht wiederbeleben, sondern aus den übrigen Gründen auch für die Vollendung der Absatzhilfe nun einen Absatzerfolg verlangen. Der 3. Senat, der auch das von vornherein wollte, führt dafür zusätzlich an, dass nur dann dem zum Täter erhobenen Absatzhelfer (s. Rn 1033) nicht neben dem Strafrahmenprivileg des § 27 II 2 auch noch das des § 23 II entzogen werde.[101] Dem haben sich mittlerweile alle übrigen Senate angeschlossen.[102]

Rechtsprechungsbeispiel: Im **BGH wistra 14, 309** zugrunde liegenden Fall hatte P von einer unbekannt gebliebenen Person U 88 Diamanten erhalten, die U entweder selbst gestohlen oder von den Dieben hehlerisch erworben hatte. P sollte die Diamanten absetzen und dafür mit 10% des Verkaufserlöses entlohnt werden. Nach zwei vergeblichen Absatzversuchen nahm die verdeckt ermittelnde Polizistin V Kontakt mit P auf und gab sich als Kaufinteressentin aus. Zum ersten Treffen fuhr der Angekl. A, der im Wesentlichen wusste, worum es gehen werde, den P mit seinem PKW und unterstützte ihn bei dessen Verhandlungen mit V verabredungsgemäß durch ein simuliertes Telefongespräch mit einem vermeintlichen Hintermann. P und V einigten sich auf einen Kaufpreis von 100 000 € und vereinbarten die Übergabe noch für denselben Tag in einem Hotel. Auch zu diesem Treffen, bei dem es nach der Übergabe zum Zugriff durch die Polizei kam, hatte A den P gefahren und bei der Übergabe begleitet. – Für den im Fall allein angeklagten A kommt – da er weder dem Vortäter U bei Absatzbemühungen geholfen noch eigene Absatzbemühungen vorgenom-

---

99 BGHSt 59, 40 mit Bespr. *Bosch*, JK 01/2014, § 259/28; *Jäger*, JA 13, 951; *Jahn*, JuS 13,1046. *Theile*, ZJS 14, 458. Fall 74 (Rn 1030) ist an den dort zugrunde liegenden Sachverhalt bezüglich H und A angelehnt. Die Anfrage (§ 132 III GVG) des 3. Senats, ob die übrigen Senate an der überkommenen Rspr. (zum Absetzen) festhalten wollen, haben der 2., 4. und 5. Senat (BGH BeckRS 13, 15924; 17708; 16033) verneint, der 1. Senat der ausdrücklichen Beschränkung auf das allein entscheidungserhebliche Absetzen (BGH BeckRS 13, 15726). Das ist in BGH BeckRS 15, 16557 **übersehen**. Aufgegeben ist der Vorbehalt in BGH NStZ 17, 359. Zur Frage der Vorlagepflicht bei künftigen Entscheidungen zur Absatzhilfe s. *Küper*, GA 15, 143 ff.
100 Die von *Wessels* verteidigte Gegenposition wurde hier mit der 37. Aufl. aufgegeben. Ebenso jetzt A/W-*Heinrich*, § 28 Rn 19; BGHSt 59, 40 mit lehrreichem Kommentar zu den einzelnen Argumenten *Küper*, GA 15, 129.
101 BGH NStZ 13, 585 f; krit. hierzu *Jäger*, JA 13, 952; zust. *Dehne-Niemann*, HRRS 15, 72; *Dehne-Niemann*, wistra 16, 216; OLG Köln BeckRS 17, 117610 mit Bespr. *Jahn*, JuS 17, 1128; für die Steuerhehlerei auch BGH NStZ 17, 359.
102 S. BGH NJW 19, 1311 mit Bespr. *Eisele*, JuS 19, 915; *Mitsch*, NJW 19, 1258. Ferner *Bosch*, Jura (JK) 19, 680 und BGH NStZ-RR 19, 180.

men hat – nur eine Beihilfe zum Absetzen durch P in Betracht. Dann müsste P die Diamanten iS des § 259 „abgesetzt" haben. Diese Haupttat scheitert nicht daran, dass unaufgeklärt geblieben ist, ob der Vortäter U einen Diebstahl oder eine Hehlerei begangen hat, da beide Delikte taugliche Vortaten sind (s. Rn 1002) und der Hehler sich keine genaueren Vorstellungen über die Vortat bilden muss (s. Rn 1044). Ein alternativer Vorsatz reicht angesichts der Äquivalenz beider in Betracht kommender Delikte aus. Zu Recht beanstandet der BGH aber die Verurteilung wegen Beihilfe zu einer *vollendeten* Hehlerei. Da das „Absetzen" an V *nicht geeignet* war, die rechtswidrige Besitzlage zu perpetuieren bzw. für den Eigentümer zu verschlechtern, scheidet ein vollendetes Absetzen durch die Übergabe an V aus. Auch ein Ankaufen oder Sich-Verschaffen durch die V ist aus diesem Grund nicht gegeben (Rn 1038, 1040). Deshalb hat der BGH eine vollendete Hehlerei in solchen Fällen auch schon verneint, als er einen Absatzerfolg für die Vollendung des Absetzens noch nicht voraussetzte. Da er das jetzt tut (s. Rn 1037), tritt als Grund für die fehlende Vollendung neben die mangelnde Eignung auch das Ausbleiben des in § 259 gemeinten Absatzerfolgs. Den ersten Grund hat auch das LG nicht verkannt und deshalb gegenüber V nur Versuch angenommen. Es hat aber auf dem Boden der überholten BGH-Rechtsprechung in den beiden ersten Absatzversuchen des P trotz ausgebliebenen Erfolgs eine vollendete Hehlerei *und* eine auch dazu von A geleistete Beihilfe bejaht. Das beanstandet der BGH aber zu Recht, weil selbst dann, wenn man alle Absatzversuche des P zu einer natürlichen Handlung zusammenzieht und deshalb nur *eine* Hehlerei annimmt, einem Gehilfen nur *die* Einzelhandlungen als Haupttat angelastet werden können, von denen er weiß. Waren und blieben dem A die beiden ersten Versuche unbekannt, kommt (auch) eine (ohnehin zweifelhafte) sukzessive Beihilfe nicht in Betracht. Dass er zur Vortat und zum (begleiteten) Absetzen durch P möglicherweise keine ganz genauen Vorstellungen hatte, hindert das Vorliegen eines Beihilfevorsatzes dagegen nicht. A ist daher iE zu Recht (nur) wegen Beihilfe zur versuchten Absatzhehlerei verurteilt worden.

c) Bedeutung im Einzelnen

Im Einzelnen fällt unter den **Begriff** des **Absetzens** jede im Fremdinteresse, aber *selbstständig* erfolgende **wirtschaftliche Verwertung** der *„bemakelten"* Sache, die wie im Falle des „Verkaufskommissionärs" (s. Rn 1020 f) nur durch deren **entgeltliche** Veräußerung an Dritte,[103] mangels „Wirtschaftlichkeit" der Verwertung nicht aber durch ein Verschenken geschehen kann[104] (s. auch Rn 1041). Nach der Rechtsprechung soll sogar die Veräußerung an den Verletzten selbst den Tatbestand erfüllen, sofern dies nicht zwecks Wiederherstellung seiner *ursprünglichen* Eigentümerposition geschieht.[105] Zur Begründung wird angeführt, dass der Absetzende auch in solchen Fällen zur Aufrechterhaltung der durch die Vortat geschaffenen widerrechtlichen Vermögenslage beitrage, indem er die wirtschaftliche Verwertung des Hehlereiobjekts übernehme und zu Gunsten des Vortäters dessen angemaßte Verfügungsgewalt realisiere. Dem ist aber mit der überwiegenden Meinung[106] entgegenzuhalten, dass die Rückveräußerung an den Eigentümer **nicht geeignet** ist, die **rechtswidrige Besitzlage** aufrecht zu erhalten. Ohne eine solche

1038

---

103 BGH NJW 76, 1950; BGHSt 27, 45, 48; BK-*Ruhmannseder*, § 259 Rn 31; *Eisele*, BT II Rn 1160; Fischer-*Fischer/Lutz*, § 259 Rn 15; LK-*Walter*, § 259 Rn 53; MK-*Maier*, § 259 Rn 104 f; *Rengier*, § 22 Rn 50; S/S/W-*Jahn*, § 259 Rn 32.
104 AA *Küper/Zopfs*, BT Rn 11; *Kindhäuser/Hilgendorf*, § 259 Rn 23; NK-*Altenhain*, § 259 Rn 50; *Roth*, JA 88, 204.
105 RGSt 30, 401 f; 54, 124 f; zust. A/W-*Heinrich*, § 28 Rn 16; *Wessels*, BT II Rn 809.
106 BK-*Ruhmannseder*, § 259 Rn 32; *Eisele*, BT II Rn 1162; Fischer-*Fischer/Lutz*, § 259 Rn 16a; Joecks/Jäger, § 259 Rn 32; *Kindhäuser/Hilgendorf*, § 259 Rn 23; *Lackner/Kühl/Heger*, § 259 Rn 14; LK-*Walter*, § 259 Rn 52; *Mitsch*, BT II S. 808; MK-*Maier*, § 259 Rn 106; M/R-*Dietmeier*, § 259 Rn 23; M/S/M-*Momsen*, BT I § 39 Rn 28; NK-*Altenhain*, § 259 Rn 52; *Rengier*, BT I § 22 Rn 51; S/S-*Hecker*, § 259 Rn 30; S/S/W-*Jahn*, § 259 Rn 33; *Stoffers*, Jura 95, 115.

(**Eignung** zur) Perpetuierung ist aber das Unrecht der Hehlerei nicht gegeben.[107] Dies gilt jedenfalls dann, wenn die Rückveräußerung an den Verletzten unter Leugnung von dessen Eigentum stattfindet (vgl. zur Parallele beim Diebstahl Rn 228).

Den Tatbestand des § 259 verwirklicht auch nicht, wer nicht für fremde Rechnung handelt, sondern eine zu eigener Verfügung erlangte Sache *im Eigeninteresse* absetzt.

1039 Im **Fall 74** waren die Gemälde zunächst gestohlen und alsdann von H hehlerisch erworben, also vom Vortäter H durch eine rechtswidrige Vortat (§ 11 I Nr 5) erlangt worden, die fremde Vermögensinteressen verletzt. Ein „*Sichverschaffen*" seitens des A scheidet aus, weil A die tatsächliche Verfügungsgewalt nicht zu *eigenen* Zwecken, sondern im Einvernehmen mit dem Vortäter (auch Hehlerei ist eine taugliche Vortat, s. Rn 1002, 1042) zu dem Zweck übernommen hat, die Veräußerung **für Rechnung des H** vorzunehmen. In Betracht kommt allein ein **Absetzen** iS des § 259. Den Anforderungen dieses Merkmals ist dadurch Rechnung getragen, dass A den Absatz *in eigener Regie* organisieren und *selbstständig* erledigen sollte.[108] Dass die beabsichtigte Veräußerung nicht gelungen ist, steht nach einem Teil der Lehre und der überkommenen Rechtsprechung der **Vollendung** der Tat nicht im Wege. Hiergegen sprechen jedoch insbesondere Wortlaut und Gesetzlichkeitsprinzip (Art. 103 II GG) sowie die Überlegung, dass die Vertiefung der rechtswidrigen Vermögenslage erst mit Veräußerung an einen Dritten eintritt. Zustimmung verdient die hL, der der BGH nunmehr in einem Sachverhalt, an den sich der Beispielsfall anlehnt, folgt (s. Rn 1036 f). Mangels Absatzerfolgs ist nur eine *versuchte* Hehlerei gegeben. Vorsatz bzw. Tatentschluss des A liegen vor, da sich sein dolus eventualis bezüglich der Vortat mit seiner Bereicherungsabsicht verbindet.

1040 **Absetzenhelfen** als Hehlereihandlung iS des § 259 ist nur die weisungsgebundene, *unselbstständige* Unterstützung, die dem **Vortäter** auf Grund beiderseitigen Einvernehmens gewährt wird und die **objektiv geeignet** ist, dessen Bemühungen zur wirtschaftlichen Verwertung der „*bemakelten*" Sache zu fördern.[109] Für diese schon beim Absetzen (Rn 1038) vorausgesetzte Eignung soll es nach der neueren Rspr. nicht auf eine abstrakt generalisierende Betrachtung,[110] sondern auf die Erfolgsgeeignetheit des Bemühens des Täters im konkreten Fall ankommen.[111] Auf diese Weise wird – entsprechend der zu § 257 erhobenen Forderung (s. Rn 980) – der untaugliche Versuch einer Hilfeleistung aus dem (vollendeten) Tatbestand ausgeschieden. Allerdings soll ein hier im Gegensatz zu § 257 strafbarer Versuch (§ 259 III) vorliegen.[112] Ungeeignet, die rechtswidrige Vermögenslage aufrecht zu erhalten, ist danach eine Hilfe, die dem Vortäter bei dessen Versuch geleistet wird, die Sache an den Eigentümer rückzuveräußern oder an einen vom Helfer benannten verdeckten Ermittler[113] bzw. eine nicht im Polizeidienst stehende Vertrauensperson[114] zu verkaufen. In der Hand beider Personen wird die rechtswidrige Besitzlage nicht perpetuiert.

---

107 BGHSt 43, 110, 111; BGH wistra 14, 309; BGH HRRS 19, Nr 797; OLG Hamburg StV 19, 688 (fehlende Eignung bei „Absetzen" an verdeckten Ermittler); s. zum Streit auch *Küper/Zopfs*, BT Rn 12.
108 Vgl BGHSt 27, 45, 48; BGH NJW 76, 1698.
109 BGHSt 26, 358; 27, 45, 48; krit. zum Erfordernis der Eignung *Maiwald*, Roxin-FS II S. 1019, 1027 ff.
110 So noch BGH NStZ 90, 539.
111 BGHSt 43, 110, 111 mit Anm. *Endriß*, NStZ 98, 463; *Krack*, NStZ 98, 462; *Otto*, JK 98, StGB § 259/18; *Rosenau*, NStZ 99, 352; *Seelmann*, JR 98, 342; krit. BK-*Ruhmannseder*, § 259 Rn 35; abl. *Zieschang*, Schlüchter-GS S. 403, 411 ff.
112 BGHSt 43, 110; Fischer-*Fischer/Lutz*, § 259 Rn 27a.
113 Vgl BGHSt 43, 110; BGH HRRS 19, Nr 797; zur Var. des Absetzens in diesem Fall s. BGH wistra 14, 309: Beihilfe zu nur versuchter Hehlerei; ebenso OLG Hamburg StV 19, 688.
114 BGH NStZ-RR 00, 266 mit Bespr. *Baier*, JA 00, 923; zu beidem krit. S/S/W-*Jahn*, § 259 Rn 30.

Beispiele: Hinweise auf Absatzmöglichkeiten, Vermittlung von Kontakten mit Interessenten, Bereitstellen von Räumen zur Durchführung der Verkaufsverhandlungen, Hinschaffen des Diebesgutes zum Abnehmer oder zum vorgesehenen Umsatzort, Umwechseln gestohlenen Geldes, uU auch die tätige Förderung des Geldumsatzes durch Beraten des Vortäters,[115] Umlackieren gestohlener Kraftwagen, Zerlegen von Schmuck, Umschleifen von Edelsteinen usw.[116] Das *bloße Mitverbrauchen* des erbeuteten Geldes ist dagegen keine Absatzhilfe.[117] Das Aufbewahren der Beute, um den späteren Absatz zu ermöglichen, genügt für sich allein ebenfalls nicht, erfüllt aber regelmäßig den Tatbestand der Begünstigung (§ 257).[118]

Im Überbringen gestohlener Sachen *als Geschenk* liegt nach zutreffender Meinung nur dann ein Absetzenhelfen iS des § 259, wenn das „Verschenken" zur Abgeltung von Diensten oder in Erwartung einer Gegenleistung erfolgt, also wenigstens zum Teil *entgeltlichen* Charakter hat.[119] Gegebenenfalls ist hier § 257 an Stelle des § 259 zu prüfen.[120] 1041

Vortäter iS des § 259, dem Absatzhilfe geleistet werden kann, ist zwar auch der sog. **„Zwischenhehler"**. Dazu rechnen nach dem Sinn und Zweck der Vorschrift aber nur Hehler, die **sich** die *„bemakelte"* Sache **zu eigentümergleicher Verfügungsgewalt verschafft** haben und sie sodann **im Eigeninteresse** abzusetzen suchen, in Bezug auf *diesen* Absatz also den Tatbestand des § 259 nicht verwirklichen (= kein Absetzen für *einen anderen* und für *dessen Rechnung*).[121] 1042

Dadurch, dass B dem A Kaufinteressenten zugeführt hat, kann sie sich im **Fall 74** der **Absatzhilfe** (§ 259) oder der **Beihilfe zur (versuchten) Hehlerei** des A (§§ 27, 259, 22) schuldig gemacht haben. B hat jedoch nicht dem *Vortäter* H, sondern dem A Hilfe zum Zwecke des Absetzens der Beute geleistet; mit H ist B gar nicht in Verbindung getreten. Insoweit entfällt daher eine Absatzhilfe iS des § 259. Auch bezogen auf A liegt eine Absatzhilfe nicht vor. A ist kein Zwischenhehler; als sog. Verkaufskommissionär des H ist er vielmehr Absetzer iS des § 259 (Rn 1020 f). Seine Absatzbemühungen verwirklichen den **Tatbestand der (versuchten) Hehlerei**, sodass Dritte *daran* in strafbarer Weise *teilnehmen* können. Die einem solchen **Absatzhehler** gewährte Unterstützung ist aber (wie in Rn 1033 dargelegt) nach allgemeinen Regeln als *Beihilfe zur (versuchten) Hehlerei* zu bestrafen. B hat sich daher im **Fall 74** (nur) der **Beihilfe zur (versuchten) Hehlerei** des A schuldig gemacht, sodass ihr auch das in § 27 II 2 vorgesehene Milderungsprivileg zugute kommt.[122] 1043

IV. Subjektiver Tatbestand

1. Vorsatz

Zum **Vorsatz** des Hehlers gehört neben dem Bewusstsein des einverständlichen Zusammenwirkens insbesondere die Vorstellung, dass die den Gegenstand der Tat bildende Sache durch eine *rechtswidrige Vortat* iS des § 259 erlangt ist und dass die Rechtswidrig- 1044

---

115 Vgl BGHSt 10, 1 f mit krit. Anm. *Maurach*, JZ 57, 184.
116 BGHSt 26, 358, 362 f.
117 BGHSt 9, 137, 138 f; LK-*Walter*, § 259 Rn 63.
118 Vgl BGHSt 2, 135, 137; BGH NJW 89, 1490 mit krit. Anm. *Stree*, JR 89, 384.
119 RGSt 32, 214, 215 f; LK-*Ruß*, 11. Aufl., § 259 Rn 27; *Rudolphi*, JA 81, 90, 92; **aA** S/S-*Stree*, 27. Aufl., § 259 Rn 32, wonach selbst *unentgeltliche* Verfügungen genügen sollen; wie hier jetzt S/S-*Hecker*, § 259 Rn 28; s. auch Rn 1038.
120 Vgl BGHSt 4, 122, 124.
121 Vgl BGH NJW 79, 2621; BGHSt 33, 44, 48; BGH NStZ 99, 351 m. Anm. *Otto*, JK 00, StGB § 259/20.
122 Näher BGH StV 89, 435; BGHSt 27, 45, 52.

keit der Vermögenslage noch fortbesteht.¹²³ Das erforderliche Vorsatzwissen braucht aber nicht in allen Einzelheiten konkretisiert zu sein; so reicht die Annahme irgendeiner gegen fremde Vermögensinteressen gerichteten Vortat aus.¹²⁴ *Eventualvorsatz* genügt.¹²⁵ Auf ihn darf beim Kauf von Gegenständen in Internetauktionen aber nicht schon deshalb geschlossen werden, weil zB ein Navigationsgerät zum „Schnäppchenpreis" bei einem Startangebot von 1 € zu einem Drittel des Neupreises von einem Anbieter aus Polen erworben wird. Auch liegt er nur vor, wenn sich der Täter mit der als möglich erkannten Tatbestandsverwirklichung wenigstens abfindet.¹²⁶

1045 Erfährt der Täter erst *nach* der Gewahrsamserlangung, dass die Sache aus einer rechtswidrigen Vortat stammt, so hängt die Anwendbarkeit des § 259 davon ab, ob es im weiteren Verlauf des Geschehens zur Herstellung des unerlässlichen Einvernehmens mit dem Vortäter oder Vorbesitzer und zu einer Tathandlung iS des § 259 kommt.¹²⁷ Bringt der Täter eine Sache zunächst in der Absicht an sich, sie zur Verhinderung der Überführung des Vortäters zu vernichten, so begründet er damit nicht die erforderliche Verfügungsgewalt zu eigenen Zwecken. Fasst der Täter dann später doch den Entschluss, die Sache zu verkaufen, kann dieser Gesinnungswandel den vorausgegangenen Akt nicht nachträglich zur Hehlerei machen.¹²⁸

Fahrlässigkeit reicht weder für § 259 noch für die Steuerhehlerei nach § 374 AO aus, ist aber in § 148b GewO für den Fall der Hehlerei von Edelmetallen und Edelsteinen unter Strafe gestellt, wenn der Täter fahrlässig nicht erkennt, dass es sich um bemakeltes Gut handelt.

2. Bereicherungsabsicht

1046 Der Hehler muss ferner in der **Absicht** handeln, sich oder einen Dritten zu **bereichern** (= Streben nach Gewinn in Gestalt eines geldwerten Vermögensvorteils). Ob auch der Vortäter „Dritter" in diesem Sinne sein kann, ist umstritten.¹²⁹ Für die die Frage verneinende Ansicht spricht neben der Entstehungsgeschichte des Gesetzes auch der Wortlaut des § 259, der den Vortäter als „anderen" bezeichnet und ihn von dem „Dritten" unterscheidet, dem man die bemakelte Sache verschaffen kann. Bei der Bereicherungsabsicht des Hehlers verdient diese *engere* Auffassung zumindest dann den Vorzug, wenn es dem Täter nur darauf ankommt, dem Vortäter den rechtswidrig erlangten Vermögensvorteil in der Gestalt **des Sachbesitzes** zu erhalten.¹³⁰ Derartige Fälle werden von § 257, nicht aber von § 259 erfasst.¹³¹

1047 Am subjektiven Tatbestand des § 259 kann es bei einem Austausch *gleichwertiger* Leistungen fehlen,¹³² wenngleich die Absicht, den üblichen Geschäftsgewinn zu erzielen, be-

---

123 BK-*Ruhmannseder*, § 259 Rn 40 f; NK-*Altenhain*, § 259 Rn 60 f.
124 BGH NStZ 92, 84; KG JR 66, 307; LK-*Walter*, § 259 Rn 71.
125 BGH NStZ 83, 264; BGH NStZ-RR 13, 79.
126 S. LG Karlsruhe MMR 07, 796 mit Anm. *Meckbach* und *Jahn*, JuS 08, 174; BGH StV 00, 258; zum dolus eventualis bei Auf- und Verkäufern von als „unverkäuflich" gekennzeichneten Warenproben (zB Parfum-Testern) s. *Kudlich/Kessler*, NStZ 08, 62, 66 f.
127 Vgl BGHSt 2, 135, 138; BGH NJW 55, 350; RGSt 64, 326 f.
128 BGHSt 15, 53, 56.
129 Bejahend BGH JR 80, 213 mit abl. Anm. *Lackner/Werle*; *Mitsch*, BT II S. 820; *Mitsch*, JuS 99, 375; S/S-*Hecker*, § 259 Rn 44; verneinend BGH NStZ 95, 595; *Beulke/Zimmermann*, III Rn 432; *Hohmann/Sander*, BT § 49 Rn 77; *Lackner/Kühl/Heger*, § 259 Rn 17; *Rengier*, BT I § 22 Rn 61; M/S/M-*Momsen*, BT I § 39 Rn 38.
130 So BGH NStZ 95, 595; *Paeffgen*, Anm. JR 96, 346.
131 Fischer-*Fischer/Lutz*, § 259 Rn 24; MK-*Maier*, § 259 Rn 153 ff; NK-*Altenhain*, § 259 Rn 70; S/S/W-*Jahn*, § 259 Rn 43.
132 Vgl BGH MDR/D 67, 369; OLG Hamm NStZ-RR 03, 237, 238; NK-*Altenhain*, § 259 Rn 66.

reits genügt.¹³³ Wer ein – wie er weiß – gestohlenes Handy ankauft, begeht keine Hehlerei, wenn er den Marktpreis zahlt und auch nicht die Absicht hat, das Handy gewinnbringend weiter zu veräußern.¹³⁴ Der Besitz fremder Ausweispapiere ist, wie überhaupt der bloße Besitz für sich allein, kein *geldwerter* Vorteil, weil sonst jedes Sich-Verschaffen in Bereicherungsabsicht geschähe.¹³⁵ Hehlerei ist aber möglich, wenn der Täter mit der Besitzerlangung einen auf die Verbesserung seiner Vermögenslage hinauslaufenden Zweck verfolgt.¹³⁶ Im Unterschied zu Betrug und Erpressung muss der erstrebte Vermögensvorteil nach hM nicht **rechtswidrig** sein.¹³⁷ Hehlerei liegt deshalb zB auch dann vor, wenn sich der Darlehnsgeber das Darlehen mit Geld zurückzahlen lässt, das – wie er weiß – aus einem Bankraub stammt. Auch *Stoffgleichheit* zwischen Hehlereigegenstand und Vorteil ist richtigerweise nicht erforderlich.¹³⁸

Insbesondere beim *Absetzen* und *Absetzenhelfen* (vgl dazu **Fall 74**) ist es belanglos, ob der Täter die ihm in Aussicht gestellte Belohnung aus der Deliktsbeute oder aus *externen* Mitteln erstrebt. Das Handeln in Bereicherungsabsicht kennzeichnet den Unrechtsgehalt der Hehlerei, ist folglich **tatbezogen** und nicht zu den *besonderen persönlichen Merkmalen* iS des § 28 zu rechnen.¹³⁹

V. Vollendung und Versuch

Fall 75: A hat bei seinem Bekannten B einen angeblich ihm gehörenden, in Wirklichkeit gestohlenen Reifen für einen Lastzug untergestellt. Wenig später informiert er den B darüber, dass der Diebstahl entdeckt worden sei. Zugleich schlägt er vor, B möge den Reifen aufbewahren, bis Gras über die Sache gewachsen sei; alsdann solle durch beiderseitiges Bemühen ein Abnehmer gesucht und der Erlös geteilt werden. B ist damit einverstanden. Zu mehr kommt es nicht, weil die Polizei schon am Tage darauf den Reifen sicherstellt.
Hat B sich der Hehlerei schuldig gemacht? **Rn 1051**

1048

Beim **Sichverschaffen** und **Ankaufen** gehört zur Vollendung, dass der Erwerber eine vom Vortäter unabhängige (Mit-)Verfügungsgewalt erlangt hat, die ihn in die Lage versetzt, selbstständig über die Sache zu verfügen. Für den Versuch gilt insoweit nichts Besonderes.¹⁴⁰ Es muss also auf der Grundlage der Vorstellung des Täters (§ 22) vom Ablauf der Tat der Erwerb der Verfügungsgewalt unmittelbar bevor-, oder anders ausgedrückt, es dürfen ihm keine wesentlichen Zwischenschritte mehr entgegenstehen.¹⁴¹

1049

Setzt man für die **Vollendung** des **Absetzens** und der **Absatzhilfe** ebenfalls einen **Absatzerfolg voraus** (Rn 1037), liegt ein **Versuch** des **Absetzens** richtigerweise erst vor, wenn der Täter zur Übertragung der Verfügungsgewalt auf den Erwerber unmittelbar an-

1050

---
133 RGSt 58, 122.
134 BGH wistra 12, 148, 149.
135 *Otto*, Jura 85, 155.
136 BGH GA 1986, 559; BGH MDR/H 96, 118.
137 MK-*Maier*, § 259 Rn 150; S/S/W-*Jahn*, § 259 Rn 42; abw. A/W-*Heinrich*, § 28 Rn 29; *Roth*, JA 88, 259; diff. LK-*Walter*, § 259 Rn 78; Otto, BT § 58 Rn 28.
138 BGH MDR/H 96, 118; BayObLG JR 80, 299 mit Anm. *Paeffgen*; BK-*Ruhmannseder*, § 259 Rn 47; Fischer-*Fischer/Lutz*, § 259 Rn 25; LK-*Walter*, § 259 Rn 79; MK-*Maier*, § 259 Rn 149; aA *Arzt*, NStZ 81, 10, 14; *Seelmann*, JuS 1988, 41.
139 Näher *Stree*, JuS 76, 137, 144; *Wessels/Beulke/Satzger*, AT Rn 877.
140 S. LK-*Walter*, § 259 Rn 87; S/S/W-*Jahn*, § 259 Rn 44 ff.
141 S. *Lackner/Kühl/Heger*, § 259 Rn 19; vgl. LK-*Murmann*, § 22 Rn 102. BGH NStZ 19, 80: „die Übernahme eigener Verfügungsgewalt" muss „unmittelbar bevor(stehen)".

setzt,[142] ein Versuch der **Absatzhilfe** jedenfalls dann, wenn der Vortäter so verfährt.[143] Dann gesellt sich zur für den Versuch erforderlichen Handlungsunmittelbarkeit die für den Versuchsbeginn zugleich notwendige und durch sie herzustellende Gefahr der Deliktsvollendung hinzu.[144] In einer ersten Entscheidung des BGH[145] nach seiner Wende zum Absatzerfolg (s. hier Rn 1037) teilt das Gericht zwar die hier vertretene Auffassung, dass der Versuch der Absatzhilfe „jedenfalls" dann beginnt, wenn nach der Vorstellung des Vortäters „der Beginn des Absatzvorgangs" erreicht ist. Es will aber, weil für den Versuchsbeginn maßgeblich auf die Sicht des Absatzhelfers als Täter abzustellen sei, durch das alleinige Abstellen auf das Stadium der Absatzhilfe den Versuch uU weit im Vorstadium des eigentlichen Absetzens beginnen lassen. Dadurch gerät jedoch in einer quasi mittäterschaftlichen Konstellation der für sie auch von der Rechtsprechung sonst geforderte Eintritt in den Versuch der „Gesamttat" zugunsten einer Wertung nach der sog. Einzellösung aus dem Blick. Das ist ebenso widersprüchlich wie sachlich verfehlt.[146]

1051 Im **Fall 75** ist B über die **reine Vorbereitung** des erst für eine *spätere Zeit* geplanten Absatzes nicht hinausgegangen. Die Voraussetzungen der Versuchsstrafbarkeit gemäß § 259 I, III sind daher nicht gegeben.[147] Sein Verhalten verwirklicht allerdings den Tatbestand der Begünstigung (§ 257 I); die Aufbewahrung des Diebesgutes bildet ein typisches Beispiel des dort geforderten und genügenden „Hilfeleistens" (s. dazu Rn 980 ff).

VI. Vortatbeteiligung und Hehlerei

1052 **Fall 76:** Durch einen „todsicheren Tipp" und den Hinweis, dass er zur Übernahme der Beute gegen gute Bezahlung bereit sei, hat A die Diebeskumpane B, C und D zu einem nächtlichen Einbruch in die Werkstatt des Juweliers J bestimmt. Nach erfolgreichem Verlauf teilen die drei eine Reihe von Schmuckstücken unter sich auf; den größeren Teil der Beute überbringen sie dem A, der jedem von ihnen einen Anteil am geschätzten Erlös sofort auszahlt. Auf dem Nachhauseweg kauft B dem D eine Perlenkette ab, die dieser bei der Aufteilung erhalten hat, die B jedoch seiner Mutter schenken will.
Strafbarkeit der Beteiligten? **Rn 1057**

1. Vortäterschaft und Hehlerei

1053 **Täter** und **Mittäter der Vortat** können an den von ihnen erlangten Sachen nicht zugleich Hehlerei begehen.[148] Zumindest der *erste* Hehler muss, wie § 259 ausdrücklich klarstellt, im Vergleich zu ihnen *„ein anderer"* sein. Auch wird durch den Vortäter kein

---

142 S. BGH NStZ 19, 80; s. zu beiden Varianten auch *Bosch*, Jura 19, 834.
143 *Rengier*, BT I § 22 Rn 64 f; S/S/W-*Jahn*, § 259 Rn 47 f; OLG Köln BeckRS 17, 117610 mit Bespr. *Jahn*, JuS 17, 1128; iE zust. *Dehne/Niemann*, HRRS 15, 79.
144 LK-*Hillenkamp*, 12. Aufl., § 22 Rn 85, 96 f; s. dazu auch *Küper/Zopfs*, BT Rn 20; mit anderer Begründung iE so auch *Küper*, JZ 15, 1039; *Küper*, Paeffgen-FS S. 345 ff.
145 BGH NJW 19, 1311 mit zum Versuch abl. Bespr. *Bosch*, Jura (JK) 19, 680; *Mitsch*, NJW 19, 1258; zust. dagegen *Eisele*, JuS 19, 915.
146 S. zur Gesamt- und zur Einzellösung bei mittäterschaftlichem Versuch LK-*Murmann*, § 22 Rn 209 ff; die Rspr. folgt dort zu Recht der Gesamtlösung.
147 Näher BGH NJW 89, 1490.
148 BGH NStZ-RR 17, 246; *Bosch*, Jura 19, 830.

neues Rechtsgut verletzt.¹⁴⁹ Stiftet der Vortäter den Hehler an, liegt eine mitbestrafte Nachtat vor.¹⁵⁰

Ob § 259 auch bei einem späteren Rückerwerb der Beute bzw. eines Beuteanteils entfällt, ist streitig (vgl Rn 1055 f). Lässt sich im Strafverfahren nicht klären, ob der Angeklagte an der Vortat (zB am Betrug oder an einer räuberischen Erpressung) als Mittäter beteiligt war, steht jedoch fest, dass er einen Teil der Beute in Kenntnis der Vortat erst von deren Täter erhalten hat, so bejaht der BGH die Zulässigkeit einer Verurteilung wegen Hehlerei.¹⁵¹

2. Vortatteilnahme und Hehlerei

Anstifter und **Gehilfen** der Vortat, die im Anschluss an deren Begehung hehlerisch handeln, machen sich nach hM der **Hehlerei** schuldig, und zwar selbst dann, wenn die Vortatteilnahme von vornherein darauf abzielte, sich die Beute oder bestimmte Teile daraus zur eigentümergleichen Verwendung zu verschaffen.¹⁵² In einer Grundsatzentscheidung des GrS ist diese Auffassung mit stichhaltigen Argumenten näher begründet worden. Ihr folgt die hL,¹⁵³ teils mit der bedenkenswerten Einschränkung, dass durch die Vortat kein „Anrecht" auf die Beute erworben worden ist, die Übertragung auf den Hehler durch den Vortäter also nicht in Erfüllung einer „Verbindlichkeit", sondern „frei" geschieht.¹⁵⁴

1054

3. Rückerwerb der Beute durch den Vortäter

Umstritten ist, ob der **Vortäter** dann wegen Hehlerei zu bestrafen ist, wenn er nach Aufgabe seiner ursprünglichen Verfügungsgewalt die Beute bzw. einen Beuteanteil zurückerwirbt oder beim Absatz mitwirkt.

1055

Da der **Vortäter**, der allein oder als Mittäter **gestohlen** hat, nicht dadurch „*ein anderer*" iS des § 259 wird, dass er die Beute bzw. einen Beuteanteil später wiedererlangt oder zum Absatz mitwirkt, liegt richtigerweise keine Hehlerei vor. Hinzu kommt, dass es dem Charakter der Hehlerei als Vermögensdelikt nicht entsprechen würde, hier das Vorliegen einer *erneuten* Rechtsgutverletzung seitens des Vortäters anzunehmen.¹⁵⁵ Zumindest würde in Fällen dieser Art der Grundgedanke der *mitbestraften Nachtat* durchgreifen.¹⁵⁶

1056

---

149 *Lackner/Kühl/Heger*, § 259 Rn 18.
150 *Geppert*, Jura 94, 103.
151 BGHSt 35, 86, 89; BGH JZ 89, 504; OLG Brandenburg BeckRS 12, 25099 (Fall der Postpendenz); näher dazu *Geppert*, Jura 94, 100; *Küper*, Probleme der Hehlerei bei ungewisser Vortatbeteiligung, 1989; ferner *Wolter*, Anm. NStZ 88, 456.
152 Vgl BGHSt 33, 50, 52; in einem solchen Fall kommt allerdings auch eine Hehlerei ausschließende Mittäterschaft an der Vortat in Betracht, s. BGH BeckRS 12, 18738 mit Bespr. *Bosch*, JK 1/13, StGB § 244a/2; *Hecker*, JuS 13, 177.
153 BGHSt 7, 134; 33, 50, 52; A/W-*Heinrich*, § 28 Rn 38; BK-*Ruhmannseder*, § 259 Rn 57; Fischer-*Fischer/Lutz*, § 259 Rn 31; *Hohmann/Sander*, BT § 49 Rn 82; *Klesczewski*, BT § 10 Rn 80; S/S-*Hecker*, § 259 Rn 51; S/S/W-*Jahn*, § 259 Rn 51; diff. S/S-*Stree*, 27. Aufl., § 259 Rn 56 f.
154 So S/S-*Stree*, 27. Aufl., § 259 Rn 57; BGH NJW 87, 77; OLG München wistra 07, 37; abl. M/R-*Dietmeier*, § 259 Rn 34; *Zöller*, BT Rn 505.
155 Vgl dazu H-H-*Kretschmer*, Rn 1207; *Lackner/Kühl/Heger*, § 259 Rn 18; **anders** *Geppert*, Jura 94, 100, 104; *Kindhäuser/Hilgendorf*, § 259 Rn 6; LK-*Walter*, § 259 Rn 90; *Rengier*, BT I § 22 Rn 73: Tatmehrheit; diff. S/S/W-*Jahn*, § 259 Rn 53.
156 So BK-*Ruhmannseder*, § 259 Rn 55; *Eser*, Strafrecht IV S. 193; *Krey/Hellmann/Heinrich*, BT II Rn 1030; S/S-*Hecker*, § 259 Rn 50; zum Rückerwerb durch den oder zu Gunsten des durch die Vortat Geschädigten s. Rn 1021.

1057 Im **Fall 76** haben B, C und D sich des gemeinschaftlich begangenen Diebstahls in einem *besonders schweren Fall* schuldig gemacht (§§ 242, 243 I 2 Nr 1, 25 II). A ist in dieser Hinsicht als **Anstifter** (§ 26) zu bestrafen. Weder diese Tatsache noch seine Zusage, die Beute abzunehmen, hindern seine Bestrafung auch wegen Hehlerei (§§ 242, 243 I 2 Nr 1, 26, 259, 53).[157] B ist dagegen als Mittäter der Vortat bezüglich des Erwerbes der Perlenkette von C trotz der zwischenzeitlichen Beuteteilung nicht wegen Hehlerei zu bestrafen.

VII. Verfolgbarkeit und Strafschärfung

1. Verweisung auf §§ 247, 248a

1058 Unter den Voraussetzungen der §§ 247, 248a hängt die **Strafverfolgung** wegen Hehlerei gemäß § 259 II von einem Strafantrag des durch die Vortat Verletzten ab.[158] Im Rahmen des § 248a kommt es lediglich darauf an, ob die **gehehlte Sache** von *geringem Wert* ist;[159] dass auch die erstrebte Bereicherung geringwertig sein muss, kann nicht zusätzlich verlangt werden.[160] Das Bagatellunrecht prägt der geringe Wert der weiterverschobenen Sache, selbst wenn ausnahmsweise ein größerer Vermögensvorteil angestrebt wird.

2. Qualifikationen

1059 Die **gewerbsmäßige Hehlerei** (§ 260 I Nr 1) bildet einen **qualifizierten Fall** im Verhältnis zu dem in § 259 normierten Grundtatbestand. **Gewerbsmäßig** handelt, wer sich aus der wiederholten Tatbegehung eine fortlaufende Einnahmequelle von einigem Umfang und einer gewissen Dauer verschaffen will.[161] Die Gewerbsmäßigkeit ist ein strafschärfendes persönliches Merkmal iS des § 28 II, trifft den Gehilfen also nur, wenn er selbst gewerbsmäßig handelt.[162]

1060 Neu im Gesetz ist der Tatbestand der **Bandenhehlerei** (§ 260 I Nr 2).[163]

Zum Bandenbegriff gilt das zu § 244 Gesagte entsprechend (s. Rn 330 ff).[164] Die Kenntnis (bzw. Ermittlung) mehrerer oder gar sämtlicher Mitglieder einer Bande setzt der BGH[165] nicht voraus, wenn nur der Täter mit wenigstens einem anderen die Bandenabrede getroffen hat. Für §§ 260, 260a kommt es anders als in §§ 244 I Nr 2, 244a I, 250 I Nr 2 (s. Rn 337) auf die **Mitwirkung** wenigstens eines anderen Bandenmitglieds am Tatort nicht an. Das ist *hier* im Gegensatz zu dort allgemeine Meinung,[166] weil in §§ 260, 260a die Wendung „unter Mitwirkung eines anderen Bandenmitglieds" mit Bedacht fehlt. Damit ist *hier* auch entschieden, dass für (Mit-)Täterschaft Tatortprä-

---

157 Zum Konkurrenzverhältnis vgl BGHSt 22, 206 ff.
158 MK-*Maier*, § 259 Rn 186.
159 Vgl BT-Ds 7/550 S. 253; Fischer-*Fischer/Lutz*, § 259 Rn 26; *Kindhäuser/Hilgendorf*, § 259 Rn 2; LK-*Walter*, § 259 Rn 101; *Stree*, JuS 76, 137, 144.
160 *Lackner/Kühl/Heger*, § 259 Rn 22.
161 BGHSt 1, 383; BGH NStZ 95, 85; näher BGH NZWiSt 14, 306 mit Anm. *Floeth*; einschr. BGH wistra 16, 307; als Qualifikation gehört § 260 I Nr 1 in den Urteilstenor, BGH NStZ-RR 07, 111.
162 BGH wistra 08, 379; BGH StV 12, 339, 342; BGH NStZ 20, 273 mit Anm. *Hinderer*.
163 S. zur Vermögensstrafe BVerfGE 105, 135.
164 BGH wistra 02, 57; zur aus Dieben und Hehlern gemischten Bande s. BGHSt GrS 46, 321; für Anpassung des Begriffs an die organisierte Kriminalität *Erb*, NStZ 98, 541.
165 BGH NStZ 96, 495.
166 S. BGH NStZ 95, 85; 96, 495 mit zust. Anm. *Miehe*, StV 97, 247; BGH NStZ 00, 473; BGH HRRS 20, Nr 21; *Erb*, NStZ 98, 539; S/S-*Hecker*, § 260 Rn 3; S/S/W-*Jahn*, § 260 Rn 6; krit. hierzu mit Blick auf „gemischte" Banden BK-*Ruhmannseder*, § 260 Rn 4.1.

senz nicht Voraussetzung ist (zum Streit hierzu beim Bandendiebstahl und -raub s. Rn 338). Im Übrigen setzt die Zurechnung des besonderen persönlichen Merkmals der Bandenmitgliedschaft (s. Rn 338) auch hier eine mittäterschaftliche Beteiligung an der Bandentat nicht voraus. Es kann vielmehr nach § 28 II auch den Anstifter oder Gehilfen belasten.[167]

Die **gewerbsmäßige Bandenhehlerei** (§ 260a) kombiniert als weitere Qualifikation zu § 259 die Merkmale der Bandenhehlerei mit dem Erfordernis des gewerbsmäßigen Handelns.[168] Die Tat ist Verbrechen, kann über § 30 somit schon im Vorfeld der eigentlichen Tatausführung erfasst werden.[169] Zwischen ihr und einem schweren Bandendiebstahl nach § 244a I 2 iVm § 243 I 2 Nr 3 ist eine Wahlfeststellung möglich.[170]

1061

VIII. Prüfungsaufbau: Hehlerei, § 259

Hehlerei, § 259

I. **Tatbestand**
  1. **Objektiver Tatbestand**
     a) Tatobjekt:
        - *Sache*
     b) Vortat:
        - *Diebstahl oder sonst gegen fremdes Vermögen gerichtete rechtswidrige Tat*
          → nicht notwendig Vermögensdelikt ieS
          Ⓟ Erfordernis einer bzgl der Sacherlangung abgeschlossenen Vortat
          → Fortbestehen der durch die Vortat begründeten rechtswidrigen Vermögenslage
          Ⓟ Unmittelbarkeitszusammenhang/Ersatzhehlerei
          → Surrogate
     c) Täter:
        - *Vortat = Tat eines anderen*
          → Ausschluss des Täters/Mittäters der Vortat
          Ⓟ Rückerwerb der Beute durch den Vor(mit)täter
     d) Tathandlung:
        - *sich oder einem Dritten verschaffen*
          → vom Vortäter unabhängige (Mit-)Verfügungsgewalt
          → Verfügungsgewalt zu eigenen Zwecken
          Ⓟ Mitverzehr
          Ⓟ Erwerb der Auslösungsbefugnis für hinterlegte Sachen
        - *Ankaufen*
        - *Absetzen*
          → selbstständiges Handeln zugunsten des Vortäters
          Ⓟ Entgeltlichkeit
          Ⓟ Rückveräußerung an den Eigentümer
          Ⓟ Absatzerfolg

1062

---

167 BGH BeckRS 12, 18738 mit Bespr. *Hecker*, JuS 13, 177; BGH HRRS 20, Nr 124 mit abl. Anm. *Hinderer*, NStZ 20, 276; zust. *Kudlich*, NJW 20, 1083.
168 Krit. dazu *Erb*, NStZ 98, 541; zu den Voraussetzungen s. BGH StV 12, 339, 342.
169 Krit. dazu *Flemming/Reinbacher*, NStZ 13, 136.
170 BGH NStZ 00, 473; BGH HRRS 14, Nr 1065; *Bauer*, wistra 14, 475; zum das in Frage stellenden Anfragebeschluss s. *Stuckenberg*, ZIS 14, 461; *Wagner*, ZJS 14, 436; der Große Senat hat die Möglichkeit der Wahlfeststellung bestätigt, BGH NJW 17, 2842 (= BGHSt 62, 72) mit Bespr. *Kudlich*, JA 17, 870; *Stuckenberg*, StV 17, 815. S. auch BGH NStZ-RR 18, 47, 49 mit Abgrenzung zur Postpendenz, dazu Anm. *Bosch*, Jura (JK) 18, 424 und BVerfG NJW 19, 2837 mit zust. Bespr. *Hecker*, JuS 19, 1119.

- *Absetzenhelfen*
  - → unselbstständige Unterstützung der Absatzbemühungen des Vortäters
  - Ⓟ Erfolgsgeeignetheit der Hilfe
  - Ⓟ Absatzerfolg
- *einverständliches Zusammenwirken mit dem Vortäter*
  - Ⓟ Entzug der Sache durch Nötigung/Täuschung

2. Subjektiver Tatbestand
   a) **Vorsatz:** • *jede Vorsatzart*
   b) **Absicht:** • *Absicht, sich oder Dritten zu bereichern*
      - → kein Erfordernis der Rechtswidrigkeit des erstrebten Vorteils
      - → kein Erfordernis der Stoffgleichheit des erstrebten Vorteils
      - Ⓟ Vortäter als Dritter

II. **Rechtswidrigkeit**

III. **Schuld**

→ **Privilegierungen (Strafantrag, § 259 II iVm §§ 247, 248a)**
   Ⓟ Bezugspunkt der Geringwertigkeit

→ **Qualifikationen, §§ 260, 260a**

§ 26 Geldwäsche

Fall 77: T hat bei einem Diebstahl 50 000 € erbeutet. Von dem Geld erwirbt er beim gutgläubigen Juwelier J für 10 000 € eine goldene Damenarmbanduhr, die er seiner Freundin schenken will, und überlässt seinem eingeweihten Bekannten B 500 €, der das Geld zusammen mit weiteren, redlich erworbenen 50 000 € zur Anschaffung eines neuen Pkw verwendet.
Sind die Damenarmbanduhr, der Pkw des B und das von J gutgläubig entgegengenommene Geld taugliche Objekte des § 261? **Rn 1108**

I. Entstehung, Zweck und Rechtsgut

Mit dem Tatbestand der **Geldwäsche**[1] (§ 261) soll verhindert werden, dass illegal erlangtes Vermögen unter Verschleierung der Herkunft in den legalen Wirtschaftskreislauf eingeschleust wird.[2] Unterbunden werden sollen insb. Praktiken der organisierten Kriminalität, bei denen aus schwerwiegenden Straftaten gewonnenes Vermögen über die Einzahlung auf Bankkonten oder anderweitig in den Wirtschaftskreislauf eingebracht (*placement*), seine Herkunft durch eine Vielzahl von Transaktionen verschleiert (*layering*) und die Werte an den Organisator zurückgeführt werden (*integration*). Durch Verhaltensregeln, die Dritten

---

1 Umf. zur Geldwäsche s. Herzog-*Herzog/Achtelik*, Geldwäschegesetz, 5. Aufl. 2023, Einleitung; die Beiträge in *Herzog/Mülhausen*, Geldwäschebekämpfung und Gewinnabschöpfung, 2006 (zum Tatbestand der Geldwäsche darin *Nestler*, §§ 13–22); zu Arten und Techniken der Geldwäsche s. A/R/R-*Herzog/El-Ghazi*, 15 Rn 6 ff; *Hoyer/Klos*, Geldwäsche, 2. Aufl. 1998, S. 8 ff; M-G-*Höschle*, Rn 51.1 ff; Überblick bei *Hombrecher*, JA 05, 68 sowie *Wolf*, JA 24, 1006.
2 BT-Ds 12/989, S. 26 f. Zur „Regelungsidee" und den „Regelungszielen" s. ausf. G/J/W-*Eschelbach*, § 261 Rn 8 ff.

den Kontakt mit inkriminiertem Vermögen weitreichend verbieten (Abs. 1), sollen der Täter wirtschaftlich isoliert und die Gegenstände praktisch verkehrsunfähig gemacht werden. Verboten werden darüber hinaus Vereitelungshandlungen in Bezug auf das Auffinden, die Einziehung und die Ermittlung der Herkunft des inkriminierten Vermögens (Abs. 2).

Geschützt werden soll die „Aufgabe der inländischen staatlichen Rechtspflege, die Wirkungen von Straftaten zu beseitigen" (BT-Ds 12/989, S. 27). So soll infolge der Verkehrsunfähigkeit des inkriminierten Vermögens dieses beim Täter verbleiben und die Einziehung nach § 73 gesichert werden. Ebenfalls soll durch die Verhinderung der Verschleierung eine nachweisbare „Papierspur" erhalten bleiben und die Beweiserbringung vereinfacht werden. Neben diesen Schutz der **Funktionsfähigkeit der Rechtspflege** tritt – wie in § 257 – auch der **Schutz der durch die Vortat verletzten Interessen**.[3] Durch die wirtschaftliche Isolation des Vermögens soll dessen wirtschaftlicher Wert verringert und die Begehung der Vortat unattraktiv gemacht werden.

1065

Eine abweichende Rechtsgutsbestimmung rückt den wenig fassbaren überindividuellen Aspekt des **Vertrauens in die Solidität und Sauberkeit des legalen Finanz- und Wirtschaftssystems** in den Vordergrund.[4] Dass ein solcher Schutzreflex besteht und gewollt ist, kann durchaus zugestanden werden. Ihn zum Rechtsgut zu erheben, im Hinblick auf das der Tatbestand dann noch stärker erweiternd ausgelegt wird, ist hingegen abzulehnen, weil der Tatbestand dann zusätzlich an **Bestimmtheit** verliert. Der Gesetzgeber verfolgt das Ziel, das genannte Vertrauen zu fördern, durch etliche Erweiterungen des Tatbestands über die Jahre,[5] aber das ist Sache des Gesetzgebers. Es ist nicht Sache der Rechtsanwendung, diese Entwicklung in die eigene Hand zu nehmen. Schon länger „bewegt sich" selbst nach Auffassung des BGH[6] die Vorschrift „an der Grenze der Verständlichkeit". Um eine ausreichende Bestimmtheit herzustellen, ist eine „restriktive Auslegung der Tatbestandsmerkmale" nötig.

1066

Durch das Gesetz zur Verbesserung der strafrechtlichen Bekämpfung der Geldwäsche vom 9.3.2021 wurde der **Tatbestand** der Geldwäsche **neu gefasst**.[7] Dabei wurde die bisher bestehende Beschränkung auf bestimmte, besonders schwere oder spezifische Vortaten (per Vortatenkatalog) zugunsten eines *All-Crimes*-Ansatzes aufgegeben und die Geldwäsche zum universellen Kontaktdelikt ausgeweitet. **Jede rechtswidrige Tat**, aus der etwas erlangt wird, kann heute **Vortat** sein. Die Verbindung zu organisierter Kriminalität besteht bei generalisierender bzw. statistischer Betrachtung fort, ist für die einzelne Tat aber nicht mehr erforderlich. Hiermit sollen Schwierigkeiten der Beweisführung bei der Bekämpfung organisierter Kriminalität entfallen,[8] das Verbot der Geldwäsche aber auch als allgemeines, nicht auf einen bestimmten Kriminalitätsbereich beschränktes Prinzip etabliert werden. Schon zuvor war der Vortatenkatalog immer wieder erweitert worden und hatte sich vom unmittelbaren Bezug zur organisierten Kriminalität immer weiter entfernt.

1067

---

3 BK-*Ruhmannseder*, § 261 Rn 7; *Eisele*, BT II Rn 1172; *Jahn/Ebner*, JuS 09, 597; *Lackner/Kühl/Heger*, § 261 Rn 1; *Krey/Hellmann/Heinrich*, BT II Rn 1043; *Mitsch*, BT II S. 836 f; MK-*Neuheuser*, § 261 Rn 9, 15; M/R-*Dietmeier*, § 261 Rn 2; NK-WSS-*Reichling*, § 261 Rn 12; *Rengier*, BT I § 23 Rn 8; SK-*Hoyer*, § 261 Rn 2; S/S/W-*Jahn*, § 261 Rn 11; zusf. BGHSt 55, 36, 49; HansOLG Hamburg NJW 00, 673, 674; weiter diff. NK-*Altenhain*, § 261 Rn 11 ff; nur für Schutz der Rechtspflege *Otto*, BT § 96 Rn 28; auch für Schutz der „inneren Sicherheit" LK-*Krause*, § 261 Rn 4. Die Rspr. hat sich zu dem Schutzgut des § 261 nicht klar positioniert und lediglich in BGHSt 43, 158, 167 einen eigenständigen Unrechtsgehalt angenommen.
4 *Lampe*, JZ 94, 125; *Schittenhelm*, Lenckner-FS S. 528; *J. Vogel*, ZStW 109 (1997), 350; *B. Vogel*, ZRP 20, 113; s. auch *Bottke*, wistra 95, 124; *Findeisen*, wistra 97, 121; zu Recht krit. A/W-*Heinrich*, § 29 Rn 5 ff.
5 So etwa RL 2018/1673, ErwGr.1; BT-Ds 19/24180, S. 12.
6 BGH NJW 08, 2516, 2517.
7 Überblick über die Änderungen bei *Gazeas*, NJW 21, 1041; *Travers/Michaelis*, NZWiSt 21, 125 und *Nestler*, Jura 22, 170; instruktiv *Reisch*, JuS 23, 207; zu Folgewirkungen *Bittmann*, NStZ 22, 577.
8 BT-Ds 19/24180, S. 13.

1068 Mit der Neufassung wurden der Tatbestand grundlegend **umstrukturiert** und die Absätze neu geordnet. Auch die **Tathandlungen** wurden **neu formuliert**. Entgegen dem Vorschlag des Referentenentwurfs entschied sich der Gesetzgeber, auch den Leichtfertigkeitstatbestand beizubehalten (Abs. 6). Das durch die Rspr. des BVerfG geforderte **Verteidigerprivileg** wurde in § 261 I 3 explizit aufgenommen. Aufgrund der Erweiterung der Strafbarkeit wurde die Androhung einer Mindeststrafe gestrichen.

1069 Die **Neufassung** wird vielfach zu Recht **kritisiert**. Der *All-Crimes*-Ansatz geht sehr weit und zieht schwer zu überblickende Schwierigkeiten nach sich. Insbesondere verschärft er die Schwierigkeiten bei der Vermischung von „schmutzigem" und „sauberem" Vermögen. Durch die EU-Richtlinie über die strafrechtliche Bekämpfung der Geldwäsche wurde dieser Ansatz zwar angeregt, jedoch nicht geboten[9] und wird nur von wenigen EU-Mitgliedsstaaten praktiziert. Es ist durchaus fraglich, ob die Effektivität der Strafverfolgung durch den *All-Crimes*-Ansatz tatsächlich verbessert werden kann.[10] Die starke Erweiterung von Tatbeständen führt regelmäßig nicht zu einer zielgenauen Bekämpfung von Gefahren, sondern oft auch zu einer Überforderung der Ermittlungsbehörden. Auch aus verfassungsrechtlicher Perspektive bestehen Bedenken. Indem durch den Wegfall des Nachweises einer spezifischen Vortat die Effektivität der Strafverfolgung im Bereich der organisierten Kriminalität bezweckt wird, wird die hiermit verbundene Strafbarkeit alltäglicher und nicht strafwürdiger Verhaltensweisen als „Kollateralschaden"[11] in Kauf genommen. Hierdurch werden nicht nur wirtschaftliche Abläufe belastet.[12] Es droht auch eine erhebliche Belastung der allgemeinen Handlungsfreiheit, indem strafbewehrte Verhaltensregeln an sich „neutrale" Verhaltensweisen stark einschränken. Darüber hinaus bestehen Zweifel im Hinblick auf das Gesetzlichkeitsprinzip, da im Bereich der nun von § 261 I (insb. iVm Abs. 6) erfassten alltäglichen Handlungssituationen die konkrete strafbewehrte Pflicht für den Adressaten oft nicht klar erkennbar ist. Diese Unklarheit der Relevanz der Norm für die konkrete Norm nur über das Konzept der Leichtfertigkeit selbst zu kompensieren, vermengt aber das Konzept gesteigerter tatsachenbezogener Fahrlässigkeit mit Aspekten der Rechtsfahrlässigkeit. Normenklarheit ist primär Aufgabe des Gesetzgebers; es genügt nicht, wenn er bloß für den Rechtsanwender pauschale Korrekturmöglichkeiten schafft. Nur wenn in diesem Lebensbereich eine entsprechende Norm gesellschaftlich bereits allgemein praktiziert würde, ergäbe sich für den Einzelnen auch bei generalisierenden Formulierungen im Gesetz noch hinreichende Erkennbarkeit. Auch die Durchbrechung des Legalitätsprinzips durch Opportunitätseinstellungen im Strafverfahren schafft dieses Problem nicht aus der Welt.

1070 Ursprünglich sollten mit § 261 **Strafbarkeitslücken** geschlossen werden, die die §§ 257 ff bei Geldwäschevorgängen vor allem deshalb offen lassen, weil die betroffenen Gegenstände nicht stets aus gegen fremdes Vermögen gerichteten Taten stammen, es sich um nicht mehr erfasste **Surrogate** oder nicht um Sachen, sondern um Guthaben, **Forderungen** und dergleichen handelt oder es an der in den §§ 257 ff jeweils vorausgesetzten Absicht mangelt.[13] Infolge der Neufassung des § 261 treten nun an zahlreichen Stellen

---

9 *Gazeas*, NJW 21, 1042; *Travers/Michaelis*, NZWiSt 21, 126; *Gercke/Jahn/Paul*, StV 21, 331; krit. *Altenhain/Fleckenstein*, JZ 20, 1045.
10 Krit. auch *Bussmann/Veljovic*, NZWiSt 20, 419; *Jahn*, Anhörung BT-Ds 19/24180, S. 103; *Gercke/Jahn/Paul*, StV 21, 334; *Travers/Michaelis*, NZWiSt 21, 130; *Schiemann*, Kriminalistik 22, 27; *Schindler*, NZWiSt 20, 463, der ebenfalls Kritik an fehlenden empirischen Grundlagen in der Geldwäschegesetzgebung und fehlender Evidenz für den *All-Crimes*-Ansatz äußert.
11 *Bülte*, Anhörung BT-Ds 19/24180, S. 51; von einem „Allerweltsdelikt" spricht *Gazeas*, NJW 21, 1043.
12 So *Jahn*, Anhörung BT-Ds 19/24180, S. 102: „ständiges Misstrauen"; *Gazeas*, NJW 21, 1043; *Travers/Michaelis*, NZWiSt 21, 132.
13 S. BT-Ds 12/989, S. 26; BGHSt 50, 347, 353 f (dort auch zum Verhältnis zur Hehlerei, s. dazu auch *Schramm*, wistra 05, 245; *Schramm*, wistra 08, 245); *Arzt*, NStZ 90, 2; *Flatten*, Zur Strafbarkeit von Bankangestellten bei der Geldwäsche 1996, S. 19 ff; *Krey/Dierlamm*, JR 92, 353; *Otto*, Jura 93, 329; *Schmidt*, BT II Rn 859 ff; 880a; soweit § 261 über die §§ 257–259 hinausgeht, wird die „Legitimität" des § 261 von *Helmers*, ZStW 121 (2009), 509 bestritten.

Überschneidungen mit den §§ 257 ff auf.[14] Dies gilt insb. für das Verhältnis von § 258 I zu § 261 II. Dabei wird auch nach der Neufassung des § 261 im Verhältnis zu den §§ 257 ff weiterhin regelmäßig Tateinheit anzunehmen sein,[15] gerade bzgl der Hehlerei ist aber auch eine Konsumtion der Geldwäschetat nicht ausgeschlossen.

§ 261 ist in keiner Weise die einzige Vorschrift zur Geldwäsche. Umfassende Sorgfalts- und Verdachtsmeldepflichten statuiert vor allem das Gesetz über das Aufspüren von Gewinnen aus schweren Straftaten (**Geldwäschegesetz, GwG**). Ursprünglich erlassen wurde es am 25.10.1993 (GWG 1993), neugefasst am 13.8.2008 (GWG 2008), grundlegend geändert mit dem Gesetz zur Optimierung der Geldwäscheprävention vom 22.12.2011 und abermals neugefasst zur Umsetzung der 4. Geldwäsche-RL der EU als GWG vom 23.6.2017 (GWG 2017).[16] Schon dieser Überblick gibt einen ersten Eindruck von der sehr dynamischen Entwicklung, der internationalen Abhängigkeit und stark wachsenden wirtschaftlichen Bedeutung dieser Regelungsmaterie. Um über die „Papierspur" des gewaschenen Geldes in die Strukturen der organisierten Kriminalität eindringen zu können,[17] sollen den Ermittlungsbehörden die zur Aufklärung und Untersuchung der Zahlungsflüsse erforderlichen Informationen verschafft und die Vermögenswerte für sie erkennbar gemacht werden. Der **Kreis der Verpflichteten** wird heute in § 2 I GwG weit gefasst. Zu ihm gehören bspw. Kredit- und Finanzinstitute, Immobilienmakler, Güterhändler, Kunstvermittler, Wirtschaftsprüfer, Steuerberater und für (etliche) bestimmte Angebote und Geschäfte Versicherungsunternehmen, Rechtsanwälte, Notare.[18] Es bestehen Pflichten zum allgemeinen **Risikomanagement** (§§ 4 ff GwG), Sorgfaltspflichten in Bezug auf Kunden (§§ 10 ff GwG), Melde- und weitere Transparenzpflichten bzgl des 2017 eingeführten **Transparenzregisters** (§§ 18 ff GwG) und Verdachtsmeldepflichten (§§ 43 ff GwG). Neben dem GWG enthalten zB die §§ 25h KWG für Kredit- und Finanzdienstleistungsinstitute die Pflicht zu einem noch weiter gehenden Risikomanagement, § 31b AO Mitteilungspflichten der Finanzbehörden bei Geldwäscheverdacht[19] und die §§ 3 ff GwGMeldV-Immobilien Meldepflichten bei Immobilientransaktionen.[20]

1071

Der Umfang der **Sorgfaltspflichten** folgt nach § 10 II GwG einem risikobasierten Ansatz, wonach sich die konkret erforderlichen Maßnahmen nach dem Geldwäscherisiko für die Geschäftsbeziehung bestimmen. Abweichend von den allgemeinen Sorgfaltspflichten können nach §§ 14, 15 GwG vereinfachte oder verstärkte Sorgfaltspflichten bestehen. Für die **Verdachtsmeldepflicht** nach § 43 GwG, die weit über die Pflichten nach § 138 StGB hinausgeht, ist entscheidend, ob Tatsachen vorliegen, die auf das Bestehen bestimmter, in Abs. 1 der Vorschrift genannter Gründe hindeuten. Abzustellen ist hierfür nach den „Auslegungshinweisen des Bundesministeriums der Fi-

1072

---

14 So auch *Schindler*, NZWiSt 20, 463 mit Verweis auf die Arbeitsgruppe „Waschen von Gewinnen aus illegalem Betäubungsmittelhandel – Abschöpfung der Gewinne aus Straftaten"; krit. auch *El-Ghazi/Laustetter*, NZWiSt 21, 212.
15 So auch BGH NJW 19, 1311, 1315 ff zum Verhältnis einer (versuchten) gewerbsmäßigen Hehlerei und Geldwäsche; für die Annahme von Spezialität der Hehlerei *El-Ghazi/Laustetter*, NZWiSt 23, 121.
16 Zu den europarechtlichen Bezügen des GwG S/S/W-*Jahn*, § 261 Rn 13; zur Änderung des GwG durch die 4. Geldwäsche-RL *Kim*, ZWH 17, 365 und *Bülte*, NZWiSt 17, 282; zu Änderungen durch die 5. Geldwäsche-RL *Frey*, CCZ 18, 170 und *Brian/Frey/Krais*, CCZ 19, 245. Vgl. auch noch *Gentzik*, Die Europäisierung des Geldwäschestrafrechts, 2002.
17 BT-Ds 12/989, S. 26; zur die Erwartungen nicht erfüllenden Praxis der früheren Gewinnabschöpfung s. *Kaiser*, wistra 00, 121.
18 S. dazu A/R/R-*Herzog/El-Ghazi*, 15 Rn 32 ff; *Dahns*, NJW-Spezial 18, 126; *Gehling/Lüneborg*, NZG 20, 1164; zur Neuregelung der Pflichten im Kunstsektor *Raue/Roegele*, ZRP 19, 196; zur Kollision mit dem (anwaltlichen) Berufsgeheimnis s. *Hamacher*, wistra 12, 136; vgl auch EGMR NJW 13, 3423.
19 Zu weiteren Pflichten vgl. *Diergarten/Barreto da Rosa*, Geldwäscheprävention, 2015, 6 Rn 1 ff.
20 Hierzu *Rodatz/Judis/Haslinger*, NZWiSt 21, 56.

nanzen zur Handhabung des Verdachtsmeldewesens" vom 6.11.2014, die auch nach der Änderung des GwG Gültigkeit beanspruchen,[21] auf die subjektive Einschätzung des Mitarbeiters im Hinblick auf die „Ungewöhnlichkeit und Auffälligkeit im jeweiligen geschäftlichen Kontext".[22]

1073 Das GwG begründet sog. *Third Party Compliance*-Pflichten;[23] den Verpflichteten werden **Kontrollpflichten** zur Vermeidung von gesetzeswidrigem Verhalten Dritter auferlegt. Privaten werden dabei ursprünglich staatliche Aufgaben der Prävention und Strafverfolgung zugewiesen. Kritik[24] wird an diesem Trend, Strafverfolgungsaufgaben zu privatisieren, nicht nur aufgrund der Kostenüberwälzung geäußert, sondern vor allem auch wegen möglicher Beschränkungen des Grundrechtsschutzes. Diskussionsbedarf besteht zudem vor dem Hintergrund des bisher nur mäßigen Erfolgs der Geldwäschebekämpfung. Auch die durch die Abschaffung des Vortatenkatalogs zu erwartende Zunahme an Verdachtsmeldungen wird vor dem Hintergrund der bestehenden Überlastung der Staatsanwaltschaften zu beobachten sein.[25]

1074 Die Einhaltung der Pflichten wird durch die Bußgeldvorschriften des § 56 GwG abgesichert. Pflichten aus §§ 10, 43 GwG können eine **Garantenstellung** und damit uU auch eine Strafbarkeit nach §§ 261, 13 I begründen, soweit es um für die jeweilige Geschäftstätigkeit typische Geldwäschegefahren geht (Überwachungsgarantenstellung).[26] Wegen der präventiven Ausrichtung der Regelungen des GwG genügt zwar nicht jede einfache Pflichtverletzung,[27] mit Blick auf die repressiven Bezüge, die sich bereits aus den europarechtlichen Vorschriften ergeben, geht eine generelle Verneinung einer Garantenstellung aber zu weit.[28] Daneben kommt bei Verletzung dieser Pflichten eine Strafbarkeit wegen Begünstigung (§ 257) oder Strafvereitelung (§ 258) in Betracht.

II. Tatbestand

1. Tatobjekt, Vortat und Täter

a) Gegenstand

1075 **Gegenstand** der Tat können alle beweglichen und unbeweglichen Sachen sowie Rechte sein (wie etwa Bargeld, Buchgeld, Forderungen, Wertpapiere, Immobilien, Edelsteine, Kunstobjekte, Kontodaten und dergleichen),[29] die aus einer Vortat (dazu Rn 1082 ff) „herrühren" (dazu Rn 1079 ff). Dem Schutzzweck des Tatbestandes entsprechend muss

---

21 BT-Ds 18/11555, S. 156 f.
22 Krit. zu dem dort ausgeführten Maßstab *Bülte*, NZWiSt 17, 280; zur Meldepflicht allgemein BGH wistra 19, 164 mit Anm. *Reichling* und Anm. *Peukert*, NZWiSt 19, 223; zu den Anforderungen an die Verdachtslage BVerfG NJW 20, 1353 und OLG Frankfurt NStZ-RR 19, 16.
23 Hierzu *Busekist/Uhlig*, in: Hauschka/Moosmayer/Lösler (Hrsg), Corporate Compliance, 3. Aufl. 2016, § 35.
24 Fischer-*Fischer/Lutz*, § 261 Rn 6, 7 ff; Herzog-*Herzog/Achtelik*, Geldwäschegesetz, 5. Aufl. 2023, Einleitung Rn 159; *Tiedemann*, WirtschaftsstrafR Rn 955; *Böse*, ZStW 119 (2007), 867; *Dannecker/Bülte*, NZWiSt 12, 4.
25 Krit. *Bussmann/Veljovic*, NZWiSt 20, 420; *Jahn*, Anhörung BT-Ds 19/24180, S. 106; *Gazeas*, NJW 21, 1046.
26 *Neuheuser*, NZWiSt 15, 241; Herzog-*El-Ghazi*, Geldwäschegesetz, 5. Aufl. 2023, § 261 Rn 130 ff; *Bülte*, NZWiSt 17, 282, der jedoch grds nur eine Teilnahmestrafbarkeit für möglich hält.
27 S/S/W-*Jahn*, § 261 Rn 100; iE auch NK-*Altenhain*, § 261 Rn 93.
28 *Neuheuser*, NZWiSt 15, 243.
29 Einschränkend *Geurts*, ZRP 97, 252; weiter *Cebulla*, wistra 99, 281; s. genauer G/J/W-*Eschelbach*, § 261 Rn 26 ff; *Voß*, Die Tatobjekte der Geldwäsche, 2007; zu Bitcoins/Kryptowährungen als Tatobjekt s. *Herzog/Hoch*, StV 19, 412; Paysafe-Codes als Tatobjekte s. BGH wistra 19, 338, 339. In den Kontodaten-Fällen (Liechtenstein/Schweiz) mangelt es entgegen *Kühne*, GA 10, 276 daher nicht an einem tauglichen Gegenstand, sondern (bisher) an einer einschlägigen Vortat.

dem Gegenstand ein messbarer Vermögenswert zukommen.[30] Ob auch nichtige Forderungen mit wirtschaftlichem Wert dazu gehören, ist umstritten, wegen der fehlenden Rechtsqualität aber zu verneinen.[31] Keinen tauglichen Tatgegenstand bilden nach der Neufassung des § 261 ersparte Aufwendungen iS des § 261 I 3 aF mehr.

Die im Referentenentwurf der Neufassung vorgeschlagene Anpassung des Gegenstands der Geldwäsche an die **Terminologie der Einziehung** – die Erstreckung auf „einen Tatertrag, ein Tatprodukt oder einen an dessen Stelle getretenen anderen Vermögensgegenstand" – wurde im Gesetzgebungsverfahren nicht übernommen. Dies lässt die Schlussfolgerung zu, dass zumindest derzeit auch an der hierzu bestehenden Dogmatik keine Veränderungen erfolgen sollten. Dass der Gesetzgeber diesen Gedanken künftig aber evtl doch aufgreift, liegt durchaus nicht fern. 1076

Zum Schutz des allgemeinen Rechtsverkehrs entfällt die in § 261 I 1 Nr 3 und 4 normierte (dh auf die den Gegenstand annehmenden Tathandlungen bezogene) Strafbarkeit allerdings mangels tauglichen Tatobjekts nach **§ 261 I 2**, wenn zuvor ein – zB gutgläubiger – Dritter den Gegenstand erlangt hatte, ohne hierdurch eine rechtswidrige Tat zu begehen. Der zur alten Fassung bestehende Streit, ob die Klausel auch dann eingreift, wenn zwar keine Geldwäsche, aber eine andere Straftat begangen wurde, wird nun vom Gesetz beantwortet: Die **Entmakelung** nach § 261 I 2 setzt nun voraus, dass beim Erwerb gar keine rechtswidrige Tat (beachte § 11 I Nr 5) begangen wurde.[32] 1077

Ob Satz 2 auch eingreift, wenn bemakeltes Geld auf ein **Konto bei einer gutgläubigen Bank** eingezahlt und durch diese das Geld alsdann an einen bösgläubigen Dritten überwiesen wird, ist umstritten. Nicht zutreffend ist die Annahme, dass der Einzahlende hierbei eine bemakelte Forderung gegen die Bank an den Dritten abtrete, die aus der Einzahlung und damit der Vortat herrühre.[33] Die Überweisung ist eine Leistung auf Grund eines eigenständigen Zahlungsdienstevertrags gem. §§ 675f ff BGB, nicht Zession der bemakelten Forderung. Gleichwohl ist sie wirtschaftlich das Surrogat der bemakelten Forderung gegen die Bank, sodass die Bemakelung mangels Zwischenerwerb nicht durch die Bank unterbrochen werden konnte und Satz 2 nicht eingreift.[34] Entsprechendes gilt, wenn eine Forderung tatsächlich abgetreten wird oder der Vortäter die Verfügungsmacht über das kontaminierte Geld behält und ein Zwischenerwerb des Dritten nicht stattfindet.[35] 1078

b) Herrühren

Der wenig bestimmte Begriff des „**Herrührens**" erfasst nach der Vorstellung des Gesetzgebers auch eine **Kette von Verwertungshandlungen**, bei der der ursprüngliche Gegenstand unter Beibehaltung seines Wertes durch einen anderen **ersetzt** wird.[36] Anders als bei der Hehlerei soll der Zugriff des § 261 damit nicht schon nach einem „Waschvorgang" enden. Andererseits rührt aus der Vortat hiernach nicht mehr her, was in seinem 1079

---

30 AnK-*Sommer*, § 261 Rn 6; S/S/W-*Jahn*, § 261 Rn 19.
31 *Kleszczewski*, BT § 10 Rn 99; MK-*Neuheuser*, § 261 Rn 35; S/S/W-*Jahn*, § 261 Rn 21; **aA** BK-*Ruhmannseder*, § 261 Rn 9; *Lackner/Kühl/Heger*, § 261 Rn 3; LK-*Krause*, § 261 Rn 10.
32 So auch *Travers/Michaelis*, NZWiSt 21, 127.
33 So jedoch Fischer-*Fischer/Lutz*, § 261 Rn 35; BK-*Ruhmannseder*, § 261 Rn 35.1; *Hilgendorf/Valerius*, BT II § 22 Rn 14; *Hillenkamp*, hier bis zur 42. Aufl.
34 MK-*Neuheuser*, § 261 Rn 88; Herzog-*El-Ghazi*, Geldwäschegesetz, 5. Aufl. 2023, § 261 Rn 139; S/S-*Hecker*, § 261 Rn 21; iE auch *Lackner/Kühl/Heger*, § 261 Rn 6; **aA** S/S/W-*Jahn*, § 261 Rn 60; NK-WSS-*Reichling*, § 261 Rn 51.
35 So, wenn der Vortäter das Geld über das Anderkonto eines gutgläubigen Rechtsanwalts an einen bösgläubigen Dritten leitet, BGHSt 55, 36, 56 f.
36 BGH NStZ 17, 28; zur Einschränkung bei Gegenständen in einer **Zwangsversteigerung** s. LG Aachen StV 19, 57.

Wert durch Weiterverarbeitung im Wesentlichen auf eine selbstständige spätere Leistung Dritter zurückzuführen ist.[37] Zugrundezulegen ist danach eine **wirtschaftliche Betrachtungsweise**.[38] Wegen der entstehenden Unbestimmtheit geht die Auffassung hingegen zu weit, § 261 sei ein Auffangtatbestand und das Herrühren lasse grundsätzlich „eine weite Auslegung zu",[39] weshalb es genüge, wenn „zwischen dem Gegenstand und der Vortat ein Kausalzusammenhang" besteht, der Gegenstand sich also aus der Vortat „ableiten" lässt.[40] Ein aus der Vortat herrührender Gegenstand liegt vor allem bei der Tatbeute, dem Lösegeld oder der Entlohnung für die Vortat wie bei dem durch die Vortat hergestellten „Produkt" (zB Falschgeld) vor, nicht aber bei den Tatwerkzeugen der Vortat.[41]

1080 Als **Beispiele** hatte der Gesetzentwurf (BR-Ds 507/92, S. 28) sehr weitgehend die folgenden Fälle beschrieben: „Zahlt ein Täter den „Gewinn" aus Betäubungsmittelgeschäften bar auf sein Bankkonto ein, so rührt das Bankguthaben aus der Vortat her. Bezahlt er mit dem Bankguthaben Schmuck oder Wertpapiere, dann rühren auch diese Gegenstände aus der Vortat her. Nimmt der Täter anschließend bei der Bank ein Darlehen auf und gibt er die Wertpapiere als Sicherheit, dann hat das ausgezahlte Darlehen seine Ursache ebenfalls in der Vortat. Erwirbt er mit diesem Darlehen zB ein Grundstück, rührt auch dieses aus der Vortat her. Erwirbt der Täter dagegen mit illegal erlangtem Geld Unternehmensanteile, so rühren zwar diese Anteile, nicht aber die von dem Unternehmen produzierten Gegenstände aus der Vortat her. Zur Vermischung von legalem mit illegalem Geld ist anzumerken: Kauft ein Täter einen Pkw für 10000 DM, die in Höhe von 1000 DM illegaler Herkunft sind, so rührt das Auto insoweit aus der Vortat her; auf vom Bundesgerichtshof für die Hehlerei aufgestellte Grundsätze über die Vermischung von Geld (zB BGH NJW 1958, 1244) kann zurückgegriffen werden."

1081 Probleme entstehen bei der **Vermischung** von bemakelten mit unbemakelten Vermögensgegenständen. So nimmt der BGH[42] bei der Vermengung von Giralgeld zur Vermeidung von Umgehungshandlungen eine Bemakelung des gesamten Giralgeldes (**Totalkontamination**) an, wenn der aus einer Vortat stammende Anteil bei wirtschaftlicher Betrachtungsweise nicht vollständig unerheblich ist, was jedenfalls bei einem Anteil von 5,9 % der Fall sein soll.[43] Dem wird unter Verweis auf die Wertung der §§ 947, 948 BGB

---

37 BT-Ds 12/989, S. 27; BGH NStZ-RR 24, 378, 379; *Lackner/Kühl/Heger*, § 261 Rn 5; diff. SK-*Hoyer*, § 261 Rn 16; s. näher zu diesem schwer eingrenzbaren Begriff *Barton*, NStZ 93, 159; *Körner*, NStZ 96, 64; *Lampe*, JZ 94, 123; *Leip*, Der Straftatbestand der Geldwäsche 1995, S. 66 ff; *Otto*, Jura 93, 330.

38 *Flatten*, Zur Strafbarkeit von Bankangestellten bei der Geldwäsche 1996, S. 70 f; H-H-*Kretschmer*, Rn 1213; *Otto*, BT § 96 Rn 31; *Zöller*, BT Rn 538; BGH NJW 19, 533, 534; BGH NZWiSt 19, 148, 150 mit Anm. *Raschke*; OLG Karlsruhe NJW 05, 767, 768. S. zum „Herrühren" A/W-*Heinrich*, § 29 Rn 13; *Eisele*, BT II Rn 1176 f; Fischer-*Fischer/Lutz*, § 261 Rn 15 ff; *Jahn/Ebner*, JuS 09, 599; *Rengier*, BT I § 23 Rn 14 ff.

39 So BGHSt 53, 205, 209 mit krit. Anm. *Fahl*, JZ 09, 747 und *Kuhlen*, JR 10, 271; krit. auch *Bülte*, ZWH 16, 386.

40 Ebenfalls BGHSt 53, 205, 209; BGH wistra 22, 249; BGH wistra 22, 341. Nach BGH NStZ-RR 10, 109, 111 soll das jedenfalls dann gegeben sein, „wenn das Surrogat einer unmittelbaren Beziehung zum Vortäter entstammt" (Bestechungsgelder); mit einer restriktiven Auslegung (s. Rn 980) verträgt sich auch das nicht; s. zum „Herrühren" A/W-*Heinrich*, § 29 Rn 13; *Eisele*, BT II Rn 1176 f; Fischer-*Fischer/Lutz*, § 261 Rn 15 ff; *Jahn/Ebner*, JuS 09, 599 f; *Rengier*, BT I § 23 Rn 14 ff.

41 S/S/W-*Jahn*, § 261 Rn 37; Bestechungsgelder, die ein Dritter für den zu Bestechenden entgegennimmt, sind – entgegen *Fahl*, JZ 09, 748 – tauglicher Gegenstand, s. BGHSt 53, 205, 208 f im soweit zust. Anm. *Kuhlen*, JR 10, 272 f.

42 BGH NZWiSt 16, 157, 158 mit Anm. *Krug*; zu den hiermit verbundenen Folgen in Zusammenhang mit den Panama Papers *Schuhr*, NZWiSt 17, 272.

43 BGH NJW 15, 3254, 3255; BGH NZWiSt 2019, 148, 150 mit Anm. *Raschke*; dies stützend BGH wistra 22, 249 (Bejahung bei 6,31%, Verneinung bei 3,4%). Teilw. wird angenommen, dass eine Totalkontamination bei Überschreitung einer prozentualen Mindestgrenze des bemakelten Vermögens anzunehmen sei: 5% (*Barton* NStZ 93, 159, 163 f), 25% (*Leip/Kardtke*, wistra 97, 283), 50% (*Salditt*, StraFo 92, 124); Übersicht hierzu bei Herzog-*El-Ghazi*, Geldwäschegesetz, 5. Aufl. 2023, § 261 Rn 92 ff.

entgegengehalten, eine Kontamination entstehe nur im Verhältnis zwischen kontaminiertem und sauberem Anteil (**Teilkontamination**). Das führt indes zum Problem der Bestimmung und Abgrenzung von bemakelten und unbemakelten Vermögensanteilen.[44] Bei einem geringen Anteil des kontaminierten Vermögens ist die Annahme einer Totalkontamination indes schwer mit dem Wortlaut „aus der Tat herrühren" vereinbar und kann, insb. vor dem Hintergrund der Streichung des Vortatenkatalogs, zur wirtschaftlichen Lähmung ganzer Unternehmen führen, ohne dass diese sie sicher vermeiden können.[45] Aus diesem Grund muss es zumindest möglich sein, durch Absonderung eines dem Wert des ursprünglich bemakelten Giralgeldes entsprechenden oder diesen übersteigenden Betrags auf ein entsprechend gekennzeichnetes eigenes Konto, die Kontamination der übrigen Forderung rückgängig zu machen.

c) Vortat

Die Geldwäsche ist – wie die Hehlerei – ein **Anschlussdelikt**.[46] § 261 stellt nun den Umgang mit Gegenständen aus einer jeden „**rechtswidrigen Tat**" unter Strafe. Eine solche muss gemäß § 11 I Nr 5 einen Straftatbestand (dh alle seine objektiven und subjektiven Merkmale) verwirklichen, ohne gerechtfertigt zu sein; schuldhaft muss sie indes nicht begangen sein. Während der Tatbestand der Geldwäsche bei seiner Einführung durch Art. 1 Nr 19 OrgKG vom 15.7.1992 als Instrument zur Bekämpfung von organisierter Kriminalität auf einen engen Kreis an Delikten beschränkt war, wurde die Norm zunächst durch die Ausweitung des Vortatenkatalogs in Umsetzung internationalen und europäischen Rechts[47] und letztlich seine Abschaffung sukzessive zum universalen Kontaktdelikt.[48]

1082

Die **Vortat** muss – nicht anders als bei der Hehlerei (s. Rn 1003) – in Bezug auf die Erlangung des Gegenstands abgeschlossen, dh in aller Regel **vollendet** sein.[49] Sie kann gemäß § 261 IX auch im Ausland begangen werden, sofern die Tat nach deutschem Strafrecht eine rechtswidrige Tat wäre und entweder am Tatort (Nr 1) oder in einem der genannten Rahmenbeschlüsse oder Richtlinien (Nr 2) mit Strafe bedroht ist.[50] Die Vortat muss in ihren **wesentlichen**, einen legalen Erwerb ausschließenden Merkmalen festgestellt[51] und vom **Vorsatz** des Täters wenigstens in groben Zügen erfasst werden.[52]

1083

---

44 Zu den verschiedenen Ansätzen zur Teilkontamination und hieran bestehender Kritik NK-*Altenhain*, § 261 Rn 41 f.
45 So auch *Tiedemann*, WirtschaftsstrafR Rn 946; *Bülte*, NZWiSt 17, 286; *Bülte,* ZWH 16, 385.
46 Abl. *Bülte*, ZWH 16, 384 ff, der stattdessen von einem **Kontaktdelikt** (S. 386) sprechen will.
47 Zu den unionsrechtlichen Vorgaben hinsichtlich der Vortaten *Böse/Jansen*, JZ 19, 591; zu den internationalen und europarechtlichen Bezügen und den gesetzlichen Änderungen allgemein s. S/S/W-*Jahn*, § 281 Rn 1 ff; BGHSt 50, 347, 354 ff; *Ambos*, ZStW 114 (2002), 236; A/R/R-*Herzog/El-Ghazi*, 15 Rn 16 ff; *Dannecker*, Jura 98, 83; *Hetzer*, ZRP 01, 266; *Koslowski*, Harmonisierung der Geldwäschestrafbarkeit in der Europäischen Union; zur EU-Richtlinie über die strafrechtliche Bekämpfung der Geldwäsche *Schröder/Blaue*, NZWiSt 19, 161.
48 *Bülte*, NZWiSt 17, 279, 285; Fischer-*Fischer/Lutz*, § 261 Rn 6, 7; S/S/W-*Jahn*, § 261 Rn 8; *Bülte*, ZWH 16, 377.
49 LG Köln NZWiSt 13, 430 mit Anm. *Heimann*; S/S/W-*Jahn*, § 261 Rn 22 mit zu beachtender Einschränkung beim Versuch als Vortat.
50 Zum Vorliegen eines Erfolgsortes nach § 9 I Var. 3 oder 4 s. BGH wistra 19, 336, 337; zu strafanwendungsrechtlichen Problemen allgemein *Nestler*, Jura 22, 169; 22, 814; 22, 1154.
51 BVerfG wistra 06, 418, 419; BGH wistra 16, 192; BGH NZWiSt 19, 148, 150 mit Anm. *Raschke*; *Kreß*, wistra 98, 125; enger *Bernsmann*, StV 98, 46; *Klos*, Anm. wistra 97, 236; *Zöller*, Roxin-FS II S. 1033, 1046 ff.
52 BGH wistra 03, 260, 261; BGH wistra 13, 19; BGH NStZ-RR 20, 80, 81; zusf. BGH BeckRS 18, 38747; zu Fragen eines diesbezüglichen Irrtums *Glandien*, JR 23, 106.

1084 Die Vortat muss **nicht** die **Tat „eines anderen"** sein (§ 261 I 1, VII). Grundsätzlich kann sich auch der Täter der **Selbstgeldwäsche** strafbar machen, sodass es auf die Frage, ob der Täter hinsichtlich der Vortat Täter oder Teilnehmer war, nicht mehr ankommt. Auch bei **unklarer Täterschaft** hinsichtlich der Vortat ist eine Verurteilung wegen Geldwäsche möglich.[53]

1085 Zur Vermeidung bzw. Begrenzung einer Doppelbestrafung sieht § 261 VII in Anlehnung an § 257 III 1 einen **persönlichen Strafausschließungsgrund** vor, nach dem wegen Geldwäsche nicht bestraft wird, wer wegen **Beteiligung** an der Vortat **strafbar** ist. Bestehen an der Vortatbeteiligung Zweifel, kann im Wege einer Postpendenzfeststellung eine Verurteilung wegen Geldwäsche erfolgen.[54] Dass die Vortat im Zeitpunkt der Geldwäschehandlung schon voll- oder beendet ist, setzt § 261 VII nicht voraus.[55] Vorgesehen ist zum persönlichen Strafausschließungsgrund jedoch eine **Rückausnahme** für den Fall, dass der Täter oder Teilnehmer der Vortat den aus einer Straftat herrührenden Gegenstand in den Verkehr bringt und dabei die rechtswidrige Herkunft des Gegenstands verschleiert.[56] Durch die Gefährdung der Integrität des Wirtschafts- und Finanzkreislaufs werde ein zusätzliches Rechtsgut gefährdet, sodass die Handlung einen besonderen Unrechtsgehalt aufweise und daher nicht gegen das Verbot der Doppelbestrafung verstoße.[57] Eine solche „Selbstgeldwäsche" geschieht nach dem BGH[58] zB durch das Einzahlen von illegal erworbenem Bargeld auf ein Bankkonto selbst dann, wenn das Konto ausschließlich für eigene Zwecke des Täters geführt wird. Da die Bank mit der Einzahlung Zugriff auf den betreffenden Betrag erlange, habe der Täter – wie für das *Inverkehrbringen* vorausgesetzt – die tatsächliche Verfügungsgewalt auf einen Dritten übertragen. Nicht hingegen soll ein Inverkehrbringen gegeben sein, wenn die Tatbeute lediglich intern zwischen den Tätern verschoben wird und dabei nicht in den legalen Wirtschaftskreislauf gelangt.[59]

2. Tathandlungen

1086 § 261 zählt in den Abs. 1 und 2 eine größere Anzahl an **Tathandlungen** auf. Sie wurden durch die Änderung 2021 neu strukturiert und erweitert. Die in der aF vorhandene Differenzierung zwischen Verschleierungshandlungen (Abs. 1 aF) und Isolierungshandlungen (Abs. 2 aF) wurde so nicht fortgeführt. Nach der neuen Tatbestandsstruktur erfasst Abs. 1 unmittelbar mit dem Gegenstand umgehende Verhaltensweisen. Abs. 2 umfasst sonstige tatsachenbezogene Vereitelungshandlungen.[60] In Abs. 1 erfassen die Nrn 1 und 2 Verhaltensweisen, mit denen der Gegenstand abgegeben oder die Beziehung zu ihm zumindest gelockert wird; die Verbote zielen auf den Schutz der Rechtspflege, insb. eine Ermöglichung effektiver Strafverfolgung, aber auch die Ermöglichung von Risikomanagement.

---

53 S. zu einem solchen Fall nach jetzt geltendem Recht BGH NStZ 17, 167; zur „Selbstgeldwäsche" s. *Bergmann*, NZWiSt 14, 448 und *Teixeira*, NStZ 18, 634.
54 BGH NJW 16, 3317 mit Anm. *Ebner/Papathanasiou*, ZWH 17, 14; BGH NJW 17, 2842, 2845 (= BGHSt 62, 72) mit Bespr. *Kudlich*, JA 17, 870; *Stuckenberg*, StV 17, 815; BGH wistra 22, 507.
55 BGH NStZ 00, 653, 654.
56 S. dazu *Barreto da Rosa*, JR 17, 101; *Neuheuser*, NZWiSt 16, 265; für restriktive Auslegung *Teixeira*, NStZ 18, 639.
57 BT-Ds 18/6389, S. 13; Bt-Ds 19/24180, S. 21; BGH wistra 19, 145 mit Anm. *Raschke* NZWiSt 19, 186; krit. hierzu S/S/W-*Jahn*, § 261 Rn 97; S/S-*Hecker*, § 261 Rn 7; für eine restriktive Auslegung *Teixeira*, NStZ 18, 639.
58 BGH NJW 19, 533 mit Anm. *Jahn*; *Bosch*, Jura (JK) 19, 556; BGH NStZ 24, 90, 91 mit Anm. *Bülte*.
59 BGH NStZ 24, 90, 91 mit Anm. *Bülte*.
60 *Altenhain/Fleckenstein*, JZ 20, 1049 unterscheiden zutreffend zwischen „objektbezogenen" und „informationsbezogenen" Tathandlungen.

In den Nrn 3 und 4 geht es hingegen um den Gegenstand annehmendes oder unmittelbar mit ihm umgehendes Verhalten; die Verbote zielen auf eine Isolation des Vortäters. Insb. die Handlungen des Abs. 1 überschneiden sich vielfach.[61]

Das **Verbergen** eines Gegenstands gem. **Nr 1** erfordert eine manipulative[62] Handlung, durch die der Zugang zum Vermögensgegenstand mit der konkreten Gefahr des Nichtauffindens tatsächlich erschwert wird.[63] Dabei muss der Täter weiterhin Verfügungsgewalt über den Gegenstand besitzen. Es kann genügen, wenn durch besondere Maßnahmen bei einer Durchsuchung der Anschein erweckt würde, es sei „alles in Ordnung". Zur Vermeidung eines Ausuferns wegen Unbestimmtheit wird man aber restringierend verlangen müssen, dass normales Alltags- bzw. Geschäftsverhalten nicht genügt, sondern das Handeln tatsächlich vom Üblichen abweicht und dabei zumindest auch ein Verhindern des Auffindens des Gegenstandes intendiert wird.   1087

Das Umtauschen, Übertragen oder Verbringen eines Gegenstandes in der Absicht, das Auffinden, die Einziehung oder die Ermittlung der Herkunft zu **vereiteln** (**Nr 2**), führt im Vergleich zur alten Tatbestandsfassung, nach der ein Vereitelungserfolg tatsächlich eingetreten sein musste, zu einer Vorverlagerung der Strafbarkeit und stellt ein kupiertes und abstraktes Erfolgsdelikt dar.[64] Das **Umtauschen** eines Gegenstandes ist anzunehmen, wenn dieser unter Erlangung einer Gegenleistung ausgetauscht wird.[65] Ein **Übertragen** ist gegeben, wenn der Gegenstand rechtlich auf eine andere Person übertragen wird, wobei der Abschluss eines Kaufvertrags für sich genommen nicht ausreichend ist. Ein **Verbringen** liegt vor, wenn der Gegenstand an einen anderen Ort gebracht wird und dem Täter keine Verfügungsgewalt, keine unmittelbare Zugriffsmöglichkeit auf die Sache verbleibt. Dabei hat der Gesetzgeber die Übertragung primär auf Rechte, die Verbringung primär auf körperliche Gegenstände gemünzt.[66] Bei allen Varianten ist auch hier ein manipulatives Vorgehen erforderlich. Wie bei der Begünstigung (Rn 981) und der Hehlerei (Rn 1040) muss das Bemühen des Täters zur Gefährdung der Ermittlung des Gegenstandes **konkret geeignet** sein. Hieran fehlt es, wenn der Gegenstand einem verdeckt ermittelnden Polizeibeamten ausgeliefert werden soll.[67] In einem solchen Fall bleibt es nach dem BGH beim nach § 261 III strafbaren Versuch.[68]   1088

Der Täter muss mit **Vereitelungsabsicht** handeln. Erforderlich ist die Absicht, dass der Zugriff der Strafverfolgung auf den Gegenstand für einen nicht unerheblichen Zeitraum unmöglich gemacht wird.   1089

Für das **Sichverschaffen**[69] gem. **Nr 3** bedarf es wie bei § 259 der Begründung einer vom Vortäter unabhängigen Verfügungsgewalt, für die eine nur vertragliche Verpflichtung des Vortäters zu späterer Leistung nicht ausreicht.[70] Auch im Übrigen gilt insoweit das   1090

---

61 So auch *Altenhain/Fleckenstein*, JZ 20, 1048.
62 BT-Ds 19/24180, S. 30.
63 S/S/W-*Jahn*, § 261 Rn 44; *Altenhain/Fleckenstein*, JZ 20, 1048.
64 So auch *Altenhain/Fleckenstein*, JZ 20, 1050; *El-Ghazi/Laustetter*, NZWiSt 21, 213.
65 BT-Ds 19/24180, S. 31.
66 BT-Ds 19/24180, S. 31.
67 S. BGH StV 99, 94 – Fall *Zlof* mit Anm. *Jahn*, JA 99, 186 und *Krack*, JR 99, 472; S/S/W-*Jahn*, § 261 Rn 48; einen „Tatererfolg" iSe Erschwerung der Ermittlungsarbeit verlangt AnK-*Sommer*, § 261 Rn 33.
68 BGH StV 99, 95; zust. SK-*Hoyer*, § 261 Rn 23.
69 Zum Verhältnis des Drittverschaffens zum in § 261 fehlenden Absetzen s. *Bülte*, Rengier-FS S. 181, 182 ff.
70 BGHSt 43, 149, 152; zur Vollendung bei Eingang des Gelds auf einem Girokonto s. BGH HRRS 14, Nr 952.

zur Verschaffungshandlung des § 259 Gesagte entsprechend,[71] sodass ein ohne Einverständnis erfolgter Erwerb (vgl. Rn 1019, 1026 ff) auch § 261 nicht erfüllt.[72] Der BGH hat diesen Gleichklang für den Fall bestätigt, dass dem Vortäter des § 261 der Gegenstand (gewaltsam) weggenommen wird.[73] Liegt Hehlerei (objektiv) vor, sperrt sie § 261 nicht.[74]

1091 Anders als zu § 259 will aber der 1. Senat bei einem durch **Nötigung oder Täuschung** herbeigeführten Einverständnis entscheiden und ein Sich-Verschaffen iS des § 261 nicht ausschließen. Nur das entspreche der Intention des historischen Gesetzgebers, der die restriktive Rspr. zu § 259 noch nicht kannte. Diese Rspr. sei zudem durch eine Angleichung an die übrigen Hehlereihandlungen bedingt, wofür in § 261 die Parallele fehle.[75] Der Gesetzgeber strebte aber sehr wohl einen Gleichlauf der Tathandlungen und Begriffe zwischen Geldwäsche und Hehlerei an. Dieses Gleichklangs bedarf es auch zur Förderung der Bestimmtheit. Das Schließen einer vermeintlichen Strafbarkeitslücke wiegt die Nachteile nicht auf.[76]

1092 Nach **Nr 4** sind das Verwahren sowie die Verwendung für sich oder einen Dritten verboten, sofern der Täter die Herkunft zum Zeitpunkt des Erlangens gekannt hat. Ein Gegenstand wird **verwahrt**, wenn der Täter die unmittelbare Sachherrschaft bzw. tatsächliche Verfügungsgewalt über den Gegenstand bewusst ausübt.[77] Bringt der Vortäter ein Tatobjekt in den gemeinsamen Herrschaftsbereich einer geteilten Wohnung ein, setzt ein Verwahren durch den Mitbewohner eine Übernahmehandlung voraus, durch die der Wille zur eigenen Sachherrschaft zum Ausdruck kommt.[78]

1093 Auch die **Verwendung** des Gegenstands reicht aus. Hierunter fällt bspw. der Konsum des Gegenstands. Der Täter muss zum Zeitpunkt des Erlangens wiederum **Kenntnis** vom Gegenstand gehabt haben. Es wird auf den Zeitpunkt des Erlangens abgestellt, damit nicht eine reine Änderung des Kenntnisstandes nach Erlangen der Sache die Strafbarkeit begründet, was mit den Grundsätzen des Tatstrafrechts nicht vereinbar wäre.

1094 In **Abs. 2** wird das **Verheimlichen** und **Verschleiern** von **Tatsachen**, die für das Auffinden, die Einziehung oder die Ermittlung der Herkunft eines aus einer rechtswidrigen Tat erlangten Gegenstands **von Bedeutung** sein können, verboten. Verboten werden damit bestimmte täuschungsähnliche Verhaltensweisen.[79] Die unglückliche Formulierung geht auf Art. 3 I lit. b der Richtlinie über die strafrechtliche Bekämpfung der Geldwäsche zurück. Eine Umsetzung dieser Vorschrift war insoweit allerdings nicht mehr erforderlich, da die §§ 257 ff und die Rspr. des BGH zur sukzessiven Beihilfe ihr bereits genügten.

---

71 BT-Ds 12/989, S. 27.
72 S. A/W-*Heinrich*, § 29 Rn 26; *Eisele*, BT II Rn 1187; Fischer-*Fischer/Lutz*, § 261 Rn 29; LG Köln NZWiSt 10, 188, 189 mit Anm. *Valerius*; **diff.** *Rengier*, BT I § 23 Rn 28; **abw.** *Lackner/Kühl/Heger*, § 261 Rn 8; NK-*Altenhain*, § 261 Rn 59; *Otto*, BT § 96 Rn 34.
73 BGH NStZ 10, 222, 223.
74 BGHSt 50, 347, 352 ff mit Anm. *Herzog/Hoch*, StV 08, 524; *Schramm*, wistra 08, 245.
75 BGHSt 55, 36, 48 ff mit zust. Bespr. *Geppert*, JK 11/10, StGB § 261/10; zust. auch *Rengier*, BT I § 23 Rn 28.
76 S. hier Rn 12 und *Hillenkamp*, in: Kube u. a., Leitgedanken des Rechts, 2013, S. 1156 ff; krit. bzw. abl. auch *Jahn*, JuS 10, 650; *Putzke*, StV 11, 178 ff; S/S/W-*Jahn*, § 261 Rn 52 (mit Zustimmung bei bloßer Täuschung); *Rübenstahl/Stapelberg*, NJW 10, 3692.
77 BT-Ds 19/24180, S. 31; BGH NJW 13, 1158; BGH BeckRS 16, 17228 mit einem Beispiel auch zum **Verwenden**; BGH NJW 19, 1311, 1314; BGH NZWiSt 2019, 148, 150 mit zust. Anm. *Raschke*; BGH wistra 21, 441.
78 BGH wistra 12, 188 f; BGH NJW 19, 1311, 1314.
79 *Altenhain/Fleckenstein*, JZ 20, 1049; zur (nicht hierunter fallenden) Vernichtung einer Sache OLG Oldenburg wistra 22, 394 mit Anm. *Veljovic*; *Neuheuser*, NZWiSt 22, 494; Bespr. *Hecker*, JuS 23, 373.

Nach der gesetzgeberischen Intention soll der Begriff der **Tatsachen** hier in gleicher Weise verstanden werden wie in § 263. Tatsachen sind dem Beweis zugängliche Vorgänge oder Zustände. Sie müssen für das Auffinden, die Einziehung oder die Ermittlung der Herkunft des Gegenstands von Bedeutung sein. Das wirft unter dem Gesetzlichkeitsprinzip Probleme auf,[80] da die Bedeutung von Gegenständen für Auffinden, Einziehung und Ermittlung im Voraus oft kaum erkannt werden kann. Trotz entgegenstehender Intention des Gesetzgebers[81] bedarf es einer – dem Wortlaut entsprechenden und die Bestimmtheit verfassungskonform wahrenden – Beschränkung auf solche Tatsachen, die sich ex ante aus Perspektive des Täters als für die Ermittlungsbehörden bedeutsam darstellen.

Ein **Verheimlichen** von Tatsachen stellt nach dem allgemeinen Sprachgebrauch die Nichtinformation einer anderen Person trotz einer bestehenden Aufklärungspflicht dar. Der Gesetzgeber wollte mit § 261 selbst keine allumfassende Aufklärungspflicht statuieren. Zu verlangen ist daher ein tatsächlich bestehendes oder rechtlich gebotenes Kommunikationsverhältnis zwischen dem Täter und Behörden oder dem Rechtsinhaber, in dem tatbestandsrelevante Tatsachen pflichtwidrig verschwiegen werden. Dafür genügt es aufgrund des *nemo-tenetur*-Grundsatzes nicht, wenn der Täter zB im Rahmen einer Selbstgeldwäsche nur die Umstände seiner Beteiligung an der Vortat nicht offenlegt. 1095

Das **Verschleiern** tatbestandsrelevanter Tatsachen ist entsprechend anzunehmen, wenn Vorgänge, Zustände etc im Rahmen eines Kommunikationsverhältnisses mit Behörden oder dem Rechtsinhaber in einen tatsächlich unzutreffenden Kontext gerückt werden und deshalb der Anschein einer legalen Herkunft entsteht und die wahre Herkunft nicht gut erkennbar bleibt. Dies kann zB mittels gefälschter Nachweise, Kontoauszüge etc geschehen. Es bedarf „konkret irreführender" Machenschaften,[82] die eine konkrete Gefahr schaffen, dass der Gegenstand bzw seine Herkunft, Aufenthaltsort oder alle praktikablen Zugriffsmöglichkeiten nicht ermittelt werden können. 1096

Einzelne Tathandlungen, wie zB das Gefährden der Herkunftsermittlung oder des Auffindens, erfassen ähnlich wie die Absatzhilfe in § 259 (s. Rn 1034) ihrem Wortlaut nach auch Verhalten, das das Gesamtgeschehen nicht steuert und insofern einer **Beihilfe** entspricht. Will man der damit verbundenen Gefahr einer Einheitstäterschaft wirksam begegnen, darf man entgegen dem BGH[83] nicht davon ausgehen, dass unter den Tatbestand subsumierbares Handeln stets zur **Täterschaft** führt. Auch hier ist vor dem Hintergrund der tatbestandlichen Weite eine restriktive Auslegung geboten: Täterschaft setzt Herrschaft über das Geschehen voraus; nur dann ist es geeignet, den Tatbestand selbst zu verwirklichen.[84] Andernfalls kommt richtigerweise nur eine Teilnahme an einer fremden Tat in Betracht. 1097

3. Tatbestandseinschränkungen

Im Rahmen verdeckter **Ermittlungen** kann es in Frage kommen, Finanztransaktionen anzuregen, durchzuführen oder geschehen zu lassen, die den Tatbestand der Geldwäsche seinem Wortlaut nach erfüllen. Das wirft die hier nicht zu vertiefende Problematik staat- 1098

---

80 Für einen Verstoß gegen Art. 103 II GG auch *Altenhain/Fleckenstein*, JZ 20, 1049 und *Bülte*, Anhörung BT-Ds 19/24180, S. 55.
81 BT-Ds 19/24180, S. 32.
82 BT-Ds 19/24180, S. 33.
83 BGH wistra 16, 192; zur Aufwertung s. auch schon BGH StV 99, 94 (Fall *Zlof*).
84 S. dazu *Hillenkamp*, Schünemann-FS S. 407, 418 ff und – zu § 259 – Rn 1024.

lich veranlassten Unrechts auf.⁸⁵ **Ermittler** und auch **Bankangestellte**, die im Einvernehmen mit den Strafverfolgungsorganen an solchen Transaktionen beteiligt sind, geraten dadurch aber auch in die Gefahr, sich selbst wegen Geldwäsche strafbar zu machen. Der Gesetzgeber ist der Anregung⁸⁶ nicht gefolgt, solche Handlungen vom Tatbestand auszunehmen. Dabei ging er allerdings davon aus, dass Handlungen, die der Strafverfolgung dienen, außerhalb des **Schutzzwecks** von § 261 lägen und daher ohnehin nicht erfasst würden.⁸⁷ Diese Überzeugung ist zweifelhaft, weil keineswegs nur die Rechtspflege geschützt wird (vgl. § 261 II) und der Rechtspflegecharakter staatlich provozierten Unrechts seinerseits problematisch ist. Letztlich stellt sich hier aber kein Sonderproblem der Geldwäsche, sondern eine nach den allgemeinen Grundsätzen für die strafrechtliche Beurteilung von im Zusammenhang mit (verdeckten) Ermittlungsmaßnahmen stehenden „Taten" zu beantwortende Frage.⁸⁸

1099 Auch nach der Neufassung des § 261 ist ungeklärt, inwieweit **sozial-** oder **berufsadäquate** Verhaltensweisen von § 261 auszunehmen sind.⁸⁹ Lassen sich bei Geschäften des alltäglichen Lebens oder bei notwendig werdender ärztlicher oder juristischer Beratung Verkäufer, Ärzte oder Anwälte mit Geld bezahlen, von dem sich aufdrängt, dass es aus einschlägigen Vortaten stammt, führt ein strikt eingehaltenes „Isolierungsgebot" ähnlich wie die Bestrafung entsprechender „Strafvereitelungshandlungen" uU zur Verkürzung elementarer Ansprüche oder gar Lebenschancen des Vortäters.⁹⁰ Obwohl § 261 ein eigenständiger Tatbestand und keine Form der Teilnahme an der Vortat ist,⁹¹ wird man sich an den Maßstäben orientieren können, die für die Straflosigkeit der Teilnahme durch neutrale Alltagshandlungen gelten.⁹² Auch die Annahme von Zahlungen auf bestehende Unterhaltspflichten aus kontaminiertem Geld wird man in diesen Fragenkreis einschließen müssen.⁹³

1100 Die Pflichten aus § 261 kollidieren mit rechtsstaatlichen Ansprüchen auf Verteidigung und der Berufsfreiheit von Rechtsanwälten, soweit sie deren Bezahlung durch den Angeklagten praktisch ausschließen. Die Regelung bedarf daher einer Einschränkung für **Strafverteidiger** bei der Annahme von Honorar, die systematisch die Verbotsnorm selbst betrifft. Das BVerfG hat zu diesem Zweck qualifizierte Anforderungen im subjektiven Tatbestand aufgestellt, und der Gesetzgeber hat diese nun in § 261 I 3 – auf die

---

85 Dazu statt vieler *Esser* in: Strafverteidigertag, Abschied von der Wahrheitssuche, 2012, S. 197 ff.
86 *Kraushaar*, wistra 96, 170.
87 BT-Ds 13/8651, S. 9 f; BK-*Ruhmannseder*, § 261 Rn 45; M/R-*Dietmeier*, § 261 Rn 20; zust. *Hund*, ZRP 97, 181; LK-*Krause*, § 261 Rn 16; NK-WSS-*Reichling*, § 261 Rn 58; S/S/W-*Jahn*, § 261 Rn 72 ff; krit. *Kreß*, wistra 98, 126; eine teleologische Reduktion des § 261 schlägt *Brüning*, wistra 06, 241, 243 ff für den Insolvenzverwalter bei kontaminierter Vermögensmasse vor.
88 Vgl zB BGH StV 81, 549; *Krey*, Rechtsprobleme des strafprozessualen Einsatzes Verdeckter Ermittler, 1993, Rn 440 ff, 525 ff, 551 ff, 562 ff; s. auch *Hillenkamp/Cornelius*, AT 5. und 24. Problem, jeweils Fall 2.
89 Zu einer beabsichtigten „Sozialadäquanzklausel" in der Gesetzgebungsgeschichte s. BT-Ds 11/7663, S. 7; HansOLG Hamburg NJW 00, 673, 674 f.
90 S. *Kargl*, NJ 01, 63.
91 BGHSt 43, 149, 152; BGHSt 50, 347, 357 mit Anm. *Herzog/Hoch*, StV 08, 524.
92 S. *Hillenkamp/Cornelius*, AT 28. Problem und – mit unterschiedlichen Grenzziehungen – *Amelung*, Grünwald-FS S. 9 ff; AnK-*Sommer*, § 261 Rn 44 f; A/W-*Heinrich*, § 29 Rn 39 ff; *Barton*, StV 93, 156 ff; *Eisele*, BT II Rn 1197; G/J/W-*Eschelbach*, § 261 Rn 75 ff; *Heghmanns*, Rn 1939 ff; H-H-*Kretschmer*, Rn 1217; HK-GS/*Hartmann*, § 261 Rn 6; *Kindhäuser/Hilgendorf*, § 261 Rn 18; *Kreß*, wistra 98, 126; *Rengier*, BT I § 23 Rn 43; *Zöller*, BT Rn 553; für „alltägliche" Bankgeschäfte zu Recht abl. *Flatten*, Zur Strafbarkeit von Bankangestellten bei der Geldwäsche, 1996, S. 118 ff, 150; ganz abl. BK-*Ruhmannseder*, § 261 Rn 43; Fischer-*Fischer/Lutz*, § 261 Rn 40; *Kleszewski*, BT § 10 Rn 119; LK-*Krause*, § 261 Rn 23; MK-*Neuheuser*, § 261 Rn 90 ff; S/S/W-*Jahn*, § 261 Rn 62.
93 S. dazu A/W-*Heinrich*, § 29 Rn 50 f; *Jahn/Ebner*, JuS 09, 601.

Nrn 3 und 4 beschränkt – aufgenommen. Ein Problem der Reichweite der Norm durch bloß subjektive Anforderungen anzugehen, ist stets unbefriedigend, führt hier aber zu einer praktikablen Notlösung. Strafverteidiger erfüllen das Vorsatzerfordernis (Rn 1103) nur dann, wenn sie zum Zeitpunkt der Annahme des Honorars sichere Kenntnis von dessen Herkunft aus einer rechtswidrigen Tat hatten. Weitere, evt. tateinheitlich begangene Delikte wie Hehlerei betrifft diese Einschränkung nicht.[94] Tritt ein Strafverteidiger aus seiner Rolle als Organ der Rechtspflege heraus, gelten die Einschränkungen ebenfalls nicht.[95] Weil die Begründung der Einschränkung des § 261 sich wesentlich auf das rechtsstaatliche Institut der Verteidigung stützt, ist sie auf andere Berufsfelder nicht übertragbar[96] und löst das allgemeinere Problem (Rn 1099) daher nicht. Aus der nun ausdrücklichen Behandlung des Strafverteidigerprivilegs ließe sich sogar der (rechtspolitisch zweifelhafte) Umkehrschluss ziehen, dass eine ähnliche Behandlung anderer Berufsgruppen ausgeschlossen ist.[97]

Bereits das **HansOLG Hamburg**[98] hatte sich mit guten Gründen dafür ausgesprochen, Honorarzahlungen, die weder auf überzogenen, noch auf nur zum Schein vereinbarten Forderungen beruhen und § 261 I aF nicht erfüllen, im Wege verfassungskonformer Auslegung aus dem Tatbestand des § 261 II Nr 1 aF auszunehmen.[99] Andernfalls drohe ein Eingriff in die durch Art. 12 I GG geschützte freie Berufsausübung des Strafverteidigers und das durch Art. 20 III GG (sowie Art. 6 III lit. c EMRK) geschützte Recht des Beschuldigten, sich in jeder Lage des Verfahrens des Beistands eines Verteidigers bedienen zu können. Der BGH trat dem entgegen (BGHSt 47, 68[100]). Das **BVerfG**[101] entschied, der Tatbestand müsse verfassungskonform einengend dahin ausgelegt werden, dass die Honorarannahme durch einen Strafverteidiger **nur bei positiver Kenntnis** der inkriminierten Herkunft des Honorars den Tatbestand erfüllt.[102] Schon ein Anfangsverdacht setzt des- 1101

---

94 OLG Hamburg NJW 00, 673, 682; LK-*Krause*, § 261 Rn 21; NK-*Altenhain*, § 261 Rn 128; zur Tateinheit zwischen § 259 und § 261 s. *Stam*, wistra 16, 143; für eine Übertragung auf die Begünstigung aber OLG Frankfurt NJW 05, 1727, 1735; s. dazu auch *Jahn*, JuS 12, 566.
95 OLG Frankfurt NJW 05, 1727, 1733 mit Bespr. *Herzog/Temba/Warius*, StV 07, 542.
96 S. dazu diff. S/S-*Stree/Hecker*, § 261 Rn 25; für Übertragbarkeit auf andere rechtsberatende Berufe *Raschke*, NStZ 12, 606 und NZWiSt 15, 478 und S/S-*Hecker*, § 261 Rn 25, der von einem „generellen Rechtsanwaltsprivileg" ausgeht; offen gelassen von BVerfG NZWiSt 15, 473. Privilegien im Zusammenhang mit Geldwäsche bestehen lediglich im Rahmen des § 43 II GwG.
97 *Jahn*, Anhörung BT-Ds 19/24180, S. 111; *Gercke/Jahn/Paul*, StV 21, 338; iE auch *Altenhain/Fleckenstein*, JZ 20, 1050.
98 HansOLG Hamburg StV 00, 140. Zust. *Rengier*, BT I (7. Aufl.) § 23 Rn 17; iE auch SK-*Hoyer*, § 261 Rn 25, 30 ff, krit. bzgl der Gegenausnahmen *Reichert*, Anm. NStZ 00, 316.
99 Für eine begrenzte Rechtfertigungslösung dagegen zB *Ambos*, JZ 02, 80; *Bernsmann*, StV 00, 40; *Hamm*, NJW 00, 636 unter Ausschluss von Vorsatzfällen; *Hombrecher*, Geldwäsche durch Strafverteidiger, 2001, S. 147 ff.
100 Zust. A/W-*Arzt*, 2. Aufl., § 29 Rn 48a; *Katholnigg*, JR 02, 30; *Neuheuser*, NStZ 02, 647; *Peglau*, wistra 01, 641; krit. *Ambos*, JZ 02, 70; *Gotzen/Schneider*, wistra 02, 121; *Hefendehl*, Roxin-FS S. 145; *Matt*, GA 02, 137; s. auch *Fad*, JA 02, 14.
101 BVerfG NJW 04, 1305, 1306 (= BVerfGE 110, 226); erste Zustimmung fand sich bei *Dahs/Krause/Widmaier*, NStZ 04, 261; s. zum Urteil des BVerfG ferner *Barton*, JuS 04, 1033; *Eisele*, BT II Rn 1191; *Fahl*, JA 04, 704 (mit Falllösung JA 04, 624); *Fischer*, NStZ 04, 473; *v. Galen*, NJW 04, 3304; *Jäger*, BT Rn 61 f; *Matt*, JR 04, 321; *Müssig*, wistra 05, 201; s. auch A/W-*Heinrich*, § 29 Rn 48a; *Bussenius*, Geldwäsche und Strafverteidigerhonorar, 2004, S. 188 ff; *Fertig*, Grenzen einer Inkriminierung des Wahlverteidigers wegen Geldwäsche, 2007; *Lee*, Die Beteiligung des Strafverteidigers an der Geldwäscherei, 2006; in der Arbeit von *Balzer*, Die berufstypische Strafbarkeit des Verteidigers, 2004, ist die Entscheidung noch nicht berücksichtigt; krit. NK-*Altenhain*, § 261 Rn 127 f; Argumente pro und contra eine Privilegierung des Strafverteidigers finden sich bei *Fernandez/B. Heinrich*, ZStW 126 (2014), 421 ff, 436 ff.
102 Ebenso *Beulke*, Rudolphi-FS S. 391 ff, der unterhalb sicherer Kenntnis aber schon den objektiven Tatbestand ausschließt; so iE auch *Winkler*, Strafbarkeit des Strafverteidigers jenseits der Strafvereitelung, 2005, S. 294 ff, 301; auch S/S/W-*Jahn*, § 261 Rn 71 f setzt sich für eine teleologische Reduktion schon des objektiven Tatbestands ein; SK-*Hoyer*, § 261 Rn 32 will bei der weitergehenden „Tatbestandslösung" bleiben.

halb voraus, dass greifbare Anhaltspunkte für das Herrühren des Geldes aus einer Katalogtat[103] und für *dolus directus* des Strafverteidigers zum Zeitpunkt der Honorarannahme sprechen. Indizien hierfür sind zB eine außergewöhnliche Höhe des Honorars oder eine sonst unübliche Erfüllung in bar.[104] Dass die Annahme eines Verteidigerhonorars oder Honorarvorschusses durch einen Strafverteidiger den Tatbestand des § 261 II Nr 1 aF erfüllen kann, hält das Gericht grundsätzlich nicht für verfassungswidrig. Aber nur im Rahmen seiner Maßgaben sei der Eingriff in die freie Berufsausübung des Strafverteidigers, das Institut der Wahlverteidigung sowie das ebenfalls von Art 12 I GG geschützte Vertrauensverhältnis zwischen Rechtsanwalt und Mandant gerechtfertigt.

1102 Die Konstruktion des BVerfG ist jedoch **wenig geeignet**: Erst auf den Vorsatz abzustellen, bedeutet erhebliche Beweisschwierigkeiten und Rechtsunsicherheit. Zudem misslingt der angestrebte Schutz von Wahlverteidigung und Vertrauensverhältnis. Verteidiger vermeiden eigene Strafbarkeit nach der Konstruktion des BVerfG nämlich gerade, indem sie ein wahrheitsgemäßes Geständnis schon ihnen selbst gegenüber verhindern und so auf zur Beratung nötige Kenntnisse verzichten. Auch gegenüber den Strafverfolgungsorganen scheidet ein Geständnis damit praktisch weitgehend aus, was die Verteidigungsstrategie einschränkt.[105] Bei der Beratung für Rechtsmittel nach einer Verurteilung in der ersten Instanz, also mit Kenntnis der gerichtlichen Feststellungen, ist die Lösung des BVerfG gänzlich ungeeignet, die selbst formulierten verfassungsrechtlichen Anforderungen zu erfüllen. Wie auch sonst meist bietet die Korrektur über Vorsatzanforderungen nur den Schein einer Lösung. Eine echte Lösung müsste am objektiven Tatbestand oder über die Figur der Pflichtenkollision auf Ebene der Rechtfertigung ansetzen. Richtig ist das Bemühen des BVerfG, bei der ihm ja nur obliegenden verfassungsrechtlichen Kontrolle nicht mehr als das **Minimum des verfassungsrechtlich Gebotenen** zu verlangen. Der Gesetzgeber hingegen hat nicht nur die Minimalanforderungen zur Vermeidung von Verfassungswidrigkeit zu erfüllen, sondern eine geeignete Regelung zu treffen. Er hätte besser daran getan, sich in § 261 I 3 am HansOLG Hamburg zu orientieren. Die Privilegierung auf Tathandlungen der **Nrn 3 und 4** zu beschränken, ist hingegen sachlich gerechtfertigt, und passt zur Rspr. des BVerfG[106], denn nur den Gegenstand annehmendes Verhalten löst die zu behebende Kollision aus.

4. Subjektiver Tatbestand, Leichtfertigkeit und weitere Bestimmungen

1103 Wie stets ist nach §§ 15, 16 I 1 grundsätzlich mindestens bedingter Vorsatz hinsichtlich aller tatbestandlich relevanten Umstände nötig. Die Vortat muss vom **Vorsatz** des Täters wenigstens in groben Zügen erfasst werden.[107] Der Täter braucht ihre Einzelheiten nicht zu kennen. Für die Tathandlungen gilt das Vorsatzerfordernis uneingeschränkt. Einige Varianten des Tatbestands setzen darüber hinaus die bei den Tathandlungen jeweils bereits mitbehandelten **überschießenden Innentendenzen** voraus.

1104 § 261 VI normiert daneben eine Geldwäschestrafbarkeit bei **Leichtfertigkeit** hinsichtlich der Herkunft des betreffenden Gegenstands.[108] Nach der vom BGH zu § 261 II, V aF ent-

---

103 S. dazu LG Ulm StV 11, 722 (doppelter Anfangsverdacht) und im Zusammenhang mit dem Verteidigerhonorar *E. Müller*, Müller-FS 2008, S. 477, 483 ff.
104 BVerfG NJW 05, 1707, 1708.
105 Vgl. auch Fischer-*Fischer/Lutz*, § 261 Rn 46; SK-*Hoyer*, § 261 Rn 30; A/R/R-*Herzog/El-Ghazi*, 15 Rn 138; zu weiteren offenen Fragen *Fischer*, NStZ 04, 473, 477.
106 BVerfG NZWiSt 15, 472 f mit Anm. *Raschke*.
107 BGH wistra 03, 260, 261; BGH wistra 13, 19; BGH NZWiSt 21, 360 mit Anm. *Bittmann*; zusf. BGH BeckRS 18, 38747; *El-Ghazi/Laustetter*, NZWiSt 21, 212.
108 S. zur **Leichtfertigkeit** näher BGHSt 43, 158, 165 ff mit Anm. *Arzt*, JR 99, 79; BGHSt 50, 347, 351 f; BGH wistra 15, 20 mit Anm. *Floeth*, NZWiSt 15, 196; *Mayer*, HRRS 15, 500; BGH NStZ-RR 19, 145 (Leichtfertigkeit bzgl der Gewerbsmäßigkeit der Vortat); LG Köln MMR 08, 259, 260; *Otto*, JK 98, StGB § 261/2; *Sauer*, wistra 04, 89; BGH NStZ-RR 19, 145; zur Strafbarkeit von beim sog. Phishing (s. hier Rn 689) eingesetzten Finanzagenten wegen leichtfertiger Verkennung der Herkunft des Geldes s. *Neuheuser*, NStZ 08, 492, 496 f.

wickelten (berechtigt restriktiven) **vorsatznahen Auslegung** ist hierzu erforderlich, dass sich die Herkunft des Geldes „aus einer Katalogtat [heute: rechtswidrigen Tat] nach der Sachlage geradezu aufdrängt und der Täter gleichwohl handelt, weil er dies aus besonderer Gleichgültigkeit oder grober Unachtsamkeit außer acht läßt"[109]. Weil es sich hier um ein *Fahrlässigkeitsdelikt* handelt, scheidet eine Teilnahme aus,[110] doch die Beschränkung auf tatherrschaftliches Verhalten (Rn 1012) ist bei Fahrlässigkeit richtigerweise – nach allgemeinen Regeln – nicht zu machen. Eine Ausnahme von der Leichtfertigkeitsstrafbarkeit sieht Satz 2 für die Annahme eines Honorars durch einen Strafverteidiger in den Fällen des § 261 I 1 Nr 3, 4 vor.

Der **Versuch** ist nur im Falle durchgehend vorsätzlicher Tatbestandserfüllung, nicht also bei einer Kombination mit **Leichtfertigkeit** (§ 261 V) strafbar.[111] Ein (freilich ebenso strafbarer) untauglicher Versuch ist gegeben, wenn der Täter irrig von einer Vortat ausgeht.[112]

1105

5. Qualifikation, Regelbeispiele und Strafbefreiung

Eine **Qualifikation** enthält § 261 IV für denjenigen, der eine Tat als Verpflichteter nach § 2 GwG begeht. Hiermit wird Art. 6 I lit. b der 6. Richtlinie über die strafrechtliche Bekämpfung der Geldwäsche umgesetzt.[113] Das Handeln muss in Ausübung der beruflichen Pflichten erfolgen.[114] Da die nach § 2 GwG Verpflichteten regelmäßig in keinem besonderen Verhältnis zur Vortat stehen, ist der Grund für die Qualifikation nicht wirklich einsichtig. § 2 GwG betrifft überwiegend juristische Personen, so dass an § 14 II zu denken ist.

1106

§ 261 V bestimmt den besonders schweren Fall der Tat anhand von zwei **Regelbeispielen**. Die erste Variante besteht in **gewerbsmäßigem** Handeln des Täters, die zweite im Handeln als Mitglied einer **Bande**, die sich zur fortgesetzten Begehung von Geldwäschetaten verbunden hat (vgl. dazu Rn 279; 330 ff entsprechend).

1107

Im **Fall 77** ist die Damenarmbanduhr als vollständig mit „schmutzigem" Geld bezahltes Surrogat „bemakelt" und daher taugliches Objekt des § 261. Nimmt die Freundin des T sie in Kenntnis oder in leichtfertiger Unkenntnis (§ 261 VI) der Zusammenhänge entgegen, ist sie nach § 261 I Nr 3 (ggf iVm VI) zu bestrafen (Sichverschaffen). Geldwäsche kommt also auch in Fällen in Betracht, in denen § 259 wegen der Straflosigkeit der sog. **„Ersatzhehlerei"** ausscheidet. Inwieweit ein Gegenstand noch aus der Vortat „herrührt", ist aber dann zweifelhaft, wenn nur ein relativ geringer Teil „bemakelten" Wertes darin enthalten ist. Der von B gekaufte Pkw ist mit 50 000 € „sauberen" Geldes bezahlt worden. Fraglich ist, ob die „schmutzigen" 500 € den ganzen Pkw gleichsam „vergiftet" haben. Grundsätzlich rührt ein Gegenstand auch dann aus einer Vortat her, wenn nur ein **Teil bemakelten Wertes** in ihm enthalten ist. Um jedoch uferlo-

1108

---

109 BGHSt 43, 158, 168; BGH NStZ-RR 19, 146 (Leichtfertigkeit bzgl der Gewerbsmäßigkeit der Vortat); OLG Hamburg NStZ 11, 532; OLG Karlsruhe NZWiSt 16, 395 mit Anm. *Floeth*; *Bülte*, ZWH 16, 377; BayOLG, StV 24, 748, 749; die Leichtfertigkeit darf sich nur auf die Herkunft beziehen, im Übrigen bleibt es beim Erfordernis des Vorsatzes, s. KG StV 13, 92 f; KG BeckRS 12, 20283; BGH HRRS 14, Nr 1005 mit Bespr. *Sebastian*, NStZ 16, 438; s. dazu auch *Schmidt*, JR 01, 451. Dazu, dass Leichtfertigkeit und grobe Fahrlässigkeit iS des Zivilrechts nicht identisch sind, s. BGHSt 50, 347, 352.
110 S. zu beiden Aussagen *Bülte*, Rengier-FS S. 181 ff.
111 OLG Karlsruhe NStZ 09, 269, 270; zum untauglichen Versuch s. BGH NStZ 08, 465, 466.
112 BGH BeckRS 18, 38747.
113 Zust. insofern *Spitzer*, ZRP 20, 217.
114 S. hierzu auch BGH NJW 23, 460 mit Anm. *Lenk*.

se „Ausdehnungen" zu vermeiden, wird über Mindestanteile diskutiert.¹¹⁵ Das im Pkw des B enthaltene eine Prozent „bemakelten" Wertes dürfte nach der **maßgeblichen wirtschaftlichen Betrachtungsweise** nicht ausreichen, um das ganze Fahrzeug zu „kontaminieren", sodass der Pkw kein taugliches Objekt des § 261 ist.¹¹⁶ Grundsätzlich endet die Bemakelung eines Gegenstands auch dann nicht, wenn jemand – wie hier J nach §§ 932, 935 II BGB – Eigentum an ihm erwirbt. Zum Schutz des allgemeinen Rechtsverkehrs schließt jedoch **§ 261 I 2** die Strafbarkeit nach Abs. 1 Nr 3 und 4 aus, wenn ein Dritter zuvor den Gegenstand erlangt hat, ohne eine Straftat (insb. keine Geldwäsche und keine Hehlerei) zu begehen. Da J gutgläubig war und damit durch die Entgegennahme des Geldes keine Straftat begangen hat, kann sich gem. § 261 I 2 niemand mehr – auch nicht ein Bösgläubiger – in Beziehung auf das Geld nach § 261 I strafbar machen. Ist T wegen des Diebstahls strafbar, kommt eine Bestrafung nach § 261 I bis V für ihn nur insoweit in Betracht (§ 261 VII), wie er den Gegenstand in den Verkehr bringt und dabei dessen rechtswidrige Herkunft verschleiert.

III. Prüfungsaufbau: Geldwäsche, § 261

1109

Geldwäsche, § 261

I. Tatbestand
  1. Objektiver Tatbestand
     a) Vortat: • *rechtswidrige Tat*
       → jede rechtswidrige Tat
       → auch im Ausland begangene Tat unter den Voraussetzungen des Abs. 9
     b) Tatobjekt: • *Gegenstand*
       → nicht lediglich Geld oder Sache iSd § 90 BGB
       • *aus der Vortat herrührend*
       → Erfassung der Surrogate
       Ⓟ Wertsteigerung durch Weiterverarbeitung
       Ⓟ geringer Anteil der Bemakelung
     c) Täter: • *jedermann*
       → auch Vortatbeteiligter
     d) Tathandlung: • *gegenstandsbezogene Verhaltensweisen, Abs. 1*
       • *tatsachenbezogene Verhaltensweisen, Abs. 2*
       Ⓟ teleologische Reduktion
       → Handlungen im Einvernehmen mit Strafverfolgungsorganen
       → sozial- und berufsadäquate Verhaltensweisen
  2. Subjektiver Tatbestand
     a) Vorsatz: • *jede Vorsatzart*
       Ausnahme: Strafverteidiger (§ 261 I 3: direkter Vorsatz bzgl § 261 I 1 Nrn 3 und 4)
     b) Kombination: • *Leichtfertigkeit bzgl Herrühren aus der Vortat, § 261 V*
       • *Vorsatz im Übrigen*

---

115 S. AnK-*Sommer*, § 261 Rn 29; *Barton*, NStZ 93, 159, 163; G/J/W-*Eschelbach*, § 261 Rn 44 ff; nach OLG Karlsruhe NJW 05, 767, 769 darf der inkriminierte Anteil „aus **wirtschaftlicher Sicht nicht völlig unerheblich** sein"; für eine Totalkontamination reicht nach BGH NStZ 15, 704 mit Anm. *Bosch*, Jura 16, 110 (§ 261 I); *Krug*, NZWiSt 16, 159 bei Geld ein Anteil zwischen 5,9 % und 35 %.

116 Für „Totalkontamination" auch in einem solchen Fall NK-*Altenhain*, § 261 Rn 41; bezogen auf einen „Teilgegenstand" ebenso *Petropoulos*, wistra 07, 241, 246; ihm zust. HK-GS/*Hartmann*, § 261 Rn 34.

3. Qualifikation
   Begehung als Verpflichteter nach § 2 GwG
II. Rechtswidrigkeit
III. Schuld
IV. Strafausschluss/Strafmilderung
   1. **Strafbarkeit wegen Beteiligung an der Vortat, § 261 VI 2**
   2. **Freiwillige Unterstützung der Strafverfolgungsbehörden, § 261 VIII**
V. **Besonders schwerer Fall, § 261 V**

Sachverzeichnis

Die Angaben beziehen sich auf die Randnummern.

Abgeleiteter Erwerb   1019, 1026 f
Abgrenzung zwischen
– Absatzhehlerei und Beihilfe zur Hehlerei   1040 ff
– Begünstigung und Beihilfe zur Vortat   978
– Betrug und Diebstahl   546, 548, 626 f, 629
– Betrug und Erpressung   822 f
– Diebstahl und Gebrauchsanmaßung   222 ff
– Diebstahl und Jagdwilderei   510 ff
– Diebstahl und Sachbeschädigung sowie Sachentziehung   207 f
– Diebstahl und Unterschlagung   105 f, 137 f, 350
– Hehlerei und Teilnahme an der Vortat   1005 f
– Raub und räuberische Erpressung   828 ff
– räuberischer Diebstahl und Raub   444
– Sachbeschädigung und Sachentziehung   64
Ablationstheorie   166
Absatzerfolg   1035 ff
Absetzen   1031 ff, 1038
Absetzenhelfen   1031 ff, 1040
Absicht
– betrügerische A.   793
– der Befriedigungsvereitelung   537 f
– der Bereicherung   699 ff, 816 f, 1046 f
– der Besitzerhaltung   453 f
– der Drittzueignung   216 ff
– der Entgeltshinterziehung   751, 759
– der Rechtsvereitelung   528
– der Vorteilssicherung   985
– rechtswidriger Zueignung   183, 232, 401 f
Affektionsinteresse   666
Akzessorietät   850
Akzessorietät des Strafrechts   10 f, 36
Alleingewahrsam   137 f
Amtsträger   713
Aneignung   207 f
Aneignungsrechte   503
Anfechtungsrechte   651
Angehörige   381
Angestellte   923
Angestellter   926
Angriff auf Kraftfahrer   465, 467 f
Ankaufen   1029
Anmaßung der Eigentümerrechte   218 ff

Anschlusstat   978, 1005
Ansichbringen   1018
Ansprüche
– aus nichtigen Geschäften   600, 602
Anstellungsbetrug   679
Anvertrautsein   365 ff
Anwartschaften   596
Apprehensionstheorie   166
Arbeitsentgelt (Vorenthalten)   891 ff
Arbeitskraft   596, 598, 606
Arbeitsmittel (Zerstörung)   80
Aufbaufragen
– bei der Abgrenzung zwischen Betrug und Diebstahl   625
– beim Betrug   542, 571
– beim Untreuetatbestand   851
Aufklärungspflicht (Betrug)   572 f
Aufrechterhaltungstheorie   996
Ausgleich
– der Vermögensminderung durch ein Äquivalent   649, 679
Auslegung (berichtigende)   351
Ausnutzen
– der Hilflosigkeit (§ 243)   282
– der Verhältnisse des Straßenverkehrs   472 f
– einer fortwirkenden Zwangslage   409 f
– eines Irrtums   576, 583
Ausschlussklausel (§ 243 II)   288 ff
Ausschreibung
– Ausschreibungsbetrug   686
– wettbewerbsbeschränkende Absprachen   782
Ausschreibungsbetrug   686
Aussonderung von Gattungssachen   352
Austauschverträge   672
Ausübung des Jagdrechts   504, 507
Ausweispapiere   201
Automatenkarte (Geldverkehr)   202, 204, 736 ff, 901
Automatenmissbrauch   749, 753, 757

Bagatelltaten   290, 383, 720, 993, 1058
Bande
– Begriff   330 f

519

- Mitgliedschaft 329
- und Betrug 710, 718
- und Hehlerei 1060 f

Bandendiebstahl 328 ff
- Bande 330
- bandenmäßige Begehung 336 ff
- schwerer B. 339

Bandenhehlerei 1060 f

Bandenraub
- bewaffneter B. 431
- einfacher B. 425

Bankautomaten 202, 736 ff
Bauwerk 77 ff
Beauftragte 923
Beauftragter 926
Beendigung
- der Vortat 978

Beförderungserschleichung 749, 755
Befriedete Bezirke 504
Befugnis-(Ermächtigungs-)Theorie 630
Begünstigung 974 ff
Behältnis
- Begriff 274
- Gewahrsam am Inhalt 144
- Vorsatz und Zueignungsabsicht 181, 405

Beihilfe 458
Beiseiteschaffen 533, 535, 794
Beisichführen (von Waffen etc) 305, 308, 317, 416 f
Bemakelung 693, 1009, 1013, 1038
Beobachtung der Wegnahme 169
Bereicherungsabsicht
- bei der Erpressung 816 f
- bei der Hehlerei 1046 f
- beim Betrug 699 ff

Beschädigen 53 f, 57, 794
Beschlagnahme (Vortäuschung) 618 ff
Besitz
- Besitzschutz 119
- verbotener 119

Besitz (und Gewahrsam) 351
Besitzentziehung 64
Besonders schwere Fälle
- der Jagdwilderei 517 ff
- der Untreue 889
- des Betrugs 708, 710, 714 ff
- des Diebstahls 240, 242, 245

Bestandteile des Vermögens 533, 596
Bestechlichkeit/Bestechung 950 ff
Betätigung des Zueignungswillens 353, 356
Betäubungsmittel s. Drogen
Betreffen auf frischer Tat 447
Betrug 542

- Abgrenzung zum Diebstahl 546, 548, 626 f, 629
- Abgrenzung zur Erpressung 822 f
- Aufbaumuster 542

Betrugsarten
- Anstellungsbetrug 679
- Ausschreibungsbetrug 686
- Bettelbetrug 666 ff
- Computerbetrug 722 ff
- Dirnenbetrug 595, 606
- Dreiecksbetrug 626 f, 629
- Eingehungs- und Erfüllungsbetrug 679
- Kapitalanlagebetrug 777 f
- Kreditbetrug 779 ff
- Prostitutionsbetrug 606
- Provisionsbetrug 706
- Prozessbetrug 638, 704
- Selbsthilfebetrug 703
- Sicherungsbetrug 719
- Spendenbetrug 666 ff
- Submissionsbetrug 686
- Subventionsbetrug 764 ff
- Telefonsex 595
- Wettbetrug 690
- Zechprellerei 558

Beweglichkeit von Sachen 114
Bewusstloser (Schlafender)
- Ausnutzung fremder Notlagen (§ 243 I 2 Nr 6) 282
- Gewahrsamswille 126

Bibliotheken 85

Codekartenmissbrauch 202, 204, 736 ff, 754, 901
Computerbetrug 722 ff
Computersabotage 97
Containern 117

Daten
- Datenveränderung 93, 100
- Datenverarbeitung 97
- Verwendung von Daten 736

Datenveränderung 93
Dereliktion 194
Diebesfalle 156
Diebstahl 104 ff
- Abgrenzung zum Betrug 546, 548, 626 f, 629
- besonders schwere Fälle 240 ff
- Diebstahlsobjekt 109 ff
- subjektiver Tatbestand 175 ff
- Vollendung/Beendigung 150
- Wegnahme 121, 125

– Zueignungsabsicht 183
– zur Gebrauchsanmaßung 222 ff
– zur Sachbeschädigung/Sachentziehung 207 f
– zur Unterschlagung 105 f, 137 f
Diebstahlsarten
– Bandendiebstahl 328 f
– besonders schwere Fälle 240 ff
– D. geringwertiger Sachen 383 f
– D. in mittelbarer Täterschaft 626 f, 629
– D. mit Waffen 304 ff
– Einbruchsdiebstahl 262 ff
– Einsteigediebstahl 266
– Gebrauchsdiebstahl 485
– gemeinschädlicher D. 281
– Haus- und Familiendiebstahl 379 ff
– räuberischer D. 442 ff
– Trickdiebstahl 546, 548
– Wohnungseinbruchsdiebstahl 341 f
Dirnenbetrug 595, 606
Dreiecksbetrug 626 f, 629
Dreieckserpressung 813
Drittbereicherungsabsicht 699, 707
Drittzueignung (-sabsicht)
– bei Entziehung elektrischer Energie 500
– bei Unterschlagung 350, 357 f
– beim Diebstahl 216 ff
Drogen 51, 109, 119, 236, 814, 817
Drohen der Vollstreckung 532
Drohung
– mit einem empfindlichen Übel 806, 826
– mit gegenwärtiger Gefahr für Leib oder Leben 397, 826

Eigentumsdelikt 1, 3
Einbruchsdiebstahl 262 ff
Eingehungsbetrug 679
Einheit der Rechtsordnung 10, 30
Einrichtung 758
Einsteigediebstahl 266
Einverständliches Zusammenwirken 1016 ff, 1026
Einverständnis
– bei der Diebesfalle 156
– beim Gewahrsamsbruch 143, 154, 159, 404
– beim Risikogeschäft 860 ff
Einwilligung
– bei der Sachbeschädigung 74
– bei der Untreue 860 ff
– beim eigenmächtigen Geldwechseln 235
Enteignung 222 ff
Entführen 842

Entstellen von Tatsachen 553
Entziehung elektrischer Energie 111, 499 ff
Erfolgsbedingung 31
Erfüllungsbetrug 679
Erlangtsein (unmittelbares) 1001 ff
Erpresserischer Menschenraub 839 ff
Erpressung 803 ff
– Abgrenzung zum Betrug 822 f
– Abgrenzung zum Raub 828 ff
Erpressungsarten
– Dreieckserpressung 813
– erpresserischer Menschenraub 839 ff
– räuberische Erpressung 825 ff
– Sicherungserpressung 462, 835
Ersatzsachen (Hehlerei) 1008 f
Erschleichen von Leistungen 748, 748 ff
Erwerbsaussichten 596, 598

Fahrrad 486
Falsche Schlüssel 267 f
Falsche Tatsachen 562
Familiendiebstahl 379 ff
Fehlbuchung und Fehlüberweisung 564
Fehlleitung zweckgebundener Mittel 664, 666 f
Finderlohn 194
Fischwilderei 521
Freiwilligkeit 618 ff, 812
Fremdheit von Sachen 51, 116, 120
Fremdschädigung (-sdelikt) 546, 812, 832, 850
Fundunterschlagung 358
Furtum usus (Gebrauchsdiebstahl) 485

Ganovenuntreue 877
Gänsebuchtfall 217
Gaspistole 307, 417
Gattungsschulden 235
Gebäude 264
Gebrauchsanmaßung 483, 485 f
– Abgrenzung zum Diebstahl 222 ff
– Rückführungswille 223 f
Gebrauchsdiebstahl 485
Gebrauchsfähigkeit von Schusswaffen 312
Gebrauchsrechte 524
Geldautomatenkarte 202, 204, 737 ff, 754, 901
Geldschulden 235
Geldspielautomat 278, 742
Geldwäsche 1063
– Bankangestellte 1098
– Ermittler 1098
– Geldwäschegesetz 1064 f, 1070 ff

Sachverzeichnis

- Sozialadäquanz 1099
Gemeinschädlicher Diebstahl 281
Geringwertigkeit
- Begriff 292 f, 384
- Irrtumsfälle 291, 385
- und § 243 II 288 ff
- und § 248a 290, 383 f
- Vorsatzwechsel 297 ff
Gesamtsaldierung 649
Gesetzlichkeitsprinzip 6, 18, 850
Gesundheitsgefährdender Raub 423 f
Gesundheitswesen 950 ff
Gewährleistungsrechte 651
Gewahrsam
- Begriff 121 f
- Begründung 127, 165 ff
- Bruch 154, 159
- faktischer Gewahrsamsbegriff 122, 169
- Gewahrsamshüter 139
- Gewahrsamswille 126
- Inhaberschaft 129
- Lockerung und Verlust 131 f, 645
- Mitgewahrsam 135, 137
- sozial-normativer Gewahrsamsbegriff 123, 169
- Tod 132
- und Besitz 351
- Verkehrsauffassung 129 f
Gewahrsamslockerung 131 f, 645
Gewalt 392 f, 806, 826
Gewerbsmäßigkeit
- bei der Hehlerei 1059 ff
- bei der Jagdwilderei 518
- beim Betrug 710, 718
- beim Diebstahl 279
Gläubigerrechte
- Gefährdung, Vereitelung 524 ff
Gleichwertigkeit
- von Leistung und Gegenleistung 672, 679
Graffiti 67 f

Handlungsfreiheit 1
Handtaschenraub 393, 406
Haus- und Familiendiebstahl 379 ff
Hausgarten (befriedeter Bezirk) 504
Häusliche Gemeinschaft 381 f
Haustiere 194
Hehlerei 996 ff
- am Pfandschein 1024
- an Ersatzsachen (Surrogaten) 1049
- Bandenhehlerei 1060
- gewerbsmäßiges Handeln 1059
- und Vortatbeteiligung 1052 ff

- Zwischenhehler 1034, 1042
Herrenlose Sachen 51, 116, 503, 506
Herrühren 1079
Hilfeleisten 975, 980 ff
hypothetisches Einverständnis 860

Identität
- von bemakelter und gehehlter Sache 1008 f
- zwischen Getäuschtem und Verfügendem 542
Illationstheorie 166
Inbrandsetzen/Brandlegung 715
Ingebrauchnehmen eines Fahrzeugs 488
Insolvenzstraftaten 482
Irrtum
- bei Zweifeln 581
- beim Betrug 577, 579, 581
- im Rahmen der Jagdwilderei 512 ff
- über die Eigentums- oder Gewahrsamsverhältnisse 178
- über die Geringwertigkeit des Tatobjekts 291, 385
- über die Rechtswidrigkeit der Zueignung 236, 361, 401
- über die Rechtswidrigkeit des Vermögensvorteils 697, 817

Jagdwilderei 502 ff
- Jagdausübungsrecht 504, 507
- Jagdberechtigter 503
- Jagdrecht 503
- Wild 505
Jur.-ökonomischer Vermögensbegriff 593, 596
Juristischer Vermögensbegriff 592

Kapitalanlagebetrug 777 f
Kirchendiebstahl 280
Kollusives Zusammenwirken 1019, 1086
Kontrektationstheorie 166
Korruption 908 ff
Korruptionsdelikte 908 ff
Kraftfahrzeuge 486
Kreditbetrug 779 ff
Kreditkarte 895, 901
Kreditwürdigkeit (Vorspiegeln) 558

Ladendiebstahl 169 f, 172, 612
Lagertheorie 632, 813
Lauterkeit 924
Leerspielen von Geldautomaten 278, 742
Legitimationspapiere 197, 200 f

Sachverzeichnis

Leiche
– als Diebstahlsobjekt   113
– Gewahrsamswille   126
Leichtfertigkeit
– bei der Geldwäsche   1104
– beim erpresserischen Menschenraub   845
– beim Raub mit Todesfolge   437
– beim Subventionsbetrug   768

Makeltheorie   693
Manifestation des Zueignungswillens   353, 356
Missbrauch
– von Geldautomatenkarten   202, 204, 736 ff, 895 ff
– von Scheck- und Kreditkarten   866, 895 ff
Missbrauchstatbestand (Untreue)   853 ff
Mitbestrafte Nachtat im Rahmen
– der Hehlerei   1056
– der Unterschlagung   372 ff
– des Betruges   719
– des räuberischen Diebstahls   462
Mitgewahrsam   135
Mitverzehr   1025

Nachschlüsseldiebstahl   267
Nachstellen   505
nemo obligatur ultra posse   7, 28, 30
Nichtige Forderungen   600
Nichtwissen   577
Normentheorie   5, 7 f, 12 ff
Normspaltung   36
Nutznießungsrechte   524

Objekt
– der Hehlerei   999 f
– der Jagdwilderei   505 f
– des Diebstahls   109
Objekts- und Vorsatzwechsel   295 ff
Öffentliche Anlagen, Sammlungen   84, 88
Organisierte Kriminalität   330, 1064

Perpetuierungstheorie   996, 1023
Personale Vermögenstheorie   594
Persönlicher Schadenseinschlag   661 ff
Pfandkehr   523 ff
Pfandrecht   524, 836
Pfandsachen   498
Pfandschein (Hehlerei)   1024
Pfändungspfandrecht   525
Pflichtbegriff   7 f, 29 f
Präzisierungsgebot   850
Prostitution   595, 606

Provisionsbetrug   706
Prozessbetrug   638, 704

Raub   387 ff
– Beteiligung   402 ff
– finale Verknüpfung   398, 401, 407 ff
– Raubmittel   391 ff
Raubarten
– Bandenraub   425 ff
– Raub mit Todesfolge   435 f
– schwerer Raub   413 ff
Räuberische Erpressung   825 ff
– und räuberischer Diebstahl   462
Räuberischer Angriff auf Kraftfahrer   465, 467 f
– Verhältnisse des Straßenverkehrs   472 f
– Verübung eines Angriffs   469
Räuberischer Diebstahl   442 ff
– auf frischer Tat   447 f
– Besitzerhaltungsabsicht   453 f
– Beteiligung   456 f
– Betreffen   451
– und räuberische Erpressung   462
Rechtsgutslehre   30
Rechtswidrigkeit
– der Bereicherung   701, 817, 1047
– der Erpressung   819
– der Sachbeschädigung   73 f
– der Vermögenslage   1001, 1008 ff
– der Zueignung   233, 361, 401
– des Vermögensvorteils   701, 816 f, 1047
Regelbeispiele
  s. Besonders schwere Fälle
– atypischer Fall   248
– Gesetzgebungsmethode   245, 247
– Regelwirkung   247 f
– Teilnahme   259
– und Qualifikation   242, 245
– Versuch   250 ff
– Vorsatz   259
Repräsentantenhaftung   717, 800 f
Restitutionsvereitelung   976, 997
Risikogeschäft   859 ff
Rückführungswille   223 f
Rücktritt und tätige Reue
– beim Raub mit Todesfolge   439
– beim Raub mit Waffen   416
– beim räuberischen Angriff auf Kraftfahrer   468, 478
Rücktrittsrecht   651
Rückveräußerung   227 f

Sabotagehandlungen   100

Sachbeschädigung
- Beschädigen 53 f, 57, 59, 89
- bestimmungsgemäßer Verbrauch 65
- Brauchbarkeit 55
- Einwilligung 73
- Erheblichkeit 63
- Funktionsbeeinträchtigung 55
- Graffiti 67 f
- nachteilige Veränderung 61
- nicht unbedeutend 62
- Nutzung, Abnutzung 65
- Reparatur 61
- Tathandlungen 52
- Verunstaltung 53 f, 57, 67
- Zerstören 65, 89
- Zustandsveränderung 68

Sachbeschädigungsarten
- einfache S. 44 f, 67
- gemeinschädliche S. 81 ff

Sachbetrug 546, 548, 642

Sache (Begriff) 48, 110 ff
- Beweglichkeit 114, 352
- Fremdheit 51, 116, 120, 352
- herrenlose Sachen 51, 116, 503, 506
- Tiere 48

Sachentziehung 64

Sachherrschaft 122, 126
- Sachherrschaftswille 126
- tatsächliche S. 122

Sachwerttheorie 53 f

Sammelgut 116

Sammlung (öffentliche) 83

Sanktionsnorm 7, 10 f, 31, 35 f, 850

Schaden 649, 679 f
   s. auch Vermögensschaden

Schadenseinschlag (individueller) 661 ff

Scheckkarte 895 ff

Scheindrohung 397

Scheinwaffe 327, 420
- mit sonstigen Werkzeugen oder Mitteln 419 ff
- mit Waffen/gefährlichen Werkzeugen 416 f, 427 f

Schlafender (Bewusstloser)
- Ausnutzung fremder Notlagen (§ 243 I 2 Nr 6) 282
- Gewahrsamswille 126

Schlüssel (falscher) 267 ff

Schonzeit 519

Schreckschusspistole 306, 397, 417, 428, 827

Schusswaffe 306, 416, 520

Schutzgut 924

Schutzvorrichtung 273 ff

Schwarzfahren 755
Schwarzfernsehen/Schwarzhören 754
Schwerer Raub 413 ff
- Bandenraub 425 ff
- gesundheitsgefährdender Raub 423 f
Selbstbegünstigung 990
Selbsthilfebetrug 703
Selbstschädigung 546, 587, 617, 638, 812, 832
Sichbemächtigen (Bemächtigungslage) 842 f
Sicherungsbetrug 719
Sicherungserpressung 462, 835
Sicherungsetikett 169, 277
Sicherungsübereignung 357
Sich-Verborgenhalten 271
Sichverschaffen 1018 ff, 1090
Sichzueignen 183, 357
Sinken- und Strandenmachen 714
Sittenwidrigkeit
- und Betrug 596, 602 f, 605
- und Veruntreuung 366
Sonderdelikt 536, 889, 892, 898
Sparbuch 197
Spendenbetrug 666 ff
Sportwetten 963 ff
Steuerstrafrecht 772
Stoffgleichheit 705, 817
Strafrechtsreformgesetz, sechstes 42
- Diebstahl 370
- Entziehung elektrischer Energie 500 f
- Jagdwilderei 516
- räuberischer Angriff auf Kraftfahrer 478
- schwerer Raub 431
- Unterschlagung 107, 360, 370 ff
Submissionsbetrug 686
Subsidiaritätsklausel
- Erschleichen von Leistungen 750, 757
- unbefugter Gebrauch von Fahrzeugen 494
- Unterschlagung 107, 350, 369 ff
- Versicherungsmissbrauch 792
Substanzverletzung 53 ff
Subventionen 769
Subventionsbetrug 764 ff

Tanken ohne Zahlungsbereitschaft 565, 834
Täterschaft
- mittelbare 458
Tatherrschaft
- normative 458
Tätige Reue
- räuberischer Angriff auf Kraftfahrer 468, 478

- Versicherungsmissbrauch 796
Tatsachen
- Abgrenzung zu Meinungsäußerung/ Werturteil 557
- äußere/innere 557 f
Täuschung 553, 556, 560
- durch aktives Tun 564
- durch Unterlassen 570 ff
Telefonsex 595
Tiere (als Sachen) 48
Todesfolge (beim Raub) 435 f
Treubruchstatbestand 870 ff
Trickdiebstahl 546, 548, 642

Umschlossener Raum 263
Unbefugter Gebrauch
- von Fahrzeugen 483, 485 f
- von Pfandsachen 498
Unbrauchbarmachen 61, 94
Unglücksfall 282
Unmittelbarkeitsbeziehung
- bei der Begünstigung 986 ff
- bei der Geldwäsche 1079
- bei der Hehlerei 1008 f
- beim Betrug 642 f, 645, 649, 705 f
Unternehmen 925
Unterschlagung 349 f
- Abgrenzung zum Diebstahl 105 f, 137 f
- Auffangtatbestand 107, 350
- Besitz oder Gewahrsam 351
- Subsidiaritätsklausel 107, 350, 369 ff
- Zueignung 353, 356
Unterschlagungsarten
- Fundunterschlagung 357
- U. geringwertiger Sachen 383 f
- veruntreuende U. 365 ff
Untreue 848 ff
- gravierende Pflichtverletzung 858
- Kasuistik 858
- Missbrauchstatbestand 853 ff
- Spielräume 858
- Treubruchstatbestand 870 ff
Unvertretbarkeit 858
Ursächlicher Zusammenhang (Betrug) 582, 608 ff

Verändern des Erscheinungsbildes 66, 70 f
Veräußerung 534
Verbrauchsanmaßung 499
Vereinigungstheorie 193
Vereiteln der Zwangsvollstreckung 530 ff
Verfügung 608 ff, 613
 s. auch Vermögensverfügung

Verfügungs-/Verpflichtungsbefugnis 853
Verfügungsbewusstsein 612 f, 812
Vergessen/Verlieren von Sachen 132 f
Verhaltensregel 7, 10 f, 17 ff, 850
Verkehrsanschauung
- beim Gewahrsam 129 ff
Verkehrswert 292 f, 384, 661
Vermischung von Geld 357
Vermögen 1, 4
Vermögensbegriff 591 ff
Vermögensbetreuungspflicht 852, 871 ff, 895
Vermögensdelikt 1, 4
Vermögensdelikte 9
Vermögensgefährdung 656, 679, 687, 689, 694
Vermögensnachteil 814, 869, 878
Vermögensposition 1, 3
Vermögensschaden
- Ausgleich, Kompensation 649, 651
- Begriff 649
- Berechnung 679 f
- individueller Schadenseinschlag 661 ff
- Vermögensgefährdung 656, 679, 694
- Zweckverfehlung 587, 617, 664, 666 f
Vermögensverfügung
- Abgrenzung zur Wegnahme 546, 548, 642
- bei der Erpressung 807 ff
- beim Betrug 705
- funktionaler Zusammenhang 608 ff
- mehraktige V. 587
- und Freiwilligkeit 618 ff, 812
- und Unmittelbarkeitsbeziehung 642, 705, 812
- Verfügungsbewusstsein 612 f, 812
Vermögensverlust großen Ausmaßes 711
Vermögensvorteil 699 ff, 816 f, 993, 1046
Verpfändung 357
Verschaffen (Hehlerei) 1019, 1024 ff
Verschleifungsverbot 850
Versicherungsbetrug 714 ff, 790
Versicherungsfall
- und Versicherungsmissbrauch 794
- Vortäuschen eines V. 714 ff
Versicherungsmissbrauch 790 ff
Vertragsärzte 927
Vertretbare Sachen 235
Verunstalten 53 f, 67
Veruntreuende Unterschlagung 365 ff
Veruntreuung von Arbeitsentgelt 894
Verwarnungszettel 205
Verweildiebstahl 262, 271
Vis absoluta/compulsiva 392, 806, 811 f

Vollendung
- der Begünstigung 989
- der Erpressung 821
- der Hehlerei 1049
- der Untreue 889
- der Wegnahme 148
- des Angriffs auf Kraftfahrer 477 f
- des Betrugs 700
- des erpresserischen Menschenraubs 845
- des räuberischen Diebstahls 453
- des unbefugten Fahrzeuggebrauchs 492

Vollstreckungsschuldner 536, 538
Vorenthalten von Arbeitsentgelt 891 ff
Vorsatz- und Objektswechsel 180, 295 ff
Vortat
- Beteiligung an der Vortat 991, 1052 ff
- der Begünstigung 978 f
- der Geldwäsche 1082
- der Hehlerei 1001 ff

Vortäuschen
- einer Beschlagnahme 620 ff
- eines Versicherungsfalls 714 ff

Vorteilssicherung 986 f

Waffe
- Begriff 306, 312
- Beisichführen 305, 308, 416
- berufsmäßige Waffenträger 310 f
- Funktionsfähigkeit 312
- Scheinwaffe 327, 420
- Schusswaffe 306

Waffen- und Sprengstoffentwendung 283
Warenautomat 757
Wechselgeldfalle 648
Wegnahme
- Begriff 121, 527
- eines Taschenbuchs 205
- eines Verwarnungszettels 205
- Gewahrsam 121, 125, 527
- Vollendung 148
- von Legitimationspapieren 197

Werkzeug
- absichtslos doloses 458
- Beisichführen 314
- gefährliches W. 313 f, 316, 416
- Scheinwaffe 327, 420
- sonstiges W. 326, 419
- Verwendungsabsicht/-vorbehalt 314, 326
- zum ordnungswidrigen Öffnen 269

Wertsummentheorie 235, 1009
Wettbetrug 963 ff
Wettbewerbsbeschränkende Absprachen bei Ausschreibungen 782

Wettbewerbsschutz 924
Wiederholbarkeit der Zueignung 372 ff
Wilderei 502 ff
Wildfolge 507
Wirtschaftlicher Vermögensbegriff 595
Wirtschaftsstraftaten 40 f
Wohnung 264, 341
Wohnungseinbruchsdiebstahl 264, 341 f

Zahlungsbereitschaft (Zahlungsfähigkeit/ Zahlungswille) 557
Zahngold-Fall 113, 178
Zechprellerei 558
Zerstören
- Begriff 65
- sonstiger Sachen 65
- versicherter Sachen 794
- von Bauwerken 77
- von Gegenständen der Verehrung, Kunst usw 83 ff
- wichtiger Arbeitsmittel 80

Zueignung
- Abgrenzung zur Gebrauchsanmaßung 183, 222 ff
- Abgrenzung zur Sachbeschädigung und Sachentziehung 207 f
- Absicht der ~ 186 f, 232, 353, 361
- Aneignung 207 f
- Begriff 183
- Drittzueignungsabsicht 216 ff
- Einzelfragen zur Zueignungsabsicht 227 f
- Enteignung 222 ff
- gleichzeitige ~ 370
- Jagdwilderei 505
- Manifestation der Z. 353, 356
- Rechtswidrigkeit der ~ 233, 236, 361
- Substanz-, Sachwert- und Vereinigungstheorie 193
- typische Zueignungsakte 357 f, 360
- wiederholte ~ 372 ff

Zulassen einer Pfändung 357
Zurechnungsregel 7, 20 ff
Zurückbehaltungsrechte 524
Zutrittserschleichung 755
Zwangslage
- Ausnutzen einer fortwirkenden Zwangslage 408, 826

Zwangsvollstreckung
- Drohen 532
- Vereiteln 531 ff

Zwangswirkung (Gewalt) 392 f
Zweck-Mittel-Relation 819
Zweckverfehlung 587, 617, 664, 666 f